EDUARDO JORGE PRATS

Profesor de Derecho Constitucional
Pontificia Universidad Católica Madre y Maestra

DERECHO CONSTITUCIONAL
VOLUMEN I

Quinta edición

Constitucionalismo, Constitución y derecho constitucional
Poder constituyente y reforma constitucional
La Constitución como norma
Las fuentes del derecho
La interpretación constitucional
La justicia constitucional
La dignidad humana y los principios fundamentales del Estado

```
342.7293
J82d    Jorge Prats, Eduardo, 1964-
            Derecho constitucional ; volumen 1 / Eduardo Jorge Prats. – 5 ed. –
        Santo Domingo : Librería Jurídica Internacional, S. R. L., 2024.
            Xliii, 924 páginas ; 17x28 cm.

            ISBN: 978-9945-18-990-2

            1.  Derecho constitucional-- República Dominicana I. Tít.
```

©2024 LIBRERÍA JURÍDICA INTERNACIONAL, S. R. L.

ISBN: 978-9945-18-990-2

2024 Quinta Edición
2013 Cuarta Edición
2010 Tercera Edición
2005 Segunda Edición
2003 Primera Edición

Todos los Derechos Reservados.
Registro de Propiedad Intelectual.

Ninguna parte de este libro puede ser reproducida o transmitida en ninguna forma o medio sin el permiso escrito del autor, excepto para la inclusión de citas en una reseña o revista.

DISEÑO Y PRODUCCIÓN
JM Pérez

Impreso por: Lightning Source, an INGRAM Content company
para Editorial Jurídica Venezolana International Inc.
Panamá, República de Panamá.
Email: editorialjuridicainternational@gmail.com

En memoria de mis padres,
por todo lo que me enseñaron y por todo lo que les debo.

A Ángela y mis hijos Laura y Luis Antonio,
por todo el amor y apoyo brindado.

A mis hermanos,
por su amor incondicional.

A mis estudiantes,
por permitirme ser su discípulo.

CONTENIDO

PRÓLOGO xxxvii
ABREVIATURAS UTILIZADAS xliii

CAPÍTULO UNO
Constitucionalismo, Constitución y Derecho Constitucional

1 EL CONSTITUCIONALISMO 1
  1.1 Definición 1
  1.2 Movimientos constitucionalistas y modelos constitucionales 3
    1.2.1 Modelo inglés. 3
    1.2.2 Modelo norteamericano 3
    1.2.3 Modelo francés. 4
  1.3 Las etapas fundamentales del constitucionalismo 5
    1.3.1 El constitucionalismo liberal. 5
    1.3.2 El constitucionalismo democrático 8
    1.3.3 El constitucionalismo social. 9
    1.3.4 El neoconstitucionalismo. 11
      1.3.4.1 Definición y características 11
      1.3.4.2 Criticas 14
      1.3.4.3 El neoconstitucionalismo como teoría constitucional constitucionalmente adecuada a la Constitución de 2010.... 17
      1.3.4.4 Nuevo constitucionalismo, constitucionalismo popular, populismo constitucional, autoritarismo constitucional, derecho constitucional autoritario-populista y constitucionalismo de la diversidad 17

- **1.3.4.5** El constitucionalismo del bien común 21
- **1.3.4.6** El constitucionalismo dialógico 21
- **1.4** Los problemas fundamentales del constitucionalismo 22
  - **1.4.1** Racionalismo, liberalismo, individualismo y derechos del hombre 22
  - **1.4.2** Soberanía, legitimidad y representación política. 24
  - **1.4.3** División de poderes. 24
  - **1.4.4** Presidencialismo. 25
  - **1.4.5** Derecho electoral. 25
  - **1.4.6** Control del poder. 26
  - **1.4.7** Derechos de los extranjeros 27
  - **1.4.8** Constitución supranacional, constitucionalismo global, multinivel y societal: hacia una Constitución de la Tierra. 28
  - **1.4.9** La búsqueda de la felicidad. 32
  - **1.4.10** Estados de excepción. 34
  - **1.4.11** Sentimiento constitucional, patriotismo constitucional, constitucionalismo simbólico y cultura constitucional 35
  - **1.4.12** La Constitución digital 38

2 LA CONSTITUCIÓN 40
- **2.1** Los conceptos de Constitución 40
  - **2.1.1** Los conceptos básicos de Constitución. 40
    - **2.1.1.1** La Constitución como límite al poder político. 40
    - **2.1.1.2** La Constitución como conjunto de normas fundamentales. 41
    - **2.1.1.3** La Constitución como "código" de la materia constitucional. 41
    - **2.1.1.4** La Constitución como fuente diferenciada 42
  - **2.1.2** Evolución histórica de las construcciones dogmáticas de los conceptos de Constitución 42
    - **2.1.2.1** Concepto racional normativo. 42
    - **2.1.2.2** Concepto histórico tradicional 43
    - **2.1.2.3** Concepto sociológico. 43
    - **2.1.2.4** Concepto formalista del positivismo jurídico 43
    - **2.1.2.5** Las concepciones materiales de Constitución en las teorías constitucionales modernas. 44
  - **2.1.3** Balance crítico: hacia un concepto de Constitución constitucionalmente adecuado a la Constitución dominicana 47
- **2.2** Las funciones de la Constitución 51

- **2.2.1** Las funciones clásicas 51
  - **2.2.1.1** Función de orden 51
  - **2.2.1.2** Función de estabilidad. 55
  - **2.2.1.3** Función de unidad 55
  - **2.2.1.4** Función de control y límite del poder. 55
  - **2.2.1.5** Función de garantía de la libertad, de la autodeterminación y de la protección jurídica del individuo. 57
  - **2.2.1.6** Función de fijación de la estructura organizativa fundamental del Estado 57
  - **2.2.1.7** Función de determinación de los fines materiales del Estado y de la posición jurídica del ciudadano en el Estado y en relación con el Estado. 57
  - **2.2.1.8** Función de integración 58
- **2.2.2** Las nuevas funciones 60
  - **2.2.2.1** Función de autovinculación. 60
  - **2.2.2.2** Función de inclusividad multicultural 61
  - **2.2.2.3** Función de hermenéutica. 61
  - **2.2.2.4** Función autopoiética. 63
  - **2.2.2.5** Función de defensa del orden constitucional 64

3. EL DERECHO CONSTITUCIONAL 65

- **3.1** Evolución histórica del derecho constitucional 65
  - **3.1.1** El nacimiento: el derecho constitucional como instrumento de lucha (1789-1848) 66
  - **3.1.2** La maduración: el derecho constitucional como ciencia jurídica en el Estado legal de derecho (1848-1914) 66
  - **3.1.3** La crisis: la desaparición del derecho constitucional como ciencia jurídica (1914-1978) 67
    - **3.1.3.1** Los signos de la crisis. 67
    - **3.1.3.2** Las causas de la crisis 68
    - **3.1.3.3** Las desviaciones metodológicas 68
  - **3.1.4** El renacimiento: el derecho constitucional como ciencia jurídica en los Estados con Constitución normativa 69
- **3.2** El derecho constitucional en los Estados con Constitución normativa 71
  - **3.2.1** Concepto de derecho constitucional. 71
  - **3.2.2** El derecho constitucional como ciencia jurídica 71
  - **3.2.3** El derecho constitucional como el nuevo derecho común 73

4. CONSTITUCIONALISMO, CONSTITUCIÓN Y DERECHO CONSTITUCIONAL EN LA REPÚBLICA DOMINICANA 75
   4.1 El constitucionalismo dominicano 75
      4.1.1 Evolución histórica. 75
         4.1.1.1 La lucha por un Estado independiente 76
         4.1.1.2 La lucha por la limitación del poder presidencial 77
         4.1.1.3 La lucha por los derechos fundamentales 78
         4.1.1.4 La lucha por el sufragio universal. 79
         4.1.1.5 La lucha por la transparencia electoral. 79
         4.1.1.6 La lucha por un Estado social. 80
         4.1.1.7 La lucha por la constituyente 81
         4.1.1.8 La lucha por la jurisdicción constitucional. 82
         4.1.1.9 La lucha por la igualdad y la no discriminación, el feminismo constitucional y el constitucionalismo feminista. 83
      4.1.2 Patologías esenciales. 85
         4.1.2.1 El proceso político transcurre fuera de la Constitución y su valor jurídico es casi nulo. 85
         4.1.2.2 La falta de arraigo de la Constitución y su exigencia taumatúrgica. 86
         4.1.2.3 No hay teoría constitucional: prevalece la exégesis 86
         4.1.2.4 Revisionismo constitucional antitécnico 87
         4.1.2.5 Prevalencia de la doctrina francesa. 87
         4.1.2.6 Influencia exacerbada de la politología. 88
         4.1.2.7 Confusión de la legalidad con el formalismo. 89
         4.1.2.8 La Constitución culpable 89
      4.1.3 Mitos. 89
         4.1.3.1 El mito de la inestabilidad constitucional 89
         4.1.3.2 El mito de la necesidad de la reforma constitucional. 92
         4.1.3.3 El mito de que la Constitución no se interpreta o es de interpretación restrictiva. 93
         4.1.3.4 El mito de que el derecho constitucional se agota en la Constitución y que la Constitución termina en el texto. 93
   4.2 Los caracteres esenciales de la Constitución dominicana 94
      4.2.1 Una Constitución escrita 95
      4.2.2 Una Constitución unitextual. 96

		4.2.3	Una Constitución rígida.	96
		4.2.4	Una Constitución larga.	97
		4.2.5	Una Constitución programática.	98
		4.2.6	Una Constitución compromisoria.	100
		4.2.7	Una Constitución imprecisa.	101
		4.2.8	Una Constitución de la transformación social	101
			4.2.9.1 Las influencias patrias.	102
			4.2.9.2 Las influencias extranjeras.	102
		4.2.10	Una Constitución normativa	104
		4.2.11	Una Constitución abierta y de valores.	105
		4.2.12	Una Constitución reformada nueva.	105
	4.3	El Derecho Constitucional dominicano		106
		4.3.1	Una sumaria aproximación bibliográfica al Derecho Constitucional dominicano.	106
			4.3.1.1 Los manuales y monografías claves.	106
			4.3.1.2 El derecho procesal constitucional.	107
			4.3.1.3 Las Constituciones comentadas.	107
			4.3.1.4 Los compendios jurisprudenciales	108
		4.3.2	El objetivo de esta obra.	110

CAPÍTULO DOS
Poder Constituyente y Reforma Constitucional

1.	EL PODER CONSTITUYENTE			133
	1.1	La cuestión del poder constituyente		133
		1.1.1	Catálogo de preguntas	133
		1.1.2	Diversidad de perspectivas	134
	1.2	La perspectiva genética: revelar, decir o crear una Constitución		135
		1.2.1	Revelar la norma: la desconfianza ante el poder constituyente en el modelo inglés.	136
		1.2.2	Decir la norma: el poder constituyente y la creación de un cuerpo de reglas superiores e inviolables en el modelo norteamericano	136
		1.2.3	Crear la norma: el poder constituyente en el modelo francés.	137
	1.3	La perspectiva teórica: las teorías sobre el poder constituyente		138
		1.3.1	Locke o el "supreme power"	138
		1.3.2	Sièyes o el "pouvoir constituant"	138

	1.3.3	Teoría del poder constituyente y constitucionalismo.	139
		1.3.3.1 El poder constituyente como dogma jurídico	139
		1.3.3.2 La crítica a la teoría del poder constituyente	140
1.4	El titular del poder constituyente		143
1.5	El procedimiento constituyente		146
	1.5.1	El poder constituyente como voluntad política.	146
	1.5.2	El procedimiento constituyente como forma de encauzamiento del poder constituyente.	147
		1.5.2.1 La distinción entre poder constituyente y poder de reforma	147
		1.5.2.2 Los procedimientos de preparación y realización de las decisiones del poder constituyente	148
1.6	Los límites jurídicos al poder constituyente		155
	1.6.1	Los límites al poder constituyente derivados del sistema internacional.	156
	1.6.2	Los límites al poder constituyente derivados de principios de justicia y de derecho natural.	156
	1.6.3	Los límites al poder constituyente impuestos por el orden convencional supranacional	157
1.7	El concepto de poder constituyente desde la perspectiva de la teoría analítica del derecho.		158
	1.7.1	El poder constituyente como poder revolucionario	158
	1.7.2	El poder constituyente como un poder de hecho	159
	1.7.3	El poder constituyente como un poder no constituido	159
	1.7.4	El poder constituyente como un poder jurídicamente ilimitado	159
	1.7.5	El poder constituyente como un poder productor de normas originarias.	160
	1.7.6	El poder constituyente como un poder efectivo	160
	1.7.7	El poder constituyente como poder productor de un nuevo orden jurídico	161
	1.7.8	El poder constituyente como un poder distinto al poder de reforma	162
2	**LA REFORMA CONSTITUCIONAL**		164
2.1	El concepto de reforma		165
	2.1.1	La rigidez constitucional	165
	2.1.2	Las tradiciones de reforma.	166
		2.1.2.1 La tradición norteamericana: la constitucionalización del poder constituyente.	166

		2.1.2.2	La tradición europea: de la inmutabilidad a la flexibilidad constitucional. 167
		2.1.2.3	El caso dominicano. 168
	2.1.3	La reforma constitucional y otras figuras. 168
		2.1.3.1	Reforma constitucional y mutación constitucional. 168
		2.1.3.2	Reforma constitucional, destrucción, supresión y sustitución de la Constitución. 174
		2.1.3.3	Reforma constitucional y supresión de la Constitución ... 175
		2.1.3.4	Reforma parcial y reforma total de la Constitución. 175
		2.1.3.5	Reforma constitucional explicita y reforma constitucional tácita. 176
		2.1.3.6	Reforma constitucional y quebrantamiento de la Constitución. 176
		2.1.3.7	Reforma constitucional y suspensión de la Constitución.... 176
2.2	Los procedimientos de reforma. 177
	2.2.1	La iniciativa de la reforma. 177
		2.2.1.1	Iniciativa restringida. 177
		2.2.1.2	Iniciativa compartida. 177
		2.2.1.3	Iniciativa popular 178
	2.2.2	El órgano competente para hacer las reformas. 178
		2.2.2.1	El órgano legislativo. 178
		2.2.2.2	Un órgano especial. 178
		2.2.2.3	El pueblo. 178
		2.2.2.4	Sistema mixto. 179
	2.2.3	Los procedimientos de revisión. 180
2.3	Los límites de la reforma 181
	2.3.1	Los límites explícitos o cláusulas de intangibilidad 182
		2.3.1.1	Tipos de límites. 182
		2.3.1.2	Eficacia de los límites explícitos. 183
	2.3.2	Los limites implícitos. 186
		2.3.2.1	Los límites implícitos en el derecho comparado. 187
		2.3.2.2	Los fundamentos de los límites implícitos 188
		2.3.2.3	Apreciación crítica. 193
	2.3.3	La cuestión de la reformabilidad de las normas de reforma constitucional 195
2.4	El control de la reforma 196

		2.4.1	Control político. 196
		2.4.2	Control jurisdiccional. 196
			2.4.2.1 Sentido y fundamentos del control jurisdiccional. 196
			2.4.2.2 La justicia constitucional dominicana y el control de constitucionalidad de las reformas constitucionales. 198
			2.4.2.3 Los jueces competentes para el control jurisdiccional. 200
			2.4.2.4 Los tipos de control jurisdiccional 201
			2.4.2.5 Los efectos del control jurisdiccional 206
	2.5	Las peligrosas patologías de la reforma constitucional 206
		2.5.1	La teología constituyente 206
		2.5.2	La reforma constitucional en violación a la Constitución 208
		2.5.3	El golpe de estado constituyente 210
		2.5.4	La exclusión del pueblo de la titularidad del poder constituyente 211
		2.5.6	La "purga" de la reforma irregular 212

CAPÍTULO TRES
La Constitución como Norma

1	LOS USOS DEL TÉRMINO "CONSTITUCIÓN" 217
	1.1	El uso descriptivo del término "Constitución" 217
	1.2	La Constitución como documento 217
	1.3	La Constitución en sentido normativo 217
2.	LA CONSTITUCIÓN COMO NORMA 218
	2.1	Definición de la Constitución normativa 218
	2.2	Emergencia y evolución de la concepción normativa de la Constitución 220
		2.2.1	La creación norteamericana de la Constitución normativa: el surgimiento del Estado constitucional 220
		2.2.2	El constitucionalismo francés: la soberanía de la ley como base del Estado legal 223
		2.2.3	La conversión europea a la Constitución normativa: del Estado legal al Estado constitucional 224
		2.2.4	El caso dominicano: nacimiento, muerte y resurrección de la Constitución normativa 226
	2.3	Características de la Constitución concebida como norma 228
		2.3.1	La Constitución como norma. 228
		2.3.2	La Constitución como primera norma 230
		2.3.3	La Constitución como norma suprema. 231

		2.3.3.1	Sentido de la supremacía constitucional 231
		2.3.3.2	La nulidad de pleno derecho de las normas y actos contrarios a las normas constitucionales supremas 232
	2.3.4	La Constitución como fuente. 234
	2.3.5	La Constitución como norma vinculante para todos los órganos estatales. 235
	2.3.6	La Constitución como norma de aplicación directa. 236

3 LA ESTRUCTURA NORMATIVA DE LA CONSTITUCIÓN 236

3.1 Tipología de las normas constitucionales 237
3.1.1 Reglas, principios y valores... 237
3.1.1.1 Los valores. 238
3.1.1.2 Diferencias entre reglas y principios. 249
3.1.1.3 La capacidad normogenética de los principios. 250
3.1.1.4 Los principios y el derecho natural: la "lectura moral" de la Constitución. 251
3.1.1.5 Los principios como expresión de conceptos 254
3.1.2 Derechos fundamentales y garantías institucionales. 254
3.1.3 Normas de organización. 254
3.1.3.1 La tradicional distinción entre la parte orgánica y la parte dogmática de la Constitución. 254
3.1.2.2 Clasificación de las normas de organización. 255

3.2 La Constitución como sistema abierto de reglas y de principios 255
3.2.1 Sistemas de principios y sistemas de reglas 256
3.2.2 La Constitución como sistema de reglas y principios 257

3.3 El valor normativo del Preámbulo constitucional 259

4 EL CÁRACTER VINCULANTE DE LAS NORMAS CONSTITUCIONALES 262

4.1 Aplicabilidad directa de los derechos fundamentales 262
4.2 Aplicabilidad directa de las normas organizatorias 263
4.3 Aplicabilidad directa de las normas programáticas 263

5 LA TEXTURA ABIERTA DE LA CONSTITUCIÓN 265

5.1 Densidad y apertura de las normas constitucionales 266
5.2 Unidad de la Constitución, antinomias y tensiones entre principios constitucionales 266
5.2.1 Conflicto de principios. 266
5.2.2 Unidad de la Constitución. 268

		5.2.2.1	La Constitución como novela en cadena. 268
		5.2.2.2	La Constitución como catedral 269
		5.2.2.3	La Constitución como obra colectiva. 269

6 EL CORPUS CONSTITUCIONAL 270
6.1 Concepciones del corpus constitucional 270
    6.1.1 La concepción protestante: el texto. 270
    6.1.2 La concepción católica: más que el texto. 271
        6.1.2.1 El bloque de constitucionalidad 271
        6.1.2.2 La costumbre. 275
        6.1.2.3 La interpretación del texto. 276
    6.1.3 La concepción material: la Constitución como sustracción del texto ... 276
6.2 Constitución: ¿*Law in the books*? ¿*Law in action*? ¿O ambas cosas a la vez? 277
6.3 La reserva de Constitución 278
    6.3.1 La idea de reserva de Constitución. 278
    6.3.2 Política constitucional y utopías. 278

capítulo cuatro
Las Fuentes del Derecho

1 LAS FUENTES DEL DERECHO 285
1.1 El concepto de fuente del derecho 286
    1.1.1 Sentidos de la expresión "fuentes del derecho" 286
    1.1.2 Los criterios de distinción de las fuentes del derecho. 287
        1.1.2.1 Criterio sustantivo 288
        1.1.2.2 Criterio de la eficacia "erga omnes". 289
        1.1.2.3 Criterio de las normas utilizadas por el juez. 289
        1.1.2.4 Criterio de la integración política 289
        1.1.2.5 Criterio formal 290
    1.1.3 Las fuentes del derecho como concepto simplemente teórico 290
1.2 Clasificación de las fuentes del derecho 291
    1.2.1 Fuentes-acto y fuentes de hecho 291
    1.2.2 Fuentes escritas y no escritas 291
    1.2.3 Fuentes legales y fuentes "extra ordinem". 291
    1.2.4 Fuentes constitucionales, primarias, secundarias y terciarias 292
1.3 La naturaleza política del sistema de fuentes 292

Contenido

        1.3.1 Sistema de fuentes, forma de estado, forma de gobierno. 293
        1.3.2 Estado democrático y sistema de fuentes 294
        1.3.3 Formas de gobierno y sistema de fuentes 295
  1.4 Los sistemas de fuentes 295
        1.4.1 Las categorías de fuentes 296
        1.4.2 Los sistemas de fuentes adoptados por los diversos Estados 296
            1.4.2.1 Sistemas de categoría única: una serie de fuentes 296
            1.4.2.2 Sistemas de categorías binarias: dos series de fuentes. 297
            1.4.2.3 Sistemas de categorías ternarias: tres series de fuentes. 297
        1.4.3 El sistema dominicano de fuentes del derecho. 297
            1.4.3.1 Las fuentes internacionales. 298
            1.4.3.2 Las fuentes nacionales. 298
            1.4.3.3 Las fuentes locales. 305

2 VALIDEZ, EFICACIA Y VIGENCIA DE LAS NORMAS 305
  2.1 Validez de los actos normativos 305
  2.2 La vigencia de las normas 306
        2.2.1 La entrada en vigor de las normas. 306
  2.3 La pérdida de vigencia de las normas 308
        2.3.1 El transcurso del plazo 308
        2.3.2 La derogación de las normas. 308
            2.3.2.1 La derogación como cesación de la vigencia: el contenido del efecto derogatorio. 308
            2.3.2.2 Naturaleza y fundamento de la función derogatoria: derogación expresa vs. derogación tácita. 310
            2.3.2.3 Consecuencias de la derogación: derogación expresa vs. derogación tácita 311
            2.3.2.4 Derogación y seguridad jurídica. 312
            2.3.2.5 Inconstitucionalidad de normas derogadas 312
            2.3.2.6 El Tribunal Constitucional y la derogación tácita 314
  2.4 La aplicación de las normas en el tiempo 316
        2.4.1 La regla: la irretroactividad de las normas 316
        2.4.2 La excepción: la retroactividad de las normas sancionadoras más favorables. 322
        2.4.3 La irretroactividad se predica de las normas infraconstitucionales 323

3 EL ORDENAMIENTO JURÍDICO 323
  3.1 La realidad del ordenamiento jurídico 324

	3.1.1	Ordenamiento jurídico e instituciones.. 324	
	3.1.2	Ordenamiento jurídico y pluralidad de fuentes del derecho 325	
	3.1.3	Diferenciación intrínseca. 325	
3.2	Complejidad y heterogeneidad del ordenamiento jurídico 325		
	3.2.1	El ordenamiento jurídico es un sistema de elementos interactivos. 326	
	3.2.2	El ordenamiento jurídico es un sistema dinámico. 326	
	3.2.3	El ordenamiento jurídico es un sistema autorregulado. 326	
	3.2.4	El ordenamiento jurídico es un sistema abierto. 326	
	3.2.5	El ordenamiento jurídico es un sistema borroso 327	
3.3	Caracterización del ordenamiento jurídico.. 329		
3.4	Pluralidad de ordenamientos 330		
3.5	Principios estructurales del ordenamiento jurídico 330		
	3.5.1	La unidad del ordenamiento. 331	
		3.5.1.1	El principio de constitucionalidad. 331
		3.5.1.2	La seguridad jurídica. 331
	3.5.2	La coherencia del ordenamiento... 332	
		3.5.2.1	El principio de jerarquía.. 333
		3.5.2.2	El principio de competencia.. 335
		3.5.2.3	El principio de prevalencia 335
		3.5.2.4	Otros principios.. 336
	3.5.3	La plenitud del ordenamiento. 336	
		3.5.3.1	Caracterización de la plenitud del ordenamiento............. 336
		3.5.3.2	Autointegración y heterointegración. 337
3.6	La Constitución en el ordenamiento jurídico... 337		
	3.6.1	La Constitución como norma superior del ordenamiento jurídico. ... 337	
		3.6.1.1	Posición jerárquico-normativa.. 337
		3.6.1.2	La Constitución en el vértice de la pirámide normativa... 341

4 LAS FUENTES INTERNACIONALES Y SUPRANACIONALES 342

4.1	Las fuentes internacionales... 342		
	4.1.1	Hacia una concepción de las relaciones entre el derecho internacional y el derecho nacional constitucionalmente adecuada....344	
	4.1.2	Recepción de las normas internacionales. 348	
		4.1.2.1	Modalidades de recepción 348
		4.1.2.2	El sistema dominicano de recepción de las normas internacionales. 349
	4.1.3	Jerarquía de las normas internacionales en el sistema de fuentes. 351	

			4.1.3.1	La costumbre internacional. 351
			4.1.3.2	Los tratados internacionales. 351
		4.1.4	Aplicación de las normas internacionales. 359
			4.1.4.1	Procedimiento para dirimir conflictos entre normas internacionales y normas nacionales 359
			4.1.4.2	Aplicación e interpretación de los tratados internacionales por los jueces nacionales. 362
	4.2	Las fuentes supranacionales 365
		4.2.1	Base constitucional de la incorporación de las fuentes supranacionales 365
		4.2.2	Los principios del derecho supranacional. 366
			4.2.2.1	Aplicación del derecho derivado supranacional 366
			4.2.2.2	El principio del efecto directo. 367
			4.2.2.3	El principio de primacía. 367
		4.2.3	Los límites del derecho supranacional. 367
		4.2.4	Control de constitucionalidad del derecho supranacional 368
		4.2.5	El caso de la CADH como derecho supranacional 368
			4.2.5.1	La Corte IDH como órgano supranacional. 368
			4.2.5.2	Invalidación de los actos contrarios al derecho supranacional. 369
			4.2.5.3	Supremacía de la CADH. 369
			4.2.5.4	Aplicación directa de las normas supranacionales. 370
			4.2.5.5	Sentencias de la Corte IDH y cosa juzgada. 370
5	LA LEY 370
	5.1	Definición y características 370
		5.1.1	El carácter general. 371
		5.1.2	El carácter obligatorio 380
		5.1.3	El carácter permanente 380
	5.2	Dominio de la ley y reservas de ley 380
		5.2.1	Dominio de la ley. 380
		5.2.2	Reservas de ley. 382
			5.2.2.1	Definición y sentido de las reservas 382
			5.2.2.2	Reservas absolutas y reservas relativas 386
	5.3	Fuerza de ley 388
	5.4.	Normas con rango de ley: el caso de los "decretos-ley" 390
	5.5	El procedimiento legislativo 391

		5.5.1	La iniciativa legislativa. 391
		5.5.2	Aprobación. 392
		5.5.3	Promulgación. 392
		5.5.4	Observaciones.. 392
			5.5.4.2 Procedimiento 393
			5.5.4.3 Forma y contenido de las observaciones. 393
			5.5.4.4 Mayorías necesarias 393
			5.5.4.5 Mayorías en caso de leyes orgánicas observadas. 393
			5.5.4.6 Escenarios. 394
		5.5.5	Publicación. 395
	5.6	Leyes orgánicas y leyes ordinarias 395
		5.6.1	El concepto de ley orgánica... 396
		5.6.2	Significado constitucional de la ley orgánica. 397
		5.6.3	El carácter material de la reserva de ley orgánica........................... 398
			5.6.3.1 El ámbito necesario de la reserva. 399
			5.6.3.2 El ámbito estricto de la reserva. 406
			5.6.3.3 El ámbito eventual de la reserva. 406
		5.6.4	Las relaciones de la ley orgánica con la ley ordinaria y el control de constitucionalidad 407
		5.6.5	Las leyes relativas a la moneda y la banca. 408
6	EL REGLAMENTO.. 408
	6.1	Surgimiento de la potestad reglamentaria.. 408
	6.2	Titularidad del poder reglamentario... 409
	6.3	Fundamento de la potestad reglamentaria... 410
	6.4	Concepto de reglamento.. 411
	6.5	Ámbito del reglamento 413
	6.6	Clases de reglamentos 414
		6.6.1	Reglamentos ejecutivos... 415
		6.6.2	Reglamentos independientes o autónomos.................................... 415
		6.6.3	Reglamentos de los municipios 419
		6.6.4	Reglamentos de las administraciones independientes. 419
	6.7	La relación entre ley y reglamento.. 421
		6.7.1	Los modelos de relación jerárquica... 421
			6.7.1.1 El modelo francés 421
			6.7.1.2 El modelo norteamericano.. 423

	6.7.2	Lugar de la ley y el reglamento en el sistema constitucional dominicano.	423
	6.7.3	La fuerza activa de la ley frente al reglamento.	425
	6.7.4	El control jurisdiccional de los reglamentos.	426
	6.7.5	Las reservas de ley y el reglamento	426
	6.7.6	Conformidad del reglamento a la ley.	427
6.8		El procedimiento de adopción de reglamentos y el debido proceso reglamentario.	428

7 LA JURISPRUDENCIA Y EL PRECEDENTE JURISDICCIONAL 431

7.1	La teoría clásica de la función judicial		432
	7.1.1	La separación entre creación y aplicación del derecho	432
	7.1.2	La teoría clásica de la función judicial y su crítica	432
	7.1.3	La naturaleza de la decisión judicial y las reglas de aplicación en el Estado democrático de derecho.	434
7.2	El precedente jurisdiccional		435
	7.2.1	Definición	435
	7.2.2	Jurisprudencia y precedente.	436
	7.2.3	Fundamento del precedente	437
	7.2.4	Obligatoriedad del precedente: ratio decidendi y obiter dicta.	440
	7.2.5	El precedente y el principio de igualdad.	443
	7.2.6	Precedente y cambios jurisprudenciales.	444
	7.2.7	La técnica del distinguishing.	447
	7.2.8	Posición del precedente en el sistema de fuentes.	447
	7.2.9	Graduación de la intensidad del precedente.	448
	7.2.10	Uso de los precedentes y línea jurisprudencial	448
7.3	La jurisprudencia de la Suprema Corte de Justicia como tribunal de casación		450
	7.3.1	Función constitucional de la casación.	450
	7.3.2	Las sentencias que versan sobre excepciones de inconstitucionalidad	455
7.4	La jurisprudencia del Tribunal Constitucional		456
	7.4.1	Características de la producción jurídica del Tribunal Constitucional	456
		7.4.1.1 La complejidad de la producción jurídica del Tribunal Constitucional.	456
		7.4.1.2 El carácter complementario de la producción jurisprudencial del Tribunal Constitucional.	458
		7.4.1.3 La producción jurisprudencial opera parcialmente sobre contextos normativos previamente definidos.	458
	7.4.2	El valor normativo de las sentencias del Tribunal Constitucional	460

	7.4.3	El precedente constitucional y su influjo en la práctica, estudio y enseñanza del Derecho	462
7.5		La jurisprudencia de los órganos supranacionales y la cuestión del precedente interamericano	463
	7.5.1	Obligatoriedad de las decisiones de la Corte IDH	463
	7.5.2	Obligatoriedad de los pronunciamientos de la Comisión Interamericana de Derechos Humanos	464
	7.5.3	La Suprema Corte de Justicia y el valor vinculante de la jurisprudencia supranacional	464
	7.5.4	La consagración del precedente interamericano	464
	7.5.5	El precedente interamericano y la autoridad de la "cosa interpretada"	465
	7.5.6	Fundamentos del carácter vinculante del precedente interamericano desde la perspectiva del sistema interamericano de derechos humanos	466
	7.5.7	El locus del precedente interamericano: la ratio decidendi	467
	7.5.8	El carácter vinculante del precedente interamericano en el ordenamiento jurídico-constitucional dominicano	468
	7.5.9	El precedente interamericano como parte del bloque de constitucionalidad	469
	7.5.10	Precedente interamericano, interpretación conforme al derecho internacional de los derechos humanos y principio constitucional de favorabilidad	469
	7.5.11	Irrelevancia jurídica de la adhesión de la República Dominicana a la competencia de la Corte IDH para la determinación de la vinculatoriedad del precedente interamericano	471
	7.5.12	Efectos jurídicos de las opiniones consultivas de la Corte IDH	475
	7.5.13	Consecuencias de la vinculatoriedad del precedente interamericano	476
7.6		La jurisprudencia y el precedente electoral	476
7.7		La jurisprudencia como parte del ordenamiento	477
8	**LA COSTUMBRE**		**482**
8.1		Relevancia constitucional de la costumbre	483
8.2		La costumbre constitucional	483
8.3		Las convenciones constitucionales	483
8.4		Las reglas de corrección constitucional	484
8.5		La práctica y el precedente constitucional	485

CAPÍTULO CINCO
La Interpretación Constitucional

1. LA TRADICIONAL AUSENCIA DE LA INTERPRETACIÓN EN EL DERECHO CONSTITUCIONAL 495
2. LA DISCUSIÓN EN TORNO A LA INTERPRETACIÓN CONSTITUCIONAL 497
   - 2.1 La discusión estadounidense 497
     - 2.1.1 La corriente del interpretativismo u originalismo 497
     - 2.1.2 La corriente del no interpretativismo o del constitucionalismo viviente. 499
     - 2.1.3 El "constitucionalismo del bien común" y la "moral interna del derecho". 500
   - 2.2 La discusión alemana 505
     - 2.2.1 El método jurídico 505
     - 2.2.2 El método científico-espiritual 505
   - 2.3 Puntos de contacto entre las discusiones y balance crítico 505
3. CONCEPTOS BÁSICOS DE LA INTERPRETACIÓN, APLICACIÓN Y CONCRETIZACIÓN CONSTITUCIONAL 507
   - 3.1 Realización constitucional.. 507
   - 3.2 Interpretación constitucional 507
   - 3.3 Concretización de la Constitución 508
   - 3.4 Densificación de normas.. 508
   - 3.5 Norma y formulación de norma 509
   - 3.6 Norma constitucional 512
   - 3.7 Normatividad 512
   - 3.8 Texto normativo 512
   - 3.9 Ámbito de reglamentación 512
   - 3.10 Ámbito de protección 512
   - 3.11 Espacio de interpretación 512
4. DIMENSIONES DE LA INTERPRETACIÓN CONSTITUCIONAL 512
   - 4.1 Dimensiones metodológicas... 512
   - 4.2 Dimensiones políticas 513
   - 4.3 Dimensiones jurídicas 514
   - 4.4 Dimensiones lingüísticas.. 514
   - 4.5 Dimensiones constitucionales 514

5 LOS MÉTODOS DE INTERPRETACIÓN 515

5.1 Los métodos 515

5.1.1 El método jurídico o hermenéutico-clásico 515

5.1.1.1 Interpretación gramatical. 515
5.1.1.2 Interpretación histórica. 516
5.1.1.3 La interpretación lógica. 517
5.1.1.4 La interpretación sistemática. 517
5.1.1.5 La interpretación teleológica. 517

5.1.2 El método científico-espiritual 518
5.1.3 El método tópico. 518
5.1.4 El método concretizador o normativo-estructurante. La concretización y el método normativo estructurante pueden ser estudiados como dos métodos separados o, como lo hacemos aquí, como un método único 518

5.1.4.1 Sentido del método. 518
5.1.4.2 El postulado normativo de constitucionalidad 520
5.1.4.3 El programa normativo 520

5.2 Balance crítico: El pluralismo de los métodos de interpretación constitucional, el "equilibrio reflexivo" y la interpretación constitucional constitucionalmente adecuada a la Constitución. 525

6 EL CATÁLOGO DE PRINCIPIOS DE INTERPRETACIÓN CONSTITUCIONAL 528

6.1 Influencia del carácter principista de las normas constitucionales en la interpretación constitucional: pluralismo de principios. 528

6.2 La interpretación "de" la Constitución 531

6.2.1 Principio de la unidad de la Constitución. 531
6.2.2 Principio de concordancia práctica. 532
6.2.3 Principio de la Constitución como orden de valores. 533
6.2.4 El principio del efecto integrador 536
6.2.5 El principio de máxima efectividad 536
6.2.6 El principio de corrección funcional 537
6.2.7 El principio de la fuerza normativa de la Constitución 537
6.2.8 La interpretación de la Constitución de conformidad con el derecho internacional. 537

6.3 La interpretación "desde" la Constitución: 538

6.3.1 La interpretación conforme a la Constitución. 538
6.3.2 La interpretación conforme al derecho internacional 539

7 INTERPRETACIÓN CONSTITUCIONAL Y TEORÍA DE LA ARGUMENTACIÓN 540

8 LÍMITES DE LA INTERPRETACIÓN CONSTITUCIONAL 541
8.1 Las mutaciones constitucionales 542
8.2 La interpretación auténtica 542
8.3 Las normas constitucionales inconstitucionales 542

9 LA PONDERACIÓN DE BIENES 543
9.1 Relevancia de la ponderación de bienes 543
9.2 Interpretación y ponderación 543
9.3 El principio de razonabilidad 544
9.3.1 Definición, origen, migración y denominación del principio 544
9.3.2 Reconocimiento jurisprudencial del principio 545
9.3.3 Razonabilidad, arbitrariedad, racionalidad e igualdad 546
9.3.4 Contenido del principio 547
9.3.5 El test de razonabilidad 548
9.3.6 La razonabilidad y la realidad social 549
9.4 Ponderación, "balance por definición" y razonabilidad 550
9.5 El peligro de la jurisprudencia valorativa 550

10. LOS SUJETOS DE LA INTERPRETACIÓN CONSTITUCIONAL 551

11 LAS PATOLOGÍAS DE LA INTERPRETACIÓN CONSTITUCIONAL: LA DEGENERACIÓN DEL DERECHO POR LA VÍA DE LA INCONSTITUCIONAL ALQUIMIA INTERPRETATIVA O, EN VERDAD, MALTRATO CONSTITUCIONAL 552
11.1 La revolución secreta de los jueces 553
11.2 Alquimia interpretativa y maltrato constitucional 554
11.3 Derecho degenerado, resistencia jurisdiccional, lucha por el Derecho y hegemonía cultural 556

CAPÍTULO SEIS
La Justicia Constitucional

1 LA JUSTICIA CONSTITUCIONAL COMO FORMA DE CONTROL DEL PODER 567
1.1 El control del poder 567
1.2 El control jurisdiccional de constitucionalidad: jurisdicción constitucional y justicia constitucional 568

1.3	Justicia constitucional y derecho procesal constitucional		568
1.4	La justicia constitucional como garantía constitucional		570
	1.4.1	La justicia constitucional como garantía objetiva de la Constitución	570
	1.4.2	La justicia constitucional como garantía subjetiva de los derechos fundamentales	571
1.5	Presupuestos para la existencia de la justicia constitucional		572
	1.5.1	Una Constitución rígida	572
	1.5.2	Un órgano de control jurisdiccional independiente del órgano controlado	573
	1.5.3	Un órgano de control con facultades decisorias.	573
	1.5.4	Posibilidad de los particulares impugnar por sí mismos los actos inconstitucionales	573
	1.5.5	La sumisión de toda la actividad estatal a la justicia constitucional.	573
1.6	Los modelos de justicia constitucional		575
	1.6.1	Criterios para tipificar los modelos	575
		1.6.1.1 Los sujetos del control	575
		1.6.1.2 El modo del control.	577
		1.6.1.3 La abstracción del control.	578
		1.6.1.4 El tiempo del control	578
		1.6.1.5 Las partes del control	578
		1.6.1.6 Los efectos del control.	578
	1.6.2	Los diferentes modelos.	579
		1.6.2.1 El modelo estadounidense: control difuso.	579
		1.6.2.2 El modelo europeo: el control concentrado	582
		1.6.2.3 La desviación francesa: el Consejo Constitucional	588
		1.6.2.4 El modelo latinoamericano: entre el sistema dual y el sistema mixto	593
		1.6.2.5 El modelo commonwealth	595
	1.6.3	Comparación de los modelos de justicia constitucional	596
		1.6.3.1 Diferencias y semejanzas.	596
		1.6.3.2 Hacia la convergencia de los modelos	597
		1.6.3.3 Ventajas y desventajas.	599
	1.6.4	La legitimidad de la justicia constitucional	607
		1.6.4.1 La objeción democrática	607
		1.6.4.2 Una legitimidad basada en la deliberación, la argumentación y la garantía de los derechos: el Tribunal Constitucional como "tribunal ciudadano" y su misión pedagógica en el Estado constitucional	610

	1.7	El sistema dominicano de justicia constitucional... 615
2	LOS PRINCIPIOS RECTORES DE LA JUSTICIA CONSTITUCIONAL... 615
	2.1	Accesibilidad... 615
	2.2	Celeridad.. 616
	2.3	Constitucionalidad 617
	2.4	Efectividad 617
	2.5	Favorabilidad.. 618
	2.6	Gratuidad 620
	2.7	Inconvalidabilidad 621
	2.8	Inderogabilidad 621
	2.9	Informalidad.. 622
	2.10	Interdependencia 623
		2.10.1 El bloque de constitucionalidad como parámetro del control de constitucionalidad 623
		2.10.2 El bloque de convencionalidad como parámetro del control de constitucionalidad 625
	2.11	Oficiosidad 627
	2.12	Supletoriedad.. 628
		2.12.1 El derecho procesal constitucional como derecho supletorio en la justicia constitucional. 628
		2.12.1.1 El desarrollo histórico del derecho procesal constitucional.... 628
		2.12.1.2 La disciplina del derecho procesal constitucional y la cuestión de su fundador. 631
		2.12.1.3 La naturaleza jurídica del derecho procesal constitucional.... 632
		2.12.1.4 El contenido del derecho procesal constitucional. 634
		2.12.1.5 El derecho procesal constitucional en la República Dominicana.. 635
		2.12.1.6 Sentido de la supletoriedad del derecho procesal constitucional 636
		2.12.1.7 Subsidiariedad de la legislación procesal de la materia discutida 637
		2.12.1.8 Los principios generales del derecho procesal constitucional... 637
	2.13	Vinculatoriedad... 638
3	LA JUSTICIA CONSTITUCIONAL EJERCIDA POR EL PODER JUDICIAL 640
	3.1	La justicia constitucional activada por vía de excepción: la excepción de constitucionalidad 640

	3.1.1	El objeto del control de constitucionalidad por vía de excepción: la excepción de inconstitucionalidad supone un cuestionamiento no solo de normas sino también de cualquier acto de los poderes públicos, aún sin carácter normativo, pretendidamente inconstitucional.	641
	3.1.2	La cuestión de la inconstitucionalidad es previa.	642
	3.1.3	La cuestión de la inconstitucionalidad es incidental	643
	3.1.4	La inconstitucionalidad debe ser pronunciada de oficio por el juez	643
	3.1.5	El efecto relativo de la decisión judicial.	643
	3.1.6	El derecho procesal de la excepción de inconstitucionalidad	645
		3.1.6.1 Las partes	645
		3.1.6.2 El tribunal competente y la cuestión del control difuso ejercido por el Tribunal Constitucional.	645
		3.1.6.3 Formas de interponer la excepción.	648
		3.1.6.4 La sentencia: sus efectos declarativos.	648
		3.1.6.5 La impugnación de la decisión que rechaza la excepción	648
3.2	La justicia constitucional activada por vía de acción: los procesos constitucionales de conocimiento de las acciones de garantía de los derechos fundamentales		648
4	**LA JUSTICIA CONSTITUCIONAL EJERCIDA POR EL TRIBUNAL CONSTITUCIONAL**		649
4.1	Organización y funcionamiento del Tribunal Constitucional		650
	4.1.2	Integración	650
	4.1.3	Designación de los jueces del Tribunal	651
		4.1.3.1 El rol de los partidos políticos.	651
		4.1.3.2 El rol de las organizaciones de la sociedad civil.	651
		4.1.3.3 No hay cuota en la matrícula del Tribunal Constitucional para jueces de carrera.	652
	4.1.4	Requisitos de elegibilidad.	652
	4.1.5	Duración en el cargo y renovación de los jueces del Tribunal	652
	4.1.6	Inelegibilidad.	653
	4.1.7	Independencia de los jueces del Tribunal.	653
	4.1.8	Responsabilidad de los jueces del Tribunal.	654
	4.1.9	Mayoría para decidir	655
	4.1.10	Irrecusabilidad y obligación de asistencia.	656
	4.1.11	Obligación de asistencia, de votar y de motivar. El artículo 29 de la LOTCPC dispone que	656
	4.1.12	Autonomía procesal del Tribunal Constitucional	657

	4.1.13	Las atribuciones del Tribunal Constitucional.	659
4.2	La acción directa de inconstitucionalidad		659
	4.2.1	El carácter abstracto y objetivo del proceso	659
	4.2.2	El carácter imprescriptible del ejercicio de la acción.	660
	4.2.3	El objeto del control concentrado.	660
		4.2.3.1 Ampliación del objeto del control concentrado.	660
		4.2.3.2 Los actos administrativos como objeto del control concentrado	661
		4.2.2.3 La cuestión de las sentencias	671
		4.2.3.4 La aplicación e interpretación de los textos normativos como objeto del control concentrado.	671
		4.2.3.5 La Constitución como objeto del control concentrado	680
	4.2.4	La inconstitucionalidad por omisión.	681
		4.2.4.1 Constitución, legislador y sentido de la censura de la inconstitucionalidad por omisión en el Estado social y democrático de derecho.	681
		4.2.4.2 Definición de omisión inconstitucional	683
		4.2.4.3 Omisiones absolutas y relativas	686
		4.2.4.5 La inconvencionalidad por omisión	687
		4.2.4.6 El contexto normativo de la inconstitucionalidad por omisión en la República Dominicana	688
		4.2.4.7 El Tribunal Constitucional y la inconstitucionalidad por omisión	691
	4.2.5	La legitimación procesal exigida al accionante en inconstitucionalidad: la cuestión del interés legítimo.	695
		4.2.5.1 La acción de los funcionarios.	695
		4.2.5.2 La distinción entre acto normativo o general y acto no normativo o individual como base de la definición conceptual del interés legítimo y jurídicamente protegido	695
		4.2.5.3 El interés legítimo y jurídicamente protegido en el Estado social y democrático de derecho	699
		4.2.5.4 El reconocimiento por el Tribunal Constitucional de la acción popular de inconstitucionalidad	701
		4.2.5.5 La inutilidad sobrevenida del interés legítimo	703
	4.2.6	Procedimiento para la interposición y el conocimiento de la acción.	705
		4.2.6.1 Acto introductivo.	705
		4.2.6.2 Efectos de la interposición de la acción.	705

		4.2.6.3	Notificación de la acción y carácter no contradictorio del proceso. 706
		4.2.6.4	Publicación. 707
		4.2.6.5	Audiencia, conclusiones e informes. 708
		4.2.6.6	Plazo y moratoria 709
	4.2.7	\multicolumn{2}{l	}{La cuestión de la potestad cautelar del Tribunal Constitucional en el conocimiento de las acciones directas en inconstitucionalidad .... 709}
	4.2.8	\multicolumn{2}{l	}{Los principios propios del conocimiento de la acción directa en inconstitucionalidad. .... 711}
		4.2.8.1	El principio del pedido. 711
		4.2.8.2	El principio de instrucción. 711
		4.2.8.3	El principio de congruencia. 711
		4.2.8.4	El principio de individualización. 711
		4.2.8.5	El principio de control material. 712
4.3	\multicolumn{3}{l	}{El control preventivo de los tratados internacionales .... 712}
	4.3.1	\multicolumn{2}{l	}{El control solo opera respecto a los tratados internacionales. .... 712}
	4.3.2	\multicolumn{2}{l	}{Fundamento del control. .... 712}
	4.3.3	\multicolumn{2}{l	}{Personas legitimadas para cuestionar preventivamente la constitucionalidad de los tratados. .... 713}
	4.3.4	\multicolumn{2}{l	}{El control es automático y obligatorio. .... 713}
	4.3.5	\multicolumn{2}{l	}{Efectos de la decisión del Tribunal Constitucional sobre la constitucionalidad del tratado y eventual impugnación por inconstitucionalidad a posteriori del tratado .... 714}
		4.3.5.1	El control de constitucionalidad a posteriori de los tratados internacionales declarados constitucionales por el Tribunal Constitucional tras el control preventivo. 714
		4.3.5.2	El control de constitucionalidad a posteriori de los tratados internacionales en vigor con anterioridad a la reforma constitucional de 2010 715
	4.3.6	\multicolumn{2}{l	}{Evaluación de la idoneidad del existente mecanismo de control preventivo de los tratados internacionales. .... 716}
4.4	\multicolumn{3}{l	}{Los conflictos de competencia. .... 717}
	4.4.1	\multicolumn{2}{l	}{Origen de esta atribución del Tribunal Constitucional .... 717}
	4.4.2	\multicolumn{2}{l	}{Fundamento de la resolución jurisdiccional de los conflictos de competencia .... 717}
	4.4.3	\multicolumn{2}{l	}{Concepto de conflictos de competencia. .... 717}
	4.4.4	\multicolumn{2}{l	}{Elementos constitutivos del conflicto de competencia. .... 718}
	4.4.5	\multicolumn{2}{l	}{Procedimiento .... 718}

4.4.6 Precedente lamentable y peligroso del Tribunal Constitucional. 718
4.5 La autorrevisión de las sentencias del Tribunal Constitucional. 719

5 LAS SENTENCIAS CONSTITUCIONALES 721
  5.1 Definición 722
  5.2 Los principios de las sentencias constitucionales 723
   5.2.1 Principio de congruencia. 723
   5.2.2 Principio de motivación. 724
   5.2.3 Principio de presunción de constitucionalidad de la ley. 726
   5.2.4 Principio de interpretación conforme a la Constitución. 727
  5.3 Los efectos de las sentencias constitucionales 728
   5.3.1 Los efectos temporales. 728
    5.3.1.1 Modelos de control de constitucionalidad y efectos temporales. 728
    5.3.1.2 Los grados de retro e irretroactividad. 730
    5.3.1.3 Modulación por los tribunales constitucionales de los efectos temporales de sus sentencias. 734
   5.3.2 Los efectos normativos. 737
    5.3.2.1 Efecto *erga omnes*. 737
    5.3.2.2 Efecto de cosa juzgada. 738
    5.3.2.3 Vinculación de los poderes públicos. 740
  5.4 Los tipos de sentencias constitucionales 743
   5.4.1 Sentencias estimatorias. 743
    5.4.1.1 Sentencias de inconstitucionalidad simple de carácter parcial. 743
    5.4.1.2 Sentencias de inconstitucionalidad simple de carácter total 744
   5.4.2 Sentencias desestimatorias. 744
   5.4.3 Sentencias interpretativas 744
    5.4.3.1 Las sentencias interpretativas stricto sensu 745
    5.4.3.2 Las sentencias iuterpretativas lato sensu 747
  5.5 El costo de las sentencias constitucionales 750
  5.6 La ejecución de las sentencias del Tribunal Constitucional 751

6 EL CONTROL DIFUSO DE CONSTITUCIONALIDAD Y CONVENCIONALIDAD EJERCIDO POR LOS ÓRGANOS ESTATALES NO JURISDICCIONALES 753

CAPÍTULO SIETE

La Dignidad Humana
como Fundamento del Estado y de la Constitución

1 LA DIGNIDAD HUMANA EN LA CONSTITUCIÓN 769
    1.1   La garantía de la dignidad humana como fundamento del Estado y de la Constitución 769
    1.2   La imagen del ser humano en la Constitución 772
    1.3   Concepto y contenido de la dignidad humana.. 774
    1.4   La dignidad humana como derecho fundamental 776

2 EL RESPETO Y LA PROTECCIÓN DE LA DIGNIDAD HUMANA 779
    2.1   Dignidad humana y Derecho Penal 780
    2.2   Dignidad humana y privacidad 780
    2.3   Dignidad humana y manipulación genética 781
    2.4   Dignidad humana, tecnología estatal y programación de las personas 781
    2.5   Dignidad humana y autodeterminación... 782
    2.6   Dignidad humana y derecho a una existencia material mínima 783
    2.7   Dignidad humana y derechos del trabajador 783
    2.8   Dignidad humana y derechos de la mujer 784
    2.9   Dignidad humana y discurso de odio.. 784

CAPÍTULO OCHO

Los Principios
Fundamentales del Estado

1 EL ENCUADRAMIENTO CONSTITUCIONAL DEL ESTADO 787
    1.1   Constitución y Estado 787
    1.2   El nombre del Estado: República Dominicana...................................... 789

2. LOS ELEMENTOS CONSTITUTIVOS DEL ESTADO 789
    2.1   El elemento político del Estado: el monopolio de la coacción legítima............. 790
        2.1.1   Surgimiento del Estado moderno.. 790
        2.1.2   La consolidación de la soberanía como fundamento del poder del Estado.. 791
        2.1.3   La teoría del contrato social como justificación del Estado 792
        2.1.4   La soberanía como función 792
        2.1.5   La soberanía democrática.. 792

	2.1.6	Soberanía del Estado, soberanía en el Estado y soberanía de la Constitución.. 793	
		2.1.6.1 Soberanía del Estado. 793	
		2.1.6.2 Soberanía en el Estado 793	
2.2	El elemento humano del Estado: el pueblo 795		
	2.2.1	Pueblo y nación 795	
	2.2.2	Nacionalidad, ciudadanía y extranjería... 797	
	2.2.3	El régimen de la nacionalidad. 800	
		2.2.3.1 Tipos de nacionalidad. 800	
		2.2.3.2 Límites a la competencia estatal para regular la nacionalidad 801	
		2.2.3.3 Pérdida de la nacionalidad. 805	
		2.2.3.4 La doble nacionalidad. 806	
	2.2.4	La ciudadanía. 806	
	2.2.5	Los extranjeros.. 806	
		2.2.5.1 Ingreso y admisión 806	
		2.2.5.2 Los refugiados. 806	
		2.2.5.3 Permanencia y expulsión de extranjeros........................... 809	
2.3	El elemento físico del Estado: el territorio.. 809		
	2.3.1	Conformación del territorio.. 810	
	2.3.2	Régimen de seguridad y desarrollo fronterizo 810	
	2.3.3	División político-administrativa del territorio. 810	
2.4	El elemento cultural: la cultura como cuarto elemento del Estado 812		
	2.4.1	El territorio como valor constitucional... 812	
	2.4.2	Los símbolos patrios en su dimensión cultural 812	
		2.4.2.1 La Bandera Nacional.. 813	
		2.4.2.2 El Escudo Nacional.. 814	
		2.4.2.3 El Himno Nacional.. 814	
		2.4.2.4 El Lema Nacional y el sentido jurídico-constitucional de las "cláusulas Dios" y de los símbolos religiosos en los espacios públicos.. 814	
		2.4.2.5 Días de Fiesta Nacional. 818	
2.5	El elemento ecológico: los recursos naturales como quinto elemento del Estado 819		

3 LOS PRINCIPIOS FUNDAMENTALES DEL ESTADO 820

    3.1 El principio republicano 820

	3.1.1	¿En qué consiste la República Dominicana?	820
		3.1.1.1 Autodeterminación y autogobierno.	821
		3.1.1.2 República popular	821
		3.1.1.3 República y democracia participativa.	821
		3.1.1.4 República y dignidad de la persona humana	822
		3.1.1.5 República y libertades.	823
		3.1.1.6 República social	823
		3.1.1.7 República verde.	823
		3.1.1.8 Res publica y res privada.	824
	3.1.2	La forma republicana de gobierno.	824
		3.1.2.1 Monarquía y República.	824
		3.1.2.2 La República como organización del poder y de la libertad	825
		3.1.2.3 República y democracia	825
		3.1.2.4 República y descentralización	826
		3.1.2.5 República y función pública.	826
3.2	La cláusula del Estado social y democrático de derecho		827
	3.2.1	El Estado democrático	828
		3.2.1.1 Contenido	828
		3.2.1.2 La democracia como forma de Estado y como forma de gobierno.	831
		3.2.1.3 El pueblo como titular del poder del Estado.	833
		3.2.1.4 La necesidad de una legitimación democrática efectiva para el ejercicio del poder del Estado.	835
		3.2.1.5 Principio democrático y representación.	836
		3.2.1.6 Principio democrático y principio mayoritario.	836
		3.2.1.7 El principio democrático y los demás principios fundamentales.	839
		3.2.1.8 Tipificación del Estado dominicano como forma de democracia.	840
		3.2.1.9 Democracia y derecho.	841
		3.2.1.10 El principio democrático y sus límites: la cuestión de la desobediencia civil	842
	3.2.2	El Estado de Derecho	842
		3.2.2.1 Evolución histórica	843
		3.2.2.2 Los modelos de Estado de derecho	846

		3.2.2.3 Las dimensiones del Estado de derecho.	851
		3.2.2.4 El Estado de Derecho y sus subprincipios concretizadores	862
		3.2.2.5 Estado de derecho y democracia.	873
	3.2.3	El Estado social.	874
		3.2.3.1 Fundamentos del Estado social.	874
		3.2.3.2 Dimensiones del Estado social.	880
		3.2.3.3 El Estado social y los demás principios fundamentales.	882
		3.2.3.4 Significado jurídico-constitucional del Estado Social.	884
3.3	El Estado unitario descentralizado		890
	3.3.1	El Estado unitario en la Constitución.	890
		3.3.1.1 El principio de unidad del Estado como presupuesto de la Constitución: la unidad del poder constituyente.	890
		3.3.1.2 Significado del principio de unidad del Estado	891
		3.3.1.3 Intangibilidad de la unidad del Estado	891
	3.3.2	El Estado unitario descentralizado.	892
		3.3.2.1 El principio de autonomía de las autarquías locales	892
		3.3.2.2 El principio de subsidiariedad.	892
		3.3.2.3 Nuevas formas de descentralización	893
		3.3.2.4 El principio de participación.	893
3.4	El Estado cooperativo o abierto al Derecho internacional		893
	3.4.1	La emergencia del Estado cooperativo.	893
	3.4.2	La apertura al derecho internacional.	896
		3.4.2.1 Sentido de la apertura internacional.	896
		3.4.2.2 Límites de la apertura internacional.	898
	3.4.3	La apertura a la integración americana	899
		3.4.3.1 Base constitucional de la apertura a América.	899
		3.4.3.2 Integración y transferencia de competencias	899
		3.4.3.3 Modalidades de integración.	900
		3.4.3.4 Límites de la integración: la soberanía exclusiva de la Supra-constitución material.	900
3.5	El Estado de cultura.		902
	3.5.1	La dignidad humana como premisa antropológico-cultural del Estado constitucional.	902
	3.5.2	Los derechos culturales.	903
	3.5.3	El pluralismo cultural.	903
	3.5.4	El concepto abierto de cultura	904

	3.5.5	La internacionalización del Estado de cultura	904
	3.5.6	El patrimonio cultural de la Nación.	905
	3.5.7	El trabajo	906
	3.5.8	La cultura de la Constitución	907
		3.5.8.1 El Estado constitucional como conquista cultural.	907
		3.5.8.2 El fundamento cultural del derecho constitucional.	907
		3.5.8.3 La cultura constitucional.	907
		3.5.8.4 La teoría de la Constitución como ciencia cultural.	908
3.6	El Estado regulador y garante		908
	3.6.1	Las mutaciones del Estado	908
	3.6.2	La emergencia del Estado regulador y garante	911
	3.6.3	El fenómeno de la regulación	912
	3.6.4	La cláusula constitucional del Estado regulador.	914

PRÓLOGO

Este libro ha sido concebido como un manual de Derecho Constitucional. De ahí que carezca de notas explicativas al pie y que la bibliografía provista al final de cada capítulo se refiera exclusivamente a las obras básicas que deberían ser consultadas para conocer más del tema tratado, así como a las obras citadas en el texto. En este sentido, esta obra tiene la pretensión de ser brújula que permita al lector surcar los mares del Derecho Constitucional y sentar las bases para "aprender a aprender" Derecho Constitucional. Que sea manual no significa, sin embargo, que la obra solo sea útil para los estudiantes de Derecho, pues intenta ser consultada por los profesionales del Derecho.

La obra parte del presupuesto de que el Derecho Constitucional permite la crítica del Derecho desde el Derecho mismo porque la Constitución, sobre todo, contiene normas que rigen la producción de normas, tanto a nivel formal o procesal como a nivel sustancial o de contenido. De ahí que el libro toma la Constitución en serio y no es permeado por el escepticismo de quienes invalidan la Constitución a partir de prácticas políticas o sociales que la desconocen. Creo que el Derecho Constitucional debe construir puentes entre la normatividad y la facticidad que acerquen las prácticas de instituciones, autoridades y ciudadanos a los preceptos constitucionales y que permitan revisar estos preceptos a la luz de estas prácticas. El libro asume, en gran medida, el método tridimensional del Derecho que, entiende al mundo jurídico como un conjunto de normas (dimensión de la normatividad), realidades (dimensión de la facticidad) y valores (dimensión axiológica), lo cual permite un enfoque mucho más ajustado y cierto de la Constitución y permite alejarse tanto de la ingenuidad del positivista a quien solo le interesan las normas como del escepticismo del cientista social a quien solo le incumben los hechos.

Se asume que la Constitución no sólo es la Constitución de la República Dominicana sino también los derechos humanos consignados en instrumentos internacionales, así como también, en gran medida, la interpretación jurisprudencial de este bloque constitucional. Del mismo modo, se entiende que los derechos constitucionales no solo son los expresamente consignados en este bloque sino también los derechos implícitos que se derivan de los mismos.

Como la Constitución es fruto de la influencia de corrientes constitucionales foráneas y como ya ha surgido un "Derecho Constitucional común", he hecho uso extensivo del Derecho Constitucional Comparado y de lo que Peter Häberle ha denominado el quinto método de interpretación, que es el método comparativo. Se abandona así de modo deliberado una tradición jurídica parroquial que nos ha conducido a una anemia conceptual y se engarza con una fecunda tradición del constitucionalismo dominicano que se remonta a las *Lecciones de Derecho Constitucional* de Hostos y a la obra de *Derecho Constitucional* de Angulo Guridi. Es por ello que la obra se denomina simplemente Derecho Constitucional y no Derecho Constitucional Dominicano pues, a mi modo de ver, se han difuminado las fronteras que separaban el Derecho Constitucional general del Derecho Constitucional particular y todo Derecho Constitucional es, en el fondo, Derecho Constitucional Comparado.

Dado que uno de los rasgos que caracteriza al Derecho Constitucional contemporáneo es la creciente preeminencia del Derecho jurisprudencial, en la obra se aprovecha el amplio acervo jurisprudencial conformado no solo por las decisiones de la Suprema Corte de Justicia sino también de tribunales internacionales y constitucionales reconocidos. Tanto los autoprecedentes como los precedentes judiciales de otras jurisdicciones son cada día más citados por los tribunales constitucionales e internacionales y los mismos son citados y analizados en la presente obra en tanto sirven para ilustrar el sentido y significado de cláusulas similares o parecidas en la Constitución dominicana a las que originaron dicha jurisprudencia. Y es que un manual de Derecho Constitucional contemporáneo no puede ignorar el fenómeno de la judicialización del Derecho Constitucional y el creciente cosmopolitismo de las fuentes del Derecho Constitucional. Este libro, en consecuencia, no rehuye el deber de asumir el gran desafío que significa, ya iniciado el siglo XXI, la articulación de un Derecho Constitucional que emerge desde el dogma de la soberanía nacional y un Derecho Internacional –podría decirse Derecho Constitucional Internacional– amparado en la nueva legitimidad de autoridades supranacionales y alimentado por el fenómeno de la globalización, al que poco le importan las reglas de Derecho doméstico (entre ellas, las constitucionales), como factor eximente o condicionante del cumplimiento de los tratados. Los principios constitucionales no tienen nacionalidad y este libro trata de dar cuenta de este fenómeno.

Por otro lado, en este libro no se parte de una tajante división entre Derecho Constitucional y Teoría de la Constitución. Un Derecho Constitucional que ignore la Teoría de la Constitución muere por inanición. Del mismo modo, una Teoría de la Constitución indiferente a las normas constitucionales vigentes queda descartada por impertinente. La Constitución no surge del vacío sino que responde a una determinada teoría constitucional. De ahí que la Constitución, tal como es aplicada, interpretada y concretizada por los operadores del sistema y, en general, por la comunidad interpretativa a la que pertenece, la denominada "sociedad de intérpretes constitucionales" (Häberle), no puede ser ajena a la Teoría de la Constitución que la sustenta y vivifica. Esta teoría, sin embargo, no es cualquier teoría: se trata, en todo caso, de una teoría concreta, que alude a contenidos constitucionales específicos y que está indefectiblemente impregnada por la problemática constitucional dominicana. Es, para utilizar las palabras de Bockenforde, una "teoría constitucionalmente adecuada". Podría afirmarse, en consecuencia, que en este libro la Constitución es el texto que sirve de pretexto para abordar la teoría constitucional desde el contexto dominicano.

Por último, quiero agradecer a los amigos y colegas que, durante estos 7 años de trabajo, no han cesado de alentarme a proseguir una labor que por momentos me ha parecido titánica; a mi compañera Ángela Duvergé, cuya opinión, a pesar de que no es jurista, ha sido sumamente valiosa para la exposición de muchos de los capítulos; y a Frank Ubiera, quien ha tenido a su cargo el diseño y diagramación de esta obra.

Eduardo Jorge Prats
Santo Domingo, República Dominicana, agosto de 2003

Nota a la segunda edición

He incorporado a esta edición algunas adiciones e innovaciones. Insisto en la apertura como una característica de nuestra Constitución y en la continuidad constitucional como un rasgo esencial de nuestra historia constitucional; abordo el costo de las sentencias constitucionales; elaboro aún más el encuadramiento constitucional del legislador penal como manifestación del vínculo entre el principio estructural de la dignidad humana y el Derecho Penal; considero que procede el amparo ante la Suprema Corte de Justicia contra sentencia que vulnere la doctrina constitucional de nuestro más alto tribunal de justicia; y esbozo la influencia potencial de la Constitución europea en el constitucionalismo mundial.

Aparte de dichas novedades, esta edición reproduce el texto de la anterior, con la salvedad de la incorporación de referencias jurisprudenciales y bibliográficas nuevas. Particular atención ha merecido la Resolución 1920-2003, dictada por la Suprema Corte de Justicia el 13 de noviembre de 2003, la cual reconoce la existencia de un bloque de constitucionalidad compuesto por normas nacionales y supranacionales y amplía el derecho fundamental a un debido proceso.

Agosto de 2005

Nota a la tercera edición

Esta edición constituye una actualización y revisión a fondo del contenido del volumen I de Derecho Constitucional. Dicha revisión y puesta al día ha sido impuesta por la profunda reforma constitucional de 2010, la cual introduce nuevos conceptos, derechos e instituciones en nuestro ordenamiento constitucional. Es nuestra esperanza que la obra contribuya al estudio, desarrollo legislativo y aplicación judicial y administrativa de los nuevos textos constitucionales.

No es ocioso advertir que mantener actualizado un libro de Derecho en un contexto de profundos y frecuentes cambios jurídico-institucionales como los que vive la República Dominicana es una tarea casi titánica. Por eso, el estímulo de mis estudiantes y de colegas amigos ha sido crucial para, sin morir en el intento, poder actualizar este libro. Acometer esta labor tampoco hubiera sido posible sin el amor y apoyo de mi esposa Ángela y, en lo que respecta a la búsqueda y actualización de fuentes bibliográficas y jurisprudenciales, la ayuda inestimable de mi hijo Luis Antonio. Finalmente, debo agradecer la creatividad, paciencia y entrega de Lourdes Saleme y su magnífico equipo, quienes tuvieron a su cargo el diseño y diagramación de esta obra.

Agosto de 2010

Nota a la cuarta edición

Hemos actualizado y revisado el presente volumen tomando en cuenta, aparte de los nuevos desarrollos doctrinarios, tanto locales como extranjeros, la Ley Orgánica del Tribunal Constitucional y de los Procedimientos Constitucionales (LOTCPC) y la jurisprudencia –hasta agosto de 2013- del Tribunal Constitucional, jurisdicción que, desde el inicio de sus labores, contribuye a hacer viva la Constitución, intensificando así el carácter jurisprudencial de nuestro Derecho Constitucional. Esa actualización y revisión, en la cual hemos estado involucrados casi desde el momento mismo de la aparición de la tercera edición, es ostensible a lo largo de toda la obra pero, en mayor grado, particularmente en los Capítulos 1, 5 y 6.

Mantener actualizada esta obra no fuera posible sin el estímulo de mi esposa Ángela, quien, aparte de su constante amor y apoyo, no cesa de alentarme en mis afanes de que este manual siga siendo útil tanto para profesionales como estudiantes del Derecho. Mi hijo, Luis Antonio Sousa Duverge, un joven jurista con sus propios aportes doctrinarios, ha sido de particular ayuda, principalmente en la puesta al día de las referencias bibliográficas y en las conexiones entre el Derecho Constitucional y el Derecho Internacional, entre el control de constitucionalidad y el de convencionalidad.

Como siempre, un libro no solo es el contenido sino la forma y a Lourdes Saleme y a su equipo le debo el magnífico diseño y diagramación de la presente edición.

Octubre de 2013.

Nota a la quinta edición

Ha pasado más de una década desde que fueron publicadas las últimas ediciones de los dos volúmenes de este manual y esta nueva edición aparece tras culminar los primeros e intensos años de labor jurisprudencial de la primera cohorte de jueces del Tribunal Constitucional -encabezada por el magistrado presidente Milton Ray Guevara y que tuvo la magna tarea de consolidar el Tribunal como la suprema Alta Corte constitucional de nuestro ordenamiento jurídico y sistema político y la garante última y por excelencia de la Constitución y de los derechos fundamentales de las personas- y conjuntamente con el auspicioso y esperanzador inicio de los trabajos del Tribunal presidido por el magistrado Napoleón Estévez Lavandier que enfrenta nuevos retos para seguir fortaleciendo esta corte como tribunal constitucional ciudadano, de la sociedad y del pueblo.

Esta nueva edición de ambos volúmenes persigue poner al día la obra a partir, principalmente, de la doctrina constitucional dominicana y extranjera y de las grandes decisiones y líneas jurisprudenciales del Tribunal Constitucional y, en muchísimo menor medida, del Tribunal Superior Electoral y de la Suprema Corte de Justicia. Aunque durante los meses de diagramación, corrección e impresión de la obra, fueron publicadas importantes sentencias del Tribunal Constitucional que afectan, por solo citar dos ejemplos, el tratamiento del recurso de habeas corpus y el ejercicio del control difuso por la jurisdicción constitucional especializada, no nos fue posible actualizar esas partes, aunque lo afirmado al respecto en este libro mantiene toda su vigencia y permitirá entender el status actual, los cambios operados y la posible evolución jurisprudencial en el seno del Tribunal Constitucional de ambos institutos jurídico-constitucionales.

La nueva edición intenta, además, actualizar este manual en vista de los novedosos desarrollos doctrinales de la última década, tanto a nivel nacional como del derecho constitucional comparado, tratando de mantener siempre un balance entre los aspectos de la teoría de la Constitución, el derecho constitucional dominicano general y la doctrina constitucional de importantísimos campos de la materia como los derechos fundamentales, el derecho procesal constitucional, el derecho administrativo constitucional y el derecho económico.

Debo agradecer mucho las valiosas indicaciones y sugerencias del licenciado Luis Antonio Sousa Duvergé, cruciales para todo lo que toca al derecho internacional de los derechos humanos y el control de convencionalidad, temas sin los cuales es imposible entender el sistema general de los derechos y garantías fundamentales. De invaluable ayuda ha sido también el trabajo desplegado por los licenciados Roberto Medina Reyes, Margaret Santos Fernández y Pedro Justo Castellanos Hernández quienes me han asistido en la búsqueda y clasificación de la jurisprudencia del Tribunal Constitucional, así como en la actualización de gran parte de la bibliografía periódica dominicana, a quienes agradezco las horas de trabajo y de desvelo a pesar de sus compromisos académicos y laborales. Agradezco sobremanera también a la editora Librería Jurídica Internacional y, en especial, a su propietario, Ángel Potentini, por auspiciar con entrega, dedicación y entusiasmo esta nueva edición. Extiendo también mi sincero agradecimiento a José Miguel Pérez que, con extremo esmero, gran creatividad y paciencia monacal ha diseñado, compuesto y diagramado esta magnífica edición.

No podía tampoco faltar mi profundo agradecimiento a mi querida esposa Ángela Duvergé Candelario, sin cuyo amor y apoyo no fuese posible mi carrera académica y profesional, quien me ha estimulado y apoyado decisivamente a lo largo de estos años y quien ha insistido en todo momento en mantener actualizada la obra para beneficio tanto de estudiantes como de profesionales del derecho. A ella, que ilumina mis días y le da sentido a mi vida, agradezco los muchos años de insistencia en la necesidad de simplificar el lenguaje de mis obras, para hacerlas más accesibles a todos. Espero esta vez haberme acercado a su ideal didáctico y pedagógico. En todo caso, quiero dejar constancia que, sin su amor, inteligencia, sentido común, trabajo, dedicación y apoyo incondicional, su activa participación en la gestión de mi despacho de abogados y su permanente y útil involucramiento en nuestros proyectos académicos y profesionales, no estuviera yo aquí escribiendo esta nota ni el lector -cuya paciencia no quiero agotar más- comenzando a leer este libro.

Eduardo Jorge Prats
Santo Domingo, 1 de mayo de 2024.

ABREVIATURAS UTILIZADAS

CADH	Convención Americana sobre Derechos Humanos
CIDH	Comisión Interamericana de Derechos Humanos
Corte IDH	Corte Interamericana de Derechos Humanos
Ley 107-13	Ley No. 107-13 sobre los Derechos de las Personas en sus Relaciones con la Administración y de Procedimiento Administrativo
LOTCPC	Ley No. 137-11 Orgánica del Tribunal Constitucional y de los Procedimientos Constitucionales
OEA	Organización de Estados Americanos
ONU	Organización de las Naciones Unidas
Sentencia TC	Sentencia del Tribunal Constitucional (RD)
STC	Sentencia del Tribunal Constitucional (España)

CAPÍTULO UNO
Constitucionalismo, Constitución y Derecho Constitucional

1. EL CONSTITUCIONALISMO

1.1 Definición.

En sentido amplio, el *constitucionalismo* está vinculado a un concepto descriptivo de Constitución en el que ésta no es más que un conjunto de normas o principios que rigen la organización del poder de cualquier comunidad política diferenciada (ARISTÓTELES). En esa acepción, el constitucionalismo designaría la *evolución histórica de la estructura jurídico-política* (o Constitución) de una comunidad política.

Sin embargo, el constitucionalismo, tal como lo conocemos hoy, es el movimiento generador de Constitución, entendida ésta no como cualquier Constitución sino como Constitución dotada de unas características acentuadas por el propio constitucionalismo. Por eso, en un sentido más estricto, el constitucionalismo y, de modo más preciso, el constitucionalismo moderno, es un movimiento político, social y cultural que cuestiona en los planos político, filosófico y jurídico los esquemas tradicionales de dominio político, sugiriendo, al mismo tiempo, la invención de una nueva forma de ordenación y fundamentación del poder político. El constitucionalismo vendría a ser entonces la ideología propia de una forma política diferenciada, el *Estado constitucional,* que surge de las grandes revoluciones del siglo XVIII, y cuya idea clave es la de la *limitación del poder.* Este constitucionalismo se opone al *constitucionalismo antiguo,* esto es, al conjunto de principios consuetudinarios o escritos que sirven de base a la existencia de derechos estamentales concedidos por el monarca y limitadores de su poder y que habrían sedimentado desde finales de la Edad Media hasta el siglo XVIII, pero que, sin embargo, conecta tanto con la tan ignorada tradición de pensamiento político y constitucional de la *República romana,* simbolizada por Cicerón, que hay quienes señalan que, para Bodino, Montesquieu, John Adams y los autores de *El Federalista*, el constitucionalismo resultaría ser la alternativa a una virtud cívica que se probó históricamente incapaz de impedir por sí sola la caída de la República romana en manos del despotismo militar y el seguro contra un igual destino para los nuevos órdenes políticos surgidos con las revoluciones de finales del siglo XVIII (Straumann).

Conforme esta ideología, existe un *gobierno constitucional* allí donde encontramos limitaciones efectivas al poder, pues el constitucionalismo "es una técnica de la libertad contra el poder arbitrario" (Matteucci: 24). Esa limitación al poder requiere, por un lado, una determinada *"organización del poder"*, tendente a la división del poder, y, por otro lado, una particular *"organización de la libertad"*, que busca preservar un ámbito de libertad de los individuos exento de la acción del poder. Cuando no se da esa determinada organización del poder y de la libertad, no se tiene Constitución, pues, como bien expresa el artículo 16 de la Declaración de Derechos del Hombre y del Ciudadano, "toda sociedad en la que no esté asegurada la garantía de los derechos ni determinada la separación de poderes carece de Constitución". En consecuencia, el constitucionalismo es la teoría o ideología que erige el principio de gobierno limitado y la garantía de los derechos en la dimensión estructural de la organización político-social de una comunidad, siendo, por tanto, una técnica específica de limitación del poder con fines garantísticos. El concepto de constitucionalismo conlleva, como se puede observar, un claro juicio de valor. Es, por eso, en el fondo, una teoría normativa de la política, como lo es la teoría de la democracia y la teoría del liberalismo.

Ahora bien, "un orden fundamental que no reconozca el origen democrático del poder público y que no esté diseñado para limitar el ejercicio del poder político no cumple con el estándar del constitucionalismo [...] El constitucionalismo en este sentido merece ser llamado *'logro'* porque excluye cualquier forma de poder absoluto o arbitrario de las personas sobre las personas. Al someter todos los actos de autoridad a normas jurídicas, hace que el ejercicio del poder público sea predecible y permita a los que están sometidos a ella adaptarse a las acciones gubernamentales, enfrentándose sin temor a los poseedores del poder público. El constitucionalismo proporciona a individuos y grupos con ideas e intereses diferentes una base consensual sobre la cual poder resolver sus diferencias de manera civilizada. Permite la alternancia pacífica en el poder. En condiciones favorables, la constitución puede incluso contribuir a la integración de una sociedad" (Grimm: 582-583). Los derechos consagrados por la Constitución "funcionarán como cartas de triunfo al ser invocadas por los ciudadanos; permitirán a los individuos resistirse a decisiones particulares a pesar de que esas decisiones hayan sido alcanzadas por medio del funcionamiento normal de instituciones generales, las cuales no son en sí mismas desafiadas por esta resistencia" (Dworkin: 32). Puede decirse entonces que "el constitucionalismo no es por tanto solamente una conquista y un legado del pasado, quizá el legado más importante del siglo XX" sino que "es también, sobre todo, un programa para el futuro" (Ferrajoli: 5). Por ello, necesariamente "el constitucionalismo no es una doctrina fija, cristalizada. Es una vicisitud político-cultural de larga duración aún en movimiento, en la que han confluido experiencias diversas aun cuando reunidas por aspiraciones convergentes" (Zagrebelsky, Marceno y Pallante: 383)

1.2 Movimientos constitucionalistas y modelos constitucionales

El constitucionalismo buscó establecer en cada país un documento legal, llamado Constitución, con determinadas características. Ese movimiento tiene varias raíces localizadas en horizontes temporales y en espacios geográficos diferenciados, aunque puede afirmarse que "su triunfo final fue obra de tres concretas revoluciones a las que, con terminología acuñada por J. Godechot, conocemos como *'revoluciones atlánticas'* por haber tenido lugar entre 1640 y 1789 a ambos lados del Atlántico" (Garrorena Morales: 30). A pesar de que estas tres revoluciones comparten el mismo espíritu del *movimiento constitucionalista*, de la llamada *"Revolución constitucional"* (González-Hernández), cada una se desarrolló conforme su propia circunstancia, condicionando de modo diferente sus aportes a la idea constitucional, por lo que se puede decir que, en realidad, no hay un constitucionalismo sino varios: el inglés, el norteamericano, el francés. Si se quiere ser más exacto, habría que hablar de "constitucionalismos" (Ridao) o de diversos movimientos constitucionalistas con *"corazones nacionales"* distintos, pero también con algunos momentos de aproximación entre sí. "Por ello, la historia constitucional de cada nación diverge de las otras y tiene características propias, aunque sobre el terreno de los grandes principios el constitucionalismo se presenta bastante unitario y fácilmente identificable, ya que los principios conquistados en esas crisis o en esas revoluciones se difunden y convierten en patrimonio común. La historia del constitucionalismo moderno podría escribirse tomando la 'difusión' de estos principios legales de Francia a Inglaterra, de Inglaterra a América, de Inglaterra y América a Francia" (Matteucci: 28). Se habla así de "modelos" (López Garrido: 44) constitucionales que, a pesar de sus diferencias, se nutren de y alimentan a su vez a una especie de "derecho constitucional general" (Biscaretti di Ruffia 1996: 87) o "*derecho constitucional clásico*" (Barthelemy-Duez: 49) que se forma paulatinamente desde finales del siglo XVIII y durante todo el siglo XIX y que influyó poderosamente en los constituyentes de toda Europa y América. Son estos tres grandes modelos constitucionales los que a continuación estudiamos sumariamente:

1.2.1 Modelo inglés. El modelo inglés aporta al constitucionalismo occidental varios elementos esenciales de éste. En primer término, la idea de libertad como *libertad personal* de todos los ingleses y como seguridad de las personas y de los bienes (artículo 39 de la Carta Magna). En segundo lugar, la garantía de la libertad y de la seguridad impuesta a través de la creación de un *proceso justo regulado por ley* (*due process of law*) en el cual se establecen las reglas que disciplinan la privación de la libertad y de la propiedad. En tercer lugar, la idea de que son los jueces –y no el legislador– quienes regulan y tutelan los derechos fundamentales a través de una interpretación dinámica que conforma el *Derecho común* (*common law*) de todos los ingleses. En cuarto lugar, el principio de que la *soberanía* reposa en el Parlamento y que ésta se expresa bajo la forma de ley. Por último, la idea de que el poder no debe estar concentrado, sino que es compartido entre los órganos constitucionales (Rey y Parlamento), que es lo que sirve de inspiración al principio de *separación de poderes* tal como lo elabora Montesquieu (Dicey).

1.2.2 Modelo norteamericano. El modelo norteamericano no emerge a partir de un movimiento restaurador de los antiguos derechos y libertades y de la *English*

Constitution, como es el caso inglés, aunque sí se vio influida por las ideas de radicales ingleses tales como los Levellers, John Milton, James Harrington, Algernon Sidney, John Trenchard y Thomas Gordon, que, a pesar de que fracasaron en Inglaterra tras la Gloriosa Revolución, sí triunfaron en la América de los colonos ingleses, al afirmar las nociones de soberanía popular, derechos naturales y mecanismos de control del poder político, tales como la revocabilidad y la división del poder, que tanto influirían en el constitucionalismo estadounidense (Dorado Porras). Para los colonos de Norteamérica esta Constitución alojaba un tirano –el Parlamento– que imponía impuestos a quienes no tenían representación en ese cuerpo soberano (*taxation without representation*). La Constitución norteamericana es, en consecuencia, inspirada por principios diferentes a los de la *ancient constitution* inglesa y emerge del pueblo que toma decisiones (*We the People*). Se trata de una "*Constitución dualista*" en la medida en que las decisiones son tomadas en momentos excepcionales por el pueblo (en los *"momentos constitucionales"*) mientras que el resto de las decisiones son adoptadas por el gobierno en los momentos políticos ordinarios (Ackerman 1998). Este es un gobierno doblemente limitado: por la división de poderes del *sistema presidencialista* y por los *derechos fundamentales*. Ambos límites están prescritos en una Constitución que, gracias a unos jueces guardianes de la Constitución, no puede ser vulnerada por ninguna ley inferior, so pena de que sea inaplicada por inconstitucional. El *control judicial de constitucionalidad* (*judicial review*) convierte a los jueces en un verdadero poder que se coloca entre el legislador y el pueblo.

1.2.3 Modelo francés. El modelo francés se construye a partir de una ruptura con el pasado, con el *Ancien Regime*, provocada por un "*poder constituyente*" (Sièyes) que dota a la nación francesa de una Constitución que reconoce los derechos naturales de los individuos y que pretende construir un orden político artificial basado en el "contrato social" (Rousseau). De los ingleses, este modelo importa la noción de *soberanía parlamentaria*, idea que tiñe la conceptualización de los derechos fundamentales, que sólo serán operativos en la medida en que sean regulados por ley, nutriendo así la creación de un *Estado legicéntrico* que, gracias a la inexistencia durante mucho tiempo de un control judicial de constitucionalidad, erige a la ley, en tanto "expresión de la voluntad general" (artículo 6 de la Declaración de Derechos del Hombre y del Ciudadano), en la verdadera Constitución de los franceses. Y es que, al concebirse la soberanía nacional como actuable únicamente por vía de la representación, lo que resulta es que esta representación deviene soberana, sustituyéndose la soberanía nacional por la soberanía parlamentaria, lo que no solo es incompatible con la separación de poderes propia del constitucionalismo y con la posibilidad misma de expresión de la voluntad general como poder constituyente, sino con la idea misma de Constitución. Con razón, un autor de la talla de Carré de Malberg, teniendo a la vista en 1931 la vigente Constitución de 1875, reconoce abiertamente que "cabe todavía preguntarse, después de todo cuanto precede, si aún tenemos en Francia una Constitución, en el sentido propio de la palabra" (p. 134). El *principio de constitucionalidad* comienza a consolidarse paulatina pero progresivamente en Francia a partir de la Constitución de 1958 con la creación del Consejo Constitucional, el reconocimiento por vía jurisprudencial del "bloque de constitucionalidad" en 1971 y la ampliación del acceso al Consejo Constitucional para los parlamentarios en 1974 y para los ciudadanos en 2008, hasta que finalmente, mediante la decisión No. 85-196 del 8 de agosto de 1985, el Consejo Constitucional afirma que "la ley votada sólo expresa la voluntad general en tanto respeta la Constitución" (Favoreu: 129-131).

1.3 Las etapas fundamentales del constitucionalismo

1.3.1 El constitucionalismo liberal. El constitucionalismo nace, a fines del siglo XVIII, con las revoluciones norteamericana (1776) y francesa (1789), inspirado en valores liberales que se remontan al constitucionalismo no codificado inglés de la segunda mitad del siglo XVII. Para el constitucionalismo liberal, la Constitución es (i) una ordenación sistemática y racional de la comunidad política a través de un documento escrito (ii) en el cual se declaran las libertades y los derechos y (iii) se fijan los límites del poder político (Gomes Canotilho: 52).

En primer lugar, la exigencia de un *documento escrito, único y sistematizado* para establecer el orden político-jurídico fundamental del Estado deriva de la necesidad de lograr seguridad jurídica en las relaciones sociales de la nueva clase emergente (la burguesía) frente a la arbitrariedad y el casuismo jurídico propios del absolutismo en vías de extinción. En segundo lugar, la consagración de *derechos fundamentales* y de sus garantías en ese documento constitucional está vinculada a la necesidad de proteger los derechos individuales en el seno de una economía basada en el libre mercado y la propiedad privada, siendo entonces clave la garantía de la libertad, de la propiedad, de la seguridad y de la igualdad ante la ley. Y, en tercer lugar, la Constitución consagra la *separación de poderes* como una manera de limitar el poder político a través de su división en aras de garantizar los derechos constitucionalmente reconocidos.

Pero no podemos ser ingenuos. "Para afianzar su triunfo sobre la aristocracia, el rey y el clero, y para neutralizar los avances de otro importante grupo político en auge (el cuarto estado o proletariado: empleados, obreros y campesinos, clases medias bajas), el tercer estado o burguesía manejará una doctrina de autolegitimación filosófica, política, jurídica y económica (la ideología individualista y liberal) y propiciará la sanción de ciertas leyes supremas (las constituciones) destinadas a afianzar, de modo solemne y sólido, el nuevo estado de cosas" (Sagüés 2007: 5). Por eso, las constituciones liberales, en espíritu y letra antiaristrocráticos, disuelven las prerrogativas del rey, de la nobleza y del clero. Sin embargo, como lo demuestra la Constitución francesa de 1791, se dividen los ciudadanos en activos (que pueden votar) y pasivos (que carecen de derechos electorales), siendo activos aquellos ciudadanos hombres, propietarios y educados y pasivos el "doméstico" y el "servidor asalariado". En la práctica, la Constitución liberal viene a ser así una *Constitución de la propiedad*, un "documento económico basado en el concepto de que los derechos fundamentales privados de propiedad son anteriores al gobierno y moralmente más allá del alcance de las mayorías" (Beard: 324).

Esta Constitución de la propiedad es manifiesta en el tratamiento constitucional de la esclavitud. Originalmente las constituciones liberales, salvo la Constitución de Haití que consagra la abolición de la esclavitud, en tanto se fundan en la propiedad privada y estructuran lo que Michael Hardt y Antonio Negri denominan la *"república de la propiedad*" (HARDT: 8), son compatibles con la esclavitud pues, a fin de cuentas, los esclavos son propiedad privada. El caso norteamericano es sintomático. La Constitución de los Estados Unidos, sin necesidad de utilizar la palabra "esclavitud", aseguraba esta infame institución y la rápida recuperación de los esclavos escapados de un Estado esclavista a uno no esclavista, al disponer que "ninguna persona obligada a servicio o trabajo conforme al derecho de un Estado que escape a otro Estado podrá ser exonerada de tal servicio o trabajo de acuerdo con el derecho del segundo, sino que habrá de ser entregada ante la reclamación de la parte a quien se le debe dicho servicio o trabajo". Por su parte, el famoso jurista inglés Blackstone, limitándose a comprobar la inexistencia en Gran Bretaña de la esclavitud, y haciendo caso omiso de la esclavitud presente en las colonias británicas, a la cual en todo caso condenaba como antinatural y repugnante, no tenía reparos, sin embargo, a que a los emancipados se les mantuviese en una posición subordinada como trabajadores libres pero serviles, en tanto estaban obligados al trabajo. A pesar de que, en el siglo XVIII, la libertad era para los ilustrados el valor más importante y universal y que la esclavitud connotaba "todo lo negativo de las relaciones de poder", ello no impidió que la mayoría de los pensadores ilustrados aceptasen sin rechistar la terrible realidad de un sistema económico basado en la esclavitud de millones de africanos en las colonias europeas y que contradecía todos los ideales de libertad del iluminismo. Así, por ejemplo, Locke, cuyo pensamiento es la base del liberalismo angloamericano, no tuvo empacho en tener inversiones personales en el comercio de esclavos, ayudar a redactar las Constituciones Fundamentales de Carolina -un documento que defendía abiertamente la esclavitud, afirmando que "todo hombre libre de Carolina tendrá poder y autoridad absolutos sobre sus esclavos negros, sean de la opinión o religión que sean"- y justificar la esclavitud ya que el esclavo, "por haber perdido el derecho a su vida y, con ésta, a sus libertades, y haberse quedado sin sus bienes y hallarse en estado de esclavitud, incapaz de propiedad alguna, no puede, en tal estado, ser tenido como parte de la sociedad civil, cuyo fin principal es la preservación de la propiedad" (LOCKE: 25). Por su parte, Rousseau, inspirador de la Revolución francesa y quien afirmaría que "el hombre nace libre y, sin embargo, vive en todas partes encadenado", no censuraría la esclavitud reinante en las colonias. Con mucha razón se ha dicho que las constituciones liberales, "con sus principios de derechos, ponían en dificultades, pero también aseguraban más o menos eufemísticamente la institución de la esclavitud", la cual "no fue mera supervivencia histórica o simple fenómeno residual en tiempos de constitucionalismo", sino que resultaba "propiedad con todas sus consecuencias jurídicas" (CLAVERO: 142-144).

Esta [aparente] contradicción entre un credo liberal que proclamaba la igualdad en derechos de todos y la realidad efectiva y vivida por millones de humanos a quienes no se les reconocían esos derechos no escapó a los propios esclavos. En carta firmada por los antiguos esclavos negros sublevados Georges Biassou, Jean-François y Belair, habitantes del territorio de lo que hoy es la República de Haití, que se mandó a la Asamblea Francesa en julio de 1792, se decía: "Somos vuestros iguales, pues, por derecho natural, y si la naturaleza se complace en diversificar los colores dentro de la raza humana, ni es un delito nacer negro ni una ventaja ser blanco. Si los abusos en la colonia han continuado durante varios años, eso fue antes de la afortunada revolución que ha tenido lugar en la patria [Francia], la cual nos ha abierto la senda por la que nuestro coraje y nuestro trabajo nos permitirán ascender, para llegar al templo de la libertad, lo mismo que esos valientes franceses que son nuestros modelos y a los que todo el universo está contemplando [...]. Vosotros, caballeros, que pretendéis someternos a la esclavitud, ¿no habéis jurado respetar la Constitución francesa? ¿Qué dice esta respetable Constitución? ¿Cuál es la ley fundamental? ¿Habéis olvidado que os habéis comprometido con la Declaración de los Derechos del Hombre, que dice que los hombres han nacido libres, iguales en derechos; que sus derechos naturales incluyen la libertad, la propiedad, la seguridad y la resistencia a la opresión?". Palabras que recuerdan las de Fray Anton de Montesinos cuando siglos antes inauguró en la isla La Española el discurso de los derechos humanos al cuestionar a los conquistadores españoles: "Decid, ¿con qué derecho y con qué justicia tenéis en tan cruel y horrible servidumbre aquestos indios?".

Es por todo lo anterior, por el hecho de que a millones de mujeres, esclavos, minorías étnicas y apátridas se les negaba los derechos que le eran inherentes por ser humanos, que Hannah Arendt critica en la primera mitad del siglo XX, la pretenciosa retórica de los derechos humanos y reclama, ante y sobre todo, el *derecho a tener derechos*, o sea, un derecho verdaderamente universal no sujeto a la voluntad arbitraria de un Estado que, a pesar de deber ser su garante oficial, puede convertirse en su principal y más poderoso enemigo. Y es que "los derechos del hombre, después de todo, habían sido definidos como 'inalienables' porque se suponía que eran independientes de todos los gobiernos; pero resultó que, en el momento en que los seres humanos carecían de su propio gobierno y tenían que recurrir a sus mínimos derechos, no quedaba ninguna autoridad para protegerles ni ninguna institución que deseara garantizarlos" (ARENDT 2013: 414).

Como se observa con un rápido recorrido de la historia del liberalismo, los derechos fundamentales de la Constitución liberal vendrían a ser, en consecuencia, esencialmente *libertades del ciudadano burgués*. Ya lo decía Rudolf Smend en 1933: "las patéticas declaraciones en favor de garantizar de forma positiva la igualdad, la libertad, el goce de la propiedad privada, etcétera, corren así parejas con una interpretación y práctica claramente negativas y reduccionistas: significan única y exclusivamente libertad en la esfera privada frente a la actividad de policía, independientemente de que este ámbito de libertad individual se rellene con una vida lánguida y anónima, con un sentimentalismo vacío, o con una lucha económica fuertemente competitiva y despiadada" (SMEND: 254). En otras palabras, "el Estado liberal buscaba su legitimación afirmando la libertad de todos, pero de esa libertad no quedaba en la realidad social más que la libertad de los propietarios. Para los que no lo eran, la libertad no podía ser más que una proclamación retórica, sin contenido" (BILBAO UBILLOS: 140).

El reconocimiento de estas manifiestas contradicciones del constitucionalismo liberal no nos debe conducir a un escéptico nihilismo por el que abogan algunos (MOYN). Sin dejar de reconocer los aportes del constitucionalismo liberal al constitucionalismo, tales como las ideas de Estado de Derecho, derechos individuales y limitación del poder, que son conquistas que sirven todavía de fundamento a los Estados constitucionales contemporáneos, esta contradicción entre una ideología que se presenta como universalista y emancipatoria y que en la práctica sirve como instrumento de legitimación de los intereses de las clases sociales dominantes, sería denunciada, lo que sentaría las bases para la superación del modelo político liberal y la transición hacia un nuevo estadio del constitucionalismo. Por tanto, hoy lo que nos corresponde es asumir de modo crítico la tradición constitucional y la historia liberal y de los derechos por los que propugna este, de modo que, sin traicionar esta valiosa tradición, la llevemos a la propia verdad de sus proclamaciones, de modo que esta aparezca con un rostro distinto "que nos pueda ayudar a replantear esta; una paradójica y autocrítica tradición donde la fidelidad al pasado se combina de facto con la infidelidad, la desviación, la ruptura y la subversión" (STRAEHLE) y nos conduzca así a la inclusión en el goce pleno de todos sus derechos como seres humanos de las minorías, de los excluidos, silenciados, oprimidos, reprimidos, discriminados y marginados.

1.3.2 El constitucionalismo democrático. Tanto en Europa como en América, el Estado fue constitucional mucho antes de ser democrático, es decir, se garantizaron las libertades civiles de todas las personas mucho antes que los derechos de ciudadanía. Sólo cuando, a partir de la segunda mitad del siglo XIX, se sustituye paulatinamente el sufragio censitario y se implanta el sufragio universal que permite el voto a quienes no son propietarios y a las mujeres, es que se dan las condiciones para que haya una plena democratización del Estado a partir de la participación de todos mediante el derecho al voto. Este es un proceso que arranca en 1848 en Francia pero que solo culminaría un siglo después a ambos lados del Atlántico.

Con el establecimiento del sufragio universal, surgen los *partidos políticos* como mecanismo de articulación de la participación de los ciudadanos. Aparecen así los partidos de masas, que permiten que los representantes de los trabajadores comiencen a arribar a las cámaras legislativas. De este modo, el Parlamento deja de ser la sede de una clase social homogénea pero el protagonismo de la representación pasa de manos del representante no tanto al pueblo que lo eligió como al partido que lo postuló. Se revelarían entonces las distorsiones propias de una democracia representativa de partidos y la necesidad de arbitrar mecanismos de participación popular directa que corrigiesen estas distorsiones, como es el caso de la iniciativa popular de las leyes y el referendo, que se incorporarían a las constituciones de Weimar (1919), austríaca (1920) y española (1931) y solo en 2010 a la dominicana.

La etapa del constitucionalismo democrático nos dejaría como legado la idea de que, junto a las libertades negativas o derechos de autonomía propios de la fase liberal, existen unos *derechos políticos* (derecho a elegir y ser elegido, derecho de crear partidos políticos y afiliarse a ellos y derecho a acceder a y desempeñar cargos públicos), los que Jellinek denominó en conjunto como el estatuto activo de nuestra libertad (*status activae civitatis*), que parten del hecho de "que nuestra condición de hombres libres no se satisface con la mera exigencia de que el poder no entre en nuestra esfera privada sino que requiere además que nosotros entremos en la esfera del poder para intervenir positivamente en la formación de la voluntad del Estado" (GARRORENA MORALES: 62). Asimismo, el constitucionalismo democrático conduciría a la aceptación de que, como bien había señalado Kelsen frente a Schmitt, los partidos son los mediadores naturales entre los ciudadanos y el Estado y de que, por tanto, debían ser no solo legalizados sino, sobre todo, constitucionalizados, lo cual garantizaría no solo su libre existencia y funcionamiento sino también la democracia a su interior.

1.3.3 El constitucionalismo social. El principal logro del constitucionalismo liberal fue sustituir el Estado absolutista autoritario por un Estado regulado por el Derecho a través de una Constitución garante de los derechos, de la economía de libre mercado, de la igualdad de los ciudadanos ante la ley y de la separación de los poderes. Pero el Estado liberal es un Estado esencialmente abstencionista, un *Estado negativo* que apenas asegura los derechos civiles y políticos que requieren del Estado tan solo no interferir en las libertades privadas y que no hace nada para garantizar los derechos sociales y económicos de los estratos sociales más desfavorecidos que sí exigen una acción positiva del Estado. La igualdad deviene así en una mera *igualdad formal*, que tolera abismales desigualdades sociales y económicas y que permite a la burguesía capitalista imponer la ley del más fuerte sobre las masas empobrecidas, de los que solo son propietarios de su fuerza de trabajo. Emerge así, a mediados del siglo XIX, la *"cuestión social"* que, abordada desde diferentes doctrinas políticas (marxismo, sindicalismo, social cristianismo, corporativismo, social democracia, anarquismo, etc.), reclamaba un nuevo orden económico, social y político, reclamo que fue articulado por partidos que, gracias al sufragio universal, lograron hacer llegar al Parlamento sus representantes, para legislar y luego constitucionalizar, en lucha y diálogo con las demás fuerzas liberales y conservadoras, las grandes conquistas sociales.

Al calor de estas críticas a las consecuencias sociales nocivas del constitucionalismo liberal clásico, emerge paulatinamente un *constitucionalismo social*, cuyas primeras expresiones serían la Constitución mejicana de Querétaro (1917) y la Constitución alemana de Weimar (1919). Este *constitucionalismo social* se consolidaría al final de la Segunda Guerra Mundial cuando las constituciones o comienzan a reconocer la *justicia social* como un valor constitucional (Constitución cubana de 1940) o proclaman al Estado como un *"Estado social"* (Alemania, 1948; Francia, 1958). Las constituciones del constitucionalismo social asumen la protección de las clases trabajadoras en el entendido de que, como bien establece la Constitución italiana de 1947, corresponde al Estado "remover los obstáculos de orden económico y social, que limitando de hecho la libertad personal y la igualdad de los ciudadanos, impidan el pleno desarrollo de la persona humana y la efectiva participación de todos los trabajadores en la organización política, económica y social del país" (artículo 3). Se proclama la *"función social de la propiedad"* (artículo 42 de la Constitución italiana de 1947) y se asegura en las constituciones un importante rol intervencionista del Estado en la economía (MALINI).

Mientras el constitucionalismo social coincidió en los países más desarrollados con una etapa larga de expansión y crecimiento económico, el Estado social que las constituciones sociales proclamaban pudo exhibir logros positivos en términos de eliminación de desigualdades y elevación del nivel de vida de las clases trabajadoras. Más luego, con la crisis fiscal de la década de los 70 del siglo pasado, el Estado social en el Primer Mundo entra en crisis y se produce el desmonte del Estado interventor y la eliminación de gran parte de las conquistas sociales, todo ello bajo el ímpetu de las privatizaciones, el neoliberalismo y la desregulación.

En nuestros países menos desarrollados, la situación es distinta. Aquí "la objeción principal que se formula es la *ficción constitucional* que significa la proclamación pomposa, en la ley suprema, de un inagotable listado de fines, principios, postulados, derechos personales y sociales, mientras una cruda realidad muestra situaciones de desigualdades irritantes, como explotación, analfabetismo, desnutrición, pobreza, desatención médica y déficit habitacional, salarios indignos y jubilaciones ínfimas. Ese desajuste entre la norma constitucional y la realidad constitucional, más acentuado en las áreas económico sociales, genera en varios países del tercer mundo un constitucionalismo neoliberal-social 'de derecho', utópico algunas veces (porque promete lo inalcanzable, con conciencia o no de su irrealidad), gatopardista en otras (ya que las promesas constitucionales simulan un cambio que en definitiva solo se opera en las palabras) y ocasionalmente farisaico (en los casos donde la constitución, impecable catálogo de ilusiones, solo tiene por objeto ser exhibida hipócritamente en la vitrina del derecho público comparado: caso de la constitución *for export*, es decir, inapta para el consumo local)" (SAGÜES 2007: 14). Se afirma así que las constituciones tienen que ser un marco de control estricto y efectivo del orden jurídico y que, por tanto, deben ser *constituciones "minimalistas"*, es decir, que se limiten a establecer los derechos democráticos individuales y el marco legal de la organización gubernamental. Para esta línea de pensamiento, son censurables las constituciones sociales en tanto "maximalistas", o sea, en tanto garantizan una lista inagotable de derechos sociales, promoviendo así un *constitucionalismo simbólico*, de aspiraciones, es decir, que busca consagrar en la Carta Magna las ilusiones y deseos de la sociedad. Según estas críticas, este constitucionalismo de programas socioeconómicos promueve la deslegitimación de los sistemas políticos pues, al no desarrollar los gobernantes las grandes líneas programáticas en materia económica y social prometidas en la Constitución, se crea un espejismo de derechos y una situación de inconstitucionalidad estructural por incumplimiento continuo de los mandatos constitucionales.

Pese a lo anterior, en países como la República Dominicana, en donde la modernidad ha sido tardía y arcaica y donde las promesas del constitucionalismo social no han sido realizadas, la opción no puede ser el retorno a un Estado mínimo neoliberal, sino que debe ser la de hacer realidad efectiva y viviente para todos una *Constitución social* que nunca ha sido plenamente efectiva en la práctica. Y es que, si tomamos en serio a los derechos, éstos no pueden reducirse a exigir al Estado un deber de abstención y, si asumimos que la Constitución es una norma, tampoco puede conceptuarse ésta única y exclusivamente como un límite al poder. Afirmar que no todos los derechos tienen que consignarse en la Constitución como pretenden los críticos del constitucionalismo social es plegarse ante el prejuicio ideológico del Estado mínimo paleoliberal que es tan solo garante del orden público interno y de la defensa exterior. Es, por demás, desconocer el ordenamiento jurídico vigente que reconoce los derechos sociales e ignorar que la Constitución no sólo es política sino también social. Precisamente, el esfuerzo de la doctrina constitucional en los últimos años ha consistido en demostrar que no hay diferencia de estructura entre los derechos individuales del constitucionalismo liberal y los derechos sociales del constitucionalismo social. La ciencia jurídica contemporánea ha evidenciado que no solo son sancionables las lesiones a estos derechos (por ejemplo, la contaminación atmosférica que viola a la salud) sino también las violaciones de estos mismos derechos consistentes en omisiones. Se ha demostrado, incluso, que la garantía judicial ante una omisión del cumplimiento de un derecho social es más eficaz que la de una comisión contra un derecho individual, pues nunca la intervención del juez podrá anular la violación de un derecho de libertad como la integridad personal en tanto que la violación por incumplimiento de un derecho social (como el derecho a la vivienda) puede ser reparada con su ejecución, aunque sea tardía. Los críticos del constitucionalismo social afirman que un Estado sin recursos económicos no puede garantizar efectivamente los derechos sociales. Pero lo cierto es que tampoco la libertad de enseñanza se garantiza sin escuelas públicas ni el derecho de defensa es efectivo sin un sistema nacional de defensa pública gratuita para los pobres. Como lo afirma la jurisprudencia internacional de los derechos humanos, los derechos son interdependientes: de ahí que hasta los derechos individuales deben ser interpretados socialmente.

La pobreza del derecho constitucional durante mucho tiempo ha consistido precisamente en no originar un *derecho constitucional de la lucha contra la pobreza*. Se dirá que esto es una utopía, pero utopía fue el *habeas corpus* de los ingleses hace 8 siglos, como lo sigue siendo todavía hoy en gran parte del mundo (no solo en el Irán fundamentalista o en la Cuba de Castro sino también en el Guantánamo donde son retenidos terroristas considerados, a los fines del derecho y de la justicia, "no personas"). Es cierto que no basta con la proclamación constitucional de los derechos pues se requieren garantías efectivas: pero la Constitución debe ser el *locus* de estas garantías. La renta básica, el amparo colectivo y estructural, la inconstitucionalidad por omisión, el control ciudadano de las políticas públicas y el acceso a la información son parte del arsenal de nuevas garantías de un Estado que, como bien establece el artículo 7 de la Constitución, no solo es de derecho sino también social.

1.3.4 El neoconstitucionalismo. La doctrina utiliza la expresión "*neoconstitucionalismo*" para designar el estado del constitucionalismo contemporáneo (MARTINEZ REAL). También se habla de "constitucionalismo avanzado" o "constitucionalismo de derechos" (SASTRE ARIZA). Con esos nombres se designa el nuevo modelo jurídico que representa el *Estado constitucional de derecho*, tal como existe en gran parte de Europa y América en los inicios del siglo XXI. Sin embargo, el término más utilizado para referirse a ese modelo es neoconstitucionalismo y el cual, grosso modo, tiene "como principales cambios de paradigma, en el plano teórico, el reconocimiento de la fuerza normativa de la Constitución, la expansión de la jurisdicción constitucional y la elaboración de diferentes categorías de interpretación constitucional" (BARROSO: 115).

1.3.4.1 Definición y características. Aunque el prefijo "neo" parece transmitir la idea de que se está ante un fenómeno nuevo, como si el constitucionalismo actual fuese sustancialmente diferente al que lo antecede, lo cierto es que estamos en presencia de un redimensionamiento de elementos presentes o latentes en estadios anteriores en la evolución histórica del constitucionalismo. Pese a eso, que se explica en el hecho de que el constitucionalismo contemporáneo está ligado de forma indisociable a su propia historia, es innegable que nos encontramos en un nuevo período del derecho constitucional, en un momento de *cambio de paradigmas* que afecta no solo las respuestas sino sobre todo las preguntas que se hacen desde la óptica del constitucionalismo.

¿En qué consiste este cambio histórico? El cambio se produce a dos niveles. Desde el punto de vista *metodológico formal*, el constitucionalismo actual opera bajo tres premisas fundamentales: (i) la consideración de la Constitución como norma jurídica; (ii) la supremacía de la Constitución sobre el resto del ordenamiento jurídico; y (iii) la irradiación de la Constitución a todas las ramas del derecho, las cuales deben ser necesariamente comprendidas a la luz de las normas constitucionales. Estas tres características son herederas del proceso histórico que lleva a la Constitución de ser un documento esencialmente político y de bajísima obligatoriedad jurídica a ser no solo norma jurídica sino, sobre todo, norma jurídica suprema. La particularidad del neoconstitucionalismo no reside, sin embargo, en el reconocimiento de esas tres características de la Constitución, mas o menos presentes desde los orígenes del constitucionalismo moderno, sino, sobre todo, en el diseño y puesta en operación de los instrumentos que permiten hacer plenamente eficaces la juridicidad de las normas constitucionales, su supremacía y su irradiación sobre el resto del ordenamiento jurídico.

El cambio se produce también a *nivel material* en la medida en que las constituciones contemporáneas incorporan explícitamente valores y opciones políticas, muchas veces contrapuestos y que, como consecuencia de ello, generan conflictos entre los mismos. ¿Cómo compatibilizar el derecho a la vida del concebido con el derecho a la vida de la madre gestante? ¿Cómo garantizar el derecho a la libertad de expresión sin menoscabar el derecho a no ser menospreciados que tienen los integrantes de una minoría? ¿Cómo respetar la libertad de empresa sin afectar los derechos del consumidor o al medio ambiente sano? Para la resolución de esos conflictos, se requiere una dogmática específica, unos métodos de interpretación constitucional, que son los que ocupan la atención del neoconstitucionalismo.

El neoconstitucionalismo se nutre de dos tradiciones constitucionales o de dos modos de concebir la Constitución: fuerte contenido normativo y garantía jurisdiccional de la misma. Del modelo norteamericano, que concibe la Constitución como un límite a la mayoría garantizado por los tribunales a través del control jurisdiccional, recoge la idea de la *garantía jurisdiccional*. Del modelo francés hereda un ambicioso *programa normativo de transformación* política, social y económica de modo que la Constitución deja de ser una mera organización del poder. Digamos que el neoconstitucionalismo es la consecuencia del tránsito de una Constitución mínima, mero instrumento de gobierno, pero garantizada jurisdiccionalmente, a la usanza norteamericana, y de una Constitución de fuerte contenido normativo pero carente de garantía jurisdiccional, como en el modelo francés, a una Constitución de fuerte contenido normativo y garantizada jurisdiccionalmente.

Aquí es importante resaltar las diferencias entre el modelo estadounidense y el francés desde su evolución histórica para poder entender su influjo en el neoconstitucionalismo: las colonias inglesas en Norteamérica gozaban de un orden social bastante liberal en tanto el régimen político del Ancien Regime francés se caracterizaba por los privilegios. "Por lo tanto, la Revolución estadounidense podía agotarse en un cambio en el poder político y en precauciones contra su abuso, mientras que para la Revolución francesa el cambio en el poder político era solo un medio para la reforma pendiente del orden social. El verdadero objetivo de la Revolución francesa era pasar a las máximas de libertad e igualdad. Su realización exigió, pues, una renovación profunda del derecho civil, del derecho penal, del derecho procesal, etc., mientras que no se tiene noticia de reformas jurídicas importantes producidas después de la Revolución estadounidense" (Grimm 2020: 301). Esa renovación del Derecho la logran los revolucionarios franceses por medio de la legislación e inspirados en los derechos y principios establecidos en la Declaración de Derechos y en la Constitución en tanto que los estadounidenses desarrollan jurisprudencialmente un control jurisdiccional (*judicial review*) del legislador democrático teniendo como parámetro los derechos consagrados expresamente en su Constitución. Lo que hace el neoconstitucionalismo es asumir la concepción francesa de la Constitución como un conjunto de programas de transformación social junto con la concepción estadounidense de control jurisdiccional de constitucionalidad que asegura la vigencia real y efectiva de dichos programas. Una verdadera mezcla positivamente explosiva en la medida en que combina una jurisdicción constitucional activa o activista en la aplicación de derechos constitucionalizados que, como veremos al estudiar la teoría general de los derechos fundamentales en el Capítulo 9, no son solo derechos de defensa sino también derechos sociales que implican la ejecución por parte del Estado de programas constitucionales de transformación social cuyo cumplimiento es vigilado por una justicia constitucional que no se satisface únicamente con la mera declaración de inconstitucionalidad o la constatación de la inconstitucionalidad por omisión en la ejecución de dichos programas pues también actúa como legislador positivo y no solo negativo como quería Kelsen.

"En pocas palabras, el resultado puede resumirse así: una Constitución transformadora que pretende condicionar de modo importante las decisiones de la mayoría, donde el protagonismo fundamental ha de seguir correspondiendo al legislador democrático, pero donde irremediablemente la última palabra se encomienda a los jueces" (Prieto Sanchís 2003: 110). De ese modo, las constituciones aparecen como verdaderas *"utopías de derecho positivo"* (Ferrajoli 2004: 14) que ya no solo limitan al legislador al establecer el modo de producir derecho y al consagrar algunas barreras mínimas infranqueables (derecho a la vida, dignidad humana, etc.), como en el modelo estadounidense, sino que desbordan el sistema constitucional e irradian su fuerza normativa a todo el ordenamiento jurídico y a todos los poderes públicos, transformando el derecho desde la Constitución, como en el modelo francés, pero, contrario a los revolucionarios franceses que producen dicha transformación por la vía legislativa, efectúan la misma por la vía de su constitucionalización tal como es impuesta por los tribunales, como ocurre en el modelo estadounidense. Hay una fuerte *rematerialización constitucional* de modo que nada jurídico le es ajeno a la Constitución, al extremo que ya la Constitución no es sólo límite al orden jurídico, sino que el orden jurídico pasa a ser considerado "como un desarrollo de las exigencias constitucionales" (Aguiló: 454).

El neoconstitucionalismo solo puede ser entendido a partir de unos textos constitucionales específicos, unos determinados desarrollos teóricos y unas prácticas jurisprudenciales consolidadas (Carbonell), que dan pie a un fenómeno, la *constitucionalización del derecho*, y que explican por qué hoy el derecho constitucional no debe limitarse al estudio de los contenidos constitutivos de la Constitución (organización del Estado, etc.) sino que debe abordar necesariamente los contenidos regulativos de la Constitución, al margen del estudio posterior más detallado que de esos contenidos se hará en las diferentes disciplinas jurídicas (derecho penal, derecho económico, derecho civil, etc.).

En el plano de los textos, el neoconstitucionalismo busca explicar un conjunto de *textos constitucionales* que emergen a partir de la segunda mitad del siglo XX, en particular a partir de finales de la década de los setenta. Lo que caracteriza a estos textos, dentro de los cuales se enmarca la Constitución dominicana tras su reforma en 2010, es que no se restringen a establecer las competencias y organizar los poderes públicos "sino que contienen altos niveles de normas 'materiales' o sustantivas que condicionan la actuación del Estado por medio de la ordenación de ciertos fines y objetivos" (Carbonell 2007: 10). Las constituciones del neoconstitucionalismo son constituciones densas, siempre largas y cargadas de programas puestos a cargo del Estado.

En lo que respecta al neoconstitucionalismo como *teoría del derecho*, lo que resalta es la conceptuación de la Constitución no solo como fuente de las fuentes del derecho, es decir, como conjunto de normas sobre la producción de normas, sino también como fuente, ella misma, del Derecho. Esta Constitución concebida como fuente del derecho, dado su carácter principiológico, requiere un nuevo tipo de interpretación jurídica que tome en cuenta el carácter abierto e indeterminado de los principios constitucionales.

Finalmente, en el ámbito de las *prácticas jurisprudenciales*, dada la importancia de la interpretación constitucional en vista de la consideración de la Constitución como norma jurídica y tomando en cuenta la exigencia de una garantía jurisdiccional de las normas constitucionales, el neoconstitucionalismo implica la expansión de la jurisdicción constitucional –que no admite cuestiones políticas ajenas al control de constitucionalidad ni se limita a anular disposiciones legales constitucionales-, la judicialización de la Constitución –lo que implica la emergencia de un derecho constitucional crecientemente jurisprudencial- y la aparición de un neoprocesalismo –con nuevos institutos tales como la inconstitucionalidad por omisión y la acción de incumplimiento- que responde a la necesidad de un proceso constitucional que permita la garantía judicial efectiva de la Constitución y de los derechos que ella consagra.

1.3.4.2 Críticas. El neoconstitucionalismo ha sido criticado, incluso por quienes original y erróneamente fueron considerados partidarios de este, como es el caso de Ferrajoli, debido a que, en tanto toma en cuenta el carácter principiológico de la gran mayoría de las normas constitucionales, supuestamente fomenta la erosión de la normatividad de la Constitución, al propugnar por la ponderación como el método ideal para la interpretación y aplicación de la Constitución y por un iusnaturalismo que superpone la moral sobre el derecho (Ferrajoli 2012). Se critica, además, que el neoconstitucionalismo sobredimensiona el rol de los jueces en el sistema político constitucional al "promover el surgimiento de jueces iluminados o profetas, que se sienten llamados a resolver desde sus estrados judiciales los más difíciles y complejos problemas sociales y políticos, cuando el proceso judicial no está pensado ni diseñado para ello. Esto puede llevar al excesivo protagonismo y vedetismo judicial, a la preocupación por las grandes causas y la desatención de las normales y habituales, y al riesgo latente de una politización indebida del poder judicial" (Santiago: 179).

Como alternativa al neoconstitucionalismo, se propugna por un "*constitucionalismo garantista*" (Ferrajoli 2011) que se contrapone al "constitucionalismo principalista" del neoconstitucionalismo. Aunque el constitucionalismo garantista se diferencia del neoconstitucionalismo en cuanto a que el ultimo, en contraste con el primero, postula una relación necesaria entre derecho y moral, la aplicabilidad directa e inmediata de la Constitución sin necesidad de *interpositio legislatoris* y una visión conflictualista de la Constitución y los derechos que ella consagra, lo cierto es que, no obstante que queda por ver si es posible reconciliar ambas teorías, el constitucionalismo garantista, en la medida en que postula por un "constitucionalismo rematerializado o de los derechos", es decir, un derecho sometido al derecho constitucional que emana de la Constitución, "incorpora uno de los rasgos más característicos" del neoconstitucionalismo" (Prieto Sanchis 2013: 71). A pesar de ello, la gran diferencia entre garantismo y neoconstitucionalismo es que el primero rechaza el "papel de la argumentación jurídica y la posible apertura a un derecho jurisprudencial o de juristas" (Prieto Sanchís 2021: 32), "en la medida en que sobrevalora las posibilidades del lenguaje normativo o, si se quiere, minusvalora su tendencial vaguedad o indeterminación" (Gascón Abellán: 176).

De todos modos, y no obstante que tanto el garantismo como el neoconstitucionalismo son compatibles en un considerable grado, dado que ambos comparten el compromiso de un derecho comprometido con los valores del Estado social y democrático de derecho, lo que augura una eventual y probable síntesis de ambas corrientes teóricas, es obvio que, a diferencia del garantismo, el neoconstitucionalismo describe mejor los Estados constitucionales realmente existentes, en tanto que los modernos sistemas jurídico-constitucionales no pueden concebirse como simples aglomeraciones de reglas aplicables mediante el silogismo judicial como pretende Ferrajoli, al margen de la necesaria ponderación y racionalidad discursiva que exige un derecho que, como el que caracteriza a los Estados constitucionales contemporáneos, necesariamente contiene valores y principios y es una práctica social que conlleva obligatoriamente una racionalidad discursiva (Rodenas: 270) y propugna por una ponderación que "con todos sus defectos, es mucho más racional que la simple conversión mecánica de los problemas sociales y jurídicas en formulas lógico-matemáticas" (Pazmiño Freire: 205). El más reciente Ferrajoli es claro al respecto en la medida en que rechaza la ponderación "concebida como la acción de sopesar principios, que comporta la inaplicación del, aún aplicable en abstracto, considerado de menos peso en relación con el concretamente aplicado por tenerlo mayor", la que, a su modo de ver, asume una "concepción creacionista de la jurisdicción" que juzga "incompatible con los principios de sujeción de los jueces a la ley y de la separación de poderes", por lo que favorece únicamente la ponderación como "valoración equitativa del caso sometido al juicio" y en donde "lo que cambia de caso a caso, y que por eso hace necesario sopesar, no son las normas de aplicación, siempre las mismas, sino los rasgos y las circunstancias del hecho enjuiciado, que siempre difieren irrepetiblemente de caso a caso" (Ferrajoli 2023: 176). En este sentido, "la teoría de Ferrajoli luce marcadamente seductora por su retórica humanista y su preocupación por oponerse a los poderes salvajes contrarios a la vigencia plena de los derechos fundamentales, pero, al mismo tiempo, se presenta como radicalmente vulnerable por su escepticismo respecto a la razón práctica, que obliga a remitir a la fuerza los conflictos axiológicos, y, paradojalmente, está el riesgo -muy cierto por la amplitud y la fuerza de los poderes- de que en esas contienda triunfen los poderosos y no los débiles, a pesar de las razones objetivas que los asisten. La salvación o protección de éstos queda librada a que el constituyente y su *auctoritas* (no *veritas*) estén a su favor y no a favor de los poderosos" (Vigo: 244).

Otros autores (Atienza: 117-146), sin renegar de de los postulados del neoconstitucionalismo, y sobre la senda de pensadores como Alexy, Dworkin, Nino y Zagrebelsky, rechazan la etiqueta de neoconstitucionalismo y prefieren hablar de *postpositivismo*, pues, yendo más allá del mero reconocimiento por los neoconstitucionalistas de que la argumentación jurídica en el Estado constitucional supone el uso de criterios morales, pese a lo cual sostienen que la conexión derecho y moral es meramente contingente, estos autores, en contraste con los neoconstitucionalistas, se autoproclaman abiertamente postpositivistas y sostienen que una teoría del derecho en un Estado constitucional de derecho debe partir necesariamente de que las constituciones plasman enunciados con conceptos densamente morales (como la dignidad, la libertad, la igualdad, la justicia, etc.), por lo que se diluyen las fronteras entre derecho y moral, lo que no supone asumir que todas las normas constitucionales son justas por el hecho de ser constitucionales pues pueden resultar injustas no solo a la luz del bloque de convencionalidad sino también de la moral o el derecho natural. Como se ve, son sutiles las diferencias entre postpositivistas y neoconstitucionalistas, por lo que es más útil considerar el neoconstitucionalismo como una *categoría omnicomprensiva* de una serie de corrientes teóricas y doctrinarias que asumen la Constitución como conjunto de normas, de estructura principiológica, aplicada por una jurisdicción activa que la interpreta argumentativamente y en base a la unidad de la razón práctica y que irradia toda su fuerza normativa a todo el ordenamiento jurídico.

La *conciliación entre neoconstitucionalismo y garantismo* es perfectamente posible pues, al margen de las diferencias hermenéuticas entre ambos -la ponderación entre valores y derechos como método interpretativo por antonomasia del neoconstitucionalismo y la subsunción de reglas como la técnica hermenéutica clave del garantismo- ambos comparten una actitud crítica hacia el derecho positivo en tanto consideran que el derecho, por el hecho de ser derecho, no es necesariamente justo y que no solo la ley es inválida sustancialmente por contradecir la Constitución, sino que también esta última puede resultar inválida si contraviene las normas supranacionales de las convenciones internacionales de derechos humanos, como estas convenciones, en ausencia de normas infraconvencionales nacionales que postulen la aplicación de las normas más favorables a los derechos de las personas, serían inválidas por chocar con normas de la moral y la justicia natural. De modo que, como postula Ferrajoli, el derecho positivo no tiene un intrínseco valor moral y el punto de vista externo al derecho es superior al interno

(Ippolito: 13), con la salvedad, que podría hacerse desde el neoconstitucionalismo, de que ese punto de vista externo queda incorporado como parámetro interno de la validez jurídica de las normas del derecho positivo cuando la Constitución establece que la ley, para ser constitucional, debe ser justa (artículo 40.15), lo que supone que tanto la ley adjetiva, como la propia Constitución y los instrumentos internacionales de derechos humanos, que forman parte del bloque de constitucionalidad deben ser justos para ser considerados derecho válido. El neoconstitucionalismo vendría a postular entonces la *administrativización jurisdiccional de la moral o el derecho natural* asumiendo las fórmulas de razonamiento propias de este último y sancionando estos, aún en ausencia de garantías del legislador, como exige Ferrajoli.

1.3.4.3 El neoconstitucionalismo como teoría constitucional constitucionalmente adecuada a la Constitución de 2010. En todo caso, a pesar de las críticas al neoconstitucionalismo, hay un dato incuestionable: la Constitución de 2010 se inspira en el neoconstitucionalismo, que resulta ser, por tanto, la *teoría constitucional constitucionalmente adecuada* para entender, explicar y aplicar la misma (Jorge Prats). Ello es ostensible, siguiendo el esquema diseñado por Prieto Sanchis (2013: 23-60) respecto a los rasgos básicos del neoconstitucionalismo, cuando se observa: (i) el reconocimiento expreso de la fuerza normativa de la Constitución como norma suprema (artículo 6); (ii) la rematerializacion del derecho provocada por la incorporación a la Constitución de un gran número de valores, principios y derechos constitucionales, principalmente en su Título II, que pretenden normar no solo al Estado sino también a la sociedad; (iii) la garantía jurisdiccional y la aplicación directa de la Constitución no solo por el Tribunal Constitucional sino también por el Poder Judicial y los demás órganos jurisdiccionales y poderes públicos del Estado; y (iv) la rigidez constitucional. Más aun, tan neoconstitucionalista es la Constitución de 2010 que no solo reconoce el carácter conflictivo de los derechos, sino que también incorpora expresamente la ponderación o concordancia practica como el mecanismo para resolver los conflictos de derechos fundamentales que se presenten (artículo 74.4). Todo lo anterior sin olvidar que, desde aun antes de la reforma constitucional de 2010, nuestra Constitución siempre ha establecido que la ley tiene que ser "justa y útil" (artículos 8.5 y 40.15 de las Constituciones de 1966 y 2010), lo que, sin duda alguna, significa, como veremos en el Capítulo 3, cuando estudiemos los principios de Derecho natural como parte del corpus constitucional, que las leyes pueden resultar inconstitucionales no solo por violar las normas constitucionales sino también por ser injustas, postulado este que resulta ser claramente neoconstitucionalista.

1.3.4.4 Nuevo constitucionalismo, constitucionalismo popular, populismo constitucional, autoritarismo constitucional, derecho constitucional autoritario-populista y constitucionalismo de la diversidad. Hay que distinguir el neoconstitucionalismo del llamado *"nuevo constitucionalismo"*. Mientras el neoconstitucionalismo es una tendencia doctrinal surgida de la academia que intenta explicar los ordenamientos jurídicos constitucionalizados, el nuevo constitucionalismo, pese a que coincide con el neoconstitucionalismo respecto al fenómeno de la constitucionalización del derecho, es un movimiento causante y surgido de los más recientes procesos constituyentes que enfatiza la cuestión de la legitimidad democrática de la Constitución y la necesidad de incorporar y activar mecanismos de participación popular en la elaboración y reforma de la Constitución y, en sentido general, en la toma de decisiones políticas fundamentales, como una manera de contribuir a la emancipación del pueblo. El nuevo constitucionalismo -que es, en esencia, un "*nuevo constitucionalismo latinoamericano*", que se ha manifestado en los procesos constituyentes de Venezuela, Ecuador y Bolivia, de ahí que se hable de un "constitucionalismo andino"- incorpora también, aparte de la participación ciudadana como eje fundamental del ordenamiento constitucional, nuevas ideas acerca de la interculturalidad y el vínculo entre los seres humanos y la naturaleza (Pegoraro & Rinella: 161-164; Viciano Pastor & Martínez Dalmau). En todo caso, el nuevo constitucionalismo, a pesar de su énfasis en la legitimación democrática de la Constitución y de los poderes públicos, no ha logrado, hasta la fecha, presentar una nueva visión de la organización del poder, del Estado democrático constitucional ni tampoco ha visualizado alternativas o contrapesos al juez como locus de la elaboración de las políticas públicas, actor que vino a sustituir -o a acompañar en realidad- en el Estado constitucional de derecho al legislador del viejo y superado Estado legal de derecho, como defiende y se le critica al neoconstitucionalismo. Hay mucho de viejo en el nuevo constitucionalismo ya que, en verdad, "simplemente, refuerza algunos de los rasgos ya bien presentes en el marco constitucional de América Latina", al extremo de que "luego de la última oleada de reformas, nos encontramos con que: i) la parte orgánica de las nuevas constituciones sigue estando caracterizada por una estructura de poder concentrada políticamente y centralizada territorialmente; mientras que ii) la parte dogmática sigue distinguiéndose por la presencia de declaraciones de derechos robustas, generosas y extensas, que combinan derechos individuales y sociales de diverso tipo" (Gargarella 2018).

El nuevo constitucionalismo ha sido influido, en parte, por el "*constitucionalismo popular*". Esta corriente, a la que comienza a prestarle atención la dogmática dominicana (Cruceta 2023), pueda ser definido como "la doctrina que concibe que el pueblo mismo hace, aplica e interpreta la Constitución […], la Constitución no es nada más y nada menos que la voluntad del pueblo, interpretada por el pueblo y respaldada por la amenaza de la aplicación popular. La ley ordinaria es la norma de los tribunales, pero el derecho constitucional es el derecho del pueblo mismo" (Alexander & Solum: 1617-1618). Esta corriente doctrinaria, surgida en los Estados Unidos como una reacción al alegado elitismo del control jurisdiccional de constitucionalidad y al carácter contra mayoritario del mismo (Kramer, Tushnet, Waldron y Amar), propugna por una mayor participación política del pueblo como actor protagónico de la democracia, reivindica el lugar del legislador en el sistema político, critica la apropiación por parte de los jueces de la "última palabra" institucional en detrimento del poder legislativo y conecta, en el caso latinoamericano, con la lucha por una mayor y plena igualdad política y material de las grandes mayorías, excluidas de las tomas de decisiones y, en consecuencia, del acceso a los bienes sociales básicos (Gargarella). El valor de este constitucionalismo popular y su reivindicación del pueblo como sujeto constituyente y actor político en la democracia, sin embargo, no debe hacernos olvidar que "un pueblo puede decidir también, democrática y contingentemente, ignorar o destruir la propia constitución y confiarse definitivamente a un gobierno autoritario" (FERRAJOLI: 86). Y es que el constitucionalismo, desde sus orígenes, no solo es expresión de la voluntad popular sino también dique de contención contra los eventuales abusos del pueblo y de las mayorías contra minorías oprimidas a las que se les despoja y se les niegan sus derechos más básicos.

Totalmente diferente al constitucionalismo popular es el *"populismo constitucional"* (CASSAGNE Y BREWER-CARÍAS) o *"constitucionalismo populista"*, con el que muchos lo confunden y del que pocos juristas se proclaman abierta y públicamente seguidores o exponentes. Aunque el constitucionalismo popular es crítico del monopolio jurisdiccional de la interpretación jurisdiccional, del desplazamiento del legislativo como locus de las políticas públicas y de la exclusión de los sujetos populares de la deliberación democrática, la mayoría de sus partidarios y exponentes, sino todos, confía plenamente en la posibilidad de articular institucionalmente y mediante nuevos mecanismos la participación popular en la democracia constitucional. En contraste, el populismo constitucional, hijo del populismo político propugnado por Laclau, como bien demuestra el caso de Venezuela bajo Chávez y Maduro, parte de una desconfianza radical frente a las instituciones de la democracia y del Estado de derecho, supone una concepción monolítica y homogénea del pueblo en contraste con la visión plural del pueblo de la que parten los constitucionalistas populares, asume la conducción mesiánica por un líder de ese pueblo en una política que se define esencialmente como una lucha de los amigos del pueblo contra los enemigos de las elites, restringe básicamente la participación a los momentos plebiscitarios de las grandes decisiones, fomenta el reeleccionismo presidencial mediante reformas constitucionales consecutivas o estrambóticas interpretaciones de las Altas Cortes que alteran la forma republicana de gobierno, estructura la justicia constitucional a partir de su uso estratégico y oportunista mediante una distorsionada ponderación de derechos y valores constitucionales que, en el fondo, no es más que la aplicación de un derecho degenerado y asume el momento constituyente como ruptura constitucional, tierra arrasada para la usurpación de todos los poderes constituidos mediante lo que se conoce como el "golpe de estado constituyente" (BREWER-CARÍAS 2002).

Hay que diferenciar el constitucionalismo populista del *"constitucionalismo autoritario"*, que no es más que "una forma de ejercer el poder de forma autoritaria, apoyado en una Constitución liberal democrática". Este constitucionalismo autoritario se diferenciaría del *"autoritarismo constitucional"*, como fue el caso de Austria (1933-1938), Turquía (1982), Chile (con la Constitución de 1830) y Singapur (NIEMBRO ORTEGA: 245), y conecta más bien con el uso simbólico de la Constitución para preservar los intereses de las élites gobernantes. Más peligroso es el *"derecho constitucional autoritario-populista"*, que no son más que "los trámites constitucionales adoptados para cubrir decisiones autoritarias de *regímenes híbridos*", que son "aquellos que combinan elementos democráticos y autoritarios" y donde se produce "una transición a cámara lenta hacia el autoritarismo" (HERNÁNDEZ GÓNZÁLEZ) y que aparece muchas veces como una fase avanzada de descomposición del constitucionalismo populista, como ha ocurrido en Venezuela tras Chávez y con Maduro, cuando el populismo deja de ser popular y el régimen populista comienza a desconfiar de los otrora favorecidos mecanismos electorales, aún plebiscitarios, etapa que es previa a la emergencia de un régimen autoritario puro y simple, pero que perfectamente también puede surgir del deterioro institucional del Estado de derecho en democracias precarias o emergentes, como es el caso de El Salvador, desde la inconstitucional destitución de la Sala Constitucional ordenada por la Asamblea Legislativa con la supermayoría del presidente Bukele. Aquí es importante notar que la gran diferencia entre el constitucionalismo populista y el constitucionalismo autoritario-populista que le sigue es que el primero es propulsado por un gobierno que surge de elecciones razonablemente libres y justas (Tushnet & Bugarič: 61) en tanto que el segundo no es más que el conjunto de arreglos "constitucionales" de un régimen, originalmente nacido del voto popular, pero que deviene cada día más autoritario, inhabilitando los candidatos de la oposición e impidiendo procesos electorales limpios y transparentes. Este "constitucionalismo" autoritario-populista, como ha ocurrido en la Venezuela "bolivariana", conduce paralela y simultáneamente a una serie de patologías (Badell Madrid) que conducen al desmantelamiento de la democracia constitucional, a la "deconstrucción" (Piza Rocafort: 321-376) de la democracia: la "desconstitucionalización", es decir, a la violación sistemática de la Constitución por los poderes públicos y su convalidación por la justicia constitucional (Sagüés 2021); a la "desdemocratización", que no es más que la violación, degradación y derogación de los mecanismos de participación democrática y representativa (Chinchilla); y a la "deslegalización", mediante delegaciones legislativas inconstitucionales, regulación de los derechos fundamentales sujetos a reserva de ley mediante reglamentos ejecutivos y el abuso de la reglamentación de emergencia (Aragón Reyes 2021), todo lo que puede resumirse en un "falseamiento del Estado de derecho" (Brewer-Carías 2021) propiciado por regímenes, como el chavomadurista venezolano, que no son más que "*kakistocracias*" o "gobiernos de los peores", "pésimas repúblicas", asentadas en el fraude constitucional sistemático y constitutivas de "Estados de derecho de mentira y de la mentira" (Brewer Carías 2023: 16-17), que, en verdad, son "Estados de facto" (Ayala Corao).

Finalmente, ha surgido un "*constitucionalismo de la diversidad*" que está "abierto a la diversidad social y cultural presente en diversas regiones del mundo" y que "concretamente, en el caso de América Latina, y con énfasis en la relación de los pueblos indígenas con el Estado, se ha propuesto pensar en una especie de progresión constitucional que pasó del '*constitucionalismo multicultural*', mucho más acentuado en el paradigma liberal occidental, a un '*constitucionalismo pluricultural*' y, por último, un '*constitucionalismo plurinacional*'" (De Sousa Santos, Araujo y Aragón Andrade: 23), presente en constituciones como la de Ecuador y Bolivia y en la rechazada Constitución de Chile de 2022. El constitucionalismo de la diversidad, sin embargo, no presupone necesariamente el paso al estadio del Estado plurinacional pues es perfectamente posible un constitucionalismo multi o pluricultural que, en el marco de la unidad política de un Estado nacional, si bien descentralizado, reconozca a nivel constitucional la diversidad étnica, creando derechos particulares para comunidades indígenas y en algunos casos para poblaciones afrodescendientes, como es el caso de Colombia, Perú y Venezuela.

1.3.4.5 El constitucionalismo del bien común. Vinculado al neoconstitucionalismo europeo e iberoamericano, encontramos la corriente teórica que postula en Estados Unidos por un *"constitucionalismo del bien común"* (VERMEULE). Esta corriente, cuyos aspectos hermenéuticos veremos en detalle al estudiar la interpretación constitucional en el Capítulo 5, postula por un *"developing constitutionalism"* o "constitucionalismo en desarrollo", que se contrapone tanto al "originalismo" conservador como al "constitucionalismo viviente" progresista liberal y sostiene que el constitucionalismo se basa en una serie de principios de buen gobierno, duraderos y objetivos, y que informan el derecho positivo, el derecho internacional y el derecho natural. La dimensión neoconstitucionalista de esta tendencia teórica la encontramos en su remisión a los principios como pautas interpretativas del derecho constitucional vigente, lo que la separa del originalismo que privilegia el sentido original del texto constitucional, pero distinguiéndose del constitucionalismo progresista liberal en tanto celebra la continuidad basada en los principios del pasado y reconoce la necesidad de cambios en la aplicación de dichos principios sólo en la medida en que no se altera la verdadera naturaleza de dichos principios y sin que se vea dichos principios al servicio de una agenda de liberación radical. Aunque el constitucionalismo del bien común visualiza los derechos en el contexto de la preservación del bien común, lo que subordina la dimensión individual de los derechos a dicho bien, esta corriente resalta la necesidad de asegurar los derechos sociales en la tradición de la doctrina social de la Iglesia Católica y de proteger el medio ambiente, como cosa común, aspectos tradicionalmente soslayados por la visión liberal y progresista de los derechos. Al mismo tiempo el constitucionalismo del bien común defiende el proyecto internacional de los derechos humanos, en tanto expresión del derecho natural, diferenciándose así del originalismo conservador que adversa este proyecto como manifestación del liberalismo supranacional. Una nota final respecto al constitucionalismo del bien común es el hecho de que el mismo postula que éste debe ser aplicado no solo por los jueces sino también por todos los demás órganos y autoridades del Estado, lo que lo conecta con el entendimiento de la Corte IDH del control de convencionalidad como una potestad no solo jurisdiccional sino, además, como un deber de todos los entes y funcionarios de los Estados parte de la CADH.

1.3.4.6 El constitucionalismo dialógico. Paralelamente a la consolidación del neoconstitucionalismo como la teoría constitucional adecuada para explicar los actuales Estados constitucionales de la civilización constitucional euroatlántica y en gran medida como una reacción frente a los déficits democráticos y participativos de las democracias constitucionales realmente existentes, en especial frente a las objeciones democráticas a la supremacía judicial y al control jurisdiccional de constitucionalidad, ha ido emergiendo una teoría constitucional alternativa al -o más bien complementaria del- neoconstitucionalismo: el *constitucionalismo dialógico*. Derivado de la corriente que entiende la democracia en el sentido deliberativo de un modelo de adopción de decisiones políticas mediante procedimientos inclusivos y abiertos, es decir, de naturaleza democrática, así como dialógicos y argumentativos, o sea, deliberativos (HABERMAS 1998), el constitucionalismo dialógico o deliberativo propone un modelo de diálogo constitucional que postula no solo un diálogo entre los tribunales a nivel nacional y supranacional y entre las instituciones públicas sino que aboga por un diálogo entre las autoridades públicas y la sociedad tendente a alcanzar el ideal de una *"conversación entre iguales"*. Este constitucionalismo dialógico aparece en "momentos constitucionales" donde se manifiesta el poder constituyente a través de "asambleas deliberativas" más incluyentes y abiertas a la ciudadanía que las tradicionales "asambleas constituyentes", pero sobre todo se expresa mediante la reconfiguración de la justicia constitucional para ponerla al servicio de la discusión pública y de la deliberación colectiva igualitaria e incluyente. Conforme esta teoría, el juez constitucional debe asumirse como un *juez dialógico* que incorpora las voces de todos los miembros de la "comunidad ciudadana de intérpretes constitucionales" a través de múltiples mecanismos tales como mesas de diálogo, audiencias y consultas públicas y mediante decisiones que promueven la deliberación colectiva y el compromiso de los ciudadanos involucrados en las cuestiones constitucionales en la solución de los problemas objetos de los litigios jurisdiccionales, a la vez que sirven de control de la calidad deliberativa de las decisiones mayoritarias y de los órganos estatales representativos (Gargarella).

Aunque el constitucionalismo dialógico busca que los jueces no tengan la última palabra en las cuestiones constitucionales como postula el neoconstitucionalismo, lo cierto es que, una vez agotados los procedimientos deliberativos y en presencia de un profundo desacuerdo social y de una situación de grave y estructural violación de derechos, ante la cual tanto los órganos legislativos como la Administración mantienen un reiterado silencio y una clara inconstitucional omisión que lo que hace es agravar la violación, el problema y el desacuerdo social, los tribunales, asumiendo su rol constitucional, pueden y deben tomar la última palabra para dictaminar una solución o impulsar a que los poderes públicos asuman la solución efectiva del problema, todo ello desde la perspectiva de un *"constitucionalismo dialógico completo"* (Roa Roa). El constitucionalismo dialógico, como teoría a la vez descriptiva y normativa, es clave para entender la función de la Constitución como generadora de diálogo institucional y ciudadano, como veremos más adelante en este Capítulo, y para conceptuar algunos de los mecanismos deliberativos usados por la justicia constitucional que tendremos oportunidad de abordar en el Capítulo 6.

1.4 Los problemas fundamentales del constitucionalismo

El constitucionalismo no puede ser entendido a cabalidad si no se comprenden sus problemas fundamentales, tanto los de antes, que originaron su surgimiento, como los de antes, replanteados ahora en las condiciones del presente, y los nuevos problemas constitucionales que surgen en la época en que vivimos. Veamos…

1.4.1 Racionalismo, liberalismo, individualismo y derechos del hombre. La Constitución se concibe en la época moderna en el sentido de ordenación sistemática y racional de la comunidad política a través de un documento escrito. Sobresale en esta definición la idea de que la Constitución es un *producto de la razón*, noción propia del racionalismo iluminista que asume la Constitución como creadora y ordenadora de la comunidad política. Esta idea deriva del dogma de la fuerza conformadora absoluta de las normas abstractas y generales que nutre la teoría de la ley general y abstracta como producto de la razón y manifestación de la voluntad general. Este racionalismo está presente en el pensamiento de Hostos y en el de un Benigno Filomeno Rojas, para quien "la palabra revisar no significaba una alteración material del lenguaje en que estaban concebidos los artículos revisables del Pacto Fundamental, sino una modificación del pensamiento del político, que estaba encerrado en ellos, porque de lo contrario, no se llenaría la mente del legislador al ceñirse a una obra puramente material" (citado por CAMPILLO PÉREZ: 25).

Conjugado con la dimensión experimentalista, este racionalismo abstracto postula la necesidad de concretizar las construcciones racionales, transformándose de esa forma la *ratio* en experiencia y los esquemas constitucionales mentalmente elaborados en realidad política. Instrumento clave para esta transformación de la razón en experiencia es la lengua escrita: el *documento escrito* es el receptor y codificador de los esquemas racionales y es la expresión formal indispensable del fenómeno de racionalización del ordenamiento político.

El constitucionalismo está también ligado estrechamente al liberalismo, tanto en su vertiente política, a la cual están asociadas las doctrinas de los *derechos humanos* y la *división de poderes,* como en su vertiente económica, que se centra sobre una economía de *libre mercado.* El Estado constitucional establece las bases políticas indispensables para el ascenso político de la burguesía a través de la influencia parlamentaria, el diseño de las clásicas funciones del Parlamento –legislación, control del gobierno, aprobación de los impuestos– y el establecimiento del sufragio censitario que permite a las clases dominantes ratificar por la forma jurídica el status conquistado económicamente. Este Estado Constitucional también provee las bases para el desarrollo de la economía capitalista en la medida en que se garantiza la *seguridad jurídica,* lo cual da la certeza de Derecho necesaria para impedir las arbitrariedades y abusos que se cometían cuando se permitía a los príncipes intervenir en la esfera patrimonial de sus súbditos mediante expropiaciones y alteración por decreto de las leyes. Esta seguridad jurídica, unida a la idea de que los derechos fundamentales sólo podían ser restringidos excepcionalmente y únicamente mediante ley, es la base de la Constitución económica liberal.

Las Constituciones liberales son *"códigos individualistas"* que exaltan los derechos individuales del hombre. Ya lo decía Hostos: "Es necesario reconocer en el ciudadano al ser humano, y en el ser humano, los derechos y poderes que recibió de la naturaleza y que de ningún modo convendría en perder, como positivamente perdería, si la Constitución hiciese caso omiso de ellos" (HOSTOS: 121). Por eso, la Constitución dominicana, al igual que la norteamericana y contrario a la francesa, consagra los derechos del hombre en su propio texto y no en una declaración separada. Y lo hace porque el constituyente entiende que si bien estos derechos son naturales, "si el derecho constitucional es necesario, es porque el derecho natural no ha sido suficiente" (HOSTOS: 111), con lo que se entiende implícitamente que la consagración constitucional de estos derechos es la única manera de transformarlos en *derechos fundamentales,* es decir, en derechos institucionalizados jurídicamente y constituyendo Derecho objetivamente vigente. En la teoría y en los textos, el constitucionalismo dominicano se enmarca en el modelo norteamericano y no en el europeo que ha considerado durante mucho tiempo a los derechos fundamentales como simples declaraciones filosóficas y políticas desprovistas de valor jurídico alguno.

1.4.2 Soberanía, legitimidad y representación política. En el constitucionalismo occidental, la soberanía viene a ser un título de legitimación y sólo cuando es ejercida en términos materialmente legítimos se produce la legitimidad. La Constitución de 1844 distingue claramente entre la titularidad de la soberanía que reside "en la universalidad de los ciudadanos" y el ejercicio de esa soberanía que "se ejerce por tres poderes delegados, según las reglas establecidas en la Constitución" (artículo 39). No acogen los dominicanos, desde el momento de la fundación de la República, la teoría de la *soberanía nacional* construida por los revolucionarios franceses, en virtud de la cual los representantes elegidos por el electorado no eran representantes del pueblo sino de la Nación, y se adscriben al de la *soberanía popular*, tal como es evidente en la mayoría de nuestros textos constitucionales. Para los dominicanos, contrario a los franceses, soberanía nacional y soberanía popular son equivalentes. Por eso, la formulación de nuestra Constitución es clara en cuanto a que "la soberanía reside exclusivamente en el pueblo" (artículo 2), con lo que se abandona toda distinción entre soberanía nacional y soberanía popular, pues "el pueblo dominicano constituye una Nación" (artículo 1) y es precisamente en ese pueblo en donde reside exclusivamente la soberanía y de donde emanan todos los poderes del Estado (artículo 2).

Existe un vínculo estrecho entre la teoría de la soberanía popular y la idea de representación política. La representación política tiene como punto de partida a la teoría de la soberanía popular y la soberanía popular conduce necesariamente al gobierno representativo. Ya lo decía Hostos: "La *democracia representativa* es la única forma de gobierno natural que existe, porque en ella se aplica a todas las funciones el principio de delegación; porque la elección es el medio de que se vale ese principio; y porque el fin social se puede realizar en esa forma de gobierno, más completamente que en otra alguna" (Hostos: 82). Los representantes del pueblo en la asamblea legislativa no están ligados al *mandato imperativo* de sus representados no porque sean representantes de la Nación —como estipula la teoría de la soberanía nacional— sino porque "si se reflexiona que los legisladores son seres de razón y de conciencia que no pueden ni deben someter voluntariamente su razón y su conciencia a fuerza alguna; y si se medita en que el pacto tácito establecido entre el representante y el representado se refiere únicamente a los principios de que sean copartícipes y al cuerpo de doctrinas que de ellos deriven, se apreciará la imposibilidad de hacer imperativo un mandato que no puede incluir sino de un modo muy indirecto, y para los casos más obvios, las resoluciones concretas que con su voto se vean forzados a tomar los representantes" (Hostos: 327).

1.4.3 División de poderes. Desde Montesquieu, el constitucionalismo tiene claro que todo buen gobierno debe regirse por el principio de la división de poderes, pues, como bien establece el artículo 16 de la Declaración de los derechos del hombre y del ciudadano del 26 de agosto de 1789, "toda sociedad en la que la garantía de los derechos no está asegurada ni determinada la separación de poderes establecida no tiene Constitución". Todas nuestras constituciones han consagrado y desarrollado este principio y, a pesar de que la realidad obliga a un replanteamiento del mismo, "es difícil desalojar un esquema mental que está profundamente enraizado y el dogma de la separación de poderes es el más sagrado de la teoría y la práctica constitucional"

(LOEWENSTEIN: 62). Es más, hoy se habla de la necesidad de "la *nueva división de poderes*" (ACKERMAN 2007), como una manera de evidenciar la necesidad de replantear la separación de poderes ante el surgimiento de nuevos poderes, como es el caso de los órganos constitucionales extrapoderes, y la emergencia de nuevas funciones para los viejos poderes. Pero, además, hoy es preciso que el constitucionalismo, como bien ha advertido Ferrajoli, se enfrente con *"poderes salvajes"*, como es el caso de los poderes privados de macropoderes económicos y financieros -que ponen en juego los derechos de los trabajadores, los derechos sociales y la transparencia y condicionan a los poderes públicos-, los poderes privados ilegales o criminales de las organizaciones criminales nacionales y transnacionales, los poderes públicos extralegales en el plano de una sociedad salvaje internacional donde rige la ley del más fuerte y los poderes públicos ilegales que actúan como brazos paramilitares o servicios de inteligencia ilegales (FERRAJOLI 2010).

1.4.4 Presidencialismo. A pesar de que el constitucionalismo se origina con el parlamentarismo inglés en el siglo XVII, un sistema constitucional no postula de modo necesario la forma de gobierno parlamentaria. Un sistema constitucional comporta variadas formas de gobierno, desde el sistema parlamentario hasta el sistema presidencial. La República Dominicana se constituye en 1844 como república presidencialista siguiendo el modelo impuesto por los Estados Unidos y que toda América Latina emula a partir del movimiento de independencia en el siglo XIX. El *sistema presidencial* se caracteriza por una separación rígida de poderes, un poder ejecutivo monocéfalo en manos del Presidente, que se elige por votación popular directa o indirecta, que es asistido por un grupo de Secretarios de Estado, nombrados y revocables *ad nutum* y que puede proponer proyectos de ley al Congreso, el cual es libre de aceptarlos o no.

Hay quienes abogan por transitar del presidencialismo a modelos parlamentarios o semi-parlamentarios como han propuesto politólogos y juristas (LINZ, VALADÉS 2003). Incluso hoy se habla en contra de la exportación del modelo presidencial estadounidense y se aboga por un *"parlamentarismo acotado"* en virtud del cual la Constitución establecería un primer ministro y su gabinete que permanecerían en el poder durante el tiempo necesario para obtener el respaldo de una cámara de diputados elegida democráticamente (ACKERMAN 2007). Otros entienden, sin embargo, que "la alternativa no pasa por cambiar el régimen presidencial por un régimen parlamentario, sino que, en concordancia con las raíces y el estado de conciencia de la vida cívica y política en el país, el presidencialismo debe controlarse y moderarse, para el establecimiento real de un *presidencialismo moderado* o atenuado" (LANDA: 515), posición que parece correcta, si tomamos en cuenta, sobre todo, que la "opción parlamentaria" por la que propugnan algunos (LINZ) hasta la fecha no ha funcionado efectivamente en nuestra América.

1.4.5 Derecho electoral. El constitucionalismo se desarrolla conjuntamente con el derecho electoral, evolucionando de un derecho que consagraba el sufragio censitario a uno que reconocía el sufragio universal, de uno en el que el voto era una función a uno en el que el voto es un derecho del ciudadano. La evolución histórica del constitucionalismo dominicano demuestra la progresión desde un régimen en el cual solo votaban los hombres, los propietarios y los alfabetizados a uno en el que efectivamente el derecho al voto pertenece a todos, en el que se hace realidad el lema *"one man, one vote"*. Hoy este derecho electoral es incomprensible al margen de los partidos políticos pues la ampliación del sufragio y los mecanismos de representación proporcional convierten en una necesidad institucional a los mismos (García Guerrero: 32).

1.4.6 Control del poder. Desde Lord Acton sabemos que "el poder corrompe y que el poder absoluto corrompe absolutamente". Incluso una democracia constitucional sin controles del poder deviene en un autoritarismo popular tan nocivo como una autocracia. Por eso, el problema del control del poder ha acompañado siempre al constitucionalismo. Hoy, sin embargo, el problema del control del poder no se reduce a las soluciones de la teoría tradicional de la separación de poderes (principalmente, la propuesta de Montesquieu de que "para que no se pueda abusar del poder es necesario que por la disposición de las cosas, el poder limite al poder") sino que se requieren soluciones novedosas que se experimentan en las democracias constitucionales y que estudia la moderna doctrina (Aragón Reyes 1995, Valadés 2007), como es el caso de los nuevos *órganos de control "extrapoderes"* (Defensor del Pueblo, Ministerio Público autónomo, auditorías o contralorías independientes, etc.) establecidos en las más recientes reformas constitucionales latinoamericanas.

Pero el reto del control del poder para el constitucionalismo hoy va más allá del control de los poderes públicos: se requiere además controlar los "poderes salvajes", los *poderes privados* de la sociedad civil y el mercado, "que se manifiestan en el uso de la fuerza física, en la explotación y en las infinitas formas de opresión familiar, de dominio económico y de abuso interpersonal" (Ferrajoli 2008: 298). Es, bajo el marco conceptual de un *"constitucionalismo de derecho privado"* que busca minimizar los poderes privados y domésticos, que deben entenderse y aplicarse las disposiciones de la Constitución de 2010 en virtud de las cuales el Estado debe "prevenir y combatir la discriminación, la marginalidad, la vulnerabilidad y la exclusión" (artículo 39.3); "se prohíben en todas sus formas la esclavitud, la servidumbre, la trata y el tráfico de personas" (artículo 41); se establece el derecho "a vivir sin violencia" y a obtener "la protección del Estado en casos de amenaza, riesgo o violación" de la integridad personal (artículo 42); "se condena la violencia intrafamiliar y de género en cualquiera de sus formas" (artículo 42.2); se establece el deber del Estado de adoptar "las medidas que fueren necesarias para evitar los efectos nocivos y restrictivos del monopolio y del abuso de posición dominante" (artículo 50.1); se reconoce "el trabajo del hogar como actividad económica que crea valor agregado y produce riqueza y bienestar social" (artículo 55.11); y "se declara del más alto interés nacional la erradicación del trabajo infantil y todo tipo de maltrato o violencia contra las personas menores de edad", quienes deberán ser protegidos "por el Estado contra toda forma de abandono, secuestro, estado de vulnerabilidad, abuso o violencia física, sicológica, moral o sexual, explotación comercial, laboral, económica y trabajos riesgosos" (artículo 56.1). Lógicamente, "está claro que el reconocimiento y garantía de los derechos fundamentales también en estos ámbitos privados exige una articulación del Estado de derecho más compleja que la fundada hasta ahora, según el modelo liberal, sobre la clara diferenciación entre derecho público y derecho privado" (Ferrajoli 2008: 301). La Constitución de 2010 es un gran paso hacia este constitucionalismo de derecho privado capaz de controlar unos poderes que, por no regulados, son tan absolutos como los viejos poderes públicos en los tiempos anteriores a su constitucionalización y, por ende, minimización.

Pero los poderes salvajes no solo son privados y los poderes a controlar no solo son estatales y nacionales. Se trata de "los poderes extra o supraestatales, tanto políticos como económicos, que se han desarrollado fuera de las fronteras estatales". Para enfrentar a estos poderes, se requiere "el desarrollo de un *constitucionalismo de derecho internacional*: las agresiones a los bienes comunes ecológicos -el calentamiento climático, la contaminación del aire y los mares, la reducción de la biodiversidad- han alcanzado en efecto un carácter planetario y requieren la introducción de normas, prohibiciones, controles, funciones e instituciones de garantía, a su vez, de ámbito planetario" (Ferrajoli 2020: 162). El Estado cooperativo que establece el artículo 26 de la Constitución es el engarce para el constitucionalismo multinivel que sería la primera fase de un constitucionalismo global que de origen a un "Estado de derecho supranacional". Todavía, sin embargo, falta mucho por hacer para consolidar este nuevo, repotenciado y global constitucionalismo.

1.4.7 Derechos de los extranjeros. El constitucionalismo emerge y se consolida a partir de la distinción entre los derechos del hombre y los del ciudadano. Y es que para el constitucionalismo clásico no todos los seres humanos, aunque sean iguales por naturaleza, son iguales políticamente: "iguales no son todos los seres humanos, sino únicamente aquellos que participan en la formación de la voluntad general" (Pérez Royo: 254). La igualdad natural se puede dar entre todas las personas, sin distinción de su nacionalidad, pero la *igualdad política* sólo puede darse entre los nacionales que son los únicos titulares de los derechos políticos o de ciudadanía. Esto explica porqué, cuando se extiende el sufragio, concebido originalmente solo para los varones propietarios, ello no suspende la concepción nacional de los derechos de ciudadanía, sino que la presupone (Smend: 4). El sufragio se universaliza pero solo en el conjunto de los nacionales, únicos considerados ciudadanos conforme los ordenamientos constitucionales. Como bien expresa un autor, "los derechos ciudadanos esencialmente democráticos, naturalmente, no son para los extranjeros, porque entonces cesaría la unidad y comunidad política y desaparecería el supuesto esencial de la existencia política, la posibilidad de distinción entre amigos y enemigos" (Schmitt: 173).

Hoy, sin embargo, la inmigración "nos lleva a reformular nuestro modo tradicional de entender el Derecho, así como, y, en definitiva, los procesos específicos de construcción de la identidad nacional" (Marzal Yetano: 330). Para algunos autores la referencia del constitucionalismo al hombre y al ciudadano ha de entenderse de modo unitario, de manera que es la misma persona en su rol de hombre quien es titular de determinados derechos inherentes a su naturaleza humana y, en su papel de ciudadano, ejerce determinados derechos de participación en la comunidad política a la que pertenece. Se sostiene que "la legitimidad del Estado constitucional no tolera individuos sujetos al Derecho que no sean a un tiempo sujetos activos de su producción, *sujetos del Derecho*. Si los extranjeros han de pagar impuestos, han de poder votar; la Revolución americana proclamó: ningún impuesto sin representación" (Gutiérrez Gutiérrez: 205). ¿Es posible ir más allá del reconocimiento de todos los derechos fundamentales para todas las personas con exclusión únicamente de los derechos de ciudadanía, reservados para los nacionales? ¿Implicaría ello necesariamente socavar las bases del Estado nacional? ¿Requiere la extensión de los derechos políticos a los extranjeros la construcción de un Estado mundial? ¿Pueden sostenerse por más tiempo unos Estados constitucionales fundados sobre la contradicción estructural de una vocación de universalidad de los derechos y una ciudadanía que excluye a los otros no ciudadanos? Este conjunto de interrogantes ha sido y seguirá siendo uno de los principales problemas del constitucionalismo.

1.4.8 Constitución supranacional, constitucionalismo global, multinivel y societal: hacia una Constitución de la Tierra. Una de las grandes cuestiones que enfrenta en la actualidad el constitucionalismo es la emergencia de constituciones supranacionales (OMC, sistemas internacionales y regionales de derechos humanos, códigos penales internacionales, etc.) que, si bien no han sido elaboradas por un *poder constituyente popular mundial,* "se sustentan en derechos fundamentales, principios jurídicos y tipificaciones penales que han surgido de procesos de aprendizaje democráticos y que se han acreditado en el marco de los Estados nacionales constituidos democráticamente" (Habermas 2006: 137).

De lo que se trata aquí no es tanto de la creación de un super-Estado, de un *Estado mundial* o de una forma de gobierno democrática a nivel planetario. "La democratización de los órganos de gobierno de la ONU es, en efecto, ciertamente deseable. Pero la garantía de la paz y de los derechos fundamentales estipulados en las cartas internacionales vigentes requiere la creación no tanto de instituciones de gobierno, como de *instituciones de garantía,* primaria y secundaria, separadas e independientes pero legitimadas no por el principio de las mayorías, sino por la sujeción a la ley y, en particular, a las normas que establecen los derechos y la paz. Requiere, en suma, la aplicación y la implementación de una constitución cosmopolita ya existente en el plano normativo –la Carta de la ONU, la Declaración Universal de Derechos Humanos de 1948, los Pactos de 1966 y las demás Cartas internacionales y regionales de derechos– que es preciso cumplir, llenando las enormes lagunas de garantías que hoy posibilitan su violación y la hacen vana" (Ferrajoli 2006: 117). El *espacio constitucional europeo* (Cruz Villalón) es un laboratorio de lo que pueden ser las soluciones constitucionales a nivel global. Lo importante a retener aquí es que "sólo a través de nuevas formas de gobernanza supranacional se podrán domar por medios políticos las fuerzas sociales naturales de una sociedad mundial cada vez más sistemáticamente integrada que se han desatado a nivel transnacional" (Habermas 2023: 75).

Y es que el derecho constitucional no puede pretender seguir operando en marcos conceptuales claramente rebasados por un proceso indetenible de globalización económica: "los tiempos del Estado nacional cerrado y del Derecho internacional 'clásico' practicado hasta la Primera Guerra Mundial han quedado atrás" (Stolleis: 46). Se requiere, en consecuencia, "constitucionalizar la globalización, globalizar el garantismo constitucional" (Ferrajoli 2023: 430), para que la globalización se someta al derecho constitucional, a un *derecho constitucional transnacional,* que confiera derechos a las personas independientemente de su nacionalidad y de su lugar de residencia y que establezca los órganos que permitan la tutela de estos derechos. Esto puede parecer utópico, pero ya sabemos que el derecho constitucional se nutre de utopías al extremo de que muchas de las instituciones y derechos (emancipación de la esclavitud, los derechos de la mujer, el propio sistema democrático, etc.) que hoy disfrutamos fueron en su momento meras utopías que muchos descartaron por irrealizables. En todo caso, tal como ha señalado Gerardo Pisarello, el *"constitucionalismo cosmopolita"* no tendrá chance de consolidarse sin contratos globales para la satisfacción de las necesidades básicas de todos los habitantes del planeta, para la paz, la tolerancia y el diálogo entre culturas, para el desarrollo sostenible del mundo y para un nuevo régimen democrático internacional. Esto parecerá imposible, pero, como bien recordaba Max Weber, la historia demuestra "que no se conseguiría lo posible si en el mundo no se hubiera recurrido a lo imposible una y otra vez" (citado por Pisarello 2007: 184), máxime ahora que, en el mundo en que vivimos, "se ha hecho imposible lo que era posible en el pasado y posible lo que entonces era imposible" (Ferrajoli 2023: 284). Hoy, por lo menos en términos teóricos, no es correcto restringir la Constitución como concepto a la Constitución estatal, pues una Constitución puede perfectamente regular formaciones políticas que, contrario a los estados y las naciones, no incorporen multitudes territorialmente definidas, como es el caso de la Unión Europea y la comunidad internacional (Preuss).

Mientras emerge paulatinamente esta Constitución supranacional y se consolida definitivamente un constitucionalismo global, lo que ha venido cristalizando en las últimas décadas es un *"constitucionalismo multinivel"* (Pernice) en el cual se entretejen una red de ordenamientos estatales y supraestatales, que es lo que permite entender, por citar el caso más paradigmático, las relaciones entre el derecho de la Unión Europea y el derecho producido por los Estados miembros de la Unión y el modo en que se ha europeizado el derecho de dichos Estados al tiempo que el derecho de la Unión se ha visto influido por la producción normativa de los miembros de la Unión. En el ámbito de los derechos humanos, existen en Europa cuatro niveles de protección: el nacional de los Estados europeos, consagrado a nivel constitucional por cada Estado; el provisto por el Convenio Europeo para la Protección de los Derechos Humanos y las Libertades Fundamentales; el consagrado por la Carta de Derechos Fundamentales de la Unión Europea; y el que proveen los instrumentos internacionales de derechos humanos suscritos y ratificados por los Estados europeos. Parecido ocurre en América Latina en donde encontramos, en el plano de los derechos humanos, varios niveles de protección: el constitucional de los Estados; el del SIDH, que tiene como base normativa principal la CADH y como órganos de aplicación a la CIDH y a la Corte IDH; y el internacional instrumentado por los demás instrumentos de derechos humanos aparte de la CADH. Todos estos niveles de protección se integran en el *"bloque de constitucionalidad"* y se activan a través del control de constitucionalidad y de convencionalidad que se realiza en la justicia constitucional impartida por los órganos estatales, especialmente jurisdiccionales, de los Estados parte de la CADH y a nivel supranacional por los órganos del SIDH.

Como veremos, cuando estudiemos en detalle el bloque de constitucionalidad y las garantías de los derechos fundamentales, en especial la garantía de la convencionalidad, la relación entre los diferentes niveles no es necesariamente jerárquica, sino más bien heterárquica y complementaria, lo que explica, por ejemplo, que la norma a aplicar en materia de derechos fundamentales no sea necesariamente la constitucional -por la supremacía normativa de la Constitución- ni tampoco la supranacional -por imponerse los pactos internacionales sobre las leyes internas- sino más bien la más favorable a la persona titular del derecho, no importa su rango jerárquico en el sistema de fuentes del derecho, garantizándose un *"margen de apreciación nacional"* en la aplicación de los derechos fundamentales por partes de los Estados, siempre y cuando no se vulneren los *"estándares mínimos convencionales"* establecidos en la CADH y el resto del *"bloque de derechos fundamentales"*, y se respeten las cláusulas de progresividad y no retroceso en materia de derechos fundamentales, tal como interpreta estos derechos la jurisprudencia de los órganos del SIDH, especialmente la Corte IDH, que, como veremos también más adelante, constituye "precedente interamericano" vinculante para los jueces nacionales y para todos los órganos y poderes de los Estados parte de la CADH.

El avance de este constitucionalismo multinivel no es necesariamente indetenible. Estamos presenciando en Europa la emergencia "de un nuevo Derecho constitucional nacionalista y re-estatal, y consecuentemente menos cooperativo y abierto al exterior; hay así, entonces, una búsqueda concreta de reconcentración de soberanía constitucional y nacionalista que, al margen de contenidos a su vez sustantivamente regresivos (pensemos en Hungría y Polonia), va a suponer una menor comunicabilidad y permeabilidad al respecto del Derecho constitucional multinivel" (Sánchez Barrilao 2020: 191). Como todos los anteriores constitucionalismos, la definitiva consolidación del constitucionalismo multinivel como estadio previo al constitucionalismo global requiere la lucha por el derecho constitucional multinivel pues, como bien afirma Ihering, "todo Derecho en el mundo tuvo que ser adquirido mediante la lucha". Esa lucha por el derecho constitucional multinivel se libra no solo en el plano político de los convenios internacionales de los Estados sino también en el ámbito de la ciencia constitucional. La lucha por el derecho implica, en consecuencia, un derecho de lucha por el derecho lo que conlleva asumir que "la batalla por la coherencia de un ordenamiento jurídico no solo transcurre en el contexto de las normas y sus conflictos, sino también en el de la dogmática y sus tensiones" (Martín Morales: 178). Esa lucha apenas ha comenzado y "en cualquier caso, un mundo cambiado impone al constitucionalista, mire en una u otra dirección, el esfuerzo de acomodar sus tradicionales perspectivas a las nuevas distancias" (Gutiérrez Gutiérrez: 20). Y es que "hoy, a diferencia del pasado, un constitucionalismo exclusivamente nacional se condenaría de forma progresiva a la impotencia y a la marginación de una ciencia que pierde de modo creciente el control de su propia materia" (Zagrebelsky 2014: 337).

Vinculado con la cuestión de la Constitución supranacional y el constitucionalismo multinivel encontramos la cuestión del *"constitucionalismo societal"*. El denominador común de estas tres cuestiones es la de postular un constitucionalismo más allá del Estado-nación, es decir, que no esté centrado en el Estado. El constitucionalismo societal, si bien tiene una dimensión transnacional o global desatada por el fenómeno de la globalización, postula que la producción de normas constitucionales no se restringe al Estado, sino que incluye además otros actores sociales, económicos, con o sin fines de lucro, públicos y privados, nacionales e internacionales, que se convierten en sujetos constitucionales y constituyentes, normas que muchas veces chocan y generan "*conflictos interconstitucionales*" (TEUBNER), conflictos que, como por ejemplo los que ocurren entre los ordenamientos jurídicos de los pueblos indígenas originarios y los ordenamientos estatales de los territorios donde están ellos asentados, deben ser resueltos a través de una "*Constitución transversal*" propia del "*transconstitucionalismo*" (NEVES 2009). El constitucionalismo societal refiere a un proceso de creciente constitucionalización de la sociedad pero, en tanto postula que el surgimiento de los procesos constitucionales no se produce exclusivamente en el marco de ordenamientos jurídicos estatales, sino también en el de los sistemas jurídicos privados y/o híbridos de los órdenes sociales no estatales, se diferencia del fenómeno de la *constitucionalización de la sociedad* a que se refiere la teoría de la Constitución, pues en esta teoría la constitucionalización es la irradiación de normas constitucionales estatales hacia ámbitos sociales y jurídicos privados en tanto que la *constitucionalización societal* refiere a la creciente importancia de las normas constitucionales emanadas de centros normativos privados.

En fin, los peligros y emergencias globales que enfrenta la humanidad, desde las catástrofes ecológicas hasta la amenaza nuclear que ponen a los seres humanos en un riesgo, no de extinción natural como a los dinosaurios, sino de verdaderamente irresponsable suicidio en masa, sin olvidar los cientos de millones de muertos por guerras, hambre, pandemias y enfermedades no tratadas, la expansión del crimen transnacional organizado, el continuo surgimiento de tiranías en todo el globo y el crecimiento de la migración y la desigualdad social, han conducido a la promoción a nivel académico de una *Constitución de la Tierra* que limite y vincule a los poderes salvajes de los estados soberanos y de los mercados globales en aras de la protección de los derechos fundamentales y los bienes comunes de todos. Este movimiento, que realiza la vocación universal de un constitucionalismo que es todavía un proyecto inacabado, asume la necesidad de enfrentar en el plano de un constitucionalismo planetario problemas, que, por su carácter global, rebasan las fronteras de los estados y ante los cuales son impotentes los constitucionalismos nacionales. La forma jurídica de ese ordenamiento constitucional universal sería una *Federación de la Tierra* que, partiendo de los logros de la ONU y evitando sus fracasos, conduzca a la creación no tanto de un estado a escala supranacional, sino de instituciones de garantía de los derechos fundamentales y de los bienes comunes, separadas de las funciones de gobierno, estas últimas legitimadas democráticamente en el nivel de los estados federados que ejercerán de modo federado sus competencias por estar más próximos a los ciudadanos representados en cada estado. Este proyecto nace de la convicción de que, como bien afirma Ferrajoli, "la única respuesta realista, además de racional, a los desafíos planetarios es, pues, la construcción de una esfera pública mundial y de una política global que tome en serio las promesas formuladas en ese embrión de constitución del mundo que hoy está formado por las muchas cartas de derechos y que es necesario refundar en su fuerza normativa y en su capacidad garantista". El proyecto de Constitución de la Tierra, luego del preámbulo y del reconocimiento de los principios supremos, los derechos fundamentales, los bienes comunes y los bienes ilícitos, define la Federación de la Tierra, incorpora, modificadas, las instituciones de gobierno de la ONU, así como algunas instituciones globales de garantía primaria como la OMS, la FAO, la UNESCO y la OIT, crea una Agencia Garante del Medio Ambiente, una Organización Internacional de Prestaciones Sociales, una Agencia Mundial del Agua y un Comité Mundial para las Comunicaciones Digitales, y organiza un Tribunal Constitucional Global y un Tribunal Internacional para los Crímenes de Sistema, que se sumaría al actual Tribunal Internacional de Justicia. La Constitución también, aparte de modificar el régimen del Banco Mundial, del Fondo Monetario Internacional y de la Organización Mundial de Comercio, establece impuestos globales a las grandes riquezas y al uso de los bienes comunes, al tiempo que consagra un presupuesto planetario y la transferencia de la deuda pública de los países pobres a la Federación de la Tierra, a título de compensación por el uso y abuso gratuito de los bienes comunes globales por parte de los países ricos. Como se ve se trata de una utopía, que se opone al conformismo de quienes afirman que nada se puede hacer para cambiar el mundo y que hay que aceptarlo cuál es y al optimismo de los ilusos que creen que todo es posible. Es una *utopía posible* pues "se funda en la razón, esto es, en la convicción de que la solución de los problemas globales depende de la expansión a escala supranacional del paradigma garantista y constitucional y de la unificación, con ese fin, de las energías y de las pasiones de todos los seres humanos en torno a batallas comunes, frente a las amenazas comunes, por la salvación común" (Ferrajoli 2022: 124-125).

1.4.9 La búsqueda de la felicidad. Aunque para muchos dominicanos, sumidos en el eterno malestar de la cultura pesimista dominicana, hablar de *felicidad* en el plano constitucional parecerá una vacua y burlesca retórica, expresión paradigmática de un constitucionalismo simbólico, como ejemplifica la siniestra Cartilla Cívica de la dictadura de Trujillo, que consignaba como uno de los deberes del ciudadano obedecer al gobierno "como la mejor manera de hacer la felicidad del pueblo, que es tu propia felicidad"; e incluso para muchos latinoamericanos frente a la falsa y sarcástica "revolución del amor" de Chávez, el "Viceministerio para la Suprema Felicidad Social del Pueblo" de Maduro, o la empalagosa "República Amorosa" de López Obrador, lo cierto es que es preciso cuestionarse sobre el significado de la felicidad como problema jurídico-constitucional.

Y es que la felicidad es una noción fundamental de vieja y recia raigambre tanto en la filosofía política como en la economía y el derecho constitucional. Desde Sócrates, para quien la meta de cada ser humano es "la felicidad y sus diversos aspectos"; Platón que, en su Republica, entiende la misma como consecuencia de la vida justa; Aristóteles, que vincula justicia y felicidad, afirmando en su Ética a Nicómaco que "llamamos justo a lo que es de índole para producir y preservar la felicidad y sus elementos para la comunidad política"; pasando por San Agustín que define a la felicidad como el perfecto conocimiento de la divinidad y Tomas de Aquino, para quien esta consiste en "la contemplación de la verdad"; hasta llegar a Kant, que considera la felicidad el "fin general de lo público"; Bentham, que también la veía como el fin del Estado; John Stuart Mill, que entiende la libertad como "uno de los principales ingredientes de la felicidad humana"; Kelsen, según quien "la justicia es la eterna búsqueda de la felicidad humana"; y, finalmente, hasta Rawls, para quien "un hombre es feliz en la medida en que logra, más o menos, llevar a cabo", su plan racional de vida. Por su parte, en la economía contemporánea, se recupera el viejo legado del siglo XVIII de considerar a la felicidad como un parámetro clave de la riqueza de las naciones. Por eso, desde Amartya Sen hasta Joseph Stiglitz, entre otros, se habla de una *economía de la felicidad*, de la "felicidad nacional bruta" o "felicidad interna bruta", en contraste con el producto interno bruto.

En el constitucionalismo, la "búsqueda de la felicidad" (*pursuit of happiness*) aparece como el fundamento de la Declaración de la Independencia de los Estados Unidos de 1776, lo mismo que en la Declaración de Derechos del Hombre y del Ciudadano de 1789, proclamada en Francia con el propósito de que sus principios "contribuyan siempre a mantener la Constitución y la felicidad de todos". Más recientemente, por solo citar un ejemplo, la Constitución brasileña reconoce "la búsqueda de la felicidad" (artículo 6) como un derecho social. Por eso puede afirmarse que "la búsqueda de la felicidad es un fin en torno al cual los pueblos han articulado sus respectivos proyectos de nación" (Ray Guevara 2021: 407). Es por ello que las ONU, mediante la resolución N∞ 65/309, intitulada "La felicidad: Hacia un enfoque holístico del desarrollo", invitan "a los Estados miembros a que emprendan la elaboración de nuevas medidas que reflejen mejor la importancia de la búsqueda de la felicidad y el bienestar en el desarrollo con miras a que guíen sus políticas públicas".

En el caso dominicano, aunque la felicidad no está consagrada expresamente en la Constitución como valor, principio o derecho fundamental, la misma se desprende de la consagración de la protección efectiva de los derechos de la persona como función esencial del Estado (artículo 8), de la cláusula del Estado Social y Democrático de Derecho (artículo 7) y de un conjunto de derechos sociales, del reconocimiento de que el Estado se organiza para la protección de la dignidad de la persona (artículo 38), de la obligación del Estado de adoptar todas las políticas necesarias para que la igualdad sea real y efectiva (artículo 39.3) y del reconocimiento del derecho al libre desarrollo de la personalidad (artículo 43). Son estos textos constitucionales los que aseguran a la persona el derecho a una vida digna, con prestaciones sociales básicas garantizadas, un mínimum existencial, que consistiría en la felicidad social, a partir de la cual el individuo está en condiciones de diseñar y llevar a cabo un proyecto de vida que le asegure la felicidad en el sentido individual. Y es que, desde la óptica constitucional, la felicidad social -o sea, la justicia social- es la base de la felicidad individual pues, como afirmaba Juan Pablo Duarte, "sed justos, lo primero, si queréis ser felices". El Estado, constitucionalmente ordenado, es, en consecuencia, un Estado que se concibe como *ente propiciador de la felicidad común*, felicidad hacia la cual se camina no solo asegurando las condiciones materiales para el acceso a los bienes y derechos sociales básicos, es decir, liberando al pueblo del hambre y la miseria para cimentar la dignidad humana de todos, en la mejor tradición de la revolución francesa, sino también garantizando, como se proclamaba en la revolución norteamericana, la "felicidad pública", es decir la participación de los ciudadanos mediante el ejercicio de sus derechos civiles y políticos en la esfera pública (Arendt 2008).

1.4.10 Estados de excepción. El constitucionalismo es una técnica de garantía de la libertad que consiste fundamentalmente en la *limitación del poder*, en la domesticación de ese gran Leviatán que, según Hobbes, es el Estado. El poder de ese Estado se manifiesta en toda su intensidad en aquellas situaciones excepcionales, motivadas por guerras o conmociones internas, que no pueden ser enfrentadas mediante las prerrogativas ordinarias de los poderes públicos. Por eso, a veces en los momentos constituyentes –recordemos el infame artículo 210 de la Constitución de 1844 justificado por Pedro Santana por la guerra con Haití- pero, principalmente, una vez que se encuentra constituido el Estado, y cuando se producen esas *situaciones de emergencia*, existe una tensión entre el imperativo constitucional de unos poderes estatales limitados y la necesidad de hacer frente a esas circunstancias excepcionales que ponen en peligro la integridad político-territorial del Estado, la estabilidad gubernamental y el orden público. La Constitución, si no quiere ser irrelevante y perder su esencial normatividad, no puede ser ajena a esos fenómenos que pueden terminar de erosionar el orden constitucional y debe, por tanto, regular la declaración de los *estados de excepción*, las causas que justifican tal declaración, los poderes excepcionales que se confieren a las autoridades, los límites de esos poderes y el procedimiento para poner fin a la excepción, una vez desaparecidas las causas que motivaron la declaratoria de excepción.

El peligro que plantea la excepción para la Constitución es que, bajo la excusa de una supuesta crisis, se suspenda la Constitución y se eliminen las libertades básicas de las personas. Ya Francia y Alemania vivieron esa experiencia con anterioridad a la Segunda Guerra Mundial y ninguna democracia constitucional, hasta la más consolidada, es inmune a este peligro, como bien demuestra la situación de Estados Unidos y de gran parte de los paises de Europa Occidental tras los atentados del 11 de septiembre de 2001. En virtud de la *USA Patriot Act,* el gobierno estadounidense se reservó no solo el derecho de juzgar en secreto a los acusados de terrorismo, sino también el de juzgarlos en tribunales militares, sin derecho a habeas corpus, y con la posibilidad de prolongar su detención incluso a pesar de ser declarados no culpables. La idea es que la Constitución no es un "pacto suicida" (Posner), que, a fin de cuentas, hay que asumir como un "mal menor" (Ignatieff) que los terroristas son "no-personas" que deben ser procesadas conforme un Derecho Penal del enemigo (Jakobs), que los prisioneros pueden ser torturados en situaciones extremas –eso sí, siempre contando con autorización judicial- y, en fin, que no debe reconocérsele ninguna libertad a los enemigos de la libertad.

Muchas voces salieron al frente de estos abusos de los poderes excepcionales del gobierno norteamericano, señalando que la guerra contra el terrorismo no era una guerra real y actual como las tradicionales y que la excepción no se restringe al territorio norteamericano si no que se extiende a todo el globo (*"excepción global"*), poniendo en suspenso los poderes soberanos de los demás Estados y el ordenamiento internacional. En aquel momento, permanecía la esperanza de que "a pesar de todo, mientras los partidarios del constitucionalismo moderno permanezcan vigilantes y continúen promoviendo los derechos del hombre como el auténtico fundamento del mismo, la actual crisis seguramente entrará a formar parte de la lista de episodios poco gloriosos que han mancillado el curso de su historia" (Dippel: 201). Felizmente, esta excepción global no ha logrado derrumbar los cimientos conceptuales de un constitucionalismo fundado en la igualdad en derechos de todas las personas. El hecho de que la pandemia del covid-19 -a pesar de los extendidos estados de emergencia declarados en todos los países del mundo y no obstante las protestas que han originado los confinamientos y otras medidas excepcionales adoptadas para enfrentar la crisis sanitaria, como es el caso de los pasaportes sanitarios, consideradas por muchos, incluyendo reputadas jurisdiccionales constitucionales, extremadamente limitadoras de los derechos de las personas- no haya puesto en crisis los fundamentos del estado de derecho, tal como atestiguan numerosos fallos de los tribunales de todo el mundo en defensa de los derechos de la persona, contrario a lo ocurrido tras la excepción global declarada de facto a partir del 11-S, demuestra la fortaleza y legitimidad del constitucionalismo y lo lejos que nos encontramos, por lo menos todavía y por ahora, de la emergencia de supuestas "*dictaduras sanitarias*" nacionales o globales.

1.4.11 Sentimiento constitucional, patriotismo constitucional, constitucionalismo simbólico y cultura constitucional. La consolidación del Estado constitucional de derecho y de derechos requiere un mínimo de "*sentimiento constitucional*", pues, como decía Aristóteles, "es preciso que todos los ciudadanos sean tan adictos como sea posible a la Constitución" (Aristóteles: 200). Podríamos definir este sentimiento como "aquella conciencia de la comunidad que, trascendiendo a todos los antagonismos y tensiones existentes político-partidistas, económico-sociales, religiosos o de otro tipo, integra a detentadores y destinatarios del poder en el marco de un orden comunitario obligatorio, justamente la constitución, sometiendo el proceso político a los intereses de la comunidad" (Loewenstein: 200). El mismo implica "la adhesión íntima a las normas e instituciones fundamentales de un país, experimentada con intensidad, más o menos consciente, porque se estiman (sin que sea necesario un conocimiento exacto de sus peculiaridades y funcionamiento) que son buenas y convenientes para la integración, mantenimiento y desarrollo de una justa convivencia" (Lucas Verdú: 71). El sentimiento constitucional estaría muy vivo en los "momentos constitucionales" (Ackerman 1998) de "revoluciones constitucionales" (Ackerman 2019) exitosas, como la estadounidense o la francesa, y es débil en aquellas democracias precarias o incipientes, aunque es común que se erosione por muchas reformas constitucionales que desvalorizan a la Constitución (Schmitt) o que se vea afectado cuando decae el consenso que dio origen a un régimen político-constitucional, como pasó en la República de Weimar, en Venezuela -donde Hugo Chávez al juramentarse como presidente electo el 17 de enero de 1999, tras dos fallidos golpes de estado contra las autoridades democráticas, proclamó "juro sobre esta moribunda constitución"- y como algunos creen ver ante las críticas radicales de los pactos originarios de la Constitución española de 1978. Aunque hay quienes desde el formalismo positivista jurídico cuestionan al sentimiento constitucional, considerándolo como una evanescente fantasía sin concreción práctica, lo cierto es que "un ordenamiento constitucional sin suficiente adhesión sentida puede devenir fantasmagórico, aunque se estudie y discuta en los libros y se explique en las aulas universitarias" (Tajadura Tejada). La posibilidad de que el sentimiento constitucional disminuya o se erosione, o que surja la "desafección constitucional" (Sánchez Barrilao 2020) hace imprescindible mantener vivo el mismo, no solo actualizándolo mediante reformas constitucionales consensuadas, sino también a través de la educación, como exige la Constitución cuando establece que "con la finalidad de formar ciudadanas y ciudadanos conscientes de sus derechos y deberes, en todas las instituciones de educación pública y privada, serán obligatorias la instrucción en la formación social y cívica, la enseñanza de la Constitución, de los derechos y garantías fundamentales, de los valores patrios y de los principios de convivencia pacífica" (artículo 63.13).

Estrechamente vinculado con el concepto de sentimiento constitucional, encontramos la noción de *"patriotismo constitucional"*. El patriotismo constitucional es aquel "sentimiento nacional" fundado no en la patria nacional sino en la Constitución, en el funcionamiento de los órganos constitucionales y el disfrute de los derechos fundamentales, lo que significa que "vivimos en la integridad de una Constitución, en un Estado constitucional completo y esto mismo es una especie de patria" (Sternberger: 86). El patriotismo constitucional se asienta en una ciudadanía democrática que "no ha menester quedar enraizada en la identidad nacional de un pueblo", "no necesita en modo alguno apoyarse en una procedencia u origen étnico, lingüístico y cultural, común a todos los ciudadanos", sino que tiene que socializar a "todos los ciudadanos en una cultura política común", es decir, "una cultura política liberal" que se constituye en "el denominador común de (o el medio cívico-político compartido en que se sostiene) un patriotismo de la Constitución, que simultáneamente agudiza el sentido para la pluralidad e integridad de las diversas formas de vida que conviven en una sociedad multicultural" (Habermas 1998: 628). El patriotismo constitucional implica el respeto a y la tolerancia del pluralismo, el multiculturalismo, el derecho a la identidad cultural y a la diversidad. Ahora bien, este respeto y tolerancia no significa que debemos aceptar la práctica de la clitoridectomía en las mujeres, el matrimonio infantil o la violencia contra los niños, las mujeres o los homosexuales. Aquí es preciso enfatizar que "la cultura liberal (la del patriotismo constitucional) debe permitir, tolerar, no discriminar y respetar otras identidades culturales no violentas, pero no debe ayudar, ni estimular, ni fomentar el desarrollo de las culturas que rechacen los valores liberales. La razón es bastante sencilla: la coherencia en la defensa del mismo principio que fundamenta el pluralismo cultural" (Fernández García: 98). En este sentido, la democracia constitucional debe ser una *"democracia militante"*, es decir una "democracia capaz de defenderse a sí misma" y sus valores democráticos y liberales de libertad, igualdad, pluralismo, tolerancia y solidaridad tanto frente a quienes fomentan la "sociedad del miedo" (Bude) a "los otros" (inmigrantes, miembros de la comunidad LGBT, etc.) como quienes, aprovechándose de las libertades del Estado constitucional, quieren suprimir esas libertades para otros colectivos (como sería el caso de las mujeres sometidas a la opresión por cultos islámicos ultra fundamentalistas). En fin, para el patriotismo constitucional "la patria es aquella que permite a una persona considerarse a sí y a otro como libre e igual, capaces ambos de proceder en lo político agonísticamente, y aceptar el resultado en el marco de una estructura que no es arbitraria" (Reyes-Torres

2020: 154), "una nación de ciudadanos, que incluye a todos y se fundamenta en una Constitución que respeta los derechos humanos sin distinción ni preferencias" (Sousa Duvergé 2024: 178), ciudadanos que ostentan una ciudadanía basada en "una identidad política que trasciende las diferencias culturales y étnicas" (Rojas Báez 2024: 266), es decir, una ciudadanía que constituye un "status anclado en el amor por la comunidad y sus instituciones" (Reyes-Torres 2024: 79).

Debemos distinguir el sentimiento y el patriotismo constitucionales del *constitucionalismo simbólico* (Neves 1994, Neves 2004). En situaciones de constitucionalismo simbólico, la Constitución jurídicamente vigente, al tiempo que es constantemente venerada por los detentadores del poder, que la invocan permanentemente como la estructura normativa garante de los derechos fundamentales y la separación de poderes y como la prueba evidente ante la ciudadanía y el mundo de la existencia de un Estado social y democrático de derecho, es constantemente violada en la práctica por unos órganos estatales cuya actividad está orientada de modo sistemático a la violación continua de la Constitución. Lo anterior no significa que las constituciones normativas no ejerzan una fuerza simbólica en las sociedades y Estados que rigen. Pero esa fuerza simbólica deriva de la vigencia normativa de esas constituciones en la realidad. El constitucionalismo simbólico en democracias precarias, incipientes o decadentes, o en dictaduras puras y duras, lo que busca es ocultar o disimular la enorme distancia que existe entre la realidad política y la norma constitucional. Las constituciones simbólicas en ese contexto aparecen entonces como "constituciones aparentes", "constituciones fachada", "Constituciones parodia". Sin embargo, incluso en situaciones de constitucionalismo simbólico, la fuerza simbólica de los textos constitucionales, por ejemplo, de los que consagran derechos fundamentales, puede cobrar una dimensión positiva en tanto promueve la realización práctica de esas normas constitucionales. A pesar de esa innegable e inherente fuerza simbólica de los textos constitucionales, el riesgo siempre es caer en situaciones de "*constitucionalismo inflacionario*" (García Huerta), que conducen a que la parte dogmática de la Constitución crezca, para acoger una larga lista de derechos, exigida por las demandas de los más diversos grupos sociales, cuya vigencia efectiva se dificulta por una anquilosada organización del poder que se encuentra en tensión con la misma (Gargarella 2018). Nada de lo anterior se opone, sin embargo, a que un sano sentimiento constitucional y un vigoroso patriotismo constitucional refuercen la siempre necesaria dimensión simbólica de una Constitución verdaderamente normativa.

En cualquier caso, e independientemente de la obligación estatal de promover la educación constitucional, el consenso social necesario para la vigencia efectiva de la Constitución "no significa una fiebre revolucionaria constitucional, un celo de convicción democrática, un éxtasis humano. El documento constitucional es una Ley estatal y no una biblia mundana. Está al servicio del ordenamiento jurídico de la vida estatal y no para la edificación y elevación. No es un objeto de devoción, de culto, de catequesis, de prédica despabiladora. No hay ninguna obligación general ciudadana, continuadora de la añeja labor escriturista protestante, de sumergirse continuamente en la Constitución y de hablar sobre ella" (Isensee: 438). El deber fundamental del ciudadano es tan solo "acatar y cumplir la Constitución y las leyes, respetar y obedecer las autoridades establecidas por ellas" (artículo 75.1 de la Constitución), sin perjuicio de la prerrogativa ciudadana de cuestionar jurisdiccionalmente la constitucionalidad de las leyes, criticar las normas, manifestarse libre y públicamente en contra del contenido de las normas e, incluso, de negarse a obedecer las normas manifiestamente injustas.

Detrás de todo lo antes descrito, y sin importar la posición que adoptemos respecto a las diversas, contradictorias y complementarias posiciones teóricas antes expuestas, encontramos un dato fundamental para comprender cabalmente a la Constitución del Estado social y democrático de derecho que ella consagra y de su derecho, el derecho constitucional: la Constitución normativa que tenemos nace de un movimiento constitucionalista que no solo es un movimiento político e ideológico sino que también es un "movimiento cultural" y que presupone una Constitución que no es cualquier Constitución sino precisamente "aquella que responde a la cultura política y a los valores que ese movimiento histórico en sus distintas fases ha ido paulatinamente consagrando" (García Roca: 37). La cultura constitucional es, en consecuencia, la "*cultura del constitucionalismo*" generador de la Constitución, al tiempo que el derecho constitucional aparece así como "ciencia de la cultura" (Häberle), de la cultura constitucional, de la cultura no exclusivamente de la Constitución nacional sino, además, de la Constitución del Estado propio de la civilización constitucional euroatlántica. De ahí que el derecho constitucional emerge no solo como el nuevo ius commune de esa civilización sino que, como fruto del efecto expansivo de la constitucionalización de la sociedad y del derecho provocada por una Constitución normativa aplicada jurisdiccional, también se erige como el nuevo derecho común al interior del ordenamiento jurídico nacional, lo que impacta, en mayor o menor grado, sin excepción alguna, a todas las disciplinas jurídicas.

1.4.12 La Constitución digital. En el último siglo, el mundo ha transitado desde la sociedad industrial del siglo XIX, hacia la "sociedad de la información", articulada a partir del procesamiento, distribución y uso de la información, impulsada, en una primera fase, a través de los medios masivos de comunicación (televisión, radio y prensa) y, en una segunda fase, desde 1980, por medio de las TIC e internet; pasando por la "sociedad del conocimiento", variante de la sociedad de la información, que aparecerá, cuando los integrantes de esta última accedan a la información y la conozcan; la "sociedad red", a partir también de 1980, que es la estructura social típica de la sociedad de la información; hasta llegar, desde 2010, a la sociedad en que vivimos, a la "*sociedad digital*", en la que los integrantes de la sociedad viven y desarrollan su día a día en internet, de forma virtual, organizándose la sociedad (relaciones, trabajo, servicios, etc.) dentro de un espacio virtual (Polo Roca: 62).

Ante la progresiva configuración en todos los ámbitos políticos, sociales y económicos de esta "realidad digital", el constitucionalismo del siglo XXI ha reaccionado dando respuestas jurídicas que buscan sobre todo garantizar los derechos fundamentales frente a los nuevos y riesgos digitales que emergen de esta realidad, como lo evidencia el creciente reconocimiento legal y jurisprudencial del derecho de acceso a internet, de la libertad de expresión de todos quienes participamos como productores y difusores de información en las redes sociales, del derecho a la privacidad, del derecho a disponer de los datos propios tanto en los bancos de datos como frente a los mecanismos de *big data* y *cloud computing* y del "derecho al olvido" como expresión del derecho a gobernar nuestra memoria e historia personal y el derecho a no ser olvidado o derecho a la "herencia digital" (Frosini: 71-81).

Pero el mundo digital en que vivimos nos obliga necesariamente a no conformarnos con las anteriores soluciones jurídicas suministradas por el constitucionalismo hasta ahora y a replantearnos la "Constitución analógica" que tenemos y la necesidad de evolucionar hacia una "*Constitución del algoritmo*", que conlleva la digitalización de la Constitución y la emergencia de un constitucionalismo y una "*Constitución digital*" (Balaguer Callejón), tanto a nivel nacional como supranacional y más allá de los marcos regulatorios privados que han tratado de domesticar el Leviatán digital, y que no consiste en -ni se limita a- "digitalizar el referido Derecho Constitucional analógico" (Sánchez Barrilao 2023: 96).

Lo anterior implica asumir los algoritmos como fuente del derecho, lo que particularmente, significa conceptuarlos como reglamentos (Boix Palop). Y, lo que no es menos importante, obliga a replantearnos los derechos en la esfera digital, particularmente el derecho a la privacidad y el derecho a la protección de los datos, los cuales, sin embargo, no bastan para hacer frente a los retos que plantea la realidad digital, por lo que el constitucionalismo debe pensar nuevos "*derechos digitales*", a partir del derecho a no ser objeto de decisiones puramente automatizadas mediante mecanismos de inteligencia artificial y del derecho de supresión o derecho al olvido, con los que se disminuyen los riesgos algorítmicos, desde la óptica de los principios de transparencia, equidad y rendición de cuentas (Aba Catoira). De especial relevancia es diseñar, establecer y hacer efectivos derechos y garantías que impidan la discriminación de las personas mediante los algoritmos, discriminación que impide el acceso a préstamos de entidades financieras y prestaciones estatales a cargo del Estado (Salazar).

El *constitucionalismo digital* implica necesariamente el establecimiento de límites al ejercicio del poder en una sociedad en red, es decir, informatizada y digitalizada, poder que es ejercido por megaempresas privadas globales que suplantan la soberanía territorial por la soberanía global y digitalizada, pero que tienen que ser obligatoriamente reguladas desde el derecho público de los Estados, el derecho internacional público -más allá de la Carta de Derechos Humanos y Principios para Internet (que, pese a ser insuficiente, "al margen de su naturaleza formal, tiene un contenido materialmente constitucional, que permite hablar de 'derechos digitales fundamentales sin fronteras', Pereira Da Silva: 450) y el derecho comunitario y supranacional, con carácter obligatorio como *hard law* y no meramente persuasivo como el soft law, instrumentando así un "*constitucionalismo de derecho privado*" (Ferrajoli) -no porque sea privado, sino porque regula los poderes privados- y "multinivel" para la efectiva y real gobernanza de las plataformas y la garantía de los derechos digitales, más allá del derecho privado, corporativo y contractual que ha regido durante mucho tiempo las relaciones de las empresas y los usuarios digitales.

El gran reto de este constitucionalismo digital será poder cumplir su misión de organizar el poder digital mediante su limitación y de garantizar los derechos fundamentales de las personas en la realidad digital, que es el sistema operativo de todo verdadero constitucionalismo, evitando, eso sí, los dos grandes peligros de esta impostergable tarea: por un lado, la cooptación del proceso de *constitucionalización digital* y sus agentes por las empresas y los expertos, excluyendo a los representantes políticos de los ciudadanos, a los usuarios y a los juristas, y, por otro, vacunarse contra la pronta obsolescencia de la normatividad constitucional digital, riesgo que se intensifica en el mundo digital por el esencial dinamismo y mutabilidad de las tecnologías digitales.

2. LA CONSTITUCIÓN

"El concepto de Constitución es uno de los que ofrecen mayor pluralidad de formulaciones" (García Pelayo: 33). Se han propuesto diversas tipologías al extremo que podríamos afirmar que hay tantas tipologías como autores que han estudiado los diversos conceptos de Constitución. Es más, hay autores, como es el caso de Carl Schmitt, en donde se encuentra "una variedad de conceptos de Constitución tan extraordinaria y desorientadora que sólo puede explicarse como resultado del intento consciente de negar la supremacía de la Constitución misma" (Otto: 23). Como "para comprender con exactitud qué es derecho constitucional conviene, ante todo, precisar los diversos significados de la expresión constitución, ya que, si varían estos últimos, cambiará también el contenido de aquel" (Biscaretti di Ruffia 1984: 148), tal pluralidad de conceptos de Constitución exige que se ordenen los conceptos de Constitución conforme algunas distinciones básicas que originan unas tipologías fundamentales.

2.1 Los conceptos de Constitución

2.1.1 Los conceptos básicos de Constitución. Aunque el término Constitución es usado en el lenguaje con una pluralidad de significados, cabe retener cuatro significados principales (Guastini):

a) la Constitución es todo ordenamiento político liberal;
b) la Constitución es un conjunto de normas jurídicas, en cierto sentido fundamentales, que caracterizan e identifican todo ordenamiento;
c) la Constitución es el documento normativo que tiene ese nombre o un nombre equivalente;
d) la Constitución es un particular texto normativo dotado de ciertas características formales.

2.1.1.1 La Constitución como límite al poder político. En filosofía política, "Constitución" denota cualquier ordenamiento estatal de tipo liberal, un ordenamiento en el que la *libertad de los individuos* en sus relaciones con el Estado está protegida mediante adecuadas técnicas de *división del poder político*. Se trata del originario concepto liberal de Constitución tal como quedó plasmado en el artículo 16 de la Declaración de los Derechos del Hombre y del Ciudadano (1789): "Toda sociedad en la que no está asegurada la garantía de los derechos ni determinada la separación de poderes no tiene Constitución".

Como se puede observar, conforme este concepto, "Constitución" no es una organización política cualquiera, sino una en la que los poderes están divididos y los derechos fundamentales reconocidos. De manera que no todo Estado está provisto de Constitución: sólo los Estados liberales son Estados "constitucionales".

2.1.1.2 La Constitución como conjunto de normas fundamentales. En la teoría general del derecho, "Constitución" designa el *conjunto de las normas "fundamentales"* que identifican a cualquier ordenamiento jurídico. A pesar de que es debatible cuáles normas son fundamentales y cuáles no, hay consenso en que son normas fundamentales las que disciplinan la organización del Estado, el ejercicio del poder estatal y la conformación de los órganos que ejercen dichos poderes; las que norman las relaciones entre el Estado y los individuos; las que rigen la producción de normas (leyes, reglamentos, etc.); y las que expresan los valores y principios que informan todo el ordenamiento jurídico. Conforme este concepto, la "*materia constitucional*" está constituida por las normas fundamentales. Estas normas pueden ser escritas o consuetudinarias, pueden estar insertas o no en un solo documento, pudiendo las constituciones escritas tener normas que no son "materialmente constitucionales".

Contrario al concepto liberal de Constitución, este concepto –característico del positivismo jurídico moderno– es neutro en tanto todo Estado, aunque no sea liberal, tiene Constitución, entendida ésta como conjunto de normas fundamentales. Sean escritas o no, estén o no recogidas en un solo documento, todo Estado, aún despótico o autocrático, posee un conjunto de normas fundamentales que lo identifican como ordenamiento jurídico.

Lo específico de las constituciones del siglo XIX era que estaban limitadas a lo esencial, pues se entendía que éstas debían concentrarse en lo básico, en los principios. A tal extremo llegó esta *brevedad constitucional*, que muchas constituciones se limitaron a ser secos estatutos organizativos de las funciones y órganos del Estado, quedando despojadas de gran parte de lo que constituye la materia constitucional de acuerdo con el constitucionalismo liberal. El siglo XX inicia con dos constituciones que se salen de esta tradición: la mexicana (1917) y la alemana (1919). Ambas constituciones, aparte de tener un amplio catálogo de derechos fundamentales que incluye por vez primera a los derechos sociales y económicos, poseen lo que se conoce como "*normas de anclaje*", que no son más que aquellas normas que no se quiere dejar al vaivén de las mayorías electorales y parlamentarias y que se desea ver protegidas por la supremacía especial constitucional. Esta ampliación de la materia constitucional ha proseguido como lo demuestran las constituciones de Portugal (1976), España (1978), Colombia (1991), Venezuela (1999) y República Dominicana (2010), y no es deplorable siempre y cuando no banalice la Constitución ni contribuya al "empeoramiento del estilo contemporáneo en la formulación constitucional, cuya verbosidad no tiene nada en común con la concisión de la Constitución americana" (LOEWENSTEIN: 212).

2.1.1.3 La Constitución como "código" de la materia constitucional. Para la teoría de las fuentes del derecho, el término "Constitución" designa un específico documento normativo que formula y recoge la mayoría, sino todas, las normas materialmente constitucionales de un ordenamiento determinado. La Constitución vendría a ser, en consecuencia, un "código" de la materia constitucional. Este *código constitucional* se distingue de los demás documentos normativos del ordenamiento en virtud del nombre ("Constitución" o términos similares tales como "Ley Fundamental" o "Carta Constitucional"), por la materia constitucional que contiene y porque sus destinatarios son no solo los individuos particulares sino también los órganos constitucionales mismos.

Conforme este concepto, no todo Estado tiene Constitución porque se requiere estar dotado de un código constitucional, cosa que no ocurre en Gran Bretaña, en donde el derecho constitucional es en gran parte consuetudinario. Pero sólo el pueblo inglés, con sus viejas y arraigadas tradiciones constitucionales y prácticas políticas e institucionales, puede darse el lujo de no tener Constitución, en el sentido de específico documento normativo, bastando con su Constitución no escrita. "Un pueblo semejante, hay que admitirlo, no tiene necesidad de una Constitución". Los demás países, que no tenemos la suerte de estar habitados por ingleses, "hacemos lo que podemos" y por eso tenemos Constituciones escritas (Wheare: 17). Hasta los ingleses admiten, sin embargo, que "el hecho de que el Derecho constitucional inglés no esté tan racionalmente organizado (por desgracia, quizá) como cupiera esperar, puede hacer pensar en la necesidad de una codificación" (Marshall: 27).

2.1.1.4 La Constitución como fuente diferenciada. De acuerdo con este concepto, "Constitución" es un documento normativo que se diferencia de las demás fuentes del Derecho por su procedimiento de formación (constituyente, referéndum popular) y por el procedimiento agravado para su reforma, que la pone por encima de las demás leyes y que la dota de una fuerza peculiar que impide que sea abrogada, derogada o modificada por las leyes ordinarias.

2.1.2 Evolución histórica de las construcciones dogmáticas de los conceptos de Constitución. La evolución histórica de las diferentes construcciones dogmáticas de los conceptos de Constitución parte del concepto racional normativo propio de la filosofía política liberal y del inicial positivismo jurídico, pasando por las contemporáneas pero minoritarias concepciones histórico tradicional y sociológica, arribando al concepto formalista de Constitución propio del positivismo de finales del siglo XIX y concluyendo con las diferentes concepciones materiales en las teorías modernas sobre la Constitución, que nos permitirán hacer un balance crítico de todas estas concepciones y definir un concepto de Constitución constitucionalmente adecuado a la Constitución dominicana.

2.1.2.1 Concepto racional normativo. El *concepto racional normativo* concibe la Constitución como un conjunto de normas establecido de una sola vez y en el que de manera total y exhaustiva se establecen las funciones fundamentales del Estado, sus órganos, sus atribuciones y las relaciones entre ellos. La Constitución viene a ser aquí más que expresión de un orden creador de ese orden lo que significa, además, que la soberanía se despersonaliza y la Constitución deviene soberana. "En efecto: si la soberanía es el poder de mandar sin excepción, y si todas las facultades de mando son tales en cuanto que son expresión y se mueven dentro del ámbito de la Constitución, es claro que la Constitución es soberana, puesto que todos los poderes de mando lo son en virtud de ella" (García Pelayo: 36). Con este concepto, se eliminan los poderes arbitrarios y se niega la autoridad más allá de lo establecido por normas jurídicas precisas. Según este concepto, no todo orden normativo vale como Constitución pues se asume que solo son constitucionales los Estados que garantizan la división de poderes y los derechos fundamentales, principalmente a través de Constituciones escritas que no pueden ser modificadas por los poderes constituidos sino por el poder constituyente derivado o constituido que permite conjugar la supremacía constitucional con su mutabilidad. Es este concepto el que más ha influido en la dogmática constitucional.

2.1.2.2 Concepto histórico tradicional. El *concepto histórico tradicional* surge como una reacción del conservadurismo contra el concepto racional normativo de los liberales. Para quienes propugnan por este concepto, la Constitución de un pueblo no es lo que la razón quiere sino, como bien dice Burke, el resultado de la lenta *transformación histórica*, "la herencia vinculada que nos ha sido legada por nuestros antepasados y que debe ser transmitida a nuestra posteridad como una propiedad que pertenece esencialmente al pueblo de este reino sin referencia a ningún derecho más general o anterior". De ahí que la Constitución no tiene que estar escrita pues la Constitución no es, en modo alguno, resultado de las normas jurídicas sino que, muy por el contrario, tal como afirma De Maistre, "los actos constitutivos o las leyes fundamentales escritas no son jamás otra cosa que títulos declaratorios de derechos anteriores, de los que no se puede decir sino que 'existen', pues hay siempre en cada Constitución algo que no puede ser escrito" (Citados por García Pelayo: 42 y 43). La costumbre es fuente de derecho constitucional y es lo que permite adaptar paulatinamente la antigua organización política a los nuevos tiempos. Este concepto no distingue entre leyes constitucionales y leyes ordinarias: como sucede en Gran Bretaña, el Parlamento, en donde reside la soberanía del pueblo, puede establecer una ley de materia constitucional con el mismo procedimiento que para las leyes ordinarias.

2.1.2.3 Concepto sociológico. Este concepto, esgrimido por socialistas y conservadores contra el Estado liberal, entiende que la estructura política real de una sociedad no es creación de una normatividad sino expresión de una infraestructura social y que si dicha normatividad quiere ser vigente ha de ser expresión y sistematización de esa realidad social subyacente. Hay, en consecuencia, dos constituciones: la *formal o jurídico-política* y *la real o sociológica*. Lasalle plasma este concepto en los siguientes términos: "Los problemas constitucionales no son primariamente problemas de Derecho, sino de poder; la verdadera Constitución de un país sólo reside en los factores reales y efectivos de poder que en este país rigen; y las constituciones escritas no tienen valor ni son duraderas más que cuando dan expresión fiel a los factores de poder imperantes en la realidad social (Lasalle: 90). Aunque Lasalle admite que el triunfo de la Constitución jurídica resulta de la alteración de las relaciones de poder, para él "la constitución jurídica sigue dependiendo de la constitución real. Ella sólo puede aspirar a ser vinculante si y solo si puede corresponderse con las relaciones de poder" (Grimm 2020: 197).

2.1.2.4 Concepto formalista del positivismo jurídico. El *concepto formalista* de Constitución propio del positivismo jurídico radical consiste en el concepto racional normativo de Constitución al cual se le sustraen todas las consideraciones axiológicas y políticas del concepto racional para ceñirse exclusivamente al aspecto normativo. Este concepto aparece claramente delineado en Kelsen para quien la Constitución "entendida en el sentido material de la palabra [tiene como función esencial] designar los órganos encargados de la creación de normas generales y determinar el procedimiento que deben seguir". Aunque se reconoce que la Constitución encierra límites del poder del Estado, se trata, ante todo, de *límites formales*, procedimentales, no derivados de valores políticos ni de principios de justicia, sino fruto de la propia autolimitación del Estado. Se les niega a los derechos individuales el carácter de derechos públicos subjetivos y se les considera simple reservas de ley, limitaciones de las atribuciones de las autoridades, y cuando se acepta ese carácter, como en el caso de Jellinek, lo es como resultado del proceso de autolimitación del Estado. Lo jurídico equivale a lo legal y no existe más Derecho que el expresado en la ley a la que no se le exige determinado contenido porque este puede ser de cualquier índole. Incluso, cuando como en el caso de Kelsen, se acepta que la Constitución puede determinar el contenido de ciertas leyes futuras, inmediatamente se afirma que "la prescripción de un contenido determinado equivale a menudo a la promesa de dictar una ley, pues, las más de las veces la técnica jurídica no permite prever una sanción para el caso en que dicha ley no sea dictada" (Kelsen: 119).

2.1.2.5 Las concepciones materiales de Constitución en las teorías constitucionales modernas. Como reacción frente a las teorías formalistas del positivismo jurídico, que con su "puro" enfoque metodológico subvirtieron los pilares del constitucionalismo como movimiento político, aparecen una serie de *teorías materiales modernas de Constitución*. En estas teorías, la Constitución deja de ser válida por ser la positivación jurídica del poder del Estado y pasará a serlo por la positivación de determinados valores y principios que se consideran inherentes a la misma.

A. La Constitución como "decisión total". Para Carl Schmitt, "la Constitución en sentido positivo surge mediante un acto del poder constituyente" que contiene "precisamente por un único momento de decisión, la totalidad de la unidad política considerada en su particular forma de existencia". Este acto constituye la forma y modo de la unidad política que le preexiste. "No es, pues, que la unidad política surja porque se haya 'dado una Constitución'. La Constitución en sentido positivo contiene sólo la determinación consciente de la concreta forma de conjunto por la cual se pronuncia o decide la unidad política. Esta forma se puede cambiar. Se pueden introducir fundamentalmente nuevas formas sin que el Estado, es decir, la unidad política del pueblo, cese. Pero siempre hay en el acto constituyente un sujeto capaz de obrar, que lo realiza con la voluntad de dar una Constitución. Tal Constitución es una decisión consciente que la unidad política, a través del titular del poder constituyente, adopta por sí misma y se da a sí misma". Esa "*decisión política fundamental*" tomada por el poder constituyente y contenida en la Constitución incluye la forma de Estado, la forma de gobierno, las funciones del Estado y los derechos fundamentales.

Al ser fruto de una decisión, la Constitución "no surge de sí misma" ni "se da a sí misma". "La Constitución vale por virtud de la voluntad política existencial de aquel que la da. Toda especie de formación jurídica, y también la norma constitucional, presupone una tal voluntad como existente". Esa voluntad es la "decisión política del titular del poder constituyente, es decir, del Pueblo en la Democracia y del Monarca en la monarquía auténtica".

De ahí que Schmitt distinga entre Constitución y *ley constitucional*. "Las leyes constitucionales valen […] a base de la Constitución y presuponen una Constitución. Toda ley, como regulación normativa, y también la ley constitucional, necesita para su validez en último término una decisión política previa, adoptada por un poder o autoridad políticamente existente". Esta distinción es importante porque, a partir de ella, Schmitt construye su teoría de los límites a la reforma constitucional, aclarando que, si bien las leyes constitucionales pueden ser reformadas, ello "no quiere decir que las decisiones políticas fundamentales que integran la sustancia de la Constitución puedan ser suprimidas y sustituidas por otras cualesquiera mediante el Parlamento". Es por ello que un sistema democrático no puede ser transformado en una monarquía ni un estado unitario transformado en federal ni los derechos fundamentales abrogados por obra del poder de revisión constitucional (SCHMITT: 45-57).

B. La Constitución como "realidad integradora". Para Rudolf Smend, "la Constitución es la ordenación jurídica del Estado, mejor dicho, de la dinámica vital en la que se desarrolla la vida del Estado, es decir, de su proceso de integración. La finalidad de este proceso es la perpetua reimplantación de la realidad total del Estado: y la Constitución es la plasmación legal o normativa de aspectos determinados de este proceso". "En cuanto que Derecho positivo, la Constitución es norma, pero también realidad; en cuanto Constitución, es también realidad integradora". Esta naturaleza de la Constitución, "como realidad integradora permanente y continua, como supuesto especialmente significativo de la eficacia integradora de toda comunidad jurídica, resulta evidente" y se manifiesta en la manera en que la Constitución toma "en cuenta toda la enorme gama de impulsos y motivaciones sociales de la dinámica política, integrándolos progresivamente", así como en los factores de la integración material del Estado constituidos por los valores, principios y derechos plasmados en la Constitución. De esa manera, renace la "*fuerza normativa de lo fáctico*", pero ahora como una parte integrante de la Constitución, la cual, a pesar de que no puede aprehender plenamente en su articulado el gran dinamismo de la vida política, realiza su función integradora, incluso de manera más genuina que si contuviese "una regulación exhaustiva y pegada al texto constitucional, pero que a la postre no es sino muestra de una escasa vida constitucional". Esa concepción de la Constitución como "*realidad integradora*" exige "del intérprete constitucional una interpretación extensiva y flexible, que difiere en gran medida de cualquier otra forma de interpretación jurídica" (SMEND: 129-144).

C. La Constitución "total". Herman Heller, al igual que Smend, pretende superar la dicotomía entre lo fáctico y lo jurídico en la construcción del concepto de Constitución. Contrario a Smend, Heller, sin embargo, entiende que es clave lograr un equilibrio entre el valor de lo fáctico y el valor de lo jurídico, lo cual no se logra en la teoría integracionista que pone precisamente énfasis en el elemento real y social, ignorando la "normatividad" inherente a la Constitución. Para Heller, la "*Constitución política total*" está compuesta por una "Constitución no normada" y una "Constitución normada".

La Constitución normada está compuesta de una parte jurídica y otra extrajurídica, siendo integrada por "normatividades", o sea, por reglas del deber ser de origen jurídico o extrajurídico (costumbre, moral, religión) que motivan la conciencia de los individuos a comportarse conforme al ordenamiento constitucional. La normatividad extrajurídica se encuentra representada por los principios éticos del derecho legitimados por la sociedad, los cuales pueden haber sido constitucionalizados mediante una formulación expresa o a través de una incorporación por referencia abstracta en las normas constitucionales o legales referidas a la justicia, la equidad o la buena fe. El contenido de esta *normatividad extrajurídica* es históricamente cambiante aunque puede permanecer no obstante su proscripción por el Estado, siempre y cuando mantengan su legitimidad social. La Constitución no normada está integrada por "normalidades", o sea, por los comportamientos normales de los individuos y su base es el hábito. Normalidad y normatividad continuamente interactúan pues la Constitución no normada consiste en una normalidad de la conducta normada jurídica o extrajurídicamente, en tanto las normas constitucionales jurídicas o extrajurídicas son conformadoras de la normalidad. Con su teoría de la Constitución total, Heller pretende escapar al reduccionismo de Kelsen y de Schmitt, para quienes la Constitución es reducida a pura normatividad o a pura normalidad. El poder explicativo de la teoría de Heller radica en que lo fáctico está compuesto por lo normativo y lo normativo por lo fáctico, sin que puedan separarse completamente la normalidad y la normatividad, el ser y el deber ser (Heller).

D. La Constitución como instrumento al servicio de una "institución" social. Maurice Hauriou y Santi Romano son los principales exponentes de las teorías institucionalistas del derecho. La Constitución se define dentro de la teoría de la institución como el "conjunto de las reglas relativas al gobierno y a la vida de la comunidad estatal, consideradas desde el punto de vista de la existencia fundamental de ésta". En tanto *institución social*, consiste en "una idea objetiva transformada en obra social por un fundador, idea que recluta adhesiones en el medio social y sujeta así a su servicio voluntades subjetivas indefinidamente renovadas" (Hauriou: 267 y 72). La Constitución, en tanto norma jurídica, organiza un entramado de instituciones constitucionales que son las *ideas objetivas transformadas en obra social* por el poder constituyente y que reclutan las adhesiones del medio social y sujetan indefinidamente las voluntades subjetivas de los integrantes de ese medio. Esta Constitución estaría compuesta no solo de normas sino también del complejo y la organización reales en que se concreta el Estado, englobando tres clases posibles de reglas: las "prácticas o costumbres constitucionales", la "legalidad constitucional", que es la reglamentación por ley de las materias constitucionales, y la "superlegalidad constitucional", compuesta por las materias constitucionales reglamentadas por ley constitucional (Hauriou: 268).

E. La Constitución "material". Para Constantino Mortati, la "*Constitución material*" es la fuente de validez de la Constitución formal. La Constitución formal cumple la función instrumental de servir de medio a las fuerzas políticas dominantes para la realización del fin de la Constitución material, mediante la garantía y estabilidad de los valores e intereses específicos en que dichas fuerzas plasman en cada momento el fin político en torno al cual se unifica el Estado. La Constitución formal debe, en todo momento, estar en sintonía con la Constitución material, porque de lo contrario pierde efectividad, imponiéndose finalmente la Constitución material. Cuando cambia la Constitución material y permanece inalterado el texto constitucional, se produce necesariamente una mutación constitucional. Para Mortati, la normatividad jurídica de la Constitución formal depende de su correspondencia con la normalidad fáctica de la Constitución material. Así, la validez de un ordenamiento depende no solo de su mera legalidad formal sino que se halla íntimamente vinculada con el más profundo orden social que la legitima, que es la Constitución material (Mortati).

2.1.3 Balance crítico: hacia un concepto de Constitución constitucionalmente adecuado a la Constitución dominicana. Cuando la Constitución surge como tipo de norma a finales del siglo XVIII (1776: Estados Unidos; 1789: Francia), el término no denota un mero conjunto de normas fundamentales que regían la estructura política superior de un Estado sino un conjunto de normas que rige el Estado desde unos determinados presupuestos y con un determinado contenido. La Constitución es una *norma de origen popular*, lo que se expresa en la doctrina del contrato social (Rosseau, Locke) y su postulado básico de la autoorganización como fuente de legitimidad del poder y del Derecho. Su contenido queda claramente indicado en el artículo 16 de la Declaración de Derechos del Hombre y del Ciudadano: "Toda sociedad en la que no está asegurada la garantía de los derechos ni determinada la separación de poderes establecida no tiene Constitución".

Este concepto preciso de Constitución es plasmado claramente en la Constitución norteamericana pero sufrirá en Europa continental un embate terrible, por la derecha y por la izquierda. Por la derecha, es la obra de las monarquías restauradas que asumen las constituciones como simples codificaciones formales del sistema político superior despojadas de sus contenidos más peligrosos: democracia y derechos fundamentales. Por la izquierda, el concepto originario de Constitución sufre de la mano de un Lasalle para quien la Constitución escrita era una "mera hoja de papel" y lo que cuenta es la "Constitución real y efectiva", así como de los marxistas quienes insistirán en distinguir entre las inservibles libertades "formales" y las valiosas libertades "reales". Estos dos embates son tan decisivos que en Europa se pierde el verdadero sentido de Constitución durante casi todo el siglo XIX y solo se recupera tras la Segunda Guerra Mundial (1945) y las transiciones a la democracia del Sur de Europa a finales de los 1970. La Constitución deja de ser un norma de origen popular y de contenido limitativo del poder y, en consecuencia, deja de ser una norma invocable ante los tribunales y deviene en una simple *exigencia lógica de la unidad del ordenamiento*. Tanto el derecho público alemán de la mano de Kelsen como el derecho público italiano de la mano de Santi Romano, partiendo de supuestos teóricos distintos (el ordenamiento jurídico como sistema normativo en Kelsen y como organización en Santi Romano), terminarán distinguiendo una Constitución "en sentido material", diferente a la "Ley constitucional" en sentido formal, Constitución que condensa las reglas superiores de la organización y que es expresión de la unidad del ordenamiento jurídico. Carl Schmitt, sin partir ni de la norma ni del ordenamiento sino de la decisión, asesta el golpe mortal al concepto originario de Constitución, con lo que tanto para los positivistas kelsenianos, como para los institucionalistas romanos y los decisionistas schmittianos, el Estado no tiene Constitución, es Constitución, por lo que todo Estado es constitucional.

Hoy queda claro que tal concepto de Constitución es inadmisible. Y es que, como bien señala Loewenstein, "el *telos* de toda constitución es la creación de instituciones para limitar y controlar el poder político. En este sentido, cada constitución presenta una doble significación ideológica: liberar a los destinatarios del poder del control social absoluto de sus dominadores, y asignarles una legítima participación en el proceso del poder. Para alcanzar este propósito se tuvo que someter el ejercicio del poder político a determinadas reglas y procedimientos que debían ser respetados por los detentadores del poder. Desde un punto de vista histórico, por tanto, el constitucionalismo, y en general el constitucionalismo moderno, es un producto de la *ideología liberal*" (LÖEWENSTEIN: 151). Esta limitación del poder, que forma parte esencial de los objetivos e instrumentos originarios del constitucionalismo occidental, se expresa inicialmente a través de los pactos entre el Rey y el Reino como ocurre con todos los instrumentos constitucionales ingleses hasta el *Bill of Rights* de 1688, del mismo modo que la soberanía popular que impregna el poder constituyente se manifiesta en el famoso inicio de la Constitución norteamericana: "*We, the people of the United States … do ordain and establish this Constitution*". Queda claro, desde los orígenes del constitucionalismo, que sólo es Constitución aquella elaborada y adoptada por el pueblo, directa o indirectamente, y que limita al poder, delineando una esfera inherente al ciudadano, inmune a la acción estatal.

"El *principio limitativo del poder* y de definición de zonas exentas o de libertad individual es, en efecto, un principio esencial del constitucionalismo. Por una parte, porque la libertad es consustancial a la idea misma del poder como relación entre hombres; el concepto de un poder absoluto o ilimitado es intrínsecamente contradictorio, puesto que nadie puede estar sometido íntegramente a otro semejante sin negar su propia esencia humana, sin 'cosificarse'. Todo poder social es, y no puede dejar de ser, si ha de respetarse a los hombres sobre los que se ejerce, esencialmente limitado. Resulta, por ello, imprescindible que en el momento de fundar o constituirse un poder se defina su campo propio y, consecuentemente, sus límites. Pero, por otra parte, esa exigencia se robustece cuando la Constitución se presenta como una decisión del pueblo entero, como un 'contrato social'. Rousseau observó, como es bien sabido, que se trata de una 'forma de asociación' que defiende y protege con toda la fuerza común la persona y los bienes de cada asociado y por la cual cada uno, uniéndose a todos, no obedece, sin embargo, más que a sí mismo". Por encima de las explicaciones dogmáticas, está el hecho elemental de que la inmensa mayoría de quienes forman la comunidad decisora serán por fuerza de las cosas más sensibles a su situación como ciudadanos, y por tanto a sus derechos y libertades, que la que será propia de los órganos de gobierno y de las minorías llamadas a su eventual titularidad. De este modo, esta técnica aparentemente formal de la decisión colectiva ha resultado indisolublemente vinculada al pensamiento iusnaturalista material de unos derechos innatos o preestatales en el hombre, que no sólo al Estado cumple respetar sino también garantizar y hacer efectivos como primera de sus funciones"

(García de Enterría: 52). De ahí que el concepto de Constitución debe ser necesariamente finalista porque la Constitución democrática tiene como fines la libertad y la igualdad en la medida en que solo puede ser soberano un pueblo libre y solo es libre el pueblo donde todos son iguales en libertad. Esos dos fines constitucionales requieren su concreción en un *catálogo constitucional de derechos fundamentales* y una determinada *organización del poder* que sirve de garantía a dichos derechos.

Lo anterior no significa que haya que renunciar a los valiosos aportes del positivismo al derecho constitucional. No. Lo que significa es que hay que trascender el postulado del positivismo jurídico clásico que consistía en *el principio de legalidad formal* o de mera legalidad, conforme al cual, una norma jurídica, cualquiera que sea su contenido, existe y es válida en virtud de las formas de su producción. Ya lo afirma desde las orillas del propio positivismo Ferrajoli: "El constitucionalismo, tal como resulta de la positivización de los derechos fundamentales como límites y vínculos sustanciales a la legislación positiva, corresponde a una segunda revolución interna del paradigma positivista clásico. Si la primera revolución se expresó mediante la afirmación de la omnipotencia del legislador, es decir, del principio de mera legalidad (o de legalidad formal) como norma de reconocimiento de la existencia de las normas, esta segunda revolución se ha realizado con la afirmación del que podemos llamar *principio de estricta legalidad* (o *de legalidad sustancial*). O sea, con el sometimiento también de la ley a vínculos ya no solo formales sino sustanciales impuestos por los principios y los derechos fundamentales contenidos en las constituciones. Y si el principio de mera legalidad había producido la separación de la validez y de la justicia y el cese de la presunción de justicia del derecho vigente, el principio de estricta legalidad produce la separación de la validez y de la vigencia y la cesación de la presunción apriorística de validez del derecho existente. En efecto, en un ordenamiento dotado de Constitución rígida, para que una norma sea válida además de vigente no basta que haya sido emanada con las formas predispuestas para su producción, sino que es también necesario que sus contenidos sustanciales respeten los principios y los derechos fundamentales establecidos en la Constitución" (Ferrajoli 2004: 66).

"Un concepto de Constitución cargado de 'sentido' es el único que permite [...] que el Derecho Constitucional sea un *conocimiento crítico*, además de exegético, o sea que pueda realizarse, desde el Derecho, la crítica al Derecho mismo (la crítica política es obvio que no requiere ser hecha desde el Derecho sino fuera de él) (Aragón Reyes 1995: 40). Al ser la Constitución "*derecho sobre el derecho*", se ha cambiado la naturaleza de la jurisdicción y de la ciencia jurídica: "La jurisdicción ya no es la simple sujeción del juez a la ley, sino también análisis crítico de su significado como medio de controlar su legitimidad constitucional. Y la ciencia jurídica ha dejado de ser, supuesto que hubiera sido alguna vez, simple descripción, para ser crítica y proyección de su propio objeto: crítica del derecho inválido aunque vigente cuando se separa de la Constitución; reinterpretación del sistema normativo en su totalidad a la luz de los principios establecidos en aquella; análisis de las antinomias y de las lagunas; elaboración y proyección de las garantías todavía inexistentes o inadecuadas no obstante venir exigidas por las normas constitucionales" (Ferrajoli 2004: 68).

¿Qué es la Constitución, pues? Ya lo dice Hesse: "Preguntarse por un concepto abstracto de Constitución que dé cabida a lo que es común a todas, o al menos, a un buen número de Constituciones históricas dejando de lado las peculiaridades de tiempo y lugar puede tener sentido para la teoría de la Constitución. Para la teoría del Derecho Constitucional un concepto así resultaría vacío de contenido y, por lo mismo, incapaz de fundamentar una comprensión susceptible de encauzar la resolución de los problemas constitucionales planteados aquí y ahora. Desde el momento en que la normatividad de la Constitución vigente no es sino la de un orden histórico concreto, no siendo la vida que está llamada a regular sino vida histórico-concreta, la única cuestión que cabe plantearse en el contexto de exponer los rasgos básicos del Derecho Constitucional vigente es la relativa a la Constitución actual, individual y concreta" (Hesse: 3). La teoría de la Constitución es, por esencia, *"general-particularizada"*: general porque estudia la Constitución común dentro de un tipo de sistema político; particularizada porque su objeto es el Estado constitucional entendido como Estado constitucional democrático-liberal. La Constitución es, en consecuencia, "un modo de ordenación de la vida social en el que la titularidad de la soberanía corresponde a las generaciones vivas y en el que, por consiguiente, las relaciones entre gobernantes y gobernados están reguladas de tal modo que éstos disponen de unos ámbitos reales de libertad que les permiten el control efectivo de los titulares ocasionales del poder. No hay otra Constitución que la Constitución democrática. Todo lo demás es, utilizando una frase que Jellinek aplica, con alguna inconsecuencia, a las 'Constituciones' napoleónicas, simple despotismo de apariencia constitucional" (Rubio Llorente: 51).

Queda claro, en consecuencia, que "el único concepto de Constitución '*constitucionalmente adecuado*', es decir, el único capaz de dotar a la Constitución de fuerza 'normativa', en cuanto que descansa en la limitación 'del' Estado y no en su mera 'autolimitación', es el que se articula, teóricamente, sobre el principio democrático (la soberanía del pueblo), principio que no sólo es de carácter político, sino también jurídico, pues las consecuencias que para el mundo del Derecho se derivan de concebir a la Constitución como expresión de la 'autodeterminación' popular son extraordinariamente relevantes. Ese principio democrático es, justamente, como afirma Stern, el que distingue la 'Constitución del Estado' (establecida desde abajo) de la simple 'ordenación del Estado' (establecida desde arriba). Y no es baladí, ni mucho menos, esta diferenciación. No sólo porque únicamente la Constitución, así entendida, tiene capacidad para limitar el poder del Estado, sino además porque del *principio democrático* se desprenden determinadas exigencias en orden al contenido y a la interpretación de la Constitución misma" (Aragón Reyes 1995: 50).

Hay que rechazar, en consecuencia, las concepciones materiales de la Constitución. "La argumentación científico-jurídica debe tener por objeto único la Constitución, y no cualquier otra operación comunicativa por mucha importancia que puedan tener otros sistemas sociales como el político. Ni la Constitución 'real', ni la Constitución 'en sentido lógico-jurídico', ni la Constitución 'en sentido positivo', ni la Constitución 'total', ni la Constitución como 'integración' o como 'institución', ni en fin, la Constitución 'material', pueden ser el objeto de la observación argumentativa en el sistema jurídico, pues, al quebrar la 'autorreferencialidad' del sistema, no constituyen normas jurídicas" (ALAEZ CORRAL: 141).

Un concepto constitucionalmente adecuado de la Constitución requiere una *dogmática constitucional* también constitucionalmente adecuada, es decir, una observación de primer grado que ha realizado la norma constitucional sobre sí misma y que ha quedado plasmada en su texto expresa o implícitamente. El texto, la estructura de la propia norma constitucional, la filosofía o espíritu que tras ella subyacen, son los anclajes básicos en los cuales se debe hallar la teoría constitucional subyacente a la voluntad constitucional (TRIBE: 30). Estos principios dogmáticos-constitucionales subyacentes a la norma constitucional no deben vulnerar ni suplantar la voluntad constituyente expresada en el texto constitucional pues son estos principios los que ponen de manifiesto de qué modo la Constitución se observa a sí misma, en tanto norma jurídica, y cómo ella misma contempla las reglas, principios y derechos que consagra. La argumentación constitucional es, al igual que el sistema constitucional, *autorreferencial* pues la ciencia del derecho constitucional es un "ser" que tiene por objeto un "deber ser" esencialmente autorreferencial.

2.2 Las funciones de la Constitución

Para Klaus Stern, la Constitución debe cumplir las siguientes funciones (i) una función de orden; (ii) una función de estabilidad; (iii) una función de fomento de la unidad de manera integradora; (iv) una función de límite y control del poder; (v) una función de garantía de la libertad, la autodeterminación y la protección jurídica del individuo; (vi) una función de organizar la estructura organizativa fundamental del Estado; y (vii) una función de fijar las normas básicas rectoras de los fines materiales del Estado y de la posición jurídica del ciudadano en el Estado y en relación con el Estado (STERN: 220-242). A estas funciones clásicas, Gomes Canotilho añade una serie de nuevas funciones de la Constitución, como son (viii) la función de autovinculación; (ix) la función de inclusividad multicultural; (x) la función de hermenéutica; y (xi) la función autopoiética (GOMES CANOTILHO: 1385-1395). El constitucionalista portugués también afirma la existencia de una función de control débil y difuso, la cual conceptuamos dentro de la función de control y límite del poder, como un primer estadio en el control constitucional de los nuevos poderes pero que, en modo alguno, puede ser visto como un sustituto del necesario control fuerte de unos poderes que, como los de nuevo cuño, son tan fuertes como los poderes públicos tradicionales.

2.2.1 Las funciones clásicas.

2.2.1.1 Función de orden. La Constitución, como el derecho mismo, posee una función de orden, con la finalidad de evitar la anarquía y el caos. La Constitución es, en consecuencia, *orden fundamental*, norma máxima y suprema, a la que están sometidos todos los poderes públicos y todos los individuos. El Estado constitucional es, pues, gobierno de la Constitución y no de los hombres. Todos los poderes constituidos tienen que ser reconducidos a la Constitución, que es el eje esencial de todo el ordenamiento jurídico. Ahora bien, la Constitución no es, para utilizar la célebre y sarcástica expresión de Ernst Forsthoff, un "huevo jurídico originario" que contenga no sólo las decisiones políticas fundamentales, sino todas las decisiones que el legislador debe adoptar, "desde el Código Penal, hasta la Ley sobre la fabricación de termómetros" (Forsthoff), mecánicamente y sin ningún margen de acción, discrecionalidad y autonomía, estando todo previa y absolutamente decidido por la Constitución, pues, si fuese así, se pasaría no tanto del reino de la ley al reino la de la Constitución sino, más bien y en la medida en que la Constitución es, como afirmaba el presidente de la Suprema Corte estadounidense Charles Evans Hughes, "lo que los jueces dicen que es", transitaríamos del Estado legislativo al Estado jurisdiccional, perdiendo todo su valor y significado el proceso político democrático y la legitimación democrática del legislador. En verdad, la Constitución es un *"orden fundamental"* que contiene las decisiones políticas fundamentales que limitan al legislador, al tiempo que es también un *"orden marco"* que, más allá de esas decisiones constitucionales fundamentales, deja un importante margen de acción al legislador (Alexy 2002: 17-23).

A. La Constitución es un orden abierto. Que la Constitución posea una función de orden no significa que se trata de un orden cerrado. Muy por el contrario, la Constitución se caracteriza por su *carácter abierto*, por su amplitud. Incluso cuando, como ocurre con la Constitución dominicana, pretende una regulación lo más completa posible del Derecho material, como se evidencia en el reconocimiento de los derechos sociales en el Título II de la Constitución, no tiene todas las respuestas a todas las interrogantes que se plantean en la sociedad. Ya lo ha dicho Smend: "[…] la Constitución no puede abarcar siquiera en su totalidad aquellas funciones vitales del Estado que le compete regular [y el] gran dinamismo de la vida política no puede ser aprehendido y normado plenamente por unos cuantos artículos recogidos en la Constitución, las más de las veces de corte esquemático y que, en ocasiones, son el producto de una recepción jurídica de tercera o cuarta mano" (Smend: 133). Es por ello que la Constitución necesariamente contiene lagunas que deben ser llenadas por el intérprete constitucional. Es por ello, además, que la Constitución contiene muchas cláusulas generales, abstractas y genéricas que, por su falta de exactitud y precisión, deben ser concretadas en gran medida. "El carácter abierto normativo de cualquier manera que se lo entienda es, en parte, un instrumento conscientemente utilizado a fin de no sustraer a las fuerzas políticas, al legislador ordinario y al gobierno, el margen de maniobra necesario para las decisiones que son de su responsabilidad" (Stern: 222). Es, por tanto, el límite constitucional a la acción de los poderes públicos lo que de modo más neurálgico debe determinar la interpretación constitucional. No solo eso, es decir, la Constitución no sólo regula mediante cláusulas muchas veces abiertas y generales. La Constitución también deja cosas sin decidir. En estos casos, "lo que la Constitución no decide es discrecional conforme a ella […] El hecho de que la Constitución pueda dejar algo sin resolver no significa que en derecho constitucional deba renunciarse a la idea regulativa de la única respuesta correcta. Si la Constitución no resuelve algo y, por lo tanto, lo deja a la discrecionalidad, la única respuesta a la pregunta acerca de qué es lo que tiene validez conforme a la Constitución, radica en que la Constitución otorga un margen de acción. Si se quiere refinar este punto, puede afirmarse que en este caso la única respuesta correcta es que no hay una única respuesta correcta" (Alexy 2019: 133).

Pero "la Constitución no se limita a dejar abierto, sino que establece, con carácter vinculante, lo que no debe quedar abierto". No deben quedar abiertos los fundamentos del orden de la sociedad, la estructura estatal y el procedimiento mediante el cual han de decidirse las cuestiones dejadas abiertas por el constituyente: el carácter "civil, republicano, democrático y representativo" del gobierno de la nación, la separación de los poderes, la naturaleza presidencial del sistema político, el carácter unitario de la división territorial del Estado, las atribuciones y competencias de los poderes. "Al establecerse con carácter vinculante tanto los principios rectores de formación de la unidad política y de fijación de las tareas estatales como también las bases del conjunto del ordenamiento jurídico, dichos fundamentos deben quedar sustraídos a la lucha constante de los grupos y tendencias, creándose un *núcleo estable* de aquello que ya no se discute, que no es discutible y que, por lo mismo, no precisa de nuevo acuerdo y nueva decisión. La Constitución pretende crear un núcleo estable de aquello que debe considerarse decidido, estabilizado y discutido" (Hesse: 19). Como bien ha establecido la Suprema Corte de Justicia, "en un Estado Constitucional y democrático de derecho, el reconocimiento y tutela de los derechos fundamentales, constituye la dimensión sustancial de la democracia" (Resolución 1920-2003 del 13 de noviembre del 2003).

El carácter abierto o cerrado del orden constitucional ha enfrentado en la doctrina constitucional a quienes propugnan por una *democracia procedimental*, en la que la democracia consiste en el reconocimiento y la garantía del pluralismo político y la Constitución es, por tanto, una norma abierta, y a los que abogan por una *democracia sustancial*, que descansa en una serie de valores (libertad, igualdad, participación, dignidad de la persona, etc.) sin los cuales la democracia resulta impensable. La *teoría de la Constitución abierta* es propugnada por Häberle y Ely. Häberle, partiendo del concepto de "sociedad abierta" de Popper, concibe la Constitución como un sistema no de valores sustantivos, sino de cláusulas procedimentales que garantizan la alternativa política, el libre juego y acceso democrático, al poder de cualquier opción política (Häberle). Por su parte, Ely, critica los valores "materiales" y defiende los valores "procedimentales", en tanto considera que la Constitución no puede ser concebida como un sistema de valores "sustanciales", sino como una norma cuyas cláusulas abiertas permiten que cualquier valor sustantivo pueda accesar al poder, expresándose políticamente, si lo apoya la mayoría de la población (Ely). La teoría de la Constitución como *orden material de valores* es esgrimida por la jurisprudencia constitucional norteamericana, principalmente por la doctrina de la *preferred position* de las libertades públicas tal como fue elaborada por la Corte Warren y los constitucionalistas Tribe y Perry (Tribe, Perry), y es seguida por la jurisprudencia constitucional alemana que tiende a ver en la Constitución, o al menos, en la parte relativa a los derechos fundamentales, un "orden de valores".

Consideramos que ambas teorías no son opuestas y que, por el contrario, resultan ser compatibles. Como bien lo expresa Zagrebelsky, "*la coexistencia de valores y principios*, sobre la que hoy debe basarse necesariamente una Constitución para no renunciar a sus cometidos de unidad e integración y al mismo tiempo no hacerse incompatible con su base material pluralista, exige que cada uno de tales valores y principios se asuma con carácter no absoluto, compatible con aquellos otros con los que debe convivir. Solamente asume carácter absoluto el metavalor que se expresa en el doble imperativo del pluralismo de los valores (en lo tocante al aspecto sustancial) y la lealtad en su enfrentamiento (en lo referente al aspecto procedimental). Estas son, al final, las supremas exigencias constitucionales de toda sociedad pluralista que quiera ser y preservarse como tal. Únicamente en este punto debe valer la intransigencia y únicamente en él las antiguas razones de la soberanía aún han de ser plenamente salvaguardadas" (Zagrebelsky 1995: 15)

La Constitución es un *orden-marco* pues un orden fundamental, entendido en el sentido *cualitativo o sustancial* y no cuantitativo (Alexy 2002: 22), no puede ser un código constitucional exhaustivamente regulador. Esto no significa que la Constitución sea tan solo la ley fundamental del Estado y no también la ley fundamental de la sociedad. La Constitución puede y debe fijar no solo una estatalidad jurídicamente conformada sino también los principios relevantes para una sociedad abierta bien ordenada. Es por ello que la Constitución establece las dimensiones esenciales de los derechos fundamentales en los diversos ámbitos sociales y los principios estructurales del orden económico y social. La Constitución es siempre un *proceso público* que se desenvuelve hoy en una *sociedad abierta* al pluralismo social, a los fenómenos organizativos supranacionales y a la globalización económica. Se trata de un orden-marco que, por su naturaleza, es siempre parcial y fragmentario, por lo que requiere necesariamente la actualización concretizadora del legislador y la dinámica interpretación de la "*sociedad abierta de los intérpretes de la Constitución*" (Häberle). La Constitución es un orden abierto, pero está cerrada a las fuerzas erosionantes de su fuerza normativa constituidas por los diferentes fundamentalismos religiosos, económicos, científicos, étnicos y sus pretensiones de absoluto y universalidad. La Constitución está abierta a los valores y a los fines orientadores del consenso constitucional y proclama la coexistencia pacífica de las diferencias, pero debe ser muy cuidadosa a la hora de conformar las dimensiones básicas de la sociedad, debiendo procesar las tensiones de la integración republicana y comunitaria y el pluralismo social, económico y político. La Constitución es una *ley dirigente* que, sin embargo, se cuida de no producir un paradójico déficit de dirección a través de la hipertrofia de normas programáticas que congelen las políticas públicas en un momento determinado y cierren la Constitución al cambio social.

B. La legislación no es simple ejecución de la Constitución. Aunque la Constitución constituye la base jurídica para la legislación, la legislación no es *simple ejecución de la Constitución*. No es cierto que, como piensa Kelsen, "la relación entre la legislación y la jurisdicción o la administración, es así, de manera general, parecida a la que existe entre la Constitución y la legislación (Kelsen: 119). La legislación tiene que mantenerse dentro del marco del orden constitucional, en particular de los derechos fundamentales, pero ello no significa que el contenido de las leyes está totalmente predeterminado por la Constitución. Los legisladores, como integrantes de un órgano auténticamente político, tienen un margen de actuación política propio, generalmente bastante amplio, que solo puede ser limitado por el constituyente pero no anulado por éste. La Constitución, sin embargo, puede ordenar legislar, como, por ejemplo, cuando dispone que "la ley determinará el porcentaje de extranjeros que pueden prestar sus servicios a una empresa como trabajadores asalariados" (artículo 62.10) y puede condicionar el contenido de la ley, como ocurre cuando la Constitución exige que la ley reguladora de la adopción de niños garantice "políticas seguras y efectivas para la adopción" (artículo 55.12).

2.2.1.2 Función de estabilidad. La Constitución es idealmente un orden fundamental duradero. Esta idea aparece claramente en la tradición constitucional de los Estados Unidos cuya Constitución apenas ha sido reformada en 27 ocasiones. Sin embargo, "en la actualidad ya no se cree en la posibilidad de establecer de manera positiva una 'Constitución eterna' que reciba su inviolabilidad absoluta en virtud de su contenido inmodificable" (KÄGI: 119). Hoy se sabe que las constituciones tienen que ser necesariamente reformables para poder adaptarse a las cambiantes condiciones políticas, sociales y económicas. Pero a la reforma constitucional debe acudirse, "allí donde acaban las posibilidades de una comprensión llena de sentido del texto normativo y donde se produciría una mudanza constitucional en inequívoca contradicción con el texto de la norma, [y] terminan las posibilidades de interpretación de la norma [...]" (HESSE: 23). Pero mientras sea posible el "desarrollo constitucional" a través de la acción de los poderes públicos, debe evitarse la reforma constitucional, pues "demasiadas reformas de la Constitución hacen daño al prestigio de una Constitución" (STERN: 227) y erosionan el "sentimiento constitucional" (LOEWENSTEIN).

2.2.1.3 Función de unidad. La Constitución "asume ahora la importantísima función de mantener unidas y en paz sociedades enteras divididas en su interior y concurrenciales" (ZAGREBELSKY: 40). La Constitución debe actuar promoviendo la unidad no solo en el sentido de la unidad nacional sino también en el sentido de que las decisiones en ella tomadas son expresiones de un consenso ciudadano y no son cuestionadas, por lo menos en lo esencial. Esta función de la Constitución queda claramente evidenciada en los casos de transiciones del autoritarismo a la democracia pactadas (ej. España), donde la Constitución manifiesta en su texto el carácter de compromiso entre las diversas fuerzas políticas y sociales. Precisamente, cuando la Constitución no representa ya este consenso (ej. Venezuela a finales de la década de los 90 del siglo pasado) o cuando surge de un consenso precario (Constitución de Weimar), es el momento de emprender la reforma constitucional. Esta importante función de la Constitución es lo que Smend ha denominado la *función "integradora" de la Constitución* y cuya aprehensión es determinante para comprender la Teoría de la Constitución, el Derecho Constitucional y la interpretación constitucional.

2.2.1.4 Función de control y límite del poder. Ya hemos dicho que la esencia del Estado constitucional es que los poderes públicos del Estado sean limitados por la Constitución. Si la Constitución no logra limitar ni controlar el poder, entonces se convierte en un verdadero pedazo de papel. Esta limitación se obtiene a través de la *separación de poderes* y el reconocimiento y protección de los *derechos fundamentales*. Siendo la naturaleza humana como es, no cabe esperar que los detentadores del poder se autolimiten. Como bien afirmaba Montesquieu, "es una experiencia eterna que todo hombre que tiene poder siente la inclinación de abusar de él" (MONTESQUIEU: 106). Y es que, al decir de Lord Acton, "*power tends to corrupt, absolute power tends to corrupt absolutely*". El poder tiende a corromper y el poder absoluto tiende a corromperse absolutamente. De ahí que la mejor manera de imponer límites al poder es estableciendo frenos en forma de un sistema de reglas fijas, llamado Constitución.

Precisamente, la historia del constitucionalismo moderno ha sido la de la búsqueda de los mejores mecanismos para limitar el poder. La gran intuición de Locke y Montesquieu fue la de que la mejor manera de limitar al poder era mediante la *distribución del poder político* entre los distintos detentadores del poder, que estarían así obligados a una respectiva cooperación, en lugar de monopolizar el ejercicio del dominio de un detentador único. "Para que no se pueda abusar del poder es preciso que, por la disposición de las cosas, el poder frene al poder" (Montesquieu: 106). El *telos* de toda Constitución es, pues, la creación de instituciones para limitar y controlar el poder político. En este sentido, toda verdadera Constitución busca liberar a los destinatarios del poder del control absoluto de los gobernantes y asignarles una legítima participación en el proceso de poder.

La emergencia y consolidación de tradicionales y nuevos actores sociales, nacionales y transnacionales, tales como grupos de presión, enormes multinacionales, poderosísimos partidos políticos, invisibles servicios secretos, peligrosos laboratorios científicos y omniscientes medios de comunicación, obliga a un replanteamiento de la función constitucional de control del poder. Estos poderes que Ferrajoli ha denominado los *"poderes salvajes"* reflejan el poder del más fuerte, niegan el derecho y ponen en peligro las libertades de todos tanto o más que los propios poderes públicos tradicionales. Los mismos son de cuatro tipos: los poderes privados ilegales (ej. organizaciones criminales transnacionales), los poderes públicos ilegales (tales como los grupos terroristas y los entramados de corrupción pública), los poderes privados extralegales (como los micropoderes incontrolados de la violencia doméstica y los macropoderes económicos de las megacorporaciones globales) y los poderes públicos extralegales que operan en la comunidad internacional (Ferrajoli 2000: 126-131). La función de control del poder es una función propia e irrenunciable de las constituciones en los Estados constitucionales. El constitucionalismo no puede rehuir la limitación de estos poderes si quiere seguir siendo una técnica de garantía de los derechos de los más débiles frente a los más fuertes.

El control de estos poderes fácticos, sin embargo, no puede ser realizado a través de los controles típicos de la Constitución propios del sistema de pesos y contrapesos que rige las relaciones entre los poderes públicos. De ahí que, por el momento, los controles consisten en entidades independientes, comisiones éticas, auditorías financieras independientes, sistemas de transparencia monitoreados por la sociedad civil, sistemas de responsabilidad y responsividad, que, en lugar de constituir intervenciones políticas autoritarias, directas y jerárquicas, optan por procedimientos discursivos posibilitadores de una confrontación de los contralores con las reglas que aseguran la reflexibilidad y estabilidad de los diferentes sistemas sociales. Estos *controles débiles* no impiden la existencia de controles no institucionalizados del pueblo tales como la existencia de un espacio público desconfiado, móvil, vigilante y bien informado que dinamice iniciativas populares, introduzca alternativas en la discusión política, y defienda los espacios de la ciudadanía ante los privilegios neocorporativos (HABERMAS 1998: 407). En todo caso, el constitucionalismo es y debe ser un instrumento de protección de los derechos fundamentales frente a su violación por parte no solo de los poderes públicos contra los cuales se edificó la tradición liberal, sino también por cualquier poder, público o privado, nacional o transnacional, que ponga en peligro los derechos de las personas. De todos modos, se trata de una asignatura pendiente, de una tarea que la ciencia constitucional no puede postergar más si no se quiere que la Constitución deje de ser lo que debe de ser: un instrumento que limite y controle al poder y garantice a los más débiles frente a los más fuertes.

2.2.1.5 Función de garantía de la libertad, de la autodeterminación y de la protección jurídica del individuo. Una Constitución que organizase el poder y estableciese límites a éste, no sería una verdadera Constitución si no establece la posición básica de los individuos en el Estado, en especial los derechos fundamentales de la *libertad personal y política*. Ambos aspectos –organización del poder/organización de la libertad; separación de poderes/derechos fundamentales; parte orgánica/parte dogmática de la Constitución– están estrechamente vinculados: los poderes son limitados en la Constitución como una garantía de los derechos fundamentales en tanto que los derechos fundamentales son reconocidos como una manera de limitar los poderes. Este vínculo estrecho entre la organización constitucional de la libertad y la organización constitucional del poder queda claro cuando vemos que la función esencial del Estado es, según el artículo 8, "la protección efectiva de los derechos de la persona" y que, por tanto, el Estado "se organiza para la protección real y efectiva" de esos derechos (artículo 38). Pero la Constitución no se limita a garantizar la libertad de los individuos frente al Estado, sino que contempla, además, la libertad de los ciudadanos en el Estado. La Constitución es también *Constitución democrática*, lo que significa que garantiza derechos de participación a los ciudadanos, como el derecho de elegir y ser elegido y el derecho de acceso a los cargos públicos (artículo 22).

2.2.1.6 Función de fijación de la estructura organizativa fundamental del Estado. Las constituciones contienen el esquema básico de la *organización del Estado* en donde quedan establecidos los órganos, las competencias, los procedimientos, para el ejercicio del poder y la toma de decisiones. Se trata de la parte orgánica de la Constitución que, en la Constitución dominicana, es posterior a la *parte dogmática* que inicia el texto constitucional. Naturalmente, la Constitución no contiene todas las cuestiones de organización, la mayoría de las cuales se deja a las leyes que desarrollan y concretizan la Constitución. La Constitución contiene la decisión sobre la forma de estado (unitario, federal o regional) y sobre la forma de gobierno (presidencial, parlamentario o semi-parlamentario).

2.2.1.7 Función de determinación de los fines materiales del Estado y de la posición jurídica del ciudadano en el Estado y en relación con el Estado. La Constitución contiene no sólo los derechos fundamentales del liberalismo clásico –las *libertades negativas* de que nos habla Berlin– sino, como es ostensible en el Título II de la Constitución, un amplio número de *derechos sociales y económicos* y de principios rectores en las esferas social, económica y cultural. "Con este amplio espectro de objetivos, la Constitución no sólo sirve ya, según la antigua concepción liberal originaria, para limitar y racionalizar el poder estatal y proteger la libertad individual (*función propia del Estado de Derecho*), sino que al mismo tiempo garantiza un proceso político libre en cuanto que regula la formación legítima de la unidad de acción estatales sobre la base de la autodeterminación del pueblo, desde la formación de la voluntad política en la base hasta la creación de órganos estatales, logrando con ello que el individuo participe activamente en el conjunto de los sucesos públicos, y asegurando al mismo tiempo a la dirección responsable de la comunidad una continuidad suprapersonal (*función democrática*). Por otro lado, la Constitución contiene una obligación general en favor de la solidaridad y la *justicia social*. Concretamente, en lo que respecta a los órganos estatales, a la hora de fijar sus deberes de reparto y de previsión; en relación con la sociedad, de cara a la configuración de la vida social y económica; y también con respecto al individuo, por la vinculación general de la propiedad y de la libertad (función del Estado social). Ninguna de estas funciones constitucionales se debe contemplar aisladamente, ni por tanto absolutizar o contraponer a las otras" (Schneider: 42). Este conjunto de derechos fundamentales y principios constitucionales constituye un orden material fundamental que configuran no sólo la posición jurídica básica del individuo frente al Estado, sino que convierten a la Constitución en el fundamento del ordenamiento jurídico del Estado, en Derecho sobre el Derecho.

2.2.1.8 Función de integración. Ya hemos visto, al analizar la concepción material de Smend de la Constitución, que la Constitución es para este autor la ordenación jurídica de la integración política de los ciudadanos en el Estado y, en consecuencia, también el fruto de la eficacia integradora de sus normas, en particular de sus valores y derechos fundamentales. De ahí que, a pesar de que la Constitución no puede ser reducida a ser "realidad integradora", una de las más importantes funciones que esta lleva a cabo es la de integración, al extremo que puede afirmarse que "una Constitución que integra está cumpliendo una de sus funciones principales y, por el contrario, una Constitución que no integra no está cumpliendo una de las funciones que, por utilizar la expresión clásica, son necesarias porque se derivan de la naturaleza de las cosas (Montesquieu): la integración, bien a través de técnicas positivizadas o no positivizadas" (Fernández Alles: 171).

La tesis de la integración generó una gran polémica en su momento (1928), que enfrentó a su proponente con Kelsen, oponiéndose el primero -en su obra *Constitución y Derecho constitucional*- al positivismo jurídico formalista del segundo, quien consideraba la Constitución como mera norma jurídica, en tanto que el jurista austríaco, aparte de criticar -en su libro *El Estado como integración*- la teoría de Smend, por ser "oscura" en su formulación y por mezclar el análisis jurídico con el sociológico y el politológico, alega que la integración por la que aboga Smend conducía al Estado fascista (Smend & Kelsen). Sin embargo, a la larga, la tesis de Smend ha influido decisivamente en la consolidación, a partir del final de la Segunda Guerra Mundial, de una teoría constitucional "integradora" basada en el consenso y la democracia; en la jurisprudencia de cortes constitucionales del mundo entero, en especial del Tribunal Constitucional alemán, que atribuye "funciones de integración" a los partidos y a los procesos electorales y que establece la "dimensión objetiva de los derechos fundamentales"; en la consideración de la Constitución como una realidad cultural, así como en la elaboración de una teoría constitucional cultural (Häberle 1998); en la emergencia y consolidación en el ámbito europeo, al calor de los procesos de creación de la hoy Unión Europea, de un "Derecho de la integración"; y, en sentido general, en las ideas de un influyente conjunto de juristas, tales como Hesse, Häberle y Lucas Verdú.

La "*integración mediante la Constitución*" se produce cuando los miembros de la comunidad política normada por dicha Constitución "desarrollan un sentimiento de pertenencia colectiva, así como una identidad colectiva que los distingue de otras comunidades" (Grimm: 239). La Constitución no siempre integra, es más, hay Constituciones que más bien desintegran, que dividen, como ocurrió con la Constitución de Weimar en Alemania o con la dominicana de 1963. ¿Cómo sabemos cuando una Constitución está cumpliendo con su función de integración? Cuando ella representa un consenso fundamental más allá de las diferentes opiniones reinantes en una sociedad, cuando la sociedad se siente representada en ella, con sus aspiraciones y convicciones básicas. "Una Constitución tendrá un efecto integrador si encarna el sistema de valores y las aspiraciones fundamentales de una sociedad, si una sociedad percibe que su constitución refleja precisamente los valores con los que se identifica y que son la fuente de su carácter específico" (Grimm: 246).

Aunque no puede concebirse una Constitución integradora que no tenga eficacia jurídica en la práctica, que una Constitución tenga eficacia jurídica no garantiza su función integradora. Y es que la integración mediante la Constitución es un proceso social que no nace de un mandato jurídico y que emerge por los efectos simbólicos de una Constitución normativa -que no debemos confundir con las Constituciones simbólicas desconocidas permanentemente por los gobernantes-, lo que, sin embargo, no impide promover el efecto integrador de la Constitución mediante el cumplimiento de los preceptos constitucionales que ordenan, en el caso dominicano, por ejemplo, que "con la finalidad de formar ciudadanas y ciudadanos conscientes de sus derechos y deberes, en todas las instituciones de educación pública y privada, serán obligatorias la instrucción en la formación social y cívica, la enseñanza de la Constitución, de los derechos y garantías fundamentales, de los valores patrios y de los principios de convivencia pacífica" (artículo 63.13). Por otro lado, hay constituciones que, aun teniendo efectos normativos, no cumplen a cabalidad con su función de integración, lo que, a la larga, puede acarrear que pierdan su eficacia jurídica, como ocurrió con la Constitución de Weimar. Hay otras constituciones que tienen tal efecto integrador que la propia sociedad deriva su identidad a partir de la Constitución, surgiendo así en la comunidad una especie de "*patriotismo constitucional*", como es el caso de la Constitución de los Estados Unidos. Que una Constitución tenga efecto integrador no significa, sin embargo, que no hayan profundas divergencias respecto a la interpretación de las normas constitucionales, fruto o causa de serios conflictos políticos, como lo demuestra el caso estadounidense, porque, a fin de cuentas, al basarse ambas partes en su interpretación de la Constitución, ésta se verá, más que erosionada en su valor político y normativo, en verdad reforzada, aun cuando la palabra final y definitiva de la jurisdicción constitucional venga, en ocasiones, a dividir la sociedad.

2.2.2 Las nuevas funciones. La anterior presentación de las funciones clásicas de la Constitución no excluye la necesidad de repensar las funciones de la Constitución a la luz de las transformaciones de la sociedad, la emergencia de nuevos actores sociales, nuevos instrumentales y nuevas tareas del Estado que rebasan las del Estado liberal y del Estado social (Grimm 2006: 175-209). Gomes Canotilho ha propuesto las siguientes:

2.2.2.1 Función de autovinculación. Las constituciones sirven para establecer mecanismos constitucionales destinados a asegurar la subsistencia del compromiso constitucional evitando nuevos o permanentes conflictos. Cual si fuesen el Ulises que se ató a su navío para evitar el encantamiento de las sirenas (Elster: 36), las personas se autovinculan a sí mismas para evitar conflictos o para asegurar mayor operatividad a sus preferencias a través de una Constitución que expresa el consenso previo o *precommitment* respecto a ciertos principios. Esta *autovinculación* puede ser negativa cuando consiste en el compromiso respecto a ciertas prohibiciones (ej. los derechos de libertad clásicos que imponen abstenciones al Estado) o puede ser positiva si el compromiso incluye la exigencia de actos positivos (ej. la cláusula del Estado Social). La idea de *autovinculación negativa* es la que subyace tras los argumentos de la escuela del *constitutional choice* o de la economía política constitucional: las pre-restricciones que los individuos establecen es un medio para incorporar consideraciones de largo plazo en sus decisiones del presente (Brenan y Buchanan). La *autovinculación positiva*, por su parte, permite el autoperfeccionamiento de la sociedad vinculándose los individuos y los poderes públicos a una serie de valores, principios, derechos y tareas estatales tales como la dignidad de la persona humana, la eliminación de las formas de discriminación racial y la protección del medio ambiente. La autovinculación negativa está relacionada con un discurso constitucional liberal en tanto que la autovinculación positiva se articula como un discurso del constitucionalismo social.

La Constitución, entendida como un conjunto de normas vinculativas, conduce a la paradoja de que cada generación quiere ser libre para vincular a las generaciones siguientes pero nadie quiere ser vinculado por sus predecesores (Elster). Esta paradoja conduce a dos posiciones teóricas diametralmente opuestas. Por un lado, tenemos a los "*demócratas puros*" para quienes, como bien establecía el artículo 28 de la Declaración de Derechos de 1793, "un pueblo siempre tiene el derecho de revisar, reformar y cambiar su Constitución", pues "una generación no puede sujetar a sus leyes las generaciones futuras". Para éstos, el sistema democrático no debe establecer límites a la reforma constitucional, "porque eliminan el carácter provisional que han de tener las decisiones e impide a las generaciones futuras, que cuando actúen las 'generaciones vivas' puedan pronunciarse sobre las materias contenidas en dichas cláusulas" (Bastida: 77) de limitación a la reforma. Por su parte, los *constitucionalistas puros* parten de que todo proceso constituyente enmarcado en la tradición del constitucionalismo occidental tiene unos límites inherentes, implícitos y objetivos que se pueden fundamentar "racional e históricamente: derechos humanos, orden fundamental de libertad y democracia, Estado de derecho" (Stern: 149).

2.2.2.2 Función de inclusividad multicultural. La Constitución cumple una *función de unidad integradora* de personas, credos, culturas, grupos, etnias, naciones y pueblos en un mismo territorio y bajo la soberanía del Estado. Los derechos fundamentales de igualdad, libertad de expresión, libertad de enseñanza, libertad de asociación y de reunión y libertad de cultos, así como los derechos culturales, garantizados por la Constitución implican la aceptación de la heterogeneidad de la nación dominicana y de sus diversas raíces raciales, culturales y étnicas. El proyecto cultural que instrumenta la Constitución no parte de una sociedad jerarquizada en la que las clases estén constituidas de acuerdo a líneas raciales o étnicas sino que parte de la incorporación de todas las clases, etnias, religiones, razas y grupos en el proyecto de una sociedad que, como la dominicana, es desde su nacimiento esencialmente *multicultural*. Por eso, la Constitución establece que "toda persona tiene derecho a participar y actuar libremente y sin censura en la vida cultural de la Nación, al pleno acceso y disfrute de los bienes y servicios culturales, de los avances científicos, la producción artística literaria" (artículo 64). Por eso, además, el Estado "garantizará la libertad de expresión, la creación cultural y el acceso a la cultura en igualdad de oportunidades y promoverá la diversidad cultural, la cooperación y el intercambio entre naciones" (artículo 64.2). La garantía constitucional del *pluralismo cultural* no implica, sin embargo, que la Constitución conduzca a la balkanización de la nación dominicana reconociendo enclaves iliberales y fundamentalistas que pretendan dinamitar el orden fundamental del Estado. Ese es el sentido y el propósito del artículo 5 que establece que "la Constitución se fundamenta en la indisoluble unidad de la Nación dominicana, patria común de todos los dominicanos".

2.2.2.3 Función de hermenéutica. Las constituciones en el mundo actual desempeñan una *función de integración cultural* en la medida en que éstas sólo pueden ser entendidas a partir de una comprensión científico-cultural de las mismas (Häberle 1998 y Lucas Verdú). Hoy las constituciones no sólo son "cartas de navegación" (Alberdi) de los países, sino que constituyen el "*sistema operativo*" (Weiler: 221) de espacios efectiva o potencialmente comunitarios como el europeo o el interamericano. En la medida en que las constituciones son fruto de procesos de producción y recepción de valores, principios y normas que responden a los "imperativos políticos profundos" (Ackerman 1998: 384) del Estado constitucional occidental, en esa misma medida se transforman en objeto de procesos de globalización que permiten el intercambio de paradigmas, instituciones e interpretaciones constitucionales. Así las acciones positivas importadas por muchos ordenamientos constitucionales no pueden ser entendidas sino se está familiarizado con la jurisprudencia norteamericana sobre las "*affirmative actions*"; el sistema autonómico español es incomprensible sino se entiende el regionalismo italiano o el federalismo alemán; y las leyes orgánicas dominicanas no pueden ser conceptuadas a cabalidad si no se conoce el régimen constitucional español de las leyes orgánicas.

Existe un "*derecho constitucional común*" que corresponde a la "comunidad universal de los Estados constitucionales" y que demuestra "que los diversos Estados constitucionales no existen más 'para sí', sino que de entrada constituyen una comunidad universal abierta" (Häberle 2001: 75). Este derecho constitucional común es visible en el desarrollo constitucional de la Unión Europea y en la evolución de los sistemas regionales e internacional de protección de los derechos humanos. De ese modo, la jurisprudencia constitucional alemana nutre a la Corte Europea de Derechos Humanos cuya jurisprudencia, a su vez, sirve de fuente de inspiración a su homóloga interamericana, la que también recibe la influencia de las cortes constitucionales de Costa Rica, Colombia y Argentina, las cuales, a su vez, han recibido la influencia del Tribunal Supremo de los Estados Unidos y del Tribunal Constitucional español, este último impactado también por la jurisprudencia constitucional alemana.

Es por ello que se sugiere un "*quinto método de interpretación*", el comparativo, que compara textos y jurisprudencia constitucionales, y que no se restringe al ámbito euroatlántico, pues "el Estado constitucional es en la actualidad una obra comunitaria de muchos tiempos y espacios –aunque históricamente haya sido un proyecto europeo-atlántico– por lo que hay que incluir en la comparación jurídica, de entrada, y 'en clave cosmopolita', a los países en desarrollo y los micro Estados" (Häberle 2001: 296). Aunque para algunos, como es el caso del juez norteamericano Scalia, los ciudadanos de un país no deben padecer "inclinaciones, entusiasmos o modas extranjeras" (opinión disidente en *Lawrence v. Texas*, 539 U.S. 558 [2003]), lo cierto es que el derecho constitucional no puede ser hoy un derecho construido solo a partir de las constituciones nacionales sino que debe nutrirse de los principios estructurantes de los Estados de derecho democráticos-constitucionales que son las estructuras políticas profundas de los sistemas comunitarios y del Estado constitucional occidental, pues "en general, existen fórmulas constitucionales que encuentran su significado directamente en los valores que emergen de la civilización de una sociedad" (opinión disidente de la juez O'Connor en *Roper v. Simmons*). De ahí la importancia de lo que el Tribunal de Justicia de la Unión Europea denomina las "tradiciones constitucionales comunes de los Estados miembros" de la Unión en materia de derechos fundamentales, que son "principios generales del derecho comunitario" y que se articulan en un acervo común, en un "patrimonio constitucional" (Pizzorusso) de dichos países y hasta de la humanidad.

Hay quienes se burlan de este patrimonio constitucional común de la humanidad y nos hablan de la "teoría de transferencia constitucional (y legal) IKEA", en la que "la constitución global surge o más bien dimana de procesos de transferencias", funcionando "como una suerte de reservorio o, si se quiere así, de supermercado, donde están almacenados y disponibles los ítems constitucionales estandarizados, grandes proyectos al igual que partículas elementales de informaciones globales, pret-a-porter, para compra y reensamblado (con resultados impredecibles) a cargo de fabricantes de constituciones en todo el mundo" (Frankenberg: 762). Lo cierto es que la discusión acerca de los "préstamos" constitucionales (Rosenkratz) y los "injertos y rechazos" constitucionales (Gargarella 2008) no se detiene y la existencia de un derecho constitucional o patrimonio constitucional común obliga al juez constitucional a "mirar más allá" de las fronteras nacionales, lo que produce la libre *"circulación de las jurisprudencias" y, lo que muchas veces es soslayado, aunque es mucho más frecuente e importante, la libre circulación de las doctrinas, parte fundamental del "ágora constitucional global", ya que "especialmente en el ámbito constitucional, las reconstrucciones e interpretaciones de la doctrina, cuando se basan en conceptos generales y abstractos, principios y valores supuestamente compartidos o compatibles, encuentran menos obstáculos a la circulación"* (BAGNI & NICOLINI: 437). Con ello, sin embargo, no se pone en entredicho la identidad de la jurisprudencia constitucional propia (ZAGREBELSKY 2007: 95).

En la actualidad no sólo los jueces cuyas constituciones son derivadas aprenden de "un amigo con gran experiencia" de donde su Constitución derivó, sino que, como bien expresa el juez norteamericano Guido Calabresi, también los Estados constitucionalmente más avanzados deben aprender de los menos avanzados, así como "los padres sabios no dudan en aprender de sus hijos" (*US v. Then*). Conscientes de lo anterior, los representantes de 93 tribunales constitucionales, consejos constitucionales y tribunales supremos con jurisdicción constitucional, reunidos en la Conferencia Mundial de Justicia Constitucional, celebrada en la Ciudad del Cabo, Sudáfrica, del 22 al 24 de enero de 2009, en su Declaración Final, señalaron que "la jurisprudencia de los tribunales y de órganos equivalentes de otros países e incluso de otros continentes es asimismo una fuente de inspiración mutua cada vez mayor, que conduce al desarrollo de una *'fertilización cruzada'* entre los tribunales a escala mundial. Si bien las constituciones son diferentes, los principios fundamentales subyacentes, en particular la protección de los derechos humanos y de la dignidad humana, constituyen una base común. Los razonamientos jurídicos basados en estos principios que se utilizan en un país pueden servir de inspiración en otro país, a pesar de las diferencias de sus constituciones". A pesar de las críticas que el uso del derecho extranjero y del "*cross-referencing*" por los jueces ha generado en ordenamientos jurídicos como el estadounidense, que se caracterizan por su endogamia al ser prisioneros del éxito de sus revoluciones constitucionales, contrario a muchos ordenamientos jurídicos del mundo, como es el caso de Canadá, India, Israel, Suiza, Sudáfrica y la República Dominicana, cuyos tribunales constitucionales y supremos citan profusamente las decisiones de prestigiosas cortes constitucionales, tales como las de la Suprema Corte de los Estados Unidos y los tribunales constitucionales de Alemania, España y Colombia, lo cierto es que, en el mundo de hoy, como bien advierte voces tan prestigiosas como la del magistrado norteamericano Stephen Breyer, ningún sistema jurídico puede vivir "home alone", herméticamente cerrado al exterior (BREYER: 236-246). Lo ideal es, sin embargo, que, en lugar de utilizar las citas de jurisprudencia extranjera como simple ornamento y haciendo uso del *cherry picking* para seleccionar las decisiones extranjeras para apoyar la tesis de la mayoría del tribunal, sean en verdad base para argumentos y juicios comparativos, lo que es menos usual y mucho más difícil (BAGNI & NICOLINI: 433).

2.2.2.4 Función autopoiética. La Constitución es un *sistema autopoiético* (TEUBNER 1987), que se establece como un sistema funcionalmente especificado, independiente de otros subsistemas tales como la política, la economía, la ciencia, la religión, la moral y la familia, que elabora informaciones externas ateniéndose solamente a su propio código y que se reproduce a sí mismo junto a otros subsistemas sociales (LÜHMANN). Es cierto que, en cuanto orden fundamental del Estado y la sociedad, la Constitución pretende constitucionalizar los restantes sistemas de la sociedad, haciendo valer sus reglas y principios estructurantes, pero ello no lo hace de una manera imperialista. A final de cuentas, cada uno de estos sistemas tiene sus funciones que no deben ser perturbadas por la Constitución: la política, gobernar eficazmente la sociedad; la economía, crear y distribuir eficientemente las riquezas; la ciencia, procurar la verdad; la religión, salvar al hombre; la moral, hacer mejor a los seres humanos; y la familia, procurar el bien y la felicidad de sus integrantes. Lo que la Constitución procura es un diálogo, una conversación, una *conexión interactiva entre los sistemas sociales*. Así, la Constitución reconoce como valor esencial la dignidad humana y el derecho a la vida (artículo 38 y 37) pero no impone a este respecto valores absolutos de carácter ético, científico o religioso sino un elemento básico a partir del cual se puede establecer un diálogo entre médicos, filósofos, teólogos, juristas, biólogos respecto a la interrupción voluntaria del embarazo, la eutanasia, la biogenética, etc. La Constitución es, en consecuencia, el *locus* del diálogo, el *espacio de la interactividad* entre los diferentes sistemas sociales. De ese modo, la Constitución institucionaliza un proceso de aprendizaje falible a través del cual la sociedad puede constantemente redefinir y constitucionalizar interactivamente sus intereses públicos y privados, siendo la mejor Constitución aquella cuyas normas permitan un mayor y más razonable grado de adaptación sin necesidad de acudir a la cirugía mayor de la reforma constitucional. La Constitución es una "gramática aleatoria […] proveedora de reglas mínimas garantizadoras de la propia integridad de los sistemas sociales interactivos y de una dimensión de justicia en el seno de la complejidad social" (Gomes Canotilho: 1393).

2.2.2.5 Función de defensa del orden constitucional. A las anteriores funciones propuestas por Gomes Canotilho, cabría añadir otra nueva -aunque, en verdad, vieja, pero que ahora tiene mayor trascendencia que antes- función: la *función inmunitaria o de defensa del orden constitucional*. Y es que hoy el mayor reto de las democracias realmente existentes es la defensa de la democracia constitucional, entendida como democracia político-electoral, Estado de derecho, Estado social y Estado regulador. Las democracias, para sobrevivir frente a las amenazas autoritarias, tienen que ser todas, para usar el célebre concepto acuñado por la doctrina constitucional alemana tras constarse el fracaso de las democracias europeas al no poder defenderse del enemigo fascista que alcanzó el poder por vías democráticas para luego frenar el acceso al gobierno de la oposición y desmontar las libertades políticas y del Estado de derecho-, "*democracias combatientes*", es decir, "capaces de defenderse a sí mismas" (Loewenstein), a través de los tradicionales controles democráticos y judiciales, pero también mediante órganos extra poder y organismos reguladores (cortes constitucionales, defensores del pueblo, autoridades y jueces electorales, contralorías y administraciones independientes). Esta defensa democrático-constitucional es crucial porque las amenazas más fuertes a las democracias vienen no solo del desmonte de los tradicionales canales democráticos sino también de atacar el sistema de defensa constitucional, desde dentro del sistema, desbaratando a ese sano conjunto de poderes públicos, órganos extra poder, reguladores y de control, convirtiéndolos en apéndices dependientes de los poderes políticos (legislativo y ejecutivo), para que así aquellos, en lugar de defender las instituciones de la democracia constitucional, las destruyan. Son los casos de la Venezuela de Maduro y El Salvador de Bukele y podrían ser los del México de López Obrador y el Israel de

Neyhanyu, si no fuese en estos últimos dos casos por el fuerte rechazo popular a contrarreformas judiciales propiciadas por el gobierno para recortar los poderes de los jueces, en especial los de justicia constitucional, y controlar políticamente su designación. De ahí que puede decirse que el gran logro del autoritarismo actual, que se sostiene en un derecho constitucional "*autoritario-populista*" (HERNÁNDEZ), es entonces haberse convertido en una -acuñando aquí un término inspirado en el enfoque inmunológico-constitucional de la nueva doctrina española al respecto (GARCÍA MAJADO)- "*enfermedad autoinmune del sistema constitucional*". El fortalecimiento institucional y el estudio de la función de defensa del orden constitucional pasa lógicamente por consolidar una justicia constitucional fuerte, democrática y responsiva, con el riesgo, eso sí, de que el juez constitucional puede también contribuir a "la *aniquilación del Estado democrático*" (BREWER-CARÍAS 2024), cuando ya ese juez depende totalmente de los poderes autoritarios de turno y la defensa constitucional entonces queda en manos de una ciudadanía dispuesta a ejercer la desobediencia civil o el derecho a la resistencia para hacer realidad efectiva el mandato constitucional de que "son nulos de pleno derecho los actos emanados de autoridad usurpada, las acciones o decisiones de los poderes públicos, instituciones o personas que alteren o subviertan el orden constitucional y toda decisión acordada por requisición de fuerza armada" (artículo 73 de la Constitución).

3. EL DERECHO CONSTITUCIONAL

La expresión "derecho constitucional" aparece en Francia unos quince años antes de la Revolución de 1789, cuando se agrava la crisis política entre Gran Bretaña y sus colonias de América del Norte que se independizarían para formar los Estados Unidos de América.

Desde sus primeros usos, dicha expresión reviste tres sentidos diferentes. Designa, por un lado, un derecho, una facultad que pertenece a una persona o a una comunidad, en virtud de la Constitución. Es en ese sentido que se habla de que uno tiene el derecho constitucional a no declarar contra uno mismo. La expresión, por otro lado, designa el conjunto de normas jurídicas contenidas en la Constitución de un país, como ocurre cuando se habla, del "derecho constitucional dominicano". Y, finalmente, la expresión "derecho constitucional" es usada para referirse a la disciplina intelectual, la ciencia que tiene por objeto el estudio de las normas constitucionales.

3.1 Evolución histórica del derecho constitucional

Se pueden identificar cuatro fases históricas en la evolución del derecho constitucional y que responden en gran medida a concepciones diferentes de la Constitución: (i) una primera etapa donde el derecho constitucional emerge como instrumento de lucha política para establecer un Estado constitucional; (ii) una segunda donde el derecho constitucional se transforma en una ciencia jurídica en un Estado sin Constitución, en el Estado legal de derecho; (iii) una tercera etapa donde el derecho constitucional entra en crisis ante la quiebra del Estado legal de derecho y la consolidación de los regímenes totalitarios y autoritarios; y (iv) una cuarta etapa en la que el derecho constitucional es plena ciencia jurídica en un Estado con Constitución normativa. Veamos en detalle cada una de estas etapas…

3.1.1 El nacimiento: el derecho constitucional como instrumento de lucha (1789-1848). La primera etapa del derecho constitucional corresponde al momento de crítica al absolutismo del siglo XVIII y se podría afirmar que ésta se inicia con *El espíritu de las leyes* de Montesquieu, obra que, a pesar de no constituir un tratado de derecho constitucional, "cabe considerarla como punto de partida del mismo en cuanto que […] reduce a un sistema general el funcionamiento de los poderes del Estado y crea uno de los esquemas fundamentales para toda la tratadística posterior" (García Pelayo: 27). Esta obra tiene un manifiesto carácter polémico dirigido contra el absolutismo y es este mismo carácter lo que tipifica el naciente derecho constitucional: un *derecho de lucha*, de combate, planfetario, expresado en las obras de Hamilton, Sièyes, Constant, que nace con la finalidad de lograr una transformación política. Como no se cansa el profesor Milton Ray Guevara de repetir la frase de su amigo, el desaparecido profesor Jean Gicquel, quien exclamaba, "el derecho constitucional huele a pólvora". Y es que, en esa época inicial del constitucionalismo y aún hoy, "el Derecho constitucional si se quiere, es algo beligerante, combativo, pues responde a un determinado planteamiento ideológico, tal y como sucede con los auténticos sistemas democráticos" (Álvarez Conde: 87).

3.1.2 La maduración: el derecho constitucional como ciencia jurídica en el Estado legal de derecho (1848-1914). La fase de maduración del derecho constitucional corresponde al momento de consolidación del Estado constitucional y comprende desde la Revolución de 1848 hasta el comienzo de la Primera Guerra Mundial en 1914. Es de las Constituciones del *Reich* alemán (1871), de la Tercera República francesa (1875), de la Restauración española (1876), de donde arranca el Derecho Constitucional como ciencia propiamente dicha.

En esta fase, el componente político del derecho constitucional cede frente al componente jurídico que pasa a ocupar un lugar preponderante. Al ceder lo político, la doctrina constitucional pierde su acento polémico y gana en rigurosidad positivista. Esta *despolitización del derecho constitucional* alcanza su cenit en las obras de los alemanes Gerber, Laband, Jellinek y Anschutz, aunque es preciso señalar que si bien en el caso de los franceses Esmein, Duguit, Berthelemy, y de los autores ingleses, "nunca eliminaron las consideraciones de carácter filosófico, social, político e histórico, sin embargo, tales consideraciones dejaron de aparecer como algo superpuesto o condicionado de la consideración jurídica, para ser tratadas *sub ratione iuris*, dando lugar así a una serie de tratados que en manera alguna caían dentro de aquellos conglomerados de resúmenes legislativos, de consideraciones oportunistas y de noticias históricas insignificantes o curiosas, que Laband había denunciado como características de los tratados de Derecho Político anteriores a su tiempo" (García Pelayo: 30).

Ahora bien, aunque lo jurídico es acentuado en el derecho constitucional, se trata de un acento muy peculiar. En efecto, el derecho constitucional de esta fase es *"un derecho constitucional sin Constitución"*, pues "en la medida en que es constitucional, no es derecho", mientras que "en la medida en que es derecho, no es constitucional" (Pérez Royo: 59). ¿Por qué? Porque para el derecho constitucional de la época la Constitución no es norma jurídica sino un simple documento político, que compendia un conjunto de principios y valores dignos de una vida política civilizada y premisa de un verdadero ordenamiento jurídico, pero que no es ni vinculante ni obligatorio para los poderes públicos. La Constitución no empieza en la Constitución sino en la ley por lo que el Estado más que constitucional es un Estado legal de derecho. Por la inexistencia durante casi dos siglos en el modelo francés de un control jurisdiccional de inconstitucionalidad -y su inoperancia práctica en países como República Dominicana cuya historia militar y autoritaria impidió durante mucho tiempo el funcionamiento de tribunales independientes dotados en los textos de la capacidad e incapaces en la práctica de inaplicar las leyes por inconstitucionales al influjo del modelo del judicial review estadounidense- el derecho constitucional permanece en una condición bastante precaria en comparación con el derecho ordinario: "mientras que este último contaba con el apoyo del poder sancionador organizado, de manera que toda violación tuviese que enfrentar a la coerción, el derecho en el ámbito constitucional carecía de tal protección debido a que actuaba sobre el propio poder supremo. Esto quiere decir que en el caso del derecho en el campo constitucional el destinatario y el garante de la regulación eran idénticos. De presentarse un conflicto, no había poder superior con la fuerza suficiente como para hacer valer las exigencias de la constitución" (Grimm 2020: 40).

El derecho constitucional del *Estado legal de derecho*, en lo que tiene de constitucional, es un derecho enciclopédico, en cuanto vasto estudio de ideas, instituciones y formas políticas, de teorías y doctrinas del Estado, la sociedad y el hombre, en el ámbito nacional o comparado, desde la óptica del componente político de lo constitucional. En lo que tiene de jurídico, el derecho constitucional es un estudio centrado en el principio de legalidad (Francia) o de reserva de ley (Alemania). Por eso, el verdadero derecho público de la época es el derecho administrativo. De ahí que, como diría Otto Mayer, "el derecho constitucional pasa, el derecho administrativo permanece". El derecho constitucional pasa porque es político mientras que el derecho administrativo permanece porque es jurídico. "El Derecho es el principio de legalidad y el principio de legalidad no es el principio del Derecho Constitucional sino el principio del Derecho Administrativo" (Pérez Royo: 60).

3.1.3 La crisis: la desaparición del derecho constitucional como ciencia jurídica (1914-1978).

3.1.3.1 Los signos de la crisis. El derecho constitucional comienza a desaparecer como ciencia jurídica con la disolución de la incipiente Constitución normativa que trató de operar en los comienzos del siglo XX la transición del Estado legal al Estado constitucional. Esta disolución es consagrada con la equiparación de Constitución y relaciones de poder en Smend (la Constitución al servicio de la integración estatal) y con su conceptuación como decisión política fundamental en Schmitt: "Consideradas de manera razonable, aquellas decisiones políticas fundamentales son, incluso para una jurisprudencia positiva, el primer impulso y lo propiamente positivo. Las ulteriores normaciones, las enumeraciones y delimitaciones de competencias en detalle, las leyes para las cuales se elige, por la razón que sea, la forma de leyes constitucionales, son relativas y secundarias frente a aquellas decisiones" (Schmitt: 48). Heller no puede evitar la disolución de la Constitución en la dinámica de Smend o la decisión de Schmitt. El final del derecho constitucional arribaría en tierra alemana de manos de un nacionalsocialismo que llevaría a Huber a afirmar que el derecho constitucional "no es en absoluto una suma de prescripciones expresas, de normas jurídicas escritas, de organizaciones e instituciones estables" puesto que "el núcleo de la constitución es la ordenación viva y no escrita en la cual la comunidad política del pueblo alemán encuentra su unidad e integridad" (Citado por Grimm 2006: 152).

3.1.3.2 Las causas de la crisis. Tras el inicio de la Primera Guerra Mundial, los Estados europeos recientemente consolidados alrededor del principio de la soberanía popular y dotados de Constituciones muchas de ellas contemplando mecanismos de control de constitucionalidad –caso de Austria y Checoslovaquia–, comienzan a sufrir los embates del bolchevismo ruso y del fascismo en sus diferentes vertientes. Por su parte, la brecha entre la realidad y el derecho, entre la política y la Constitución, se acrecienta en la medida en que surgen actores políticos no previstos –los partidos y los grupos de presión–, que emerge el Estado total, que los derechos fundamentales pierden toda vigencia ante el totalitarismo y el genocidio, lo que conduce a una crisis de la dogmática del derecho constitucional, que se sacude frente a las nuevas corrientes filosóficas e ideológicas las que desplazan el positivismo y el racionalismo de un derecho constitucional que ya no es capaz de explicar el mundo. "La matematización de conceptos jurídicos y el intento de convertir la Ciencia del Derecho en una matemática de las Ciencias del Espíritu han llevado a un empobrecimiento del Derecho Público; a un formalismo abstracto; a una cáscara vacía de contenido" (Rodríguez Zapata: 47).

3.1.3.3 Las desviaciones metodológicas. La crisis de la dogmática constitucional se refleja en tres desviaciones metodológicas: sociologismo, politología y economicismo.

A. El sociologismo. La primera desviación metodológica causada por la crisis del derecho constitucional apunta hacia la *sociología*, ciencia que no obstante sus innegables aportes, en la medida en que concentra al jurista en la observación de hechos sociales, lo aleja del verdadero quehacer jurídico y jurisprudencial. Gierke y Heller en Alemania, Geny, Hauriou y Duguit en Francia, Pound en Estados Unidos, todos representan, en mayor o menor medida, el énfasis en los aspectos sociológicos del derecho constitucional. Sus aportes no dejan de ser importantes: el concepto de institución en Hauriou, de Constitución en Heller, el análisis de la jurisprudencia como fuente del Derecho en Geny.

B. La politología. La desviación del método hacia *lo político* se produce con Carl Schmitt cuya célebre *Teoría de la Constitución* (1928) ha tenido una amplísima influencia en Europa y Latinoamérica. La importancia de lo político es remarcada por Mirkine-Guetzevich en 1951 en estos términos: "Los que no ven en la vida constitucional más que el juego de las reglas jurídicas, que no ven en lo constitucional más que lo jurídico, ponen en duda la existencia misma de la ciencia política. Ahora bien, si el desconocimiento de las reglas jurídicas es, ciertamente, peligroso, no menos peligroso es el abuso, el exceso, la rigidez de lo que se puede llamar el 'monismo jurídico', es decir, el hecho de no ver en el funcionamiento de las instituciones políticas más que la técnica jurídica. Se puede evidentemente estudiar los regímenes políticos y no abordarlos más que desde el punto de vista del derecho; pero no se puede comprenderlos sin filosofía política, sin interpretación de la historia de las ideas, sin ciencia política, esta ciencia del gobierno a la cual el mundo anglosajón reserva un lugar de honor" (Mirkine-Guetzevich: 15).

Toda está dicho. El camino está abierto para Maurice Duverger y la ciencia política a la americana. Ha arrancado la *revolución Duverger*. El 27 de marzo de 1954 fue oficializado en Francia el plan de estudios propuesto por Duverger para las facultades de Derecho, el cual, según el propio autor, "consagra la victoria de quienes reclaman para la ciencia política carta de naturaleza en las Facultades de Derecho". De ahora en adelante, la materia "Derecho Constitucional" deviene "*Derecho Constitucional e Instituciones Políticas*" y se crea el doctorado de "Derecho Constitucional y Ciencia Política". La parte dogmática del derecho constitucional es aislada en un curso denominado "libertades públicas", con lo que se priva a la vieja ciencia constitucional de su contenido normativo, crítico, deviniendo así en una disciplina meramente "descriptiva". Georges Burdeau bautiza a su monumental tratado constitucional "*Tratado de ciencia política*". El cambio está consumado: el derecho queda diluido en la ciencia política.

Las consecuencias de concebir al derecho constitucional como "derecho político" son dramáticas para el Estado de derecho. Con esta concepción se produce un debilitamiento del sentido normativo de la Constitución en la medida en que ésta pierde su carácter iusimperativo y sus normas están sujetas a la interpretación flexible provista a partir de una razón de Estado que sustituye a la razón jurídica. El ablandamiento de la Constitución normativa conduce a que la Constitución cese de operar como límite al poder político: "la 'voluntad de poder' sustituye a la 'voluntad de la norma'". Pero se sabe que allí "donde el Estado se hace ilimitado y lo político anormativo, se 'supera' la oposición entre Derecho y Estado" y "ya no es posible una dogmática del Derecho del Estado" (Kägi: 198). Se santifica así la politización total de la vida estatal y del derecho que intenta normarla.

C. El economicismo. La dilución del derecho constitucional en la politología será favorecido por la visión marxista del derecho, que ve en éste una realidad meramente superestructural, carente de vida propia en tanto mero subproducto de la infraestructura económica.

3.1.4 El renacimiento: el derecho constitucional como ciencia jurídica en los Estados con Constitución normativa. A partir de 1945, tras la Segunda Guerra Mundial, pero con mayor ímpetu, desde mediados de la década de los '70, una profunda e irreversible mutación del derecho constitucional contemporáneo comienza a producirse. En primer término, se separa el derecho constitucional de la ciencia política y se articula el estudio del primero alrededor de la Constitución como norma, como fuente del Derecho, como eje articulador del ordenamiento jurídico, con énfasis no solo en el tradicional estudio de la organización del poder –las "instituciones políticas" del viejo derecho constitucional– sino fundamentalmente en la organización de la libertad, la teoría de los derechos fundamentales.

Es la doctrina alemana la que inicia esta mutación irreversible, seguida de cerca por la doctrina italiana, luego con mucho ímpetu por la española, a partir de los '80 por un nuevo constitucionalismo francés que de la mano de Louis Favoreu abandona la escuela Duverger, doctrinas que impactan en el constitucionalismo latinoamericano, el cual, a pesar de sufrir el embate de las desviaciones metodológicas, experimenta menos daños por su cercanía al constitucionalismo de los Estados Unidos, país que, no obstante contar con una vigorosa y dinámica ciencia política, separa rigurosamente la esfera del "*Constitutionnal Law*" de la "*political science*".

Cinco hechos históricos contribuirán a esta mutación del derecho constitucional.
- La *desacralización de la ley*: las experiencias terribles del nazismo y el fascismo provocaron una "desacralización" de la ley. Estaba claro para todos que el legislador no era infalible, que la ley bien podía ordenar lo justo como lo injusto, que bien podía proteger como violar los derechos fundamentales. Había que protegerse no solo del Poder Ejecutivo sino también del Poder Legislativo.
- La *expansión de las constituciones y del constitucionalismo* debido al fenómeno de la descolonialización ha hecho incrementar el número de países de una manera exponencial, lo que ha multiplicado el número de textos constitucionales y ha permitido la circulación de los modelos constitucionales.
- La *difusión internacional de la ideología de los derechos humanos* a través de la adopción de los diferentes convenios y declaraciones de derechos humanos ha convertido al individuo en sujeto del derecho internacional y cambiado profundamente las perspectivas de la organización del poder.
- La aparición de la *justicia constitucional* como elemento fundamental de los sistemas constitucionales europeos a partir del establecimiento de los tribunales constitucionales alemán e italiano y, fundamentalmente, por su impacto en América Latina, a partir de las decisiones del Consejo Constitucional francés en 1971 y la instalación del Tribunal Constitucional español (1980), han contribuido decisivamente a delinear los rasgos fundamentales del nuevo Derecho Constitucional.
- La *transición a la democracia* de los países latinoamericanos que durante la década de los 60, 70 y parte de los 80 vivieron bajo regímenes autoritarios, permitió comenzar a hacer realidad los viejos ideales democráticos y constitucionalistas por los que lucharon durante todo el siglo XIX y parte del XX los padres fundadores de las repúblicas americanas.
- Por último, *el hundimiento de los Estados socialistas* y el establecimiento de nuevas constituciones no solo en los antiguos países satélites de la Unión Soviética (Rumanía, Bulgaria, Polonia, Hungría, Checoslovaquia) sino también aquellos que han surgido del desmembramiento del imperio soviético (Ucrania, Armenia, Georgia, etc.) han consagrado el modelo occidental de organización constitucional.

3.2 El derecho constitucional en los Estados con Constitución normativa

La *Constitución normativa* se configura como el centro del ordenamiento jurídico, impregnando todos y cada uno de los sectores del derecho. Ello incide (i) en la conceptualización del derecho constitucional; (ii) en su ubicación en el conjunto de disciplinas jurídicas; y (iii) en el tratamiento científico del Derecho Constitucional.

3.2.1 Concepto de derecho constitucional. El derecho constitucional se ha definido tradicionalmente en relación con el Estado, y fundamentalmente con el sometimiento del Estado al derecho, con el control jurídico del poder estatal. La historia del derecho constitucional es, en consecuencia, en gran medida la historia del Estado. Pero esta historia no ha terminado porque tanto la Constitución –y por ende el derecho constitucional– y el Estado están en una evolución constante. El derecho constitucional vendría a ser un producto moderno, fruto de la última fase de diferenciación y especialización de la política con respecto a la sociedad que se produce con el desarrollo del capitalismo. No obstante, los últimos dos siglos han sido testigos de las tensiones que han caracterizado las transformaciones operadas en las sociedades occidentales. Dado que no hay una noción de Constitución válida para todo momento y lugar, el concepto que aquí utilizamos es el de Constitución normativa, fase última de esa evolución histórica que se corresponde con la Constitución dominicana vigente. Esta Constitución normativa proyecta su fuerza no sólo sobre el ámbito del Estado al cual controla y limita sino también sobre el de la sociedad, es una Constitución del Estado pero también para la sociedad. De ahí que el derecho constitucional no sanciona la separación Estado y sociedad sino que busca su armonización a través de la conexión del Estado con la sociedad. Por ello el derecho constitucional es un derecho que debe ir por delante de la realidad al promover una ordenación en la que el Estado es controlado por la sociedad y la sociedad es configurada por un Estado y un derecho transformador. El derecho constitucional no es inmovilista sino que tiene una consustancial *vocación dinamizadora*. De ahí que el derecho constitucional no es insensible a la necesidad de transformaciones sociales y de respuestas jurídico-constitucionales a dichas transformaciones. Por ello el derecho constitucional promueve estas transformaciones y se hace eco de las mismas a través de y en la reforma y la interpretación constitucional: el derecho constitucional es, en consecuencia, instrumento de cambio social.

3.2.2 El derecho constitucional como ciencia jurídica. El derecho constitucional de los países con Constitución normativa abandona el formalismo de la dogmática tradicional cerrado al desarrollo social, político y cultural y se abre permanentemente a la realidad social en la que el derecho se desenvuelve, siendo un derecho orientado, desde la teoría constitucional, a la práctica, a los problemas de vigencia del derecho y a la transformación del material jurídico. Se trata de un derecho constitucional que, al igual que el derecho constitucional de los orígenes del constitucionalismo, está estrechamente vinculado con los planteamientos filosóficos, históricos, sociales o políticos. No es un derecho neutral porque no se sustrae a las tensiones políticas de las sociedades contemporáneas. Sin embargo, dado que vivimos en sociedades plurales, el derecho constitucional regula lo político no como esfera de confrontación sino como esfera de integración de una *pluralidad de intereses* con tendencia a la diversificación. ´

Al reflejar la Constitución el pluralismo social y al recoger los valores y principios en que se asienta la convivencia de los intereses y los grupos sociales, el derecho constitucional se asume como factor de regulación de la dinámica social, como *ciencia crítica* que, como toda actividad científica, parte "de lo existente para construir el futuro" (Balaguer Callejón: 34). En este sentido, el derecho constitucional, en tanto ciencia jurídica, y, sobre todo, como derecho de una Constitución que vincula, regula y limita la producción de normas jurídicas, tanto en su forma como respecto a los contenidos sustanciales producidos, es un "*derecho sobre el derecho*", un "deber ser" del derecho infraconstitucional, por lo que debe ser, en consecuencia y en todo momento, *crítico*, pues, como bien advierte Ferrajoli, "desde el punto de vista interno o jurídico de la validez […] es tarea del jurista -no sólo cívica y política, sino, antes incluso, científica- valorar la validez o invalidez de las normas conforme a parámetros de validez tanto formales como sustanciales establecidos por las normas de rango superior" (Ferrajoli 1995: 874). Esto se explica por una característica fundamental del Estado constitucional de derecho resaltada por el profesor italiano:

"Lo que el constitucionalismo rígido ha introducido en la fenomenología del derecho positivo es, en definitiva, el espacio del derecho inválido o ilegítimo: expresiones, como es sabido, consideradas por Kelsen y por la escolástica kelseniana como contradictorias en sus términos. Es, por el contrario, esta virtual ilegitimidad del derecho positivo, provocada por la posible divergencia entre normas constitucionales y normas ordinarias, la que representa el rasgo más característico del estado constitucional de derecho: su mayor defecto, pero también, en una aparente paradoja, su mayor virtud. Sólo en los Estados absolutos, en efecto, donde el legislador es omnipotente, esta divergencia desaparece, y la validez y la existencia de las normas se vuelven coincidentes. Al revés, en las democracias constitucionales la validez y la existencia, gracias a esta virtual divergencia, no coinciden: en ellas pueden siempre darse, como hemos visto, antinomias y lagunas. Y esto, como también se ha dicho, confiere a la ciencia jurídica un papel crítico y programático, impensable en el viejo modelo paleopositivista y unidimensional del estado legislativo de derecho" (Ferrajoli 2020: 121).

En este sentido, "el paradigma constitucional, caracterizado por los desniveles normativos, de ser tomado en serio, postula una ciencia jurídica no puramente recognoscitiva, sino también crítica y proyectiva en relación con la virtual presencia de antinomias y lagunas, es decir, una teoría del derecho y una dogmática jurídica que, según una clásica tesis bobbiana, no pueden limitarse a decir 'lo que el derecho es' y que asimismo forma parte, a un nivel normativo superior, del 'derecho que es', aun cuando en los niveles normativos inferiores 'ilegítimamente no es'" (Ferrajoli 2014: 88). Este derecho que "ilegítimamente no es" hoy incluye no solo al derecho infraconstitucional contrario a la Constitución sino también al derecho constitucional que vulnera el derecho convencional o supranacional, que es "*derecho que es*", que se impone sobre, o se aplica preferentemente al, derecho constitucional ilegítimo, cuando aquel derecho convencional o supranacional resulta ser más favorable respecto al goce y garantía de los derechos parte del catálogo de derechos que constituye el "bloque de derechos fundamentales", como tendremos ocasión de estudiar a la hora de abordar la Constitución como norma y como fuente del derecho y el sistema general de derechos fundamentales y sus principios de interpretación. En consecuencia, si el derecho constitucional es el derecho del derecho infraconstitucional, el derecho convencional o supranacional resulta ser, en materia de derechos fundamentales, el "derecho del derecho constitucional". Más aún, tampoco la teoría constitucional "puede presentarse a sí misma como neutra; no lo es ni lo puede ser cuando su objeto está cargado de valor: el Estado constitucional y las constituciones mismas sólo se entienden dentro de las coordenadas axiológicas de la libertad y la igualdad. Y si su objeto no es neutral ni admite por ello cualquier forma de organización social, la teoría tampoco puede serlo" (Carbonell 2010: 171).

3.2.3 El derecho constitucional como el nuevo derecho común. Desde el momento en que la Constitución se concibe como norma, todas las disciplinas jurídicas desarrollan una vertiente constitucional que incide de modo decisivo en su conformación y desarrollo. Se trata del fenómeno bautizado por la doctrina como la "constitucionalización del derecho": la incidencia de la Constitución determina que todo el sistema jurídico tenga que adaptar sus contenidos a los principios constitucionales. La Constitución ordena así todos los ámbitos del derecho y define el marco en el cual tendrán lugar los desarrollos normativos y jurisprudenciales en cada uno de dichos ámbitos. Se convierte de ese modo la Constitución en una referencia obligada e imprescindible para cualquier jurista que desee abordar el conocimiento de su materia. Emerge un conocimiento externo de la Constitución proporcionado por la interacción constante y dinámica entre los criterios constitucionales y las diversas disciplinas jurídicas. El derecho constitucional se nutre así de los elementos, experiencias, instituciones y técnicas de otras disciplinas jurídicas. Y lo que no es menos importante: dado que la Constitución es un orden abierto, el derecho constitucional no es una ciencia encerrada en sí misma, por lo que, sin perder su autonomía, se comunica con otras disciplinas científicas, tales como la sociología, la historia, la ciencia política, la economía, etc. El derecho contemporáneo es esencialmente interdisciplinario y el más interdisciplinario de los derechos es el derecho constitucional.

Pero hay algo más importante todavía: el derecho constitucional no solo es interdisciplinario sino que se ha dicho que derecho común no lo es más el derecho civil, sino que, fruto del proceso indetenible de constitucionalización del derecho, el nuevo derecho común lo constituye el derecho constitucional (Ray Guevara). ¿Qué se quiere decir cuando se dice que el derecho constitucional es el *"nuevo derecho común"*? Responder esta interrogante implica primero entender qué se entiende por "derecho común". El derecho común refiere a un derecho que se aplica a la generalidad de los casos, en contraste con un derecho especial, particular o propio. En la Baja Edad Media europea, ese derecho común estaba formado por el derecho romano, el derecho canónico y la doctrina de los glosadores y comentaristas. Posteriormente, tras la codificación en el siglo XIX sobre la estela napoleónica, el derecho civil ha sido considerado el derecho común para casi todas las ramas del derecho. Pero hay otros derechos comunes: por ejemplo, el derecho administrativo, antiguamente un mero derecho especial de la Administración hoy constituye indudablemente el derecho común para todas las administraciones públicas.

Cuando se afirma que el derecho constitucional es el nuevo derecho común lo que se quiere connotar es que, como consecuencia de la constitucionalización del derecho, las normas constitucionales irradian su efecto normativo a todo el ordenamiento jurídico, incluyendo el importantísimo sector del derecho civil, donde ya no es posible entender la propiedad privada, el principio de la autonomía de la voluntad, la familia, la igualdad de los cónyuges, los regímenes matrimoniales y la filiación, entre otros principios, derechos e instituciones, al margen de la Constitución. Esta influencia constitucional opera, en sede jurisdiccional, de modo indirecto, por la vía de la interpretación de la ley civil conforme a la Constitución y, de manera directa, a través de la aplicación directa e inmediata de los derechos fundamentales, como ha ocurrido, en primer término, en Alemania, tras la sentencia del del Tribunal Constitucional en el caso Luth (1958), donde los derechos fundamentales constituyen "un orden objetivo de valores", que es válido "para todos los ámbitos del derecho" y se proyecta "sobre el derecho civil", por lo que "ninguna disposición del derecho civil podrá contradecirlo" y, posteriormente, en Francia, cuna del derecho civil moderno, bajo el influjo del trabajo seminal de doctrina precursora (LUCHAIRE) y los nuevos manuales de derecho constitucional y de derechos fundamentales (FAVOREU) -que reconciliaron el derecho constitucional francés con la parte dogmática de la Constitución, olvidada al influjo del derecho político (BOURDEAU, DUVERGER), y transformaron la doctrina de las *libertés publiques* (RIVERO) en la nueva doctrina de los *droits fondamentaux*- y la jurisprudencia del Consejo Constitucional. Y lo mismo ha ocurrido en nuestro país gracias a los innovadores precedentes del Tribunal Constitucional.

Lo anterior no significa que el derecho civil deje de ser el derecho común de las relaciones entre los particulares, sino que estas relaciones tienen que ser conceptuadas siempre bajo el prisma de una Constitución que, como la dominicana, aparte de ser norma suprema, contiene todo un conjunto de derechos sociales fundamentales y programas de transformación social. Esto conduce necesariamente a lo que Ferrajoli de modo preclaro ha señalado como un *"constitucionalismo de derecho privado"*, destinado a limitar los poderes privados (del hombre sobre la mujer, de las empresas sobre las personas, del empleador sobre los empleados, etc.) y a reformular el principio de la separación de poderes en el plano de las relaciones inter privatos a través de un "garantismo civil" que actúa en garantía de los derechos de los trabajadores frente al poder empresarial en las relaciones de trabajo, de los derechos de la mujer y de los menores en las relaciones familiares y en garantía de los derechos de todos en el goce de los bienes comunes (FERRAJOLI 2023: 339). La constitucionalización del derecho privado y la emergencia de un constitucionalismo de derecho privado tiene importantes consecuencias. "Los derechos fundamentales conducen a una forma de estructurar los debates jurídico sobre el derecho privado. La estructura -y, en particular, la exigencia de proporcionalidad- está abierta a todo el rango de consideraciones que los actores juzguen relevantes para el diseño y la interpretación buena, justa y eficiente de las reglas de derecho privado que atribuyan el peso correcto al principio de autonomía privada. Si el derecho privado existente es reflejo del equilibrio correcto entre los intereses relevantes, entonces las reglas del derecho privado en vigor pueden ser justificadas en el marco de los derechos fundamentales. Si ciertas partes del derecho contractual son libertarias en exceso o, por el contrario, ofrecen una protección desmesuradamente paternalista a los consumidores, entonces los derechos fundamentales ofrecen un marco argumentativo para sustanciar tales críticas" (KUMM: 178).

Cuestión muy vinculada a la anterior pero distinta es la existencia de un *derecho constitucional común* (*ius constitutionale commune*) en la región de América Latina (BOGDANDY) y que, en el caso dominicano, tendría como base el artículo 26 de nuestra Constitución, que constituye la cláusula del "Estado abierto al derecho internacional e interamericano" o del "Estado cooperativo" (HÄBERLE), y se articula fundamentalmente a través de los pronunciamientos de los tribunales constitucionales, las cortes supremas y los órganos del sistema interamericano de derechos humanos y la construcción dogmático-constitucional a cargo de la comunidad científica de constitucionalistas, teniendo en el plano interno al amparo como uno de sus mecanismos fundamentales (BREWER-CARÍAS 2017) y, en el plano nacional y supranacional, al control de convencionalidad (FERRER-MACGREGOR). Según la mejor doctrina (HERNÁNDEZ GONZÁLEZ), ese derecho constitucional común latinoamericano conectaría con el "*constitucionalismo del bien común*" (VERMEULE) e influye poderosamente en el derecho administrativo, cuyos contornos se confundirían con el derecho constitucional, bajo la sombrilla de un nuevo derecho público constitucionalizado, general o común, que tiene como eje medular la buena administración (MEILÁN GIL, RODRÍGUEZ ARANA), como lo plasma anticipada y precursoramente nuestra rompedora Ley 107-13 y, posteriormente, la Carta Iberoamericana de los Derechos y Deberes del Ciudadano en relación con la Administración Pública.

4. CONSTITUCIONALISMO, CONSTITUCIÓN Y DERECHO CONSTITUCIONAL EN LA REPÚBLICA DOMINICANA

4.1 El constitucionalismo dominicano

¿Cómo se enmarca el constitucionalismo dominicano dentro del movimiento constitucionalista? Comprender el constitucionalismo dominicano implica abordar: (i) su evolución histórica; (ii) sus patologías esenciales; y (iii) sus mitos.

4.1.1 Evolución histórica. El análisis en cualquier disciplina jurídica debe partir de la historia y, en este sentido, ni el constitucionalismo, ni la Constitución, ni el derecho constitucional pueden ser entendidos al margen de su inherente historicidad (MONTILLA CASTILLO: 154-155). La presentación tradicional de la evolución histórica del constitucionalismo dominicano hecha por la doctrina jurídica y la historiografía clásica parte de la *lucha entre liberales y conservadores*. Así, la intención constituyente de 1844, originalmente liberal, quedaría desvirtuada por la incorporación, debido a la presión del General Pedro Santana, del artículo 210 que le otorgaba plenos poderes de excepción al Presidente de la República. Sin ser del todo errada, esta presentación no es la más adecuada porque hubo gobiernos conservadores que propiciaron Constituciones liberales y viceversa, ya que las contradicciones entre las facciones y partidos durante gran parte de nuestra historia han estado avivadas por las simples ambiciones personales y las rivalidades entre caudillos y no por divisiones ideológicas, aparte de que, en en gran parte de la tradicional historiografía dominicana, se han considerado "liberales" a los que han defendido "la soberanía nacional en cualquier circunstancia" (Mella: 349), independientemente de si se adscriben o no a los valores propios del constitucionalismo liberal. Por ello, entendemos que lo más adecuado es analizar la evolución histórica del constitucionalismo dominicano a partir de una serie de hitos fundamentales que demuestran que, a la larga, hubo un triunfo en los textos de las corrientes liberales, aunque, por razones históricas y sociológicas, las fuerzas más conservadoras se han impuesto en los hechos, llegando muchas veces a alterar conforme a sus conveniencias el texto constitucional (Tejada: 70) o forzando un compromiso entre liberales y conservadores (Conde Jiminián: 85). Y es que "la historia constitucional dominicana, a partir de 1844 y hasta la fecha, es el resultado de una lucha, cruenta o incruenta, corta o larga, exitosa o fracasada, de poner al gobernante dentro de un marco superior a sí mismo y responsabilizarlo por las violaciones e incumplimientos a la letra y al espíritu de un texto constitucional" (Vega 2021: 50). En este sentido, la historia constitucional dominicana evidencia lo que observó hace un tiempo Ihering: el Derecho se genera como consecuencia de una lucha, que puede ser armada -como la lucha de los dominicanos en 1965 por el restablecimiento del gobierno constitucional de Juan Bosch derrocado por un golpe militar en 1963- pero que, en democracia, es sobre todo lucha civil constante, en la política, la prensa, la academia y los tribunales, contra el imperio de la injusticia y las tendencias reaccionarias anti garantistas. En consecuencia, el constitucionalismo dominicano, como todo constitucionalismo verdadero, debe ser entendido "no solo como el arte de escribir constituciones, sino más bien como el *arte de construir instituciones*, lo que significa sedimentar valores, prácticas y patrones normativos mediante procesos complejos y dilatados de negociación política, formación de voluntades, educación ciudadana, capacitación e inversión de recursos financieros y materiales" (Espinal 2023: 372). Así, la historia constitucional dominicana puede resumirse en una cadena de sucesivas luchas y conquistas, avances, retrocesos y reconquistas, que demuestran que, "al margen de los ensayos democráticos, las dictaduras y las inestabilidades políticas, el constitucionalismo dominicano se ha sustentado históricamente sobre el sistema democrático y los derechos fundamentales" (Medina Reyes: 217), como veremos a continuación…

4.1.1.1 La lucha por un Estado independiente. El constitucionalismo dominicano no puede ser entendido sino se comprende que nuestro país es un caso sui generis en América Latina. Luego de proclamada nuestra "independencia efímera" por José Núñez de Cáceres (1º de diciembre de 1821), dictándose un Acta Constitutiva del Gobierno Provisional del Estado Independiente de la parte Española de Haití", que establecía un nuevo Estado con "forma de gobierno republicano" (artículo 1) y que constituye "el primer texto constitucional en la historia de lo que es hoy la República Dominicana" (Brewer-Carías 2021: 81), somos invadidos por los haitianos (1822), siendo la única colonia española en América que no se independiza de España como el resto de las repúblicas latinoamericanas sino de Haití, nuestro vecino. Apenas a una década y algunos años más de nuestra independencia somos de nuevo anexionados a España (1861) por el general Pedro Santana y obtenemos nuestra independencia de nuevo tras una Guerra de Restauración (1865) a la que siguen gobiernos que repetidamente tratarían de ceder nuestra soberanía a naciones extranjeras como Francia y Estados Unidos. En 1916 somos invadidos por los norteamericanos quienes no abandonan la isla hasta 1924 y de nuevo somos invadidos en 1965. Esa historia explica porqué el constitucionalismo dominicano es un constitucionalismo atravesado por la idea de soberanía, por la idea de *independencia* (PÉREZ MEMÉN). Por eso, para Duarte, la independencia es "la fuente y garantía de las libertades patrias, la Ley Suprema del pueblo dominicano es y será siempre su existencia política como nación libre e independiente de toda dominación, protectorado, intervención e influencia extranjera" (DUARTE: 629). Por ello, todavía hoy nuestra Constitución establece que "la soberanía de la Nación dominicana, Estado libre e independiente de todo poder extranjero, es inviolable" (artículo 3).

4.1.1.2 La lucha por la limitación del poder presidencial. La República Dominicana, a pesar de dotarse desde sus inicios de una Constitución liberal, nació bajo el ominoso sino del infame artículo 210 que otorgaba al Presidente de la República *poderes extraordinarios*, "pudiendo en consecuencia, dar todas las órdenes, providencias y decretos que convengan, sin estar sujeto a responsabilidad alguna". "Al respecto, vale decir que aún cuando las constituciones de países con regímenes liberal-democráticos estables y sólidos contienen disposiciones de excepción para responder a situaciones de crisis y de emergencia, el artículo 210 de la 'Constitución de San Cristóbal' fue más allá de cualquier definición razonable de '*régimen de excepción*'. En otras palabras, en lugar de simplemente suspender ciertos derechos y procedimientos o conceder ciertas facultades especiales al poder ejecutivo durante la guerra con Haití, este artículo prácticamente dejó sin efecto el valor mismo de la constitución, ya que le concedió al poder ejecutivo en manos del General Santana poderes ilimitados y sin ningún tipo de responsabilidad o consecuencia en el ejercicio de los mismos" (ESPINAL 2001: 67). Disposiciones similares al artículo 210 aparecerían en la gran mayoría de nuestras Constituciones y tanta importancia se ha dado a su presencia en el articulado constitucional que lo que tipifica a una Constitución conservadora en contraposición con una liberal es precisamente la presencia de estos poderes extraordinarios que hacen del Presidente de la República un verdadero *"dictador constitucional"* (VEGA 1994: 249).

El carácter marcadamente presidencialista y autoritario del Estado forzó al constitucionalismo a luchar por la *limitación del poder* del Estado por excelencia: el Poder Ejecutivo. Esta lucha se concentra en restringir los poderes del ejecutivo al tiempo de reforzar las prerrogativas y la independencia de los demás poderes del Estado. Momento culminante de este proceso histórico de limitación del poder que arranca en 1844 y que marca un hito fundamental con la Constitución de Moca de 1858 es la reforma constitucional de 1994. En efecto, dicha reforma plasma en el texto constitucional dos anhelos históricos del constitucionalismo liberal dominicano: la prohibición de la reelección presidencial y la consagración del estatuto de inamovilidad de los jueces. La consagración de la *inamovilidad de los jueces* y de un Consejo Nacional de la Magistratura sentó las bases para la consolidación de un Poder Judicial independiente que controle los demás poderes. Esta limitación del poder presidencial se repotenciaría en la reforma constitucional de 2010, la que, al tiempo de fortalecer al Congreso Nacional como contrapeso del poder ejecutivo, vino también a consagrar los órganos extra poder como nuevos frenos y contralores de los poderes políticos. En cuanto a la *reelección presidencial*, su proscripción o limitación fue siempre la bandera de lucha de quienes aspiraban a limitar el poder (PEÑA GÓMEZ). Fue ella una de las causas de la llegada al poder de Trujillo y su aplicación sistemática en los regímenes de Trujillo y de Balaguer constitucionalizó el continuismo presidencial del "jefe" y del caudillo. Tras 1994, las reformas constitucionales han fluctuado entre la prohibición de la reelección consecutiva pero la posibilidad para un presidente de aspirar a la presidencia tras al menos un período fuera del poder (1994 y 2010) y la fórmula de sólo dos mandatos presidenciales y "nunca jamás" (2002 y 2015). Este último modelo para algunos nos alejaría del sistema de "reeleccionismo indefinido" de Balaguer pues "permite que una persona pueda reelegirse si ha tenido una gestión exitosa, dándole continuidad a su gestión gubernamental sin que exista el riesgo de la perpetuación en el poder" (ESPINAL 2001: 311), en lugar del reeleccionismo intermitente de la fórmula 1994/2010 que, pese a que prohíbe la reelección consecutiva, permite a un expresidente aspirar continuamente al poder.

4.1.1.3 La lucha por los derechos fundamentales. Todas las Constituciones dominicanas han plasmado en mayor o menor grado los derechos fundamentales de los individuos, pues, como bien decía Luperón, la Constitución debía "ser sagrada en todas las épocas; en sus manos han de perpetuarse las libertades públicas". La realidad política, sin embargo, ha pesado más que el texto constitucional: la historia dominicana es la historia del encarcelamiento, la deportación y el asesinato de los opositores políticos por parte de los detentadores del poder. Esta vulneración de las libertades fundamentales ha alcanzado grados extremos durante la Era de Trujillo y en los 12 años de Balaguer y solo se pone fin a ésta a partir de 1978 y la llegada al poder del Partido Revolucionario Dominicano (PRD) cuyo gobierno, presidido por Antonio Guzmán, ordenó la liberación de los presos políticos, el regreso de los políticos deportados y la cancelación de los altos mandos militares y policiales que dirigieron el estado de terror que se instauró en el país con la llegada al poder en 1966 de Joaquín Balaguer (MOYA PONS 1992).

El *respeto a las libertades públicas* sufre en el régimen democrático que se instaura en el país a partir de 1978 con la continuación de los abusos policiales, la muerte extrajudicial de supuestos delincuentes a manos de policías, la tortura a detenidos y el mantenimiento de condiciones infrahumanas en nuestras cárceles, como se evidencia en los reportes sobre la situación de los derechos humanos en el país realizados por organismos internacionales. La reforma judicial iniciada en 1997 con la implementación de los cambios constitucionales de 1994 destinados a la consolidación de un Poder Judicial independiente y garante de los derechos, la reglamentación de la acción constitucional de amparo como mecanismo de tutela de los derechos fundamentales, la consolidación de la jurisdicción contencioso-administrativa como eje de un proceso de sumisión de la Administración a derecho, y la sustitución del inquisitivo Código de Procedimiento Criminal por un nuevo Código Procesal Penal garante de los derechos del justiciable y de la víctima, plasman la aspiración de toda una colectividad que reclama respeto a los derechos fundamentales de todos. Hito fundamental en esta lucha por los derechos fundamentales es la consagración constitucional de un amplio catálogo de derechos y garantías fundamentales en la reforma constitucional de 2010, en el cual se insertan no sólo los tradicionales derechos individuales sino también nuevos derechos sociales, los derechos colectivos y nuevas garantías fundamentales como el habeas data.

4.1.1.4 La lucha por el sufragio universal. Al igual que el resto de las democracias constitucionales, la historia de la democracia dominicana ha estado marcada por la lucha por la universalización del sufragio. Inicialmente, el derecho de sufragio sólo se reconoce a una parte muy reducida del pueblo, compuesta esencialmente por individuos del sexo masculino y propietarios. La conquista del sufragio universal se hace primero contra la fortuna y la riqueza, eliminándose progresivamente el *sufragio censitario*, y luego contra las discriminaciones sexistas. En República Dominicana, es la Constitución de 1865 adoptada tras la expulsión de los españoles la que establece que el único requisito para votar es ser ciudadano y tener 18 años de edad. El derecho al voto es reconocido a las mujeres en la reforma constitucional de 1942, siendo para esa época República Dominicana uno de los pocos países de América, junto con Estados Unidos, México, Paraguay y Cuba, en universalizar el sufragio a las mujeres y anticipándose a Francia, cuna de la democracia republicana, que solo admite el sufragio femenino en 1944. Esta conquista fue relativa pues las elecciones de Trujillo eran pura parodia. Hoy se extiende materialmente el ejercicio del derecho al sufragio con la reglamentación del voto en el exterior.

4.1.1.5 La lucha por la transparencia electoral. Si la historia del siglo XIX y de más de la mitad del XX es la historia de la lucha por la celebración de elecciones populares, a partir de 1966 la lucha radica en que estas elecciones se celebren de manera transparente. En 1970 y 1974, la oposición política fue forzada a no participar en las elecciones –a lo que se prestó una parte de ella que alegó bajo la égida de Juan Bosch que acudir a éstas era asistir a un "matadero electoral"–, facilitándose así la continuación en el poder de Balaguer. En 1978, hubo el intento de desconocer la voluntad popular que dio como ganador de las elecciones a Antonio Guzmán, pero finalmente, aunque no aceptó el gobierno de unidad nacional propuesto por Bosch como salida a la crisis, el PRD no tuvo otro camino que aceptar el "fallo histórico" de una Junta Central Electoral que regaló 4 senadores al Partido Reformista de Balaguer, quien logró así controlar el Senado de la República y por tanto la designación de los jueces. En 1982, hubo elecciones libres, pero en 1986 el intacto y anacrónico sistema electoral no pudo soportar el deseo de regresar al poder de Balaguer, arrebatándose el triunfo a un Jacobo Majluta del PRD, que no le quedó otro camino que aceptar la pírrica victoria de Balaguer por apenas unos 20,000 votos y habiéndose anulado y observado decenas de miles de votos en donde era clara la intención de voto por el candidato presidencial perredeísta. En 1990, la víctima del *fraude electoral* sería un Juan Bosch cuyo partido, enamorado de la posibilidad de acceder a puestos congresionales, y un PRD deseoso de no ver a su ex-caudillo en el poder prática e implícitamente se unieron para aceptar el "triunfo" electoral de Balaguer (Díaz Santana).

En 1994, el fraude electoral perpetrado en perjuicio de José Francisco Peña Gómez y el PRD sería de tal magnitud que obligaría a una reforma constitucional en la que se plasmaron viejos anhelos del constitucionalismo criollo, entre los que se encuentran la instauración de la doble vuelta electoral y la celebración de elecciones presidenciales y congresionales y municipales separadas. El pacto de los principales partidos, que incluyó la conformación de una nueva y equilibrada Junta Central Electoral, modernizada y con poderes reforzados, así como la reforma de la Ley Electoral, unido al trabajo de la sociedad civil encabezada por el Movimiento Cívico Participación Ciudadana que monitorea con su *red nacional de observadores* las elecciones, han contribuido a que los dominicanos consolidemos un sistema electoral cada día más transparente, como demuestran en gran medida las elecciones celebradas desde 1996 hasta la fecha. Pero todavía falta mucho por hacer en el ámbito electoral: siguen las denuncias de compra de cédulas y es evidente que la presencia del Estado en las campañas electorales favorece al partido de gobierno. La Ley de Partidos ha sido un gran paso para garantizar la democracia interna de los partidos, pero todavía hace falta dar más poderes sancionadores a la Junta Central Electoral para evitar el uso de los recursos estatales en detrimento de los partidos de la oposición por parte de los partidos que dominan el gobierno central y los gobiernos municipales. Falta, además, mucho todavía para lograr transparencia efectiva en el financiamiento público y privado de los partidos y para lograr un equilibrio entre el abundante financiamiento público y el limitado financiamiento privado. Sólo así podrá lograrse que efectivamente los partidos contribuyan "en igualdad de condiciones, a la formación y manifestación de la voluntad ciudadana", como quiere y manda el artículo 216.2 de la Constitución. Pero todavía falta mucho por hacer en el ámbito electoral. Las protestas ciudadanas ocurridas a partir de la suspensión de las elecciones municipales del 16 de febrero de 2020 por fallos en el voto automatizado condujeron a un fortalecimiento de la justeza y transparencia electoral, bajo supervisión internacional y observación nacional y extranjera, para las reprogramadas elecciones municipales del 15 de marzo de 2020 y para las elecciones congresuales y presidenciales reprogramadas para el 5 de julio de 2020, que culminaron ambas con un triunfo de la oposición encabezada por el Partido Revolucionario Moderno (PRM) y el candidato presidencial Luis Abinader, cuya victoria fue prontamente reconocida por el partido en el poder, el Partido de la Liberación Dominicana (PLD), y su candidato presidencial, en un proceso electoral reconocido internacionalmente como modélico a pesar de ser celebrado en las condiciones de la pandemia del Covid-19.

4.1.1.6 La lucha por un Estado social. República Dominicana se suma a la corriente del *constitucionalismo social* con la reforma constitucional de 1955 que establece que el Estado continuará con el desarrollo progresivo de la seguridad social, de manera que toda persona llegara a gozar de la adecuada protección contra la desocupación, la enfermedad, la incapacidad y la vejez. Los derechos sociales y económicos alcanzan en la Constitución de 1963 su máxima expresión, al extremo de que se afirma que "quizá el aporte más significativo, aunque también polémico, fue el relativo al contenido social del texto" que hace de esa Constitución "una Constitución revolucionaria" en su intento "de instaurar el constitucionalismo social en la República Dominicana" (Valentín Jiminián 2017: 135). Contrario a lo que piensan algunos de los historiadores de nuestro constitucionalismo, a pesar de que la reforma constitucional de 1966 redujo considerablemente los aportes de 1963, se conservan "los tres grandes aportes del constituyente de 1963, como fueron la libertad sindical, el derecho a la huelga y la participación de los trabajadores en los beneficios de la empresa" (Jorge García: 110). La reforma de 1963 introduce de manera implícita la fórmula del *Estado Social*, la cual permaneció en la Constitución de 1966 y que, en su momento, fue considerada como "la piedra angular del régimen socio económico instituido por el constituyente" (Pellerano Gómez: 16). Con la consagración en la reforma constitucional de 2010 de la cláusula del Estado Social y Democrático de Derecho (artículo 7) y la ampliación de la lista de derechos económicos, sociales y culturales protegidos a nivel constitucional, es de esperar que, en la medida en que se desarrolle la justiciabilidad de la cláusula y de estos derechos, se configure un *derecho constitucional de la efectividad*, un derecho constitucional de la lucha contra la pobreza, que haga realidad en nuestro país el Estado social que la Constitución misma proclama y que la ciudadanía reclama.

4.1.1.7 La lucha por la constituyente. El reclamo por la celebración de una *asamblea constituyente* compuesta por representantes elegidos por el pueblo con la misión de elaborar un nuevo texto constitucional ha formado parte del ideario de los movimientos y partidos más liberales y progresistas de nuestra historia republicana. Este reclamo se acentuó en la medida en que la Constitución de 1966 envejecía y existía el temor de que la misma fuese enmendada a partir de los intereses meramente coyunturales de los legisladores que compondrían la Asamblea Nacional. Por eso, los principales partidos del país, han incluido la constituyente dentro de sus programas de gobierno para varios procesos electorales.

El fundamento de esta exigencia es la mayor legitimidad democrática que se le asigna a la asamblea constituyente en comparación con la reforma constitucional llevada a cabo por los legisladores reunidos en asamblea revisora. Sin embargo, si se comparan ambos mecanismos de reforma, veremos que los dos parten del mismo *paradigma de la democracia representativa*, en donde las constituciones y las leyes son hechas por los representantes elegidos por el pueblo y no por el pueblo mismo. Este paradigma ha sido formulado por la Corte Suprema de Justicia de Venezuela en los siguientes términos: "el poder constituyente no puede ejercerlo por sí mismo el pueblo, por lo que la elaboración de la Constitución recae en un cuerpo integrado por sus representantes, que se denomina asamblea constituyente". En términos democráticos, más legítima aparecería tanto la *consulta popular* como el *referendo* en los que el pueblo mismo es el que hace su Constitución o aprueba o rechaza la elaborada por sus representantes. El reclamo, además, pasa por alto que, aún cuando la asamblea constituyente no detenta el poder constituyente originario, pues siempre será un poder constituido que debe actuar dentro del marco establecido para su elección y funcionamiento, lo que ha ocurrido en otros países que han acudido a este mecanismo de reforma es que la asamblea constituyente se autoproclama poder constituyente originario, suspende la

Constitución vigente, sustituye e interviene el resto de los poderes constituidos y pasa a gobernar el país, más allá de lo que fue el mandato conferido por el pueblo al momento de la elección de los constituyentes, en una especie de *"golpe de estado constituyente"* (Brewer Carías 2002) de perniciosas consecuencias para la democracia y el Estado de Derecho.

De todos modos, la constituyente, conjuntamente con la *iniciativa popular de reforma constitucional*, deberían formar parte del conjunto de mecanismos de reforma, porque el pueblo no puede ser expulsado de dicho proceso, obligando así a que el poder constituyente originario tenga que expresarse a través de manifestaciones, revoluciones y golpes de estado, solo porque no han sido procesualizados los mecanismos a través del cual el pueblo puede participar directamente en el proceso de reforma. Por el momento, la reforma constitucional de 2010 plasmó el referendo constitucional (artículo 272), el cual, contrario a la constituyente que, al igual que la asamblea revisora, es expresión de la democracia representativa, constituye un verdadero mecanismo de participación popular directa en la aprobación o rechazo de nuevos textos constitucionales.

4.1.1.8 La lucha por la jurisdicción constitucional. Para los dominicanos, siempre ha estado claro que, como afirmaba Hostos, son imperfectas "aquellas organizaciones jurídicas que continúan negando a la función judicial la facultad o atribución de resguardar y amparar contra funcionarios cualesquiera del Estado la letra y el espíritu de la Constitución" (Hostos: 404). Por eso, aunque no todas nuestras Constituciones contienen un artículo 125 como la Constitución de 1844, en virtud del cual "ningún tribunal podrá aplicar una ley inconstitucional", nuestra doctrina y jurisprudencia constitucional nunca han cuestionado el principio establecido por el juez Marshall en *Marbury v. Madison* en el sentido de que "puesto que la Constitución tiene carácter de ley, debe ser interpretada y aplicada por los jueces en los casos que surjan con motivo de ella; puesto que es ley suprema, los jueces deben darle preferencia sobre cualquier otra ley". Se ha entendido siempre que la potestad de inaplicar por inconstitucionales las normas y actos reputados inconstitucionales forma parte de las prerrogativas del juez inherentes a la función jurisdiccional y así lo reconoce el artículo 188 de la Constitución en virtud del cual "los tribunales de la República conocerán la excepción de constitucionalidad en los asuntos sometidos a su conocimiento".

Sin embargo, la larga historia de gobiernos dictatoriales y autoritarios que hicieron imposible en la práctica el desarrollo de una justicia independiente con potestades de control de constitucionalidad, condujo durante los años 70 del siglo pasado, a un movimiento de "reclamo social" para la creación de una jurisdicción constitucional especializada (Tena de Sosa & Rojas: 235), que culminó en la propuesta de un Tribunal de Garantías Constitucionales por el senador y luego presidente Salvador Jorge Blanco (Ray Guevara: 324). A partir de la reforma constitucional de 1994 que confirió a la Suprema Corte de Justicia el control por la vía directa de la constitucionalidad de las leyes, se intensificó dicho reclamo de que el país, siguiendo la corriente prevaleciente en América Latina, sin eliminar la potestad de los jueces de pronunciar la inconstitucionalidad en las controversias de que estén apoderados, fortaleciera el control de constitucionalidad y el amparo de los derechos fundamentales mediante la creación o bien de un Tribunal Constitucional fuera del Poder Judicial o bien de una Sala Constitucional al interior de la Suprema Corte con autonomía reforzada. La Asamblea Nacional, temerosa de los eventuales conflictos al interior de la Suprema Corte de Justicia que podrían surgir con la creación de una Sala Constitucional, tal como había sugerido el Poder Ejecutivo por recomendación de la Comisión de Juristas, y tomando en cuenta que "un grupo de juristas de diversas corrientes de pensamiento aunaron esfuerzos para plantear en una declaración conjunta la necesidad de establecer en el país una justicia constitucional especializada" (Tena de Reyes & Rojas: 235), prefirió consagrar en la Constitución de 2010 el Tribunal Constitucional, al tiempo que estableció expresamente la potestad tradicionalmente reconocida a los jueces del Poder Judicial de controlar la constitucionalidad de las leyes (artículo 188). Dada la histórica inefectividad de la Suprema Corte de Justicia como jurisdicción constitucional y la necesidad de controlar la constitucionalidad de las decisiones judiciales firmes, entendemos que esa fue la mejor decisión política y jurídica que pudo haberse adoptado y la prueba es el desarrollo jurisprudencial del derecho constitucional dominicano gracias a la labor de los jueces constitucionales especializados en apenas 12 años de funcionamiento. En todo caso, a pesar de la creación del Tribunal Constitucional, el debate sobre la jurisdicción constitucional especializada sigue, principalmente respecto a sus potestades interpretativas, sus relaciones con el legislador democrático y su rol de legislador positivo más allá de la concepción tradicional de Kelsen de dicha jurisdicción como simple legislador negativo, confirmándose una vez más la frase del jurista Werner Kägi en 1945: "Dime tu posición sobre la jurisdicción constitucional y yo te diré qué concepto tienes de la Constitución".

4.1.1.9 La lucha por la igualdad y la no discriminación, el feminismo constitucional y el constitucionalismo feminista. Históricamente la democracia ha podido existir en sistemas políticos claramente discriminatorios, como lo evidencian los Estados Unidos de América de la época de la esclavitud y de la segregación racial y la Sudáfrica del apartheid, donde amplios segmentos de la población quedan despojados de gran parte de sus derechos fundamentales, principalmente los de participación política, pues, como bien afirma Carl Schmitt, "siempre han existido en una democracia esclavos o personas total o parcialmente privadas de sus derechos y relegadas de su participación en el poder político, se llamen como se llamen: barbaros, no civilizados, ateos, aristócratas o contrarrevolucionarios". Sin embargo, cuando el constitucionalismo, parafraseando a Juan Bosch, es llevado a su propia legalidad, es decir, cuando se deducen del *mandato constitucional de igualdad* todas sus consecuencias, es obvio que una Constitución normativa no tolera excepciones a la igualdad ni admite ciudadanos de segunda clase o disminuidos en sus derechos, como fue obvio en la historia constitucional dominicana en los momentos en que se hizo universal el derecho al sufragio y cuando la mujer –por lo menos la casada- pudo lograr en 1942 la plena igualdad civil. Por eso, el constitucionalismo democrático, contrario a Schmitt, hay que entenderlo, sobre todo, como lo que históricamente ha sido: un movimiento dinámico que busca "la constante ampliación del demos" (Pisarello 2011: 211) y la extensión de la titularidad de los derechos a todas las personas, sin distinción, como lo demuestra la historia universal de la democracia.

Una democracia constitucional es hoy, en consecuencia, una en la que las personas tienen el "*derecho a tener derechos*" (ARENDT 2013) y a ser iguales en derechos. La igualdad deviene, entonces, un derecho en sí misma, como lo evidencia el artículo 39 de la Constitución de 2010. Más aun, la Constitución viene a consagrar no solo la igualdad de todos "ante" la ley, sino también la igualdad "en" la ley, es decir, el derecho a que el legislador trate a todos por igual y no solo a que la ley se aplique a todos por igual. Y, por si ello fuera poco, la Constitución, no se conforma con proteger la igualdad formal, sino que, a la luz de la cláusula del Estado Social y Democrático de Derecho (artículo 7), viene a exigir una igualdad sustancial que exige de los poderes públicos políticas que tiendan a promover la igualdad real y efectiva entre las personas.

La lucha por la igualdad y la no discriminación sigue siendo hoy un reto del constitucionalismo dominicano pues "la discriminación en la República Dominicana adquiere muchas vertientes y formas directas, indirectas y sutiles que se expresan en el trato social y las condiciones laborales hacia las mujeres, en el lenguaje de muchos dominicanos hacia los rasgos físicos de las personas de color negro o afrodescendientes, así como hacia los haitianos, en el lenguaje y trato hacia los homosexuales, hacia las personas discapacitadas y hacia las personas en sobrepeso, en el trato judicial y carcelario de los procesados poderosos y blancos y los pobres y de color negro, en el acentuado clasismo y en los estereotipos que muchas veces imperan hasta para la contratación del personal en muchas empresas, cuando el primer requisito que regularmente encabezan sus anuncios de prensa reza: 'se requiere persona de buena presencia'" (BARINAS: 294).

Por lo anterior es clave, aparte de castigar penalmente tanto la apología del odio como la incitación a la violencia contra personas pertenecientes a los grupos vulnerables, considerándola una causa de mayor punibilidad de los crímenes existentes (homicidio, etc.), promover desde el Estado y la sociedad las acciones positivas necesarias para lograr la igualdad de los colectivos históricamente discriminados y que se derivan del mandato del artículo 39.3 de la Constitución así como una política y cultura de igualdad y no discriminación enmarcada en una ley anti discriminatoria y pro igualdad como se ha hecho en otros países de nuestra América. Una Ley General de Igualdad y No Discriminación reforzaría la garantía de los derechos de las personas pertenecientes a poblaciones vulnerables, contribuyendo así a prevenir la exclusión social, el estigma, la marginalidad y la discriminación, en consonancia con las disposiciones del artículo 39 de la Constitución y el derecho internacional de los derechos humanos incorporado en nuestro ordenamiento jurídico con rango constitucional en virtud del artículo 74.3 de la Constitución.

En el plano específico de la lucha por la igualdad y no discriminación de las mujeres, desde la óptica teórico-dogmática, así como de la política y la jurisprudencia constitucional, juega un rol fundamental el *feminismo constitucional*, entendido como el traslado de las propuestas del *feminismo liberal* y del *feminismo de la diferencia* al ámbito constitucional, así como el *constitucionalismo feminista* (BAINES, IRVING, MACKINNON), definido "como movimiento holístico que desea orientar la Constitución con *perspectiva de género*" (ÁLVAREZ RODRÍGUEZ: 71). A pesar de las críticas que puedan hacérsele a "una *Constitución con perspectiva de género, o feminista o paritaria*" (DE LORA: 619), los conflictos entre demandas feministas y reclamos de la comunidad LGBT+ - como ocurre en relación a la paridad, por ejemplo-, y la desorientación que acarrea el lenguaje inclusivo (García Figueroa), lo cierto es que, conforme a la mejor doctrina dominicana al respecto, a partir de la reforma constitucional de 2010, felizmente se ha producido en el ordenamiento jurídico-constitucional dominicano la "*constitucionalización del feminismo*", es decir, en tanto nuestra Constitución "promueve una igualdad entre hombre y mujer, acompañada esta proclamación no sólo de la evocación del principio de igualdad entre ambos sexos, sino también prohibiendo la generación de actuaciones que no puedan garantizar el disfrute por parte tanto de los hombres como de las mujeres de aquellos derechos reconocidos por las normas como fundamentales, o cualquier otra actuación que promueva discriminación en este sentido" (Polanco: 619). El constitucionalismo feminista ha significado grandes avances constitucionales para el país, como lo revela, por solo citar un ejemplo, la consagración en la Constitución del derecho de toda persona "a vivir sin violencia" (artículo 42), de la condena de la "violencia intrafamiliar y de género en cualquiera de sus formas" (artículo 42.2), de la obligación del Estado de adoptar todas las "medidas necesarias para prevenir, sancionar y erradicar la violencia contra la mujer" (artículo 42.2) y la declaración de del más alto interés nacional "la erradicación del trabajo infantil y todo tipo de maltrato o violencia contra las personas menores de edad" (artículo 56.1).

La trascendencia de estas disposiciones constitucionales a las que la doctrina y la jurisprudencia constitucional dominicana cada día les presta más atención desde una perspectiva de la igualdad de género (Beard Marcos, Vásquez Acosta, Bonelly Vega, Vásquez Samuel y Santana), es que, más allá de reivindicar demandas del constitucionalismo feminista, tienen una vocación universal, que se extiende a otros colectivos (hombres, menores de edad, miembros de la comunidad LGBT+), en plena consonancia con el principio de igualdad y no discriminación. Es por ello que un constitucionalismo feminista, plenamente reconciliado con los valores de igualdad, de libertad y del Estado de derecho, jamás justificaría "la plasmación constitucional de estándares de prueba mediante el privilegio del 'testimonio de las mujeres' en aquellos supuestos – señaladamente los vinculados a los delitos contra la libertad sexual, las relaciones familiares o la violencia de género- en los que el hombre es el acusado [pues ello, EJP] supondría liquidar un supuesto constitucional civilizatorio de calibre parecido al principio de igualdad: la presunción de inocencia que exige condenar penalmente cuando se haya producido prueba de cargo suficiente como para disipar toda duda razonable" (De Lora: 106).

4.1.2 Patologías esenciales. Uno de los males que ha aquejado a América Latina, y República Dominicana no escapa a ello, es que el constitucionalismo no ha arraigado en la región porque, al tiempo de reivindicar los valores del constitucionalismo, sus elites gobernantes han estructurado relaciones de poder incompatibles con dichos valores. Es por ello que hemos tenido *"constituciones sin constitucionalismo"* o un constitucionalismo afectado por una serie de patologías que pasamos a describir en este apartado.

4.1.2.1 El proceso político transcurre fuera de la Constitución y su valor jurídico es casi nulo. Durante mucho tiempo el juego político en República Dominicana ha transcurrido al margen de la Constitución y cuando se ha recurrido a la reforma constitucional, si bien no se han alterado los principios estructurales básicos del ordenamiento constitucional instaurado en 1844, ésta es motivada por móviles estrictamente partidarios o coyunturales, como lo demuestra la historia de la reelección presidencial en nuestros textos constitucionales. Los derechos fundamentales consagrados en la Constitución no se han respetado durante gran parte de nuestra historia lo cual se debe a la proliferación de regímenes militares y autoritarios. Se han respetado los procedimientos constitucionales incluso en regímenes totalitarios como el de Trujillo, pero el fondo ha sido vilmente vulnerado. La Constitución, en la tradición hispánica, se ha acatado, pero no se ha cumplido. El *carácter normativo* de la Constitución solo ha comenzado a ser realidad paulatina pero progresivamente a partir de la transición política de 1978 que inaugura un régimen de respeto a los derechos fundamentales y la alternancia en el poder y, particularmente, a partir de la reforma constitucional de 1994 que fortalece el Poder Judicial y refuerza la transparencia del sistema electoral. Esta normatividad constitucional debe recibir un fuerte impulso a partir de la reforma constitucional de 2010 que consagra expresamente el carácter normativo y vinculante de la Constitución (artículo 6), que consolida el régimen de los derechos fundamentales y sus garantías (Título II), y que reorganiza la estructura del poder a partir de la idea de limitar el poder para garantía de la libertad y de la justicia social.

4.1.2.2 La falta de arraigo de la Constitución y su exigencia taumatúrgica. La falta de apoyo sociológico fuerte por parte de todas las clases sociales al ordenamiento constitucional ha impedido durante mucho tiempo el arraigo de la Constitución. El tradicional irrespeto de los dirigentes políticos a la Constitución, por su parte, ha obstaculizado la emergencia de un efecto demostración que incidiese sobre las clases populares en su apego a la norma. El miedo al pueblo por parte de los detentadores del poder ha obstaculizado, además, que la gente sienta suya la Constitución. El único contacto del pueblo con la Constitución ha sido el ejercicio del derecho al voto. Por lo demás, para gobernados y gobernantes, la Constitución ha sido durante la mayor parte de nuestra historia republicana un *simple pedazo de papel*.

Paradójicamente, el pueblo dominicano ha sido uno de los que más esperanzas ha cifrado en un texto constitucional, al extremo de creer que todos sus problemas podían ser resueltos mediante una reforma constitucional. No por casualidad somos uno de los pocos países que hemos tenido una revolución autodenominada "constitucionalista" (1965) que pretendía el retorno al poder del "Presidente constitucional" Juan Bosch, que había sido derrocado y la reinstauración de la Constitución de 1963. Se ha pensado durante gran parte de nuestra historia que bastaba una buena Constitución para que cambiase dramáticamente el estado de cosas. Esa *facultad taumatúrgica* atribuida por gobernantes y gobernados a la Constitución se explica en gran medida por "una cierta tendencia a lo milagroso, a lo irracional, a lo taumatúrgico, como consecuencia de un catolicismo mal entendido, monopolítico y extremadamente litúrgico" (ESTEBAN: 44), derivada, sin lugar a dudas, de nuestra herencia hispánica.

4.1.2.3 No hay teoría constitucional: prevalece la exégesis. El derecho constitucional dominicano se ha caracterizado durante mucho tiempo por carecer de un cuerpo teórico propio. Mucha de la producción doctrinal ha estado alejada del aliento teórico y el rigor metodológico de las *Lecciones de Derecho Constitucional* de Hostos y consiste mayormente en análisis en donde la norma constitucional es interpretada exegéticamente, literalmente, desconociéndose no solo los más modernos métodos de interpretación constitucional sino incluso las antiguas técnicas interpretativas del modelo positivista dogmático. El resultado de esta ausencia de interpretación constitucional –y de una teoría constitucional que la oriente– no puede ser otro que el *desvanecimiento de la Constitución*, la cual muere paulatinamente como una planta que no es regada, porque le falta la fuerza vivificante de la interpretación, que da forma y contenido a unas normas que por sí solas no son más que un trasunto parcial y ambiguo del ordenamiento constitucional. Sin embargo, el acercamiento de los juristas dominicanos a la doctrina constitucional contemporánea europea y latinoamericana–principalmente a la española, la colombiana, la argentina y la costarricense-, el retorno de los juristas dominicanos que han cursado estudios de posgrado en el extranjero, las escuelas de formación permanente de fiscales y jueces, y la creciente incidencia de las decisiones de los jueces de todo el país en materia de derechos fundamentales, auguran una notable evolución de nuestra incipiente teoría constitucional y el definitivo abandono de los métodos de la exégesis tradicional.

4.1.2.4 Revisionismo constitucional antitécnico. La falta de una *teoría constitucional* y de una interpretación constitucional propicia reformas constitucionales en donde se proponen proyectos de reforma que no tienen en cuenta el conjunto normativo de la Constitución, la economía del texto constitucional, lo que muchas veces conduce al error y a los remiendos constitucionales. Nuevas instituciones y órganos estatales son propuestos sin tomar en cuenta su impacto en el sistema de separación de poderes establecido por la Constitución. Se apartó de esta tendencia la consulta popular para la reforma constitucional celebrada el segundo semestre del 2006, que culminó en una propuesta de reforma entregada por la Comisión de Juristas al Presidente Leonel Fernández y que intentaba recoger los aportes realizados por ciudadanos, expertos y organizaciones ciudadanas en dicha consulta y que, finalmente, fue recogida en gran medida en la propuesta presidencial de reforma finalmente aprobada, con sustanciales enmiendas, por la Asamblea Nacional. Este proceso de reforma constitucional, con todas sus imperfecciones, fue el más largo e intenso de toda nuestra historia y conjugó, a pesar de las fuertes críticas de amplios sectores, un verdadero consenso político, social y técnico que hace que el texto constitucional reformado en 2010 sea en gran medida verdadera expresión de un esfuerzo de inteligencia colectiva, poco común, aún en los casos de reforma por la vía de la asamblea constituyente (FERNÁNDEZ, VALENTÍN 2009).

4.1.2.5 Prevalencia de la doctrina francesa. La doctrina jurídica dominicana se desarrolla desde la fundación de la República bajo el imperio de la doctrina francesa, debido fundamentalmente a la importación de los códigos franceses y la ausencia de una labor de adecuación, interpretación y reforma de estos códigos. Por inercia, porque es más cómodo, se ha acudido a la doctrina francesa para explicar instituciones y normas de origen francés y que han sido introducidas transplantadas totalmente al ordenamiento jurídico dominicano. Pero la influencia francesa en nuestro ordenamiento constitucional es mínima si se la compara con la influencia norteamericana que ha marcado nuestro sistema político, el régimen de los derechos fundamentales y nuestra adscripción al modelo norteamericano del control de constitucionalidad. ¿Cómo explicar el sistema presidencialista desde la doctrina constitucional de un país con un régimen semi-parlamentario o semi-presidencial? ¿Cómo analizar el control judicial de constitucionalidad partiendo de la doctrina de una nación que negó a los jueces la potestad de controlar la constitucionalidad de las leyes hasta 1958 y cuando lo hace asigna esa facultad a un órgano extrajurisdiccional como lo es el Consejo Constitucional? Se trata, sin duda alguna, de una *estrategia pedagógica* errada que, además, ha acarreado el gran inconveniente de adscribirnos al modelo doctrinario de un país "cuya verdadera 'Constitución' jurídicamente operante [fue] el *Code Civil*" (Zagrebelsky: 53) y no lo que los dominicanos entendemos desde 1844 como Constitución. Peor aún, muchas veces la doctrina francesa que ha prevalecido no es la constitucional sino la civilista, lo que conduce a distorsiones tales como, por ejemplo, aplicar la teoría de los plazos y de la contradictoriedad del Derecho Procesal Civil francés al Derecho Procesal Constitucional.

4.1.2.6 Influencia exacerbada de la politología. Otra perniciosa influencia en nuestro constitucionalismo ha sido el de la ciencia política en la metodología y contenidos de nuestro derecho constitucional. Esta influencia proviene de dos vías diferentes: la francesa, derivada de la influencia de los trabajos de Maurice Duverger, quien cuenta con discípulos dominicanos; y la más reciente, de origen norteamericano, articulada a través de la influencia de reputados politólogos que, habiendo graduado como Licenciados en Derecho, cursan maestrías o doctorados en ciencias políticas en los Estados Unidos.

Decimos que es perniciosa esta influencia porque la politología y el derecho constitucional no son la misma cosa: uno aborda la política desde la óptica de lo que es y el otro desde la perspectiva del deber ser. Si bien las consideraciones politológicas y sociológicas son de enorme utilidad para el constitucionalismo, principalmente para la *política constitucional*, es decir, la política de la reforma constitucional y la estructuración de los sistemas electorales, no debemos olvidar que la misión del derecho constitucional es analizar críticamente, con método exclusivamente jurídico y desde el punto de vista de los valores intrínsecos o autoproclamados del sistema, un determinado sistema constitucional. Cuando se unen la politología y el derecho constitucional, más que perfeccionarse el último se diluye, pues se le extrae lo que resulta hoy más importante: la parte dogmática de los *valores y los derechos fundamentales* que no compaginan con la neutralidad axiológica de la ciencia política. Los norteamericanos, creadores de la moderna ciencia política, son conscientes de ello: por eso "*political science*" y "*Constitutional Law*" son dos disciplinas que se enseñan en facultades y por profesores diferentes. Esta separación de las ciencias políticas de la ciencia constitucional, sin embargo, no debe pasar por alto la necesidad de "estudiar el fenómeno constitucional tanto desde la visión jurídica como politológica y sociológica" (Brea Franco: 29) y la utilidad de los estudios inter y multi disciplinarios que nos permiten entender mejor la normatividad y el funcionamiento real o efectividad de los poderes públicos constitucionalizados y de los derechos fundamentales reconocidos en el ordenamiento jurídico-constitucional.

4.1.2.7 Confusión de la legalidad con el formalismo. Si los mejores cultores del constitucionalismo dominicano son aquellos que lo hacen desde la óptica politológica francesa o norteamericana, con la consecuente dilución del derecho constitucional en política, muchos de los que se dedican al derecho constitucional desde una óptica estrictamente jurídica lo hacen de un modo estrictamente *positivista y formalista.*

Un autor describe esta característica del modo siguiente: "La literalidad, el texto, el giro gramatical empleado, las formas y procedimientos, importan más que la sustancia y finalidad de las normas, que la realización del orden en ellas formulado como pauta de vida. El sistema es impermeable, impenetrable a todo contenido que no sea estrictamente jurídico y esté previsto expresamente en el mismo. Sordo y cerrado a lo que no sea la pura legalidad formal postulada por el Estado de derecho, así la realidad escape por entre los incisos y parágrafos, así la verdad y la justicia no estén servidos en la aplicación objetiva de la norma, olvidando que el derecho es medio, la técnica social para lograr el bien público y no fin en sí mismo" (Sáchica: 117).

4.1.2.8 La Constitución culpable. Ya a principios del siglo XX, se quejaba el diputado Guzmán Pichardo, de que debido a "la pésima manera de estar constituido nuestro Estado, es que nos han sobrevivido todas nuestras desgracias presentes y pasadas", pues, como afirmaba otro diputado, "toda nuestra estructura constitucional tiende al entronizamiento de la tiranía de un hombre o de una oligarquía" (citados por Franco: 80). Se inicia así una corriente pesimista del constitucionalismo dominicano que llega a nuestros días y que es el origen de la falsa creencia de que nuestra Constitución fomentaba a través del famoso artículo 55 de la Constitución de 1966 el hiperpresidencialismo, cuando en realidad, no hay nada en dicho artículo que no esté en iguales constituciones presidencialistas del hemisferio occidental. Esta corriente alimentó durante mucho tiempo el mito de la necesidad de la reforma constitucional e impide que los operadores políticos y jurídicos concentren sus esfuerzos en hacer realidad la Constitución a través del accionar de los poderes públicos y la interpretación constitucional actuada a través de la sociedad de intérpretes de la Constitución.

4.1.3 Mitos. Aparte de las antes descritas patologías, una serie de mitos han plagado el constitucionalismo dominicano y sin cuya comprensión es imposible entender los avatares de nuestra Constitución.

4.1.3.1 El mito de la inestabilidad constitucional. Uno de los mitos más extendidos en el constitucionalismo dominicano es el de la supuesta *inestabilidad constitucional* prevaleciente en nuestro país a todo lo largo de nuestra historia republicana. Se afirma que "la República Dominicana, nación políticamente inestable figura en el primer lugar entre los países latinoamericanos que han dictado el mayor número de constituciones" (Jorge García: 481), siendo "este desarrollo constitucional tumultuoso […] la expresión de una historia política que osciló durante más de siete décadas entre períodos de dominación despótica y períodos de inestabilidad política crónica", historia que, por demás, impidió el arraigo de las instituciones democráticas y liberales y propició "que cualquier cambio en el poder resultaba en un cambio a nivel constitucional", con la consecuencia de que "las constituciones no podían ser más que instrumentos al servicio de gobernantes de turno o meras declaraciones formales sin ninguna posibilidad de pautar la configuración institucional y material del poder" (Espinal 2001: 317).

Este mito se funda en un concepto clave de la moderna ciencia política que es el relativo a la estabilidad de los sistemas políticos. Un sistema político que tramite eficientemente las demandas, prescriba acerca de ellas con acierto y las ponga en ejecución con eficacia, es un sistema que se caracteriza por ser estable. Esta estabilidad es importante no solo para propiciar la seguridad jurídica y la libertad de los individuos sino también para promover la eficacia política. Un sistema político inestable conduce necesariamente a la inestabilidad constitucional pues, en la medida que no soporta -porque no procesa adecuadamente- las demandas, desemboca en una crisis que trae siempre como resultado el cambio de régimen y, por ende, el cambio constitucional. La estabilidad constitucional caracterizaría a los países anglosajones –Gran Bretaña y Estados Unidos– cuyas Constituciones han podido adaptarse a los cambios y crisis políticos debido a dos hechos fundamentales: la Constitución británica es consuetudinaria y flexible en tanto la norteamericana, no obstante su rigidez formal que ha provocado escasas reformas al texto, por la vía de la interpretación judicial ha podido adaptarse a situaciones imprevistas por el constituyente en 1787. "En sentido opuesto, la inestabilidad constitucional máxima es típica de la latinidad. En lo que se refiere a Latinoamérica, es posible ver países que ofrecen en aproximadamente ciento cincuenta años de régimen constitucional, más de veinte Constituciones, como, por ejemplo, Bolivia, con una media de seis años por Constitución" (Esteban: 36).

Pero la estabilidad constitucional no puede identificarse con escaso número de *reformas constitucionales*. Ya lo ha dicho Klaus Stern: "La frecuencia en el ejercicio del poder de reforma de la constitución se ha convertido ocasionalmente en criterio mensurador de la calidad de una constitución, y la mayor parte de las veces en criterio mensurador de su rigidez o de su flexibilidad. [Pero] el simple número de reformas de una constitución no permite extraer consecuencia alguna acerca de su bondad o de cómo cumple su función. Es necesario siempre valorar la entidad de las reformas" (Stern: 327). No hay dudas de que "reformas constitucionales emprendidas por razones oportunistas para facilitar la gestión política desvalorizan el sentimiento constitucional" (Loewenstein: 200). Pero simples reformas parciales, aún precipitadas por coyunturas políticas, no dañan la constitucionalidad, siempre y cuando no toquen aspectos esenciales del ordenamiento constitucional. La Ley Fundamental alemana, por ejemplo, hasta el año 1987, había experimentado 34 reformas, exactamente una reforma por año. Eso no significa que Alemania se caracterice por su inestabilidad constitucional. "Si se compara, por el contrario, con Francia entre 1791 y 1799, con cuatro cambios completos de constitución mediante rupturas, resulta clara la diferencia entre estabilidad e inestabilidad" (Stern: 327).

En el caso dominicano, desde el momento de la fundación de la República en 1844 hasta la fecha, es decir, en más de un siglo y medio de historia republicana, la Constitución ha sido reformada, cambiada, o sustituida apenas 39 veces. En el caso dominicano, desde 1844 hasta la fecha, o sea, en 180 años, la Constitución ha sido reformada, cambiada, o sustituida apenas 39 veces. En contraste con Alemania, la Constitución dominicana de 1966, ha sido reformada en 1994, 2002, 2010 y 2015, es decir, tan solo 4 veces, para un total de una reforma cada 12.75 años, siendo así una de las más estables en la historia constitucional dominicana y en la región, si se compara, por ejemplo, con las 229 reformas a la Constitución mexicana desde 1917 hasta la fecha. Estas reformas, cuya gran mayoría "no son tales, pues en muchos casos se refieren al restablecimiento de textos constitucionales aprobados anteriormente" (Ray Guevara 2019: 14), han versado sobre aspectos secundarios o sobre temas que, si bien tienen connotaciones políticas importantes –como sería el caso de la prohibición o el reestablecimiento de la reelección presidencial, eterno tópico del constitucionalismo dominicano– apenas afectan los principios estructurales, los valores y los derechos fundamentales consagrados y reconocidos en la Constitución. Esta estabilidad constitucional fue observada por Peña Batlle: "El *programa constitucional de San Cristóbal* se ha mantenido en toda su significación como norma de derecho político de la República. Si es cierto que la Constitución ha sido objeto de numerosas reformas y modificaciones no es menos cierto que el espíritu de esos cambios no ha estado nunca en oposición con la doctrina adoptada en 1844 para encauzar el desenvolvimiento de nuestras instituciones públicas. Técnicamente somos el mismo organismo jurídico que levantaron los constructores de San Cristóbal" (Peña Batlle: 58). De la Constitución de 1844, como bien señala Rodríguez Demorizi, "queda lo esencial: la base jurídica del Estado; sus principios de libertad; sus postulados democráticos; y por encima de todo su virtualidad augusta: su eficacia en la organización del Estado y en la solemne afirmación de la nacionalidad dominicana", al extremo de que "todas nuestras Constituciones liberales tienen su origen en la Constitución de San Cristóbal" (Rodríguez Demorizi: 104). La propia doctrina constitucional defensora del mito de la inestabilidad constitucional lo ha tenido que admitir: "[…] entendemos que lo consagrado en 1844 ha estado latente en todas las reformas que ha sufrido ésta. Es significativo señalar que en ninguna de estas reformas se ha producido un alejamiento considerable de la Constitución de 1844. Todas esas reformas han sido más bien obras de retoque que una ruptura con el orden constitucional establecido en 1844 […]" (Jorge García: 71). Dado que la Constitución ha experimentado varias reformas "que no han alterado esencialmente la teoría política que desde el principio la inspiró" (Amiama: 30), hay quien incluso ha llegado a afirmar que la Constitución vigente es el texto de 1844 con las reformas parciales sufridas en redacción, numeración y estructuración (Pellerano Gómez 1997).

Lo anterior no significa que la República Dominicana no haya sido políticamente inestable durante mucho tiempo y que esa inestabilidad se haya reflejado en la realización de numerosas reformas constitucionales. No. Lo que significa es que esa *inestabilidad política* no se ha traducido en una inestabilidad constitucional si por ella entendemos cambios completos de Constitución como los ocurridos en Francia en 1791. Tampoco significa negar que el hecho de que la reelección presidencial ha sido materia que ha concernido o motivado al constituyente en la mayoría de las reformas constitucionales lo que contribuye, sin duda, a la "trivialización" del proceso de cambio constitucional (Fernández Vidal: 179), así como a la erosión del "sentimiento constitucional" (Loewenstein: 200).

Por demás, las reformas constitucionales, cuando son hechas conforme al mecanismo establecido en la Constitución, son expresión de la *autoreferencialidad normativa* que caracteriza a todo ordenamiento constitucional democrático en donde éste regula su propio cambio (Bastida Freijedo). Si hay algo criticable en nuestro constitucionalismo histórico no es tanto que la inestabilidad política haya propiciado la reforma constitucional, sino que muchas veces, aunque no siempre, la sucesión de las diversas constituciones se lleva a cabo mediante la ruptura, es decir, los cambios constitucionales se han realizado ignorando el sistema de reforma constitucional previsto en el texto constitucional. Ello se ha debido en gran medida al carácter militar de muchos de los actos que determinan los cambios políticos en nuestra historia.

Hay quienes señalan que, más que el mito de la inestabilidad constitucional lo que ha prevalecido es el mito de la continuidad constitucional, queriendo así enfatizar la ruptura como el elemento fundamental de nuestra historia constitucional (Perdomo), aunque creemos que quienes así piensan quedan cautivos del "mito constituyente" que entiende que "todo cambio es cambio de la voluntad constituyente", que la historia constitucional es una "secuencia de fotogramas", donde "el paso de uno al otro es concebido como discontinuidad, como a través de reconocidos e igualmente obsesivos golpes de tambor del poder constituyente" (Zagrebelsky 2005: 37, 51).

4.1.3.2 El mito de la necesidad de la reforma constitucional. Hasta la reforma constitucional de 2010, e incluso después de ésta, uno de los mitos más populares en el constitucionalismo dominicano era el de que nuestro texto constitucional, por anacrónico y por la supuestamente precipitada reforma de 1994, requería ser reformado, con la finalidad de que el mismo fuese adecuado a los "nuevos tiempos", se eliminaran una serie de "contradicciones" y se estableciesen una serie de derechos fundamentales e instituciones que garanticen una "verdadera democracia", más "plural" y más "participativa".

El mito de la *necesidad de reformar la Constitución* se nutre de la facultad taumatúrgica que el pueblo, y sobre todo las élites, asignan a ésta. Se ha dicho que entre los latinoamericanos y la Constitución existe una relación mágica, alimentada por una cierta tendencia a lo milagroso, a lo irracional, herencia de nuestro pasado hispano y africano, de un catolicismo mal entendido y litúrgico. Nuestras "repúblicas aéreas" se ilusionan con las constituciones al extremo de que creen que todos los problemas se resuelven y que la vida de los pueblos se transforma radicalmente con la aprobación de un nuevo texto constitucional. "La República Dominicana, por ejemplo, ha sido víctima del absurdo sistema de reformas totales y ha perdido en rehacer constituciones el tiempo que debió emplearse en mejorar los códigos y legislar sobre cuestiones de inmediato interés". Se trata de lo que Carlos Alberto Montaner ha denominado "*constitucionalitis*" y que Jesús de Galíndez también advirtiera: "En Iberoamérica, la Constitución parece ser un 'tabú' que todos reverencian por instinto y pocos aplican en la práctica. Casi nunca es un documento básico de Gobierno en que la generalidad está conforme; suele ser un instrumento partidista, un programa de acción política impuesto por el grupo predominante. Por eso cambia con tanta frecuencia a medida que van y vienen los Gobiernos. La Constitución no es permanente; pero todo nuevo régimen se apresura a escribir en otra Constitución más los métodos que quiere utilizar y los principios que quiere aplicar. El 'tabú' pesa" (Galíndez: 135).

Hemos olvidado las enseñanzas de Hostos: "De esta discrepancia entre el régimen social y el político resulta la común incompetencia que tienen las instituciones de derecho para impulsar por sí solas a la sociedad o para modificar el régimen natural, tradicional o instintivo de su vida. De aquí la improbabilidad de que un régimen político cualquiera sea aplicable a un régimen social cualquiera. De aquí, por una parte, la necesidad de ir adecuando el uno al otro, el régimen social al político, el político al social" (Hostos: 24). Desdeñamos así lo realmente importante: hacer realidad, a través de conductas e instituciones, la Constitución que tenemos. Sólo así se logra tener una verdadera *living Constitution*, una Constitución realmente vivida por los poderes públicos y por los ciudadanos.

Es de esperar que la reforma constitucional de 2010, una de las más integrales de toda nuestra historia, siente las bases, a través de los nuevos derechos e instituciones en ella consagrados, para que los dominicanos podamos no solo tener Constitución sino también vivir en Constitución.

4.1.3.3 El mito de que la Constitución no se interpreta o es de interpretación restrictiva. Otro de los mitos más extendidos es el que afirma que la Constitución no se interpreta o de que es de interpretación restrictiva. La prevalencia de este mito se debe al influjo de la exégesis francesa en la doctrina y práctica jurídica del país y no se compadece con el carácter abierto de la Constitución y la naturaleza indeterminada de la mayoría de las normas constitucionales. Esta interpretación restrictiva sólo puede aplicarse en materia de reglas constitucionales específicas (por ej., la edad requerida para ser Presidente de la República) pero no en materia de valores y principios constitucionales que son las normas constitucionales por antonomasia. La interpretación, como ya veremos más adelante, es particularmente extensiva en materia de derechos fundamentales y otros principios constitucionales y como reconoce el propio texto constitucional cuando establece que "los poderes públicos interpretarán y aplicarán las normas relativas a los derechos fundamentales y sus garantías en el sentido más favorable a la persona titular de los mismos" (artículo 74.4). Es más, la Constitución cumple una *función hermenéutica* en la medida en que ella sirve para evaluar la juridicidad del resto del ordenamiento jurídico en virtud del "efecto irradiación" que contribuye a la constitucionalización del Derecho.

4.1.3.4 El mito de que el derecho constitucional se agota en la Constitución y que la Constitución termina en el texto. Para muchos dominicanos el derecho constitucional se agota en la Constitución, pasándose así por alto que es imposible saber derecho constitucional a partir de la búsqueda en el diccionario del significado de los términos utilizados en el texto constitucional. El derecho constitucional precisa de una *descodificación de los conceptos constitucionales* para evitar una interpretación ingenua de los enunciados conceptuales. Esta descodificación sólo se logra a partir de una teoría de la Constitución que sea constitucionalmente adecuada, de una comprensión de las dimensiones histórico-culturales del constitucionalismo moderno y de una visión sistemática y problemática de los nuevos mundos teóricos de la narrativa constitucional. Herramienta esencial de esta descodificación es una interpretación constitucional que abandone la aridez de los métodos tradicionales de interpretación y que permita fertilizar el texto constitucional a partir de nuevas dimensiones y perspectivas que permitan comprender la estructura y consecuencias del mismo, así como su adaptación a las nuevas necesidades de la sociedad contemporánea.

Unido a este mito se encuentra el de que la Constitución se agota en el texto constitucional. Como tendremos oportunidad de estudiar en el Capítulo 3, el *corpus constitucional* está compuesto no solo del texto constitucional sino también del bloque de derechos humanos reconocidos en convenios internacionales suscritos y ratificados por el país y que adquieren rango constitucional, como bien establece la Constitución tras su reforma en 2010 cuando señala que "los tratados, pactos y convenciones relativos a derechos humanos, suscritos y ratificados por el Estado dominicano, tienen jerarquía constitucional" (artículo 74.3).

4.2 Los caracteres esenciales de la Constitución dominicana

Sin perjuicio de que, a lo largo del desarrollo y exposición de cada una de las partes en que se divide la Constitución, apuntemos con detalle sus virtudes y defectos, nos proponemos realizar una valoración del conjunto del texto constitucional, de manera que podamos conocer sus caracteres esenciales, contemplados desde una óptica global. Para ello, conviene conocer las ideas de Eugenio María de Hostos, quien abordó hace más de un siglo las condiciones que debe reunir toda Constitución.

Hostos señalaba que la Constitución debe reunir, en primer término, las condiciones de la ley, pues la Constitución, es "la *ley primera*, de donde todas las demás se derivarán: la ley sustantiva, a la cual habrán de referirse y concordarse las demás". Como toda ley, la Constitución debe ser general, clara, precisa y concreta. *General* porque "debe abarcar al conjunto general de los asociados"; clara en tanto "debe patentizar su objeto, como la luz del día patentiza las realidades materiales"; *precisa*, ya que "debe decir exclusivamente lo que permite o prohíbe, sin que ninguna ambigüedad la haga incierta o la sujete a interpretación"; *concreta*, pues "debe abarcar todo su objeto, excluyendo escrupulosamente todo otro objeto con el cual pueda la incertidumbre o la malicia confundirla". En tanto "ley primera", "ley de leyes", la Constitución es "más general, más concreta […] más clara y precisa" que las demás leyes. "Es más general, porque abarca todos los grupos de la sociedad y todas las instituciones del Estado. Es más concreta, porque se refiere más exclusivamente que ninguna otra ley al objeto que las abarca todas: la mediación entre el derecho y el poder […] Debe ser más clara y más precisa, porque toda oscuridad y toda ambigüedad en la ordenación de los derechos y de los poderes trascenderá a la actividad general de unos y otros".

Ahora bien, "junto a las condiciones generales de toda ley, la Constitución ha de reunir condiciones peculiares de ella. Debe ser breve, flexible y natural. *Breve*, porque ha de limitarse a reconocer derechos absolutos, que basta mencionar, y deberes y atribuciones, que basta enumerar. *Flexible*, para que, reconociendo las evoluciones del progreso político y social, se preste a las reformas. *Natural*, porque ha de fundarse en la naturaleza real del individuo y del Estado, en la vida efectiva de la sociedad. Si es breve, podrá aprenderse de memoria. Si flexible, se adaptará al movimiento del progreso. Si natural, será vivida, es decir, dará frutos de derecho en la vida misma de la sociedad. Para ser natural, habrá de atenerse a la realidad; para ser flexible, habrá de relacionar tan lógicamente los derechos y deberes del individuo con los derechos y deberes del Estado, que unos y otros encuentren siempre en ella la base de su desarrollo; para ser breve, habrá de limitarse a la afirmación categórica de los derechos y deberes del individuo y a las atribuciones u operaciones del poder social" (Hostos: 117-121).

La Constitución dominicana se acerca y se aleja, en mayor o menor grado, del ideal hostosiano de Constitución en una serie de aspectos como veremos a continuación. Ello no es exclusivo de la Constitución dominicana, sino que es propio de la gran mayoría de las constituciones contemporáneas, las cuales han mutado como consecuencia de una transformación en las condiciones que marcaron la aparición de la Constitución en Occidente y en los presupuestos ideológicos y jurídicos del constitucionalismo, fenómeno al cual no podía escapar nuestra Constitución.

4.2.1 Una Constitución escrita. La Constitución es *escrita,* como es el caso de la dominicana, cuando las normas constitucionales están contenidas en un texto, documento o código único que se considera ley fundamental. Pero no es tanto la escritura lo que caracteriza a la Constitución escrita sino el hecho de estar escrita en un cuerpo o documento unitario, que es adoptado conforme procedimiento especial, lo cual excluye de esta categoría las constituciones de Estados que tienen leyes constitucionales escritas pero dispersas en varios textos.

La primera Constitución escrita de los tiempos modernos fue la de Filadelfia de 1787. La Constitución escrita ha sido vista por el constitucionalismo liberal como una garantía efectiva de los individuos contra el poder absoluto en la medida en que ésta representa para éstos el manual elemental del ciudadano, que le instruye acerca de sus deberes y de sus derechos, a tal extremo que Thomas Paine afirmaba que no existía Constitución mientras ésta "no pudiera llevarse en el bolsillo".

Existe Constitución consuetudinaria cuando los principios de organización del Estado resultan de prácticas o de tradiciones consagradas por el uso a lo largo de los años, a los cuales se otorga fuerza jurídica. Esta modalidad es anterior a la de las constituciones escritas. Ejemplos: Gran Bretaña, Israel y Nueva Zelanda. Sin embargo, la existencia de una Constitución consuetudinaria no excluye que al lado de ésta existan documentos que consagren por escrito ciertos principios esenciales para la organización del Estado. Es el caso de Gran Bretaña donde coexisten la Constitución consuetudinaria con la Carta Magna de 1215, la Petición de Derechos de 1628, el *Bill of Rights* de 1689, y el Acta de Establecimiento de 1701.

Asimismo, la existencia de una Constitución escrita no es óbice para que exista un conjunto de principios constitucionales no escritos que constituyen una especie "Constitución no escrita" o "*Constitución implícita*" (Amar). Esta Constitución no escrita, paralela a la escrita, ha sido hasta cierto punto reconocida por la Suprema Corte de Justicia, la que en una ocasión estableció que "los tribunales no tan sólo tienen el derecho, sino que están en el deber de interpretar [...] si un tratado internacional, lo mismo que las demás leyes, son o no compatibles con la Constitución; que [dichos tratados deben interpretarse] con sujeción a los *supremos principios, escritos y no escritos,* que sirven de base a nuestra Constitución política, y ninguna estipulación [de esos tratados] que se aparte de esos principios puede ser aplicada por nuestros tribunales" (S.C.J. 20 de enero de 1961. B.J. 606.49).

4.2.2 Una Constitución unitextual. La Constitución dominicana es *unitextual*. El derecho constitucional formal está contenido en un único instrumento: la "Constitución de la República Dominicana", declarada en vigor por la Asamblea Nacional "en nombre de la República". Esta unitextualidad deriva, en gran medida, de dos factores: primero, la inexistencia de "leyes de enmienda" de la Constitución fuera del texto constitucional, pues "una vez votada y proclamada la reforma por la Asamblea Nacional Revisora, la Constitución será publicada íntegramente con los textos reformados" (artículo 271); y, segundo, la inexistencia de leyes con valor constitucional al lado de la Constitución como ocurre en ciertos países en donde la disciplina de ciertas materias es hecha a través de leyes con fuerza constitucional. Esta unitextualidad no impide que el corpus constitucional esté compuesto por otros instrumentos incorporados al texto constitucional por mandada referencia, como establece el artículo 74.3 de la Constitución.

4.2.3 Una Constitución rígida. La Constitución rígida o firme es aquella cuyas disposiciones solamente pueden ser modificadas mediante procedimientos especiales y con la intervención de un órgano calificado para tal efecto o que no puede ser modificada hasta tanto no transcurra determinado período de tiempo. La rigidez se traduce fundamentalmente en la atribución a las normas constitucionales de una capacidad de resistencia a la derogación superior a la de cualquier ley ordinaria. Esto significa que la Constitución sólo puede ser modificada a través de un procedimiento de reforma específico (Título XIV) y dentro de ciertos límites formales y materiales (artículo 268). De ahí que todo acto normativo desprovisto del valor y la fuerza de una reforma constitucional que contradiga la Constitución, es nulo de pleno derecho (artículo 6), pues "la reforma de la Constitución sólo podrá hacerse en la forma que indica ella misma" (artículo 267), pudiendo incluso controlarse su constitucionalidad, como veremos más adelante.

La *rigidez constitucional* es una garantía contra las reformas frecuentes, constantes e imprevistas precipitadas por mayorías legislativas veleidosas, transitorias y circunstanciales. Esta rigidez no es una traba al desarrollo constitucional pues la reforma constitucional sólo procede cuando la capacidad reflexiva de la Constitución sea insuficiente para captar la realidad constitucional.

La rigidez constitucional adopta matices: en Suiza y Estados Unidos, el procedimiento de revisión es bastante complejo, mientras que en República Dominicana, a pesar de que se exige una mayoría especial de legisladores para su modificación, basta con las dos terceras partes de los presentes para su modificación.

La Constitución es *flexible* o elástica cuando puede ser modificada siguiendo el mismo procedimiento establecido para la reforma de las leyes ordinarias. Es el caso de Gran Bretaña, donde las reglas constitucionales pueden ser modificadas por leyes ordinarias del Parlamento, por decisiones de los jueces o por el establecimiento de costumbres contrarias a dichas reglas. Las cartas francesas de 1814 y 1830, la Constitución italiana de 1848, la Constitución rusa de 1918 y la Constitución irlandesa de 1922 son ejemplos de constituciones flexibles.

Casi todas las constituciones escritas son rígidas, mientras que las flexibles son muy pocas. La Constitución dominicana es una constitución semi-rígida porque el órgano competente para modificarla es la Asamblea Nacional Revisora, un órgano constitucional ordinario.

La *dicotomía entre rigidez y flexibilidad* no postula necesariamente una alternativa radical: un texto constitucional no debe permanecer ajeno a los cambios necesarios para adecuarlo a la evolución de la sociedad pero, al mismo tiempo, deben preservarse una serie de principios estructurantes cuya estabilidad y permanencia en el tiempo es vital para que el orden jurídico fundamental del Estado no se disuelva en la vorágine de las luchas políticas y sociales. Es en este sentido que se habla de identidad de Constitución para referirse a ciertos principios de contenido inalterable. Felizmente y contrario a lo que usualmente se piensa, después de 1844, la Constitución ha tenido varias reformas, la primera en 1854 y la última en 2010, pero "que no han alterado esencialmente la teoría política que desde el principio la inspiró" (Amiama: 30), salvo la reforma de 2010 que, a pesar de no tocar el núcleo intangible protegido por el artículo 119 de la Constitución de 1966 (actual artículo 268), fue una verdadera reforma integral y profunda en contraste con las reformas puntuales y a veces meramente cosméticas del pasado.

En la actualidad, a pesar de la rigidez constitucional derivada de los mecanismos agravados de reforma, toda Constitución es flexible si se admite la interpretación evolutiva de los textos constitucionales, la cual permite al intérprete actualizar las normas constitucionales para que éstas se adapten al cambiante clima histórico-social de los principios y valores fundamentales positivados en la Constitución. Es esta interpretación evolutiva lo que ha permitido a la Constitución de los Estados Unidos –enmendada en apenas 17 ocasiones (si obviamos las 10 primeras adoptadas recién nacida la Constitución)– cambiar de tal manera que sus creadores no la reconocerían.

4.2.4 Una Constitución larga. La visión tradicional, defensora del estilo de redacción constitucional del siglo XIX, el cual era *breve, puntual y esquemático*, asocia las constituciones largas con las constituciones prolijas, confusas, ideológicas, que explican "el empeoramiento del estilo contemporáneo en la formulación constitucional, cuya verbosidad no tiene nada en común con la concisión de la Constitución americana o la precisión de la belga" (Loewenstein: 212). Según los críticos de las constituciones largas, la Constitución extensa peca de obesidad jurídica, desnaturaliza el objetivo de las constituciones (que no deben existir para regular cualquier cosa sino tan solo lo principal) y congela el desarrollo social al dotar de rigidez constitucional temas accesorios y contingentes, los cuales deben dejarse en manos del legislador ordinario.

Pero ¿es posible en el mundo contemporáneo una Constitución breve como la norteamericana? La doctrina constitucional es prácticamente unánime en señalar que no. Y ello así por una sencilla razón: las sociedades (pos)modernas son estructuralmente plurales, es decir, en ellas conviven diferentes visiones de la sociedad y divergentes concepciones del bien social (Zagrebelsky 1995), lo que obliga necesariamente a la redacción de *constituciones compromisorias*, que expresan en sus cláusulas los acuerdos arribados entre las diversas fuerzas sociales y políticas que coexisten en nuestras sociedades. Las constituciones contemporáneas son, en consecuencia, necesariamente largas, para acoger así las plurales demandas y reinvidicaciones de los diferentes grupos sociales. El minimalismo constitucional y su modelo ideal de *Constitución sintética*, con pocos, bien definidos y armónicos derechos, solo es viable en sociedades homogéneas y excluyentes, en donde la Constitución tan solo plasma el *status quo* existente, en perjuicio de la gran mayoría a la que por su raza, género, educación o nivel socioeconómico no se le reconoce derechos de participación política. En este sentido, "las Constituciones cortas son un producto de la primera fase del constitucionalismo democrático y liberal", en donde "una sociedad homogénea no sentía la necesidad de regular las relaciones entre ella misma y el Estado" (Pegoraro: 185). La Constitución tiene que ser larga porque largo es el inventario de las carencias, desigualdades, demandas sociales históricamente insatisfechas e injusticias. De ahí que la Constitución de nuestros tiempos debe contener programas para la transformación social y económica del país y plasmar compromisos entre las diversas fuerzas políticas y sociales destinados a hacer realidad concreta esos programas constitucionales. El paradigma actual, en consecuencia, es el inaugurado por las constituciones de México (1917) y Weimar (1919) y continuado por las constituciones de Portugal (1976), España (1978), Colombia (1991) y Venezuela (1999).

Para algunos, la Constitución de 1966 era extensa (Brea Franco: 97) mientras que otros entendían que era de tipo intermedio: ni muy breve ni muy extensa (Amiama). Compartíamos este último criterio, pues esa Constitución, con sus 122 artículos, se colocaba entre ambos paradigmas, no solo por ser de una extensión mediana sino, principalmente, por tener el catálogo clásico de cláusulas constitucionales breves y precisas (derechos fundamentales + principios básicos de la democracia y el Estado de Derecho) juntamente con el catálogo de cláusulas programáticas (artículo 8 de la Constitución de 1966). Hoy, sin embargo, la Constitución, tras su reforma en 2010, es evidentemente una constitución larga, con sus 272 artículos, divididos en varios numerales, más las disposiciones generales y transitorias, estas últimas indispensables para modular la entrada en vigor de una de las reformas constitucionales más integrales y profundas de nuestra historia.

4.2.5 Una Constitución programática. Son constituciones programáticas aquellas en las que el aspecto ideológico es preponderante en su estructura y son constituciones utilitarias las que son ideológicamente neutrales en la medida en que el énfasis recae en la organización mecánica del funcionamiento del poder en el Estado. La mayoría de las constituciones adoptadas a finales del siglo XVIII y comienzos del siglo XIX eran de tipo programático reflejando la preocupación liberal de limitar el poder absoluto del Estado y proteger a los individuos contra los eventuales abusos de los gobernantes. Las constituciones del siglo XIX son en su gran mayoría constituciones utilitarias fruto de la despreocupación de los constitucionalistas que entendían que no había que hacer ningún énfasis en los componentes liberales de la Constitución, pues los mismos se suponían ampliamente aceptados.

Ejemplo de constitución utilitaria es la *Constitución alemana de 1871*, cuyo contenido ideológico, tal como señala Karl Loewenstein, "es igual que el de una guía telefónica", pues no hace ninguna referencia a los derechos fundamentales. La Constitución francesa de 1958, a pesar de su superficial referencia a las declaraciones de derechos, es una Constitución utilitaria, "un estatuto seco de organización para los detentadores del poder supremo" (LOEWENSTEIN: 123). Son constituciones programáticas la *Constitución mexicana de 1917* de carácter socialista, la Constitución de Weimar que mezcla ideologías liberales y socialistas, y la Constitución soviética de 1918 expresamente socialista. Las constituciones contemporáneas, como es el caso de las latinoamericanas, contienen rasgos utilitarios en la medida que organizan el poder y rasgos programáticos en tanto proveen un programa a ser implementado por los poderes públicos en el campo social, cultural y económico.

Se ha catalogado a la Constitución de 1966 "como una constitución liberal con muy tímidos tintes democráticos-sociales" (BREA FRANCO: 100). A nuestro juicio, ésta, sin embargo, era una Constitución programática porque contenía *tareas y fines del Estado* plasmados en diversas partes de su articulado, principalmente en su artículo 8. A partir de la reforma constitucional de 2010, es indudable que la Constitución va más allá de la tarea tradicional de organización, de establecimiento de órganos, competencias y procedimientos, no siendo, por tanto, un simple *instrumento de gobierno*, es decir, un texto constitucional limitado a la individualización de los órganos y a la definición de las competencias y procedimientos de acción de los poderes públicos. Emerge así como una Constitución programática, una verdadera *Constitución dirigente*, una Constitución que cumple una función directriz, que inspira la acción estatal y legitima al Estado a través de una serie de programas constitucionales, muchos de los cuales se plasman como políticas de desarrollo de los derechos fundamentales. Así, por solo citar un ejemplo, cuando se consagra el derecho a la vivienda, inmediatamente la Constitución dispone que "el Estado debe fijar las condiciones necesarias para hacer efectivo este derecho y promover planes de viviendas y asentamientos humanos de interés social" (artículo 59). Estos programas no son simple retórica ni se dejan a la voluntad arbitraria del Estado: el incumplimiento de esos programas constitucionales genera una inconstitucionalidad por omisión censurable mediante el control jurisdiccional de constitucionalidad.

Que la Constitución dominicana sea programática no nos debe conducir, sin embargo, a obviar el hecho de que ésta también plasma conquistas políticas y sociales que la preceden, como ocurre con gran parte de los derechos laborales progresivamente constitucionalizados a partir de la segunda mitad del siglo XX, con los partidos políticos cuyo estatuto legal fue evolucionando en la medida en que se consolidaba una democracia electoral y representativa desde 1966 -y con intensidad desde 1978- y con las garantías del debido proceso consolidadas jurisprudencialmente desde 1994 y legalmente desde la entrada en vigor del Código Procesal Penal, conquistas que fueron consagradas a nivel constitucional en 2010. Puede decirse entonces que la Constitución manifiesta, por un lado, un "*derecho constitucional de consumación*", que no es más que aquel que constitucionaliza "cambios que ya se han institucionalizado en la esfera cultural y de la organización social", en contraste, por otro lado, con el "*derecho constitucional de anticipación*" que, desde las normas constitucionales programáticas, se anticipa a la realidad y promueve cambios sociales y políticos. Pero la Constitución contribuye también a activar la *dialéctica entre el derecho constitucional de anticipación y el de consumación* mediante el desarrollo de prácticas alternativas y transformadoras de la realidad que utilizan el Derecho "para facilitar la creación de espacios del común cooperativo que pueda activar una función promotora y educativa alrededor de [...] instituciones de autoorganización social". Muestras de esta dialéctica constitucional de anticipación y consumación es el artículo 222 de la Constitución en virtud del cual "el Estado reconoce el aporte de las *iniciativas económicas populares* al desarrollo del país; fomenta las condiciones de integración del sector informal en la economía nacional; incentiva y protege el desarrollo de la micro, pequeña y mediana empresa, las cooperativas, las empresas familiares y otras formas de asociación comunitaria para el trabajo, la producción, el ahorro y el consumo, que generen condiciones que les permitan acceder a financiamiento, asistencia técnica y capacitación oportunos". Asimismo, el artículo constitucional 204, que dispone que "el Estado propiciará la *transferencia de competencias y recursos hacia los gobiernos locales*, de conformidad con esta Constitución y la ley. La implementación de estas transferencias conllevará políticas de desarrollo institucional, capacitación y profesionalización de los recursos humanos". Ambos artículos conducen tanto al reconocimiento de los "espacios del procomún cooperativo" de las iniciativas económicas populares realmente existentes como a la "dinámica autogestionaria" de los municipios que, a su vez, al amparo de la ley que los rige, pueden, por solo citar un ejemplo, hacer partícipes y actores a las "comunidades autoorganizadas" de las competencias del poder público soberano descentralizado de los municipios permitiendo que estas comunidades o iniciativas económicas populares gestionen servicios públicos municipales que, en virtud el artículo 147.2 de la Constitución, pueden ser prestados por el Estado o por los particulares, todo lo cual "genera, por medio de sus prácticas y expresiones vivenciales, su propia juridicidad o modo jurídico de relaciones alternativo al [Derecho] vigente o positivo" (Noguera Fernández: 116-129).

4.2.6 Una Constitución compromisoria. Si bien la Constitución de 1966 no es producto del pacto entre fuerzas políticas y sociales, de un consenso entre posiciones políticas o ideológicas contrapuestas, como es el caso de la Constitución portuguesa o de la española, ese compromiso se ha producido mediante la *acumulación de reformas constitucionales*. Así, "el constituyente de 1966 redujo considerablemente el aporte de la Constitución de 1963 en materia de derechos sociales, aunque conservando los tres grandes aportes de 1963, como fueron la libertad sindical, el derecho a la huelga y la participación de los trabajadores en los beneficios de la empresa" (Jorge García: 110). Ello explica cómo, a pesar de que el proceso constituyente en 1963 excluyó a las fuerzas conservadoras y en 1966 a las fuerzas liberales, el resultado de ambos procesos culmina con una solución textual constitucional de carácter transaccional, que marca un compromiso de (y en) la Constitución entre el principio liberal que se remonta a 1844 y el principio de un Estado social que comienza a perfilarse en 1942, que experimenta un impulso extraordinario en 1963, que, a pesar de todo, persiste en la reforma constitucional de 1966, y que culmina con la consagración expresa de la cláusula del Estado Social y Democrático de Derecho en 2010. En la reforma constitucional de 2010, el carácter compromisario de la Constitución se hizo manifiesto en el pacto suscrito entre el presidente Leonel Fernández y el candidato presidencial del Partido

Revolucionario Dominicano (PRD) en las elecciones del 16 de mayo de 2008, el Ing. Miguel Vargas Maldonado, el cual, pese a las críticas recibidas, permitió agilizar los trabajos de la Asamblea Nacional y acordar la reforma en una serie de puntos esenciales para la consolidación de la democracia y el Estado de derecho, como lo fue la prohibición de la reelección presidencial consecutiva y la creación del Tribunal Constitucional.

4.2.7 Una Constitución imprecisa. La Constitución es un texto impreciso, pero esto no es característica exclusiva de nuestra Constitución. Se podría afirmar que todas las constituciones son imprecisas en la medida en que contienen una serie de normas que se caracterizan por su indeterminación y amplitud. Tal es el caso de las normas constitucionales relativas a derechos fundamentales. El grado de imprecisión de la Constitución es vital para entender la interpretación constitucional y con qué amplitud es libre el legislador para regular una cuestión constitucional concreta. La imprecisión no es un problema ni un defecto de la Constitución, sino que, muy por el contrario, constituye una virtud en la medida que posibilita un ordenamiento jurídico abierto y pluralista. "Desde esta perspectiva las Constituciones serían una gran explicitación sobre lo que estamos de acuerdo y un silencio elocuente respecto de lo que nos enfrenta. Naturalmente, los silencios de una Constitución no consiguen eliminar para el futuro el conflicto ideológico inherente, pero sirven para poner en el primer plano el consenso básico a partir del cual puede construirse una práctica jurídico-política centralmente discursiva o deliberativa" (AGUILÓ: 143). Son imprecisos, vagos e indeterminados conceptos más que concepciones (DWORKIN), *"conceptos esencialmente controvertidos"* (IGLESIAS VILA), tales como libertad, igualdad, justicia, etc., los que permiten lograr un consenso entre las diferentes fuerzas políticas y sociales y que la Constitución evolucione conjuntamente con la sociedad a través de la interpretación constitucional.

4.2.8 Una Constitución de la transformación social. La Constitución no es ingenua ni ajena a la realidad social. Ella es plenamente consciente de que la sociedad dominicana está caracterizada por la desigualdad y la injusticia social. Por eso, ella proclama que la "función esencial del Estado" es "la protección efectiva de los derechos de la persona, el respeto de su dignidad y la obtención de los medios que le permitan perfeccionarse de forma *igualitaria, equitativa y progresiva*, dentro de un marco de libertad individual y de justicia social, compatibles con el orden público, el bienestar general y los derechos de todos y todas" (artículo 8). Por eso, además, la Constitución, al establecer el derecho a la igualdad, no solo "condena todo privilegio y situación que tienda a quebrantar la igualdad de las dominicanas y los dominicanos" (artículo 39.1), sino que también dispone que "el Estado debe promover las condiciones jurídicas y administrativas para que la igualdad sea real y efectiva y adoptará medidas para prevenir y combatir la discriminación, la marginalidad, la vulnerabilidad y la exclusión" (artículo 39.3), promoción que pasa por desplegar los programas constitucionales especificados mayormente en el Título II, y los cuales tienen como objetivo hacer realidad viviente los derechos fundamentales, principalmente los sociales, pues el Estado "se organiza para la protección real y efectiva de los derechos fundamentales" (artículo 38). El *programa constitucional de transformación social* requiere, sin embargo, no sólo la acción de los poderes públicos que deben garantizar la efectividad de los derechos fundamentales (artículo 68) sino también de las personas privadas que no solo son deudores de derechos fundamentales, sino que pertenecen a la "comunidad de intérpretes constitucionales" (Häberle).

4.2.9 Una Constitución derivada. Por Constitución *originaria* se entiende aquella que contiene principios constitucionales nuevos y originales. Constitución *derivada* es la que sigue los modelos constitucionales nacionales o extranjeros, adaptándolas a las necesidades de la época o del país. Constituciones originarias son las leyes fundamentales inglesas, la Constitución de Estados Unidos de 1787, la francesa de 1793, la Constitución de Cádiz, la mexicana de 1917 y la soviética de 1918.

La dominicana es una Constitución derivada que refleja la influencia de la Constitución haitiana de 1843, de la Constitución de los Estados Unidos (al adoptar el sistema presidencial), de la Constitución de Cádiz de 1812 (principalmente en cuanto al régimen provincial) y de las Constituciones francesas de 1799 y 1804 (específicamente en lo relativo al bicameralismo y denominación del órgano legislativo). Constituciones originales dominicanas –pero que a su vez seguían modelos constitucionales foráneos– son las constituciones de 1844, 1857, 1908, 1942 y 1994. La Constitución dominicana es derivada del texto constitucional de 1844 que a su vez hace acopio de las experiencias constitucionales de la época.

4.2.9.1 Las influencias patrias. La Constitución dominicana es derivada no sólo por la inspiración foránea de la mayoría de sus disposiciones sino también a que existe una fuerte dependencia del actual texto constitucional de la Constitución de 1844. Lo consagrado en 1844 ha estado latente en todas las reformas constitucionales posteriores (forma de gobierno, derechos fundamentales, división territorial, etc.), a tal punto que podríamos afirmar que desde 1844 hasta la fecha solo hemos tenido una sola Constitución. Y es que, "así como un Estado se constituye una sola vez, la Constitución que surge con el nacimiento de ese Estado debe ser una a través de su historia. Por esto creemos que después de 1844 solamente se han producido en nuestro país revisiones al texto original y no una ruptura con los principios fundamentales de la Constitución de 1844, ya que estos han sido reproducidos fielmente por los constituyentes posteriores" (Jorge García: 77). Pero, además, las constituciones de 1857, 1908, 1942, 1955, 1963, 1966 y 1994 han influido notablemente en el articulado de la Constitución vigente y de las que le precedieron.

4.2.9.2 Las influencias extranjeras. La Constitución dominicana es una Constitución derivada pues "nuestro constituyente desde la elaboración de la primera Constitución dominicana, se inspiró fundamentalmente en las experiencias constitucionales de otros países, no aportando un principio funcional nuevo" (Jorge García: 63). Esta diversidad de influencias en la Constitución, que no es característica exclusiva de la Constitución dominicana pues "los padres constituyentes se plagian unos a otros sin demasiados escrúpulos" (Esteban: 132), obliga necesariamente al intérprete a acudir al análisis comparado de las instituciones constitucionales como instrumento esencial para comprender el origen y la estructura sistemática del texto constitucional.

La Constitución dominicana se enmarca dentro de la tradición del constitucionalismo occidental, reflejando no solo los valores y principios de la tradición liberal sino también la del constitucionalismo social que inaugura la Constitución mexicana de 1917, que continúa la Constitución de Weimar y que desarrolla el constitucionalismo latinoamericano a todo lo largo del siglo XX. La Constitución de 2010 muestra, asimismo, la influencia del neoconstitucionalismo, tal como fue receptado en las constituciones de Colombia (1991) y Venezuela (1999). En fin, nuestra Constitución es un mosaico formado por trozos de origen diverso pero que provienen fundamentalmente de cinco fuentes que analizamos a continuación.

A. La influencia norteamericana. La influencia de la Constitución de los Estados Unidos es visible en la forma de gobierno que nos rige desde 1844 –la presidencial–, en el esquema de división de poderes y la enumeración de los derechos fundamentales. Esta influencia arranca desde la Declaratoria de Independencia del pueblo dominicano del 1 de diciembre de 1821 y la Manifestación del 16 de enero de 1844, que es el preámbulo de nuestra primera Constitución, documentos cuya lectura revela el impacto en la forma y en el fondo de la Declaración de Independencia de los Estados Unidos (Rodríguez Demorizi: 428). Los dominicanos, además, hemos importado de los Estados Unidos el *control difuso de constitucionalidad*, el cual en ocasiones ha sido consagrado por los textos constitucionales (ej. artículo 125 de la Constitución de 1844) y, aún en ausencia de consagración constitucional expresa, históricamente nuestros tribunales han seguido la doctrina del juez Marshall en *Marbury v. Madison* (1803), en virtud de la cual la potestad de inaplicar en un caso particular una ley considerada inconstitucional se considera inherente a la facultad de los jueces de interpretar las leyes y la Constitución. El nombre de las Cámaras Legislativas adoptado a partir de la Constitución de 1854 –Senado y Cámara de Representantes–, así como la consagración constitucional del habeas corpus y el derecho a un debido proceso en 1908 revela también la influencia norteamericana.

B. La influencia francesa. Es notorio el influjo de las constituciones francesas de 1799 y 1804 en la Constitución de 1844. Esta influencia es perceptible, además, en el informe de la Comisión Redactora cuando se refiere a las ideas de Rousseau, al aludir "a las cláusulas del contrato social que labra la felicidad o la ruina de un Estado" y al consignar el constituyente en la reforma constitucional del 16 de diciembre de 1854 que "la nación dominicana es la reunión de todos los dominicanos asociados bajo un mismo pacto político". Dicha influencia se nota también en la organización del Poder Legislativo, en la creación del Consejo Conservador el Tribunado y en la división territorial, al formar las comunes, propias de la administración territorial francesa. Para algunos, la proclamación de los derechos fundamentales sigue el modelo francés, en lugar del norteamericano, pues se entiende que el primer modelo "era más asequible y metódico, y mucho más fácil de copiar" (Tavares: 181). La influencia francesa vuelve a sentirse con la consagración constitucional del recurso de casación en 1908 y el establecimiento del Consejo Nacional de la Magistratura en 1994, inspirado en su homólogo francés.

C. La influencia española. "Aun cuando la Constitución de 1844 no copia literalmente artículos de la Constitución de Cádiz, no hay dudas que esta gravitó en el pensamiento de los constituyentes al momento de diseñar el modelo constitucional para la incipiente nación dominicana" (Espinal 2023: 63). El constituyente de San Cristóbal siguió de cerca el modelo implantado por la Constitución de Cádiz (Peña Batlle: 16), al extremo de que hay quienes señalan que los dominicanos "a través del texto de Cádiz asimilan las ideas liberales inglesas, francesas y norteamericanas". La influencia gaditana, aparte de la ya desaparecida consagración de la Iglesia Católica como la Iglesia del Estado, se percibe en la división de provincias y el establecimiento de los ayuntamientos por municipios, así como "en la estructuración orgánica, en la disposición de los títulos, en la denominación de los mismos y rigurosamente hablando, en su fundamento substancial o espiritual" (Pérez Memen: 216 y 218). En la Constitución de 2010, la influencia de la Constitución española de 1978 es visible en la incorporación del contenido esencial de los derechos fundamentales como límite de los límites a los derechos fundamentales y en la consagración de la modalidad de las leyes orgánicas.

D. La influencia haitiana. Contrario a la creencia popular, la Constitución dominicana está fuertemente influenciada por la Constitución haitiana de 1843, la cual "puede llamarse propiamente Constitución domínico-haitiana, ya que en su elaboración intervinieron varios dominicanos y estaba, además, destinada a regir toda la isla". Esta Constitución, que había recibido la influencia norteamericana en lo político y la francesa en lo administrativo, fue tomada "sin escrúpulos" por el constituyente de 1844 como modelo de su obra, por lo que "parece ocioso tratar de ver en Montaigne y en Rousseau lo que los constituyentes de 1844 aprovecharon de su experiencia en 1843" (Rodríguez Demorizi: 34-35), máxime cuando los redactores principales del borrador de la primera Constitución dominicana habían sido miembros de la Asamblea Constituyente de Puerto Príncipe y compartían, en esos momentos, el credo político de los revolucionarios haitianos que habían derrocado a Boyer" (Moya Pons 2023: 70). De ahí que la Constitución haitiana es la influencia directa más importante en nuestra primera Constitución.

E. La influencia latinoamericana. La influencia latinoamericana es visible en los aportes del constitucionalismo social a nuestra Constitución reconocibles en la consagración de los derechos sociales en la reforma constitucional de 1955, cuando se enuncia por vez primera que el Estado continuará con el desarrollo progresivo de la seguridad social, de manera que toda persona llegará a gozar de la adecuada protección contra la desocupación, la enfermedad, la incapacidad y la vejez. Esta influencia se siente, además, en la consagración de la doble vuelta electoral y el control concentrado de constitucionalidad en la reforma constitucional de 1994. A partir de la reforma constitucional de 2010, la influencia latinoamericana, en particular de las constituciones de Colombia, Perú y Venezuela, es visible en la constitucionalización de un amplio catálogo de derechos y garantías fundamentales.

4.2.10 Una Constitución normativa. Las constituciones pueden ser clasificadas ontológicamente, es decir de acuerdo al grado de concordancia de las normas constitucionales con la realidad del proceso del poder. De acuerdo con este criterio, adelantado por Karl Loewenstein y perfeccionado por Giovanni Sartori, las constituciones pueden clasificarse en constituciones normativas (o garantistas o reales), constituciones nominales (que Loewenstein inexactamente denomina semánticas) y pseudoconstitución (o constitución fachada).

La Constitución *normativa* es aquella que, limitando la arbitrariedad del poder y sometiéndolo al Derecho, es efectivamente vivida por los detentadores y destinatarios del poder, es observada lealmente en la práctica y sus normas dominan todo el proceso político, el cual es adaptado y sometido a las normas constitucionales. La Constitución *nominal* es aquella que, en lugar de servir a la limitación del poder, tan solo formaliza la situación política existente en beneficio exclusivo de los detentadores del poder fácticos. Las constituciones nominales, lo son, porque se apropian del "nombre" constitución, ya que son simplemente "constituciones organizativas", o sea, un conjunto de reglas que organizan pero no limitan el ejercicio del poder en un Estado. Las *pseudoconstituciones* o constituciones fachada consagran los derechos y libertades de las constituciones normativas pero éstos son letra muerta pues no se aplican ni respetan en la práctica. Estas toman la apariencia de verdaderas constituciones pero son, en realidad, constituciones fachada, constituciones trampa (SARTORI: 13-27). Las constituciones de la Era de Trujillo son en este sentido pseudoconstituciones, simple "parodia constitucional", pues, como afirma Jesús de Galíndez en la tesis doctoral que le costó la vida de manos de los esbirros del mal llamado "Benefactor de la Patria", al comprobar lo lejos que se encontraba la tiranía de Trujillo de la letra demoliberal de sus constituciones, "la voluntad de Trujillo es omnipotente, pero cuida mucho de revestirse en ropaje constitucional (…) La Constitución no es un documento básico y permanente. Pero es una fachada que jamás se descuida" (GALÍNDEZ: 138).

A pesar de los avatares sufridos por nuestro pueblo, la historia constitucional dominicana demuestra cómo un pueblo ha luchado por décadas para, naciendo como Estado independiente con una Constitución de naturaleza normativa, cerrar paulatina pero progresivamente la brecha entre realidad y norma que durante mucho tiempo provocó que los dominicanos viviésemos bajo regímenes pseudoconstitucionales.

4.2.11 Una Constitución abierta y de valores. Las constituciones de las sociedades posmodernas permiten, "dentro de los límites constitucionales, tanto la espontaneidad de la vida social como la competencia para asumir la dirección política, condiciones ambas para la supervivencia de una sociedad pluralista y democrática" (ZAGREBELSKY 1995: 14). Nuestra Constitución es abierta, en la medida en que la sociedad dominicana es una "sociedad abierta" (POPPER) que quiere y requiere, por tanto, una *"Constitución pluralista"* (HÄBERLE 2002). La Constitución deja espacio, pues, a la "política constitucional" a cargo de los poderes públicos, política que, sin embargo, debe concretizar y desarrollar un "orden de valores fundamentales", un conjunto de "principios fundamentales" (democracia, Estado de Derecho, Estado Social, principio republicano).

4.2.12 Una Constitución reformada nueva. Aunque desde la óptica estrictamente formal, la Constitución vigente es la misma que la Constitución de 1966, pues lo que se produjo en 2010 fue una reforma de aquella bajo las reglas de revisión constitucional por ésta establecidas, lo cierto es que, en el fondo, se trata de una nueva Constitución fruto de una reforma constitucional integral y total. Es indudable que no se ha alterado la forma de gobierno que, conforme al artículo 119 de la Constitución de 1966 (actual 268), debe ser siempre "civil, republicano, democrático y representativo". Sin embargo, no se trata de cambios cosméticos: lo que se ha producido es una profunda reforma constitucional, aunque el espíritu democrático y republicano de la Constitución se ha redimensionado y consolidado mediante la inserción de la cláusula del Estado Social y Democrático de Derecho (artículo 7). Por eso, a pesar de que formalmente lo que tenemos es una Constitución reformada, no es del todo inexacto hablar de la "Constitución de 2010", como ha sido característico en la tradición constitucional dominicana, alimentada por la vieja regla de la publicación íntegra de la Constitución con los textos reformados, en esta ocasión con un cambio de redacción, numeración y estructuración.

4.3 El Derecho Constitucional dominicano

4.3.1 Una sumaria aproximación bibliográfica al Derecho Constitucional dominicano.

4.3.1.1 Los manuales y monografías claves. Sin perjuicio de las obras generales, monografías y artículos de autores dominicanos que se citan a lo largo de esta obra y de la obligada lectura de los manuales de derecho constitucional escritos a la luz de la Constitución de 2010 (Ramírez Morillo, Potentini), una primera aproximación al derecho constitucional dominicano debe partir de las *Lecciones de Derecho Constitucional* (Hostos) que nos permiten entender los orígenes liberales del constitucionalismo dominicano. Las *Notas de Derecho Constitucional* (Amiama), el *Derecho Constitucional* de Bonelly y el de Suncar Méndez, aún escritos en la época dura de la censura trujillista, nos familiarizan con las bases conceptuales del constitucionalismo dominicano durante gran parte del siglo XX. Si se quiere un enfoque histórico, nada mejor que el *Derecho Constitucional Dominicano* de Juan Jorge García y la *Historia constitucional dominicana* de Wenceslao Vega, enfoque que puede ser completado con la perspectiva jurídica y politológica de Flavio Darío Espinal en *Constitucionalismo y procesos políticos en la República Dominicana*. Las obras de Ray Guevara permiten conocer el trasfondo teórico de las grandes reformas político-constitucionales que han quedado plasmadas en la Constitución de 2010, así como la jurisprudencia constitucional en el período 2010-2024, vista esta última desde la privilegiada perspectiva de su trayectoria como el primer presidente del Tribunal Constitucional. La obra *Constitución, democracia y ciudadanía* de Valerio Jiminián es, a pesar de su nombre, un verdadero manual de derecho constitucional, útil incluso para quienes no son estudiantes de derecho. Una perspectiva general de nuestro ordenamiento constitucional, conforme la Constitución de 1966, es provista por *El Sistema Constitucional Dominicano* de Julio Brea Franco y por las obras de Sánchez Sanlley y Ciprián, en tanto que encontramos una magnífica aproximación a los temas generales de la teoría constitucional desde una perspectiva dominicana en los ensayos compendiados de Rodríguez García. Los artículos especializados sobre la materia de Miguel Valera Montero, escritos del año 2010 al 2020, ahora reunidos en dos volúmenes (*Constitución, justicia y Derecho: sobre Derecho Constitucional*), son claves para entender la evolución de nuestro derecho constitucional desde antes de la reforma constitucional de 2010 hasta la culminación de los primeros 10 años de labor jurisdiccional del Tribunal Constitucional. *Last but not least*, la obra de Amaury Reyes-Torres, *Constitución y política*, es imprescindible para comprender la dimensión político-jurídica del derecho constitucional, es decir como se desarrolla la Constitución como un instrumento para canalizar la política, ello desde la óptica de la teoría de la Constitución, los derechos fundamentales y el derecho procesal constitucional.

4.3.1.2 El derecho procesal constitucional. El derecho procesal constitucional es una disciplina clave para la debida comprensión del derecho constitucional y ello es ostensible en la nación fundadora del constitucionalismo moderno, los Estados Unidos de América, donde la parte fundamental de la disciplina constitucional lo constituye el estudio de la justicia constitucional y sus mecanismos. En el caso dominicano, Pellerano Gómez (1990 y 1998) es, junto con Luciano Pichardo, Medrano, Valera Montero, Acosta de los Santos, Vargas Guerrero y Hernandez-Machado Santana, la mejor manera de iniciarse en el estudio de los mecanismos de control de constitucionalidad y de los instrumentos de protección jurisdiccional de los derechos fundamentales, que son los dos grandes temas del derecho procesal constitucional. La monografía de Sousa Duvergé sobre el control de convencionalidad es indispensable para poder conocer el funcionamiento en nuestro ordenamiento jurídico de este novedoso mecanismo de control jurisdiccional, que sirve de base a una nueva rama del derecho procesal constitucional que es el derecho procesal constitucional transnacional. También es sumamente ilustradora de las relaciones entre el derecho internacional y el derecho constitucional la obra de Ayuso, única en su género tanto en la bibliografía constitucional dominicana como comparada. Cinco obras claves para entender el derecho procesal constitucional dominicano tras la reforma constitucional de 2010 son la de Franco Soto, cuyo *Derecho Procesal Constitucional* es, si se quiere, el primer manual de la materia; *El Tribunal Constitucional dominicano y los procesos constitucionales* de Acosta de los Santos, que abarca toda la actividad jurisdiccional de esa Alta Corte hasta el término de su mandato como magistrado constitucional; *El debido proceso en el bloque de constitucionalidad dominicano* de Rojas Báez en donde se aborda esta garantía fundamental desde la perspectiva de su desarrollo jurisprudencial en el Tribunal Constitucional y en el derecho convencional e internacional de los derechos humanos; *Control preventivo de los tratados internacionales en el ordenamiento jurídico dominicano* de Díaz Filpo, obra esencial para entender una de las atribuciones jurisdiccionales claves del Tribunal Constitucional; y *El Tribunal Constitucional y las garantías de derechos fundamentales* del magistrado Vargas Guerrero, obra esencial para comprender los procesos constitucionales desde la perspectiva de su rol como instrumentos de articulación de las garantías fundamentales.

4.3.1.3 Las Constituciones comentadas. Es recomendable siempre tener a mano una Constitución, que es el "arma de reglamento" del constitucionalista. La Fundación Institucionalidad y Justicia ha auspiciado una *Constitución* comentada que lleva ya 2 ediciones y en donde un grupo de juristas ha comentado artículo por artículo la Constitución de 2010. Asimismo, un grupo de constitucionalistas españoles y dominicanos ha publicado en dos volúmenes, bajo la dirección de Pedro González-Trevijano y Enrique Arnaldo Alcubilla, unos valiosísimos *Comentarios a la Constitución de la República Dominicana*. Por su parte, Herbert Carvajal Oviedo ha publicado una Constitución de 2010 anotada, concordada con la Constitución de

2002, y la cual contiene valiosa y pertinente doctrina, legislación y jurisprudencia. La Constitución de 1966 comentada por José Darío Suárez y Adriano Miguel Tejada sigue siendo indispensable para conocer el sentido de muchas de las disposiciones constitucionales que permanecen en la Carta Sustantiva tras la reforma constitucional de 2010. Frank Reynaldo Fermín Ramírez es autor de una Constitución anotada, sistematizada y actualizada a octubre de 2002, conforme a la jurisprudencia de la Suprema Corte de Justicia y los tratados internacionales ratificados por el Congreso. La Suprema Corte de Justicia ha publicado una Constitución de 1966 comentada por los jueces del alto tribunal y otra comentada por los jueces del Poder Judicial. En el año 2023, la Escuela Nacional de la Judicatura ha publicado dos tomos de la magnífica obra intitulada *La Constitución de la República Dominicana comentada por jueces y juezas del Poder Judicial*, de la autoría de 71 jueces y antiguos magistrados, bajo la coordinación de Hermógenes Acosta de los Santos y la subcoordinación de Amaury Reyes-Torres y Rawill de Jesús Guzmán Rosario. Para conocer la evolución histórica de las reformas constitucionales, es recomendable consultar las obras de Peña Batlle, Amaro Guzmán y Reyes Cerda, la primera conteniendo el texto íntegro de las constituciones hasta 1966 y las dos últimas proveyendo una sinopsis histórica de las reformas hasta 2002 y 1994, respectivamente. El duo Peralta-Romero ha publicado su *Reforma a la Constitución Política dominicana* clave para entender las reformas de 1994, 2002 y 2010.

4.3.1.4 Los compendios jurisprudenciales. El derecho constitucional es crecientemente un *derecho jurisprudencial*. Por eso, es clave conocer los precedentes constitucionales que iluminan el sentido de las cláusulas constitucionales. Las obras de referencia paradigmáticas claves, en lo que respecta a la Constitución de 2010, son las de Perdomo y Franco Soto, así como el *Repertorio* de Guzmán Ariza que, aunque no está dedicado a la jurisprudencia constitucional, contiene la referencia a las sentencias del Tribunal Constitucional y de la Suprema Corte de Justicia que tratan aspectos constitucionales en materia civil, comercial e inmobiliaria. Obra que tampoco debe faltar en la biblioteca del constitucionalista dominicano es *Una década de labor jurisprudencial: Tribunal Constitucional de la República Dominicana,* que contiene la compilación referenciada por la Secretaría y el Centro de Estudios Constitucionales del Tribunal Constitucional de las más destacadas entre las casi 6,000 sentencias dictadas por el Tribunal Constitucional desde el inicio de sus labores en 2012 hasta el año 2021 inclusive. De particular interés son *Los fallos más relevantes de la Sala Civil y Comercial de la Suprema Corte de Justicia (2012-2018)* de Cruceta (2022) que compila referencias a conceptos jurisprudenciales de repercusión constitucional y de interés para todo constitucionalista preocupado por las relaciones entre el Derecho privado y el constitucional.

Por otro lado, una muy útil selección y clasificación de las decisiones de la Suprema Corte de Justicia en materia constitucional dictadas entre 1910 y 2004 ha sido elaborada por Valera Montero bajo el título *Hacia un nuevo concepto de Constitución*. Este mismo autor ha publicado una magnífica *Jurisprudencia constitucional del Poder Judicial,* que contiene una selección y clasificación de las decisiones de la Suprema Corte de Justicia en materia constitucional (1910-2012) y un apéndice con el fichaje de las decisiones del Tribunal Constitucional del 26 de enero de 2012 al 26 de enero de 2013. Por su parte, la Suprema Corte de Justicia ha publicado *12 años de justicia constitucional en República Dominicana* que contiene las principales sentencias dictadas por dicha jurisdicción en atribuciones de tribunal constitucional, desde 1997 hasta 2009. BIAGGI LAMA ha publicado *Un siglo de jurisprudencia constitucional* que contiene las decisiones de la Suprema Corte de Justicia tanto en control difuso como en concentrado de constitucionalidad, desde 1909 hasta 2009, en tanto que CASTELLANOS ESTRELLA ha compilado un *Consultor de Jurisprudencia Constitucional Dominicana* que abarca los períodos de 1924-1930 y 1995-2005. Por su parte, Almanzor GONZÁLEZ CANAHUATE ha publicado una *Recopilación jurisprudencial integrada de las decisiones del Tribunal Constitucional de la República Dominicana* que abarca las sentencias pronunciadas durante 2012. Editado por Adriano Miguel Tejada hasta 2020, el TRIBUNAL CONSTITUCIONAL DE LA REPÚBLICA DOMINICANA publica un *Anuario* que, aparte de las sentencias básicas del Tribunal, contiene artículos de doctrina constitucional nacional y extranjera, así como, desde diciembre de 2018, la *Revista Dominicana de Derecho Constitucional*, publicación que contiene ensayos, estudios y reseñas bibliográficas del derecho constitucional dominicano y comparado.

Particular interés merece un nuevo subgénero literario jurídico-constitucional, a medio camino entre el compendio jurisprudencial y la manualística doctrinaria, que es la compilación de votos particulares. Ejemplos precursores de este son las recopilaciones de los votos particulares de RAY GUEVARA, CASTELLANOS KHOURY y DÍAZ FILPO, donde se compilan los votos disidentes y concurrentes de dichos magistrados constitucionales, lo que permite al lector comprender mejor las sentencias en las que se dictaron dichos votos y prever, a partir de ellos, lo que podría ser la futura evolución de la jurisprudencia constitucional.

El derecho electoral es una parte clave del derecho público y es, por demás, un Derecho crecientemente constitucionalizado, lo que obliga a estar enterados de la evolución de la jurisprudencia electoral. Son útiles en esta tarea una serie de obras. HERNÁNDEZ PEGUERO publicó un sumamente útil *Compendio de jurisprudencia electoral dominicana* que recoge los precedentes claves del Tribunal Superior Electoral del año 2012 al 2016. Por su parte, VÁSQUEZ ABREU y ENCARNACIÓN MONTERO han publicado una *Jurisprudencia constitucional dominicana en materia electoral y de los tribunales electorales latinoamericanos* que compendia la más importante y muy dispersa jurisprudencia hasta 2020 en materia electoral. Un tomo que recoge la *Jurisprudencia electoral dominicana* del Tribunal Superior Electoral y del Tribunal Constitucional en el período 2012-2019 ha sido también publicado por POTENTINI. El *Compendio jurisprudencial sistematizado* de BÁEZ RAMÍREZ recoge ordenada alfabéticamente en lemas y sublemas toda la jurisprudencia del Tribunal Constitucional (2012-2023) sobre la materia electoral.

Dada la importancia de la jurisprudencia constitucional comparada, la cual incluso es citada por el Tribunal Constitucional, siempre es útil consultar los precedentes más importantes de tribunales constitucionales y cortes supremas de otros países. La jurisprudencia de la Corte Suprema de los Estados Unidos, al igual que la de las más importantes grandes cortes constitucionales y supremas del mundo, es accesible en el internet. Existen compendios jurisprudenciales en español de las más importantes decisiones de la Corte Suprema estadounidense (Beltrán de Felipe), del Tribunal Constitucional alemán (Aláez Corral y Schwabe), del Consejo Constitucional francés (Favoreu). Rubio Llorente (1995) sigue siendo uno de los mejores compendios de la doctrina jurisprudencial del Tribunal Constitucional español, conjuntamente con López Guerra, quien ha publicado un compendio de *Las sentencias básicas del Tribunal Constitucional,* y Rodriguez Ruiz, autora de *Los derechos fundamentales ante el Tribunal Constitucional: un recorrido jurisprudencial.* La obra de Cepeda Espinosa y Ortega-Vélez contiene una buena selección de las grandes decisiones de la Corte Constitucional colombiana y del Tribunal Supremo de Puerto Rico. Para estar al tanto de la evolución jurisprudencial en materia de derechos humanos, es recomendable revisar los *Cuadernillos de Jurisprudencia* que publica periódicamente la Corte IDH sobre derechos y temas específicos, el *Comentario a la Convención Americana sobre Derechos Humanos* (coordinado por los editores Steiner y Uribe) y el estudio sistemático de los instrumentos internacionales de derechos humanos dirigido por Monereo Atienza y Monereo Pérez. En todo caso, la consulta a estos compendios jurisprudenciales no debe sustituir la consulta directa al texto completo de las sentencias constitucionales e internacionales que cada día es más fácilmente accesible vía internet.

Por último, mención aparte merece un nuevo género literario de la literatura constitucional dominicana: el diccionario constitucional. Recientes manifestaciones de este son el *Diccionario de jurisprudencia constitucional y el Diccionario de jurisprudencia electoral* de Rodríguez, que es un glosario conceptual e interpretativo de las principales decisiones del Tribunal Constitucional, y el *Diccionario constitucional dominicano y su jurisprudencia* de Gómez Geraldino, ambos inaugurando este género literario jurídico-constitucional en el país y facilitando notablemente el acceso rápido y puntual a la jurisprudencia de la jurisdicción constitucional especializada.

4.3.2 El objetivo de esta obra. Este libro, partiendo del rico y fructífero legado doctrinario y jurisprudencial antes apenas esbozado, ha pretendido ser, desde su primera edición, un nuevo libro de derecho constitucional, que repiense los problemas de éste, sin que ello impida su abordaje en la cátedra universitaria. De lo que se trata es de problematizar una disciplina jurídica esencialmente problemática y de formar *juristas críticos y conciencias pensantes* y no meros tramitadores de diligencias jurídicas. Como bien ha expresado un autor, "en nuestro país los licenciados y doctores en Derecho somos más abogados que juristas pues vivimos el derecho en su dimensión técnica resolviendo casos concretos" (Jorge Blanco: 19). Hay que abstraerse, sin embargo, del maniqueísmo entre formación académica y formación profesional: los buenos profesionales que pretenden servir adecuadamente a sus clientes requieren conocer los presupuestos teóricos de su disciplina, del mismo modo que no puede haber verdadera formación académica que desconozca las enseñanzas que la vida provee al profesional.

Se parte del supuesto de que no puede haber una adecuada práctica profesional si no se conocen las herramientas de la dogmática constitucional (esquemas de trabajo, reglas técnicas, modos de argumentación, indispensables para la solución de los casos constitucionales) pero que tampoco puede existir una adecuada dogmática constitucional que desconozca el trasfondo teórico de dichos problemas. Así, por ejemplo, es imposible comprender los problemas que presentan los derechos fundamentales sino se conocen las teorías sobre los mismos. Como los dominicanos somos receptores de estructuras, instituciones, principios y derechos constitucionales de otros ordenamientos, se hace énfasis, a lo largo de esta obra, en una interpretación comparativa de la Constitución y se acude a la jurisprudencia de prestigiosas jurisdicciones constitucionales extranjeras en aquellas partes que se consideran más relevantes y donde ella es más útil. Por ello, es importante que el lector se familiarice con los *modelos constitucionales*, con la evolución histórica de dichos modelos, tal como se hace a lo largo de cada capítulo. El derecho constitucional incorpora experiencias constitucionales, nacionales y extranjeras, y el espíritu de las ideas de filósofos, pensadores y políticos.

No por azar el Tribunal Constitucional dominicano, al igual que otros homólogos de la región y del mundo, utiliza con frecuencia en sus argumentaciones el derecho comparado y la jurisprudencia constitucional de otros países. Puede afirmarse que nuestros jueces constitucionales, contrario a la naturaleza introvertida de jurisdicciones constitucionales como la norteamericana o francesa, presas del orgullo de ser las herederas de las tres grandes revoluciones constitucionales euro-atlánticas de 1776 y 1789, son abiertos a reconocer expresamente la influencia de las decisiones de cortes constitucionales como las de España, Colombia, Costa Rica o Perú, por solo mencionar los tribunales más citados por los operadores de nuestra justicia constitucional. Los dominicanos, conscientes de ser relativamente novatos en los novedosos instrumentos de la justicia constitucional, nos insertamos entusiastas en el movimiento de "*circulación de jurisprudencias*", queriendo así aprovechar el vasto legado jurisprudencial de los tribunales de nuestra región iberoamericana más representativos del "tipo del Estado constitucional como conquista cultural" (HÄBERLE). Una actitud receptiva de nuestros jueces constitucionales hacia la jurisprudencia constitucional comparada se justifica porque las constituciones escritas, desde su surgimiento mismo en el siglo XVIII hasta las más recientes de la ola neoconstitucionalista post-1978, contienen principios y derechos de aplicación universal, desde la dignidad humana hasta el principio de legalidad, desde la libertad de expresión hasta el principio de igualdad, normas que, por su propia naturaleza, se aplican más allá de los contextos locales y de las peculiaridades nacionales. En el caso dominicano, esta sana actitud de humildad y apertura jurisprudencial hacia el exterior se explica, además, históricamente, porque nunca, desde que adaptamos, tras la dominación haitiana (1822-1844), los códigos napoleónicos en el siglo XIX e incorporamos todo el legado jurisprudencial francés del derecho privado, hasta más recientemente -1951 y 1992-, cuando adecuamos la tradición iuslaboralista latinoamericana a las necesidades locales con sendos Códigos de Trabajo, por solo citar dos ejemplos paradigmáticos de nuestra historia jurídica, nunca, repetimos, los dominicanos nos hemos caracterizado por el chauvinismo jurídico, que tanto daño ha hecho en algunas de las mejores familias constitucionales de nuestro entorno jurídico-cultural.

Que se rechace el tozudo chauvinismo jurídico no nos debe conducir, sin embargo, al extremo opuesto, a lo que en nuestro país conocemos como "complejo de Guacanagarix" y que nos lleva a aceptar acríticamente todo lo extranjero, sin preguntarnos sobre la pertinencia de la importación. Nada malo tiene efectuar "*préstamos*" o "trasplantes" constitucionales o jurisprudenciales del extranjero, mucho menos en tiempos de globalización jurídica y de emergencia de un derecho constitucional común o supranacional, surgido al calor de los tratados internacionales de derechos humanos y de las jurisdicciones supranacionales en esta materia. Pero hay que tener cuidado que no se realicen implantes e *injertos constitucionales* que nos conduzcan a un Frankenstein de consecuencias jurídicas imprevisibles. Así, por ejemplo, es totalmente comprensible y justificable que importemos en masa la jurisprudencia sobre el derecho al libre desarrollo de la personalidad de la Corte Constitucional colombiana, pues de la Constitución de Colombia extrajimos este derecho y lo incorporamos a nuestra Constitución. Del mismo modo, gran parte de la jurisprudencia constitucional española sobre las leyes orgánicas es perfectamente aplicable en República Dominicana, pues tal instituto es herencia de la Constitución española. Y lo mismo ocurre con la jurisprudencia del principio de razonabilidad o proporcionalidad que cada país ha adecuado a su realidad. Lo que no se justifica, sin embargo, por solo citar un ejemplo, es que traigamos del extranjero jurisprudencia que sostenga que las normas constitucionales imperan sobre las internacionales cuando la propia Constitución dominicana en su artículo 26 incorpora la norma internacional de la aplicación preferente del derecho internacional y cuando su artículo 74.4 propugna por la aplicación de la norma más favorable, no importa su rango u origen internacional o nacional, supraconstitucional, constitucional, legal o reglamentario.

Tal importación jurisprudencial acrítica no es siempre debida a la ignorancia, que usualmente es osada, sino que responde muchas veces al espurio objetivo de legitimar interpretaciones restrictivas de los derechos fundamentales impuestas por los pre-juicios del intérprete, derivados de una cosmovisión que evidentemente no responde a una teoría constitucional constitucionalmente adecuada a la Constitución de 2010. Sin exageración puede decirse aquí que los abogados podemos morir de inanición o de indigestión jurídica. Morimos de inanición cuando, tras salir graduados de licenciados en derecho, nos conformamos con los conocimientos adquiridos en la universidad y no nos preocupamos por actualizar los mismos a la luz de la evolución de la legislación, la jurisprudencia y la doctrina. Morimos de indigestión jurídica cuando, desordenadamente y sin tomar en cuenta las peculiaridades de nuestro ordenamiento jurídico, asumimos cuanta doctrina y jurisprudencia extranjera sea posible, al margen de la pertinencia de ello y de sus consecuencias para la práctica jurídica y en el plano político y social. Aunque parezca mentira, y hasta cínico, de estos dos tipos de abogados, es preferible el que muere de inanición, bien porque ya murió en el sentido profesional del término, lo que le evita mayores daños y perjuicios a sus clientes y a la sociedad, o bien porque perfectamente puede resucitar mediante la actualización de sus conocimientos en los cientos de diplomados y especializaciones disponibles en el mercado. El abogado más peligroso es, sin embargo, el que sufre de indigestión jurídica, no solo porque, como todo ignorante, es osado sino, sobre todo, porque está armado de todas las doctrinas erróneas, lo cual rodea de un aura de legitimidad sus alegatos y pretensiones, y lo hace más resistente, por sus infundados prejuicios dogmáticos, a cualquier intento de formación continua y de "resocialización" en el derecho justo y adecuado.

El problema se agrava en contextos donde el conocimiento del derecho constitucional es precario, aunque la gran mayoría de los abogados –aun sin tener una obra doctrinaria acabada, válidos estudios en la materia y docencia acreditada- se consideren "expertos" en derecho constitucional. En esos casos, "si el intérprete posee una baja *precomprensión*, es decir, si el intérprete sabe poco o casi nada sobre la Constitución y por lo tanto, sobre la importancia de la jurisdicción constitucional, la teoría del Estado, la función del Derecho, etc.- estará condenado a la pobreza de razonamiento, quedando restringido al manejo de los viejos métodos de interpretación y del cotejo de textos jurídicos en el plano de la mera infraconstitucionalidad; por ello, no es raro que juristas y tribunales continúan interpretando la Constitución de acuerdo con los Códigos y no los Códigos de conformidad con la Constitución" (STRECK: 394). Cuando no se sabe nada de derecho constitucional, pero todo el mundo –incluso el más incompetente de los mortales- se autoproclama pomposamente experto constitucional, reina entonces la confusión. Y es que "los juristas saben bien que la raíz de sus certezas y creencias comunes, como la de sus dudas y polémicas, está en otro sitio (…) Lo que cuenta en última instancia, y de lo que todo depende, es la idea del derecho, de la Constitución, del código, de la ley, de la sentencia. La idea es tan determinante que a veces, cuando está particularmente viva y es ampliamente aceptada, puede incluso prescindirse de la cosa misma, como sucede con la Constitución en Gran Bretaña (…) Y, al contrario, cuando la idea no existe o se disuelve en una variedad de perfiles que cada cual alimenta a su gusto, el derecho 'positivo' se pierde en una Babel de lenguas incomprensibles entre sí y confusas para el público profano" (ZAGREBELSKY 1995: 20). Esta idea del derecho, de los derechos y de las instituciones jurídicas es anterior a la interpretación jurídica misma, forma parte de una precomprensión (GADAMER) de la norma que se nutre de una teoría constitucional adecuada a la Constitución dominicana vigente, la cual es receptada explícita o implícitamente por nuestro texto constitucional. Lo que nunca debemos olvidar es que el derecho constitucional es aquel que, como legislación, jurisprudencia, dogmática y práctica constitucional se construye a partir de una teoría constitucional constitucionalmente adecuada a la Constitución dominicana vigente y es precisamente este derecho el que intentaremos abordar y explicar en la presente obra.

BIBLIOGRAFÍA

Aristóteles. *Política*. Madrid: Mestas Ediciones, 2004.

Ackerman, Bruce. *Revolutionary Constitutions. Charismatic Leadership and the Rule of Law*. Cambridge: The Belknap Press of Harvard University Press, 2019.

——————. *La nueva división de poderes*. México: Fondo de Cultura Económica, 2007.

——————. *We The People 2: Transformations*. Cambridge: Cambridge University Press, 1998.

Acosta de los Santos, Hermógenes. *El Tribunal Constitucional dominicano y los procesos constitucionales*. Santo Domingo: Iudex, 2020

——————. *El control de la constitucionalidad como garantía de la supremacía de la Constitución*. Santo Domingo: Unapec, 2010.

Aguiló, Josep. *La Constitución del Estado Constitucional*. Lima - Bogotá: Palestra – Temis, 2004.

Aláez Corral, Benito. *Los límites materiales a la reforma de la Constitución española de 1978*. Madrid: Centro de Estudios Políticos y Constitucionales, 2000.

Aláez Corral, Benito y Leonardo Alvarez Alvarez. *Las decisiones básicas del Tribunal Constitucional federal alemán en las encrucijadas del cambio de milenio*. Madrid: Centro de Estudios Políticos y Constitucionales, 2008.

Alberdi, Juan B. *Organización política y economía de la Confederación Argentina*. Buenos Aires: 1981.

Alexy, Robert. *Ensayos sobre la teoría de los principios y el juicio de proporcionalidad*. Lima: Palestra, 2019.

——————. "Epílogo a la *Teoría de los Derechos Fundamentales*". En *Revista Española de Derecho Constitucional*. Año 22. Núm. 66. Septiembre-Diciembre 2002.

Alvarez Conde, Enrique. "El Derecho Constitucional y la crisis". En UNED. *Revista de Derecho Político*. No. 88. Septiembre-diciembre 2013.

Álvarez Rodríguez, Ignacio. *Crítica del constitucionalismo feminista*. Barcelona: Atelier, 2020.

Amar, Akhil Reed. *America's Unwritten Constitution. The Precedents and Principles We Live By*. New York: Basic Books, 2012.

Amaro Guzmán, Raymundo. *Sinopsis histórica de las reformas constitucionales*. Santo Domingo: ONAP, 2005.

Amiama, Manuel. *Notas de Derecho Constitucional*. Santo Domingo: ONAP, 1995.

Aragón Reyes, Manuel. "El falseamiento de la legalidad". En Allan R. Brewer-Carías y Humberto Romiro-Muci (coords.). *El falseamiento del Estado de derecho*. Caracas: Academia de Ciencias Políticas y Sociales, 2021.

——————. *Constitución y control del poder*. Buenos Aires: Ediciones Ciudad Argentina, 1995.

Arendt, Hannah. *Los orígenes del totalitarismo*. Madrid: Alianza Editorial, 2013.

——————. *Sobre la revolución*. Buenos Aires: Alianza, 2008.

Aristóteles. *Política*. Madrid: Espasa-Calpe, 1989.

Atienza, Manuel. *Filosofía del derecho y transformación social.* Madrid: Trotta, 2017.

Atienza Monereo, Cristina y José Luis Monereo Pérez. *El sistema universal de los derechos humanos.* Granada: Comares, 2014.

Ayala Corao, Carlos. "Del Estado de derecho al Estado de facto: La destrucción de la democracia constitucional en Venezuela". En Allan R. Brewer-Carías y Humberto Romiro-Muci (coords.). *El falseamiento del Estado de derecho.* Caracas: Academia de Ciencias Políticas y Sociales, 2021.

Ayuso, José Alejandro. *La soberanía de la Constitución. El patriotismo constitucional en tiempos de globalización y pluralismo.* Santo Domingo: Tribunal Constitucional de la República Dominicana, 2019.

——————. *La Constitución. Derecho Internacional e integración supranacional.* Santo Domingo: _____, 2011.

Badell Madrid, Rafael. "Desconstitucionalización, desdemocratización y deslegalización desde la Sala Constitucional del Tribunal Supremo de Justicia". En Allan R. Brewer-Carías y Humberto Romiro-Muci (coords.). *El falseamiento del Estado de derecho.* Caracas: Academia de Ciencias Políticas y Sociales, 2021.

Báez Ramírez, Nikauris. *Compendio jurisprudencial sistematizado. Derecho Electoral en la jurisprudencia del Tribunal Constitucional dominicano (2012-2022).* Santo Domingo: The Courtroom, 2023.

Bagni, Silvia y Matteo Nicolini. *Justicia constitucional comparada.* Madrid: Centro de Estudios Políticos y Constitucionales, 2021.

Balaguer Callejón, Francisco. *La Constitución del algoritmo.* Madrid: Fundación Manuel Giménez Abad, 2023.

Balaguer Callejón, Francisco y otros. *Derecho Constitucional.* Vol. 1. Madrid: Tecnos, 1999.

Beard Marcos, Alba Luisa. "Marco conceptual sobre género, perspectiva de género. Diferencia entre el derecho a la igualdad de género y la equidad de género". En Lino Vásquez Samuel y otros. *Visión constitucional del derecho a la igualdad de género.* Santo Domingo: Tribunal Constitucional de la República Dominicana / Centro de Estudios Constitucionales / Editora Amigo del Hogar, 2022.

Duez, Paul y Josep-Barthélemy: *Traité de Droit Constitutionnel.* París: Económica, 1985.

Bagni, Silvia y Matteo Nicolini. *Justicia constitucional comparada.* Madrid: Centro de Estudios Políticos y Constitucionales, 2021.

Barinas, Erick. *Derecho Constitucional, Estado y justicia.* Santo Domingo: Serigraf, 2018.

Barroso, Luis Roberto. *La interpretación constitucional y los desafíos del neoconstitucionalismo.* Bogotá: Ediciones Jurídicas Axel, 2015.

Bastida Freijedo, Francisco J. "La soberanía borrosa: la democracia". En *Fundamentos.* No. 1. 1998. www.uniovi.es/constitucional/fundamentos/primero/bastida1.htm.

Beard, Charles. *An Economic Interpretation of the Constitution of the United States.* New York: Macmillan, 1913.

Beltrán de Felipe, Miguel y Julio V. González García. *Las sentencias básicas del Tribunal Supremo de los Estados Unidos de América.* Madrid: Centro de Estudios Políticos y Constitucionales, ____.

Biaggi Lama, Juan Alfredo. *Un siglo de jurisprudencia constitucional 1909-2009.* Santo Domingo: Unibe, 2009.

Bilbao, Juan María y otros. *Lecciones de Derecho Constitucional.* Valladolid: Lex Nova, 2011.

Biscaretti di Ruffia, Paolo. *Introducción al derecho constitucional comparado.* México: Fondo de Cultura Económica, 1996.

——————. *Derecho Constitucional.* Madrid: Tecnos, 1984.

Bogdandy, Armin von. "Ius Constitutionale Commune en América Latina: Observations on Transformative Constitutionalism". En Armin von Bogdandy. *The Transformative Constitutionalism in Latin America. The Emergence of a New Ius Commune.* Oxford: Oxford University Press, 2017.

Bonelly, Rafael F. *Derecho Constitucional.* Santo Domingo: Tribunal Constitucional de la República Dominicana, 2018.

Bonelly Vega, Manuel Ulises. "Breve recorrido histórico de los derechos de las mujeres en la Constitución dominicana. Análisis de las reformas constitucionales desde 1844 hasta nuestros días". En Lino Vásquez Samuel y otros. *Visión constitucional del derecho a la igualdad de género.* Santo Domingo: Tribunal Constitucional de la República Dominicana / Centro de Estudios Constitucionales / Editora Amigo del Hogar, 2022.

Brea Franco, Julio. *El sistema constitucional dominicano.* Santo Domingo: Tribunal Constitucional de la República Dominicana, 2019.

Brennan, George y James Buchanan. *The Reason of Rules: Constitutional Political Economy.* Cambridge. Cambridge University Press, 1985.

Brewer-Carías, Allan. *El juez constitucional y la aniquilación del Estado democrático. Algunas claves "explicativas" encontradas en una Tesis "secreta" en Zaragoza.* Caracas: Editorial Jurídica Venezolana International, 2024.

——————. *Kakistocracia depredadora e inhabilitaciones políticas: el falso Estado de derecho en Venezuela.* Caracas: Editorial Jurídica Venezolana, 2023.

——————. "La Constitución del Estado de la parte española de la isla de Haití en 1821 y la República de Colombia creada entre 1819 y 1821". En Tribunal Constitucional de la República Dominicana. *Anuario 2020.* Santo Domingo: Editora Búho, 2021.

——————. "The Amparo as an Instrument of a Ius Constitutionale Commune" En Armin von Bogdandy. *The Transformative Constitutionalism in Latin America. The Emergence of a New Ius Commune.* Oxford: Oxford University Press, 2017.

——————. *Golpe de Estado y proceso constituyente en Venezuela.* México: UNAM, 2002.

Breyer, Sthephen. *The Court and The World. American Law and the New Global Realities.* New York : Alfred Knopf, 2015.

Burdeau, George. *Traité de science politique.* París: LGDJ, 1988.

———. *Droit constitutionnel et institutions politiques.* Paris: LGDJ, 1976.

Campillo Pérez, Julio Genaro. *Benigno Filomeno Rojas: apóstol del régimen de Derecho.* Santiago de los Caballeros: 1965.

Carbonell, Miguel. "El neoconstitucionalismo: significado y niveles de análisis". En Miguel Carbonell y Leonardo García Jaramillo. *El canon neoconstitucional.* Bogotá: Universidad Externado de Colombia, 2010.

———. "El neoconstitucionalismo en su laberinto". En Miguel Carbonell (ed.). *Teoría del neoconstitucionalismo.* Madrid: Trotta, 2007.

Carvajal Oviedo, Herbert. *Constitución de la República Dominicana anotada.* Santo Domingo: Librería Jurídica Internacional, 2010.

Carré de Malberg, R. *La ley, expresión de la voluntad general. Estudio sobre el concepto de la ley en la Constitución de 1875.* Madrid: Marcial Pons, 2011.

Cassagne, Juan Carlos y Allan Brewer-Carías. *Estado populista y populismo constitucional. Dos estudios.* Santiago de Chile: Ediciones Olejnik, 2020.

Castellanos Estrella, Víctor José. *Consultor de Jurisprudencia Constitucional Dominicana.* Santo Domingo: Ediciones Jurídicas Trajano Potentín, 2005.

Castellanos Khoury, Justo Pedro. *Herejías y otras certezas constitucionales.* Vols. I y II. Santo Domingo: Tribunal Constitucional de la República Dominicana / Centro de Estudios Constitucionales, 2023.

Cepeda Espinosa, Manuel José. *Derecho Constitucional jurisprudencial de las grandes decisiones de la Corte Constitucional.* Bogotá: Legis, 2001.

Chinchilla, Laura. "La desdemocratización en el Estado de derecho". En Allan R. Brewer-Carías y Humberto Romiro-Muci (coords.). *El falseamiento del Estado de derecho.* Caracas: Academia de Ciencias Políticas y Sociales, 2021.

Ciprián, Rafael. *Constitucionalidad y derechos del ciudadano.* Santo Domingo: Editora Centenario, 2001.

Clavero, Bartolomé. *El orden de los poderes.* Madrid: Trotta, 2007.

Conde Jiminián, Jimena. "Los hitos del constitucionalismo dominicano: 1 de diciembre de 1821 – 26 de enero de 2010". En Eduardo Jorge Prats (dir.). *Las bases históricas y constitucionales del derecho público. Liber Amicorum. Wenceslao Vega B.* Santo Domingo: Instituto Dominicano de Derecho Constitucional / Librería Jurídica Internacional, 2023.

Cruceta, José Alberto. "El control judicial de constitucionalidad vs. constitucionalismo popular". En Eduardo Jorge Prats (dir.). *Las bases históricas y constitucionales del derecho público. Liber Amicorum. Wenceslao Vega B.* Santo Domingo: Instituto Dominicano de Derecho Constitucional / Librería Jurídica Internacional, 2023.

———. *Los fallos más relevantes de la Sala Civil y Comercial de la Suprema Corte de Justicia (2012-2018).* Santo Domingo: Amigo del Hogar, 2022.

Cruz Villalón, Pedro. *La Constitución inédita.* Madrid: Trotta, 2004.

De Lora, Pablo. "Constitución, feminismo y diversidad. El trilema del feminismo constitucional". En *Revista de Ciencias Sociales*. No. 77. Valparaíso: Universidad de Valparaíso, 2020.

De Sousa Santos, Boaventura, Sara Araújo y Orlando Aragón Andrade. "La Constitución, el Estado, el derecho y las epistemologías del sur". En Boaventura de Sousa Santos, Sara Araújo y Orlando Aragón Andrade. *Descolonizando el constitucionalismo. Más allá de promesas falsas o imposibles*. Ciudad de México: Akal, 2021.

Díaz Filpo, Rafael Ramón. *Control preventivo de los tratados internacionales en el ordenamiento jurídico dominicano*. Santo Domingo: Tribunal Constitucional de la República Dominicana / Centro de Estudios Constitucionales, 2023.

―――. *Mis 12 años en el Tribunal Constitucional. Memoria de gestión y votos particulares*. Vols. I y II. Santo Domingo: Tribunal Constitucional / Centro de Estudios Constitucionales, 2023.

Díaz Santana, Juan Bolívar. *Trauma electoral*. Santo Domingo: Editorial AA, 1996.

Dicey, A. V. *An Introduction to the Study of The Law of the Constitution*. Indianápolis: Liberty Fund, 1982.

Dippel, Horst. *Constitucionalismo moderno*. Madrid: Marcial Pons, 2009.

Dorado Porras, Javier. *La lucha por la Constitución. Las teorías del Fundamental Law en la Inglaterra del siglo XVII*. Madrid: Centro de Estudios Políticos y Constitucionales, 2001.

Duarte, Juan Pablo. "Proyecto de Ley Fundamental". En Manuel Arturo Peña Batlle. *Constitución política y reformas constitucionales*. Vol. I. Santo Domingo: ONAP, 1981.

Dworkin, Ronald. *Liberalismo, Constitución y democracia*. Buenos Aires: Ed. La isla de la Luna, 2003.

―――. *Los derechos en serio*. Barcelona: Ariel, 1989.

Ely, Jon. *Democracy and Distrust: A Theory of Judicial Review*. Cambridge: Harvard University Press, 1980.

Elster, Jon. *Ulises and the Syrens*. Cambridge: Cambridge University Press, 1984.

Espinal, Flavio Darío. *Constitucionalismo y procesos políticos en la República Dominicana*. Segunda edición, revisada y ampliada. Santo Domingo: Librería Jurídica Internacional, 2023.

―――. "El impacto de la Constitución de Cádiz en el origen del constitucionalismo dominicano". En Eduardo Jorge Prats (dir.). *Las bases históricas y constitucionales del derecho público. Liber Amicorum. Wenceslao Vega B.* Santo Domingo: Instituto Dominicano de Derecho Constitucional / Librería Jurídica Internacional, 2023.

―――. *Constitucionalismo y procesos políticos en la República Dominicana*. Santo Domingo: PUCMM, 2001.

Esteban, Jorge de. *Tratado de Derecho Constitucional*. Tomo I. Madrid: Universidad Complutense, 1998.

Favoreu, Louis y L. Philip. *Les grandes décisions du Conseil Constitutionnel.* París: Dalloz, 1999.

Favoreu, Louis et al. *Droit des libertés fondamentales.* Paris: Dalloz, 2021

——————. *Droit constitutionnel.* Paris: Dalloz, 2017.

Fermín Ramírez, Frank Reynaldo. *Constitución de la República Dominicana.* Santo Domingo: Editorial Advocatus, 2003.

Fernández, Leonel. *Discurso ante la Asamblea Nacional.* 26 de enero de 2010. www.presidencia.gob.do

Fernández Alles, José Joaquín. *Las funciones de la Constitución.* Madrid: Dykinson, 2018.

Ferrajoli, Luigi. *La construcción de la democracia. Teoría del garantismo constitucional.* Madrid: Trotta, 2023.

——————. *Por una Constitución de la Tierra. La humanidad en la encrucijada.* Madrid: Trotta, 2022.

——————. *Iura paria. Los fundamentos de la democracia constitucional.* Madrid: Trotta, 2020.

——————. *La democracia a través de los derechos. El constitucionalismo garantista como modelo teórico y como proyecto político.* Madrid: Trotta, 2014.

——————. *Un debate sobre el constitucionalismo.* Madrid: Marcial Pons, 2012.

——————. *Principia iuris. Teoría del derecho y de la democracia.* Madrid: Trotta, 2011.

——————. *Poderes salvajes. La crisis de la democracia constitucional.* Madrid: Trotta, 2010.

——————. *Democracia y garantismo.* Madrid: Trotta, 2008.

——————. *Garantismo.* Madrid: Trotta, 2006.

——————. *Derecho y garantías: la ley del más débil.* Madrid: Trotta, 2004.

——————. *El garantismo y la filosofía del Derecho.* Bogotá: Universidad Externado de Colombia, 2000.

——————. *Derecho y razón. Teoría del garantismo penal.* Madrid: Trotta, 1995.

Ferrer Mac-Gregor, Eduardo. "The Conventionality Control as a Core Mechanism of the Ius Constitutionale Commune". En Armin von Bogdandy. *The Transformative Constitutionalism in Latin America. The Emergence of a New Ius Commune.* Oxford: Oxford University Press, 2017.

Franco, Franklyn. *Historia de las ideas políticas en República Dominicana.* Santo Domingo: Amigo del Hogar, 1981.

Franco Soto, Francisco. *Derecho Procesal Constitucional. Interpretación y desarrollo jurisprudencial.* Santo Domingo: Francisco Soto Franco, 2021.

——————. *Constitución de la República Dominicana interpretada por el Tribunal Constitucional dominicano.* Santo Domingo: Francisco Soto Franco, 2020.

Frankenberg, Günther. "Transferencia constitucional. La teoría IKEA revisitada". En Griselda Capaldo, Jan Sieckmann y Laura Clérico. *Internacionalización del Derecho constitucional, constitucionalización del Derecho internacional.* Buenos Aires: Eudeba, 2012.

Frosini, Tommaso Edoardo. "Constitucionalismo digital". En Francisco Balaguer Callejón e Ingo Wolfgang Sarlet (dirs.). *Derechos fundamentales y democracia en el constitucionalismo digital.* Cizur Menor: Aranzadi, 2023.

Fundación Institucionalidad y Justicia (FINJUS). *Constitución comentada.* Santo Domingo: FINJUS, 2015.

——————. *Propuestas para la reforma constitucional.* Santo Domingo: FINJUS, 2009.

Gadamer, Hans-Georg. *Verdad y método.* Salamanca: Ediciones Sígueme, 1999.

Galíndez, Jesús de. *La Era de Trujillo.* Santo Domingo: Letra Gráfica, 1999.

García de Enterría, Eduardo. *La Constitución como norma y el Tribunal Constitucional.* Madrid: Civitas, 2006.

García Figueroa, Alfonso: "Feminismo de Estado: fundamentalmente religioso y religiosamente fundamentalista". En *Eunomía. Revista en Cultura de la Legalidad.* No. 17, 2019.

García Guerrero, José Luis. *Escritos sobre partidos políticos.* Valencia: Tirant lo Blanch, 2007.

García Huerta, Daniel Antonio. "De la kalopsia al demos constitucional: ¿puede una constitución ser crítica y transformadora?". En *Revista del Posgrado en Derecho*, UNAM, no. 6 (October 2019): 45. http://dx.doi.org/10.22201/fder.26831783e.2019.6.94.

García Majado, Patricia. *De las inmunidades del poder a la inmunidad del sistema jurídico y sus patologías.* Madrid: Centro de Estudios Políticos y Constitucionales, 2022.

García-Pelayo, Manuel. *Derecho Constitucional Comparado.* Madrid: Alianza Editorial, 1999.

Gargarella, Roberto. *El derecho como una conversación entre iguales. Qué hacer para que las democracias contemporáneas se abran -por fin- al diálogo ciudadano.* Madrid: Siglo Veintiuno Editores / Clave Intelectual, 2022.

——————. "Sobre el 'nuevo constitucionalismo latinoamericano'". En *Revista Uruguaya de Ciencia Política.* Vol. 27. No.1. Montevideo. Junio 2018.

——————. "Injertos y rechazos: radicalismo político y trasplantes constitucionales en América". En Roberto Gargarella (coord.). *Teoría y crítica del Derecho Constitucional.* Tomo I. Buenos Aires: Abeledo Perrot, 2008.

Garrorena Morales, Angel. *Derecho Constitucional. Teoría de la Constitución y sistema de fuentes.* Madrid: Centro de Estudios Políticos y Constitucionales, 2011.

Gascón Abellán, Marina. "La teoría general del garantismo: rasgos generales". En Dario Ippolito y otros. *Para Luigi Ferrajoli.* Madrid: Trotta, 2021.

Gomes Canotilho, J. J. *Direito Constitucional e Teoria da la Constitucao.* Coimbra: Almedina, 2000.

Gómez Geraldino, Alexis A. *Diccionario constitucional dominicano y su jurisprudencia.* Santo Domingo: Editorial de La Rosa, 2023.

González Canahuate, Almanzor L. *Recopilación jurisprudencial integrada de las decisiones del Tribunal Constitucional de la República Dominicana*. Santo Domingo: Mario Abreu, 2013.

González-Hernández, Esther. *La "Revolución constitucional". Breve compendio de historia constitucional europea en perspectiva comparada*. Madrid: Centro de Estudios Políticos y Constitucionales, 2019.

González-Trevijano, Pedro y Enrique Arnaldo Alcubilla (directores). *Comentarios a la Constitución de la Republica Dominicana*. Madrid: La Ley Actualidad, 2012.

Grimm, Dieter. *Constitucionalismo pasado, presente y futuro*. Bogotá: Universidad Externado de Colombia, 2020.

_____. *Constitucionalismo y derechos fundamentales*. Madrid: Trotta, 2006.

Guastini, Riccardo. *Estudios de teoría constitucional*. México: UNAM, 2001.

Guzmán Ariza, Fabio J. *Repertorio de la jurisprudencia civil, comercial e inmobiliaria de la República Dominicana (1908-2021)*. Santo Domingo: Gaceta Judicial, 2022

Gutiérrez Gutiérrez, Ignacio. *Dignidad de la persona y derechos fundamentales*. Madrid: Marcial Pons, 2005.

Häberle, Peter. *Pluralismo y Constitución*. Madrid: Tecnos, 2002.

_____. *El Estado constitucional*. México: UNAM, 2001.

_____. *Teoría de la Constitución como ciencia cultural*. Madrid. Dykinson, 1998.

_____. "La sociedad abierta de los intérpretes constitucionales". En *Retos actuales del Estado Constitucional*. Oñate: Gobierno Vasco, 1996.

Habermas, Jürgen. *Also a History of Philosophy. Volume I. The Project of a Genealogy of Postmetaphysical Thinking*. Cambridge: Polity Press, 2023.

_____. *El Occidente escindido*. Madrid: Trotta, 2006.

_____. *Facticidad y validez*. Madrid: Trotta, 1998.

Hardt, Michael y Antonio Negri. *Commonwealth*. Cambridge: The Belknap Press of Harvard University Press, 2009.

Hauriou, Maurice. *Principios de Derecho Público y Constitucional*. Granada: Comares, 2003.

Heller, Herman. *Teoría del Estado*. México: Fondo de Cultura Económica, 1987.

Hernández González, José Ignacio. "La propuesta de reforma de la justicia constitucional en Israel y los riesgos del derecho constitucional autoritario populista". En *Blog Revista Derecho del Estado*. Universidad Externado de Colombia. 14 de abril de 2023. https://blogrevistaderechoestado.uexternado.edu.co/2023/04/14/la-propuesta-de-reforma-de-la-justicia-constitucional-en-israel-y-los-riesgos-del-derecho-constitucional-autoritario-populista/

_____. "La reelección presidencial en El Salvador: otro caso de derecho constitucional autoritario-populista". En *IberICONnect*, 27 de septiembre de 2021. Disponible en https://www.ibericonnect.blog/2021/09/

la-reeleccion-presidencial-en-el-salvador-otro-caso-de-derecho-constitucional-autoritario-populista/

———. "La moralidad del derecho administrativo en Estados Unidos: una visión comparada desde los principios generales del derecho administrativo en América Latina". En *Revista de Administración Pública*, 215, 289-325. doi: https://doi.org/10.18042/cepc/rap.215.11

Hernández-Machado Santana, Erick J. *Derecho Procesal Constitucional.* Santo Domingo: Fundación Derecho Constitucional y Comunitario, 2007.

Hernández Peguero, José Manuel. *Compendio de jurisprudencia electoral dominicana 2012-2016.* Santo Domingo: Editora Corripio, 2016.

Hesse, Konrad. *Escritos de Derecho Constitucional.* Madrid: Centro de Estudios Constitucionales, 1983.

Hostos, Eugenio María de. *Lecciones de Derecho Constitucional.* Santo Domingo: ONAP, 1980.

Ignatieff, Michael. *El mal menor.* Madrid: Taurus, 2005.

Iglesias Vilas, Marisa. "Los conceptos esencialmente controvertidos en la interpretación constitucional". En *Doxa*. No. 23-2000 (http://cervantesvirtual.com/portal/DOXA).

Ippolito, Dario, Fabricio Mastromartino y Giorgio Pino. "Una filosofía del derecho para el estado constitucional". En Dario Ippolito y otros. *Para Luigi Ferrajoli.* Madrid: Trotta, 2021.

Irving, Helen. *Gender and the Constitution. Equity and Agency in Comparative Constitutional Design.* Cambridge: Cambridge University Press, 2008.

Jakobs, Gunther y Manuel Cancio Meliá. *Derecho penal del enemigo.* Buenos Aires: Hammurabi, 2005.

Jorge Blanco, Salvador. *Introducción al Derecho.* Santo Domingo: Capeldom, 2004.

Jorge García, Juan. *Derecho Constitucional Dominicano.* Santo Domingo: Editora Corripio, 2000.

Jorge Prats, Eduardo. "La Constitución dominicana de 2010 en el contexto del movimiento neoconstitucionalista". En Pedro González-Trevijano y Enrique Arnaldo Alcubilla (directores). *Comentarios a la Constitución de la Republica Dominicana.* Madrid: La Ley Actualidad, 2012.

Kägi, Werner. *La Constitución como ordenamiento jurídico fundamental del Estado.* Madrid: Dyckinson, 2005.

Kelsen, Hans. *Teoría pura del Derecho.* México: UNAM, 1981.

Kramer, Larry. *Constitucionalismo popular y control de constitucionalidad.* Madrid: Marcial Pons, 2011.

Kumm, Mattias. "¿Quién teme a la Constitución total?" En Agustín José Menéndez y Eric Oddvar Eriksen (eds.). *La argumentación y los derechos fundamentales.* Madrid: Centro de Estudios Políticos y Constitucionales, 2010.

Laclau, Ernesto. *La razón populista.* Buenos Aires: Fondo de Cultura Económica, 2005.

Landa, César. *Constitución y fuentes del Derecho.* Lima: Palestra, 2006.

Lasalle, Fernando. *¿Qué es un Constitución?* Madrid: Ariel, 1989.
Linz, Juan J. "The Virtues of Parliamentarism". En *Journal of Democracy*. Vol. 1 (No. 4), Fall 1990.
Locke, John. *Ensayo sobre el gobierno civil*. Madrid: 1969.
López Garrido, Diego, Marcos Francisco Massó Garrote y Lucio Pegoraro (dirs.). *Nuevo Derecho Constitucional Comparado*. Valencia: Tirant lo Blanch, 2000.
López Guerra, Luis. *Las sentencias básicas del Tribunal Constitucional*. Madrid: Centro de Estudios Políticos y Constitucionales, 2008.
Loewenstein, Karl. *Teoría de la Constitución*. Barcelona: Ariel, 1983.
Lucas Verdú, Pablo. *Teoría de la Constitución como ciencia cultural*. Madrid: Dykinson, 1998.
——————. *El sentimiento constitucional. Aproximación al estudio del sentir constitucional como modo de integración política*. Madrid: Reus, 1985.
Luchaire, Francois. *La protection constitutionnelle des droits et des libertés*. Paris: Economica, 1999.
Luciano Pichardo, Rafael. *La justicia constitucional*. Santo Domingo: Editora Corripio, 2006.
Luhmann, Niklas. *El Derecho de la sociedad*. México: Universidad Iberoamericana, 2002.
——————. *Social Systems*. Stanford: Stanford University Press, 1995.
Mackinnon, Catherine. *Hacia una teoría feminista del Estado*. Valencia: Cátedra, 1995.
Malini, Pablo. *Constitucionalismo social*. Buenos Aires: Astrea, 2016.
Marshall, Geoffrey. *Teoría constitucional*. Santiago de Chile: Ediciones Olejnik, 2019.
Martín Morales, Ricardo. "El equilibrio de las categorías dogmáticas en los ordenamientos multinivel. La levedad de la dogmática". En Peter Häberle, Francisco Balaguer Callejón, Ingo Wolfgang Sarlet, Carlos Luiz Strapazzon y Augusto Aguilar Calahorro (coords.). *Derechos fundamentales, desarrollo y crisis del constitucionalismo multinivel. Libro homenaje a Jörg Luther*. Pamplona: Civitas / Thomson Reuters, 2020.
Martinez Real, Javier. *El fenómeno neoconstitucional como objetivación jurídica de la dignidad humana*. Santo Domingo: Editorial UNIBE, 2010.
Marzal Yetano, Elia. *El proceso de constitucionalización del Derecho de Inmigración*. Madrid: Fundación Registral, 2009.
Matteucci, Nicola. *Organización del poder y libertad: historia del constitucionalismo moderno*. Madrid: Trotta, 1998.
Medina Reyes, Roberto. "El constitucionalismo democrático en la evolución histórica del pueblo dominicano". En Eduardo Jorge Prats (dir.). *Las bases históricas y constitucionales del derecho público*. Liber Amicorum. Wenceslao Vega B. Santo Domingo: Instituto Dominicano de Derecho Constitucional / Librería Jurídica Internacional, 2023.
Medina Tejeda, Daira Cira. *Aproximación al constitucionalismo con énfasis en el dominicano*. Santo Domingo: 2020.

Medrano, Claudio Aníbal. *Apuntes sobre control de la constitucionalidad dominicana en el contexto latinoamericano*. San Francisco de Macorís: Impresora del Nordeste, 1999.

Mella, Pablo Mella. *Los espejos de Duarte*. Santo Domingo: Instituto Pedro Francisco Bonó, 2013.

Mirkine-Guetzévich, Boris. *Modernas tendencias del Derecho Constitucional*. Madrid: Reus, 1934.

Montilla Castillo, Pedro. "El informe constituyente de 1844: apuntes para su estudio". En Eduardo Jorge Prats (dir.). *Las bases históricas y constitucionales del derecho público. Liber Amicorum. Wenceslao Vega B.* Santo Domingo: Instituto Dominicano de Derecho Constitucional / Librería Jurídica Internacional, 2023.

Mortati, Constantino. *La Constitución en sentido material*. Madrid: Centro de Estudios Políticos y Constitucionales, 2000.

Moya Pons, Frank. "Las primeras constituciones políticas de la República Dominicana". En Eduardo Jorge Prats (dir.). *Las bases históricas y constitucionales del derecho público. Liber Amicorum. Wenceslao Vega B.* Santo Domingo: Instituto Dominicano de Derecho Constitucional / Librería Jurídica Internacional, 2023.

_____. *Manual de Historia Dominicana*. Santo Domingo: Editora Corripio, 1992.

Moyn, Samuel. *Not Enough. Human Rights in an Unequal World*. Harvard: Harvard University Press, 2019.

Neves, Marcelo. *Transconstitucionalismo*. Sao Paulo: WMF Martins Fonte, 2009.

_____. *La fuerza simbólica de los derechos humanos*. En *DOXA, Cuadernos de Filosofía del Derecho*. 27. 2004

_____. *A constituição simbólica*. Sao Paulo: Acadêmica, 1994.

Noguera Fernández, Albert. *La ideología de la soberanía. Hacia una reconstrucción emancipadora del constitucionalismo*. Madrid: Trotta, 2019.

Ortega-Vélez, Ruth E. *Síntesis jurisprudencia Derecho Constitucional (1900-2004)*. San Juan: Ediciones Scisco, 2004.

Pazmiño Freire, Patricio. *Descifrando caminos. Del activismo social a la justicia constitucional*. Quito: Flacso, 2010.

Pegoraro, Lucio. "La Constitución". En Diego López Garrido, Marcos Francisco Massó Garrote y Lucio Pegoraro. *Derecho Constitucional Comparado*. Valencia: Tirant lo Blanch, 2017.

Pegoraro, Lucio y Angelo Rinella. *Derecho constitucional comparado. Sistemas constitucionales*. Tomo 2. Volumen A. Buenos Aires: Astrea, 2018.

Pellerano Gómez, Juan Ml. *El control judicial de la constitucionalidad*. Santo Domingo: Capeldom, 1998.

_____. "¿Una ó 35 constituciones?". En *Gaceta Judicial*. 18 de febrero de 1997.

_____. "Constitución, empresas públicas y privatización". En VVAA. *Constitución y economía*. Santo Domingo: PUCMM, 1996.

_____. *Constitución y Política*. Santo Domingo: Capeldom, 1990.

Peña Batlle, Manuel Arturo. *Constitución política y reformas constitucionales*. Santo Domingo: Onap, 1981.

_____. *Discurso en el Centenario de la Constitución*. Santo Domingo: 1944.

Peña Gómez, José Francisco. *Fracaso de la democracia representativa a la luz del Derecho Constitucional*. Santo Domingo: Manatí, 2002.

Peralta Romero, Rafael y Antoliano Peralta Romero. *Reformas a la Constitución Política dominicana*. Santo Domingo: Gente, 2014.

Perdomo, Nassef. "El mito de la continuidad constitucional". En *Gaceta Judicial*. No. 200, 1 de febrero de 2005.

Pérez Memen, Fernando. *El pensamiento dominicano en la Primera República*. Santo Domingo: Secretaría de Estado de Educación, 1995.

Pérez Royo, Javier. *Curso de Derecho Constitucional*. Madrid: Marcial Pons, 2007.

Perju, Vlad. "Constitutional transplants, borrowing, and migrations". En *Legal Studies Research Paper Series*. Boston College Law School 254 (10 de enero 2012).

Pernice, Ingolf. "El constitucionalismo multinivel en la Unión Europea". En *Revista de Derecho Constitucional Europeo*. No. 17.

Perry, M. J. *Morality, Politics and Law*. Oxford: Oxford University Press, 1988.

Pisarello, Gerardo. *Un largo Termidor. La ofensiva del constitucionalismo antidemocrático*. Madrid: Trotta, 2011.

_____. "Globalización, constitucionalismo y derechos: las vías del cosmopolitismo jurídico". En Miguel Carbonell (ed.). *Teoría del neoconstitucionalismo*. Madrid: Trotta - UNAM, 2007.

Piza Rocafort, Rodolfo E. *Democracia en las Américas*. San José: Editorial Investigaciones Jurídicas, 2021.

Pizzorusso, Alessandro. *Justicia, Constitución y pluralismo*. Lima: Palestra, 2007.

Polanco, Priscila Camila. "La constitucionalización del feminismo". En Eduardo Jorge Prats (dir.). *El nuevo constitucionalismo y la constitucionalización de la sociedad y el Derecho. Liber Amicorum. Luigi Ferrajoli*. Santo Domingo: Librería Jurídica Internacional / Instituto Dominicano de Derecho Constitucional, 2018.

Polo Roca, Andoni. "Sociedad de la Información, Sociedad Digital, Sociedad de Control". En *Inguruak*. Nº 68, 2020. https://doi.org/10.18543/inguruak-68-2020-art05

Popper, Karl. *La sociedad abierta y sus enemigos*. Barcelona: Paidos, 1994.

Posner, Richard. *Not a Suicide Pact. The Constitution in a Time of National Emergency*. New York: Oxford University Press, 2006.

Potentini, Trajano. *Jurisprudencia electoral dominicana*. Santo Domingo: Trajano Potentini & Asociados, 2019.

_____. *Manual de Derecho Constitucional Dominicano. Guía conceptual y doctrinal de la Constitución reformada*. Santo Domingo: _____, 2010.

Preuss, Ulrich K. "Disconnecting Constitutions from Statehood. Is Global Constitutionalism a Viable Concept?". En Petra Dobner y Martin Loughlin. *The Twilight of Constitutionalism?* Oxford: Oxford University Press, 2010.

Prieto Sanchís, Luis. "El constitucionalismo en la teoría del Derecho de Ferrajoli". En Dario Ippolito et al. *Para Luigi Ferrajoli.* Madrid: Trotta, 2021.

──────. *El constitucionalismo de los derechos. Ensayos de filosofía jurídica.* Madrid: Trotta, 2013.

──────. *Justicia constitucional y derechos fundamentales.* Madrid: Trotta, 2003.

Ramírez Morillo, Belarminio. *Derecho Constitucional, control de la Constitución y Derecho Electoral.* Santo Domingo: _____, 2010.

──────. *Derecho Constitucional Dominicano: Estado Social de Derecho y Procedimiento Constitucional.* Santo Domingo: _____, 2010.

Ray Guevara, Milton. *Mis votos particulares.* Santo Domingo: Tribunal Constitucional de la República Dominicana / Centro de Estudios Constitucionales, 2023.

──────. "Audiencia Solemne rendición de cuentas 2018". En *Discursos del Presidente del Tribunal Constitucional. Democracia constitucional.* Volúmen III. Santo Domingo. Tribunal Constitucional , 2021.

──────. "Palabras de presentación del Magistrado Presidente Milton Ray Guevara". En Justo Pedro Castellanos Khoury y Leonor Tejada (coords.). *La Constitución dominicana y sus reformas (1844-2015).* Santo Domingo: Tribunal Constitucional de la República Dominicana. 2019.

──────. "Higüey: una simiente del Tribunal Constitucional, presentación del Pleno en la provincia La Altagracia". En *Discursos del presidente del Tribunal Constitucional ¡Vivir en Constitución!.* Volumen I. Santo Domingo: Tribunal Constitucional de la República Dominicana, 2015.

──────. *Doctrina jurídica dominicana.* Santo Domingo: Taller, 1990.

Reyes Cerda, Nelson. *Historia de las reformas a la Constitución dominicana.* Santo Domingo: Colección de Estudios de Derecho Constitucional, 1998.

Reyes-Torres, Amaury. *Constitución y política.* Santo Domingo: Librería Jurídica Internacional, 2024.

──────. "Patriotismo constitucional republicano". En Tamara Haidée Aquino y otros. *Nación y ciudadanía en la Constitución dominicana. Hacia un nacionalismo cívico.* Santo Domingo: Pontificia Universidad Católica Madre y Maestra. Centro Universitario de Estudios Políticos y Sociales, 2024.

──────. "Constitución y patriotismo constitucional". En Eduardo Jorge Prats (dir.). *La organización del poder para la libertad. Liber Amicorum. Milton Ray Guevara.* Santo Domingo: Instituto Dominicano de Derecho Constitucional / Librería Jurídica Internacional, 2020.

Ridao, Joan. *Constitucionalismos. Una inmersión rápida.* Barcelona: Tibidabo Ediciones, 2022.

Rivero, Jean. *Libertés publiques.* París: PUF, 1991.

Rodenas, Ángeles. "Validez material y constitucionalismo garantista". En Luigi Ferrajoli y otros. *Un debate sobre el constitucionalismo*. Madrid: Marcial Pons, 2012.

Rodríguez, Namphi. *Diccionario de jurisprudencia electoral*. Fundación Prensa y Derecho, 2024.

Rodríguez, Namphi. *Diccionario de jurisprudencia constitucional. Glosario conceptual e interpretativo del Tribunal Constitucional dominicano*. Santo Domingo: Librería Jurídica Internacional, 2023.

Rodríguez Demorizi, Emilio. *La Constitución de San Cristóbal*. Santo Domingo: Editora del Caribe, 1980.

Rodríguez García, Arismendy. *Teoría y justicia constitucional. Ensayos*. Santo Domingo: Ediciones Uapa, 2013.

Rodriguez Ruiz, Blanca. *Los derechos fundamentales ante el Tribunal Constitucional*. Valencia: Tirant lo Blanch, 2019.

Rodríguez-Zapata, Jorge. *Teoría y práctica del Derecho Constitucional*. Madrid: Tecnos, 1999.

Rojas Báez, Julio José. "El rol de la ciudadanía en un nacionalismo liberal". En Tamara Haidée Aquino y otros. *Nación y ciudadanía en la Constitución dominicana. Hacia un nacionalismo cívico*. Santo Domingo: Pontificia Universidad Católica Madre y Maestra. Centro Universitario de Estudios Políticos y Sociales, 2024.

_____. *El debido proceso en el bloque de constitucionalidad dominicano*. Santo Domingo: Editora Manatí, 2020.

Rosenkratz, C. "Against Borrowing and other Non-Authoritative Uses of Foreign Law". En *International Journal of Constitutional Law*. Oxford: Oxford University Press, vol. 1, no. 2, 2003.

Rousseau, Juan Jacobo. *Contrato social*. Madrid: Espasa Calpe, 1968.

Rubio Llorente, Francisco. *La forma del poder*. Madrid: Centro de Estudios Constitucionales, 1997.

_____. *Derechos fundamentales y principios constitucionales (doctrina jurisprudencial)*. Barcelona: 1995.

Sáchica, Luis Carlos. *Nuevo constitucionalismo colombiano*. Bogotá: Temis, 1996.

Sagüés, Nestor Pedro. "El concepto de 'desconstitucionalización'". En Allan R. Brewer-Carías y Humberto Romiro-Muci (coords.). *El falseamiento del Estado de derecho*. Caracas: Academia de Ciencias Políticas y Sociales, 2021.

_____. *Manual de Derecho Constitucional*. Buenos Aires: Astrea, 2007.

Sánchez Barrilao, Juan Francisco. "Constitucionalismo digital: entre realidad digital, prospectiva tecnológica y mera distopía constitucional". En Francisco Balaguer Callejón e Ingo Wolfgang Sarlet (dirs.). *Derechos fundamentales y democracia en el constitucionalismo digital*. Cizur Menor: Aranzadi, 2023.

_____. "La crisis del Derecho constitucional multinivel". En Peter Häberle, Francisco Balaguer Callejón, Ingo Wolfgang Sarlet, Carlos Luiz Strapazzon y Augusto Aguilar Calahorro (coords.). *Derechos fundamentales, desarrollo y crisis del constitucionalismo multinivel. Libro homenaje a Jörg Luther.* Pamplona: Civitas / Thomson Reuters, 2020.

———. "Sociedad del miedo y desafección constitucional". En *Revista De Derecho Político*, 1(108), 2020, 97–126. https://doi.org/10.5944/rdp.108.2020.27995

Sánchez Sanlley, Augusto Luis. *Manual de Derecho Constitucional.* Santo Domingo: Tribunal Constitucional de la República Dominicana, 2021.

Santana, María del Carmen. "Acceso de las mujeres a la justicia". En Lino Vásquez Samuel y otros. *Visión constitucional del derecho a la igualdad de género.* Santo Domingo: Tribunal Constitucional de la República Dominicana / Centro de Estudios Constitucionales / Editora Amigo del Hogar, 2022.

Santiago, Alfonso. *En las fronteras entre el Derecho Constitucional y la Filosofía del Derecho. Consideraciones iusfilosóficas acerca de algunos temas constitucionales.* Buenos Aires: Marcial Pons, 2020.

Sartori, Giovanni. *Elementos de teoría política.* Madrid: Alianza Editorial, 2002.

Sastre Ariza, Santiago. "La ciencia jurídica ante el neoconstitucionalismo". En Miguel Carbonell (ed.). *Neoconstitucionalismo(s).* Madrid: Trotta, 2006.

Schmitt, Carl. *Teoría de la Constitución.* Madrid: Alianza Editorial, 1982.

Schneider, Hans Peter. *Democracia y Constitución.* Madrid: Centro de Estudios Constitucionales, 1991.

Schwabe, Jürgen. *Jurisprudencia del Tribunal Constitucional federal alemán.* México: Konrad Adenauer Stiftung, 2009.

———. *Cincuenta años de jurisprudencia del Tribunal Constitucional federal alemán.* Montevideo: Ediciones Jurídicas Gustavo Ibáñez / Konrad Adenauer Stiftung, 2003.

Sièyes, Emmanuel. *¿Qué es el Tercer Estado?* Barcelona: Ariel, 1985.

Smend, Rudolf. *Constitución y Derecho Constitucional.* Madrid: Centro de Estudios Constitucionales, 1985.

Smend, Rudolf y Hans Kelsen. *La controversia Smend/Kelsen sobre la integración en la Constitución y el Estado durante la República de Weimar: "Constitución y Derecho constitucional" versus "El Estado como integración".* Madrid: Tecnos, 2019.

Sousa Duvergé, Luis Antonio. "Por un nacionalismo cívico y liberal: una mirada a la Sentencia No. TC/0168/13 del Tribunal Constitucional". En Tamara Haidée Aquino y otros. *Nación y ciudadanía en la Constitución dominicana. Hacia un nacionalismo cívico.* Santo Domingo: Pontificia Universidad Católica Madre y Maestra. Centro Universitario de Estudios Políticos y Sociales, 2024.

———. *Control de convencionalidad en República Dominicana.* Santo Domingo: Ius Novum, 2011.

Steiner, Christian y Patricia Uribe. *Convención Americana sobre Derechos Humanos.* Comentario. Bogotá: Temis / Konrad Adenauer, 2014.

Straehle, Edgar. "Repensar los derechos para repensar la tradición". En *CTXT*. 11/12/2021. https://ctxt.es/es/20211201/Firmas/37937/tradicion-derechos-humanos-revolucion-francesa-mujeres-esclavitud-Edgar-Straehle.htm

Straumann, Benjamin. *Crisis and Constitutionalism: Roman Political Thought from the Fall of the Republic to the Age of Revolution.* New York: Oxford University Press, 2016.

Stern, Klans. *Derecho del Estado de la República Federal Alemana.* Madrid: Centro de Estudios Constitucionales, 1987.

Sternberger, Dolf. *Patriotismo constitucional.* Bogotá: Universidad Externado de Colombia, 2001.

Streck, Lenio Luiz. "La jurisdicción constitucional y las posibilidades de concretización de los derechos fundamentales sociales". En *Anuario Iberoamericano de Justicia Constitucional.* Núm. 11. Madrid: 2007. págs. 369-405. https://www.cepc.gob.es/sites/default/files/2021-12/25857aijc011013.pdf

Suárez, José Darío y Adriano Miguel Tejada. *Constitución comentada de la República Dominicana.* Santiago: PUCMM, 1990.

Suprema Corte de Justicia. *12 años de justicia constitucional en República Dominicana.* Santo Domingo: Editora Margraf, 2010.

_____. *Los jueces de la Suprema Corte de Justicia comentando los derechos individuales y sociales.* Santo Domingo: Editora Corripio, 2007.

_____. La *Constitución de la República Dominicana comentada por los jueces del Poder Judicial.* Santo Domingo: Editora Corripio, 2006.

Suncar Méndez, Ernesto J. *Lecciones de Derecho Constitucional dominicano.* Santo Domingo: Tribunal Constitucional de la República Dominicana / Centro de Estudios Constitucionales, 2023.

Tajadura Tejada, Javier. "La función política de los preámbulos constitucionales". En *Cuestiones Constitucionales, Revista Mexicana de Derecho Constitucional,* Número 5, julio-diciembre 2001.

Tavares, Froilán J. R. *Historia del Derecho y de las ideas sociopolíticas.* Santo Domingo: Almanzor González Canahuate, 1996.

Tena de Sosa, Felix y Laia Verónica Rojas. "El Tribunal Constitucional dominicano como espacio ciudadano". En Tribunal Constitucional de la República Dominicana. *Anuario 2022.* Santo Domingo: Dento Media, 2023.

Tejada, Adriano Miguel. "Por una teoría constitucional dominicana". En Tribunal Constitucional de la República Dominicana. *Anuario 2020.* Santo Domingo: Editora Búho, 2021.

_____. *Anuario 2012.* Santo Domingo: Imprenta AMSL, 2013.

Teubner, Gunther. *Constitutional Fragments. Societal Constitutionalism and Globalization.* Oxford: Oxford University Press, 2012.

_____. (ed.). *Autopoietic Law: A New Approach to Law and Society.* Berlín: de Gruyter, 1987.

Tribe, Laurence. *American Constitutional Law.* New York: Foundation Press, 2000.

Tribunal Constitucional de la República Dominicana. *Una década de labor jurisprudencial: Tribunal Constitucional de la República Dominicana.* Santo Domingo: Editora Amigo del Hogar, 2022.

Tushnet, Mark: *Taking the Constitution Away From the Courts.* Princeton: Princeton University Press, 1999.

Tushnet, Mark y Bojan Bugarič. *Power to the People. Constitutionalism in the Age of Populism.* New York: Oxford University Press, 2021.

Valadés, Diego. *El control del poder.* Caracas: Editorial Jurídica Venezolana, 2007.

_____. *El gobierno de gabinete.* México: UNAM, 2003.

Valentín Jiminián, Julio César. *Dimensiones liberales y progresistas de la Constitución de 1963.* Santo Domingo: Alfa y Omega, 2017.

_____. *Constitución, reforma y democracia de la imposición autoritarial pacto político-social.* Santo Domingo: Ediciones Alfa y Omega, 2009.

Valera Montero, Miguel. *Constitución, justicia y Derecho. Sobre Derecho Constitucional.* Volumen I (2000-2010) y Volumen II (2010-2020). Santo Domingo: _____, 2020.

_____. *Jurisprudencia constitucional del Poder Judicial.* Santo Domingo: Librería Jurídica Internacional, 2013.

_____. *Hacia un nuevo concepto de Constitución.* Santo Domingo: Ediciones Capeldom, 2006.

_____. *El control concentrado de la constitucionalidad en la República Dominicana.* Santo Domingo: Capeldom, 1999.

Valerio Jiminián, Manuel. *Constitución, democracia y ciudadanía.* Santo Domingo: PUCMM, 2007.

Vargas Guerrero, Alejandro. *El Tribunal Constitucional y las garantías de los derechos fundamentales. Análisis general y procedimiento de amparo, habeas data, habeas corpus, inconstitucionalidad.* Santo Domingo: Tribunal Constitucional / Centro de Estudios Constitucionales, 2023

_____. *Guía práctica de la acción de inconstitucionalidad.* Santo Domingo: Impresora Soto Castillo, 2021.

Vásquez Abreu, Juan Ramón y Ramón Encarnación Montero. *Jurisprudencia constitucional dominicana en materia electoral y de los tribunales electorales latinoamericanos.* Santo Domingo: 2020.

Vásquez Acosta, Eunisis. "Interpretación constitucional y alcance del derecho a la igualdad y a la igualdad de género. Principios rectores". En Lino Vásquez Samuel y otros. *Visión constitucional del derecho a la igualdad de género.* Santo Domingo: Tribunal Constitucional de la República Dominicana / Centro de Estudios Constitucionales / Editora Amigo del Hogar, 2022.

Vásquez Samuel, Lino. "Justicia transicional y perspectivas de género". En Lino Vásquez Samuel y otros. *Visión constitucional del derecho a la igualdad de género.* Santo Domingo: Tribunal Constitucional de la República Dominicana / Centro de Estudios Constitucionales / Editora Amigo del Hogar, 2022.

Vega, Wenceslao. *Historia constitucional dominicana.* Santo Domingo: Tribunal Constitucional de la República Dominicana, 2022.

_____. "Antecedentes constitucionales dominicanos". En *Revista Dominicana de Derecho.* Vol. I. No. 1. Enero-junio 2021.

──────. *Historia del Derecho dominicano*. Santo Domingo: Amigo del Hogar, 1994.

Vermeule, Adrian. *Common Good Constitutionalism*. Cambridge: Polity, 2022.

Viciano Pastor, R. & R. Martínez Dalmau. "Aspectos Generales del nuevo constitucionalismo latinoamericano". En *El nuevo constitucionalismo de América Latina. Memorias del encuentro internacional El nuevo constitucionalismo: desafíos y retos para el siglo XXI*. Quito: Corte Constitucional Ecuador, 2010.

Vigo, Rodolfo L. *El neoconstitucionalismo iuspositivista-critico de Luigi Ferrajoli*. Madrid: Marcial Pons, 2019.

Wheare, Kenneth C. *Las constituciones modernas*. Santiago de Chile: Ediciones Olejnik, 2019.

Weiler, J. H. H. *The Constitution of Europe*. Cambridge: Cambridge University Press, 1999.

Zagrebelsky, Gustavo. *La ley y su justicia. Tres capítulos de justicia constitucional*. Madrid: Trotta, 2014.

──────. "Jueces constitucionales". En Miguel Carbonell (ed.). *Teoría del neoconstitucionalismo*. Madrid: Trotta - UNAM, 2007.

──────. *Historia y Constitución*. Madrid: Trotta, 2005.

──────. *El Derecho dúctil*. Madrid: Trotta, 1995.

Zagrebelsky, Gustavo, Valeria Marciano y Francesco Pallante. *Manual de Derecho Constitucional*. Lima: Palestra, 2015.

CAPÍTULO DOS
Poder Constituyente y Reforma Constitucional

La doctrina constitucional siempre se ha ocupado de los modos de elaboración de la Constitución y de las formas en que puede ser modificada una Constitución ya establecida. Se trata de dos fenómenos –el poder constituyente y la reforma constitucional- muy similares: tanto la elaboración de la Constitución como la modificación de una Constitución comportan la negociación, la redacción y la adopción de textos constitucionales que versan sobre las mismas materias y se adoptan mediante procedimientos semejantes. Pero, al mismo tiempo, se trata de dos fenómenos diferentes y que, por tanto, deben ser distinguidos: una nueva Constitución se elabora desde la nada o reemplaza una Constitución en tanto que sólo puede modificarse una Constitución ya elaborada y existente. Sin embargo, no se pueden exagerar las diferencias. Muchas veces una *nueva Constitución* en el fondo esconde una profunda continuidad de instituciones, principios y relaciones de poder respecto al viejo orden constitucional, en tanto que, fruto de una *reforma constitucional*, sea esta integral o parcial, puede surgir una nueva Constitución que viene a revolucionar el orden jurídico-constitucional. Por todo lo anterior, desde una óptica sistemática y pedagógica, conviene estudiar ambos conceptos conjuntamente, para así compararlos y distinguirlos.

1. EL PODER CONSTITUYENTE

1.1 La cuestión del poder constituyente

El *poder constituyente* es una de las categorías más importantes del constitucionalismo moderno, pues, como bien afirmaba Sièyes, "una Constitución supone ante todo un poder constituyente" (Sièyes).

1.1.1 Catálogo de preguntas. Para Gomes Canotilho, la cuestión del poder constituyente conduce a cuatro preguntas fundamentales que nos permiten intuir las complejas y controvertidas cuestiones de teoría política, de filosofía, de ciencia política, de teoría de la Constitución y de Derecho Constitucional que suscita el tópico: ¿Qué es el poder constituyente? ¿Quién es el titular de ese poder? ¿Cuál es el procedimiento y la forma de su ejercicio? ¿Existen límites jurídicos y políticos al ejercicio de ese poder? (Gomes Canotilho: 65-66).

La primera pregunta nos permite aproximarnos a las características fundamentales del poder constituyente. Y, a pesar de la multiplicidad de conceptos y definiciones, veremos que en el fondo, el poder constituyente se revela siempre como una cuestión de *"poder"*, de "fuerza" o de "autoridad" política que está en condiciones de, dada una situación concreta, crear, garantizar o eliminar una Constitución entendida como ley fundamental de la comunidad política.

La segunda cuestión nos conduce a un complejo de problemas: quién es el sujeto, quién es el *titular,* quién puede movilizar la fuerza ordenadora del pueblo a los fines de instituir una ley fundamental. Veremos que hoy el titular del poder constituyente sólo puede ser el pueblo y que el pueblo, en la actualidad, se entiende como una entidad plural, formada por individuos, asociaciones, grupos, iglesias, comunidades, personalidades, instituciones, articuladores de intereses, ideas, creencias y valores plurales, convergentes y conflictivos.

La tercera pregunta nos coloca ante la cuestión del *procedimiento* de elaboración y aprobación de una Constitución. Se discute aquí, de modo específico, la forma procedimental de actuar del poder constituyente. ¿Deberá tratarse de un procedimiento legislativo constituyente desarrollado en el seno de una asamblea constituyente expresa y exclusivamente electa para proceder a hacer una Constitución? ¿O será preferible un procedimiento mediante el cual el pueblo, a través del referendo o plebiscito, decida la aprobación de un texto que, para ese fin, fue sometido a su aprobación?

En fin, la cuarta interrogante nos lleva directamente al complejo problema del contenido, de la legitimidad de una Constitución y de los *límites del poder constituyente*. Más adelante veremos que el poder constituyente, aún se ejerza como poder originario, no actúa en el vacío histórico-cultural, como si partiese de la nada. Por ello, ciertos principios –la dignidad de la persona, la justicia, los derechos fundamentales– permiten inferir la bondad o la maldad intrínsecas de una Constitución.

1.1.2 Diversidad de perspectivas. Las interrogantes acabadas de formular pueden ser contestadas desde diversas perspectivas. Desde el punto de vista *histórico-genético*, las preocupaciones sobre el poder constituyente se centran en su génesis y evolución histórica. En términos *jurídico-filosóficos* y *teórico-jurídicos*, las reflexiones abarcan el fundamento, pretensión de validez y dignidad de reconocimiento de una Constitución como ley materialmente justa, que es el problema en general de la legitimidad de la Constitución. A una perspectiva teórico-constitucional interesan sobre todo los problemas de las fuerzas o instancias ordenadoras del "pueblo", la "nación", el "estado", presentes en el momento impulsor inicial de la emergencia del poder constituyente o en el momento constitutivo de la elaboración de una ley fundamental. Desde esa perspectiva, el análisis se centra en el tema de la legitimación de una Constitución y en la respuesta a la pregunta: ¿por qué es que ciertas entidades políticas (partidos, grupos, asociaciones, cuerpos militares) se autoafirman y se autolegitiman como poder creador o reestructurador de la organización fundamental de una comunidad política? El poder constituyente suscita de ese modo difíciles problemas de naturaleza dogmático-constitucional que comienzan con la debatida cuestión de saber si el poder constituyente es un "poder jurídico" o un "poder fáctico" y terminan con las cuestiones, no menos intrincadas, de la reserva de Constitución, la alteración o modificación de la ley constitucional y la identificación de un "núcleo duro irreformable" de normas y principios (Gomes Canotilho: 66-68).

Esta simple lista de tópicos acerca del poder constituyente revela que, a fin de cuentas, la problemática del poder constituyente está asociada con otros problemas discutidos en cualquier tratado de política, tales como los de soberanía, contrato social, revolución, derecho de resistencia, ascenso y caída de los regímenes políticos. De ahí que un autor afirme que el poder constituyente es *"un concepto límite del Derecho Constitucional"* (Bockenforde). Esta idea trae a colación la imposibilidad del poder constituyente ser pensado como concepto o categoría jurídica: el poder constituyente sería así no una facultad o competencia jurídicamente regulada sino una *fuerza extra-jurídica*, un "simple hecho" fuera del Derecho. La posición aquí asumida se orienta en otro sentido. "Lo que caracteriza al poder constituyente es situarse a caballo entre la dimensión jurídica y la política" (Palombella: 33). De ahí que, si bien el poder constituyente no es concebible como un poder del todo jurídicamente regulado, no por eso deja de ser política y jurídicamente relevante. En el plano político, el modo de revelación del poder constituyente se conecta con el presupuesto democrático de la autodeterminación y la *autoorganización de una comunidad*. Desde el punto de vista jurídico, el poder constituyente convoca la "fuerza bruta" que constituye un ordenamiento jurídico para el terreno de la legitimación y legitimidad. Las preguntas que desde el derecho constitucional se realizan sobre el poder constituyente son pues inevitables: ¿cuál es el valor de la fuerza constituyente como parte de un Derecho justo? ¿Cómo es que esa fuerza instituye un marco normativo de principios y reglas jurídicas que reclaman validez jurídica?

1.2 La perspectiva genética: revelar, decir o crear una Constitución

La problemática del poder constituyente ha sido frecuentemente abordada teniendo en cuenta el llamado *paradigma del "poder constituyente"* de la Revolución Francesa y de su "descubridor" Sièyes quien afirmó: "Una idea sana y útil fue establecida en 1788: el de la división del poder constituyente y del poder constituido. Ella contará entre los descubrimientos que han permitido dar un paso a la ciencia [...] ella es debida a los franceses" (Sièyes). Hoy, hay que reconocer que este punto de vista conduce a desconocer dos modelos constitucionales sin los cuales es imposible entender el poder constituyente: el modelo británico y el modelo norteamericano. A juicio de Gomes Canotilho, tres palabras resumen las características más importantes de las tres experiencias constituyentes paradigmáticas: los ingleses comprenden el poder constituyente como un proceso histórico de *"revelación"* de la "Constitución de Inglaterra"; los norteamericanos como un proceso de *"decir"* lo que significa un texto escrito, producido por el poder constituyente, *"the fundamental and paramount law of the nation"*; y los franceses *"crean"* un nuevo orden jurídico-político a través de la "destrucción" de lo antiguo y la "construcción de lo nuevo", diseñando así la arquitectura de la nueva "ciudad política" en un texto escrito, la Constitución. "Revelar, decir y crear una constitución son los *modi operandi* de las tres experiencias constituyentes" (Gomes Canotilho: 69).

1.2.1 Revelar la norma: la desconfianza ante el poder constituyente en el modelo inglés. La idea de un "poder constituyente" creador de una ley básica merecería serias sospechas por parte de los "hombres libres" de la Edad Media. El modo específico y propio de garantizar los derechos y libertades (*jura et libertates*) era establecer *límites al poder* (a los poderes del *imperium*) y no crear una ley fundamental. Lo que se buscaba era confirmar la existencia de "privilegios y libertades" radicados en las "viejas leyes" ("*the good old laws*"), es decir, en el corpus costumbrista de las normas, y no reducirlos a un número de documentos escritos. Aún los denominados contratos de dominio, que se desarrollan en Europa a partir del siglo XIII, eran un complejo de normas que se destinaban fundamentalmente a regular las relaciones entre varias órdenes, estamentos, fuerzas, corporativamente organizadas en un determinado territorio y entre los hombres activos en los espacios citadinos y urbanos. Estas cartas pretendían establecer un equilibrio entre los "poderes medievales" de manera que se garantizasen o restaurasen los "derechos y libertades radicados en el tiempo" y se asegurase un gobierno moderado, en base a los pesos y contrapesos de las diversas fuerzas políticas y sociales. De ahí que las "cartas magnas" no impliquen el diseño de un nuevo orden político creado por un actor abstracto ("pueblo", "nación"). Era inherente al "*orden natural de las cosas*" la indisponibilidad del orden político, la incapacidad de querer, de construir y de proyectar un "orden nuevo", así como el rechazo de cualquier ruptura radical con las estructuras políticas tradicionales. Al "*constitucionalismo histórico*" le repugna la idea de un poder constituyente, entendido éste como fuerza y competencia para, por sí mismo, diseñar y planificar el modelo político de un pueblo.

1.2.2 Decir la norma: el poder constituyente y la creación de un cuerpo de reglas superiores e inviolables en el modelo norteamericano. Contrario al modelo historicista inglés, en el ordenamiento político norteamericano adquiere centralidad política la idea de un *poder constituyente*. La conocida fórmula del preámbulo constitucional, "*We the People*", indica claramente una dimensión básica del poder constituyente: crear una Constitución. ¿Crear una Constitución para qué? Para registrar en un documento escrito un conjunto de reglas inviolables donde se afirmase: i) la idea del "pueblo" de los Estados Unidos como autoridad o poder político superior; ii) la subordinación del legislador y de las normas que éste produce a la Constitución; iii) la inexistencia de poderes "supremos" o "absolutos", sobre todo de un poder soberano supremo, y la afirmación de los poderes constituidos y autorizados por la Constitución en base a un sistema de frenos y contrapesos (*checks and balances*); iv) la garantía de un catálogo de derechos fundamentales que pueden ser invocados ante todos los poderes constituidos.

De lo anterior, se infiere que el poder constituyente en la experiencia constitucional histórica de los Estados Unidos asume una filosofía garantista. La Constitución no es esencialmente un proyecto para el futuro, sino un mecanismo de garantizar derechos y de limitar poderes. El propio poder constituyente no es autónomo en la medida en que sirve para crear un cuerpo rígido de reglas garantizadoras de la libertad y de la limitación del poder. Contrario a la Revolución Francesa en la que, como veremos más adelante, el poder constituyente asume un carácter de "poder supremo", en Estados Unidos el poder constituyente es un instrumento funcional que sirve para redefinir el "*Higher Law*" (el derecho supremo) y establecer las reglas de juego entre los poderes constituidos y la sociedad, siguiendo los parámetros político-religiosos de algunas corrientes calvinistas y de las teorías contractualistas lockeanas. En otras palabras, el poder constituyente sirve para hacer una Constitución oponible a los representantes del pueblo, Constitución que, por demás, gracias al principio republicano, no tolera la idea de un "*centro político*", de una "concentración unitaria" del poder. En un sistema federal como el norteamericano, el poder constituyente tenía que ser articulado de manera que se conjugase la Constitución federal con la autonomía de los Estados y sus pueblos, las ventajas de la unión y los sentimientos republicanos de los Estados de la federación.

1.2.3 Crear la norma: el poder constituyente en el modelo francés. Ya Carl Schmitt ha notado la diferencia entre el modo que se articula el poder constituyente en Estados Unidos y en Francia: "En la Declaración americana de Independencia de 1776 no puede reconocerse con plena claridad el principio completamente nuevo, porque aquí surgía una nueva formación política, coincidiendo el acto de dar la Constitución con el de la fundación política de una serie de nuevos Estados. Otra cosa ocurre con la Revolución francesa de 1789. Aquí no surgía una nueva formación política, un nuevo Estado. El Estado francés existía de antes, y seguía existiendo. Aquí se trataba tan sólo de que los hombres mismos fijaban, por virtud de una decisión consciente, el modo y forma de su propia existencia política. Cuando se suscitó ahí conscientemente, y fue contestada, la cuestión del poder constituyente, aparecía mucho más clara la fundamental novedad de tal fenómeno. Un pueblo tomaba en sus manos, con plena conciencia, su propio destino, y adoptaba una libre decisión sobre el modo y forma de su existencia política" (SCHMITT: 96).

Lo anterior explica la singular concepción de los revolucionarios franceses del poder constituyente. La *nación* es la titular de un poder constituyente que se permite querer y crear un orden político y social nuevo, que se proyecta al futuro y que implica una ruptura con el pasado, con el *Ancien Regime*. Un poder que, como bien afirmaba su inventor Sièyes, es "independiente de toda forma constitucional [...] que puede querer como desee al margen de todo derecho positivo" (SIÈYES). A este poder constituyente, "salido de la nada", en una muestra más de cómo los conceptos teológicos se transmutan en conceptos políticos, se le transfieren los atributos divinos: *potestas constituens, norma normans, creation ex nihilo*. Con esta definición, los revolucionarios franceses resuelven tres problemas políticos: i) el modo de legitimación del poder político, pues el poder político se legitima en la medida en que emana de la voluntad soberana del pueblo-nación; ii) se cataliza la transformación del Estado moderno en república democrática; y iii) se crea una nueva solidaridad entre los ciudadanos políticamente activos en la construcción e integración del nuevo orden social.

1.3 La perspectiva teórica: las teorías sobre el poder constituyente

El poder constituyente, entendido como soberanía constituyente del pueblo, o sea, como el poder del pueblo para crear, a través de un acto constituyente, una ley superior jurídicamente ordenadora del orden político, parece hoy algo que no necesita demostración. Sin embargo, la distinción entre un poder constituyente que hace las leyes fundamentales y un poder legislativo que hace las leyes ordinarias ha sido precedida de una laboriosa construcción teórica.

1.3.1 Locke o el *"supreme power"*. Aunque Locke no utiliza la expresión "poder constituyente" en sus escritos, se considera que éste sugiere la distinción entre el poder constituyente del pueblo, reconducible al poder del pueblo de alcanzar una nueva forma de gobierno, y el poder originario del gobierno y del legislativo encargados de aprobar y aplicar las leyes. Este *"supreme power"* (*poder supremo*) del que nos habla Locke, y que se asocia al derecho de resistencia del "cuerpo del pueblo" reclamado por el radicalismo *"whig"* ante la oposición de unos *"tories"* que despectivamente tratan al pueblo como "populacho", "multitud" y "personas sin propiedad", parte de los siguientes presupuestos teóricos: i) el estado de naturaleza es de carácter social; ii) en el estado de naturaleza los individuos tienen una esfera de derechos naturales antecedentes o preexistentes a la formación de cualquier gobierno; iii) el poder supremo es conferido a la sociedad y no a cualquier soberano; iv) el contrato social a través del cual el pueblo consiente el poder supremo del legislador no le confiere a éste un poder general sino un poder limitado y específico y, sobre todo, no arbitrario; y v) sólo el cuerpo político reunido en el pueblo tiene autoridad política para establecer la constitución política de la sociedad (Locke).

1.3.2 Sièyes o el *"pouvoir constituant"*. Ya sabemos que la teoría del poder constituyente tiene su origen en el proceso revolucionario francés y está vinculada a la figura de Sièyes y al concepto de soberanía nacional tal como es elaborado por el abad. De acuerdo con esta concepción, la nación es el titular del poder constituyente, que únicamente puede ejercerse a través de representantes extraordinarios, que tienen la condición de comisionados. Quien ejerce como poder constituyente no puede actuar como poder constituido porque "la Constitución no es obra de ningún poder constituido, sino del poder constituyente. Ninguna suerte del poder delegado puede modificar en lo más mínimo las condiciones de su delegación". El poder constituyente es aquel *poder originario*, creador de un nuevo orden, que no se apoya en ninguna legalidad anterior y que carece de límites para actuar. Este poder constituyente es la propia expresión de la soberanía. Y es que "el poder constituyente –afirmaría Sièyes en su Exposición razonada ante el Comité Constitucional de la Asamblea del 20 de julio de 1789– todo lo puede […] no se encuentra de antemano sometido a ninguna Constitución […] por ello, para ejercer su función ha de verse libre de todo control". "La nación existe ante todo. Su voluntad es siempre ley, es la ley misma […] sería ridículo suponer a la nación misma ligada por formalidades o por la Constitución a la cual ella ha sujetado a sus mandatarios […] No solamente la nación no está sometida a una Constitución, sino que no puede estarlo y no debe estarlo" (Sièyes).

1.3.3 Teoría del poder constituyente y constitucionalismo.

1.3.3.1 El poder constituyente como dogma jurídico. La teoría del poder constituyente de Sièyes va a ser objeto de un proceso de elaboración doctrinal que encuentra su cenit en Schmitt, con justa razón denominado "filósofo del poder constituyente" (SARALEGUI: 187), para quien el poder constituyente es "la *voluntad política* cuya fuerza o autoridad es capaz de adoptar la concreta decisión de conjunto sobre modo y forma de la propia existencia política, determinando así la existencia de la unidad política como un todo. De las decisiones de esta voluntad política se deriva la validez de toda ulterior regulación legal-constitucional" (SCHMITT: 93). Este poder, en tanto expresión que es de la soberanía, se caracteriza por ser un *poder originario*, creador de un nuevo orden, no sujeto a límites de ningún tipo. Se trata, en palabras de Schmitt, de "un poder no susceptible de traspaso, enajenación o absorción o consunción. Le queda siempre la posibilidad de seguir existiendo, y se encuentra al mismo tiempo y por encima de toda Constitución, derivada de él, y de toda determinación legal-constitucional, válida en el marco de esta Constitución" (SCHMITT: 108).

A partir de Sièyes, el poder constituyente pasa a ser definido por la doctrina como un poder originario, extraordinario, soberano, unitario, indivisible y supremo, que son los atributos destacados por la dogmática tradicional. *Originario* porque su condición generadora deriva del deseo directo de la nación, en tanto titular del mismo, de conferirse o cambiar de Constitución. *Extraordinario* en la medida que su condición se traduce en el reconocimiento, sólo a este poder, de otorgarse o de operar un cambio de Constitución. *Soberano* porque deriva de la instancia suprema, esto es, la voluntad soberana de la nación o del pueblo. *Unitario* e *indivisible* porque, al ser un poder superior, él está dotado de una unidad que no puede ser englobado ni yuxtapuesto a los poderes constituidos del Estado. *Supremo* pues no hunde sus raíces en ningún orden anterior que lo autorice sino que él se configura como fuente de ordenamiento previa, sirviendo de fundamento y fuente de validez de todas las demás normas. Queda así netamente diferenciado el poder constituyente de los poderes constituidos, entre los últimos incluyéndose el poder de revisión de la Constitución.

La teoría del poder constituyente, tal como fue desarrollada en las revoluciones del siglo XVIII, establece una relación lógica entre el "creador" y la "criatura", entre el poder constituyente y la Constitución. Sin embargo, en la práctica, existen momentos de tensión entre un poder condicionado, permanente e irrepetible –el poder constituyente– y un poder constituido por la Constitución –el poder legislativo– caracterizado por su estabilidad y vinculación a las formas. Radica aquí uno de los más complejos problemas de la teoría política y la teoría constitucional y que sería abordado a ambos lados del Atlántico. Los autores de *El Federalista*, en especial Madison, preocupados por esta tensión, distinguirían entre la *constitutional politics*, que, con un carácter excepcional, extraordinario, típico de los momentos de efervescencia constituyente, de elevada conciencia política y de movilización popular, establece los esquemas fundadores de un orden constitucional, y la *normal politics,* que se desarrolla en base a las reglas y los principios establecidos en la Constitución. Esta tesis sería retomada por Bruce Ackerman, quien distingue entre la voluntad del pueblo que se expresa en los momentos constitucionales y la voluntad de los órganos representativos que se manifiesta en los períodos de la política normal de los *politicians*. De acuerdo con este autor, en períodos normales el ordenamiento jurídico se reforma a sí mismo mediante los mecanismos previstos constitucionalmente, pero nada impide que el pueblo, en momentos extraordinarios, decida por sí mismo al margen de las normas de reforma constitucional (Ackerman). Por su parte, Sièyes distinguiría entre un *poder constituyente originario* incondicionado y un *poder constituyente derivado* limitado, a quien compete la revisión de la Constitución en base a los términos, normas y principios fijados por la Constitución.

El problema con tesis como las de Ackerman es que justifican que el pueblo actúe al margen de los mecanismos de reforma constitucional previstos en la Constitución, lo cual, si bien parece mantener viva la llama de la soberanía popular, puede conducir a fundamentar la tesis de la *dictadura soberana* (Schmitt), dejando a un lado el mecanismo más eficaz para hacer la reforma constitucional. "La democracia no es más auténtica e intensa por el hecho de afirmar una *reserva de poder constituyente* directamente en manos del pueblo y fuera de la constitución. Por el contrario, lo es cuando todo lo que implica el poder constituyente (soberanía) se traslada al ordenamiento jurídico y se organiza éste de modo que cualquier expectativa social pueda ser tramitada y no encuentre a priori límites materiales a la hora de programar su respuesta. Los frenos a esa tramitación o la existencia de estos límites en nombre de aquel poder constituyente en la reserva son ideas y medidas que perjudican al sistema jurídico organizado bajo el principio democrático […] No sólo se muestran como antidemócratas los que por un procedimiento democrático pretenden liquidar la democracia; también aquellos que renuncian a ese procedimiento para hacer prevalecer la supuesta voluntad natural del pueblo soberano" (Bastida: 24).

En todo caso, la *domesticación jurídica del poder constituyente* en base al establecimiento de límites al poder de reforma constitucional, si bien se justifica pues, como bien afirma Sièyes en su fase conservadora, más vale "un freno [a los poderes de reforma constitucional] que una insurrección permanente", no deja de ser paradójica y violatoria del principio defendido en Estados Unidos por Jefferson y en Francia por Condorcet y que quedaría plasmado en el artículo 28 de la Declaración de derechos de 1793: "Un pueblo tiene siempre el derecho de revisar, reformar y cambiar su Constitución. Una generación no puede sujetar a sus leyes las generaciones futuras". ¿Cómo puede un poder establecer límites a la voluntad de las generaciones futuras? Volveremos a este tema cuando veamos los límites del poder de reforma.

1.3.3.2 La crítica a la teoría del poder constituyente. La teoría del poder constituyente ha recibido fuertes críticas desde la acera positivista. Se ha sostenido que el poder constituyente, tal como es configurado en dicha teoría es un "mito". Así, Juan Luis Requejo Pages ha sostenido que: "El constituyente es aquel poder del que resulta una Constitución que, para serlo, no puede depender en su validez de norma positiva alguna; tampoco de la voluntad del constituyente. Es indiscutible que, desde el punto de vista lógico, la Constitución trae causa de aquel poder. También lo es que éste actúa con arreglo a procedimientos normativos y que debe su condición de 'poder' a una norma que lo constituye como tal. Incluso el poder constituyente instaurado como consecuencia de un proceso revolucionario de ruptura con el orden jurídico precedente es, en todo caso, un *poder reglado*, que recibe su capacidad constituyente de la decisión adoptada por quien en ese momento ostenta la fuerza que se ha demostrado efectiva y que actúa con arreglo a las normas que esa voluntad haya decidido establecer. Sin embargo, desde el punto de vista positivo, la Constitución es causa no causada y el constituyente un poder que es expresión de una voluntad que no tiene más relevancia que la que, eventualmente, pueda reconocérsele como criterio de interpretación del contenido de los preceptos constitucionales. Por ello, y por mayor que pueda ser la importancia de la construcción dogmática del poder constituyente para la teorización del principio de legitimación democrática del Ordenamiento, en términos positivistas se trata de un poder innecesario e, incluso, perturbador, pues con él puede acabar significándose el fundamento de la validez de una norma que, por definición, no precisa fundamento alguno. El único poder constituyente al que cabe referirse en términos positivistas es el *poder constituyente constituido*, por ser el único que debe su condición a la Constitución misma y actúa de conformidad con procedimientos constitucionales, si bien, como es obvio, tampoco su resultado –la nueva Constitución– puede ser positivamente imputada a su voluntad; ni siquiera a la de la Constitución que lo constituye" (Requejo Pagés: 44).

Parecida crítica formula Ignacio de Otto, para quien "al invocar un poder previo al derecho se desconoce que el propio proceso de manifestación de una voluntad democrática sólo es posible conforme a reglas que aseguren la igualdad y libertad de los partícipes y la veracidad de su resultado: no hay democracia sin derecho". "La teoría del poder constituyente formula en términos de poder de un sujeto, y por tanto normativos, lo que no es más que un problema de hecho: la cuestión del *fundamento de la validez del ordenamiento* en su conjunto y de su norma fundamental en concreto" (Otto: 56 y 43). Se trata de "un problema insoluble cual es el de querer formular en términos jurídicos un problema fáctico" (Bastida: 23).

Y es que, para los positivistas, el poder constituyente originario "no puede ser, por hipótesis, un fenómeno jurídico. Si se establece una Constitución en ruptura con la que existía hasta entonces, no se ejerce un derecho, se instituye un nuevo sistema jurídico. El resultado es lo que nosotros llamamos la primera Constitución histórica. Puesto que se trata del establecimiento de una cosa que no existía, la cuestión de saber si el poder que le precede está ligado por normas jurídicas está simplemente desprovista de todo sentido. En derecho positivo, todo 'poder', más exactamente toda competencia constitucional es necesariamente derivada. No puede ser de otro modo. El establecimiento de una Constitución no surge del derecho, sino que lo funda. Un problema jurídico de *competencia constitucional* no se plantea más que a partir del momento en el cual una norma en vigor lo introduce explícitamente. Dado que no hay normas jurídicas aplicables, se infiere que la manera de establecer una primera Constitución histórica es una cuestión de la teoría política y no de del derecho" (Favoreu: 126).

No compartimos este escepticismo positivista frente al tratamiento del poder constituyente desde la óptica jurídica. La cuestión del poder constituyente, en la medida en que es la cuestión del origen y del fundamento de la validez de la Constitución, es una cuestión de derecho constitucional pues resulta de la Constitución misma. Es cierto que es más que una cuestión jurídica: en tanto versa sobre el fundamento, la fuerza productora y la legitimación, esta cuestión excede el cuadro del derecho positivo en vigor, o sea, la propia Constitución. A pesar de ello, la cuestión conserva su significación jurídica, de derecho constitucional. Y es que el *fundamento del derecho* forma parte del derecho. Ningún ordenamiento jurídico puede ser dispensado de la necesidad de fundarse y de legitimarse sobre unos datos anteriores al derecho, pues, de lo contrario, perdería su vigor y su título de validez. No hay dudas de que es posible vincular el derecho al derecho, como cuando se liga el reglamento a la ley y la ley a la Constitución. Pero eso no funciona cuando se toma como punto de partida la Constitución: al ser ésta el más alto grado del ordenamiento jurídico, la cuestión de la conexión del Derecho con unos datos prejurídicos, lo que algunos han denominado el problema del "eslabón perdido" entre normatividad y facticidad, adquiere una relevancia singular (BOCKENFORDE: 160).

Hay otras críticas sobre la noción de poder constituyente provenientes de la izquierda y que abogan por "una necesaria reconfiguración de los elementos del método constituyente revolucionario moderno". Se afirma "que, en nuestra época, la emancipación final no puede llevarse a cabo mediante las nociones de Revolución y Poder constituyente, entendidas de acuerdo a la idea clásica de las mismas, como un golpe de efecto único protagonizado por un sujeto unitario que asalta el Estado y mediante la redacción de una Constitución que lo cambia todo en un período corto de tiempo, sino que solo se puede conseguirse a partir de la suma o aglomeración de múltiples transformaciones, que no reformas, en las distintas fronteras del Derecho multiescalares y multidimensionales protagonizadas, según sus propios ritmos, por parte de la diversidad de sujetos de lucha, lo que necesariamente se prolonga en un largo período de tiempo. La emancipación, que es lo contrario de la reforma, ya no puede ser hoy fruto de una revolución como acto-suceso único de un sujeto, sino solo fruto de múltiples transformaciones parciales sumadas de múltiples sujetos en múltiples fronteras del Derecho". Esta crítica, que no esconde estar dirigida en realidad a todo lo que es el constitucionalismo, aboga por "utilizar el Estado como instrumento de transición" a esa sociedad "emancipada" y "alternativa", así como Lenin, ante la tesis de Marx y Engels de la extinción del Estado en la sociedad comunista, propuso, en lugar de aquella, la idea, luego plasmada en la Unión Soviética y los demás países de la antigua órbita soviética, de un "Estado burgués sin burguesía", es decir, un "Estado socialista", lo único que, en esta ocasión, el sujeto emancipador no sería el partido [único] revolucionario sino múltiples movimientos sociales buscando concretar una "contra gobernanza socialista" a través de estas transformaciones parciales (NOGUERA: 145, 167 y 154). Aquí no es ocioso recordar que las revoluciones marxistas leninistas "que se proponían la eliminación del monopolio estatal de lo político terminaron apropiándose de él. Los que buscaban la unidad de la moral y la política terminaron instituyendo 'el Estado total, es decir la revolución permanente bajo el manto de la legalidad'" (ROSLER: 26).

1.4 El titular del poder constituyente

El problema del titular del poder constituyente sólo puede tener en la actualidad una respuesta democrática: *el pueblo*. "En el día de hoy sólo se considera legítimo el poder que descansa expresamente en la soberanía popular. Si no hay una decisión expresa de los ciudadanos sobre la Constitución del Estado, dicho Estado no está democráticamente constituido, lo que en la práctica equivale a decir que no está constituido, que no tiene Constitución. El Estado que no está democráticamente constituido carece de legitimidad, no es Estado de derecho. Pues el Estado de derecho del siglo XX o es democrático o simplemente no es Estado de derecho, sino otra cosa" (Pérez Royo: 105).

Sin embargo, el pueblo no es un *concepto unívoco*. Sólo el pueblo, entendido como sujeto constituido por personas, puede decidir o deliberar sobre la conformación del orden político-social. El poder constituyente, de ese modo, significa poder constituyente del pueblo. Pero el pueblo hoy está muy lejos de la concepción jacobina que lo concebía como el bloque de "ciudadanos activos", como la facción revolucionaria capaz de llevar la revolución a su fin. El pueblo tampoco es el conjunto de "ciudadanos propietarios" como pretendían los defensores del sufragio censitario ni tampoco es, como lo querían los marxistas, una clase –el proletariado– autoproclamada en mayoría revolucionaria dotada de la misión histórica de transformar la sociedad en una sociedad sin clases. Tampoco es, como propugnaba nuestro Américo Lugo, "la minoría ilustrada, […] que forma un embrión de Estado, [constituida] en partido político menos para aspirar a gobernar las masas que con el propósito de educarlas, […] esa minoría, suerte de transitoria aristocracia, [que] sería valladar indispensable contra la clase inferior que vive sin freno asaltando el poder a toda hora" (citado por Cassá).

El pueblo se concibe como "pueblo en sentido político, de la nación, esto es, de un grupo de hombres que se delimita y se reúne políticamente, que es consciente de sí mismo como magnitud política y que entra en la historia actuando como tal". Este *pueblo político* reúne a grupos de personas que actúan siguiendo ideas, intereses y representaciones de naturaleza política. Esta noción de pueblo político rechaza toda concepción naturalista, étnica, o racista del pueblo, como la propugnada por la ideología trujillista. "Este pueblo en sentido político puede, pero no tiene que ser al mismo tiempo un pueblo en sentido natural. Suiza es el ejemplo más claro de ello" (Bockenforde: 165).

El pueblo político, como titular del poder constituyente, hay que entenderlo como *"entidad pluralista"*, o sea, como pluralidad de fuerzas culturales, sociales y políticas, de partidos, grupos, iglesias, asociaciones, clubes, comunidades, organizaciones territoriales, barriales o de base, personalidades, decisivamente influyentes en la formación de opiniones, voluntades, corrientes, o sensibilidades políticas en los momentos pre-constituyentes y en los procedimientos constituyentes. Se sustituye así el mito de la subjetividad originaria (pueblo, nación, Estado) por el de un *sujeto plural*, localizado en el terreno de las fuerzas políticas plurales, capaces de defender ideas, patrones de conducta y modelos organizativos, susceptibles de servir de base a una Constitución. Este pueblo plural se acerca a la noción de *multitud*, entendida como "conjunto de singularidades", "un sujeto social activo, que actúa partiendo de lo común, de lo compartido por esas singularidades", un "sujeto social internamente diferente y múltiple, cuya constitución y cuya acción no se fundan en la identidad ni en la unidad (ni mucho menos en la indiferenciación), sino en lo que hay en común" (Hardt: 127-128). Hoy, por tanto, "no puede hablarse de 'sujeto único y unitario' sino de agentes constituyentes o constitucionales. No cabe, pues, hipostasiar o idealizar con abstracciones como Soberanía o Nación, sino partir de un fundamento real como es el democrático, que puede resultar reforzado en un triple sentido: en el de incluir a los más diversos sectores sociales (con frecuencia planteando problemáticas transversales), el de la participación más directa y abierta al tratarse de colectivos que se gestionan con esos caracteres y el de, con frecuencia, tener una dirección que va de abajo hacia arriba" (De Cabo Martín: 256). Ya lo explica Häberle:

"La tesis sobre el pueblo como 'sujeto único' en los procedimientos materialmente preelaborados y normativos preestructurados de su poder constituyente no es contrariada por la sustitución de la tradicional 'unidad de la voluntad popular' por el actual pluralismo del pueblo. El derecho del pueblo, típico del Estado constitucional, a ser único sujeto o 'titular' del poder constituyente, no hace incorrecta la idea de que el pueblo es una magnitud pluralista. En el Estado constitucional moderno contribuyen una diversidad de 'factores' o 'participantes' pluralistas en el consenso básico sobre el cual se 'construye', en última instancia, la Constitución. Ya sea que se hable de un *pluralismo 'de los' constituyentes*, de un compromiso o entendimiento de todos con todos: hoy en día 'el pueblo' se encuentra 'presente' y actúa a través de estos procesos y de estos participantes. El renacimiento de la idea de la Constitución pactada corresponde mejor al pluralismo de los contenidos y los participantes en el proceso constituyente que la ideología de la (ilimitada) voluntad 'del' constituyente, el cual 'se da' la Constitución. En todo caso, esta idea no significa un 'retroceso' a las épocas del dualismo alemán entre príncipes y estamentos, así como tampoco un falso camino hacia el 'Estado estamental', sin importar cuántos textos constitucionales se encuentren todavía impregnados por la ideología 'del' constituyente" (Häberle: 133).

El concepto de pueblo político no tiene nada que ver con la idea de *pueblo activo*, es decir, de minorías activistas autoproclamadas en representantes del pueblo, en vanguardias que actúan por consentimiento tácito de éste. El pueblo plural tampoco se identifica con el *cuerpo electoral*, con el pueblo participante en las elecciones, tal como es definido en la Constitución y en las leyes. El poder electoral responde al concepto normativo de pueblo, el cual parte de la idea de que el pueblo no puede decidir sobre cosas políticas hasta tanto no se establezca jurídicamente quién es el pueblo. Pero pueblo político y electores no son la misma cosa: en el pueblo político caben otros elementos individuales no encuadrables en el pueblo elector (los menores de 18 años por ejemplo).

El pueblo político se diferencia, asimismo, del poder mayoritario. Y es que el *poder mayoritario* pertenece al pueblo político pero este último no se agota en el primero. El hecho de que las decisiones políticas sean tomadas en la generalidad de los casos por la mayoría, valiendo como decisiones del pueblo todo, no nos puede conducir a ignorar que las minorías que votaron en contra de la mayoría, siguen siendo parte del pueblo político. No debemos olvidar que, como bien afirmaba Hostos, el *principio de mayoría* es una ficción establecida para hacer posible la toma de decisiones: "El menor número, no por ser menor, deja de ser un componente efectivo del todo soberano. Si la voluntad social se descompone en elementos, cada voluntad individual es elemento de la colectiva, y toda voluntad individual, ante el derecho y la equidad, es igual a toda voluntad individual. Además, si el mayor número es la fuerza, el menor puede ser el derecho; si la mayoría es la voluntad predominante, la minoría puede ser la razón dirigente; si los más son el motor, los menos son el freno" (Hostos: 67). Ni tampoco la advertencia de Bonó: "El ejercicio de la libertad de minorías en la forma republicana es el mejor sino el único correctivo de las mayorías, el freno de las tendencias absolutistas de éstas..." (citado por Fiallo Billini: 53). De ahí que el pueblo político es también el *"pueblo impolítico"*, esto es, los grupos de individuos situados en los márgenes de la "modernidad periférica" y reducidos a meros cuerpos del sistema de diferenciación funcional de la sociedad.

El poder constituyente del pueblo político, como concepto del derecho del Estado y del derecho constitucional, desempeña su papel en el desarrollo constitucional dominicano. El pueblo político dominicano es el que "entra en la historia" a través de la Manifestación del 16 de enero de 1844 que proclama, en plural, que "los pueblos de la parte antes española de la Isla de Santo Domingo [...] han resuelto separarse para siempre de la República haitiana, para proveer a su seguridad y conservación, constituyéndose bajo sus antiguos límites, en un Estado libre y soberano" y que convoca a los "Dominicanos (comprendidos bajo este nombre todos los hijos de la parte del este y los que quieran seguir nuestra suerte) ". No se trata del electorado que en virtud del artículo 160 de la Constitución de 1844, como lo hacían otras constituciones del hemisferio, incluso la estadounidense, aparece limitado al ciudadano "propietario de bienes raíces, o empleado público, u oficial del ejército de tierra o mar, o patentado por el ejercicio de alguna industria, o profesión, o profesor de alguna ciencia o arte liberal, o arrendatario por seis años, a lo menos, de un establecimiento rural en actividad de cultivo". No. Se trata de la *"universalidad de ciudadanos"* en la que reside la soberanía según el artículo 39 de la Constitución de 1844 y las Constituciones de 1854, 1858, 1865, 1866 y 1874 y que, de acuerdo con Juan Jorge García, con ella "se quería significar que la soberanía o el poder soberano, pertenecía al pueblo" (Jorge García: 100). Es el pueblo político, el pueblo al cual se refieren la mayoría de nuestras Constituciones y reformas constitucionales (1875, 1877, 1878, 1879, 1887, 1896, 1907, 1908, 1924, 1927, 1929, 1934, 1942, 1947, 1955, 1959, 1960, 1961, 1962, 1963, 1966, 1994, 2002, 2010) como titular de la soberanía: el "pueblo de quien emanan todos los poderes" (artículo 2). Ese pueblo político, en nombre del cual habla la Asamblea Nacional en el preámbulo de la Constitución de 2010 ("Nosotros, representantes del pueblo dominicano, libre y democráticamente elegidos, reunidos reunidos en Asamblea Nacional Revisora"), es el pueblo real, concebido como comunidad abierta de sujetos constituyentes que entre sí pactan, convienen, conciertan y consienten el modo de gobierno de la ciudad política.

1.5 El procedimiento constituyente

Es precisamente al momento de analizar la acción y las formas de actuación del poder constituyente que se pone de manifiesto el problema fundamental del concepto del poder constituyente y por el cual se ha considerado que se trata de un "*concepto límite*" del derecho constitucional: la irreducible ajuricidad e intensa politicidad del mismo. Sin embargo, el *procedimiento constituyente* es importante en la medida en que se trata de una dimensión básica y estructural de la propia legitimidad de la Constitución. El procedimiento constituyente inicia la cadena procedimental de la legitimación democrática que es la que legitima en el Estado de derecho democrático el ejercicio del poder político.

1.5.1 El poder constituyente como voluntad política. Como poder que precede a la Constitución jurídica, el poder constituyente del pueblo no puede ser regulado jurídicamente por la Constitución misma ni, en consecuencia, pueden fijarse sus formas de manifestación. Desde Sièyes hasta Schmitt está claro que "el Poder constituyente no está vinculado a formas jurídicas y procedimientos; cuando actúa dentro de esta propiedad inalienable, está 'siempre en estado de naturaleza'. En el Poder constituyente descansan todas las facultades y competencias constituidas y acomodadas a la Constitución. Pero el mismo no puede constituirse nunca con arreglo a la Constitución. El pueblo, la Nación, sigue siendo el basamento de todo el acontecer político, la fuente de toda la fuerza, que se manifiesta en formas siempre nuevas, que siempre saca de sí nuevas formas y organizaciones, no subordinando nunca, sin embargo, su existencia política a una formulación definitiva" (Schmitt: 97).

El poder constituyente, en consecuencia, tiene y mantiene siempre un *carácter originario, inmediato y elemental*. El mismo es capaz de buscar y crear sus propias formas de manifestación. De ahí que el problema radica en cómo es posible utilizar al mismo tiempo el poder constituyente del pueblo como una voluntad política y como un concepto del derecho constitucional y si es posible concebir un ente en el derecho constitucional que se sustraiga a toda forma y procedimiento, a toda limitación y canalización. Más aún, una vez que ha legitimado y otorgado validez a la Constitución, la cuestión radica en determinar si, para asegurar la persistencia y la validez de la Constitución frente a las acciones de un poder constituyente no limitado normativamente, es posible silenciar al poder constituyente. Se trata, a fin de cuentas, de determinar un modo de proteger la Constitución frente a los imponderables de lo político.

¿Es posible silenciar al poder constituyente? ¿Es posible proteger la obra del constituyente de su creador? A juicio de Bockenforde esto no es posible, al menos de un modo absoluto: "[…] desde el punto de vista del Derecho del Estado, esta solución reposa sobre un artificio y una ficción jurídica. Si, para que la Constitución y sus pretensiones de validez puedan legitimarse, es necesario (también) que el poder constituyente del pueblo actúe como una magnitud y una fuerza política reales, entonces no puede ser reducido jurídicamente a la nada una vez que ha actuado; es y sigue estando presente como esa magnitud y esa fuerza. Es una idea sorprendente la de pensar que la *legitimación necesaria de la Constitución* —reconociendo expresamente que es necesaria– pueda reducirse a un único momento, al de su génesis (revolucionaria), y que a partir de ahí la Constitución pueda valer en cierto modo como algo autónomo, con independencia de la persistencia de esta legitimación. Si a la Constitución le faltara el que sus decisiones fundamentales se vieran sostenidas de forma permanente y renovada por las convicciones jurídicas y políticas vivas en una comunidad concreta unificada como Estado, la Constitución misma entraría inevitablemente en un proceso de erosión: su normatividad se desvanecería entre convicciones políticas constitucionales contradictorias que desean un orden distinto, o bien se vería abandonada a una apatía general" (BOCKENFORDE: 168).

Hay que reconocer entonces que si se quiere que el poder constituyente del pueblo, como fuerza política elemental, persevere, en lo que manifestó y decidió en el momento constituyente, y que esto ocurra sin que este poder pierda con ello su condición de fuerza política, es preciso que la Constitución, sin desligarse de su legitimación por el poder constituyente, pueda sin embargo proteger el fundamento y la persistencia de su validez frente a los vaivenes de un poder que, como el constituyente, no está *vinculado normativamente* y que, en consecuencia, puede manifestarse y se manifiesta sin cesar en acciones y emociones políticas elementales. ¿Es posible esto? Es claro que esto no es posible de modo absoluto. Y es que si el poder constituyente del pueblo tiene por sí mismo la fuerza de legitimar la Constitución jurídica –y se puede apelar a él para ello–, entonces se precisa reconocer que tiene también la fuerza de cancelar esta legitimación, ya sea por completo y abruptamente (eliminación de la Constitución), ya de manera parcial y sucesivamente (vaciamiento de la Constitución).

Es evidente, pues, que, al tratarse de un *concepto límite y fundamental* del derecho constitucional, es imposible romper la imbricación del poder constituyente con lo político. Lo más que se puede lograr, y no es poca cosa, es limitar en la medida de lo posible las acciones del poder constituyente, canalizándolas a través de cauces constitucionalmente adecuados, que permitan la manifestación del poder constituyente y que le den la oportunidad de actualizar su voluntad constituyente. Cuando este encauzamiento del poder constituyente no se logra, las consecuencias pueden ser terribles, como bien revela el caso de la Francia revolucionaria, donde "aparece documentada la incapacidad de integrar el poder constituyente en la Constitución, de canalizarlo y someterlo a reglas; incapacidad que lleva aparejada la consecuencia de sacrificar, si fuera necesario, la Constitución a la soberanía del pueblo si ambas entraran en conflicto, porque la Revolución no dejaba otra solución" (DIPPEL: 99). Cómo limitar y canalizar el poder constituyente a través de procedimientos adecuados es el objeto del próximo apartado…

1.5.2 El procedimiento constituyente como forma de encauzamiento del poder constituyente. Para lograr el objetivo de limitar y canalizar el poder constituyente a través de procedimientos determinados hay varias vías y posibilidades…

1.5.2.1 La distinción entre poder constituyente y poder de reforma. Esta distinción representa una pieza clásica de la construcción dogmática del poder constituyente en el derecho constitucional del Estado democrático. El poder constituyente se activa en dos momentos determinados: un primer momento en que se manifiesta su ejercicio mediante el acto de establecimiento de una Constitución; y otro momento en el que activa su ejercicio para introducir cambios en dicha Constitución. El poder constituyente propiamente dicho se refiere al primer momento, al momento del *poder constituyente originario*. La función de revisión o reforma constitucional es potestad del *poder constituyente constituido o derivado*, o simplemente poder de reforma.

Las diferencias entre el poder constituyente y el *poder de reforma* son varias y se desprenden todas de la naturaleza de uno y de otro: el poder constituyente es constituyente mientras que el poder de reforma es un poder constituido por el poder constituyente. De ahí que el poder de reforma, como todo *poder constituido*, se ejerce dentro del ámbito de competencias determinado por la Constitución: es un poder ordenado y regulado por la Constitución. Es por ello que las posibilidades de actuación del poder de reforma, en tanto poder constituido que es, son las que el ordenamiento constitucional le confiere. En consecuencia, las posibilidades materiales de modificación de los contenidos de la Constitución por parte del poder de reforma quedan limitados por límites expresamente señalados en la Constitución o implícitos. La actividad del poder de reforma termina allí donde la actividad de revisión constitucional conlleva la *destrucción de la Constitución* que sólo puede ser obra del poder constituyente.

Con la distinción entre poder constituyente y poder de reforma, se logran cinco cosas: i) se fortalece la *validez normativa* de la Constitución en la medida en que todos los poderes constituidos –incluso el poder de reforma ven sometidos a la Constitución; ii) se reconoce la necesidad y la existencia de un *poder legitimador supremo*: el poder constituyente; iii) se restringe la capacidad de intervención del poder constituyente en cualquier momento sobre la Constitución, quedando esta *intervención limitada* a las situaciones extraordinarias que ameritan cambios sustanciales en la Constitución (ej. cambio de forma de gobierno); iv) a través de los *límites constitucionales a la reforma constitucional*, se evita que se afecte sustancialmente la Constitución bajo el ropaje de la reforma constitucional y sin intervención del poder constituyente; y v) se evita la *petrificación de la Constitución* pues la misma puede ser reformada sin necesidad de intervención de la extraordinaria fuerza política del poder constituyente.

1.5.2.2 Los procedimientos de preparación y realización de las decisiones del poder constituyente. Para entender la fenomenología del procedimiento constituyente, debemos distinguir entre las decisiones pre-constituyentes y las decisiones constituyentes, para luego abordar el déficit de procedimientos constituyentes democráticos en el ordenamiento constitucional dominicano…

A. Decisiones pre-constituyentes. El desencadenamiento de los procedimientos constituyentes tendentes a la elaboración de constituciones se asocia generalmente a *momentos constitucionales extraordinarios* (revolución, nacimiento de nuevos estados, transiciones constitucionales, golpes de estado). En estos hechos complejos, que se producen con anterioridad al procedimiento constituyente propiamente dicho, se toman, de manera explícita o implícita, decisiones de naturaleza pre-constituyente. Estas decisiones son básicamente de dos tipos: i) decisión de elaborar una Constitución; ii) promulgación de leyes constitucionales provisionales destinadas a dar una primera forma jurídica al "nuevo estado de cosas" y a definir las líneas orientadoras del procedimiento constituyente propiamente dicho. Las decisiones formales o pre-constituyentes deben ser diferenciadas de las *decisiones materiales o constituyentes*: las primeras contienen la "voluntad política" de crear una nueva Constitución y de regular el procedimiento constituyente adecuado a tal finalidad, mientras que las segundas implican los momentos procedimentales –iniciativa, discusión, votación, promulgación, ratificación y publicación– conducentes a la adopción de una nueva Constitución.

Aunque el Tribunal Constitucional ha proclamado a Juan Pablo Duarte como el "primer constitucionalista dominicano", puesto que elaboró un fragmentario proyecto de *Ley Fundamental* (TRIBUNAL CONSTITUCIONAL DE LA REPÚBLICA DOMINICANA) dado a conocer el 18 de julio de 1838 al fundarse la sociedad patriótica La Trinitaria (Resolución TC/0003/12), proyecto que, pese a que no se ha estudiado a profundidad cuanto inspiró el naciente orden constitucional dominicano, sus artículos 18 ("la Nación dominicana es libre e independiente y no es ni puede ser jamás parte integrante de ninguna otras potencia") y 19 (que estipulaba la soberanía como residente "esencialmente en la Nación" e "inajenable aun para la misma Nación") ciertamente influyeron en nuestros primeros documentos constitucionales básicos, en particular en la Constitución de 1844 cuyos artículos 1 (que constituye "una nación libre, independiente y soberana") y 39 (que afirma que "la soberanía reside en la universalidad de los ciudadanos"), como certeramente ha señalado la doctrina (CASTELLANOS: 81-88), en verdad, ejemplo de reales y efectivas *decisiones pre-constituyentes* son las contenidas en la *Manifestación de los pueblos de la parte del Este de la Isla antes Española o de Santo Domingo, sobre las causas de su Separación de la República Haitiana* del 16 de enero de 1844, que marcarían profundamente el primigenio ordenamiento político-constitucional dominicano. Este Manifiesto expresaba la voluntad de los pueblos de la parte este de la isla de separarse de Haití y de crear un Estado independiente. En éste, se esbozaba la estructura del gobierno que iba a surgir tras el golpe político que preparaban las fuerzas independentistas y se dispuso que el país sería gobernado provisionalmente por una junta de 11 miembros "que resumiría en sí todos los poderes hasta que se forme la Constitución del Estado". Se estableció la división territorial, consistente en 4 provincias (Santiago, Azua, Seybo y Santo Domingo) y se manifestó que el nuevo estado sería "libre y soberano" y que protegería y garantizaría "el sistema democrático, la libertad de los ciudadanos". Como se puede observar, el Manifiesto contiene los postulados que sientan *las bases del Estado Dominicano*, con los requisitos mínimos para su primer gobierno y con una carta de derechos humanos. El gobierno provisional, llamado Junta Central Gubernativa, gobernó por 8 meses la República, bajo los postulados del Manifiesto y en virtud de decretos dictados en virtud de los poderes que dicho Manifiesto confirió. Uno de estos decretos, el del 14 de julio de 1844, convocó para el congreso constituyente que daría a la República su primera Constitución. Ese decreto contenía, al igual que el Manifiesto, decisiones pre-constituyentes, en la medida en que el mismo estableció la forma de elección de los diputados constituyentes, los requisitos para ser constituyente y elector, en fin, el mecanismo bajo el cual se redactaría y promulgaría la Constitución de San Cristóbal.

A juicio de Wenceslao Vega, "el Manifiesto del 16 de enero de 1844 es un hermoso y valiente documento. Contiene la expresión sensata y no fanática de un pueblo cansado de vejámenes y desconsideraciones. Refleja el reconocimiento de la imposibilidad de una unión real entre los pueblos con rasgos tan diferentes como el haitiano y el dominicano. Con palabras mesuradas, justifica la separación de esos pueblos y la decisión de que el dominicano constituirá en lo adelante una nación separada. Expone desde el principio, a la faz del mundo, la justificación del grave acontecimiento que va a tener lugar a las pocas semanas, bajo el argumento de la resistencia a la opresión, y al sagrado e inalienable derecho de la rebelión contra el despotismo. Se señaló, en vibrantes frases, que la ley suprema y natural de los pueblos, es la conservación y el mantenimiento de su estabilidad y la búsqueda de su futura prosperidad, y que si para lograrlo, se hacía necesario romper con un orden establecido, el pueblo estaba autorizado a derribar a sus tiranos. Estos brillantes principios, han acompañado siempre al pueblo dominicano, quien ha sabido soportar tiranías y malos gobiernos, pero cuando éstos llegan al límite del despotismo, también ha sabido rebelarse y verter su sangre en búsqueda de su merecida libertad. Las palabras del Manifiesto del 16 de enero de 1844 deben ser lectura obligada de la juventud de hoy y de mañana, y sus conceptos deben mantenerse siempre como garantía de la libertad del pueblo dominicano" (VEGA: 205).

El valor político y constitucional de dicha Manifestación no ha escapado a nuestros juristas e historiadores. Emilio Rodríguez Demorizi lo juzga en estos términos: "Como en todo suceso humano el pensamiento antecede a la acción, escasos días antes de ser proclamada la República los próceres de febrero formulaban solemnemente las ideas normativas de su existencia, con tal eficacia que ellas sirvieron a la vez de Acta de la Separación dominicana y de Carta Fundamental de la Nación concebida por Duarte. Esas ideas no fueron simples ideas políticas recogidas al azar y ayunas de principios, sino inspiradas particularmente en la Declaración de Independencia de los Estados Unidos de América, la fuente más pura a que podía acudirse para que la revolución dominicana no tuviese el aspecto de un motín de felices consecuencias, sino el carácter de una solemne y reflexiva determinación. Las ideas de Jefferson; el principio de la libertad por el que toda sociedad tiene el sagrado derecho de determinar su propio destino mediante el ejercicio de la voluntad colectiva, ya expuesto por Rousseau en las primeras páginas de El Contrato Social; la objetiva interpretación de la realidad dominicana, son las piedras sillares de la memorable Manifestación del 16 de enero de 1844. Por tal virtud, sus postulados constituyeron la norma jurídica y política de la Junta Central Gubernativa, primer gobierno de la República, y fue, en realidad, una *verdadera Constitución* cuyos cánones, sin estar formalmente articulados, rigieron eficazmente en la preorganización del Estado al par que señalaron, anticipadamente, los principios fundamentales que servirían de base a la Constitución de San Cristóbal: la creación de un Estado libre, soberano, democrático; la igualdad de derechos civiles y políticos; la abolición de la esclavitud; la protección a la Religión Católica, Apostólica y Romana; la libertad de cultos; la libertad de imprenta… Todo ello teniendo como corolario, previamente expreso, un salvador programa de gobierno: la instrucción pública a expensas del Estado; el desarrollo de la agricultura, del comercio, de las ciencias y de las artes; la emisión de moneda dominicana; la división territorial; y por encima de todo, como simbólica oriflama, las sacramentales palabras de Dios, Patria y Libertad" (Rodríguez Demorizi: 12).

Si no es una verdadera Constitución, como postula Rodríguez Demorizi, al menos el Manifiesto debe ser visto como *preámbulo de la Constitución de 1844*. Todos los elementos que configuran regularmente a los preámbulos están en este texto. Por un lado, el rechazo de cierto pasado histórico: los 22 años de oprobio de la dominación haitiana y su largo memorial de agravios. Por otro, la referencia al presente: la decisión de separarse de Haití y crear un Estado independiente. Finalmente, el futuro: la organización del nuevo Estado, las decisiones pre-constituyentes del pueblo dominicano. Leyendo el Manifiesto, queda claro que, "en cuanto los preámbulos cuentan la 'historia' y hacen profesiones de fe en relación con ella, pretenden hacer justicia a la necesidad de identidad y de hacer presente la historia que tiene el ser humano, no en el sentido de un tratamiento científico para un público especializado, sino más bien en el sentido de una historia que 'se sienta comprometida con el lego" (Häberle 2001: 277).

El *carácter normativo* del Manifiesto, en tanto expresión de las decisiones pre-constituyentes del pueblo dominicano en 1844, como preámbulo de nuestra Constitución, como "pre Constitución" (Ray Guevara) o como Constitución misma, ha sido históricamente tan incontestado que, no por azar, "en los anales jurisprudenciales dominicanos, es el primer documento con el que comienza la Colección de Leyes, Decretos y Resoluciones de los Poderes Ejecutivo y Legislativo de la República" (Balcácer: 21), como se puede apreciar en la reciente republicación de la primera parte de dicha Colección en su versión oficial de 1880 (Cámara de Diputados de la República Dominicana) que inicia precisamente con el Manifiesto, "el cual validó la legitimidad de la proclamación de la Independencia Nacional, las resoluciones, proclamas y decretos de la Junta Central Gubernativa, primer gobierno de la República, desde el 2 de marzo hasta la redacción y anuncio por la Asamblea Constituyente de San Cristóbal, de la Carta Magna del 6 de noviembre del año indicado más arriba" (Pacheco). El valor normativo vinculante del Manifiesto fue reconocido no solo por la Junta Gubernativa, sino incluso por Pedro Santana, quien, en su proclama del 14 de julio de 1844, aunque por sugerencia del cónsul francés de la época en nuestro país, al rechazar la dictadura que se le ofrecía, declaró: "Yo traicionaría todas mis obligaciones, violaría el Manifiesto declaratorio de nuestra revolución, y comprometería nuestros más caros intereses y la reputación que hemos granjeado en los países extranjeros si me prestara a admitir la dictadura". La Manifestación fue adoptada "por la Junta Central Gubernativa como norma de sus actos; observada por los constituyentes de 1844 en sus deliberaciones; continuamente invocada por el pueblo como decálogo de la Patria. En los documentos de la época son frecuentes esas invocaciones, aun con posterioridad a la publicación de la Ley Sustantiva de San Cristóbal, signo del carácter sagrado y de la majestad que se le reconocía al Manifiesto". El 25 de agosto de 1844, Santana recalca en proclama que el Manifiesto "ha sido y será el norte seguido en la borrasca política, y el que nos conducirá, no tiene duda, al puerto de salud que todos deseamos". Antes, el 9 de julio de 1844, Tomás Bobadilla se refiere como patriotas a los firmantes de una Manifestación que considera "sagrada". Es todo esto lo que lleva a decir que, en realidad, "la Manifestación del 16 de enero de 1844 era de por sí una Constitución" (Rodríguez Demorizi: 440-441, 38-39).

El Manifiesto demuestra fehacientemente que, contrario a lo que postula una vieja e influyente doctrina acerca de la omnipotencia del poder constituyente, que se revela cual indetenible y sin precedentes fuerza telúrica, éste no actúa en el vacío, "from scratch", ex nihilo, por lo que no puede justamente afirmarse que antes del 6 de noviembre de 1844 no existía en el territorio de lo que hoy es República Dominicana un ordenamiento político-jurídico fundamental que condicionara jurídicamente la labor de los constituyentes reunidos en San Cristóbal, ni tampoco puede aseverarse que esos constituyentes eran totalmente libres para adoptar el ordenamiento constitucional que considerasen más adecuado al ideario democrático y republicano que orientó la separación del pueblo dominicano de la República de Haití y la formación de un Estado nuevo e independiente llamado República Dominicana. Muy por el contrario, el Manifiesto demuestra claramente que, aún antes de dotarse de una Constitución formal, "el pueblo dominicano, desde antes de hacerse independiente y aun en momentos de crisis interna y de lucha contra el haitiano, aspiraba a vivir vida de orden dentro de un régimen constitucional, y expresaba persistentemente esas aspiraciones" (Rodríguez Demorizi: 38-39). El Manifiesto evidencia, pues, que el pueblo dominicano, aún antes de que se proclamara una Constitución había decidido, para usar una célebre alegoría de la teoría constitucional, atarse al mástil del barco para no ceder a las tentaciones de los cantos de las sirenas, por lo que puede perfectamente afirmarse que el mismo constituye, como si fuese una Constitución, un verdadero instrumento "de compromiso previo" (Elster: 89).

B. Decisiones constituyentes. En rigor, el primer acto constituyente se sitúa en el terreno pre-constituyente pues al acto de atribución constituyente pertenece decidir cómo es que el pueblo va a adoptar una nueva Constitución. En el caso dominicano, sin embargo, hay que remarcar que existen decisiones constituyentes que preceden incluso al propio inicio del procedimiento constituyente y que son de carácter material. Ello queda claro cuando vemos que "desde su instalación, la Junta Central Gubernativa, primer gobierno de la Nación, va dictando una serie de disposiciones que son en sí preceptos constitucionales, cuyo carácter habrán de observar los constituyentes dominicanos. Entre esas disposiciones se cuentan la declaración acerca de la abolición de la esclavitud; la resolución concerniente a la adhesión a la causa dominicana que incluía el reconocimiento de nuestra nacionalidad; el decreto relativo a la perdida de los derechos civiles; y el decreto de elección del Arzobispo Portes, normativo de las relaciones entre la Iglesia y el Estado" (Rodríguez Demorizi: 39).

Las decisiones constituyentes pueden ser adoptadas (i) en el seno de una asamblea constituyente mediante el procedimiento constituyente representativo o (ii) mediante un referendo constituyente articulado mediante un procedimiento constituyente directo.

I. Asamblea constituyente y procedimiento constituyente representativo. Este procedimiento puede configurarse de tres modos diferentes: (i) como asamblea soberana,

(ii) como asamblea no soberana y (iii) como asamblea constituyente y convenciones populares.

(i) *Asamblea constituyente soberana*. El procedimiento constituyente representativo designa la técnica de elaboración de una ley constitucional a través de una asamblea especial: la *asamblea constituyente*. En su forma representativa pura, la asamblea constituyente elabora y aprueba la nueva Constitución, excluyendo cualquier intervención directa del pueblo a través de referendo o plebiscito.

(ii) *Asamblea constituyente no soberana*. Se trata aquí de la asamblea constituyente que sólo es competente para aprobar un *proyecto de Constitución* que deberá ser sometido al pueblo a través de referendo para su aprobación o rechazo. Los motivos de esta solución se vinculan con las teorías de la soberanía, en específico con la teoría de la soberanía popular de Rousseau, que considera a la representación constituyente como una ficción, en tanto que ésta identifica al pueblo con sus representantes, confunde a los mandatarios (representantes) con los mandantes (pueblo), considera delegable lo que no se puede delegar (la soberanía). Ahora bien, ya que no es posible que el pueblo todo delibere como lo quiere el modelo rousseauniano puro, se acepta una solución mínimamente democrática sugerida por Condorcet. El principio básico sería éste: el pueblo no delega el poder de aprobar o de rechazar una Constitución. De ahí la idea de hacer intervenir al pueblo soberano en la aprobación ratificatoria o no del proyecto elaborado por la asamblea constituyente. Se dice que el texto aprobado por la asamblea constituyente es una *propuesta de Constitución* en tanto que el voto del pueblo es una *sanción constituyente*. En el fondo, el pueblo se desdobla en dos: el pueblo que elige a los representantes constituyentes y el pueblo que sanciona la propuesta de Constitución de los representantes populares. La voluntad de ambos pueblos no siempre coincide: en Francia, por ejemplo, el pueblo votó en el referendo del 5 de mayo de 1946 en contra del proyecto de Constitución elaborado por la asamblea constituyente de los representantes del pueblo.

(iii) *Asamblea constituyente y convenciones del pueblo*. Parecida a la anterior, en esta forma no se produce un referendo sino diversas *convenciones populares* reunidas en distintos centros territoriales. Es la técnica norteamericana adoptada por la Constitución de 1787. Aquí el pueblo también se desdobla: el pueblo norteamericano que elige sus representantes a la asamblea constituyente y los pueblos que se reúnen en las *constitutional conventions*.

II. Referendo constituyente y procedimiento constituyente directo. Este procedimiento implica la aprobación por el pueblo de un proyecto de Constitución sin mediación de representantes. En algunos casos, es sometido a sanción popular una propuesta de Constitución (o de revisión de Constitución) elaborada por determinados órganos políticos (ej., el Congreso o el Poder Ejecutivo) o por un número determinado de ciudadanos (iniciativa popular). Este *referendo constituyente* debe ser distinguido del *plebiscito constituyente* en el que se vota popularmente un proyecto de constitución unilateralmente diseñado por los detentadores del poder y dirigido a alterar en términos de dudosa legalidad el orden constitucional vigente (ej. plebiscitos napoleónicos).

C. El déficit de procedimientos constituyentes democráticos. Durante mucho tiempo, uno de los graves problemas que ha presentado el ordenamiento constitucional dominicano, al igual que otros Estados constitucionales –aunque mal de muchos consuelo de tontos– ha sido el del *déficit de procedimientos constituyentes democráticos*. Hasta la reforma constitucional de 2010, que introdujo el referendo aprobatorio de las reformas constitucionales sustanciales, nuestra Constitución sólo planteaba la intervención del poder de reforma en manos del Congreso Nacional por iniciativa de los legisladores o del Poder Ejecutivo, pero no planteaba mecanismos de participación popular en reformas constitucionales sustanciales. El resultado es que existe la tentación de utilizar el poder de reforma, sin intervención del poder constituyente del pueblo, para reformas que, si bien no implican violación de los límites de la reforma, sí implican cambios sustanciales que, desde la óptica estrictamente política, merecerían la participación popular. Todo ello acarrea que al pueblo sólo le quede como camino encauzar su voluntad en las elecciones o manifestarse a través de la constitucionalmente protegida pero difusa opinión pública, a menos que se arbitren medios para su participación como ocurrió con la *consulta popular* celebrada previo a la reforma constitucional de 2010. El poder constituyente del pueblo no encuentra entonces *vía de canalización constitucional* lo que contribuye a la erosión de la legitimidad de la propia Constitución y a que el poder constituyente del pueblo, en ausencia de canales expresos constitucionales, se manifieste de la manera espontánea y desorganizada que le es característica.

Aquí hay que recordar las peculiaridades del pueblo como poder constituyente para entender la importancia de que una Constitución diseñe mecanismos que permitan la articulación y canalización del poder constituyente del pueblo. De nuevo, hay que ir de la mano de Schmitt: "El Pueblo, como titular del poder constituyente, no es una instancia firme, organizada. Perdería su naturaleza de pueblo si se erigiera para un normal y diario funcionamiento y para el despacho ordinario de asuntos. Pueblo no es, por su esencia, magistratura, ni nunca –tampoco en una Democracia– autoridad permanente. De otra parte, el pueblo necesita ser, en la Democracia, capaz de decisiones y actuaciones políticas. Incluso cuando sólo en pocos momentos decisivos tiene y manifiesta una voluntad decisiva, es capaz, sin embargo, de una tal voluntad, y está en condiciones y es apto para decir sí o no a las *cuestiones fundamentales* de su existencia política. La fuerza, así como también la debilidad del pueblo, consiste en que no es una instancia formada con competencias circunscritas y capaz de despachar asuntos dentro de un procedimiento regulado. Tan pronto como un pueblo tiene la voluntad de existencia política, es superior a toda formalidad y formación. Tampoco puede ser disuelto, como que no es una entidad organizada. En tanto que existe y quiere seguir existiendo, su fuerza vital y energía es inagotable, y siempre capaz de encontrar nuevas formas de existencia política. La debilidad consiste en que el pueblo ha de decidir sobre las cuestiones fundamentales de su forma política y su organización, sin estar formado u organizado él mismo. Por eso pueden desconocerse, interpretarse mal o falsearse con facilidad sus manifestaciones de voluntad" (SCHMITT: 99).

Lo anterior hace indispensable y difícil la "*procesualización del poder constituyente*" (HÄBERLE: 131). Para que esta procesualización del momento constituyente contribuya a la legitimidad de la Constitución, se requiere que ésta fomente la participación popular y la calidad de la reforma. Lo más adecuado es distinguir claramente cuándo debe intervenir el poder de reforma y cuándo el poder constituyente. Los modelos suizo y venezolano pueden ser tomados como ejemplos paradigmáticos, ya que contienen un canon de reglas procesales constitucionales fijas en torno a esta cuestión. Es claro que cuando se trate de una *modificación sustancial de la Constitución*, de su reforma total, de la toma de decisiones políticas fundamentales acerca de la forma de gobierno, la forma de Estado, la interactuación del Estado con el sistema internacional, eso debe ser objeto exclusivo de la intervención del poder constituyente. Las *reformas parciales*, no sustanciales, atinentes a aspectos simplemente organizativos o procedimentales, ampliatorios incluso de los derechos fundamentales, de las garantías constitucionales y propiciadores de una mayor participación popular pueden y deben ser dejados al poder ordinario de reforma. Para la elaboración y aprobación de nuevas constituciones, se debe configurar en el texto constitucional un menú de opciones que contemple: (i) elección de una asamblea constituyente que elabore una propuesta de Constitución a ser aprobada o rechazada en un referendo popular; (ii) celebración de un referendo para la aprobación de una propuesta de Constitución fruto de una iniciativa popular, de una iniciativa legislativa o de una iniciativa del Poder Ejecutivo. Los procedimientos constituyentes deben tomar en cuenta el *carácter plural del pueblo* como poder constituyente a que antes nos hemos referido, por lo que la *iniciativa popular* debe estar abierta a colectivos de asociaciones, iglesias, personalidades y demás organizaciones de la sociedad civil. Los diferentes procedimientos que se adopten deben contemplar la celebración de consultas populares, vistas públicas, audiencias ciudadanas, en la que los ciudadanos puedan exponer sus puntos de vista e interrogar a los constituyentes sobre los aspectos que más le preocupan. Los procedimientos adoptados deben hacer acopio de la rica tradición asociativa y de participación popular dominicana y de sus nuevos paradigmas (FIALLO BILLINI).

1.6 Los límites jurídicos al poder constituyente

Si partimos del sentido original que tiene el concepto de poder constituyente en una Constitución democrática, no hay dudas de que no puede hablarse de *límite jurídico* previo al poder constituyente. La Constitución surge del poder constituyente y se legitima a través de éste. Esto, sumado a la soberanía del pueblo como titular del poder constituyente, excluye la posibilidad de toda vinculación jurídica previa del poder constituyente.

Ahora bien, la teoría del poder constituyente constitucionalmente adecuada a la Constitución de un Estado de derecho democrático no puede admitir la existencia de una fuerza política arbitraria o caprichosa propia de una concepción teológica del poder constituyente en donde éste asume rasgos divinos. Ello así por una razón fundamental: el poder constituyente, como su propio nombre lo indica, está determinado por una *voluntad de Constitución*: dado que Constitución significa ordenación jurídica, y en consecuencia limitación, el poder constituyente no puede querer el desorden y un poder absoluto. De hecho, "un poder absoluto, y que quiera seguir siendo absoluto, no cabe en una Constitución" (Bockenforde: 176). Ello explica por qué Hitler no pudo dotar al Tercer Reich de una Constitución fascista como tampoco Trujillo pudo imponer una Constitución que consagrara la dictadura del Jefe: una Constitución no puede consagrar un poder total, libre, independiente, exclusivo e ilimitado. El poder constituyente implica entonces un cierto grado de constitucionalidad y de limitación al poder.

Pero… ¿caben límites jurídicos al poder constituyente aparte de aquellos que le son inmanentes por su propia condición de poder dotado de una voluntad de Constitución? En principio, no. Los límites expresos que establece la Constitución para la reforma constitucional y los implícitos que se derivan de la misma sólo aplican al poder de reforma, pero no al poder constituyente (Tejada). Sin embargo, hay una serie de límites al poder constituyente que no deben permanecer inadvertidos:

1.6.1 Los límites al poder constituyente derivados del sistema internacional. Las decisiones del constituyente en punto a la aplicabilidad y régimen de aplicación de las normas internacionales están condicionadas por lo que al respecto hayan adoptado anteriores constituciones. "En efecto, un Tratado internacional –cuya aplicación prevalece frente a la de las normas formalmente constitucionales– que haya sido integrado al Ordenamiento por los cauces previstos al efecto en una Constitución no deja de formar parte del mismo por el solo hecho de que se instaure una nueva Norma fundamental. El poder del que ésta resulta no puede disponer, sin más, sobre la aplicabilidad futura del Tratado. Este resulta de obligado cumplimiento en todo caso y circunstancia, pues, con arreglo al Derecho Internacional –que es presupuesto de la actuación misma del poder constituyente–, frente a una norma de ese sistema no cabe oponer excepción alguna derivada del Derecho interno" (Requejo Pagés: 62). Así los derechos humanos contenidos en convenciones internacionales de derechos humanos son inderogables por el poder constituyente.

1.6.2 Los límites al poder constituyente derivados de principios de justicia y de derecho natural. El poder constituyente se encuentra vinculado, como bien lo señaló el Tribunal Constitucional alemán, por "los *principios jurídicos suprapositivos* que preceden a todo derecho escrito" pues el hecho de "que el legislador de la Ley Fundamental haya introducido en sus decisiones fundamentales normas que se caracterizan como supralegales", no quiere decir que pierdan su carácter específico, es decir, su naturaleza supralegal (BvergGE, 1, 14 [61]). La dignidad humana, la justicia, son principios jurídicos supra-positivos que, si se toman en serio, preceden al Derecho positivo y lo legitiman. Estos principios, estrechamente vinculados a la conciencia ética y moral de la sociedad, condicionan la labor del poder constituyente, la cual no se produce en el vacío. El poder constituyente del pueblo actúa acorde con patrones y modelos de conducta espirituales, culturales, éticos y sociales radicados en la consciencia jurídica de la comunidad y que son considerados parte de la voluntad del pueblo. Estos principios, recogidos en los diferentes instrumentos internacionales, constituyen el derecho común internacional, el mínimo al que los Estados nacionales deben someterse, so pena de quedar fuera de la comunidad internacional. Por eso, el poder constituyente, cuando interviene y como lo demuestra las transiciones a la democracia de los 70 y los 80 del siglo pasado, actúa en un *contexto histórico y cultural* que nutre al proceso constituyente y que lo penetra de valores básicos. De ahí que resulta inconcebible que un constituyente contemporáneo derogue el derecho a la vida y sustituya el sistema democrático por uno dictatorial o totalitario. Y es que "el 'proceso constituyente' tiene que referirse la Constitución de un ejemplo concreto respecto del tipo, más abstracto, del 'Estado constitucional': de otro modo, el término y el concepto del 'proceso constituyente' serían engañosos y triviales, un mero acto formal" (HÄBERLE: 133). Por eso, no es ocioso recordar que el mayor límite jurídico al poder constituyente lo establece el artículo 16 de la *Declaración francesa de los Derechos del Hombre y del Ciudadano de 1789*: "Toda sociedad en la que la garantía de los derechos no esté asegurada ni la separación de poderes establecida, carece de Constitución".

1.6.3 Los límites al poder constituyente impuestos por el orden convencional supranacional. En la medida en que los derechos otrora apenas reconocidos por el derecho natural hoy son derechos positivizados en instrumentos internacionales de derechos humanos suscritos y ratificados por el Estado dominicano, que obligan al Estado dominicano y comprometen su responsabilidad internacional en caso de violación de los mismos y "son de aplicación directa e inmediata por los tribunales y demás órganos del Estado" (artículo 74.3 de la Constitución), estando los actos estatales que violenten estos derechos sujetos a control de convencionalidad ejercido no solo por los órganos del sistema interamericano de derechos humanos, en específico por la Corte IDH, sino también por los jueces nacionales, sean los pertenecientes al Poder Judicial o bien aquellos que integran las Altas Cortes, en particular el Tribunal Constitucional, es obvio que los actos integrantes del proceso constituyente originario así como el producto de dicho proceso, una nueva Constitución, están sujetos al respeto de los derechos consagrados en los tratados internacionales de derechos humanos, en particular los consignados en la CADH.

En este sentido, las normas supranacionales de derechos humanos, cuando chocan con las propias normas constitucionales emanadas del proceso constituyente, o bien gozan de una jerarquía normativa supraconstitucional, o bien se aplican preferentemente a las normas constitucionales, siempre que resulten más favorables a las personas titulares de los derechos en cuestión. De este modo, el orden supranacional convencional de los derechos humanos opera frente al poder constituyente como un conjunto de límites expresos que condicionan su labor y el producto de la misma y permiten alterar o conformar los preceptos constitucionales que consignan expresamente los derechos a su vez consignados en los instrumentos internacionales de derechos humanos sólo en el sentido más favorable para la persona en virtud del principio de progresividad y no retroceso que garantiza un mínimo de protección jurídica a los derechos positivizados en los instrumentos internacionales.

La eficacia jurídica de estos límites frente al poder constituyente es la misma que cara al poder de reforma pues, en ambos casos, su violación entraña una violación del orden supranacional convencional que compromete, con las mismas consecuencias jurídicas tanto en el plano interno como en el internacional, la responsabilidad del Estado dominicano, sin afectar su eficacia el hecho de que se articule el ejercicio por el pueblo del poder constituyente originario o de que, en un proceso de reforma de los derechos constitucionales, se produzca un referendo popular que consienta tal reforma como exige la Constitución y como veremos en el próximo apartado al estudiar el procedimiento de reforma.

En conclusión y en síntesis, "es claro entonces que, aun al amparo de la voluntad popular, los actos en ejercicio del poder constituyente no pueden soslayar los acuerdos convencionales (sobre derechos humanos), ni el derecho imperativo" (CALDERÓN ORTEGA & AGUDELO IBAÑEZ: 97), produciéndose así un proceso que bien podríamos llamar de "*convencionalización del poder constituyente*", que busca asegurar lo que son hoy las Constituciones, o sea, "*Constituciones convencionalizadas*" (SAGÜÉS), o, lo que es lo mismo, que persigue que las Constituciones permanezcan convencionalizadas, garantizándose así el mínimo de protección de derechos y la dimensión progresiva de los mismos que exige el orden supranacional convencional.

1.7 El concepto de poder constituyente desde la perspectiva de la teoría analítica del derecho.

Hay quienes sostienen la necesidad de distinguir claramente entre poder constituyente y poder de reforma desde una perspectiva fundada en la teoría analítica del derecho (BARQUERIZO MINUCHE). A partir de esta aproximación, el poder constituyente se caracterizaría por los elementos que sumariamente explicamos a continuación…

1.7.1 El poder constituyente como poder revolucionario. El poder constituyente es un poder revolucionario al extremo que se ha dicho que "allí donde hay poder constituyente, hay revolución" y "cuando se habla de revolución se habla de poder constituyente", por lo que puede afirmarse que el poder constituyente es no tan solo un "*poder de revolución permanente*" sino que, más aún, "como poder omnipotente es la revolución misma" (NEGRI: 55, 251, 29). Ahora bien, el carácter revolucionario del poder constituyente desde la óptica estrictamente jurídica viene dada por las consecuencias jurídicas de una revolución que hay que entender como "el abatimiento de un ordenamiento jurídico preexistente, efectuado desde su interior, y al mismo tiempo la instauración de un nuevo ordenamiento jurídico" (BOBBIO: 203). En este sentido, como bien afirma Kelsen, "una revolución, en el sentido amplio de la palabra, que abarca también el golpe de estado, es toda modificación no legítima de la Constitución -es decir, no efectuada conforme a las disposiciones constitucionales-, o su reemplazo por otra. Visto desde el punto de vista jurídico, es indiferente que esa modificación de la situación jurídica se cumpla mediante un acto de fuerza dirigido contra el gobierno legítimo, o efectuado por miembros del mismo gobierno; que se trate de un movimiento de masas populares, o sea cumplido por un pequeño grupo de individuos. Lo decisivo es que la Constitución válida sea modificada de una manera, o reemplazada enteramente por una nueva Constitución, que no se encuentre prescripta en la Constitución hasta entonces vigente" (KELSEN: xx). Según este concepto jurídico de revolución, que implica la sustitución de un orden jurídico por un nuevo orden, habrá revoluciones en el sentido político que no lo son en el sentido jurídico -pues no pretenden ningún cambio en el vigente orden jurídico- y situaciones políticas que no son políticamente revolucionarias pero que sí lo son en el sentido jurídico.

1.7.2 El poder constituyente como un poder de hecho. El poder constituyente, aunque busca la instauración de un nuevo orden jurídico-constitucional, en la medida en que es un poder "originario" que no está previsto ni regulado por norma positiva alguna, no es una competencia jurídica, en tanto no pueden existir competencias jurídicas sin reglas, por lo que en sí mismo no es más que un poder fáctico o de hecho, que "solo es constituyente en cuanto, y solo en cuanto, sea de hecho ejercido" (FERRAJOLI: 851), que opera como "el fundamento externo, fundante y no fundado, del derecho mismo" (BAQUERIZO MINUCHE: 47), que solo puede ser reconocido a posteriori una vez se ha instaurado el ordenamiento producido como fruto de su concreta manifestación y que "una vez agotada su función originadora, no puede ser ya invocado; en otras palabras, su poder soberano se termina" (ZAGREBELSKY: 149), único modo en que se evita la destrucción del orden constitucional que se produciría si se admite un poder constituyente permanente, lo que no impide, sin embargo, una posterior manifestación del poder constituyente, no porque el gigante constituyente dormido despierte de su letargo, sino porque emerge un nuevo poder constituyente, del cual podremos hablar ex post cuando efectivamente éste se haya manifestado.

1.7.3 El poder constituyente como un poder no constituido. Una de las características esenciales del poder constituyente, como su propio nombre lo deja dicho claramente, es su condición constituyente, ya que al no ser conferido ni regulado por normas positivas vigentes es evidente y precisamente lo opuesto de "constituido". Ya lo dice Ferrajoli: "lo que es constituyente no tiene una causa ni es, por consiguiente, un efecto" (FERRAJOLI: 289). De ahí que no puedan considerarse sujetos constituyentes órganos o personas jurídicos constituidos de conformidad con normas del ordenamiento jurídico vigente o preexistente que buscan, respectivamente, reemplazar de modo jurídicamente regulado la Constitución vigente o crear un nuevo orden constitucional quebrantando el existente. En este sentido, no puede hablarse de autoridad constituyente constituida o institucionalizada por el orden jurídico preexistente ni tampoco por el orden jurídico que ha contribuido a instaurar. Los sujetos constituyentes, por tanto, "solo pueden ser seres humanos: individuos o conjuntos de individuos que están en condiciones de obrar personalmente" (BAQUERIZO MINUCHE: 99).

1.7.4 El poder constituyente como un poder jurídicamente ilimitado. Al ser un poder no constituido, el poder constituyente no puede ser instituido por normas jurídicas ni estas tampoco pueden regular sus actos. En tanto autoridad de facto, el poder constituyente puede tener límites fácticos, pero no puede ser limitado por normas jurídicas. Lo anterior no significa que las normas no puedan limitar en los hechos pretendidos cambios constitucionales a eventuales sujetos constituyentes, como ocurre con aquellas que declaran la nulidad de los cambios constitucionales al margen de los procedimientos, la cláusula constitucional de intangibilidad y los cauces institucionales, como ya hemos visto anteriormente. No. Lo que acontece es que "desde un punto de vista conceptual, ocurre que en la propia instauración normativa de facto que ha alcanzado efectividad -y que de modo ex post se denomina 'poder constituyente'- está implicado ya el hecho de haberse obviado o contravenido los límites jurídicos preexistentes (incluso aquellos provenientes de las normas de más alta jerarquía, que habrán desaparecido con el orden jurídico abatido). En pocas palabras, en la propia definición de 'constituyente' -como lo convencionalmente equivalente a 'no constituido'- aparece la imposibilidad conceptual de sujeción a límites jurídicos. En suma, carece de sentido hablar de 'limites jurídicos' del poder constituyente: o es poder constituyente, y entonces ha podido contravenir efectivamente cualquier límite jurídico, o ha habido un sometimiento a límites jurídicos, pero entonces, por definición, no habría ningún poder constituyente" (Baquerizo Minuche: 107), sino simplemente manifestación del poder de reforma.

1.7.5 El poder constituyente como un poder productor de normas originarias. El poder constituyente se caracteriza por ser *un poder productor de normas originarias*, es decir, normas cuya pertenencia al ordenamiento jurídico no depende de la previa existencia de otras normas en las que se funda su validez y que se producen al margen o en contra de lo establecido por eventuales normas vigentes sobre producción jurídica, por lo que serían normas inválidas desde la óptica del ordenamiento preexistente y, simultáneamente, ni válidas ni invalida desde la perspectiva del nuevo ordenamiento jurídico. Ese conjunto de normas originarias producidas por el poder constituyente de modo no legal o ilegal equivale a la primera constitución de un ordenamiento jurídico, no importa que se llame "constitución", "estatuto" o "acta institucional". Ahora bien, no todo cambio normativo ilegal puede ser considerado como manifestación del poder constituyente y, en consecuencia, generador de un nuevo orden jurídico. El cambio de orden que produce el poder constituyente debe consistir en la alteración de una parte fundamental del orden, o sea, que altere la identidad del orden jurídico preexistente. Por eso, no cualquier modificación inconstitucional de las normas constitucionales es manifestación del poder constituyente. Debe tratarse de la modificación inconstitucional de normas expresa o implícitamente declaradas irreformables por la propia Constitución, o de aquellas que conforman la identidad axiológica, el núcleo básico de la Constitución, la fórmula política del Estado y el modo en que se constituyen las autoridades supremas que, a su vez, conforma el modelo de orden jurídico correspondiente a dicha forma de Estado.

1.7.6 El poder constituyente como un poder efectivo. No basta, sin embargo, que se hayan formulado normas originarias, es decir, de modo ilegal y en oposición a la identidad axiológica y política del ordenamiento jurídico preexistente, para que pueda afirmarse que nos encontramos ante una manifestación del poder constituyente. No. Es preciso algo más: se requiere la *efectividad de los hechos normativos originarios*. Y es que es perfectamente posible que un cambio normativo ilegal sea repelido por los mecanismos institucionales del control político o jurisdiccional de la constitucionalidad o sea sencillamente ineficaz en la práctica no alcanzando su plena consumación o consecución de su objeto. La efectividad requiere la aceptación y la observancia generalizada de las normas originarias creadas por el poder constituyente y derivadas de aquellas "como un hecho institucional creado a partir de ciertas creencias y compromisos, y mantenido en virtud del reconocimiento colectivo o aceptación entre la generalidad de los individuos de una determinada comunidad" (Baquerizo Minuche: 153). En otras palabras, la efectividad requiere saber si los sujetos constituyentes han sido capaces de imponer en los hechos un nuevo sistema de normas, sea mediante la fuerza, la intimidación, la adhesión, los canales institucionales o el diálogo y la deliberación. En fin, "el poder constituyente existe en la medida en que se ha concretado de manera exitosa" (Baquerizo Minuche: 141).

1.7.7 El poder constituyente como poder productor de un nuevo orden jurídico. El poder constituyente, como hemos visto anteriormente, es un poder revolucionario en el sentido de que provoca una revolución jurídica y "toda revolución jurídica conduce a la ruptura del orden jurídico" (Bulygin: 265) y al surgimiento de un *nuevo orden jurídico*, nuevo orden cuya existencia se constata cuando se ha producido un cambio normativo no legal o ilegal, producto de la inobservancia de las normas sobre producción jurídica del orden jurídico preexistente, y ese cambio normativo es lo suficientemente trascendental para alterar la identidad del orden jurídico preexistente.

Ese nuevo orden jurídico no implica necesariamente un cambio de régimen político, tal como ilustra el caso de la Constitución colombiana de 1991, surgida de un proceso constituyente que no respetó las normas de habilitación de la Constitución preexistente, que, si bien instauró un nuevo orden jurídico como lo ha reconocido la propia Corte Constitucional colombiana (Sentencia C-559/92), mantuvo el mismo régimen presidencialista y republicano existente. Del mismo modo, un cambio de régimen político como operaría en Chile de entrar en vigor una nueva Constitución con un artículo 1 que rezaría que "Chile es un Estado social y democrático de derecho", que "es plurinacional, intercultural y ecológico" y "que se constituye como una República solidaria, su democracia es paritaria y reconoce como valores intrínsecos e irrenunciables la dignidad, la libertad, la igualdad sustantiva de los seres humanos y su relación indisoluble con la naturaleza", y que indiscutiblemente creará un nuevo orden jurídico, no es manifestación del poder constituyente, pues, a pesar de tratarse del reemplazo de una anterior Constitución por una nueva, el proceso constitucional de cambio constitucional se habría producido en respeto de las normas sobre producción jurídica contenidas en y derivadas de la Constitución sustituida. Parecido ocurre en la República Dominicana con la reforma constitucional de 2010, pues produjo un nuevo orden jurídico, básicamente por la razón de enmendarse con efectividad para el futuro las normas sobre reforma constitucional -exigiéndose, por ejemplo, un referendo constitucional aprobatorio para reformas constitucionales que versen sobre derechos fundamentales-, y también efectuó un cambio de régimen, al consagrarse expresamente la cláusula del Estado social y democrático de derecho en el artículo 7 de la Constitución -aunque podría argumentarse, como algunos han señalado respecto al caso chileno e, incluso, para el caso dominicano, que el carácter social y democrático ya estaba implícitamente presente en la Constitución de 1966- y, sin embargo, no estamos en presencia de la manifestación del poder constituyente, pues la Constitución de 2010, que es la Constitución de 1966 reformada en su integridad, fue fruto de un proceso de reforma constitucional que respetó estrictamente las normas constitucionales de reforma constitucional, tanto en lo que respecta a la forma como al contenido que se ciñó también escrupulosamente a la cláusula de intangibilidad.

En virtud de lo anterior, puede afirmarse que no todo cambio de régimen político conlleva un nuevo orden jurídico y que no todo nuevo orden jurídico implica un cambio de régimen político. Aún más, puede ocurrir simultáneamente un cambio de régimen político y crearse un nuevo orden jurídico y si esos cambios no han sido fruto de una modificación normativa ilegal, sino que son producto del poder de reforma constitucional en respeto a las normas de producción jurídica establecidas por la Constitución no podemos hablar de la manifestación del poder constituyente.

1.7.8 El poder constituyente como un poder distinto al poder de reforma. Si el poder constituyente es un poder que "no se encuentra sometido a una constitución previa" (Sieyès: 257), es obvio que un procedimiento de reforma o cambio constitucional constitucionalmente previsto no puede considerarse un proceso *constituyente constitucional*, independientemente de que se le asigne el nombre de "constituyente" al órgano que produce el cambio constitucional (como en Venezuela), que se considere al poder de reforma como un tipo de poder constituyente o que no existan límites materiales expresos a la reforma total de la Constitución. En estos tres casos, el cambio constitucional está en manos de un poder constituido sujeto a las normas de la Constitución vigente y, aún ante la inexistencia de límites materiales a la reforma, el órgano supuestamente constituyente está sujeto al procedimiento constitucional establecido para su funcionamiento. De ahí que es un contrasentido hablar de "poder constituyente constituido". Asimismo, tampoco tendría sentido hablar de una "constitucionalización del poder constituyente" (Häberle), asimilando el poder de reforma total con el poder constituyente, cuando, al tratarse de un poder constituido sujeto a la Constitución, es preferible conservar y aplicar el concepto de poder reforma, como poder constituido, capaz de reformar o cambiar la Constitución, siempre sujeto a las normas constitucionales materiales o procedimentales vigentes. Por igual, la tesis de que el poder constituyente puede actuar de cualquier forma, "incluyendo formas constituidas, por paradójico que pueda sonar" (Atria: 52), nos lleva a un problema aún mayor: "¿Cómo se distingue entonces la manifestación del poder constituyente y el ejercicio de un poder constituido? Y más aún, si se tiene en cuenta que el único poder constituido capaz de crear normas constitucionales es el poder de reforma constitucional, ¿cómo distinguir el poder constituyente que 'elige' libremente manifestarse por intermedio del poder de reforma constitucional, por una parte, y el ejercicio -digamos- regular de dicho poder reformador en momentos 'no constituyentes', por otra?" (Baquerizo Minuche: 192).

Peor aún, en la práctica constitucional comparada, a lo que conduce la asimilación del poder de reforma al poder constituyente o asumir que el poder constituyente pueda manifestarse conforme cauces constitucionales previstos es a subvertir el poder de reforma y a *propiciar golpes de estado constituyentes*, sobre la legitimidad de una asamblea que denominada constituyente o no, asuma ser un poder que, no obstante su condición de poder constituido, es constituyente y no sometido a las normas constitucionales. Y es que la idea de un poder constituyente soberano, es decir, no sometido a límites jurídicos, se encuentra "bastante viva" (Arato: 1). De ahí que si queremos evitar la "revolucionaria y populista idea de un poder constituyente soberano" (Arato: 1) que conduzca a la ruptura del orden constitucional, que es lo propio del poder constituyente por su propia condición constituyente, más que hablar de domesticación jurídico-constitucional o encauzamiento constitucional del poder constituyente, en verdad deberíamos democratizar los procedimientos de reforma constitucional de modo que se fomente las enmiendas o los cambios constitucionales por las vías constitucionalmente establecidas y no recurriendo a un poder constituyente por esencia jurídico-constitucionalmente indomable y que, por definición, se manifiesta necesariamente mediante formas ilegales o alegales. Es posible, en este sentido, diseñar sistemas constitucionales que distingan entre las reformas parciales, que desembocan en simples enmiendas constitucionales; y las transformaciones constitucionales respecto a los derechos constitucionales y la organización del poder que implique procedimientos agravados y mayor deliberación y participación democrática, sin que en ningún caso se produzca un cambio de Constitución y se trate en todo caso de una reforma constitucional sujeta a límites constitucionales, control jurisdiccional y dentro del orden constitucional existente, como sugiere la doctrina lamentablemente llamada -porque asusta a cualquiera con ese nombre- del "*desmembramiento constitucional*" (Albert 2020).

De lo anterior se infiere la necesidad de distinguir dos poderes normativos claramente diferenciados: el *poder "de hecho"* en que consiste el poder constituyente, reconocible ex post, es decir, luego de haberse producido su manifestación jurídicamente ilimitada; y el *poder "de derecho"* en que consiste el poder de reforma constitucional, disponible ex ante, o sea, como una competencia constitucional jurídicamente limitada. No confundir ambos poderes, bajo el alegato de que el resultado de ambos son nuevas disposiciones constitucionales, permite distinguir con precisión una Constitución cuyo fundamento de validez deriva de otra Constitución, dentro de un mismo orden jurídico, como fruto de la actuación del poder de reforma, incluso cuando esta reforma desemboca en un nuevo documento constitucional que reemplaza o sustituye la anterior Constitución y no es una simple enmienda constitucional o reforma parcial de la Constitución, de una "primera Constitución" en el sentido kelseniano de originar un nuevo orden jurídico. Lógicamente, una reforma constitucional que se efectúe en violación al procedimiento de reforma puede, eventualmente, considerarse como manifestación del poder constituyente, siempre que concurran las condiciones necesarias para considerar un evento como instancia del poder constituyente, es decir, que se produzca un cambio normativo no legal o ilegal, fruto de la inobservancia de las normas sobre producción jurídica y que ese cambio altere la identidad del orden jurídico preexistente y produzca un nuevo orden jurídico que es aceptado por la población y cuyas normas cuya validez se funda en ese nuevo orden son generalizadamente observadas por la ciudadanía como fruto del cumplimiento voluntario o de la coacción constitucional y jurídicamente instituida y organizada.

2. LA REFORMA CONSTITUCIONAL

El elemento clave de todo verdadero Estado constitucional de derecho es la estabilidad de su Constitución. Esta *estabilidad constitucional*, que busca garantizar lo que Luigi Ferrajoli denomina la "*esfera de lo indecidible*", es decir, el "conjunto de principios que, en democracia, están sustraídos a la voluntad de las mayorías", como es el caso de los derechos fundamentales y la "fórmula política" (Canosa Usera), se logra a través de dos instrumentos esenciales: la mayoría agravada y el procedimiento especial de reforma constitucional, por una lado, y, por otro lado, la consagración de cláusulas pétreas o de intangibilidad que preservan el núcleo constitucional, la forma básica de Gobierno (civil, democrático, representativo).

Esa estabilidad constitucional, que se concreta en la rigidez de la Constitución y en el instituto de la reforma constitucional, no puede significar, sin embargo, la *inmutabilidad constitucional*. Como decía Thomas Jefferson, "ninguna sociedad puede elaborar ni una Constitución ni una ley perpetuas. La Tierra pertenece siempre a las generaciones vivas". Por eso, el artículo 28 de la Constitución francesa de 1793 establece que "un pueblo tiene siempre el derecho a revisar, reformar y cambiar su constitución. Una generación no puede imponer sus leyes a las generaciones futuras". De ahí que la Constitución deba ser lo suficientemente rígida para proteger los derechos y la democracia de las tentaciones autoritarias incluso del propio pueblo y no tan rígida que impida a la mayoría popular reformar la Constitución.

Sin embargo, lo que caracteriza a los ordenamientos constitucionales es que, como nos recuerda John Elster, así como en la mitología griega Ulises se autolimitó atándose al mástil mayor de su barco y ordenando que no lo desataran ante el canto de las sirenas, el pueblo, en una Constitución, se restringe a sí mismo y a sus descendientes, descartando ciertas opciones que podrían tomar libremente si no existiera esa restricción (por ejemplo, establecer como forma de Gobierno una monarquía dictatorial eclesiástica militar) y manteniendo su adherencia a ciertos fundamentales e irreversibles precompromisos, (Elster).

Pero Ulises se puede desatar. El mito de la omnipotencia constituyente diseñado por Sieyès puede descarriar a una asamblea revisora de la Constitución que, pese a ser un poder de reforma constituido y limitado por la Constitución, y no, en verdad, un poder constituyente originario, pase por alto las reglas de la reforma constitucional y, en base a un "*golpe de estado constituyente*" (Brewer-Carías 2021), proceda no solo a reformar el núcleo intangible de la Constitución sino también a gobernar, ejerciendo inconstitucionalmente los poderes constituidos y sobrepasando el marco y el mandato de reforma constitucional. A ello contribuye una doctrina jurisprudencial que entiende que puede modificarse la cláusula de intangibilidad constitucional y que, una vez reformada la Constitución, no puede declararse inconstitucional la reforma constitucional hecha en violación a la propia Constitución, la cual, pese a su nulidad, puede ser "purgada" (Sagüés) mediante un referendo popular.

Los *precompromisos constitucionales y supraconstitucionales* son esenciales al buen funcionamiento de una democracia constitucional en la medida en que limitan "la tendencia a tomar decisiones apresuradas o pasionales". Y es que los grupos "están sujetos a la influencia de la pasión, del autoengaño y de la histeria, que pueden generar una mayoría temporal para tomar decisiones de las que más adelante se arrepentirán", (Elster, citado por MARTIL MARMOL: 175).

2.1 El concepto de reforma

La consagración en la propia Constitución de mecanismos destinados a su eventual reforma es conceptualmente indispensable para definir la Constitución en los ordenamientos constitucionales contemporáneos (ARATO). ¿Por qué? Para poder responder esta pregunta, se requiere analizar (i) la rigidez constitucional; (ii) las tradiciones de reforma; y (iii) las diferencias entre la reforma y otras figuras.

2.1.1 La rigidez constitucional. La gran mayoría de las constituciones son "*rígidas*", es decir, su revisión está sujeta a una serie de condiciones que, en mayor o menor medida, dificultan la misma. Esa rigidez es la condición esencial de una *Constitución normativa* pues es ella la que confiere a la Constitución el estatuto de ley fundamental y suprema, no susceptible de ser cambiado en las mismas condiciones que la ley ordinaria. Esto no significa que una Constitución rígida no pueda ser cambiada, sino que sólo puede ser cambiada cumpliendo con una serie de formas previstas y determinadas con antelación. En otras palabras, "una constitución rígida no es una constitución inmutable, sino que es una constitución fija" (ZOLLER: 75).

Una *Constitución rígida* no es inmutable porque se puede cambiar siempre y cuando se cumpla con las formas previstas por la propia Constitución. Una *Constitución inmutable*, en contraste, es una que no se puede cambiar del todo y que no prevé que puede ser cambiada. Es por ello que una Constitución inmutable no es una Constitución de la libertad. Los constituyentes franceses estaban conscientes de ello cuando en 1791 declararon que "la nación francesa tiene el derecho imprescriptible de cambiar su Constitución" y cuando en 1793 dispusieron que "una generación no puede sujetar con sus leyes a las generaciones futuras". Declaraciones ambas que traen a colación las famosas palabras de Jefferson: "El poder constituyente de un día no puede condicionar el poder constituyente de mañana". Ahora bien, una Constitución puede durar varias décadas o más de dos siglos, obligando a aquellas generaciones que no la adoptaron y que incluso ni estaban vivas en el momento de su proclamación. Pero no es el pasado el que rige aquí sino un presente que, al no reunir las mayorías necesarias para enmendar la Constitución, ratifica su adhesión a una Constitución cuya legitimidad se reconstituye todos los días.

Una Constitución rígida es fija en el sentido de que no puede ser modificada por los poderes ordinarios de la sociedad política (legislativo, ejecutivo y judicial) mediante procedimientos ordinarios de legislación o interpretación. Solo el *poder de reforma* puede cambiarla. De ahí que una Constitución rígida no puede ser revisada, modificada o alterada por unos poderes constituidos a título de interpretación de sus disposiciones por parte de dichos poderes. Del mismo modo, una Constitución normativa no puede ser revisada por la práctica seguida por los órganos constituidos, pues ello sería admitir una costumbre en contra de la Constitución o la derogación de ésta por desuso. El poder constituyente puede ciertamente "absolver" las inconstitucionalidades cometidas por los poderes constituidos, pero ello excluye la posibilidad de que éstos impongan su voluntad bajo la forma de "sus" interpretaciones del texto constitucional. Por eso, la Constitución rígida se distingue de la Constitución consuetudinaria que puede cambiar todos los días puesto que ésta se compone de los usos y las prácticas seguidos por los órganos del Estado. Ahora bien, no hay Estado cuya Constitución sea enteramente costumbrista: aún Inglaterra posee leyes escritas que, aunque pueden ser modificadas a voluntad del Parlamento, son materialmente constitucionales. La rigidez constitucional, la cual solo es posible donde hay una Constitución escrita, es no solo condición sino también criterio distintivo de la Constitución normativa.

La rigidez constitucional comporta grados. La *flexibilidad constitucional* no: por eso una Constitución es más o menos rígida, según sean más o menos estrictos los procedimientos para modificarla, mientras que no hay Constituciones más o menos flexibles que otras. Una Constitución es flexible si puede ser modificada por los poderes constituidos mediante los mecanismos ordinarios para la revisión de las leyes. Por eso, la Constitución flexible, hasta cierto punto, no existe. Una Constitución rígida no puede ser tan rígida que imposibilite su enmienda ni tan poco rígida que equivalga a una Constitución flexible. Es el justo medio la clave para lograr una rigidez constitucional que promueva la estabilidad sin comprometer la libertad y que tolere las enmiendas sin poner en juego la normatividad de la Constitución y su carácter de ley suprema y fundamental.

2.1.2 Las tradiciones de reforma. Hay esencialmente dos grandes tradiciones históricas de reforma constitucional: (i) la norteamericana y (ii) la europea. Ambas tradiciones inciden en el (iii) devenir constitucional latinoamericano y específicamente en el dominicano.

2.1.2.1 La tradición norteamericana: la constitucionalización del poder constituyente. Fueron los norteamericanos los primeros en incorporar, de manera deliberada, consciente y expresa, un mecanismo de *reforma constitucional*. Se trata de algo sin precedentes, pues no se conocía hasta ese momento un medio de reformar la Constitución acorde con la propia Constitución. "Nos encontramos en especial ante una espectacular reforma del concepto de poder constituyente: éste es absorbido, construido por la Constitución, transformado en un elemento de la máquina constitucional. Es un absoluto cambio de paradigma el que sufre el poder constituyente" (NEGRI: 201). La Constitución, a partir de ese momento, es reformable pero, en tanto norma jurídica superior, resulta inmune al poder legislativo ordinario. "Quiere decirse que la reforma es pensada desde el primer momento como una *institución jurídica*. Con alcance político, pero jurídica. Una institución que no debe impedir que el proceso político de autodirección de la sociedad se desarrolle con eficacia, pero que sí debe impedir que se traspasen ciertos límites. Cuando se quiere ir más allá de ellos, hay que acudir al *amending power*, que debe estar regulado, por tanto, de manera que la reforma sea difícil, pero no imposible" (PÉREZ ROYO: 149).

Pero atención. La irrelevancia de la reforma como mecanismo de actualización constitucional, su carácter de *garantía extraordinaria*, es resaltado por Pérez Royo:

"La reforma de la Constitución juega un papel importante en los Estados Unidos de América en el proceso de imposición del Estado constitucional, más como instrumento de institucionalización del poder constituyente originario del pueblo y de la supremacía de la Constitución como norma jurídica, que como institución realmente operativa para lo que originariamente se pensaba que debía ser: para adaptar la Constitución a la marcha de los acontecimientos históricos. Es decir, la reforma es operativa más como idea que como institución. Hasta que queda recogida en el texto constitucional, es sumamente importante. A partir del momento en que está inserta en él, va perdiendo importancia" (Pérez Royo 1986: 13).

El caso norteamericano demuestra el modo en que interactúan los mecanismos de reforma constitucional y *control de la constitucionalidad*. La Constitución en más de 2 siglos sólo ha sido enmendada en 27 ocasiones, incluyendo la primera vez cuando, a solo 4 años de su ratificación, le fueron incorporadas 10 enmiendas. La extraordinaria estabilidad de la Constitución norteamericana se debe en gran medida a que los tribunales, al ejercer el control difuso de la constitucionalidad, han permitido que ésta evolucione y se adapte a la realidad, sin necesidad de mayores cambios textuales, haciendo de ella una *"Constitución viviente"*. Aparece así la reforma constitucional como *garantía extraordinaria* de la Constitución, mientras que el control de la constitucionalidad emerge como la garantía cotidiana, la de todos los días. "Esta situación ha producido, por otra parte, tanto en la masa del pueblo como en los detentadores responsables del poder, un alto sentimiento de respeto frente a la ley fundamental, un *sentimiento constitucional*, que por lo menos en los Estados Unidos ha dado lugar a una mitología constitucional en la que la Constitución federal tiene el valor de algo sagrado. Cuanto más se ha identificado una nación con su constitución, tanto más reservada se muestra en el uso del procedimiento de reforma constitucional" (Loewenstein: 175).

2.1.2.2 La tradición europea: de la inmutabilidad a la flexibilidad constitucional. En la tradición europea, la reforma constitucional aparece como una institución política cuya finalidad es imposibilitar la reforma de una *Constitución inmutable* o como mecanismo ordinario al cual acude el legislador para modificar una ley que, aunque políticamente es suprema, jurídicamente está en el mismo nivel que la ley ordinaria. Ilustración de lo primero es la Constitución de Cádiz de 1812 la cual contemplaba para la reforma constitucional no menos de 7 trámites procedimentales: plazo de 8 años de espera; proposición firmada por un mínimo de 20 diputados; triple lectura con intervalo de 6 días; tramitación de la reforma y remisión de la misma a la siguiente Diputación general con mayoría de dos tercios; aprobación en esa Diputación con mayoría de dos tercios y otorgamiento de poderes especiales a otra Diputación para hacerla; otorgamiento de los poderes por las Juntas Electorales de provincia; y discusión de nuevo y aprobación con dos tercios. Ilustración de lo segundo son casi todas las Constituciones europeas del siglo XIX, expresión de un constitucionalismo flexible "en el que no existen límites jurídicos para la manifestación de voluntad del legislador", donde "el ordenamiento empieza en la ley, y si la Constitución forma parte del ordenamiento, lo hace como una ley más" (Pérez Royo: 151).

2.1.2.3 El caso dominicano. La República Dominicana, cuya Constitución ha sido reformada, cambiada o sustituida en 39 ocasiones, es tradicionalmente citada como figurando "en el primer lugar entre los países latinoamericanos que han dictado el mayor *número de constituciones*" (Jorge García: 359). Sin embargo, en el caso dominicano, contrario a lo que postula la mayoría de nuestros historiadores y juristas, estas reformas constitucionales o nuevas constituciones no implican necesariamente *inestabilidad constitucional*, si por esta última entendemos frecuentes cambios completos de Constitución mediante verdaderas rupturas constitucionales, como ocurrió en Francia entre 1791 y 1799. A pesar del gran número de reformas o cambios de Constitución y no obstante la regla de publicar íntegramente la Constitución con cada reforma, que alimenta la idea de que se trata de una nueva Constitución la que surge de la reforma, la realidad es que las modificaciones constitucionales han sido en su gran mayoría enmiendas que no alteran la esencia del espíritu constitucional de 1844. Tanto es así que hay quienes señalan que la Constitución vigente es el texto de 1844 con las reformas parciales sufridas en redacción, numeración y estructuración (Pellerano Gómez 1997). Esta estabilidad constitucional se reafirma a partir de la Constitución de 1966, enmendada tan solo en 1994, 2002, 2010 y 2015, es decir, cuatro veces, en comparación con las 34 reformas experimentadas por la Ley Fundamental alemana desde 1948 hasta 1987 y las 20 reformas efectuadas a la Constitución de Brasil entre 1967 y 1987.

Las reformas constitucionales, cuando son hechas conforme el mecanismo establecido en la Constitución, son expresión de la *autoreferencialidad normativa* que caracteriza a todo ordenamiento constitucional democrático en donde éste regula su propio cambio (Bastida). En este sentido, si hay algo criticable en nuestro constitucionalismo histórico no es tanto que la inestabilidad política haya propiciado la reforma constitucional, sino que muchas veces, aunque no siempre, la sucesión de las diversas constituciones se lleva a cabo mediante la ruptura, es decir, los cambios constitucionales se han realizado ignorando el sistema de reforma constitucional previsto en el texto constitucional. Ello se ha debido en gran medida al *carácter militar* de los actos que determinan los cambios políticos en nuestra historia.

2.1.3 La reforma constitucional y otras figuras. Conviene distinguir entre (i) reforma y mutación constitucional; (ii) reforma parcial y total de la Constitución; (iii) reforma constitucional explícita y tácita; (iv) reforma y quebrantamiento de la Constitución; y (v) reforma y suspensión de la Constitución.

2.1.3.1 Reforma constitucional y mutación constitucional. La Constitución ideal sería, desde el punto de vista técnico, la que fijase una *normativa permanente y definitiva*, capaz de prever y regular todos los cambios políticos, sociales y económicos que una sociedad pudiera experimentar en su desarrollo y trayectoria histórica. Pero ello no es realizable: aunque toda Constitución manifiesta la soberbia pretensión de durar –para usar una frase de Otto Kircheimer-, ni siquiera en la primera etapa del constitucionalismo se pretendió que las constituciones tuviesen validez eterna. Ello es casi imposible en las constituciones modernas que, aparte de ser la manifestación de variadas y complejas ideologías, muchas veces son consecuencia del compromiso plural de diversas fuerzas políticas y sociales, lo cual complica la interpretación constitucional. Consecuentemente, la Constitución debe ir adecuándose a las nuevas exigencias sociales, económicas y políticas de la sociedad. Solo de ese modo se logra lo que Heller ha denominado la *Constitución total*: aquella en que confluye la normalidad y la normatividad. Ese ajuste se produce a través de la reforma de la Constitución o por mutación de ésta (DAU-LIN y JELLINEK).

¿Qué es la *mutación constitucional*? La mutación constitucional es "una transformación en la realidad de la configuración del poder político, de la estructura social o del equilibrio de intereses, sin que quede actualizada dicha transformación en el documento constitucional: el texto de la constitución permanece intacto". La misma "se da en todos los Estados dotados de una constitución escrita y son mucho más frecuentes que las reformas constitucionales formales" (LOEWENSTEIN: 165). Se produce con lentitud, de manera paulatina, y, lo que no es menos importante, imperceptible. Las mutaciones constitucionales "pueden producirse mediante actos de los órganos fundamentales o a través de hechos normativos", ya "sea a través de interpretación de la Constitución realizada por los órganos supremos del Estado, entre ellos el Tribunal Constitucional, predominantemente o con prácticas repetidas (costumbre constitucional) o mediante leyes constitucionales y/o orgánicas que dejan indemne el texto básico, pero afectan su contenido o espíritu" (LUCAS VERDÚ: 209). La reforma constitucional modifica la Constitución cumpliendo los procedimientos preceptuados por la propia Constitución; la ruptura constitucional es un obrar consciente contra el texto constitucional o el sentido del mismo; la mutación constitucional consiste en el cambio sucesivo del sentido de una disposición constitucional, dejando intacto su texto y sin que haya consciencia de su anticonstitucionalidad. "La mayoría de las veces se percibe la mutación constitucional con posterioridad. Los contemporáneos de la mutación no solo carecen de conciencia de su antijuridicidad; además no se percatan de la mutación acaecida. Cuando la perciben siguen sin captar su alcance antijurídico. Precisamente es la conciencia de su antijuridicidad lo que diferencia a la ruptura constitucional de la mutación constitucional" (LUCAS VERDÚ: 211).

Según la doctrina tradicional, la mutación constitucional ha sido frecuente e intensa en los Estados Unidos, país que ofrecería ilustraciones significativas de este fenómeno. Ejemplo de mutación constitucional sería el *control judicial de constitucionalidad* de las leyes que surgió al margen del texto constitucional a partir de la famosa sentencia *Marbury v. Madison* del juez Marshall, mecanismo tan enraizado en el sistema constitucional norteamericano que se requeriría una enmienda constitucional expresa para eliminarlo y, aún así, sería dudosa su eliminación en virtud de la cláusula *supreme law of the land* contenida en el artículo V de la Constitución. Asimismo, hasta la tercera elección de Roosevelt, ningún presidente ostentaba su cargo durante más de dos períodos, regla que devino Derecho Constitucional escrito en la vigésimo segunda Enmienda. El veto presidencial, previsto originalmente para impedir la entrada en vigor de una ley técnicamente defectuosa o materialmente inaplicable, mutó en un veto que el Presidente ejerce cuando la ley le parece poco deseable por razones políticas. También es mutación constitucional el aumento de las competencias del Estado federal a costa de los Estados federados durante los últimos 100 años, proceso que se revierte ahora mediante la "*devolution*" de los poderes a los Estados.

A. Tipos de mutación. La doctrina tradicionalmente acostumbraba a distinguir diversos tipos de mutación constitucional:

a) Está la *mutación por adición* que incorpora o agrega a la Constitución material un contenido nuevo que carece de norma previsora en la Constitución formal. Tal es el caso de los partidos políticos que, a pesar de ser determinantes en el ordenamiento constitucional desde finales del siglo XIX, solo fueron receptados en la Constitución formal dominicana en 1942 (artículo 103), habiendo estado presentes ya en la Constitución material por medio del derecho espontáneo, de la ley y del derecho judicial.

b) Encontramos, además, la *mutación por sustracción*. "Se produce cuando normas de la constitución formal que prosiguen incorporadas a ella (o sea con vigencia normológica) pierden vigencia sociológica, o no llegan a alcanzarla en la constitución material" (Bidart Campos 1998: 308).

c) Tenemos la *mutación por interpretación* que se produce cuando se interpretan las normas constitucionales conforme a las consideraciones y necesidades del tiempo en que se aplican y no según el sentido que les dio el constituyente originario, adquiriendo las normas de la Constitución formal un modo de vigencia sociológica que no coincide exactamente con la norma escrita en su formulación expresa. A juicio del Tribunal Constitucional alemán, un cambio de significado de una prescripción constitucional solo es posible "cuando aparecen en su esfera supuestos de hecho nuevos, no previstos o cuando supuestos de hecho conocidos se presentan mediante su ordenación en el curso global de un desarrollo en una relación nueva o adquieren un sentido nuevo" (BVerfGE, 380 (401). Es ésta la mutación constitucional más frecuente debido al rol preeminente de la justicia constitucional y a la popularización de nuevos métodos de interpretación constitucional, más allá de la mera exégesis o la interpretación gramatical, que permiten al intérprete judicial crear y formular normas derivadas de la Constitución, bien expresa, bien implícitamente. Este fenómeno ha conducido a la "*judicialización de la Constitución*" y a la aparición de un "Derecho Constitucional jurisprudencial": "Del proteico despliegue del derecho constitucional jurisprudencial emana la realidad de una creciente Constitución material superpuesta a la originaria y formal" (Acosta Sánchez: 28) y el convencimiento de que no es posible que la Constitución formal contenga la totalidad de las reglas constitucionales materiales de un Estado.

d) Finalmente, encontramos la *mutación por desconstitucionalización*. Esta se produce cuando toda la Constitución formal, o una parte sustancial de ella, pierde vigencia sociológica, a consecuencia de cualquier fuente que la hace decaer al introducir contenidos opuestos. Tal fue el caso de la Constitución de Weimar que, sin ser reformada ni derogada, fue sustituida por una Constitución material divergente durante el régimen nazi.

B. La mutación constitucional en un ordenamiento con Constitución normativa y justicia constitucional. Como podrá observarse, la doctrina, al referirse a la mutación constitucional, utiliza el término con diversos significados que implican diversos conceptos. En primer lugar, se puede hablar de mutación constitucional en el sentido de *cambio de la situación constitucional* en la que se encuentra un pueblo o un Estado, con independencia de lo que ocurra respecto a su texto constitucional, el cual es un dato o momento más, aunque no el criterio determinante: la desaparición de la Unión Soviética y la recuperación de la unidad estatal de Alemania son ilustraciones de este tipo de mutación constitucional. En segundo lugar, la mutación puede referirse al *cambio de la realidad* conformada constitucionalmente debido a la emergencia de nuevas circunstancias políticas, económicas, sociales, culturales o espirituales: aquí la pregunta sobre la mutación refiere a la relación entre facticidad y validez, entre ser y deber ser, entre norma y realidad. En tercer lugar, la mutación constitucional puede referirse a la *modificación del significado* de una norma constitucional, lo cual no implica necesariamente un cambio en el contenido en la norma, pues la variación del significado de la norma puede deberse a un cambio en la esfera regulada por la norma que acarrea el surgimiento de una función nueva o distinta de la norma. Por último, la mutación refiere a la *modificación del contenido* de las normas constitucionales, lo cual acarrea una reforma material de la Constitución en ausencia de una reforma formal producida conforme al procedimiento y mayorías establecidos por el texto constitucional.

¿Cuál es el concepto de mutación constitucional relevante en un ordenamiento constitucional? La respuesta a esta pregunta depende de ante qué tipo de ordenamiento nos encontremos. No hay dudas que, si se trata de un ordenamiento sin Constitución normativa y, por ende, sin justicia constitucional, la mutación constitucional puede abarcar todo lo que represente una *transformación del ámbito constitucional* y que se haya impuesto en el plano de los hechos, pues no hay juez que tenga la potestad de verificar la constitucionalidad del cambio constitucional ni los límites de éste. Ahora bien, si nos encontramos en un ordenamiento con Constitución normativa, el concepto de mutación constitucional debe aprehender no solo la mera constatación de la mutación sino, principalmente, la *admisibilidad y consecuencias jurídicas* del cambio constitucional. Y es que, donde hay Constitución normativa y justicia constitucional, la cuestión de la mutación constitucional consiste en determinar hasta que grado es posible admitir un cambio de contenido de la Constitución al margen del procedimiento de reforma constitucional.

Pero… ¿cuáles fenómenos constituyen un cambio de contenido de las normas constitucionales y, en consecuencia, una mutación de una Constitución normativa? En primer lugar, no hay mutación constitucional allí donde sólo cambian los *supuestos de hecho de la norma constitucional*, o sea, el ámbito de la realidad o de la vida regulado por la norma, quedando intacto el contenido de la norma, es decir, su programa normativo. Tal es el caso de los cambios tecnológicos que originan el surgimiento de nuevos medios de comunicación no previstos originalmente por la Constitución al momento de reconocer la libertad de expresión y difusión del pensamiento o el derecho al secreto de las comunicaciones. Aquí no hay dudas de que surge una realidad constitucional diferente, que provoca un cambio de significado de la norma, la cual no puede permanecer indiferente a una realidad social que ha cambiado. Pero el cambio no constituye una modificación del contenido de la norma sino que éste emerge de la misma norma cuyo significado evoluciona cara a la cambiante realidad social.

En segundo lugar, no constituye tampoco una mutación constitucional lo que ocurre cuando las normas constitucionales admiten, dentro de determinado marco, diversas maneras de *configuración legal* de un ámbito de la realidad y la vida. Así, cuando el legislador regula el derecho de propiedad, estableciendo formas diferenciadas y específicas de propiedad (bienes inmuebles, propiedad industrial, etc.), no hay dudas de que el legislador tiene un amplio margen de configuración, siempre que no vulnere el contenido esencial del derecho, la garantía de la propiedad como instituto jurídico, su función social y que los límites al derecho sean razonables. Cuando el legislador configura el ordenamiento de la propiedad, se opera un cambio en la realidad jurídica de la propiedad pero esto no implica una modificación de las normas constitucionales mismas, las cuales permanecen inmutables, cambiando solo el ordenamiento legislativo que se mantiene bajo la sombrilla de las mismas normas constitucionales, sin que ello implique afectación de la garantía constitucional de la propiedad asegurada por el artículo 51 de la Constitución.

En tercer lugar, no estamos en presencia de una mutación constitucional cuando se producen cambios en la aplicación de *conceptos constitucionales indeterminados* que integran una norma constitucional. Estos conceptos requieren de una concreción más detallada la cual puede llevarse a cabo en diferentes direcciones y estará siempre cubierta por la norma constitucional. Como los conceptos constitucionales indeterminados admiten diferentes concretizaciones debido precisamente a su indeterminación, estas diversas concretizaciones no modifican el contenido –siempre indeterminado- del concepto. Así, cuando la Constitución establece que la República Dominicana "se pronuncia en favor de la solidaridad económica entre los países de América" (artículo 26.6), lo que deba entenderse por el fin constitucional de la solidaridad económica con los países americanos dependerá mucho de la estructura económica del país, de su interacción con la economía mundial y regional y de las relaciones de interdependencia.

En cuarto lugar, no hay mutación constitucional cuando la norma constitucional remite a circunstancias extrajurídicas, como es el caso de concepciones sociales, éticas, e ideológicas que se incorporan a su contenido cambiante. Estamos aquí frente a lo que la doctrina denomina *conceptos "esclusa"* que son los que permiten una relación fluida entre realidad social y norma constitucional y que impiden que el Derecho constitucional se mueva en el vacío. Así, cuando la Constitución establece como "función esencial del Estado, la protección efectiva de los derechos de la persona, el respeto de su dignidad y la obtención de los medios que le permitan perfeccionarse de forma igualitaria, equitativa y progresiva, dentro de un marco de libertad individual y de justicia social" (artículo 8), lo que se entienda por "justicia social", concepto integrante de la cláusula del Estado Social (artículo 6), permite que las sucesivas concepciones políticas, económicas e ideológicas de las tareas de garantía social que debe cumplir el Estado, se incorporen dentro del mismo. Aquí el contenido de la Constitución puede cambiar en la medida en que cambian las concepciones acerca de qué constituye "justicia social" pero se trata de un cambio ordenado por la norma, pues, como bien afirma Dworkin, la Constitución no contiene "concepciones" sino meros conceptos, susceptibles de ser realizados de modo diverso atendiendo las cambiantes circunstancias extrajurídicas, pues lo que hoy resulta justo mañana podría ser injusto.

En quinto lugar, la mutación constitucional debe ser distinguida del *desarrollo jurídico del derecho constitucional*. Este desarrollo se lleva a cabo, principalmente, a través de la jurisprudencia del Tribunal Constitucional y del Poder Judicial y, en menor grado, a través de la praxis de los demás órganos del Estado. No hay cambio constitucional aquí pues lo que se logra a través del desarrollo jurídico del derecho constitucional es su enriquecimiento y perfeccionamiento, mediante la interpretación y aplicación del mismo a situaciones nuevas, a partir de los datos previos y vinculantes de la Constitución, sus disposiciones específicas y sus decisiones fundamentales. Cuando la Suprema Corte de Justicia amplió el concepto de "parte interesada" y de "ley" a los fines de aplicación del control concentrado de constitucionalidad previsto en el artículo 67.1 de la Constitución, nuestro más alto tribunal de justicia sin duda desarrolló el derecho constitucional, pero no modificó el contenido de las normas constitucionales pues, independientemente de la supuesta intención de los revisores de la Constitución en 1994, la democratización del acceso a la justicia constitucional y la generalización del control concentrado a todas las normas de carácter general eran posibilidades y contenidos latentes en el texto constitucional, el cual permitía una lectura de "ley" en el sentido lato del término y de "parte interesada" en el sentido de un interés legítimo constitucional más abarcador que el propio del proceso civil.

Si los anteriores fenómenos no constituyen mutación constitucional propiamente hablando en el marco de una Constitución normativa, ¿qué constituye entonces una mutación constitucional, en otras palabras, cuando se produce una modificación del contenido de una norma constitucional? Para responder esta pregunta debemos profundizar en la relación entre el concepto de mutación constitucional, desde la óptica de la dogmática constitucional, y la *interpretación de la Constitución*. Ya veremos en el Capítulo 5 que en la interpretación constitucional hay una relación tan estrecha entre la realidad normada –el ámbito, sector o espacio normativo- y el programa normativo que es prácticamente imposible aislar el uno del otro. Así, el *ámbito normativo* puede transformarse debido a un cambio de las condiciones vitales y de las circunstancias del objeto, y ello puede conducir a una modificación del efecto ordenador de la norma, aunque no necesariamente a una modificación del contenido de la norma, ya que el programa normativo permanece inalterado. Aquí no habrá mutación constitucional pues el *programa normativo* no se ha transformado sino que tan solo se descubre su contenido a través de una interpretación que toma en cuenta las modificaciones del efecto concreto de la norma originadas en la interacción del programa normativo –fundado en el texto de la norma- y el cambiante ámbito normativo. Si a la permanente adecuación dialéctica entre programa normativo y ámbito normativo se le quiere llamar o considerar mutación constitucional, habría que concluir que ésta es perfectamente legítima y admisible desde la óptica constitucional. Pero, en realidad, no estamos en presencia de una verdadera mutación porque lo que habría en realidad es un cambio de sentido de la norma constitucional precipitado por la evolución de la realidad constitucional. La mutación sí se produce cuando se pretende constitucionalizar una alteración constitucional en abierta contradicción con el texto constitucional a través del mecanismo de la *interpretación de la Constitución conforme a las leyes*, lo cual conduce a la emergencia de una Constitución paralela, por obra del legislador o de los demás órganos concretizadores. En este caso, estaríamos en presencia de una verdadera mutación constitucional que necesariamente es ilegítima e inadmisible porque validar la interpretación constitucional en abierta contradicción con la Constitución escrita es borrar las fronteras entre reforma constitucional e interpretación constitucional y sustituir el poder constituyente del pueblo por el poder constituido del intérprete (Bockenforde: 181-196).

2.1.3.2 Reforma constitucional, destrucción, supresión y sustitución de la Constitución. El concepto de reforma constitucional se diferencia del concepto de *destrucción de la Constitución*. Esta última implica la supresión de la Constitución existente, acompañada de la supresión del poder constituyente en que se basaba. Esto ocurre, por ejemplo, cuando una revolución democrática, suprime el poder constituyente del monarca, o cuando un golpe de estado suprime el poder constituyente del pueblo. Carl Schmitt lo dejó bien claro en 1928 cuando escribió en su *Teoría de la Constitución*: "los órganos competentes para acordar una ley de reforma de la Constitución no se convierten en titular o sujeto del Poder constituyente" ni "tampoco están comisionados para el ejercicio permanente de este Poder constituyente; por tanto, no son una especie de Asamblea nacional constituyente con dictadura soberana, que siempre subsiste en estado de latencia". La "reforma constitucional no es, pues, destrucción de la Constitución", por lo que "una Constitución basada en el Poder constituyente del pueblo no puede ser transformada en una Constitución de principio monárquico en vías de una 'reforma' o 'revisión' de las leyes constitucionales". Y es que, para Schmitt, la facultad de reformar la Constitución, "atribuida a una formación legal-constitucional, significa que una o varias regulaciones legal-constitucionales pueden ser sustituidas por otras regulaciones legal-constitucionales, pero sólo bajo el supuesto que queden garantizadas la identidad y continuidad de la Constitución considerada como un todo: la facultad de reformar la Constitución contiene, pues, tan sólo la facultad de practicar, en las prescripciones legal-constitucionales, reformas, adiciones, refundiciones, supresiones, etcétera, pero manteniendo la Constitución" (Schmitt: 119). En otras palabras, "el poder constituyente instituido nunca puede transformarse en poder constituyente, ni siquiera en el caso de preverse una posible reforma total por el texto constitucional, ya que la potestad reformadora para ser válida y legítima tiene como límite ineludible, el núcleo esencial de la Constitución, como límite material implícito o explícito, ya que el poder reformador obtiene su legitimidad de la Constitución vigente, no pudiendo desarrollar una nueva legitimidad constitucional, ya que ello convierte a la juridicidad del Estado constitucional democrático en un instrumento legitimador de la ruptura constitucional, un acto revolucionario, que generaría un nuevo régimen político y constitucional" (Nogueira Alcalá: 339)

2.1.3.3 Reforma constitucional y supresión de la Constitución. La reforma constitucional no implica supresión de la Constitución existente en tanto se conserva el poder constituyente en que se basaba pues la reforma implica una enmienda a la Constitución y no su desaparición en virtud de cambio de Constitución o golpe de estado.

2.1.3.4 Reforma parcial y reforma total de la Constitución. La doctrina distingue entre reforma parcial y reforma total de la Constitución. Se afirma que una *reforma total* no es una reforma sino un verdadero cambio de Constitución que solo podría ser obra del poder constituyente originario y no del poder constituyente derivado. Como bien afirma Carl Schmitt, el poder de reforma significa que los preceptos constitucionales pueden ser sustituidos por otros, "pero sólo bajo el supuesto que queden garantizadas la identidad y continuidad de la Constitución considerada como un todo: la facultad de reformar la Constitución contiene, pues, tan sólo la facultad de practicar, en las prescripciones legal-constitucionales, reformas, adiciones, refundiciones, supresiones, etcétera, pero manteniendo la Constitución" (Schmitt: 119).

Es por ello que el constituyente venezolano distingue entre las enmiendas, la reforma constitucional y la asamblea nacional constituyente. "La *enmienda* tiene por objeto la adición o modificación de uno o varios artículos de la Constitución, sin alterar su estructura fundamental" (artículo 340). "La *reforma constitucional* tiene por objeto una revisión parcial de esta Constitución y la sustitución de una o varias de sus normas que no modifiquen la estructura y principios fundamentales del texto constitucional" (artículo 342). "El pueblo de Venezuela es el depositario del poder constituyente originario. En ejercicio de dicho poder, puede convocar una *Asamblea Nacional Constituyente* con el objeto de transformar al Estado, crear un nuevo ordenamiento jurídico y redactar una nueva Constitución" (artículo 347). La Constitución de Suiza también distingue entre *reforma parcial* (artículo 121) y *reforma total* (artículo 120), sometiendo ambas a procedimientos diferentes. El reto interpretativo de estas cláusulas consiste en distinguir cuando, bajo el disfraz de una reforma parcial –digamos una enmienda o una reforma constitucional según la Constitución venezolana- se están alterando los principios fundamentales del orden constitucional, lo cual, en todo caso, debe ser evaluado por el juez al controlar la constitucionalidad de la reforma constitucional.

En el caso dominicano, la Constitución no distingue entre reforma total y reforma parcial de la Constitución. Es decir, la Constitución no limita el poder de reforma de la asamblea revisora y éste puede perfectamente abarcar la totalidad del texto constitucional, siempre y cuando la ley que declara la necesidad de la reforma constitucional determine el "objeto de la reforma" y "el o los artículos de la Constitución sobre los cuales versará" (artículo 270). De acuerdo con el artículo 268 de la Constitución, el único límite al poder de reforma es uno sustancial: "ninguna reforma podrá versar sobre la *forma de Gobierno*, que deberá ser siempre civil, republicano, democrático y representativo". ¿Qué significa esto? "Que la Constitución se puede reformar en el 'todo' o 'en cualquiera de sus partes' significa que 'cuantitativamente' se la puede revisar en forma integral y total. Pero 'cualitativamente' no, porque hay 'algunos' contenidos o partes que, si bien pueden reformarse, no pueden alterarse, suprimirse o destruirse.

Precisamente, son los contenidos pétreos" (BIDART CAMPOS: 485). En otras palabras, lo que la Constitución prohíbe no es la reforma total de la Constitución sino la abolición, la supresión o el cambio de la forma de gobierno o fórmula política del Estado.

2.1.3.5 Reforma constitucional explicita y reforma constitucional tácita. La reforma constitucional, a diferencia de la mutación constitucional, implica una enmienda a un determinado texto constitucional que siempre deberá figurar en el mismo para poder así conocer con precisión que es lo que está o no está en vigor. En ocasiones no ocurre así, sino que el texto original sigue inalterado y se le añaden una o más enmiendas que contienen el cambio deseado: ese es el método del constituyente norteamericano, el cual es criticable, pues menoscaba la certeza constitucional. En contraposición, el mecanismo utilizado por el constituyente dominicano de coordinar las reformas constitucionales es indudablemente mucho más favorecedor de la *certidumbre constitucional*: "cada vez que determinados artículos han sido reformados, se incorporan en su sitio en el articulado general y al hacerse públicas las reformas, se hacen aparecer como formando parte de un solo cuerpo, que es siempre la integral Constitución de la República" (AMIAMA: 197).

2.1.3.6 Reforma constitucional y quebrantamiento de la Constitución. Se distingue entre reforma constitucional y *quebrantamiento de la Constitución*. El quebrantamiento constitucional implica que el constituyente quebranta una norma establecida por él mismo, es decir, mantiene su validez general, pero haciendo una excepción para un caso concreto. "Ello es aceptable sólo a condición de que tal excepción sea ordenada desde el primer momento y, por tanto, con carácter constitucional o, si la necesidad surgiera posteriormente, a condición de que se señale visiblemente en el texto constitucional" (SÁNCHEZ FERRIZ: 269). La disminución del período presidencial del Dr. Joaquín Balaguer (1994-1996) como salida transaccional a la crisis política precipitada por el fraude electoral propiciado por el Partido Reformista Social Cristiano constituye un quebrantamiento constitucional de la Constitución. Como se puede observar, se trata de casos excepcionales a los cuales se aplica una solución excepcional que no puede ser extendida a las situaciones ordinarias de la política normal. Por ello, la extensión del *período congresional de los legisladores*, aunque sea por una sola vez y cumpliendo con los procedimientos de la reforma constitucional, constituye un quebrantamiento inconstitucional de la Constitución pues se vulnera así el mandato popular expresado en las urnas y el principio democrático, republicano y representativo establecido en el artículo 4 de la Constitución y protegido por la cláusula de intangibilidad del artículo 268 de la Constitución.

2.1.3.7 Reforma constitucional y suspensión de la Constitución. La *suspensión de la Constitución* es el supuesto que se materializa cuando una o varias disposiciones constitucionales dejan de estar en vigor a título provisional. Aquí se distingue también entre suspensión constitucional inconstitucional y suspensión de la Constitución constitucional. La *suspensión de la Constitución constitucional* es la que se realiza cumpliendo con las prescripciones del texto constitucional. En nuestro país, la suspensión de la Constitución sólo puede ser parcial, cuando el Congreso declara alguno de los estados de excepción, suspendiendo ciertos derechos fundamentales (artículos 262 a 266). La *suspensión de la Constitución inconstitucional* es la que se realiza violando los procedimientos constitucionales y/o suspendiendo el ejercicio de derechos fundamentales que no pueden suspenderse, como es el caso de los enumerados en el artículo 263 de la Constitución. Ejemplo de suspensión de la Constitución inconstitucional fue la ocurrida a raíz del desembarco en Playa Caracoles en febrero de 1973 de un grupo de guerrilleros encabezado por el Coronel Francisco Alberto Caamaño Deñó, donde se suspendieron fácticamente los derechos de los individuos, sin procederse a una declaración formal de suspensión de derechos o de estado de sitio.

2.2 Los procedimientos de reforma. Los *procedimientos de reforma constitucional* son muy diversos, según la tendencia a facilitar o no las modificaciones constitucionales y del grado de participación popular en las mismas. La cuestión de los procedimientos de reforma debe ser abordada en sus tres aspectos más importantes: (i) los relativos a la iniciativa para emprender la reforma constitucional; (ii) la determinación del órgano competente para realizarla; y (iii) el procedimiento mismo de reforma a utilizarse.

2.2.1 La iniciativa de la reforma. La iniciativa de la reforma se confiere generalmente al órgano del Estado al cual se le quiere dar, en una forma de gobierno determinada, mayor preponderancia política. Así, en los *sistemas presidenciales*, la iniciativa de la reforma es compartida entre los poderes legislativo y ejecutivo, a menos que se le otorgue exclusivamente la misma a la rama ejecutiva. En los *sistemas parlamentarios*, la iniciativa generalmente está en manos del Parlamento. Si se desea dar mayor participación a la ciudadanía en materia tan importante como la reforma de la Carta Sustantiva, el pueblo debe ser el titular de la prerrogativa de iniciar la reforma constitucional. La iniciativa de la reforma constitucional puede ser entonces (i) restringida, (ii) compartida o (iii) popular.

2.2.1.1 Iniciativa restringida. Cuando el gobierno, es decir, la rama ejecutiva, tiene de manera exclusiva la iniciativa ésta es de tipo restringido. Tal fue el caso de la Constitución francesa de 1852 en donde la iniciativa la tenía un Senado designado por el Jefe del Estado. Se habla también de *iniciativa restringida* cuando ésta la posee exclusivamente el Parlamento, aunque en estos casos esta modalidad es más democrática porque el Parlamento es el órgano de representación popular. Pudiera aducirse en defensa de la iniciativa restringida en manos del Presidente que éste, al igual que el Parlamento, es un genuino representante popular, pero, de todos modos, no es lo mismo ni es igual que la iniciativa esté en manos de una sola persona o usufructuada por un colectivo de personas –el Parlamento– elegidos todos por el pueblo.

2.2.1.2 Iniciativa compartida. Esta es la modalidad casi siempre adoptada en los sistemas presidenciales y es, sin duda alguna, más democrática que la iniciativa restringida pues quienes comparten la iniciativa –el Presidente y el Congreso– actúan como representantes del pueblo. En Latinoamérica, donde predomina el sistema presidencial, la *iniciativa compartida* es la modalidad casi siempre adoptada, pero, debido a la preponderancia de sistemas presidencialistas, la gran mayoría de las reformas han sido propiciadas a consecuencia de iniciativas ejecutivas, lo que prueba la gran incidencia del Poder Ejecutivo sobre la rama legislativa. En el caso dominicano, la Constitución "podrá ser reformada si la proposición de reforma se presenta en el Congreso Nacional con el apoyo de la tercera parte de los miembros de una u otra cámara, o si es sometida por el Poder Ejecutivo" (artículo 269).

2.2.1.3 Iniciativa popular. La *iniciativa popular* puede adoptar diversas modalidades. La primera de ellas es la iniciativa popular propiamente dicha: un determinado número de ciudadanos –en Venezuela el 15% de los inscritos en el registro civil y electoral mientras que en Colombia el 5% de los ciudadanos– presenta, respaldado en firmas auténticas, temas generales o proyectos concretos de reforma a la consideración del órgano competente para hacer las reformas. La segunda es que corporaciones populares de carácter seccional o local sometan proyectos de reforma a la consideración del órgano competente para hacer las reformas, como ocurre en Venezuela, donde la iniciativa para la convocatoria de una Asamblea Nacional Constituyente pueden hacerla "los Consejos Municipales en cabildos, mediante los votos de las dos terceras partes de los mismos" (artículo 348).

2.2.2 El órgano competente para hacer las reformas. Este órgano casi siempre es el Parlamento pero puede ser también un cuerpo especial, el pueblo mismo, o adoptarse un sistema mixto.

2.2.2.1 El órgano legislativo. La gran mayoría de las Constituciones atribuyen al *órgano legislativo* la facultad de hacer las reformas a la Constitución agravando el procedimiento de aprobación con la finalidad de "lograr un mayor ascenso de los partidos y de las fuerzas sociales, o de frenar las manipulaciones abusivas de la mayoría o […] de conceder un veto a la minoría disidente si es numerosa" (Sánchez Ferris: 267). Cuando el Congreso Nacional discute y decide sobre una reforma constitucional no actúa en función legislativa sino en su calidad de poder constituido titular del poder constituyente derivado.

2.2.2.2 Un órgano especial. Este sistema confía la competencia de hacer las reformas a un *órgano especial*, que puede ser una asamblea constituyente, una convención o una asamblea especial elegidos por el pueblo. El procedimiento de la constituyente se justifica, ante todo, cuando se trata de cambiar un ordenamiento jurídico-político por otro diferente, o de establecer uno nuevo. El constituyente venezolano, consciente de ello, ha reconocido que "el pueblo de Venezuela es el depositario del poder constituyente originario" y que, en consecuencia, "en ejercicio de dicho poder, puede convocar una Asamblea Nacional Constituyente con el objeto de transformar al Estado, crear un nuevo ordenamiento jurídico y redactar una nueva Constitución" (artículo 347). En Venezuela, como se puede observar, la Asamblea Constituyente es el mecanismo establecido para realizar una reforma total de la Constitución. En nuestro caso, el órgano competente para hacer la reforma es una Asamblea Nacional Revisora (artículos 270 y 271).

2.2.2.3 El pueblo. El pueblo puede ser competente para realizar la reforma constitucional por medio del *referéndum constitucional*. Este consiste en que se someta a votación popular un texto de reforma elaborado sea por el Parlamento, el gobierno, un cuerpo especial o por un grupo de ciudadanos (cuando el proyecto es de iniciativa popular, como ocurre en Suiza), para que el pueblo diga sí o no al mismo. Esta técnica fue aplicada por primera vez en la Convención Nacional francesa de 1793 y se popularizó en la primera posguerra mundial (1918-1939) como mecanismo de contrapeso al parlamento.

A juicio de Loewenstein, el referéndum constitucional "goza de especial predilección en las dictaduras, ya que su resultado puede ser 'dirigido' –pudiendo ser hasta falseado– con más facilidad que las decisiones parlamentarias, en las cuales no puede ser excluida completamente una cierta honradez pública con el fin de mantener las apariencias. Tras las experiencias acumuladas a lo largo del tiempo hay razón para dudar, sin embargo, sobre si el referéndum constitucional es una institución útil o peligrosa, por muy inatacable que sea teóricamente su valor de auténtica proclamación de la voluntad popular. La cuestión es: ¿puede el elector medio emitir realmente un juicio razonable sobre un documento tan complicado como es una moderna constitución, o su criterio en el referéndum estará tan determinado emocionalmente que sea imposible una decisión auténtica de la voluntad?" Concluye recomendando que el referéndum sea utilizado al adoptarse "una nueva constitución, mientras que la votación sobre determinadas enmiendas constitucionales, casi siempre de naturaleza técnica, exige un esfuerzo intelectual por parte del electorado para el cual éste no está preparado" (LOEWENSTEIN: 181-182). El constituyente venezolano ha hecho todo lo contrario a lo sugerido por Loewenstein, habiendo adoptado el referendo aprobatorio para las reformas parciales ("enmiendas constitucionales" y "reformas constitucionales") de la Constitución y excluido el mismo en caso de que una asamblea constituyente reforme totalmente la Constitución. El referéndum funciona en algunos *landers* de la República Federal Alemana, en Italia, Francia y España.

La reforma constitucional de 2010 adoptó el mecanismo de *referendo aprobatorio* para aquellas reformas que versen "sobre derechos, garantías fundamentales y deberes, el ordenamiento territorial y municipal, el régimen de nacionalidad, ciudadanía y extranjería, el régimen de la moneda, y sobre los procedimientos de reforma instituidos en esta Constitución" (artículo 272). De este modo, se garantiza la participación popular en aquellas reformas de los aspectos considerados más sustanciales de nuestra Carta Sustantiva.

2.2.2.4 Sistema mixto. En el sistema mixto la reforma se confía en etapas sucesivas a dos órganos distintos: por ejemplo, asambleas especiales y Congreso, como en los Estados Unidos, o Parlamento y pueblo como en Francia. El caso francés es paradigmático del sistema mixto: el artículo 89 de la Constitución de Francia establece que el proyecto de revisión debe ser votado por las dos cámaras y aprobado luego en referéndum; sin embargo, el proyecto no se presenta a referéndum si el Presidente de la República decide someterlo al Parlamento en sesión conjunta, caso en el que se necesitan las tres quintas partes de los votos para aprobarlo. En los Estados federales se requiere que, para revisar la Constitución federal, las legislaturas de los Estados federados ratifiquen la misma: el artículo 5 de la Constitución de los Estados Unidos requiere que, después de la resolución del Congreso con mayoría de dos tercios, las tres cuartas partes de las legislaturas de los Estados la ratifiquen, es decir, 38 de 50 estados.

2.2.3 Los procedimientos de revisión. Una Constitución normativa, como ya hemos visto, implica que para su reforma se acuda a *procedimientos especiales*, distintos a los utilizados para la revisión de las leyes ordinarias. Dos grandes enfoques procedimentales se plantean: (i) aquel que establece que la Constitución debe ser modificada por la misma autoridad y los mismos procedimientos utilizados para su establecimiento; y (ii) aquel que establece un procedimiento más complejo que el legislativo ordinario para la enmienda de la Constitución. El primer enfoque, si bien recrea el poder constituyente originario, complica en demasía lo que muchas veces es una simple puntual reforma constitucional, en contraste con el segundo que, al tiempo que preserva la rigidez constitucional, permite realizar dentro de los canales constitucionales las necesarias transformaciones o adecuaciones constitucionales.

Los tres principales sistemas utilizados en la práctica para la reforma constitucional son: (i) la *revisión por el órgano legislativo* mediante un procedimiento agravado especial, como es el caso dominicano y de la gran mayoría de las democracias constitucionales; (ii) la *revisión por una asamblea* especialmente elegida para el efecto; (iii) la intervención del pueblo por la vía del *referéndum constitucional*.

El modelo de reforma constitucional dominicano es una combinación del primer y del tercer sistema y ha evitado consagrar la reforma por vía de una "asamblea constituyente" elegida a tales efectos. La decisión del constituyente en 2010, siguiendo una vieja tradición constitucional en materia del órgano encargado de la misma, que generalmente ha sido una asamblea legislativa revisora, actuando en base a un procedimiento especial y mayorías agravadas, fue sabia. Y es que, a pesar de que la asamblea constituyente no puede reclamar mayor legitimidad democrática que una asamblea revisora, pues ambas están compuestas por legisladores elegidos por el pueblo mediante sufragio directo y universal, la experiencia del derecho comparado demuestra, como ilustran los casos de Venezuela e, incluso, de Chile, que, a pesar de que ambas asambleas, en tanto poderes constituidos, están sujetos a las normas y límites que ordena la propia Constitución, los miembros de las asambleas constituyentes, prevaleciéndose de un supremo poder constituyente originario del pueblo, están tentados a ignorar dichas previsiones constitucionales y pretender no solo construir *ex nihilo* una nueva Constitución, en la concreción de una especie de adanismo constitucional, sino, incluso, como pasó en Venezuela, pasar a gobernar el país en sustitución de los poderes públicos constituidos. Es por ello que muchos teóricos constitucionales, advierten que estas asambleas constituyentes no solo no son "inherentemente superiores" a las asambleas revisoras, sino que conllevan "significante riesgos políticos cuando son usadas para reemplazar una constitución dentro de un régimen democrático establecido", en la medida en que estas "tienden a entrar en conflicto con la legislatura ordinaria y, lo que es más importante para la continuidad de democracia, podrían ser usadas por la mayoría partidista para legitimar actuar más allá de su mandato" (Negretto: 53).

Propuesta la reforma por el Poder Ejecutivo o aprobada una *proposición de reforma* con el apoyo de la tercera parte de los miembros de cualquiera de las cámaras legislativas (artículo 269), se declara por ley la convocatoria de una Asamblea Nacional Revisora. Esta ley, que no podrá ser observada por el Poder Ejecutivo, "ordenará la reunión de la Asamblea Nacional Revisora, contendrá el objeto de la reforma e indicará el o los artículos de la Constitución sobre los cuales versará" (artículo 270). La *Asamblea Nacional Revisora* se reúne, para resolver acerca de la reforma propuesta, dentro de los 15 días siguientes a la publicación de la ley, con un quórum de más de la mitad de los miembros de cada una de las cámaras, tomándose sus decisiones por la mayoría de las dos terceras partes de los votos. No podrá iniciarse la reforma constitucional si está vigente un *estado de excepción*. "Una vez votada y proclamada la reforma por la Asamblea Nacional, la Constitución será publicada íntegramente con los textos reformados" (artículo 271).

Si la reforma versa "sobre derechos, garantías fundamentales y deberes, el ordenamiento territorial y municipal, el régimen de nacionalidad, ciudadanía y extranjería, el régimen de la moneda, y sobre los procedimientos de reforma instituidos en esta Constitución", se "requerirá de la ratificación de la mayoría de los ciudadanos y ciudadanas con derecho electoral, en *referendo aprobatorio* convocado al efecto por la Junta Central Electoral, una vez votada y aprobada por la Asamblea Nacional Revisora" (artículo 272). Este referendo se convocará dentro de los 60 días siguientes a su recepción formal (artículo 272, párrafo I). Para que sean aprobadas las reformas vía el referendo, se requiere "de más de la mitad de los votos de los sufragantes y que el número de éstos exceda del treinta por ciento (30%) del total de ciudadanos y ciudadanas que integren el Registro Electoral, sumados los votantes que se expresen por 'SI' o por 'NO'" (artículo 272, párrafo II). "Si el resultado del referendo es afirmativo, la reforma será proclamada y publicada íntegramente con los textos reformados por la Asamblea Nacional Revisora" (artículo 272, párrafo III).

La *publicación íntegra de la Constitución* con los textos reformados formando un solo cuerpo, lo cual no quiere decir que "estamos en presencia de una nueva Carta cada vez que se introduce cualquier tipo de cambio a una anterior o aún a la misma que esté vigente" (Jorge García: 363).

2.3 Los límites de la reforma

La complejidad progresiva de los ordenamientos jurídicos modernos y las exigencias cada día más acentuadas del Estado de derecho contemporáneo han conducido a situaciones inimaginables en los primeros pasos del constitucionalismo democrático. Con la consolidación del control de la constitucionalidad, se abandona la idea de la soberanía de la ley, pero la *soberanía del poder constituyente* aparecía como intocable: si el poder del legislador aparecía limitado por la Constitución, el poder constituyente se manifestaba omnipotente. Hoy, sin embargo, la propia reforma de la Constitución aparece encuadrada normativamente no solo en cuanto a sus condiciones de validez sino incluso en cuanto a su contenido. Y es que existen *límites a la reforma constitucional*, "expresión con la cual se quiere significar la imposibilidad de realizar por medios jurídicos algunas modificaciones al ordenamiento constitucional del Estado", que, si se efectúan, implican "necesariamente una fractura en la continuidad jurídica del ordenamiento respectivo" (Biscaretti di Ruffia: 555). Como vimos anteriormente, al concebirse el poder de reforma como un poder constituido, es decir, como un poder derivado y, por tanto, limitado, opera una separación de poderes vertical en el poder constituyente entre un poder constituyente primario o poder constituyente originario y un poder constituyente secundario que es el poder de reforma. "El titular del poder de reforma (poder constituyente secundario) puede modificar la constitución en el sentido que desee, pero puede tener restricciones implícitas o expresas a la hora de reformar ciertos principios, instituciones o disposiciones. Algunas decisiones constitucionales requieren el resurgimiento del poder constituyente primario y el impulso del 'soberano real que retorna de su retiro en el firmamento' en ciertos momentos constitucionales. Por lo tanto, la prohibición de reforma constitucional no es eterna y puede ser superada o modificada a través del ejercicio del poder constituyente primario" (Roznai: 248).

2.3.1 Los límites explícitos o cláusulas de intangibilidad. Los límites explícitos a la reforma constitucional o *cláusulas de intangibilidad* existen en todos los casos en los cuales la Constitución en su texto ha prohibido de manera expresa la reforma total o parcial de la Constitución. Estos límites explícitos prohíben la reforma, que raras veces es total y casi siempre es parcial, (i) sin indicación de tiempo; y (ii) permitiéndola sólo después de un período preestablecido de entrada en vigor del texto constitucional.

2.3.1.1 Tipos de límites.

A. La prohibición de la reforma total. La cuestión de la prohibición de la reforma constitucional total ha dado lugar a fuertes debates. Este debate se ha caracterizado por una confusión acerca de lo que significa reforma total. No hay dudas de que, si se permite que el poder de reforma cambie la forma de gobierno, el núcleo intangible de una Constitución, a partir de cuya transformación, ya no es posible reconocer la Constitución anterior en la Constitución reformada, pierde todo sentido la distinción entre poder de reforma y poder constituyente. El poder de reforma no puede ser válidamente utilizado para que un país se dote de una "nueva Constitución" o se produzca un *"cambio de Constitución"*. Pero si por reforma total entendemos el cambio total del articulado del texto constitucional, entonces es claro que la Constitución permite tal tipo de reforma. Es decir, la Constitución no limita el poder de reforma de la Asamblea Revisora y éste puede perfectamente abarcar la totalidad del texto constitucional, siempre y cuando la ley que declara la necesidad de la reforma constitucional determine el "objeto de la reforma" y "el o los artículos de la Constitución sobre los cuales versará" (artículo 270) y no se vulnere el límite sustancial establecido por el artículo 268 de la Constitución respecto a la forma de gobierno, "que deberá ser siempre civil, republicano, democrático y representativo".

B. Las prohibiciones de reforma constitucional sin límite de tiempo. Estas prohibiciones se refieren generalmente a la prohibición de reformar la forma de gobierno y los principios político-jurídicos fundamentales de los ordenamientos constitucionales. Así, el artículo 79, numeral 3, de la Ley Fundamental de Bonn prohíbe las enmiendas constitucionales mediante las cuales "fuese afectada la organización de la Federación en Lander, la participación fundamental de los Lander en la legislación, o los principios fundamentales establecidos en el artículo 1 y 20". Por su parte, la Constitución francesa prohíbe la modificación de la forma republicana de gobierno (artículo 89, numeral 5) y lo mismo hace la italiana (artículo 139) aunque no con la amplitud con que lo hace la portuguesa que contiene la lista más larga de principios que una revisión constitucional no puede afectar (artículo 288). La Constitución dominicana contiene esta clase de prohibiciones de reforma, tal como revela la lectura de su artículo 268, que establece que ninguna reforma "podrá versar sobre la *forma de gobierno*, que deberá ser siempre civil, republicano, democrático y representativo", cuya redacción actual se remonta a 1907 y cuyo primer antecedente es el artículo 139 de la Constitución de 1865 que rezaba: "La facultad que tienen las Cámaras para reformar la Constitución, no se extiende a la forma de Gobierno, que será siempre republicano, democrático, alternativo y responsable".

C. Las prohibiciones de reforma antes del transcurso de un plazo determinado. Estas prohibiciones, aunque mucho más raras en la actualidad que en el pasado, se han utilizado con la finalidad de que la obra constitucional "no sea sometida a ninguna enmienda durante un determinado período de tiempo con el fin de dar posibilidad a la constitución de aclimatarse, y a la nación de familiarizarse con ella" (LOEWENSTEIN: 188). Esta técnica fue utilizada en la Constitución francesa de 1791 que establecía un plazo de cuatro años y en la Ley Federal de la Unión Real danesa-islandesa que la declaraba irrevocable durante 25 años.

2.3.1.2 Eficacia de los límites explícitos.

A. La discusión teórica. ¿Cuál es el valor y la eficacia de estos límites explícitos? "En tanto, numerosos juristas consideran que semejantes prohibiciones poseen un valor realmente absoluto, en cuanto el poder constituyente originario pudo establecer un obstáculo de esta naturaleza al poder de revisión posterior, condicionando la continuidad jurídica de todo el sistema normativo en relación con este precepto; para otros, el valor de las mencionadas expresiones sería solo relativo, y apoyan su argumentación ya sea en el principio, de lógica jurídica, de no contradicción, por el cual la norma posterior en el tiempo podrá siempre modificar o abrogar la precedente de igual eficacia, o bien, en las exigencias prácticas de los ordenamientos constitucionales contemporáneos, que han formado los órganos legislativos y de revisión sobre la base representativa, precisamente para admitir una evolución constante de las normas jurídicas en directa relación con las siempre mudables exigencias sociales. Según esta última concepción, que se apoya en el presupuesto de que también las normas constitucionales mencionadas carecen de eficacia mayor que todas las otras y, en consecuencia, pueden ser modificadas con el previsto procedimiento de reforma (o en su caso con todavía más dificultado establecido al efecto), la prohibición sería superable mediante un procedimiento de dos tiempos, en el primero de los cuales se eliminaría la norma prohibitiva mencionada y sólo con posterioridad se examinaría la propuesta de modificación, lo que determinaría un procedimiento mucho más arduo y complejo en el plano político" (BISCARETTI DI RUFFIA: 557).

Es claro que para esta concepción si bien no es posible revisar la forma de gobierno de la República Dominicana "que deberá ser siempre civil, republicano, democrático y representativo", es perfectamente válido y posible modificar primero el artículo 268 y luego establecer una monarquía o un gobierno militar. Como bien señala la doctrina, refiriéndose al artículo 89 de la Constitución francesa equivalente al 268 de la dominicana, "este argumento parece erróneo pues desemboca en una regresión al infinito. Si fuese lícito revisar primero el artículo 89, el constituyente podría directamente prohibir modificarlo. Si fuese lícito revisar esta prohibición, se podría entonces prohibir revisar esa prohibición de revisar, etc. El argumento se reduce entonces a la afirmación de que el texto puede ser considerado no escrito. Lo que anima frecuentemente este tipo de discusión es una *concepción política del poder constituyente* que sería inconcebible de limitar. Pero la cuestión que nos interesa no es política sino jurídica y, a menos que no se desee estudiar el derecho positivo, las disposiciones en cuestión constituyen prohibiciones directas y materiales de revisar" (Favoreu: 108). El procedimiento de doble reforma, desde una perspectiva sustancial, es claramente un "*fraude a la Constitución*" (Liet-Veaux), ya que, como bien ha establecido la Suprema Corte de los Estados Unidos, "aquello que no puede hacerse de forma directa, no puede hacerse tampoco de forma indirecta" (*Cummings v. Missouri* (1867) 71 U.S. 277, 325), debiendo imponerse la sustancia sobre la forma constitucional, de donde se desprende que "las disposiciones irreformables deben interpretarse teleológicamente o a la luz de su propósito de tal modo que queden cubiertas por la irreformabilidad" (Roznai: 258).

En verdad, quienes sostienen la tesis del doble grado, es decir, que es jurídicamente válido proceder a reformar o suprimir la prohibición de reforma o cláusula pétrea (artículo 268: "ninguna modificación a la Constitución podrá versar sobre la forma de gobierno que deberá ser siempre civil, republicano, democrático y representativo") para luego reformar la forma de gobierno (artículo 4: "el gobierno de la Nación es esencialmente civil, republicano, democrático y representativo") y sustituirla por, para poner un grosero pero ilustrador ejemplo, una forma de gobierno militar, monárquico, eclesiástico, sin partidos, elecciones ni representantes del pueblo en los órganos estatales, en el fondo reconocen la validez de la cláusula de intangibilidad y la limitación del poder de reforma y por eso se toman el cuidado de advertir que primero hay que proceder a su reforma o supresión, antes de abocarse a cambiar la forma de gobierno cuya prohibición establecía dicha cláusula. La tesis de las reformas en dos etapas, para circunnavegar la cláusula de intangibilidad, es "una simple manifestación de audacia y un artilugio formalista (Arnoualt, Nef, Nawiasky), sin la menor solidez en su fundamentación […] Dentro del funcionamiento normal del ordenamiento constitucional, los límites explícitos son jurídicamente insuperables. Su destino es el del propio ordenamiento concebido como totalidad y, en consecuencia, su única eliminación posible sólo puede venir determinada por la acción revolucionaria ínsita en la actuación del poder constituyente, y no por el funcionamiento normal del poder de revisión" (De Vega: 267).

Cierto peso parecerían tener los argumentos de quienes señalan lo difícil que resulta encontrar el significado exacto de forma de gobierno "civil, republicano, democrático y representativo", lo cual hace "preguntarse con razón si el poder constituyente no ha ido muy lejos en sus exigencias" (Loewenstein: 191). En realidad, advierten quienes cuestionan el *valor vinculante de los límites a la reforma constitucional*, "las disposiciones de intangibilidad incorporadas a una Constitución pueden suponer en tiempos normales una luz roja útil frente a mayorías parlamentarias deseosas de enmiendas constitucionales –y según la experiencia tampoco existe para esto una garantía completa–, pero con ello en absoluto se puede decir que dichos preceptos se hallen inmunizados contra toda revisión. En un desarrollo normal de la dinámica política pueden ser que hasta cierto punto se mantengan firmes, pero en épocas de crisis son tan sólo pedazos de papel barridos por el viento de la realidad política. Cuando en Iberoamérica un presidente se quiere hacer dictador, anula simplemente, por un golpe de estado, la constitución que le prohíbe la reelección y se prescribe una nueva que le transmite 'legalmente' el poder ilimitado" (LOEWENSTEIN: 192). En todo caso, estamos en presencia de argumentos políticos y sociológicos que no restan nada en el plano normativo a los límites explícitos a la reforma constitucional. La *cláusula de intangibilidad*, como gran parte de la cláusulas constitucionales, presenta problemas de interpretación que no son exclusivos de ésta, sino que son propios de la interpretación de unas normas que, como las constitucionales, son predominantemente abiertas e indeterminadas, lo cual vuelve esencialmente problemática la interpretación constitucional, como veremos en el Capítulo 5. Pero la complejidad de la interpretación de la cláusula pétrea nada quita al valor jurídico vinculante de la misma, si es que reconocemos que la Constitución es norma suprema como quiere y manda el artículo 6 de la Carta Sustantiva.

B. *Influencia de las técnicas formales de petrificación*. Aunque la mayoría de quienes sostienen la ineficacia jurídica de las cláusulas de intangibilidad, no diferencian entre el tipo de cláusulas pétreas ante las que se encuentren, hay quienes distinguen los niveles de eficacia a partir de las técnicas formales de petrificación utilizadas por el constituyente. Una primera técnica de petrificación, que sería la más frecuente en el derecho comparado, establece contenidos en un artículo y los petrifica en otro. Tal es el caso de la Ley Fundamental de Bonn cuyo artículo 79.3 dispone que "es inadmisible toda modificación de la presente Ley Fundamental que afecte [...] a los principios consignados en los artículos 1 y 20". No estaríamos aquí en presencia de cláusulas "pétreas" sino más bien de cláusulas que "petrifican", ya que ellas no determinan su irreformabilidad, sino que tan solo establecen que no pueden modificarse determinados artículos o contenidos, sin disponer, concomitantemente, que ellas mismas sean irreformables. De ahí que, aunque la modificación del contenido petrificado no puede ejecutarse mediante un único acto de reforma constitucional, estas cláusulas, mediante un procedimiento de reforma de doble revisión, sí pueden ser válidamente ser modificadas para, posteriormente, proceder a reformar los artículos antes protegidos. Quienes sostienen esta doctrina distinguen, sin embargo, entre las cláusulas que petrifican algún artículo determinado, como es el caso del citado artículo 79.3 de la Ley Fundamental de Bonn, y las que petrifican, no el artículo, sino el contenido mismo, tal como ocurre en Italia, país que consagra el principio republicano en el artículo 1 de su Constitución ("Italia es una República democrática") y, posteriormente, establece su intangibilidad en el artículo 139 ("No podrá ser objeto de revisión la forma republicana"). En este último caso, no bastaría con derogar la norma que declara inmodificable un artículo para luego modificar el artículo en cuestión, pues el artículo mismo a modificar es el que establece la intangibilidad del principio, por lo que, si se modifica dicho artículo, ya se estaría entonces modificando el contenido mismo del principio intangible. De ahí que los partidarios de esta tesis afirman que "podría considerarse que en esos casos no sería viable la doble revisión como técnica superadora de la intangibilidad" (Colombo Murúa: 85).

El de Italia, es decir, un caso de un ordenamiento cuya Constitución consagra un principio constitucional en un artículo y luego, en otro artículo, dispone su intangibilidad, puede, según esta doctrina, subsumirse en un segundo tipo de petrificación en el que se establecen cláusulas que disponen contenidos constitucionales petrificados sin referencia a otro artículo. La Constitución de Burundi, la que, en su artículo 299 señala que "no procederá la revisión constitucional que afecte a la unidad nacional, a la cohesión del pueblo de Burundi [...] a la reconciliación, a la democracia y a la integridad del territorio de la república" es un ejemplo de este modo de petrificación. "Acá no existiría posibilidad del doble procedimiento, pues, si se quisiera derogar la disposición que petrifica se modificaría también, por estar en el mismo dispositivo, al contenido petrificado [...] Desde una posición analítica del lenguaje, estas disposiciones así legisladas sí serían, estrictamente, cláusulas pétreas, pues es indispensable distinguir en el ordenamiento al texto del contenido normativo esgrimido. En estos casos se petrifica sólo el contenido, por lo que él, de acuerdo con el texto, se presenta como inmodificable" (Colombo Murúa: 85).

Por último, encontramos un tercer tipo de petrificación. Se trata de la petrificación autorreferente en donde cláusulas petrifican un contenido, al tiempo que disponen su intangibilidad. Estas serían, a juicio de esta doctrian, las verdaderas cláusulas pétreas, pues son las que son en sí mismas inmodificables. Tal es el caso de la Constitución de Honduras (1982), la que establece el proceso de reforma en su artículo 373 y, en el artículo 374, dispone que "no podrá reformarse en ningún caso el art. anterior, (ni) el presente artículo". Aquí "la normativa es clara en cuanto al alcance de la petrificación, no sólo se dispone la irreformabilidad de una serie de disposiciones constitucionales, sino que también, en el mismo artículo, se señala la inviolabilidad del artículo petrificante" (Colombo Murúa: 88).

Aunque, en el caso dominicano, nos encontramos en la subespecie del tipo 1 de petrificación constitucional que se subsume en el tipo 2 en donde, incluso para los partidarios de la doble revisión, no se admite dicho procedimiento porque habría que admitir la plena eficacia de los límites explícitos establecidos por la cláusula de intangibilidad del artículo 268 de la Constitución en la medida que dicho artículo incorpora el contenido irreformable, nos cuestionamos acerca de esta sutil distinción de niveles de petrificación constitucional. ¿No podría decirse que un artículo de la Constitución que establece que otro artículo es irreformable de algún modo incorpora por referencia el contenido del artículo irreformable y, por tanto, es intangible? Esta discusión nos parece bizantina. De nuevo, como antes he dicho, citando la jurisprudencia constitucional estadounidense, "aquello que no puede hacerse de forma directa, no puede hacerse tampoco de forma indirecta" (*Cummings v. Missouri* (1867) 71 U.S. 277, 325).

2.3.2 Los límites implícitos. Los límites implícitos a la reforma constitucional son aquellos destinados a proteger determinados *valores fundamentales de la Constitución* que, al no estar expresados en disposiciones o instituciones concretas, rigen como "inmanentes" o "inherentes" a la Constitución, prohibiendo la reforma total o parcial de la Constitución –a pesar de la ausencia de una prohibición constitucional expresa– a partir del "espíritu" o telos de la misma.

"La existencia de tales límites parece que se podría desprender de la misma naturaleza del poder de revisión, puesto que éste no tiene más que competencias atribuidas por el ordenamiento constitucional, que es quien fundamenta la existencia y validez de tal poder. Efectivamente, el poder de revisión es un *poder condicionado*, limitado, en primer lugar, por las disposiciones procesales que lo regulan; en segundo lugar, por la misma finalidad del instituto; y, además, ha de tenerse en cuenta que la validez de la revisión depende de la validez del procedimiento de revisión y de las normas que lo regulan que a su vez quedan vinculadas a otras normas constitucionales, aquellas en que se contiene la Constitución en sentido propio. De otra parte, no cabe olvidar que la revisión es un instrumento para adaptar el texto constitucional al cambio; por lo tanto tiene un carácter limitado porque siendo un instrumento diseñado para garantizar la pervivencia de la misma, se tornaría en instrumento de su destrucción si afectara los contenidos materiales, considerados esenciales para el régimen que constituye" (SÁNCHEZ FERRIS: 273).

2.3.2.1 Los límites implícitos en el derecho comparado. Desde el origen de las constituciones escritas, un problema recurrente se ha planteado en los Estados dotados de Constitución normativa: el de saber si, pesa a las reglas relativas a la reforma establecidas en los textos constitucionales, no habrían otras reglas o principios que prohibiesen las revisiones constitucionales. Sea que estas reglas se deduzcan por implicación de la Constitución misma, sea que éstas se vinculen a unas normas y valores exteriores a ésta, la idea central consiste en completar los límites explícitos a la reforma constitucional con una serie de límites implícitos que forman lo que se conoce como la *supraconstitucionalidad*. Esta cuestión ha sido abordada de manera diferente en Estados Unidos y Alemania.

A. Estados Unidos. La supraconstitucionalidad encuentra su primera expresión en el contexto del federalismo bajo la forma de la teoría general de la *"nulificación"*. Esta teoría fue propuesta en el siglo XIX por el vicepresidente de los Estados Unidos en la presidencia de Andrew Jackson, el luego senador de Carolina del Sur, John C. Calhoun. Según esta teoría, los Estados federados tendrían siempre el derecho, en la hipótesis en que, según ellos, el gobierno federal no ejerciera sus poderes conforme a las disposiciones de la Constitución, de declarar la ley federal nula en sus efectos y, en consecuencia, no aplicarla en la medida en que la Constitución no habría sido enmendada por ellos mismos con vistas a atribuir expresamente al Estado federal la competencia usurpada por la ley federal. Más aún, Calhoun sostenía que, aún en la hipótesis en que la Constitución federal fuese efectivamente enmendada de manera que atribuyese esta competencia al Estado federal, los Estados tendrían el *derecho de secesión* de la federación si consideraban que dicha enmienda "cambiaba radicalmente el carácter de la Constitución, o la naturaleza del sistema; o si este último faltaba a su misión de servir los fines para los cuales había sido instituido" (CALHOUN: 301). Los argumentos de

Calhoun en favor de la secesión fueron rechazados al estallar la guerra civil pero fueron utilizados para intentar probar el carácter inconstitucional de las enmiendas adoptadas tras la misma, en especial la Enmienda XIII que abolía la esclavitud.

Thomas M. Cooley, a finales del siglo XIX, consideraba que "hay limitaciones [en el poder de enmienda] más importantes que" aquellas listadas expresamente en el Artículo V de la Constitución –el equivalente al artículo 268 de la Constitución dominicana–, tales como afectar el territorio de la Unión, aplicar reglas tributarias diferentes a los estados, establecer una nobleza o una monarquía, enmiendas todas que, en opinión de Cooley, "no estarían en armonía con la cosa enmendada" pero serían más bien de una naturaleza que "la quebraría o la revolucionaría" (Cooley: 117). Y, en espíritu similar, William Marbury, a principios del siglo XX, argumentaba que el poder de enmienda no es el poder de destruir, de donde deducía que el Congreso no podía "adoptar cualquier enmienda" con la "tendencia […] de destruir los estados" (Marbury: 228-229), lo que afirmaba ocurriría con las Enmiendas XVIII y XIX que establecían la prohibición (de venta y consumo de alcohol) y el sufragio femenino. Más recientemente el carácter supraconstitucional de ciertas libertades garantizadas en el *Bill of Rights* ha sido invocado por quienes consideraban inconstitucional una enmienda constitucional que prohibiese quemar la bandera norteamericana en la medida en que violaba la Enmienda 1 que establece la libertad de expresión o que hiciere inconstitucional el matrimonio entre homosexuales.

B. Alemania. En Alemania, la supraconstitucionalidad fue abordada a profundidad por Carl Schmitt, para quien el poder de reforma constitucional estaba intrínsecamente limitado, aún en ausencia de límites constitucionales expresos y formales. La discusión sigue, aun después de establecerse estos límites explícitos en el artículo 79, numeral 3, de la Ley Fundamental de Bonn, pues, como bien establece el artículo 146 de la misma, éste texto no es más que una ley fundamental (*Grundgesetz*), una especie de texto provisional, que "devendrá caduco el día que entre en vigor una Constitución (*Verfassung*) adoptada por el pueblo alemán en plena libertad de decisión". Este texto sugiere que existen principios que no están contenidos en la Ley Fundamental y que podrían estar contenidos en la Constitución, lo que daría más apoyo a la tesis de la supraconstitucionalidad (Bachof).

2.3.2.2 Los fundamentos de los límites implícitos. La existencia de estos límites implícitos puede fundamentarse aludiendo (i) al "decisionismo" schmittiano, y (ii) al iusnaturalismo.

A. Las decisiones políticas fundamentales. Es Carl Schmitt el primero que aborda la cuestión de los límites implícitos a la reforma constitucional lo cual equivale responder a la pregunta: "¿Existen normas constitucionales anticonstitucionales, cuya anticonstitucionalidad radique en el hecho de que el legislador constitucional haya sobrepasado los límites internos que le están impuestos por los valores fundamentales inmanentes a una constitución?" (Loewenstein: 192).

A juicio de Schmitt, la fundamentación de la inconstitucionalidad de normas inconstitucionales puede hacerse a partir de la distinción que hace entre "Constitución" y "*ley constitucional*". La Constitución es "la decisión política del titular del poder constituyente" (Schmitt: 47), "decisión consciente que la unidad política [...] adopta por sí misma y se da a sí misma", que es previa a las leyes constitucionales, las cuales valen "a base de la Constitución y presuponen una Constitución" (Schmitt: 46). Estas "*decisiones políticas fundamentales*" que componen la Constitución serían, siguiendo a Schmitt en el texto constitucional dominicano: la decisión a favor de la *democracia*, adoptada por el pueblo dominicano en virtud de su existencia política como pueblo y que encuentra su expresión en los artículos 1 ("El pueblo dominicano constituye una Nación organizada en Estado libre e independiente, con el nombre de República Dominicana") y 2 ("La soberanía reside exclusivamente en el pueblo, de quien emanan todos los poderes, los cuales ejerce por medio de sus representantes o en forma directa"); la decisión sobre la *forma de gobierno* expresada en el artículo 4 ("El gobierno de la Nación es esencialmente civil, republicano, democrático y representativo"); la decisión a favor del *Estado Social y Democrático de Derecho* (artículo 7); la decisión a favor del respeto a la dignidad humana y la indisoluble unidad de la Nación, la cual es conceptuada como el "fundamento de la Constitución" (artículo 5); y, finalmente, las decisiones a favor de los *derechos fundamentales* que encuentra expresión en el catálogo de derechos contenidos en el Título II. La diferencia entre estas decisiones políticas fundamentales que componen la Constitución y las leyes constitucionales es que las segundas pueden ser reformadas en su totalidad conforme a los mecanismos de revisión constitucional previstos en la Constitución. Según Schmitt, la reforma constitucional no implica "que las decisiones políticas fundamentales que integran la sustancia de la Constitución puedan ser suprimidas y sustituidas por otras cualesquiera mediante el Parlamento" (Schmitt 1928: 49). La Constitución es *intangible* y, por tanto, el legislador que reforma la Constitución está sometido a las decisiones políticas fundamentales.

"Cuando está regulado en ley constitucional el procedimiento de reforma de la Constitución, se funda con ello una competencia que no se explica por sí misma. La competencia, regulada en ley constitucional, de los cuerpos legisladores para emitir leyes en las vías reguladas también por ley constitucional, es decir, la competencia legislativa ordinaria, no fundamenta por sí sola ninguna competencia para reformar también prescripciones legal-constitucionales, que precisamente son base de la competencia misma. La *competencia para reformar la Constitución* no es una competencia normal en el sentido de un círculo de actividades regulado y delimitado. Reformar las leyes constitucionales no es una función normal del Estado, como dar leyes, resolver procesos, realizar actos administrativos, etc. Es una facultad extraordinaria. Sin embargo, no ilimitada; pues, al seguir siendo una facultad atribuida en ley constitucional, es, como toda facultad legal-constitucional, limitada y, en tal sentido, 'competencia' auténtica. En el marco de una regulación legal-constitucional no pueden darse facultades ilimitadas; toda competencia es limitada. Ni siquiera una '*competencia de competencias*' puede ser algo ilimitado, si no ha de quedar la expresión desprovista de sentido, y disuelto el concepto. 'Competencia de competencias' es, bien entendido otra cosa que soberanía [...]" (Schmitt: 118).

La facultad de reformar la Constitución es limitada pues reformar la Constitución no puede implicar la afectación de "la identidad y continuidad de la Constitución considerada como un todo". Se pueden hacer adiciones, supresiones, refundiciones, pero nunca darse una *nueva Constitución* o reformar, ampliar o sustituir por otro el fundamento de esta competencia de revisión constitucional. Así, no sería posible realizar una reforma para que, a partir de esa reforma, la Constitución pueda ser revisada por mayoría simple y no agravada.

La reforma constitucional "no es *supresión de la Constitución*". El sistema de sufragio democrático que establece la Constitución dominicana no podría ser sustituido por el de sorteo. La República Dominicana no podría ser transformada en Estado federal por obra y gracia de una reforma constitucional como tampoco podría ser transformado el puesto de Presidente en el de un rey. Las decisiones políticas fundamentales son asuntos propios del poder constituyente del pueblo "y no pertenecen a la competencia de las instancias autorizadas para reformar y revisar las leyes constitucionales" (SCHMITT: 120).

Argumentos decisionistas son los expuestos por Ignacio de Otto para quien, aún en ausencia de un límite explícito a la reforma, como es el caso español, "hay buenos motivos para afirmar que ésta tiene al menos un límite consistente en que no sería conforme a la Constitución suprimir la democracia misma, ni siquiera utilizando para ello procedimientos democráticos, y ello por la misma razón por la que es contradictorio afirmar que un poder absoluto puede autolimitarse. Si el pueblo tiene un poder al que renuncia, la norma en la que se contiene esa renuncia no puede tener su fundamento en el poder del pueblo, porque esto significa que no ha habido tal renuncia. La nueva Constitución no democrática no podría tener su fundamento en la Constitución democrática hoy vigente" (OTTO: 64). El mismo carácter tienen los argumentos de Adriano Miguel Tejada para quien, si desapareciera de la Constitución el artículo 6 que establece la *supremacía constitucional*, "la Constitución perdería su esencia y pasaría a ser una ley ordinaria más", pues "el principio de la supremacía de la norma constitucional es consustancial con el concepto Constitución Política, o de lo contrario estaríamos, al igual que el Juez Marshall, frente a 'absurdas tentativas que el pueblo efectuaría para limitar un poder que por su propia naturaleza es ilimitable'" (TEJADA: 62).

B. El derecho natural. Como bien expresa Loewenstein, "el problema de los derechos fundamentales y de la anticonstitucionalidad inmanente a cualquier norma que los afecte estableciendo excepciones a su validez general –dejando de lado los casos donde el mismo legislador constitucional, por razones bien ponderadas, las ha permitido usando la fórmula restrictiva bien conocida de 'por medio de la ley o en base a una ley' yace más profundamente. En el fondo, de lo que se trata es de si los *derechos fundamentales* –o mejor, los derechos del hombre– son traídos consigo por el hombre con su nacimiento a la sociedad estatal, siendo pues inviolables e inalienables dado su carácter natural, o si por el contrario son otorgados por la sociedad estatal en virtud del orden de la comunidad, pudiendo ser, por lo tanto, limitados y determinados en su ámbito de aplicación. Aquí está, evidentemente, el problema cardinal de los derechos fundamentales y de su inmunidad contra intervenciones constitucionales que sobrepasan la mera protección o garantía constitucional" (LOEWENSTEIN: 193).

De los partidarios de esta tesis, es Bachof quien ha analizado en más detalle y profundidad el problema. Este autor alemán reconoce la existencia de un "*derecho supralegal*", parcialmente incorporado a la Ley Fundamental de Bonn, y de cuyo respeto por el poder constituyente depende la validez de la Constitución. Se trata de un "mínimo ético" que tiene en cuenta los mandatos de la ley moral reconocida por la comunidad jurídica. El derecho natural juega un rol fundamental en la configuración de este mínimo, aunque no todos los mandatos del Derecho natural son Derecho vigente porque no todos han sido positivizados mediante su constitucionalización formal. La incorporación de este derecho supralegal a la Constitución formal es de *carácter meramente declarativo* y no constitutivo. Según Bachof, este derecho supralegal limita al poder constituyente y el mismo debe ser considerado parte integrante de la Constitución aparezca o no escrito en el texto de la misma (BACHOF).

Mientras para algunos, los derechos humanos sólo existirían desde el momento en que fueron incorporados a ordenamientos jurídicos positivos, somos de los que pensamos que aceptar tal posición equivaldría a concluir que en la fecha de la adopción por la Asamblea de la ONU de la Declaración de los Derechos Humanos no existían derechos humanos y que ellos nacieron precisamente a la hora en que la Declaración fue aprobada por la Asamblea General. Hablar de *positivización de los derechos naturales* no tiene sentido si no se acepta su existencia previa a dicha positivización: los derechos naturales o morales han sido positivizados precisamente porque existían previamente. Y si existen previamente a su positivización, en caso de que, mediante una reforma constitucional, se pretenda desconstitucionalizarlos, la norma constitucional que los suprime resulta violatoria o bien de normas de carácter supraconstitucional o, al menos, de normas revestidas de un carácter de constitucionalidad superior. Esta doctrina ha sido expresada claramente por el Tribunal Constitucional de Baviera:

"El hecho de que una norma constitucional forme parte de la Constitución no implica necesariamente que una norma constitucional nula sea, por definición, imposible. Hay *principios constitucionales fundamentales* que son de naturaleza tan elemental y expresión de un Derecho que precede a la Constitución, que el mismo constituyente está vinculado a ellos. Otras normas constitucionales que no poseen este rango pueden ser nulas porque no concuerdan con aquellos. [...]. Si el artículo 184 [que establecía que las leyes promulgadas contra el nacionalsocialismo y el militarismo no quedaban afectadas o restringidas por la Constitución, en tanto que tales leyes eran discriminatorias hacia ciertas personas, EJP] significa que el legislador estaba permanente y absolutamente libre de las obligaciones impuestas por la Constitución y la justicia; si dispuso que las personas afectadas podían quedar permanentemente marginadas de la Constitución y del Derecho, aquel artículo seria nulo porque choca con la misma idea de justicia, con el principio del Estado de Derecho, con la norma de igualdad y los derechos básicos, que son reflejos inmediatos de la personalidad humana" (Decisión del 4 de abril de 1950).

En igual sentido se ha pronunciado la Sala Constitucional de la Corte Suprema de Costa Rica. Apoderada de un recurso de amparo, este tribunal interpretó una norma constitucional en contra del sentido de su texto expreso, con utilización de instrumentos internacionales de derechos humanos. A juicio de los jueces costarricenses, dentro de la Constitución misma existe complementariedad entre los valores en ella contenidos y la jerarquía entre ellos, y que eventualmente dentro de la misma Carta Magna puede haber disposiciones que rozan con valores fundamentales los cuales por su misma *trascendencia axiológica* se imponen a otros valores o principios de menor importancia. El tribunal consideró que el numeral 5 del artículo 14 de la Constitución de Costa Rica violentaba el *principio de igualdad* dispuesto en el artículo 33 de dicha Constitución, aparte de establecer una discriminación por razón de sexo contraria a la libertad, que es un valor fundamental que acompaña la igualdad, componiendo un binomio que es a su vez fruto de la concepción democrática de las relaciones individuales y sociales que rigen los modernos ordenamientos constitucionales. La norma cuestionada, antes de su promulgación, había sido consultada a la Corte Interamericana de Derechos Humanos, mediante una opinión consultiva en 1984 que contiene las mismas conclusiones del veredicto de la Sala. En esta sentencia, se declara inconstitucional la palabra "mujer", contenida en el numeral 5 del artículo 14 de la Constitución costarricense, que en su redacción original decía: "Son costarricenses por naturalización: 5) La mujer extranjera que al casar con costarricense pierda su nacionalidad o que manifieste su deseo de ser costarricense". Esta norma se reforma en 1987 y, a pesar de la advertencia de la Corte Interamericana, reza del modo siguiente: "Son costarricenses por naturalización: 5) La mujer extranjera que habiendo estado casada durante dos años con costarricense y habiendo residido en el país durante ese mismo período, manifieste su deseo de adquirir la nacionalidad costarricense". En la sentencia se declara que donde dice "mujer", debe leerse "persona", para no discriminar al hombre. Veamos las consideraciones más importantes de esta sentencia:

"[…] Es incuestionable que el inciso 5) del artículo 14 de la Constitución Política contiene una disposición que resulta inaplicable por ser contraria a los *valores fundamentales* de la Carta en cuanto a igualdad jurídica y su complemento de no discriminación, tutelados con igual trascendencia por las normas internacionales, cuyo efecto *erga omnes* es de obligada vigencia y acatamiento en el ámbito nacional por su misma naturaleza y por imperativo del artículo 48 de la Constitución. La simple comparación de las normas transcritas con la disposición cuestionada demuestra que el beneficio concedido exclusivamente a la mujer extranjera casada con costarricense, constituye una discriminación en perjuicio del hombre extranjero casado con una ciudadana costarricense, contra quien crea artificialmente una desventaja pues le sustrae beneficios por razones de género, contraviniendo con ello el espíritu constitucional y universal de igualdad y no discriminación. Dicha disposición atenta, además, contra la igualdad y unidad matrimonial […]. Adviértase que en la especie la desigualdad que hiere los intereses del recurrente no es una simple diferenciación 'razonable y objetiva', sino un tratamiento evidentemente injustificado, infundado y desproporcionado, producto de condicionamientos sociales, culturales, económicos y políticos felizmente superados, tratamiento que actualmente resulta lesivo para la dignidad humana en lo particular como derecho subjetivo positivo concreto a la igualdad, y para la unidad familiar como derecho social objetivo, desde el momento en que establece una restricción odiosa que atenta, por discriminación, contra el equilibrio jurídico y espiritual de la familia, también tutelado por la Constitución y por el ordenamiento internacional y por ello patrimonio subjetivo del ofendido. La norma impugnada crea una especie de marginación que afecta al núcleo familiar y por ende a la sociedad en su conjunto desde el momento en que un integrante de esa comunidad es tratado de manera diferente, cercenando sus derechos igualitarios y colocándolo en situación social de desventaja, frente a su esposa, sus hijos y demás familiares; con ello se resiente el sentido de justicia. De acuerdo con lo expuesto, la disposición cuestionada, que no establece criterios fundamentales de convivencia, carece de vigencia y aplicabilidad frente a los principios fundamentales que establece la Constitución Política y los Convenios Internacionales, para quienes la *igualdad y no discriminación* son derechos genéricos, y por ello piedra angular, clave, de nuestro ordenamiento; son valores superiores que configuran e impregnan la convivencia democrática de la Nación y del estado social de derecho vigente. La discriminación señalada cede frente a principios de rango superior dado que la desigualdad en comentario no tiende a proteger una finalidad superior, concreta, dirigida a crear, proteger o fomentar intereses comunes superiores sino a discriminar contra derechos subjetivos. En aras de evitar desigualdades y discriminaciones futuras que pudieran surgir al aplicarse la Carta fundamental y otros instrumentos jurídicos vigentes, y en el ejercicio de las facultades que le otorga la Constitución a esta Sala, se dispone que cuando en la legislación se utilicen los términos 'hombre' o 'mujer', deberán entenderse como sinónimos del vocablo 'persona', y con ello eliminar toda posible discriminación 'legal' por razón de género, corrección que deben aplicar todos los funcionarios públicos cuando les sea presentada cualquier gestión cuya resolución requiera aplicar una normativa que emplee los vocablos arriba expresados" (Sentencia 3435 del 11 de noviembre de 1992).

2.3.2.3 Apreciación crítica. En el ordenamiento constitucional dominicano, la tesis de que el poder constituyente es absoluto e ilimitado tiene menos fuerza que en otros ordenamientos por una serie de razones. En primer término, los límites implícitos a la reforma constitucional encuentran apoyo textual en los límites explícitos establecidos por el artículo 268 de la Constitución dominicana, cláusula constitucional que irradia su efecto a un conjunto de preceptos normativos que, o bien se consideran colocados en un nivel supraconstitucional o bien se les considera dotados de una especie de constitucionalidad superior. Estos preceptos normativos son las decisiones políticas fundamentales o *principios fundamentales* de la República Dominicana referidos expresamente por el artículo 268 (el principio democrático, el principio civil, el principio republicano, el principio representativo) pero también los pilares del Estado de Derecho, como lo son el principio de legalidad, de supremacía constitucional, de separación de poderes, el conjunto de derechos fundamentales reconocidos expresa e implícitamente por el Título II de la Constitución y los principios que fundan el Estado Social y Democrático de Derecho (artículo 7).

En segundo lugar, dado que la República Dominicana reconoce e incorpora a su ordenamiento los *convenios internacionales de derechos humanos* suscritos y ratificados por el país, aun desapareciendo dichos derechos del texto constitucional mediante una revisión constitucional, permanecen en nuestro ordenamiento. Más aún, aunque dichos derechos fundamentales no estén consagrados ni en la Constitución dominicana ni en los instrumentos internacionales, el poder constituyente no es absoluto, pues más allá del plano del Derecho positivo, toda sociedad al ejercitar tan especial facultad soberana, está naturalmente obligada a respetar los valores naturales y absolutos, como lo son la libertad, la justicia y la dignidad del hombre; derechos que le son inherentes y se encuentran por encima del constituyente y del legislador ordinario, ya que los mismos emanan de un *orden suprapositivo* y son superiores a toda Constitución, superiores a toda ley y a todo legislador y tan extensos que no pueden estar escritos en ninguna Constitución, como lo reconoce el propio constituyente dominicano al establecer en el artículo 74.1 que la enumeración constitucional de los derechos fundamentales no tiene "carácter limitativo y, por consiguiente, no excluye otros derechos y garantías de igual naturaleza".

En todo caso, el juez constitucional puede considerar que una norma constitucional "simple" es contraria al "*derecho constitucional fundamental*" –en caso de que considere que la Constitución puede contener normas de rango desigual– o que una norma constitucional es contraria al *ordenamiento supraconstitucional del derecho internacional de los derechos humanos* –para el caso de que reconozca la existencia de dicho ordenamiento suprainterno. El fundamento textual es diverso (artículos 26, 74 y 268 de la Constitución), pero el resultado interpretativo siempre es el mismo: la inaplicación o la declaratoria de nulidad de la norma tachada de violar el derecho constitucional fundamental o el derecho supraconstitucional de los derechos humanos. Lógicamente, la Constitución permite reformar el régimen y el contenido de los derechos fundamentales consagrados expresamente en la Constitución siempre que se respete el mínimo de protección de estos derechos establecido en el orden supranacional convencional y que la reforma sea progresiva y más favorable a los titulares de los derechos fundamentales, siendo de aplicación preferente, en todo caso, la norma que resulte más progresiva y favorable a la persona, no importa su rango en el ordenamiento jurídico.

En fin, aun no existan límites constitucionales explícitos a la reforma constitucional, que no es el caso dominicano, pues esos límites están expresamente consignados en el artículo 268 de la Constitución, "esto no implica que exista un 'cheque en blanco' en virtud del cual cualquier aspecto de la reforma se deje al juicio y discreción de la autoridad constitucional de reforma, en la medida en que esta autoridad debe alcanzar un resultado objetivo: reformar la Constitución, no destruirla y sustituirla por una nueva" (Roznai: 281). Prueba de ello son los casos de la India y Colombia. Ninguno de estos países cuenta con una cláusula pétrea y, de las dos naciones, solo Colombia tiene una Constitución que permite a la Corte Constitucional controlar la constitucionalidad de la reforma constitucional, aunque únicamente en sus aspectos procedimentales. Pese a ello, la Corte Suprema india ha sostenido que el poder de reforma no puede usarse para vulnerar los derechos fundamentales (Supreme Court of India, *Golaknath v. State of Punjab*, SCR (2) 762, 1967) así como que son inconstitucionales las reformas constitucionales que violen la "*estructura básica*" de la Constitución de ese país, es decir, la coherencia interna de la Constitución, los valores constitucionales del Estado liberal, la supremacía de la Constitución, la forma de gobierno republicana y democrática, el carácter secular del Estado, la separación de poderes y el federalismo (Supreme Court of India, *Kesavananda Bharati Sripadagalvaru v. State of Kerala*, 4 SCC 225, 1973), así como aquellas reformas, que, aun siendo correctamente aprobados desde el punto de vista de los procedimientos constitucionales de reforma, pretenden limitar la facultad de los jueces supremos para fiscalizar la constitucionalidad de las reformas constitucionales (Supreme Court of India, *Minerva Mills Ltd. v. Union of India*, SCR (1) 206, 1981).

2.3.3 La cuestión de la reformabilidad de las normas de reforma constitucional. A pesar de que no hay parte más importante de una Constitución que las normas que esta establece para su reforma, en la medida que fijan procedimientos rigurosos y mayorías agravadas para las modificaciones constitucionales con vistas a asegurar la distinción entre las normas constitucionales y las leyes ordinarias, diferenciación que es básica para la existencia de una verdadera y efectiva Constitución normativa, son pocas las democracias constitucionales que establecen normas más exigentes para la reforma de aquellas normas constitucionales que regulan el procedimiento de los cambios constitucionales.

Es indudable que esto no puede atribuirse ni a que los constituyentes le den poca importancia a normas que son esenciales en la medida en que constituyen normas sobre la producción jurídico-constitucional, es decir, a las reglas que rigen el cambio de las reglas del juego constitucional, ni tampoco a defectos en el diseño constitucional. Para algunos la explicación que parecería más razonable acerca de la carencia de una superrigidez constitucionalmente expresa de las normas de la reforma constitucional es la que predica que ello se debe a que dichas normas se presumirían irreformables (Albert 2017: 281-282). No concordamos con dicha tesis. Más bien parecería que los constituyentes, si bien reconocen la necesidad de declarar irreformables algunos contenidos de la Constitución, no han considerado pertinente petrificar las normas constitucionales de reforma constitucional. Por eso, en el caso dominicano, las normas constitucionales relativas al procedimiento de reforma constitucional no entran dentro del contenido intangible del artículo 268 de la Constitución.

De ahí que es perfectamente posible reformar el procedimiento de reforma constitucional, siguiendo el procedimiento que la propia Constitución establece para las reformas constitucionales, siempre y cuando, con posterioridad a dicha reforma, se proceda a obtener la ratificación de la mayoría de los ciudadanos en *referendo aprobatorio*, tal como exige el artículo 272 de la Constitución en los casos en que la reforma constitucional verse "sobre los procedimientos de reforma instituidos en esta Constitución". Si no se logra esta aprobación popular en referendo para tal reforma, seguirá entonces vigente el procedimiento de reforma constitucional que se intentó cambiar con la fracasada reforma. Lógicamente, si la reforma del procedimiento constitucional para las reformas constitucionales consiste, por ejemplo, en atribuir la potestad de reforma única y exclusivamente al Poder Ejecutivo, excluyendo a los representantes del pueblo en el Congreso Nacional o eliminando el referendo popular aprobatorio para toda clase de reformas, es obvio que tal reforma sería claramente inconstitucional, no porque se alteren las normas constitucionales relativas al procedimiento de reforma constitucional que, como ya hemos visto, no son intangibles, sino más bien porque se vulnera manifiestamente la cláusula constitucional de intangibilidad del artículo 268 al afectarse los principios democrático, republicano y representativo que forman parte del núcleo constitucional pétreo.

2.4 El control de la reforma

El poder de reforma es un poder constituido y, por tanto, sujeto a unos límites y a un control que hace efectivos dichos límites. Sólo cuando se considera que el poder de reforma es sinónimo o manifestación del poder constituyente puede considerarse paradójico un *control de las reformas constitucionales*, pues, desde el momento en que se concibe la reforma constitucional como fruto del poder constituyente y éste, por naturaleza y esencia, se define como soberano, la posibilidad de controlar este acto soberano revela una contradicción. "Un poder controlado no es un poder soberano y es jurídicamente absurdo que un poder constituido pueda controlar el poder constituyente" (ZOLLER: 88). Ya hemos visto, sin embargo, que el carácter ilimitado solo podría predicarse del poder constituyente pero no del poder de reforma, poder constituido, sujeto a control político y a control jurídico, única manera de hacer efectivo la voluntad del poder constituyente, como veremos a continuación...

2.4.1 Control político. El control político es el que ejerce el pueblo (o una fracción de éste) en el ejercicio del derecho de resistencia a la opresión. El pueblo no es evidentemente poder constituido sino poder constituyente, real o en potencia, según que ejerza la función constituyente o demande ejercerla. Es este control político el que reconoce el artículo 73 de la Constitución cuando establece que "son nulos de pleno derecho los actos emanados de autoridad usurpada, las acciones o decisiones de los poderes públicos, instituciones o personas que alteren o subviertan el orden constitucional y toda decisión acordada por requisición de fuerza armada". Se trata, en todo caso, de un *control extraconstitucional*, eminentemente existencial e irreducible a la normatividad constitucional. En tal sentido, el control político de la reforma, manifestado en el *derecho de resistencia*, es, por definición, irregulado en cuanto se vincula con el poder constituyente originario. Este control no es limitado por el artículo 267 que establece que la reforma constitucional "no podrá jamás ser suspendida ni anulada por ningún poder o autoridad, ni tampoco por aclamaciones populares" porque lo que busca precisamente el artículo 73 es preservar el derecho pre-constitucional o supra-constitucional de resistir un orden injusto. No por azar este artículo está incorporado como garantía de los derechos fundamentales de las personas.

2.4.2 Control jurisdiccional.

2.4.2.1 Sentido y fundamentos del control jurisdiccional. El control jurídico es el que es ejercido por el juez y, dado el carácter de poder constituido de los tribunales, es el que suscita mayores objeciones y dificultades en el plano de la teoría y la práctica constitucional. Se alega que los tribunales son órganos creados por la Constitución y que, por tanto, no deberían emitir decisiones sobre la validez de las disposiciones constitucionales; que este control propicia la "necrocracia" o el "gobierno de los muertos constituyentes"; y que se trata de un control no democrático que se impone a la voluntad normativa del pueblo. Lo cierto es que la legitimidad del control jurisdiccional de la constitucionalidad de las reformas constitucionales viene dada por el hecho de que este control permite asegurar la separación de poderes vertical entre el poder constituyente y el poder de reforma, al tiempo que impide que este último exceda sus límites. Es por ello que este control jurisdiccional debe verse como una salvaguardia del poder constituyente del pueblo, siendo la irreformabilidad de ciertos contenidos -los abarcados por la cláusula de intangibilidad- no tanto "una expresión de la necrocracia […] sino, más bien, la expresión máxima de la democracia" (Roznai: 337).

Sin embargo, tomando en cuenta estas objeciones y dificultades, la jurisprudencia constitucional, aún la de aquellos países con larga tradición de control de la constitucionalidad, ha sido sumamente cuidadosa a la hora de admitir el control jurisdiccional de las condiciones procesales y materiales en las reformas constitucionales. La Suprema Corte de los Estados Unidos ha juzgado que los alegatos de una pretendida inconstitucionalidad de una enmienda a la Constitución federal son *"cuestiones políticas"* que no corresponde al juez conocer (*Coleman v. Miller*, 307 US 433 (1939). Por su parte, el Tribunal Constitucional alemán ha conocido en tres ocasiones sobre la constitucionalidad de reformas a la Ley Fundamental y, a pesar de la existencia de un artículo 79 (3) que expresamente prohíbe ciertas revisiones, ha validado las diversas reformas. Parecido camino ha seguido el Consejo Constitucional francés, al conocer de la constitucionalidad del Tratado de Maastricht (Zoller: 92). Frente a la timidez de los tribunales constitucionales estadounidense, alemán y francés, resalta el vanguardismo del Tribunal Constitucional italiano (Biscaretti di Ruffia: 570) y la activa jurisprudencia de la Corte Constitucional colombiana, la que controla -en la forma y en el fondo- la constitucionalidad de las reformas constitucionales, aún en ausencia de cláusula de intangibilidad y pese a que el control que la Constitución confiere a dicha Corte es tan solo para el control del procedimiento de reforma constitucional.

La inconstitucionalidad de la reforma constitucional por *vicios de forma* no presenta problemas y casi siempre se admite. Es la inconstitucionalidad de la reforma por *vicios de fondo* la realmente problemática. Una parte importante de la doctrina no admite la validez del control de constitucionalidad de la Constitución. Se afirma que "los órganos de reforma son constituidos mientras actúan y constituyentes una vez han proclamado la Constitución. La única forma en que se podría controlar la constitucionalidad de la Constitución sería estableciendo la superioridad jerárquica de una Constitución sobre otra en un mismo territorio y, como la Constitución es norma suprema, solo la de mayor jerarquía sería considerada como tal. Esto implica que, al ejercer el control de la constitucionalidad material sobre la Constitución ya proclamada, el Tribunal Constitucional estaría decidiendo cuál es la verdadera Constitución entre todas las constituciones contradictorias y coexistentes. Esto sería, obviamente, un acto de creación normativa al que no puede aspirar un Tribunal Constitucional a menos que decida asumir por sí mismo la calidad de Poder Constituyente" (Perdomo Cordero 2014: 279; ver también Perdomo Cordero 2020: 53).

Por su parte, a juicio de Díaz Revorio, "la posibilidad de control material de constitucionalidad de la reforma requiere, al menos, dos requisitos: a) que el texto constitucional establezca expresa y claramente los parámetros de ese enjuiciamiento de inconstitucionalidad (por ejemplo, a través de una cláusula de intangibilidad); b) que exista un órgano encargado entre cuyas competencias esté o se derive la de realizar la comprobación de constitucionalidad (habitualmente el Tribunal Constitucional)" (Díaz Revorio: 290). En el caso dominicano, están reunidos ambos requisitos: el artículo 268 de la Constitución establece límites explícitos a la reforma constitucional y existe un control jurisdiccional de la constitucionalidad en manos del Tribunal Constitucional y del Poder Judicial. Aunque es conveniente que la propia Constitución atribuya expresamente a la jurisdicción constitucional la competencia de declarar inconstitucional la reforma constitucional, ello no es frecuente, salvo el caso de Colombia cuya Constitución prevé la competencia de la Corte Constitucional para decidir sobre demandas en inconstitucionalidad contra los actos reformatorios de la Constitución, aunque "solo por vicios de procedimiento en su formación" (artículo 241). En el caso dominicano, "la posibilidad de declarar inconstitucionales los vicios que puedan afectar a un texto constitucional no solo es posible, sino también, en determinadas circunstancias, deseable" (Tejada: 63). Sobre ello tratamos en el siguiente apartado.

2.4.2.2 La justicia constitucional dominicana y el control de constitucionalidad de las reformas constitucionales. La Suprema Corte de Justicia ha declarado inconstitucional una ley de reforma constitucional por vicios de forma en su aprobación (S.C.J. Sentencia No. 1, 3 de enero del 2002. B.J. 1094) y ya tuvo la oportunidad de pronunciarse respecto a la constitucionalidad de la reforma de 2010 una vez inserta en el texto constitucional, que es donde se manifiesta en todo su vigor la cláusula de intangibilidad del artículo 268 de la Constitución. Sin embargo, si prevalece el criterio de nuestra Suprema Corte de Justicia hay que entender que el control de constitucionalidad de las reformas constitucionales solo opera antes de que la Constitución sea reformada. Y es que, a juicio del tribunal supremo, admitir este control una vez ha sido reformada la Constitución "equivaldría, primero, a subordinar la Constitución a los poderes que de ella emanan y regula, con el consiguiente abatimiento del principio de la supremacía de la Constitución, sostenido y defendido por esta Suprema Corte de Justicia, en su rol de tribunal constitucional, y segundo, desconocer las disposiciones del artículo 120 de la Constitución, que consagra una prohibición radical y absoluta en el sentido de que la reforma de la Constitución sólo podrá hacerse en la forma que indica ella misma, y no podrá jamás ser suspendida ni anulada por ningún poder ni autoridad, ni tampoco por aclamaciones populares" (S.C.J. Sentencia No. 1, agosto de 2002. B.J. 1011 y S.C.J. 19 de mayo de 2010). Paradójica conclusión a la que arriba el Tribunal Supremo: la Constitución sólo puede ser reformada según la forma por ella establecida, pero, si se reforma incumpliendo con esta forma constitucionalmente obligatoria, dicha reforma no puede ser anulada por el Tribunal Constitucional, pues ello implicaría una reforma de la Constitución de la mano de un poder constituido que no es competente para ello. Si se acepta esta doctrina jurisprudencial, la República Dominicana podría transformarse en monarquía o dictadura si quienes propulsan la reforma pueden obtener las mayorías agravadas necesarias en el Congreso, a sabiendas de que una vez inconstitucionalmente reformada es imposible declarar judicialmente la nulidad de ese despropósito. Es obvio que "la labor del Tribunal Constitucional no puede agotarse una vez la Constitución es reformada inconstitucionalmente. De ser así, la protección jurisdiccional de la idea originaria de la Constitución se tornaría ilusoria" (VILLEGAS: 146).

Por su parte, el Tribunal Constitucional en su Sentencia TC/0170/14 declaró inadmisible por falta de objeto la acción de inconstitucionalidad incoada contra la ley 73/02, que declaraba la necesidad de la reforma de la Constitución, sobre la base de que "una vez realizada la reunión y culminada las sesiones que deben ejecutar la Asamblea Nacional revisora, el propósito de estos tipos de leyes [las que declararan la necesidad de la reforma constitucional, EJP] desaparece al haberse dado cumplimiento a su finalidad (…)". Posteriormente, esa Alta Corte, haciendo un *distinguishing* o distinción respecto al precedente establecido en la antes indicada sentencia, admitiría una acción contra la ley que declaraba la necesidad de la reforma constitucional en 2015, a pesar de ser una ley temporal que había agotado su objeto y afirmaría que "cabe recordar que en un estado de Derecho pese al carácter temporal que se le reconoce a la ley cuestionada, la reforma constitucional es el producto de un poder reformador limitado que debe operar en los cauces constitucionalmente delimitados, pues todo órgano derivado de la Constitución actúa en el marco competencia que ella le ha concedido, por aquello de que el único titular de un poder constituyente ilimitado es el pueblo soberano. Aunque la competencia para reformar la Constitución es una facultad excepcional a las actividades que normalmente desarrolla el Congreso Nacional convertido en asamblea revisora, su actuación está constitucionalmente regulada. Es que en el Estado constitucional no se admiten facultades desbordas o ilimitadas que terminarían escindiendo el propio concepto de supremacía de la Constitución y el orden constitucional". Más aún, los jueces constitucionales especializados señalarían que "admitir tal posibilidad [inadmitir una acción en inconstitucionalidad contra una ley que declara la necesidad de la reforma basado en que se ha producido la concreción de su objeto y la pérdida de su vigencia, EJP] imposibilitaría que este Tribunal pueda ejercer su función de supremo intérprete de la Constitución ante leyes que comporten una eficacia temporal limitada. Más relevante aún, eso significaría que en el ordenamiento constitucional de la República Dominicana existiría una categoría de ley que de manera tácita no podría ser sometida a control de constitucionalidad, cuando en realidad en la configuración legislativa dominicana, toda ley emanada del Congreso Nacional es susceptible de ser atacada en inconstitucionalidad. (Sentencia TC/0224/17). Sin embargo, en la Sentencia TC/0352/18, el Tribunal Constitucional establecería "que solo pueden ser cuestionados vía la acción de inconstitucionalidad las leyes, los decretos, reglamentos, resoluciones y ordenanzas; es decir, normas y textos infraconstitucionales, o sea colocados jerárquicamente por debajo de la Constitución", con lo que estaría negando la posibilidad de cuestionar por inconstitucional un texto constitucional cuyo contenido viola la cláusula de intangibilidad. Es claro, sin embargo, que, como bien advierten los magistrados disidentes Hermógenes Acosta y Jottin Cury en la Sentencia TC/0224/17, "en el caso del sistema de justicia constitucional dominicano se impone el control judicial de las reformas constitucionales, en la medida que nuestra Constitución consagra un procedimiento especial para la reforma e, igualmente, nuestra Constitución consagra las denominadas cláusulas pétreas. En este orden, de violarse el procedimiento especial o modificarse la cláusula pétrea, el Tribunal Constitucional tiene la obligación de defender la Constitución de tales agravios".

Muchos de los autores que niegan la facultad del Tribunal Constitucional de controlar la constitucionalidad de las reformas constitucionales basan su negativa en el hecho de que, como ocurre en el caso dominicano y en la mayoría de las constituciones en el derecho comparado, la Constitución es silente respecto a esta facultad. Lo cierto es, sin embargo, que "el silencio no debe necesariamente interpretarse como una negación de la competencia para controlar la constitucionalidad de las reformas. Las cortes de Estados tales como Alemania, Brasil y la República Checa se han declarado competentes para examinar el fondo o sustancia de las reformas incluso sin contar con una autorización expresa" (Roznai: 347). Y es que "dicha competencia no tiene que ser otorgada, pues la misma deriva de la condición de guardián de la Constitución que tiene el Tribunal Constitucional, y resulta que modificar o eliminar una cláusula pétrea o intangible constituye una infracción constitucional a la que debe dar respuesta el guardián de la Constitución, sin que sea necesario un mandato expreso" (Acosta de los Santos: 91). El reconocimiento de la facultad del Tribunal Constitucional de controlar la constitucionalidad de las reformas constitucionales se supone establecido cuando las constituciones establecen expresamente contenidos irreformables en las cláusulas de intangibilidad. Y ello así por una razón muy sencilla: "cuando existen disposiciones irreformables, la garantía judicial de estas restricciones explicitas parece ser autoevidente o, si no, al menos jurídicamente legitima", porque, de lo contrario, la irreformabilidad expresa sería tan solo declarativa. Pero, aún allí donde no existen cláusulas pétreas, como es el caso de India, Bangladesh, Kenia, Colombia, Perú, Taiwan y Belice, los tribunales han establecido que, en tanto guardianes de la Constitución, tienen el deber de proteger la irreformabilidad implícita de la Constitución. Como bien sostiene la mejor doctrina, "la Constitución no se manifiesta solamente mediante un lenguaje explícito, sino que también puede hacerlo por medio de un lenguaje implícito" y "toda Constitución tiene un núcleo implícito irreformable que no puede ser modificado por el poder de reforma delegado" (Roznai: 348 y 357).

2.4.2.3 Los jueces competentes para el control jurisdiccional. En nuestro ordenamiento constitucional, el control jurisdiccional de la validez jurídica de una reforma constitucional puede llevarse a cabo por los jueces ordinarios, sea del Poder Judicial o del Tribunal Superior Electoral, cuando, en cualquier proceso ordinario y cualquier materia, conocen una excepción de inconstitucionalidad contra normas constitucionales consideradas inconstitucionales por ser producto de una reforma inconstitucional o en los casos que se encuentren apoderados de una acción de amparo constitucional, habeas data o habeas corpus en donde se cuestiona la constitucionalidad de la aplicación de tales normas constitucionales pretendidamente inválidas, y también por el Tribunal Constitucional cuando conoce una acción directa en inconstitucionalidad tendente a la constatación de la inconstitucionalidad de la ley que declara la necesidad de la reforma o de las normas constitucionales nacidas de esa reforma, así como cuando conoce un recurso de revisión de sentencia firme o de revisión de sentencias de los jueces de amparo y de habeas data que versan sobre la inconstitucionalidad de tales normas constitucionales o de su aplicación.

2.4.2.4 Los tipos de control jurisdiccional. Aparte del control procedimental o de los vicios de forma de una reforma constitucional, que no presenta mayores problemas desde el punto de vista conceptual, como ya vimos, el control jurisdiccional de la validez de una reforma constitucional puede consistir en un control material que se instrumenta mediante un test de la sustitución de la Constitución o en un control de convencionalidad de las normas constitucionales. Veamos más detenidamente estos dos tipos de control jurisdiccional material de la reforma constitucional.

A. El control de la sustitución de la Constitución. La doctrina de la sustitución de la Constitución desarrollada por la Corte Constitucional de Colombia, aún en ausencia de una cláusula pétrea en la Constitución de ese país y aunque pensado como un control procedimental que en verdad resulta ser un control material, puede ser muy útil a la hora de aplicar la cláusula de intangibilidad del artículo 268 de la Constitución y efectuar un control material de la constitucionalidad de una reforma constitucional en nuestro país. Para los jueces constitucionales colombianos, el poder de reforma constitucional no tiene "competencia para destruir la Constitución. El acto constituyente establece el orden jurídico y por ello, cualquier poder de reforma que el constituyente reconozca únicamente se limita a una revisión. El poder de reforma, que es poder constituido, no está, por lo tanto, autorizado, para la derogación o sustitución de la Constitución de la cual deriva su competencia. El poder constituido no puede, en otras palabras, arrogarse funciones propias del poder constituyente, y por ello no puede llevar a cabo una sustitución de la Constitución, no sólo por cuanto se estaría erigiendo en poder constituyente originario sino además porque estaría minando las bases de su propia competencia" (Sentencia C-551 de 2003). Aparece así la *sustitución constitucional* como "un remplazo de la Constitución en términos materiales e implica franca oposición entre lo nuevo y lo anterior, en la medida en que, so pretexto de la reforma, la Constitución es transformada en otra 'completamente distinta' que, por ejemplo, sirva de base a una forma de organización política opuesta, como cuando se cambia la república por la monarquía, la democracia por la dictadura o el estado de derecho por el totalitarismo (Sentencia C-574 de 2011).

¿Cómo se efectúa este *control de sustitución de la Constitución*? La Corte Constitucional responde: "Para establecer si hay o no sustitución, es necesario tener en cuenta los principios y valores vertebrales de la Carta, así como aquellos que surgen del bloque de constitucionalidad, no para revisar el contenido mismo de la reforma mediante la comparación de un artículo del texto reformatorio con una regla, norma o principio constitucional, sino para determinar si los principios estructurales anteriores y los introducidos, son opuestos o integralmente diferentes, al punto que resulten incompatibles. Con tal objeto, el demandante tiene la carga argumentativa de demostrar que la magnitud y trascendencia de dicha reforma conduce a que la Constitución haya sido sustituida por otra, exigencia por la que no basta con argumentar que se violó una cláusula constitucional preexistente, ni con demostrar que la reforma creó una excepción a una norma superior o que estableció una limitación o restricción frente al orden constitucional anterior" (Sentencia C -249 de 2012). En el caso dominicano, la aplicación de la doctrina de la sustitución de la Constitución debe partir, sin embargo, de la idea de que la Constitución dominicana no prohíbe su reforma total, es decir, integralmente, como antes ya hemos visto. Lo que nuestra Constitución expresamente prohíbe es el cambio de la fórmula política del Estado, de su forma de gobierno, que será siempre democrática, civil, republicana y representativa. De modo que reformas constitucionales integrales, como las de 2010, que profundizaron en los textos constitucionales reformados los principios de esta forma de gobierno no equivalen a sustitución de la Constitución. Solo cuando, aún en una reforma parcial, en apariencia sin implicar un cambio constitucional sustancial, se alteran uno de los principios político-constitucionales protegidos por el artículo 268 de la Constitución o se sustituyen por otros diametralmente opuestos o incompatibles es que podríamos hablar propiamente en el caso dominicano de una sustitución de la Constitución.

Lo anterior se aclara con las precisiones que aporta la Corte Constitucional colombiana cuando establece que "no constituyen sustituciones parciales las reformulaciones parciales, es decir, el cambio en la redacción de la norma sin modificar su contenido esencial; las reconceptualizaciones, es decir, la adición de una salvedad a la aplicación de una norma constitucional que se mantiene en su alcance general (i.e. establecer la inhabilidad indefinida por pérdida de investidura como excepción a la regla general que prohíbe las penas perpetuas), el cambio en la conceptualización de un valor protegido por la Constitución (i.e. "el pueblo es el único titular de la soberanía" por la soberanía reside exclusiva e indivisiblemente en el pueblo); las excepciones específicas, es decir, la introducción por el propio poder de reforma de límites y restricciones para armonizar valores e intereses enfrentados (i.e. introducir como límite a la libertad de prensa el respeto a la honra o permitir la suspensión de la ciudadanía para los condenados a pena de prisión en los casos que señale la Ley), y las limitaciones o restricciones de aspectos definitorios de la Constitución que no sean de tal magnitud que supongan la supresión, la derogación o la sustitución de una Constitución por otra" (Sentencia C-1200 de 2003).

Dicha Corte precisa aún más cómo opera este control de sustitución de la Constitución cuando afirma que "no puede perderse de vista, que el poder de reforma constitucional obedece a la necesidad de acomodar la Constitución a nuevas realidades políticas, a nuevos requerimientos sociales, o a nuevos consensos colectivos. Por estas razones, el concepto de sustitución de la Constitución, no puede privar de contenido al poder de reforma constitucional, si la Constitución es por definición y en su sentido material, un cuerpo normativo que define la estructura esencial del Estado, los principios y valores fundamentales, las relaciones entre el Estado y la sociedad, los derechos y los deberes, resulta claro que un poder facultado para reformar la Constitución puede incidir sobre esos distintos componentes. De esta manera, podemos afirmar que la alteración de un principio fundamental no puede tenerse, per se, como sustitución de la Constitución, pues este es, el contenido del poder de reforma constitucional que, como tal, tiene capacidad para alterar principios fundamentales. Una cosa es alterar un principio fundamental y otra distinta sustituir un elemento definitorio de la identidad de la Constitución" (C-970 de 2004). Aquí hay que precisar, desde la perspectiva dominicana, que la alteración de un principio fundamental contenido en el artículo 268 solo sería válida si implica la profundización de este: por ejemplo, en 2010, el poder de reforma, a pesar de que la forma constitucional de gobierno ha sido históricamente democrática y representativa, pudo válidamente introducir en la Constitución mecanismo de participación política directa de la ciudadanía, lo que enfatizaba el carácter democrático de la forma de gobierno al tiempo que introducía mecanismos correctores de las distorsiones que en la práctica acarrea usualmente la democracia representativa, sin con ello sustituir el principio representativo, protegido también, al igual que el democrático, por la cláusula de intangibilidad.

Los jueces constitucionales especializados colombianos han establecido siete pasos del *test de sustitución*. Así han expresado que "el método del juicio de sustitución exige que la Corte demuestre que un elemento esencial definitorio de la identidad de la Constitución de 1991 fue reemplazado por otro integralmente distinto. Así, para construir la premisa mayor del juicio de sustitución es necesario (i) enunciar con suma claridad cuál es dicho elemento, (ii) señalar a partir de múltiples referentes normativos cuáles son sus especificidades en la Carta de 1991 y (iii) mostrar por qué es esencial y definitorio de la identidad de la Constitución integralmente considerada. Solo así se habrá precisado la premisa mayor del juicio de sustitución, lo cual es crucial para evitar caer en el subjetivismo judicial. Luego, se habrá de verificar si (iv) ese elemento esencial definitorio de la Constitución de 1991 es irreductible a un artículo de la Constitución, - para así evitar que éste sea transformado por la propia Corte en cláusula pétrea a partir de la cual efectúe un juicio de contradicción material- y si (v) la enunciación analítica de dicho elemento esencial definitorio no equivale a fijar límites materiales intocables por el poder de reforma, para así evitar que el juicio derive en un control de violación de algo supuestamente intangible, lo cual no le compete a la Corte. Una vez cumplida esta carga argumentativa por la Corte, procede determinar si dicho elemento esencial definitorio ha sido (vi) reemplazado por otro –no simplemente modificado, afectado, vulnerado o contrariado- y (vii) si el nuevo elemento esencial definitorio es opuesto o integralmente diferente, al punto que resulte incompatible con los elementos definitorios de la identidad de la Constitución anterior" (Sentencia C-1040 de 2005).

Respecto al antes descrito test en el caso dominicano debemos realizar una serie de precisiones. Contar con un artículo 268 en la Constitución nos permite indicar claramente cuál es el elemento o principio fundamental pretendidamente sustituido. Ahora bien, el hecho de que, en nuestro ordenamiento constitucional, contrario a Colombia, poseamos una cláusula pétrea que define cuáles son los principios fundamentales de la fórmula política del Estado no nos exime, a la hora de aplicar la doctrina de la sustitución constitucional, de la obligación de litigantes y jueces de determinar en cuáles disposiciones constitucionales dichos principios se concretan. El juicio de sustitución de la Constitución consistirá entonces en determinar hasta que punto la reforma constitucional, al modificar los referentes normativos en la Constitución de dicho principio, lo ha hecho a tal grado que en la práctica lo sustituye por otro principio opuesto, en lugar de simplemente limitarlo -para armonizarlo con otros principios fundamentales también intangibles-, ampliarlo o profundizarlo en sus concreciones normativas en los textos constitucionales. Aquí es importante retener la idea de que la doctrina de la sustitución de la Constitución dominicana puede consistir en un control material de violación de un principio intangible contenido en el artículo 268, ya que no hay cláusula en la Constitución que limite el control jurisdiccional de la reforma constitucional a asuntos meramente procedimentales, como es el caso de Colombia, que es lo que explica el énfasis de su Corte Constitucional de presentar esta doctrina como un simple instrumentos para el control de los vicios de competencia por parte del poder de reforma.

En Colombia, "el juicio de sustitución no tiene por objeto constatar una contradicción entre normas como sucede típicamente en el control material ordinario, ni se verifica si se presenta la violación de un principio o regla intocable como sucede en el juicio de intangibilidad, sino que mediante el juicio de sustitución (a) se aprecia si la reforma introduce un nuevo elemento esencial a la Constitución, (b) se analiza si éste reemplaza al originalmente adoptado por el constituyente y, luego, (c) se compara el nuevo principio con el anterior para verificar, no si son distintos, lo cual siempre ocurrirá, sino si son opuestos o integralmente diferentes, al punto que resulten incompatibles" (Sentencia C-141 de 2010). En República Dominicana, el juicio de sustitución, sin embargo, debe consistir en determinar si las reformas a textos constitucionales constituyen una sustitución de un principio fundamental contenido en la cláusula pétrea por otro opuesto. La intangibilidad que se predica del artículo 268 no significa que no se puedan tocar los principios en ella consagrados, para ampliarlos, profundizarlos, actualizarlos. No. Significa que la Constitución no puede ser reformada a tal punto la reforma que sea manifiestamente incompatible con los principios protegidos por la cláusula de intangibilidad. Como se puede observar, el juicio de sustitución en nuestro ordenamiento puede consistir en un control material, contrario a lo que postula la Corte Constitucional colombiana. Sin embargo, en contraste con Colombia, dicho juicio, si bien analiza los referentes normativos de los principios fundamentales a lo largo y ancho de la Constitución, al igual que en la nación sudamericana, restringe estos principios a los contenidos en la cláusula pétrea del artículo 268, de modo que solo forman parte de la identidad constitucional, que no puede ser reemplazada, los expresamente consignados en el indicado artículo y no todos aquellos que los jueces constitucionales, como ocurre en Colombia, consideren que forman parte de esa identidad constitucional que no puede ser sustituida.

Ahora bien, que, en principio, no pueda ser extendido el juicio de sustitución de la Constitución a aquellos principios que no estén contenidos en la cláusula de intangibilidad del articulo 268 de la Constitución no significa que el control jurisdiccional material de la constitucionalidad de las reformas constitucionales no pueda verificar si estas vulneran las decisiones políticas fundamentales del constituyente respecto a los derechos fundamentales que, aún se entienda que no están cubiertas por la referida cláusula, en base a una improcedente concepción restrictiva del principio democrático y republicano que excluye al Estado de derecho como principio fundamental intangible derivado de aquellos, si están protegidas por la suscripción y ratificación de convenios internacionales de derechos humanos que se integran a nuestro ordenamiento constitucional, como parte del bloque de constitucionalidad en el sentido amplio del término –bloque de derechos fundamentales- en donde se subsume el bloque de constitucionalidad y el bloque de convencionalidad. Por eso, aún cuando una reforma constitucional haya pasado exitosamente el test de la sustitución de Constitución, deberá ser sometida al análisis de si contraría este bloque de convencionalidad que es operativo a través del control nacional difuso de convencionalidad, que pasamos a estudiar a continuación...

B. El control de convencionalidad de las normas constitucionales. Asunto problemático y complejo es el de determinar si una reforma constitucional que respeta las normas convencionales de los derechos humanos podría resultar inconstitucional. Al respecto es preciso puntualizar que estas normas convencionales establecen un mínimo de protección por lo que, en virtud del principio de favorabilidad (artículo 74.4 de la Constitución), se aplica siempre la norma más favorable al derecho y al titular del derecho, aún sea de rango nacional e, incluso, infraconstitucional. Aquí la única respuesta es que, si las decisiones políticas fundamentales plasmadas en el catálogo convencional de derechos humanos validan una reforma constitucional que, sin embargo, se opone a la comprensión histórica nacional no tanto del derecho fundamental en sí si no del contenido esencial del derecho tal como ha sido constitucionalmente consagrado, esta reforma constitucional será claramente inconstitucional, aún cuando respete el mínimo convencional para el derecho en cuestión y solo por el hecho de contradecir una interpretación del derecho más favorable propia de la interpretación históricamente dada a un derecho en un Estado parte del instrumento internacional de derechos humanos. Pese a que se trata de un supuesto poco común, no debe descartarse que se presente en la práctica, principalmente porque los *mínimos convencionales* para los derechos surgen de la necesidad de conciliar posiciones políticas respecto a los mismos nacidas de la diversidad de cosmovisiones acerca de los derechos presente en la comunidad de naciones. En este caso, el juez constitucional podrá acudir al derecho natural como parámetro para juzgar la constitucionalidad de la reforma constitucional en cuestión, tal como este ha sido históricamente incorporado al texto constitucional antes de la reforma y siempre y cuando de la interpretación dada por el juez nacional resulta una posición más favorable para el titular del derecho fundamental. Como vemos, el control jurisdiccional de la constitucionalidad de la reforma constitucional no solo protege frente la sustitución de la Constitución por vulneración a la cláusula pétrea del artículo 268 de la Constitución, ni exclusivamente frente a aquella que vulnere el bloque convencional de derechos fundamentales, sino también cara a las reformas que, aunque no constituyan en sentido estricto sustitución de la Constitución ni violación al bloque convencional de derechos fundamentales, son claramente o bien vulneración de la cláusula de intangibilidad, si entendemos esta en el sentido de incorporar por irradiación las decisiones políticas fundamentales acerca de los derechos, o bien violación del derecho natural tal como ha sido históricamente comprendido por el constituyente, siempre que dicha comprensión sea más favorable para las personas que las normas convencionales y las que establece la reforma constitucional cuya constitucionalidad se cuestiona.

Al final de este recorrido sobre el control jurisdiccional de la constitucionalidad de la reforma constitucional, es claro que hoy en día el parámetro de este control resulta ser: (i) la cláusula de intangibilidad del artículo 268 de la Constitución, incluyendo por irradiación las decisiones políticas fundamentales acerca de los derechos fundamentales, derivación lógica de los principios democrático y representativo; (ii) el bloque de convencionalidad de derechos fundamentales cuyo mínimo de protección debe respetar no solo los poderes legislativo, ejecutivo y judicial sino también el poder constituido de reforma constitucional; y (iii) el derecho natural, frente a una reforma constitucional, respetuosa de las normas convencionales, pero, sin embargo, contraria al derecho natural, tal como este ha sido concretado en una norma constitucional más favorable que la norma derivada de la reforma. Como se ve, el poder de reforma constitucional, en tanto poder constituido, tiene que ser y solo puede esencialmente un poder limitado, en un Estado de derecho, que parte de que, como afirmaba Lorda Acton, el poder corrompe y el poder absoluto corrompe absolutamente.

2.4.2.5 Los efectos del control jurisdiccional. En los casos en que haya fundamento para los alegatos de inconstitucionalidad, la decisión de los jueces ordinarios consistirá en la inaplicación de las normas constitucionales reputadas inconstitucionales en tanto que la decisión del Tribunal Constitucional podrá confirmar dicha inaplicación, cuando revisa y confirma las decisiones al respecto de los jueces ordinarios o cuando, estando apoderado de una acción de inconstitucionalidad contra normas incorporadas en el texto constitucional reputadas inconstitucionales, constata tal inconstitucionalidad, sin perjuicio de su potestad de declarar inconstitucional con efecto erga omnes una ley que declara la necesidad de la reforma constitucional cuando conoce una acción directa de inconstitucionalidad contra dicha ley. En cualquier caso, cuando el Tribunal Constitucional se pronuncia sobre la inconstitucionalidad de normas incorporadas en el texto constitucional como consecuencia de una reforma constitucional inconstitucional, puede declarar con los efectos erga omnes de una derogación la nulidad del texto constitucional, aparte de que la ratio decidendi de su sentencia tiene efectos vinculantes para todos los poderes públicos y la ciudadanía, reputándose nula para todos la disposición constitucional cuya inconstitucionalidad se constató por vicios de forma o de fondo.

2.5 Las peligrosas patologías de la reforma constitucional

Finalmente, debemos referirnos a una serie de peligrosas patologías político-jurídicas provocadas y caracterizadas, principalmente, por la improcedente *confusión de poder constituyente con poder de reforma*, lo que nos revela la importancia de distinguir entre ambos poderes para hacer efectiva la Constitución normativa y preservar la voluntad del poder constituyente. Estas patologías han causado tanto daño a nuestras repúblicas democráticas que bien pudiera exclamarse, parafraseando la célebre frase de Marie-Jeanne Roland de la Platiere pronunciada el 8 de noviembre de 1793, momentos antes de ser guillotinada por orden de los revolucionarios franceses del Terror: ¡Oh, poder constituyente!, ¡cuántos crímenes se cometen en tu nombre! Veamos en detalle estas patologías…

2.5.1 La teología constituyente. La causa básica de las patologías de la reforma constitucional es la confusión del poder constituyente y del poder de reforma, patología que se agrava porque, al margen de los elementos políticos y sociológicos, al poder constituyente en la dogmática constitucional clásica se le han atribuido las características que los teólogos adscribían a la divinidad. Carl Schmitt, en su *Teología política*, fue uno de los primeros en observar que "todos los conceptos significativos de la moderna teoría del Estado son conceptos teológicos secularizados", consecuencia de "haberse transferido de la teología a la teoría del Estado, al convertirse el Dios todopoderoso, por ejemplo, en el legislador omnipotente" (SCHMITT). Esta secularización, politización y juridificación de conceptos teológicos es ostensible cuando Bodin define la soberanía como "el poder absoluto y perpetuo de una República" y al soberano como el representante de Dios en la tierra. Y se ve también cuando Sieyès, como estudiamos al principio de este Capítulo, inspirado en los atributos de la divinidad, define al poder constituyente como poder absoluto, originario, inmanente, extraordinario, permanente, soberano, autónomo, ilimitado, unitario e indivisible, surgiendo el más perverso, persistente y peligroso de todos los conceptos teológicos transformados en dogmas jurídicos, y originándose una mitología -mejor dicho, teología- constituyente alimentada por pensadores desde Schmitt hasta Toni Negri.

Ya sabemos, sin embargo, que, una vez establecida una Constitución, el poder constituyente sólo es constitucionalmente admisible como poder de reforma, es decir, como poder constituido, encuadrado constitucionalmente y, en consecuencia, limitado y sujeto a expresarse respetando las formas constitucionales del procedimiento de reforma y sin vulnerar el contenido constitucionalmente intangible de la cláusula pétrea, o sea, la forma democrática, republicana, representativa y civil de gobierno. Estos límites jurídico-constitucionales al poder de reforma son perfectamente justiciables, como ya hemos visto. No solo eso: también vimos como el llamado "*poder constituyente originario*", es decir, aquel que, fruto de una revolución o un golpe de estado, se manifiesta para establecer una nueva Constitución, aparece limitado por el derecho natural, los compromisos internacionales del Estado, el ius cogens y las normas supranacionales de derechos humanos que siguen siendo válidas mientras el Estado pertenece a un sistema regional e internacional de derechos humanos.

La visión teológica de un *poder constituyente absoluto* profesada por representantes del poder profano y juristas conduce a un peligroso síndrome de patologías constitucionales: desde la validación jurisprudencial o vía referendo, a priori o a posteriori, de operaciones de "asambleas constituyentes" al margen de los procedimientos de reforma constitucionalmente establecidos; la presentación del poder de reforma como manifestación del supuestamente absoluto poder constituyente originario, escudándose en el nombre de "asamblea constituyente", que es hermana de padre y madre de la asamblea revisora y es y solo puede ser poder constituido; y la autorización jurisprudencial a que el poder de reforma proceda a dar un "golpe de estado constituyente" y a gobernar en "*dictadura constituyente*" mediante ukases, usurpando así las funciones de los demás poderes constituidos representativos.

Pero insistimos: en un Estado constitucional de derecho, es inconstitucional activar un originario, irreductible, prejurídico y puramente fáctico poder constituyente, fuera del orden jurídico establecido y contrapuesto a los poderes constituidos, pues, aparte de los límites de este poder, hasta el propio pueblo solo puede expresarse en democracia dentro de los canales procedimentales constitucionales consagrados, por lo que todo poder constituyente, una vez nace la Constitución, se reduce al simple poder de reforma.

2.5.2 La reforma constitucional en violación a la Constitución

Desde la óptica de la Constitución vigente, es obvio que, existiendo una Constitución que regula el procedimiento de su reforma, es inválida la manifestación del poder constituyente originario al margen de ese procedimiento. Se requiere, por tanto, una reforma constitucional previa que permita la actuación del poder constituyente originario para dotarse de una nueva Constitución, contrario a lo sostenido por la Corte Suprema de Justicia colombiana, para la que el pueblo, en quien reside la soberanía, "puede en cualquier tiempo darse una Constitución distinta, sin sujetarse a los requisitos que ésta consagraba" (9 de octubre de 1990). Entiende esa Corte que, para que el pueblo partícipe en la elaboración de una Constitución vía la asamblea constituyente o el referéndum constitucional, no se requiere enmendar previamente el mecanismo de reforma constitucional vigente para establecer tal participación. Según los jueces supremos colombianos, "el derecho para convocar al pueblo para que apruebe o impruebe la reforma no lo deriva propiamente de todas las normas consignadas en la Carta, sino del poder mismo de la Revolución, del estado de necesidad en que ésta se halla de hacer tal reforma, y del ejercicio de la soberanía latente en el pueblo como voluntad constituyente, o sea, lo que denominan los expositores, el momento del Pueblo Constituyente" (Corte Suprema de Justicia, 28 de noviembre de 1957). Y es que "cuando la Nación, en ejercicio de su poder soberano e inalienable, decide pronunciarse sobre el Estado Fundamental que habrá de regir sus destinos, no está ni puede estar sometida a la normatividad jurídica que antecede a su decisión" (Corte Suprema de Justicia, Sentencia No. 54, 9 de junio de 1987). Así, es perfectamente válido preguntar al pueblo, en ocasión de unas elecciones nacionales, si quiere o no integrar una asamblea constituyente, pues "se trata simplemente de dar la posibilidad legal para que se realice la contabilización de unos votos, que pueden presentarse o no, ser afirmativos o negativos, sobre la posibilidad de integrar una asamblea constitucional, para reformar la Carta Pública" (Suprema Corte de Justicia, 25 de mayo 1990). Más aun, se puede no solo convocar el pueblo para el pronunciamiento de la ciudadanía sobre la conformación de una asamblea constituyente, sino que, además, pueden elegirse los miembros de esta, aunque el texto constitucional vigente no prevea esta asamblea como mecanismo de reforma. Esto así porque el pueblo es el constituyente primario y "puede en cualquier tiempo darse una Constitución distinta a la vigente hasta entonces, sin sujetarse a los requisitos que ésta consagraba" (Corte Suprema de Justicia, 9 de octubre de 1990). Con este reconocimiento de la primacía del poder constituyente del pueblo, afirmó en un momento la Corte Constitucional colombiana, "no se trata de nada distinto que de propiciar la manifestación jurídica de las potestades del poder constituyente originario, dentro de la estructura de las relaciones institucionales de la sociedad, las que no conducen a la renuncia ni al abandono de los atributos de la soberanía popular, ni a la pérdida de la capacidad política del pueblo de autoconvocarse para darse las reglas básicas de la convivencia" (Sentencia C-544 del 1 de octubre de 1992).

Ahora bien, admitir que, como parte de movimientos revolucionarios el pueblo exija su intervención constituyente al margen de los procedimientos de reforma constitucional establecidos en la Constitución, no quiere decir que sea válida jurídicamente la usurpación del poder constituyente originario por el poder constituido de reforma. "De ello resulta, por tanto, que el poder constituyente tanto originario como instituido no pueden quedar subrogados a los poderes constituidos; y que si bien el poder constituyente originario corresponde al pueblo, éste es el que, como tal, tiene facultades absolutas e ilimitadas; no así sus representantes electos en una Asamblea Constituyente, los cuales no pueden confundirse con el propio pueblo soberano, ni la Asamblea Constituyente puede ser confundida en forma alguna con el poder constituyente originario, ni nunca podría ser 'soberana'" (Brewer-Carías 2002: 101). Las reformas constitucionales venezolana (1999) y ecuatoriana (2007) son algunos de los ejemplos paradigmáticos de los peligros de confundir poder constituyente y poder de reforma, o, lo que es lo mismo, del ejercicio de *"poderes no constituyentes"* por las asambleas constituyentes (Le Pilloeur), todo lo cual conduce a un "golpe de estado constituyente" propiciado por quienes, violando los límites constitucionales a la reforma de la Constitución, usurpan los poderes absolutos del poder constituyente originario.

"Si en vez de reformar la Constitución, la sociedad política desea un nuevo orden político y jurídico, una nueva legitimidad constitucional, que no tenga los límites de un poder reformador de la Constitución, concretando un acto revolucionario, debe dar paso al pueblo soberano, a la autonomía del cuerpo político de la sociedad, el que deberá actuar como un nuevo poder constituyente originario (*res facti, non juris*), libre en la determinación de su objeto, no sometido a la juridicidad de la Constitución hasta entonces vigente, libre para decidir las instituciones, modos y formas en que dicha sociedad será gobernada en el futuro, pero dicho poder constituyente debe actuar a través de un órgano que exprese dicha soberanía popular, cuya actuación debe ser ratificada por el único titular de dicha soberanía y del poder constituyente que es el pueblo, único cuerpo político de la sociedad política llamado a decidir las instituciones, modos y formas que deben adoptar su carta fundamental y a controlar los actos de sus representantes, a través de un referéndum sobre el nuevo texto constitucional, aceptando o rechazando las propuestas de sus representantes, los que nunca están autorizados para sustituir al sujeto titular del poder constituyente, único legitimado para aprobar la Constitución" (Nogueira Alcalá: 339).

El caso de Chile es ilustrativo de un modelo de reforma constitucional en el que no se confunde el poder constituyente con el poder de reforma, reforma que se considera limitada por restricciones constitucionales. Algunos de quienes han alabado el proceso constituyente chileno, sin embargo, lo hacen por considerar que, con el plebiscito, se inició un proceso en el que la soberanía del pueblo se impondría por encima de cualquier límite constitucional preestablecido. Esta opinión, muy extendida en círculos tanto académicos como populares, parte de la confusión entre poder constituyente originario y poder constituyente derivado a que antes nos hemos referido, que ha llevado a -y justificado- que asambleas elegidas para reformar una Constitución o hacer una nueva no solo violen las restricciones constitucionales al mandato que le otorgó el pueblo, sino que pasen a sustituir los poderes constituidos y a gobernar directamente en flagrante violación a su restringido y exclusivo mandato constitucional.

Felizmente, los chilenos, conscientes de que en una democracia constitucional todo poder, incluso el poder constituyente, es un poder limitado que debe ser necesariamente procesualizado, para así controlar jurídicamente un poder que, como cualquier otro, si no es limitado, puede acabar destruyendo el orden constitucional establecido, se vacunaron contra la posibilidad de tal golpe de estado disfrazado de constituyente popular. Los límites adoptados en ese sentido por los chilenos en los artículos 133 a 144 de su Constitución Política son varios. 1º La Convención Constitucional, en tanto órgano excepcional, debe actuar en un marco temporal acotado (9 meses, prorrogable por tres más, para su funcionamiento, plazo tras el cual deja de existir). 2º La tarea exclusiva de la Convención es elaborar una nueva Constitución y no puede interferir en el funcionamiento ni invadir la competencia de los poderes constituidos y las instituciones del Estado. 3º La Convención tampoco puede reformar la actual Constitución ni negarle la autoridad a una Carta Fundamental que sigue vigente hasta que entre en vigor la nueva Constitución. 4º La nueva Constitución debe respetar los principios del Estado republicano, el sistema democrático, las sentencias judiciales y los tratados internacionales vinculantes para Chile. 5º Se establece un quórum de dos tercios de los convencionales en ejercicio para aprobar el reglamento de funcionamiento de la asamblea y para que esta pueda adoptar decisiones parciales o finales válidas, no pudiéndose alterar los quórums ni procedimientos para el funcionamiento de la Convención y para la adopción de acuerdos. Y 6º Se consagra un mecanismo de control en manos de una instancia formada por cinco jueces de la Corte Suprema, a la que se puede recurrir en caso de vicios esenciales del procedimiento constituyente y que solo podrá anular la decisión recurrida, sin sustituirla. Como se ve, los chilenos utilizaron las armas más refinadas, precisas y contundentes del arsenal constitucional para prevenir un golpe de estado constituyente como el venezolano, desembocando en un texto constitucional que finalmente fue rechazado por el pueblo chileno, lo que condujo al inicio de otro proceso de reforma constitucional todavía pendiente de desenlace.

2.5.3 El golpe de estado constituyente

Si queremos ver a donde nos conduce una concepción absolutista del poder constituyente como la postulada por los teólogos constituyentes Sieyes y Schmitt solo tenemos que analizar el caso de Venezuela, verdadero laboratorio político-jurídico de las patologías constituyentes. Nadie ignora el pecado original constituyente venezolano, lo que se ha denominado el "*golpe de estado constituyente*" (Brewer-Carías): la asamblea constituyente venezolana en 1999, si bien no detentaba el poder constituyente originario, pues era simplemente un poder constituido que debía actuar dentro del marco establecido para su elección y funcionamiento, amparada en su nombre de "constituyente", entendió que era un poder supremo, extraordinario, soberano, unitario e indivisible, como lo quiere la teología política de Sieyès e ignorando adrede el mandato conferido por el pueblo venezolano al momento de la elección de los constituyentes, se autoproclamó poder constituyente originario, suspendió la Constitución de 1961, sustituyó e intervino el resto de los poderes constituidos, los que quedaron subordinados totalmente a la asamblea constituyente y debieron cumplir y hacer cumplir los actos jurídicos que emanaron de ésta, pasando así la asamblea constituyente no a reformar la Constitución, como era el mandato original y único del pueblo soberano que la eligió, sino a gobernar directamente el país, en lugar de los mandatarios elegidos para ello por el pueblo.

2.5.4 La exclusión del pueblo de la titularidad del poder constituyente

El caso de la inconstitucional asamblea constituyente venezolana conformada por Maduro en 2017 es revelador de otra patología constituyente: la exclusión del pueblo como titular del poder constituyente. Si bien en un Estado constitucional y democrático, esta titularidad solo puede y debe recaer en el pueblo, tal como lo especifica la Constitución venezolana, la teoría del poder constituyente, por lo menos desde la óptica de Carl Schmitt, afirma que el titular de este poder puede ser un monarca, el pueblo, una clase social –como postula el marxismo-, un partido –como reclama el leninismo-, o una junta militar –como ocurrió en el Chile de Pinochet-, o un "ámbito sectorial", como pretendía la aberrante constituyente "ciudadana" o "comunal" de Maduro, reminiscente de las constituyentes corporativistas de los regímenes totalitarios. Esto responde a la visión constituyente de Lenin: para Lenin en 1917, igual que para Maduro en 2017, era crucial que la constituyente fuese diseñada de tal modo que quede excluida toda posibilidad de que la composición de la asamblea constituyente sea "una expresión exacta de la voluntad del pueblo, en general, y de las masas trabajadoras, en particular", al tiempo que quede asegurado la sumisión de la constituyente, en el caso ruso, a los soviets y, en Venezuela, a las comunas (Escovar León).

Sin embargo, la culpa de este *desmadre constituyente* no es exclusiva de Lenin. Si recorremos la secuencia del *genoma constituyente*, veremos que, en 1928, Carl Schmitt, al publicar su *Teoría de la Constitución* dejó más que claro que una minoría (los soviets en Rusia, el fascio en Italia) puede perfectamente "ser sujeto del poder constituyente" y que una constituyente, como lo acaba de hacer Maduro, puede conformarse sin acudir al "método liberal de decisión mayoritaria por sufragio universal, igual y directo, de todos los ciudadanos" (Schmitt). Pero eso no es una invención de Schmitt: en realidad, Schmitt apenas recarga la teoría constituyente de Sieyès, quien en 1789 consideró que la Nación, como titular del poder constituyente, estaba conformada no por todos los ciudadanos franceses sino solo por algunos de ellos. ¿Cuáles ciudadanos integraban el poder constituyente y cuáles no? Para el abate, la nación constituyente solo podía estar compuesta por los productores de valor (comerciantes, industriales, campesinos, funcionarios públicos, políticos, trabajadores domésticos, etc.), es decir, el Tercer Estado, quedando excluidos los nobles, por ser unos descarados vagos que malgastaban su tiempo en "la mendicidad y la intriga" (Sieyès). Con razón, Maduro entendía que no deben integrar su constituyente ni la "burguesía parasitaria" ni los "escuálidos" de la oposición. Como se puede observar, el discurso contra los "parásitos sociales" tiene en Sieyès a un temprano exponente.

Pero no solo Sieyès y Lenin son culpables del eterno absolutismo constituyente. Para Lenin "desde el punto de vista formal, la composición de los elegidos a la Asamblea Constituyente no corresponde, ni puede corresponder, a la voluntad de la masa de electores", sino que debe responder exclusivamente "a los ideales 'superiores' de la revolución" (Citado por Escovar León). Si nos remontamos más atrás en el genoma constituyente, esta idea de una voluntad superior a la del pueblo la encontramos en Rousseau, para quien existe una diferencia "entre la voluntad de todos y la voluntad general; ésta no tiene en cuenta sino el interés común; la otra busca el interés privado y no es sino una suma de voluntades particulares". En otras palabras, la voluntad general no es la suma de las voluntades individuales expresadas en elecciones por los ciudadanos. Pero tampoco esto es original del ginebrino, sino que se retrotrae a Santo Tomas de Aquino, quien piensa que el bien común no es la simple suma de los bienes individuales. Todo esto conecta con el principio político que nos viene de la Colonia española de que "la ley se cumple pero no se acata". Este vicio colonial se traslada a las repúblicas democráticas americanas, repotenciado ahora por el hecho de que, a la voluntad del pueblo, nada, ni siquiera la ley, se le puede válidamente oponer porque el pueblo siempre tiene la razón y quiere lo bueno y, si no lo quiere, una minoría gobernante, la "vanguardia del pueblo" de Lenin o un líder mesiánico, que sí sabe lo que debe querer el pueblo, forzará a que este conozca su verdadera, real y buena voluntad, aun sea violando la Constitución y la ley y recurriendo al fraude electoral, como ha ocurrido en Venezuela, pues como diría Rousseau -en *El contrato social*, libro justamente denominado por Proudhon (Villaverde) "breviario de la tiranía", lo que explica que fuese atesorado libro de cabecera de Fidel Castro-, "a cualquiera que se niegue a obedecer a la voluntad general, será obligado a ello por todo el cuerpo: lo que no significa otra cosa que se lo forzará a ser libre". Por eso, para Rousseau -precursor ilustre del derecho penal del enemigo-, el delincuente, en especial el delincuente político, "se convierte por sus delitos en rebelde y traidor a la patria", al extremo que "cuando se da muerte al culpable, es menos como ciudadano que como enemigo" (Rousseau)

2.5.6 La "purga" de la reforma irregular

Para los teólogos constituyentes, los vicios de fondo y de forma de que adolece una reforma constitucional pueden ser purgados de varios modos. Desde la negativa de los órganos encargados del control de constitucionalidad a declarar la inconstitucionalidad de la reforma irregular alegando que se trata de "cuestiones políticas", pasando por la declaratoria de constitucionalidad a pesar de la inconstitucionalidad y el recurso a los referendos, hasta llegar a la convalidación mediante el derecho constitucional consuetudinario en donde la norma constitucional inválida vale por costumbre, todos son mecanismos que la práctica constitucional comparada revela como frecuentes para purgar los vicios de la reforma. Aunque todos son de una legitimidad dudosa o, por lo menos, cuestionable, particular crítica merece el recurso a la democracia plebiscitaria como mecanismo para confirmar el producto de una reforma irregular. Como bien expresa la mejor doctrina al respecto, este recurso "no es una solución axiológicamente aceptable en un Estado de Derecho. Al respecto, debe subrayarse que no resulta legítimo transgredir los procedimientos jurídicos de reforma con el pretexto político de que la aprobación popular del nuevo documento purga cualquier defecto de trámite y justifica cualquier contenido sancionado. Eso podrá ser convincente –quizá- en el marco de una democracia rousseauniana y plebiscitaria de masas, donde se rinda culto idolátrico a la *volonté general*, cualquiera que sea la forma en que se exprese, pero no es propio de una democracia perfeccionada por el derecho, es decir, por el imperio de la ley" (Sagüés).

BIBLIOGRAFÍA

Ackerman, Bruce. *We the People 2: Transformations.* Cambridge: Cambridge University Press, 1998.

Acosta Sánchez, José. *Formación de la Constitución y jurisdicción constitucional.* Madrid: Tecnos, 1998.

Albert, Richard. *Reforma y desmembramiento constitucional.* Bogotá: Universidad Externado de Colombia, 2020.

_____. *Formas y función de la enmienda constitucional.* Bogotá: Universidad Externado de Colombia, 2017.

Amiama, Manuel. *Notas de Derecho Constitucional.* Santo Domingo: ONAP, 1995.

Arato, Andrew. *Civil Society, Constitution and Legitimacy.* New York: Rowman & Little Field, 2000.

Bachof, Otto. *Normas constitucionais inconstitucionais?* Coimbra: Almedina, 1994.

Balcácer, Juan Daniel. "A manera de prólogo". En Tribunal Constitucional de la República Dominicana. *La justa causa de la libertad.* Santo Domingo: Tribunal Constitucional de la República Dominicana, 2022.

Baquerizo Minuche, Jorge. *El concepto de "poder constituyente". Un estudio de teoría analítica del derecho.* Madrid: Marcial Pons, 2021.

Bastida, Francisco J. "La soberanía borrosa: la democracia". www.uniovi.es/-constitucional/fundamentos/primero.

Bidart Campos, Germán. *Tratado elemental de Derecho Constitucional argentino.* Tomo I-A. Buenos Aires: Ediar, 2000.

Biscaretti di Ruffia, Paolo. *Introducción al Derecho Constitucional Comparado.* México: Fondo de Cultura Económica, 1998.

Böckenforde, Ernest Wolfgang. *Estudios sobre el Estado de Derecho y la democracia.* Madrid: Trotta, 2000.

Brewer-Carías, Allan R. *Golpe de estado constituyente y fraude constitucional. Lecciones de la experiencia venezolana con la Asamblea Constituyente de 1999.* Santiago de Chile: Ediciones Olejnik, 2021.

_____. *Golpe de Estado y proceso constituyente en Venezuela.* Mexico: UNAM, 2002.

Cámara de Diputados de la República Dominicana. *Constitución dominicana de 1844. Colección de Leyes, Decretos y Resoluciones 1844-1847 emanadas de los Poderes Legislativo y Ejecutivo. Edición curada y restaurada.* Santo Domingo: GB Grupo Creativo, 2021.

Calderón Ortega, Michelle Andrea y Sirley Juliana Agudelo Ibáñez. "Control de convencionalidad concentrado sobre actos de la asamblea constituyente en Colombia". En *Advocatus*. Vol. 14, No. 27, 2016. Barranquilla: Universidad Libre Seccional.

Calhoun, John C. En Richard K. Kralle (cd.). *The Works of John C. Calhoun*. New York: 1968.

Castellanos, Justo Pedro. "Comentarios sobre los artículos 18 y 19". En Tribunal Constitucional de la República Dominicana. *Proyecto de Ley Fundamental de Duarte. Comentado por jueces del Tribunal Constitucional y otras Altas Cortes*. Santo Domingo: Tribunal Constitucional de la República Dominicana, 2022.

Cassá, Roberto. "Nación y Estado en el pensamiento de Américo Lugo". En Raymundo González et al. *Política, identidad y pensamiento social en la República Dominicana*. Madrid: Doce Calles, 1999.

Collado, Faustino. *La Constitución dominicana: características, reforma y manera de modificación*. Santo Domingo: PUCMM, 1997.

Cooley, Thomas C. "The Power to Amend the Federal Constitution". En *Michigan Law Journal*. No. 117, 1893.

Dau-Lin, Hsu. *Mutación de la Constitución*. Oñati: IVAP, 1998.

De Cabo Martín, Carlos. *Conflicto y Constitución desde el constitucionalismo crítico*. Madrid: Centro de Estudios Políticos y Constitucionales, 2019.

Díaz Revorio, Francisco Javier. *Valores superiores e interpretación constitucional*. Madrid: Centro de Estudios Políticos y Constitucionales, 1997.

Díaz Ricci, Sergio M. *Teoría de la reforma constitucional*. Buenos Aires: Ediar, 2004.

Dippel, Horst. Constitucionalismo moderno. Madrid: Marcial Pons, 2009.

Elster, Jon. *Ulises and the Syrens*. Cambridge: Cambridge University Press, 1984.

Escovar León, Ramón. "La constituyente de Vladimir Illich Lenin". https://www.reddit.com/r/vzla/comments/6rn2ip/la_constituyente_de_vladimir_ilich_lenin_por/

Favoreu, Louis y otros. *Droit Constitutionnel*. París: Dalloz, 2002.

Ferreyra, Raul Gustavo. *Reforma constitucional y control de constitucionalidad*. Buenos Aires: Ediar, 2007.

Fiallo Billini, José Antinoe. *Democracia, participación popular y reforma constitucional*. Santo Domingo: INTEC, 2001.

Gomes Canotilho, J. J. *Direito Constitucional e teoria da la Constitucao*. Coimbra: Almedina, 2000.

Habermas, Jürgen. *Facticidad y validez*. Madrid: Trotta, 1998.

Häberle, Peter. *El Estado Constitucional*. México: UNAM, 2001.

Hardt, Michael y Antonio Negri. *Multitud*. Barcelona: Debate, 2004.

Hostos, Eugenio María de. *Lecciones de Derecho Constitucional*. Santo Domingo: ONAP, 1980.

Jellinek, G. *Reforma y mutación de la Constitución*. Madrid: Centro de Estudios Constitucionales, 1991.

Jorge García, Juan. *Derecho Constitucional Dominicano*. Santo Domingo: Editora Corripio, 2000.

Le Pillouer, Arnaud. *Les pouvoirs non-constituants des assemblées constituantes.* Paris : Dalloz, 2005.

Liet-Veaux, Georges. "La fraude à la Constitution". *Revue du Droit Public.* París 1943.

Locke, John. *Ensayo sobre el gobierno civil.* Madrid: 1969.

Loewenstein, Karl. *Teoría de la Constitución.* Barcelona: Ariel, 1976.

Lucas Verdú, Pablo. *Curso de Derecho Político.* Vol. IV. Madrid: Tecnos, 1984.

Marbury, William. "The Limitations Upon the Amending Power". En *Harvard Law Review,* Vol. 33, No. 225, 1919.

Martí Marmol, José Luis. "Democracia y deliberación: una reconstrucción del modelo de John Elster". En *Revista de Estudios Políticos,* Núm. 113, julio-septiembre 2001.

Negretto, Gabriel L. "Constituent Assemblies in Democratic Regimes: The Problem of a Legally Limited Convention". En John Elster, Roberto Gargarella, Vatsal Naresch y Bjorn Erik Rasch. *Constituent Assemblies.* Cambridge: Cambridge University Press, 2018.

Negri, Antonio. *El poder constituyente.* Madrid: Libertarias/Prodhufi, 1994.

Nogueira Alcalá, Humberto. "Poder constituyente, reforma de la Constitución y control jurisdiccional de constitucionalidad". En *Cuestiones Constitucionales.* Vol. 36. Enero-junio 2017.

Noguera, Albert. *El asalto a las fronteras del derecho. Revolución y poder constituyente en la era de la ciudad global.* Madrid: Trotta, 2023.

Núñez, Manuel. *El ocaso de la nación dominicana.* Santo Domingo: Editorial Letra Gráfica, 2001.

Otto, Ignacio de. *Derecho Constitucional.* Barcelona: Ariel, 1998.

Pallombela, Gianluigi. *Constitución y soberanía.* Granada: Comares, 1999.

Perdomo, Nassef. "Los límites a la reforma constitucional". En Eduardo Jorge Prats (dir.). *La organización del poder para la libertad. Liber Amicorum. Milton Ray Guevara.* Santo Domingo: Instituto Dominicano de Derecho Constitucional / Librería Jurídica Internacional, 2020.

_____. *La reforma constitucional en la República Dominicana: estudio sobre el procedimiento y su apertura democrática.* Memoria para optar al grado de doctor. Madrid: Universidad Complutense de Madrid, 2014.

Pérez Royo, Javier. *Curso de Derecho Constitucional.* Madrid: Marcial Pons, 2007.

_____. *La reforma de la Constitución.* Madrid: Universidad de Educación a Distancia, 1986.

Requejo Pagés, Juan Luis. *Las normas preconstitucionales y el mito del poder constituyente.* Madrid: Centro de Estudios Políticos y Constitucionales, 1998.

Rodríguez Demorizi, Emilio. *La Constitución de San Cristóbal.* Santo Domingo: Editorial del Caribe, 1980.

Rosler, Andrés. *Estado o revolución. Carl Schmitt y* El concepto de lo político. Buenos Aires: Katz Editores, 2023.

Roznai, Yaniv. *Reformas constitucionales inconstitucionales. Los límites al poder de reforma.* Bogotá: Universidad Externado de Colombia, 2020.

Rousseau, Jean Jacques. *Contrato Social. Discurso sobre las ciencias y las artes. Discurso sobre el origen y los fundamentos de la desigualdad entre los hombres.* Madrid: Alianza Editorial, 1996.

Sagüés, Nestor Pedro. "Notas sobre el poder constituyente irregular". En *Anuario de Derecho Constitucional Latinoamericano 2009.* México: Fundación Konrad Adenauer, 2009.

Sánchez Ferriz, Remedio. *Introducción al Estado Constitucional.* Barcelona: Ariel, 1993.

Saralegui, Miguel. "El poder constituyente en la República de Weimar. El existencialismo deductivo de Teoría de la Constitución". En Leonardo Alvarez Alvarez. *Estado y Constitución en la República de Weimar.* Madrid: Marcial Pons, 2021.

Sièyes, Enmanuel. *¿Qué es el Tercer Estado?* Barcelona: Ariel, 1985.

Schmitt, Carl. "Teología política. Cuatro capítulos sobre la teoría de la soberanía". En Héctor Orestes Aguilar (ed.). *Carl Schmitt, teólogo de la política.* México: Fondo de Cultura Económica, 2004.

_____. *La dictadura.* Madrid: Alianza Editorial, 1985.

_____. *Teoría de la Constitución.* Madrid: Alianza Editorial, 1982.

Suárez, José Darío. "El procedimiento de reforma constitucional". En *Revista de Ciencias Jurídicas.* Julio-septiembre 1997.

Tejada, Adriano Miguel. "¿Puede ser inconstitucional la Constitución?" En *Estudios Jurídicos,* Vol. V, No. 1, Enero-Abril 1995.

Tribunal Constitucional de la República Dominicana. *Proyecto de Ley Fundamental de Duarte. Comentado por jueces del Tribunal Constitucional y otras Altas Cortes.* Santo Domingo: Tribunal Constitucional de la República Dominicana, 2022.

Vega, Wenceslao. *Los documentos básicos de la historia dominicana.* Santo Domingo: Taller, 1994.

Vega García, Pedro de. *La reforma constitucional y la problemática del poder constituyente.* Madrid: Tecnos, 1985.

Villaverde, María José. "El enigma Rousseau". En *El País.* 8 de diciembre de 2012.

Villegas, Arturo Manuel. "El control jurisdiccional de la reforma constitucional". En Tribunal Constitucional de la República Dominicana. *Anuario 2017.* Santo Domingo: Editora Corripio, 2018.

Zagrebelsky, Gustavo. *El Derecho dúctil.* Madrid: Trotta, 1995.

Zoller, Elisabeth. *Droit Constitutionnel.* París: PUF, 1998.

CAPÍTULO TRES
La Constitución como Norma

1. LOS USOS DEL TÉRMINO "CONSTITUCIÓN"

La Constitución puede ser considerada de múltiples maneras: como símbolo, como texto, como documento histórico, como fenómeno del Derecho. Todos los países tienen una Constitución, pero no todos poseen un *documento escrito* llamado Constitución ni todos los que poseen un documento constitucional poseen una Constitución imbuida por la idea del *constitucionalismo*.

1.1 El uso descriptivo del término "Constitución"

Desde el punto de vista descriptivo, es decir, desde la óptica de que la Constitución es el conjunto de normas fundamentales que rigen la estructura del poder, el cuerpo político de la sociedad, lo que Aristóteles llamaba *politeia*, todo Estado tiene necesariamente su propia Constitución. Este es un *concepto políticamente neutro* en tanto una Constitución es tal independientemente de que ese contenido sea liberal o comunista, democrático o autoritario (GUASTINI: 33). Se trata, además, de un *concepto empírico-descriptivo* de la realidad social: los grupos organizados son (no tienen) una Constitución (GOMES CANOTILHO: 1093).

1.2 La Constitución como documento

Cuando se habla de Constitución en el sentido de *documento normativo*, podemos estar en presencia de un uso descriptivo (toda Constitución contiene normas) o de un uso valorativo, ya sea porque se trata de un documento con determinadas características formales (un procedimiento especial para su reforma) o porque estamos en presencia de una ley escrita con un contenido específico.

1.3 La Constitución en sentido normativo

Cuando se habla de la Constitución en sentido normativo, es decir, de la *Constitución normativa*, no basta un documento. Se requiere que ese documento tenga un contenido específico: (i) que consagre una serie de reglas que limiten el poder político; y (ii) que esas reglas estén informadas por principios materiales fundamentales como la separación de poderes, la separación del poder constituyente de los poderes constituidos, la garantía de los derechos fundamentales, la exigencia de un gobierno representativo y el control del poder. La Constitución normativa no es un mero ser sino que es un *concepto del deber ser*: presupone una relación entre un texto y un contenido normativo específico. Para tener Constitución no basta entonces tener un documento designado como Constitución ni que esta Constitución contenga normas. Se requiere algo más: que las normas insertas en el documento constitucional expresen los valores de la "Constitución occidental", de la "*Constitución de la libertad*".

2. LA CONSTITUCIÓN COMO NORMA

Asumir la Constitución en su sentido normativo, nos obliga a estudiar (i) la definición de la Constitución normativa; (ii) la evolución histórica de la concepción normativa de la Constitución; y (iii) las características de la Constitución como norma.

2.1 Definición de la Constitución normativa

En su sentido normativo, una Constitución es la ley fundamental y suprema que se da un pueblo libre. Es lo que consagra el artículo 6 de la Constitución al disponer que ésta es "norma suprema y fundamento del ordenamiento jurídico del Estado". Ello acarrea sus consecuencias:

a) En tanto que *ley fundamental*, la Constitución normativa es fundadora de la sociedad política pues define los principios y las reglas según las cuales serán resueltas las cuestiones comunes y generales por oposición a las cuestiones particulares y privadas que son regidas por las reglas de la sociedad civil. De ahí que el derecho constitucional es el derecho fundador del derecho público –que es el Derecho de la sociedad política y que por eso se denomina "derecho político"– pero no del derecho privado y, mucho menos, del derecho en su conjunto. El derecho privado es más antiguo que el derecho constitucional y la llegada de este último no ha tenido por efecto "constitucionalizar" el derecho privado, cuyos conceptos fundamentales (el contrato, la propiedad, la responsabilidad) se han formado y subsistido sin referencia a los conceptos constitucionales. La constitucionalización del derecho sólo ocurre cuando se acepta la Constitución como una realidad normativa, como ley "suprema", lo que obliga al juez a inaplicar las reglas de derecho privado que sean contrarias a las reglas y principios constitucionales.

b) En tanto que *ley suprema*, la Constitución normativa es una ley superior a todas las demás leyes. Todas las leyes hechas por los gobernantes, especialmente las leyes votadas por el Poder Legislativo y promulgadas por el Poder Ejecutivo, están subordinadas a la Constitución. En tanto que ley suprema, la Constitución es jerárquicamente superior a toda regla de derecho, no importa cual sea su naturaleza, privada o pública, interna o internacional. Es en este sentido que la Constitución define una jerarquía de normas fundada en un orden jurídico que concierne por prioridad y principalmente las normas internas, tales como las leyes, los decretos y las resoluciones. Tratándose de normas externas, es de reconocimiento más que de jerarquía que debe hablarse: una Constitución no puede ser "jerárquicamente superior" a las leyes de los países extranjeros o a las leyes internacionales como la costumbre o los tratados. Del mismo modo, una Constitución normativa se opone a que una norma extranjera o internacional, introducida en el orden interno, prevalezca sobre ella, a menos que la propia Constitución reconozca expresa o implícitamente la *prevalencia de las normas extranjeras o internacionales*. La Constitución es "suprema" en su dominio, en el orden interno. Ella puede reconocer a las normas externas un cierto lugar en el orden interno, integrándolas a éste y asignándoles un determinado rango en la jerarquía de las normas, como ocurre en el caso de los tratados internacionales. Así, la Constitución dispone que la República Dominicana "reconoce y aplica las normas del derecho internacional, general y americano, en la medida en que sus poderes públicos las hayan adoptado" (artículo 26.1), que "las normas vigentes de convenios internacionales ratificados regirán en el ámbito interno, una vez publicados de manera oficial" (artículo 26.2) y que "los tratados, pactos y convenciones relativos a derechos humanos, suscritos y ratificados por el Estado dominicano, tienen jerarquía constitucional y son de aplicación directa e inmediata por los tribunales y demás órganos del Estado" (artículo 74.3). Pero, en todo caso, la Constitución no es ley suprema si no es ella, y solo ella, la que determina la incorporación de la norma externa en el orden jurídico interno.

c) Una Constitución normativa es la obra de un "*pueblo libre*". Ella ni es dada por Dios, ni otorgada por un monarca, un caudillo o un líder revolucionario. La Constitución es una obra humana, el acto de una comunidad de mujeres y hombres que se afirman libres y que para permanecer libres se fijan ellos mismos su propia ley. Esta conciencia clara de que la Constitución es una obra de individuos que se afirman en libertad se manifiesta en el informe preparado por la comisión redactora del anteproyecto de Constitución sometido al Congreso Constituyente en 1844: "Veinte y dos años de oprobio y servidumbre fueron los precursores necesarios de la aurora feliz de nuestra completa regeneración, y por una de esas maravillosas combinaciones que la mano visible de la Providencia dirige para nuestro bien común, esa misma dolorosa experiencia adquirida a tan caro precio, es hoy nuestra más preciosa dote; porque no hay ya género de tiranía que pueda ocultarse a la vista perspicaz de los Dominicanos; de modo que si alguna vez pareciere la Comisión demasiado prolija, o excesivamente desconfiada, ya sabéis, honorables Diputados en qué escuela ha aprendido a serlo; porque es de esperar que si los errores de 1822 nos conciliaron la compasión universal, su reproducción en 1844, sólo excitarían una justa indignación hacia un pueblo que no supo hacer el uso racional de su libertad adquirida; y por otra parte, difícil sería volver a encontrar hombres tan estúpidos que consintiesen en dejarse sacrificar por darle nombre, libertad y gloria a un pueblo que se obstinase en ser esclavo". La Constitución es, en consecuencia, no solo acto de soberanía pues la comunidad política se da su ley, sino que es, además, *acto fundador de la democracia*, que funda una sociedad política que es una sociedad democrática, es decir, una sociedad de mujeres y hombres libres, que obedecen a las leyes y no a las personas. Está claro que el contenido de una Constitución normativa no es indeterminado: toda Constitución normativa es Constitución de la libertad.

2.2 Emergencia y evolución de la concepción normativa de la Constitución

La Constitución normativa emerge en los Estados Unidos y no echa raíces en Europa hasta el final de la Segunda Guerra Mundial por la prevalencia de la concepción descriptiva de la Constitución propia de las ideas constitucionales de la Francia revolucionaria. Por ello debemos abordar sucesivamente: (i) la concepción norteamericana de la Constitución; (ii) la concepción francesa; (iii) la conversión de Europa a la Constitución normativa; (iv) y los avatares de la Constitución normativa en nuestro país.

2.2.1 La creación norteamericana de la Constitución normativa: el surgimiento del Estado constitucional. A comienzos de la segunda mitad del siglo XVIII (1760), cuando inicia la controversia entre Inglaterra y sus colonias en Norteamérica que debería conducir a la Declaración de Independencia de éstas (1776), los norteamericanos no tenían en materia constitucional ideas diferentes a la de los ingleses. Tanto ingleses como norteamericanos, pensaban que las grandes amenazas contra los derechos del *Common Law* incorporados en el pasado inglés provenían de las prerrogativas de la corona, poderes reales vagos y discrecionales, pero tan antiguos como las propias libertades inglesas. Tanto los unos como los otros sabían que era mediante unos documentos escritos, tales como la Carta Magna (1215) y el *Bill of Rights* (1689), que el Parlamento había logrado arrancarle al poder real la garantía de esos derechos y libertades que eran la base de la Constitución inglesa.

En tanto representante de la aristocracia y del pueblo, el Parlamento inglés había jugado un papel tal en la conquista y la defensa de los derechos y libertades ingleses que era considerado como el obstáculo natural al poder real. El *Petition of Rights* (1628), la *Amendment Act of Habeas Corpus* (1679) y el *Bill of Rights* (1689) eran todos actos del Parlamento, leyes que no se diferenciaban en la forma de otras leyes pasadas por éste. En estas condiciones, como bien explicaba el gran jurista inglés Blakstone, no hay diferencia para un inglés entre una "*constitución o sistema de gobierno*" y un "*sistema de leyes*". Toda ley del Parlamento es parte integrante de la Constitución y toda regla, sea consuetudinaria o legislativa, es necesariamente constitucional. De manera que "constitucional" e "inconstitucional" eran sinónimos de "legal" e "ilegal".

Es precisamente respecto a esta equivalencia entre "legal" y "constitucional" que los norteamericanos se separan de la tradición jurídico-política inglesa. Entre 1760 y 1770, los colonos norteamericanos "descubren" que una ley del Parlamento británico –la *Stamp Act* de 1765 que establecía impuestos sobre los documentos oficiales– podía ser perfectamente legal, es decir, adoptada conforme a las condiciones procedimentales y sustanciales de la elaboración de la ley, y, sin embargo, afectar derechos y libertades fundamentales y parte integrante de la Constitución de Inglaterra. Mediante la *Stamp Act*, el Parlamento británico había establecido un verdadero impuesto interior en las colonias norteamericanas, a diferencia de la práctica anterior que consistía en aumentar los aranceles de aduanas, los cuales no eran asimilados a los impuestos. Para los colonos, esta ley era inconstitucional pues había sido establecida sin que sus destinatarios estuviesen directamente representados en el Parlamento, lo que contrariaba el precepto contenido en la Carta Magna del "no taxation without representation". Esta Carta Magna, si bien formalmente no se diferenciaba de la ley, desde el punto de vista material era "de una naturaleza más sagrada que las leyes que establecen el peaje sobre los caminos". Es, "*overtaken by the events*", sobretomados por los acontecimientos, que los norteamericanos concluyen que los principios fundamentales de la Constitución de Inglaterra estaban fuera del alcance del Parlamento y situados en una posición jerárquicamente superior a éste. "En todos los Estados libres –dirá Samuel Adams en 1768– la Constitución es fija; y, en la medida en que el poder legislativo extrae sus competencias y su autoridad de la constitución, no puede sobrepasar los límites establecidos por ésta sin destruir sus propios fundamentos".

Estos principios jurídicos comienzan a ser plasmados a partir de la Declaración de Independencia de 1776 cuando cada colonia convertida en Estado independiente se dota de una "Constitución". Las constituciones norteamericanas se diferencian de las antiguas constituciones europeas y vienen a sentar las bases del constitucionalismo por tres características fundamentales de las mismas. En primer término, se trata de *documentos escritos* que ponen fin al uso inmemorial de las constituciones consuetudinarias. En segundo lugar, poseen una *declaración de derechos y libertades de los ciudadanos*. Y, en tercer lugar, contienen una detallada y clara *organización de los poderes*, basada en el principio de la separación de los poderes ejecutivo y legislativo y en la autonomía del poder judicial. Estas tres características, que constituían una ruptura radical con el concepto inglés de Constitución, vendrían a definir la noción moderna de Constitución, la cual es conceptuada como un documento escrito que garantiza los derechos y libertades y que determina la organización de los poderes públicos y sus relaciones recíprocas.

En 1776, los norteamericanos sabían qué debía contener una Constitución pero ignoraban en gran medida los mecanismos institucionales mediante los cuales se aseguraba efectivamente que la Constitución fuese la ley fundamental y suprema del cuerpo político. Estos mecanismos serían descubiertos con el transcurrir del tiempo y son básicamente dos: la reforma constitucional y el control de la constitucionalidad de las leyes. Ambos mecanismos son consecuencia de la *distinción entre ley constitucional y ley ordinaria* y constituyen, sin duda alguna, uno de los mayores aportes de los Estados Unidos a la teoría constitucional.

En cuanto a la *reforma constitucional*, muy temprano en la historia norteamericana, apareció claro que la Constitución no podía ser modificada con la misma facilidad que la ley ordinaria. Ya lo afirma Nicola Matteucci: las constituciones de las colonias norteamericanas "no fueron redactadas por una asamblea ordinaria, sino cuatro por una Convención revolucionaria, seis por una asamblea autorizada para ello, es decir, por una Constituyente, menos Massachussets, que exigió, además de una Convención ad hoc, un referéndum popular para la aprobación definitiva de la Constitución. La misma Constitución de los Estados Unidos de América fue ratificada por Convenciones estatales elegidas a propósito. La técnica de la aprobación del documento, que debía fundamentar y regular la vida del Estado, había alcanzado en pocos años un progreso inesperado. En definitiva estas constituciones aparecen rígidas, y por lo tanto inmodificables por la mayoría legislativa ordinaria: esto presupone una clara conciencia de la distinción entre constitución y ley, e implica que los poderes del legislativo están definidos y delimitados. Cuatro estados prevén un iter especial para el procedimiento de revisión constitucional, mientras que Nueva York introduce un Consejo especial encargado de examinar las leyes antes de que sean votadas y Pennsylvania instituye un Consejo de censores que debe velar con el fin de que la Asamblea no viole la Constitución. La Constitución federal, en fin, prevé un procedimiento particular de revisión constitucional a través de los dos tercios de ambas cámaras o a través de una Convención, si la iniciativa es de los estados" (MATTEUCCI: 165).

El mecanismo del *control judicial de la constitucionalidad* de las leyes se desarrollaría más lentamente pues no era evidente para los norteamericanos del siglo XVIII, aún estuviesen convencidos de la injusticia de ciertas leyes, que jueces no elegidos pudiesen descartar leyes adoptadas por asambleas elegidas. A pesar de que ciertos jueces de las cortes supremas estatales, como George Whyte y James Iredell, anticipan los fundamentos del control judicial de la constitucionalidad, es el juez John Marshall de la Suprema Corte de los Estados Unidos quien, en el célebre caso de *Marbury v. Madison* (1804), sienta las bases de dicho control: "Los poderes del legislativo están definidos y limitados; y, con el fin de que estos límites no puedan ser mal interpretados u olvidados, la constitución es escrita. Es expreso cometido y deber del poder judicial decir cuál es la ley. Los que aplican la regla a los casos particulares deben necesariamente exponer e interpretar esta regla. Si dos leyes están en desacuerdo entre sí, el Tribunal debe determina el campo de aplicación de cada una de ellas. Así, si una ley está en desacuerdo con la constitución, el Tribunal debe determinar cuál de estas dos reglas en desacuerdo se aplica en el caso. Esta es la verdadera esencia de la función judicial. Si el poder legislativo cambiase una norma constitucional, ¿el principio constitucional debería ceder ante el acto legislativo? De esta manera la particular fraseología de la Constitución de los Estados Unidos confirma y refuerza el principio, que se supone esencial a todas las constituciones escritas, de que una ley contraria a la constitución es nula, y que los tribunales, como las otras ramas del gobierno, están vinculados por este instrumento" (5 US [1 Cranch] 137 [1803]).

Como se puede observar, "en el breve transcurso de pocos años, trece pendencieras e indisciplinadas colonias habían conseguido, mediante una guerra y en medio de tensiones políticas y sociales, convertirse en una nación, dándose nuevas constituciones, de acuerdo con fórmulas desconocidas para el constitucionalismo europeo, que se mostraron válidas y eficaces, y unirse en un Estado federal, cuya constitución se encuentra todavía en vigor" (MATTEUCCI: 169). Más aún, esas trece colonias devenidas independientes nos legan una nueva concepción de la Constitución basada en cuatro características fundamentales: la Constitución es un *documento escrito*; este documento es elaborado y enmendado por una *convención*, asamblea especial, elegida por el pueblo e investida del poder constituyente; la Constitución es sometida a *ratificación popular*; y el respeto a la Constitución es garantizado mediante el *control judicial de la constitucionalidad* de las leyes. Si bien esta concepción normativa de la Constitución tiene raíces profundas en el pensamiento occidental, en la idea de que el poder está limitado por leyes fundamentales, los norteamericanos han innovado en la medida en que han creado los procedimientos jurídicos y los mecanismos institucionales que permitan asegurar efectivamente la limitación al poder que es lo que caracteriza al Estado constitucional.

2.2.2 El constitucionalismo francés: la soberanía de la ley como base del Estado legal. Al final del *Ancien Regime*, muchos abogaban en Francia porque se dotase de "una Constitución al reino". Con ello, se buscaba realizar una cierta distribución del poder, poner término al gobierno de uno solo, monarca todopoderoso habilitado a estatuir como le plazca. Se buscaba sustituir el reino del hombre por el reino del Derecho, tal como existía en Inglaterra. En otras palabras, se buscaba reemplazar el gobierno de los reyes por el gobierno de las leyes, como lo habían hecho los colonos de Norteamérica. Es precisamente lo que ha instituido la Revolución Francesa: "No hay autoridad en Francia superior a la ley", proclamaba la primera Constitución francesa del 3 de septiembre de 1791. Los franceses fundan así un Estado de Derecho, pero uno bajo la forma de Estado Legal y no Constitucional como en Norteamérica. La Revolución francesa "establece el reino de la ley pero no el reino de la constitución" (Zoller: 41).

Contrario a los norteamericanos, los franceses no logran en la práctica distinguir entre poder constituyente y poder constituido aunque sí en teoría: Sièyes señala que el poder constituyente pertenece solo a la nación por la voz de sus representantes y decreta soberanamente la organización y funcionamiento de los poderes constituidos. Pero, más allá de las palabras, en el plano de los hechos, no se distingue entre ambos poderes pues los mismos se confunden en una misma asamblea. El pecado original de la confusión de los poderes constituyente y constituidos en un sólo órgano se remonta al 20 de junio de 1789: tres días después de haberse constituido en "asamblea nacional", los diputados del Tercer Estado, se invisten unilateralmente del poder constituyente y, tras sumarse el clero y la nobleza a la misma, se transforman en "asamblea constituyente". Es esta asamblea la que elabora la primera Constitución francesa, la cual nunca fue sometida a ratificación popular. Se inaugura así el rasgo distintivo de la tradición constitucional francesa: la ausencia de *distinción entre poder constituyente y poder constituido*. Todavía hoy los mismos legisladores pueden tanto votar una ley como revisar la Constitución.

¿Qué explica esta confusión francesa entre poder constituyente y poder legislativo? Dos construcciones constitucionales de la Revolución francesa son la causa de esta confusión: la teoría de la *soberanía nacional* y la concepción de la ley como expresión de la voluntad general. Desde Sièyes, la soberanía en Francia resulta ser pura y exclusivamente nacional: "El principio de toda soberanía reside esencialmente en la nación", reza el artículo 3 de la Declaración de los Derechos del Hombre y del Ciudadano de 1789. Ahora bien, esta nación, como bien afirma Sièyes, soberana "no solo no es sometida a una constitución, sino que ella no puede ni tampoco debe serlo". Ello es cónsone con la tradición de que la soberanía reside en el pueblo y que el pueblo deja de ser soberano si está sometido a la Constitución o a cualquier ley positiva. Pero resulta que, en la ideología revolucionaria, la nación no es el pueblo sino una idea que no tiene existencia concreta. Esta idea solo cobra cuerpo con la representación, La nación se expresa así a través de sus representantes pero, al carecer de existencia real, no puede dar mandato a sus representantes que no se consideran verdaderos mandatarios o delegados. Dado que no puede haber voluntad superior a la de la nación y puesto que la nación sólo puede desear lo que desean sus representantes, resulta que la voluntad de los representantes de la nación deviene en los hechos, voluntad y derecho soberanos. Más aún, la nación no puede ratificar la obra de sus representantes puesto que la nación se expresa a través de sus representantes, de manera que contemplar una ratificación popular de la obra constitucional constituiría solicitar a los representantes de la nación aprobar su propio trabajo.

Así como no hay distinción entre poder constituyente y poder constituido, entre voluntad de la nación y voluntad de sus representantes, entre voluntad nacional y voluntad popular, los revolucionarios franceses tampoco distinguen entre ley ordinaria y ley constitucional. Y ello así porque la ley es definida como "la *expresión de la voluntad general*" (artículo 6 de la Declaración de 1789), voluntad que se expresa a través de los representantes de la nación. En tanto que representante de la nación soberana, el cuerpo legislativo ejerce la soberanía nacional misma. De manera que, así como la voluntad del pueblo se confunde con la voluntad de la nación y la voluntad de la nación con la voluntad de los representantes, la ley, en tanto expresión de la voluntad general expresada a través de los representantes de la nación, aparece revestida de una fuerza soberana.

La obra conjunta de estos dos principios –soberanía nacional, ley como expresión de la voluntad general– conduciría a los franceses a una situación constitucional diametralmente opuesta a la de Norteamérica en donde el poder legislativo se encuentra sometido a los mandatos de la Constitución. Al dar al poder legislativo poder sobre la Constitución misma, los franceses construyen el reino de la supremacía de la ley y de la soberanía –sino despotismo– parlamentaria. En lugar del Estado constitucional, construyen los franceses el *Estado legal de derecho* que impactaría toda Europa continental y gran parte de América Latina. Pasaría siglo y medio antes de que los Estados europeos adoptasen una concepción normativa de la Constitución.

2.2.3 La conversión europea a la Constitución normativa: del Estado legal al Estado constitucional. La tradición constitucional europea se mantuvo apegada a la francesa y alejada de la norteamericana. Antes de la Segunda Guerra Mundial, en ninguna parte de Europa –salvo las raras, débiles y efímeras excepciones de Noruega, Austria y Alemania– tomó cuerpo la idea de limitar los poderes de los parlamentos nacionales. Y era lógico y natural que fuese así: en la mayor parte de los países europeos, era gracias a los parlamentos que se había adquirido el derecho de ser representados y el derecho al sufragio de manos de los monarcas. De manera que la idea de someter al legislador a un Derecho supremo era sin dudas minoritaria y, donde fue institucionalizada con la aparición de una justicia constitucional, ello se debió a que la estructura federal obligaba al control constitucional de las legislaturas de los Estados federados pero no de las legislaturas nacionales.

Hoy la situación es diametralmente opuesta. Salvo Inglaterra, los Países Bajos y Finlandia, toda Europa, comenzando con Alemania e Italia tras la Segunda Guerra Mundial, siguiendo con Grecia, España y Portugal a la salida de los regímenes autoritarios en la década de los '70, y finalizando con los países de la Europa Central y Oriental que abandonaron el comunismo a partir de 1989, disfruta de *mecanismos jurisdiccionales de control de la constitucionalidad de las leyes*. Francia, que formalmente estableció el control en 1958, se ha sumado a la corriente en 1971 con la primera sentencia del Consejo Constitucional que declara inconstitucional una ley. Incluso en Inglaterra el principio de la soberanía del Parlamento está siendo puesto en entredicho y se ha hablado de la adopción de una Constitución escrita con su Declaración de Derechos o, por lo menos, permitiéndose ya a los jueces ingleses interpretar la legislación ordinaria de una manera compatible con la Convención Europea de Derechos Humanos. Factores teóricos y políticos explican este cambio:

a) Desde el punto de vista teórico, la concepción de Hans Kelsen acerca del ordenamiento jurídico influyó decisivamente en la adopción en Europa de la concepción normativa de Constitución. Para el jurista austriaco, los dos caracteres esenciales de la regla de derecho son la validez y la eficacia. La *validez* de una regla define el valor obligatorio de la regla, el hecho de que ella deba ser obedecida. Esta validez no se explica más que por la validez de la regla que le es inmediatamente superior. Las reglas superiores comunican su propia validez a las reglas inferiores de manera que el edificio jurídico aparece como una pirámide de normas. En la parte superior de esa pirámide, se encuentra la Constitución entendida como la norma que determina la creación de las normas jurídicas generales. Debajo vienen las normas jurídicas generales creadas por vía de legislación. Luego vienen los reglamentos. Y así hasta llegar a la decisión jurídica más inferior y particular. La *eficacia* de la regla define el carácter constriñente de la regla, el hecho de que ella es obedecida. Esta eficacia debe entenderse considerando el orden jurídico en su globalidad. Un orden jurídico es válido si sus normas son eficaces, o sea, efectivamente obedecidas y aplicadas de manera general. El fundamento de esta eficacia se encuentra en la Constitución fundamental que erige la eficacia en condición de validez. En el sistema kelseniano, la Constitución forma el grado supremo, la fuente y el principio del orden estatal todo entero. Ella constituye el último término con el cual se puede relacionar y comparar una regla de derecho para apreciar su validez. A la cabeza de la pirámide de normas, la Constitución rige en cascada toda la validez del sistema normativo. Esta primacía constitucional solo puede garantizarse a través de un control jurisdiccional de la constitucionalidad de las leyes.

Ahora bien, Kelsen justifica la Constitución normativa por *razones lógicas y formales*: la necesidad de mantener la coherencia interna del sistema normativo. En este esquema, hay poco lugar –sino ninguno– para consideraciones que no sean lógicas o formales. Si bien, Kelsen acepta la posibilidad de que las Constituciones contengan declaraciones de derechos, su concepción de la normatividad constitucional considerada como ciencia y del derecho como teoría pura, concibe la Constitución básicamente como norma que regula la elaboración de las leyes, de las normas generales en ejecución de las cuales se ejerce la actividad de los órganos estatales, de los tribunales y de las autoridades administrativas (Kelsen).

Las ideas de Kelsen servirían de base a la creación del primer tribunal constitucional especializado del mundo en Austria en 1920 e inspirarían el *"modelo europeo"* de control de la constitucionalidad. Este modelo se caracteriza por el hecho de que la justicia constitucional es competencia exclusiva de un tribunal especialmente constituido a estos efectos, en contraste con el sistema norteamericano donde cualquier juez es competente para conocer del control de constitucionalidad en los asuntos bajo su competencia.

b) Varios *factores políticos* confluyen para provocar el triunfo de la concepción normativa de la Constitución. En primer término, queda claro, tras los abusos cometidos por los Estados totalitarios en la Segunda Guerra Mundial, que el legislador puede ser el peor verdugo de las tiranías, que es necesario proteger los derechos humanos mediante la salvaguardia constitucional. En segundo lugar, se entiende que la ley ya no resulta de la voluntad general sino que es obra de la voluntad gubernamental aprobada por una mayoría solidaria, por lo que ya la ley no puede proteger la libertad sino que es necesaria la protección de las libertades contra la ley. La evolución de las sociedades hacia democracias pluralistas, donde confluyen y se contradicen multiplicidad de intereses y sectores, obliga necesariamente a la existencia de un árbitro constitucional que dirima jurisdiccionalmente los conflictos. Sirven así los tribunales constitucionales de "cuadro de armonización entre intereses pretendidamente irreconciliables" (Zoller: 49). Por último, muchos países latinoamericanos, en donde no logra cuajar el modelo norteamericano de control de la constitucionalidad, se avocan, al calor de reformas constitucionales, a adoptar con enmiendas el modelo austriaco de control de la constitucionalidad.

La evolución de Europa y de Latinoamérica hacia una concepción normativa de la Constitución conlleva una serie de implicaciones. Por un lado, cambia la naturaleza del derecho público, cuyas bases devienen constitucionales y no solo legislativas, al tiempo que el derecho privado sufre lo que se conoce como la *"constitucionalización del derecho"*. Por otro lado, se produce una *judicialización del derecho constitucional* que deviene así un derecho jurisdiccional, es decir, un derecho dicho por el juez. el derecho constitucional se separa de las instituciones políticas que deben ser estudiadas desde la perspectiva de las ciencias políticas y, a su vez, el derecho constitucional se subdivide en un derecho constitucional material relativo al contenido de los derechos fundamentales y un derecho constitucional formal concerniente a la organización de los poderes públicos del Estado.

2.2.4 El caso dominicano: nacimiento, muerte y resurrección de la Constitución normativa. El constituyente dominicano, al elaborar la Constitución de 1844, siguió la trayectoria de los demás países latinoamericanos que siguieron los modelos constitucionales surgidos al final del siglo XVIII, inspirándose particularmente en la Constitución de los Estados Unidos de 1787 y la Constitución española de 1812. Nuestro constituyente "no aporta un principio funcional nuevo" y "se limitó a realizar una obra de adaptación, es decir, a trasladar a nuestro medio las experiencias constitucionales de otros países" (JORGE: 47).

La influencia que prima, sin embargo, es la norteamericana. Se trata de una *Constitución rígida* con un mecanismo de reforma constitucional que exige mayorías agravadas. La *forma de gobierno* que se establece es la *presidencial* con la *división tripartita de poderes*: Legislativo, Ejecutivo y Judicial. Los derechos fundamentales son incorporados en la Carta Sustantiva y, lo que no es menos importante, se establece claramente no solo el *principio de supremacía constitucional* sino también del *control jurisdiccional de la constitucionalidad*: "Ningún tribunal podrá aplicar una ley inconstitucional, ni los decretos y reglamentos de administración general, sino en tanto que sean conformes a las leyes" (artículo 125). Como bien afirma Amiama, "es evidente que los autores de nuestra Constitución de San Cristóbal en 1844, conocieron en todo su alcance el sistema constitucional de los Estados Unidos y la obra del eminente Marshall" (AMIAMA: 211). Lo que Marshall había dicho era precisamente lo que el constituyente dominicano consagraba en el referido artículo 125 de nuestra primera Constitución: "Puesto que la Constitución tiene carácter de ley, debe ser interpretada y aplicada por los jueces en los casos que surjan con motivo de ella; puesto que es ley suprema, los jueces deben darle preferencia sobre cualquiera otra ley" (*Marbury v. Madison*).

De manera que, desde el momento mismo de la fundación de la República, resulta claro para el constituyente dominicano que la Constitución es una norma jurídica que vincula no solo al juez a quien le está vedado aplicar leyes inconstitucionales sino también al legislador a quien la Constitución le prohíbe dictar leyes contrarias a la Carta Sustantiva. Tan clara es esta conciencia que, a pesar de que con posterioridad desaparecería del texto constitucional la *cláusula expresa relativa al control judicial de la constitucionalidad*, "ningún jurista dudó jamás de la capacidad de los tribunales para dejar sin aplicación, en las controversias concretas que se sometieran a su conocimiento y decisión en forma regular, las leyes que fueran contrarias a la Carta Fundamental". Y cuando el principio es de nuevo consagrado expresamente en 1908 "no se entendía con ello hacer una innovación fundamental, sino declarar explícitamente lo que todo el mundo consideraba como un canon consuetudinario de fuerza indiscutible" (AMIAMA: 212). Es más, el desafortunado intento de establecer el control concentrado de la constitucionalidad en la Constitución de 1924 -que, en su artículo 61, numeral 5, establecía como atribución de la Suprema Corte de Justicia la de "decidir en primera y última instancia sobre la constitucionalidad de las leyes, decretos, resoluciones y reglamentos", con lo que el control concentrado en la República Dominicana antecede a su establecimiento en Europa a partir de 1945- condujo a una parálisis de los tribunales por el excesivo número de sobreseimientos de las causas, fue criticado por juristas como Hernán Cruz Ayala quien en 1934 considera innecesario referirse expresamente en la Constitución a la potestad de los jueces de inaplicar las leyes inconstitucionales pues entendía ésta "entra en el núcleo propio de las funciones judiciales" de los jueces ordinarios (CRUZ AYALA: 176).

A pesar de esta temprana consagración de la Constitución normativa en nuestro país y de la influencia de la doctrina y la jurisprudencia constitucional de los Estados Unidos del "*judicial review*" en sus homólogas dominicanas, la *doctrina francesa de la soberanía de la ley* transportada vía los estudios del derecho privado de Francia, país origen de nuestra legislación, ha pugnado siempre con lo que en nuestros padres fundadores aparecía claro: que la Constitución era una norma y que los jueces tenían la potestad de interpretar y aplicar la misma. La decadencia en los estudios del derecho constitucional, el deterioro del sistema judicial por el abandono y la corrupción a que le sometieron políticos, jueces y particulares durante mucho tiempo, y la preeminencia de gobiernos autoritarios que impedía la independencia del poder judicial, así como de una práctica jurídica formularia y ritual, contribuyó notablemente a la erosión de la concepción normativa de la Constitución. Esta concepción, sin embargo, recibe un notable impulso con la consagración del control concentrado en la reforma constitucional de 1994 y el reconocimiento y reglamentación jurisprudencial del derecho de amparo en 1999. Con la reforma constitucional de 2010, se consolida el carácter normativo de la Constitución no sólo porque se establece expresamente en el texto constitucional su carácter de norma suprema que vincula a todos los poderes públicos (artículo 6) sino también porque se fortalece el control de constitucionalidad al crearse un Tribunal Constitucional y se reconoce expresamente la potestad de todo juez de conocer de la constitucionalidad en los casos sometidos a su jurisdicción (Título VII).

2.3 Características de la Constitución concebida como norma

Concebir la Constitución como norma implica adscribir a la Constitución una serie de características. La Constitución normativa se caracteriza por ser (i) norma, (ii) primera norma, (iii) norma suprema, (iv) fuente del Derecho, (v) norma vinculante y (vi) norma de aplicación directa.

2.3.1 La Constitución como norma. El artículo 6 de la Constitución establece que la Constitución es "norma". ¿Cuál es el significado de este precepto constitucional? Para responder esta pregunta, lo más adecuado es acudir a la jurisprudencia constitucional comparada. Que la Constitución es una norma lo que significa, según el Tribunal Constitucional español, es "que la Constitución, lejos de ser un mero catálogo de principios de no inmediata vinculación y de no inmediato cumplimiento hasta que sean objeto de desarrollo por vía legal, es una norma jurídica, la norma suprema de nuestro ordenamiento" (STC 16/1982). O, para decirlo con palabras de la Corte Suprema de los Estados Unidos: "Las declaraciones de la Constitución no son adagios gastados por el tiempo ni una contraseña vacía de sentido. Son principios vitales, vivos, que otorgan y limitan los poderes del Gobierno de nuestra nación. Son regulaciones de gobierno. Cuando la constitucionalidad de una ley del Congreso se plantea ante este Tribunal, debemos aplicar dichas regulaciones. Si no lo hiciésemos, las palabras de la Constitución vendrían a ser poco más que buenos consejos" (*Trop v. Dulles*, 356 US 86).

Esto, que la Constitución es una norma, aunque solo con la reforma constitucional de 2010 viene a estar expresamente recogido en un texto constitucional, ha estado más o menos claro en nuestro país. A pesar de que la Constitución dominicana –al igual que la norteamericana– nunca proclamó expresamente el carácter normativo de la misma, siempre resultó evidente que ésta no es un simple marco de principios políticos organizadores del poder, una mera declaración de buenas intenciones, un laudable conjunto de ideales programáticos. Y es que desde que el constituyente en 1844 afirmó que "ningún tribunal podrá aplicar una ley inconstitucional", nadie ha cuestionado la potestad de los tribunales de interpretar y aplicar las leyes y de declarar inconstitucionales aquellas normas que contradigan la letra y el espíritu de la Constitución. El carácter normativo de la Constitución, presupuesto del *control judicial de la constitucionalidad*, siempre fue aceptado por doctrina y jurisprudencia criollas, entendiéndose que "nuestro sistema constitucional actual sobre la inaplicación de las leyes inconstitucionales ha venido a ser igual que el reconocido y vigente en Estados Unidos, lo que se justifica por la circunstancia de que ambos sistemas constitucionales se inspiran en una misma concepción de la teoría política" (AMIAMA: 215). Si el control de la constitucionalidad resulta ser, como es, el elemento *sine qua non* para poder afirmar el carácter normativo de la Constitución, entonces esa cualidad aparece nítidamente reconocida en la Constitución dominicana desde el momento mismo de la fundación de la República.

Nunca los tribunales dominicanos han considerado la Constitución como los franceses han considerado durante mucho tiempo la suya: una simple *compilación de fórmulas políticas* destinadas básicamente a regir el funcionamiento de los poderes públicos. Tan temprano como el 7 de noviembre de 1866 nuestra Suprema Corte de Justicia afirmaba que la omisión de las fórmulas del mandamiento de ejecución en una sentencia constituía "una violación a la Constitución del Estado, la que en el 1 del artículo 61 impera que toda sentencia deba terminar por el mandato de ejecución so pena de nulidad". Y mientras otros tribunales supremos latinoamericanos afirmaban que al Poder Judicial no le está atribuida la interpretación de la Constitución, ni le es permitido dejar de observar ésta porque la juzgue contraria a la Constitución, la Suprema Corte de Justicia dominicana decidía en 1926 que "la Ley No. 175 es inconstitucional por atentatoria a los derechos de libertad de conciencia y de cultos, del trabajo, de la industria y del comercio consagrados como inherentes a la personalidad humana por el artículo 6 de la Constitución" (S.C.J. 30 de abril de 1926. B.J. 189-190. 20). En tanto que, para los franceses la fórmula "Constitución = Derecho" constituye una novedad, para los jueces dominicanos ya en 1926 era evidente que "al decir la Constitución que 'se consagran como inherentes a la personalidad humana los derechos enumerados en el artículo 6, los hace inaccesibles a la acción de los poderes públicos; y, por tanto, el uso de esos derechos es ilegislable" (S.C.J. 30 de abril de 1926. B.J. 189-190. 19).

Hay que resaltar que, mientras para muchos países latinoamericanos la concepción normativa de la Constitución es producto de la reciente asimilación del torrente doctrinario de Alemania y España –países que, vale la pena recordar, tan tarde como 1946 y 1978 apenas abandonan la concepción descriptiva de la Constitución con la adopción de sus Cartas Sustantivas post autoritarias–, en República Dominicana, a pesar de todos sus avatares, la concepción de Constitución conecta directamente con Marshall (1804) y su idea de la Constitución como *ley suprema sujeta a interpretación judicial,* y con el juicio de Hostos, para quien son imperfectas "aquellas organizaciones jurídicas que continúan negando a la función judicial la facultad o atribución de resguardar y amparar contra funcionarios cualesquiera del Estado la letra y el espíritu de la Constitución" (Hostos: 404).

Aceptar, como ya lo hicieron hace más de un siglo el constituyente, los jueces y la doctrina dominicanos, que la Constitución es *norma jurídica plena*, y reconocerlo de modo expreso y contundente desde 2010 en el artículo 6 de la Constitución, significa aceptar que todas las expresiones constitucionales han de interpretarse como enunciados en función normativa y que, por tanto, hay que darles el máximo de eficacia en la ordenación de las relaciones sociales y no verlos como elementos en función puramente decorativa o simbólica. Todo lo contenido en la Constitución es de carácter normativo. Nada se puede descartar en ella bajo el alegato de que se trata de una "norma ética" o de simples "buenas intenciones" del constituyente. Aún las expresiones constitucionales de aparente naturaleza declamatoria son normas que tienen que ser aplicadas por los operadores jurídicos. Las previsiones constitucionales, por más abstractas, vagas y etéreas que nos parezcan, no son poesía sino Derecho puro y duro y, por tanto, obligatorio y vinculante.

2.3.2 La Constitución como primera norma. Que la Constitución sea norma significa que ella es también primera norma a partir de la cual se lleva a cabo el razonamiento jurídico que sirve de sustento a una decisión de una autoridad o poder público. Ya no puede considerarse la Constitución como simple norma superior que sirve de fundamento a la creación de las demás normas, como mera fuente de validez del resto del ordenamiento jurídico, según el más puro modelo kelseniano. No. Por ser primera norma, la Constitución es el primer término con que inicia cualquier proposición jurídica, o sea, la razón inicial que ha de buscar el operador jurídico para orientar su accionar y su discurso. La Constitución, en consecuencia, no es solo norma superior que determina cómo se crean las normas inferiores, sino que es la *fuente por excelencia de contenidos sustantivos* que priman lógica o axiológicamente sobre las demás normas.

El carácter de norma primera de la Constitución obliga al operador jurídico a buscar en la Constitución antes que en las demás fuentes los materiales normativos necesarios y las pautas u orientaciones indispensables. Una vez agotada la fuente constitucional, puede acudir el operador a las demás normas, si es que la propia Constitución no le ha provisto de específicos materiales normativos que le permitan tomar una decisión sin necesidad de acudir al resto de las fuentes del ordenamiento. No es que se prefiera a la Constitución en lugar de las normas infraconstitucionales. Es que, sencillamente, como primera norma y no solo norma fundamental, lo que se ha de aplicar de entrada es la Constitución y sólo una vez agotada esta fuente es que se procede a agotar las demás. Al tenerse que aplicar en primer lugar la Constitución, el operador jurídico está obligado permanentemente a referirse al dato constitucional. No se trata simplemente de alegar la Constitución como medio de defensa, como *"excepción de inconstitucionalidad"*, pues la regla es aplicar en primer lugar y directamente la Constitución.

El contraste con el modelo kelseniano es notorio. En éste, el jurista recurre a la Constitución para saber cuáles son las normas que le permitirán resolver el caso, mientras que, en el modelo de la Constitución como primera norma, es la Constitución misma la que provee los criterios materiales de solución del caso. De manera que las relaciones entre la Constitución y las demás fuentes no es sólo genética como supuso Kelsen, pues la Constitución está llena de valores y principios que impregnan las demás normas, con una actitud interpretativa de "interpretación desde la Constitución" cuyas consecuencias veremos más adelante.

2.3.3 La Constitución como norma suprema. El artículo 6 de la Constitución establece que la Constitución es "norma suprema". ¿En qué consiste esta supremacía de la Constitución? Veamos…

2.3.3.1 Sentido de la supremacía constitucional. El concepto de Constitución sólo puede ser aprehendido si partimos de un elemento esencial de los ordenamientos jurídicos contemporáneos: la distinción entre las *funciones de creación y aplicación de las normas*. La función de creación de las normas, o sea, la función legislativa, es atribuida a uno o varios órganos que ocupan una posición de primacía en la organización jurídica y que desarrollan su función normativa de un modo más o menos permanente. Establecer una norma suprema, una Constitución, significa que la función normativa queda a su vez sujeta a normas que son el fundamento y límite de su validez. Aparecen así dos categorías de normas: las normas que crean los órganos legislativos o normativos y las normas superiores a que han de sujetarse contenidas en la Constitución.

La Constitución como *norma suprema* implica, en consecuencia, una determinada estructura del ordenamiento jurídico. Por ello, la supremacía de la Constitución es un concepto histórico: no todo ordenamiento jurídico tiene una Constitución. "No hay Constitución cuando creación y aplicación de derecho están aún unidas, por ejemplo en los sistemas de derecho judicial. Tampoco la hay si la creación de derecho no está sometida a su vez a normas, por ejemplo en el sistema de soberanía del parlamento. En todos esos casos la teoría jurídica puede identificar una norma básica, una norma que fundamenta el ordenamiento –es derecho lo que los jueces dicen, en el caso de un sistema puramente judicial, o es derecho lo que dice el parlamento, en el caso de la soberanía parlamentaria– pero esa norma básica, que puede incluso no estar explícitamente formulada, no es una Constitución en el sentido que este término tiene para la ciencia jurídica, esto es, no es una Constitución como norma de derecho positivo" (Otto: 15). La Constitución es, a fin de cuentas, el conjunto de normas a las que está sujeta la creación de normas por los órganos del Estado facultados para ello.

No basta con la existencia de una Constitución escrita que regule la estructura y funcionamiento de los órganos del Estado para que la creación de normas esté sujeta a normas superiores. Sólo hay Constitución como norma cuando el ordenamiento establece que el cumplimiento de los preceptos constitucionales es obligatorio y cuando su infracción es sancionada. La Constitución es escrita para hacer inequívoca y cierta la apreciación de la inconstitucionalidad. Es por ello que la Constitución dispone clara y expresamente no solo que "todas las personas y los órganos que ejercen potestades públicas están sujetos a la Constitución" sino también que "son nulos de pleno derecho toda ley, decreto, resolución, reglamento o acto contrarios a esta Constitución" (artículo 6). Como la Constitución es norma suprema, el juez debe "en un primer momento […] determinar si la Constitución, en tanto que norma sustantiva, resuelve por sí misma el caso de que se trate, y, en caso contrario, en un segundo momento, debe determinar si las normas propuestas son o no contrarias a la Constitución, para descartar aquella o aquellas que le sean contrarias" (Gil 2000: 41).

2.3.3.2 La nulidad de pleno derecho de las normas y actos contrarios a las normas constitucionales supremas. Debemos referirnos en este apartado, finalmente, a un aspecto fundamental del antes citado y fundamental artículo 6 de la Constitución. Este artículo, como ya hemos visto, reconoce expresamente, como lo han hecho muchos ordenamientos europeos tras la Segunda Guerra Mundial y después de la transición de regímenes dictatoriales a la democracia, que trajo consigo la introducción de la justicia constitucional, la supremacía de la Constitución, lo que no supone gran novedad en el plano del derecho constitucional comparado. Lo que sí es novedoso es combinar la disposición relativa a la supremacía constitucional con aquella que dispone que "son nulos de pleno derecho toda ley, decreto, resolución, reglamento o acto contrarios a esta Constitución", disposición esta última que se remonta al artículo 46 de la Constitución de 1966 y que fue incorporada por vez primera en un texto constitucional en el año 1908 y apareció con la misma redacción en todas las constituciones posteriores, incluyendo la Constitución vigente, con la excepción de la Constitución de 1963. Como bien señala la mejor y más reciente doctrina del derecho constitucional comparado al analizar el texto antes citado, "si tomamos en sentido estricto la figura de la *nulidad de pleno derecho como sanción* -que es lo que pretende la correspondiente disposición refiriéndose en realidad a todo aquello que se oponga a la Constitución- materialmente nos encontramos ante una disposición capaz de desplegar unos efectos no previstos en ninguna Constitución europea" (Bastarreche: 264), debiéndose resaltar que la nulidad de las normas y actos inconstitucionales es una sanción, "por cierto, más estricta que la mera inaplicación o derogación" (Díaz Revorio 2012: 191). Y es que la parte in fine del artículo 6 no solo consagra la universalidad del control jurisdiccional de constitucionalidad, es decir, que todos los actos estatales, leyes, reglamentos, actos administrativos y demás actos estatales están sujetos a dicho control, con lo que se hace realidad la "garantía objetiva" de la Constitución (Brewer-Carías: 312), sino también, lo que es todavía más importante, y lo que precursoramente señalaba la doctrina criolla al referirse al artículo 46 de la Constitución de 1966 que reproduce textualmente dicha parte in fine del artículo 6 de la Constitución vigente, que la sanción de nulidad de aquellos actos inconstitucionales "opera de pleno derecho, lo que vale decir, que esa sanción existe por el solo hecho de transgredir sus preceptos sin que sea necesario que tal nulidad sea pronunciada por tribunal alguno" (Pellerano Gómez: 5).

Aquí debemos detenernos para unas precisiones respecto a la consagración constitucional de la nulidad de pleno derecho de los actos estatales inconstitucionales, consagración que tiene una serie de repercusiones en la evolución y actual configuración del sistema de justicia constitucional y que tendremos ocasión de estudiar en detalle en el Capítulo 6. Lo que la Constitución establece en la parte in fine de su artículo 6 es la nulidad de todo acto estatal que contravenga la Constitución lo que significa, en palabras de Kelsen, que, "porque es irregular" y aunque pretenda "ser acto jurídico, y en especial un acto estatal, no es tal 'objetivamente'", al no responder "a las condiciones que le prescribe una norma jurídica de grado superior", en este caso la Constitución, por lo que, al faltarle "de antemano el carácter de jurídico", no hace falta, "para retirarle su cualidad usurpada de acto jurídico, otro acto jurídico". En este sentido, "tanto las autoridades públicas como los súbditos, tienen el derecho de examinar, en todas las circunstancias, la regularidad del acto nulo, de declararlo irregular y tratarlo, en consecuencia, como inválido y no obligatorio". Este "poder de tratar como nulos los actos irregulares" es un "poder que, en principio, pertenece por derecho a todos" (KELSEN: 37-38). Es precisamente esta nulidad de pleno derecho de los actos constitucionales uno de los fundamentos esenciales del *judicial review* o control jurisdiccional difuso de constitucionalidad: allí donde a una persona se le exige el cumplimiento de un acto que esta considera nulo por inconstitucional, ella puede sencillamente desobedecerlo y, en caso de insistencia en el cumplimiento del mismo por parte de la autoridad, alegar o reclamar por la vía de la excepción -y como mecanismo de defensa ante la exigencia de la autoridad- o mediante acción al efecto dicha nulidad. La decisión, en caso de que acoja la excepción o acción del demandado, recurrente o accionante, pronunciará la nulidad *ipso iure* del acto reputado nulo por inconstitucional, con efectos retroactivos o ex tunc, aunque exclusivamente para las partes en la controversia.

Para Kelsen, sin embargo, en el derecho positivo no hay tal cosa como la nulidad de pleno derecho o absoluta, es decir, un acto considerado nulo a priori y ab initio. Los actos irregulares no son nulos sino tan solo anulables. De ahí que una ley debe ser considerada válida, con efectos válidos que se prolongan desde el momento de su entrada en vigor hasta que un tribunal la declare inconstitucional, declaración que, en todo caso, tendrá un carácter constitutivo, que regirá para el futuro, y no declarativo, como en el modelo del control difuso de constitucionalidad, donde el juez tan solo constata una nulidad por inconstitucionalidad que se remonta al pasado. e caso, el acto anulado debe ser. Es precisamente a partir de esa premisa que Kelsen elabora su propuesta de control concentrado de constitucionalidad en manos de un Tribunal Constitucional que se ha expandido por toda Europa y América pero que, en el caso de este último continente, se vincula con la permanencia, en mayor o menor grado y en distintas modalidades, del control difuso de constitucionalidad. En cualquier caso, incluso para Kelsen, la oposición nulidad/anulabilidad no es radical, pues, para él, la nulidad puede ser vista "como un caso límite de la anulabilidad, una anulación con efecto retroactivo" (KELSEN: 42), lo que es una premonición de la modulación de los efectos temporales de las sentencias dictadas por los tribunales constitucionales, con efectos estrictamente pro futuro y que hoy se admite, en práctica consolidada del derecho comparado de la justicia constitucional admitida y consagrada por la legislación y la jurisprudencia, que pueden tener modulados efectos pro pretérito, como examinaremos en el Capítulo 6.

En el caso dominicano, si bien es cierto que la LOTCPC establece los efectos pro futuro de la declaratoria de inconstitucionalidad pronunciada por el Tribunal Constitucional en los casos de acción directa de inconstitucionalidad en sede concentrada, no menos cierto es que la propia Constitución reconoce la potestad de impartir justicia constitucional por todos los jueces y tribunales, lo que consagra expresamente el tradicional control difuso de constitucionalidad que se remonta en el país al artículo 125 de la Constitución de 1844. Esto significa que, si bien las normas inconstitucionales se consideran válidas para todos sus destinatarios hasta que el Tribunal Constitucional las declare inconstitucionales, la nulidad por inconstitucionalidad de pleno derecho de las mismas, aún no haya habido pronunciamiento acerca de la cuestión por los jueces constitucionales especializados, puede ser alegada para un caso concreto por cualquier persona ante los poderes y autoridades públicas. De manera que podríamos afirmar que, allí donde existe un sistema mixto de control de constitucionalidad, es decir, que mezcla el control difuso con el control concentrado, como es el caso de la República Dominicana, existe, al mismo tiempo, por un lado, la *garantía de la Constitución de la nulidad* de los actos estatales inconstitucionales propio del control difuso y, por otro lado, la *garantía de la Constitución de la anulabilidad* de dichos actos, inherente al control concentrado.

Esta disposición constitucional acerca de la nulidad de pleno derecho de los actos inconstitucionales, cuyo contenido y cuyas consecuencias normativas permanecieron en estado latente e ignorados -seguramente por los avatares políticos y el lento desarrollo de la justicia constitucional hasta la reforma constitucional de 1994-, cobra ahora -tras la reforma constitucional de 2010 y la consolidación de un sistema de justicia constitucional de última generación-, además, la mayor importancia: (i) como mecanismo ciudadano de defensa de la Constitución y los derechos frente a groseras y manifiestamente arbitrarias violaciones constitucionales que justifican la desobediencia civil y la resistencia legítima frente a un derecho abiertamente injusto y que no puede ampararse bajo la cobertura de la presunción de constitucionalidad de las normas y de los actos; (ii) como expresión de una sanción general de la cual el artículo 73 de la Constitución -que establece que "son nulos de pleno derecho los actos emanados de autoridad usurpada, las acciones o decisiones de los poderes públicos, instituciones o personas que alteren o subviertan el orden constitucional y toda decisión acordada por requisición de fuerza armada"- es una concreción especial; y (iii) como validación de un control difuso administrativo de constitucionalidad —e, incluso, de un control de constitucionalidad ejercido por particulares— de al menos aquellos actos manifiesta y arbitrariamente inconstitucionales, todo lo anterior sin perjuicio del control jurisdiccional de constitucionalidad a posteriori y la última palabra del defensor jurisdiccional supremo de la Constitución quien no es más que el Tribunal Constitucional.

2.3.4 La Constitución como fuente. Si la Constitución es norma, entonces necesariamente ella es fuente formal de derecho, de donde manan valores, principios y reglas vinculantes para el juez, para funcionarios y para particulares. Esto pugna con la concepción tradicional civilista de las fuentes de derecho en donde la ley resultaba la fuente primaria, ya que la Constitución no era más que o un simple conjunto de principios políticos organizadores del Estado y no una norma en sentido pleno, o bien una norma rectora de la conducta del legislador, pero, en modo alguno, invocable como fuente directa. Y es que "la afirmación de la fuerza normativa de la Constitución se asocia a la idea de la Constitución como fuente de derecho directamente aplicable, que quiere decir que, incluso en aquellos casos en que se precisa de la actividad legislativa, la Constitución puede ser aplicada como fuente para determinar la correspondiente omisión y activar los mecanismos de control asociados" (BEARD: 853).

Concebir a la Constitución como fuente implica, por tanto, aceptar la *aplicación judicial de la Constitución* y, en general, que todos quienes deban aplicar el derecho, deberán tomar en cuenta la norma constitucional como premisa de su decisión, como si se tratase de cualquier otra norma. Que la Constitución sea fuente de derecho significa que tiene eficacia directa por lo que "no será sólo norma sobre normas, sino norma aplicable, no será solo fuente sobre la producción, sino también fuente de derecho sin más" (Otto: 76). La Constitución deja de ser así un meta-derecho y pasa a formar parte del Derecho aplicable en los casos concretos, bien para extraer la solución al mismo, bien para configurar de un cierto modo la situación jurídica, bien para derivar derechos fundamentales sin necesidad de intervención legislativa. Así lo confirma el Tribunal Constitucional al establecer que "el principio de supremacía constitucional establecido en las disposiciones del artículo 6 de la Constitución de la República consagra el carácter de fuente primaria de la validez sobre todo el ordenamiento jurídico dominicano, cuyas normas infra constitucionales deben ceñirse estrictamente a los valores, principios, reglas y derechos contenidos en la Carta Magna" (Sentencia TC/0150/13).

2.3.5 La Constitución como norma vinculante para todos los órganos estatales. En la concepción normativa clásica de Constitución, ésta tiene como destinatarios directos a los poderes públicos, en tanto que a los demás agentes estatales la Constitución solo los vincularía indirectamente, o sea, a través de la debida sujeción a la ley, al reglamento y a las decisiones jurisprudenciales de rango superior. Es la concepción de Kelsen para quien la Constitución no es más que el conjunto de normas que regulan la actividad de los órganos estatales: "La Constitución –afirma el gran jurista austriaco– en sentido material está constituida por los preceptos que regulan la creación de normas jurídicas generales, especialmente la creación de leyes". Para Kelsen, "la función esencial de la Constitución en el sentido material de la palabra, consiste en determinar la *creación de normas generales*, esto es, determinar los órganos y el procedimiento de la legislación, así como hasta cierto grado, el contenido de las leyes futuras" (Kelsen).

Conforme esta concepción, los jueces y funcionarios administrativos de rangos medios o inferiores están obligados a cumplir con los preceptos constitucionales, pero sólo en la medida en que éstos proveen las reglas de reconocimiento de las normas que dichos jueces y funcionarios deben aplicar. La Constitución vendría tan solo a indicar cuáles normas son aplicables, pero ella por sí misma no moldearía la actividad pública. A lo sumo, dichos funcionarios tendrían la obligación de inaplicar una ley elaborada en violación a los procedimientos establecidos en la Constitución, pero nunca estarían obligados a inaplicar una ley que viola que viola el contenido material de la norma constitucional.

Hoy se admite, sin embargo, que la Constitución expande su *fuerza vinculante material* a todos los sujetos públicos con capacidad para producir actos jurídicos, sin excepción alguna. Desde el legislador hasta el más humilde inspector de aduanas, todos los funcionarios y agentes estatales, están directa e inmediatamente vinculados por la Constitución. Como bien afirma el Tribunal Constitucional de España, "los preceptos constitucionales […] vinculan a todos los poderes públicos […] y son origen inmediato de derechos y obligaciones y no meros principios programáticos" (STC 21/1981). Esta es la concepción que recoge nuestra Constitución cuando dispone que "todas las personas y los órganos que ejercen potestades públicas están sujetos a la Constitución" (artículo 6), lo que para el Tribunal Constitucional significa que "las disposiciones contenidas en la Constitución, al igual que las normas que integran el bloque de la constitucionalidad constituyen el parámetro de constitucionalidad de todas las normas, actos y actuaciones producidos y realizados por todas las personas, instituciones privadas y órganos de los poderes públicos" (Sentencia TC/0150/13).

2.3.6 La Constitución como norma de aplicación directa. La aplicación directa es en gran medida el resultado del carácter normativo de la Constitución. Cuando se afirma que una norma constitucional tiene aplicación directa, lo que se dice es que ella debe ser tomada como regla material idónea para la solución administrativa y judicial de conflictos intersubjetivos concretos, que ella ha de ser la pauta normativa que orientará la decisión de los casos cotidianos particulares, que el juez o la Administración habrán de tomarla como regla de decisión, sin tener que acudir a la ley que la reglamente o desarrolle. Se trata de la *eficacia directa del texto constitucional*, "eficacia directa e inmediata que tiene la Constitución como norma suprema del ordenamiento jurídico, sin necesidad de esperar que resulte desarrollada por el legislador ordinario en lo que concierne a los derechos fundamentales y libertades públicas" (STC 81/1982). Esta eficacia directa de las normas constitucionales es evidente en el caso dominicano pues, al establecer la Constitución que "los tratados, pactos y convenciones relativos a derechos humanos, suscritos y ratificados por el Estado dominicano, tienen jerarquía constitucional y son de aplicación directa e inmediata por los tribunales y demás órganos del Estado" (artículo 74.3), está presuponiendo que, por la sola incorporación en el bloque de constitucionalidad de los derechos contenidos en los referidos instrumentos internacionales, se impone la aplicación directa e inmediata de los mismos por los tribunales y demás órganos del Estado. En otras palabras, los derechos humanos son susceptibles de ser aplicables directa e inmediatamente no porque sean derechos o porque estén contenidos en instrumentos internacionales sino porque estos instrumentos han sido dotados de rango constitucional –y por ende, de aplicación directa e inmediata- por la propia Constitución.

3. LA ESTRUCTURA NORMATIVA DE LA CONSTITUCIÓN

La Constitución, en contraste con gran parte de la legislación ordinaria, se caracteriza por la gran variedad de tipos de normas que acoge. Encontramos en el texto constitucional mandatos al legislador que muchas veces son normas que fijan obligaciones de hacer, algunas veces establecen límites a su actuación y en otras establecen fines o programas de actuación. Desde la óptica de los derechos nos topamos con cláusulas generales de libertad, pautas interpretativas y derechos de prestación. Esta heterogeneidad normativa, esta riqueza de formas de la Constitución, propia del constitucionalismo moderno, es consecuencia de la *multifuncionalidad de las normas constitucionales*. Es por ello que es imposible comprender la dogmática del Derecho Constitucional sin antes entender la estructura normativa de la Constitución. Como bien ha expresado la Corte Constitucional de Colombia: "La Constitución es *norma de normas*, pero en modo alguno es una norma ordinaria que sólo se distingue de las demás en razón de su jerarquía formal. La Constitución es el eje central del ordenamiento jurídico. El cumplimiento de su misión como parámetro objetivo del ordenamiento y dinamizador del mismo, no podría realizarse sin la variedad de formas que asumen sus normas: normas clásicas, normas de textura abierta, normas completas, normas de aplicación inmediata, normas programáticas, normas de habilitación de competencias, normas que consagran valores, normas que prohíjan principios, normas que contemplan fines, etc." (Sentencia G-531 de 11.11.93).

A pesar de los ensayos de clasificación y sistematización de los tipos de normas constitucionales, lo cierto es que, aunque no han sido del todo inútiles son, sin embargo, "incompletos y, salvo lo que valgan a efectos académicos, poco ayudan a reconducir la heterogeneidad de las disposiciones constitucionales a categorías con regímenes uniformes, ya que, dentro de cada una de ellas, vuelven a estallar los matices resistiéndose a quedar encerrados en marcos conceptuales inadecuadamente rígidos" (Múñoz Machado: 147). De todos modos, como la peor diligencia es la que no se hace, es preciso que abordemos la tipología de normas constitucionales, desde una perspectiva estrictamente pedagógica que, no obstante los riesgos de pasar por alto los matices, nos permita familiarizarnos con la estructura normativa de la Constitución sin la cual, como bien nos advierte la jurisprudencia antes citada, no podremos comprender la Constitución como norma y la función central que ella desempeña en el entramado del ordenamiento jurídico.

3.1 Tipología de las normas constitucionales

El Tribunal Constitucional reconoce una variedad de tipos de normas constitucionales. Así vemos que el Tribunal Constitucional ha establecido que "las normas infraconstitucionales deben ceñirse estrictamente a los valores, principios, reglas y derechos contenidos en la Carta Magna" (Sentencia TC/0150/13). Podemos entonces distinguir tres bloques típicos de normas constitucionales o modos de categorizarlas: (i) las reglas, principios y valores; (ii) los derechos fundamentales y las garantías institucionales; y (iii) las normas de organización.

3.1.1 Reglas, principios y valores. De acuerdo con Robert Alexy, "tanto las reglas como los principios son normas porque ambos dicen lo que debe ser". De ahí que "ambos pueden ser formulados con la ayuda de las expresiones deónticas básicas del mandato, la permisión y la prohibición". Más aún, "los principios, al igual que las reglas, son razones para juicios concretos de deber ser, aun cuando sean razones de un tipo muy diferente" (Alexy: 83). ¿En qué se distinguen ambos tipos de normas? Alexy provee la respuesta: "los principios son normas que ordenan que algo sea realizado en la mayor medida posible, dentro de las posibilidades jurídicas y reales existentes", pues, ante todo, "son *mandatos de optimización*, que están caracterizados por el hecho de que pueden ser cumplidos en diferente grado y que la medida debida de su cumplimiento no sólo depende de las posibilidades reales sino también de las jurídicas". En contraste, "las reglas son normas que sólo pueden ser cumplidas o no", de donde se infiere que "si una regla es válida, entonces debe hacerse exactamente lo que ella exige, ni más ni menos". Las reglas "contienen determinaciones en el ámbito de lo fáctica y jurídicamente posible" (ALEXY: 86-87).

Gustavo Zagrebelsky aclara esta distinción entre reglas y principios. Las normas legislativas son casi siempre reglas, mientras que las normas constitucionales –en especial las relativas a los derechos fundamentales y a la justicia– son prevalentemente principios. Un ejemplo ilustra la diferencia entre ambas: "Cuando la ley establece que los trabajadores en huelga deben garantizar en todo caso determinadas prestaciones en los servicios públicos esenciales estamos en presencia de reglas, pero cuando la Constitución dice que la huelga es un derecho estamos ante un principio" (ZAGREBELSKY: 110).

La diferencia entre las reglas y los principios radica en que solo los principios cumplen una función propiamente constitucional, o sea, constitutiva del ordenamiento jurídico. Las reglas, aunque estén escritas en la Constitución –como es el caso de aquella que establece que para ser representante ante los parlamentos internacionales se requiere "haber cumplido 25 años de edad" (artículo 28)- no son más que leyes reforzadas por su forma especial de adopción. "Las reglas –afirma Zagrebelksky–, en efecto, se agotan en sí mismas, es decir, no tienen ninguna fuerza constitutiva fuera de lo que ellas mismas significan" (ZAGREBELSKY: 110). O se ha cumplido o no se ha cumplido 25 años de edad: la regla se agota en sí misma y no es dable extraer de ella ninguna otra consecuencia fuera de lo que ella simple y llanamente establece.

3.1.1.1 Los valores. El Preámbulo de la Constitución menciona como "valores supremos" a "la dignidad humana, la libertad, la igualdad, el imperio de la ley, la justicia, la solidaridad, la convivencia fraterna, el bienestar social, el equilibrio ecológico, el progreso y la paz". ¿Qué son los *valores*? ¿Cómo y cuándo se incorporan a los textos constitucionales modernos? ¿Qué función desempeñan en el Derecho Constitucional? Esas son las interrogantes que trataremos de contestar en este apartado…

A. Los valores en el Derecho Constitucional. Ya la Declaración de Derechos del Buen Pueblo de Virginia del 12 de junio de 1776 establecía que "todos los hombres son, por su naturaleza, igualmente libres e independientes, y que tienen ciertos derechos inherentes de los que no pueden privar o desposeer a su posteridad […]; a saber, el goce de la vida y de la libertad con los medios de adquirir la propiedad y perseguir y obtener la felicidad y la seguridad", así como que "ni el gobierno libre ni la bendición de la libertad pueden ser preservados por un pueblo sin una adhesión firme a la justicia, la moderación, la templanza, la frugalidad y la virtud, y un retorno frecuente a los principios fundamentales". En igual sentido, el Preámbulo de la Constitución de los Estados Unidos de 1787 establece el propósito del Pueblo de los Estados Unidos de "establecer la Justicia […] y asegurar las bendiciones de la Libertad para nosotros y para nuestra posteridad", mientras que, en Francia, la Declaración de Derechos del Hombre y del Ciudadano del 26 de agosto de 1789 establecía en su artículo primero que "los hombres nacen y permanecen libres e iguales en derechos", siendo los derechos "naturales e imprescriptibles" la libertad, la propiedad, la seguridad y la resistencia a la opresión.

Declaraciones como las precedentes impactaron profundamente en los constituyentes de 1844 los cuales, al proclamar la Constitución de ese año, declararon lo siguiente: "*Dios, Patria y Libertad*, República Dominicana, En el nombre de Dios Uno y Trino, Autor y Supremo Legislador del Universo. Los Diputados de los pueblos de la antigua parte Española de la Isla de Santo Domingo, reunidos en Congreso Constituyente Soberano, cumpliendo con los deseos de sus comitentes, que han jurado no deponer las armas hasta no consolidar su independencia política, fijar las bases fundamentales de su gobierno, y afianzar los imprescriptibles derechos de seguridad, propiedad, libertad e igualdad […]". Citas similares de los conceptos de libertad, justicia, igualdad, propiedad y seguridad pueden encontrarse en otros textos constitucionales dominicanos, al igual que en las constituciones de los demás pueblos iberoamericanos que le precedieron y que, de una u otra manera, sirvieron de inspiración a nuestros primeros constituyentes.

La inclusión de valores en las constituciones cobra fuerza con la Constitución mexicana de 1917 –la cual inaugura el *constitucionalismo social*– y la Constitución de Weimar en 1919. Tras la Segunda Guerra Mundial, el artículo 1 de la Constitución italiana proclama que "Italia es una República democrática fundada en el trabajo" –con una afirmación que recuerda la de la Constitución española de 1931– y el artículo 2 establece que "la República reconoce y garantiza los derechos inviolables del hombre, ya sea como individuo, ya sea en las formaciones sociales donde desarrolla su personalidad, y exige el cumplimiento de los deberes inderogables de solidaridad política, económica y social". Por su parte, el artículo 3 de la Constitución italiana introduce el concepto de "dignidad" que aparecería en constituciones europeas posteriores y la califica de "social": "todos los ciudadanos tienen la misma dignidad social y son iguales ante la ley". El párrafo segundo del Artículo 3 consagra una nueva dimensión de la igualdad y de la libertad, lejos de la clásica concepción individualista del liberalismo, al establecer que "es misión de la República suprimir los obstáculos de orden económico y social que, limitando de hecho la libertad y la igualdad de los ciudadanos, impiden el pleno desarrollo de la personalidad humana y la efectiva participación de todos los trabajadores en la organización política, económica y social del país".

Alemania y Francia no son inmunes a esta tendencia de proclamar valores en los textos constitucionales. La Ley Fundamental de Bonn proclama que "la *dignidad del hombre* es intangible", que "respetarla y protegerla es obligación de todo poder público", que "el pueblo alemán se identifica, por tanto, con los inviolables e inalienables derechos del hombre como fundamento de toda comunidad humana, de la paz y de la justicia en el mundo" y que "todos tienen derecho al libre desenvolvimiento de su personalidad siempre que no vulneren los derechos de otro ni atenten al orden constitucional o a la ley moral". La Constitución francesa de 1958 proclama en su artículo 2 como divisa de la República la de "Libertad, Igualdad, Fraternidad", lema inspirador de la Revolución francesa, y de nuestro "Dios, Patria y Libertad", pero que es significativo que recojan los franceses dentro del texto articulado. Ya el Preámbulo de la Constitución francesa de 1946, al que se adhiere la de 1958 y que constituye, junto a la Declaración de 1789, la lista de los derechos fundamentales en Francia, proclamaba: "Tras la victoria obtenida por los pueblos libres sobre los regímenes que intentaron esclavizar y degradar a la persona humana, el pueblo francés proclama de nuevo que todo ser humano sin distinción de raza, religión o creencias, posee derechos inalienables y sagrados. Reafirma solemnemente los derechos y libertades del hombre y del ciudadano consagrados por la Declaración de Derechos de 1789 y los principios fundamentales reconocidos por las leyes de la República".

Es la Constitución española la que más explícitamente consagra los valores. En efecto, el artículo 1.1 establece que "España se constituye en un Estado social y democrático de Derecho, que propugna como *valores superiores* de su ordenamiento jurídico la libertad, la justicia, la igualdad y el pluralismo político". De hecho, la Constitución española es de las poquísimas –si no la única– que consigna expresamente la palabra "valores", que, además, o los considera como "superiores" o bien establece una jerarquía de valores en la que existen valores superiores y valores inferiores, y finalmente cita cuáles son esos valores superiores. Esta consagración expresa de los valores en un texto constitucional paradigmático como el español revela la importancia de éstos para el Estado de Derecho, el constitucionalismo y el Derecho Constitucional.

La Constitución dominicana, al igual que la gran mayoría de las constituciones y contrario al especialísimo caso de la española, no se refería expresamente, hasta la reforma constitucional de 2010, a los valores ni los enumeraba ni los calificaba como superiores. Con la reforma, no sólo se establecieron en el Preámbulo una serie de valores considerados "supremos" ("la dignidad humana, la libertad, la igualdad, el imperio de la ley, la justicia, la solidaridad, la convivencia fraterna, el bienestar social, el equilibrio ecológico, el progreso y la paz") sino que, además, en la cláusula del Estado Social y Democrático de Derecho, se insertó la previsión de que este Estado está "fundado en el respeto de la dignidad humana, los derechos fundamentales, el trabajo, la soberanía popular y la separación e independencia de los poderes" (artículo 7). Dichos valores, que se suman a los ya contenidos en el artículo 8 que fija la función esencial del Estado ("libertad individual" y "justicia social"), son un referente esencial en el proceso de producción, interpretación a aplicación del Derecho y es a través de ellos que se definen las orientaciones básicas a las que el ordenamiento debe tender. De ahí que el ordenamiento jurídico no sea un simple aglomerado formal de normas de contenido irrelevante sino un *conjunto sistemático* con referentes esenciales plasmados en la realización de los valores constitucionalmente establecidos. Estos valores están orientados a la afirmación de la *dignidad humana* en cuanto fundamento del orden político y la paz social, pues la dignidad humana no solo aparece en el Preámbulo de la Constitución como valor supremo sino que también, lo que es todavía mucho más importante, su respeto es considerado fundamento del Estado (artículos 7 y 38) y de la Constitución misma (artículo 5).

Esos valores pueden bastar para promover recursos o plantear cuestiones de inconstitucionalidad. Así, el valor *justicia*, entendido como una exigencia estrechamente vinculada a la dignidad humana, puede fundamentar la inconstitucionalidad de toda norma legal que prohíba la revisión de las sentencias sobre la base de que se altera el principio de la autoridad de la cosa juzgada o de la seguridad jurídica. La preocupación por la justicia, como bien ha señalado el Tribunal Constitucional español, "lleva a extremar la preocupación por la justicia del caso concreto y a declarar la invalidez de todos los actos de los poderes públicos que los desconozcan, o que sea resultado de un procedimiento en el curso del cual hayan sido ignorados" (STC 63/1982). Más aún, los jueces ordinarios, haciendo uso de su potestad de inaplicar las normas inconstitucionales, pueden inaplicar aquellas normas que contraríen la interpretación que se deduce de los valores constitucionales, sean estos expresos o implícitos pues, como bien marca la tradición constitucional dominicana inaugurada con el artículo 35 de la Constitución de 1844, "no podrá hacerse ninguna ley contraria ni a la letra ni al espíritu de la Constitución", tradición que llevó a la Suprema Corte de Justicia a establecer que "los tribunales no tan sólo tienen el derecho, sino que están en el deber de interpretar" las normas "con sujeción a los supremos principios, escritos y no escritos, que sirven de base a nuestra Constitución política, y ninguna estipulación que se aparte de esos principios puede ser aplicada por nuestros tribunales" (S.C.J. 20 de enero de 1961. B.J. 606.49), entendiéndose aquí los principios en el sentido amplio del término que engloba tanto a los principios estricto sensu como a los valores. Por si esto fuera poco, según el artículo 7.10 de la LOTCPC "los valores, principios y reglas contenidos en la Constitución y en los tratados internacionales sobre derechos humanos adoptados por los poderes públicos de la República Dominicana, conjuntamente con los derechos y garantías fundamentales de igual naturaleza a los expresamente contenidos en aquellos, integran el bloque de constitucionalidad que sirve de parámetro al control de la constitucionalidad y al cual está sujeto la validez formal y material de las normas infraconstitucionales", lo que implica que forman parte del bloque de constitucionalidad las normas contenidas en los instrumentos internacionales de derechos humanos suscritos y ratificados por el país (artículo 74.3), sean estas valores, principios y reglas, escritos o no escritos.

B. Los valores en el derecho internacional de los derechos humanos. Pero no solo los textos constitucionales de las diferentes naciones democráticas del mundo consagran los valores. Las *declaraciones internacionales de derechos humanos* acostumbran a recoger valores y principios, aunque esencialmente en los preámbulos. El Preámbulo de la Declaración Universal de Derechos Humanos del 10 de diciembre de 1948 establece que "la libertad, la justicia y la paz en el mundo tienen por base el reconocimiento de la dignidad intrínseca y de los derechos iguales e inalienables de todos los miembros de la familia humana" y "que los pueblos de las Naciones Unidas han reafirmado en la Carta su fe en los derechos fundamentales del hombre, en la dignidad y el valor de la persona humana y en la igualdad de derechos de hombres y mujeres; y se han declarado resueltos a promover el progreso social y a elevar el nivel de vida dentro de un concepto más amplio de libertad". Más aún, su artículo 1 establece que "todos los seres humanos nacen libres e iguales en dignidad y derechos y, dotados como están de razón y conciencia, deben comportarse fraternalmente los unos con los otros".

Del mismo modo, la *Declaración Americana de los Derechos y Deberes del Hombre* afirma en su Preámbulo "que los pueblos americanos han dignificado la persona humana y que sus constituciones nacionales reconocen que las instituciones jurídicas y políticas, rectores de la vida en sociedad, tienen como fin principal la protección de los derechos esenciales del hombre y la creación de circunstancias que le permitan progresar espiritual y materialmente y alcanzar la felicidad"; "que, en repetidas ocasiones, los Estados americanos han reconocido que los derechos esenciales del hombre no nacen del hecho de ser nacional de determinado Estado sino que tienen como fundamento los atributos de la persona humana"; "que la protección de los derechos del hombre debe ser guía principalísima del derecho americano en evolución"; y "que la consagración americana de los derechos esenciales del hombre unida a las garantías ofrecidas por el régimen interno de los Estados, establece el sistema inicial de protección que los Estados americanos consideran adecuado a las actuales circunstancias sociales y jurídicas, no sin reconocer que deberán fortalecerlo cada vez más en el campo internacional, a medida que esas circunstancias vayan siendo más propicias".

Aunque se ha discutido mucho el valor jurídico de estas Declaraciones y, principalmente, de sus Preámbulos, lo cierto es que tiende a imponerse la tesis de que la Declaración Universal forma parte de la *estructura constitucional de la comunidad mundial* y que la Declaración, en tanto catálogo autorizado de derechos humanos, se ha convertido en el componente básico del derecho consuetudinario internacional, vinculante para todos los estados, y no solo para los Estados miembros de las Naciones Unidas. Parecido criterio sostiene la Corte Interamericana de Derechos Humanos respecto a la Declaración Americana según puede inferirse de una Opinión Consultiva (No. OC-10/89 del 14 de julio de 1989, Serie A No. 10). En todo caso, más allá de las menciones antes señaladas, lo relevante es que los valores de libertad, igualdad y dignidad, síntesis de todos los derechos fundamentales, están plenamente presentes y asumidos por la comunidad internacional, no obstante las repetidas violaciones de los derechos humanos en todo el mundo. Como bien expresa Díaz Revorio, "los derechos humanos constituyen un nuevo *ethos* basado en el deseo de unificar el mundo, así como el intento de indicar los valores y los desvalores que todos los Estados deberían asumir como criterio de discriminación en sus acciones. Sin embargo, es significativo que el acuerdo o consenso mundial lo es más sobre los valores como *núcleo* o '*esencia*' que condensa los derechos humanos, ya que cuanto más concreto o detallado sea el desarrollo que de éstos se pretenda, mayores serán las divergencias entre Estados de culturas o tradiciones distintas" (Díaz Revorio 1997: 71).

Es por ello que, en el ámbito regional, las declaraciones de derechos humanos y los valores que representan son más efectivas pues la mayor *proximidad geográfica y cultural* facilita un común entendimiento del contenido e implicaciones de los derechos y valores. Es el caso del Convenio Europeo para la protección de los Derechos Humanos y Libertades Fundamentales (Convenio de Roma de 1950) que establece en su Preámbulo la profunda adhesión de los países signatarios a las "libertades fundamentales que constituyen las bases mismas de la justicia y la paz en el mundo […]" y declara su propósito "animados de un mismo espíritu y en posesión de un patrimonio común de ideales y tradiciones políticas, de respeto a la libertad y de preeminencia del derecho, a tomar las primeras medidas adecuadas para asegurar la garantía colectiva de algunos de los derechos enunciados en la Declaración Universal". Estos derechos y valores, imprescindibles en una sociedad democrática, han sido considerados por el Tribunal Europeo de Derechos Humanos en el espíritu del Convenio de Roma que es "proteger y promover los valores de una sociedad democrática" (Sentencia del 7 de diciembre de 1976, caso Kjeldsen, Busk Madsen y Pedersen, párrafo 53), entre los cuales incluye el pluralismo, la tolerancia y el espíritu de apertura (Sentencia del 29 de abril de 1976, caso Handyside, párrafo 49; sentencia del 13 de agosto de 1981, caso Young, James y Webster, párrafo 63).

El rol de este tribunal, sumado a la incorporación del Convenio de Roma, con los valores que contiene, al Tratado de la Unión Europea, permite hablar de un "*Derecho Constitucional europeo*" (Díaz Revorio 1997: 75), tendencia a la cual contribuye la "europeización del derecho constitucional nacional" con vistas a crear un "Estado constitucional común europeo" que propone Peter Häberle, al sugerir la inclusión de *cláusulas sobre Europa* en las constituciones de los Estados europeos, como lo ha hecho la República Checa en el Preámbulo de su Constitución de 1992, en que se declara "Estado libre y democrático fundado sobre el respeto a los Derechos fundamentales y a los principios de la Sociedad civil, como miembro de la familia de las Democracias de Europa y del mundo [...], resuelto a conducirse conforme a los acreditados principios del Estado de Derecho" (Häberle). La tendencia parece ser la de que el "sistema europeo", con su "sistema de valores", se impondrá sobre los sistemas jurídicos de los Estados miembros de la Unión cuando el desarrollo o garantía de los derechos sea equivalente o mayor que el sistema nacional, prevaleciendo el sistema nacional en el caso contrario. Tal es el criterio del Tribunal Constitucional alemán que afirma en el caso *Solange I* que la lista de derechos fundamentales de la Ley Fundamental de Bonn es un elemento esencial e irrenunciable del ordenamiento constitucional alemán, de modo que, hasta que Europa no cuente con un catálogo claro, determinado y homologable con el alemán, prevalecerá la Ley Fundamental (BVerfGE 35, 271 ss., 1974), mientras que en *Solange II*, aplicando el mismo criterio, el Tribunal afirma que se abstendrá de verificar la conformidad del derecho comunitario derivado con los derechos fundamentales de la Ley Fundamental siempre y cuando el nivel de protección de las Comunidades europeas sea suficiente u homologable con el establecido en la Ley Fundamental (BVerfGE 73, 387).

El caso de la región interamericana se asemeja al europeo, aunque presenta ciertas particularidades que deben ser resaltadas. El Preámbulo de la CADH reafirma, por parte de los Estados Americanos signatarios de la misma, "su propósito de consolidar en este Continente, dentro del cuadro de las instituciones democráticas, un régimen de libertad personal y de justicia social, fundado en el respeto de los derechos esenciales del hombre". Los estados reconocen, asimismo, "que los derechos esenciales del hombre no nacen del hecho de ser nacional de determinado Estado, sino que tienen como fundamento los atributos de la persona humana, razón por la cual justifican una protección internacional, de naturaleza convencional coadyuvante o complementaria de la que ofrece el derecho interno de los Estados americanos" y reiteran que, "con arreglo a la Declaración Universal de los Derechos Humanos, sólo puede realizarse el ideal del ser humano libre, exento del temor y de la miseria, si se crean condiciones que permitan a cada persona gozar de sus derechos económicos, sociales y culturales, tanto como de sus derechos civiles y políticos". Es claro que, en contraste con el sistema europeo, el interamericano –por lo menos a nivel de la proclamación de los derechos– enfatiza los derechos sociales, económicos y culturales, junto con el catálogo clásico de derechos civiles y políticos.

En todo caso, la Corte IDH resalta que "los tratados modernos sobre derechos humanos en general, y, en particular, la Convención Americana, no son tratados multilaterales del tipo tradicional, concluidos en función de un intercambio recíproco de derechos, para el beneficio mutuo de los Estados contratantes. Su objeto y fin son la protección de los derechos fundamentales de los seres humanos, independientemente de su nacionalidad, tanto frente a su propio Estado como frente a los otros Estados contratantes. Al aprobar estos tratados sobre derechos humanos, los Estados se someten a un orden legal dentro del cual ellos, por el bien común, asumen varias obligaciones, no en relación con otros Estados, sino hacia los individuos bajo su jurisdicción" (Opinión Consultiva OC-2/82. *El efecto de las reservas sobre la entrada en vigor de la Convención Americana sobre Derechos Humanos (art/ 74 y 75)*, del 24 de septiembre de 1982, Serie A, no. 2, #29). A partir de esta opinión, los derechos humanos aparecen como un valor en el derecho internacional, en específico del *Derecho Internacional Público americano*: "Asumida la subjetividad internacional de la persona humana, se dice con razón que los derechos humanos han pasado a ser valorados como un 'valor' propio en el derecho internacional, en el bien común internacional, y en la comunidad internacional organizada […] Que en ese ámbito sean un valor significa que el derecho internacional los reconoce y 'valora' como un valor que a él le incumbe y le compromete, o en otros términos, que son un ideal al que él debe prestar acogida para cooperar a realizarlo, y para brindarle protección con sus mecanismos propios, en refuerzo de su encarnadura sociológica" (Bidart Campos: 421).

El artículo 1.1 de la CADH establece el deber de los Estados partes de "respetar los derechos y libertades reconocidos en ella y a garantizar su libre y pleno ejercicio a toda persona que esté sujeta a su jurisdicción, sin discriminación alguna. A juicio de la Corte Interamericana, esta obligación que asumen los Estados parte del reconocimiento de que "el ejercicio de la función pública tiene unos límites que derivan de que los derechos humanos son atributos inherentes a la dignidad humana y, en consecuencia, superiores al Estado" (Caso Velázquez Rodríguez, Sentencia del 29 de julio de 1988, Serie C No. 4) y "de la afirmación de la existencia de ciertos atributos inviolables de la persona humana que no pueden ser legítimamente menoscabados por el ejercicio del poder público", "de esferas individuales que el Estado no puede vulnerar o en las que solo puede penetrar limitadamente", pues "en la protección de los derechos humanos, está necesariamente comprendida la noción de la restricción al ejercicio del poder estatal" (*La expresión "leyes" en el Artículo 30 de la Convención Americana sobre Derechos Humanos*, Opinión Consultiva OC-6/86 del 9 de mayo de 1986, Serie A No. 6, párrafo 21).

Los valores constitucionales reconocidos y consagrados en los diversos ordenamientos constitucionales escapan al conflicto que podría suscitarse entre los derechos reconocidos y garantizados a nivel regional o internacional y aquellos que lo son o no a nivel nacional, ya que los valores esenciales son coincidentes en ambos planos. Y es que los valores "forman parte hoy de una cultura común, que en el terreno de las declaraciones más generales es compartida hoy en los cinco continentes, pero que posee un elevado nivel de desarrollo, y cada vez mayor grado de garantía a nivel europeo" (DÍAZ REVORIO 1997: 77) o, mejor aún, a nivel del "*Estado constitucional como producción comunitaria paneuropea/atlántica*" (HÄBERLE: 95). De todos modos, los valores constitucionales nacionales se insertan y encajan perfectamente en los sistemas de valores regionales –europeo e interamericano– e internacional, del cual son causa, reflejo y criterio de legitimidad. La conexión entre valores nacionales y supranacionales es evidente en la Resolución 1920-2003 de la Suprema Corte de Justicia que reconoce un bloque de constitucionalidad integrado por fuentes nacionales e internacionales y que "encierra entre sus principios y normas una serie de valores como el orden, la paz, la seguridad, la igualdad, la justicia, la libertad y otros que, al ser asumidos por nuestro ordenamiento jurídico, se configuran como patrones de razonabilidad". Dicho vínculo se hace todavía más ostensible a la luz del artículo 74.3 de la Constitución que constitucionaliza el bloque de constitucionalidad de creación jurisprudencial y que no deja margen a dudas de que los instrumentos internacionales de derechos humanos y, por ende, los valores que le sirven de fundamento, tienen jerarquía constitucional, en un país que, por demás, "es un Estado miembro de la comunidad internacional, abierto a la cooperación y apegado a las normas del derecho internacional" (artículo 26).

C. Función de los valores en el ordenamiento constitucional. Comprender la función de los valores en el derecho constitucional nos obliga a definir los mismos. Por valor se entiende varias cosas. A los fines del derecho constitucional, sin embargo, la décima acepción de la palabra consignada en el Diccionario de la Lengua Española de la Real Academia Española es la más relevante: "cualidad que poseen algunas realidades, llamadas bienes, por lo cual son estimables". De esta definición se infiere que los valores no tienen una existencia tangible sino que necesitan de las cosas o las personas para poder ser percibidos y que, aunque pueden tener un sentido negativo, generalmente se habla de valores en términos positivos.

Para la sociología, el "*sistema de valores*" es el conjunto de ideas y creencias propias de la sociedad, que condicionan el comportamiento humano y el sistema de normas sociales y jurídicas. Desde esta óptica los valores desempeñan una serie de funciones: por un lado, proveen coherencia y sentido al código de normas y modelos de la sociedad; por otro, sirven para cohesionar síquicamente a los individuos; y por último, contribuyen a la integración social de la comunidad. El sistema de valores refleja las necesidades básicas del sistema social en el contexto de su entorno físico y su tecnología, de modo que los cambios en las condiciones de vida de los pueblos generalmente producen cambios en sus valoraciones.

Ese sistema de valores es reflejado en el Derecho, principalmente en el Derecho de los Estados democráticos, casi siempre de forma implícita. El valor jurídico por antonomasia es la justicia pues desde Celso se entiende al derecho como "el arte de lo bueno y de lo justo". Hay otros conceptos, sin embargo, con los cuales puede evaluarse el derecho: la libertad, la igualdad, la seguridad.

En todo caso, explícitos o implícitos, los valores son claves en todo ordenamiento constitucional. Y es que la Constitución expresa y contiene un *orden material o sustancial de valores*, lo que implica que no es neutral porque toma partido por un sistema axiológico bien definido. Al mismo tiempo, existen en ella un conjunto de principios que, junto con los valores, sirven de eje para ampliar su aplicación y su obligatoriedad a todo el resto del ordenamiento jurídico. Este plexo de valores y de principios constituye lo que German Bidart Campos denomina el "techo ideológico" de la Constitución, o sea, su filosofía política y su espíritu. "Este espíritu tiene que animar a la 'letra' constitucional, es decir, al 'texto' de la Constitución, desde el 'con-texto' en el que se sitúan los valores y los principios" (BIDART CAMPOS: 323).

Muchos de estos valores y principios figuran explícitamente en las normas de la Constitución, aunque no se les denomine con esos nombres. El hecho de que consten en la letra de la Constitución no significa, sin embargo, que, conjuntamente con los valores y principios implícitos, no hagan parte de un con-texto que se afilia al techo ideológico y que desde este último debe dárseles desarrollo aplicativo. Es más, la mayoría de los principios "se encuentran sobre todo en enunciados en los que no se proclama principio alguno", de manera que "los principios más importantes son los que no están proclamados como tales, es decir, sobre todo, el componente de principio que existe en todos los derechos fundamentales" (RUBIO LLORENTE: XIX):

Estos valores y principios guardan relación estrecha con los fines que la Constitución propone y demanda alcanzar en la dinámica del sistema político. Así la dimensión axiológica se relaciona con la *visión finalista* de la Constitución y, lo que no es menos importante, con la *raíz histórica* de la Constitución. Pues ésta no sólo tiene un "para qué" de los fines sino un "por qué" histórico. De ahí que, para entender los valores y principios, no basta con aprehender los fines sino que es preciso indagar la raíz histórica debajo del proceso político-institucional que ha dado origen a la Constitución.

Cuando recorremos el amplio paisaje de los valores y principios "es menester alejarse de la creencia de que todo tiene que estar escrito en las normas de la Constitución, porque hay muchas cosas que, sin formularse en esas normas, se hallan alojadas en los *silencios de la Constitución* o en las implicitudes de la Constitución; es decir, que faltan las normas, no obstante lo cual hemos de auscultar los silencios e implicitudes para ver si en lo que la Constitución calla o en lo que sugiere implícitamente nos está significando algo que carece de una norma específica" (BIDART CAMPOS: 324). Puede hablarse así, incluso en el país con la más vieja y desarrollada jurisprudencialmente Constitución escrita, como es el caso de Estados Unidos, de una *"unwritten constitution"* (AMAR) en la que se encuentran una serie de principios que en constituciones más recientes de otros países sí aparecen expresamente consignados. Pero, aún en las más jóvenes constituciones, encontramos principios no escritos que, como bien vemos en el presente Capítulo, sirven para interpretar las normas infraconstitucionales y la propia Constitución, como ha reconocido la Suprema Corte de Justicia. El reconocimiento jurisprudencial de las normas implícitas y no expresas es una prueba más de que, muchas veces, y aunque la mayoría de los juristas positivistas clásicos lo nieguen, "en las constituciones las cosas más importantes no se escriben" (BARBERIS: 208).

D. Diferencias entre valores y principios. Si analizamos con detenimiento los argumentos de Zagrebelsky veremos que, al intentar deslindar los conceptos de principio y de regla, el autor utiliza el término principio en un sentido amplio, que comprende los valores. Y es que la distinción entre principios y valores es mucho más complicada. Se han intentado seis aproximaciones a la cuestión:

a) Hay quienes entienden que los valores se distinguen de los principios porque los primeros tienen un mayor *contenido ético* en contraste con el mayor *contenido político* de los segundos. Este criterio de distinción no parece ser muy útil porque hay principios que participan de contenidos éticos (ej. el principio de la separación de poderes) y valores que no son neutrales políticamente (ej. la libertad).

b) Algunos afirman que los valores carecen de *eficacia jurídica*, mientras que los principios sí tienen valor jurídico. Como veremos más adelante, al analizar la doctrina y la jurisprudencia constitucional comparada sobre los valores esto no es así.

c) Para otros, los valores son superiores a los principios. En opinión de Francisco Javier Díaz Revorio, "aunque se reconociera un mayor carácter 'fundamentador' o legitimador, o una mayor generalidad o abstracción [a los valores], ello no implica necesariamente una superioridad con efectos jurídicos. Además, sería muy difícil trazar la 'línea divisoria' a partir de la cual, el mayor carácter fundamentador conlleva un nivel tal de superioridad que permita hablar de 'valor' en lugar de 'principio'. En realidad, la *superioridad de los valores* sobre los principios más que un criterio de distinción entre ambas categorías sería en su caso un efecto de la eventual diferencia entre los mismos. Pero, para ello, habría que encontrar otro criterio útil para deslindar valores y principios. Y a este respecto, como estamos viendo, hasta ahora los criterios aludidos dejan una amplia 'zona de penumbra' en la que la distinción se hace difícil". Asimismo, para hablar de superioridad de los valores sobre los principios habría que buscar un fundamento en la Constitución misma y, en todo caso, "esta superioridad no puede concebirse en un sentido jerárquico, sino más bien con efectos interpretativos" (Díaz Revorio 1997: 104).

d) Hay quien asumiendo el *mayor grado generalidad y abstracción* de los valores frente a la mayor particularidad y concreción de los principios como una diferencia cualitativa infiere que el legislador, dentro del marco de la oportunidad política, es libre de "realizar" los valores, mientras que debe "desarrollar" los principios dentro del marco de la discrecionalidad jurídica (Aragón Reyes: 39). Lo cierto es que hay principios más genéricos que los valores y que el margen de apreciación del legislador depende del significado del valor o principio y será mayor o menor no obstante su mayor o menor generalidad.

e) Robert Alexy considera que los valores y los principios difieren en que, mientras los principios son conceptos *deontológicos*, los valores se sitúan en el plano *axiológico*. Los principios son mandatos: ordenan lo que es debido, establecen lo que está prohibido. Los valores, por el contrario, nos permiten discernir "lo mejor", sin crear deber alguno (Alexy: 138 ss.). "Lo que en el modelo de los valores es prima facie lo mejor, en el modelo de los principios es prima facie debido. De esta forma puede pasarse de la constatación de que una determinada solución es la mejor desde el punto de vista del Derecho constitucional, a la constatación de que la misma es debida iusconstitucionalmente" (Díaz Revorio 1997: 107). Junger Habermas amplía el concepto de Alexy:

"Los principios o normas de orden superior, a cuya luz pueden justificarse otras normas, tienen un sentido deontológico, los valores, en cambio, un sentido teleológico. Las normas válidas obligan a sus destinatarios sin excepción y por igual a practicar un comportamiento que cumple expectativas generalizadas de comportamiento, mientras que los valores hay que entenderlos como preferencias intersubjetivamente compartidas. Los valores expresan la preferibilidad de bienes que en determinados colectivos se consideran deseables y que pueden adquirirse o realizarse mediante una acción enderezada a ese fin. Las normas se presentan con una pretensión binaria de validez y son, o bien válidas, o bien no válidas; frente a los enunciados normativos, al igual que frente a los enunciados asertóricos, sólo podemos tomar postura con un 'sí' o con un 'no, o absteniéndonos de juzgar. En cambio, los valores fijan *relaciones de preferencia* que dicen que determinados bienes son más atractivos que otros; de ahí que nuestro asentimiento a los enunciados valorativos consienta grados. La validez deontológica de las normas tiene el sentido absoluto de una obligación incondicional y universal: lo debido pretende ser bueno para todos por igual. La atractividad de los valores tiene el sentido relativo de una apreciación de bienes a la que se está habituado o que se ha adoptado en una determinada cultura o en una determinada forma de vida: las decisiones valorativas decisivas o preferencias de orden superior dicen qué es lo que, consideradas las cosas en conjunto, es bueno para nosotros (o para mí). Distintas normas no pueden contradecirse unas a otras si pretenden validez para el mismo círculo de destinatarios; tienen que guardar una relación coherente, es decir, formar sistema. Los diversos valores, en cambio, compiten por ser los primeros; en la medida en que consiguen reconocimiento intersubjetivo dentro de una cultura o de una forma de vida, constituyen configuraciones a la vez flexibles y tensas".

Principios y valores "se distinguen, pues, primero, por la referencia que, respectivamente, hacen a la acción 'deontológica', es decir, a la acción sujeta a obligaciones, y a la acción teleológica; segundo, por la codificación, bien binaria, bien gradual, de su pretensión de validez; tercero, por su tipo de carácter vinculante, absoluto en caso de las normas, y relativo en el caso de los valores; y, cuarto, por los criterios a los que han de satisfacer los sistemas de normas, por un lado, y los sistemas de valores, por otro" (Habermas: 328).

A juicio de Díaz Revorio, aunque los valores pertenecen al mundo de lo axiológico, pues la axiología es la *"teoría de los valores"*, algunos principios constitucionales pertenecen también a este mundo y los valores, por el hecho de estar constitucionalizados (precisamente por ser buenos), sin perder su naturaleza axiológica, quedan incluidos en el mundo del deber ser (y son debidos porque son buenos). De ahí que la utilidad de la distinción trazada por Alexy radica en relevar las dos dimensiones de los valores y los principios –la axiológica y la deontológica– ya que un mismo concepto puede actuar como valor o como principio (Díaz Revorio 1997: 107).

f) Por su parte, Ronald Dworkin distingue entre reglas, principios y fines. Las *reglas* serían disposiciones específicas que atan a un supuesto hecho una consecuencia jurídica. Los *principios* vienen a ser cláusulas genéricas que enuncian imperativos de justicia o morales, que ofrecen argumentos para decidir, pero, a diferencia de las reglas, no obligan por ellos mismos a la adopción de una única decisión, no son aplicados a la manera de "todo o nada". Los *policies* o *fines* serían mandatos a los poderes públicos, normas que establecen líneas programáticas a seguir, metas a alcanzar en el plano económico, político o social (DWORKIN). El problema con este criterio de distinción es que los valores, al igual que los fines, imponen mandatos a los poderes públicos y participan de algunas de las características de los principios de Dworkin.

Es por todo lo anterior que muchos entienden que no hay una diferencia sustancial entre los valores y los principios constitucionales. Ambos son normas jurídicas, poseen carácter final (al señalar objetivos o metas a alcanzar) y permanente (dado que definen las reglas fundamentales de organización y funcionamiento del sistema jurídico), pueden servir de fundamento a recursos o acciones de inconstitucionalidad y las normas infralegales que colisionen con ambos tipos de normas pueden ser objeto de control judicial. Aunque una gran parte de los valores poseen un mayor significado ético o axiológico y son más generales y abstractos que la gran mayoría de los principios, ello parece no tener importancia jurídica, lo cual parece ser reafirmado por el uso indistinto que hace gran parte de la jurisprudencia constitucional de los términos "principios" y "valores". De todos modos, es preciso tener en cuenta la diferencia entre ambos que consiste básicamente en el marcado carácter axiológico y grado de generalidad de los valores en comparación con el carácter deóntico y menor grado de generalidad de los principios. Esta diferenciación es clave pues "la Constitución dominicana no es demasiado clara en estos extremos. En efecto, en su Preámbulo se habla de valores supremos y principios generales en relación a una serie de conceptos (dignidad humana, libertad, igualdad, etc.) que propiamente no podemos considerar meros principios sino como valores que presiden el ordenamiento dominicano" (ALONSO DE ANTONIO: 257).

3.1.1.2 Diferencias entre reglas y principios. Si asumimos que las reglas y los principios son dos especies de normas y que los principios en sentido lato incluyen a los valores y a los fines, entonces es posible distinguir entre reglas y principios atendiendo a cinco tipo de criterios: (i) *grado de abstracción* (los principios son normas con un mayor grado de abstracción que las reglas); (ii) *grado de determinabilidad* (los principios, contrario a las reglas, son vagos e indeterminados); (iii) *carácter de fundamentalidad* (los principios juegan un rol fundamental en el ordenamiento jurídico debido a su posición jerárquica superior en el sistema de fuentes o a su importancia estructurante dentro del sistema jurídico); (iv) *proximidad a los valores* (los principios son estándares jurídicamente vinculantes derivados de exigencias de "justicia", de "equidad", de "igualdad", de la "dignidad humana", mientras que las reglas son normas vinculantes con un contenido meramente funcional; y (v) *naturaleza normogenética* (los principios son fundamento de las reglas y, por lo tanto, debido a que constituyen la ratio de las reglas jurídicas desempeñan por eso una función normogenética.

Resumiendo, podemos afirmar que los principios son normas jurídicas susceptibles de optimización, compatibles con varios grados de concretización, derivados de los condicionantes fácticos y jurídicos existentes, en tanto que las reglas son normas que prescriben imperativamente una exigencia (imponen, permiten o prohíben) que es o no cumplida, en los términos de Dworkin "*aplicable in all or nothing fashion*" (Dworkin). Por otro lado, la convivencia de los principios es conflictiva en tanto que las reglas son antinómicas: en otras palabras, los principios coexisten mientras que las reglas antinómicas se excluyen.

A fin de conciliarse recíprocamente, los principios son capaces de relativizarse. Al constituir *exigencias de optimización*, permiten el balance de valores e intereses, ya que no obedecen como las reglas a la lógica del "todo o nada" y son susceptibles de ser ponderados atendiendo a su peso relativo a otros principios eventualmente conflictivos. Las reglas, sin embargo, no dejan espacio para cualquier solución, pues deben ser cumplidas en la exacta medida de sus prescripciones, ni más ni menos. Precisa y paradójicamente es en la esfera de las reglas en donde sólo hay la *única solución correcta* por la que aboga Dworkin, pues en el terreno de los principios se admite más de una solución jurídicamente correcta como bien intuyó Hart. Es por ello que, en caso de conflicto de principios, éstos son objeto de ponderación, armonización, pues ellos contienen exigencias y estándares que deben ser realizados. En contraste, las reglas son definitivas por lo que es jurídicamente imposible la validez simultánea de reglas contradictorias. Los principios suscitan cuestiones de validez y peso (importancia, ponderación, valor) en tanto que las reglas apenas suscitan cuestiones de validez, ya que si no son correctas deben ser alteradas a través de los mecanismos de producción de normas que contemple el ordenamiento jurídico.

Lo antes dicho no significa que los textos que consagran reglas no sean susceptibles de interpretación: por ejemplo, el texto de la Constitución de Brasil que establece que es prohibido establecer impuestos "sobre libros, diarios, periódicos y el papel destinado a su impresión" (artículo 150), así como el texto que dispone que "son inviolables la intimidad, la vida privada, la honra y la imagen de las personas" (artículo 5), pueden originar discusión acerca de si los encartes comerciales en los diarios y periódicos están exonerados de impuestos o sobre cuál es el significado de intimidad, vida privada, honra e imagen. "No obstante, después de llegar a una decisión acerca del significado de los primeros (diarios y periódicos), ya es posible, para utilizar la expresión positivista de uso corriente en la tradición jurídica brasileña, subsumir el hecho en la norma y aplicarla al caso concreto. En el segundo caso, aunque se llegue a una decisión sobre el significado de los términos intimidad, vida privada, honra e imagen, aun así puede no ser posible realizarse la subsunción. Puede que otros principios -principalmente la libertad de expresión y de prensa- sean aplicables al mismo caso concreto que, de esa forma, solo podrá ser solucionado después de una ponderación entre los principios en juego. Ese segundo paso -la ponderación- es característico de los principios" (Silva: 133).

3.1.1.3 La capacidad normogenética de los principios. Los principios –en sentido amplio, es decir, incluyendo a los valores y a los principios stricto sensu- tienen una doble finalidad: sirven no solo para interpretar normas, sino también para influenciar la creación de normas. Dado su alto grado de indeterminación respecto de las normas en que pueden transmutarse, se requiere el desarrollo de las reglas contenidos en los principios. De ahí que los principios pueden ser tanto desarrollados por el legislador como concretizados por el juez. Al desarrollar los principios, el legislador es constreñido en su discrecionalidad política por la discrecionalidad jurídica, de modo que, cualquier desviación de la primera respecto de la segunda, es controlada por el juez. El juez, en cambio, no puede interferir en la oportunidad política o en la pertinencia del desarrollo legislativo, pues aunque la norma se encuentra indeterminada, está predicha en la formulación del principio. La proyección normativa del juez puede tener tres vertientes: utilizar el principio como parámetro del juicio de constitucionalidad, interpretar el ordenamiento o integrarlo cuando no exista alguna disposición aplicable al caso concreto.

Como ya hemos visto, gran parte de los principios constitucionales son principios institucionales o estructurales. Estos son los que se encuentran en la base misma de un determinado ordenamiento como fruto de una valoración y de una decisión política sobre todo el ordenamiento. Su contenido es de carácter político-ideológico pues expresan la decisión política fundamental sobre todo el ordenamiento y, por lo tanto, configuran el núcleo central de tal decisión. El contenido atribuido a estos principios no puede estar en contradicción con las normas constitucionales de las que resultan ser su depuración o quintaesencia. Orientan la interpretación de las normas constitucionales y, muchas veces, contribuyen a llenar sus lagunas.

3.1.1.4 Los principios y el derecho natural: la "lectura moral" de la Constitución.
Pero los principios más relevantes, por su impacto en la interpretación constitucional, son los principios que subyacen en los derechos fundamentales, principalmente en su vertiente objetiva. Ya nos ocuparemos de ellos cuando abordemos el estudio de los derechos fundamentales. Mientras tanto, es preciso señalar el influjo de los principios en nuestro ordenamiento constitucional a la luz del precepto constitucional en virtud del cual la ley "no puede ordenar más que lo que es justo y útil para la comunidad ni puede prohibir más que lo que le perjudica" (artículo 40.15). Este precepto constitucional constituye la válvula a través de la cual la moral entra al derecho y permite realizar lo que Dworkin denomina en *Freedom's Law* una "*lectura moral*" de la Constitución (DWORKIN 1996). La lectura moral propone que todos nosotros –jueces, abogados y ciudadanos– interpretamos y aplicamos las cláusulas constitucionales abstractas en el entendido de que ellas evocan principios morales acerca de la decencia política y la justicia. De manera que cuando un juez dominicano se encuentra ante una norma legal que viola principios morales básicos, pueda declararla inconstitucional por entenderla "injusta" o "inútil", a la luz de una moral social o crítica que se identifica con el respeto de los derechos humanos básicos. Esto no significa, como argumentan los positivistas, que la moral y el derecho se confundan y que basta la justicia o bondad moral de un principio para que se transforme en un principio jurídico. No. Lo que implica la lectura moral de la Constitución es que una norma puede ser válida legalmente, pero puede ser declarada inconstitucional por violar un principio de moral y justicia. Ello no significa que algunos principios sean jurídicos porque son justos, sino que ciertas normas resultan inconstitucionales por ser injustas. El parámetro de constitucionalidad resulta aquí ser un principio extraconstitucional pero que no se confunde con el Derecho: dicho principio sigue siendo moral.

"Así pues, cabe decir en síntesis que la Constitución no es derecho natural, sino más bien la manifestación más alta del derecho positivo. Sin embargo, dado que el Derecho Constitucional se presenta no como voluntad de una parte que se impone sobre la otra, sino como expresión de un equilibrio objetivo […] la relación entre ley (incluida la ley constitucional) y Constitución se aproxima a la relación entre la ley y el derecho natural. El estilo, el modo de argumentar 'en derecho constitucional' se asemeja, en efecto, al estilo, al modo de argumentar 'en derecho natural', como sabe cualquiera que esté familiarizado con las grandes decisiones de los Tribunales constitucionales. A propósito de las jurisdicciones constitucionales, se ha hablado agudamente de 'administración judicial del derecho de naturaleza' y se ha observado que 'la interpretación de la Constitución adquiere cada vez más el aspecto de una filosofía del derecho', pues sus procedimientos no obstante estar vinculados al derecho vigente, no pueden desenvolverse en el universo cerrado de las reglas jurídicas. En los Estados constitucionales modernos, los principios morales del derecho natural se han incorporado al derecho positivo. Las modalidades argumentativas del Derecho Constitucional se 'abren' así a los discursos metajurídicos, tanto más si se toman en consideración los principios de la Constitución" (ZAGREBELSKY: 116).

Algunas veces, los principios están incluidos explícitamente en la Constitución, y desde luego son fuente de interpretación de ella, al tiempo que motorizan decisiones constitucionales en el sentido que proponen esos principios. Otras veces, sin embargo, los principios no aparecen del todo expresos, lo cual no es óbice para que se consideren parte del corpus constitucional. En este sentido, como bien estatuyó la Suprema Corte de Justicia, "los tribunales no tan sólo tienen el derecho, sino que están en el deber de interpretar […] si un tratado internacional, lo mismo que las demás leyes, son o no compatibles con la Constitución; que [dichos tratados deben interpretarse] con sujeción a los supremos principios, escritos y no escritos, que sirven de base a nuestra Constitución política, y ninguna estipulación [de esos tratados] que se aparte de esos principios puede ser aplicada por nuestros tribunales" (S.C.J. 20 de enero de 1961. B.J. 606.49).

La aplicación de estos principios no escritos procede, además, cuando la Constitución constitucionaliza el derecho natural. Es el caso del supracitado artículo 40.15 de la Constitución que establece que la ley "no puede ordenar más que lo que es justo y útil para la comunidad ni puede prohibir más que lo que le perjudica". A la luz de esta cláusula constitucional, ante una ley injusta, ante una ley inútil, una ley que prohíbe lo que beneficia a la sociedad, el juez deberá declararla inconstitucional. ¿Dónde encuentra el juez estos principios? Dworkin en *Tomando los derechos en serio*, recomienda acudir primero a la costumbre, a la jurisprudencia, a los precedentes institucionales: "Si nos urgieran a fundamentar nuestra afirmación de que cierto principio es un principio de Derecho, mencionaríamos cualquier caso anterior en que tal principio hubiera sido citado o figurase en la discusión. Mencionaríamos también cualquier ley que pareciera ejemplificarlo… A menos que llegásemos a encontrar el apoyo en algún precedente institucional, no podríamos probablemente demostrar nuestro caso; y cuanto más apoyo encontrásemos, tanto más peso podríamos reclamar para el principio". Si no basta con esto, es preciso entonces que los jueces "hasta donde sea posible, consideren el sistema vigente de normas como si expresaran y respetaran un núcleo coherente de principios y, a tal fin, que interpreten dichas normas para encontrar otras implícitas entre y debajo de las explícitas". (DWORKIN 1984: 95) En otras palabras, se trata del recurso a los *principios implícitos*, autorizado expresamente por el artículo 74.1 de la Constitución. Si este recurso no es suficiente, entonces no hay otro camino que acudir directamente a la moral lo que significa que la justicia o bondad moral de un principio es título suficiente para que se transforme en principio jurídico. Hay quienes entienden que "incluso suponiendo que la fuente relevante estipulara que es derecho vigente la correcta decisión moral -o política, para el caso- sobre los méritos de la discusión, es el derecho el que invita o incorpora las consideraciones morales o políticas a formar parte del derecho, por lo cual el derecho seguiría a cargo del show, por así decir" (ROSLER: 171). Sin embargo, a la luz del artículo 40.15 de la Constitución, un principio vale no porque sea derecho sino porque es justo, porque su contenido forma parte de la moral. Estos principios que sirven de base para declarar inconstitucional una norma injusta o inútil no tienen por qué contar con ningún respaldo en el derecho vigente, ni siquiera tienen que encarnarse en alguna práctica social, sino que son normas que pueden ser recabadas de la moral, una moral que en todo caso no puede contradecir los derechos, principios y valores constitucionales y que, partiendo de Ferrajoli y como bien ha sugerido la mejor doctrina, puede identificarse con la filosofía política subyacente tras la Constitución, con el modelo axiológico del garantismo, es decir, del Estado constitucional de derecho, formado por "los principios teórico-políticos fundamentales desde los que se interpreta la Constitución", que "son externos al sistema" (GASCÓN ABELLÁN: 185).

Es por lo anterior que, aunque siempre existe el peligro de que, tras la mampara de la lectura moral de la Constitución, los jueces metan de contrabando sus propias convicciones y prejuicios jurídicos y morales, convicciones que serán inevitablemente diferentes, hay un factor que conduce a una convergencia entre los jueces respecto a cómo entienden el sentido de las normas desde la perspectiva de la práctica jurídica. Ese factor no es más que el hecho de que "toda comunidad posee paradigmas de derecho, proposiciones que en la práctica no pueden objetarse sin sugerir corrupción o ignorancia" (DWORKIN 1986: 72). De ahí que, como advierte Ollero Tassara, sobre las huellas de y citando a Dworkin, "solo una *perspectiva iusnaturalista*, sin obligada garantía de infalibilidad permite justificar la interpretación contramayoritaria del texto constitucional [...] Cuando 'entendemos mejor la democracia, vemos que la lectura jurídico-natural [moral] de una constitución política no es antidemocrática, sino, al contrario, casi indispensable para la democracia'. Se impone por tanto una interpretación marcada por 'el requisito de integridad constitucional', consciente de que 'los jueces no pueden leer sus propias convicciones' en la Constitución, sino que 'deben mirarse a sí mismos como socios de otros', 'del pasado y el futuro que, en conjunto, elaboran un derecho [una moral] constitucional coherente'. A los magistrados 'no se les pide que signa los susurros de sus propias conciencias' sino que no olviden que la 'constitución es derecho y, como todo derecho, está anclada en la historia, la práctica y la integridad'" (OLLERO TASSARA: 59).

3.1.1.5 Los principios como expresión de conceptos. El contenido de los principios constitucionales depende del contexto histórico y cultural del que forman parte. Tales principios expresan importantes conceptos (justicia, igualdad, solidaridad, etc.) pero el contenido de los mismos, lo que Dworkin llama la "concepción" (DWORKIN) de éstos, es objeto de amplias discusiones. Así, la igualdad no es lo mismo para un liberal que para un socialista ni los derechos de ciudadanía tienen el mismo contenido para un comunitarista que para un republicano. El conjunto de los principios constitucionales constituye así "una suerte de 'sentido común' del derecho, el ámbito de entendimiento y de recíproca comprensión en todo discurso jurídico, la condición para resolver los contrastes por medio de la discusión y no a través de la imposición" (ZAGREBELSKY: 124). El carácter principialista de la Constitución y el hecho de que estos principios contengan conceptos y no concepciones es lo que permite que la Constitución sea una Constitución viviente con gran capacidad para adaptarse a las nuevas circunstancias.

3.1.2 Derechos fundamentales y garantías institucionales. La parte más importante de la Constitución como fuente del Derecho está constituida por las normas que declaran los *derechos fundamentales*. Estas normas deben ser claramente distinguidas de las garantías institucionales, que son aquellas que persiguen el aseguramiento de determinadas instituciones jurídicas, cuyo mantenimiento no engendra derechos subjetivos en favor de los individuos, pero cuya vulneración sí viciaría de inconstitucionalidad cualquier ley. La *garantía institucional* conlleva una serie de obligaciones para el Estado y, en especial, para el legislador, pero no supone el reconocimiento de prerrogativas a los individuos para exigir el cumplimiento de esas obligaciones. En realidad, la garantía institucional otorga a los individuos intereses reflejos que surgen de la protección constitucional de aquellas instituciones a las que esos ciudadanos pertenecen o de las que disfrutan. Esos derechos, sin embargo, derivan del reconocimiento constitucional y no de la garantía constitucional misma.

Se distinguen las garantías institucionales de los derechos fundamentales. La diferencia básica entre ambos conceptos es que los derechos fundamentales *garantizan derechos* atribuidos a personas en tanto que las garantías institucionales *protegen instituciones*. Muchas veces los derechos fundamentales están estrechamente vinculados a garantías institucionales, como ocurre con la garantía institucional de la propiedad y el derecho de propiedad o con la garantía institucional de la asociación y el derecho de asociación. Sin embargo, en ocasiones hay garantías institucionales desvinculadas de derechos fundamentales, como ocurre con la garantía de la autonomía municipal y la garantía de la autonomía del ente emisor de moneda. Ambas figuras se aproximan porque la garantía institucional puede ser entendida como la salvaguarda del núcleo esencial de las instituciones frente a las intervenciones del legislador.

3.1.3 Normas de organización.

3.1.3.1 La tradicional distinción entre la parte orgánica y la parte dogmática de la Constitución. La doctrina tradicional acostumbra a distinguir dentro de la Constitución entre las *normas de organización y procedimiento* y las *normas de contenido*. Es lo que la literatura conoce como la parte orgánica y la parte dogmática. Ejemplo de normas orgánicas vendría a ser el Título III de la Constitución que versa sobre el Poder Legislativo, regulando la composición de cada una de sus Cámaras, sus normas de funcionamiento y los trámites para la elaboración de las leyes. La parte dogmática o material comprende las prescripciones relativas al contenido de las normas y actos de los órganos regulados en la parte orgánica. La gama de normas dogmáticas es variada. Comprende a los valores, los principios, los derechos fundamentales y las garantías institucionales, que ya hemos abordado.

Esta distinción entre normas orgánicas y normas dogmáticas tiene mero interés académico y no indica nada respecto al valor de las normas constitucionales. Así, por ejemplo, cuando la Constitución establece el derecho a un juicio público, oral, contradictorio, rápido e imparcial no solo está consagrando las normas dogmáticas del debido proceso de ley, sino que también está precondicionando todo el aparato organizativo de la justicia en torno a un principio básico. Y es que "dado que la Constitución es norma suprema, todos sus preceptos predeterminan positiva o negativamente el contenido de las normas y actos de los poderes que la Constitución organiza". Es por ello que "una norma orgánica es también norma de contenido desde el momento en que el legislador ha de respetarla" (OTTO: 28) y una norma de contenido es norma orgánica en tanto tiene incidencia en el plano organizativo del Estado. No por casualidad la Constitución es no solo organización del poder sino también organización de la libertad: *el poder se organiza para garantizar la libertad.*

3.1.2.2 Clasificación de las normas de organización. Las normas de organización se clasifican en: (i) reglas de competencia; (ii) reglas de creación de órganos; y (iii) reglas de procedimiento. Las normas constitucionales de competencia son las que reconocen ciertas atribuciones a determinados órganos constitucionales (por ejemplo, el artículo 93 que establece las atribuciones del Congreso Nacional). Las normas de creación de órganos –llamadas normas orgánicas– son las que disciplinan la creación o institución constitucional de ciertos órganos (como es el caso artículo 178 que establece la composición del Consejo Nacional de la Magistratura). Las normas de procedimiento son las que establecen el procedimiento de actuación de los órganos constitucionales (por ejemplo, los artículos 96 a 113 que establecen el procedimiento de formación de las leyes), el procedimiento de formación de la voluntad política (artículos 208 a 210 que establecen cómo operan las asambleas electorales) y el ejercicio de competencias constitucionalmente consagradas (artículo 80.1 que establece las reglas del juicio político en el Senado).

3.2 La Constitución como sistema abierto de reglas y de principios

La Constitución articula un sistema normativo abierto de reglas y principios. Se trata de un *sistema jurídico* porque es un sistema dinámico de normas. Es un *sistema abierto* en tanto posee una estructura dialógica que se traduce en la "capacidad de aprendizaje" de las normas constitucionales para captar las transformaciones de la realidad y estar abiertas a las concepciones cambiantes de "verdad" y "justicia". Es un *sistema normativo* porque la estructuración de las expectativas referentes a valores, programas, funciones y personas es hecha a través de normas. En fin, es un *sistema de reglas y principios*, ya que las normas del sistema se revelan o bien bajo la forma de principios o bien bajo la forma de reglas (Gomes Canotilho, Alexy).

3.2.1 Sistemas de principios y sistemas de reglas. La Constitución entendida como sistema abierto de reglas y principios excluye la conceptualización de un modelo jurídico basado exclusivamente en reglas o constituido únicamente por principios.

Un sistema constituido *exclusivamente por reglas* nos conduciría a un sistema jurídico de limitada racionalidad práctica. Exigiría una disciplina legislativa exhaustiva y completa del mundo y de la vida, fijando en términos precisos y definitivos, las premisas y los resultados de las reglas jurídicas. Este sistema jurídico sería indudablemente más seguro. "Si el derecho sólo estuviese compuesto de reglas no sería insensato pensar en la 'maquinización' de su aplicación por medio de autómatas pensantes, a los que se proporcionaría el hecho y nos darían la respuesta. Estos autómatas tal vez podrían hacer uso de los dos principales esquemas lógicos para la aplicación de reglas normativas: el silogismo judicial y la subsunción del supuesto de hecho concreto en el supuesto abstracto de la norma" (Zagrebelsky: 111). La posibilidad de tal maquinización de la aplicación del derecho no es ciencia ficción: las calculadoras electrónicas pueden realizar funciones lógicas. Así, por ejemplo, cuando existe una clasificación formal de casos, pueden reconocer la aparición de casos previstos y dirigir su actividad ulterior conforme al resultado, es decir, "decidir" a partir de criterios establecidos. Dicho sistema, sin embargo, no dejaría espacio libre para completar y desarrollar un sistema que, como el constitucional, es esencialmente abierto. Respondería a una sociedad monodimensional y totalitaria. Ahora bien, un sistema jurídico basado exclusivamente en reglas como sueñan los positivistas radicales es pura utopía. El derecho tiene como objetivo principal la regulación de la conducta humana en una determinada sociedad y dicha regulación, en cualquier sociedad medianamente compleja, implica acudir necesariamente a "reglas, pautas o criterios de conducta y principios generales" (Hart: 155). El derecho siempre contiene principios y en la medida en que existan principios jurídicos en esa misma medida existirán conflictos entre principios que requerirán del balance de valores e intereses propio de una sociedad pluralista y abierta como la sociedad moderna. Estos principios son, por esencia, indeterminados, aunque sí determinables. Y es que sería impracticable "un sistema jurídico ideal, cuyas disposiciones determinasen por completo el contenido de los principios". Más aún, "en una sociedad que dispusiese de un catálogo de principios constitucionales y legales totalmente determinados y que además tuviesen efectos de irradiación, sobre todo el ordenamiento jurídico, se reducirían notablemente las posibilidades de deliberación política. El legislador se convertiría en una autoridad competente solo para ejecutar las regulaciones determinadas por la Constitución y se desvanecería su importancia como foro para la deliberación democrática" (Cruceta: 89-90).

Por el contrario, un sistema basado *exclusivamente en principios,* que ya hemos visto tienen que ser necesariamente indeterminados para no suprimir la deliberación política, produciría consecuencias también inaceptables. La indeterminación propia e irrenunciable de los principios, la inexistencia de reglas precisas, la coexistencia de principios necesariamente conflictivos entre sí, conducirían indefectiblemente a un sistema carente de seguridad jurídica e incapaz de reducir la complejidad del propio sistema jurídico. La emergencia de tal ordenamiento exclusivamente principiológico es imposible por igual. Y es que el Derecho no puede prescindir de las reglas. Así, la Constitución tiene que establecer con precisión a partir de qué edad se es ciudadano y ello no está sujeto a interpretación: o se han cumplido los 18 años o no se han cumplido. O se elige un senador por provincia, o se elige mas de uno. No hay termino medio.

De ahí que lo constitucionalmente adecuado es conceptar el ordenamiento constitucional como un sistema con reglas, pero esencialmente *principialista*. Con reglas claras en materia de la organización de los poderes y los procesos, el Derecho Constitucional aparece entonces como lo que es: un sistema abierto de normas y principios que, a través de procesos judiciales, procedimientos legislativos y administrativos, pasa de un "*law in the books*" a un "*law in action*" que es la única manera de tener una "*living Constitution*". Gracias a su referencia a valores (justicia, igualdad, dignidad humana, solidaridad, etc.), los principios cumplen una función normogenética y una función sistémica: son así el fundamento, la base, de reglas jurídicas y tienen una idoneidad irradiante que les permite cimentar objetivamente todo el sistema constitucional. Desde esta perspectiva teórico-jurídica, el sistema jurídico puede respirar, legitimar, enraizar y caminar. La *respiración* se logra mediante la textura abierta de los principios; la *legitimidad* se deriva de los principios que consagran valores (libertad, democracia, dignidad), que fundamentan el ordenamiento jurídico y que disponen de capacidad deontológica de justificación; el *enraizamiento* ocurre a través de la referencia sociológica de los principios a valores, programas, funciones y personas; la capacidad de *caminar* se obtiene a través de instrumentos procesales y procedimentales adecuados posibilitadores de la concretización y realización práctica de los mensajes normativos de la Constitución (Gomes Canotilho: 1127). Los principios permiten que la Constitución evolucione paulatinamente de acuerdo con las circunstancias fácticas y legales. Los principios son las piernas de la Constitución.

3.2.2 La Constitución como sistema de reglas y principios. La Constitución está estructurada como una "*cascada normativa*" de principios que se asientan sobre subprincipios y reglas constitucionales. En la medida en que se escala esta cascada, aumenta el nivel de abstracción de las normas y, en la medida en que se desciende, se incrementa el grado de concreción de las mismas.

En primer término, tenemos los *principios fundamentales del ordenamiento constitucional* (Pizzorusso: 101) o *principios estructurales* (Gomes Canotilho) que son aquellos constitutivos e indicativos de las ideas directivas básicas de todo ordenamiento constitucional. Se trata, por así decirlo, de las líneas maestras jurídico-constitucionales del estatuto jurídico de lo político. Estos son los principios constitucionales que explicitan las valoraciones políticas fundamentales del constituyente y que condensan las *opciones políticas fundamentales* que reflejan el "techo ideológico", los "principios inspiradores", el "espíritu de la Constitución", su "programa político", su "fórmula política" (Lucas Verdú y Canosa Usera). Estos principios son constitutivos del núcleo esencial de la Constitución y garantizan las estructuras básicas del Estado Constitucional.

Estos principios expresan, denotan y constituyen una determinada idea (así el principio Estado de derecho significa la idea de un orden de paz garantizado a través del derecho) y son una suma de principios o subprincipios (el Estado de derecho implica los principios de juridicidad, constitucionalidad, legalidad, seguridad jurídica y división de poderes). Estos principios tienen un contenido concreto: no es lo mismo ni es igual el principio democrático asentado en la voluntad popular del pueblo que el Estado de derecho basado en la limitación del poder a través del derecho. Pero estos principios se complementan. Así, si bien el poder se legitima a través de la participación de los ciudadanos ello implica el reconocimiento de una serie de derechos fundamentales consustanciales con dicha participación (ejs., ciudadanía, libertades de asociación y de expresión, etc.), de manera que no hay democracia sin Estado de derecho ni Estado de derecho que no sea democrático. Los principios fundamentales se limitan, además, mutua y recíprocamente: el principio democrático exige que el poder emane del pueblo a través de las elecciones pero el principio de Estado de derecho implica que ese poder legitimado democráticamente debe ejercerse de modo separado. Finalmente, estos principios operan en base a las concepciones vigentes en un momento y lugar dados: no se conciben las tareas del Estado del mismo modo si se parte de una concepción puramente liberal que si se parte de una concepción del Estado social como tampoco se entiende la democracia del mismo modo cuando se parte de una comprensión estrictamente procesual que cuando se adopte de una concepción elitista.

Son principios fundamentales, conforme el Título I de la Constitución, los principios estructurales del régimen político (contenidos en la cláusula del Estado Social y Democrático de Derecho del artículo 7 que engloba el principio democrático, el principio republicano, el principio del Estado de derecho, el principio de Estado social), los principios que definen la estructura territorial del Estado (en el caso dominicano como Estado unitario, artículo 7), los principios caracterizadores de la forma de gobierno (que la Constitución define como "esencialmente civil, republicano, democrático y representativo"), y de la organización del poder (en tanto "la separación e independencia de los poderes públicos" es considerada fundamento del Estado en el artículo 7). Estos principios son principios normativos, rectores u operantes, que todos los órganos de aplicación del Derecho deben tener en cuenta, sea en actividades interpretativas o en actos conformadores (leyes, actos políticos).

Estos principios ganan concretización a través de otros principios o *subprincipios*. Así, por ejemplo, el principio del Estado de derecho se asienta en una serie de subprincipios: el principio de sumisión al derecho de la Administración (artículo 138), el principio de seguridad jurídica (artículo 110), el principio de razonabilidad (artículo 74.1) y el principio de protección jurídica y garantías procesales (artículos 68 y 69 de la Constitución). A su vez dichos subprincipios se asientan en otros principios y reglas constitucionales: así, la sumisión a derecho de la Administración implica el principio de la responsabilidad de la Administración por sus actos (artículo 148) de donde se deriva la regla del control judicial de las actuaciones administrativas (artículo 139). Estos principios y reglas forman una "unión perfecta" que conduce al "esclarecimiento recíproco" de ambos conducente a la unidad material de la Constitución (Larenz: 185).

Por otro lado, encontramos los *principios jurídicos fundamentales*. Se consideran principios jurídicos fundamentales los principios históricamente objetivados y progresivamente introducidos en la conciencia jurídica y que encuentran una recepción expresa o implícita en el texto constitucional. Estos principios cumplen una función de primer orden en la interpretación, integración, conocimiento y aplicación del derecho positivo. Estos principios tienen una *dimensión positiva* y una *dimensión negativa*. Tal es el caso del principio de razonabilidad (artículo 74.3 de la Constitución) en virtud del cual no solo se prohíben los actos de los poderes públicos irrazonables, sino que se exige positivamente la adecuación y proporcionalidad de dichos actos. Estos principios no solo vinculan al legislador en el momento de legislar y proveen directivas materiales de interpretación de las normas constitucionales, sino que también permiten sustentar recursos y acciones de Derecho público (amparo y acción directa en inconstitucionalidad).

También tenemos los *principios constitucionales impositivos*. En estos principios, se engloban todos los principios que imponen a los órganos del Estado, sobre todo al legislador, la *realización de fines* y la *ejecución de tareas*. Se trata de principios dinámicos, orientados prospectivamente. "Se declara del más alto interés nacional la erradicación del trabajo infantil y todo tipo de maltrato o violencia contra las personas menores de edad" (artículo 56.1).

Finalmente, la Constitución acoge *principios-garantía*. Estos principios instituyen directa e inmediatamente una *garantía* de los individuos. Tal es el caso de las garantías fundamentales que, como bien establece la propia Constitución, "garantizan la efectividad de los derechos fundamentales, a través de los mecanismos de tutela y protección que ofrecen a la persona la posibilidad de obtener la satisfacción de sus derechos, frente a los sujetos obligados o deudores de los mismos" (artículo 68). Entre estas garantías, encontramos, por solo citar dos ejemplos, los principios de la tutela judicial efectiva y el debido proceso (artículo 69) y el principio de responsabilidad penal personal (Artículo 40.14).

3.3 El valor normativo del Preámbulo constitucional

El Derecho Constitucional nunca ha sido indiferente ante el valor inestimable de los *preámbulos constitucionales* como "señalizador" político-cultural. Y es que, como bien afirma Witmayer, "el preámbulo es a la Constitución lo que la obertura es a la ópera". "Los preámbulos evidentemente se hallan situados delante del texto, están ahí delante, por así decir, destinados como el propio texto constitucional que les sigue, para servir al ciudadano, saliéndole al encuentro. En suma, podría decirse que quieren ganarle para su 'causa'. Sus principales funciones no son otras que las de comunicar, integrar, posibilitar la identificación o incluso su internacionalización cara a la ciudadanía, legitimando así el propio Estado constitucional sobre el que reposan. Sus interlocutores son los ciudadanos de a pie, no los juristas ni tampoco los expertos en materias jurídicas; frente al ciudadano deben mostrarse, consecuentemente, como intérpretes, pero como intérpretes próximos, no distantes, lejos de aquellos que se ocultan bajo la jerga profesional de lo jurídico. Los preámbulos no sirven sino para perfilar los *consensos básicos*, de forma que lleguen en directo a todos los ciudadanos, a todo el pueblo, razón por la que deben estar siempre redactados de la forma más comprensible y asequible posible. Esta es la razón de lo comprometidos que resultan en su lectura, redactados de forma que lleguen por igual al jurista experto y al ciudadano sencillo" (Häberle 2000: 97). Contrario a lo postulado por una doctrina tradicional paleopositivista, el preámbulo "no es nunca una pieza de mero adorno, de hueca belleza, sino una propuesta inicial, síntesis de los valores, principios e ideas centrales sobre los cuales se estructura la ingeniería jurídica de una sociedad determinada" (Pina Toribio: 37).

Los preámbulos contienen la síntesis de la "decisión política fundamental" de un pueblo, de un pueblo "que quiere decidir con plena conciencia política como sujeto del poder soberano (Schmitt: 49). Expresan la "fórmula política" de un Estado determinado (Lucas Verdú), el "techo ideológico" de una Constitución, los "principios inspiradores" de ésta, su "filosofía" (Canosa Usera). Son un factor de *"integración material"* (Smend): "El pueblo, interiorizando y asimilando el texto preambular de una Constitución, penetra sin dificultad en la esencia de ésta y en la medida en que gracias a este sencillo acercamiento se identifica con la Constitución, aunque le sean desconocidos los preceptos concretos del articulado, queda integrado en el sistema político" (Tajadura Tejada: 32). Los preámbulos potencian el "sentimiento constitucional" (Loewenstein) en la medida en que promueven la identificación de los ciudadanos con su Constitución. No por azar el 92% de los consultados en la consulta popular que antecedió la reforma constitucional de 2010 pidieron la inserción de un texto introductorio que reflejase el orden social en que se quiere vivir, con lo que el pueblo venía a coincidir con la doctrina dominicana pionera que había reclamado la incorporación de un preámbulo constitucional en una eventual reforma de la Constitución (Rodríguez Gómez).

Ahora bien, más allá de este sentido político y cultural del preámbulo, de innegable importancia si se toma en cuenta que la cultura es un elemento constitutivo del Estado y que el Estado de cultura es un principio fundamental implícito, ¿cuál es el *valor netamente normativo del preámbulo* y, en concreto, del Preámbulo de la Constitución de 2010? En primer término, cabe rechazar cualquier posición doctrinal que tienda a descartar todo valor normativo a los preámbulos, pues las razones alegadas para considerarlos no normativos, el no integrar supuestamente la Constitución y el ser ambiguos y vagos, no se sostienen ya que la Asamblea Nacional Revisora aprobó el Preámbulo como un artículo cualquiera de la Constitución y si le negamos valor normativo a toda disposición constitucional vaga o ambigua entonces ningún valor constitucional sería considerado con fuerza normativa.

En segundo lugar, dentro de la gran mayoría de la doctrina que admite el valor normativo de los preámbulos, caben dos posiciones: aquellos que reconocen valor normativo indirecto a los preámbulos (Acosta de los Santos) y quienes entendemos que las disposiciones preambulares pueden constituir por sí solas normas constitucionales

(CASTAÑOS GUZMÁN). Para los que apoyan el *valor normativo indirecto* de los preámbulos, si bien las disposiciones preambulares no son fuente de derecho ni pueden originar normas por sí solas, por lo que no cabe extraer de estas deberes y derechos para las personas ni competencias para los órganos del Estado, ellas, pese a carecer de valor normativo directo, sí constituyen indirectamente normas en tanto contribuyen a determinar el significado del articulado de la Constitución. De ahí que únicamente las disposiciones del articulado pueden constituir normas por sí solas mientras que las del Preámbulo requieren siempre ser combinadas con las del articulado para poder extraer una norma. En otras palabras, según esta opinión doctrinal, las disposiciones del Preámbulo son de menor intensidad normativa que las del articulado, pero no por ello carecen de fuerza normativa, por lo menos indirecta. Si se adopta esta posición, una ley puede ser inconstitucional si es injusta, no tanto porque pugne con la justicia proclamada como uno de los valores supremos que rigió a la Asamblea Nacional Revisora en el momento de la adopción de la Constitución, sino por el hecho de que el artículo 40.15 establece que la ley "solo puede ordenar lo que es justo", lo que combinado con el valor justicia del Preámbulo, nos confirma la plena normatividad del mismo en nuestro ordenamiento constitucional, así como el mandato a que el legislador produzca un derecho justo y a que el Tribunal Constitucional y el Poder Judicial, al controlar la constitucionalidad de las leyes, verifiquen la justeza de las normas legales. En este sentido, si bien la Constitución no debe ser interpretada única, obligatoria y exclusivamente tal cual se consigna en los objetivos del Preámbulo, este último juega un rol importante en la interpretación de lo que ha sido la voluntad del constituyente, sintetizada en aquel (TAJADURA TEJADA: 18-22).

A nuestro modo de ver, si reconocemos que los valores y principios constitucionales constituyen normas y si los preámbulos consignan mayormente valores y principios, como es el caso de nuestro Preámbulo, donde se habla expresamente de "valores supremos" y "principios fundamentales", entonces, independientemente de que estos valores y principios consignados en las disposiciones preambulares sean especificados o no en el articulado de la Constitución, cabe reconocerles -más allá de su función meramente interpretativa, que hoy prácticamente nadie niega- la *fuerza normativa directa* inherente a cada uno de este tipo de normas constitucionales, por demás considerados "supremos" y "fundamentales" por el propio constituyente. Como bien ha señalado la Corte Constitucional de Colombia, los valores y principios consignados en el Preámbulo, "se han incorporado con plena fuerza positiva en el ordenamiento constitucional que exige una hermenéutica que promueva su acatamiento y los integre a la conciencia nacional" (Sentencia T-006/92). Esto se ha admitido incluso en un país tan positivista como Francia en donde el Consejo Constitucional no solo considera al Preámbulo de la Constitución de 1958 parte integrante de la misma y con fuerza normativa y vinculante, sino que se niega a distinguir entre las diferentes disposiciones contenidas en el mismo y a todas las considera directamente aplicables (FAVOREU). Y es que, a fin de cuentas, como bien señala Lucas Verdú, "parece absurdo sostener la tesis que las partes que el legislador expresa con más énfasis se debilitan jurídicamente" (citado por TAJADURA TEJADA: 15).

4. EL CARÁCTER VINCULANTE DE LAS NORMAS CONSTITUCIONALES

El carácter vinculante de las normas constitucionales viene reconocido por el artículo 6 de la Constitución, en virtud del cual "todas las personas y los órganos que ejercen potestades públicas están sujetos a la Constitución, norma suprema y fundamento del ordenamiento jurídico del Estado". ¿En qué consiste este carácter vinculante?

4.1 Aplicabilidad directa de los derechos fundamentales

La doctrina francesa, dominada por los dogmas del Estado Legal, consideraba indispensable la *intervención legislativa* para darle operatividad práctica a los preceptos constitucionales garantizadores de los derechos fundamentales. Es representativa de esta doctrina la opinión de Hauriou: "Las Declaraciones de Derechos no han enunciado más que el principio de cada uno de los derechos individuales, y no pueden, por esto, introducir por sí solas, tales derechos en la legislación. Es necesario que, a continuación, se organice cada derecho individual, es decir, que las condiciones y los límites en los cuales pueden ejercitarse sean determinados por una ley orgánica. Obedece esto a que existen numerosos derechos individuales entre los que puede suscitarse conflicto, y a que los derechos de un individuo pueden oponerse a los de otro. Es necesario que una ley, en previsión de estos conflictos, determine la *esfera de expansión* de cada uno de los derechos, y, por consecuencia, sus límites: 'El ejercicio de los derechos naturales de cada hombre no tiene otros límites que los que aseguren a los demás miembros de la sociedad el disfrute de estos mismos derechos. Estos límites no pueden ser determinados más que por la ley' (Decl. 3 de septiembre de 1791, art. 4). [...] Todos admiten que la *ley orgánica* es más importante que la Declaración de los derechos, y esto tiene el sentido que [...] un derecho individual que no posea su correspondiente ley orgánica no puede ejercitarse de una manera lícita, por más que el principio esté inscrito en una declaración de derechos" (Hauriou: 98).

Entre los dominicanos, esa concepción de los derechos fundamentales nunca ha arraigado. Desde Hostos, resulta claro que la constitucionalización de las "facultades naturales de los individuos" es "el medio más seguro de ponerlas por encima, y para siempre, de todo conato de reglamentación, y de toda tentativa de los poderes públicos" y que lo mejor que puede hacerse es prohibir "al Congreso el legislar acerca de los derechos del hombre", lo cual constituye "una verdadera consagración del poder individual y la base del orden constitucional y jurídico de la nación". No podían ser más opuestas las doctrinas: mientras para los franceses la mera consagración constitucional de los derechos no los hace aplicables y jurídicamente obligatorios, para Hostos basta con que se consagren en la Constitución para que se incorporen "todos los *derechos naturales a la vida constitucional* de una sociedad"; en tanto que para los franceses un derecho individual no existe en la práctica sin una ley que lo organice, Hostos entiende que los derechos fundamentales "son ilegislables". Por eso, prefiere una Constitución que diga: "No tiene el Congreso facultad para legislar acerca de los derechos naturales del ser humano". "Esta fue la manera, a un tiempo definitiva y profunda, que los legisladores americanos tuvieron de consagrar para siempre los derechos que la naturaleza ha puesto por encima de toda ley escrita, de toda convención, de todo compromiso jurídico o político. Manera definitiva, porque vedando a los legisladores el ocuparse de ellos puso para siempre esos derechos por encima de toda acción, regular o irregular, de los poderes del Estado" (Hostos: 130, 137, 128 y 129). Por eso, nunca los dominicanos hemos precisado de una disposición constitucional que como el artículo 1.3 de la Ley Fundamental de Bonn, el artículo 18.1 de la Constitución de Portugal y el artículo 55.1 de la Constitución de España establezca que los preceptos constitucionales concernientes a los derechos fundamentales vinculan a todas las personas públicas y privadas.

En nuestro ordenamiento constitucional, los derechos fundamentales no solo se aplican independientemente de la intervención legislativa, sino que valen, además, directamente contra la ley en los casos en que ésta contraríe a la Constitución. Son, por tanto, inconstitucionales todas las leyes contrarias a las normas constitucionales garantizadoras de los derechos fundamentales. Tras la reforma constitucional de 2010, la Constitución no podía ser más clara en este sentido. Ella no solo establece la sujeción de todos los órganos estatales a la Constitución, sino que, de modo expreso y contundente, dispone que "los derechos fundamentales vinculan a todos los poderes públicos, los cuales deben garantizar su efectividad en los términos establecidos por la presente Constitución y por la ley" (artículo 68). Esta aplicabilidad directa de los derechos fundamentales es reforzada por el artículo 74.3 que dispone "la aplicación directa e inmediata por los tribunales y demás órganos del Estado" de los derechos fundamentales contenidos en los instrumentos internacionales de derechos humanos, lo que hace presuponer la aplicabilidad directa e inmediata de los derechos fundamentales consignados expresamente en la Constitución y que, junto con los derechos humanos de los instrumentos internacionales, conforman un "bloque de derechos fundamentales" vinculantes para todos los poderes públicos.

4.2 Aplicabilidad directa de las normas organizatorias

Las normas organizatorias, al igual que las que consagran derechos fundamentales, son de aplicación directa, lo que no impide, sin embargo, que la ley establezca el régimen jurídico de los órganos constitucionales, siempre y cuando no contradiga lo dispuesto en la Constitución.

4.3 Aplicabilidad directa de las normas programáticas

Tradicionalmente y durante mucho tiempo, la doctrina y la jurisprudencia constitucional ha distinguido, siguiendo a la estadounidense, entre normas constitucionales *self-executing, self-acting* o *self-enforcing* (autoejecutables o autoaplicables) y las *not self-executing, not self-acting* o *not self-enforcing* (no autoejecutables o no autoaplicables), o, en el sendero de la dogmática europea de la primera mitad del siglo XX, entre normas constitucionales eficaces y normas programáticas carentes de eficacia hasta tanto se produzca una intervención o concreción legislativa. Esta distinción, pese a su larga y extendida prevalencia, hizo agua desde sus inicios pues es obvio que una norma constitucional, aun siendo no autoaplicable, programática y general, establece, aunque sea mínimamente, parámetros para el ejercicio por el legislador de su competencia concretizadora de la norma. Hoy, por tanto, se admite, aun cuando se distinga entre normas constitucionales de alta densidad normativa o de eficacia plena -que surten efectos sin intervención del legislador- y aquellas de baja densidad normativa o de eficacia limitada o reducida -que no surten todos sus efectos sin intervención del legislador aunque presentan cierto grado de eficacia-, que toda norma constitucional presenta cierto grado de eficacia conforme su densidad normativa, por lo que no procede postular que hay normas constitucionales destituidas de eficacia pues cualquier norma constitucional será capaz siempre de generar algún efecto jurídico (Sarlet: 314-335).

Dado que todas las disposiciones de la Constitución constituyen normas jurídicas, en la actualidad presenciamos el ocaso de la doctrina clásica de las *normas constitucionales programáticas, entendidas como simples proclamaciones políticas desprovistas de eficacia jurídica.* Los fines, tareas y programas constitucionales no son, como lo pretendía la doctrina tradicional, "simples programas", "exhortaciones morales", "declaraciones", "consejos", "sentencias políticas", "avisos", "aforismos políticos", "promesas", "lecciones", "apelaciones al legislador", "programas futuros" desprovistos de obligatoriedad jurídica. Estas normas, en tanto imponen una actividad y dirigen materialmente la concretización constitucional, tienen hoy un reconocido e incontestable valor jurídico constitucionalmente idéntico al de los restantes preceptos constitucionales. No debe hablarse, en consecuencia, de simple eficacia programática porque toda norma constitucional se considera obligatoria para los órganos del poder político. Más aún, la eventual mediación concretizadora de la instancia legislativa no significa que estas normas carezcan de positividad jurídica autónoma, es decir, que su normatividad es generada por la interposición del legislador. Muy por el contrario: es la positividad de las normas programáticas la que justifica la necesidad de intervención del Poder Legislativo. Para decirlo en resumidas cuentas y en palabras de la Suprema Corte de los Estados Unidos, crítica ya en 1958 de la doctrina clásica de las normas autoejecutivas y no autoejecutivas, "las disposiciones de la Constitución no son adagios gastados por el tiempo ni consignas huecas. Son principios vivos y vitales que autorizan y limitan los poderes gubernamentales en nuestra nación. Son reglas de gobierno. Cuando la constitucionalidad de una Ley del Congreso es impugnada en este Tribunal, debemos aplicar esas reglas. Si no lo hacemos, las palabras de la Constitución se convierten en poco más que buenos consejos" (*Trop. vs. Dulles*, 356 US 86, 1958).

Si bien se admite el carácter normativo de las disposiciones constitucionales programáticas y su efecto vinculante respecto a los poderes públicos, durante mucho tiempo ha resultado controvertida la cuestión de la aplicabilidad directa de estas. Uno de los aspectos más discutidos ha sido el de qué hacer ante la *inactividad del legislador* en desarrollar las normas programáticas: ¿se puede declarar la *inconstitucionalidad por omisión?* Tradicionalmente se ha pensado que "ningún órgano jurisdiccional puede obligar a los poderes públicos a que desarrollen acciones normativas tendentes al cumplimiento de las normas programáticas. Lo más que puede hacerse, en este terreno, es promover la extensión de los supuestos de hecho sobre los que recaen las normas ya emanadas, determinando la inconstitucionalidad por omisión parcial de esa normativa"

(BALAGUER CALLEJÓN: 104). Lo cierto es que, si bien hay una singularmente amplia *libertad de desarrollo* de que goza el legislador en materia de normas programáticas, lo cual hace sumamente difícil el control de constitucionalidad de las políticas públicas en el ámbito de los derechos sociales y económicos, no menos cierto es que el juez constitucional, como ya lo ha admitido el Tribunal Constitucional, y como estudiaremos en detalle en el Capítulo 6, puede sancionar la inconstitucionalidad por omisión, ordenando que se dicte la ley requerida por la Constitución o bien supliendo el vacío legislativo con disposiciones judiciales transitorias. Del mismo modo, el juez puede censurar aquellas normas infraconstitucionales que contradigan el programa constitucional.

En consecuencia, las normas programáticas son vinculantes para los poderes públicos, pero necesitan de una *intervención normativa previa* que desarrolle las mismas para que desplieguen toda su eficacia respecto a los individuos. Y es que las normas programáticas, a pesar de su clara e incontestable naturaleza normativa, no disciplinan directamente la materia sino la actividad normativa de los poderes públicos en relación con esa materia. Sin embargo, las normas programáticas, pueden ser alegadas ante los jueces, tanto para justificar pretensiones que sean concordantes con la normativa infraconstitucional, cuanto para solicitar la inaplicación o la inconstitucionalidad de normas contrarias a las normas programáticas contenidas en la Constitución. En este sentido, el proceso constitucional se convierte en instrumento para la realización del programa constitucional y el derecho constitucional deviene en un *"derecho constitucional de la efectividad"* tendente a hacer efectiva la Constitución (GUERRA FILHO).

La positividad jurídico-constitucional de las normas programáticas implica una triple vinculación: (i) *vinculación del legislador* de forma permanente, quien está obligado a su realización; (ii) *vinculación positiva de todos los órganos concretizadores* que deben tomar las normas programáticas en consideración como directivas materiales permanentes en todos los momentos de concretización (legislación, ejecución y jurisdicción); y (iii) vinculación, en su calidad de *límites materiales negativos*, de los poderes públicos, lo cual justifica una eventual censura aquellos actos que contraríen esas normas.

5. LA TEXTURA ABIERTA DE LA CONSTITUCIÓN

El sentido histórico, político y jurídico de la Constitución escrita sigue siendo hoy válido: la Constitución es el orden jurídico fundamental de una comunidad. Ella establece, en términos de derecho y por medio del derecho, los instrumentos de gobierno, la garantía de los derechos fundamentales y la individualización de tareas y fines. Las reglas y principios jurídicos utilizados para lograr esos objetivos son de diversa naturaleza. Este conjunto de reglas y principios constitucionales valen como ley, como derecho constitucional y como derecho positivo. Es en ese sentido que se habla de la "Constitución como norma" (GARCÍA DE ENTERRÍA) y de la "fuerza normativa de la Constitución" (HESSE).

Ahora bien, muchas de las normas constitucionales se caracterizan por su apertura, por su vaguedad, por su radical indeterminación. La compleja articulación de la *textura abierta de la Constitución* con la positividad constitucional implica que la garantía de la fuerza normativa de la Constitución no es tarea fácil, ya que, si el Derecho Constitucional vale como ley, entonces las reglas y principios constitucionales deben obtener normatividad regulando jurídica y efectivamente las relaciones sociales, dirigiendo las conductas y dando seguridad jurídica a las expectativas de comportamiento. Sólo así la Constitución es verdadera norma y sólo así se evita que la Constitución, sea la "hoja de papel" de que nos hablaba Lasalle, que "tiene necesariamente que sucumbir ante el empuje de la Constitución real, de las verdaderas fuerzas vigentes del país" (Lasalle: 26).

5.1 Densidad y apertura de las normas constitucionales

Las normas constitucionales son más o menos *densas*, más o menos *abiertas*. Por ejemplo, la norma constitucional que regula la libertad de expresión (artículo 49) es más densa que la norma que establece que "se declara de supremo y permanente interés nacional la seguridad, el desarrollo económico, social y turístico de la Zona Fronteriza, su integración vial, comunicacional y productiva, así como la difusión de los valores patrios y culturales del pueblo dominicano" (artículo 10). Mientras más densa resulta ser una norma, mucho menos *libertad de configuración* tiene el legislador para su concretización. Mientras más abierta es una norma, mayor libertad de conformación posee el legislador y mucho más necesaria se hace la intervención del legislador para desarrollar dicha norma.

5.2 Unidad de la Constitución, antinomias y tensiones entre principios constitucionales

5.2.1 Conflicto de principios. Como la Constitución constituye un sistema abierto de principios, es posible que los principios colisionen en muchas ocasiones. Y es que las constituciones son el fruto de un compromiso entre diversos actores sociales, portadores de ideas, aspiraciones e intereses sustancialmente diferentes, antagónicos y contradictorios. El consenso fundamental en cuanto a los principios y normas constitucionales no puede esconder el pluralismo y el antagonismo de ideas subyacentes a los mismos. El *pluralismo de principios constitucionales* es consecuencia del pluralismo de la sociedad.

Estos *conflictos de principios* no pueden resolverse pretendiendo la validez absoluta de ciertos principios sobre otros, el mayor valor de unos con relación a otros. Si los principios constitucionales se estructuraran según una jerarquía de valores, se afectaría el carácter pluralista de la sociedad. "Si cada principio y cada valor se entendiesen como conceptos absolutos sería imposible admitir otros juntos a ellos". De ese modo, "los principios se convertirían rápidamente en enemigos entre sí. Al final, uno se erigiría en soberano sobre todos los demás y sólo perseguiría desarrollos consecuentes con él". "En caso de conflicto, el principio de más rango privaría de valor a todos los principios inferiores y daría lugar a una amenazadora 'tiranía del valor' esencialmente destructiva" (Zagrebelsky: 16, 125, 124). La *"tiranía de los valores"* (Schmitt) surge "en la medida en que un tribunal constitucional adopta la 'teoría de los valores' o 'teoría del orden valorativo' y la pone a la base de su práctica de toma de decisiones, [lo cual] aumenta el peligro de juicios irracionales porque con ello cobran primacía los argumentos funcionalistas a costa de los argumentos normativos" (HABERMAS: 332). Así, se haría primar el orden público sobre la libertad individual o se subordinaría el derecho a la tutela judicial efectiva a la capacidad de funcionamiento de la administración de justicia.

¿Cómo evitar que en caso de conflicto de principios éstos "se conviertan en tiranos" (ZAGREBELSKY: 125)? La única manera es aceptar que del reconocimiento de la inevitable tensión o antagonismo entre los principios se desprende la necesidad de no aplicar una lógica del todo o nada y de proceder mediante la ponderación de los principios en conflicto a través de técnicas como la "*concordancia práctica*" (HESSE). Mediante la concordancia práctica, en caso de colisión de principios, atendiendo al peso de los principios y a las circunstancias del caso, se evita la prevalencia de un solo valor y de un solo principio y se protegen varios principios simultáneamente. Así, por ejemplo, si el principio democrático obtiene su concretización a través del principio mayoritario, ello no significa el desprecio de la protección de las minorías. Del mismo modo, que el principio del Estado social requiera que los poderes públicos intervengan a favor de la justicia social, no significa que se posterguen los principios del Estado de Derecho (legalidad, justa indemnización en caso de expropiación, seguridad jurídica, derecho a la tutela judicial). Es la concordancia práctica la que permite que "un desarrollo conjunto y no un declive conjunto de los principios" (ZAGREBELSKY: 16). Y es precisamente esa técnica la adoptada por la Constitución cuando dispone que "en caso de conflicto entre derechos fundamentales" es deber de los poderes públicos procurar "armonizar los bienes e intereses protegidos por esta Constitución" (artículo 74.4).

Esa armonización o ponderación debe entenderse en un doble sentido. En un primer sentido, la ponderación equivale a determinar en un caso concreto cuál de los dos principios en conflicto tiene mayor peso o valor respecto del otro. Aquí el principio de mayor valor prevalece en el sentido de que es aplicado, en tanto que el principio axiológicamente inferior sucumbe no porque sea derogado o declarado inválido sino porque se deja de lado en el caso en cuestión. La ponderación que hace el juez no implica determinar *in abstracto* cuál principio vale más que el otro sino cuál principio aplicado al caso concreto produce un resultado más justo o menos injusto. Pero nada impide que, en un caso diverso, en el cual colisionen los mismos principios, el juez atribuya más valor al principio que anteriormente descartó en un caso diferente (GUASTINI: 145). Pero la ponderación puede entenderse también, como lo hace Zagrebelsky, como atemperación, conciliación, equilibrio de principios, que toma en cuenta los principios en conflicto y que los aplica o sacrifica de modo parcial.

De todos modos, esta *ponderación de los principios* no es susceptible de ser formalizada a través de procedimientos lógicos, por más esfuerzos de los jueces en ese sentido. No existe un "ponderómetro" que nos permita arribar siempre a las soluciones exactamente ponderadas. "Quizás la única regla formal de la que quepa hablar sea la de la 'optimización' posible de todos los principios, pero como alcanzar este resultado es una cuestión eminentemente práctica y material" (ZAGREBELSKY: 125). De ahí que, como bien expresa el Tribunal Constitucional español, en los casos de colisión de principios, "se impone una necesaria y casuística ponderación", que en el caso concreto otorgará preferencia a una u otra norma con el único límite de que la decisión final "hubiese sido claramente irrazonada" (STC 104/1986). Ya lo explica un autor:

"Es meridiano que la ponderación no garantiza una perfecta objetividad. Ello se debe, sobre todo, al hecho de que la perfecta objetividad es un ideal que no puede alcanzarse en ningún ámbito normativo y mucho menos en un ámbito tan controvertido como el de los principios, tan estrechamente vinculados con las ideologías (…) Como consecuencia, resulta imposible imaginar que exista un procedimiento objetivo para la aplicación de los principios jurídicos. La indeterminación normativa abre siempre la puerta a las apreciaciones subjetivas del juez. Estas aparecerán indefectiblemente tanto en la ponderación como en cualquier otro procedimiento alternativo (…) Todo aquel que pretenda excluir de la ponderación las apreciaciones subjetivas del juez, incurre entonces en hiperracionalidad. Es meridiano que la tarea de determinar el contenido normativo de los principios siempre depara al juez un margen de deliberación. Dentro de este margen, el juez adopta diversas apreciaciones normativas y empíricas, relativas a controversias concernientes a preguntas tales como de cuánta libertad dispone el individuo en un Estado constitucional, qué restricciones pueden o deben ser impuestas al principio de la mayoría, o hasta qué punto puede un Estado social intervenir en la economía a fin de garantizar la redistribución de las condiciones materiales para lograr el bienestar y asegurar que cada individuo disfrute por lo menos de su procura existencial. No puede esperarse que, ni aún en el sistema más preciso, exista una única respuesta correcta para controversias de esta magnitud y complejidad" (BERNAL PULIDO: 318).

5.2.2 Unidad de la Constitución. El principio de *unidad de la Constitución* significa que todas las normas contenidas en la Constitución tienen el mismo rango y la misma dignidad. En sede interpretativa, este principio conduce al rechazo de dos tesis: (i) la de que existen antinomias normativas en la Constitución; y (ii) la de que existen normas constitucionales inconstitucionales. El principio de unidad de la Constitución es una exigencia de "coherencia narrativa" o de "coherencia arquitectónica" del ordenamiento constitucional. El mismo dirige las actuaciones de las autoridades encargadas de la aplicación del derecho constitucional en el sentido de que éstas deben leer y comprender las normas constitucionales como si fuesen la obra de un solo autor cuando en realidad son la obra de muchos autores. Para entender este principio, conviene familiarizarnos con dos analogías que nos permiten comprender mejor este principio a través de la racionalidad específica para la actuación en obras colectivas.

5.2.2.1 La Constitución como novela en cadena. Dworkin, en *Law's Empire*, ha propuesto entender el Derecho –y en consecuencia la Constitución– como una creación colectiva de diversos autores que trabajan como los novelistas contratados para escribir cada uno el capítulo de una novela o los escritores de telenovelas. Estos novelistas tienen la responsabilidad de hacer la mejor novela posible a partir de los capítulos que le han entregado, lo que ellos añaden y lo que sus sucesores añadirán, como si la novela fuese la obra de un solo autor y no como es en realidad la obra de muchos. Cada novelista tiene una cierta visión de la novela en progreso, de sus caracteres y del tema y, antes de comenzar a escribir su capítulo y a medida que lo escribe, debe considerar diversas interpretaciones del material escrito que se le ha suministrado. De esas interpretaciones, el novelista de turno debe descartar aquellas que no se compaginan con la estructura del texto y a partir de la interpretación escogida, que él considera la más adecuada, escribir su capítulo. De acuerdo con Dworkin, los jueces, a la hora de interpretar la Constitución actúan y deben de actuar como los escritores de una novela en cadena, tratando de obtener la mejor interpretación, la que mejor se adecue al texto constitucional, a los fines del mismo y a la concepción correcta del derecho y la justicia (Dworkin 1986: 228-258).

5.2.2.2 La Constitución como catedral. Con posterioridad a Dworkin, Nino propuso concebir a *la Constitución como una catedral* que se construye a lo largo de un período extenso de tiempo. Al igual que los escritores de la novela en cadena, cada arquitecto tiene sus valoraciones estéticas que podrían conducirlo a abandonar el proyecto, a destruir lo construido por considerarlo disvalioso desde el punto de vista estético o a decidir seguir con la construcción a pesar de que se entiende que la obra presenta defectos en su diseño. Si el arquitecto se decide por seguir la construcción, es posible que trate de hacer la catedral más atractiva, pero ello podría implicar cambios estructurales que pongan en peligro la estabilidad del edificio. El arquitecto tiene en su cabeza el estilo que quiere aplicar pero debe tener en cuenta no solo lo construido sino también que no terminará la obra y que otros seguirán el proyecto. La elección del estilo –que equivale en esta analogía a la selección del método de interpretación en la analogía de la novela en cadena– dependerá, pues, no solo del pasado sino también del futuro: es posible así que el arquitecto se decida por el estilo románico de la construcción original en lugar del gótico posterior previendo que sus sucesores optarán por el románico (Nino: 63-66).

5.2.2.3 La Constitución como obra colectiva. Las dos analogías anteriores demuestran que hay una *racionalidad específica* para la actuación en obras colectivas. En ambas, el que contribuye en forma independiente a la obra colectiva no puede adoptar la estrategia simple de amoldar la realidad a un modelo ideal. El arquitecto puede pensar que el gótico es el mejor estilo para una catedral pero la obra inconclusa que tiene ante sí y que nunca podrá terminar del todo le obliga a elegir entre diversos modelos o principios valorativos el más apropiado aunque no sea el más estéticamente defendible. Así, es posible que, dada la base románica de la catedral y a pesar de su preferencia por el gótico, prefiera continuar la obra con el mismo estilo románico o con un estilo intermedio.

"Aquí aparece con claridad cuál es el significado de una Constitución en el marco de esa *obra colectiva* que es el derecho vigente y su entretejido de prácticas sociales. La Constitución originaria, esté o no esté expresada en un texto escrito, constituye un hecho histórico que representa el intento exitoso de fundar el proceso con el que identificamos el orden jurídico de la sociedad. Generalmente hay muchos intentos de esa índole y sólo unos pocos tienen éxito. Los que lo tienen exhiben algún rasgo saliente que permite que la atención y los esfuerzos de los demás se coordinen alrededor de él. Generalmente resulta muy difícil promover una refundación de todo el proceso, aunque muchas veces se pueden hacer reajustes que, por su magnitud, pueden ser tomados como reformas constitucionales. Dado que la acción de los constituyentes, legisladores y gobernantes consiste generalmente en aportes a una obra colectiva cuyas demás contribuciones pasadas, contemporáneas y futuras ellos no controlan y sólo influyen parcialmente, esa acción debe estar guiada por la racionalidad apropiada a este tipo de conductas. Sería irracional que un juez resolviera un caso como si estuviera creando con su decisión todo el orden jurídico, o el orden jurídico relativo a esa cuestión. El juez debe tener en cuenta que hay expectativas generadas por lo que los legisladores y otros jueces han decidido en el pasado, que su decisión se combinará con otras que tomen contemporáneamente sus colegas, lo que es relevante para el principio de que casos iguales deben ser decididos de igual modo, y que su decisión servirá de precedente para el futuro, así como también que puede ser ignorada y hasta provocar reacciones opuestas por parte de legisladores y otros jueces" (Nino: 67).

6. EL CORPUS CONSTITUCIONAL

Comprender el concepto de Constitución normativa nos permite entender que la Constitución es un conjunto de reglas jurídicas superiores generalmente –aunque no necesariamente– codificadas en un documento escrito, reglas que tienen un contenido y valor específico. Pero… ¿qué es lo que forma parte de la Constitución? ¿Están todas las normas constitucionales contenidas en la Constitución? ¿Tienen todas las normas contenidas en la Constitución valor constitucional? ¿Qué debe figurar en la Constitución y no debe dejar de figurar? Estas interrogantes revelan que lo que designamos como *corpus constitucional* más que un dato es un problema.

6.1 Concepciones del corpus constitucional

Por corpus constitucional entendemos el conjunto limitado de materiales normativos que forman una Constitución. Son candidatos *positivos* a integrar este corpus aquellos materiales normativos que incuestionablemente forman parte de la Constitución, en tanto que son *negativos* aquellos materiales que indudablemente no pertenecen al corpus constitucional. Siguiendo a Gomes Canotilho, podríamos hablar de dos posiciones extremas: una aproximación "protestante" y una "católica". Para los protestantes, la Biblia es la palabra de Dios tal como aparece revelada en el conjunto de textos llamado Biblia, en tanto que para los católicos, la Biblia no es sólo eso sino además el conjunto de tradiciones e interpretaciones de la autoridad (encíclicas, dogmas, catecismos). Para los protestantes, el corpus bíblico está formado por la Biblia y nada más, mientras que para los católicos este corpus incorpora otros materiales más allá de la Biblia. En el terreno constitucional, podemos identificar, a partir de estas dos aproximaciones, tres concepciones del corpus constitucional: (i) una concepción *protestante* en la que el corpus constitucional está constituido por el texto formalmente denominado Constitución; (ii) una concepción *católica* en la que el corpus constitucional está constituido por la Constitución y otros materiales normativos; y (iii) una tercera concepción que entiende que el corpus constitucional está apenas constituido por una parte de las reglas insertas en la Constitución (Gomes Canotilho: 1095-1106).

6.1.1 La concepción protestante: el texto. Para esta concepción, el corpus constitucional es todo el texto constitucional y nada más que el texto constitucional. Quienes comparten esta concepción identifican Constitución y texto, Constitución formal y

Constitución. Pero tal concepción no es constitucionalmente adecuada si partimos del texto de la Constitución dominicana. Así, por ejemplo, la propia Constitución reenvía a materiales extratextuales cuando, por ejemplo, establece que la enumeración constitucional de derechos fundamentales no es limitativa y que no excluye derechos de igual naturaleza (artículo 74.1).

6.1.2 La concepción católica: más que el texto. Esta concepción parte de la premisa de que "la 'constitución' ya no es la única fuente de derecho constitucional" (NIKKEN: 78). Los candidatos positivos de inclusión dentro del corpus constitucional son: (i) el bloque de constitucionalidad; (ii) la costumbre; y (iii) la interpretación del texto constitucional.

6.1.2.1 El bloque de constitucionalidad. La percepción habitual del control de constitucionalidad es la de un contraste directo entre una norma infraconstitucional y un precepto contenido expresamente en la Constitución escrita. Ese contraste puede determinar, por sí mismo, la inconstitucionalidad de la norma objeto de control, de tal modo que el parámetro de la constitucionalidad está integrado únicamente por preceptos constitucionales. Esta percepción resulta incompleta, sin embargo, si consideramos la complejidad del ordenamiento jurídico y la naturaleza de la Constitución como norma abierta. En verdad, el parámetro de constitucionalidad no está integrado únicamente por preceptos constitucionales sino también por normas supra o extraconstitucionales que pertenecen a lo que la doctrina denomina el "*bloque de constitucionalidad*". En virtud del artículo 3 de la LOTCPC, "en el cumplimiento de sus funciones como jurisdicción constitucional, el Tribunal Constitucional sólo se encuentra sometido a la Constitución, a las normas que integran el bloque de constitucionalidad, a esta Ley Orgánica y a sus reglamentos", correspondiéndole "al Tribunal Constitucional y al Poder Judicial, en el marco de sus respectivas competencias, garantizar la supremacía, integridad y eficacia de la Constitución y del bloque de constitucionalidad" (artículo 7.3). La expresión *bloc de constitutionnalité* designa, conforme a la doctrina francesa, el conjunto de normas que el Consejo Constitucional aplica en el control previo de constitucionalidad de las leyes y de los reglamentos parlamentarios. Este conjunto está compuesto por la Constitución, la Declaración de Derechos del Hombre y del Ciudadano de 1789 y el Preámbulo de la Constitución de 1946 (FAVOREU). En el caso dominicano, como veremos a continuación y como se desprende de la Constitución y de la LOTCPC, el bloque de constitucionalidad, aparte de la Constitución, se encuentra integrado por: (i) los tratados internacionales de derechos humanos; (ii) los valores y principios contenidos en la Constitución y en los tratados internacionales de derechos humanos; y (iii) los derechos fundamentales implícitos.

A. Los instrumentos internacionales de derechos humanos. En el caso dominicano, en virtud del artículo 74.3 de la Constitución, "los tratados, pactos y convenciones relativos a derechos humanos, suscritos y ratificados por el Estado dominicano tienen jerarquía constitucional y son de aplicación directa e inmediata por los tribunales y demás órganos del Estado". Resulta entonces que los instrumentos internacionales de derechos humanos integran el bloque de constitucionalidad, por lo que forman parte del parámetro en virtud del cual los jueces juzgan la constitucionalidad de las normas y de los actos. De modo que una norma o un acto resulta inconstitucional no solo cuando contradice una disposición constitucional sino también cuando choca con una disposición contenida en un *convenio internacional de derechos humanos* que resulta ser una norma materialmente constitucional, tal como lo había consagrado la Suprema Corte de Justicia, previo a la reforma constitucional de 2010, al disponer que "los jueces están obligados a aplicar las disposiciones contenidas en el bloque de constitucionalidad como fuente primaria de sus decisiones" (Resolución 1920-2003, del 13 de noviembre de 2003). A la luz del artículo 74.3 no es constitucionalmente admisible ni correcto el criterio sostenido por la Suprema Corte de Justicia en el sentido de que "frente a una confrontación o enfrentamiento de un tratado o convención con la Constitución de la República, ésta debe prevalecer, de lo que se deriva que para que una ley interna pueda ser declarada inconstitucional, no es suficiente que ella contradiga o vulnere una convención o tratado de que haya sido parte el Estado dominicano, sino que es necesario que esa vulneración alcance a la Constitución misma, en virtud de que en nuestro país rige el principio de *supremacía de la Constitución*, por lo que ningún tratado internacional o legislación interna es válida cuando colisione con principios expresamente consagrados por nuestra Carta Magna" (Sentencia No. 86, 12 de agosto de 2009). Y es que, muy por el contrario, basta simplemente con que un acto viole un derecho consignado en un instrumento internacional de derechos humanos suscrito y ratificado por el país para que viole la Constitución, aun cuando el derecho no sea reconocido expresa ni implícitamente por la Constitución, ya que dicho instrumento al tener jerarquía constitucional es parte del bloque de constitucionalidad y, por ende, del corpus constitucional.

B. Los valores y principios contenidos en la Constitución y en los tratados internacionales de derechos humanos. Conforme al artículo 26 de la Constitución "la República Dominicana es un Estado miembro de la comunidad internacional, abierto a la cooperación y apegado a las normas del derecho internacional", que "en consecuencia: 1) reconoce y aplica las normas del derecho internacional, general y americano, en la medida en que sus poderes públicos las hayan adoptado". Por su parte, el artículo 7.10 de la LOTCPC dispone que "los valores, principios y reglas contenidos en la Constitución y en los tratados internacionales sobre derechos humanos adoptados por los poderes públicos de la República Dominicana, conjuntamente con los derechos y garantías fundamentales de igual naturaleza a los expresamente contenidos en aquellos, integran el bloque de constitucionalidad que sirve de parámetro al control de la constitucionalidad y al cual está sujeto la validez formal y material de las normas infraconstitucionales". Como veremos en el Capítulo 4, la lectura combinada de estas disposiciones, sumado al principio del derecho internacional de que ningún Estado puede prevalecerse de su legislación interna para escapar al cumplimiento de sus obligaciones internacionales derivadas de los convenios suscritos por el Estado o del propio derecho internacional, lleva a la conclusión de que forman parte del bloque de constitucionalidad no solo las normas contenidas en los instrumentos internacionales de derechos humanos suscritos y ratificados por el país (artículo 74.3), sean estas valores, principios y reglas, escritos o no escritos, sino también los principios del derecho internacional que quedan automáticamente incorporados en el ordenamiento jurídico dominicano con el carácter prevalente y preferente que el derecho internacional le reconoce y que la Constitución también reconoce al proclamar en su articulo 26 al Estado dominicano como un Estado cooperativo, es decir, un Estado amigo y abierto al derecho internacional.

C. Los derechos fundamentales implícitos. Aparte de los tratados internacionales de derechos humanos y de los valores y principios que subyacen tras ellos, forman parte del bloque de constitucionalidad "otros derechos y garantías de igual naturaleza" a los expresamente consignados en la Constitución -y en los instrumentos internacionales de derechos humanos incorporados al ordenamiento jurídico dominicano y que tienen rango constitucional en virtud del artículo 74.3- pues la lista constitucional de derechos no tiene "carácter limitativo" (artículo 74.1). Cómo se determina cuáles derechos constituyen derechos fundamentales implícitos será explicado en detalle en el Capítulo 9. Lo importante aquí es distinguir estos derechos fundamentales implícitos de los derechos fundamentales de fuente internacional, es decir, de aquellos consignados de modo expreso en la Constitución o en los instrumentos internacionales de derechos humanos. Estos últimos forman parte del bloque de constitucionalidad por el mero hecho de su sola consignación en un instrumento internacional de derechos humanos que haya sido suscrito y ratificado por el Estado dominicano y que, por tanto, automáticamente, goce de jerarquía constitucional y sea de aplicación directa e inmediata por los tribunales y demás órganos del Estado, en los términos del artículo 74.3 de la Constitución. En contraste, los derechos que no están consignados expresamente ni en la Constitución ni en un instrumento internacional de derechos humanos incorporado al ordenamiento jurídico dominicano, en tanto derechos no escritos, tienen que ser sometidos a un *test de fundamentalidad,* para considerarse entonces, si pasan el test, que explicaremos más adelante, derechos fundamentales implícitos y por lo tanto parte del bloque de constitucionalidad.

Los únicos tratados que integran el bloque de constitucionalidad son los que versan sobre derechos humanos. Como bien señala la doctrina, "si bien por el articulo 26 de la Constitución los convenios aprobados por los poderes públicos forman parte del derecho dominicano interno, quizá con mayor rango que las normas adjetivas, ello no equivale a un reconocimiento de rango constitucional para esos convenios, pues dicho texto se limita a reconocer la recepción de los tratados internacionales en el derecho interno bajo la condición señalada" (Gil 2019: 227), aunque obvio es reconocer que en virtud de que ningún Estado parte puede prevalecerse de sus normas internas para escapar el cumplimiento de sus obligaciones pactadas en el plano internacional, la norma interna que contradiga un tratado internacional debe ser desplazada en provecho de la aplicación preferente de la norma internacional del tratado. Pero ello lo que significa es la supralegalidad del tratado, así como su infraconstitucionalidad, pero en modo alguno la pertenencia de ese tratado al bloque de constitucionalidad. Al respecto, el Tribunal Constitucional ha establecido que sólo se incorporan al bloque de constitucionalidad los tratados, pactos y convenciones internacionales relativos a derechos humanos, tal como dispone el artículo 74.3 de la Constitución, por lo que, por ejemplo, un tratado de naturaleza comercial no queda incorporado al mismo pues no versa sobre derechos humanos (Sentencia TC/0137/20), en tanto que los convenios de la OIT, "forman parte del bloque de constitucionalidad en virtud de que tratan aspectos relativos al derecho fundamental al trabajo y por tanto tienen jerarquía constitucional en virtud de lo previsto por el artículo 74.3 de la Constitución" (Sentencia TC/0280/21). Ahora bien, ¿cuál sería la situación de un derecho contenido en un tratado que no versa sobre derechos humanos? A nuestro juicio la pertenencia de este derecho al bloque de constitucionalidad sólo puede determinarse mediante el test de fundamentalidad que demuestra si un derecho es fundamental cuando es de igual naturaleza a los expresamente plasmados en la Constitución y en los instrumentos internacionales de derechos humanos. En otras palabras, un derecho consignado en un tratado que no versa sobre derechos humanos pertenecería al bloque de constitucionalidad no porque esté consignado en un tratado sino porque resulte ser un derecho fundamental implícito.

D. *"Bloque de derechos fundamentales"*. Como examinaremos en detalle en el Capítulo 9, los derechos constitucionales expresamente consignados en la Constitución y los derechos humanos expresamente plasmados en los instrumentos internacionales de la materia forman parte de un "*bloque constitucional de derechos*", en donde la relación entre ambas categorías de derechos no es de jerarquía sino que se rige por los principios de armonización de derechos y de aplicación preferente de la norma más favorable, es decir, de la que favorezca más a la persona titular de derechos y a la máxima eficacia del derecho en cuestión, independientemente si es de fuente nacional o de fuente internacional, si es de fuente constitucional o de fuente convencional. A este bloque se suman los *derechos implícitos*, es decir, aquellos que, conforme el artículo 74.1 de la Constitución, devienen fundamentales en la medida en que se ha probado su fundamentalidad, es decir, que son de la misma naturaleza a los expresamente consignados en la Constitución y en los instrumentos internacionales de derechos humanos.

E. *"Bloque de convencionalidad"*. Estrechamente vinculada con los conceptos de bloque de constitucionalidad y de bloque de derechos encontramos la noción de bloque de convencionalidad. Como estudiaremos en detalle al examinar la garantía fundamental de la convencionalidad en el Capítulo 9, por bloque de convencionalidad se entiende el conjunto de normas de fuente internacional que reconocen derechos humanos y que sirven de parámetro de control de las legislaciones internas de los Estados que forman parte de los convenios internacionales que establecen dichas normas. El bloque de convencionalidad está integrado por los instrumentos internacionales ratificados por los Estados y las sentencias de los órganos creados por dichos instrumentos, como resulta ser, en el caso interamericano, la CADH, sus estatutos y reglamentos, otros tratados o convenios que reconozcan y protejan derechos humanos, las sentencias, opiniones consultivas de la Corte IDH y las recomendaciones de la CIDH. El bloque de convencionalidad como parámetro de control de los ordenamientos internos de los Estados miembros de la CADH sirve para el control y aplicación obligatoria por los poderes públicos y autoridades de los Estados que hayan adoptado la CADH. Dicho control puede hacerse de modo concentrado y de modo difuso: el concentrado que se reserva a la Corte IDH y el difuso ejercido por los jueces de los Estados parte de la CADH. La importancia de distinguir bloque de convencionalidad y bloque de constitucionalidad es que las normas integrantes del bloque de convencionalidad, como parámetro para el ejercicio del control de convencionalidad, permiten determinar la compatibilidad con la CADH, es decir, la convencionalidad de las normas y actos internos de los Estados parte de la CADH, incluyendo a la propia Constitución, pudiendo desplazarse la aplicación de una norma nacional o interna, aún de rango constitucional, cuando resulte aplicable preferentemente una norma internacional, supranacional o convencional más favorable al titular del derecho fundamental y a la máxima eficacia de su derecho que dicha norma nacional o interna.

En este sentido, es importante enfatizar que no solo hay que admitir "que el hecho de que la República Dominicana haya ratificado los instrumentos jurídicos internacionales cuyos derechos integran el bloque de constitucionalidad y, como resultado de ello, se haya sometido a la competencia de los órganos jurisdiccionales supranacionales que tutelan esos derechos, obliga a los operadores jurídicos dominicanos a incorporar los principios y criterios de interpretación de esos órganos supranacionales" (GIL 2019: 232). También forzosamente hay que aceptar que, en la medida que esos principios de interpretación de los órganos supranacionales de protección de los derechos humanos están recogidos expresamente en los instrumentos internacionales o resultan ser principios deducidos de o implícitos en ellos, constituyen principios de rango constitucional al igual que los tratados en que son consignados o de los cuales se deducen en virtud de la propia interpretación supranacional. La Constitución le da rango constitucional no solo a los derechos humanos consignados en instrumentos internacionales sino también a todas las demás normas contenidas en dichos instrumentos, como resultan ser sus normas de interpretación y aplicación.

F. En resumen: composición del bloque de constitucionalidad. Puede afirmarse que el bloque de constitucionalidad está compuesto por la Constitución, los tratados internacionales de derechos humanos, los valores y principios escritos y no escritos en la Constitución y dichos tratados, los principios del derecho internacional y los derechos fundamentales implícitos.

6.1.2.2 La costumbre. La costumbre, entendida como la reiteración de actos unida a la convicción jurídica de la obligatoriedad generada por esa reiteración, no tiene la importancia que otrora en la incorporación de normas constitucionales en el ordenamiento, al lado de la producción formalizada de derecho constitucional. La razón de esta *decadencia de la costumbre* como modo de producción de derecho constitucional estriba no tanto en el carácter rígido de las Constituciones modernas sino en la ausencia de un reconocimiento constitucional a la costumbre como modo de producción de derecho constitucional. Los tribunales, en el juicio de constitucionalidad, sólo están vinculados a la Constitución y al bloque de constitucionalidad como parámetro y sólo las normas que se incorporan a ese bloque pueden servir de canon del control de constitucionalidad.

Por otro lado, la propia existencia de la *jurisdicción constitucional* devalúa la costumbre como fuente de derecho constitucional en la medida en que los conflictos jurídicos quedan transferidos a la jurisdicción constitucional que resuelve dichos conflictos conforme criterios que configuran el ordenamiento a partir del texto constitucional y de la doctrina constitucional. El carácter general, ambiguo y abierto de las cláusulas constitucionales contribuye a flexibilizar el sistema constitucional y hace innecesario acudir a la flexibilidad inherente a la costumbre. La reforma constitucional, la jurisprudencia y la adopción de convenios internacionales de derechos humanos que adquieren rango constitucional reducen notablemente el espacio del derecho consuetudinario.

6.1.2.3 La interpretación del texto. El corpus constitucional puede incluir candidatos resultantes de la interpretación del texto constitucional. El caso paradigmático es el de la incorporación del control judicial de constitucionalidad en el corpus constitucional, en virtud de la interpretación provista por el juez Marshall en *Marbury v. Madison*. En dicho caso, se consideró que, si la Constitución era superior a las leyes del Congreso y si el deber de los jueces era aplicar e interpretar las leyes, incluyendo la ley constitucional, entonces ello implicaba que cuando una ley del Congreso contradecía la ley constitucional era deber del juez inaplicar la norma inconstitucional. No hay una sola disposición expresa en la Constitución estadounidense que consagre esta facultad del Poder Judicial y, sin embargo, nadie cuestiona la constitucionalidad del *judicial review of legislation*.

Lo mismo ha ocurrido en la República Dominicana. Son pocas las Constituciones que han consagrado la facultad de los tribunales de controlar la constitucionalidad de las leyes. Salvo las Constituciones de 1844, 1858, 1908, 1924, 1994, 2002 y 2010, todas las Constituciones han sido silentes al respecto. Sin embargo, como bien señala Amiama, ningún jurista ha dudado jamás "de la capacidad de los tribunales para dejar sin aplicación, en las controversias concretas que se sometieran a su conocimiento y decisión en forma regular, las leyes que fueran contrarias a la Carta Fundamental" (Amiama: 212). Y es que todos concuerdan en que "para aplicar la ley es necesario cuando ocurran dudas, que se determine si está o no viciada de nulidad por incompatibilidad con el pacto fundamental. Y siendo esta decisión materia propia del juicio entra en el *núcleo propio de las funciones judiciales*" (Cruz Ayala: 176).

Del mismo modo, el *principio de razonabilidad* no apareció expresamente formulado en nuestra Constitución sino hasta la reforma constitucional de 2010, la cual, al tiempo de conservar la formulación original como principio general (artículo 40.15 que reproduce el antiguo artículo 8.5 de la Constitución de 1966), y donde la Suprema Corte de Justicia había entendido desde 1973 que se consagraba un principio que permite a los tribunales exigir la condición de razonabilidad en la aplicación de una ley, particularmente en los casos en que se impongan cargas y sanciones de todo tipo (S.C.J. 15 de junio de 1973. B.J. 751. 1601), también estableció expresamente dicho principio de razonabilidad como límite a los límites de los derechos fundamentales (artículo 74.2).

6.1.3 La concepción material: la Constitución como sustracción del texto. Para los que sustentan esta concepción, son solo constitucionales las normas materialmente constitucionales, por lo que se requiere sustraer del texto constitucional el "contenido", la "sustancia" o "*materia*" constitucional, expulsando del mismo aquellas materias de alcance constitucional discutible. Esta es una concepción, sin embargo, peligrosa, a pesar de que resultan manifiestamente irrelevantes o excesivamente reglamentarias una serie de disposiciones que usualmente se insertan en las Constituciones (ej. el artículo 331 de la Constitución de Colombia crea la Corporación Autónoma Regional del Río Grande de la Magdalena cuyo estatuto de autonomía bien pudo consagrar el legislador ordinario pues se trata de una administración independiente que no tiene la relevancia de un Banco Central, un Defensor del Pueblo, un Ministerio Público o una entidad contralora de la nación). Y es que, aparte de que resulta difícil adoptar criterios para determinar qué es verdaderamente constitucional y qué no lo es, no es constitucionalmente adecuado reconocerle al intérprete constitucional la capacidad de suplantar al poder constituyente mediante la desconstitucionalización de lo que este poder constitucionalizó mediante su inclusión expresa en el texto constitucional. De ahí que, para preservar la unidad de la Constitución, hay que admitir que todas las normas de la Constitución tienen el mismo valor y, por lo tanto, forman parte del corpus constitucional.

6.2 Constitución: ¿*Law in the books*? ¿*Law in action*? ¿O ambas cosas a la vez?

La apertura del corpus constitucional a las reglas constitucionales no escritas tal como admite la doctrina y jurisprudencia dominicana y comparada nos conduce a admitir que el derecho constitucional es un derecho esencialmente vivo, es un *derecho en acción* y no un simple derecho de los libros. Precisamente por eso existe un derecho constitucional no escrito que vivifica, completa y desarrolla el derecho constitucional escrito. Ello conduce a la necesidad de imbricar la Constitución escrita y la Constitución no escrita, a los fines de lograr una *living Constitution* a través del concepto de Constitución material. Por *Constitución material*, hay que entender el conjunto de los fines y valores constitutivos del principio efectivo de la unidad y permanencia de un ordenamiento jurídico y el conjunto de fuerzas sociales que expresan esos fines o valores, asegurando a éstos la respectiva persecución y concretización, más allá incluso de la Constitución escrita misma. Esta Constitución material no se reconduce a los simples poderes fácticos, al hecho político puro, sino que conduce a la fuerza ordenadora de la Constitución, a la "*fuerza normativa de la Constitución*", a la "voluntad de Constitución" (Hesse), muchas veces explicitada en el complejo de valores y fines de la Constitución escrita. La condicionalidad recíproca de la Constitución escrita y de la Constitución material es lo que explica una serie de fenómenos conocidos en la teoría de la Constitución: las transiciones constitucionales, la obsolescencia de las normas constitucionales, las mutaciones constitucionales, los desarrollos constitucionales, y los conflictos entre la Constitución escrita y la Constitución material.

¿Cuáles son los criterios para que los elementos de la *Constitución material* pasen a la Constitución escrita? O lo que es lo mismo: ¿cuáles son los criterios para determinar cuándo un candidato es positivo para integrar el corpus constitucional? Varios criterios pueden ser vislumbrados: (i) cuando la propia Constitución ordena la incorporación de materiales extratextuales (ejs. artículos 40.15, 74.1 y 74.3) se deben incorporar los mismos; (ii) cuando el candidato resulta indispensable para una lectura lógica y coherente de la Constitución (como ocurre con la constitucionalización del control judicial de la constitucionalidad por el juez Marshall o del principio de razonabilidad por nuestra Suprema Corte de Justicia); y (iii) cuando el candidato posee un carácter fundacional que amerita su constitucionalización como ocurre, por ejemplo, con una serie de principios contenidos en instrumentos internacionales y en leyes (como, por ejemplo, las garantías contenidas en la Ley General de Libre Acceso a la Información Pública, en los artículos 1 a 28 del Código Procesal Penal y en el artículo de la Ley 107-13 sobre los Derechos de las Personas en sus Relaciones con la Administración y de Procedimiento Administrativo).

6.3 La reserva de Constitución

Se entiende por reserva de Constitución el conjunto de materias que deben estar y que no pueden dejar de estar normativamente contempladas en un texto constitucional. ¿Cuáles son esas materias intrínsecamente constitucionales y que, por lo tanto, deben estar insertas en una Constitución? ¿Cuáles son los criterios orientadores que permiten calificar ciertas materias como contenido necesario de una Constitución? ¿Cómo saber lo que es digno de estar o no estar en la Constitución?

6.3.1 La idea de reserva de Constitución. La respuesta a estas interrogantes merece una aclaración sobre el concepto de reserva de Constitución. Si lo que se quiere decir es que la Constitución es un sistema congelado, petrificado, cuyo contenido resulta inmutable e inalterable, no existe en realidad reserva de Constitución. Y es que la Constitución es esencialmente un sistema abierto a la evolución y al desarrollo. Hay, sin embargo, ciertas materias que, en una época dada y conforme al espíritu del momento y a la conciencia jurídica general de la comunidad, deben estar contempladas en la ley fundamental de esa comunidad. Las experiencias constitucionales revelan cuáles son los núcleos duros de esas materias: la separación de los poderes y los derechos civiles y políticos (1776 y 1789), los derechos sociales y económicos (México: 1917, Weimar: 1918), la jurisdicción constitucional (constituciones europeas de la segunda posguerra), la dignidad humana como premisa antropológico-cultural (desde Montesinos hasta la Ley Fundamental de Bonn). Se trata de las *dimensiones constitucionales esenciales* (Rawls), "un inventario básico de principios constitucionales en la actual etapa evolutiva del Estado Constitucional, por decirlo así, un 'programa constitucional obligatorio'" (Häberle: 298).

6.3.2 Política constitucional y utopías. Esta reserva de Constitución no debe ser entendida en términos absolutos y fijos, sino que debe ser compatible con la idea de desarrollo constitucional que es lo que hace de la Constitución un verdadero organismo viviente. El núcleo duro de la Constitución, la esencia constitucional, no debe ser comprendido sólo a partir de antiguos paradigmas. La Constitución se asume también como *tarea de renovación* y por eso se dice que no es el pasado sino el futuro el problema de la Constitución. Los *temas constitucionales del futuro* que no pueden pasar inadvertidos ni al constituyente ni al intérprete constitucional que contribuyen al desarrollo constitucional son muchos y variados: la inteligencia artificial, el cambio climático, la reducción del desempleo, la reducción del endeudamiento público, el desafío ecológico, la reducción de la burocracia estatal, la lucha contra la delincuencia organizada, la lucha contra la corrupción, el pluralismo de los medios de comunicación, la protección de los periodistas, los desafíos de las nuevas tecnologías (biogenéticas, de información), las funciones de la policía y de las fuerzas armadas ante la criminalización de la guerra y la guerra contra el crimen, las amenazas de los fundamentalismos religiosos, la democratización de los partidos, los deberes humanos, los movimientos migratorios, la soberanía nacional en un mundo crecientemente globalizado, la protección de los bienes culturales, los derechos de las minorías culturales y étnicas, el principio de la subsidiariedad, el desarrollo sustentable, la reducción de la pobreza, la protección de los derechos fundamentales en caso de "estados fallidos", el control de las multinacionales, el crecimiento demográfico, los derechos de los animales, el derecho de la privacidad, la justicia penal internacional, la desobediencia civil, el tráfico de seres humanos, los criminales deportados, las relaciones internacionales de las regiones y municipios, la intervención humanitaria vs. la no intervención.

El derecho constitucional necesita de las *utopías* porque el hombre "necesita la esperanza como el aire que respira" (HÄBERLE: 305). Se habla así del elemento utópico como el "ingrediente cultural del constitucionalismo" (DE CABO MARTÍN: 47) Ya lo decía nuestro Pedro Henríquez Ureña: "¿Hacia la utopía? Sí: hay que ennoblecer nuevamente la idea clásica. La utopía no es vano juego de imaginaciones pueriles: es una de las magnas creaciones espirituales del Mediterráneo, nuestro gran antecesor. El pueblo griego da al mundo occidental la inquietud del perfeccionamiento constante. Cuando descubre que el hombre puede individualmente ser mejor de lo que es y socialmente vivir mejor de cómo vive, no descansa para averiguar el secreto de toda mejora, de toda perfección. Juzga y compara; busca y experimenta sin descanso; no le arredra la necesidad de tocar a la religión y a la leyenda, a la fábrica social y a los sistemas políticos. Es el pueblo que inventa la discusión; que inventa la crítica. Mira al pasado, y crea la historia; mira al futuro y crea las utopías" (citado por SANG).

Häberle entiende que la política constitucional requiere de las utopías porque "la historia enseña que el Estado constitucional, en especial, se ha convertido en '*conquista cultural*' también gracias a las utopías, las 'fantasías', las visiones y 'sueños' de sus clásicos", por lo que "debe haber apertura en lo futuro para nuevas utopías o para las utopías clásicas transformadas como 'catalizadores' o 'fermentos'" (HÄBERLE: 304). El sueño de la integración racial en Estados Unidos no hubiese sido posible sin un Martín Luther King ni el final del "*apartheid*" en Sudáfrica sin un Mandela. Los pueblos necesitan Quijotes que luchen "en sus tierras para transformar sus propias herencias", como es el caso de Thomas Paine, Emmanuel Sièyes, Juan Pablo Duarte y Ulises Francisco Espaillat. "Cada uno, en sus épocas y lugares, concibieron las utopías de sus momentos, demostrando con sus hechos que lo utópico no es imposible ni irrealizable. Con el ejemplo de sus vidas han puesto de manifiesto que la utopía facilita la interpretación crítica de la realidad, del presente recibido, permitiendo más tarde, la conformación de su contraimagen, que no es más que la configuración del futuro deseado y soñado.

De esta afirmación se desprende, como bien afirma Cabodevilla, la inmensa fuerza subversiva, anticipadora y revolucionaria de las utopías". Estos Quijotes pueden ser acusados de "ilusos" por forjar sueños, de "perdedores" por no acceder al poder político, pero por su crítica al establishment, por instigar a las masas a integrarse a las luchas libertarias y por forjarse sus propias utopías, todos ellos han permanecido en la memoria colectiva de sus pueblos y de la Humanidad. La historiadora Mu-Kien Sang propone una reinterpretación crítica de nuestra historia republicana y una lucha contra el *déficit de utopías* a partir del pensamiento utópico: "Creo que llegó el momento de asumir y definir nuestros propios sueños desde una posición crítica con nuestro pasado, que nos permita aprender de nuestros fracasos y nuestros errores, para no repetirlos. Pero busquemos también en nuestros triunfos y en nuestros aciertos la fuente eterna de inspiración. Sigo pensando que la nueva utopía debe ser la construcción de una sociedad más humana, justa, verdaderamente democrática y participativa. Debemos crear nuestro propio imaginario, para ver si de una vez y por todas eliminamos de la faz de nuestra historia esa herencia caudillista, autoritaria, excluyente y discriminatoria" (SANG: 284 y 295).

El *preámbulo de la Constitución* es clave para plasmar las utopías posibles y concretas, que no son más que las legítimas aspiraciones del pueblo constituyente. Pero no solo el preámbulo: los propios textos constitucionales deben plasmar aspiraciones, esperanzas: los *derechos sociales y económicos* eran simples esperanzas en la primera posguerra europea, se hicieron realidad en Europa a partir de 1945 y ahora han sido redimensionados y consolidados en la República Dominicana con la reforma constitucional de 2010. La *democracia* misma fue en Latinoamérica una utopía hasta hace muy poco. Todo esto, sin embargo, no nos debe conducir a olvidar las utopías negativas (por ejemplo, las totalitarias) ni se debe pasar por alto que la única manera de hacer realidad estas utopías es a través del ensayo, y de la reforma incremental pues las ingenierías sociales han tenido resultados perversos (POPPER). Sólo hay que pensar que la revolución cubana comenzó con el sueño de crear un "hombre nuevo" y lograr la "igualdad social" y terminó en una isla calabozo en donde los destinos de la nación son dirigidos por un solo hombre, donde todos son iguales en la pobreza pero hay una casta de poderosos con acceso a los mejores bienes y servicios, en donde las libertades públicas han sido conculcadas en nombre de un futuro que nunca llega, "paraíso" en la tierra del cual todos quieren escapar para arribar a la tierra de los "yanquis explotadores".

Como *"pedazo de 'patrimonio cultural' del Estado constitucional como tipo"* (HÄBERLE: 305), las utopías se nutren del arte, el cual muchas veces anticipa las realidades constitucionales: la filosofía de la verdad de Vaclav Havel se anticipó a los procesos de la verdad de Europa del Este y de Sudáfrica y el cine norteamericano anticipó (o inspiró) la política de la "guerra de las galaxias" de Ronald Reagan y el derrumbe de las torres gemelas. Las utopías tampoco tienen fronteras. El sistema presidencial fue exportado por Estados Unidos a toda Latinoamérica, el ombusdan nació en Suecia y ha echado raíces en toda Europa y Latinoamérica, la jurisdicción constitucional concentrada nació en Austria y de ahí ha viajado por todo el mundo. El Estado constitucional adquiere sus perfiles a partir de las utopías por la función crítica y propositiva de las mismas. Por eso, cuando se agotan las *energías utópicas* puede asomarse la crisis del Estado Constitucional. Ofreciendo experiencias, aportando esperanzas, las utopías contribuyen a la legitimación de la Constitución y a que la misma se transforme para adoptarse a los nuevos tiempos. El derecho constitucional necesita de los soñadores, pues "los hombres y los juristas 'inflexibles y sin matices' no se compadecen bien con el tipo de vida individual y social que reclama el Estado constitucional de nuestro tiempo. Su presencia, además de ser fuente de fragilidad y emotividad, constituye un potencial de asocialidad, agresividad, autoritarismo y, en fin, no sólo de inconstitucionalidad, sino también de anticonstitucionalidad" (ZAGREBELSKY: 18). De lo que se trata, a fin de cuentas, es de clamar por sueños "en medio de un presente con mucho grado de incertidumbre" (SANG: 295). La Constitución es fruto de la imaginación "y no sólo de una imaginación individual, la de los autores o 'padres' de la Constitución, sino también de un *imaginario colectivo* que en ella se condensa y desde ella se proyecta para penetrar en toda la vida social" (MARTÍNEZ GARCÍA: 156).

BIBLIOGRAFÍA

ACOSTA DE LOS SANTOS, Hermógenes. "Preámbulo". En Hermógenes Acosta de los Santos (coord.). *La Constitución de la República Dominicana comentada por jueces y juezas del Poder Judicial.* Santo Domingo: Escuela Nacional de la Judicatura, 2022.

ALEXY, Robert. *Teoría de los derechos fundamentales.* Madrid: Centro de Estudios Constitucionales, 1993.

ALONSO DE ANTONIO, José Antonio. "Principios, valores y fines de la Constitución dominicana". En Pedro González-Trevijano y Enrique Arnaldo Alcubilla (dirs.). *Comentarios a las Constitución de la República Dominicana.* Madrid: La Ley / Universidad Rey Juan Carlos, 2012.

AMAR, Akhil Reed. *America's Unwritten Constitution: The Precedents and Principles we Live By.* Nueva York: Basic Books, 2012.

AMIAMA, Manuel. *Notas de Derecho Constitucional.* Santo Domingo: ONAP, 1995.

ARAGÓN REYES, M. "Principios constitucionales". En *Temas básicos de Derecho Constitucional.* Tomo I. Manuel Aragón Reyes (coordinador). Madrid: Civitas, 2001.

BALAGUER CALLEJÓN, Francisco y otros. *Derecho Constitucional.* Vol. I. Madrid: Tecnos, 1999.

BARBERIS, Mauro. "Lo que los juristas no dicen. Normas no expresadas y despositivización". En *Revista Oficial del Poder Judicial.* Vol. 9, n.º 11, enero-junio, 2019. https://doi.org/10.35292/ropj.v9i11.6

BASTARRECHE, Tomás. "Expansión y resistencia al constitucionalismo". En Diego López Garrido, Marcos Francisco Massó Garrote y Lucio Pegoraro. *Derecho Constitucional Comparado.* Valencia: Tirant lo Blanch, 2017.

BASTIDA, Francisco J. "La soberanía borrosa: la democracia". www.uniovi.es/constitucional/fundamentos/primero

Beard Marcos, Alba. "Comentario a los artículos 73 y 74". En Hermógenes Acosta de los Santos (coord.). *La Constitución de la República Dominicana comentada por jueces y juezas del Poder Judicial.* Santo Domingo: Escuela Nacional de la Judicatura, 2022.

Betegón, Jerónimo et al. *Lecciones de Teoría del Derecho.* Madrid: McGraw-Hill, 1997.

Bernal Pulido, Carlos. "Refutación y defensa del neoconstitucionalismo". En *Teoría del neoconstitucionalismo.* Madrid: Trotta, 2007.

Bidart Campos, German. *Teoría de los derechos humanos.* Buenos Aires: Astrea, 1989.

Brewer-Carías, Allan. *Derecho Procesal Constitucional. Instrumentos para la justicia constitucional.* San José: Editorial Investigaciones Jurídicas, 2012.

Canosa Usera, Raúl. *Interpretación constitucional y fórmula política.* Madrid: Centro de Estudios Constitucionales, 1988.

Cruceta Almánzar, José Alberto. *Neoconstitucionalismo, argumentación y especificidad de la interpretación constitucional. Test de proporcionalidad. Ponderación.* Santo Domingo: Editora Centenario, 2011.

Cruz Ayala, Hernán. "Estudio acerca de la competencia de los tribunales dominicanos en materia de constitucionalidad". En *Estudios Jurídicos.* 1(2). 1967.

Chinchilla Herrera, Tulio Elí. *La Constitución como norma.* Bogotá: Temis, 1996.

De Cabo Martín, Carlos. "El elemento utópico, ingrediente cultural del constitucionalismo". En Francisco Balaguer Callejón (coord.). *Derecho Constitucional y cultura.* Madrid: Tecnos, 2004.

Díaz Revorio, Francisco Javier. "Lineamientos fundamentales de la Constitución dominicana: sus decisiones básicas". En Pedro González-Trevijano y Enrique Arnaldo Alcubilla (dirs.). *Comentarios a las Constitución de la República Dominicana.* Madrid: La Ley / Universidad Rey Juan Carlos, 2012.

_____. *Valores superiores e interpretación constitucional.* Madrid: Centro de Estudios Políticos y Constitucionales, 1997.

Dworkin, Ronald. Freedom's Law. Cambridge: Harvard University Press, 1996.

_____. *Law's Empire.* Cambridge: Harvard University Press, 1986.

_____. *Los derechos en serio.* Barcelona: Ariel, 1984.

Favoreu, Louis y Francisco Rubio Llorente. *El bloque de constitucionalidad.* Madrid: Civitas, 1991.

García de Enterría, Eduardo. *La Constitución como norma y el Tribunal Constitucional.* Madrid: Civitas, 2006.

Gascón Abellán, Marina. "La teoría general del garantismo: rasgos principales". En Dario Ippolito et al. *Para Luigi Ferrajoli.* Madrid: Trotta, 2021.

Gomes Canotilho, J. J. *Direito Constitucional e teoria da Constituicao.* Coimbra: Almedina, 2001.

Guerra Filho, Willis Santiago. *Teoria processual da Constitucao.* Sao Paulo: Celso Bastos Editor, 2000.

Guastini, Riccardo. *Estudios de teoría constitucional.* México: UNAM, 2001.

GIL, Domingo. "El bloque de constitucionalidad en el ordenamiento jurídico dominicano". En *Revista Dominicana de Derecho Constitucional*. Año 2, Numero 1, junio 2019.

_____. "La Constitución como norma". En *Curso de garantías constitucionales*. Santo Domingo: Proyecto de Fortalecimiento del Poder Judicial, 2000.

MATTEUCCI, Nicola. *Organización del poder y de la libertad*. Madrid: Trotta, 1998.

HÄBERLE, Peter. *El Estado constitucional*. México: UNAM, 2001.

HABERMAS, Jurgen. *Facticidad y validez*. Madrid: Trotta, 1998.

HART, H. L. A. *El concepto de Derecho*. México: Ed. Nacional, 1980.

HAURIOU, Maurice. *Principios de Derecho Público y Constitucional*. Granada: Comares, 2003.

HESSE, Konrad. *Escritos de Derecho Constitucional*. Madrid: Centro de Estudios Constitucionales, 1983.

HOSTOS, Eugenio María de. *Lecciones de Derecho Constitucional*. Santo Domingo: ONAP, 1982.

JORGE GARCÍA, Juan. *Derecho Constitucional Dominicano*. Santo Domingo: Editora Corripio, 2000.

KELSEN, Hans. *La garantía jurisdiccional de la Constitución*. México: Universidad Nacional Autónoma de México, 2001.

KOSKO, Bart. *Fuzzy Thinking*. New York: Hyperion, 1993.

LARENZ, Karl. *Derecho justo*. Madrid: Civitas, 1985.

LASALLE, Ferdinand. *¿Qué es una Constitución?* Barcelona: Ariel, 1989.

LOEWENSTEIN, Karl. *Teoría de la Constitución*. Barcelona: Ariel, 1983.

LUCAS VERDÚ, Pablo. *Curso de Derecho Político*. Tomos II y IV. Madrid: Tecnos, 1981 y 1984.

LUHMANN, Niklas. *Social Systems*. Stanford: Stanford University Press, 1999.

MARTÍNEZ GARCÍA, Jesús Ignacio. "La imaginación constitucional". En *La Constitución a examen*. Gregorio Peces-Barba Martínez y Miguel Angel Ramiro Avilés (coordinadores). Madrid: Marcial Pons, 2004.

MATURANA, Humberto R. y Francisco J. Varela. *The Tree of Knowledge*. Boston: Shambhala, 1998.

MUÑOZ MACHADO, Santiago. *Constitución*. Madrid: Iustel, 2004.

NIKKEN, Claudia. *Consideraciones sobre las fuentes del Derecho Constitucional y la interpretación de la Constitución*. Caracas: Editorial Jurídica Venezolana, 2018.

NINO, Carlos Santiago. *Fundamentos de Derecho Constitucional*. Buenos Aires: Astrea, 1992.

OLLERO TASSARA, Andrés. *Filosofía del derecho y Constitución*. Madrid: Agencia Estatal Boletín Oficial del Estado, 2019.

OTTO, Ignacio de. *Derecho Constitucional*. Barcelona: Ariel, 1998.

PELLERANO GÓMEZ, Juan Manuel. "La Constitución como norma jurídica". En *Revista de Ciencias Jurídicas*. Santiago: Pontificia Universidad Católica Madre y Maestra. Año II. Enero-febrero 1992.

POPPER, Karl R. *La sociedad abierta y sus enemigos*. Barcelona: Paidos, 1994.

Pina Toribio, César. "Constitución y preámbulo". En *Global*. Vol. 4, No. 16, mayo-junio 2007.

Pizzorusso, Alessandro. *Lecciones de Derecho Constitucional*. Madrid: Centro de Estudios Constitucionales, 1984.

Rawls, John. *A Theory of Justice*. Cambridge: Harvard University Press, 1971.

Rodríguez Gómez, Cristóbal. "República Dominicana". En Antonio Torres del Moral y Javier Tajadura Tejada. *Los preámbulos constitucionales en Iberoamérica*. Madrid: Centro de Estudios Políticos y Constitucionales, 2001.

Rosler, Andrés. *La ley es la ley. Autoridad e interpretación en la filosofía del derecho*. Buenos Aires: Katz Editores, 2019.

Ross, A. *Sobre el Derecho y la justicia*. Buenos Aires: Eudeba, 1963.

Rubio Llorente, Francisco. "Constitución". En Manuel Aragón Reyes (coord.). *Temas básicos de Derecho Constitucional*. Tomo I. Madrid: Civitas, 2001.

_____. *La forma del poder*. Madrid: Centro de Estudios Constitucionales, 1997.

Sang, Mu-Kien Adriana. *Una utopía inconclusa: Espaillat y el liberalismo dominicano en el siglo XIX*. Santo Domingo: INTEC, 1997.

Santamaría Pastor, J. A. "Ordenamiento Jurídico". En Manuel Aragón Reyes (coord.). *Temas básicos de Derecho Constitucional*. Tomo I. Madrid: Civitas, 2001.

Sarlet, Ingo W. *La eficacia de los derechos fundamentales. Una teoría general desde la perspectiva constitucional*. Lima: Palestra, 2019.

Schmitt, Carl. "La tiranía de los valores". En *Revista de Estudios Políticos*, No. 115. 1961.

Silva, Virgilio Afonso da. "Principios y reglas: mitos y equívocos acerca de una distinción". En Gustavo A. Beade y Laura Clérico (eds). *Desafíos a la ponderación*. Bogotá: Universidad Externado de Colombia, 2011.

Tajadura Tejada, Javier. "Estudio preliminar: valor jurídico y función política de los preámbulos constitucionales". En Antonio Torres del Moral y Javier Tajadura Tejada. *Los preámbulos constitucionales en Iberoamérica*. Madrid: Centro de Estudios Políticos y Constitucionales, 2001.

Zagrebelsky, Gustavo. *El Derecho dúctil*. Madrid: Trotta, 1995.

Zoller, Elisabeth. *Droit Constitutionnel*. París: PUF, 1998.

CAPÍTULO CUATRO
Las Fuentes del Derecho

1. LAS FUENTES DEL DERECHO

Uno de los dogmas del positivismo más arraigados en nuestra cultura jurídica es el de la *unidad del ordenamiento jurídico*, es decir, la idea de que el derecho es un conjunto de normas sistematizadas en un todo unitario. La unidad del ordenamiento es articulada a través de una determinada clase de normas que establecen cuáles son los elementos que lo componen y que, a fin de indicar que son normas que disciplinan la producción normativa y proveen criterios para la identificación de otras normas, se llaman *"metanormas"*. Para distinguir entre normas y metanormas, se habla de normas "de" producción jurídica y normas "sobre" la producción jurídica, o lo que es lo mismo, normas "primarias" y normas "secundarias" en la terminología de H. L. A. Hart.

Las *normas sobre la producción* jurídica tienen un valor instrumental con relación a las *normas de producción jurídica* en la medida en que determinan a cuáles actos corresponde la particular clase de efecto jurídico consistente en la producción de disposiciones y normas jurídicas. Mediante las metanormas se establecen: (a) los órganos, procedimientos y actos con capacidad para crear derecho; (b) el régimen jurídico propio de cada clase de acto; y (c) los criterios para su interpretación. Como se puede observar, las normas sobre la producción jurídica son esenciales para que pueda existir un verdadero ordenamiento jurídico, pues fijan no únicamente cuáles son los elementos normativos del sistema, sino además qué lugar les corresponde dentro del mismo. Al identificar las metanormas, el ordenamiento se define a sí mismo, de donde resulta que una de las tareas fundamentales de la teoría jurídica y, en especial, de la teoría constitucional, es la individualización de los actos de producción jurídica, o sea, de los actos que, en virtud de las metanormas, crean los elementos que componen el sistema jurídico y que, por ello, son denominados *"fuentes del derecho"*.

El análisis de las fuentes del derecho obliga a responder a preguntas como ¿qué son? ¿cuáles son? y, principalmente, ¿cómo se vinculan entre sí? Ha de abordarse, además, el fundamento de dichos vínculos y, en especial, la naturaleza política del sistema de fuentes en su totalidad, pues únicamente desde una perspectiva que comprenda integralmente los principios políticos que inspiran el ordenamiento es posible dar cuenta cabal de los modos de relación entre los diferentes focos de poder y, consecuentemente, entre sus productos normativos. A todo esto, debe sumarse otro elemento que ha vuelto aún más complejo el tratamiento de las fuentes: tras el final de la Segunda Guerra Mundial los centros de poder se han progresivamente multiplicado lo cual ha traído como consecuencia la proliferación de normas provenientes de diversas autoridades con poder normativo en una creciente y confusa madeja de competencias.

El debate sobre las fuentes ha cobrado peculiar importancia gracias a las profundas reformas institucionales que se vienen operando al interior de los derechos nacionales por la incidencia de elementos propios del ámbito estatal interno así como del ámbito internacional. El sistema de fuentes es afectado "desde abajo" y "desde arriba". Por un lado, emerge una *"infraestatalidad" normativa* producto de la ampliación de competencias normativas a entes sociales distintos del Estado y de ámbito inferior al estatal (entes territoriales menores, sindicatos, iglesias, asociaciones diversas, etc.) y, por otro, una *"supraestatalidad" normativa* asentada en el surgimiento de poderes normativos supraestatales, en la aceptación de normas jurídicas emanadas de determinadas organizaciones internacionales y supranacionales. La consecuencia de ambos fenómenos, característicos de los Estados constitucionales de nuestros tiempos y que determinan una crisis del protagonismo del derecho estatal, es que las fuentes del derecho no pueden estudiarse conforme a los esquemas y conceptos superados de una tradición liberal que no puede explicar la supremacía de la Constitución, el desplazamiento de la ley, la atomización del concepto de ley, y el surgimiento de nuevas fuentes del derecho. En especial, cabe plantearse hoy si la lógica clásica e irrebatible "de una Constitución jerárquicamente ordenada con una norma fundamental en la cúspide puede tener efectividad en el orden que se está perfilando. Una Constitución puede pretender primacía frente al resto del derecho nacional, pero no frente a otros Estados -y menos aún frente al derecho supranacional de observancia preferente. Pero si no podemos imponer jerarquía alguna, entonces habremos de aprender a vivir en sistemas equiordenados. No primacía de una norma sobre otra, de uno u otro tribunal, sino observancia de los límites competenciales, respeto y consideración en caso de solapamientos; o, en la célebre formulación de Konrad Hesse, concordancia práctica, que idealmente conduce a la eficacia optimizadora de dos regulaciones concurrentes en su aplicación práctica a un ámbito concreto sin que ninguna de ellas resulte postergada" (PAULUS: 95).

1.1 El concepto de fuente del derecho

1.1.1 Sentidos de la expresión "fuentes del derecho". Existen tres perspectivas desde las cuales es posible abordar el estudio de las fuentes del derecho: una filosófico-especulativa, una político-social y otra jurídico-positiva. Desde la perspectiva filosófico-especulativa, se habla de fuentes del derecho en el sentido de *fuentes exteriores al derecho mismo*: Dios, el derecho natural, el poder, han sido considerados fuentes del derecho desde esta perspectiva que busca el fundamento del derecho fuera de él. Desde la perspectiva político-social, las fuentes del derecho son los diversos *factores políticos, económicos, históricos, sociales y culturales* que determinan la elaboración de las normas y el establecimiento de las instituciones jurídicas: la importación de esclavos africanos a América, el nacimiento de la burguesía, el declive de la economía azucarera, son ilustraciones de este uso del término "fuentes del derecho". La primera perspectiva es propia de la filosofía, mientras que la segunda se vincula a la sociología del derecho, la política jurídica y la historia del derecho. Ninguna de las dos perspectivas tiene interés para el estudio de las fuentes del derecho que abordamos en este capítulo.

La perspectiva relevante desde el punto de vista del derecho constitucional es la *jurídico-positiva* que alude a los modos de creación del derecho y no al porqué ni al cómo éstos se presentan históricamente, es decir, a los modos de producción del derecho objetivo. Por fuentes del derecho entendemos *fuentes de producción*, o sea, actos jurídicos que, en base a las normas sobre la producción jurídica vigentes en determinado ordenamiento, tienen como efecto la creación, modificación o derogación de las disposiciones y normas que lo integran. No deben confundirse estas fuentes de producción con las *fuentes de conocimiento*: las primeras aluden a la ley y el reglamento como actos de producción normativa mientras que las segundas refieren a la Gaceta Oficial que, en tanto publicación, facilita el conocimiento del derecho. Aunque la distinción entre ambos sentidos del término "fuentes del derecho" no es tan rigurosa, ya que los actos de producción de derecho se reflejan en textos normativos cuya publicación es condición necesaria para su entrada en vigor. No por azar el artículo 109 de la Constitución establece que "las leyes, después de promulgadas, se publicarán en la forma que la ley determine y se les dará la más amplia difusión posible. Serán obligatorias una vez transcurridos los plazos para que se reputen conocidas en todo el territorio nacional".

Pero… ¿qué es lo que constituye fuente del derecho en el sentido de *fuente de producción normativa*? ¿La autoridad normativa, o sea, el sujeto investido del poder de crear normas como es el caso del Congreso Nacional en el caso de las leyes o del Poder Ejecutivo en el de los reglamentos? ¿El acto normativo de contenido prescriptivo (por ejemplo, el acto de legislar o reglamentar)? ¿El documento normativo consecuencia de ese acto normativo (por ejemplo, un documento legislativo)? ¿O la norma jurídica que no es más que el significado prescriptivo de la disposición normativa una vez interpretada? La respuesta no debe esperar: las "fuentes del derecho" no son las normas del derecho objetivo ni las disposiciones que las contienen sino el acto que es la causa de tales normas o disposiciones, el acto de producción normativa y no el órgano competente para crear derecho ni las disposiciones que produce ni el resultado de interpretar tales disposiciones. Las "fuentes del derecho" son, en consecuencia, los *actos normativos*, los actos a los que el ordenamiento atribuye capacidad para crear disposiciones o normas jurídicas.

1.1.2 Los criterios de distinción de las fuentes del derecho. Afirmar que las fuentes del derecho son actos normativos las ubica en la estructura del sistema jurídico, pero no resuelve la cuestión de cuando estamos en presencia de un acto normativo o, mejor dicho, de una fuente del derecho, pues no todo acto normativo o jurídicamente vinculante es considerado fuente del derecho. Así, por ejemplo, el contrato tiene, en virtud del artículo 1134 del Código Civil "fuerza de ley entre las partes" e igual ocurre con las sentencias dictadas por los tribunales que, con relación a las partes intervinientes y conforme el artículo 1351 del Código Civil, tienen la autoridad relativa de la cosa juzgada y, pese a esos efectos normativos, no son considerados fuentes del derecho.

Para poder individualizar las fuentes jurídico-positivas se requiere determinar el criterio que permita distinguir entre los actos normativos que son fuentes del derecho y aquellos que no lo son. La identificación de las fuentes puede ser determinada por la existencia en el ordenamiento de un *catálogo de fuentes* (lo cual ocurre raras veces salvo la excepción de España que confirma la regla) o porque el propio ordenamiento fije un criterio seguro que permita establecer cuáles actos normativos pertenecen a esa categoría. Ahora bien, aunque el ordenamiento no contenga un elenco preciso, exhaustivo, detallado y ordenado de sus fuentes, la teoría y la ciencia del derecho consideran incuestionablemente fuentes del derecho la Constitución, la ley y el reglamento, en tanto no se consideran fuentes los contratos, las sentencias y los actos administrativos.

Pero… ¿cuál es el elemento que permite identificar los *actos-fuente*? Como ocurre con los catálogos de fuentes, los ordenamientos tampoco acostumbran a contener un criterio que permita distinguir los actos normativos que son fuentes del derecho de aquellos que no lo son. A pesar de la ausencia en los ordenamientos de este criterio distintivo de los actos-fuente, la ciencia jurídica ha elaborado los criterios para la cualificación normativa de las fuentes, tomando en cuenta la estructura, la naturaleza y los efectos de las normas jurídicas. Veamos estos criterios a continuación…

1.1.2.1 Criterio sustantivo. De acuerdo con este criterio, lo que permite distinguir una fuente del derecho es el *carácter general y abstracto* de las reglas producidas, en contraste con el carácter particular y concreto de los actos normativos que no son fuente del derecho. Así, la ley y el reglamento serían fuentes del derecho por su carácter general y abstracto, contrario a las sentencias, los actos administrativos y los contratos, referidos a situaciones particulares y concretas.

Este criterio, sin embargo, no es muy útil. Algunas leyes son de carácter particular como ocurre con las *leyes expropiatorias*. Por otro lado, algunas sentencias y contratos tienen carácter general, como es el caso de las sentencias dictadas por el Tribunal Constitucional al declarar la inconstitucionalidad de una norma y los *convenios colectivos de trabajo*: ambos son tan generales como la norma misma cuya inconstitucionalidad se declara y como el propio ámbito del convenio. En el caso de las leyes expropiatorias, nos encontramos ante una clase de normas potencialmente dotadas de un carácter general y abstracto pero que, no obstante, se refieren a una situación particular y concreta. Se trata de una tendencia del derecho actual: la reducción de la generalidad y abstracción de las leyes causada por la multiplicación de leyes de carácter sectorial y temporal, *leyes-medida*, propiciadas por los más diversos grupos, estratos sociales e intereses corporativos que participan en el proceso legislativo (Zagrebelsky: 37).

Por otro lado, las antes mencionadas excepciones revelan la distinción entre forma y contenido del acto que había originado la distinción entre *ley formal* y *ley material* conforme a Laband y la doctrina alemana del derecho público de finales del siglo XIX, en virtud de la cual son leyes en sentido material los actos del Estado que contienen regulaciones generales sobre la delimitación de los derechos y deberes de los ciudadanos, mientras que son leyes en sentido formal las normas aprobadas por la Asamblea legislativa. De ese modo, la ley en sentido material podrá formularse bajo la forma de ley formal si es dictada por el Parlamento o de reglamento si es dictada por la Administración. Por igual, una ley en sentido formal podrá contener una ley en sentido material o ser simplemente el comienzo de una cadena de actos administrativos. Esta concepción material de la ley, fuertemente criticada en Francia por Carré de Malberg, debe ser rechazada en todo ordenamiento que garantiza la supremacía de la Constitución.

1.1.2.2 Criterio de la eficacia *"erga omnes"*. Este criterio se refiere a la extensión de los efectos de los actos-fuente que, contrario a los demás actos normativos caracterizados por su eficacia *inter partes*, tienen una eficacia *erga omnes*. Al igual que el antes expuesto, este criterio resulta inadecuado porque las sentencias del Tribunal Constitucional que declaran la inconstitucionalidad de una norma, así como los convenios colectivos de trabajo, tienen plenos efectos frente a todos, hayan sido o no parte de la instancia judicial o de los firmantes originales del convenio. Pero no debemos confundir ambos criterios: aunque todas las normas generales y abstractas producen efectos *erga omnes* y las normas particulares y concretas solo producen efectos *inter partes*, algunas normas relativas a una situación particular pueden desplegar efectos *erga omnes*, como ocurre con las leyes que otorgan pensiones o que expropian bienes.

1.1.2.3 Criterio de las normas utilizadas por el juez. Se ha propuesto como criterio para identificar las fuentes del derecho atribuir dicho carácter a todas las normas utilizadas por el juez en la resolución de los casos que se le presentan y que, en tanto son los parámetros para juzgar, nunca pueden ser objeto de litigio. Así quedarían excluidos los contratos de la categoría de fuentes pues éstos están sujetos a litigio en la jurisdicción civil. Pero este criterio resulta inadecuado como los anteriores pues los convenios colectivos, a pesar de que pueden ser objeto de litigio, constituyen fuente del derecho, aparte de que ninguna norma –salvo la Constitución– escapa a la posibilidad de ser revisada jurisdiccionalmente, no obstante que, en otros contextos, opere como parámetro de enjuiciamiento.

1.1.2.4 Criterio de la integración política. Hay quienes han intentado cualificar las fuentes del derecho definiéndolas como "*procesos de integración política*" en el interior del proceso más amplio de unidad política y jurídica que desarrolla la Constitución. Tal es el caso de Gustavo Zagrebelsky para quien, frente a las Constituciones del Estado liberal, donde la unidad del ordenamiento nacía de una presupuesta homogeneidad de valores expresados en la ley, en los ordenamientos constitucionales del siglo XX la heterogeneidad de las fuerzas sociales y políticas ha conducido a la multiplicación de los valores y aspiraciones políticas. En tales circunstancias, la unidad política y, en consecuencia, la unidad del ordenamiento jurídico, no es un dato preexistente o presupuesto, sino un objetivo a perseguir con instrumentos constitucionales *ad hoc*: las fuentes del derecho, actos mediante los cuales se logra un nuevo equilibrio de las fuerzas político-sociales que participan en el proceso de integración.

Dado que, en todo sistema democrático, el proceso político, dentro del debido respeto a las normas de la Constitución, es libre, los actos-fuente son *"actos libres"*, contrario a los actos jurídicos que son *"actos vinculados"* al contenido de las fuentes del derecho. De ahí que no constituyen fuentes del derecho ni los actos administrativos, ni los reglamentos simplemente ejecutivos, ni las sentencias ni los actos provenientes de la autonomía privada de las partes.

1.1.2.5 Criterio formal. De acuerdo con una concepción estrictamente formal de las fuentes del derecho, sólo pueden ser consideradas fuentes los actos autorizados por una norma sobre la producción jurídica del sistema. Esta concepción, vinculada a la visión gradualista del ordenamiento jurídico propia de la *Teoría pura del derecho* de Hans Kelsen, define el sistema de fuentes como un *conjunto de normas de distinto grado*, de manera que las normas ubicadas en un determinado grado actúan como factores de justificación de las normas colocadas en el grado inferior pero, a la vez, se conciben como instrumento de actuación y de especificación de las normas situadas en el grado superior.

Conforme esta tesis, el ordenamiento jurídico aparece como un conjunto de normas ubicadas en los diferentes grados de una pirámide que se desarrolla de acuerdo con un movimiento de arriba abajo. La Constitución ocupa el vértice de esta pirámide y es desarrollada por las normas legislativas, las que, a su vez, son desarrolladas por los reglamentos. En palabras del propio Kelsen, "no sólo los métodos de producción del derecho" constituyen fuentes del derecho "sino toda norma superior, en su relación con la norma inferior cuya producción regula", por lo "que por fuente del Derecho pueda entenderse también el *fundamento de validez de una norma jurídica*; es decir, la norma superior positiva que regula su producción". Es por ello que para Kelsen "la Constitución es la fuente, por vía de la legislación […], de las normas jurídicas generales producidas; la norma jurídica general sería la fuente de la sentencia judicial que la aplica; y también la sentencia judicial podría ser considerada fuente de las obligaciones y derechos que estatuye entre las partes litigantes, o de la autorización otorgada al órgano que tiene que ejecutar esa sentencia" (Kelsen: 243).

En la construcción kelseniana, todo acto jurídico es simultáneamente acto de aplicación de una norma y de creación de otra, con la excepción de la Constitución que es un acto de pura creación y los actos que están en la base de la pirámide que son actos de pura ejecución. Consecuencia de ello es que desaparece la distinción entre creación y aplicación del derecho y se disuelve la categoría de fuentes al perder todo su valor analítico, "pues al concebir todo acto jurídico como *creación y aplicación del derecho* al mismo tiempo, hace imposible la distinción entre lo que son fuentes y lo que no lo son: todos los actos normativos que tienen lugar en el sistema son, simultáneamente, actos-fuente y actos de aplicación de una norma, salvo el acto de simple creación de la norma primera y los actos de mera ejecución que están en la base de la pirámide" (Betegón: 212).

1.1.3 Las fuentes del derecho como concepto simplemente teórico. Como se puede observar tras este breve recorrido a través de los diversos conceptos de fuentes del derecho, éstos resultan inadecuados para explicar los fenómenos de producción del derecho, lo que ha llevado a la mayoría de la doctrina a cuestionarse sobre el valor jurídico-normativo del concepto fuente del derecho, es decir, a si tiene o no relevancia jurídica incluir determinado acto normativo dentro de la categoría de las fuentes del derecho. Casi todos los autores concluyen que el concepto fuente del derecho solo tiene importancia teórica o científica, y que el régimen jurídico de un determinado acto normativo es totalmente independiente de su calificación como fuente del derecho.

La prueba de ello no es solo que no existen preceptos en nuestro ordenamiento que hablen de fuentes del derecho sino que éste disciplina cada clase de acto normativo considerado en sí mismo, esté o no incluido en la categoría de las fuentes. Tal es el caso de la ley, la cual produce determinados efectos porque el ordenamiento así lo establece y no por su condición de fuente del derecho.

El carácter simplemente teórico de la categoría de fuentes no implica su inutilidad pues dicho concepto sirve como un valiosísimo instrumento de comprensión de la estructura del ordenamiento, al permitir clasificar las reglas que lo integran y facilitar una mejor comprensión del régimen jurídico de cada tipo de acto.

1.2 Clasificación de las fuentes del derecho

Para poder entender a cabalidad el sistema de fuentes y su vinculación con la Constitución, se precisa abordar los diversos criterios de clasificación de éstas.

1.2.1 Fuentes-acto y fuentes de hecho. Las *fuentes-acto* son aquellas producidas con la finalidad de crear o modificar el derecho vigente, como es el caso de la Constitución, la ley, el reglamento y las disposiciones de remisión que determinan la aplicación de normas ya existentes en ordenamientos extranjeros pero que no son operativas en el ordenamiento interno (ejemplo de estas últimas son las normas que regulan el conflicto de las leyes en el espacio y remiten la regulación de un supuesto a uno de los ordenamientos nacionales vinculados al caso: artículo 3 del Código Civil). Estas fuentes acto, en la medida en que establecen modelos de comportamiento obligatorio antes inexistentes, son rodeadas de medidas especiales con el propósito de asegurar el conocimiento de las disposiciones creadas por ellas. Estas medidas son, en particular, las disposiciones constitucionales relativas a la promulgación y publicación de las normas.

Las *fuentes de hecho* constatan un hecho jurídico preexistente, como es el caso de la costumbre, en tanto que expresión normativa de la repetición de conducta, y el precedente judicial, en tanto que expresión normativa de la eventual eficacia de precedente de las sentencias, distinta a sus efectos relativos de cosa juzgada.

1.2.2 Fuentes escritas y no escritas. Son *fuentes escritas* la Constitución, la ley, el reglamento y las ordenanzas municipales. Son *fuentes no escritas* la costumbre y los principios no escritos, aunque estos últimos casi siempre son extraídos de una o más disposiciones normativas escritas.

1.2.3 Fuentes legales y fuentes *"extra ordinem"*. Las *fuentes legales* o formales son aquellas cuyo fundamento se encuentra en otra norma del sistema que es, respecto a las fuentes legales, metanorma o norma sobre la producción jurídica. Son fuentes legales la ley, cuyo fundamento es la Constitución; y el reglamento que deriva de la ley.

Las *fuentes "extra ordinem"* o materiales son aquellas que no encuentran su fundamento en otras normas del sistema sino que se fundan en el principio de la eficacia. Se trata casi siempre de fuentes de hecho, como es el caso de la costumbre, aunque la Constitución, a pesar de ser una fuente-acto, es el caso más radical de fuente material, en la medida en que es la *norma normarum,* norma primera y fundamento normativo de todo el sistema.

1.2.4 Fuentes constitucionales, primarias, secundarias y terciarias. Atendiendo a su *fuerza jurídica*, o sea, a su mayor o menor capacidad para incidir en el sistema jurídico creando o modificando el derecho, las fuentes pueden ser constitucionales, primarias y secundarias. La importancia de esta clasificación radica en el hecho de que las normas que contradigan lo establecido por normas superiores (es decir, producidas por una fuente de mayor eficacia jurídica) serán inválidas.

Son *fuentes constitucionales* la Constitución que no puede ser válidamente contradicha por ninguna otra fuente y que para modificarse hay que acudir a un procedimiento especial de reforma constitucional. Existen también las cláusulas de intangibilidad, normas que ni siquiera pueden modificarse por los procedimientos de reforma constitucional previstos y que, en cierta medida, se ubican en un grado jerárquico superior al de las fuentes constitucionales, como ocurre con el artículo 268 de la Constitución.

Las *fuentes primarias* son aquellas dotadas de fuerza jurídica inmediatamente inferior a la Constitución, como es el caso de la ley y el decreto-ley, y las normas *secundarias* son aquellas subordinadas no solo a la Constitución sino también a las normas primarias, como es el caso del reglamento. La costumbre, que no puede contradecir ni a la Constitución, ni a las leyes ni a los reglamentos, vendría a ser una *fuente terciaria*.

1.3 La naturaleza política del sistema de fuentes

Como hemos visto, conforme a la construcción formalista erigida por la teoría pura del derecho de Kelsen, la unidad sistemática del ordenamiento jurídico viene organizada por el propio ordenamiento mediante un conjunto de normas, las denominadas normas sobre la producción jurídica, que tienen por objeto la disciplina de los elementos constitutivos de dicho ordenamiento. Se trata de una visión "cerrada" o "autosuficiente" del sistema de fuentes, comprensible si recordamos que todo el esfuerzo de Kelsen se concentró en la extirpación de la teoría del derecho de todos los elementos empíricos y valorativos. La "pureza" de esta teoría radica precisamente en eso: en explicar el derecho a través de elementos exclusivamente jurídicos. La validez de las normas es fundada sobre criterios de *estricta derivación*: "Una norma (1) será válida si ha sido producida de acuerdo con los requisitos establecidos por otra norma (2) que es, respecto de la primera, una norma sobre la producción jurídica; más concretamente, la norma (1) será válida si ha sido producida por el sujeto habilitado para ello, mediante el procedimiento establecido y dentro de los límites competenciales marcados por la norma (2). A su vez, la validez de la norma (2), que establece los criterios de validez de la norma (1), se determina por su adecuación a los requisitos establecidos por otra norma (3), y así sucesivamente hasta llegar a la norma primera, la Constitución, que encierra en potencia todo el poder normativo del ordenamiento" (Betegón: 219).

Pero el sistema de fuentes no es tan puro como lo supone la doctrina kelseniana. Y es que, junto a los mecanismos de producción de normas formalmente establecidos en el ordenamiento, encontramos una serie de elementos ajenos al mismo y que afectan su carácter estrictamente formal. Estos *elementos extrajurídicos* están presentes en el nivel de los procesos de interpretación y aplicación de las normas, en donde los valores, la política, la ideología, los intereses, los prejuicios y la cultura de los intérpretes y operadores del sistema afectan el resultado interpretativo. Asimismo, la impureza del ordenamiento jurídico se revela en el nivel de la creación de las normas cuando es constatada la presencia de fuentes normativas *extra ordinem* no previstas en ninguna regla de producción jurídica del sistema. Tal es el caso de la costumbre que encuentra, en principio, su validez en su eficacia y no en su pertenencia al sistema formal de fuentes.

Ahora bien, en donde la naturaleza política del sistema de fuentes queda más claramente manifiesta es cuando se busca el fundamento último de éste, la "norma fundante básica", la "*norma fundamental*". Según Kelsen, el fundamento de cada fuente radica en una fuente superior que, a su vez, encuentra su fundamento en otra mucho más superior, hasta llegar a la Constitución, que engloba todo el poder normativo del ordenamiento. La norma suprema del ordenamiento jurídico dominicano es la Constitución porque así lo establece la propia Constitución en su artículo 6. Pero... ¿cuál es el fundamento de validez de la Constitución? No puede ser la propia Constitución porque ninguna norma puede ser justificación de sí misma. Para responder esta pregunta hay que necesariamente salir del ordenamiento: el fundamento del sistema no puede ser otro que la eficacia. El propio Kelsen lo admite: "La Constitución establecida por el primer constituyente sólo es válida a condición de ser eficaz. La realidad a la cual se aplica debe corresponder de una manera general al orden jurídico construido sobre sus disposiciones" (KELSEN: 116). Y esta eficacia viene dada por una de dos cosas –o ambas a la vez–: en virtud de la amenaza de la fuerza o por la aceptación de la comunidad. De manera que la validez de todo el ordenamiento jurídico depende en última instancia de que no sea cuestionado por las fuerzas políticas, sociales y económicas de un país.

Aparece así la Constitución como una fuente, al igual que la costumbre, *extra ordinem*, pues no obtiene su validez de las normas de producción jurídica sino en su eficacia. Esta eficacia y, por ende, la validez del ordenamiento dependerá de la existencia de unos poderes materiales anteriores a los formalmente constituidos, unos poderes extrajurídicos, preconstitucionales, que ponen de manifiesto la estrecha vinculación "entre la forma de organización de la fuerza política y la forma de organización de la fuerza jurídica" (BETEGÓN: 221).

1.3.1 Sistema de fuentes, forma de estado, forma de gobierno. La estructura del sistema de fuentes depende del modo que se configure la *"forma de Estado"*, entendiendo por ésta, en sentido amplio, el sistema de relaciones que vinculan entre sí gobierno, pueblo y territorio. Así, mientras en un Estado centralista el poder normativo es monopolizado por el Estado, en un Estado descentralizado este poder normativo es compartido por el Estado y entes territoriales menores (los *Länder, Regioni,* Comunidades Autónomas). Del mismo modo, pasar de la monarquía absoluta al régimen monárquico-parlamentario implica transferir el poder normativo del monarca al Parlamento. No siempre, sin embargo, es posible identificar de modo estricto forma de Estado y de gobierno y la estructura del sistema de fuentes.

1.3.2 Estado democrático y sistema de fuentes. De todos modos, el carácter democrático de los ordenamientos constitucionales contemporáneos, o sea, la existencia de una organización estatal que reconoce a los ciudadanos la facultad de determinar las decisiones de gobierno y, en consecuencia, las normas que constituirán el ordenamiento jurídico, es el elemento más importante de la relación forma de Estado y sistema de fuentes. Las normas aparecen como legítimas en la medida en que son adoptadas por los afectados por las mismas, en tanto son expresión de la voluntad popular. Es en su fundamento democrático en donde reside la supremacía de la Constitución sobre las demás normas: recordemos *Marbury v. Madison*, en donde el juez Marshall fundó el poder de los jueces para controlar la constitucionalidad de las leyes en el hecho de que la Constitución era superior a las leyes porque era expresión directa de la voluntad popular. Aunque hay que reconocer que se trata de una cierta ficción, pues la mayoría de las constituciones contemporáneas no han sido el producto de un *procedimiento democrático legítimo*. "Basta pensar un momento en todas las exclusiones e irregularidades a través de las cuales fueron sancionadas Constituciones como la argentina o la norteamericana –p. ej., la exclusión de las mujeres, de las diferentes minorías raciales, de los pobres, además de la forma de selección de los convencionales– para que debamos concluir honestamente que están demasiado alejadas de la ortodoxia democrática elemental. Por otro lado, aun cuando una Constitución fuera originariamente dictada en forma impecablemente democrática, su misma perdurabilidad –que es un efecto deseado– haría dudar sobre si su legitimidad está vinculada a la voluntad popular cuando quienes la sancionaron están tan alejados de nosotros a través del tiempo como los habitantes de un remoto continente lo están a través del espacio" (NINO: 34).

Pero si la Constitución no es necesariamente un *producto democrático* por ser el poder constituyente una ficción para algunos, en el resto del ordenamiento jurídico poco se siente el influjo de la democracia directa. Los dominicanos apenas incorporamos a la Constitución mecanismos de participación popular, tales como la iniciativa legislativa popular y los referendos, en la reforma de 2010. Pero incluso en aquellos países donde existen estas instituciones de la democracia directa su implementación se dificulta debido al amplio número de participantes, más aún si se quieren evitar las fiebres asamblearias. Es por ello que las democracias occidentales siguen siendo, ante todo, *democracias representativas*. Pero no del todo: si hacemos caso a Schumpeter y a los estudios de la "teoría de las élites", la democracia aparece como una competencia entre líderes, el pueblo como un mercado y los partidos como grupos dominados por oligarquías alejadas de la voluntad general.

Como se puede observar, si estas denuncias son ciertas –y para muchos es así–, no hay necesaria relación entre la forma de Estado democrático y sistema de fuentes, "pues la organización real de la fuerza política en las actuales democracias representativas no se ajusta a la organización ideal de la fuerza política que el modelo presupone y que es, a la postre, el parámetro de justificación del sistema de fuentes vigente en ellas" (BETEGÓN: 234). De todas formas, en nuestras democracias representativas, la ley, como producto de la *asamblea de representantes del pueblo*, en una democracia constitucional que, como la dominicana, a pesar de tener consagrados en su Constitución mecanismos de participación directa del pueblo en los asuntos públicos, se define constitucionalmente como una democracia representativa, sigue y seguirá siendo, bajo el actual ordenamiento constitucional, una fuente preponderante del derecho, a excepción hecha de la Constitución.

1.3.3 Formas de gobierno y sistema de fuentes. Lo que caracteriza a las democracias representativas es el hecho de que tienden a concentrar el poder normativo en el Parlamento. Es por ello que, en principio, el sistema de fuentes que resulta de la democracia atribuye a la ley un rol predominante. Sin embargo, los diferentes modelos de relaciones entre el Poder Ejecutivo y el Poder Legislativo contribuyen a aumentar o disminuir esta preponderancia de la ley como fuente del derecho en la medida que consagran un mayor o menor poder reglamentario a favor del ejecutivo.

En la *forma de gobierno parlamentaria*, el Parlamento aparece como el exclusivo y legítimo representante del pueblo, como el único órgano del Estado con legitimidad democrática directa. De ahí que la función legislativa del Parlamento es concebida como no delegable y la función reglamentaria como una competencia ejercitable en la medida en que exista una previa y específica habilitación legislativa y sólo dentro de los límites y en los términos establecidos en la misma. Al Poder Ejecutivo, el cual solo goza de legitimidad democrática indirecta, no se le reconoce una potestad normativa independiente o autónoma. En esta estructura jerárquica es claro que la ley tiene una prevalencia absoluta sobre el reglamento lo cual implica la invalidez de los reglamentos autónomos o independientes, o sea, aquellos reglamentos dictados en ausencia de una previa habilitación legislativa. Aunque la doctrina no es unánime en este sentido (Otto y Pizzorusso), es evidente que hay bastante correspondencia en el sistema parlamentario entre la relación política Parlamento-Gobierno y la relación normativa ley-reglamento.

Más problemático resulta el caso del *régimen presidencial*. En éste, tanto el Congreso como el Presidente tienen legitimidad democrática directa, lo cual, unido a la horizontalidad de las relaciones entre el ejecutivo y el legislativo, augurarían una *distribución horizontal de las potestades normativas*. No siempre es el caso. El ejecutivo norteamericano no dispone de verdaderos poderes normativos independientes, aunque, como veremos más adelante, hay casos, como el dominicano, en el que aparece un poder reglamentario independiente en manos del Ejecutivo consagrado por la propia Constitución. En el texto de la Constitución francesa de 1958 aparece un reparto bastante horizontal de las competencias normativas entre el Ejecutivo y el Legislativo, al extremo de que aparece una "reserva reglamentaria" al lado de la "reserva de ley", aunque la práctica ha terminado por reconceptualizar la relación entre la ley y el reglamento en el marco de la antigua doctrina de la soberanía de la ley (Favoreu).

1.4 Los sistemas de fuentes

Debemos estudiar aquí: (i) las categorías de fuentes; (ii) los sistemas de fuentes adoptados por los diversos Estados; para luego poder abordar el sistema dominicano de fuentes.

1.4.1 Las categorías de fuentes. Los sistemas de fuentes normativas se reparten actualmente en tres grandes categorías según se trate de fuentes internacionales, nacionales o locales. Las primeras tienen la particularidad de estar vinculadas a un sistema exterior al Estado mientras que las segundas emanan de un orden jurídico propio. Las fuentes internacionales componen el orden jurídico internacional en tanto que las nacionales y locales alimentan el orden jurídico interno. Pero no hay una separación radical e insalvable entre los dos sistemas de fuentes, internacional e interno. Muy por el contrario: en casi todos los casos las fuentes internacionales son integradas en el orden jurídico interno para ser aplicadas por los diferentes órganos del Estado.

1.4.2 Los sistemas de fuentes adoptados por los diversos Estados. Existen diversos sistemas atendiendo como se interrelacionan las fuentes internacionales, nacionales y locales. Existen sistemas en los cuales las fuentes nacionales ocupan todo el campo de las fuentes de la creación del derecho: son los *sistemas de categoría única*. Otros sistemas –los *binarios*– se caracterizan porque coexisten dos categorías de fuentes normativas: fuentes nacionales y fuentes locales de una parte, fuentes internacionales y fuentes nacionales de otra. Los sistemas más elaborados y complejos son aquellos en los que se articulan las tres categorías de fuentes: internacionales, nacionales y locales. Estos últimos son los sistemas *ternarios*.

1.4.2.1 Sistemas de categoría única: una serie de fuentes. Estos son sistemas en los cuales la creación del derecho procede únicamente de las autoridades nacionales que actúan en el nivel central del Estado. En este tipo de ordenamiento normativo, la Constitución, que confiere a las fuentes nacionales –leyes y reglamentos nacionales– una forma de monopolio en el dictado del derecho, opera por sí misma, una neutralización de las fuentes internacionales, las cuales, antes de ser aplicadas en el orden jurídico interno son "nacionalizadas" (*sistema dualista*), al tiempo de excluir toda forma de fuentes locales.

Ahora bien, la existencia de un ordenamiento exclusivamente centrado alrededor de las fuentes nacionales no implica una libertad total de maniobra por parte del Estado. Éste está ligado por las obligaciones asumidas mediante los tratados internacionales libremente suscritos y que, en virtud del principio de la ejecución de buena fe, deberá proceder a introducir en su ordenamiento interno, principalmente cuando de estos compromisos internacionales se derivan derechos y obligaciones para los particulares. Es mediante este procedimiento de introducción –casi siempre una ley de incorporación– que se efectúa una verdadera *mutación de la norma internacional en norma interna*, lo que implica que la norma internacional se aplica en tanto revista la forma de regla nacional y no en tanto deriva de una fuente internacional.

Este es el caso de Gran Bretaña donde se exige una ley que reproduzca el texto del tratado. Y precisamente lo ocurrido en Gran Bretaña con la Convención Europea de Derechos Humanos ilustra como funciona el filtro que un sistema dualista impone a las reglas internacionales. Este país ha firmado y ratificado la Convención, pero no es hasta 1998 cuando la incorpora mediante ley en su ordenamiento. Por ello, los tribunales británicos no pudieron aplicar las disposiciones de la Convención en los litigios de que eran apoderados, lo que privó a los particulares de la posibilidad de prevalecerse de las disposiciones de la Convención hasta que se promulgó el *Bill of Rights of 1998*.

Este sistema de ordenamiento alrededor de una sola y misma fuente presenta la particularidad –y la ventaja– de que es más simple en su concepción y sobretodo en la jerarquización de las diferentes categorías de normas producidas a nivel nacional, la cual se ejecuta con mayor facilidad y coherencia que en los demás sistemas.

1.4.2.2 Sistemas de categorías binarias: dos series de fuentes. Estos sistemas excluyen (i) sea las normas internacionales o (ii) sea las normas locales.

A. Primer caso: exclusión de normas internacionales. Al excluir las fuentes internacionales, el sistema estará compuesto básicamente de fuentes nacionales (Constitución, leyes y reglamentos nacionales) y por fuentes locales (Constituciones, leyes y reglamentos locales). Este es el sistema vigente en ciertos Estados federales que han escogido el sistema dualista de relaciones entre derecho internacional y derecho interno. Al lado de las fuentes nacionales como las leyes federales (*federal statutes*) que intervienen en las materias reservadas a la Federación, concurren las leyes locales adoptadas por los parlamentos de los Estados federados (*state law*) que intervienen en su dominio propio. Las normas internacionales convencionales en este sistema solo son aplicables en derecho interno si han sido incorporadas en el ordenamiento interno mediante un acto de recepción particular que opera la transformación de la regla internacional en nacional (por ejemplo, una ley que reproduce el texto del tratado). En los Estados Unidos, este acto de recepción es una "proclamación" del Presidente seguida por el texto del tratado mismo. En cuanto a las normas internacionales consuetudinarias, éstas no necesitan ser formalmente receptadas porque, como bien afirmaba BLACKSTONE, "*international law is part of the law of the land*". De ahí que, en Estados Unidos, los tribunales consideren a la costumbre internacional "*federal common law*".

B. Segundo caso: exclusión de las fuentes locales. Este sistema se ordena alrededor de las fuentes internacionales y nacionales. Es el caso de Francia y de la República Dominicana. La forma de Estado unitario en ambos casos excluye las fuentes locales, en tanto que la adopción del monismo implica una integración automática de los tratados y *a fortiori* del derecho internacional general mediante el cumplimiento de formalidades reducidas y simplificadas (publicación y ratificación). Este sistema es aparentemente simple, pero, como veremos al estudiar el sistema dominicano de fuentes, presenta un innegable elemento de complejidad respecto a la jerarquía de las normas.

1.4.2.3 Sistemas de categorías ternarias: tres series de fuentes. En estos sistemas, prevalecientes en Alemania, Italia y España, coexisten tres series de fuentes: las internacionales (que agrupan las normas convencionales, consuetudinarias y comunitarias), las nacionales (Constitución, leyes y reglamentos nacionales) y las locales (Constitución o Estatutos, leyes y reglamentos locales). Este sistema es el más complejo y el que más dificultades suscita en términos de jerarquización normativa.

1.4.3 El sistema dominicano de fuentes del derecho. La República Dominicana tiene un sistema en donde encuentran su lugar dos categorías de fuentes: las internacionales y las nacionales, con exclusión de las fuentes locales. Estas dos fuentes impactan el conjunto de ramas del derecho pues en la República Dominicana existe un sistema de fuentes normativas común al conjunto de disciplinas jurídicas, de derecho público y de derecho privado.

1.4.3.1 Las fuentes internacionales. Las fuentes internacionales no tienen vocación de concurrir a la producción de normas aplicables en derecho interno más que en virtud de la Constitución. Es la Constitución la que determina la naturaleza jurídica de las reglas de derecho internacional que ella reconoce como fuentes del derecho y las condiciones de aplicabilidad en el ordenamiento jurídico nacional. La Constitución asegura de ese modo una verdadera *función constitutiva*: sin su habilitación, las reglas de derecho internacional permanecerían destinadas a regir única y exclusivamente el campo de las relaciones interestatales. Esto sería irrelevante en la medida en que muchas reglas de derecho internacional sólo buscan normar las relaciones entre los Estados *stricto sensu*. Sin embargo, en la medida en que los individuos devienen *sujetos de derecho internacional*, muchas reglas están destinadas a ser aplicadas a los particulares que encuentran en éstas la fuente de derechos y obligaciones. En este caso la exigencia de plena eficacia de la norma internacional implica la necesidad de que ésta sea integrada en el ordenamiento jurídico interno para que así pueda desplegar todos sus efectos.

El constituyente dominicano se ha adherido a los principios del *monismo* que establecen la primacía del derecho internacional sobre el interno. En efecto, el artículo 26.1 de la Constitución dispone que "la República Dominicana reconoce y aplica las normas de Derecho Internacional, general y americano, en la medida en que sus poderes públicos las hayan adoptado". Con esta disposición, se asegura el principio de unidad entre el derecho interno y el derecho internacional, abriéndose el derecho interno al internacional y asegurándose una coordinación eficaz entre los dos órdenes. Así, las reglas de derecho internacional serán no solamente recibidas en tanto que tales en el derecho interno, sino que, además, serán insertadas en este orden de manera casi automática.

Las categorías de fuentes normativas internacionales constitucionalmente reconocidas incluyen los *compromisos internacionales* (suscritos por el Poder Ejecutivo y ratificados por el Congreso Nacional) y las *reglas de derecho internacional general y americano* plasmadas por escrito o de simple carácter consuetudinario.

1.4.3.2 Las fuentes nacionales. Las fuentes nacionales son el conjunto de reglas o categorías normativas de origen estrictamente interno producidas por los órganos competentemente habilitados del Estado actuando a nivel central de dicho Estado. Las fuentes nacionales han sufrido un cambio fundamental en la segunda mitad del siglo XX en la medida en que se ha expandido a toda Europa el concepto de Constitución normativa delineado por el juez Marshall en *Marbury vs. Madison* en 1803 y más o menos difundido en América Latina y en virtud del cual no es más la ley sino la Constitución la que opera la regulación del sistema de fuentes. La Constitución, considerada como conjunto de "normas sobre la producción del derecho", deviene así en *"la fuente de las fuentes"* (PIZZORUSSO). En contraste, la ley, así como el reglamento, se transforman en "normas de producción del derecho", pasando a ser consideradas fuentes derivadas, condicionadas y secundarias en relación con la Constitución. El "*principio de constitucionalidad*" deviene así el eje central del orden jurídico en tanto que el "principio de legalidad" queda destronado del sitial supremo que ocupó en el Estado legal de derecho y pasa a ser uno más de los componentes de un sistema de fuentes completamente renovado por la transición hacia un *Estado constitucional de derecho*.

A. *La Constitución tomada como conjunto de normas sobre la producción de normas*. Una serie de consecuencias se derivan del hecho de que la Constitución deviene un conjunto de normas sobre la producción de normas.

(i) *La Constitución como "fuente de fuentes"*. Como bien expresa Ignacio de OTTO, "además de norma inmediatamente aplicable y, por tanto, fuente del Derecho, la Constitución, en su calidad de norma suprema, es también norma sobre las fuentes, fuente acerca de las fuentes" (OTTO: 82).

En primer término, la Constitución condiciona toda la *creación de derecho* en la medida en que la propia Constitución dispone que solo formarán parte del ordenamiento jurídico aquellas normas que material y formalmente estén acordes con las disposiciones constitucionales, por lo que la Carta Sustantiva opera un condicionamiento negativo en tanto excluye del ordenamiento jurídico toda norma que la contradiga. En segundo lugar, la Constitución condiciona en términos positivos el sistema de fuentes en la medida en que ésta organiza las fuentes, determina cuáles son las autoridades con poder normativo, los actos normativos y su relación entre sí, regula el proceso de creación de las normas jurídicas, determinando los ámbitos de las fuentes y los poderes de las autoridades de donde emanan y asignando el valor respectivo a las normas que estas autoridades crean.

La regulación de las fuentes es contenido obligado de toda Constitución, especialmente desde el punto de vista de la concepción de KELSEN de la Constitución como norma reguladora de la creación de normas por los órganos superiores del Estado. Esto no implica que la Constitución contenga una regulación acabada, completa y detallada del conjunto de fuentes. En algunos países europeos y latinoamericanos, la regulación general de las fuentes se ha contenido tradicionalmente en el Código Civil. En Francia y en los países que como República Dominicana se han adscrito a los códigos napoleónicos, el sistema de fuentes es de *elaboración doctrinal y jurisprudencial*, careciendo el Código Civil de una reglamentación detallada de las fuentes. Sin embargo, tanto —y especialmente— en Francia como en el resto de Europa y Latinoamérica, el estudio de las fuentes se ha hecho desde la óptica de la parte general del derecho civil, haciéndose caso omiso del derecho constitucional y abordándose en cada derecho particular (comercial, laboral, etc.) el estudio de las fuentes. Así se reconoce el valor de los usos como fuente del derecho comercial y el de los convenios colectivos como fuente del derecho laboral. Más aún, en Europa y Latinoamérica el sistema de fuentes se ha abordado partiendo del principio de la supremacía de la ley, por lo que tradicionalmente más que de sistema de fuentes se hablaba de *jerarquía de las leyes*, pues en los hechos y en el Derecho la ley era la norma suprema.

En la concepción normativa de la Constitución, el rol de ésta responde a un cierto número de funciones esenciales entre las cuales la organización del sistema normativo, la regulación del proceso de creación de las normas ocupa un lugar central como bien demostró Kelsen. Este proceso de reconstrucción de las fuentes del derecho alrededor del eje constitucional constituye la manifestación del proceso conocido como la *"constitucionalización del derecho"*. La Constitución determina, en consecuencia, cómo las normas de un orden jurídico dado van a ser creadas, es decir, por cuáles órganos y conforme qué procedimientos el derecho será elaborado. Además, la Constitución puede, con un grado de precisión más o menos grande, determinar el contenido mismo de ciertas normas, prescribiendo o proscribiendo determinados contenidos. De ahí que la Constitución contribuye de manera decisiva a racionalizar el proceso de creación del derecho en el Estado y a asentar el orden jurídico estatal sobre una lógica de funcionamiento interno sólidamente ordenada. El principio que expresa este ordenamiento lógico de las normas entre ellas es designado bajo el nombre de *validez*. La validez de la norma superior, es decir su existencia en tanto norma, va a fundamentar hasta la parte más inferior de la jerarquía la validez de las normas inferiores: cuando éstas sean elaboradas cumpliendo con las condiciones de forma y de fondo que exige la norma superior, éstas serán reputadas válidas y, en consecuencia, existentes en calidad de normas.

(ii) Designación de los órganos y determinación de los procedimientos de creación de las normas. La Constitución determina cuáles son los órganos que ella habilita para elaborar las normas y las modalidades según las cuales estas normas deben ser adoptadas. Así, la Constitución determina que el Congreso Nacional vota las leyes y que el Presidente de la República dicta los decretos, al tiempo que determina el procedimiento para adoptar las leyes ordinarias y las leyes que requieren mayorías agravadas para su aprobación, como es el caso de las leyes orgánicas, la legislación monetaria y financiera y la ley que declara la necesidad de la reforma constitucional. Pero más aún: al designar los órganos habilitados para elaborar las normas, la Constitución va más allá de simplemente identificar las autoridades y describir los procedimientos, pues ella opera una repartición de las competencias normativas entre estas autoridades, una verdadera distribución material de las funciones normativas. Esta *repartición de las competencias normativas* concierne, en primer lugar, a las relaciones entre la ley y el reglamento, productos normativos de la rama legislativa y de la rama ejecutiva del Estado. Pero esta repartición opera también al interior de dichas ramas: así la Constitución establece una repartición del poder reglamentario entre el Presidente de la República y la Junta Monetaria del Banco Central.

Dado que la repartición constitucional de las competencias normativas entre los diferentes órganos del Estado es vigilada por el juez constitucional, éstos, en especial el legislador, sufren consecuencias de primera importancia. Así, el legislador ve el ejercicio de sus competencias normativas doblemente encuadrado por la Constitución: por lo alto, ya que no puede extender su competencia e invadir el dominio reservado por la Constitución al poder constituyente –lo que se conoce como *incompetencia positiva*–, y, por lo bajo, ya que no puede restringir su propia competencia y abandonarla abusivamente en manos del poder reglamentario –*incompetencia negativa*–. Esta diferenciación en el ejercicio de las competencias normativas influye también en el ejercicio del poder reglamentario: aunque el dominio del reglamento es, al igual que el de la ley, ilimitado, siempre y cuando respete la Constitución, la ley puede desplazar el reglamento de determinada materia con tan solo regularla.

(iii) Determinación del contenido de las normas. La Constitución no se contenta con tan solo habilitar las autoridades u órganos previamente designados para elaborar reglas y normas según los procedimientos que ella define. La Constitución también determina, de manera más o menos detallada, cuál debe ser la sustancia o contenido de las normas elaboradas por las autoridades normativas subordinadas (Congreso, Presidente). Esto es manifiesto en relación con las prescripciones concernientes a los derechos fundamentales que constriñen al legislador a no elaborar normas contrarias a éstos. De este modo, "gracias al sometimiento al derecho de la producción del derecho mismo, es el propio 'deber ser' del derecho y no solo su 'ser' –su modelo normativo y no sólo su existencia, las opciones sustanciales que guían su producción y no sólo sus formas de producción- lo que ha sido positivizado como *derecho sobre el derecho*, dirigido a limitar y a vincular los contenidos de la legislación a los principios constitucionales. Al mismo tiempo, esta doble positivación –del ser del derecho y de su deber ser jurídico- equivale a la completa realización y a la ampliación del estado de derecho, pues el legislador deja de ser omnipotente y queda igualmente subordinado a la ley constitucional, no solo en lo que atañe a las formas de la producción jurídica sino también en lo relativo a los contenidos normativos producidos" (FERRAJOLI 2006: 28). En la medida en que la Constitución determina el contenido de las normas infraconstitucionales, se produce, a partir de una *Constitución rematerializada*, una constitucionalización del derecho que a la larga conduce a que ya no sea fácil distinguir entre el derecho constitucional y el derecho ordinario (PRIETO SANCHÍS: 234).

(iv) Constitución y normas de justicia constitucional. La existencia de una jurisdicción constitucional, ejercida por un juez específico, conduce necesariamente a interrogarse sobre la cuestión de saber si el juez constitucional crea derecho. En otras palabras, el ejercicio de un control concentrado de la constitucionalidad con todas sus consecuencias, ¿conduce necesariamente a reconocerle al juez constitucional y a su jurisprudencia poder y valor normativos? Si es así, ¿cuál es el lugar que ocupa la jurisprudencia en la jerarquía de las fuentes del derecho?

El *poder de creación de derecho* por los jueces es incontestable, como veremos más adelante en este Capítulo al analizar la jurisprudencia como fuente del Derecho. Por el momento, solo basta recordar que Kelsen demostró que la función jurisdiccional impone por sí misma al juez el ejercicio de un poder normativo, por lo que no hay decisión judicial que no contenga una regla de derecho. Al decir eso se desea significar que el poder normativo incluido en la decisión judicial se expresa en dos órdenes diferentes. En primer lugar, el de la identificación de la norma de referencia, cuando el juez crea –más allá de los textos escritos– una regla nueva que aplicará a la especie de que se trata. Es lo que ha hecho con frecuencia, por ejemplo, el Consejo de Estado francés con los principios generales de derecho y lo que, raramente, ha hecho el Consejo Constitucional al inferir los "principios generales de valor constitucional" como el de la "continuidad de los servicios públicos" (79-105 DC du 25 juillet 1979, *Droit de greve a la radio et a la television*, GD no. 27).

En segundo lugar, el *poder normativo del juez* se expresa de manera consustancial a la propia función jurisdiccional en la medida en que pronuncia decisiones revestidas de la autoridad de la cosa juzgada. Bajo esta perspectiva, el acto jurisdiccional aparece no solo como lo es –un "acto de concretización por aplicación de normas jurídicas generales" de nivel superior (KELSEN: 26)– sino como un acto incontestablemente normativo, o sea, creador de una norma nueva. En este sentido, la decisión por la cual el juez constitucional pronuncia una inconstitucionalidad es una norma, es decir, la significación de un enunciado del cual resulta la prescripción de un comportamiento dado de carácter imperativo dirigido al autor del acto.

(v) Implicaciones. El lugar ocupado por la Constitución en el sistema de fuentes del derecho entraña una serie de implicaciones importantísimas. La Constitución incrementa, en primer lugar, el grado de constreñimiento que pesa sobre las autoridades dotadas de poder normativo y contribuye de la manera más significativa y sobre todo eficaz mediante el control de la constitucionalidad a limitar el poder de los gobernantes. En segundo lugar, al operar la reconstrucción del sistema de fuentes, la Constitución asigna una posición nueva a las demás fuentes nacionales de producción del Derecho, en especial a la ley: ésta no juega ya el rol central de la época donde primaba la concepción descriptiva de la Constitución y ocupa un lugar excentrado en relación a la Constitución, con lo que se hace realidad la idea tan cara a Kelsen de que "la ley no es todo el derecho" (KELSEN). Esto significa que la legalidad ya no puede ser concebida más que como la puesta en obra de la constitucionalidad de la cual ella no es más que uno de sus componentes. Gana así el principio de constitucionalidad *profundidad normativa*, aunque el rol de la ley en la creación del derecho es grande, aunque limitado en gran medida a las tareas de ejecución.

Este enfoque que consiste en ver en la Constitución el nuevo centro de gravedad del sistema de fuentes del derecho es más o menos reciente en Europa, donde la concepción normativa sólo comienza a afincarse a partir del final de la Segunda Guerra Mundial, y relativamente antiguo en países que, como los latinoamericanos, nos adherimos temprano a la concepción normativa de la Constitución tal como se desprende de la decisión *Marbury vs. Madison*. Sin embargo, las implicaciones de la constitucionalización del sistema de fuentes del derecho no llegan a alcanzar en Latinoamérica los caracteres del mismo fenómeno en la Europa de posguerra, debido al influjo en nuestro continente de una Francia cuyo influyente modelo de derecho no acepta la concepción normativa de la Constitución sino en las últimas tres décadas del siglo XX. Es el establecimiento de sistemas de control concentrado de la constitucionalidad en convivencia con sus tradicionales modelos de control difuso establecidos bajo el influjo estadounidense lo que haría percibir a los latinoamericanos todas las consecuencias de este fenómeno.

De todos modos, la *reconstrucción del sistema de fuentes* del derecho alrededor del eje constitucional debe ser relativizada en sus consecuencias. La Constitución no debe y no puede englobar todo el derecho, sino que debe tan sólo proveer sus fundamentos más importantes. Decir que la Constitución es fuente del derecho significa afirmar que la constitucionalidad representa una parte importante –pero no la única– de la juridicidad o de la normatividad. Esta se alimenta de múltiples canales –la ley, el reglamento, la jurisprudencia– y de fuentes tanto nacionales como internacionales, de manera que es posible decir que, aunque la Constitución constituye una gran parte del derecho, no es todo el derecho. No podemos sustituir el absolutismo de la ley por el despotismo de la Constitución. La Constitución, es un orden fundamental, pero no agota todas las eventuales decisiones que el legislador puede adoptar ni significa que éste no contribuya a desarrollar y concretar los mandatos constitucionales.

B. La ley y el reglamento, fuentes nacionales derivadas de producción de normas. La ley y el reglamento contribuyen cada uno a su manera a la actividad de producción normativa. Ambos son parte integrante del sistema de fuentes que producen el derecho aplicable en un Estado. Pero cada uno ocupa niveles diferentes en la jerarquía de fuentes y, sobre todo, con una intensidad diferente influyen en el proceso de producción normativa.

La ley, que obtiene su validez de la Constitución, aparece en su relación con la Carta Sustantiva, desde una perspectiva estrictamente kelseniana como un acto de aplicación de las normas constitucionales. Es en este sentido que la ley es una *norma secundaria* en relación a la fuente primaria representada por la Constitución. Esto significa que la ley queda enmarcada en un sistema de regulación de fuentes que la sobrepasa, siendo su rol reducido a aplicar, en la medida en que las desarrolla, las prescripciones constitucionales. La ley, sin embargo, es paralelamente fuente de creación del derecho con respecto a las normas reglamentarias, de las cuales es su fuente primaria. Las normas reglamentarias se sitúan así en una relación de correspondencia con la ley en la medida en que son fundamentalmente –salvo el caso de los reglamentos autónomos– *normas de aplicación o de ejecución de la ley*. De manera que, mientras la ley es una fuente normativa secundaria en relación a la Constitución, pues toda ley es *secundum constitutio*, el reglamento es una fuente secundaria en relación a la ley ya que todo reglamento –salvo el autónomo– es una norma dictada *secundum legem*. La ley, a pesar de la transformación de su rol en el sistema de fuentes, sigue siendo un derecho superior con relación al reglamento e, inversamente, el reglamento permanece como una fuente de derecho inferior a la ley. En verdad, la ley no es pura ejecución de la ley como postula la teoría kelseniana de las fuentes del derecho: la ley tiene que respetar los límites constitucionales y encuadrarse en el marco constitucional pero no todo el contenido de la ley está predeterminado por la Constitución. Más aún, el reglamento, que tradicionalmente ha sido concebido como mero desarrollo de la ley, hoy crecientemente aparece como una fuente de derecho que, si bien se encuentra subordinada a la ley, emana de unos órganos reguladores a quienes la ley le confiere una amplia y discrecional potestad reglamentaria.

(i) La ley, fuente normativa primaria de derecho común. La construcción del sistema de fuentes ha progresivamente hecho de la ley el *acto normativo de derecho común* dentro del Estado, es decir, un acto normativo primario con relación a las normas de nivel inferior. Visualizada así, como fuente primaria del derecho, la ley interviene como acto inicial de regulación en las materias consideradas más importantes, lo que explica en parte el lugar central que la ley continúa ocupando en los sistemas de fuentes del derecho de los diferentes países. Es la ley la que tiene competencia de derecho común

para plantear los principios o los fundamentos de la regulación normativa, las reglas fundamentales que gobiernan las materias.

Este rol asignado por la Constitución a la ley de *fuente primaria del derecho* no se concibe si, al mismo tiempo, el legislador no ejerce plenamente la competencia normativa que le es reconocida. Esto implica que, en el dominio de intervención que le es asignado, la ley es protegida contra las intervenciones del poder reglamentario. Así, en principio, el reglamento, en tanto *fuente normativa secundaria*, no puede pretender sustituir a la ley, fuente primaria, ni emprender por sí mismo y en lugar de la ley, la regulación de una materia que la Constitución ha reservado a la ley. Esto significa que la atribución a la ley de un poder de creación de normas es indisociable de la determinación correlativa de un espacio reservado a la sola regulación normativa de la ley. Este espacio es determinado materialmente por la identificación de sectores en los cuales este poder de creación de normas reservado a la ley debe ejercerse. Es decir que, si el estatuto del cual se beneficia la ley como fuente primaria del derecho conlleva prerrogativas en su beneficio, también implica obligaciones a cargo del legislador. Es esta doble perspectiva la que está detrás del concepto de *"reserva de la ley"*. Este concepto expresa a la vez la existencia de una protección constitucional del dominio asignado al ejercicio de la función legislativa y, sobre todo, la irreductibilidad de este dominio que deviene oponible al legislador, quien no puede, sin cometer inconstitucionalidad, abandonar el ejercicio de sus competencias normativas al Poder Ejecutivo, es decir, al poder reglamentario. El lugar preeminente de la ley en el sistema de fuentes no depende, como en el pasado, de la ley sino de la Constitución, pues "el ordenador principal del sistema de fuentes en un Estado de derecho es el poder constituyente y no el legislador ordinario" (Favoreu: 173).

(ii) El reglamento, fuente normativa secundaria. En los sistemas normativos modernos, las normas reglamentarias son esencialmente fuentes secundarias del derecho. El *poder reglamentario* se ejerce normalmente en forma de decretos que, en la República Dominicana, emanan del Presidente de la República. La calificación del reglamento como fuente normativa secundaria descansa sobre la repartición de las tareas que la Constitución asigna respectivamente a la ley y al reglamento como instrumentos de regulación normativa. La Constitución obliga al legislador a la definición de las normas primarias, o sea, a la determinación de los principios o fundamentos de una materia dada, atribuyendo al reglamento un dominio de regulación que, fundamentalmente, consiste en la ejecución y, si es necesario, en el desarrollo de las normas primarias contenidas en la ley. En este sentido, la regulación primaria realizada por la ley se acompaña de una regulación secundaria que es la propia del reglamento. Es por eso que se dice que el reglamento ocupa en el ordenamiento jurídico el lugar de una *fuente normativa secundaria*. Esta distribución de los roles entre la ley y el reglamento en el seno del sistema de fuentes conlleva a que el poder normativo reglamentario esté sometido a las normas planteadas por la ley cuando la materia ha sido regulada por ley o cuando la Constitución especifica una reserva de ley. Ahora bien, cuando una materia no ha sido objeto de legislación y no está sujeta a una reserva de ley, los *reglamentos autónomos* que se dicten sobre la misma constituirían fuente primaria hasta tanto intervenga el legislador.

1.4.3.3 Las fuentes locales. Por "fuentes locales" se entiende el conjunto de actos dictados a nivel infra nacional por unos sujetos que, operando en situación de autonomía, son habilitados, en virtud de la Constitución, a elaborar a título inicial, normas bajo la forma de "ley". Esta categoría excluye los actos de autoridades locales que no son el ejercicio de poderes normativos primarios, como ocurre con los reglamentos dictados por los ayuntamientos dominicanos. No hay fuentes locales, por tanto, en Estados unitarios como la República Dominicana, aún adopten la modalidad descentralizada como ocurre con Francia. Y es que la estructura unitaria del Estado se refleja necesariamente en la *unidad del poder normativo estatal*. En el Estado unitario, el poder normativo y, en consecuencia, las fuentes del Derecho no pueden ser más que fuentes nacionales, excluyéndose toda posibilidad de existencia de fuentes locales. No solo no hay leyes locales, sino que los reglamentos locales –como las ordenanzas municipales– constituyen una fuente normativa residual (y no reservada), derivada (y no inicial o autónoma) y esencialmente limitada (Roux). Incluso, en Estados unitarios descentralizados como Francia, se afirma que "las colectividades territoriales se administran, pero no se gobiernan" (Luchaire: 56). Esta afirmación debe ser atenuada, sin embargo, en el caso dominicano en donde como veremos al analizar la *autonomía municipal*, habría que reconocerles un dominio normativo reservado por la Constitución a los municipios y en donde la Constitución es clara en cuanto a que los municipios no solo son *Administración local* sino también *gobierno municipal*.

Otra es la situación que prevalece en los Estados compuestos: Estado federal (Estados Unidos, Alemania, Bélgica), Estado regional (Italia), Estado autonómico (España). En estos sistemas, las fuentes del Derecho se organizan en una estructura compleja donde las fuentes locales concurren con las fuentes nacionales. Existen así leyes locales que pueden ser dictadas a título inicial por las autoridades competentes (parlamentos locales) y que se benefician de una especie de *"reserva de ley local"* en la cual las normas nacionales (sean leyes o reglamentos) no pueden intervenir so pena de inconstitucionalidad.

2. VALIDEZ, EFICACIA Y VIGENCIA DE LAS NORMAS

2.1 Validez de los actos normativos

Un acto normativo será válido cuando haya sido producido conforme lo establezcan las normas sobre la producción jurídica. Pueden distinguirse cuatro clase fundamentales de normas sobre la producción jurídica:

a) Las *normas de competencia formal* que son aquellas que atribuyen a un sujeto competencia para producir normas. En un Estado constitucional de derecho, la potestad normativa es tasada y regulada, de modo que no toda persona u órgano puede dictar normas y, en especial, no puede dictar cualquier clase de normas. Es por ello que el artículo 76 de la Constitución establece que "el Poder Legislativo se ejerce en nombre del pueblo por el Congreso Nacional, conformado por el Senado de la República y la

Cámara de Diputados", el cual "podrá legislar acerca de toda materia que no sea de la competencia de otro Poder del Estado, o contraria a la Constitución" (artículo 93.1.q), y que el artículo 128.1.b confiere al Presidente de la República la facultad de "expedir reglamentos, decretos e instrucciones cuando fuere necesario".

b) Las *normas de procedimiento* que son las normas que disciplinan el procedimiento para el ejercicio de la competencia normativa. Aunque la norma es la expresión de un acto de voluntad, ese acto no puede manifestarse de cualquier manera, sino solo de aquella que está prescrita en la Constitución. La Sección V del Título III de la Constitución relativa a los procedimientos para "la formación y efecto de las leyes" es un ejemplo de esta clase de normas.

c) Las *normas de competencia material* que son aquellas que circunscriben o limitan el ámbito material en que puede ejercerse la competencia normativa. Tal es el caso de las disposiciones constitucionales que otorgan competencia al Congreso para legislar en materia de impuestos (artículo 93.1.a) o las que asignan a la Junta Monetaria el rol de regulador del sistema monetario y bancario de la nación (artículo 223).

d) Las *normas que condicionan la validez de las normas inferiores al respeto del contenido de las normas superiores del sistema*. Tal es el caso del artículo 200 de la Constitución que establece que los arbitrios municipales no deberán contradecir a la Constitución o a las leyes.

La violación de los dos primeros tipos de normas produce un *"vicio de forma"*. Este vicio será de *"competencia formal"* como ocurre en el caso de que el Presidente de la República dicte una ley, o constituirá un *"vicio de procedimiento"* cuando, por ejemplo, una ley se aprueba habiendo transcurrido dos legislaturas. La violación del tercer tipo de normas acarrea un *"vicio de competencia material"*, como ocurriría si el Presidente de la República dicta un reglamento que establece un impuesto. Cuando se infringen las normas del cuarto tipo se produce un *"vicio material o sustantivo"* como ocurre en todos los casos de inconstitucionalidad por violación de algún precepto sustantivo de la Constitución.

2.2 La vigencia de las normas

La validez de las normas, por sí sola, no indica cuando éstas han comenzado a desarrollar toda su *capacidad regulativa* o cuando, por el contrario, queda suprimida o limitada ésta. De ahí que, a los fines de determinar si una determinada situación viene regulada por una norma o por otra sucesiva, se requiera determinar si una norma es vigente o no. Determinar si una norma está vigente o no significa averiguar (i) cuando entró en vigor y (ii) si la misma está todavía en vigor. Pero se requiere saber, además, (iii) si la norma se aplicará a situaciones o relaciones surgidas con anterioridad a la entrada en vigor de la norma, lo que es lo mismo, como se aplican las normas en el tiempo. Veamos en detalle estas dos cuestiones…

2.2.1 La entrada en vigor de las normas. Todo ordenamiento jurídico contiene reglas que disciplinan el momento de *entrada en vigor* de las normas porque, de lo contrario, reinaría la incertidumbre jurídica al desconocerse con certeza el momento en que resulta aplicable una norma. En el moderno Estado de Derecho, la entrada en vigor de las normas toma como punto de referencia la *publicidad* formal, es decir, la publicación de estas en las gacetas oficiales, haciéndose coincidir la entrada en vigencia con la fecha de publicación o con el transcurso de un período de tiempo después de la misma. Esta publicidad cumple varios cometidos. Por un lado, permite dar fe del contenido de las normas lo cual es una condición para su existencia como tales y para que vinculen a sus destinatarios. Por otro lado, al ser un elemento de su obligatoriedad, permite establecer un punto de referencia para fijar su entrada en vigor. Y, lo que no es menos importante, la publicidad de las normas es esencial en un régimen representativo pues mediante ella los representados pueden controlar a sus representantes.

La *publicidad de las normas* viene exigida por la Constitución. En efecto, el artículo 109 establece que "las leyes, después de promulgadas, se publicarán en la forma que la ley determine y se les dará la más amplia difusión posible. Serán obligatorias una vez transcurridos los plazos para que se reputen conocidas en todo el territorio nacional". Por su parte, el artículo 101 establece que, si el Poder Ejecutivo no ha observado una ley aprobada por el Congreso Nacional, "la promulgará dentro de los diez días de recibida, si el asunto no fue declarado de urgencia en cuyo caso la promulgará dentro de los cinco días de recibida, y la hará publicar dentro de los diez días a partir de la fecha de la promulgación". A partir de la publicación y, en específico, del tiempo establecido por el Código Civil para que se repute conocida la ley –en el Distrito Nacional, al día siguiente de la publicación, y en el resto del país, al segundo día después de la publicación–, nadie puede, en principio, alegar ignorancia de la misma. Estas reglas en torno a la publicidad de las leyes el Código Civil las extiende a los reglamentos del Poder Ejecutivo y entendemos que son aplicables a todas las normas escritas, las cuales para su entrada en vigor deben cumplir con los requisitos de publicidad determinados por la Constitución y las leyes.

¿Cuál es la situación que se produce cuando una ley es aprobada por el Congreso y el Poder Ejecutivo no la promulga "dentro de los diez días de recibida"? La Constitución es clara en cuanto a que "vencido el plazo constitucional para la promulgación y publicación de las leyes sancionadas por el Congreso Nacional, se reputarán promulgadas y el Presidente de la Cámara que las haya remitido al Poder Ejecutivo las publicará" (artículo 101). La solución dada por la Constitución al problema de la inercia presidencial en la promulgación de las leyes es técnicamente impecable pues la *promulgación de la ley* es simple y sencillamente el acto formal mediante el cual se da a conocer que el Congreso ha aprobado el texto que se promulga como ley. En consecuencia, el objeto de promulgación es el acto de aprobación de la ley por el Congreso, con lo cual la promulgación no añade nada ni al contenido ni a la forma de la ley promulgada, sino que tan solo informa a las autoridades y ciudadanos de que el Congreso ha aprobado un texto como ley y de que tal texto deberá ser observado por ellos. El acto de promulgación no es un elemento sustantivo en el procedimiento de elaboración de la ley pues ésta se perfecciona con la aprobación congresional, aún cuando no surta efectos *ad extra* hasta su entrada en vigor con la publicación de la misma y, eventualmente, el transcurso de la *vacatio legis*. La promulgación es única y exclusivamente una consecuencia de la aprobación de la ley en el Congreso, pues su contenido se limita a dar fe de que tal aprobación ha ocurrido. Si se quiere, la promulgación cumple una función notarial y no un requisito para el perfeccionamiento de la ley. La ley se perfecciona con su creación por el Congreso "y desde ese momento posee válidamente fuerza de ley, puesto que ésta la obtiene por haber sido creada o convalidada por ciertos órganos y no por haber sido sancionada o promulgada" (Betegón: 252).

2.3 La pérdida de vigencia de las normas

Las normas dejan de estar en vigor bien por el transcurso de su plazo de vigencia, bien por la derogación.

2.3.1 El transcurso del plazo. La pérdida de vigencia por el transcurso de un plazo es usual en el Derecho Administrativo donde proliferan leyes temporales que se dictan por un tiempo especificado (ej. la ley de ingresos y gastos públicos, que tiene vigencia por 1 año en virtud del principio constitucional presupuestario de anualidad) o por un tiempo indefinido hasta tanto se mantengan una serie de circunstancias.

2.3.2 La derogación de las normas. Debemos analizar aquí (i) el contenido del efecto derogatorio, (ii) la naturaleza y fundamento de la función derogatoria y (iii) las consecuencias de la derogación.

2.3.2.1 La derogación como cesación de la vigencia: el contenido del efecto derogatorio. Para entender la derogación como cesación de la vigencia, se precisa que distingamos los cuatro atributos que pueden predicarse de una norma: mera existencia, validez, vigencia y eficacia.

Son *meramente existentes* las normas que presentan una apariencia de validez porque han sido dictadas por los órganos competentes y de acuerdo al procedimiento regular. Estas normas meramente existentes pueden resultar inválidas por cualquier causa, pero hasta tanto dicha invalidez no sea declarada, tales normas operan en el sistema jurídico. Una ley inconstitucional o una sentencia ilegal son normas inválidas pero existentes hasta tanto no sea declarada esa inconstitucionalidad o ilegalidad.

Una norma *válida* es aquella que respeta las condiciones de competencia, procedimiento y jerarquía: ha sido dictada por un órgano competente, conforme un procedimiento regular y no contradice una norma superior. Una norma existente es válida hasta tanto el órgano competente no pronuncie su invalidez.

Una norma *vigente* es aquella norma existente que es susceptible de ser aplicada porque ya ha sido publicada. La vigencia es pues la capacidad regulativa de la norma.

Una norma es *eficaz* si es efectivamente cumplida por los destinatarios de la misma. Una norma inválida, como lo sería una ley inconstitucional, puede ser perfectamente eficaz a pesar de su invalidez. Una norma no vigente, como ocurriría con una ley derogada, puede ser eficaz si sus destinatarios ignoran su cesación de vigencia. E, incluso, una norma no existente puede ser eficaz, como ocurriría con una ley no promulgada.

La derogación afecta a la vigencia de las normas al limitar en el tiempo su *aplicabilidad* o capacidad regulativa. El *efecto derogatorio* consiste en circunscribir la eficacia regulativa de las normas derogadas desde el momento en que entra en vigor la norma derogatoria. Se trata, en consecuencia, de un efecto *pro futuro* o *ex nunc* porque la Constitución prohíbe la retroactividad de las normas. Ahora bien, las relaciones constituidas al amparo de la norma derogada antes de la derogación siguen, en principio, reguladas por la norma derogada, la cual, a pesar de su derogación, seguirá siendo aplicada por los jueces al resolver controversias concernientes a dichas relaciones. Es lo que se conoce como *ultraactividad* o posactividad de la norma derogada. Dado que la norma vieja sigue siendo apta para regular las situaciones nacidas a su amparo, es posible declarar su invalidez, lo cual la expulsaría del sistema. Al respecto el Tribunal Constitucional ha establecido que, aunque una norma derogada "no podrá seguir rigiendo o determinando situaciones jurídicas nacidas con posterioridad a la fecha en que quedó derogada, sí continuara rigiendo las situaciones jurídicas surgidas a su amparo, por efecto de la llamada ultractividad de la ley" (Sentencia TC/0015/13).

La derogación se diferencia, como se puede observar, de la *anulación* por inconstitucionales de las normas. Cuando el Tribunal Constitucional declara la inconstitucionalidad de una norma, esta anulación surte "efectos inmediatos y para el porvenir", salvo el caso de que excepcionalmente el Tribunal module los efectos temporales de la sentencia de modo retroactivo (artículo 48 de la LOTCPC). En este sentido, la derogación y la inconstitucionalidad de una norma declarada por el Tribunal Constitucional se asemejan, pues, en ambos casos, el texto normativo no será aplicado a los hechos ocurridos luego de la publicación de la ley derogatoria o de la sentencia, aparte de que tanto en la derogación como en la inconstitucionalidad declarada por el Tribunal Constitucional, una y otra surten efectos automáticamente desde la publicación de la sentencia y de la ley derogatoria, por lo que, con posterioridad a la derogación o a la anulación, cualquier juez u operador jurídico puede inaplicar la norma derogada o declarada inconstitucional. Pero hay diferencias sustanciales entre ambos institutos. En primer término, las leyes derogadas deben seguir aplicándose a las situaciones surgidas a su amparo antes de la derogación y todavía no agotadas -la llamada "ultraactividad"-, mientras que la ley declarada inconstitucional no puede seguir regulando relaciones tras su anulación, incluso si los hechos acontecieron durante mientras la ley declarada inconstitucional pertenecía al ordenamiento jurídico y estaban pendientes o en vías de someterse a los efectos de dicha ley inconstitucional. En segundo lugar, una ley derogada, dado que es susceptible de seguir siendo aplicada a las relaciones anteriores a la norma derogatoria, puede ser anulada por inconstitucional, mientras que no tiene ningún sentido anular por inconstitucional de nuevo una norma ya declarada inconstitucional por el Tribunal Constitucional. Por último, aunque en principio tanto la derogación de una norma como su anulación por inconstitucional surten efectos para el futuro, lo cierto es que "los efectos en el tiempo de las sentencias estimatorias del Tribunal Constitucional no pueden describirse, sin más, hablando de efectos ex tunc (retroactivos) o de efectos ex nunc (pro futuro); la sentencia [del Tribunal] será eficaz frente a todas aquellas relaciones (anteriores o posteriores a su publicación) en las que la disposición o normas declarada inconstitucional pudiese ser objeto de aplicación" (Pizzoruso 1984:130).

2.3.2.2 Naturaleza y fundamento de la función derogatoria: derogación expresa vs. derogación tácita. Existen dos grandes tipos de derogación: la expresa y la tácita, esta última también conocida como derogación por incompatibilidad normativa. La *derogación expresa* es la que se produce mediante una disposición derogatoria que identifica con precisión el objeto de la derogación: "La presente ley deroga tal ley" o "La presente ley deroga los artículos tales y tales de la ley tal". El objeto de la derogación expresa es siempre una disposición jurídica. Por su parte, la *derogación tácita* es la que surge de la incompatibilidad entre normas producidas en diferentes épocas y su objeto es siempre una norma jurídica. La derogación expresa indeterminada, expresada generalmente bajo la fórmula de que "la presente ley deroga y sustituye cualquier otra disposición legal o parte de ella que le sea contraria", es en realidad una derogación tácita, ya que implica "la previa identificación de la incompatibilidad normativa" (Betegón: 262), lo cual "impone una tarea de investigación y de interpretación" (Jorge Blanco: 113). Veamos en detalle la naturaleza y fundamento de cada tipo de derogación.

A. La derogación expresa. Para entender el fundamento de la *facultas abrogandi* o *potestad derogatoria*, se requiere distinguir los casos en que la disposición derogada es de distinto rango a la disposición derogatoria de aquellos en que la disposición derogada es de rango igual o inferior a la disposición derogatoria.

(i) *Derogación expresa entre disposiciones de distinto rango.* La potestad derogatoria encuentra su fundamento en este caso en la fuerza jurídica de las fuentes: una disposición derogatoria proveniente de una fuente jerárquicamente superior en el sistema de fuentes deroga a la disposición proveniente de una fuente jerárquicamente inferior debido a la mayor fuerza activa de la primera. Esto así, siempre y cuando no exista una norma de distribución competencial que impida a la fuente de fuerza superior regular en el ámbito material de la norma de fuerza inferior.

(ii) *Derogación expresa entre disposiciones del mismo rango.* La fuerza jurídica de las normas no explica per se el porqué una disposición puede derogar a otra del mismo rango jerárquico en el sistema de fuentes. La doctrina francesa, y en mayor o menor grado la dogmática iuscivilista europea continental, ha explicado la derogación entre disposiciones de igual rango a partir de un cambio en la voluntad del sujeto que tiene atribuida la potestad normativa. Esta doctrina voluntarista es consignada por Boris Starck: "El poder de abrogar le pertenece naturalmente a la autoridad que tiene el poder de hacer la ley o el reglamento. Lo que el legislador o el gobierno hacen puede ser deshecho por ellos" (Starck 1991: 192).

"Ahora bien, el *criterio voluntarista*, por sí mismo; es decir, sin respaldo jurídico en el ordenamiento, carece de fundamento, pues una voluntad posterior no es mejor por el hecho de ser posterior y, si el ordenamiento no lo reconoce, el efecto derogatorio no se produce. Acaso en el Estado de derecho legislativo, la raíz del criterio voluntarista pudiera encontrarse en que el efecto derogatorio no se predicaba de una norma cualquiera, sino de la ley, concebida como expresión de soberanía; esto es, de un poder absoluto que no reconoce límites ni siquiera en las normas por él mismo dictadas. Pero en el Estado constitucional actual, donde la norma que expresa la soberanía es la Constitución, a la que están sometidas todas las demás normas, incluida la ley, la *facultas abrogandi* de la ley tiene que encontrar su fundamento en la Constitución. El problema, sin embargo, es que en la mayor parte de las Constituciones no se reconoce expresamente esta facultad, por lo que (en su caso) habrá de entenderse implícita" (Betegón: 263).

El fundamento constitucional implícito de la potestad derogatoria se vincula al *carácter inagotable de las fuentes*: la *facultas abrogandi* otorgada a un sujeto por las normas sobre la producción de derecho no es para un determinado número de actos sino para una serie indefinida de ellos pues, si no fuese así, el ordenamiento se congelaría. De esto se deriva una importante consecuencia: ningún poder constituido puede declarar inderogable todas o algunas de sus normas por futuras manifestaciones de ese poder, ya que estaría ejerciendo una función inherente al poder constituyente que no le corresponde. Por otro lado, el carácter democrático del Estado implica que las normas pueden ser modificadas, pues de lo contrario la voluntad popular expresada en ellas carecería de virtualidad práctica. La democracia no tendría sentido si no se reconociese a la mayoría política el derecho de cambiar las normas dictadas por otra mayoría en el pasado.

B. La derogación tácita. No hay ninguna exigencia lógica de coherencia normativa que haga suponer que la norma posterior deroga la anterior o que la anterior deroga a la posterior. Es posible concebir un ordenamiento en donde se inapliquen las dos normas o uno en el que se aplique la norma más antigua: piénsese en el caso de la Alta Edad Media en la que el derecho mientras más viejo mejor y por tanto prevalecía sobre el más reciente. Pero no se puede suponer que porque una norma sea reciente es de mejor calidad o de mayor fuerza que una antigua. En este caso, la derogación solo puede tener lugar en la medida en que el propio ordenamiento de manera explícita o implícita, así lo establezca.

En este sentido, cabe distinguir el conflicto entre normas de distinto y del mismo rango. Si la norma anterior es de *rango inferior* a la norma posterior, no estamos en presencia de un caso de derogación sino de invalidez sobrevenida. Si las dos normas son del *mismo rango*, el principio de que la norma posterior deroga la anterior puede entenderse implícitamente reconocido en el ordenamiento por las mismas razones explicadas para la derogación expresa: el carácter inagotable de las fuentes y las exigencias del sistema democrático consagrado por la Constitución.

2.3.2.3 Consecuencias de la derogación: derogación expresa vs. derogación tácita. Las consecuencias de la derogación dependen del tipo de derogación ante el cual nos encontremos. La derogación expresa produce el efecto derogatorio con todas sus consecuencias, siendo la eficacia *ex nunc* de la derogación, la ultractividad de las disposiciones derogadas y la posibilidad de ser todavía anuladas las características que tipifican esta derogación.

En el caso de la derogación tácita, hay que distinguir entre normas del mismo o distinto grado. Cuando la contradicción se produce entre *normas del mismo grado* se produce una derogación de la norma anterior incompatible, por lo que cualquier operador jurídico, si identifica la norma derogada, puede inaplicarla cuando proceda. Pero, dado que la contradicción se produce entre "normas" y no entre "disposiciones", cada intérprete es libre de determinar discrecionalmente si existe o no incompatibilidad normativa. De ahí que es perfectamente posible que un mismo supuesto reciba en un mismo ordenamiento soluciones diferentes debido precisamente a la existencia de diversas interpretaciones de dicho supuesto. Este fenómeno sólo puede ser enfrentado mediante los mecanismos de unificación de jurisprudencia como es el caso de la casación.

Si la contradicción se produce entre *normas de distinto grado*, siendo la norma superior también la posterior, se trata de una antinomia resoluble por el criterio jerárquico y no de un caso de derogación. La tarea del intérprete consiste en este caso en identificar e inaplicar la norma que ha devenido inválida sobrevenidamente y, si es posible (o sea, si la norma en cuestión constituye la única interpretación posible de la disposición que la contiene), y siempre que sea competente para ello, en declarar la invalidez de la disposición que contiene la norma. Si el juez no tiene competencia para declarar la invalidez de la disposición, al igual que en el caso anterior, habrá la posibilidad de diversas interpretaciones en la medida en que ciertos intérpretes podrán apreciar incompatibilidad normativa y otros no. De nuevo, ello sólo puede ser resuelto mediante los mecanismos de *unificación jurisprudencial*.

2.3.2.4 Derogación y seguridad jurídica. La *derogación expresa* proporciona *seguridad jurídica* en la medida en que permite establecer claramente qué disposiciones no podrán en adelante ser usadas para recabar normas jurídicas, al tiempo de suministrar un régimen de transitoriedad preciso. Sin embargo, la derogación tácita fomenta la inseguridad jurídica en tanto no permite conocer con certeza las normas vigentes y origina desigualdad en la aplicación de la ley, pues la valoración de la derogación de una norma se deja en manos de la interpretación de los operadores jurídicos. La *derogación tácita*, en un mundo de legislación motorizada (SCHMITT) y de inflación legislativa, fomenta la confusión legislativa y sume al ciudadano en el desconcierto al impedirle saber cuál es la norma vigente en determinada materia o asunto. La seguridad jurídica, como elemento capital del Estado de Derecho, exige el conocimiento certero de cuáles normas están en vigor, siendo la derogación expresa un instrumento esencial para lograr esa seguridad jurídica, exigida por demás por el principio democrático.

2.3.2.5 Inconstitucionalidad de normas derogadas. Ya hemos visto que la norma derogada sigue siendo apta para regular las situaciones nacidas a su amparo por efecto de la ultraactividad de la ley y que así ha sido reconocido también por el Tribunal Constitucional (Sentencia TC/0015/13). También hemos visto que, en virtud de esa ultraactividad, es posible declarar la invalidez de dicha norma derogada. Sin embargo, el Tribunal Constitucional, en una serie de sentencias (Sentencias TC 0023/12, 0024/12, 0025/13, 0033/13, 0055/13, 0126/13, 0138/13, 0143/13, 0196/13, 0236/13, 0265/13, 0287/13, 0043/14, 0164/14, 0169/14, 0170/14, 0191/14, 0224/14, 0281/14, 0060/15, 0444/19, entre otras) ha considerado que es inadmisible la acción en inconstitucionalidad contra una norma derogada, pues "la norma cuestionada desapareció de nuestro ordenamiento jurídico dejando sin objeto la presente acción directa en inconstitucionalidad, y al resultar la falta de objeto un medio de inadmisión admitido tradicionalmente por la jurisprudencia dominicana, procede, en consecuencia, declarar la inadmisibilidad de la presente acción directa en

Las Fuentes del Derecho

inconstitucionalidad" (Sentencia TC 23/12), en el entendido de que "una condición sine qua non para el examen de la norma atacada en inconstitucionalidad se contrae a que la misma debe surtir efectos jurídicos al momento de ser sometida al examen o control constitucional" (Sentencia TC/0060/15).

Como se puede observar, en las decisiones antes citadas contradicen frontalmente nuestros jueces constitucionales especializados al inventor del control concentrado de constitucionalidad, Hans Kelsen, quien sostiene que: "Parece obvio que el Tribunal Constitucional no puede conocer sino las normas todavía en vigor al momento en que dicta su resolución. ¿Por qué anular una norma que ha dejado de estar en vigor? Observando con atención esta cuestión se advierte, sin embargo, que es posible aplicar el control de constitucionalidad a normas ya abrogadas. En efecto, si una norma general —en este sentido sólo las normas generales pueden ser tomadas en cuenta— abroga otra norma general sin efecto retroactivo, las autoridades deberán continuar aplicando la norma abrogada para todos los hechos realizados mientras se encontraba aun en vigor. Si se quiere evitar esta aplicación en razón de la inconstitucionalidad de la norma abrogada —se supone que no ha sido el Tribunal Constitucional el que la ha anulado—, es necesario que esta inconstitucionalidad se establezca de manera auténtica y que le sea retirado a la norma el resto de vigor que conservaba. Pero esto supone una sentencia del Tribunal Constitucional" (KELSEN 2011: 283). En otras palabras, para Kelsen el hecho de que una norma haya sido derogada no implica que la acción en inconstitucionalidad contra ella sea inadmisible pues es preciso que el Tribunal Constitucional determine si debe retirársele la validez a esa norma para el tiempo que ella ha regido.

El hecho admitido por el propio Tribunal Constitucional de que las normas derogadas pueden seguir surtiendo efectos debe conducir necesariamente a la conclusión no sólo de que es posible el control concentrado de constitucionalidad, sino que el mismo se impone para que esa Alta Corte cumpla su rol de garante de la supremacía constitucional. Por ello, sería conveniente que nuestros jueces constitucionales especializados adoptasen el criterio reiteradamente sostenido por la Corte Constitucional de Colombia para la que la derogación de una norma no es por sí solo motivo para declarar inadmisible o rechazar la demanda en inconstitucionalidad, pues la norma derogada "puede encontrarse produciendo efectos jurídicos, o llegar a producirlos en el futuro, por lo cual puede ser necesario un pronunciamiento de mérito" (Sentencia C-1067/08). Y es que, como bien señala esa Alta Corte, "en función de la guarda de la integridad y supremacía de la Constitución, ella debe conocer de disposiciones que hayan sido acusadas y se encuentren derogadas, siempre y cuando tales normas continúen produciendo efectos jurídicos. En cambio, si la norma demandada excluida del ordenamiento jurídico no sigue surtiendo efectos jurídicos o nunca los produjo, el pronunciamiento de constitucionalidad resulta inocuo, por carencia de objeto." (Sentencia C-505 de 1995, en el mismo sentido: Sentencias C-558 de 1996, C-1067 de 2008, C-379 de 2002 y C-379 de 1998). Tanto es así que la propia Corte Constitucional colombiana establece que "para que la Corte descarte la posibilidad de emitir una decisión de fondo debe existir certeza en la configuración de la pérdida de vigor de la disposición derogada, dado que sólo en ese caso dicha determinación no sería considerada una denegación de justicia. Contrario sensu, en el evento que exista duda sobre la derogatoria de la norma, la Corte debe emitir un fallo de fondo" (Sentencia C-348/17, en el mismo sentido: Sentencias C-775 de 2010, C-640 de 2009, C-338 de 2007, C-823 de 2006, C-I026 de 2004 y C-992 de 2004).

2.3.2.6 El Tribunal Constitucional y la derogación tácita. El Tribunal Constitucional, en su Sentencia TC/0019/21, a raíz de un caso en el que se conocía de una acción directa en inconstitucionalidad en contra del artículo 4 de la Ley núm. 13-07, que crea el Tribunal Contencioso Tributario y Administrativo, y en virtud del cual "el agotamiento de la vía administrativa será facultativo para la interposición de los recursos, contencioso administrativo y contencioso tributario, contra los actos administrativos dictados por los órganos y entidades de la administración pública, excepto en materia de servicio civil y carrera administrativa", acción fundamentada por los accionantes en la violación del derecho a la tutela judicial efectiva (artículo 69.1 de la Constitución), en la medida que viola el derecho de igualdad y el derecho de acceso a la justicia de los servidores públicos, particularmente, los de carrera administrativa, al obligarlos a agotar previamente la vía administrativa, en lugar de admitir la acción y conocerla, la declaró inadmisible por considerar que la disposición legal impugnada por inconstitucional había sido derogada por la Ley 107-13 cuyos artículos 4.17 y 51 consagran el carácter optativo del agotamiento de las vías administrativas para todas las personas y cuyo artículo 62 dispone que "a partir de la entrada en vigencia de esta ley, quedan derogadas todas las disposiciones contenidas en leyes generales o especiales que le sean contrarias".

Parecería, a primera vista, que nos encontramos en el supuesto de la antes criticada inadmisibilidad por falta de objeto de la acción en inconstitucionalidad contra normas derogadas, como ya ha establecido el Tribunal Constitucional en la línea jurisprudencial que justo acabamos de analizar más arriba. Sin embargo, en este caso lo que tenemos es una derogación tácita, pues la cláusula derogatoria expresa indeterminada del artículo 62 de la Ley 107-13, como antes ya hemos visto, en verdad es una derogación tácita, pues conlleva la previa identificación de la incompatibilidad normativa, lo que supone una tarea de investigación y de interpretación. Como señala el magistrado Miguel Valera Montero en su voto disidente, "se ha dado la designación de derogación tácita o derogación implícita, al fenómeno de incompatibilidad de normas de un mismo rango (por ejemplo, entre decretos o entre leyes) pero que han entrado en vigencia en distintas fechas (una con posterioridad a la otra). Cabe entonces distinguir que, mientras en la primera se trata de un mandato expreso del legislador, limitando la vigencia de una norma, en el segundo caso, el de la mal llamada derogación tácita, se trata de un caso de incompatibilidad, es decir, de un conflicto de aplicación de normas, respecto del cual el intérprete debe decidir (1ro) si existe un verdadero conflicto, y, en caso afirmativo, (2do) determinar cuál de ambas normas aplicar. Es decir, que se soluciona mediante la inaplicación de una norma, no mediante la cesación de la vigencia de la norma inaplicada. Es por lo anterior que algunos autores sostienen una posición que compartimos en el sentido de que la '…derogación en sentido propio es la derogación expresa, … [la derogación tácita no es], sin embargo, una 'auténtica derogación' (p. 331) porque – dicho ahora en muy pocas palabras – no provoca la pérdida de la vigencia de la *lex praevia*, sino su mera inaplicación *ad casum* por el órgano judicial, apreciada que sea aquella antinomia. Así, la derogación por incompatibilidad no se sitúa, como la expresa, en el plano de la creación normativa, sino en el de la aplicación del Derecho, y por ello sus efectos no son irreversibles ni tan siquiera – añado – generales por necesidad, pues es evidente que la incompatibilidad apreciada por un órgano judicial puede no ser advertida – o si advertida, superada –por otro juzgador. Tratándose en este caso de dos normas vigentes respecto de las cuales se deba solucionar judicialmente una antinomia mediante inaplicación ad casum. Este Tribunal debió confirmar la coexistencia de ambas normas, ante la inexistencia de una derogación expresa, y proceder a conocer el fondo de la acción". En parecido sentido se pronunció en voto salvado la magistrada Alba Beard Marcos. En este caso, por demás, como bien señala en voto disidente el magistrado Milton Ray Guevara, aún reconociéndose que el Tribunal Constitucional pudiese declarar la derogación de las normas, no debe suponerse que una ley general como la Ley 107-13 podría derogar tácitamente una norma especial como la del artículo impugnado, pues podría ser compatible con la Constitución que a los servidores públicos, en virtud de estar en una relación de sujeción especial con la Administración, se les obligase a agotar previamente los recursos administrativos, lo que, por demás tampoco les impediría acudir a la vía cautelar jurisdiccional, en protección de sus derechos, en lo que se conocen estos recursos.

El deber del Tribunal Constitucional en este caso era conocer el fondo de la acción en inconstitucionalidad incoada y no establecer este peligroso precedente de, no tanto declarar inadmisibles por falta de objeto las acciones contra normas derogadas expresamente, que, como ya hemos visto, es sumamente criticable, sino considerar derogadas normas vigentes cuya incompatibilidad con otras normas es una cuestión de aplicación jurisdiccional caso por caso, con lo que esa Alta Corte constitucional abdica de su derecho a conocer las acciones en inconstitucionalidad contra normas vigentes, rehuyendo así su deber de mantener la supremacía constitucional frente a normas vigentes que podrían contradecir a la Constitución. Lo curioso y paradójico es que el Tribunal Constitucional, tan quisquilloso a la hora de inaplicar una norma inconstitucional en los procesos constitucionales de revisión de sentencia firme y de decisiones de jueces de amparo, por entender que el control difuso es potestad exclusiva de los jueces ordinarios, no tiene empacho en considerar derogadas normas vigentes cuya constitucionalidad se niega a fallar por ser supuestamente inadmisible la acción contra esas normas, usurpando así las funciones de los jueces ordinarios de decidir una cuestión de legalidad ordinaria. En otras palabras, el Tribunal Constitucional decide una cuestión de legalidad ordinaria como lo es si una determinada norma vigente es compatible con otra, es decir, si una ha tácitamente derogado a otra, pero exhibe los escrúpulos de María Gargajo a la hora de aplicar el control difuso de constitucionalidad, prefiriendo en este caso seguir aplicando una norma inconstitucional que inaplicarla para el caso concreto que conoce el Tribunal, con el lógico efecto vinculante del precedente para todos los demás casos. En este sentido, a la luz del criterio reiterado por la Corte Constitucional colombiana, lo que procede en caso de una supuesta derogación tácita no es declarar inadmisible la acción de inconstitucionalidad por falta de objeto, sino admitir la acción y conocer sobre la inconstitucionalidad de la norma cuya derogación tácita se supone. Al respecto, en la sentencia C-369 de 2012 esa Alta Corte sostuvo que "cuando la derogatoria de una disposición es expresa, no cabe duda en cuanto a que, si se interpone una demanda en contra de la norma derogada, la Corte debe inhibirse, salvo que la disposición continúe proyectando sus efectos en el tiempo. Cuando, por el contrario, la vigencia de una disposición es dudosa, pues existe incertidumbre acerca de su derogatoria tácita, la Corte no puede inhibirse por esta razón pues la disposición podría estar produciendo efectos".

2.4 La aplicación de las normas en el tiempo

El artículo 110 de la Constitución establece que "la ley sólo dispone y se aplica a lo porvenir. No tiene efecto retroactivo sino cuando sea favorable al que esté subjúdice o cumpliendo condena. En ningún caso la ley ni poder público alguno podrán afectar o alterar la seguridad jurídica derivada de situaciones establecidas conforme a una legislación anterior". Consagra aquí nuestro texto constitucional los principios que rigen la aplicación de las normas en el tiempo: (i) la *irretroactividad* de las normas; (ii) la *excepción de la retroactividad* de las normas sancionadoras más favorables; y (iii) el principio de la *seguridad jurídica*. Veamos estos tres aspectos en detalle…

2.4.1 La regla: la irretroactividad de las normas. La *retroactividad* es "la proyección del ámbito temporal de las normas a hechos o conductas previas a su promulgación" (Pérez Luño: 90). Históricamente, la retroactividad de las normas ha sido limitada en aras de garantizar la seguridad jurídica. La persona cuando actúa tiene en cuenta necesariamente las normas existentes al momento de su acción, confiando en que lo que no está prohibido por las leyes está permitido y en las consecuencias que la ley deriva de los hechos y actos jurídicos concluidos a su amparo. Si una ley posterior modifica estos datos jurídicos, sobreviene un gran desorden: un acto que se creía válido deviene nulo de repente por una ley que establece formalidades inexistentes al momento de su conclusión; consecuencias jurídicas insospechadas se vinculan a hechos que anteriormente no acarreaban dichas consecuencias. La *irretroactividad* viene a ser entonces "una protección de nuestras libertades y de nuestra seguridad" (Starck 1991: 230). Así lo ha afirmado el Tribunal Constitucional cuando sostiene que "la garantía constitucional de la irretroactividad de la ley se traduce en la certidumbre de que un cambio en el ordenamiento no puede tener la consecuencia de sustraer el bien o el derecho ya adquirido del patrimonio de la persona, o de provocar que si se había dado el presupuesto fáctico con anterioridad a la reforma legal, ya no surta la consecuencia (provechosa, se entiende) que el interesado esperaba de la situación jurídica consolidada" (Sentencia TC/0013/12). La irretroactividad, como bien ha establecido la Corte Constitucional de Colombia, vendría a ser entonces "consustancial a la idea misma del derecho en una sociedad democrática, pues la regulación social a través de normas jurídicas pretende dirigir la conducta de personas libres, por lo cual es necesario que los individuos conozcan previamente las normas para que puedan adecuar sus comportamientos a las mismas. Una aplicación retroactiva de una ley rompe entonces no sólo la confianza de las personas en el derecho, con lo cual se afecta la buena fe sino que, además, desconoce la libertad y autonomía de los destinatarios de las normas, con lo cual se vulnera su dignidad" (Sentencia C-478 de 1998).

Tradicionalmente las *limitaciones a la retroactividad* han sido previsiones legales que como tales no vinculan al legislador sino solo a los aplicadores de la ley, como ilustra el caso de Francia, en donde la irretroactividad de la ley es una disposición meramente legal, recogida en el artículo 2 del Código Civil ("la ley no dispone sino para el porvenir" y "no tiene efecto retroactivo"), lo que permite al legislador francés dictar leyes con efecto retroactivo. A pesar de este usual mero carácter legal del principio de la irretroactividad de la ley, la doctrina, luego la jurisprudencia y, finalmente, la Constitución, han tratado de establecer límites a la retroactividad de las normas que operen directamente sobre la actividad legislativa. En Argentina, por ejemplo, a pesar de que la irretroactividad carece de rango constitucional, la Corte Suprema de ese país ha considerado que "cuando la aplicación retrospectiva de una ley nueva priva a alguien de algún derecho ya incorporado a su patrimonio, el principio de irretroactividad asciende a nivel constitucional para confundirse con la garantía de inviolabilidad de la propiedad" (BIDART CAMPOS: 334).

Como bien afirma la mejor doctrina, "en la República Dominicana es todo lo contrario. Desde nuestra primera Constitución, con ligeras variantes, ha venido siendo consagrada la irretroactividad en nuestra Carta Sustantiva. Es una prohibición dirigida a los legisladores y a todos los jueces de que no pueden hacer ni aplicar retroactivamente la ley" (JORGE BLANCO: 171). Esta *consagración constitucional del principio de la irretroactividad* de las normas significa que, contrario a los países en que dicho principio tiene un rango meramente legal, en nuestro ordenamiento, el juez, al momento de aplicar una norma, sólo tiene que evaluar si la misma tiene efecto retroactivo sin necesidad de analizar si ésta viola o no un derecho o principio constitucional. De modo que, en principio, en nuestro ordenamiento, una norma puede ser declarada inconstitucional por ser retroactiva, aún cuando no vulnere ningún otro principio o derecho constitucional y, viceversa, una norma legítimamente retroactiva, puede resultar inconstitucional si de su retroactividad se derivan efectos que vulneren otros principios constitucionales. Más aún, en contraste con países como España en donde, a pesar de que la irretroactividad tiene rango constitucional, lo que consagra el texto constitucional es tan solo la *irretroactividad en materia penal* (artículo 25.1) y la "irretroactividad de las disposiciones sancionadoras no favorables o restrictivas de derechos individuales" (artículo 9.3), en nuestro país la retroactividad es la excepción pues sólo procede, en principio, cuando se trata de una norma sancionadora favorable. Por eso no es aplicable en la República Dominicana, la jurisprudencia del Tribunal Constitucional español en virtud de la cual, fuera de las materias respecto de las que el artículo 9.3 de la Constitución veta totalmente la retroactividad, es decir, la materia penal y las disposiciones sancionadoras no favorables o restrictivas de derechos, "es posible que se dote a la ley del ámbito de retroactividad que el legislador considere oportuno, disponiendo éste, por consiguiente, de un amplio margen de discrecionalidad política respecto de la que nada le cumple decir a este Tribunal", a menos que "contraríe otros principios consagrados en la Constitución, entre ellos, el principio de seguridad jurídica" (SSTC 6/1983, 99/1987, 150/1990, 243 y 257/1985). El legislador sólo puede dotar de retroactividad a las normas penales más favorables y las demás normas favorables sólo se les puede otorgar eficacia retroactiva en virtud del principio de favorabilidad allí y sólo allí donde no se limitan ni restrinjan derechos de otros titulares o grupos de titulares de derechos, pues no se le puede dar efecto retroactivo a normas favorables a favor de ciertos sujetos de derecho y en detrimentos de otros.

La Constitución no define –como tampoco el legislador– el *alcance expreso de las normas*, lo que obliga a acudir a las soluciones doctrinales elaboradas por el *derecho transitorio* o *intertemporal* para resolver los problemas que plantea la aplicación de la nueva ley en el ordenamiento tanto al legislador como al intérprete de la ley. Al legislador porque debe poder determinar cuando está o no ante un supuesto de retroactividad a los fines de vulnerar el principio constitucional de la irretroactividad. Al aplicador del derecho porque una norma, aún se declare expresamente irretroactiva, puede tener efectos retroactivos. De manera que la tarea del aplicador del derecho en nuestro ordenamiento consiste en, primero, determinar, si una norma tiene o no efecto retroactivo y, segundo, si tiene dicho efecto retroactivo, determinar si el contenido de la norma es sancionador favorable. Si, tras este análisis, la norma resulta ser de efecto retroactivo y no es de contenido sancionador favorable, la misma deberá ser declarada inconstitucional o inaplicada por su inconstitucionalidad. Sin embargo, la tarea del aplicador del derecho no es sencilla. El problema es que el concepto de retroactividad "no puede definirse apriorísticamente, ya que las cuestiones que se plantean en la práctica suelen desbordar los planteamientos teóricos elaborados hasta ahora" (BALAGUER CALLEJÓN 1999: 73).

Una cosa es clara: la norma se aplica inmediatamente tras su entrada en vigor, a menos que contenga disposiciones transitorias que retarden su vigencia –como ocurre frecuentemente con las leyes de reforma procesal que prevén un período para que los litigantes se adapten a nuevas formalidades procedimentales. Lo que plantea dudas son los casos relativos a la aplicación de normas nuevas a *situaciones jurídicas en curso*. La Constitución establece que "en ningún caso la ley ni poder público alguno podrán afectar o alterar la seguridad jurídica derivada de situaciones establecidas conforme a una legislación anterior" (artículo 110). Cuando esas situaciones se han realizado totalmente en el pasado, no es difícil encontrar una solución: a un contrato jurídico concluido válidamente al amparo de la antigua ley y ejecutado enteramente, no se le puede aplicar una ley nueva que exija formalidades diferentes a las antiguas para su perfeccionamiento, pues se estaría aplicando una norma nueva de manera retroactiva a una situación jurídica realizada por entero en el pasado. Pero… ¿qué ocurre con el matrimonio, la filiación, el inquilinato, la prescripción adquisitiva y el contrato de trabajo, que crean derechos o efectos durante el transcurso del tiempo, más allá de la norma derogada bajo la cual se iniciaron sus efectos, prolongándose hasta el presente?

Para responder a esta cuestión se precisa acudir a la tesis de Roubier. Este autor, cuya doctrina fue tempranamente acogida en nuestro país en la precursora y rompedora tesis de grado sobre la irretroactividad de la ley de la inmensa heroína y mártir Minerva Mirabal (MIRABAL), ha distinguido entre los derechos y las situaciones considerados en sí mismos y la manera como esos derechos han sido adquiridos y esas situaciones creadas. Se trata de la fase dinámica y de la fase estática del estado de Derecho: la *fase dinámica* corresponde al momento de la constitución de la situación jurídica, la *fase estática* cubre el período donde la situación desarrolla sus efectos. El acto de venta corresponde a la fase dinámica pero el derecho de propiedad creado por ese acto corresponde a la fase estática. La distinción entre estas dos fases permite una aplicación del principio de la irretroactividad cónsona con el principio de justicia: una ley será retroactiva si pretende regir los procedimientos de adquisición y los modos de creación de situaciones legales anteriores pero podrá válidamente afectar todos los efectos futuros de situaciones jurídicas nacidas anteriormente. Así, en materia de matrimonio, las condiciones de forma y de fondo que rigen la calidad de los esposos se someten a las leyes en vigor el día de la celebración del matrimonio. Una ley nueva que introduzca una causa de nulidad no influiría esta situación jurídica ni obligaría a los esposos a contraer de nuevo matrimonio. Del mismo modo, la supresión de una causa de nulidad existente en una ley derogada no validaría el matrimonio nulo contraído cuando esa ley estaba vigente. Sin embargo, la situación de los esposos cae bajo la ley nueva en todo lo que se refiere a los efectos y consecuencias jurídicas presentes y futuras: régimen de los bienes, autoridad parental, derecho de guarda, etc. Y es que, si bien la Constitución garantiza la seguridad jurídica, ello no significa que las leyes no pueden cambiar y que se mantendrán indefinidamente las situaciones jurídicas (Roubier).

La distinción de Roubier conduce a los mismos resultados que la moderna distinción entre retroactividad en sentido propio o auténtico y la retroactividad en sentido impropio. La *retroactividad auténtica* es la originada por una norma que se aplique a un supuesto de hecho que pertenece al pasado y modifique su situación jurídica. Existe *retroactividad en sentido impropio* cuando solo afecta a las consecuencias futuras de supuestos de hecho que pertenecen al pasado. Lo que la Constitución prohíbe es que la ley rija el pasado, es decir, que sea *retroactiva en sentido propio*, al incidir sobre los efectos jurídicos ya producidos de situaciones anteriores. Pero la Constitución no prohíbe que las normas nuevas regulen la proyección hacia el futuro de derechos nacidos de situaciones jurídicas o relaciones jurídicas actuales no concluidas. Cuando la Constitución afirma que "en ningún caso la ley ni poder público alguno podrán afectar o alterar la seguridad jurídica derivada de situaciones establecidas conforme a una legislación anterior", lo que quiere decir es que, tal como establece la jurisprudencia constitucional española, las normas nuevas no son aplicables a "derechos consolidados, asumidos, integrados en el patrimonio del sujeto y no a los pendientes, futuros, condicionados y expectativas" (STC 129/1987). Las situaciones jurídicas protegidas por la Constitución son las plena y totalmente realizadas al amparo de una legislación anterior y no aquellas cuyos efectos jurídicos se siguen desarrollándose en el presente y en el futuro. En este sentido, como bien ha dicho nuestro Tribunal Constitucional, "los conceptos de 'derecho adquirido' y 'situación jurídica consolidada' aparecen estrechamente relacionados en la doctrina constitucionalista. Es dable afirmar que, en términos generales, el primero denota a aquella circunstancia consumada en la que una cosa –material o inmaterial, trátese de un bien previamente ajeno o de un derecho antes inexistente– ha ingresado en (o incidido sobre) la esfera patrimonial de la persona, de manera que ésta experimenta una ventaja o beneficio constatable. Por su parte, la "situación jurídica consolidada" representa no tanto un plus patrimonial, sino un estado de cosas definido plenamente en cuanto a sus características jurídicas y a sus efectos, aun cuando éstos no se hayan extinguido aún... En este caso, la garantía constitucional de la irretroactividad de la ley se traduce en la certidumbre de que un cambio en el ordenamiento no puede tener la consecuencia de sustraer el bien o el derecho ya adquirido del patrimonio de la persona, o de provocar que, si se había dado el presupuesto fáctico con anterioridad a la reforma legal, ya no surta la consecuencia (provechosa, se entiende) que el interesado esperaba de la situación jurídica consolidada" (Sentencia TC/0013/12).

Entender la irretroactividad de este modo permite conciliar este principio con el *valor justicia* inherente a la cláusula del Estado Social y Democrático de Derecho. Si bien la irretroactividad es una garantía de la seguridad jurídica, entenderla como la prohibición de aplicar nuevas normas a situaciones jurídicas nacidas en el pasado, pero con consecuencias jurídicas que se prolongan en el presente, significaría "configurarla como garantía del carácter inalterable del ordenamiento jurídico [y del sostenimiento] a toda costa [de] la inmutabilidad de las normas e instituciones" (Pérez Luño: 92). Pero la irretroactividad no puede ser concebida como *garantía* del status quo porque ello, tal como advierte la jurisprudencia constitucional española, "conduciría a situaciones congeladoras del ordenamiento jurídico, a la petrificación de situaciones dadas" (STC 8/1982). La Constitución "reconoce como función esencial del Estado la protección efectiva de los derechos de la persona, el respeto de su dignidad y la obtención de los medios que le permitan perfeccionarse de forma igualitaria, equitativa y progresiva, dentro de un marco de libertad individual y de justicia social, compatible con el orden público, el bienestar general y los derechos de todos y todas" (artículo 8). En aras de ese orden de justicia social, el Estado Social de Derecho (artículo 7) está por definición obligado a acoger las demandas colectivas prioritarias de signo político, social y económico lo que implica hacer regir por normas nuevas los efectos jurídicos presentes y futuros de situaciones jurídicas del pasado. "En el seno de esta forma de Estado la seguridad deja de ser un principio estático, para devenir la garantía dinámica que 'asegura' a los ciudadanos la adaptación del Derecho a los requerimientos de la evolución histórica de la sociedad" (Pérez Luño: 92). Este parecería ser el criterio de la Suprema Corte de Justicia para la que "la ley nueva puede en ocasiones, por motivos imperiosos de orden público o económico, (...) afectar no solo las simples expectativas, sino hasta los derechos adquiridos", pues, cuando "estamos en presencia de una disposición legislativa basada en el orden público económico", debe ceder "el interés de los particulares" y efectuarse una "aplicación inmediata" de dicha ley (S.C.J. 13 de agosto de 2008).

En comparación con este criterio de la Suprema Corte, ofrecería más certidumbre a la aplicación del principio constitucional de irretroactividad de la ley, partiendo de la distinción entre retroactividad auténtica y retroactividad impropia, adoptar y adaptar el test de retroactividad diseñado por el Tribunal Constitucional español que, a su vez, lo importó de la jurisprudencia constitucional alemana. Han dicho los jueces constitucionales españoles que para determinar el alcance de la irretroactividad de la ley es necesario distinguir "entre aquellas disposiciones legales que con posterioridad pretenden anudar efectos a situaciones de hecho producidas o desarrolladas con anterioridad a la propia Ley y las que pretenden incidir sobre situaciones o relaciones jurídicas actuales aún no concluidas. En el primer supuesto -retroactividad auténtica-, la prohibición de la retroactividad operaria plenamente y sólo exigencias cualificadas del bien común podrían imponerse excepcionalmente a tal principio; en el segundo -retroactividad impropia-, la licitud o ilicitud de la disposición resultaría de una ponderación de bienes llevada a cabo caso por caso teniendo en cuenta, de una parte, la seguridad jurídica y, de otra, los diversos imperativos que pueden conducir a una modificación del ordenamiento jurídico-tributario, así como las circunstancias concretas que concurren en el caso" (STC 126/1987).

Consideramos que, en presencia de supuestos de retroactividad auténtica, no debe hacerse ningún tipo de excepciones basadas en el bien común, ya que en nuestro ordenamiento constitucional, contrario al español, la norma retroactiva se considera inconstitucional, de modo general y no para determinados supuestos, por mandato constitucional expreso, posición que queda validada por el hecho de que, aun en España, el Tribunal Constitucional ha considerado inconstitucionales todas las normas de retroactividad auténtica sin entrar a ponderar la existencia de bienes constitucionales que excepcionalmente pudiesen imponerse sobre la seguridad jurídica (SSTC 173/1996, 234/2001, 89/2009, 116/2009 y 176/2011). Sin embargo, en aquellos casos donde exista retroactividad impropia sugerimos aplicar la ponderación de bienes para determinar si procede -aunque de modo excepcional, como exige el test español para determinar la constitucionalidad de la retroactividad auténtica, pese a no aplicarse en la práctica- admitir la constitucionalidad de la norma impropiamente retroactiva, no obstante que, en España, los jueces constitucionales no aplican el test en los casos de retroactividad impropia y pasan a declarar la inconstitucionalidad de la norma (SSTC 126/1987, 197/1992, 182/1997, 273/2000 y 51/2018). Esto así porque, aún en presencia de la retroactividad impropia, se puede poner en juego la seguridad jurídica, la que garantiza, a su vez, la protección de la confianza legítima, especialmente en el ámbito social y económico, ya que, como bien ha establecido el Tribunal Constitucional español, "el principio de seguridad jurídica [...] protege la confianza de los ciudadanos que ajustan su conducta económica a la legislación vigente frente a cambios normativos que no sean razonablemente previsibles" (STC 197/1992), siendo la razonable previsibilidad de los cambios normativos "imprescindible a la hora de planificar cualquier actividad empresarial" (STC 173/1996), de 31 de octubre, FJ 5 B)], pues la retroactividad daña la confianza con la que se desarrolla una "actividad económica" (STC 116/2009). Y es que "se considera que 'incidir sobre situaciones o relaciones jurídicas actuales aún no concluidas' también perjudica al principio de protección de la confianza legítima y, por eso, se exige que se invoque algún argumento relativo a un principio que juegue en sentido opuesto [...] para considerar justificada la eficacia retroactiva impropia" (RODRÍGUEZ DE SANTIAGO: 48). Como bien ha establecido, la Corte Constitucional de Colombia, "el legislador, en respeto por el principio de buena fe, debe atender a la confianza legítima que la legislación en ciertos casos ha generado en los ciudadanos, respecto del régimen jurídico que será aplicado a determinada actividad. No se trata, por supuesto, de que esta confianza legítima impida el tránsito de legislación, pues tal conclusión llevaría a la petrificación del orden jurídico, sino de la necesaria previsión de los efectos de ese tránsito respecto de situaciones jurídicas concretas que, aunque no estén consolidadas ni hayan generado derechos adquiridos, sí han determinado cierta expectativa válida, respecto de la permanencia de la regulación" (Sentencia C-314 de 2004).

2.4.2 La excepción: la retroactividad de las normas sancionadoras más favorables. El artículo 110 de la Constitución establece que la ley "no tiene efecto retroactivo sino cuando sea favorable al que esté subjúdice o cumpliendo condena". El fundamento de esta norma constitucional, que se extiende a todas las disposiciones sancionadoras más favorables, sean de carácter sustantivo o procesal, penal, disciplinaria o administrativa, es que desde el momento en que la sociedad considera que el castigo de un hecho debe ser menos severo, no hay ninguna razón para aplicar la norma precedente.

Al respecto, el Tribunal Constitucional ha establecido que el principio de la aplicación inmediata de la ley comporta al menos cuatro excepciones: "a) cuando el régimen procesal anterior garantice algún derecho adquirido o situación jurídica favorable a los justiciables (artículo 110, parte in fine de la Constitución de la Republica), lo que se corresponde con el principio de conservación de los actos jurídicos, que le reconoce validez a todos los actos realizados de conformidad con el régimen jurídico imperante al momento de su realización; b) cuando la disposición anterior garantice en mejores condiciones que la nueva, el derecho a una tutela judicial efectiva; siendo esta la posición más aceptada por la jurisprudencia constitucional (Sent. 05379-2007 PA/TC de fecha 4 de diciembre de 2008, Tribunal Constitucional de Perú y Sent. C-692-08 de fecha 9 de julio de 2008, Corte Constitucional de Colombia); c) cuando se trate de normas penales que resulten más favorables a la persona que se encuentre subjúdice o cumpliendo condena (Art. 110 de la Constitución de la República de 2010); d) cuando el legislador, por razones de conveniencia judicial o interés social, disponga que los casos iniciados con una ley procesal anterior sigan siendo juzgados por la misma, no obstante dichas leyes hayan sido derogadas (principio de ultraactividad)" (Sentencia TC 24/12).

Entendemos que, en presencia, de normas retroactivas más favorables es constitucionalmente admisible la retroactividad, aún sea auténtica, siempre y cuando no se pongan en entredicho los derechos de ningún titular o grupo de titulares de derechos. Y es que, en el fondo, la prohibición constitucional de la irretroactividad lo que busca es preservar los derechos creados por situaciones jurídicas consolidadas y no prohibir su mejoría con la aplicación retroactiva de una norma. De hecho, el Tribunal Constitucional reconoce la facultad de modular la retroactividad de las normas que posee el legislador cuando establece que "la entrada en vigencia de una nueva ley tiene una indiscutible relación con el tiempo, que en algunas ocasiones debe ser graduada por el legislador para establecer concretamente a qué se le dará efecto retroactivo y hasta dónde se produce el alcance de dicha retroacción" (Sentencia TC/0609/15). Eso sí, la retroactividad constitucionalmente admisible sería la impropia cuando, tras una ponderación de los bienes constitucionales en juego proceda la misma, o aún la auténtica, siempre y cuando esta última sea claramente más favorable para las personas, aún no sea una norma penal. Todo ello en aplicación del principio constitucional de la favorabilidad (artículo 74.4).

2.4.3 La irretroactividad se predica de las normas infraconstitucionales. Ha establecido el Tribunal Constitucional que "en cuanto a la alegada vulneración al principio de irretroactividad, este tribunal concuerda con el criterio tradicional de la Suprema Corte de Justicia de 'que las normas constitucionales pueden tener efecto retroactivo y alterar o afectar situaciones jurídicas establecidas conforme a una legislación anterior' (Sentencia de 1 de septiembre de 1995, B.J. No. 1018). La prohibición de retroactividad establecida en el artículo 110 de la Constitución sólo es aplicable a las reformas legislativas, no así a las constitucionales, pues la voluntad soberana que sustenta la reforma constitucional permite al órgano reformador reconstituir el ordenamiento jurídico-político con un gran margen de libertad. Una vez proclamada, esos cambios podrían extenderse a los actos jurídicos iniciados antes de su vigencia, los cuales podrían quedar afectados por las nuevas previsiones constitucionales, sin que pueda invocarse la prohibición de la irretroactividad" (Sentencia TC/0224/17).

3. EL ORDENAMIENTO JURÍDICO

Las *normas* son las reglas y principios jurídicos definidores de un patrón de comportamiento o creadores de esquemas jurídicos para la solución de conflictos. Junto con los derechos, que no son más que las prerrogativas que tienen las personas para hacer o exigir algo (*derechos subjetivos*), las normas pertenecen al ordenamiento jurídico, que no es más que la globalidad de normas vigentes en un determinado Estado (*Derecho objetivo*). Este ordenamiento no es un conjunto de normas dispersas e inconexas, sino que se trata de un orden dotado de una cierta coherencia y unidad intrínseca, lo que la doctrina tradicional denomina la "unidad del ordenamiento jurídico". Este sistema de normas al que se llama ordenamiento es un *sistema normativo estatal* en la medida en que es el Estado el sujeto creador de las normas.

El concepto de ordenamiento jurídico, como un entramado orgánico e institucional, constituido por leyes, reglamentos, valores, principios y normas en sentido general, fue incorporado a la Constitución tras la reforma constitucional de 2010. Así, al consagrar el principio de constitucionalidad, la Constitución dispone que "todas las personas y los órganos que ejercen potestades públicas están sujetos a la Constitución, norma suprema y fundamento del ordenamiento jurídico del Estado" (artículo 6), ordenamiento que no se restringe al sistema jurídico nacional pues "la República Dominicana acepta un ordenamiento jurídico internacional que garantice el respeto de los derechos fundamentales, la paz, la justicia, y el desarrollo político, social, económico y cultural de las naciones" (artículo 26.4) y que vincula al Estado, en específico a su Administración, que debe actuar siempre "con sometimiento pleno al ordenamiento jurídico del Estado" (artículo 138). Ya veremos en detalle el impacto de la recepción constitucional del concepto de ordenamiento jurídico. Por el momento, es importante enfatizar que "la necesidad de considerar al ordenamiento, en general, y el sistema de las normas constitucionales, en particular, como una unidad dotada de coherencia lógica, y no como una mera suma de partes aisladas, hace que las normas constitucionales y el resto de las normas de un ordenamiento no puedan ser interpretadas como elementos independientes y perfectamente disociables desde un absurdo solipsismo. Este rasgo, su fuerte unicidad, ha supuesto un gran avance para la teoría de la interpretación constitucional, y no solo para la teoría general del Derecho y la filosofía jurídica, porque impone al intérprete un principio de concordancia práctica y hace siempre necesaria una interpretación sistemática. El ordenamiento constitucional es un todo, un sistema jurídico, y no una suma de normas aisladas en simple *commixtio*" (García Roca: 136).

3.1 La realidad del ordenamiento jurídico

Esa es la imagen ideal del ordenamiento jurídico. En realidad, el ordenamiento jurídico está integrado por una *pluralidad de ordenamientos*; se trata de un ordenamiento *incompleto* en la medida en que no puede regular como es del todo debido los procesos de automodificación de la sociedad; los ordenamientos son más bien ordenamientos *integradores* más que integracionistas, en la medida en que respetan los discursos específicos de otros mundos del sistema social (discurso económico, ético, científico, político); y son *sistemas complejos* en tanto sus partes constitutivas –normas, instituciones y derechos– actúan de una forma imbricada e intrincada, no pudiendo ser del todo previstos los resultados de esta interacción.

Un vistazo a la realidad basta para comprobar lo que afirmamos. En la práctica, el ordenamiento no es un conjunto sistematizado de normas jurídicas, sino apenas un sistema con vocación de sistematizar e integrar todas las normas que le componen. Por otro lado, el Estado no es el único productor de normas: junto con el ordenamiento jurídico estatal coexisten una serie de ordenamientos jurídicos (los ordenamientos religiosos, municipales, profesionales, deportivos, sindicales, empresariales, etc.). De ahí que el ordenamiento se caracteriza por la pluri-subjetividad (pluralidad de sujetos), la organización y la normación.

3.1.1 Ordenamiento jurídico e instituciones. Pero no solo esto. El ordenamiento está compuesto por instituciones cuya existencia y funcionamiento están ligados a normas pero que, al mismo tiempo, transportan ya en sí mismas esquemas regulatorios. La *institución* constituye: (i) un modelo de acción o patrón de conducta; (ii) un espacio de vínculo del individuo con otras personas o con la sociedad; y (iii) una estructura de socialización y estabilización de los patrones de conducta y. las formas de comportamiento. La Constitución es garante de una serie de instituciones: la familia, el matrimonio, la propiedad. La *garantía institucional* contenida en la Constitución de estas instituciones no las preserva contra los cambios ni las hace inmunes a la regulación por el Estado: ni la familia ni el matrimonio ni la propiedad son lo que eran antes. Hoy la familia está compuesta por hijos legítimos y naturales que la Constitución le reconoce los mismos derechos y que ha alterado la institución sucesoral del Código Civil profundamente. La Constitución proclama la igualdad de los cónyuges y ello ha modificado radicalmente la institución civilista del "jefe de familia". Durante mucho tiempo el matrimonio siguió siendo constitucionalmente reconocido pero ello no impide el reconocimiento legal y jurisprudencial de las uniones consensuales. La Constitución, pues, garantiza y regula las instituciones.

3.1.2 Ordenamiento jurídico y pluralidad de fuentes del derecho.

El Estado Constitucional se caracteriza por una pluralidad de fuentes del Derecho. El ordenamiento jurídico está compuesto por varias fuentes normativas: el poder constituyente, las asambleas legislativas, el Poder Ejecutivo, las administraciones independientes, los municipios, las asociaciones con poder normativo. Como bien expresa Zagrebelsky, "los ordenamientos actuales también son el resultado de una *multiplicidad de fuentes* que es, a su vez, expresión de una pluralidad de ordenamientos 'menores' que viven a la sombra del estatal y que no siempre aceptan pacíficamente una posición de segundo plano. A este respecto, se ha hablado de 'gobiernos particulares' o 'gobiernos privados' que constituyen ordenamientos jurídicos sectoriales o territoriales [...] [La ley se ha retraído] para dejar sectores enteros a regulaciones de origen diverso, provenientes bien de sujetos públicos locales, en conformidad con la descentralización política y jurídica que marca de forma característica la estructura de los Estados actuales, bien de la autonomía de sujetos sociales colectivos, como los sindicatos de trabajadores, las asociaciones de empresarios y las asociaciones profesionales. Tales nuevas fuentes del derecho, desconocidas en el monismo parlamentario del siglo pasado, expresan autonomías que no pueden insertarse en un único y centralizado proceso normativo. La *concurrencia de fuentes*, que ha sustituido al monopolio legislativo del siglo pasado, constituye así otro motivo de dificultad para la vida del derecho como ordenamiento" (ZAGREBELSKY: 38).

3.1.3 Diferenciación intrínseca.

La pluralidad de fuentes del Derecho está acompañada por una creciente diferenciación intrínseca. El derecho tiene cada vez más disciplinas especiales: a los clásicos derechos civil, penal, comercial y administrativo se han sumado nuevas disciplinas como el derecho de la propiedad intelectual, el derecho de la competencia, el derecho de medio ambiente, el derecho eléctrico, el derecho de las telecomunicaciones. A su vez, cada una de estas disciplinas se subdivide en más: el derecho del medio ambiente contiene el derecho de las aguas, el derecho de los residuos, el derecho de la energía nuclear, el derecho de la polución. Esta inflación de normas y disciplinas jurídicas, entre las cuales muchas veces hay una inmensa falta de conexión y articulación, parece poner en crisis la proclamada *unidad del ordenamiento jurídico* (LUHMANN). ¿Cómo viajar en el *cosmos normativo* en esta tensión permanente entre orden y caos? La única respuesta parece ser que el orden y la jerarquía de las normas y los conflictos de las normas no encuentran fundamento solo y fundamentalmente en las propias normas sino en el orden de las instituciones políticamente legitimadas. "Se pone así de manifiesto la estrecha relación existente entre la organización de los poderes políticos materiales que están en la base del sistema jurídico, de un lado, y la estructura del sistema de fuentes resultante, de otro; en otras palabras, entre la forma de organización de la fuerza política y la forma de organización de la fuerza jurídica" (BETEGÓN: 221).

3.2 Complejidad y heterogeneidad del ordenamiento jurídico

El ordenamiento jurídico aparece caracterizado hoy por una serie de rasgos fundamentales que merecen ser analizados en detalle...

3.2.1 El ordenamiento jurídico es un sistema de elementos interactivos. Las normas jurídicas se condicionan recíprocamente en una doble forma. La validez de cada norma depende de la observancia de las normas de producción jurídica en tanto que su contenido material debe ser el desarrollo o concretización de otra norma superior del sistema. De ahí que los ordenamientos no se caracterizan por su plenitud como propone la doctrina tradicional. El ordenamiento tiene lagunas y si todo problema recibe una solución en derecho ello se debe no a que se encuentre una respuesta concluyente mediante la aplicación de una norma sino a que los aplicadores del Derecho tienen el deber implícito de construir una solución a partir de los materiales normativos existentes, por más insuficientes e inapropiados que resulten éstos.

3.2.2 El ordenamiento jurídico es un sistema dinámico. Las normas, instituciones y derechos que conforman el ordenamiento pueden cambiar conforme a las normas de producción jurídica pero ello no significa que se altere sustancialmente el sistema. Los ordenamientos solo cambian cuando se inobservan sistemáticamente sus normas o se alteran sus reglas básicas.

3.2.3 El ordenamiento jurídico es un sistema autorregulado. Parte de las normas que lo integran están destinadas a asegurar coactivamente la eficacia de las restantes, así como a permitir la corrección de los errores y desviaciones que puedan producirse en la composición misma del sistema. El ordenamiento jurídico es un *sistema autopoiético* (TEUBNER), que se establece como un sistema funcionalmente especificado, independiente de la moral y la política, que elabora informaciones externas ateniéndose solamente a su propio código y que se reproduce a sí mismo junto a otros subsistemas sociales (LUHMANN). En tanto sistema autopoiético es "un sistema dinámico que es definido por una red de producción de componentes que: a) a través de sus interacciones recurrentemente regeneran la red de producciones que las produjo; y b) realizan su red como una unidad mediante la constitución y especificación de sus fronteras en la esfera en la cual existen" (MATURANA: 52). El carácter autopoiético del ordenamiento jurídico, en específico, su *carácter autoreferencial*, es evidente en el campo de uno de sus principales componentes, las normas: el ordenamiento crea sus propias estructuras de creación e invalidación de normas. "La autorreferencialidad, en estos términos, es una cualidad del sistema jurídico esencialmente inmunitaria porque le protege frente a las injerencias externas (el medio, otros sistemas sociales, etc.) salvándole de su letal indiferenciación" (GARCÍA MAJADO: 54). Desde esta perspectiva, el sistema jurídico sirve como "el sistema inmunológico de la sociedad" cuya función esencial es suministrar las normas de solución de conflictos "en anticipación al posible conflicto" y aplicar las mismas (LUHMANN: 374), para así prevenir y combatir los conflictos como el sistema inmunológico de los seres biológicos previene y combate las enfermedades.

3.2.4 El ordenamiento jurídico es un sistema abierto. El ordenamiento jurídico es un *sistema abierto* hacia el sistema social, del cual recibe constantemente *inputs*, como son, de un lado, la creación de normas escritas nuevas, la modificación de las existentes, los cambios de pautas de interpretación que alteran el contenido de las normas. Pero lo abierto del sistema se apoya paradójicamente sobre lo cerrado que es: mientras más autónomo y operacionalmente cerrado es el ordenamiento, mucho más abierto es a los hechos sociales, las demandas políticas, las necesidades humanas y las teorías sociales. Y es que el ordenamiento es *normativamente cerrado* pero su funcionamiento depende de los hechos del medio ambiente que son procesados a través de mecanismos intrínsecos al ordenamiento. Así, la presión de las organizaciones defensoras de los derechos de las mujeres para lograr una Ley de Igualdad, Equidad de Género y No Discriminación no forma parte del ordenamiento hasta que no deviene ley aprobada por el Congreso Nacional y promulgada y publicada por el Poder Ejecutivo. El ordenamiento jurídico es autónomo respecto a su entorno porque para cualquier cosa cruzar sus fronteras tiene que devenir derecho. En este sentido, el ordenamiento jurídico no cierra las posibilidades a la emergencia de la paradoja: así, el principio constitucional de razonabilidad permite extirpar del ordenamiento una ley que sea injusta con lo que se sustituye para un caso particular el código del sistema legal por el código del sistema moral. Pero, en el fondo, si se tienen en cuenta ciertos hechos, no hay tal paradoja. ¿Cuáles son estos hechos? Zagrebelsky los enumera: "que hoy los principios que contienen valores de justicia se han convertido en derecho positivo integrado en la Constitución; que, por consiguiente, la apelación a la justicia, junto o frente a las reglas jurídicas, ya no puede verse como un gesto subversivo y destructor del derecho (a diferencia de lo que sucedía en la época del positivismo jurídico), sino que es algo previsto y admitido; que tales principios consisten fundamentalmente en 'nociones de contenido variable' y, por tanto, cumplen una función esencialmente dinámica […]" (ZAGREBELSKY: 146).

3.2.5 El ordenamiento jurídico es un sistema borroso. El ordenamiento jurídico, contrario a lo que piensa el positivismo e incluso las teorías de los sistemas sociales y autopoiéticos (LUHMANN), responde cada día menos a la clásica lógica aristotélica de raíz binaria (A / no A; legal / ilegal) y se acerca cada día más a la *lógica "borrosa"* (ZADEH y KOSKO) de la teoría de conjuntos, en virtud de la cual los conjuntos son borrosos y la adscripción a los mismos es una cuestión de grado. Las reglas de la lógica borrosa relacionan conjuntos borrosos (velocidad, temperatura, altitud, ventas, precios, etc.) y los cúmulos de ellas constituyen, a su vez, conjuntos de reglas borrosas. La pertenencia a un conjunto no se resuelve en una bivalencia afirmativo/negativo, sino que es un asunto de mayor o menor grado de correspondencia o afinidad. Un *sistema borroso* está compuesto por conjuntos de reglas borrosas cuyas entradas activan las reglas en cierto grado para dar las respuestas más adecuadas. Mientras mayor sea la afinidad de la entrada con el supuesto de la regla, tanto más se activará la consecuencia prevista en la regla. En un sistema borroso, no se activa sólo una regla ante un estímulo determinado, sino que se activan muchas al mismo tiempo, unas en mayor grado o intensidad que otras. La respuesta del sistema es un *promedio ponderado borroso* que consiste en el punto de equilibrio resultante de vincular las intensidades manifestadas, respectivamente, por cada una de las reglas activadas. Así, se reduce al máximo la borrosidad, lo que no limita la posibilidad de un afinamiento mayor del sistema o de una posterior supervisión de la ponderación realizada para comprobar si se hizo correctamente o no.

¿Cómo opera en la práctica un *sistema borroso*? Basta con fijarnos en cómo funcionan los modernos equipos que nos rodean en nuestra vida diaria: microondas, lavadoras, secadoras de ropa, secadores de pelo, aire acondicionado, etc. Un acondicionador de aire funciona en base a dos variables: X (temperatura), Y (velocidad del motor). Y deberá acelerarse cuando X aumenta. Los conjuntos borrosos son: frío, fresco, ideal, templado, caluroso. Las reglas borrosas asocian velocidades del motor con los conjuntos de temperatura. Por ejemplo, si X es frío, entonces Y disminuye. Pero no solo estos electrodomésticos funcionan en base a sistemas borrosos. Muchos vehículos de motor están dotados de sistemas borrosos que permiten a las transmisiones automáticas mover las ruedas tomando en cuenta las condiciones de la carretera y del carro. *Nissan* utiliza sistemas borrosos para controlar la inyección de combustible en los cilindros y lo mismo hace *Mitsubishi* para controlar la suspensión, el aire acondicionado y la transmisión.

El ordenamiento jurídico es un sistema borroso formado por *conjuntos de reglas borrosas*, en donde no aplican ya en la misma medida en que lo pretende el positivismo la lógica de las categorías binarias de la validez (válido/inválido) y de la aplicabilidad (aplicable/no aplicable). En derecho, ya las cosas no son blanco o negro, 0 ó 1, todo o nada. La borrosidad del ordenamiento se manifiesta en la creación, aplicación y concreción de las normas y puede ser ilustrada por el funcionamiento de la jurisdicción. "Por supuesto, el *dictum* de la sentencia falla blanco o negro; la *ratio decidendi* también perfila en qué sentido se va a resolver blanco o negro, pero el punto de partida es, se acepte o no conscientemente, un sistema jurídico borroso, no binario. La argumentación judicial lo que hace es eliminar la borrosidad y para ello utiliza diversos preceptos que considera que están en juego, pero –y esto es importante– no los aplica de manera binaria, sino que, como son en sí mismos borrosos, los aplica en cierto grado. El resultado de la sentencia que aparece como blanco o negro, no es más que un promedio ponderado borroso (un centroide, centro de masas del conjunto de salida, en la terminología de la lógica borrosa). Los precedentes, la jurisprudencia, forman un sistema borroso aditivo y un juez al resolver un caso, al argumentarlo, pone en juego su memoria asociativa borrosa. Un buen juez es el que tiene una buena memoria, no en el sentido tradicional de capacidad para repetir datos, sino en el sentido de buena memoria asociativa borrosa; sabe qué reglas del sistema borroso hay que asociar al caso concreto y, lo más sutil, en qué grado hay que asociarlas. Al hacerlo, bien reproduce un precedente, bien crea un precedente. En este último caso, el sistema jurídico se muestra como lo que es realmente un sistema borroso adaptativo […] El sistema jurídico, por ser un sistema borroso adaptativo, es dinámico" (Bastida: 5).

Esta borrosidad del ordenamiento no puede ser más visible y manifiesta que en la Constitución. No se puede hablar en derecho constitucional a partir de la lógica binaria constitucional/inconstitucional. Por la vaguedad, indeterminación y textura abierta (Hart) de las normas constitucionales, por el carácter principialista de la Constitución y de su interpretación (Dworkin), por su inherente ductilidad (Zagrebelsky), "la Constitución es un *conjunto de grises* que tras una interpretación sistemática se le 'reconoce' un valor blanco de cara a las normas inferiores (y a la propia reforma de la Constitución), pero la pertenencia de éstas al ordenamiento no se mide por su blancura extrema, sino más bien por su no alejamiento irrecuperable del blanco constitucional, o sea, mientras no caigan en el gris oscuro próximo al negro en donde la sanción es al ciento por ciento inevitable". De ahí que las normas infraconstitucionales se presumen constitucionales hasta que no se demuestre su inconstitucionalidad y que los tribunales constitucionales escapen a la lógica binaria kelseniana (validez/invalidez) suministrando interpretaciones de la ley objeto del control de constitucionalidad que sean conformes a la Constitución, desestimando las que resulten manifiestamente inconstitucionales, como demuestra la práctica de las sentencias interpretativas dictadas por los tribunales constitucionales. Y es que "entre la declaración de inconstitucionalidad y la de constitucionalidad hay la gama de grises de la constitucionalidad por ausencia de una manifiesta infidelidad jurídica a la norma fundamental" (BASTIDA: 4). La *borrosidad constitucional* es lo que explica porqué sólo los "casos fáciles" tienen una única respuesta correcta en derecho constitucional: todo caso difícil puede ser solucionado en diferentes sentidos. Por eso, en derecho constitucional, "lo que interesa es que el jurista formule sus interpretaciones en el entendimiento de que ellas no pueden ser enunciadas como derecho vigente con la misma certeza que cuando están por medio reglas firmemente establecidas; y que el grado de certeza es en muchos casos tan pequeño que sería natural no hablar de derecho vigente, sino simplemente de consejos y sugestiones para los jueces. El jurista no debiera tratar de engañarse a sí mismo o engañar a los demás pasando por alto que hay diferentes grados de certeza" (ROSS 1977: 49).

3.3 Caracterización del ordenamiento jurídico

El ordenamiento jurídico es un conjunto ordenado o sistemático de normas, de principios y valores que dichas normas expresan y de relaciones e instituciones jurídicas. Ese ordenamiento es válido cuando es efectivo, cuando la mayor parte de sus reglas son observadas por la mayor parte de sus destinatarios.

El ordenamiento jurídico se caracteriza por su unidad, coherencia y plenitud. La *unidad* de todo el ordenamiento jurídico exige la reconducción de todos sus componentes a una norma o a un conjunto normativo, donde se establecen las condiciones formales y materiales de validez del resto de las normas. Esa norma fundamental es la Constitución, más allá de la cual no existe derecho alguno ni es posible, en consecuencia, el análisis jurídico. La juridicidad de esa norma primera no puede explicarse, porque implica a su vez la juridicidad del ordenamiento jurídico. Esa norma debe asumirse como un dato, un postulado del que necesariamente hay que partir para el análisis dogmático del derecho. Más allá de la Constitución, no hay normas jurídicas ni es necesario presuponerlas para un análisis lógico del ordenamiento jurídico. No hay validez, sino sencillamente efectividad y legitimidad.

La unidad y la *coherencia* del ordenamiento jurídico están estrechamente vinculadas. Una norma infraconstitucional que vulnera lo establecido en la Constitución debe, en virtud del principio de no contradicción, ser expulsada del ordenamiento pues, de lo contrario, se afecta la unidad y la coherencia del ordenamiento. Del mismo modo, la *plenitud* es una característica indisolublemente ligada al concepto de unidad: la unidad del ordenamiento se ve inevitablemente afectada si faltan los presupuestos de aplicación de parte de sus normas.

La unidad, la coherencia y la plenitud del ordenamiento se explican en la necesidad de promover la seguridad jurídica: si el derecho pretende ser ordenación de la conducta humana, su efectividad depende del conocimiento previo por las personas de las reglas jurídicas y de las consecuencias de sus acciones, cuando éstas son contempladas por el Derecho.

3.4 Pluralidad de ordenamientos

Debemos distinguir entre el ordenamiento internacional y el ordenamiento estatal. El *ordenamiento internacional* es superior al ordenamiento estatal pero este último no depende, en cuanto a su validez, del primero: en realidad, es lo contrario, el ordenamiento internacional encuentra su presupuesto de existencia en los *ordenamientos estatales*. No pasará mucho tiempo, sin embargo, para que pueda hablarse de un orden jurídico internacional como fundamento de validez de los ordenamientos estatales: por ejemplo, si surge una Constitución europea de la cual derivan su validez los ordenamientos nacionales europeos.

En el plano interno, debemos distinguir entre ordenamiento constitucional, ordenamiento general del Estado y ordenamientos territoriales. Del ordenamiento constitucional derivan su validez dichos ordenamientos. Pero la validez del ordenamiento constitucional no es cuestión de legitimidad jurídica sino de legitimidad política.

3.5 Principios estructurales del ordenamiento jurídico

Ya hemos visto que, el ordenamiento jurídico está compuesto de una pluralidad de normas provenientes de las diversas fuentes que operan en él. Estas normas pueden contradecirse ya sea porque fueron creadas en momentos distintos o porque regulan la misma materia. Para que exista un verdadero ordenamiento se requiere que esa multiplicidad de normas diversas sea reconducida a un *sistema de normas coherente*, que sean eliminadas esas antinomias, esos conflictos normativos. Pero la "incoherencia, falta de plenitud, antinomias y lagunas, son, dentro de ciertos límites, vicios insuprimibles en el Estado constitucional de derecho, que van unidos a la distinción de niveles normativos en que se articula su estructura formal". "No existe la coherencia, estructuralmente excluida por la posible producción de normas vigentes pero inválidas por hallarse en contraste con los principios de libertad constitucionalmente establecidos. No existe la plenitud, asimismo excluida por la posible no producción de las normas o actos impuestos por los derechos sociales, también éstos de rango constitucional. Y no existe ni siquiera la unidad, puesto que el sistema de fuentes se ha visto trastornado por la intervención de fuentes supra o extra estatales cuya ubicación en el interior del ordenamiento es siempre incierta y opinable" (Ferrajoli 1999: 28 y 33).

Ahora bien, aunque las *contradicciones normativas* son imposibles de eliminar el sistema puede proveer los criterios que permitan dar cierta coherencia al ordenamiento. La *coherencia* puede realizarse en el momento en que se produce la norma mediante criterios que conciernen directamente la validez de los actos normativos y solo indirectamente a la de las normas producidas por ellos y a través de criterios directamente vinculados con la validez de las normas y disposiciones jurídicas. Pero la coherencia puede también realizarse en el momento de la aplicación del derecho mediante criterios que versan directamente sobre las relaciones entre los diversos tipos de normas. Es precisamente tarea de la ciencia del derecho la realización de la unidad, la coherencia y la plenitud del ordenamiento, a sabiendas de que, como ya hemos dicho, esas unidad, esa coherencia y esa plenitud del ordenamiento no existe. "Pero el hecho de que estas cualidades no existan y quizá no puedan existir nunca íntegramente no significa que no constituyan el objetivo, cierto es que nunca realizable, de la ciencia jurídica: la coherencia, perseguible a través de la crítica interna del derecho vigente, dirigida a exigir la anulación de las normas inválidas; la *plenitud*, que demanda la identificación de los incumplimientos del ordenamiento y por tanto el diseño de garantías idóneas para impedirlos; la *unidad*, que requiere la elaboración de un constitucionalismo mundial idóneo para restaurar una jerarquía mínimamente cierta y racional de las fuentes en el cuadro de la unidad del ordenamiento internacional" (FERRAJOLI 1999: 34).

3.5.1 La unidad del ordenamiento.

3.5.1.1 El principio de constitucionalidad. El artículo 6 de la Constitución establece que "todas las personas y los órganos que ejercen potestades públicas están sujetos a la Constitución, norma suprema y fundamento del ordenamiento jurídico del Estado". Este artículo, inspirado en el artículo 9.1 de la Constitución española que establece que "los ciudadanos y los poderes públicos están sujetos a la Constitución y al resto del ordenamiento jurídico", y presente en ligeramente distinta formulación en la Constitución colombiana, es en gran medida superfluo pues se trata de la formalización de algo que ya está implícito en la propia condición jurídica de la Constitución y del ordenamiento en todo Estado constitucional de derecho. Lo que resulta novedoso es la expresión de un mandato del que el propio orden jurídico desea dejar constancia definiendo su alcance y su significado. Por lo demás, la expresión del precepto es innecesaria, a no ser como mero recordatorio, pues en todo Estado con *Constitución normativa* los ciudadanos y los poderes públicos están sometidos primero a la Constitución y después al resto del ordenamiento jurídico. Por algo, es la Constitución, como bien afirmaba Hostos hace más de un siglo, "la ley primera, de donde todas las demás se derivarán: la ley sustantiva, a la cual habrán de referirse y concordarse las demás" (HOSTOS: 119).

3.5.1.2 La seguridad jurídica. El artículo 110 de la Constitución establece el principio y el derecho a la *seguridad jurídica*. En palabras del Tribunal Constitucional, "la seguridad jurídica, es concebida como un principio jurídico general consustancial a todo Estado de Derecho, que se erige en garantía de la aplicación objetiva de la ley, de tal modo que asegura la previsibilidad respecto de los actos de los poderes públicos, delimitando sus facultades y deberes. Es la certeza que tienen los individuos que integran una sociedad acerca de cuáles son sus derechos y obligaciones, sin que el capricho, torpeza o la arbitrariedad de sus autoridades puedan causarles perjuicios" (Sentencia TC/0100/13; ver también Sentencia TC/0082/12). Esa seguridad jurídica, como bien ha explicado el Tribunal Constitucional español, "es suma de certeza y legalidad, jerarquía y publicidad normativa, irretroactividad de lo no favorable, interdicción de la arbitrariedad pero que, si se agotara en la adición de estos principios, no hubiera precisado de ser formulado expresamente. La seguridad jurídica es suma de estos principios equilibrada de tal suerte que permita promover, en el orden jurídico, la justicia y la igualdad en libertad" (STC 27/1981).

La seguridad jurídica es un *presupuesto necesario del ordenamiento* mismo. Por eso, debe ser apreciada no en relación con normas aisladas sino tomando en cuenta las posibilidades del ordenamiento mismo. Como bien establece el Tribunal Constitucional español, "cada norma singular no constituye un elemento aislado e incomunicado en el mundo del Derecho, sino que se integra en un ordenamiento jurídico determinado, en cuyo seno, y conforme a los principios generales que lo informan y sustentan, deben resolverse las antinomias y vacíos normativos, reales o aparentes, que de su articulado resulten. Solo si, en el contexto ordinamental en que se inserta y teniendo en cuenta las reglas de interpretación admisibles en derecho, el contenido o las omisiones de un texto normativo produjeran confusión o dudas que generaran en sus destinatarios una incertidumbre razonablemente insuperable acerca de la conducta exigible para su cumplimiento o sobre la previsibilidad de sus efectos, podría concluirse que la norma en cuestión infringe el principio de seguridad jurídica" (STC 150/1990).

3.5.2 La coherencia del ordenamiento. La coherencia de un ordenamiento podría consistir en la inexistencia de antinomias o conflictos normativos. Sin embargo, ya hemos visto que la existencia de conflictos normativos es inherente al dinamismo propio del ordenamiento jurídico y a la diversidad de poderes normativos que le caracteriza. De ahí que la cuestión de la coherencia debe abordarse no desde la inexistencia de antinomias lo cual es imposible sino desde el de la previsión por el ordenamiento de principios que permitan la solución de las colisiones normativas y la determinación del derecho aplicable. Estos principios, al ser aplicables casi siempre en sede judicial o administrativa, no pueden ser entendidos de manera rígida y formalizada, ya que la interpretación de los órganos de aplicación será determinante para saber si existe o no conflicto y, si existe, cuál norma debe prevalecer.

Por *conflicto normativo*, se debe entender "aquella situación de incompatibilidad que se produce entre dos normas que pertenecen al mismo ordenamiento y tienen el mismo ámbito de validez, en virtud de la cual la aplicación de una de las normas conduce a resultados contrarios a los que se generan con la aplicación de la otra" (Balaguer Callejón 1999: 88). Junto a estos conflictos de *primer grado*, existen los de *segundo grado* que son aquellos que se producen cuando, cada vez que para resolver un conflicto de primer grado, existen dos o más criterios con vocación a aplicarse y ello impide determinar cuál es la norma aplicable en el caso.

No existen criterios formalizados de solución de los conflictos de segundo grado. Se afirma que el criterio *cronológico* cede usualmente ante cualquier colisión con los otros criterios. Tanto la prevalencia como la competencia, la jerarquía o la especialidad se imponen sobre el cronológico. El *jerárquico* se impone siempre sobre el cronológico y sobre el de especialidad. Entre competencia y jerarquía no puede optarse, pues o se aplica un criterio o se aplica el otro, pues dos normas que se relacionan entre sí merced el principio de competencia, sólo se rigen por la jerarquía respecto de la norma superior que define los ámbitos competenciales de ambas. En cuanto a la *especialidad*, debido a razones de justicia y a principios generales del ordenamiento, casi siempre cede frente al cronológico y se impone frente al jerárquico. El criterio de *competencia* suele imponerse sobre los demás, ya que se basa en la aplicación de una norma superior a las dos que están en conflicto: al establecerse campos normativos distintos, resulta irrelevante que una norma sea superior o inferior, anterior o posterior, general o especial, debiendo imponerse siempre el criterio competencial. La regla de la *prevalencia* permite provisionalmente, sin embargo, aplicar una de las normas, hasta tanto se aplique, en su caso, el criterio de competencia.

3.5.2.1 El principio de jerarquía. Dos actos normativos pueden ser perfectamente válidos desde el punto de vista estrictamente formal, es decir, conforme a las normas sobre competencia normativa y procedimiento que condicionan su creación, y, sin embargo, tener un *contenido contradictorio*. Tal es el caso de una ley y un reglamento que, no obstante ser formalmente válidos, disciplinan un mismo objeto produciendo normas jurídicas contradictorias entre sí. Ocurre lo mismo con una ley que, pese a su validez formal, contradice el contenido material de un precepto constitucional. En ambos casos, el problema consiste en decidir cuál de las normas en contradicción prevalece sobre la otra, ya que el ideal de coherencia del sistema jurídico impide la coexistencia de normas contradictorias dentro del mismo.

Tales contradicciones normativas se resuelven a través del criterio de jerarquía alrededor del cual se organiza el conjunto de normas de un sistema jurídico. Esta jerarquía puede ordenarse a partir de la cadena de validez de las normas –lo que podríamos llamar la "*jerarquía lógica*" o "kelseniana", por derivar de la concepción de Kelsen sobre el ordenamiento jurídico– o puede establecerse en virtud de la distinta fuerza jurídica de las normas –que se conoce como "*jerarquía formal*" o "positiva".

El criterio de *jerarquía lógica* asume como superior la norma que condiciona la producción de otra norma. Así, la Constitución es la norma primera porque es superior a toda otra, en tanto que todas las demás normas están jerárquicamente subordinadas a otra: la ley a la Constitución, el reglamento a la ley. Como se puede observar, en el sistema kelseniano la jerarquía obedece al fundamento de validez de las normas.

Pero la ordenación jerárquica de las normas puede emanar no ya del concepto de validez sino a partir del concepto de *fuerza o eficacia jurídica de las fuentes*. Esta fuerza o eficacia jurídica no es más que la capacidad de una fuente "para incidir en el ordenamiento jurídico creando derecho objetivo o modificando el ya existente" (BETEGÓN: 230). A partir de este concepto es posible ordenar jerárquicamente las fuentes, pues el ordenamiento asigna a cada forma normativa, llamase Constitución, ley o reglamento, una determinada fuerza jurídica que toma en cuenta no el procedimiento de creación de la norma sino el sujeto normativo. Se distingue así una *fuerza activa* de la forma normativa que no es más que la capacidad innovadora de los actos-fuente, la capacidad de crear derecho o modificar el existente. Se habla así de una *fuerza pasiva* que es la capacidad que tienen las normas producidas por los actos-fuente para resistir las normas emanadas de nuevos actos-fuente. Gracias a su fuerza activa, una fuente puede modificar cualquier disposición o norma de fuerza inferior a la suya y cualquier disposición o norma de su misma fuerza. Debido a su fuerza pasiva ninguna disposición o norma puede ser modificada por una fuente de fuerza inferior. Esta ordenación jerárquica de las normas en base a la fuerza jurídica de cada fuente y, por ende, de su forma típica, es un criterio netamente formal y al margen del contenido de las normas. Que la ley sea superior al reglamento indica simplemente que el ordenamiento le atribuye a la forma de ley una fuerza jurídica superior a la del reglamento y no dice nada sobre su contenido.

En contraste con la jerarquía lógica, que emana de la relación en que se encuentran las fuentes respecto a las normas sobre la producción de derecho que condicionan su validez, la *jerarquía formal*, que surge de la diferente fuerza jurídica de las fuentes, halla su fundamento en el reconocimiento positivo de la misma. De ahí que la jerarquía no es un principio lógico sino jurídico positivo, de donde se desprende que distintos ordenamientos pueden contener una distinta ordenación jerárquica de sus fuentes. Ahora bien, esta jerarquización no es arbitraria, no obstante basarse en criterios externos a la cadena de producción normativa: una fuente tiene mayor o menor fuerza en la medida en que se aproxima o se aleja a la fuente de legitimidad política por excelencia en un sistema democrático que no es más que la voluntad del pueblo. Si la ley es superior al reglamento en un régimen parlamentario, ello se debe a que ella emana de la asamblea de representantes del pueblo, aunque veremos como, en un régimen presidencial, el fundamento de la superioridad jerárquica de la ley tiene necesariamente que ser otro.

Pero lo importante es que la jerarquía formal de las fuentes es un *reflejo del orden político*. Así, la Constitución tiene una fuerza jurídica superior porque emana del poder constituyente, el cual supone, aunque sea una ficción para algunos, un ejercicio de democracia directa. Es por ello que la Constitución es superior aún en los regímenes de *Constitución flexible*: la Constitución sigue siendo en estos sistemas la norma superior por ser la que funda y regula todo el ordenamiento jurídico, por ser auténtica fuente del Derecho y por existir mecanismos que permiten su supremacía y una garantía efectiva, real, que es verdadero dato histórico y no mera hipótesis lógica. Como afirma un autor, "lo que cuenta en última instancia, y de lo que todo depende, es la idea del derecho, de la Constitución, del código, de la ley, de la sentencia. La idea es tan determinante que a veces, cuando está particularmente viva y es ampliamente aceptada, puede incluso prescindirse de la 'cosa' misma, como sucede con la Constitución en Gran Bretaña o (ejemplo no menos interesante) en el Estado de Israel" (ZAGREBELSKY: 9).

Lo cierto es que la única relación jerárquica ínsita en el ordenamiento es la que se da en la *cadena de validez de las normas*, o sea, la que existe cara a las normas de producción del Derecho. Es por ello que en el sistema de Kelsen, donde toda norma condiciona la producción de otras normas, las relaciones entre las normas son explicadas íntegramente a partir de la jerarquía lógica. La Constitución material aparece así para Kelsen formada por las reglas de producción jurídica aunque las mismas no aparezcan formalizadas en un documento escrito y aunque la Constitución pueda ser modificada por simples mayorías legislativas.

El criterio de jerarquía es enunciado con el brocardo *lex superior derogat inferior*, que ordena una *preferencia de la norma superior sobre la inferior*. La Constitución dominicana no contiene una norma expresa que establezca la jerarquía entre las fuentes pero, por aplicación del artículo 6 de la Constitución y una interpretación sistemática del articulado de la Constitución que reserva a la ley materias especiales para su regulación, se puede afirmar que, en el vértice de la pirámide de fuentes, se encuentra la Constitución, le sigue la ley, luego el reglamento –y las normas escritas que se le asimilan: resoluciones, ordenanzas, etc–, desembocando en la costumbre, que nunca puede derogar la ley, y la jurisprudencia que, dependiendo si proviene o no de la jurisdicción constitucional, puede ocupar el lugar de la Constitución o de las demás normas escritas según cuál sea el material interpretado por el juez.

3.5.2.2 El principio de competencia. Hemos visto que hay tres tipos de normas sobre la producción de Derecho que establecen las condiciones de validez de los actos normativos. También hemos visto que dos de estos tipos de normas (las que confieren poder normativo a los sujetos y las que disciplinan el procedimiento para ejercer este poder) estructuran diferentes formas normativas a las que el ordenamiento asigna determinada fuerza jurídica. Debemos analizar ahora un tercer tipo de normas del cual hasta el momento nada se ha dicho: las normas de competencia.

Las *normas de competencia* son aquellas que, de diversas maneras, delimitan el ámbito de materias sobre el que puede ejercerse una competencia normativa y que, por ende, condicionan la validez de los actos normativos y de las normas creadas por ellos.

Hay tres tipos de normas de competencia. En primer término, encontramos las normas que realizan una *distribución material de competencias* entre diferentes fuentes estableciendo los límites materiales de cada una de ellas, como es el caso de las que distribuyen las competencias entre el Estado español y Comunidades Autónomas, entre el Estado y las Regiones italianas, entre la Federación y los Estados federados. En segundo término, tenemos las normas que sustraen una determinada materia a la competencia normativa de una fuente, pero sin establecer cuál sería la *fuente competente*. Por último, encontramos las normas que establecen que determinadas materias sólo pueden ser reguladas por una determinada fuente, excluyendo de su disciplina las demás fuentes. Se trata de las llamadas "*reservas materiales*". En nuestro ordenamiento jurídico, sólo existen las "reservas materiales de ley", tal como las que establece el Título II de la Constitución en relación con los derechos fundamentales: éstos solo pueden ser limitados por ley (artículo 74.2).

En caso de conflicto entre una norma competente y otra que no lo es, prevalece siempre la primera. Así, por ejemplo, si la Junta Monetaria del Banco Central, en virtud del poder reglamentario que le confiere la Constitución, dicta una resolución para la regulación del tránsito de vehículos de motor, estamos ante un evidente caso de incompetencia pues este órgano ha regulado una materia para la que carecía de competencia, por lo que es inválida.

3.5.2.3 El principio de prevalencia. La prevalencia es un criterio de resolución de conflictos entre normas válidas pertenecientes a subsistemas normativos distintos, igualmente competentes para regular una materia y que no están en una relación jerárquica al pertenecer a distintos subsistemas. Las *competencias concurrentes* entre normas de igual o distinto rango, que configuran el objeto de la regla de la prevalencia, son propias de Estados federales, regionales o autonómicos. Así, el artículo 149.3 de la Constitución de España establece que las normas del Estado "prevalecerán, en caso de conflicto, sobre las de las Comunidades Autónomas en todo lo que no esté atribuido a la exclusiva competencia de éstas". Esta regla supone que, en presencia de un conflicto entre la norma estatal y la autonómica, en aquellas materias en que no exista una competencia exclusiva de la Comunidad Autónoma pero tampoco del Estado, el juez puede inaplicar la ley autonómica.

3.5.2.4 Otros principios. Como principios utilizables para la solución de conflictos normativos, se puede mencionar el principio de *especialidad* y el *cronológico*. El criterio de la *lex specialis* determina la preferencia de la norma que contempla con más detalle una situación, incluso sobre leyes generales posteriores. El brocardo *lex posterior derogat prior* opera como criterio de resolución de las antinomias que se producen entre normas sucesivas que proceden de la misma fuente al suponer la aplicación preferente de la norma posterior en el tiempo. Al respecto, el Tribunal Constitucional ha establecido que "existen las llamadas leyes especiales que son aquellas que responden y regulan circunstancias específicas del ordenamiento jurídico. Estas leyes derogan tácitamente a las leyes generales, en cuanto a la materia comprendida. Es decir, ante la convergencia de dos leyes, una general y una especial, en todos los casos regirán los efectos de ésta última y deberá aplicarse con preferencia y supremacía ante la general. Asimismo, una ley posterior deroga a la anterior en cuanto a la materia comprendida […], ya que […] una ley especial deroga a la general, pero no a la inversa, salvo que en la ley general aparezca clara la voluntad derogatoria de esa ley" (Sentencia TC/0368/17).

3.5.3 La plenitud del ordenamiento.

3.5.3.1 Caracterización de la plenitud del ordenamiento. El fetichismo de la ley escrita y codificada, la fe ilimitada en la ley como instrumento de racionalización y ordenación de la sociedad, la monopolización del poder normativo por el Estado y dentro de éste por el legislador, la creencia de que era posible encerrar la vida en los códigos, originaron el dogma de la *plenitud* del ordenamiento. Hoy, con la dispersión del poder normativo y la incapacidad del legislador de atender las necesidades de una sociedad dinámica y compleja, se producen, sin embargo, vacíos normativos que obligan a revisar el dogma de la plenitud. Ya la plenitud no es ni puede ser el punto de partida en el proceso de interpretación de las normas sino el punto de llegada. La plenitud es el resultado del proceso interpretativo no su presupuesto. Por eso, el ordenamiento no es completo sino completable, en la medida en que los operadores jurídicos pueden integrar los vacíos normativos y las lagunas mediante los procedimientos establecidos en el ordenamiento.

La plenitud es una exigencia formal del ordenamiento que se basa en la obligación del juez de solucionar la controversia, aún en caso de oscuridad o ambigüedad de las normas (artículo 4 del Código Civil). Se trata de un principio estructural ligado a los principios constitucionales de seguridad jurídica y derecho a la tutela judicial efectiva (artículos 110 y 69 de la Constitución).

3.5.3.2 Autointegración y heterointegración. La autointegración y la heterointegración son las técnicas mediante las cuales se logra la plenitud del ordenamiento. La *autointegración* ocurre cuando se acude al mismo ordenamiento para integrar las lagunas y la heterointegración acontece cuando se recurre a un ordenamiento distinto. Técnica de autointegración por excelencia lo es la analogía de la ley o del derecho. Mediante ésta es posible, extender la solución prevista por el legislador en una materia determinada para una materia similar: así, por ejemplo, si determinada ley establece sanciones administrativas sin un régimen de prescripciones, es posible adoptar el régimen previsto por el Código Tributario.

En cuanto a la *heterointegración*, nuestro ordenamiento constitucional contiene un mecanismo de integración de normas previsto en el artículo 74.1 de la Constitución en virtud del cual "los derechos y garantías fundamentales, reconocidos en la presente Constitución (…) no tienen carácter limitativo y, y por consiguiente, no excluyen otros derechos y garantías de igual naturaleza". En base a esta disposición, es posible integrar al ordenamiento constitucional por vía legislativa o jurisprudencial derechos de igual naturaleza a los expresamente consignados en la Constitución desde el Derecho natural o desde el derecho comparado. El recurso al *derecho supletorio* es también un mecanismo de heterointegración: el derecho civil es el derecho supletorio por excelencia.

3.6 La Constitución en el ordenamiento jurídico

El Estado Constitucional es un Estado poblado por normas de origen disímil: la Constitución creada por el poder constituyente, las normas de Derecho Internacional generadas por la costumbre o por las convenciones internacionales de los Estados, las normas internas del Estado elaboradas por los órganos constitucionalmente competentes (leyes, reglamentos, ordenanzas), las normas elaboradas por las entidades con poder normativo (colegios profesionales, asociaciones deportivas, etc.). ¿En qué consiste y cómo opera este *cosmos normativo*?

3.6.1 La Constitución como norma superior del ordenamiento jurídico. La Constitución como norma designa el conjunto de normas jurídicas positivas (reglas y principios), generalmente plasmadas en un documento escrito (la "Constitución escrita", la "Constitución formal") y que, respecto a las demás normas del ordenamiento jurídico, presentan un carácter fundacional y una *primacía normativa*.

3.6.1.1 Posición jerárquico-normativa. La Constitución es una ley dotada de características especiales que le vienen de la forma, de su procedimiento de creación y de la posición jerárquica de sus normas. Estas características permiten distinguir las normas constitucionales de las demás normas legislativas. Su posición *jerárquico-normativa superior* implica que: (i) las normas constitucionales constituyen una ley superior a las demás que recoge el fundamento de su validez en sí misma (*autoprimacía normativa*); (ii) las normas de la Constitución son *normas de normas*, es decir, que constituye una fuente de producción de otras normas (leyes, reglamentos, etc.); y (iii) la superioridad normativa de las normas constitucionales implica el *principio de conformidad* de todos los actos de los poderes públicos a la Constitución.

A. La autoprimacía normativa de la Constitución. Si bien la Constitución es la norma primera en la que se contienen las condiciones de desarrollo de todo el sistema de fuentes del ordenamiento, el fundamento de validez de la misma no puede ya situarse en otras normas del sistema. Pero si la Constitución no encuentra su fundamento de validez en otras normas del sistema tampoco la encuentra en sí misma porque ninguna norma puede ser justificación de sí misma. La Constitución, en consecuencia, solo puede fundarse en la eficacia, la que tiene lugar por la aceptación general por la comunidad de sujetos obligados debido a que se trata de una Constitución cuyas normas fueron elaboradas y aceptadas democráticamente (*legitimidad procesual democrática*) y/o dichas normas están informadas por "estructuras básicas de justicia" (*legitimidad material*), que hacen que la Constitución sea portadora de un valor normativo formal y material superior.

La *superioridad normativa de la Constitución* implica el principio de conformidad de todos los actos de los poderes públicos con las normas constitucionales, so pena de nulidad de los mismos (artículo 6). Ello significa que ninguna norma de jerarquía inferior puede estar en contradicción con otra de dignidad superior (principio de jerarquía) y que ninguna norma infraconstitucional puede estar en desacuerdo con las normas constitucionales (principio de constitucionalidad). Como bien establece el Tribunal Constitucional, "este concepto de supremacía constitucional ha quedado fijado como un valor o principio del Derecho Constitucional que superpone la constitución de un país en un estrato jerárquicamente superior al de todo el sistema jurídico del mismo, considerándola como ley suprema, la cual rige su ordenamiento legal" (Sentencia TC/0178/13). "El principio de supremacía constitucional establecido en las disposiciones del artículo 6 de la Constitución de la República consagra el carácter de fuente primaria de la validez sobre todo el ordenamiento jurídico dominicano, cuyas normas infraconstitucionales deben ceñirse estrictamente a los valores, principios, reglas y derechos contenidos en la Carta Magna" (Sentencia TC/0150/13).

B. La Constitución como fuente de fuentes del derecho y como fuente del derecho. La Constitución dominicana es una *Constitución normativa*. Esa naturaleza normativa acompaña a nuestro texto constitucional desde la fundación de la República en 1844 hasta nuestros días y se manifiesta en la existencia de un sistema de control de la constitucionalidad que concede a los jueces ordinarios la potestad de inaplicar las leyes y reglamentos por inconstitucionales y se refuerza a partir de 1994 con la instauración del sistema de control de la constitucionalidad concentrado a cargo de la Suprema Corte de Justicia. Con la consagración expresa de la supremacía de la Constitución en tanto "norma suprema y fundamento del ordenamiento jurídico del Estado" (artículo 6), se reafirma una característica esencial del sistema dominicano de fuentes del Derecho pero que había permanecido en gran medida oculta a la práctica y a la doctrina tradicional por el influjo del dogma de la soberanía de la ley importado de la Francia origen de nuestra legislación: la *Constitución es derecho*, la Constitución es el eje y el centro del ordenamiento jurídico. Comienza a ser claro para muchos que nunca fuimos ni podíamos ser un Estado legal de derecho porque, como bien expresa Amiama, "los constituyentes de San Cristóbal adoptaron el sistema norteamericano, basado en la Sección Segunda del Artículo Tres y en la decisión de Marshall, en nombre de la Corte Suprema, de 1803, que estableció un principio que jamás fue desconocido en lo adelante" (AMIAMA: 211). Ese principio es el principio de constitucionalidad mancomunado con la potestad de los tribunales de inaplicar las normas por inconstitucionales, potestad que ya decía Hernán Cruz Ayala en 1934 que no debía consignarse expresamente en la Constitución pues era inseparable de la función de juzgar (CRUZ AYALA).

Los dominicanos hemos estado en las antípodas del movimiento constitucional que conforma en Europa el Estado legal de derecho porque nuestra Constitución siempre ha declarado la *nulidad de las leyes inconstitucionales* y siempre se ha reconocido expresa o implícitamente la potestad a los jueces ordinarios de inaplicar dichas leyes por esa causa. Sin embargo la preeminencia del autoritarismo y la exclusión de amplios segmentos sociales y políticos, no permitió desarrollar durante mucho tiempo todas las potencialidades del Estado constitucional de derecho programado por nuestros padres fundadores. Y es que "un proceso político cerrado, controlado por sectores ideológicamente afines y con intereses similares, no necesita el derecho para su ordenación. Para que el Derecho sea necesario (también el Derecho Constitucional) es preciso que haya pluralismo, diversidad de intereses, conflicto, de donde surgen las reglas de ordenación de esos intereses y ese conflicto" (BALAGUER CALLEJÓN 1999: 101). El reconocimiento del pluralismo y del conflicto y la voluntad de articular reglas consensuadas que permitan el desarrollo de una convivencia pacífica en la sociedad no comienzan a darse como condiciones para el desarrollo del Estado constitucional de derecho hasta 1978, cuando la oposición política pasa a ser representada en el Congreso. Y las posibilidades de que ese pluralismo se reflejase en la organización judicial no se producen hasta que se inicia un profundo proceso de reforma judicial en 1997 que tiende a apartar la judicatura del partidarismo y que convierte a la Suprema Corte de Justicia en un verdadero tribunal constitucional. Este proceso culmina con la creación de un Tribunal Constitucional en la reforma constitucional de 2010 y el reconocimiento expreso del control jurisdiccional de constitucionalidad.

Gracias a esta transformación social, política y jurídica de la sociedad dominicana, hoy comienza a abandonarse la *concepción descriptiva de la Constitución*, que, a pesar de nuestra temprana adscripción a la concepción normativa norteamericana, pudo permear la judicatura, la academia y la doctrina. Ya la Constitución no aparece como un simple conjunto de principios políticos organizadores del Estado, una norma a medias o incompleta, o bien como una norma rectora de la conducta del legislador pero, en modo alguno, invocable como fuente directa. Es Kelsen quien resalta el rol de la Constitución en la génesis del derecho en tanto ésta establece cuáles órganos y mediante qué procedimientos serán creadas las normas del ordenamiento jurídico. En el pensamiento kelseniano, la Constitución es fundamentalmente la norma que regula las fuentes del derecho, la producción jurídica, es decir, la *fuente de las fuentes del derecho*. Pero, en la concepción normativa de la Constitución, resulta ser que la

Constitución no solo es fuente de fuentes sino en sí misma fuente del derecho. El ser en sí misma fuente del Derecho implica una transformación radical del sistema de fuentes del Derecho en la medida en que "la propia Constitución se configura ahora como Derecho, situándose en el centro mismo del ordenamiento jurídico" (BALAGUER CALLEJÓN 1999: 100).

Que la Constitución sea fuente formal de derecho de donde manan valores, principios y reglas de inspiración para el juez, para funcionarios y para particulares, pugna con la concepción tradicional civilista de las fuentes de derecho en donde la ley resultaba la fuente primaria. Concebir a la Constitución como fuente del derecho implica aceptar la *aplicación judicial de la Constitución* y, en general, que todos quienes deban aplicar el derecho, deberán tomar en cuenta la norma constitucional como premisa de su decisión, como si se tratase de cualquier otra norma. Que la Constitución sea fuente de Derecho significa que tiene eficacia directa por lo que "no será sólo norma sobre normas, sino norma aplicable, no será solo fuente sobre la producción, sino también fuente de derecho sin más" (OTTO: 76). La Constitución deja de ser así un *meta-derecho* y pasa a formar parte del derecho aplicable en los casos concretos, bien para extraer la solución al mismo, bien para configurar de un cierto modo la situación jurídica, bien para derivar derechos fundamentales sin necesidad de intervención legislativa.

C. Fuerza heterodeterminante. Una de las consecuencias más importantes de la naturaleza de las normas constitucionales es su fuerza heterodeterminante, lo que significa que éstas realizan una función de determinantes negativas, actuando como límite del contenido de las normas infraconstitucionales, y como determinantes positivas, incidiendo en el contenido propio de las normas inferiores. Es esta fuerza heterodeterminante lo que explica el fenómeno de la "*constitucionalización del derecho*". Hoy, por ejemplo, no se puede afirmar que el derecho civil es autónomo con relación al derecho constitucional, y el derecho administrativo está tan vinculado con el constitucional que los autores afirman que se trata de un derecho constitucional concretizado. El derecho procesal (tanto civil como penal) es un derecho materialmente vinculado a las normas constitucionales, específicamente a las del debido proceso.

D. Naturaleza supra-ordenamental. La Constitución concebida como norma de normas significa que el ordenamiento constitucional es un *supra-ordenamiento* con relación a los demás ordenamientos, que unifica el ordenamiento estatal y los demás ordenamientos y que establece la jerarquía entre los mismos. Esto no significa, sin embargo, que, desde el punto de vista histórico, todas las normas tengan su origen en la Constitución, que hayan sido elaboradas por los órganos constitucionalmente competentes para ello y de acuerdo con el procedimiento constitucional. "De hecho es impensable Estado alguno que en el momento de dotarse de una Constitución, aunque sea la primera de su historia, no cuente ya con un sistema jurídico que en mayor o en menor medida sigue existiendo tras la promulgación de aquella [...] La relación de dependencia respecto de la Constitución es una relación puramente lógica. El derecho preexistente recibe su validez de la Constitución porque los poderes que ésta crea pueden suprimirlo, de manera que su subsistencia puede ser entendida como una decisión tácita de mantenerlo, y porque la Constitución misma no ha incorporado normas, que de manera expresa o tácita, lo deroguen" (RUBIO LLORENTE: 23). Ello no quiere decir, no obstante, que normas infraconstitucionales precedentes a la Constitución no puedan ser declaradas inconstitucionales, a pesar de haberse mantenido vigentes por mucho tiempo tras la entrada en vigencia de la Constitución.

E. Fuerza normativa. Que la Constitución sea normativa significa que el ordenamiento se configura alrededor de la normatividad de la Constitución, de su fuerza normativa. Ello significa que la Constitución es una ley dotada de *efectividad y aplicabilidad* como todas las leyes, con lo que se destierra la idea propia del Estado Legal de Derecho de que la Constitución era una simple proclama política, con valor simplemente declaratorio, una especie de poesía o filosofía jurídica, desprovista de toda fuerza jurídica obligatoria, en contraste con las verdaderas leyes que eran las leyes emanadas del Parlamento.

Ahora bien, que la Constitución sea una norma, que sea una ley vinculante y obligatoria como todas las leyes, no significa que las normas constitucionales sean iguales a las normas infraconstitucionales. La Constitución se caracteriza por el carácter abierto de sus normas lo que obliga a la mediación creativa y concretizadora de los intérpretes de la Constitución, comenzando por el legislador, pero sin olvidar al Ejecutivo y a los jueces. La Constitución es ley pero es una *ley marco*, lo que explica la libertad de configuración de que gozan los órganos político-legislativos. El legislador no es un simple ejecutor de la Constitución, como bien afirma el Tribunal Constitucional español (STC 11/1981 y 227/1988): la Constitución del Estado constitucional moderno es una *Constitución pluralista* compatible con la existencia de alternativas políticas y abierta a la diversidad de soluciones que aporten los políticos. Lógicamente, hay normas que se aplican directamente (ej. los derechos fundamentales) pero hay otras que requieren la intervención legislativa (ej. normas programáticas).

3.6.1.2 La Constitución en el vértice de la pirámide normativa. La lógica de la Constitución es la lógica de la *pirámide geométrica*. El ordenamiento jurídico se estructura en términos verticales, de forma escalonada, situándose la Constitución en el vértice de la pirámide. Es en virtud de esa posición jerárquica que la Constitución es fuente de otras normas. El ordenamiento jurídico es, en consecuencia, una derivación normativa de la norma jerárquicamente superior, en la medida en que las normas infraconstitucionales concretizan las normas constitucionales.

Esta *lógica geométrica* no nos permite comprender del todo los sistemas jurídicos modernos. ¿Es posible derivar de la Constitución el ordenamiento internacional? ¿Y los ordenamientos autónomos como el ordenamiento profesional o el deportivo? No todas las normas derivan de la Constitución lo cual no pone en juego la unidad del sistema si partimos del principio de constitucionalidad: las normas infraconstitucionales deben respetar la Constitución y concretizarla. Así, por ejemplo, la República Dominicana no puede consagrar constitucionalmente la prohibición de la libertad de expresión sin contravenir la CADH, con la segura consecuencia de una eventual sanción a nivel de la Corte IDH, cuya competencia hemos aceptado y, en caso de reticencia del Estado dominicano en reestablecer el respeto constitucional a la libertad de expresión, una exclusión del seno de la OEA. Sin embargo, la Constitución se erige como orden y norma de una esfera de justicia indiscutible dentro de la comunidad jurídica dominicana ante las normas internacionales que toleran la pena de muerte, desterrada de nuestro ordenamiento desde la reforma constitucional de 1908. Del mismo modo, si bien los ordenamientos autónomos no derivan sus normas de la Constitución, las normas de estos ordenamientos tienen que sujetarse a las normas constitucionales so pena de ser declaradas inconstitucionales. Así, una norma que establezca en el seno de una liga deportiva que un jugador puede ser expulsado por violación a las reglas de la misma sin necesidad de un proceso disciplinario interno que respete el derecho de defensa del jugador afectado puede ser declarada inconstitucional. Pero una norma constitucional en materia de derechos fundamentales puede ceder su lugar a una norma no solo supraconstitucional sino también infraconstitucional cuando ella es "más favorable a la persona titular de los mismos" (artículo 74.4), lo que revela que la propia Constitución se rebela muchas veces contra la aplicación puramente geométrica y jerarquizada de las normas.

4. LAS FUENTES INTERNACIONALES Y SUPRANACIONALES

4.1 Las fuentes internacionales

Las fuentes internacionales presentan una enorme importancia en nuestro país. Somos signatarios de cientos, por no decir miles, de compromisos internacionales, bilaterales o multilaterales, de la más diversa naturaleza y contenido. La autoridad jurídica de estos instrumentos no versa únicamente en el plano internacional con relación a los Estados, sujetos por excelencia del derecho internacional, sino también en el plano interno, en la medida en que los mismos crean obligaciones a cargo del Estado y derechos en favor de los individuos, que devienen crecientemente *sujetos del Derecho Internacional*. En este sentido, son de especial importancia para el Derecho Constitucional, las convenciones internacionales de derechos humanos que han contribuido de manera significativa a la emergencia de una verdadera garantía de los derechos fundamentales a nivel internacional. Tal es el caso de la Convención Americana sobre Derechos Humanos, mejor conocida como Pacto San José (1969), que conforma el núcleo básico del sistema regional interamericano de derechos humanos, y los dos Pactos Internacionales de Derechos Civiles y Políticos y de Derechos Económicos, Sociales y Culturales que, más un sinnúmero de convenciones sectoriales, constituyen el *sistema universal de protección de los derechos humanos* (Alvarez).

Las fuentes internacionales tienen vocación de concurrir a la producción de normas aplicables en derecho interno en virtud de la Constitución. En efecto, el artículo 26 de la Constitución establece que "la República Dominicana es un Estado miembro de la comunidad internacional, abierto a la cooperación y apegado a las normas del derecho internacional", que "reconoce y aplica las normas del derecho internacional, general y americano, en la medida en que sus poderes públicos las hayan adoptado" (artículo 26.1) y que acepta que "las normas vigentes de convenios internacionales ratificados regirán en el ámbito interno, una vez publicados de manera oficial" (artículo

26.2). Esta decisión constitucional puede ser designada como la *opción internacional* de la Constitución, una opción cada día más realidad en la medida en que el país suscribe y ratifica múltiples tratados en la esfera de los derechos humanos y la integración de los mercados. Desde esta perspectiva, la Constitución parte de una determinada concepción del derecho internacional, el cual el constituyente reconoce como verdadero orden jurídico, orden normativo y no meramente moral. Esta actitud de la Constitución tiene el carácter de una directriz constitucional que debe ser tomada en cuenta a la hora de interpretar cada uno de los preceptos relevantes del derecho internacional. Al derecho internacional, en la medida en que sus normas han sido adoptadas por los poderes públicos dominicanos, le corresponde la máxima efectividad en el derecho interno.

Como se puede observar, es la Constitución la que determina la naturaleza jurídica de las reglas de derecho internacional que ella reconoce como fuentes del derecho y las condiciones de aplicabilidad en el orden jurídico nacional. La Constitución asegura así una verdadera *función constitutiva*: sin habilitación constitucional, las reglas de derecho internacional permanecerían arrinconadas a su aplicación al campo exclusivo de las relaciones interestatales. Esto, sin relevancia en el plano de las reglas internacionales que afectan *stricto sensu* las relaciones interestatales, es de una enorme importancia respecto a un derecho internacional cuya vocación es creciente y progresivamente la de determinar los derechos y obligaciones de unos particulares que devienen así sujetos del derecho internacional en lugar de los Estados, otrora sujetos exclusivos de este derecho. En este caso, la exigencia de plena eficacia de la norma internacional requiere que ella sea integrada en el orden jurídico interno para que despliegue todos sus efectos.

La *eficacia del derecho internacional* depende de que los ordenamientos jurídicos estatales se conformen a las normas internacionales y las apliquen. Ello así porque los Estados son los creadores y principales destinatarios del derecho internacional y, además, porque el derecho internacional en la actualidad busca no solo distribuir competencias entre los Estados soberanos sino también ampliar considerablemente el ámbito de las materias reguladas por normas internacionales, en razón de las exigencias de la cooperación y la interdependencia. Más aún, dado que los actos de todo Estado soberano tienen una relevancia simultánea tanto en la esfera interna como en la internacional, resulta razonable que el Estado adopte en su orden interno las medidas necesarias para que dichos actos se conformen a las exigencias del ordenamiento interno y del ordenamiento internacional.

De ahí que es clave la forma en que el derecho nacional aborde esta cuestión, ya que una solución equivocada de los poderes públicos nacionales podría conducir a la *responsabilidad internacional del Estado*. Y es que el ordenamiento internacional deja a los ordenamientos estatales la soberana regulación del procedimiento a seguir para la aplicación de la normativa internacional, conforme la concepción de las relaciones entre el derecho internacional y el derecho interno a la que se adscriban dichos ordenamientos. Esta reglamentación constitucional de las relaciones entre el derecho internacional y los derechos estatales tiene lugar a partir del período entre las dos guerras mundiales del siglo pasado, adquiriendo los Estados un perfil decididamente internacionalista y emergiendo una disciplina para el estudio de estas relaciones a la que se denominó "derecho constitucional internacional" (Mirkine-Guetzevitch).

Las relaciones entre el ordenamiento internacional y el ordenamiento interno conducen al abordaje de tres problemas fundamentales: (i) la recepción de las normas internacionales en el derecho interno; (ii) la jerarquía de las normas internacionales respecto a las del ordenamiento receptor; y (iii) la aplicación de las normas internacionales. La solución a estos tres problemas, sin embargo, requiere que antes se analicen las diferentes concepciones acerca de la relación entre el derecho internacional y los derechos nacionales, pues de la concepción que se adopte dependerá en gran medida a dichos problemas.

4.1.1 Hacia una concepción de las relaciones entre el derecho internacional y el derecho nacional constitucionalmente adecuada. Una de las cuestiones que más controversia ha generado en el seno la doctrina ha sido el de hasta qué punto las normas internacionales constituyen un cuerpo legal no solo diferente sino también radicalmente autónomo y distinto de los ordenamientos estatales. Tres construcciones teóricas han sido avanzadas: (i) la visión *monista* que aboga por la supremacía del derecho nacional, (ii) la doctrina *dualista* que sugiere la existencia de dos ordenamientos distintos, el nacional por un lado y el internacional por otro, y (iii) y la teoría monista que sostiene la unidad de los diversos ordenamientos y la *primacía del derecho internacional*. Estas doctrinas no son útiles si se quiere comprender a cabalidad como interactúa el derecho internacional y el interno desde una óptica constitucionalmente adecuada a la Constitución.

El ordenamiento no se agota en las normas elaboradas a través de los sistemas de producción normativa establecidos en la Constitución. Junto a las normas de origen estrictamente constitucional, en tanto que dotadas de una validez formal originada en la norma sustantiva, existen otras normas respecto de las cuales la Constitución no es condición de su existencia normativa, sino mero *presupuesto de su aplicabilidad* en el ámbito territorial y personal sobre el que opera la fuerza organizada, eficazmente, mediante la Constitución.

La diferencia entre unas y otras normas no viene dada única y exclusivamente por el origen nacional o internacional de unas y otras. Lo que caracteriza a las normas internacionales en relación a la Constitución es que se trata de *normas de origen extraconstitucional*. Pero no todas las normas extraconstitucionales son de carácter internacional: las normas internas cuya validez deriva de las constituciones precedentes a la Constitución vigente son también normas extraconstitucionales. Estas normas extraconstitucionales tienen en común, no obstante su origen diverso –nacional en unas, internacional en otras–, el hecho de que reciben de la Constitución su condición de normas aplicables porque su validez formal le viene del sistema normativo de donde proceden, en el caso de las normas internas preconstitucionales de los sistemas normativos precedentes al actual, en el caso de las internacionales del sistema normativo internacional.

La aplicabilidad de las *normas preconstitucionales* es condicionada por la Constitución en la medida en que ésta no imponga el respeto al sistema de producción de normas instaurado por la Constitución y sólo exija que dichas normas tengan un contenido no contrario a las normas sustantivas de la Constitución vigente. La nueva Constitución puede negarles existencia para el futuro a dichas normas preconstitucionales pero su validez formal sólo puede explicarse a partir de los procedimientos normativos propios de las Constituciones precedentes. Las normas preconstitucionales pueden pervivir en el ordenamiento en tanto que, siendo válidas por haber sido producidas de conformidad con los procedimientos de producción normativa establecidos en las Constituciones precedentes, no contradicen, en su contenido, a la nueva Constitución. La pervivencia de las normas preconstitucionales se explica a partir de dos circunstancias: se trata de normas que no han sido expresamente derogadas por la nueva Constitución y cuya validez formal es ajena a esta Constitución y se trata de normas aplicables en virtud de la nueva Constitución.

El ordenamiento se compone, por tanto, de normas cuya validez formal deriva de Constituciones nacionales diversas, siendo la Constitución vigente la que, confiriendo validez a las que de ella resultan en su existencia, atribuye a todas las normas –pre o posconstitucionales– su *condición de normas aplicables*. No obstante, el ordenamiento no se agota en esas normas de validez formal imputable a normas constitutivas internas. Junto a ellas coexisten normas que, al igual que las preconstitucionales, no dependen en su validez de la Constitución vigente, sino de normas, también constitutivas, en cuya producción no ha participado, con carácter exclusivo, un poder constituyente nacional. Se trata de las normas de origen internacional.

Compartiendo con las normas preconstitucionales tanto la característica de disfrutar de una validez formal extraconstitucional como su dependencia de la Constitución vigente a los efectos de resultar aplicables en el ordenamiento, las normas internacionales se diferencian de aquellas en la disciplina de su *régimen de aplicación*. En tanto el régimen de aplicación de las normas internacionales no es enteramente disponible por la Constitución, el de las normas internas preconstitucionales es definido con carácter exclusivo por la Constitución, decidiendo ésta el lugar que ocuparán en la jerarquía de fuentes, el criterio de resolución de posibles antinomias entre dichas normas y las generadas a través de los procedimientos constitucionales de producción normativa, así como el momento en que dichas normas perderán eventualmente su vigencia; y es que "por ser la Constitución la reguladora del mecanismo de formación de las normas y ser parte de la esencia de su supremacía el principio de la legalidad en el derecho público, la regularidad en el proceso de creación de los actos de los poderes públicos debe considerarse respecto de la norma constitucional vigente al momento de su creación" (Valera Montero: 11).

El régimen de aplicación de las normas internacionales, una vez se consideran desde el punto de vista constitucional aplicables, escapa al poder de disposición de la Constitución, ya que, si bien ésta puede decidir qué lugar ocupan en la jerarquía de fuentes, nada puede hacer respecto de los mecanismos de resolución de eventuales conflictos. La resolución de los conflictos es una cuestión decidida por el sistema normativo internacional que es donde se han originado las normas internacionales y que es integrado en el ordenamiento en la medida en que es asumido por la Constitución.

Es preciso resaltar que las constituciones pueden y suelen determinar cuál es la posición de las normas internacionales en su *sistema de fuentes*, ubicándolas en un estadio superior, paralelo o inferior al de la ley. Cuando la Constitución sitúa a las normas internacionales en un plano inferior a la ley, la inaplicabilidad de las normas internacionales solo podrá decretarse si el sistema internacional acepta su denuncia. Los órganos estatales no pueden decretar la invalidez de la norma internacional, ya que ésta es una decisión que sólo puede acordarse en el sistema internacional y por sus propios órganos jurisdiccionales. En cuanto a la inaplicabilidad, desde el momento mismo en que las normas internacionales son integradas, cesa el poder de disposición de los poderes constituidos sobre las normas internacionales, estando autorizados exclusivamente los órganos internacionales, con arreglo a los procedimientos establecidos por el sistema internacional, para revisar la aplicabilidad de esas normas. Los órganos estatales pueden decidir sobre la aplicabilidad de las normas internacionales sólo en el momento de la integración de dichas normas.

De acuerdo con esta concepción, una vez incorporado el tratado al ordenamiento dominicano, éste sólo dejará de formar parte de dicho ordenamiento si, denunciado, así lo deciden las autoridades del sistema normativo internacional. La *denuncia de los tratados* debe ajustarse, en su verificación, a las condiciones y a los procedimientos previstos en las cláusulas del propio tratado o, en su defecto, a lo estipulado en los artículos 54 y siguientes del Convenio de Viena de 1969.

Ahora bien, como bien explica Requejo Pagés, "las normas internacionales –cuya validez en nada depende de la Constitución, sino exclusivamente de las normas del sistema internacional que regulan la producción de tales normas– sólo son aplicables en el ordenamiento establecido por la Constitución si se integran en su estructura a través de los cauces constitucionalmente establecidos. La Constitución, como *primera norma del derecho interno*, no fundamenta, pues, la validez de la norma internacional, sino únicamente su aplicabilidad. Una vez integrada, la Constitución no sólo hace suya la norma externa: también pasan a serle propias cuantas normas sucesivas puedan resultar de lo previsto en la primera; y lo hacen, además, en los términos y condiciones establecidas en aquella, de forma que tampoco respecto de ellas actúa la Constitución como condición de validez. Resulta así que la Constitución sólo es norma suprema respecto de las internacionales en tanto que de ella reciben éstas su condición de normas aplicables. Ahora bien: dado que la norma internacional –o, en su defecto, las normas generales del Derecho Internacional o las particulares relativas a los tratados, tales como los Convenios de Viena de 1969 y 1986– deciden por sí mismas la forma en que deben ser aplicadas una vez que los Derechos nacionales las han convertido en aplicables, la posición de la Constitución frente a las normas internacionales es más que precaria, toda vez que, en aplicación del principio *pacta sunt servanda*, el Ordenamiento internacional antepone cualquier consideración –incluso al respeto de las normas constitucionales– el cumplimiento de los convenios internacionales" (REQUEJO PAGÉS: 20).

La anterior afirmación no es pacífica y resulta difícilmente sostenible si se parte de la conceptuación de la Constitución como *norma jurídicamente omnipotente*. En efecto, la norma internacional sólo es susceptible de aplicación si la Constitución así lo ha dispuesto y ahí no cabe duda en torno a la omnipotencia constitucional. No obstante, en cuanto es integrada al ordenamiento, la norma internacional se aplicará en los supuestos y formas establecidos por el propio derecho internacional, Derecho que, por demás, en caso de conflicto entre las normas internas y la norma internacional, hará prevaler siempre a la última. De manera que es posible que un tratado o una norma derivada de éste terminen por imponerse a la Constitución misma. Con ello no se afecta la validez de la norma constitucional pues ésta disfruta de una validez incondicionada y que encuentra fundamento en sí misma. Su aplicabilidad, sin embargo, sí se ve afectada pues la Constitución habrá de ceder ante una norma que, contrariándola, no se presenta bajo la única forma jurídica que haría constitucionalmente aceptable la contradicción, esto es, bajo la forma de una norma adoptada por el poder constituyente constituido tras una reforma constitucional.

Esta contradicción podría ser resuelta de dos maneras: una imposible, la otra insuficiente. Podría resolverse la antinomia anulando la norma internacional: ello es imposible pues desde la Constitución no puede afectarse la validez de una norma que le es ajena en su existencia. Podrían preverse mecanismos que imposibilitaran la integración de normas internacionales inconstitucionales: ello es insuficiente, en tanto que, a pesar de que se puede asegurar la constitucionalidad de todo tratado que pretenda ser integrado en el ordenamiento, no puede garantizarse por completo que del mismo no habrán de resultar normas internacionales derivadas de carácter inconstitucional.

La Constitución no deja de ser, en ningún caso, la norma suprema del sistema normativo que en ella encuentra el fundamento de su validez. Pero tal sistema ha de coexistir con otros cuya validez no deriva de la Constitución. Respecto de estos *sistemas normativos concurrentes*, la Constitución es la norma determinante de su aplicabilidad y, por ende, expresión del ejercicio del poder soberano, entendido éste como poder de decisión respecto de las normas –no respecto de su sistema de producción– mediante las cuales ha de administrarse la fuerza en un determinado ámbito territorial y personal.

El hecho de que una norma independiente en su validez de la Constitución haya de aplicarse en detrimento de normas constitucionales no supone que éstas se vean afectadas en su propia existencia ni en su condición de normas fundamentadoras del sistema normativo interno ni que dejen de ser expresión del poder soberano. Ello así porque, en primer término, su *preterición aplicativa* no es equivalente a su invalidez y, en segundo término, puesto que la *aplicación preferente* de la norma internacional presupone su condición de norma aplicable, y dicha condición le viene dada por la Constitución misma. A fin de cuentas, los efectos producidos por la norma internacional integrada son efectos queridos por la propia Carta Sustantiva y, si entre dichos efectos se cuenta el de que ésta ha de ceder su aplicación ante aquella, es necesario concluir que las normas constitucionales mediante las cuales se integran las normas internacionales cumplen una función equivalente a la operada en la esfera de la validez por las normas de reforma constitucional. En ambos casos, estamos en presencia de normas que, por caminos diferentes, modifican las normas constitucionales: las de reforma, modificando el contenido de los preceptos constitucionales a través de su sustitución por nuevas normas de idéntica forma y rango, a cuya incorporación al ordenamiento antecede la desaparición de las normas reformadas; las normas de integración, garantizando la pervivencia de todas las normas constitucionales, pero disponiendo que su aplicación haya de ceder en beneficio de la norma internacional integrada.

Ahora bien, afirmar que las normas internas reciben su validez y, en consecuencia, su aplicabilidad de la Constitución, en tanto que las que provienen del ordenamiento internacional traen su validez de dicho ordenamiento, siendo intangibles para los órganos del Estado, podría conducir a situaciones claramente absurdas si no se atempera el rigor de esta afirmación. Así, si se consta una contradicción entre la Constitución y un tratado internacional que no fue advertida o puesta de relieve en el momento de la suscripción o ratificación del tratado, tan sólo se puede suspender la aplicación de la norma y denunciar el tratado, manteniendo incólume su validez la norma internacional y debiendo aplicarla el juez nacional en el caso de que la denuncia no prosperase, aún cuando ello implique contrariar un mandato constitucional. Si, por ejemplo, el tratado prevé la pena de muerte para los pederastas, el juez dominicano habrá de condenarlos a muerte, cuidándose de que su condena se ejecute, ya que el tratado lo obliga a suspender la aplicación del artículo 37 de la Constitución.

Es claro entonces que, aunque las normas internacionales encuentran su fundamento de validez en un ordenamiento extra constitucional, para ser aplicables en el ordenamiento dominicano, es indispensable, además, que su contenido no contradiga la Constitución. Ya lo ha dicho el Tribunal Constitucional al establecer que "cuando República Dominicana firma un tratado internacional y cumple el procedimiento exigido para su firma y ratificación, este se integra al derecho interno, lo que precisa que su contenido esté acorde con los principios y valores constitucionales, norma suprema y fundamento del ordenamiento jurídico del Estado" (Sentencia TC/0163/23). Y es que afirmar que el Estado dominicano sea un *Estado abierto al derecho internacional* no significa que deje de ser un Estado constitucional, un Estado en el que la legitimación del poder y la fundamentación de la validez del derecho parten de la Constitución.

4.1.2 Recepción de las normas internacionales.

4.1.2.1 Modalidades de recepción. Existen dos modalidades básicas de recepción de las normas internacionales. La primera es la *incorporación automática permanente*, la cual tiene lugar cuando el derecho nacional establece que las autoridades y las personas que viven en el territorio de un Estado están vinculadas por las normas presentes y futuras del derecho internacional, sin necesidad de que se apruebe una ley nacional que apruebe esas normas internacionales. Esto significa que, salvo el caso de las normas internacionales no autoejecutivas, los funcionarios del Estado y los individuos, una vez un tratado es debidamente aprobado y publicado en la Gaceta Oficial o una norma consuetudinaria emerge en la comunidad internacional, deberán cumplir con dichas normas. Este mecanismo de recepción permite al ordenamiento nacional adaptarse continua y automáticamente al ordenamiento internacional. Del mismo modo, tan pronto una norma internacional es terminada o cambia de contenido, las correspondientes modificaciones en el sistema nacional tendrán lugar, sujeto a la publicación de las enmiendas en el caso de los tratados.

La segunda modalidad es la *incorporación legislativa ad hoc* de las normas internacionales. Bajo esta modalidad, las normas internacionales devienen aplicables en el ordenamiento interno cuando las autoridades legislativas aprueban una legislación específica con vistas a la implementación de dichas normas. La legislación adopta dos formas. Puede tratarse del mecanismo de la incorporación estatutaria *ad hoc:* un acto legislativo que traslada las disposiciones del tratado a la legislación nacional, estableciendo en detalle las obligaciones, facultades y derechos que se derivan de las normas internacionales. El acto de las autoridades legislativas puede confinarse a aprobar la aplicación automática de la norma internacional en el ordenamiento interno sin reformular de modo ad hoc dicha norma. En esta segunda variante de la *incorporación legislativa ad hoc*, el mecanismo, denominado *incorporación automática ad hoc*, funciona de modo similar a la incorporación automática permanente, con la única diferencia de que aquí la incorporación se hace caso por caso, por lo menos en lo que se refiere a los tratados. El acto legislativo o la ley de aprobación del tratado consiste en una o dos provisiones estableciendo que el tratado en cuestión debe ser cumplido y anexando el texto del tratado. Los tribunales, los funcionarios estatales y los individuos deben inferir o deducir del tratado por vía interpretativa cuáles provisiones del tratado deben ser aplicadas a nivel nacional.

4.1.2.2 El sistema dominicano de recepción de las normas internacionales. La Constitución establece en su artículo 26.1 que "la República Dominicana reconoce y aplica las normas del Derecho Internacional general y americano en la medida en que sus poderes públicos las hayan adoptado". Por su parte, el artículo 26.2 dispone que "las normas vigentes de convenios internacionales ratificados regirán en el ámbito interno, una vez publicados de manera oficial". Como se puede observar, el mecanismo de recepción de las normas internacionales escogido por el constituyente es el de la *incorporación automática ad hoc*. El funcionamiento de dicho sistema, sin embargo, difiere dependiendo del tipo de fuentes internacional receptada en el ordenamiento dominicano.

Las fuentes internacionales sujetas a recepción son muy diversas. Están constituidas por el conjunto de reglas de las cuales proceden las normas que componen el derecho internacional. Pueden ser *escritas* (tratado, convención, acuerdo, protocolo, jurisprudencia) y *no escritas* (costumbre y principios no escritos). Según el artículo 38 del Estatuto de la Corte Internacional de justicia, este tribunal decidirá las controversias que le sean sometidas, debiendo aplicar las siguientes fuentes del Derecho: (i) las convenciones internacionales, sean generales o particulares, que establezcan reglas expresamente reconocidas por las partes; (ii) la costumbre internacional, como prueba de una práctica generalmente aceptada como derecho; (iii) los principios generales del Derecho reconocidos por las naciones civilizadas y como medio auxiliares para la determinación de las reglas del derecho; (iv) las decisiones judiciales y las doctrinas de los publicistas de mayor competencia. La Constitución se refiere a "las normas del Derecho Internacional general y americano" lo que engloba todas las categorías de fuentes normativas que componen los ámbitos del derecho internacional: los compromisos internacionales (tratados y acuerdos bilaterales o multilaterales), la costumbre, los principios del derecho internacional y, eventualmente, el derecho comunitario.

A. Recepción de los tratados. Los tratados originan el *derecho internacional convencional* que es aquel que surge del acuerdo consciente y querido de declaraciones de voluntad coincidentes de al menos dos sujetos de derecho internacional, dirigidas a la creación de relaciones o de consecuencias jurídicas de derecho internacional. Estos tratados pueden ser bilaterales o multilaterales, denominándose en ocasiones acuerdos, convenios, convenciones, protocolos, etc.

Los principios de incorporación de los tratados internacionales al derecho interno dominicano están consagrados en la Constitución en los artículos 26.1, 26.2 y 93.1.l de la Constitución. Es la aprobación del Congreso Nacional la que incorpora el tratado al derecho interno mediante el ejercicio de su competencia legislativa la cual se manifiesta a través de una resolución que es promulgada por el Poder Ejecutivo y que luego es publicada en la Gaceta Oficial. Pero el Congreso Nacional no puede introducir modificaciones al tratado: tan solo puede aprobar o desaprobar el mismo. El Estado queda obligado frente a las demás partes del tratado desde el momento mismo de la ratificación. Las normas del tratado son aplicables, sin embargo, a los ciudadanos desde el momento de su ratificación, cuando éstas se presuman conocidas por todos y no se pueda alegar su ignorancia.

B. Recepción del derecho internacional general y americano. La situación del derecho internacional general y americano es, en apariencia, paradójica pues disfruta de un régimen de inserción al derecho interno más favorable y flexible que el de las normas internacionales convencionales. En efecto, la Constitución se refiere a que la República Dominicana "reconoce y aplica las normas del Derecho Internacional general y americano en la medida en que sus poderes públicos las hayan adoptado" (artículo 26.1) pero solo para los tratados internacionales establece los procedimientos para su inserción en el orden jurídico interno, lo que libera precisamente de toda formalidad de recepción, de incorporación o de integración, el conjunto de reglas consuetudinarias y principios no escritos del derecho internacional general y americano.

El origen de esta diferenciación de tratamiento en cuanto al régimen de inserción según se trate de una norma internacional convencional o de una norma internacional consuetudinaria se explica en el hecho de que la *costumbre internacional* –como toda costumbre– es un derecho no escrito, fruto de un proceso más que de la sucesión de procedimientos. De todos modos, este favor acordado al derecho internacional no convencional no es propio de la República Dominicana –país monista– sino que es característico de los sistemas dualistas en donde la regla consuetudinaria internacional se considera parte del derecho interno. En República Dominicana, la simple referencia que hace el artículo 26.1 de la Constitución vale incorporación automática en el sistema de fuentes de las reglas y principios no escritos del derecho internacional. Por lo tanto, el legislador a la hora de legislar, el Ejecutivo a la hora de cumplir y hacer cumplir la ley y los tribunales al momento de juzgar, deben tener en cuenta estas *normas internacionales consuetudinarias*, aplicándolas cuando sea pertinente e interpretándolas conforme la interpretación provista por los tribunales internacionales y las autoridades internacionales competentes.

4.1.3 Jerarquía de las normas internacionales en el sistema de fuentes. La primacía del derecho internacional sobre el interno constituye una norma internacional consuetudinaria, reconocida por la jurisprudencia internacional, por la práctica de los Estados, así como por la aceptación convencional de dicha norma por parte de los Estados que son parte de la Convención de Viena sobre el Derecho de los Tratados de 1969. Este principio del derecho internacional ha quedado incorporado al ordenamiento dominicano vía el artículo 26.1 de la Constitución y es a partir del mismo que deben ser analizadas las relaciones entre las normas internacionales y las normas nacionales.

4.1.3.1 La costumbre internacional. Se considera costumbre internacional la observación uniforme y por un largo período de tiempo de una regla por parte de la generalidad de los implicados, así como el convencimiento de éstos acerca del carácter vinculante de la regla. La práctica, elemento material de la costumbre, sumada al convencimiento de la fuerza de obligar, u *opinio neccesitatis*, elemento sicológico, y el transcurso del tiempo son los elementos determinantes de la costumbre. Las *normas internacionales consuetudinarias* tienen un rango superior a la Constitución pues la República Dominicana ha reconocido vía el artículo 26.1 el principio que la obliga a regular sus relaciones interestatales conforme al Derecho Internacional, por lo cual no podrá aplicar ninguna norma de su ordenamiento interno que sea contraria al ordenamiento internacional.

4.1.3.2 Los tratados internacionales. La particularidad de los tratados internacionales en tanto fuente del derecho, reside en que no son producto de la voluntad exclusiva del Estado, sino consecuencia del acuerdo entre el Estado y otros sujetos de Derecho Internacional, generalmente otros Estados. Esa particularidad de los tratados se manifiesta en la posición que ocupan en el sistema de fuentes.

A. Rango de los tratados internacionales. En el derecho constitucional comparado, se observan varios sistemas tendentes a solucionar la cuestión del lugar que ocupan los tratados en la jerarquía de las fuentes del derecho. El primer sistema es el de aquellos países que sitúan los tratados en la misma jerarquía que la ley ordinaria (Estados Unidos, Argentina, Uruguay). El segundo sistema es el de aquellos que sitúan los tratados por encima de la ley ordinaria, pero por debajo de la Constitución (Francia). Un tercer sistema da a los tratados una jerarquía superior a la ley ordinaria e igual a la Constitución. El cuarto sistema confiere a los tratados la más alta jerarquía, por encima incluso de la propia Constitución (Países Bajos).

La República Dominicana se adhiere al sistema que consagra la *jerarquía supralegal e infraconstitucional* de los tratados. En efecto, tal como opina Pellerano Gómez, el artículo 26.1 de la Constitución "revela el reconocimiento tanto de la fuerza jurídica de las normas del Derecho Internacional como el de que tal fuerza sólo existirá si sus previsiones están por encima de las regulaciones de derecho interno, puesto que de no ser así, el imperio de esas normas sería frustrada por la sola voluntad del Congreso, el cual no puede vulnerar lo que la Constitución manda". Más aún, "la segunda exigencia de la ley sustantiva es la aplicación de las normas del Derecho Internacional, lo que no sería posible si se admite la posibilidad de su inaplicabilidad por previsiones dictadas por el legislador. Sin lugar a dudas, el citado párrafo del Artículo 3 consagra una limitación a la omnipotencia del Congreso al que obliga a no transgredir las normas de Derecho Internacional, lo que es a la vez causa de inconstitucionalidad" (Pellerano Gómez: 97).

Los tratados, en virtud del artículo 26.2 de la Constitución, producen *efecto inmediato* y pueden ser invocados por cualquier persona, al punto de que modifican la legislación adjetiva en cuanto le sea inconciliable. Si una ley nueva vulnera el Derecho establecido en una convención, la misma es inconstitucional, en tanto contradice las disposiciones del artículo 26.1 de la Constitución. Conforme el principio *pacta sunt servanda*, las disposiciones de una ley no pueden prevalecer sobre un tratado y un Estado no puede ampararse en su legislación para restringir el alcance de sus obligaciones internacionales. En este sentido, la Convención de Viena sobre Derecho de los Tratados de 1969 dispone en su artículo 27 que "una parte no podrá invocar las disposiciones de su derecho interno como justificación del incumplimiento de un tratado". Al respecto, el Tribunal Constitucional ha establecido que "los convenios internacionales, como fuente de derecho interno, generan derechos y obligaciones para los Estados Parte (signatarios, ratificados, aceptantes, aprobantes o adheridos). De ahí que, una vez que estos hayan superado el procedimiento de suscripción y aprobación constitucionalmente previsto, vinculan a los Estados Parte, quedando prohibida la invocación de normas del derecho interno para incumplir con las obligaciones estipuladas en los mismos" (Sentencia TC/0760/17).

Las disposiciones de los tratados internacionales solo podrán ser derogadas, modificadas o suspendidas en la forma prevista en los propios tratados o conforme las normas generales del derecho internacional. Lógicamente para la *denuncia de los tratados y convenios internacionales* se utilizará el mismo procedimiento que para su aprobación: se requerirá que el Poder Ejecutivo solicite la denuncia y que el Congreso Nacional apruebe la denuncia pues la incorporación y la extracción de los tratados del ordenamiento jurídico es fruto de la colaboración del Poder Ejecutivo y del Poder Legislativo.

En virtud del artículo 26.1 de la Constitución, una vez ratificado el tratado por el Congreso Nacional, sus disposiciones sólo podrán ser derogadas, modificadas o suspendidas en la forma prevista en los propios o de acuerdo con las normas generales del derecho internacional. De ahí que no haya posibilidad de que el Estado modifique, suspenda o derogue el tratado por su propia voluntad, ya que se trata de normas convencionales en las que el acuerdo entre las partes no sólo se requiere para su formalización, sino que es indispensable para su alteración.

El Estado no puede ampararse en motivos internos para incumplir el tratado (sea cual sea la naturaleza de éste), ya que constituye un principio fundamental del derecho internacional el que las obligaciones internacionales no pueden ser incumplidas por motivos internos. Este principio ha sido codificado mediante su incorporación a la Convención de Viena sobre el Derecho de los Tratados. En este sentido, es importante señalar que, aunque esa convención no haya sido ratificada por la República Dominicana, el objetivo de ese instrumento internacional ha sido el de codificar la costumbre internacional en materia de tratados, al extremo de que la Corte Internacional de Justicia "se ha referido a él en diversas decisiones afirmando que muchas de sus disposiciones constituyen una prueba del Derecho consuetudinario general en la materia" (MARIÑO MENÉNDEZ: 283), como es el caso *Dictamen sobre Namibia* (CIJ Rec. 1971, par. 94-96), la Sentencia en el *asunto de la competencia del Consejo de la OACI* (CIJ Rec. 1972, par. 38), la Sentencia en el *asunto sobre competencia en materia de pesquerías* (CIJ Rec. 1973, pár. 24, la Sentencia en el asunto *de la plataforma continental del Mar Egeo* (CIJ Rec. 1978, pár. 6), el Dictamen en el *asunto de interpretación del acuerdo del 25 de marzo de 1951 entre la OMS y Egipto* (CIJ Rec. 1980, pár. 92 y 94), la Sentencia en el *asunto relativo a las acciones armadas fronterizas y transfronterizas (Nicaragua c. Honduras), Jurisdicción y admisibilidad* (CIJ Rec. 1988, pár. 35, la Sentencia en el *asunto de la controversia territorial Libia contra Chad* (CIJ Rec. 1994, pár. 41 y la Sentencia en el *asunto relativo al proyecto Gabcikovo-Nagymaros* (CIJ, Rec. 1997, pár. 46, 99). En el caso específico del principio de que los Estados no pueden invocar los preceptos de su derecho interno como justificación del incumplimiento del tratado, "el hecho de que esta disposición apareciera tardíamente en el proceso de codificación del Derecho de los Tratados –en la última Conferencia de Viena- y de que fuera objetada no mengua su solidez, apoyada en una jurisprudencia constante y arraigada, tanto arbitral (*Alabama*, 1872, *Montijo*, 1875, *Georges Pinson*, 1928) como de la Corte de la Haya (Cuestión de las comunidades greco-búlgaras, 1930; *Trato de los nacionales polacos en el territorio de Dantzig*, 1932; *Zonas francas de la Alta Saboya y del País de Gex*, 1932; *Aplicabilidad de la obligación de someter una controversia a arbitraje con arreglo a la sección 21 del Acuerdo de 1947 relativo a la sede la ONU*, 1988)" (REMIRO BROTONS: 655). De modo que se trata de un principio del derecho internacional incorporado automáticamente a nuestro ordenamiento en virtud del artículo 26.1 de la Constitución. Esto tiene como consecuencia que, si el Estado incumple un determinado tratado, incurre en responsabilidad, aún éste haya objetado la Convención de Viena, como fue el caso de Venezuela durante su debate en la Conferencia y de Costa Rica al momento de firmar la Convención, pues la norma *pacta sunt servanda* es de carácter consuetudinario, constituyendo el código operativo, la norma fundamental y básica del Derecho de los Tratados.

Por otro lado, dado que el tratado no sólo es fuente del ordenamiento interno sino también del ordenamiento internacional, no puede hablarse de *relación jerárquica* entre los preceptos del tratado y las normas internas, sea cual sea la posición de éstas últimas en el sistema jurídico dominicano. Todos los tratados deben ser cumplidos porque implican obligaciones internacionales del Estado que no se pueden eludir sin incurrir en responsabilidad.

Por todo lo anterior, el control de constitucionalidad más adecuado a la naturaleza de los tratados internacionales es el *control preventivo* que establece el artículo 185.2 de la Constitución. Este control preventivo evita los problemas que se plantearían con la declaración de inconstitucionalidad de un tratado ya incorporado al ordenamiento, pues junto a la rigidez del tratado, la propia rigidez de la Constitución podría impedir una solución efectiva del conflicto que permitiera adaptar la Constitución a las exigencias derivadas de los compromisos internacionales contraídos por el Estado. En una situación de contradicción entre las normas de la Constitución y las del tratado internacional, prevalece la Constitución sobre las normas del tratado a nivel interno pero el Estado a nivel internacional incurre en *responsabilidad internacional* al no poder alegar motivos internos, incluso de carácter constitucional, para incumplirlo.

Y es que "la Constitución es la norma suprema de nuestro sistema jurídico, pero no puede darle más fuerza al ordenamiento que la que éste tiene por sí mismo ni proyectar la eficacia de sus normas en el ámbito internacional. En el Derecho Internacional el Estado es solo un agente jurídico más entre los muchos y muy poderosos que conciertan tratados. No es posible, por tanto, trasladar a los tratados las categorías habituales del sistema de fuentes y, menos aún, las técnicas (como la jerarquía) acuñadas en el Estado legal de Derecho" (BALAGUER CALLEJÓN 1999: 128). De ahí que, si bien la especial *fuerza pasiva del tratado internacional* supone la primacía de éste sobre la ley interna, ello no significa necesariamente que sea jerárquica la relación entre tratado internacional y ley interna, sino que más bien se trata de una relación de competencia consistente en entender que las materias reguladas por el tratado en la medida por él reguladas quedan sustraídas del ámbito de ley interna que, en consecuencia, no puede incidir en dichas materias mientras se encuentren reguladas por el tratado. Por ende, en caso de conflicto entre un tratado internacional y una ley interna, debe aplicarse preferentemente el tratado.

B. *Los tratados y las leyes*. Hay que distinguir el efecto de los tratados sobre leyes anteriores y el de las leyes posteriores sobre los tratados.

(i) *Los tratados y las leyes anteriores*. La ratificación congresional de los tratados produce como resultado la modificación o derogación de las leyes preexistentes que se ocupen de la misma materia que el tratado ratificado. Este efecto modificador o derogatorio frente a las leyes anteriores se desprende con claridad del artículo 93.11 de la Constitución, en virtud del cual es atribución del Congreso "aprobar o desaprobar los tratados y convenciones internacionales que celebre el Poder Ejecutivo".

(ii) *Los tratados y las leyes posteriores*. Los tratados sólo pueden ser derogados, modificados o suspendidos en la forma prevista en los propios tratados o de acuerdo con las normas generales de derecho internacional. Y es que los tratados tienen una fuerza pasiva que los hace permanecer inmunes frente a cualquier otra fuente interna, lo que es lógico si observamos la forma de producción del tratado: sólo las voluntades que pactaron un tratado pueden concertar su derogación o modificación.

Lo anterior se deriva del *principio de buena* fe y de cumplimiento de los compromisos internacionales adquiridos que, como ya hemos visto, constituyen principios consuetudinarios codificados por la Convención de Viena y que forman parte del ordenamiento dominicano, constituyendo una limitación a todos los operadores jurídicos internos. En efecto, el artículo 26.1 de la Constitución establece que la República Dominicana "reconoce y aplica las normas del Derecho Internacional general y americano en la medida en que sus poderes públicos las hayan adoptado", lo que queda reforzado por los artículos 54 y siguientes de la Convención de Viena que establecen que los tratados solo pueden derogarse conforme a sus propias disposiciones o por concurrir las causales reconocidas por el derecho internacional. Estos preceptos se aplican no solo a los tratados sino también al derecho que de ellos pudiese resultar, ya que tanto la producción como los efectos del *derecho derivado* dependen en su integridad del convenio del que traen causa.

Esto no significa que las normas internacionales sean jerárquicamente superiores a las normas nacionales. No. De lo que se trata es de que las materias reguladas mediante un tratado y en la medida por él reguladas quedan sustraídas del ámbito de la ley interna que no puede, en consecuencia, incidir en las mismas mientras estén reguladas por el tratado. En caso de conflicto entre una ley y un tratado válidamente celebrado, se aplica preferentemente el tratado internacional. Como bien establece el artículo 27 del Convenio de Viena, "una parte no podrá invocar las disposiciones de su Derecho Interno como justificación del incumplimiento de un tratado", lo que implica que las normas internacionales son de *aplicación preferente* sobre las internas. De manera que si una ley posterior a un tratado entra en contradicción con este último, ni el tratado será modificado o derogado por la ley ni ésta sólo será válida en la medida en que no contradiga el tratado. Sencillamente ambas normas serán igualmente válidas, aunque la internacional prevalecerá sobre la interna, por así haberlo decidido el sistema internacional, sistema que deviene aplicable en la medida en que el artículo 26.1 de la Constitución lo decida, pero que ha de ser aplicado conforme a sus propias reglas una vez que la Constitución, haciéndolas suyas, las haya incorporado. Ello no significa que el legislador no puede ocuparse de la lo tratado en el convenio sino que traduce la necesidad de que, antes de optar por la vía legislativa, los órganos estatales competentes procedan a denunciar internacionalmente el convenio.

De conformidad con el *principio pacta sunt servanda*, los tratados vinculan a los Estados que los hayan celebrado en tanto no se declare internacionalmente su inaplicabilidad. Es preciso señalar que la prevalencia del derecho interno sobre las normas del derecho internacional válidamente incorporado al derecho interno, por más que se haga efectiva (lo que no significa que se haga válida), constituye una violación flagrante de normas internacionales incorporadas al derecho interno. Celebrar un tratado internacional constituye un ejercicio de la soberanía por parte de los poderes públicos constituidos por la Constitución. Ese ejercicio de soberanía limita tanto al poder constituyente como a los poderes constituidos, al extremo de que, en ocasiones, tratándose de convenios que establecen comunidades o uniones económicas o políticas o esferas de protección a los derechos fundamentales, se emprende un camino sin retorno, al comprometerse el país con normas irreversibles. Ya lo ha dicho el Tribunal Constitucional: "[...] cuando República Dominicana firma un tratado internacional y cumple el procedimiento exigido para su firma y ratificación, este se convierte en parte del derecho interno, lo que exige que su contenido esté acorde con lo que establece la Constitución, norma suprema y fundamento del ordenamiento jurídico del Estado. Los convenios internacionales, como fuente de derecho interno, generan derechos y obligaciones para los Estados Parte. De ahí que, una vez que estos hayan superado el procedimiento de firma, suscripción y aprobación constitucionalmente establecido, se erigen como ley entre los Estados Parte, no quedando sujeta a la invocación de normas del derecho interno para incumplir con las obligaciones estipuladas en el mismo. Por consiguiente, para el cumplimiento de estas obligaciones acorde con las previsiones constitucionalmente establecidas, el control preventivo de constitucionalidad constituye un instrumento de vital importancia en la preservación del Estado de derecho, donde la Constitución compone la ley suprema" (Sentencia TC/0404/18, ver también Sentencia TC/0163/23).

C. Quid de los convenios internacionales de derechos humanos. Si debemos tomar en serio los tratados internacionales, esta obligación es mucho más seria y vinculante para los Estados si se trata de convenios internacionales de derechos humanos. "Los fundamentos últimos de la protección de los derechos humanos trascienden el derecho estatal, y el consenso generalizado formado hoy en torno a la necesidad de la internacionalización de su protección corresponde a una manifestación cultural de nuestros tiempos, jurídicamente viabilizada por la coincidencia de objetivos entre el derecho internacional y el derecho interno en lo que concierne a la protección de la persona humana. Como también en ese dominio, a un Estado no le es permitido dejar de cumplir sus obligaciones convencionales bajo el pretexto de supuestas dificultades de orden constitucional o interno, con mayor razón no habrá excusa para que un Estado no conforme su derecho interno a las normas de un tratado de derechos humanos en el cual es Parte, por el simple hecho de que sus tribunales interpreten el tratado, en el plano del derecho interno, de un modo diferente al que se impone en el plano del derecho internacional" (Cancado Trindade: 275).

Los convenios de derechos humanos codifican *normas imperativas de derecho internacional general* respecto de principios e intereses vitales para la existencia misma de la sociedad internacional y que, como bien establecen las Convenciones de Viena, constituyen límites a la soberanía estatal, las cuales han sido definidas positivamente como aceptadas y reconocidas "por la comunidad internacional de Estados en su conjunto como norma que no admite acuerdo en contrario y que sólo puede ser modificada por otra ulterior de derecho internacional general que tenga el mismo valor" (artículo 53 de las Convenciones de Viena).

Desde la perspectiva jurídica, la afirmación de la dignidad de la persona y sus derechos fundamentales en el derecho internacional positivo contemporáneo constituye una profunda transformación del derecho internacional en la medida en que implica reconocer en el plano de los Estados que, junto al principio de soberanía, se encuentra hoy el principio esencial y estructural del *orden internacional de los derechos humanos*, que los Estados van asumiendo progresivamente como limitante de su propia potestad estatal, lo que se va incorporando explícita o implícitamente en las propias constituciones. Esto conlleva el abandono de caras nociones del derecho público como la *"auto-obligación"* o *"auto-limitación" del Estado* que concebían a los derechos fundamentales como concesiones del Estado a sus súbditos y no como lo que realmente son: un sistema de vínculos y límites supraordenados al Estado y, por tanto, indisponibles para éste y los poderes públicos. De ese modo, la soberanía estatal queda fuertemente disminuida, pues los derechos fundamentales imponen obligaciones a los Estados frente a la comunidad internacional y la persona humana se constituye en sujeto del derecho internacional, lo que implica, por demás, la crisis de principios como el de no intervención, al legitimar la comunidad internacional la intervención colectiva por razones humanitarias (Carrillo Salcedo).

Es por ello que la Corte Internacional de Justicia ha establecido que, en los tratados sobre derechos humanos, "los Estados contratantes no tienen intereses propios, tienen solamente, todos y cada uno de ellos, un interés común, que es el de preservar los fines superiores que son la razón de ser de la Convención. En consecuencia, en una convención de este tipo no puede hablarse de ventajas o desventajas individuales de los Estados, ni de mantener un equilibrio contractual exacto entre derechos y deberes. La consideración de los fines superiores de la Convención, es en virtud de la voluntad de las partes, el fundamento y medida de todas las disposiciones (Opinión Consultiva, Corte Internacional de Justicia, Recueil 1955, pág. 23). Esta concepción es sostenida por igual por la Corte Interamericana de Derechos Humanos para la que los convenios internacionales de derechos humanos *"no son tratados multilaterales de tipo tradicional* concluidos en función de un intercambio recíproco de derechos, y en beneficio mutuo de los Estados contratantes" (*El efecto de las reservas sobre la entrada en vigencia de la Convención Americana,* Opinión Consultiva OC-2/82 del 24 de septiembre de 1982).

Todo lo anterior significa que el sistema de derechos humanos consagrado por el derecho internacional se articula con los ordenamientos internos alrededor de una serie de principios medulares que analizaremos a continuación.

(i) Los derechos fundamentales forman parte de un sistema de doble fuente: el bloque de constitucionalidad. El artículo 74.3 establece que "los tratados, pactos y convenciones relativos a derechos humanos, suscritos y ratificados por el Estado dominicano, tienen jerarquía constitucional y son de aplicación directa e inmediata por los tribunales y demás órganos del Estado". Esto significa que, a partir de los enunciados constitucionales de derechos, es preciso concretar vía interpretación normas conformes con las disciplinas sustantivas de los sistemas internacionales. Los derechos constitucionales tienen, pues, un contenido que es el resultado de su definición constitucional con la definición realizada en los sistemas internacionales, en el entendido de que, en caso de contradicción, prevalecerán los sistemas externos. El sentido del artículo 74.3 es incorporar los convenios y declaraciones internacionales de derechos humanos como parámetros determinantes de la validez de las normas internas de concreción de los preceptos constitucionales. La Constitución reconoce, por tanto, derechos cuyo contenido viene sólo parcialmente definido de manera directa por el constituyente, el cual se remite implícitamente, a los efectos de la definición de cada singular derecho, a las previsiones internacionales.

De modo que, por decisión expresa de la Constitución, emerge un *"bloque de constitucionalidad"*, en el cual se insertan los derechos fundamentales y principios expresamente reconocidos en la Constitución y los derechos fundamentales reconocidos en los convenios internacionales de derechos humanos suscritos y ratificados por el país y que devienen derechos constitucionalizados vía el artículo 74.3. Este bloque sirve como parámetro para llevar a cabo el juicio de constitucionalidad de las normas y actos de modo que éstos pueden ser inconstitucionales si contravienen una norma que, a pesar de no estar escrita en la Constitución, forma parte del bloque de constitucionalidad. El mismo "sirve de complemento congruente para reforzar y legitimar la fuerza normativa de los derechos en la Constitución desde fuera de ella misma", al tiempo que permite superar "la concepción formal de la Constitución y ésta se elastiza, dando mayor amplitud a las valoraciones en materia de constitucionalidad, reforzando la fuerza normativa de la Constitución" (Nogueira Alcalá 2000: 188). Al respeto de este bloque de constitucionalidad, "está sujeta la validez formal y material de toda legislación adjetiva o secundaria" (Resolución 1920-2003 del 13 de noviembre de 2003 de la Suprema Corte de Justicia).

(ii) Rango supraconstitucional y constitucional de los tratados sobre derechos humanos. El carácter distintivo de los tratados internacionales sobre derechos humanos fue señalado en la opinión consultiva de la Corte Internacional de Justicia sobre las reservas a la Convención sobre Genocidio, emitida el 21 de mayo de 1951, en la que se observó que, en este tipo de convenios, los Estados no tenían intereses propios, como es lo corriente en la mayor parte de los tratados, por lo cual en esta clase de instrumentos internacionales no puede hablarse de "*ventajas o desventajas individuales de los Estados*", siendo el interés prevaleciente un interés común, el de "preservar los fines superiores que son la razón de ser de la convención". En igual sentido se pronunciaría la Corte IDH, inspirada en decisión de la Comisión Europea de Derechos Humanos (*Austria v. Italy*, Application No. 788/60, *European Yearbook of Human Rights*, 1961, Vol. 4), en lo que constituye la mejor caracterización del carácter *sui generis* de los tratados internacionales sobre derechos humanos: "[…] los tratados modernos sobre Derechos Humanos, en general, y, en particular, la Convención Americana, no son tratados multilaterales del tipo tradicional, concluidos en función de un intercambio recíproco de derechos, para el beneficio mutuo de los Estados contratantes. Su objeto y fin son la protección de los derechos fundamentales de los seres humanos, independientemente de su nacionalidad, tanto frente a su propio Estado como frente a los Estados contratantes. Al aprobar estos tratados sobre derechos humanos, los Estados se someten a un orden legal dentro del cual ellos, por el bien común, asumen varias obligaciones, no en relación con otros Estados, sino hacia los individuos bajo su jurisdicción" (*El efecto de las reservas sobre la entrada en vigencia de la Convención Americana,* Opinión Consultiva OC-2/82 del 24 de septiembre de 1982).

Los tratados internacionales sobre derechos humanos gozan de un rango constitucional en aplicación del artículo 74.3. Sin embargo, en la medida en que las normas constitucionales vulneren los preceptos del derecho convencional en materia de derechos humanos, estos preceptos adquieren un *rango jurídico supranacional y supraconstitucional*. Y es que la República Dominicana ha decidido, al suscribir la CADH y al ratificar la competencia de la Corte IDH, adscribirse y ser fiel a un principio fundamental en materia de derechos humanos: la sumisión de las autoridades nacionales a los órganos jurisdiccionales del sistema interamericano de derechos humanos, los cuales son el árbitro final de su vigencia y de sus violaciones. La Constitución es el orden supremo del país en la medida que vaya más allá de la

CADH en la protección de los derechos fundamentales, la cual tan solo establece un nivel mínimo de protección. Los derechos fundamentales reconocidos en la CADH quedan incorporados al bloque constitucional en virtud del artículo 74.3 de la Constitución y complementan los demás derechos consignados en la Carta Magna. Sin embargo, si la Constitución vulnera las normas de la CADH ésta adquiere *ipso facto* un rango supraconstitucional, sirviendo como parámetro para evaluar la constitucionalidad de la Constitución o de la ley que declara la necesidad de reforma constitucional por parte del juez nacional o su ilegitimidad a la luz de la CADH por el juez interamericano. En todo caso, la norma de derecho fundamental que debe prevalecer es la más favorable al titular de los derechos fundamentales, como bien establece el artículo 74.4 de la Constitución.

4.1.4 Aplicación de las normas internacionales.

4.1.4.1 Procedimiento para dirimir conflictos entre normas internacionales y normas nacionales. En República Dominicana, existen tres procedimientos que pueden seguirse para la solución de conflictos derivados de la contradicción entre normas internacionales y normas nacionales: (i) procedimiento político ante el Congreso; (ii) control de constitucionalidad por la vía jurisdiccional; y (iii) procedimiento según la Convención de Viena sobre Derecho de los Tratados de 1969.

A. Procedimiento político ante el Congreso. El *control político de los tratados* es una consecuencia de la democratización de las relaciones internacionales y la participación del Poder Legislativo en las fases de suscripción y aprobación de los tratados internacionales. Este control puede ser previo a la suscripción del tratado cuando mediante interpelaciones, mociones, resoluciones o solicitud de informes el Congreso Nacional trata de influir en el proceso de firma del tratado, pero ocurre generalmente durante la fase de aprobación del tratado en el Congreso. El Congreso ejerce así un previo control político, cuando examina el tratado para impartirle su aprobación, y esa es la oportunidad para evitar la adopción de normas inconstitucionales, originarias del campo internacional. Es este el sentido que debe darse a tal aprobación legislativa, ya que de lo contrario, se trataría de una solemnidad, un formalismo huero desprovisto de fundamento constitucional.

B. Control de constitucionalidad. Ya hemos visto que los tratados internacionales, no obstante ser supralegislativos, constituyen normas infraconstitucionales sujetas a la Constitución en cuanto norma suprema que es del ordenamiento jurídico y en consecuencia al control de constitucionalidad. El control de constitucionalidad de los tratados puede ser índole formal como de índole sustancial. Es *formal* cuando busca determinar si el tratado ha sido válidamente incorporado al ordenamiento, es decir, integrado por vía distinta de la constitucionalmente impuesta. Cuando el control es *sustancial*, se determina si el contenido del tratado contraría los preceptos constitucionales. El control puede ser preventivo por parte del Tribunal Constitucional o posterior bien por cualquier juez en ejercicio del control difuso o por el Tribunal Constitucional.

Existen diferencias, sin embargo, entre los supuestos de control previo y de control *a posteriori* de la constitucionalidad de los tratados. Mientras en el supuesto de control previo la declaración del Tribunal Constitucional tiene como efecto la *prohibición de incorporar el tratado* si antes no se revisa la Constitución, los efectos de las sentencias constitucionales en los supuestos de control *a posteriori* de los tratados una vez ya éstos forman parte del ordenamiento tienen características muy peculiares. El juez, *a posteriori*, y al igual que el Tribunal Constitucional en el control previo, puede pronunciarse no solo sobre la validez sustancial del tratado sino también sobre la validez de su incorporación. En otras palabras, puede enjuiciar la corrección jurídica de los órganos estatales que han participado en el proceso de formación y manifestación del consentimiento internacional del Estado, así como el contenido del tratado. De manera que si el juez aprecia que del contenido del tratado se desprende la necesidad de seguir un procedimiento de incorporación distinto del observado, la sentencia del tribunal produce la *nulidad del acto de ratificación congresional*, derivándose la obligación de los órganos estatales competentes de proceder o bien a una reforma constitucional que posibilite la ratificación del tratado o bien a la denuncia del tratado cuestionado, con el fin de que, en cumplimiento al artículo 46 del Convenio de Viena, se proceda en la forma en que dispone el ordenamiento internacional cuando se pretende que un tratado deje de ser aplicable en un Estado que ya se ha comprometido a observarlo. Dicho texto convencional, que establece un principio internacional que es parte integrante del derecho dominicano, dispone que "el hecho de que el consentimiento de un Estado en obligarse por un tratado haya sido manifestado en violación de una disposición de su derecho interno concerniente a la competencia para celebrar tratados no podrá ser alegado por dicho Estado como vicio de su consentimiento, a menos que esa violación sea manifiesta y afecte a una norma de importancia fundamental de su derecho interno".

Mientras no se haya producido la *denuncia del tratado inconstitucional* y, por ende, el ordenamiento internacional declare inaplicable el tratado, este último continúa vinculando al Estado dominicano frente a la comunidad internacional, no pudiendo éste exonerarse de responsabilidad por ratificar un tratado no válido de acuerdo con el ordenamiento interno. Sin embargo, el tratado será ineficaz en el ordenamiento interno y los órganos del Estado no estarán obligados a aplicarlo. Hay que resaltar que el control *a posteriori* de la constitucionalidad de los tratados "resulta discutible, pues la aplicación sistemática e inveterada de esa práctica podría vaciar el contenido axiológico y jurídico a la exigencia que se impone a todo estado de honrar sus compromisos internacionales, permitiendo que en cualquier momento un tratado vigente pudiera ser declarado (total o parcialmente) inconstitucional, lo que supondría la violación de los principios generales del derecho y, ya en particular, las pautas *pacta sunt servanda* (norma fundamental de todo el derecho de los tratados), buena fe e improcedencia de alegar disposiciones de Derecho interno para justificar el incumplimiento de los acuerdos internacionales; por otra parte, propiciaría el demérito de la seguridad jurídica, deslizaría al Estado en cuestión hacia una hipótesis de potencial responsabilidad internacional y deterioraría su imagen en el exterior" (Bazán: 151).

C. Denuncia del tratado internacional. Los poderes públicos, en caso de que un tratado suscrito y ratificado por el país resulte contrario a la Constitución, independientemente de la censura judicial que solo surte efectos en el ordenamiento interno, pueden proceder a denunciar el tratado en cuestión. "Se entiende por denuncia el acto unilateral por el cual una de las partes contratantes notifica a la o las otras partes su intención de dar por terminado, basado en las condiciones establecidas en él" (ARIAS NÚÑEZ: 129).

Los mecanismos de denuncia están fijados en los propios tratados (por ejemplo, en el área temática de los derechos humanos: el artículo 78 de la CADH; el artículo 14 de la Convención para la Prevención y la Sanción del Delito de Genocidio; el artículo 21 de la Convención Internacional sobre la Eliminación de todas las Formas de Discriminación Racial; y el artículo 52 de la Convención sobre los Derechos del Niño). En defecto de las normas de denuncia en los tratados, aplican supletoriamente las normas de la Convención de Viena o las normas consuetudinarias sobre denuncia de tratados, muchas de ellas plasmadas en dicha Convención.

Las normas internacionales relativas a la denuncia de los tratados, son muy estrictas. En el caso específico de la Convención de Viena, la única causal que podría amparar la situación de un Estado que desee denunciar un tratado inconstitucional sería la contemplada en el artículo 46.1 que dispone: "El hecho de que el consentimiento de un Estado en obligarse por un tratado haya sido manifestado en violación de una disposición de su Derecho interno concerniente a la competencia para celebrar tratados no podrá ser alegado por dicho Estado como vicio de su consentimiento, a menos que esa violación sea manifiesta y afecte una norma de importancia fundamental de su derecho interno". Pero la Corte Internacional de Justicia (*Frontera Terrestre y marítima entre Camerún y Nigeria,* 2002) ha señalado que los Estados partes en un tratado no están obligados a conocer las disposiciones legislativas o constitucionales de los demás Estados con trascendencia en sus relaciones internacionales, afirmando que las restricciones impuestas por normas fundamentales del Derecho interno a la capacidad de actuación de un Jefe de Estado, al que por sus funciones se considera representante del Estado, no pueden considerarse manifiestas a los fines del artículo 46.2 de la Convención de Viena. Y es que el principio ha sido, es y seguirá siendo, como señaló la Corte Permanente de Justicia Internacional, que "un Estado que ha contraído obligaciones internacionales está obligado a hacer en su derecho interno las modificaciones que sean necesarias para el cumplimiento de estas obligaciones".

En todo caso, si se va a proceder a una denuncia, "las mismas voluntades que se integran para aprobar y ratificar un tratado deben estar presentes para su denuncia. Es decir, que si el Poder Ejecutivo negocia, firma y ratifica un tratado internacional, y el Congreso aprueba; en el acto de denuncia deben conjugarse de la misma forma los poderes del Estado. Por ello es que para perfeccionar el acto de denuncia, será necesario el paso previo del Congreso" (VEGA: 52).

4.1.4.2 Aplicación e interpretación de los tratados internacionales por los jueces nacionales.

A. La aplicación de las disposiciones autoejecutivas y no autoejecutivas. En aquellos países en donde rige el sistema de incorporación legislativa de las normas internacionales, no puede hablarse propiamente de aplicación directa de estas normas, pues estas tan solo sirven para gobernar la interpretación de los actos normativos que las incorporan al ordenamiento interno. No es el caso de la República Dominicana, donde, como antes vimos, rige el sistema de incorporación automática de las normas internacionales y estas son directamente aplicables en virtud de los artículos 26.1 y 26.2 de la Constitución, siempre y cuando se trate de normas autoejecutivas *(self-executing)* que, contrario a las no autoejecutivas *(non self-executing)*, por definición y esencia no requieren de actos normativos de desarrollo. En virtud del principio de buena fe, las normas internacionales *non self-executing* obligan a activar los mecanismos de producción normativa interna con vistas a completarlas, hacerlas operativas y asegurar su cumplimiento. El desarrollo normativo de las normas internacionales no autoejecutivas debe hacerlo la autoridad constitucionalmente competente para ello.

B. Quid de los convenios de la OIT. Al respecto, el Tribunal Constitucional, en relación a la constitucionalidad del Convenio No. 189 de la Organización Internacional del Trabajo (OIT) sobre el trabajo decente para las trabajadoras y para los trabajadores domésticos, ha establecido "que dicho acuerdo o tratado no puede autoejecutarse o aplicarse directamente —como si lo han hecho otros al disponer normas directas y autoejecutables—, sino que requiere de acción por parte del Estado miembro. Sin embargo, esto no implica que el ministro de Trabajo puede apropiarse de dicha necesidad de acción por parte del Estado —máxime ante la necesidad de modificación de la ley especial que rige la materia—. Esto así, porque la Constitución y las leyes indican los mecanismos y formas en que han de realizarse dichas modificaciones o incorporación normativa requerida por el acuerdo. Lo que queremos indicar es que la adopción de las medidas que indica el acuerdo no puede ser realizada por cualquier entidad gubernamental o del Estado, sino que debe seguir los parámetros legales, pero —sobre todo— constitucionales" (Sentencia TC/0402/23). Respecto a la aplicación de los convenios de la OIT en el plano interno debe señalarse lo siguiente:

1º Como bien ha establecido el Tribunal Constitucional los convenios de la OIT, "forman parte del bloque de constitucionalidad en virtud de que tratan aspectos relativos al derecho fundamental al trabajo y por tanto tienen jerarquía constitucional en virtud de lo previsto por el artículo 74.3 de la Constitución" (Sentencia TC/0280/21). Siendo esto así, es decir, teniendo jerarquía constitucional los derechos consagrados en estos convenios, son estos derechos, por tanto y en virtud del artículo 74.3 de la Constitución, "de aplicación directa e inmediata por los tribunales y demás órganos del Estado". De ahí que a dichos convenios "no se les puede aplicar la doctrina de las cláusulas *non self executing,* toda vez que es imperativo en todo convenio sobre derechos humanos su aplicabilidad directa por parte de los operadores judiciales, partiendo del principio de que los estados tienen la obligatoriedad de dar cumplimiento de buena fe a los convenios internacionales suscritos en materia de Derechos Humanos, es especial los de la Organización Internacional del Trabajo, dado que no puede ser argumento de no aplicabilidad la no reglamentación de la cláusula de un convenio para convertirla en non self executing". Más aún, "igualmente, se debe señalar que al ser los convenios normas de rango constitucional por mandato del bloque de constitucionalidad, estas normas constitucionales no requieren ser reglamentadas para ser aplicadas en la legislación interna, como en varias ocasiones lo ha sostenido la Corte Constitucional [colombiana, EJP]. Si se encuentra en los convenios anteriormente mencionados un artículo condicionando su reglamentación al Estado, el operador judicial deberá aplicarlo sin esperar a que se establezca su reglamentación, recordando que las normas del bloque de constitucionalidad prevalecen sobre las normas internas, ya sean por derogación tácita, por declaratoria de inconstitucionalidad o por la excepción de inconstitucionalidad" (Ostau de Lafont de León & Niño Navarro: 133).

2º Cuando un derecho consagrado en un convenio de la OIT requiera una mayor concreción normativa, siempre y cuando no implique limitaciones de otros derechos, dicha concreción podrá efectuarse por la vía reglamentaria e incluso por el juez constitucional mismo, al requerirse ley del Congreso Nacional solo para la limitación de los derechos fundamentales, pero no para una concreción normativa en el sentido más favorable para el titular del derecho y que favorezca la efectividad y máxima eficacia del derecho en cuestión. Esto es más que obvio cuando la reglamentación por parte del ejecutivo parte del hecho incontestable de que las normas del convenio de la OIT operan una derogación tácita de las normas nacionales que le son contrarias y que, en cualquier caso, las autoridades nacionales, incluyendo a las ejecutivas y no solo a las jurisdiccionales, tienen la potestad y el deber de ejercer un control de convencionalidad de las normas internas contrarias a los convenios internacionales de derechos humanos, que obliga a llenar el vacío creado por su invalidez convencional con normas reglamentarias o jurisdiccionales que suplan este vacío y permitan hacer efectivo un derecho, que por su sola pertenencia al bloque de constitucionalidad, es y debe ser un derecho "de aplicación directa e inmediata por los tribunales y demás órganos del Estado" (artículo 74.3 de la Constitución).

3º Ahora bien, si la intervención legislativa para la eficacia del derecho resulta imprescindible, o si no se ha producido la intervención reglamentaria para hacer eficaz el derecho, resultando claro que se produce una situación fáctica de tal inefectividad que lleve al desconocimiento del derecho reconocido en el convenio de la OIT, es claro que procede una inconstitucionalidad o inconvencionalidad por omisión, lo cual puede ser subsanado por la vía de los remedios del amparo a disposición del juez o mediante sentencia interpretativa del Tribunal Constitucional, no solo la exhortativa sino también las que impliquen hacer eficaces las disposiciones del convenio mediante sentencias aditivas, sustractivas o manipulativas en cualesquiera de sus modalidades.

4º En cualquier caso, y no solo en relación a los convenios de la OIT, en presencia de normas internacionales no autoejecutivas, las leyes y reglamentos que desarrollen a nivel interno dichas normas serán juzgados en su validez sustancial conforme al parámetro interpretativo de las normas internacionales que desarrollan, parámetro que puede perfectamente ser instrumentando a través de los mecanismos procesales del control jurisdiccional de constitucionalidad, en la medida en que las normas internas de desarrollo de las normas internacionales, en tanto vulneran o no desarrollan adecuadamente dichas normas generan, además, una violación de derechos fundamentales y solo mediante este control sea posible asegurar la aplicación efectiva las normas del derecho internacional tal como han sido adoptadas por los poderes públicos internos (artículo 26.1) y que rijan en el ámbito interno las normas vigentes de los tratados internacionales ratificados por el país (artículo 26.2). Del mismo modo, la omisión de dictar las normas internas de desarrollo de normas internacionales puede también generar una inconstitucionalidad o una inconvencionalidad por omisión que sea atacable y subsanable a través de las vías procesales de la justicia constitucional, en especial a través de las acciones de amparo y directa de inconstitucionalidad.

C. Interpretación de los tratados ordinarios. Como norma directamente aplicable por los jueces ordinarios, un tratado puede ser interpretado por los mismos. Al respecto, la Suprema Corte de Justicia mediante sentencia de fecha 20 de enero de 1961, estableció que "los tribunales no tan sólo tienen el derecho, sino que están en el deber de interpretar los tratados, en la medida en que la aplicación de una de sus cláusulas puede tener influencia en la solución de un litigio de interés privado; que esta interpretación, como la de las leyes, está sometida al control de la Suprema Corte de Justicia, en funciones de Corte de Casación; que, como materia propia de juicio también corresponde a los tribunales resolver, bajo el control de la casación, si un tratado internacional, lo mismo que las demás leyes, son o no compatibles con la Constitución; que [dichos tratados deben interpretarse] con sujeción a los supremos *principios, escritos y no escritos*, que sirven de base a nuestra Constitución política, y ninguna estipulación [de esos tratados] que se aparte de esos principios puede ser aplicada por nuestros tribunales" (S.C.J. 20 de enero de 1961. B.J. 606.49). Como se puede observar, es deber del juez aplicar el tratado proveyendo una *interpretación conforme a la Constitución* de las diferentes disposiciones del tratado en cuestión. De ese modo, se garantiza la supremacía constitucional al tiempo que el país cumple de buena fe los compromisos internacionales libremente pactados.

D. Interpretación de los tratados de derechos humanos. En virtud del artículo 74.4, las normas relativas a los derechos fundamentales deben interpretarse y aplicarse "en el sentido más favorable a la persona titular de los mismos". Esto significa, como bien ha establecido la Corte IDH, que, si en una situación determinada, son aplicables dos normas diferentes provenientes de distintos tratados, debe prevalecer la norma que sea más favorable a la dignidad y protección de los derechos esenciales de la persona humana (OC 7/85). Por igual, si a una situación le es aplicable una norma interna y una norma internacional, debe optarse por la que proteja más efectivamente los derechos de la persona, aún sea de rango infraconstitucional. Este criterio ha sido consagrado expresamente por el legislador orgánico dominicano al disponer en el artículo 7.5 de la LOTCPC que "la Constitución y los derechos fundamentales deben ser interpretados y aplicados de modo que se optimice su máxima efectividad para favorecer al titular del derecho fundamental. Cuando exista conflicto entre normas integrantes del bloque de constitucionalidad, prevalecerá la que sea más favorable al titular del derecho vulnerado. Si una norma infraconstitucional es más favorable para el titular del derecho fundamental que las normas del bloque de constitucionalidad, la primera se aplicará de forma complementaria, de manera tal que se asegure el máximo nivel de protección".

4.2 Las fuentes supranacionales

Una de las manifestaciones más claras de la internacionalización de la vida pública y del derecho es la proliferación de organizaciones internacionales de las cuales devienen miembros los Estados con vistas a enfrentar los problemas comunes o sectoriales y con ámbito mundial, continental o regional. El principio estructural y funcional de estas organizaciones internacionales es básicamente el de la *cooperación entre los Estados*. Las formas que reviste esta cooperación son muy variadas. Desde la óptica constitucional, las más relevantes son las "*organizaciones supranacionales*", las cuales suponen un paso más en la tradicional configuración de las organizaciones internacionales, intensificando la cooperación de los Estados a los fines de la integración de los mismos. Aunque la integración no cuestiona la soberanía estatal porque la misma es fruto del acuerdo soberano de los Estados Parte en el tratado constitutivo, sí afecta la misma en la medida en que se transfieren competencias a los entes supranacionales, desplegando su efectividad los actos y normas de estos entes en el plano interno sin necesidad de reconocimiento, ejecución o desarrollo estatal. "Desde el punto de vista jurídico, las organizaciones supranacionales se caracterizan, pues, por crear un auténtico ordenamiento que despliega sus efectos de manera directa en los distintos Estados que forman la organización; ello exige que ambos ordenamientos, el estatal y el supranacional, deban articularse entre sí" (López Guerra: 116). Las fuentes supranacionales constituyen una "*nueva Constitución material*, la de la integración", un "nuevo ordenamiento jurídico" que reformula la estructura del sistema de fuentes y que da origen a un "derecho constitucional de la integración" (Dromi San Martin) que tiene como ejes la "comunitarización del derecho constitucional" (Berranger) y la "constitucionalización del derecho comunitario" (Gerkrath).

4.2.1 Base constitucional de la incorporación de las fuentes supranacionales.

La base constitucional de la incorporación de las fuentes supranacionales en el ordenamiento interno es el artículo 26.5 de la Constitución que dispone que "el Estado podrá suscribir tratados internacionales (…) para atribuir a organizaciones supranacionales las competencias requeridas para participar en procesos de integración". Queda claro, en consecuencia, "como es por lo demás característico del Derecho internacional, con saber que el Estado no puede oponer condicionamientos derivados de su Derecho interno" (Cruz Villalón: 143). El acto expresamente autorizado en la Constitución de transferencia de competencias soberanas a organizaciones supranacionales es un acto de soberanía estatal y no implica renuncia a la misma. En este sentido, "se debe abandonar la idea de que la transferencia de derechos soberanos a una unión supranacional retira total o parcialmente la soberanía del Estado que realiza la transferencia a través de un tratado de Derecho internacional, es decir, el Estado que es el actor mediante la cesión no renuncia a su soberanía. La adhesión a un tratado de Derecho internacional, que vincula al Estado jurídicamente, es un acto de soberanía. Como no renuncio a mi libertad, cuando entro en una asociación o una empresa mercantil y me vinculo a ellas, del mismo modo el Estado no renuncia a su soberanía cuando transfiere derechos soberanos, competencias o facultades para su ejercicio conjunto a una unión supranacional, incluso aunque se trate de muchos e importantes derechos soberanos (Starck 2021: 30).

4.2.2 Los principios del derecho supranacional. Varios principios permiten tipificar un Derecho y un orden supranacional.

4.2.2.1 Aplicación del derecho derivado supranacional. Cuando los tratados constituyen organizaciones internacionales, siempre dichos tratados constitutivos facultan a tales organizaciones, que tienen una personalidad jurídica propia distinta a la de sus Estados miembros, a expresar, a través de los órganos competentes y mediante actos dictados al efecto, dicha voluntad. Esos actos, denominados decisiones, declaraciones, reglamentos, directivas, resoluciones, recomendaciones, normas, etc., generalmente constituyen meras recomendaciones mediante las que se invita a los Estados miembros para comportarse en un determinado sentido, incumbiéndole a éstos únicamente la obligación de apreciar de buena fe la posibilidad de observar lo recomendado. Tal es el caso de las *resoluciones de la Asamblea General de las Naciones Unidas* que constituyen recomendaciones (artículo 10 a 14 de la Carta de las Naciones Unidas) carentes de fuerza obligatoria *per se*, aunque desempeñan un importante rol en los procesos de codificación y desarrollo progresivo del derecho internacional y, por tanto, indirectamente alimentan el proceso de aplicación de las normas del derecho internacional por el juez. Así, aún siendo recomendaciones, las resoluciones 2625 (XXV), del 24 de octubre de 1970, y la 3314 (XXIX) del 14 de diciembre de 1974, de la Asamblea General de las Naciones Unidas, declararon el Derecho consuetudinario en materia de recurrir al uso de la fuerza, intervención en asuntos internos y definición de agresión, tal como admitió la Corte Internacional de Justicia en el asunto de las actividades militares y paramilitares en y contra Nicaragua (1986). Del mismo modo, la resolución 1962 (XVIII) del 13 de diciembre de 1963, cristalizó los principios jurídicos que debían regir la actividad de los Estados en el uso y exploración del espado ultraterrestre, en tanto que la resolución 1514 (XV) del 14 de diciembre de 1960 constituyó la base del proceso de descolonización.

Ahora bien, existe una gama de actos de carácter normativo adoptados por organizaciones internacionales con *potestad normativa* en el ámbito de sus competencias en virtud de sus tratados constitutivos. Algunas de esas resoluciones son obligatorias en todos sus términos y directamente aplicables en los ordenamientos jurídicos de los Estados miembros, como ocurre con las dictadas por los órganos de organizaciones de integración, a cuyas instituciones los Estados miembros han transferido competencias tradicionalmente reservadas al ámbito exclusivo de su poder soberano. El ejercicio de este poder normativo por parte de los órganos de esas organizaciones comunitarias origina un *derecho derivado*, integrado por las normas emanadas de las instituciones comunitarias, y cuyas condiciones de validez vienen exclusivamente dictadas por el sistema jurídico comunitario y cuya aplicabilidad se rige así mismo por las disciplina de los tratados constitutivos de dichas organizaciones. Este derecho derivado es integrado automáticamente al ordenamiento y puede, incluso, contradecir a la Constitución, lo que se infiere del carácter de normas irreversibles de los tratados constitutivos de derecho comunitario, como ha declarado el

Tribunal de Justicia de las Comunidades Europeas (*Costa/Enel y Simmethal*, Sentencias del 15 de julio de 1964 y 9 de marzo de 1978, respectivamente).

4.2.2.2 El principio del efecto directo. Las normas jurídicas del Derecho supranacional deben ser aplicadas por todas las autoridades supranacionales y nacionales, incluidos los jueces. El ordenamiento supranacional, por disposición expresa de los tratados constitutivos de los entes supranacionales productores de normas y de actos, no exige medida alguna por parte del Estado para poder ser aplicado. Como bien ha afirmado el Tribunal de Justicia europeo, "las reglas de Derecho Comunitario deben desplegar la plenitud de sus efectos de manera uniforme en todos los Estados miembros, a partir de su entrada en vigor y a lo largo de toda la duración de su validez; de este modo, estas disposiciones constituyen una *fuente inmediata de derechos y de obligaciones* para todos los afectados por ellas, bien se trate de Estados miembros o de particulares que sean parte en relaciones jurídicas que incumben al derecho comunitario" (STJE *Simmenthal* 1978).

4.2.2.3 El principio de primacía. Ante un conflicto entre el derecho supranacional y el derecho nacional, los operadores jurídicos deben aplicar siempre de forma preferente la norma supranacional. Y es que, una vez los Estados partes del tratado constitutivo del ente supranacional ceden parte del ejercicio de sus competencias a dicho ente, la actuación del ente debe ser uniforme en todos los Estados miembros del orden supranacional y no debe verse condicionada por la actuación o las normas de uno de estos Estados. De ahí que cualquier autoridad nacional, ante un conflicto entre una norma supranacional y una norma nacional, debe aplicar la primera, sin importar el rango de la norma nacional y sin necesidad de esperar la remoción previa por la vía que fuese de la norma nacional. Ahora bien, las normas supranacionales no pueden prevalecer sobre los *derechos fundamentales* constitucional e internacionalmente reconocidos ni vulnerar los principios básicos pertenecientes al *núcleo supraconstitucional intangible* configurado por el artículo 268 de la Constitución. De ahí que es preciso que el orden supranacional, como lo ha admitido el Tribunal de Justicia europeo, a partir de la Sentencia *Stauder/Ulm* (1969), integre los derechos fundamentales como principios generales que debe respetar el orden supranacional hasta tanto este orden cuente con una verdadera Constitución.

4.2.3 Los límites del derecho supranacional. El artículo 268 de la Constitución prohíbe reformar la forma de Gobierno "que deberá ser siempre civil, republicano, democrático y representativo". No es que tales reformas no pueden ser hechas. Es sencillamente que no pueden hacerse bajo el marco de esta Constitución sino de otra, fruto de una revolución o de un cambio de Constitución. De ahí que el derecho supranacional ni las competencias cedidas a los entes supranacionales pueden afectar este "*core*", este *núcleo intangible*. Esta supra-Constitución (ALAEZ CORRAL) está compuesta por el principio del gobierno democrático, republicano, civil y representativo, por los principios de estatalidad y unidad territorial y los derechos fundamentales constitucional e internacionalmente reconocidos. Como bien ha establecido el Tribunal Constitucional alemán, el proceso de transferencia de competencias soberanas a organizaciones supranacionales no puede conllevar la vulneración de las estructuras básicas del orden constitucional republicano (BverfGE 73, 339, (*Solange* II), Decisión del 22 de octubre de 1986).

4.2.4 Control de constitucionalidad del derecho supranacional. ¿Qué ocurre cuando hay una colisión entre el derecho supranacional y el derecho nacional de rango constitucional? La cuestión no plantea problemas cuando el Derecho supranacional está compuesto por normas reconocedoras o garantizadoras de derechos fundamentales pues en ese caso, como ya hemos visto, se aplica la norma más favorable a la persona (artículo 74.4 de la Constitución). Y si la colisión se produce entre las normas supranacionales y la supra-Constitución material no hay dudas de que prevalece el *núcleo constitucional intangible* incluso para el poder de reforma en virtud del artículo 268 de la Constitución. Ahora bien, salvo estos supuestos excepcionales, las posibles contradicciones entre los tratados constitutivos de ordenes supranacionales y las normas internas se solventan con arreglo a *criterios de aplicabilidad*, prevaleciendo en todo caso la aplicación de aquellos frente a la de éstas, por más que las normas internas continúen siendo plenamente válidas, dado que al encuadrarse en sistemas normativos diferentes y carecer por ello de una norma común y superior a ambos, los tratados y las normas internas no responden en ningún caso a las mismas condiciones de validez, de manera que toda contradicción ha de resolverse en clave de aplicación, esto es, a favor de la norma supranacional, al disponer tanto el sistema internacional general —que el artículo 26.1 de la Constitución recoge— como el propio ordenamiento supranacional que, frente a una obligación internacional no cabe oponer excepción alguna derivada del sistema normativo interno (Requejo Pagés: 65). De todos modos, el tema no es pacífico y permanece abierta la cuestión de qué prima, si un orden supranacional cuya supremacía no distingue niveles en el seno del Derecho interno o si una Constitución cuya normatividad supone su supremacía en todo momento.

4.2.5 El caso de la CADH como derecho supranacional. La Convención Americana sobre Derechos Humanos instaura un verdadero orden supranacional.

4.2.5.1 La Corte IDH como órgano supranacional. La República suscribió y ratificó la CADH y aceptó la competencia de la Corte Interamericana en 1999. Como bien afirma el maestro Agustín Gordillo, con relación a Argentina, "el país ha reconocido pues en forma expresa la jurisdicción de un tribunal internacional de justicia, con competencia para dictar sentencias en su contra en caso de desconocimiento por éste de las garantías individuales mínimas de sus propios habitantes. Ello se ha hecho extensivo a las opiniones consultivas, y pronto tomará también inevitablemente la jurisprudencia de otros tribunales, en especial el europeo de Derechos Humanos". El derecho que emana de este tribunal y el que le sirve de sustento es "un verdadero derecho supranacional, con todas las notas propias de un orden jurídico supremo". "La Convención […] como derecho supranacional, elimina, obviamente, el dogma del poder interno de cada país —o gobierno— como poder incondicionado e ilimitado: el precio de ser parte de la comunidad civilizada es reconocer el respeto a sus mínimas normas de convivencia y comportamiento en el plano interno" (Gordillo: VI-26 y 27). En este sentido, la Suprema Corte de Justicia ha establecido que "es de carácter vinculante para el Estado dominicano, y, por ende, para el Poder Judicial, no solo la normativa de la

Convención Americana sobre Derechos Humanos, sino sus interpretaciones dadas por los órganos jurisdiccionales" (Resolución 1920-2003 del 13 de noviembre de 2003). Es claro entonces que la Corte IDH es también "interprete constitucional" (FERRER MAC-GREGOR: 212-216).

4.2.5.2 Invalidación de los actos contrarios al derecho supranacional. Los Estados signatarios de la Convención Americana se han obligado *ipso jure* "a respetar los derechos y libertades reconocidos en ella" (artículo 1.1) y "a garantizar su libre y pleno ejercicio" a través de la tutela jurisdiccional y por aplicación directa de los tratados y sus principios, sin perjuicio de la obligación que tienen de instrumentarlos con los mecanismos complementarios que fueren necesarios para darle operatividad y aplicación directa e inmediata (artículo 2). Pero las normas del Derecho supranacional son también *normas internas*, vigentes, operativas, aplicables de pleno derecho a toda situación que quepa encuadrar en éstas. Por tanto los jueces deben cumplirlas y acatarlas, al igual que el resto de los poderes públicos, sin perjuicio de la aplicación que de estas normas supranacionales harán los jueces supranacionales en su momento. El tribunal nacional tiene la obligación de invalidar toda actuación o comportamiento estatal o privado que se haya apartado del derecho supranacional mediante el ejercicio del *control de convencionalidad,* que estudiaremos en el Capítulo 6.

Por su parte, la Corte IDH está especialmente facultada no sólo para declarar la antijuridicidad de la conducta y anular los pronunciamientos que se aparten de lo prescripto en la Convención, sino también para aplicar *sanciones pecuniarias* a favor de la persona humana cuyos derechos fundamentales han sido violados por actos, hechos u omisiones de su propio país en el plano interno.

4.2.5.3 Supremacía de la CADH. "No tiene ningún sentido resolver el sometimiento a un orden jurídico supranacional, y a un tribunal con competencia formal para aplicarlo y sancionar al incumplidor, para luego pretender la supuesta supremacía del orden local sobre el orden internacional. La existencia de la Convención Americana sobre Derechos Humanos nos plantea el deber ético de una resuelta *integración en la comunidad universal civilizada*: nos obliga a reconocernos a todos y a cada uno de nosotros mismos la condición de ser humano: ello, en términos de convicción que supere los límites de la nacionalidad. Así como ninguna 'nacionalidad' o norma nacional, o carencia de norma nacional, puede hoy en día ser argumento válido para declararse esclarecido y honroso partidario de la esclavitud, la tortura, el asesinato de niños, el genocidio, la persecución de las minorías, etc., así también en pocas décadas más el nuevo milenio deberá verificar en la experiencia que tampoco puede 'jurídicamente' argüirse un 'Derecho' interno, así sea constitucional, para justificar la lesión de un derecho supranacional en materia de garantías y derechos y libertades públicas mínimas de cada individuo en su propio país" (GORDILLO: VI-32).

La *supremacía del orden supranacional sobre el orden interno* no puede ser sino supremacía jurídica, normativa, provista de fuerza coactiva, de imperatividad. Tanto la coacción interna provista por el sistema jurídico nacional como la externa provista por la vía jurisdiccional prevista en la CADH son los medios a través de los cuales los órganos jurisdiccionales nacionales y supranacionales hacen efectiva tal imperatividad.

4.2.5.4 Aplicación directa de las normas supranacionales. Haya o no ley nacional que reglamente los preceptos del derecho supranacional, la CADH debe aplicarse sin necesidad de intermediarios normativos. "Se debe pues cumplir lisa y llanamente los contenidos de la Convención en forma directa, inmediata, sin ambages ni intermediarios superfluos" (Gordillo: VI-33).

4.2.5.5 Sentencias de la Corte IDH y cosa juzgada. "Las sentencias de la Corte Interamericana de Derechos y sus criterios interpretativos deben ser aceptados e implementados por los tribunales internos, quedando entregados los medios procesales a los que determine el Estado parte como convenientes para asegurar el resultado y cumplimiento de lo determinado por el tribunal supranacional. Así el Estado Parte y sus órganos, incluidos entre estos últimos los tribunales de justicia competentes, deben dar ejecución a las sentencias, debiendo realizarse una revisión nulificadora de las resoluciones judiciales internas consideradas contrarias a los derechos esenciales por el tribunal supranacional, como es el caso de la Corte Interamericana de Derechos Humanos. Es indispensable que los Estados arbitren las medidas necesarias para que se dé cumplimiento de buena fe a las resoluciones jurisdiccionales de la Corte Interamericana y de otros tribunales supranacionales o internacionales a los cuales los Estados les hayan reconocido competencia jurisdiccional, ya que ellos son tribunales que se han incorporado al ordenamiento jurídico interno con potestad de revisión de las sentencias de los tribunales jurisdiccionales nacionales. Ello implica, con un mínimo de coherencia, que no existe cosa juzgada material hasta que el tribunal internacional o supranacional que el Estado ha dotado de potestad jurisdiccional se pronuncie o prescriba la acción para recurrir ante el mismo" (Nogueira Alcalá 2000: 221).

5. LA LEY

La *elaboración de las normas legislativas* es una de las funciones principales –aunque no la única– que la Constitución atribuye al Congreso. El Poder Legislativo se expresa esencialmente en esta función de elaboración de la legislación, es decir, en el ejercicio de esta competencia constitucionalmente reconocida pero encuadrada que corresponde al Congreso de establecer las normas jurídicas de primer rango. La Constitución contribuye de cuatro modos a este encuadramiento, pues ésta (i) define las características esenciales de la ley en tanto norma jurídica; (ii) delimita el dominio que le es específico; (iii) implícitamente determina la fuerza inherente a la ley; y (iv) establece el procedimiento de elaboración de las leyes. Veamos estos cuatro aspectos a continuación…

5.1 Definición y características

La ley y el reglamento se caracterizan por tres características que le son comunes pero que, por la supremacía jerárquica de la ley en el sistema de fuentes, deben estar presentes en el caso de la ley con mayor intensidad y vigor: (i) su generalidad; (ii) su obligatoriedad; y (iii) su permanencia. Veamos en detalle cada una de estas tres características de la ley…

5.1.1 El carácter general. La ley es de carácter *general*, lo que significa dos cosas. En primer lugar, la ley es emitida *in abstracto*, sin relación a un caso actual o particular, para abarcar a todos los casos de la misma naturaleza que puedan presentarse en el futuro y que sean comprendidos bajo los términos o hipótesis contemplados por la ley. En segundo, la ley es una decisión que no se toma con respecto a uno o más individuos determinados, sino que está concebida sin referencia a personas, con la finalidad de aplicarse a todos los individuos comprendidos en la hipótesis prevista en el texto. Esto no significa, sin embargo, que la ley debe recibir un número más o menos considerable de aplicaciones. No. Puede ocurrir que la hipótesis a la que se refiere *in abstracto* una ley no acontezca en la vida real más que una sola vez, lo cual no es óbice para que dicha ley se aplique en el futuro si se repite la situación por ella contemplada, siendo de carácter general toda norma que sea susceptible de ser aplicada un número indeterminado de veces. Por otro lado, la generalidad no implica que la ley se refiera indistintamente a todos los individuos, pues existen numerosas leyes que sólo toman en cuenta a determinadas categorías de personas: así el Código de Comercio solo rige a los comerciantes y el Código de Trabajo sólo aplica a los empleadores y empleados. En la práctica, una ley puede aplicar a un escaso número de personas. Lo que caracteriza a la ley es que estatuye impersonalmente, o sea, que no regula la situación de determinadas personas, sino que rige a todas aquellas a quienes su contenido se refiera. Es este uno de los sentidos en que debe entenderse la norma constitucional de que "*la ley es igual para todos*" (artículo 40.15).

El carácter general de la ley se desprende de una tradición jurídica bimilenaria. Aristóteles decía que "la ley siempre dispone por vía general y no prevé los casos accidentales", precepto confirmado por los juristas romanos Papiniano, Celso y Ulpiano. Modernamente, es Rousseau quien ofrece la teoría más acabada de la generalidad de la ley. Según *El Contrato Social* la ley es la expresión de la voluntad general, voluntad que es general en un doble sentido: porque es la voluntad del pueblo entero a quien corresponde la soberanía de legislar y porque su objeto es general en la medida en que tiene un ámbito y un interés general. De modo que, para Rousseau, el pueblo sólo puede expresar voluntad general sobre objetos generales, asuntos que conciernen a la comunidad entera, estándole prohibido legislar sobre objetos particulares. La doctrina de la generalidad de la ley es acogida por los hombres de la Revolución francesa. Así, Portalis, en su Discurso preliminar sobre el Código Civil, afirmaría: "La ley estatuye para todos: considera a los hombres en masa, y nunca como particulares; no debe inmiscuirse en los hechos individuales… La ley es una declaración solemne de la voluntad del soberano, respecto a un objeto de interés común". Los constitucionalistas franceses y alemanes, entre los que cuentan Esmein, Duguit, Jeze, Barthelemy, Meyer y Mayer, así como los grandes civilistas franceses Planiol, Geny, Capitant y Mazeaud, todos coinciden en que la ley es una regla general, impersonal y abstracta, que no se hace para regir una especie o caso particular, sino que es un conjunto de disposiciones que se dicta con la vocación de regir permanentemente un número indeterminado e indefinido de actos, hechos y personas (citados por CARRÉ DE MALBERG: 272-284).

Como brillantemente ha señalado Carl Schmitt, solo comprendiendo que la generalidad es una característica esencial de la ley es posible aprehender en toda su significación y repercusiones el principio de *separación de poderes*. Mientras es a través de la ley general y abstracta que se desenvuelve la actividad legislativa del Estado, el decreto y la sentencia, que estatuyen a título particular, son los actos mediante los cuales se manifiesta la administración y la justicia. "Cuando ciertos órganos son competentes para la regulación constitucional para emitir leyes dentro de un cierto procedimiento, es claro que se da por supuesto un previo concepto de Ley. Sería un abuso político y una prestidigitación lógica invertir la relación y designar como Ley ("Ley en sentido formal") sencillamente todo lo que hagan dentro del procedimiento legislativo los órganos competentes para legislar [...]. Cuando se fija por Ley constitucional quién debe dar leyes, esto no significa, es claro, que este Legislador deba utilizar el procedimiento legislativo para fallar procesos y ejecutar actos administrativos y de gobierno. En un Estado de Derecho debe imperar 'la Ley' y estar colocada la total actividad del Estado bajo la reserva de la Ley. Con eso quiere impedirse precisamente que las instancias competentes para legislar coloquen su propio imperio en el lugar del imperio de una norma, al no distinguirse mandatos arbitrarios, medidas y órdenes, de las 'leyes'. Un simple *concepto formal de Ley*: Ley es lo que disponen los órganos legisladores en vías del procedimiento legislativo, haría del imperio de la Ley un absolutismo de los órganos legislativos, suprimiendo toda distinción entre Legislación, Administración y Justicia. Si eso fuera el Derecho constitucional vigente hoy, toda la lucha del Estado de Derecho contra el absolutismo del Monarca habría terminado, introduciéndose, en lugar del absolutismo monárquico, el absolutismo de mil cabezas de los partidos políticos que en cada momento se encontrasen en mayoría" (Schmitt: 159).

El Estado de derecho y sus garantías fundamentales presuponen la generalidad de la ley. Si la ley pudiese válidamente ser particular, la independencia del juez perdería toda su razón de ser porque éste pasaría a ser un mandatario del legislador, de quien recibiría mandatos y órdenes que debería cumplir, convirtiéndose entonces el legislador en un superior jerárquico del juez. La generalidad de la ley es, pues, consustancial a la independencia judicial. Del mismo modo, el *principio de legalidad*, esencial en materia penal y en materia tributaria, para la determinación del hecho punible y el hecho tributario, quedaría anulado si la ley fuese particular: una persona podría ser condenada penalmente o sujeta al poder coactivo fiscal del Estado en virtud de leyes concretas y dirigidas y no de normas generales y abstractas que contemplen situaciones típicas que son el supuesto de la pena y del tributo. Lo mismo ocurre con la *igualdad*. "La igualdad ante la Ley es inmanente al concepto de Ley propio del Estado de Derecho, es decir, Ley es sólo la que contiene en sí misma la posibilidad de una igualdad, siendo, así, una norma general. Ante un mandato particular no hay igualdad ninguna, porque está determinado en su contenido por la situación individual del caso concreto, mientras que la Ley en el sentido del Estado de Derecho significa una regulación normativa, dominada por la idea de la Justicia, y cuya igualdad significa Justicia. El concepto bien entendido de igualdad está inseparablemente ligado al concepto bien entendido de ley. Dondequiera que se adopten mandatos especiales o simples medidas, se excluye con eso la consideración de ley y de igualdad. La disposición: el señor X será expulsado del país, no es cosa en que se pueda hablar de 'igualdad'; sólo afecta a una persona individual, a un hecho aislado y se agota en ese mandato. Es absurdo decir, ante el mandato concreto de que el señor X sea expulsado del país, que todos los alemanes podrían serlo igualmente. Ni el señor X, a quien afecta el mandato, ni cualesquiera otras personas no afectadas por él, pueden ser designadas en este caso como 'iguales'. La igualdad sólo cabe allí donde, al menos, puede quedar afectada una mayoría de casos, esto es, se produce una regulación general" (SCHMITT: 162).

La generalidad de la ley es consustancial a la noción tan cara al constitucionalismo occidental de que el Estado de derecho consiste en un *gobierno de leyes* y no de hombres. Cuando obedecemos las leyes generales y abstractas, no estamos sujetos a la voluntad de otro hombre y, por tanto, somos libres. Es debido al hecho de que el legislador no conoce los casos particulares a quienes sus normas aplicarán y porque el juez que las aplica no tiene otro camino que derivar las debidas conclusiones del cuerpo existente de normas y de los hechos particulares del caso que podemos decir que son las leyes y no los individuos los que gobiernan en un Estado de derecho. La ley es no arbitraria porque ésta es elaborada en ignorancia del caso particular y ninguna voluntad humana decidirá en torno a la coerción necesaria para aplicarla. Aparece así la generalidad de la ley como un requisito indispensable para la seguridad jurídica, para la *sureté* como condición de la libertad de que nos habla Montesquieu, es decir, para la posibilidad de que cada individuo pueda predecir las consecuencias de sus acciones (HAYEK).

Hay quienes se oponen a la conceptualización material de la ley antes referida. Así, Ignacio de Otto entiende que "tiene carácter de ley todo lo acordado por el órgano legislativo mediante el procedimiento correspondiente, con total independencia de cuál sea su contenido". Según este *concepto formal de la ley*, muy extendido en la doctrina constitucional, lo que tipifica como ley a una manifestación de voluntad del Estado es el hecho de que revista la forma de ley, independientemente de sobre qué verse la ley o de qué modo disponga ésta. "Con este concepto es ley la que regula las relaciones contractuales entre los ciudadanos, pero también lo es la que ordena que alguien en concreto sea expropiado, la que cambia el nombre de una provincia, la que concede una pensión vitalicia a alguien en singular, o la que atribuye a una persona singular y determinada la nacionalidad española. La ley no se diferencia de los demás actos más que por su forma y la legislación no tiene un contenido propio y específico distinto del de las demás funciones del Estado. Una ley no deja de serlo porque su contenido sea un acto administrativo o incluso una sentencia.". Para de Otto, la construcción dogmática del concepto material de la ley corresponde al Estado legal, al Estado sin Constitución, donde la única manera de limitar la *omnipotencia parlamentaria* "era concebir la ley no como cualquier cosa que el legislador disponga en forma de ley, […] sino tan solo lo que se disponga sobre ciertas materias, por ejemplo sobre la libertad o la propiedad de los individuos, o con ciertas modalidades de estructura, por ejemplo en términos generales o abstractos". Al transitar hacia el Estado de derecho, el Estado con Constitución, la limitación del legislador a través del concepto material de la ley pierde sentido porque el cuerpo legislativo debe respetar los límites sentados por la Constitución. "Estos límites, sin embargo, no guardan relación alguna con el concepto de ley. Si los límites constitucionales se vulneran, la ley será inconstitucional con todas las consecuencias, pero será de todos modos ley y habrá de ser tratada y considerada como tal en tanto no se declare su inconstitucionalidad" (Otto: 162-164). Donde el legislador ha dejado de ser omnipotente en virtud de los límites constitucionales, ya no es de interés práctico limitarlo imponiendo una serie de condiciones sustantivas al producto de su actividad: si el legislador dicta una sentencia por ley, la ley será inconstitucional no porque sea un mandato particular o concreto sino porque es a los tribunales a quienes, en virtud de la Constitución, corresponde la potestad jurisdiccional.

Por su parte, la jurisprudencia española ha admitido la validez de las *leyes singulares*. Así, el Tribunal Supremo, mediante decisión del 16 de julio de 1985, ha afirmado lo siguiente: "Una ley medida es una ley que se promulga para resolver un problema concreto, con una potencialidad normativa limitada a ese problema, por lo que, al ser resuelto, produce de hecho la consunción de la norma, asemejándose en esto más al acto administrativo que a la disposición de carácter general. Se trata de un caso en el que entre el mismo y la norma se produce una relación inmediata y directa, y en la que ésta ni necesita exégesis, ni ayuda o complemento en otras disposiciones, puesto que ha sido creada y concebida para resolver ese problema". Por su parte, el Tribunal Constitucional español afirma que las leyes singulares "son aquellas dictadas en atención a un supuesto de hecho concreto y singular que agotan su contenido y eficacia en la adopción y ejecución de la medida tomada por el legislador ante este supuesto de hecho, aislado en la ley singular y no comunicable con ninguno, sin que el dogma de la generalidad de la ley sea obstáculo insalvable que impida al legislador dictar, con valor de ley, preceptos específicos para supuestos únicos o sujetos concretos" (STC 163/1986).

Hay quienes entienden, sin embargo, que hoy más que nunca se hace necesario acudir a un *concepto material de la ley* y ello por diversas razones. En 1928, nos recordaba Carl Schmitt: "Imperio de la Ley significa, ante todo y en primer término, que el Legislador mismo queda vinculado a su propia Ley y que su facultad de legislar no es el medio de una legislación arbitraria. La vinculación del Legislador a la Ley es posible, sin embargo, sólo en tanto que la Ley es una norma con ciertas propiedades: rectitud, razonabilidad, justicia, etc. Todas estas propiedades presuponen que la Ley es una norma general. Un Legislador cuyas medidas concretas, órdenes especiales, dispensas y quebrantamientos, valgan también como leyes, al igual que sus normaciones generales, no está ligado a su Ley en ninguna forma concebible; la 'vinculación a la Ley' es una expresión sin sentido para aquellos que pueden hacer 'leyes' arbitrarias". Y añadía un Schmitt desesperanzado: "Todas las otras características de la Ley, como disposición racional-substancial, justa y razonable, se han hecho hoy relativas y problemáticas; la fe jusnaturalista en la Ley de la Razón y la Razón en la Ley ha declinado en gran medida. Lo que preserva al Estado de Derecho de su completa disolución en el absolutismo de las cambiantes mayorías parlamentarias es el resto de respeto que todavía se da en la realidad hacia ese carácter general de la Ley" (Schmitt: 150 y 163).

Más de siete décadas después de haber escrito Schmitt estas premonitorias palabras, el "resto de respeto" hacia la generalidad de la ley se ha esfumado. Como bien expresa Zagrebelsky, al influjo de la *legislación social* y no obstante los fenómenos de la desregulación, la privatización y el triunfo de la economía de mercado, "la época actual viene marcada por la 'pulverización' del derecho legislativo, ocasionada por la multiplicación de leyes de carácter sectorial y temporal, es decir, 'de reducida generalidad o de bajo grado de abstracción', hasta el extremo de las leyes-medida y las meramente retroactivas, en las que no existe una intención 'regulativa' en sentido propio: en lugar de normas, medidas. Sintéticamente, las razones de la actual desaparición de las características 'clásicas' de la ley pueden buscarse sobre todo en los caracteres de nuestra sociedad, condicionada por la amplia diversificación de grupos y estratos sociales que participan en el 'mercado de las leyes'. Dichos grupos dan lugar a una acentuada diferenciación de tratamientos normativos, sea como implicación del principio de igualdad del llamado 'Estado social' (para cada situación una disciplina adecuada a sus particularidades), sea como consecuencia de la presión que los intereses corporativos ejercen sobre el legislador. De ahí la explosión de legislaciones sectoriales, con la consiguiente *crisis del principio de generalidad*. La creciente vitalidad de tales grupos determina además situaciones sociales en cada vez más rápida transformación que requieren normas jurídicas ad hoc, adecuadas a las necesidades y destinadas a perder rápidamente su sentido y a ser sustituidas cuando surjan nuevas necesidades. De ahí la crisis del principio de abstracción" (Zagrebelsky: 37).

Como bien expresa Francisco Rubio Llorente, para garantizar el *control judicial de la constitucionalidad* de las leyes no basta con establecer en el ordenamiento dicho control sino que "es necesario, además, que la estructura de la Ley haga posible este control y, al menos en relación con el *principio de igualdad* (por lo demás el más poderoso instrumento que la Constitución pone en manos del juez) éste no es posible cuando la formulación legal no permite al juez apreciar si ésta incluye situaciones, que en atención a su finalidad, deberían quedar excluidas, o, por el contrario, excluye otras que debió incluir, o por último, y sobre todo, mantiene una adecuada proporcionalidad entre las diferencias fácticas que toma en cuenta para establecer un régimen jurídico que se aparta del común y la intensidad de esa desviación" (Rubio Llorente: 329). En otras palabras, la declaratoria de inconstitucionalidad o la inaplicación por inconstitucional de una ley que viola el principio de igualdad se hace imposible en presencia de *leyes de caso único*, de simples medidas que se promulgan por referencia no a un género de personas, o bienes, o situaciones, sino a un caso concreto.

El terrible dilema que revela Rubio Llorente es que si el principio de igualdad establecido en la Constitución implica que ninguna persona puede ser constreñida a cumplir con lo que no ha sido objeto de reglamentación legal; que la ley es general en cuanto a su aplicación y que no rige para casos particulares o para individuos o grupos de individuos; y que esta igualdad sólo admite las diferencias jurídicas que tengan una justificación racional y objetiva, "es indispensable que las normas que establecen un régimen diferenciado [...] estén redactadas en términos que, efectivamente, hagan posible la comparación, sin la cual jamás podrá determinarse la *objetividad y racionalidad* (o *racionabilidad*) de la diferenciación". La igualdad ante la ley requiere la generalidad y abstracción de la ley pero la existencia misma de la jurisdicción que pueda declarar inconstitucional una ley por su falta de generalidad "exige que las leyes tengan una estructura abstracta sin la cual se burlaría el control jurisdiccional." (Rubio Llorente: 329). Ahora bien, el uso de definiciones abstractas en la ley no protege totalmente y per se contra la arbitrariedad ya que éstas pueden perfectamente utilizarse para delimitar artificiosamente grupos sociales cuya composición concreta se conoce a priori, de modo que la norma es dictada para unas personas determinadas y no para una situación típica. En todo caso, algo es mejor que nada: es preferible que el legislador se vea obligado a guardar las formas de la estructura de la ley a que bajo la etiqueta de ley cuele cualquier decisión arbitraria. No es que baste que la ley sea abstracta para que sea justa, razonable e igualitaria. Pero siendo general y abstracta, se reduce a un mínimo el peligro de que la ley sea injusta, irrazonable y desigual.

Es cierto que, como bien afirma Ignacio de Otto, "el hecho de que una norma sea general –en contraposición a individual– es decir, que sus destinatarios estén genérica y no individualmente determinados, no es en absoluto garantía de que esa igualdad se haya respetado". Pero no menos cierto es que una ley cuyos términos sean generales y abstractos permite al juez determinar con mayor seguridad y precisión si se ha violado o no el principio constitucional de la igualdad. Es cierto también, como bien señala el mismo autor, que el principio de igualdad no resulta siempre violado cuando se dicta una ley individual, pues "no hay ninguna razón para admitir que en principio cabe justificar una desigualdad entre categorías y que, en cambio, no cabe tal justificación cuando la desigualdad se establece para un solo individuo concreto" (Otto: 181). Una *ley individual*, sin embargo, aunque no viole la igualdad constitucional, resulta inconstitucional en tanto viola la generalidad de la ley que es fundamento de la separación de poderes: cuando el legislador legisla para el caso concreto y la persona en particular se inmiscuye en el terreno ejecutivo. En todo caso, la generalidad de la ley es presupuesto para apreciar el respeto del canon constitucional de la igualdad.

Quienes defienden la generalidad como característica constitucional de la ley, no propician un Estado abstencionista, a la Hayek, simple vigilante nocturno. El *Estado social de derecho* ordenado por la Constitución exige intervenir activa y dinámicamente en la vida social lo cual no siempre puede hacerse en términos de una absoluta y pura generalidad. La vida moderna requiere leyes de vigencia temporal limitada, leyes que favorezcan a un sector social determinado, que incentiven una determinada actividad en detrimento de otra, o que formulen una regulación diferencial con vistas a eliminar discriminaciones históricamente toleradas y hoy inaceptables. Ahora bien, como nos recuerda Rubio Llorente, "la aceptación de una *legislación particularizada y coyuntural* mediante la que el Estado altera las reglas de juego social o crea reglas que no se aplican a todos por igual, no puede hacerse, sin embargo, en términos tales que se hayan de sacrificar, en aras de las finalidades que una legislatura estima deseables, los fundamentos sobre los que se asienta el Estado y reposa la legitimidad del poder de esos mismos legisladores. La generalidad absoluta puede romperse en atención a situaciones reales y concretas, pero estas situaciones reales han de ser definidas por el legislador en términos abstractos. […] Es evidente que sólo una definición abstracta de las condiciones o situaciones en razón de la cual se atribuyen determinados derechos, o se limitan o restringen los que fuera de ellas se tendrían, hace necesaria una actuación administrativa de aplicación y sólo así esta actividad de la Administración puede ser controlada por el juez" (Rubio Llorente: 327-328).

¿Cómo saber cuándo el legislador del Estado social de derecho vulnera el carácter general de la ley? Un ejemplo podría ser ilustrativo. La ley puede definir *in abstracto* cuáles son las características materiales en virtud de las cuales determinadas zonas geográficas pueden ser declaradas por la Administración patrimonio cultural, parques nacionales o zonas de especial protección ambiental, con el establecimiento de limitaciones a los derechos de los propietarios comprendidos en esas zonas. Pero si la ley, en ausencia de toda definición abstracta previa de cuáles son esas zonas que podrán declararse de especial protección, pasa a limitar los derechos de los propietarios de predios comprendidos en zonas concretas, se vulnera el carácter de generalidad de la ley. En este caso, "la actuación administrativa, en la medida en que sea necesaria, consiste en la puesta en práctica de una *decisión concreta*, no en la aplicación de una norma y, en consecuencia, no implica examen alguno de la concurrencia en el caso de los rasgos establecidos en términos genéricos por el legislador que pueda ser controlada por el juez" (RUBIO LLORENTE: 328). Más aún se arguye que, si se carece de una concepción material de la estructura de la ley, al juez le será, además, sumamente difícil cuestionar la constitucionalidad de una ley que responda a esa estructura.

Esta distinción entre formulación general de la ley por parte del legislador y aplicación concreta de la misma por el ejecutivo, subyacente detrás de la conceptualización material de la ley como norma general y abstracta, podría ser encontrada en el régimen constitucional de la *expropiación*. La Constitución establece que una persona puede ser expropiada por causa de utilidad pública o interés social. Una ley votada por el Congreso Nacional regula las condiciones y trámites de la expropiación. Ahora bien, sólo el Poder Ejecutivo, en cumplimiento de las disposiciones de esa ley, puede proceder a una expropiación concreta, la cual nunca podrá ser hecha por ley sin vulnerar el carácter de generalidad de la misma, base y presupuesto del principio de la separación de poderes. La expropiación, al poner en juego un derecho fundamental como la propiedad, es una muestra de la dinámica de los poderes públicos: el legislador traza las normas generales que rigen la expropiación; el ejecutivo lleva a cabo expropiaciones concretas en los casos en que se reúnen las condiciones generales exigidas por la ley; y el juez interviene en los casos en que sea necesario fijar el monto de la indemnización previa a la expropiación. Si se admitiera que el legislador puede por ley expropiar a determinados y concretos propietarios particulares, ello conllevaría a aceptar que el legislador puede "resolver en forma de ley todo lo posible y arbitrario, y que todo lo que se toca con la varita mágica del procedimiento legislativo se convierte en una Ley, con lo que el 'imperio de la Ley' ya no significaría otra cosa que el imperio de los órganos a quienes se confía la legislación" (SCHMITT: 154). Ello sería tan ilógico como, partiendo de un concepto formal de la sentencia, permitir que los jueces pudiesen legislar o realizar actos de gobierno. El ejecutivo y los tribunales están sujetos a las definiciones generales y abstractas fijadas en la ley por el legislador y, por ello, tienen a su cargo la aplicación e interpretación en casos concretos y particulares de la ley; el legislador, por el contrario, no está sujeto a las propias definiciones por él dadas, por lo que no puede ser puesto en sus manos el poder de aplicar la propia ley de su creación, lo que ocurre cuantas veces el legislador dicta disposiciones concretas y particulares. La generalidad vendría a ser, en consecuencia, "una exigencia para la configuración de las otras funciones del Estado y en concreto de la jurisdicción, para su existencia y para que sea posible la independencia judicial" (CABO MARTIN: 113).

Como se ve un concepto meramente formal de ley permitiría que el legislador usurpe las funciones de la Administración, violando así la *reserva de Administración*. El Tribunal Constitucional español, al validar las leyes singulares, aunque de modo excepcional y sometidas a rigurosos límites, en la sentencia pionera del Tribunal Constitucional al respecto (STC 166/1986), si bien reconoce la naturaleza administrativa de estas leyes, considera que la Constitución española no contiene en su artículo 97 una reserva de administración, por lo que cabría hablar, "salvo en reservas materiales de ley o en actividades de pura ejecución, de una cierta fungibilidad entre el contenido de las decisiones propias de cada una de dichas funciones", por lo que el legislador puede adoptar, aunque solo de modo excepcional, decisiones típicamente ejecutivas o administrativas. En verdad, sólo leyes generales pueden ser debida y efectivamente ejecutadas por lo que la ley debe ser general y ello implica necesariamente una reserva de Administración que impida la usurpación de las funciones administrativas mediante leyes singulares, en lugar del legislador adopta siempre leyes generales que son las únicas susceptibles de ser debidamente ejecutadas. Esto implica que, al menos salvo circunstancias excepcionales, el legislador debería limitarse a la aprobación de leyes generales, dejando a la Administración su posterior ejecución. La reserva de administración, sin embargo, es postulada apenas por una doctrina minoritaria y, a lo más que se llega, es a plantear la existencia de una serie de concretas o especiales reservas de Administración. En cualquier caso, la reserva de Administración no excluye la intervención del legislador, siempre y cuando sea a través de disposiciones generales y abstractas y "siempre que ello no se haga de tal modo que se paralicen virtualmente los procesos operativos centrales del Ejecutivo en cuanto a la obtención de información, elaboración de concepciones de trabajo y de actuación y a su capacidad de autoprogramación". El fundamento de esta reserva, como veremos en detalle en el Capítulo 14, es "la idea de la existencia dentro de cada poder de un ámbito nuclear, idea esta inherente a la teoría de la división de poderes. Según esta, a ningún poder le está permitido penetrar en los ámbitos centrales de conformación de otro poder [...] Una reserva de Administración así fundamentada tiene principalmente por objeto impedir la sanción de meras leyes formales que solo persiguen un efecto de cierre o congelación de rango [...] De este modo, la reserva de Administración puede cobrar significación, por ejemplo, cuando lo que se persigue es asegurar la flexibilidad y capacidad de innovación de la Administración, esto es, su capacidad planificadora en la fase previa a la propia actuación administrativa" (SCHMIDT-ASSMAN: 217-218).

Ignacio de Otto considera irrelevante al *concepto material de ley* pues entiende que los principios de separación de poderes y de igualdad consagrados en la Constitución hacen innecesario e inútil acudir a este concepto. Así, afirma que el legislador no puede dictar una sentencia porque usurpa las funciones del Poder Judicial y no porque la ley haya de ser general, cuando en realidad el carácter de generalidad de la ley ha sido consagrado constitucionalmente para prohibir y evitar que el legislador mediante leyes individuales usurpe las funciones ejecutivas y judiciales. Entiende, además, que allí donde la igualdad opera como un mandato constitucional que vincula a todos los poderes públicos "es inútil examinar si una ley es o no general, porque la cuestión es únicamente la de si lesiona o no el principio de igualdad, lo que por cierto, puede hacerse también con leyes generales" (Otto: 166). Olvida este autor, sin embargo, que es imposible controlar el respeto al principio de la igualdad si la ley no está redactada en términos generales y abstractos. Ya lo dice Rubio Llorente: "Cuando [...] la Constitución sujeta al control judicial la validez de las leyes, éstas solo son constitucionalmente lícitas en la medida en la que no se excluyan a sí mismas a priori de este control. Si es precisamente la erosión del concepto de Ley como norma general y abstracta, e incluso como 'ordenación de la razón', la que explica el surgimiento y la generalización de la jurisdicción constitucional, es la existencia misma de esta jurisdicción la que exige que las leyes tengan una estructura abstracta sin la cual se burlaría el control jurisdiccional. La *jurisdicción constitucional* no hace inservible el concepto material de la Ley; lo postula" (Rubio Llorente: 329).

No obstante la anterior defensa de la generalidad de la ley, hay quienes insisten en que ningún precepto constitucional establece una determinada estructura formal a la ley e impide la promulgación de *leyes singulares*. Estas leyes singulares son constitucionalmente admisibles en la medida en que no vulneren el principio de igualdad y la división de poderes (Montilla Martos). La Suprema Corte de Justicia, sin embargo, parece decantarse por la exigencia constitucional de la generalidad de la ley, por lo menos en ciertas materias como la tributaria, al afirmar que "los tributos y sus elementos sustanciales deben estar expresamente consignados a través de disposiciones de carácter general, abstractas, impersonales y emanadas del Poder Legislativo" (S.C.J. Sentencia No. 4. 10 de noviembre de 2004. B.J. 1128. 15). Este es el criterio sostenido, además, por nuestra mejor doctrina para la que "la relación entre los poderes públicos y los ciudadanos no puede provenir de la fuerza o de la arbitrariedad del Estado, sino que debe ser una relación de derecho sustentada en la ley que es una norma de carácter general y obligatorio" (Fernández Espinal: 65). Coincidimos con quienes postulan que la generalidad es un rasgo fundamental del concepto constitucional de ley y que este rasgo se hace aún más indispensable en virtud de la cláusula del Estado social de derecho no solo por la exigencia de leyes generales que garanticen los derechos fundamentales sino también por la necesidad de extender la protección de los derechos sociales a sectores excluidos por las leyes de seguridad social, como revela la práctica jurisprudencial comparada (González Beilfus) de donde "se deduce, pues, que la generalidad se ha estimado como un requisito necesario, de manera que el *vicio de generalidad* implica la inconstitucionalidad" (Cabo Martin: 111).

Felizmente, la reciente doctrina del Tribunal Constitucional español ha variado su posición respecto a la constitucionalidad de las leyes singulares. Si bien sigue descartando su inconstitucionalidad, al no considerar la generalidad un rasgo estructural de las leyes, las considera ilegítimas no tanto ya por eventualmente violar el principio de igualdad -principio que, por demás, su violación es difícil de constatar en leyes que carezcan de esta estructura, como hemos dicho anteriormente, siguiendo a Rubio Llorente- sino ahora por entender no superar el parámetro constitucional de la tutela judicial efectiva. De ese modo, el Tribunal no admite las leyes singulares autoaplicativas

(STC 129/2013) y las demás sólo las acepta, excepcionalmente, en la medida en que permitan ulteriores actos administrativos de aplicación pueden seguir aceptándose con un carácter excepcional y siempre y cuando pasen un estricto test de razonabilidad, que ya no se relaciona únicamente al principio de igualdad, como en la STC 166/1986, sino también con la tutela judicial efectiva. A nuestro modo de ver, toda esta larga y complicada circunnavegación alrededor de los principios constitucionales hecha por los jueces constitucionales españoles hubiese podido evitarse con tan solo establecer la generalidad como exigencia sustancial y estructural de las leyes y con la definición de un ámbito constitucionalmente reservado a la Administración para la ejecución de leyes generales y abstractas.

5.1.2 El carácter obligatorio. El carácter *obligatorio* de la ley se manifiesta en el hecho de que los individuos están sometidos al cumplimiento voluntario o por medio de la coacción de la ley. Esta obligatoriedad admite grados en la medida en que existen leyes o disposiciones de éstas de orden público a cuyo cumplimiento no pueden escapar las partes y otras leyes o disposiciones de éstas de carácter supletorio a cuyo cumplimiento las partes pueden sustraerse expresando su voluntad en ese sentido. Así las leyes penales son de carácter imperativo, mientras que una gran parte de las disposiciones del Código Civil son de carácter supletorio.

5.1.3 El carácter permanente. Las leyes son por tiempo indefinido, aunque ciertos textos legales tienen un término fijado.

5.2 Dominio de la ley y reservas de ley

Para entender el lugar que ocupa la ley en el sistema de fuentes ordenado por la Constitución, es preciso que abordemos a continuación (i) el dominio de la ley y (ii) el concepto de reservas de ley.

5.2.1 Dominio de la ley. Decir que existe un "*dominio de la ley*", es decir, un campo delimitado de materias o dominios en los cuales el legislador ejerce su poder normativo responde a exigencias lógicas incontestables. La asignación de un dominio reservado a la regulación normativa de la ley parece necesaria desde el instante que la Constitución reconoce a la rama ejecutiva el poder de expedir reglamentos cuando fuere necesario (artículo 128.1.b), lo que asegura al reglamento una función de regulación idéntica en principio a la ley, pues ambos resultan ser normas generales de producción del derecho. Desde este punto de vista, la coherencia del orden jurídico implica que en el escalón normativo superior –el de la Constitución– se realice una diferenciación de los campos de competencia abiertos respectivamente a la regulación normativa de la ley y del reglamento, vale decir, que sea definido un dominio de la ley y, recíprocamente, un dominio del reglamento. Es de esta manera lógica que ha procedido el constituyente francés en 1958 pero no es la que se ha seguido en los demás ordenamientos jurídicos.

En efecto, en República Dominicana, al igual que en España y en Italia, el dominio de la ley queda definido por la Constitución de tal modo que éste aparece abierto totalmente sin restricción alguna a la competencia del legislador. La Constitución establece una serie de materias que deben ser resueltas en forma de ley. "Ello no era necesario para que entraran, las tales materias, en la competencia del Congreso. Este puede legislar acerca de ellas sin necesidad de ese señalamiento específico. ¿Por qué pues tal señalamiento? Los motivos son varios. Hay en primer lugar un motivo histórico: cuando se hizo originalmente la Constitución, el Estado no estaba organizado. Era necesario organizarlo, especialmente desde el punto de vista administrativo. La Constitución señaló las materias principales sobre las cuales debía versar esa organización administrativa. Debía establecer y estableció por esa razón lo que pudiéramos llamar un *programa de organización administrativa*, para que el Congreso lo fuera desarrollando por medio de la legislación. La Constitución de San Cristóbal hizo aún más en este sentido: prescribió al Congreso la obligación de legislar sobre determinadas materias en su primera legislatura, o lo más pronto posible. Hubo también un motivo de precaución política: se quiso, con el señalamiento de ciertas materias a la competencia del Congreso, evitar que la oficiosidad del Poder Ejecutivo se adelantara y pretendiera resolverlas por medio de decretos o de ordenanzas ejecutivas, con lo cual se hubieran creado hechos consumados, inconvenientes y un precedente pernicioso para el futuro" (AMIAMA: 129).

El ámbito de la ley es, en efecto, *ilimitado*. Y lo es no solo porque la Constitución -a pesar de que su artículo 93.1.q establece que es atribución del Congreso Nacional "legislar acerca de toda materia que no sea de la competencia de otro poder del Estado y que no sea contraria a la Constitución"- no indica materias que se excluyan de la potestad legislativa y que se reserven a la competencia administrativa, de donde resulta que el legislador puede extender su poder normativo a cualquier clase de objetos, sino también porque el dominio de la ley es indefinido, al no enumerar limitativamente la Constitución materias que hayan de reservarse especialmente al legislador, lo que hubiera significado, en sentido inverso, para el Poder Ejecutivo, la facultad de estatuir respecto a aquellos objetos no comprendidos en dicha enumeración. Dado que, como bien señala Amiama, "ningún otro poder del Estado tiene competencia para legislar sobre materia alguna" (AMIAMA: 130), la competencia legislativa abarca indistinta e indefinidamente todas aquellas disposiciones o medidas que no entran dentro de la ejecución de las leyes. De la ilimitada competencia del legislador resulta que éste puede elevar a la superioridad de la materia legislativa a todo objeto susceptible de reglamentación que le plazca avocarse, tratar por sí mismo e ingresar al campo de la legislación. Cada vez que el legislador desea regir determinada actividad o materia sólo le basta con apropiarse de ésta y reglamentarla por sí mismo. El legislador tiene siempre la libertad de tomar algún objeto que entrañe reglas.

Ahora bien, la existencia de un *dominio ilimitado abierto* a la competencia del legislador no implica que éste no encuentre un importante límite: el dominio de la ley así entendido no puede más que extenderse, es decir, sobre la superficie, horizontalmente. ¿Por qué? La respuesta es simple: si bien es cierto que la Constitución autoriza a la ley a regular toda materia, no menos cierto es que el dominio de la ley estará limitado por lo alto, ya que el legislador no podrá legislar sobre las materias constitucionales ni desconocer las normas internacionales que resultan de los tratados o acuerdos internacionales con rango constitucional o, al menos, supralegislativo.

5.2.2 Reservas de ley.

5.2.2.1 Definición y sentido de las reservas. Cuando la Constitución exige que la ley regule determinada materia estamos en presencia de una *reserva de ley* (Díaz Filpo). Dado que, como hemos visto en el anterior apartado, el legislador, conforme la Constitución, puede legislar sobre cualquier materia, ¿qué sentido tiene que el constituyente indique materias que deben ser objeto de legislación? Desaparecidas las causas históricas que obligaron al constituyente a ordenar la programación legislativa de la organización del Estado, ¿qué busca el constituyente con las reservas de ley? En otras palabras, si el ámbito de la ley es ilimitado, si nada humano le es ajeno al legislador, ¿por qué la Constitución reserva al legislador expresamente una serie de materias? Como bien se infiere de las razones históricas explicadas por Amiama, las usuales relaciones de objetos reservados a la ley que aparecen insertos en casi todas las Constituciones no constituyen una mera redundancia, sino que vienen a añadir al principio de legalidad una muy importante exigencia suplementaria: la de que se haga mediante ley la regulación de las materias reservadas.

"La materia reservada queda sustraída por imperativo constitucional a todas las normas distintas de la ley, lo que significa también que el legislador ha de establecer por sí mismo la regulación y que no puede remitirla a otras normas distintas, en concreto al reglamento [...] La reserva de ley, por tanto, no puede degradarse mediante una deslegalización que conduciría, por abdicación de la ley, al mismo resultado que si la reserva no existiese: a la regulación de la materia reservada por normas infralegales. Y la razón de ello es bien clara: con la reserva de ley no se concede al legislador la facultad de decidir cuál será el rango de las normas que regulen el asunto de que se trate; lo que se pretende es que la regulación de la materia quede vedada a quien no sea el legislador mismo, que sólo los representantes de los ciudadanos puedan dictar las normas correspondientes. El efecto de la reserva es que la potestad legislativa resulta irrenunciable en la materia reservada" (Otto: 151-152).

Respecto a la supra citada doctrina, hay que señalar que no hay dudas de que la reserva de ley implica que el legislador no puede abandonar las competencias y misiones legislativas que la Constitución le impone respecto a las materias reservadas. En este sentido, las reservas de ley buscan asegurar que la regulación de determinadas materias señaladas expresamente por la Constitución se haga mediante el procedimiento legislativo. Puesto que muchas veces el partido que controla la rama ejecutiva del gobierno es mayoría en el Congreso Nacional, el Poder Ejecutivo puede no solo determinar el contenido de la legislación a través de su mayoritario brazo congresional, sino que, además, puede obtener una habilitación genérica, una especie de cheque normativo en blanco del Congreso Nacional, para regular cualquier materia por vía reglamentaria. La reserva de ley asegura el *pluralismo democrático* al obligar que las materias reservadas sean sometidas a un debate público, contradictorio y participativo en donde no solo la oposición puede expresarse a través de los voceros y representantes de los diferentes bloques congresuales, sino que, además, los ciudadanos mismos puedan ser escuchados en vistas públicas. Sin reserva de ley, la materia sería sujeta a normas elaboradas por el Poder Ejecutivo sin publicidad ni debate, al interior de una Administración sorda muchas veces a los reclamos de la opinión pública y que solo ahora, muy recientemente, viene a estar jurídicamente obligada a dar audiencia a los ciudadanos afectados y a agotar un debido proceso reglamentario. Al establecer la reserva de ley, la Constitución ordena que ciertas normas sólo pueden aprobarse conforme a los principios de publicidad y pluralidad propios del procedimiento de elaboración de leyes.

Más aún, con la reserva de ley y la obligación constitucional del legislador normar la materia reservada, se evita que un cuerpo legislativo complaciente con la rama ejecutiva transfiera a ésta el poder de regular la materia reservada con el simple expediente de una cláusula amplia de habilitación –que actúa como especie de "cheque en blanco" a favor del Poder Ejecutivo– o mediante una mínima regulación que deja en manos ejecutivas cuestiones esenciales que debieron haber sido abordadas por el legislador. Y es que la Constitución, uno de cuyos objetos es reglamentar mediante su distribución las competencias normativas, las convierte en indisponibles para los titulares de dichas competencias que ella designa. De ahí que la sanción de la reserva de ley consiste básicamente en una específica causa de inconstitucionalidad: el de la *incompetencia negativa*. Esto significa que cuando el legislador decide ejercer sus competencias normativas, él no puede abusivamente –es decir, inconstitucionalmente– abandonar éstas, reenviando al reglamento para que éste consagre las normas que, debido a su importancia, debieron haber figurado en la ley. La sanción de las incompetencias negativas del legislador tienen por efecto indirecto el de asignar a la ley un dominio de intervención obligatorio e incompresible.

En fin, la reserva de ley tiene como efecto que la materia reservada debe ser regulada por el legislador sin poder renunciar a su deber de legislar. Así, por ejemplo, cuando la Constitución establece que "los matrimonios religiosos tendrán efectos civiles en los términos que establezca la ley" (artículo 55.4), la Carta Sustantiva exige que sea la propia ley que se ocupe de tal materias y el mandato constitucional se incumpliría si el Congreso Nacional se limitase a aprobar una ley que, tras una escasa regulación o sin ninguna regulación, remitiese el asunto al poder reglamentario para que éste haga lo que el legislador ha evadido hacer: reglamentar los efectos civiles de los matrimonios religiosos. Cuando el legislador abdica de su facultad de legislar se deslegaliza la materia reservada, lo cual conduce a que ésta sea regulada por normas infralegales. La reserva de ley no concede al legislador la facultad de decidir cuál será el rango de las normas que regulen determinado asunto: la Constitución exige mediante las reservas de ley que sea el propio legislador quien regule la materia reservada. La consecuencia de la reserva de ley es que *la potestad legislativa es irrenunciable en la materia reservada*.

Ahora bien, que la reserva de ley constriña al legislador a legislar la materia reservada y que el legislador no pueda desembarazarse de su deber remitiendo al poder reglamentario la normación de la materia a él reservada no significa que le esté vedado al poder reglamentario colaborar con el legislador en la normación de la materia reservada. Ya lo ha dicho el Tribunal Constitucional español: la reserva de ley "no excluye, ciertamente, la posibilidad de que las Leyes contengan remisiones a normas reglamentarias, pero sí que tales remisiones hagan posible una regulación independiente y no claramente subordinada a la Ley, lo que supondría una degradación de la reserva formulada por la

Constitución en favor del legislador". ¿Cuándo se viola la reserva de ley entonces? La respuesta la dan los propios jueces constitucionales españoles: cuando se produce una deslegalización, es decir, la reserva de ley "se traduce en ciertas exigencias en cuanto al alcance de las remisiones o habilitaciones legales a la potestad reglamentaria, que pueden resumirse en el criterio de que las mismas sean tales que restrinjan efectivamente el ejercicio de esa potestad a un complemento de la regulación legal que sea indispensable por motivos técnicos o para optimizar el cumplimiento de las finalidades propuestas por la Constitución o por la propia Ley. Y este criterio aparece contradicho con evidencia mediante cláusulas legales, del tipo de la que ahora se cuestiona, en virtud de las que se produce una verdadera *deslegalización de la materia reservada*, esto es, una total abdicación por parte del legislador de su facultad para establecer reglas limitativas, transfiriendo esta facultad al titular de la potestad reglamentaria, sin fijar ni siquiera cuáles son los fines u objetivos que la reglamentación ha de perseguir" (STC 83/1984).

La consagración de una determinada reserva de ley tan solo asegura un ámbito material que el constituyente ha considerado lo suficientemente importante para tomarse el cuidado de expresar su voluntad de exigir la intervención del legislador, sin perjuicio de que éste invite al poder ejecutivo a reglamentar la ley que dicte o que este último reglamente la misma, una vez sea dictada, si lo juzga necesario. Pero, como ya hemos visto al analizar el dominio de la ley, al legislador nada humano le es ajeno y el dominio de la ley es, por tanto, ilimitado. El legislador puede, en consecuencia, actuar y decidir fuera del ámbito material reservado al legislador. Y es que "la potestad legislativa carece constitucionalmente de límites implícitos, por lo que puede ocupar válidamente cualquier materia, aun no reservada constitucionalmente a ella. Producida esta ocupación, la norma legal prima, por su jerarquía, sobre cualquier anterior o posterior a ella, produciendo la congelación del 'rango' exigido para innovar la normación en la materia" (Parejo Alfonso: 254). De ahí que no puede afirmarse, como sostiene el Tribunal Constitucional, que el significado de la reserva de ley es que "solo en los casos permitidos por la Constitución puede ser regulada determinada materia" por el legislador o que "las actuaciones del Poder Legislativo requieren de habilitación constitucional para desarrollar determinadas materias", lo que, con justa razón, ha llevado al magistrado Justo Pedro Castellanos a emitir un voto salvado donde considera que "supeditar de esta manera el ejercicio de la función legislativa a la existencia de una reserva legal previa, representa una afectación directa a la libertad para el legislador producir normas" (Sentencia TC/0508/21).

Pero… ¿qué ocurre en aquellas materias que no están sujetas a reservas de ley específicas y no han sido objeto de intervención legislativa? ¿Puede el poder reglamentario regular directamente esas materias no reservadas al legislador y no reglamentadas hasta el momento por él? Si se asume el criterio de que sólo existen las reservas de ley específica y expresamente consignadas en la Constitución, es obvio que el poder reglamentario, siempre y cuando no limite derechos fundamentales ni viole ningún otro precepto constitucional o legal, tendrá campo abierto para su intervención, campo que solo se estrechará en la medida en que el legislador, que puede siempre legislar sobre cualquier materia, reservada o no, libremente decida intervenir en la regulación de dicho ámbito. Aunque, en la práctica, son cada vez más estrechos los intersticios en los cuales puede legítimamente el poder reglamentario intervenir mediante un reglamento independiente, pues el legislador ha ido ocupando, paulatina pero progresivamente, todos los terrenos de la vida política, social y economica, no es meramente teórica la posibilidad de que se dicten reglamentos en ámbitos no reservados al legislador y en los que no haya éste previamente intervenido normativamente, que limiten derechos, no consagrados expresamente en el bloque de constitucionalidad o todavía no considerados derechos fundamentales implícitos por la justicia constitucional, y que, por tanto, no estarían sujetos, en principio, a los límites constitucionales de la razonabilidad y el contenido esencial, o que se creen o regulen por la vía reglamentaria órganos estatales no estructurados a nivel constitucional ni legal.

No hay que enfatizar, porque es más que ostensible, cómo la situación antes descrita pone en juego principios estructurales de nuestro ordenamiento político-jurídico-constitucional como lo son el principio democrático y el Estado de derecho, principios a partir de los cuales la reserva de ley se concibe y configura precisamente no solo como reserva del órgano democrático que es el Congreso Nacional, donde están representadas mayorías y minorías, sino también como aseguramiento de que la regulación de las materias reservadas se haga mediante un procedimiento legislativo que, por su carácter público, deliberativo y participativo, es todavía garante del pluralismo democrático frente a unos reglamentos que son el fruto de procedimientos que, pese a las crecientes exigencias constitucionales y legales, siguen siendo mucho menos democráticos, plurales, participativos y deliberativos que el procedimiento legislativo, no obstante la legitimación democrática del poder ejecutivo -poder, sin embargo, políticamente ocupado por una mayoría, contrapesada apenas por el principio de objetividad de la Administración- y todas los dispositivos jurídico-constitucionales adoptados para garantizar cubrir el déficit de legitimación democrática de las administraciones independientes.

Lo anterior obliga entonces a una reconceptuación de la reserva de ley mediante su ensanchamiento con vista a que la misma vaya más allá de del ámbito de la regulación de los derechos fundamentales (artículo 74.2 de la Constitución) y las demás reservas expresamente consignadas en la Constitución, configurándose una *reserva general* a la ley de todas las *decisiones esenciales*, en particular de aquellas relativas a las líneas y directrices fundamentales del orden socioeconómico y al funcionamiento de los poderes públicos y órganos estatales. El fundamento de esta reserva general radicaría no tanto en la mayor legitimidad democrática del Poder Legislativo que sugeriría la preeminencia de dicho poder sobre el Poder Ejecutivo -pues se sabe que tanto los legisladores como el Poder Ejecutivo representan directamente al pueblo, siendo el ejecutivo mucho más democrático que el propio Congreso Nacional, al ser electo por todo el pueblo y no solo por los ciudadanos de una demarcación político-territorial-, sino más bien en el hecho de que, como antes se ha indicado, en un Estado democrático se precisa que las decisiones públicas esenciales se produzcan en el marco de un debate desarrollado con la presencia de la representación congresual de las mayorías y minorías y mediante un "procedimiento de discusión pública y transacción entre las distintas fuerzas políticas presentes" en las cámaras legislativas (Rubio Llorente: 884). Esta doctrina de la reserva general a la ley de las decisiones esenciales, proveniente de Alemania y acogida por la dogmática española encabezada por García de Enterría, puede resumirse afirmando que, a partir del amplio catálogo constitucional de específicas reservas de ley, puede afirmarse que "los contenidos más relevantes del ordenamiento" son "reservados a la ley", lo "que revela un verdadero principio general de nuestra Constitución" (García de Enterría/Fernández: 271).

5.2.2.2 Reservas absolutas y reservas relativas

La existencia de las reservas de ley no significa que el legislador tenga que cumplir con mínimos normativos con la misma intensidad en todas las materias. Ilustración paradigmática de este aserto es que la obligación constitucional a cargo del legislador de regular las materias reservadas por la Constitución a la ley se vuelve más constriñente en materia de derechos fundamentales. En efecto, tanto del texto de cada una de las cláusulas constitucionales reconocedoras de los derechos fundamentales que señalan a la ley como la norma que debe regular los mismos como del artículo 74.2, que señala que "sólo por ley, en los casos permitidos por esta Constitución, podrá regularse el ejercicio de los derechos fundamentales", resulta claro que es la ley y no el reglamento la fuente de las normas que imponen a los ciudadanos cualquier género de obligaciones y cargas o de restricciones a los derechos fundamentales. Como bien expresa el Tribunal Constitucional español, la reserva de ley es "una garantía esencial de nuestro Estado de Derecho" cuyo "significado último es el de asegurar que la regulación de los ámbitos de libertad que corresponden a los ciudadanos dependa exclusivamente de la voluntad de sus representantes, por lo que tales ámbitos han de quedar exentos de la acción del ejecutivo y, en consecuencia, de sus productos normativos propios, que son los reglamentos" (STC 83/84, de 24 de julio). En este sentido, "el *principio de legalidad* exige que sea la Ley, no el reglamento, la fuente de las normas que imponen a los ciudadanos cualquier género de obligaciones y cargas, la que crea los derechos de prestación que no se incluyen entre los fundamentales y de manera más laxa e inconcreta, que trace las grandes líneas de la actividad subvencional y, más en general, de la actividad de fomento", entendiéndose "por normas que afectan a la libertad o a la propiedad de los ciudadanos o que implican la 'sujeción general' de éstos a la Administración […] las normas que restringen de uno u otro modo la libertad o imponen cargas económicas y más concretamente en lo que aquí interesa, aquellas normas cuya ejecución por la Administración da lugar a lo que, según terminología muy extendida, se denominan actos de gravamen". Se trata de una reserva de ley general, una reserva de lo esencial, para todo lo que afecte los derechos fundamentales de las personas. Dicha reserva implica que "es la Ley la que […] ha de establecer las determinaciones esenciales, el núcleo del régimen jurídico, cuando se trata de normas que inciden directamente sobre la esfera jurídica de los ciudadanos". Y es que "la garantía de la libertad, su protección frente a toda restricción que no emane precisamente de los representantes del pueblo, sólo puede asegurarse por eso imponiendo a éstos la obligación de adoptar por sí mismos las normas que la imponen; una obligación que, además, sólo pueden cumplir de acuerdo con un procedimiento público y contradictorio en el que las distintas posturas han de intentar justificarse ante la opinión, es decir, argumentando, si no desde la perspectiva del interés general, que es hoy categoría muy cuestionada, sí en debate con los intereses de todos" (RUBIO LLORENTE: 313-321).

Como se ve, es obvio que cuando se trata de la limitación de derechos fundamentales, del establecimiento de regímenes sancionadores o de la materia tributaria, la exigencia de la intervención legislativa es mayor que en otras materias y la reserva de ley debe entenderse del modo más estricto. Es por ello que doctrina y jurisprudencia comparadas, a los fines de determinar la intensidad con la que el legislador debe cumplir los mínimos normativos exigidos por la reserva de ley, distinguen entre *reservas absolutas* y *reservas relativas*. En este sentido, el Tribunal Constitucional, receptando y citando textualmente la jurisprudencia constitucional chilena, ha establecido que "hay casos en que la fuerza de la reserva legal puede ser calificada de absoluta o relativa. En este último caso, incumbe un mayor campo de acción a la potestad reglamentaria subordinada, siendo propio de la ley señalar sólo las bases, criterios o parámetros generales que encuadran el ejercicio de aquella potestad. (Sentencia Rol Nº 254 de 26 de abril de 1997, considerando 26º, Tribunal Constitucional de Chile). En el caso en que la Constitución determine una reserva legal con carácter más absoluto, la regulación del asunto debe ser hecha por el legislador 'con la mayor amplitud, precisión y profundidad que resulte compatible con las características de la ley como una categoría, diferenciada e inconfundible, de norma jurídica' (Sentencia Rol Nº 254 de 26 de abril de 1997, considerando 27º, Tribunal Constitucional de Chile)" (Sentencia TC/0373/14).

¿Cómo distinguir entre reservas absolutas y reservas relativas? Conforme la doctrina, es usual que se distinga entre ambas atendiendo a las palabras que utiliza la Constitución para encomendar tareas a la ley. La marca de la reserva absoluta sería el uso de expresiones "sólo por ley' [...], o 'la ley regulará', 'establecerá', 'determinará', o, más simple y firmemente, 'por ley'. Los signos de la reserva relativa vendrían dados por la utilización de enunciados como 'de acuerdo con la ley', 'con arreglo a la ley', 'en los términos que la ley establece', 'de conformidad con lo dispuesto en las leyes', etc." (MUÑOZ MACHADO: 79).

Que la reserva de ley sea absoluta no significa, sin embargo, que el legislador tenga que normar toda la materia reservada en tanto que en la relativa pueda remitir parte de la materia reservada a colaboración reglamentaria. En todas las reservas de ley, no importa si son absolutas o relativas, es posible la *remisión al reglamento*, siempre y cuando el legislador cumpla con los mínimos normativos que le exige el tipo de reserva de ley. Tampoco puede asumirse que las reservas absolutas implican una regulación de detalle por parte del legislador mientras que en las relativas tal regulación no es necesaria. Lo crucial, tanto cuando nos encontramos frente a una reserva absoluta como cuando abordamos una relativa, es que el legislador cumpla con los mínimos normativos inherentes a la reserva, lo que debe hacerse caso por caso, materia por materia, reserva por reserva. Así, es obvio que, cuando se trata de la *regulación de derechos fundamentales*, nos encontramos con una reserva absoluta, que implica que el legislador al menos debe definir el derecho, determinar quienes son sus titulares, cuáles son sus prerrogativas, los límites del derecho y los modos de su ejercicio; y lo mismo, cuando se trata de una ley tributaria, la ley debe determinar quiénes son los contribuyentes, cuál es el hecho tributario, cuál es el quantum del tributo. Esta regulación legislativa, sin embargo, en muchas ocasiones no necesariamente tiene que ser detalle y puede consistir en una ley principial, principista o principiólogica. Con ello el legislador cumple con lo que es esencial en la reserva de ley y con lo mínimo que debe regular. Corresponderá al poder reglamentario concretar esos principios pues al legislador le es imposible regular siempre y todo minuciosamente, lo que, por demás, presenta el agravante que congela la reglamentación en el status quo fijado por el legislador, con lo que, en sectores dinámicos de la vida social, obliga a acudir a los largos y complicados procesos de tramitación de leyes para modificar cuestiones de detalle que bien pudieron ser contempladas por el poder reglamentario, lo que hubiese facilitado su modificación. Por eso, las leyes principiológicas son muy comunes en el derecho regulatorio económico donde el legislador deja un gran campo de acción discrecional en cuestiones técnicas o especializadas para el poder reglamentario de la Administración central o de las administraciones independientes.

5.3 Fuerza de ley

Para expresar la soberanía del legislador en el ordenamiento jurídico, los pensadores de la Revolución francesa acuñaron la expresión *"fuerza de ley"*, la cual designa la cualidad propia de las leyes y de los actos del poder legislativo. El contenido original y primario de la expresión implica la *superioridad absoluta* de la ley en el ordenamiento que puede modificar o derogar cualquier otra norma, mientras que únicamente puede ser derogada o modificada por otras leyes. Se afirma de ese modo que la ley ocupa la posición más alta en la *jerarquía normativa* y, lo que no es menos importante, que la ley tiene una *expansividad ilimitada*: al no existir competencias ni reservas que sustraigan al dominio de la ley determinadas materias, la supremacía jerárquica de la ley conlleva la posibilidad de que la ley pueda ocuparse de cualquier norma, derrumbando los obstáculos de aquellas normas diferentes a la ley que pretendan ofrecerle resistencia. La fuerza de la ley radica en que ésta es la manifestación suprema de la voluntad del Estado, ocupando el lugar más alto en la jerarquía de las normas y con una ilimitada fuerza expansiva que permite que la ley se imponga en todos los campos.

"La fuerza de la ley tenía, a su vez, una doble faceta, activa y pasiva. *Fuerza activa de la ley*, o fuerza de la ley en sentido activo, que otros llamaban el poder innovador, era la capacidad exclusiva de la ley para modificar cualquier punto del orden jurídico preexistente, incluso en muchos casos y para muchos autores, del orden jurídico preexistente. *Fuerza pasiva* era, a su vez, la resistencia específica de la ley para no ser modificada ni derogada si no es por otra ley, es decir, por otra norma dotada de la misma fuerza específica. Todas las leyes y sólo las leyes tenían esta fuerza y, al menos, desde este punto de vista, sólo había una especie de ley, la que emanaba de la potestad legislativa del Estado" (Rubio Llorente: 287).

El paso del Estado legal al Estado constitucional, de una concepción descriptiva de la Constitución a una concepción normativa de la misma, impactaría el contenido tradicional de la fuerza de la ley pues, a partir del momento en que se considera a la *Constitución como norma* suprema, como fuente de fuentes, como norma de normas, ya la ley no puede vulnerar la Constitución. Más aún, dentro de la Constitución y en un ordenamiento constitucional que como el dominicano contiene un sistema mixto o dual de control de la constitucionalidad, el legislador no tiene más competencia que la que ésta le otorga, y sus decisiones en forma de ley pueden ser inaplicadas por los jueces si éstos consideran que contrarían a la Constitución o pueden ser sometidas a un juicio de su constitucionalidad por un órgano que, monopolizando o no la interpretación suprema de la Constitución, está facultado para anular la obra del legislador y para imponer o excluir determinadas interpretaciones de la ley. Dado que, en República Dominicana, la ley no puede reclamar para sí el privilegio jurisdiccional que le acuerdan los sistemas políticos de legitimidad democrática monista, caracterizados –como es el caso de España– por la superioridad del Parlamento sobre el Ejecutivo, la supremacía de la ley se reduce a la *presunción de constitucionalidad de las normas jurídicas*.

Pero, salvo este descenso de la ley en la jerarquía de las fuentes cuyo vértice pasa a ser ocupado por la Constitución, no se afecta fundamentalmente los demás aspectos de la fuerza de la ley. La ley, tras la Constitución, sigue ocupando la posición suprema en relación con las demás normas del ordenamiento. La ley sigue teniendo, además, *expansividad ilimitada* ya que puede ocuparse de cualquier materia e imponer de ese modo su voluntad a la Administración la cual, al no existir en la Constitución dominicana una reserva reglamentaria que sustraiga ciertas materias a la ley y las asigne al poder reglamentario de la rama ejecutiva como ocurre en la Constitución francesa de 1958, no puede invocar la existencia de "espacios libres de ley" que quedan sustraídos al poder del legislador. "La ley lo puede todo", como afirma la expresión popular, lo cual se traduce en una fuerza activa que le permite regular cualquier materia –aunque no le esté expresamente reservada– o modificar o derogar una regulación ya existente. El único –pero muy importante– límite reconocido a esta reserva formal de ley es la prohibición de regular aquellas materias prohibidas en virtud de una distribución de competencias.

Sin embargo, la consideración de la ley como *norma subordinada a la Constitución*, lo cual implica la existencia de un control de constitucionalidad sobre ley, supone que ésta no es más la consecuencia directa de un acto de soberanía del legislador que se impone irreversible e indefectiblemente a los restantes poderes públicos, sino que es el producto de un poder público constituido al igual que el ejecutivo y el judicial, legitimado democráticamente como los demás poderes, pero limitado por la Constitución que es norma suprema por ser manifestación del poder constituyente. Hoy la posición de la ley en el ordenamiento jurídico debe explicarse no en términos de que ésta es la expresión de un poder soberano sino a partir del *principio democrático* consagrado en la Constitución que reserva a la representación popular las decisiones esenciales y la regulación de los derechos fundamentales y de la superioridad de la ley que supone su especial modo de elaboración a través de la discusión y de la negociación entre las distintas fuerzas políticas y la presencia constante de la opinión pública.

5.4. Normas con rango de ley: el caso de los "decretos-ley"

El fenómeno de la *delegación legislativa* es bien conocido en el Derecho Constitucional comparado y tiene una significación más amplia y políticamente más importante que la del poder reglamentario. Casi todas las constituciones de Europa lo reconocen y su justificación se encuentra "en la sobrecarga de los órganos legislativos, tanto mayor cuanto más crece el intervencionismo estatal y más extensas son las áreas sujetas a reserva de ley; o se debe a la dificultad que supone en ocasiones que una materia técnicamente compleja se someta en todos sus extremos a la deliberación de las Cámaras" (Otto: 182). La delegación legislativa se diferencia del *poder reglamentario* en que, por un lado, el legislador delega en el ejecutivo la legislación de materias reservadas a la ley y, por otro, los decretos emitidos en base a esta autorización del legislador, tienen el mismo rango que la ley. Como bien señala Loewenstein, esta delegación total "de las facultades legislativas supone una inversión completa de la distribución de las diferentes actividades estatales en diferentes detentadores del poder, ya que el detentador del ejecutivo ocupa el lugar del detentador del legislativo" (Loewenstein: 276).

La delegación, conocida en Francia como la ley de *pleins pouvoirs* (plenos poderes) y en Alemania como *Ermachtigungsgezetzgebung* (ley de autorización), no se ha desarrollado ni en Inglaterra ni en los Estados Unidos, salvo en tiempos de excepción. Generalmente el legislador delega en el ejecutivo para un fin determinado (digamos para combatir la inflación monetaria) o sin una finalidad específica, por un período más o menos largo, pero nunca por un tiempo indefinido. El *control parlamentario sobre la delegación* se ejerce a través de la posible revocación de los decretos-leyes por el parlamento, técnica pocas veces utilizada en la historia.

La delegación es una técnica sumamente peligrosa como demuestra la historia de las democracias occidentales. La ley alemana del 25 de marzo de 1933 en la que el Parlamento de la República concedía al Canciller Adolfo Hitler plenos poderes para legislar incluso modificando las disposiciones de la Constitución de Weimar es un ejemplo de ello. En Francia, se ha tenido una posición más receptiva frente a los *plenos poderes* que fueron introducidos durante la Primera Guerra Mundial como una medida para un gobierno de crisis y, tras la guerra, siguieron siendo aplicados, aún después que la Constitución de 1946 prohibió expresamente la delegación de la facultad legislativa. En 1958, el artículo 38 de la Constitución francesa estableció formalmente la práctica de los plenos poderes, el cual ha sido poco utilizado gracias a la constitucionalización del poder reglamentario y de una reserva reglamentaria. La Constitución española de 1978 establece en su artículo 82.1 que "las Cortes podrán delegar en el Gobierno la potestad de dictar normas con rango de ley", considerando la doctrina española que la práctica "es un fenómeno del todo común, que no pone de manifiesto anormalidad alguna" (Otto: 183).

La Constitución dominicana, en la tradición de la máxima de Locke *delegata potestas non potest delegan*, prohíbe la delegación legislativa, al establecer en su artículo 4 que los encargados de los poderes públicos "no pueden delegar sus atribuciones". Esta disposición aparece desde la Constitución de 1844 que, en su artículo 41, establece que los poderes públicos "se ejercen separadamente, son esencialmente independientes, responsables y temporales, y sus encargados no pueden delegarlos, ni salir de los límites que les fija la Constitución". La *prohibición de la delegación* fue inefectiva en la práctica porque los presidentes dominicanos hicieron uso discrecional y arbitrario de las disposiciones del nefasto artículo 210 de la Constitución que permitía al Presidente de la República "dar todas las órdenes, providencias y decretos que convenga, sin estar sujeto a responsabilidad alguna".

Por otro lado, la Constitución establece en su Título VIII todo un régimen para los "estados de excepción" que permite al Poder Ejecutivo dictar medidas excepcionales en ciertos casos donde está en juego la defensa del Estado, existe una conmoción interior o hay una emergencia. Lo que caracteriza a esta potestad ejecutiva es el hecho de que, contrario a la legislación delegada, el Poder Ejecutivo ejerce aquí un *poder propio*, sujeto a límites (el derecho a la vida no puede ser derogado ni suspendido, por ejemplo) pero que no es fruto de una delegación ni está sujeto a autorización previa, salvo la declaratoria del estado de excepción que puede ser hecha por el Presidente de la República con la autorización del Congreso Nacional (artículo 262), pero que permite al Presidente adoptar disposiciones excepcionales de las cuales informará posteriormente al Congreso (artículo 266). Se trata de medidas de urgencia, de necesidad, que permiten al Poder Ejecutivo suspender temporalmente normas con rango de ley conforme a los límites constitucionalmente establecidos y en el marco de la autorización congresual del estado de excepción. Aunque pocos utilizados en la práctica política dominicana hasta la llegada de la pandemia del Covid 19, estos *poderes de urgencia* han conducido a abusos en países como Alemania en donde el artículo 48 de la Constitución de Weimar le daba al Presidente del Reich la facultad de decidir discrecionalmente los estados de excepción lo que lo convirtió en una especie de *"dictador constitucional"*. Sin embargo, estos poderes de urgencia se justifican en tanto respuesta a situaciones extraordinarias que no cabe atender conforme los mecanismos legislativos ordinarios, por lo que el peligro que presenta su eventual mal uso porque se infrinjan los límites constitucionales o porque se apliquen en situaciones no excepcionales, obliga a que éstos estén limitados y sometidos a control estricto. Lo que caracteriza al Estado constitucional de derecho es precisamente el encuadramiento y limitación constitucional de los estados de excepción, tal como veremos en el Volumen II de esta obra.

5.5 El procedimiento legislativo

No toda norma de carácter general, permanente y obligatorio constituye una ley. La ley es obra del Poder Legislativo, del Congreso Nacional, la cual vota la misma conforme a un determinado procedimiento legislativo que busca asegurar la debida discusión y publicidad de la misma durante la aprobación de la misma, previo a su promulgación y publicación. Son varias las fases del procedimiento legislativo: (i) la iniciativa legislativa; (ii) la aprobación; (iii) la promulgación; y (iv) la publicación.

5.5.1 La iniciativa legislativa. La iniciativa legislativa es la prerrogativa que la Constitución confiere a algunos funcionarios u órganos de presentar ante el órgano legislativo proyectos de ley que deben ser obligatoriamente tomados en consideración, pudiendo ser discutidos y votados formalmente para su aprobación, modificación o rechazo.

En virtud de los artículos 96 y 97 de la Constitución, tienen iniciativa legislativa los senadores y los diputados, el Presidente de la República, la Suprema Corte de Justicia (en asuntos judiciales), la Junta Central Electoral (en asuntos electorales) y un número de ciudadanos no menor del 2% de los inscritos en el registro de electores. El Presidente de la República es el funcionario que tiene la más amplia iniciativa legislativa pues sólo él puede proponer la Ley de Gastos Públicos, en virtud del numeral 23 del Artículo 55 de la Constitución.

La Constitución establece que cuando un senador o un diputado someten un proyecto de ley, podrá sostener su moción en la otra Cámara. Cuando el proyecto es propuesto por las demás personas con iniciativa "pueden hacerlo en ambas cámaras personalmente o mediante un representante" (artículo 96, párrafo).

5.5.2 Aprobación. Los proyectos de ley se someten a dos discusiones distintas, con un intervalo de un día por lo menos entre una y otra discusión, salvo cuando es previamente declarado de urgencia cuando deberá ser discutido en dos sesiones consecutivas (artículo 98). Aprobado en una de las cámaras, el proyecto pasa a la otra para su oportuna discusión. Si esta cámara modifica el proyecto, lo devuelve a la cámara en que se inició, donde será conocido de nuevo en única discusión. En caso de ser aceptadas las modificaciones, esta última cámara enviará la ley al Poder Ejecutivo. Si son rechazadas, se devuelve el proyecto a la otra cámara y si lo aprueba esta cámara enviará la ley al Poder Ejecutivo. En caso de que las modificaciones sean rechazadas, el proyecto se considera desechado (artículo 99).

5.5.3 Promulgación. Toda ley aprobada en ambas cámaras será enviada al Poder Ejecutivo para su promulgación u observación. La promulgación consiste en la firma del Presidente tras una fórmula –denominada promulgatoria– en la que ordena la publicación de la ley en la Gaceta Oficial para su conocimiento y cumplimiento. Si no hay observaciones, el Poder Ejecutivo la promulga dentro de los diez días de recibida, a menos que el asunto haya sido declarado de urgencia, caso en el cual la promulgará dentro de los cinco días de recibida. Vencido el plazo constitucional para la promulgación y publicación de las leyes, éstas se reputan promulgadas y el Presidente de la Cámara que las haya remitido al Poder Ejecutivo las publicará (artículo 101).

5.5.4 Observaciones.

5.5.4.1 Sentido de las observaciones. Cuando el presidente de la República devuelve una ley a las cámaras legislativas con sus observaciones (terminología usada por la Constitución dominicana) u objeciones (terminología usada por la Constitución estadounidense) no está ejerciendo su potestad de iniciativa legislativa, sino la de contrapeso del Congreso en la elaboración de las leyes. Aunque no se llame así a las observaciones en la Constitución, no hay duda de que se trata de una forma de veto que "no es otra que cosa que la facultad del Ejecutivo de impedir, bajo ciertas condiciones, que un proyecto de ley aprobado por el Congreso devenga en ley" (ESPINAL). Las observaciones presidenciales obligan a una relectura de la ley y a que el Congreso intente un mayor consenso. Pero si no se reúne la mayoría agravada exigida, ello implica que la ley queda desechada. Así, un presidente sin mayoría puede bloquear cambios al status quo aprobados por el Congreso, pero no puede legislar unilateralmente, imponiendo a los legisladores sus observaciones. Sin embargo, el Congreso tiene que decidir sobre la ley observada pues, como sanción a la obstrucción o inercia congresional, si pasan dos legislaturas ordinarias, "se considerará aceptada la observación" (artículo 103).

5.5.4.2 Procedimiento. Si el Poder Ejecutivo observa la ley, la devuelve a la Cámara de donde procede en el término de diez días a contar de la fecha en que la recibió, a menos que sea de urgencia, caso en el cual el plazo se reduce a cinco días. Al remitir sus observaciones, el Poder Ejecutivo debe indicar los artículos sobre los que éstas recaen, así como motivar las razones de la observación. La Cámara que recibe las observaciones las hará consignar en el orden del día de la próxima sesión y discutirá de nuevo la ley en lectura única. Si después de esta discusión, las dos terceras partes de los miembros presentes de dicha Cámara la aprobaren de nuevo, ésta será remitida a la otra cámara, y, si esta cámara la aprueba con la misma mayoría agravada, se considera definitivamente ley (artículo 102). Toda ley observada por el Poder Ejecutivo al Congreso tiene un plazo de dos legislaturas ordinarias para decidirla, pues de lo contrario se considerará aceptada la observación (artículo 103).

5.5.4.3 Forma y contenido de las observaciones. Ninguna disposición exige que el Poder Ejecutivo haga acompañar sus observaciones u objeciones con un texto alternativo, sino que señale los aspectos de la ley con los cuales está en desacuerdo. A veces, incluso, la devolución de la ley se produce por razones simplemente de oportunidad o idoneidad, por lo que con mucho menos razón el Ejecutivo tiene que remitir un texto alternativo.

5.5.4.4 Mayorías necesarias. El Congreso debe aprobar las observaciones presidenciales a una ley por el voto de "las dos terceras partes de los miembros presentes". La Constitución no distingue entre la mayoría necesaria para aceptar las observaciones del Presidente y la exigida para rechazar el veto e insistir en el texto de la ley aprobada originalmente. Sin embargo, Julio Brea Franco, al comentar el artículo 41 de la Constitución de 1966, cuyo texto es reproducido casi totalmente por el artículo 102 de la Constitución vigente, señala que la mayoría agravada se requiere para aprobar "la ley en su texto original", mientras que para aceptar las observaciones presidenciales, basta con la "mayoría absoluta de los presentes, es decir, la requerida ordinariamente" (BREA FRANCO: 208).

5.5.4.5 Mayorías en caso de leyes orgánicas observadas. Lógicamente, la anterior interpretación, perfectamente aplicable a las leyes ordinarias según costumbre constitucional que se ha consolidado desde 1978 hasta la fecha, no es trasladable a la observación de leyes orgánicas que, por imperio del artículo 112, obligan a que tanto la aprobación de la ley en su texto original como la sanción de su texto observado se haga por la mayoría de las dos terceras partes de los legisladores presentes. Quienes sostienen que es válido aprobar por mayoría simple las observaciones presidenciales a una ley orgánica tratan de presentar el veto presidencial como un procedimiento especial, sujeto a unas reglas particulares, y que, por tanto, como las observaciones no constituyen una modificación de la ley orgánica, no es dable exigir la mayoría agravada del artículo 112 de la Constitución. Se pasa por alto así un dato clave: la aprobación de las observaciones presidenciales a una ley orgánica implica un cambio de la ley aprobada por el Congreso mediante una mayoría agravada y mal pudiera pensarse que dicho cambio puede consentirse sin que se reúna esa misma mayoría.

5.5.4.6 Escenarios. Ahora bien, ¿cuál es el efecto de la decisión congresional sobre la ley observada? Tanto la doctrina (Tena de Sosa, Espinal) como el Tribunal Constitucional (Sentencia TC/0599/15) han planteado los diferentes escenarios que podrían presentarse en el Congreso Nacional ante la remisión de una ley observada y que podríamos resumir del modo siguiente:

1º El Congreso rechaza las observaciones presidenciales y aprueba de nuevo la ley original en base a la mayoría agravada de las dos terceras partes en cada una de las partes.

2º Ambas cámaras legislativas aceptan las observaciones presidenciales con la mayoría de la mitad más uno de los presentes en cada cámara, salvo que se trate de una ley orgánica que requiere el apoyo de las dos terceras partes de los presentes, enmendando la ley para incorporar dichas observaciones.

3º No se logran reunir las mayorías necesarias ni para aceptar las observaciones presidenciales ni para aprobar de nuevo la ley original. Para la gran mayoría de la doctrina, si no se reúnen las mayorías necesarias en cualesquiera de las cámaras legislativas, la ley "debe considerarse desechada por efecto de las observaciones del Presidente de la República" (Brea FRanco: 208), opinión que ha confirmado el Tribunal Constitucional al establecer que, en ese caso, "pura y simplemente, se caen o desechan la ley y la observación" (Sentencia TC/0599/15).

4º El Congreso no decide sobre la ley observada, es decir, no somete a discusión y aprobación la ley observada, en un plazo de dos legislaturas ordinarias, con lo que se imposibilita cualquiera de los tres escenarios anteriores (insistencia en la ley original, allanamiento ante las observaciones presidenciales y desecho de la ley). En ese caso, como sanción a la inacción y a la dilación del Congreso, la Constitución dispone que se considerará aceptada la observación (artículo 103). Esta sanción se enmarca en la sistemática de una Constitución que no solo sanciona la inercia legislativa frente a las observaciones presidenciales sino también la desidia presidencial a la hora de promulgar y publicar leyes que se reputan promulgadas y podrán ser publicadas por la cámara legislativa que la remitió al ejecutivo si el ejecutivo no se aviene a promulgarlas y publicarlas en el plazo establecido en el artículo 101 de la Constitución.

Es importante señalar que la aprobación tácita de las observaciones que dispone el indicado artículo 103 "solo es aplicable cuando las cámaras legislativas no hayan decidido acerca de las leyes observadas en el plazo de dos legislaturas ordinarias, y decidirlas no implica tener que aprobarlas o rechazarlas, porque si no se produce un consenso en ambas cámaras para una cosa u otra, la ley observada queda automáticamente desechada y no podrá volver a ser conocida hasta la próxima legislatura (artículo 107). Pues la finalidad de esta norma es evitar el engavetamiento de las leyes observadas, forzando al Congreso Nacional a decidirlas en un plazo razonable (dos legislaturas ordinarias), pero nada de esto implica que la decisión tenga que ser de aprobación o rechazo de las observaciones" (TENA DE SOSA: 266).

Hay quienes consideran que cuando se produce el tercer escenario la consecuencia, en lugar del desecho de la ley, es la del cuarto escenario: la aceptación tácita de las observaciones. Aceptar como válida esa tesis alteraría el equilibrio de poderes constitucionalmente establecido dándole una preeminencia al Poder Ejecutivo aún mayor que la que tiene en el actual ordenamiento constitucional, quien ya no solo podrá observar las leyes aprobadas por el Congreso, exigiéndosele a los legisladores obtener una mayoría cualificada para insistir en la ley original y tan solo una simple mayoría para aceptar las mismas, sino que, además tiene la posibilidad de asegurarse que, con tan solo no lograrse las mayorías necesarias para rechazar sus observaciones o aprobar de nuevo la ley original, se acepten automáticamente sus observaciones. Esto, aparte de que no se compadece con el hecho de que el ejecutivo tan solo está obligado a suministrar sus observaciones a la ley vetada y no un texto alternativo, por lo que se requiere obligatoriamente, en caso de allanamiento, la colaboración entre el Congreso y el ejecutivo para la conformación de una ley de acuerdo con las observaciones presidenciales recibidas y aprobadas, tampoco compagina con la finalidad del artículo 103 que es sancionar la inacción y la dilación congresional en el conocimiento de las observaciones presidenciales.

5.5.5 Publicación. La publicación consiste en la inserción de la ley en la colección de actos oficiales del Estado y en el anuncio de la inserción y publicación del texto íntegro de la misma en la *Gaceta Oficial* de la República o en un periódico de circulación nacional. La publicación debe realizarse dentro de los diez días de la fecha de la promulgación. El Código Civil establece que las leyes son obligatorias al día siguiente de su publicación en el Distrito Nacional y al segundo día en el interior del país. La propia ley puede determinar otros plazos para su obligatoriedad mediante el establecimiento de *"vacatio legis"*, que son períodos que la ley establece para su entrada en efectividad. Esta *vacatio legis* es usual en materia procesal donde las nuevas leyes implican necesariamente una transición hacia un nuevo régimen.

5.6 Leyes orgánicas y leyes ordinarias

Por vez primera en la historia del derecho constitucional dominicano, la reforma constitucional de 2010 introdujo una nueva categoría de ley: las denominadas *"leyes orgánicas"*. Tales leyes, aunque la expresión "ley orgánica" se utilizaba frecuentemente para aludir a leyes de carácter marcadamente organizativo –por ejemplo, para referirse a la "Ley Orgánica de las Fuerzas Armadas"-, son una novedad que tiene su antecedente directo en el artículo 81 de la Constitución española de 1978 que, a su vez, se inspira en el artículo 46 de la Constitución francesa de 1958. En apariencia, su configuración constitucional es bastante sencilla. Las leyes orgánicas se definen, simultáneamente, por un elemento material y otro formal. En razón de la materia, las leyes orgánicas "son aquellas que por su naturaleza regulan los derechos fundamentales; la estructura y organización de los poderes públicos; la función pública; el régimen electoral; el régimen económico y financiero; el presupuesto, planificación e inversión pública; la organización territorial; los procedimientos constitucionales; la seguridad y defensa; las materias expresamente referidas por la Constitución y otras de igual naturaleza". En cuanto a su forma, las leyes orgánicas se distinguen de las ordinarias por el hecho de que "para su aprobación o modificación requerirán del voto favorable de las dos terceras partes de los presentes en ambas cámaras" (artículo 112), en contraste con las *leyes ordinarias* que "son aquellas que por su naturaleza requieren para su aprobación la mayoría absoluta de los votos de los presentes de cada cámara" (artículo 113). Un análisis más detallado de este tipo de leyes revela, sin embargo, que éstas suscitan una serie de problemas fundamentales que pasamos a abordar a continuación…

5.6.1 El concepto de ley orgánica. La especial rigidez formal de las leyes orgánicas podría conducir a pensar que éstas son jerárquicamente superiores a las leyes ordinarias, constituyendo así una especie de categoría intermedia entre estas últimas y la Constitución. Esta tesis, inicialmente admitida por la doctrina española y luego mayoritariamente descartada, hay que descartarla también en el caso dominicano. Y es que "la ley es siempre 'expresión de la voluntad popular'. Esto es lo decisivo y no la forma concreta en que esa voluntad popular se exprese, forma que varía por razones diversas que, como tales, en nada pueden afectar la esencia y virtud jurídica del producto resultante. La *jerarquía de las normas* no es nunca una jerarquía de los procedimientos de producción y elaboración de las mismas, sino un reflejo y una consecuencia de la diferente calidad de los sujetos que las producen: el legislador constituyente en su carácter de fundador del sistema; el legislador ordinario, que extrae su legitimidad y su poder del sistema fundado por aquél (…) Efectivamente, las leyes orgánicas plantean un problema a resultas de la rigidez formal de que las ha rodeado la Constitución y es el de su invulnerabilidad por la ley ordinaria, que habría de ser calificada de inconstitucional si pretendiera reformar o derogar aquella (…) La ley ordinaria no puede, en efecto, modificar o derogar una ley orgánica, pero no puede hacerlo no porque su rango normativo sea inferior al de ésta, sino, más bien, porque la Constitución le veda el acceso a las materias que el artículo 81 [de la Constitución española, EJP] enuncia" (García de Enterría: 140).

Y es que "no es posible encontrar un criterio riguroso que permita establecer diferencias de rango entre las diversas clases de leyes. Todas son aprobadas por el mismo órgano y la diferencia formal única que las separa es el procedimiento que tiene que seguirse para su elaboración. Pero jerarquizar las normas por razón del procedimiento seguido para aprobarlas, en lugar de tener efectos de ordenación, conduce a un sistema de gran complejidad, puesto que existiendo muy diferentes tipos de leyes, por razón del procedimiento, sería difícil fundamentar sus diferencias en la jerarquía. Por otro lado, la jerarquía implica siempre la posibilidad de que la norma superior se extienda, si voluntariamente el legislador lo decide, al dominio de la norma inferior, que no está protegido por ninguna clase de reserva. Implica también que los contenidos de la norma inferior no pueden contradecir lo establecido en la superior, bajo sanción de nulidad. Ninguna de estas circunstancias se da en la relación constitucional entre las leyes, que ni pueden ocupar los dominios reservados a otras, ni tienen habilitación posible para regular materias distintas de las que la Constitución les confíe. En fin, también es imposible jerarquizar las normas considerando la diferente jerarquía del órgano que las dicta, que, en el caso de las leyes, no solo es el mismo, sino que tampoco existe ningún criterio constitucional que permita decidir por qué unas leyes, aun dictadas por el mismo órgano, pueden ser superiores a otras" (Muñoz Machado: 622).

El Tribunal Constitucional español ha sido más que claro en este sentido: "las leyes orgánicas y ordinarias no se sitúan, propiamente, en distintos planos jerárquicos" (STC 137/1986). De ahí que "cuando en la Constitución se contiene una reserva de ley ha de entenderse que tal reserva lo es a favor de Ley orgánica –y no una reserva de Ley ordinaria- solo en los supuestos que de modo expreso se contienen en la norma fundamental (…) La *reserva de Ley orgánica* no puede interpretarse de forma tal que cualquier materia ajena a dicha reserva, por el hecho de estar incluida en una Ley orgánica, haya de gozar definitivamente del efecto de congelación de rango y de la mayoría, de una mayoría cualificada, para su ulterior modificación (…), pues tal efecto puede, y aún debe, ser excluido" para los preceptos de la ley orgánica "que no participan de tal naturaleza" (STC 5/1981). En consecuencia, la inconstitucionalidad de la ley ordinaria no deriva de su supuesta inferioridad de rango en relación a la ley orgánica, sino de la invasión de esferas competenciales reservadas expresamente a la ley orgánica por el artículo 112 de la Constitución, es decir, de la violación del *principio de competencia*, que es el que rige las relaciones entre la ley orgánica y la ley ordinaria, las cuales deben respetar recíprocamente sus diferentes ámbitos competenciales.

Como se puede observar, el concepto de ley orgánica, a diferencia del tipo general de ley, no es formal sino material. Sería formal si el legislador orgánico pudiese regular cualquier materia. Pero ese no es el caso. La ley orgánica, conforme la Constitución, debe limitarse a regular aquellas materias para las que la Constitución establece una reserva específica. No es solo que la Constitución reserva determinadas materias a la ley orgánica sino también que la ley orgánica únicamente puede disciplinar esas materias. De modo que una ley orgánica que invadiese materias reservadas a la ley ordinaria, aunque es constitucional en la medida en que es ley que puede derogar una ley anterior, no podrá válidamente ser considerada orgánica pues se ha excedido respecto de su ámbito material reservado. Y es que si se permite que anteriores mayorías en el poder, que disfrutaron en su momento del porcentaje de representantes necesarios en el Congreso para desarrollar su política a través de una ley orgánica, congelen el rango de políticas que debieran ser disponibles para el legislador ordinario, se afectaría a las minorías y se bloquearía irrazonablemente la posibilidad de las reformas legislativas. De ahí que la ley orgánica es y debe ser excepcional respecto de la ley ordinaria.

5.6.2 Significado constitucional de la ley orgánica. Para algunos, la ley orgánica responde "en mayor medida al sentido constitucional del *principio democrático* que la ley ordinaria". Ello así porque la exigencia de una mayoría agravada para su aprobación "implica, en abstracto, un mayor respeto a las minorías, la promoción del diálogo y del consenso entre los grupos políticos, la garantía de una participación mayor en la adopción de decisiones fundamentales" (Balaguer Callejón 1999: 134). A nuestro juicio, la Constitución establece como principio general la regla de la mayoría simple, salvo aquellos casos expresamente determinados por el constituyente.

Como bien ha señalado el Tribunal Constitucional español, "nuestra Constitución ha instaurado una democracia basada en el juego de las mayorías, previendo tan solo para supuestos tasados y excepcionales una democracia de acuerdo basada en mayorías cualificadas o reforzadas" (STC 5/1981). Esto significa que, "al aprobar una ley orgánica se establece una grave hipoteca sobre el futuro legislador", de donde se infiere la necesidad de interpretar "de forma restrictiva" el ámbito material reservado a la ley orgánica (Otto: 115), pues, de lo contrario, se "podría producir en el ordenamiento jurídico una petrificación abusiva en beneficio de quienes en un momento dado gozasen de la mayoría parlamentaria suficiente y en detrimento del carácter democrático del Estado" (STC 5/1981). Más aún, no se debe olvidar que las leyes orgánicas pueden propiciar no solo el bloqueo de las políticas legislativas sino también el atentado contra los *derechos de minorías* incapaces de resistir a grupos de poder que cuenten con mayorías absolutas en el Congreso, así como la creación de falsos consensos cuando estas minorías se ven obligadas a plegarse a las mayorías a cambio de apoyos en materias que nada tienen que ver con la legislación orgánica a aprobar.

Es por todo lo anterior que hay que interpretar restrictiva y no expansivamente las reservas de ley orgánica. La ley orgánica es, en gran medida, la prolongación de la actividad constituyente pero no debe conceptuarse como una herramienta ordinaria para la formulación de políticas públicas. Con razón, el Tribunal Constitucional español se refiere a la tarea del legislador orgánico como la de un *"constituyente permanente"* (STC 1988) que articula una "democracia de consenso" (STC 1993). Pero esta importante tarea no debe implicar un desplazamiento de la ley ordinaria por la ley orgánica pues ello "supondría destruir el concepto y la esencia misma de la Ley, que dejaría de ser autodisposición de la comunidad sobre sí misma a través de sus representantes legítimos, para convertirse en una realidad plural y variable que, en último término, el propio órgano legislativo podría modelar a su antojo con solo introducir modificaciones, mayores o menores, en los correspondientes Reglamentos de las Cámaras" (García de Enterría: 140). Hay que entender, por tanto, que la Constitución sólo exige la ley orgánica en las materias expresamente referidas en la Constitución y en aquellas "que por su naturaleza" son similares o se conectan estrechamente con las materias expresamente reservadas.

La legitimidad política de las leyes orgánicas dependerá a la larga de una cultura de consenso que apueste por una democracia más deliberativa, que obligue al diálogo y de preeminencia al mejor argumento. "En este sentido, las leyes orgánicas, estarán dotadas de la legitimidad de la que ahora adolecen, pues esa legitimidad les vendrá dada por el respaldo de un verdadero principio de representación democrática plasmado en una mayoría absoluta conseguida tras un debate y una deliberación en los que todos se han hecho escuchar, y las minorías han sido respetadas, conforme a un justo procedimiento sometido a unos de mecanismos de control" (Arenas Ramiro: 161).

5.6.3 El carácter material de la reserva de ley orgánica. La configuración constitucional de las leyes orgánicas "responde a un modelo de *reserva limitativa y bidireccional*" (Santamaría Pastor: 239). En otras palabras, como bien ha señalado el Tribunal Constitucional español, "si es cierto que existen materias reservadas a las leyes orgánicas (…), también lo es que las leyes orgánicas están reservadas a estas materias y que, por tanto, sería disconforme con la Constitución la ley orgánica que invadiera materias reservadas a la ley ordinaria" (STC 5/1981). Pero... ¿cuál es el ámbito material de la ley orgánica? ¿Con qué extensión debe la ley orgánica regular las materias que la Constitución le reserva? ¿Qué otras materias son susceptibles de ser contenidas en una ley orgánica?

5.6.3.1 El ámbito necesario de la reserva. El artículo 112 de la Constitución consigna una larga y diversa lista de materias que deben ser reguladas por ley orgánica: "los derechos fundamentales; la estructura y organización de los poderes públicos; la función pública; el régimen electoral; el régimen económico y financiero; el presupuesto, planificación e inversión pública; la organización territorial; los procedimientos constitucionales; la seguridad y defensa". A esa lista, hay que añadir aquellas *"materias expresamente referidas por la Constitución"* que requieren ley orgánica pero que en realidad se reconducen, en gran medida, a las materias reservadas: la regulación del mar territorial (artículo 9.2) y la regulación del nombre y los límites de regiones, provincias y municipios (artículo 195) que se conectan con la organización territorial; la Ley Orgánica de Presupuesto (artículo 239) directamente conectada con la regulación del presupuesto; la Ley Orgánica de las Fuerzas Armadas (artículo 253) y la Ley Orgánica de la Policía Nacional, ejes esenciales del sistema de seguridad y defensa; y la Ley Orgánica de la Administración Local (artículo 203) vinculada tanto con el régimen electoral como con la estructura y organización de los poderes públicos, la función pública, el régimen electoral y la organización territorial.

Problemático resulta determinar qué quiere decir la Constitución cuando señala que las leyes orgánicas regularán otras materias *"de igual naturaleza"* a las expresamente consignadas en la Constitución. A nuestro modo de ver, si no se quiere caer en un concepto puramente formal de la reserva de ley orgánica que permita a ésta extenderse legítimamente sobre todas las materias que constituyen el ámbito de actuación de la ley en nuestro ordenamiento, lo que "supondría destruir el concepto y la esencia misma de la Ley, que dejaría de ser autodisposición de la comunidad sobre sí misma a través de sus representantes legítimos, para convertirse en una realidad plural y variable que, en último término, el propio órgano legislativo podría modelar a su antojo" (GARCÍA DE ENTERRÍA: 140), es preciso entender restrictivamente esta frase, admitiendo únicamente como leyes orgánicas a aquellas que regulen materias directa y estrechamente vinculadas con las consignadas expresamente en la Constitución. Por ejemplo, una ley que regule un derecho no establecido expresamente en la Constitución o en instrumentos internacionales de derechos humanos y que, en virtud del artículo 74.1 de la Constitución, vendría a ser un derecho fundamental implícito, al ser de "igual naturaleza" a los derechos fundamentales cuya enumeración constitucional no es limitativa, debe ser necesariamente una ley orgánica. Pero no podemos exigir ley orgánica para la regulación de un deber fundamental, por ejemplo, el deber de "prestar servicios para el desarrollo" (artículo 75.4) porque la regulación de los deberes fundamentales no es materia reservada a la ley orgánica. Ahora bien, la regulación del deber de votar (artículo 75.2), como este deber está directa y estrechamente vinculado con el derecho al voto, sí exigiría una ley orgánica pues la regulación de los derechos fundamentales es una materia expresamente reservada a la ley orgánica. Como se puede observar, la reserva de ley orgánica solo está establecida para las materias expresamente consignadas en la Constitución y para aquellas que estén directa y estrechamente vinculadas con aquellas. La regla es y solo puede ser, pues, tal como ha establecido el Tribunal Constitucional español, que "solo habrán de revestir la forma de ley orgánica aquellas materias previstas de forma expresa por el constituyente, sin que el alcance de la interpretación pueda ser extensivo al tiempo que, por lo mismo, dichas materias deberán recibir una interpretación restrictiva" (SSTC 160/1987, 142/1993, 127/1994).

La doctrina ha enfatizado dos elementos adicionales que permiten determinar cuando la Constitución exige una mayoría orgánica para la aprobación de una ley y que se desprenden de la jurisprudencia del Tribunal Constitucional (Rodríguez). El primero de estos elementos es el de la *temporalidad* de la ley. Se afirma, a partir de la Sentencia TC/0224/17, en la que el Tribunal Constitucional distinguió las leyes que declaran la necesidad de una reforma constitucional, que son por definición constitucional temporales, de las leyes ordinarias y de las leyes orgánicas, "que existe una contradicción en considerar como orgánica una ley con un plazo fijo de duración de seis meses. Esto así, porque las leyes orgánicas se definen como aquellas que regulan, con carácter transversal, asuntos estructurales del funcionamiento del Estado. Asignar a una ley de corta temporalidad la condición propia de las leyes orgánicas, equivale a suponerle un carácter estructural que no tiene". El segundo elemento, vinculado estrechamente con el carácter temporal, tiene que ver con el *contenido material* de la ley, tal como lo define el Tribunal Constitucional en la Sentencia TC/0359/14, en donde los jueces constitucionales especializados establecieron respecto "a si la Ley núm. 253-12, para el fortalecimiento de la capacidad recaudatoria del Estado, la sostenibilidad fiscal y el desarrollo sostenible, de fecha 13 de noviembre del año 2012, debió ser conocida en las cámaras legislativas como una ley orgánica, esto es, por mayoría agravada conforme a lo dispuesto en el artículo 112 de la Constitución", que hay que distinguir "entre las leyes marco respecto al régimen financiero que regulan el mismo conforme a los criterios establecidos en los artículos 217 al 251 de la Constitución, y las leyes de reforma o modificación, que de manera temporal y con un fin determinado, varían la presión tributaria, pero sin alterar el régimen económico y financiero, establecido en un primer término por la propia Constitución, y luego por estas leyes marco, a las que se refiere el artículo 112, al decir que 'las leyes orgánicas son aquellas que por su naturaleza regulan (…) el régimen económico financiero (…). Para su aprobación o modificación requerirán del voto favorable de las dos terceras partes de los presentes en ambas cámaras'". A juicio de la Alta Corte constitucional "al no tratarse la norma atacada de una ley que regule el régimen económico financiero, conforme a lo descrito en el párrafo anterior, ni ser tampoco una norma respecto a la cual la Constitución señale expresamente que debe ser conocida como ley orgánica, no se vulneró la Constitución al momento de conocerse la referida norma en las cámaras legislativas con la mayoría simple que exige el artículo 113".

Por otro lado, es preciso determinar qué debe entenderse por *regulación de los derechos fundamentales*. Ante todo, por derecho fundamental debemos entender todos los derechos fundamentales consignados en el Capítulo I del Título II de la Constitución. Del mismo modo, resultan ser derechos fundamentales las "garantías de los derechos fundamentales" consignadas en el Capítulo II del Título II de la Constitución, pues tanto la tutela judicial efectiva y el debido proceso (artículo 68), como el habeas data (artículo 70), el habeas corpus (artículo 71) y el amparo (artículo 72), son definidos por la Constitución como derechos. Estos derechos y garantías fundamentales no son únicamente los consignados en los Capítulos I y II del Título II de la Constitución sino también otros derechos como los derechos de ciudadanía (artículo 22) y otras garantías como el Defensor del Pueblo (Título VIII). Del mismo modo, todo nuevo derecho o garantía fundamental, en virtud del artículo 74.1, exige ser regulado mediante ley orgánica.

Ahora bien, ¿qué significa "regulación" de un derecho fundamental? Si adoptamos una *posición maximalista*, entonces cualquier regulación que, aún de modo tangencial, parcial o indirecto, afectase al régimen de estos derechos o a un derecho en particular, deberá ser efectuada a través de una ley orgánica. Como resulta inimaginable una norma legal que no afecte de algún modo a algún derecho fundamental, "lo que llevaría al absurdo de que la inmensa mayoría del sistema normativo debería hallarse integrado por leyes orgánicas" (Santamaría Pastor: 240), es preferible optar por un *entendimiento minimalista* de lo que es regulación de un derecho fundamental. Hay que entender, en consecuencia, que cuando la Constitución reserva la regulación de los derechos fundamentales a la ley orgánica a lo que se refiere es a "leyes que se proponen completar la regulación de principio establecida en la Constitución, llevando a cabo una delimitación completa y directa de los derechos fundamentales a que se refieren. No cabe considerar reservada a la ley orgánica la mera *regulación indirecta o incidental* de algunos de esos derechos y libertades con ocasión de la regulación de cualquier otra materia" (Muñoz Machado: 615). Como bien ha señalado el Tribunal Constitucional español, la reserva de ley orgánica para la regulación de los derechos fundamentales "no puede extremarse, con los importantes problemas de consenso interno que conlleva, al punto de convertir al ordenamiento jurídico entero en una mayoría de leyes orgánicas, ya que es difícil concebir una norma que no tenga una conexión, al menos remota, con un derecho fundamental" (STC 6/1982). La *función de garantía* que desempeña el artículo 112 de la Constitución se cumple más que suficientemente si se impone solo a las normas que, como bien ha señalado la jurisprudencia constitucional española, establecen "restricciones de esos derechos o libertades o las desarrollen de modo directo, en cuanto regulen aspectos consustanciales de los mismos, excluyendo por tanto aquellas otras que simplemente afecten a elementos no necesarios sin incidir directamente sobre su ámbito y límites" (STC 101/1991). Y es que, a pesar de la amplia lista de materias sujetas a reserva de ley orgánica, la ley orgánica es y solo puede ser una categoría excepcional que, por ello, debe ser interpretada necesariamente de modo restrictivo. Esa *excepcionalidad de la ley orgánica* es consecuencia del sistema democrático constitucionalmente consagrado y que, como ha establecido el Tribunal Constitucional español, descansa en "el juego de las mayorías", lo que explica que "únicamente para supuestos tasados y excepcionales" contempla "una democracia de acuerdo basada en mayorías cualificadas o reforzadas" (STC 5/1981).

Este *criterio restrictivo y minimalista* de "regulación de los derechos fundamentales", derivado del carácter excepcional de la ley orgánica, queda claro en una sentencia del Tribunal Constitucional español, dictada a raíz de una cuestión de inconstitucionalidad incoada por la Sección Primera de la Sala de lo Contencioso-Administrativo de la Audiencia Nacional, concerniente a determinados artículos de la Ley General de la Cultura Física y el Deporte. En ese caso, estaba en juego la determinación de si la regulación de las asociaciones deportivas, en tanto manifestaciones del derecho fundamental de asociación, tenía que estar contenida en una ley orgánica o si bastaba con una ley ordinaria. El Tribunal no titubeó a la hora de afirmar que la reserva de ley orgánica "se refiere en este caso a la Ley que desarrolla el derecho de asociación en cuanto tal, pero no excluye la posibilidad de que las leyes ordinarias incidan en la regulación de tipos específicos de asociaciones, siempre que se respete el desarrollo efectuado por la Ley Orgánica" (STC 67/1985). En un caso posterior, los jueces constitucionales españoles irían más lejos en el camino del entendimiento restrictivo y minimalista de la reserva de ley orgánica en materia de derechos fundamentales. En la especie referida se trataba de saber si la Ley de Televisión Privada, en tanto tiene una conexión con el derecho a transmitir información por cualquier medio de comunicación, debía ser aprobada con el carácter de ley orgánica. A juicio del Tribunal Constitucional, dicha ley podía ser aprobada como ley ordinaria porque ésta no es una ley que contiene "la ordenación general de la gestión del medio de comunicación (televisión) por los particulares", sino que "el legislador se ha limitado a ordenar una modalidad de televisión privada de entre las posibles: la de cobertura nacional y mediante la emisión de señales por ondas". Según el Tribunal, "la previsión de las condiciones y la regulación del régimen jurídico de un sistema de emisiones con cobertura nacional por sociedades concesionarias y en gestión indirecta del servicio público esencial de televisión es una modalidad de ejercicio –de entre las constitucionalmente posibles- de los derechos fundamentales en el art. 20.1 de la Constitución y, al tiempo, un presupuesto mediante la regulación de las condiciones que hacen posible y efectivo el ejercicio de esos derechos (art. 53.1 de la Constitución); y no realmente un desarrollo directo, global o en aspectos esenciales, de tales derechos fundamentales, que es lo que la Constitución reserva a la Ley Orgánica en su art. 81.1; ni tampoco una delimitación negativa o restrictiva de los derechos fundamentales del art. 20.1 de la Constitución, que debiera venir cubierta por Ley Orgánica, pues de la misma no se deduce necesariamente una exclusión de las modalidades televisivas no reguladas" (STC 127/1994).

La reserva de ley orgánica en materia de derechos fundamentales concierne, en consecuencia, a la delimitación del objeto, contenido y límites del derecho, es decir, los aspectos sustanciales del contenido de los derechos, aquellos "*aspectos esenciales del contenido del derecho*" en lo tocante a la titularidad, a las facultades elementales que lo integran en sus varias variantes, al alcance del mismo en las relaciones interprivatos, a las garantías fundamentales necesarias para preservarlo frente a las injerencias de los poderes públicos y, muy especialmente, dada su naturaleza de derecho de libertad, corresponde en exclusiva al legislador orgánico la precisión de los límites" (STC 173/1998). La ley orgánica, como manifestación de la función de "*constituyente permanente*", debe concretar la definición abstracta que de los derechos fundamentales hace la Constitución, regulando así aquellas facultades y poderes jurídicos sin los cuales no es posible disfrutar el derecho fundamental y sus garantías. Lógicamente, esa regulación no se limita a los aspectos mínimos de dichas facultades o poderes jurídicos. Como señala la doctrina, "lo esencial no es lo mínimo. El legislador orgánico de los derechos no es un *legislador de lo básico* o de lo mínimo, sino de lo indispensable y necesario. Es a él a quien está reservada la concreción en toda su extensión del haz de facultades que constituyen el contenido esencial del derecho fundamental y que son imprescindibles para que su titular pueda realizar el conjunto de expectativas que son su objeto, dejando a la ley ordinaria otras facetas del contenido del derecho contingentes para su fin garantista (…) También es cosa del legislador orgánico cumplir con las remisiones expresas que el derecho fundamental haga a la ley para la creación de límites al derecho, y concretar sus límites internos, con los que delimita el objeto del derecho" (Bastida Freijedo: 165). Todo esto puede hacerlo la ley orgánica a través de una "regulación directa, general y global del [derecho] o en una parcial o sectorial, pero, igualmente, relativa a aspectos esenciales del derecho, y no, por parcial, menos directa o encaminada a contribuir a la delimitación y definición legal del derecho" (STC 173/1998).

El deslinde entre lo que está reservado a la ley orgánica y lo que corresponde a la ley ordinaria en lo que concierne a la regulación de los derechos fundamentales es complejo pues, con suma frecuencia, es muy difícil diferenciar donde acaba la regulación del derecho en cuanto tal y donde inicia la regulación de la materia sobre la cual se proyecta el derecho. "En algunos casos, para determinar si una norma concreta se refiere al derecho en cuanto tal y, por ello, debe encuadrarse en el ámbito de la reserva de ley orgánica, deberá atenderse no sólo al objeto regulado, sino también al contenido de esa regulación e incluso a la intensidad y trascendencia de lo regulado en relación al contenido del derecho, ya que estas decisiones fundamentales puede considerarse que corresponden al legislador orgánico en su tarea que hemos calificado de 'constituyente permanente'" (STC 173/1998). Evidencia de lo difícil que este deslinde es la determinación de si las *normas penales* deben estar contenidas o no en una ley orgánica. Aquí hay que enfatizar que la regulación de un derecho fundamental proclamado *in abstracto* por la Constitución consiste, en palabras de la jurisprudencia constitucional española, "en la determinación de su alcance y límites en relación con otros derechos y con el ejercicio por las demás personas (…) En este sentido el Código Penal y en general las normas penales, estén en él enmarcadas formalmente o fuera de él en leyes sectoriales, son garantía y desarrollo del derecho de libertad (…) por cuanto fijan y precisan los supuestos en que legítimamente se puede privar a una persona de libertad. De ahí que deban tener carácter de ley orgánica" (STC 140/1986). Para el Tribunal Constitucional, conforme una jurisprudencia que no por azar ha sido catalogada de "tortuosa" (Bastida Freijedo: 165) y de dejar "amplios márgenes de incertidumbre" (Díez Picazo: 103), cualquier norma que tipifique un delito castigado con pena privativa de libertad debe aprobarse mediante ley orgánica, en tanto que parecería que las demás penas que no signifiquen privación de la libertad podrían ser aprobadas mediante ley ordinaria. A nuestro juicio, este criterio, al tiempo que fomenta la inseguridad jurídica, no se compadece con el hecho de que toda pena, implique o no privación de la libertad física, afecta intensamente algún derecho fundamental específico, por lo que estimamos preferible asumir la exigencia de ley orgánica para todas las normas penales.

No faltarán quienes pretendan que estas diferencias entre la reserva de ley orgánica y la reserva de ley ordinaria en materia de derechos fundamentales no proceden en el caso dominicano pues nuestra Constitución, contrario a la española, al consagrar la reserva de ley orgánica no se refirió al *desarrollo de los derechos fundamentales* sino a su regulación, queriéndose afirmar, de modo simplista, que, dado que la regulación del ejercicio de un derecho fundamental es una forma de regulación y puesto que el artículo 112 reserva a la ley orgánica la regulación de los derechos fundamentales, entonces toda regulación del ejercicio de un derecho debe ser hecha bajo la forma de ley orgánica. Tal interpretación maximalista de la reserva de ley orgánica en materia de derechos fundamentales ha tratado de ser avanzada incluso en España, a pesar de que el artículo 81.1 de la Constitución española solo se refiere a las leyes orgánicas de desarrollo de los derechos fundamentales, pretendiéndose, no obstante el sentido claro de la norma, que toda regulación, incluso tangencial, parcial o indirecta de un derecho fundamental, debe ser hecha por el legislador orgánico. Sin embargo, no debemos obviar que la reserva de ley orgánica debe interpretarse siempre de modo restrictivo, pues si no desaparecerían las leyes ordinarias con todo lo que ello conlleva para un sistema democrático en donde las decisiones se toman por mayoría simple. Sin embargo, como bien señala García de Enterría, la propia existencia del artículo 53.1 de la Constitución española, reproducido textualmente en el artículo 74.2 de nuestra Constitución, enuncia el principio general de *reserva de ley en materia de derechos fundamentales*, "principio que sería absurdo sencillamente interpretar en su totalidad en el sentido de una reserva a la Ley orgánica, pues ello significaría, ni más ni menos, la eliminación pura y simple del legislador ordinario y su suplantación total por el legislador extraordinario, cuando es obvio que la Constitución ha querido en cualquier caso que coexistan los dos" (GARCÍA DE ENTERRÍA: 145). En otras palabras, la existencia de dos preceptos constitucionales distintos referentes a la reserva de ley en materia de derechos fundamentales permite inferir "que el ámbito de aplicación de estos dos preceptos constitucionales ha de ser diferente" (DIEZ-PICAZO: 102): mientras el artículo 74.2 contempla una *reserva de ley ordinaria*, el artículo 112 impone una *reserva de ley orgánica*.

Por demás, la interpretación más extendida en la doctrina y jurisprudencia españolas del término "desarrollo", como bien resume un reputado autor, tiende a equiparar este término con el de "una *regulación directa, completa y detallada*" del derecho fundamental o como una "*regulación global*, en cuanto básica, pero no necesariamente detallada, que permita una remisión ulterior al legislador ordinario o a la misma Administración" (SOLOZÁBAL ECHAVARRÍA: 104). Y es que, no es ocioso insistir, resulta claro que "no parece lógico que toda regulación deba quedar enmarcada dentro del estricto ámbito del legislador orgánico, más aún si se considera que es difícil encontrar una norma dentro del ordenamiento que no tenga relación con una regla o principio de derecho fundamental" (SUÁREZ CROTHERS: 9). Si se tratase de la misma reserva, es obvio que el constituyente no hubiese señalado que el legislador del artículo 74.2 solo puede regular el ejercicio de los derechos fundamentales, siendo el ejercicio únicamente una faceta de la regulación de un derecho fundamental, que abarca "la forma puramente externa de manifestación de derechos o libertades públicas, de modo que la actuación de éstos habría de someterse a requisitos que no afectarían la actividad misma y que se dirigen básicamente a garantizar la publicidad más o menos extensa de la conducta amparada por el derecho fundamental" y "comprende una pluralidad de modalidades normativas, tales como la concreción de la actividad o sector de la realidad a que alude el derecho, la determinación del haz de potestades que lo integran, la regulación de los procedimientos activos y reactivos que lo hacen valer e incluso la 'política de derechos fundamentales', esto es, la política de subvenciones y ayudas para materializar el derecho o hacer efectivamente posible su ejercicio" (OTTO: 154 y 200). La regulación de un derecho fundamental, a los fines de la reserva de ley orgánica, es, sin embargo, más que la simple regulación de su ejercicio pues la regulación del derecho establece la configuración del derecho, determinando su contenido, forma de ejercicio y garantías procesales, o sea, constituye el *estatuto general del derecho fundamental regulado*. Con razón, se ha insistido en que regular el ejercicio de un derecho es "una actividad normativa manifiestamente distinta de la de determinar el contenido de aquello que ha de ejercitarse" (OTTO: 156), cosa esta última que solo puede hacer la ley orgánica cuando precisa el contenido constitucional de un derecho fundamental mediante su regulación directa y frontal.

La distinción entre ley orgánica reguladora de un derecho fundamental y ley ordinaria reguladora del ejercicio de un derecho fundamental hace sentido en la medida en que solo la ley orgánica puede participar en la *configuración del contenido material de los derechos*. Si esto es así, como es, muchos se preguntarán como una ley ordinaria reguladora del ejercicio de un derecho fundamental, que en principio constituye una mera regulación formal y procedimental, podría alguna vez afectar el contenido esencial del derecho y el principio de razonabilidad en los términos del artículo 74.2. Pues bien, la Constitución al establecer estos límites lo que ha querido es evitar que, bajo el pretexto de regulación del ejercicio de un derecho, el legislador lo desnaturalice o lo limite irrazonablemente. En este sentido, el legislador orgánico, cuando configure el contenido material de los derechos mediante su regulación directa y global deberá también respetar el contenido esencial del derecho regulado y no limitarlo de modo irrazonable. El legislador ordinario está, sin embargo, mucho más limitado que el orgánico pues sobre él recae no solo la doble limitación del contenido esencial y del principio de razonabilidad, sino que también debe respetar las *normas mínimas de contenido* establecidas por la ley orgánica reguladora del derecho, "sin perjuicio de las remisiones lícitas que en esta materia puede efectuar una ley orgánica a la ley" ordinaria (SUÁREZ CROTHERS: 14). De ahí que tanto la ley orgánica como la ordinaria pueden introducir *límites al derecho fundamental*. Como ha establecido el Tribunal Constitucional español, cuando se trata de "restricciones al modo, tiempo o lugar del ejercicio del derecho fundamental", dado que "los límites que se fijan lo son a la forma concreta en la que cabe ejercer el haz de facultades que compone el contenido del derecho fundamental en cuestión, constituyendo una manera de regular su ejercicio", ello lo puede hacer la ley ordinaria, en tanto que, si se trata de "restricciones directas del derecho fundamental mismo", la regulación de tales límites corresponde a la ley orgánica (STC 292/2000). Por eso, hay que insistir en que no toda limitación a los derechos fundamentales debe ser establecida mediante ley orgánica pues, si bien es cierto que muchos límites son dispuestos mediante la regulación del derecho, existen leyes limitativas "dictadas al margen de todo propósito de regulación" de los derechos y "son las que inciden en ellos de manera negativa con normas que limitan su ejercicio o incluso lo suprimen temporalmente" (voto particular del Magistrado Eugenio Díaz Emili en la sentencia del Tribunal Constitucional español STC 140/1986).

5.6.3.2 El ámbito estricto de la reserva. Delimitado el ámbito necesario de la reserva de ley orgánica, es decir, qué es lo que debe regularse por ley orgánica, se precisa determinar con qué extensión debe regular la ley orgánica la materia a ella reservada por la Constitución. ¿Obliga la Constitución al legislador orgánico a normar de modo exhaustivo la materia a él reservada o, por el contrario, puede hacerlo de modo genérico o sucinto? ¿Puede el legislador orgánico escoger libremente entre estas opciones? ¿O puede sencillamente optar por una línea intermedia entre la legislación de detalle y la legislación básica o de principios? Entendemos que la Constitución no impone límites cuantitativos máximos a la extensión de la ley orgánica sobre las materias a ella reservadas, aunque sí impone un límite mínimo, compuesto por la regulación del *núcleo central* de cada materia, y de cada uno de los extremos de la misma que la Constitución precisa. En este sentido, habría que distinguir entre dos partes de la reserva: una *rígida* e indisponible, que debe ser normada exclusivamente por el legislador orgánico, y una *flexible*, "en la que el legislador orgánico puede entrar o no, como es habitual en las reservas de ley, requerir la colaboración bien de otras leyes ordinarias, bien de normas de valor puramente reglamentarios" (Muñoz Machado: 619).

En otras palabras, la ley orgánica puede, como lo ha señalado la jurisprudencia constitucional española, remitir el desarrollo de su contenido a la ley ordinaria o al reglamento, siempre y cuando la remisión verse sobre *aspectos complementarios*, alejados del núcleo de lo orgánico, y no se traduzca en un reenvío en blanco o en condiciones tales que en la práctica una violación de la reserva constitucional a favor de la ley orgánica (STC 1986). En el caso particular de los reglamentos, el Tribunal Constitucional español ha sido bastante claro en cuanto a que "las peculiaridades de la ley orgánica en modo alguno justifican el que respecto de este tipo de fuente se hayan de considerar alteradas las relaciones entre Ley y Reglamento ejecutivo", de modo que, siempre que la regulación reservada por la Constitución haya sido efectuada por el legislador orgánico, "la *remisión al Reglamento* no será, sólo por ello, inconstitucional y hasta ha de decidirse que esa misma remisión resultará, en muchos casos, debida u obligada por la naturaleza de las cosas, pues no hay Ley en la que se pueda dar entrada a todos los problemas imaginables, muchos de los cuales podrán tener solución particular y derivada en normas reglamentarias" (STC 77/1985 y 101/1991).

5.6.3.3 El ámbito eventual de la reserva. Ya hemos visto que existe un ámbito estricto o núcleo central de la materia reservada y una zona de cuestiones pertenecientes a la materia, pero que son de carácter secundario, instrumental o adjetivo con relación a la regulación central. Sabemos ya también que el legislador orgánico sólo está obligado a regular el núcleo central de la materia a él reservada y que puede remitir a la ley ordinaria o al reglamento el desarrollo de aquellas cuestiones secundarias o complementarias. Pues bien, aparte de este núcleo central y del círculo de cuestiones pertenecientes a la materia de carácter secundario, encontramos, además, un sector adicional de cuestiones que, aunque no pertenecen a la materia reservada a la ley orgánica, están estrechamente vinculadas a la misma. Estas *"materias conexas"* son "aquellas que no forman parte de las reservadas a la ley orgánica pero se encuentran en una relación tal con ellas que justifican su regulación en el mismo cuerpo legal, mediante normas que, no obstante figurar en una ley orgánica, carecen de la fuerza pasiva que es propia de esta última" (BALLARÍN IREBARREN: 318). La jurisprudencia constitucional española ha considerado constitucionalmente admisible que el legislador orgánico regule en un mismo cuerpo legal estas materias conexas, en principio reservadas a la ley ordinaria, siempre que ello sea necesario atendiendo a razones de "conexión temática, sistematicidad o buena política legislativa" (STC 5/1981) y que el contenido de los preceptos no orgánicos "desarrolle el núcleo orgánico y (…) constituyan un complemento necesario para su mejor inteligencia" (STC 76/1983); y exista una cláusula en la ley orgánica en donde el legislador indique que partes de la ley carecen de la fuerza pasiva propia de la ley orgánica (*cláusula de deslinde*).

5.6.4 Las relaciones de la ley orgánica con la ley ordinaria y el control de constitucionalidad. Ya hemos visto que las relaciones entre la ley orgánica y la ley ordinaria no deben conceptuarse a partir del *principio de superioridad jerárquica*, pues no existe ni la identidad material (pues tanto la ley orgánica como la ordinaria tienen sus ámbitos competenciales clara y expresamente delimitados por la Constitución) ni la diferenciación orgánica (en tanto ambos tipos de ley emanan del mismo órgano). En consecuencia, el principio que sirve para resolver los conflictos entre la ley orgánica y la ley ordinaria es el de *competencia*, el cual implica que ni el legislador orgánico ni el ordinario pueden interferir en el ámbito normativo del otro. Ahora bien, como en España, solo el Tribunal Constitucional puede resolver con carácter definitivo los conflictos entre ley ordinaria y ley orgánica a través del principio de competencia, pues al juez ordinario le está vedado juzgar la constitucionalidad de las leyes, en este caso, realizar la delimitación material y competencial de las leyes en conflicto, la doctrina efectúa verdaderas contorsiones a fin de demostrar una superioridad de la ley orgánica, aún no fundada en el principio de jerarquía, que permita al juez ordinario aplicar preferentemente la ley orgánica sin tener que entrar en el coto vedado del juicio de constitucionalidad cuyo monopolio exclusivo ejerce el Tribunal Constitucional. Se dice entonces que "la ley orgánica es una ley superior a la ordinaria, por ser una ley más cercana a la Constitución, a la democracia constitucional y por estar dotada de un procedimiento de elaboración con requisitos de aprobación superiores a los de la ley ordinaria" y que, por tanto, en vista de la imposibilidad de que el juez ordinario acuda al criterio de competencia que exige un juicio de validez que solo el Tribunal Constitucional puede efectuar, se debe acudir, aún de modo provisional, al criterio de prevalencia (BALAGUER CALLEJÓN 1999: 137-138).

En el caso dominicano, tal ejercicio conceptual no es necesario pues el juez ordinario es competente para controlar la constitucionalidad de las leyes en el caso concreto del cual se encuentra apoderado. De ahí que, ante el juez ordinario, la ley orgánica no goza de una presunción de mayor constitucionalidad que la ley ordinaria pues la ley ordinaria se presume tan constitucional como la orgánica. De manera que el juez ordinario no está obligado a aplicar preferentemente la ley orgánica, no solo porque ésta no puede reivindicar para sí una mayor legitimidad democrática que la ley ordinaria, sino también porque "la Ley orgánica se define única y exclusivamente en relación a unas determinadas materias, antes, por lo tanto, y con absoluta independencia de la intervención concreta de los cuerpos legisladores" (García de Enterría: 143), y es deber del juez evaluar si el legislador orgánico excedió la reserva material constitucionalmente establecida. Si el juez considera que la ley orgánica se mueve dentro del ámbito de sus competencias, sin importar si es anterior o posterior a la ley ordinaria, aplicará ésta sobre la ley ordinaria. Si la ley orgánica es posterior a la ley ordinaria y el juez considera que la primera no se mueve dentro de su ámbito competencial, aplicará en todo caso la ley orgánica, pues ésta sigue siendo una ley que puede derogar leyes anteriores. Si es anterior, aplicará la ley ordinaria, al entender que esta última puede perfectamente derogar una ley pretendidamente orgánica pero que el juez considera ordinaria por exceder el ámbito de sus competencias. En todo caso, el parámetro para evaluar la constitucionalidad de la ley orgánica o de la ley ordinaria es la propia Constitución, pues no es válido conferir al legislador orgánico la facultad de imponer al controlador de la constitucionalidad su propia decisión respecto al ámbito de la reserva de ley orgánica.

5.6.5 Las leyes relativas a la moneda y la banca. Las leyes relativas al régimen de la moneda o de la banca constituyen leyes que hemos denominado "super orgánicas" en la medida en que toda modificación a dicho régimen, que no haya sido iniciada por el Poder Ejecutivo a propuesta de la Junta Monetaria o con el voto favorable de ésta, requiere el apoyo de las dos terceras partes de la totalidad de los miembros de cada una de las cámaras legislativas. Estas leyes se aprobarán con la mayoría exigida para las leyes orgánicas cuando hayan sido iniciadas por el Poder Ejecutivo a propuesta de o con el voto favorable de la Junta Monetaria (artículo 232). Todo lo explicado con relación a las leyes orgánicas aplica a este tipo de leyes (Jorge Prats y Victoria Contreras: 52-56). Es importante señalar que el Tribunal Constitucional ha acogido esta denominación para este tipo de leyes al establecer que "la configuración y el rol del Banco Central como órgano autónomo son concretados por una ley que podría calificarse de naturaleza 'super-orgánica', en razón de que su adopción o modificación, 'por excepción a lo dispuesto en el artículo 112 de esta Constitución… requerirá el apoyo de las dos terceras partes de la totalidad de los miembros de una y otra cámara legislativa, a menos que haya sido iniciada por el Poder Ejecutivo, a propuesta de la Junta Monetaria o con el voto favorable de ésta, en cuyo caso se regirá por las disposiciones relativas a las leyes orgánicas" (artículo 232). Se trata de la Ley No. 183-02, promulgada el 3 de diciembre de 2002, con la denominación de 'Ley Monetaria y Financiera' (Sentencia TC/0001/15).

6. EL REGLAMENTO

6.1 Surgimiento de la potestad reglamentaria

Con el término reglamento se alude a las normas jurídicas dictadas por el Presidente de la República en virtud del poder que le confiere el artículo 128.1.b de la Constitución, y por los órganos de la Administración o del Estado en virtud de la Constitución o de mandatos del propio legislador. El reglamento vendría a ser entonces expresión de la potestad normativa del Estado ejercida por el ejecutivo y los órganos administrativos o estatales. Como bien ha establecido el Tribunal Constitucional, "en virtud del principio de separación de los poderes, la potestad normativa es la función que propiamente corresponde al Poder Legislativo; sin embargo, de manera excepcional esta potestad puede resultar atribuida a las otras ramas del poder, incluida aquella en la que se enmarca la Administración, atendiendo a la necesidad de que la misma complete las tareas del legislador a través del establecimiento de una serie de normas complementarias o de desarrollo, en el entendido de que la ley no puede ni debe entrar a regularlo todo. Del universo temático que el legislador tiene que analizar para llevar a cabo la función que la Constitución le encomienda, deriva su imposibilidad práctica de regular todos los detalles que la materialidad de la ley requiera para que se dé cumplimiento efectivo a la norma. De esto surge la denominada potestad reglamentaria, habilitada a la Administración para dictar reglamentos que, en términos generales, se definen como una disposición administrativa de carácter general y de rango inferior a la ley, pero que es auténtico derecho y pasa a integrar el ordenamiento jurídico" (Sentencia TC/0415/15).

6.2 Titularidad del poder reglamentario

Tal como establece el artículo 128.1.b de la Constitución, es atribución del Presidente de la República "expedir decretos, instrucciones y reglamentos cuando fuere necesario". Ahora bien, aunque la potestad reglamentaria es esencialmente una perteneciente al ejecutivo, como bien ha señalado el Tribunal Constitucional, "esa potestad ha sido extendida por el constituyente, en razón de sus competencias a otros órganos dotados de autonomía; tal es el caso de la Junta Central Electoral, el Tribunal Superior Electoral y la Cámara de Cuentas" (Sentencia TC/0415/15). Más aún, la Suprema Corte de Justicia, tomando en cuenta los textos constitucionales previo a la reforma constitucional de 2010, que, en lo que respecta a la titularidad presidencial de la potestad reglamentaria han permanecido inalterables en la Constitución vigente tras dicha reforma, ha afirmado, en criterio ratificado por el Tribunal Constitucional, que "en el estado actual de nuestro ordenamiento jurídico y conforme a la Constitución de la República, el Presidente de la República es el encargado de cuidar de la fiel ejecución de las leyes, en virtud del poder general que en ese sentido le acuerda el artículo 55, numeral 2, que le confiere la facultad de dictar normas de aplicación general obligatorias para sus destinatarios; que, sin embargo, dada la imposibilidad de que el Primer Mandatario vele personalmente por la aplicación de todas las leyes, el poder de reglamentación ha sido extendido a otras entidades de la administración pública o descentralizadas de ésta, razón por la cual dicha facultad puede ser ejercida, además del Presidente de la República, por autoridad u organismo público al que la Constitución o la ley haya dado la debida autorización" (S.C.J. 15 de marzo de 2006). Queda claro así que "la potestad reglamentaria es atribuida en principio por la Constitución, pero puede ser atribuida también por el legislador" (Sentencia TC/0415/15).

6.3 Fundamento de la potestad reglamentaria

Ya hemos visto que, conforme el artículo 128.1.b de la Constitución, es atribución del Presidente de la República "expedir decretos, instrucciones y reglamentos cuando fuere necesario". Como bien señala Pellerano Gómez, ese texto –que se remonta a la reforma constitucional de 1924 y se ha mantenido intacto en las reformas constitucionales sucesivas– "desliga la facultad del Presidente para dictar reglamentos de la existencia previa de una ley, sólo lo supedita a que sea considerado 'necesario' (…)" (Pellerano Gómez: 177). Más aún, la Constitución no determina una reserva de materia reglamentaria, por lo que el Poder Ejecutivo, al igual que el legislador, tiene potestad normativa sin más, sin distinción alguna de asuntos. Queda claro entonces que, en el ordenamiento constitucional dominicano, aunque el poder normativo reside fundamentalmente en el Congreso cuyo producto normativo es, después de la Constitución, el de mayor jerarquía en el sistema de fuentes, dicho poder normativo es compartido con el Presidente de la República.

En los sistemas basados en el dogma de la soberanía popular, donde solo la representación nacional puede producir normas generales, es imposible reconocer que un órgano distinto al legislativo pueda tener poder normativo, en especial un órgano que, como concebía Montesquieu al ejecutivo, es un simple ejecutor de la ley, de la voluntad popular que la legislación expresa. De ahí que, para justificar la existencia y validez de los reglamentos, se afirmó que el poder reglamentario era una parte integrante del Poder Ejecutivo, pues sin éste sería imposible la ejecución de las leyes. Dado que el poder reglamentario estaba consagrado constitucionalmente, éste podía ejercerse sin autorización del legislador (*reglamento espontáneo*) o por invitación de éste (*reglamento invitado o delegado*), pero, puesto que el poder reglamentario tenía como fundamento la ejecución de las leyes, se negaba la validez de los reglamentos autónomos o independientes.

Desde 1844 hasta 1924, la República Dominicana se adscribió a este sistema, al consagrar que el Poder Ejecutivo goza de la facultad de dictar reglamentos, pero sólo para asegurar el cumplimiento de las leyes, de los actos y de los decretos. De este modo, al requerirse constitucionalmente la necesidad previa de una ley, el reglamento sólo podía existir si estaba vinculado y subordinado a una ley. A partir de la reforma constitucional de 1924, se confiere al Poder Ejecutivo una facultad genérica de dictar reglamentos sin ligar su poder reglamentario al poder de ejecución propio de la rama ejecutiva sino considerando que la reglamentación supone una voluntad propia de normación. Así, el poder reglamentario es atribuido en principio por la Constitución, pero puede ser atribuido también por el legislador. En caso de que el legislador invite al Poder Ejecutivo a reglamentar una determinada ley, el poder reglamentario queda sujeto al ámbito y condiciones fijadas previamente por el legislador. Pero al gozar el Poder Ejecutivo de una potestad reglamentaria genérica no sujeta a la ejecución de una ley, éste puede, en principio, dictar los reglamentos autónomos en aquellas materias que no han sido objeto de legislación –siempre y cuando no sean materias reservadas a la ley en virtud de la Constitución– y en aquellas materias –aun las no reservadas– donde existe una ley previa.

Este criterio que se ha sostenido en la presente obra desde su primera edición, siguiendo la doctrina de Pellerano Gómez, ha sido acogido tal cual por el Tribunal Constitucional, corte que se ha pronunciado señalando que "de manera expresa, en la República Dominicana con la reforma constitucional del 19 de febrero de 1858, se le atribuye al Poder Ejecutivo la facultad de dictar reglamentos, pero sólo para asegurar el cumplimiento de las leyes y decretos del Congreso. Esta condición varió con la reforma constitucional de 1924, puesto que en el artículo 49.3, le confiere al Presidente de la República una facultad genérica de dictar reglamentos sin vincular su poder reglamentario al poder de ejecución propio de la rama ejecutiva, sino considerando que la reglamentación supone una voluntad propia de formación" (Sentencia TC/0415/15). Esa Alta Corte, si bien insiste en que "la heteronomía de los reglamentos implica no sólo que no pueden expedirse sin una ley previa a cuya pormenorización normativa están destinados, sino que su validez jurídico-constitucional depende de ella en cuanto no deben contrariarla ni rebasar su ámbito de aplicación", por lo que "no puede expedirse un reglamento sin que se refiera a una ley, y se funde precisamente en ella para proveer en forma general y abstracta en lo necesario a la aplicación de dicha ley a los casos concretos que surjan", afirma, sin embargo, que ello es así "a excepción del poder reglamentario autónomo" (Sentencia TC/0032/12), con lo que reconoce expresa y claramente las consecuencias del *carácter originario de la potestad reglamentaria del ejecutivo*, tal como viene fijado en la Constitución fruto de la evolución histórico-constitucional de dicha potestad narrada en sentencia por el propio tribunal.

Como antes hemos visto, la titularidad del poder reglamentario pertenece al Poder Ejecutivo, aunque la ley algunas veces atribuye competencia de dictar reglamentos a órganos dependientes del Poder Ejecutivo o a organismos descentralizados de la Administración Pública. En todo caso, los reglamentos que dicten estas autoridades a quienes la ley otorgue este poder reglamentario serán reglamentos ejecutivos invitados por el legislador o dictados de modo espontáneo para regular determinada ley, siempre y cuando la ley autorice a dichas autoridades a dictar reglamentos en las materias reguladas por la ley.

6.4 Concepto de reglamento

El concepto de reglamento resulta mucho más difícil e impreciso de establecer que el de la ley porque el derecho dominicano no ha establecido una forma jurídica llamada reglamento y el concepto ha de necesariamente construirse a partir de los contenidos. Así, cuando el derecho constitucional o el derecho administrativo utiliza la expresión *reglamento y poder reglamentario*, se refiere a una pluralidad de formas distintas: decretos del Poder Ejecutivo, resoluciones de los Ministros, reglamentos de la Junta Monetaria del Banco Central, instructivos de la Superintendencia de Bancos y del Banco Central, las normas de carácter general que dicte la Administración Tributaria, órdenes, circulares e instrucciones de las autoridades jerárquicamente inferiores. Todas estas formas hay que englobarlas en el concepto de reglamento, pero esas formas pueden contener tanto reglamentos como actos que carecen de ese carácter: tal es el caso de los decretos presidenciales que pueden aprobar normas reglamentarias o ser simples actos administrativos. Por la multiplicidad de formas que puede revestir el reglamento, "a la hora de determinar si un decreto cumple las exigencias del ordenamiento, o a la de determinar sus efectos, será preciso, por tanto, examinar su contenido para ver si se trata de un reglamento o de un acto de otra clase, pues la forma de los actos jurídicos de la Administración no es determinante a la hora de examinar su naturaleza" (OTTO: 215). Es por ello que el Tribunal Constitucional se toma el cuidado de distinguir, por ejemplo, cuando se está en presencia de una mera *resolución administrativa*, en lugar de un reglamento, este último caracterizado por su carácter normativo y, en consecuencia, por su vocación de permanencia, contrario al acto administrativo, acto no normativo que se agota con su simple ejecución (Sentencia TC/0048/20).

Tradicionalmente los reglamentos han sido distinguidos de los *actos administrativos* –que es el otro contenido posible de las mismas formas que los reglamentos revisten– acudiendo al criterio de la generalidad. Se afirma así que los reglamentos son disposiciones de carácter general que afectan a una pluralidad indeterminada de individuos, mientras que los actos administrativos serían esencialmente singulares e individuales. A pesar de que este criterio es válido para la generalidad de los casos, el mismo resulta insuficiente debido a que hay actos que, a pesar de ser administrativos, revisten un *carácter general*: una orden de policía que prohíbe transitar por cierto lugar es el mejor ejemplo de estos actos administrativos generales. Por esta insuficiencia del criterio de la generalidad para distinguir los reglamentos de los actos administrativos, la doctrina mayoritariamente acude a la distinción entre ambos a partir del carácter innovador de los reglamentos. En efecto, los reglamentos innovan el ordenamiento introduciendo en éste una norma de carácter permanente, que perdura en el tiempo, contrario a los actos administrativos que, aún en la hipótesis de ser generales, se agotan con su cumplimiento y no adicionan nada a la normativa vigente. De aquí que no se consideran reglamentos las circulares, instrucciones y disposiciones similares de orden interior, es decir, las que se dictan en consideración y en base de la jerarquía y que sólo obligan a los que están sujetos a dicha jerarquía, produciendo para ellos una responsabilidad disciplinaria en caso de incumplimiento.

A la luz de lo antes expuesto, causa extrema confusión la jurisprudencia del Tribunal Constitucional que distingue entre "actos administrativos de carácter normativo y alcance general" y "actos administrativos de efectos particulares" (Sentencias TC/0141/13, TC/0362/15, TC/0246/16 y TC/0073/18), pues, aunque doctrinariamente se ha hablado en el pasado de acto administrativo en un sentido amplio, comprensivo de todos los actos jurídicos de la Administración, y que abarcaría a los actos administrativos, los reglamentos y los contratos administrativos, hoy, se trata de una distinción dogmática anacrónica y totalmente rebasada. Con razón la Ley 107-13 consagra un régimen jurídico dual que contempla los actos administrativos por un lado (las "normas comunes de procedimiento administrativo para el dictado de resoluciones singulares o acto administrativo") y los reglamentos por otro (las "normas comunes de procedimiento administrativo para la elaboración de normas administrativas y planes"), por lo que queda más que claro que los actos administrativos, ya sean de efectos individuales o de efectos generales, son una cosa y que los reglamentos, aun siendo actos que emanan de la Administración al igual que los actos administrativos, lo que los caracteriza y tipifica en verdad es su carácter normativo e innovador del ordenamiento jurídico. De ahí que los reglamentos, pese a que tienen efectos generales al igual que los actos administrativos generales, son otra cosa absolutamente distinta a estos últimos. Es por esa razón que es conveniente "utilizar una *definición estricta de acto administrativo*, que no lo confunda con los reglamentos administrativos, para que la definición realmente se corresponda armónicamente con el derecho positivo y ayude a explicarlo o interpretarlo adecuadamente" (Gordillo: IV-16).

Este *carácter normativo e innovador del ordenamiento jurídico* de los reglamentos -que es por lo que la mayoría de la doctrina criolla (Rodríguez Huertas, Báez Ramírez) distingue al acto administrativo del reglamento- no ha escapado, a pesar de su antes citada línea jurisprudencial, incluso al propio Tribunal Constitucional, para el que el reglamento, contrario al acto administrativo, "no se agota; todo lo contrario: se mantiene en el ordenamiento jurídico hasta que se produzca su revocación o anulación" (Sentencia TC/0048/20), afirmando que su contenido forma "parte integrante del ordenamiento jurídico" (sentencia TC/0494/21), que "la facultad reglamentaria parte de principio de que la administración debe participar en la formación del ordenamiento jurídico" y que la singularidad de esta facultad radica "en que, una vez atribuida, efectivamente, de su ejercicio dimana auténtico derecho objetivo y, por ende, es a su vez fuente, aunque sea parcial, del ordenamiento […] precisamente a través de la creación de derecho objetivo, es decir, mediante un reglamento" (Sentencia TC/0508/21).

6.5 Ámbito del reglamento

El concepto de reglamento no se refiere a la materia de la regulación. El hecho de que el reglamento sea una norma dictada por la Administración no implica que sea una norma relativa a la Administración, es decir, a su organización y al funcionamiento de sus servicios o a sus relaciones con los particulares. Dichos asuntos, como es el caso de la organización de un Ministerio, del servicio escolar o de salud pública, constituyen indudablemente un importante ámbito de regulación reglamentaria, pero también hay reglamentos concernidos con cuestiones ajenas a los aspectos puramente administrativos, como asuntos económicos o sociales, por ejemplo. Esto significa que, así como es imposible definir la ley circunscribiendo ese concepto a las normas que se ocupan de determinadas materias y excluyendo las que se ocupan de otras, tampoco es posible definir una materia a la cual se reserve el calificativo de reglamentarias con la inclusión de ciertas cuestiones y la exclusión de las demás. "Una norma, por tanto, se ha de calificar como reglamento siempre que esté dictada por la Administración con los requisitos exigidos, sea cual sea la materia de que se ocupe, lo que es tanto como afirmar que al atribuirse a la Administración la potestad reglamentaria no se le atribuye un poder para dictar normas sobre esta o aquella materia o grupo de materias, sino que, como ocurre con el legislador, se le atribuye la potestad normadora sin más, sin distinción alguna de asuntos" (Otto: 217). Lo anterior no significa que el reglamento no esté sujeto a límites y que pueda ocuparse de cualquier asunto. Y ello por dos razones: en primer término, algunas materias están reservadas a la ley, y en segundo, la ley puede restringir el ámbito de actuación del reglamento.

Por otro lado, el Tribunal Constitucional ha establecido que "en nuestro ordenamiento jurídico vigente, la Constitución dominicana del 2010 y de 2015, en su artículo 128.1, literal (b), directamente otorga potestad normativa reglamentaria, al presidente de la República; sin embargo, contrario al planteamiento sostenido por la accionante, esa potestad ha sido extendida por el constituyente, en razón de sus competencias a otros órganos dotados de autonomía; tal es el caso de la Junta Central Electoral, el Tribunal Superior Electoral y la Cámara de Cuentas. Esa capacidad reglamentaria se configura como una competencia accesoria e instrumental de su autonomía para el cumplimiento de sus funciones esenciales [...] De manera que la concepción de poderes y de órganos constitucionales autónomos, postula la autonomía como un principio de organización básico del Estado. Esta autonomía implica necesariamente la facultad de establecer un régimen normativo propio para su funcionamiento, con el límite que el ordenamiento jurídico impone y el que se deriva del principio de jerarquía normativa" (Sentencia TC/0415/15).

Respecto a esta sentencia constitucional es preciso remarcar que, si bien la atribución de la potestad reglamentaria por parte de la Constitución a órganos constitucionales y/o extrapoder viene a ser consecuencia de la autonomía constitucionalmente reconocida a dichos órganos, como bien ha establecido el Tribunal Constitucional, no debe conceptuarse en modo alguno su potestad reglamentaria exclusivamente limitada a asegurar "al órgano constitucional la capacidad de autoorganización y autoadministración necesarias para que pueda realizar sus atribuciones de manera independiente y sin interferencias de ningún otro órgano o poder" y "disponer sus estructuras y asignar cometidos a sus responsables para poder alcanzar correctamente sus objetivos", como podría inferirse de dicha jurisprudencia constitucional (Sentencia TC/0415/15). Esto vino a aclararse en parte cuando el Tribunal Constitucional posteriormente afirmó que "los organismos de la Administración poseen, en principio, la potestad de reglamentar aquellos asuntos que permitan asegurar su capacidad de autoorganización y autoadministración interna; mientras que para el ejercicio de la potestad reglamentaria de carácter normativo general que se inserte al ordenamiento jurídico, se requiere de una habilitación de carácter legislativo, quedando la misma condicionada a los ámbitos y términos fijados por la ley específica" (Sentencia TC/0601/18). De ahí que pueda afirmarse que la facultad reglamentaria de los órganos constitucionales, al igual que la de los organismos de la Administración, no se limita exclusivamente al ámbito de su autoorganización, sino que abarca también la posibilidad de dictar reglamentos con efectos ad extra siempre dentro del marco de la ley cuya reglamentación le encomienda la Constitución y las leyes.

6.6   Clases de reglamentos

Los reglamentos pueden ser de dos clases: *ejecutivos* o *secundum legem* o *independientes* o *praeter legem*, también conocidos como autónomos. Pero hay dos tipos de reglamentos más, los reglamentos municipales y los de las administraciones independientes, que suscitan dudas y controversias, principalmente por su grado de autonomía y sujeción a la ley. Veamos en detalle esta tipología reglamentaria…

6.6.1 Reglamentos ejecutivos. Los reglamentos ejecutivos son aquellos que se dictan con el fin de completar una ley anterior, cuando ésta lo ha previsto expresamente, cuando el legislador invita al órgano a reglamentar la ley (*reglamento invitado*) o cuando, en ausencia de indicación expresa de la ley, el Poder Ejecutivo facultado constitucionalmente o el órgano autorizado por la Constitución el legislador para dictar reglamentos ejerce espontáneamente su poder reglamentario (*reglamento complementario*). Como se trata de reglamentos ejecutivos, el Poder Ejecutivo –a quien la Constitución establece el deber de cuidar de la fiel ejecución de las leyes– o el órgano habilitado legalmente para ejercer la potestad reglamentaria los puede dictar en todas las materias, aún las reservadas a la ley, siempre y cuando, previo a dictar el reglamento, exista una ley que regule la materia a reglamentar. La invitación del legislador puede ser un genérico llamado al Poder Ejecutivo o al órgano con potestad reglamentaria a dictar el reglamento de la ley en cuestión o puede ser un mandato imperativo que éstos deben cumplir. El reglamento puede versar sobre un punto que la ley ha dejado al ejecutivo o a la Administración reglamentar o puede consistir en un reglamento que regule la aplicación en general de la ley.

6.6.2 Reglamentos independientes o autónomos. Los reglamentos independientes o autónomos son aquellos que dicta el Presidente de la República en materias que no han merecido la atención del legislador. Estos reglamentos no pueden ser *contra legem* porque el principio de la jerarquía normativa lo prohíbe. Contrario a los reglamentos ejecutivos o *secundum legem* que se dictan en ejecución a una ley preexistente, los reglamentos independientes no tienen como finalidad el desarrollo de normas legales previas en la materia de que se trate y lo que regulan son materias de las que no se ha ocupado el legislador o de las que se ha ocupado de manera fragmentaria. El poder reglamentario independiente puede ejercerse en todas las materias, salvo aquellas que han sido reservadas expresa o implícitamente a la ley: en estos casos el reglamento sólo puede intervenir por expresa invitación del legislador o bien, existiendo una ley previa, el ejecutivo ejerce espontáneamente su poder reglamentario, por lo que se trata siempre de un reglamento ejecutivo.

En realidad, los reglamentos independientes no son verdaderamente independientes en relación con la ley. Muy por el contrario: estos reglamentos solo son legítimos en la medida en que no contravengan lo dispuesto en las leyes y sólo son válidos en tanto intervienen en ámbitos carentes de regulación legal y siempre y cuando la ausencia de regulación por el legislador no responda a su voluntad implícita de dejar sin normar un determinado supuesto de hecho. Por ello se afirma que se trata en verdad de reglamentos paralegales "que intervienen fuera del ámbito material reservado a la Ley, integrando los vacíos normativos que, sin ser necesariamente lagunas, son susceptibles de una regulación que no contradice la voluntad expresa o implícita del bloque de legalidad" (Balaguer Callejón 1999: 170).

El fundamento de los reglamentos independientes en nuestro ordenamiento reside en el poder reglamentario originario que la Constitución le reconoce al Presidente de la República quien tiene potestad para dictar reglamentos no sólo en aplicación o ejecución de las leyes, sino cuantas veces "fuere necesario" (artículo 128.1.b). Como se puede observar, es la propia Constitución la que, en palabras de Otto, "atribuye la potestad reglamentaria, que tiene su fundamento inmediato y directo en ella y que, en consecuencia, no puede concebirse como fruto de una atribución legislativa. Se establece así un vínculo directo Constitución-reglamento que elimina en el plano de la fundamentación la mediación de la ley". Y es que el Presidente de la República "no tiene la potestad reglamentaria por atribución del legislador, sino por atribución directa y expresa de la Constitución, que por sí misma configura dos poderes normadores distintos, legislativo y reglamentario, estableciendo así una escisión de la función normativa que responde al designio limitativo del monopolio y la omnipotencia de la ley sobre el ordenamiento jurídico" (Otto: 222).

Este carácter originario de la potestad reglamentaria del Presidente de la República no ha escapado a la atención de nuestros más ilustres y destacados constitucionalistas, como es el caso de Amiama, para quien "el poder reglamentario del Presidente de la República es originario y explícito. Es decir, está inscrito en la propia Constitución (Artículo 55, inciso 2, [actual artículo 128.1.b, EJP]. Por la forma en que está consagrada esa facultad en nuestra Constitución, se entiende, por la mayoría de los constitucionalistas, que ese poder es muy amplio. No se limita a la ejecución de las leyes. El Presidente de la República puede dictar también reglamentos para regular cuestiones nuevas, no tocadas aún por las leyes. En este caso, los reglamentos se denominan autónomos, para indicar que no tienen relación con ninguna ley" (Amiama: 145). El artículo 128.1.b confiere entonces al Presidente de la República la potestad de "crear derecho de manera autónoma y sin contar con el órgano legislativo" (Blanco Valdés: 702). Con razón Contín Aybar señalaba que son los reglamentos autónomos, "precisamente por la autonomía con que son expedidos", los que más se acercan a la función legislativa (Contín Aybar: 17).

Tal como hemos visto anteriormente, para el Tribunal Constitucional "la heteronomía de los reglamentos implica no solo que no pueden expedirse sin una ley previa a cuya pormenorización normativa están destinados, sino que su validez jurídico-constitucional depende de ella en cuanto no deben contrariarla ni rebasar su ámbito de aplicación. A excepción del poder reglamentario autónomo, no puede expedirse un reglamento sin que se refiera a una ley, y se funde precisamente en ella para proveer en forma general y abstracta en lo necesario a la aplicación de dicha ley y a los casos concretos que surjan" (Sentencia TC/0032/12). Como se puede observar, para el Tribunal Constitucional los reglamentos, con excepción de los autónomos, deben referirse y reglamentar una ley previa. Sin embargo, esa Alta Corte concibe los reglamentos autónomos como reglamentos internos, ordenados "al campo de funciones atribuidas a la Administración en el concierto público, razón por la cual a través de ellos no se puede intentar regular el orden procesal" (Sentencia TC/0032/12) y muchas veces, en lo que respecta a organismos de autonomía constitucionalmente reconocida, los conceptúa como simple "concretización de la autonomía que la Constitución le atribuye en su condición de órgano de gobierno" extrapoder "y acorde con el principio de la potestad organizativa, reconocida a distintos órganos para dictar normas relativas a su funcionamiento". Para el Tribunal Constitucional, los reglamentos autónomos vendrían a ser los que la Administración u órganos constitucionales autónomos dictan, por habilitación constitucional o legal, o excepcionalmente sin referirse a una ley, pero que están limitados exclusivamente a la autoorganización interna de dichos órganos. Y es que para los jueces constitucionales especializados "la concepción de poderes y de órganos constitucionales autónomos, postula la autonomía como un principio de organización básico del Estado. Esta autonomía implica necesariamente la facultad de establecer un régimen normativo propio para su funcionamiento, con el límite que el ordenamiento jurídico impone y el que se deriva del principio de jerarquía normativa" (Sentencia TC/0415/15). La Administración entonces, para el Tribunal Constitucional, puede dictar reglamentos autónomos para "reglamentar aquellos asuntos que permitan asegurar su capacidad de autoorganización y autoadministración interna", pero, en lo que respecta a dictar reglamentos con efectos normativos generales ad extra requieren "una habilitación de carácter legislativo, quedando la misma condicionada a los ámbitos y términos fijados por la ley específica" (Sentencia TC/0601/18), tratándose en este último caso de reglamentos meramente ejecutivos.

Con esta concepción, tributaria de la mayoritaria doctrina y jurisprudencia constitucional y administrativa española, es obvio que los reglamentos autónomos vendrían a ser para el Tribunal Constitucional aquellos que, aunque excepcionalmente no dependen de ley alguna y tampoco pueden violar las demás leyes del ordenamiento, exclusivamente regulan el servicio administrativo, tratándose básicamente reglamentos internos, de mera organización administrativa y que no rigen ni regulan la actividad de los particulares, ni de terceros extraños a la Administración y tienen solo efecto dentro de la Administración que los dicta, limitándose tan solo a asegurar el buen funcionamiento de la Administración y exigiéndose siempre "para el ejercicio de la potestad reglamentaria de carácter normativo general que se inserte al ordenamiento jurídico, [...]una habilitación de carácter legislativo, quedando la misma condicionada a los ámbitos y términos fijados por la ley específica" (Sentencia TC/0601/18). Los reglamentos autónomos o independientes vendrían a ser así sinónimos de reglamentos internos, administrativos u organizativos.

Esta doctrina y jurisprudencia acerca de los reglamentos autónomos que inspira a la dominicana ha sido muy criticada, pese a lo mayoritaria y extendida que es. Y es que la misma parte de una doctrina rebasada y anacrónica fundada en "la utilización de la distinción histórica propia del sistema constitucional dual germano entre dos esferas del Estado: la externa o relativa a la acción de poder sobre la sociedad y la interna o doméstica, atinente a la acción reflexiva del poder sobre su propia estructura y medios e, incluso, sobre las personas que traban con él relaciones de singular intensidad (las llamadas relaciones de sujeción especial). Es ésta una distinción que nunca ha sido determinante en el surgimiento y el desarrollo del poder reglamentario en nuestro propio sistema. Se trae a él exclusivamente para forzar -sin que ello resulte del orden constitucional positivo- el acantonamiento de la realidad del juego del Reglamento independiente en el ámbito hoy llamado de autoorganización (del poder ejecutivo y su actividad, en sus dos piezas: Gobierno y Administración), que se extiende también al área inmediata constituida por las relaciones de especial sujeción. De esta suerte, se pretende que el Reglamento independiente solo puede operar en la esfera interna o de autoorganización; su acceso a la esfera externa o de ordenación social general (en el terreno de las relaciones de supremacía general) solo puede producirse en términos de colaboración con la Ley, es decir, bajo la forma de Reglamento ejecutivo" (Parejo Alfonso: 336). Se trata, por demás, de una teoría que, en verdad, ni viene de la Constitución ni tampoco cuadra con un ordenamiento constitucional como el nuestro, en el que el reglamento independiente, si bien no es un fenómeno ordinario en la práctica, es perfectamente legítimo desde la óptica constitucional.

Aclarada la plena constitucionalidad de los reglamentos independientes a la luz de lo antes expuesto, queda por determinar cuál es el ámbito susceptible de ser regulado mediante los mismos. Como ya hemos dicho, los reglamentos independientes, para ser constitucionalmente admisibles, ni pueden invadir el ámbito de las reservas de ley ni pueden chocar con leyes existentes. Este es el punto neurálgico de la cuestión de los reglamentos independientes porque, si bien es cierto que "hay acuerdo prácticamente unánime en la viabilidad del reglamento", no menos cierto es que "subsisten discrepancias sobre los ámbitos que el reglamento independiente puede abarcar" (Baño León: 2165). Sin embargo, la determinación del ámbito de los reglamentos independientes depende directamente del previo entendimiento de su encuadramiento constitucional. A partir de este entendimiento, y de todo lo que antes hemos esbozado respecto al reglamento, puede precisarse que, dado que existe en nuestro ordenamiento jurídico-constitucional una reserva general de ley en todas aquellas intervenciones que incidan sobre la capacidad general de obrar de las personas, en especial en los ámbitos atinentes a la libertad individual y personal y a las afectaciones patrimoniales y puesto que, al mismo tiempo, existe un principio implícito en general de nuestra Constitución que reserva los contenidos más relevantes y esenciales del ordenamiento a la ley del Congreso Nacional, con la consiguiente exclusión del reglamento independiente en dichos contenidos, aparte de que los ámbitos que no han sido objeto de legislación por parte de un legislador activo y dinámico son cada día más reducidos, lo que disminuye el espacio para la intervención del reglamento independiente, los ámbitos propios de este tipo de reglamento, aparte del terreno tradicional de la autoorganización administrativa, los encontraríamos en la actividad de fomento y en la actividad prestacional de las Administraciones, siempre con el límite inexcusable de la reserva de ley, las demás fuentes del derecho y los derechos fundamentales. Acotado así el reglamento independiente, a lo que se suma el control jurisdiccional de los reglamentos, que es un control no solo formal sino también sustancial, sobre la base de los principios generales del derecho, en particular del principio constitucional y legal de razonabilidad o proporcionalidad, el reglamento independiente no deviene residual, dada la trascendencia de los ámbitos en los que puede intervenir, en especial el de la actividad prestacional del Estado, erigiéndose en una fuente del derecho imprescindible para garantizar efectivamente, desde la óptica del principio de favorabilidad y no de la restricción, los derechos sociales e, incluso, los demás derechos fundamentales, terrenos en los que, ante la inercia o indiferencia del legislador, la no intervención reglamentaria independiente del ejecutivo para facilitar, articular y organizar el acceso a unos derechos y bienes sociales básicos imprescindibles para la dignidad humana de las personas, generaría una manifiesta, grosera y arbitraria inconstitucionalidad e inconvencionalidad por omisión.

6.6.3 Reglamentos de los municipios. Hasta el momento nos hemos referido a los reglamentos del Poder Ejecutivo y a los órganos dependientes de éste, pero los entes municipales, es decir, el Distrito Nacional y los municipios, tienen potestad normativa y, por tanto, pueden dictar reglamentos que nos colocan ante problemas muy peculiares. En efecto, si bien muchas normas dictadas por los entes municipales son reglamentos ejecutivos, éstas no son simples "prolongaciones de las leyes" sino manifestaciones de un poder normativo descentralizado reconocido por la propia Constitución (artículo 199). De ahí que la relación entre la ley y las normas dictadas por estos entes no es la misma que la existente entre la ley y los reglamentos dictados por el Poder Ejecutivo y sus dependencias. Si bien la ley puede determinar el régimen municipal y encuadrar la potestad normativa de los entes municipales, ello no significa que la Ley pueda eliminar el *núcleo esencial de la reserva autónoma reglamentaria* propia de los entes municipales, derivación de la autonomía municipal, y puesta en manos de un órgano del gobierno local, el Consejo de Regidores, definido expresa y, si se quiere, hasta redundantemente, como "un órgano exclusivamente normativo, reglamentario [...]" (artículo 201). Consecuentemente, el municipio, a través del órgano reglamentario de su gobierno que es el Consejo de Regidores, puede dictar reglamentos independientes, los cuales no deben contradecir las leyes ni ocupar espacios reservados a la Ley. Los reglamentos municipales pueden completar y desarrollar leyes, estando ligados directa o indirectamente a una ley, "pero no serán reglamentos ejecutivos, sino independientes porque, con el límite de la ley, el titular de la potestad reglamentaria goza de la libertad (expresada aquí en la autonomía, que implica la posibilidad de seguir diversas opciones) para ejercerla y orientar su contenido" (Muñoz Machado: 105).

6.6.4 Reglamentos de las administraciones independientes. Un problema vinculado pero diferente al de los reglamentos de las autonomías locales es el de los reglamentos dictados por las *entidades administrativas independientes* de sectores de la economía tales como telecomunicaciones, mercado de valores, seguridad social, electricidad y banca. Los reglamentos de estas administraciones independientes son formal y generalmente *secundum legem* cuando desarrollan o complementan una determinada ley por invitación expresa del legislador. Muchas veces, sin embargo, estas administraciones dictan reglamentos independientes en la medida en que la Constitución (artículo 147.3) reconoce a éstas una *competencia de regulación* que les permite no sólo dictar actos administrativos generales sino, sobre todo, también crear una disciplina normativa reglamentaria que afecta fundamentalmente a los sujetos que operan en la esfera de competencia de dichas administraciones, pero, además, indirectamente a los usuarios de los servicios prestados por dichos sujetos. La ley puede recortar la esfera de competencia de regulación de dichas administraciones independientes, pero, en el caso de la Junta Monetaria, a la que la Constitución reserva la regulación del sistema monetario y financiero de las Nación (artículo 223), debe cuidarse de no afectar la reserva reglamentaria a favor de la Junta establecida por la Constitución. Los reglamentos de las administraciones independientes deben, sin embargo, no violar las leyes. Los reglamentos dictados por el Poder Ejecutivo y sus dependencias no derogan ni anulan los reglamentos de las administraciones independientes. En el caso de la Junta Monetaria, la Ley Monetaria y Financiera enmarca el poder reglamentario de la Junta Monetaria sin poder afectar el núcleo duro de las competencias regulatorias de este ente.

Es importante señalar que dado que la potestad reglamentaria que el legislador asigna a las administraciones forma parte de un conjunto de *potestades regulatorias* que permiten a estas administraciones la ordenación de un sector social o económico, muchas veces "el poder normativo que asigna la ley a las comisiones independientes no es nunca de simple desarrollo de sus preceptos, sino que consiste en una habilitación para dictar normas que permitan la regulación del sector en que aquéllas intervienen (…) Estas normas (reglamentarias dictadas por las administraciones independientes, EJP) se caracterizan por estar totalmente sometidas a lo que las leyes puedan establecer respecto de su contenido, aunque normalmente, considerando el contenido técnico de las regulaciones de cada sector, en la práctica las comisiones independientes disponen de un margen de discrecionalidad muy amplio (…) El problema es realmente complejo porque, al mismo tiempo, dado que la discrecionalidad recae sobre cuestiones de alta especialización técnica en las que no entran habitualmente las leyes que habilitan estas potestades reglamentarias, resulta preciso apoyarla en una fuente de legitimación complementaria a la que resulta de los escuetos preceptos legales" (Muñoz Machado: 998). Esta fuente de legitimación, como veremos más adelante, resulta de la implementación de mecanismos de participación de los ciudadanos en la elaboración y modificación de estos reglamentos.

En todo caso, lo importante a retener aquí es que los reglamentos dictados por las administraciones independientes, no importa como se les denomine (reglamentos, circulares, instructivos, etc.), "no son reglamentos ejecutivos en sentido estricto, porque no se limitan a complementar una regulación previamente establecida por una ley, a establecer una regulación de simple detalle o meras cuestiones procedimentales, sino que aunque están habilitados por una ley, su naturaleza les aproxima a los reglamentos independientes porque su contenido normativo es efectivamente plenamente innovativo; aunque lógicamente deban respetar, por el principio de jerarquía normativa, lo dispuesto en la Ley, que en las materias que […] regulan, se limitan a fijar grandes principios o reglas muy generales de la ordenación de la materia a la que se refieren" (Cosculluela Montaner: 129). Al tratarse las leyes sectoriales que establecen el organismo regulador y sus competencias de leyes esencialmente generales y principiológicas, confiriendo una gran discrecionalidad reglamentaria al organismo regulador, los reglamentos que dictan estos organismos reguladores, si bien son formal y nominalmente reglamentos ejecutivos de la ley que establece el sector regulado y su organismo regulador, en verdad la regulación de las actividades reguladas, la ordenación y la conformación jurídica del sector regulado se encuentra en los reglamentos del regulador y no en la ley, por lo que dichos reglamentos se asemejan en la práctica a los independientes. La actividad regulatoria de estas administraciones independientes se articula no solo a través de estos reglamentos (*rule making*) sino que también se produce mediante actos administrativos generales (*order making*) y la emisión de *soft law* consistente en recomendaciones, advertencias, directrices, compendios de buenas prácticas, pautas y admoniciones que, sin embargo, pueden endurecerse y convertirse en *hard law* por la vía de la amplia potestad reglamentaria de que gozan estos organismos reguladores. En todo caso, estos reglamentos son formalmente ejecutivos, a menos que, siguiendo a Zanobini, consideremos que los reglamentos autónomos son no solo aquellos dictados en ausencia de leyes formales sino también los "dictados en uso de autorizaciones legislativas en blanco" (Zanobini: 366), es decir, que existen reglamentos formalmente dependientes de la ley, al ser habilitados legislativamente, pero que materialmente son independientes en tanto reglamentan sin límites el contenido que la ley le permite (Tornos).

6.7 La relación entre ley y reglamento

Conviene abordar a continuación (i) los diversos modelos de relación jerárquica entre la ley y el reglamento a lo largo de la historia constitucional de Occidente, lo cual nos permitirá entender (ii) el lugar de la ley y el reglamento en el ordenamiento constitucional dominicano, (iii) la fuerza activa de la ley frente al reglamento y (iv) el control jurisdiccional de los reglamentos. Veamos en detalle estas cuestiones…

6.7.1 Los modelos de relación jerárquica. La relación entre la ley y el reglamento al interior de un determinado ordenamiento jurídico solo puede ser entendida si comprendemos los diferentes modelos constitucionales y como éstos conceptualizan la posición de la ley en el ordenamiento jurídico. Dos son los modelos de relevancia para el caso dominicano: (i) el francés; y (ii) el norteamericano.

6.7.1.1 El modelo francés. Conforme la concepción francesa clásica, la ley, en tanto expresión de la voluntad popular representada en el parlamento, era la norma jurídica por excelencia, constituyendo las leyes la mayoría de los textos que imponían obligaciones jurídicas a los individuos. El modelo francés es, pues, el modelo de la *soberanía de la Ley*.

A medida que el dominio de intervención del Estado en la vida social se ampliaba, el número de reglas obligatorias necesarias para organizar la actividad de los individuos aumentó de manera desproporcionada. Ello provocó que la ley perdiese su carácter de generalidad en tanto tuvo que ocuparse de cuestiones de detalle y particulares. Más aún, el número de medidas que era necesario cada día aprobar para hacer frente a la creciente complejidad de la vida social y a la multiplicación de tareas estatales, hizo cada día menos relevante y más engorroso continuar aplicando las formalidades solemnes de discusión y aprobación de las leyes en las cuales participaban los legisladores. Es por todo ello que comienza a desarrollarse el *poder reglamentario de la Administración* como una manera de salir de la contradicción entre los principios de una democracia liberal basada en el dogma de la soberanía absoluta de la ley y las necesidades prácticas que imponían su violación.

La aparición y desarrollo del poder reglamentario de la Administración no dejaba de ser sorprendente en un país donde la ley era soberana: la Administración tenía el poder de dictar normas tan obligatorias y constriñentes como las propias leyes del parlamento. La realidad del hecho fue camuflada por la explicación jurídica: los decretos tenían un valor jurídico inferior al de la ley. La insistencia sobre la *supremacía jurídica de la ley* sobre el reglamento buscaba esconder la inadmisible realidad de que un órgano diferente al parlamento dictaba normas generales y obligatorias. La práctica de los decretos leyes a partir de 1926 demuestra la profundidad de la crisis de la potestad legislativa del parlamento.

De todos modos, a pesar de la *proliferación de reglamentos* que regulaban los más diversos aspectos de la vida social en Francia, desde el punto de vista jurídico la ley seguía beneficiándose de una supremacía cuasiabsoluta. Esta supremacía se manifestaba en primer lugar por el hecho de que el dominio de la ley era ilimitado. Ciertas materias le eran reservadas a la ley en virtud de la tradición republicana pero nada humano le era ajeno al legislador, pues ninguna materia le era prohibida. El dominio del reglamento era, sin embargo, residual, ya que ninguna materia le era reservada y solo podía intervenir para completar una ley, para precisar las modalidades de su aplicación. El reglamento buscaba asegurar la ejecución de las leyes y no podía ser *contra legem*, a menos que el legislador expresamente lo hubiese autorizado a ello.

En segundo lugar, a pesar de las incursiones del reglamento en el ámbito de la potestad legislativa, su *fuerza jurídica* era mucho menor que la de una ley considerada la expresión de la voluntad general y más allá de cualquier tipo de control jurisdiccional que no fuese comprobar que fue adoptada según las formas y las mayorías legislativas establecidas. En contraste, el reglamento no solo debía respetar la Constitución y las leyes, sino que, además, debía estar conforme con los principios generales del Derecho elaborados por el juez administrativo. Más aún, en tanto acto de la Administración, el reglamento podía ser contestado directamente por la vía del recurso por exceso de poder, bien en ocasión de un proceso, o ya sea por la vía de la excepción de ilegalidad. La resolución de estas controversias era competencia de las jurisdicciones administrativas y la única manera en que el reglamento escapaba a las mismas era escondiéndose detrás de la ley: dado que el reglamento había sido invitado por la ley, el juez administrativo rechazaba sancionar la violación constitucional porque de hacerlo estaría oponiéndose al mismo tiempo al legislador. Así, no solo la ley escapaba al control de la constitucionalidad, sino que ésta *"faire ecran"* entre el reglamento y sus jueces.

La Constitución de 1958 trata de romper con la tradición constitucional francesa de soberanía de la ley al, por vez primera, por un lado, limitar el dominio de la ley y, por otro, crear un dominio reglamentario propio. De este modo, la ley y el reglamento aparecen como dos grandes categorías de normas elaboradas por órganos especializados y con sus dominios diferentes. El *dominio de la ley* fue establecido en el artículo 34 del texto constitucional, el cual contiene una lista de materias a la cual se le agregan aquellas materias en donde la propia Constitución exige la intervención de una ley orgánica u ordinaria, lista que, por demás, puede ser ampliada por el propio legislador mediante ley orgánica. En cuanto al *dominio del reglamento*, éste se determina a contrario a partir de la lista de materias que constituyen el dominio de la ley. De modo que, el poder reglamentario dispone de la competencia normativa de Derecho común, mientras que el poder legislativo tiene una competencia de atribución que, a pesar de estar compuesta de materias limitativamente señaladas en la Constitución, contiene las materias más importantes. A pesar del dominio reservado del reglamento, éstos siguen siendo simples *actos administrativos* dotados de una fuerza jurídica inferior a la de la ley y que pueden ser atacados por la vía del recurso por exceso de poder y, eventualmente, anulados por el juez administrativo por violación a la ley, a la Constitución y a los principios generales del Derecho. Más aún, el Consejo Constitucional admite que el legislador invada el dominio reservado al reglamento siempre y cuando el gobierno no exija respeto a su dominio. De manera que la limitación en Francia del dominio de la ley solo tiene un valor relativo.

6.7.1.2 El modelo norteamericano. Conforme la Constitución de los Estados Unidos el poder de hacer leyes pertenece al Congreso, negándosele todo *poder normativo* a la rama ejecutiva. El artículo II, sección 3, parte *in fine* de la misma, establece que es deber del ejecutivo "velar porque las leyes sean fielmente ejecutadas". Ignoró así el constituyente norteamericano la observación de Locke de que "es imposible prever todos los accidentes y todas las urgencias que puedan interesar a los asuntos públicos" a través de leyes, por lo que "el poder ejecutivo tiene una cierta libertad de cumplir numerosos actos discrecionales, que las leyes no prescriben". De manera que el poder reglamentario siempre fue entendido en Estados Unidos como limitado a la estricta ejecución de las leyes, a través de *"proclamations"* que no podían crear Derecho nuevo.

A partir de la Primera Guerra Mundial, la situación cambia. El Congreso confiere mayores poderes al ejecutivo, principalmente en materia de comercio exterior, extendiéndose el uso de las *"executive orders"* que son dadas a los fines de ejecutar los poderes conferidos por la Constitución al Presidente (principalmente en política exterior) y para asegurar las leyes del Congreso. Más aún, el Congreso autoriza al ejecutivo a crear agencias administrativas federales con poder reglamentario. Tal es el caso de la *Securities and Exchange Commission* en materia de mercado de valores, el *Internal Revenue Service* en materia tributaria, la *Environmental Protection Agency* en materia de medio ambiente y la *Federal Communications Commission* que regula las telecomunicaciones. El Derecho que producen estas agencias es tan importante como el que produce el Congreso. Los reglamentos emitidos por estas agencias, así como los que dicta el propio Presidente a través de las órdenes ejecutivas, están al igual que las leyes del Congreso, sometidos a la Constitución y al control de la constitucionalidad. Estas agencias han sido el modelo de las *administraciones independientes* cuyo poder reglamentario ha sido diseñado a partir del *rule making* o *regulatory power* de dichas agencias y que la Constitución dominicana reconoce en su artículo 147.3.

6.7.2 Lugar de la ley y el reglamento en el sistema constitucional dominicano. Para entender el lugar de la ley y el reglamento en el sistema de fuentes ordenado por la Constitución dominicana, es preciso abordar esta cuestión desde la óptica que ofrece el examen del lugar de la ley en ésta, de su relación con ella y con las demás fuentes del Derecho, a partir de los elementos de juicio que la propia Constitución aporta. La posición de la ley y el reglamento han de examinarse no a partir del modelo francés ni del modelo norteamericano antes estudiados sino a partir de los datos básicos de la estructura constitucional vigente.

El modelo francés de la *soberanía de la ley* no es transportable a un Estado Constitucional como el dominicano en donde "la soberanía reside exclusivamente en al pueblo, de quien emanan todos los poderes" (artículo 2 de la Constitución), el "gobierno de la Nación es esencialmente civil, republicano, democrático y representativo" y "se divide en Poder Legislativo, Poder Ejecutivo y Poder Judicial", los cuales "son independientes en el ejercicio de sus respectivas funciones", siendo las atribuciones de sus encargados "únicamente las determinadas por esta Constitución y las leyes" (artículo 4). En nuestro país, ninguno de los poderes públicos organizados por la Constitución puede calificarse de soberano en la medida en que la noción misma de Constitución como norma suprema es incompatible con el reconocimiento de una soberanía. Si la Constitución es norma suprema y norma de normas, no puede haber ningún soberano ni ninguna soberanía que no sea la de la Constitución misma pues, si los hubiese, serían un poder absoluto que no admite limitación. Donde hay soberano no hay Constitución. Donde hay Constitución no hay soberano.

Cuando la Constitución declara que "la soberanía reside exclusivamente en el pueblo" del cual "emanan todos los poderes" está claro que el pueblo dominicano aparece como *poder constituyente*, como titular de la soberanía, como sujeto anterior a la Constitución, la cual emana de su voluntad. Pero ese pueblo constituyente de donde emana la Constitución y los poderes constituidos es, conjuntamente con esos poderes constituidos, un sujeto sometido a la Constitución, la cual enmarca su actuación y su poder de crear derecho. La voluntad popular que se expresa a través de los representantes no es una voluntad soberana que se coloca por encima de todas las normas, sino una voluntad sujeta a las normas constitucionales que regulan y limitan el ejercicio del poder legislativo.

Negar el carácter soberano a la ley –como lo han hecho progresivamente los dominicanos desde su independencia– implica destruir las dos bases que fundamentan el *absolutismo parlamentario*. Termina la equivalencia entre ley y Constitución emergiendo así el control de la constitucionalidad de las leyes. Y lo que no es menos importante: la ley deja de ser la norma soberana que define la posición de las normas no soberanas y pasa a su vez a ser definida por la norma fundamental, la Constitución. A partir del reconocimiento de la *supremacía constitucional*, todas las fuentes del derecho, incluida la ley, tienen la posición que la Constitución les asigna y los términos en los cuales el reglamento se subordina a la ley, los traza la Constitución y no la ley misma.

Si la ley es soberana es porque es fruto de la *voluntad popular* representada en el Congreso Nacional. Pero ningún poder del Estado es ajeno a la voluntad popular y solo en ella encuentran éstos su legitimación, ya que el gobierno de la Nación es esencialmente democrático y todos los poderes del Estado emanan del pueblo. Esto significa que los encargados de los poderes públicos acceden a éstos por la voluntad del pueblo o de sus representantes, ya sea porque establezcan las condiciones de dichos poderes (jueces, por ejemplo) o porque llevan a cabo su elección (como ocurre con los funcionarios electos). De ahí que todo poder del Estado está sujeto en su ejercicio a la voluntad popular en la medida en que o debe ejecutar lo previsto en la ley o su discrecionalidad está sujeta a control, al tiempo de que es responsable desde el punto de vista legal (penal, civil o disciplinariamente) o desde el punto de vista político ante el pueblo o sus representantes.

Esta preeminencia de la voluntad popular no coloca a la ley en una posición privilegiada frente a las demás normas. No solo los legisladores son electos por el pueblo sino también el Poder Ejecutivo y los regidores municipales, a quienes se les reconoce un poder normativo más o menos autónomo. Si la ley sigue teniendo una posición de preferencia respecto a las demás normas, es porque en algunas materias la Constitución exige la intervención de una ley no porque ella sea la expresión soberana del pueblo –el reglamento lo es también– sino porque solo el *procedimiento de elaboración de las leyes* responde a principios pluralistas que mandan la publicidad de las deliberaciones de un cuerpo en donde los representantes expresan libremente las más diversas opiniones, lo cual contrasta con el secreto y la no deliberación característicos del procedimiento tradicional de elaboración de los reglamentos. A pesar de que la Ley 107-13, la Ley General de Libre Acceso a la Información Pública y diferentes leyes sectoriales (banca, telecomunicaciones) han incorporado mecanismos de participación ciudadana en la elaboración de reglamentos y no obstante que la propia Constitución dispone que el procedimiento que establezca la ley "a través del cual deben producirse las resoluciones y actos administrativos" debe garantizar "la audiencia de las personas interesadas" y sujetarse a los principios de igualdad, transparencia y publicidad (artículo 138), no es posible "una equiparación mínima entre la Ley y reglamento sobre la base de la apertura de esos cauces participativos. Los ciudadanos y los grupos sociales que se incorporan al proceso administrativo responden a intereses sectoriales, por lo que no es posible asimilar el debate y el consenso obtenido por esta vía al que se producen en el seno de las instituciones representativas" (Balaguer Callejón 1999: 167).

6.7.3 La fuerza activa de la ley frente al reglamento. El reglamento ocupa en el Derecho dominicano una posición subordinada a la de la ley, norma jerárquicamente superior a éste. Esta *subordinación jerárquica del reglamento* a la ley tiene lugar en todas las materias porque no existe en nuestro Derecho una materia reservada al reglamento. Pero no sólo carecemos en nuestro ordenamiento de una materia reglamentaria, entendida ésta como ámbito material del cual el reglamento no puede salir, sino que tampoco tenemos un campo que le esté reservado al reglamento con exclusión de la ley, como es el caso de la Constitución francesa de 1958 que delimita una reserva legal y una reserva reglamentaria. Ya hemos visto que nada ajeno le es al legislador quien puede desplegar su poder normativo en cualquier ámbito imaginable.

La *primacía jerárquica* de la ley sobre el reglamento prohíbe que éste contradiga aquella, so pena de nulidad, de manera que cuando una ley regula una materia derogará los reglamentos que la contradigan y en el futuro no serán válidas las normas reglamentarias dictadas que sean contrarias a la ley reguladora de dicha materia. Eso no significa, sin embargo, que el reglamento no pueda abordar esa materia en tanto respete lo dispuesto por la ley sobre ella, a menos que haya una prohibición legal. Que el reglamento sea inferior jerárquicamente a la ley no significa que el reglamento no puede regular la materia legislada, sino que no puede contradecir a la ley. Ello es así aún en las materias reservadas a la ley que han sido objeto de legislación.

La supremacía de la ley sobre el reglamento no se opone a que una ley permita que los preceptos existentes en determinada materia sean modificados o derogados por un reglamento. Esto se produce mediante el mecanismo de la "*deslegalización*", el cual aplica en todas las materias que no han sido reservadas a la ley. La ley "deslegalizadora" declara que determinadas disposiciones legales quedarán derogadas cuando se dicten los correspondientes reglamentos. En este caso, no son los reglamentos que se dicten lo que derogan esas disposiciones, sino que su emisión dispara el *mecanismo de la derogación aplazada* contenido en la ley deslegalizadora. La deslegalización encuentra límites constitucionales en las materias constitucionalmente reservadas a la ley. En consecuencia, en estas materias, el legislador no puede entregar a los reglamentos la disciplina de la materia constitucionalmente reservada a la ley. Esto no impide, sin embargo, que el legislador remita al reglamento la regulación de determinados aspectos de una materia sujeta a reserva de ley, siempre y cuando dicho reglamento esté claramente subordinado a la ley y no constituya una delegación o remisión en blanco al poder reglamentario.

6.7.4 El control jurisdiccional de los reglamentos. Contrario a ordenamientos constitucionales con control de constitucionalidad exclusivamente de carácter concentrado, en donde el juez no puede proceder por sí mismo a la inaplicación de la ley por inconstitucional, aunque sí puede inaplicar un reglamento por ilegal, en la República Dominicana la diferente posición que la ley y el reglamento ocupan en el ordenamiento jurídico no implica una diferencia de tratamiento con respecto al reglamento ilegal en comparación con la ley inconstitucional. El juez, en nuestro ordenamiento, puede proceder a la inaplicación tanto de la ley inconstitucional como del reglamento ilegal o inconstitucional. Asimismo, tanto la ley como el reglamento, pueden ser atacados mediante la acción directa en inconstitucionalidad ante el Tribunal Constitucional.

6.7.5 Las reservas de ley y el reglamento. El reglamento, a pesar de que puede regular cualquier materia siempre y cuando no contravenga lo dispuesto por las leyes, está limitado por las reservas que a favor de la ley establece la Constitución respecto determinadas materias. En las materias expresamente reservadas por la Constitución a la ley y, en especial, en aquellas que caigan –expresa o implícitamente– bajo la reserva general para los derechos fundamentales, el reglamento sólo puede intervenir por expresa invitación del legislador o cuando, existiendo una ley previa que regula en lo esencial la materia, el Poder Ejecutivo decide reglamentar dicha ley. En todo caso, el *reglamento invitado o espontáneo* solo puede intervenir en la materia exclusivamente reservada al legislador para regular sólo aquellos aspectos accesorios, secundarios, complementarios e instrumentales. En todas las demás materias legislativas no señaladas expresamente por la Constitución o en las que no estén cubiertas implícitamente por la reserva de ley general para los derechos fundamentales, el poder reglamentario puede intervenir libremente, de manera independiente, pues, como veremos más adelante, éste no requiere apoderamiento legal pues tiene base constitucional.

Para reglamentar una materia no expresamente reservada o que no cae bajo la reserva general para los derechos fundamentales, el Poder Ejecutivo no requiere habilitación legal. Las *cláusulas legislativas de remisión al reglamento* son útiles, sin embargo, porque, a pesar de que no añaden nada a un poder reglamentario de carácter y fundamento constitucional, encauzan el mismo en un sentido u otro, sometiéndolo a limitaciones distintas a las que la propia Constitución establece. De todos modos, el legislador puede desplazar un reglamento –aún sea independiente– incluso de aquellas materias en las que no está constitucionalmente obligado a legislar. Ya lo decía Carré de Malberg: "En el Estado moderno, en efecto, la ley tiene por verdadera función, que le es exclusivamente propia, el regir superiormente la actividad de las autoridades administrativas, y en particular el situar por encima de la voluntad de dichas autoridades, y a salvo de cualquier perjuicio de su parte, a todas aquellas materias y disposiciones reguladoras respecto de las cuales el cuerpo legislativo se reserva una exclusiva competencia. Cada vez que el cuerpo legislativo desea conseguir ese resultado, sólo necesita apropiarse de la materia para reglamentarla por sí mismo" (CARRÉ DE MALBERG: 330).

En las materias reservadas, el poder reglamentario queda excluido en principio, aunque dicha exclusión no es total ni absoluta. En efecto, la jurisprudencia constitucional española ha establecido que procede que la ley que regula una *materia sujeta a reserva legal* remita algún aspecto de la regulación al reglamento. Lógicamente, la remisión al reglamento no puede diferir a la normación del titular del poder reglamentario el objeto mismo reservado pero, como bien ha establecido el Tribunal Constitucional Español, "hasta ha de decirse que esa remisión resultará en muchos casos debida y obligada por la naturaleza de las cosas, pues no hay Ley en la que se pueda dar entrada a todos los problemas imaginables, muchos de los cuales podrán tener solución particular y derivada en normas reglamentarias" (STC 77/1985). El *principio de reserva de ley* "no excluye, ciertamente, la posibilidad de que las leyes contengan remisiones a normas reglamentarias, pero sí que tales remisiones hagan posible una regulación independiente y no claramente subordinada a la ley, lo que supondrá una degradación de la reserva formulada por la Constitución en favor del legislador" (STC 83/1984). Los jueces, al controlar la constitucionalidad de las leyes, pueden enjuiciar si las remisiones del legislador al reglamento alteran una reserva de ley confiriendo una habilitación en blanco o permitiendo una regulación reglamentaria excluida por imperativo constitucional de la reserva.

6.7.6 Conformidad del reglamento a la ley. Cuando un reglamento es dictado para la ejecución de una ley, debe cuidarse de completarla sin modificarla. Esto es importante en especial en los casos en que la ley no ha tomado la precaución de delimitar los asuntos sobre los cuales debe versar el reglamento. Para determinar si el reglamento no viola o modifica la ley, se precisa distinguir entre *disposiciones normativas* y disposiciones constructivas. Las normativas son una adición a la ley pues modifican derechos y obligaciones de los individuos, como es el caso de establecer plazos para ejercicios de derechos, pues el alcance del derecho se encuentra modificado por el plazo para su ejercicio. Se consideran, por tanto, ilegales. Las *disposiciones constructivas*, por ejemplo, las que fijan normas de procedimiento para la ejecución de la ley o las que crean un organismo administrativo para ejecutar las medidas previstas en la ley, se consideran legales pues no afectan los derechos de los individuos. El reglamento ejecutivo sólo puede contener "reglas que sean el desarrollo de las contenidas en la ley de modo que todas ellas se deriven lógica y concretamente de la ley" (PELLERANO GÓMEZ: 188).

6.8 El procedimiento de adopción de reglamentos y el debido proceso reglamentario

Durante mucho tiempo la elaboración y modificación de los reglamentos se caracterizó por su clandestinidad, opacidad y ausencia de participación por los destinatarios de la reglamentación. Esa situación comenzó a cambiar con la entrada en vigor del artículo 23 de la *Ley General de Libre Acceso a la Información Pública* el cual dispone que "las entidades o personas que cumplen funciones públicas o que administran recursos del Estado tienen la obligación de publicar a través de medios oficiales o privados de amplia difusión, incluyendo medios o mecanismos electrónicos y con suficiente antelación a la fecha de su expedición, los proyectos de regulaciones que pretendan adoptar mediante reglamento o actos de carácter general, relacionadas con requisitos o formalidades que rigen las relaciones entre los particulares y la administración o que se exigen a las personas para el ejercicio de sus derechos y actividades". Por su parte, el Reglamento de Aplicación de la referida ley regula en detalle este procedimiento de *consulta pública,* disponiendo que la presentación de opiniones y propuestas no puede ser inferior a veinticinco (25) días desde la apertura del procedimiento consultivo (artículo 50), que la publicación de las propuestas reglamentarias incluya el texto de las normas propuestas y las razones que justifican su dictado (artículo 51), y la posibilidad de celebrar audiencias públicas para discutir las opiniones calificadas de personas u organizaciones expertas (artículo 54). Por su parte, la Constitución dispone que la Administración Pública está sujeta en su actuación, sea reglamentaria o de cualquier otra naturaleza, a los principios de igualdad, transparencia y publicidad, al tiempo que el procedimiento administrativo regulado por la ley deberá garantizar la audiencia a los interesados (artículo 138).

Todo lo anterior responde a un fenómeno global de transformación de las misiones de la Administración y de mutación hacia un "Estado administrativo". Como bien explica Jünger Habermas, "en la medida en que, por ejemplo, la implementación de programas finalistas o teleológicos grava a la Administración con la necesidad de proveer organizativamente a tareas que, por lo menos implícitamente, tienen el carácter de una producción de derecho o de un desarrollo del derecho y de una aplicación judicial de la ley, deja de ser suficiente la base legitimatoria de las estructuras tradicionales de la Administración. La lógica de la división de poderes ha de realizarse entonces en estructuras distintas, por ejemplo mediante establecimiento de las correspondientes *formas de participación y comunicación* o mediante la introducción (en el proceso administrativo) de procedimientos de tipo judicial y parlamentario, de procedimientos de formación de compromisos" (Habermas: 262).

De ese modo, se concreta un verdadero derecho fundamental al *debido proceso reglamentario* que asegura que la Administración actúe racional, objetiva y motivadamente, que ésta, además pondere los diversos intereses públicos y privados en juego y que se garantice la debida participación de los interesados, lo cual, por demás, asegura un plus de legitimidad a las decisiones reglamentarias adoptadas. El principio subyacente tras las reglas de consulta pública reglamentaria es el mismo tras los procedimientos de *"notice-and-comment"* de las agencias reguladoras independientes norteamericanas: "que todo interesado pueda conocer cuáles normas son propuestas y tenga la oportunidad de hacer observaciones con relación a las mismas" (Galligan: 496). Aunque "la adopción de decisiones (reglamentarias, EJP) consensuadas por parte de los intereses afectados como base de las decisiones públicas no es una garantía de una mayor democratización de éstas si no se articulan cuidadosamente los mecanismos que aseguren una adecuada participación por parte de todos los afectados, supliendo las desigualdades de hecho" (Comella Dorda: 101), hay que admitir que el procedimiento administrativo, desarrollado conforme las normas del debido proceso, es "un instrumento fundamental para el logro de decisiones administrativas de calidad, un ámbito de composición de intereses privados y públicos en la búsqueda de los cambiantes y esquivos intereses generales, un factor de potenciación del principio democrático y del principio de transparencia de la actividad administrativa, un elemento importante en la protección y efectividad de los derechos fundamentales, una institución de compensación de la flexibilidad creciente en la dirección normativa de la Administración Pública y de las insuficiencias intrínsecas de su control judicial y, en definitiva, un factor de legitimación del actuar administrativo en nuestras modernas sociedades" (Ponce Solé: 38).

La violación de este derecho a un debido proceso reglamentario –ocurrida, por ejemplo, cuando la Administración dicta normas reglamentarias sin acudir al procedimiento consultivo o cuando rechaza las observaciones formuladas por los interesados sin alegar razón alguna o aportando motivos incoherentes-, activa el control judicial de constitucionalidad, ya sea en sede difusa o concentrada, considerándose que el reglamento dictado en violación a las disposiciones legales que ordenan el procedimiento reglamentario no sólo es ilegal por violar dichas disposiciones sino que es, por demás, inconstitucional al violar el derecho fundamental al *debido proceso administrativo* consagrado en los artículos 69.10 y 138.2 de la Constitución. En este sentido, hay que insistir que aunque el requisito de la consulta pública "está impuesto por normas legales o reglamentarias, (…) ya la jurisprudencia lo exige, exista o no norma legal o reglamentaria que lo requiera, pues el sustento constitucional del principio lo hace obligatorio y aplicable de todos modos" (Gordillo: VI-33). Estamos, pues, en presencia de "un auténtico derecho subjetivo (…) de un poder, que habilita a su titular a exigir el cumplimiento de la obligación de seguimiento del procedimiento debido" (Ponce Solé: 208). Su violación afecta no sólo de vicio de forma la norma reglamentaria en cuestión por violación al *debido proceso adjetivo* sino que también implica una violación del *debido proceso sustantivo,* pues se presume que todo reglamento dictado en ausencia de consulta pública es necesariamente irrazonable.

En una primera etapa, el Tribunal Constitucional consideró que "en lo concerniente a la invocada violación del artículo 138 de la Constitución, bajo el argumento de que la norma fue emitida sin haberse previamente cumplido con lo dispuesto por el artículo 23 de la Ley núm. 200-04, Ley General de Libre Acceso a la Información Pública, este tribunal entiende que la circunstancia de no haberse garantizado el derecho de audiencia a los destinatarios de la norma hubiera constituido una violación constitucional, por vía del incumplimiento del debido proceso, si la norma, contrario a lo que ya ha sido establecido, hubiera afectado, suprimiendo o menoscabando algún derecho a sus destinatarios". A juicio de los jueces constitucionales especializados, "si en la producción de una resolución o acto administrativo no se cumple con algunas de las normas establecidas por las leyes que rigen la forma de producción de tales actos, necesariamente estaremos hablando de actos o resoluciones ilegales y no inconstitucionales. En el caso específico que nos ocupa, en el que la alegada violación al derecho de audiencia no se erige como violación al debido proceso, tal como hemos establecido, la aducida inobservancia de la publicación de la norma antes de su emisión constituiría una violación a la Ley General de Libre Acceso a la Información Pública, y debe ser la jurisdicción contenciosa-administrativa la que decida sobre el recurso por ilegalidad que pudiera plantearse" (Sentencia TC/0203/13).

Para el mismo año de dictada esta sentencia, entró en vigor la Ley 107-13. A partir de la premisa de una Administración orientada hacia la persona y la protección de sus derechos, como quiere y mandan los artículos 7 y 8 de la Constitución, la Ley 107-13, en sus artículos 3 y 4, concreta y desarrolla un ordenamiento jurídico-administrativo pro persona y pro libertate, al consagrar todo un catálogo de principios de la actuación administrativa (juridicidad, servicio objetivo a las personas, promocional, racionalidad, igualdad de trato, eficacia, publicidad, seguridad jurídica, proporcionalidad, ejercicio normativo del poder, imparcialidad, relevancia, coherencia, buena fe, confianza legítima, asesoramiento, facilitación, celeridad, protección de la intimidad, ética y debido proceso) y un conjunto de derechos que integran el nuevo "derecho a la buena administración", y entre los cuales encontramos una serie de derechos: tutela administrativa efectiva, motivación de las actuaciones administrativas, resolución administrativa en un plazo razonable, resolución justa de las actuaciones administrativas, respuesta oportuna y eficaz de las autoridades, acceso a información pública, ser oído, participar en las actuaciones administrativas, una indemnización justa, acceso a servicios públicos de calidad, presentación de quejas y reclamos, ser tratado con cortesía y respeto por las autoridades, ser representado en los procedimientos administrativos y recibir atención administrativa preferente si se es descapacitado, menor, mujer gestante o adulto mayor.

En particular, la Ley 107-13 dispuso "estándares mínimos y obligatorios" en los procedimientos de adopción de reglamentos, con la finalidad de que "la Administración Pública obtenga la información necesaria para su aprobación, canalizando el diálogo con otros órganos y entes públicos, con los interesados y el público en general, con ponderación de las políticas sectoriales y derechos implicados y promoviendo el derecho fundamental a la participación ciudadana como sustento de la buena gobernanza democrática" (artículo 30). Dicha ley dispuso, además, que la Administración debía recabar toda la información necesaria que le permita adoptar decisiones reglamentarias bien informadas, que debe darse audiencia a "los ciudadanos directamente afectados en sus derechos e intereses", siempre "antes de la aprobación definitiva del texto reglamentario" y que el público puede participar "se vea o no afectado directamente por el proyecto de texto reglamentario". La participación del público y las audiencias de los interesados "podrán extenderse también a los momentos iniciales o de elaboración de las prioridades y esquemas del borrador, así como a la fase de seguimiento y supervisión, una vez aprobado el texto reglamentario". La ley dispone además que el órgano promotor del reglamento "habrá de elaborar la propuesta definitiva tomando en consideración los estudios, informes y evaluaciones que, en su caso, se hayan utilizado en el procedimiento. La Administración responsable habrá de ponderar igualmente las alegaciones y los intereses hechos valer por los interesados y el público en general. Antes de la aprobación definitiva, la Administración habrá de motivar adecuadamente las razones de las opciones que resulten elegidas, a la vista de las distintas alternativas" (artículo 31).

Todas estas prerrogativas, cuidadosamente descritas y detalladas por el legislador, constituyen derechos fundamentales explícitos (como es el caso de los principios constitucionales de actuación administrativa establecidos en el artículo 138 de la Constitución o como ocurre con el derecho fundamental a un debido proceso administrativo consagrado por el artículo 69.10 de la Constitución) o implícitos (a la luz del artículo 74.1 de la Constitución por ser de igual naturaleza a los antes citados), por lo que estamos en presencia de una verdadera *Constitución material de los derechos fundamentales de las personas ante la Administración*. El Tribunal Constitucional ha acogido esta tesis, con posterioridad al dictado de la Sentencia TC/0203/13, al establecer en su Sentencia TC/0322/14 que el "derecho al buen gobierno o a la buena administración" constituye "un derecho fundamental nuevo entre nosotros", que "se encuentra implícitamente en el texto de nuestra Constitución, específicamente en los artículos 138, 139, y 146, los cuales se han concretizado legalmente en la referida ley orgánica, plasmando de forma más concreta en nuestro ordenamiento este principio constitucional". A juicio de los jueces constitucionales especializados "los mandatos precedentemente resumidos configuran el denominado '*derecho a la buena administración*'", derecho que, a juicio del TC, "debe considerarse, en relación con el asunto de que se trata, como un derecho actualmente dimanante de las obligaciones puestas a cargo de la Administración Pública por la Constitución de la República y otras normas". A la luz de esta jurisprudencia es claro que el debido proceso reglamentario, en tanto parte del derecho a un debido proceso administrativo consagrado por el artículo 69.10 de la Constitución que, a su vez, ha sido englobado por el legislador bajo la sombrilla del derecho a la buena administración, considerado derecho fundamental implícito por el Tribunal Constitucional, constituye también un derecho fundamental cuya vulneración no solo es una ilegalidad sancionable en la jurisdicción contencioso administrativa sino también una inconstitucionalidad censurable en los procesos constitucionales ante la jurisdicción constitucional especializada y ante la jurisdicción constitucional ordinaria.

7. LA JURISPRUDENCIA Y EL PRECEDENTE JURISDICCIONAL

Aunque tradicionalmente se le ha negado a la jurisprudencia la consideración de fuente del derecho, aceptándose tan solo a regañadientes su rol de *fuente de facto* en el sistema de fuentes, no hay dudas de que cada día, principalmente desde la consagración del precedente jurisdiccional vinculante, en especial el precedente constitucional, ésta, entendida en sentido lato, es decir, como fenómeno que abarca tanto la jurisprudencia en sentido estricto como el precedente, los cuales distinguiremos más adelante, aparece como una fuente de derecho de considerable importancia, aún en un ordenamiento jurídico adscrito a la familia jurídica romano-germánica en donde la ley ha sido considerada históricamente la fuente por antonomasia del derecho.

7.1 La teoría clásica de la función judicial

7.1.1 La separación entre creación y aplicación del derecho. La concepción de la función jurisdiccional que emerge a partir de la Revolución francesa se basa en la estricta separación entre la creación y la aplicación de las normas, estando monopolizado el poder creador de normas por el legislador y siéndole confiada a la Administración y a los tribunales la ejecución de las normas. A los fines de asegurar orgánicamente esta separación, se establecen con respecto a los tribunales una serie de principios básicos: la *función jurisdiccional* es atribuida exclusivamente a jueces que quedan desconectados funcionalmente del resto del aparato estatal mediante el principio de independencia, por lo que no están sometidos a órdenes ni mandatos de ningún tipo. Al mismo tiempo, estos jueces solo tienen como función la de juzgar con sumisión siempre y exclusivamente a la ley, quedándole vedado al juez enjuiciar las normas creadas por el legislador y siendo su obligación limitarse a aplicar dichas normas y no crear nuevas normas.

Este sistema, si bien tiene su explicación inmediata en el temor de los revolucionarios franceses al abuso que durante el *Ancien Regime* cometieron los jueces –con razón denominados "parlamentos"–, hunde sus raíces en el modelo de legitimación de los poderes públicos que requiere una clara separación del aparato político del Estado, creador del derecho, y el aparato de aplicación, constituido por la Administración y la judicatura. Sin embargo, aunque dicho sistema sigue siendo válido hoy en día en gran medida, dos elementos han contribuido ha dinamitar la muralla china que impedía a los jueces crear derecho conforme la teoría revolucionaria francesa de la función judicial. Por un lado, el hecho de que las normas mismas se hayan transformado en *objeto de juicio* en el control concentrado de constitucionalidad ha convertido a los jueces en legisladores no solo negativos como quería Kelsen sino también positivos. Por otro lado, y lo que no es menos importante, la *necesidad de uniformidad en la aplicación del derecho* por los tribunales ha conducido a sujetar dicha aplicación a reglas elaboradas por la cúspide de la organización judicial, adquiriendo de ese modo la jurisprudencia de los tribunales supremos un valor normativo que los revolucionarios franceses siempre negaron a ésta.

7.1.2 La teoría clásica de la función judicial y su crítica. La estricta separación entre la creación y la aplicación judicial de normas, tal como se concibe en la teoría revolucionaria francesa, se funda en la idea de que aplicar una norma consiste simplemente en extraer para el caso concreto las consecuencias que en ella se prevén de modo general y abstracto. En otras palabras, si la ley dispone que cuando se dé cierto supuesto de hecho se han de producir ciertas consecuencias, aplicar la ley consiste exclusivamente en determinar que efectivamente se ha producido el hecho y que, en consecuencia, deben producirse las consecuencias que la ley quiere. La aplicación del derecho consiste entonces en la *subsunción*: lo que hace el juez no es más que subsumir el supuesto de hecho en la norma a aplicar. El acto de aplicación del derecho es un *silogismo* en el que la ley es la premisa mayor, el supuesto de hecho la menor y la sentencia la consecuencia o conclusión. De ahí la fórmula clásica de Montesquieu que condena al juez a ser "la boca que pronuncia las palabras de la ley".

El presupuesto de esta concepción de la función judicial es una determinada manera de concebir la ley misma. "Se parte, en primer lugar, de que la ley tiene un *contenido unívoco*, de que sus palabras tienen un significado único, a veces evidente por sí mismo y en otros casos accesible mediante métodos de interpretación que conducen al único significado verdadero del texto. Y se parte también de que la ley es siempre completa, de que no ofrece puntos oscuros ni lagunas que no puedan aclararse y colmarse mediante los métodos de la interpretación. El juez, por tanto, tiene que realizar una labor *puramente cognoscitiva*, no volitiva, que consiste en encontrar el mandato que la ley contiene y aplicarlo mediante un acto que no deja lugar alguno a la creación sino que está predeterminado legalmente en todos sus extremos. La función judicial es puramente aplicativa porque la premisa mayor del silogismo que el juez lleva a cabo está contenida por completo en la ley" (OTTO: 288). De ese modo, "la labor de la jurisprudencia se agotaba en el mero servicio al legislador y a su voluntad, es decir, en ser expresión del 'verdadero' significado contenido en las fórmulas utilizadas por el legislador" (ZAGREBELSKY: 132).

Hoy se sabe, sin embargo, que ni la ley tiene un contenido unívoco y un significado único ni la ley es siempre completa y ausente de lagunas, ambigüedades y oscuridades difíciles de resolver a través de los métodos de interpretación. Sin esa hipotética ley que sirve para construir la premisa mayor, es imposible entonces armar el silogismo judicial y mantener la ideología de la subsunción que subyace tras la conceptualización del juez como autómata y de la justicia como mera estereofonía. Tras todo un siglo XX en que diferentes pensadores tales como Schmitt, Viehweg, Larenz, Kaufmann, Perelman, Recasens Siches, Cossio han arremetido unánimemente contra el *dogma de la subsunción judicial*, se puede afirmar que dicho dogma ha sido definitivamente demolido. Ipsen lo testimonia de modo brillante: "El ideal de la subsunción ya se ha agotado. Una teoría dominante aplastante reconoce hoy, con deliberado apartamiento de la metodología positivista, que la interpretación de una norma jurídica contiene elementos valorativos, volitivos, decisionistas y creadores de Derecho y por lo mismo no se limita a la reproducción de algo ya dado [...]. Ya no hay lugar para subsunción desde el momento en que la ley con frecuencia carece de valores propios y se remite a otros extralegales e incluso extrajurídicos, siempre tiene lagunas y es al juez a quien corresponde cerrarlas y, en fin, envejecen tanto ella como sus valores" (citado por NIETO: 120).

La *subsunción silogística* no solo es un "magno error" (RECASENS FICHES: 198) sino que "es una banalidad porque la dificultad no se encuentra en esa operación tan simple sino en el acuerdo sobre las premisas. Los litigantes no discuten la subsunción; lo que discuten es la *corrección de las premisas* que el juez utiliza para armar el silogismo. Tal es el corazón del pleito" (NIETO: 121). La actividad esencial del juez es, en consecuencia, la determinación y justificación de las premisas utilizadas para dictar el fallo. El modelo de subsunción tan solo describe el proceso de obtener las consecuencias necesarias de las premisas cuando la verdadera dificultad de la labor jurisdiccional consiste en la afirmación de las premisas. "Por múltiples razones, algunas propias de cualquier interpretación de textos, otras específicas del derecho moderno, sumamente complejo y por ello en ocasiones contradictorio, la decisión judicial no está totalmente predeterminada en todos sus extremos y, en consecuencia, en la aplicación de la norma hay un mayor o menor margen de libertad, una cierta *actividad de creación de la premisa mayor en la cual se subsume el supuesto de hecho*" (Otto: 288).

La jurisprudencia contemporánea de los Estados constitucionales ya no se conforma con la simple deducción silogística, sino que busca que las soluciones judiciales sean no solo conformes con la ley sino también equitativas y razonables. El derecho no es más esa geometría compuesta de teoremas constituidos por artículos de leyes entrelazados entre sí y manipulada por unos "matemáticos jurídicos", por esos "seres inanimados" de que nos hablaba Montesquieu al referirse a los jueces, que se limitan a realizar automáticas operaciones intelectuales de subsunción. Y es que "existe una enorme distancia entre la necesidad de que toda decisión judicial se funde en derecho y la idea de que, para que una decisión se funde en derecho, la cita de la ley es absolutamente obligatoria" (Liendo Tagle: 59). Que el juez esté sometido a la ley no significa que sólo esté sometido a la ley del Congreso Nacional. El juez está sometido al derecho, pero por derecho hay que entender no solo la ley parlamentaria sino la Constitución, los tratados internacionales, los reglamentos, la costumbre y las demás fuentes del derecho incorporadas al ordenamiento jurídico. Más aún, hoy el derecho adquiere un *carácter eminentemente práctico* y razonable que se evidencia en dos momentos: la categorización de los casos a la luz del derecho y la búsqueda de la regla aplicable al caso. "Es razonable la categorización de los hechos que toma en cuenta todos los principios implicados; es razonable la regla, individualizada en el marco de las condiciones limitadoras del derecho como ordenamiento, que responde a las exigencias del caso" (Zagrebelsky: 147). En la medida en que el derecho debe ser razonable, deja de concebirse como un sistema cerrado, compuesto de normas entrelazadas entre sí por la lógica formal, y se configura como *orden abierto*. El derecho deja de ser lógica y es lo que debe ser: "experiencia" (Holmes: 1). Deja de ser ciencia y pasa a ser *juris prudentia*. "El Derecho no es entonces algo hecho y concluido, sino algo que se está haciendo siempre y quien lo tiene que hacer en sus términos más inmediatos es el Juez" (Cossio: 56). "El juez necesariamente ha de crear derecho", pues "es imposible que la ley contenga una determinación plena" (Ross 2018: 398). Por tanto, todo derecho es entonces *derecho judicial*, "*judge made law*".

7.1.3 La naturaleza de la decisión judicial y las reglas de aplicación en el Estado democrático de derecho. Como hemos visto, la creación de derecho judicial es consustancial al ordenamiento jurídico mismo. "Las reticencias del legislador a reconocer expresamente lo que, de hecho, sucede en la práctica, trae como consecuencia una paradójica situación en la que, al no otorgar directamente esta potestad a los jueces, sometiéndola, a su vez, a estrictos límites, termina por conferírseles una importante esfera de poder, dotada de cierta inmunidad, dado que no existen pautas claras sobre la formulación, eficacia y modificación de las normas jurisprudenciales, en el marco de un modelo cuestionable desde el punto de vista de los principios de igualdad y seguridad jurídica" (Santiago Iglesias: 150). De ahí que la conceptuación constitucional de la función jurisdiccional y del rol creador de derecho del juez implica encuadrar constitucionalmente esta función y este rol de modo que se establezcan límites constitucionales claros a las potestades del juez dirigidas a asegurar el derecho a la igualdad y a la seguridad jurídica de los justiciables en el proceso de creación y modificación de las normas emanadas de la jurisdicción.

En este sentido, hay que estar claros en que el hecho de que el juez disponga de un determinado margen de libertad, en tanto su decisión no viene predeterminada en todos sus aspectos por la ley que aplica, no equipara necesariamente la función judicial a la función legislativa ni dota al juez de un poder político. El juez dominicano pertenece a un poder público –el Poder Judicial– y no es simple "autoridad judicial" como el juez francés, pero lo que caracteriza a este poder es garantizar los derechos a través del derecho, lo que explica la *sumisión al derecho* como rasgo esencial de la función judicial. Los órganos judiciales, al igual que los órganos administrativos "no hacen política, sino derecho, porque sus actos están programados en normas" (Otto: 288), aún cuando estas normas pasen a formar parte de políticas públicas -muchas de ellas constitucionalmente mandatorias- y que las decisiones judiciales tengan consecuencias políticas. El juez debe decidir siempre fundado en derecho y sometido al derecho.

De ahí que las decisiones de estos órganos, contrario a las de los poderes legislativo y ejecutivo, que están fundamentadas en los fines que persiguen, deben estar basadas en normas jurídicas interpretadas conforme manda el ordenamiento jurídico. De nada vale, sin embargo, someter el juez al derecho si se afirma que el juez es libre de fallar los casos que se le presente de modo discrecional e incontrolado, sin estar vinculado ni por sus decisiones anteriores ni por la de otros jueces. Una libertad del juez concebida así lesiona la *seguridad jurídica* al impedir a las personas prever la consecuencia de sus acciones a luz de las normas vigentes y de la interpretación que de esas normas hacen los tribunales y vulnera la igualdad constitucional al permitir que casos análogos sean fallados de modo distinto por el mismo juez y otros jueces. Y lo que no es menos importante: pone en juego la *unidad del derecho* al validar su aplicación desigual en las diferentes demarcaciones judiciales. Es por ello que la Constitución exige que la aplicación del derecho esté sometida a reglas que la hagan uniforme en el tiempo y en el espacio, de modo que se garantice la seguridad e igualdad jurídicas.

7.2 El precedente jurisdiccional

7.2.1 Definición. Por precedente se entiende el principio de derecho (*ratio decidendi*) que ha sido aplicado por un juez para decidir un caso análogo anterior al que le corresponde ahora resolver a otro juez o al mismo juez. En este sentido, "el precedente puede ser entendido como la técnica en la que los casos semejantes son tratados de manera igual" (Cruceta Almánzar: 223). No todo precedente jurisdiccional es vinculante: el precedente vinculante es una especie del primero. En verdad, lo que existen son grados de vinculación del precedente. La fuerza normativa del precedente viene dada por el vínculo, más o menos intenso, en virtud del cual el juez se ve inducido a aplicar al nuevo caso el principio mismo de derecho que fue objeto de aplicación entonces (Moral Soriano). Esta fuerza "puede ser entendida como aquel elemento característico de la jurisprudencia producida en el Estado constitucional, que exige que tanto los poderes públicos (incluidos los propios tribunales de justicia inferiores y superiores) como los ciudadanos en general se encuentren efectivamente vinculados con los criterios, orientaciones y principios establecidos por los altos tribunales de justicia (*doctrina jurisprudencial*); y, además, que ante casos iguales, estos tribunales de justicia se encuentren vinculados por sus decisiones anteriores (*precedente vinculante horizontal*), y que los tribunales inferiores se encuentren vinculados a las decisiones de los aludidos tribunales supremos (precedente vinculante vertical)" (CORIPUNA: 119). Como señala el Tribunal Constitucional, respecto a donde reside la fuerza vinculante de su precedente, "el precedente vinculante lo constituye el aspecto de la sentencia donde se concretiza el alcance de una disposición constitucional, es decir, donde se explica qué es aquello que la Constitución prohíbe, permite, ordena o habilita para un tipo concreto de supuesto de hecho, a partir de una de sus indeterminadas y generales cláusulas. Es precisamente en este aspecto de la sentencia donde se produce la actividad creadora en relación con el contenido de los principios y valores que en cada etapa de la evolución del derecho corresponde al juez descubrir y plasmar en su decisión" (Sentencia TC/0150/17).

7.2.2 Jurisprudencia y precedente. La jurisprudencia, en sentido extenso, incluye la jurisprudencia en sentido estricto y el precedente. Por jurisprudencia, stricto sensu, se entiende "la serie de decisiones judiciales uniformes sobre un mismo punto de derecho" (JORGE BLANCO: 303). Por su parte, el precedente provee una regla sentada en un primer caso y susceptible de ser universalizada y aplicada como criterio de decisión en casos sucesivos, en función de la analogía entre los hechos del primer caso y los posteriores. El precedente, por tanto, se refiere a una decisión relativa a un caso particular, por lo que basta un solo precedente para fundamentar la decisión del caso posterior. En contraste, la jurisprudencia se deduce de una línea de casos expresados en máximas formuladas en pocas frases que no crean reglas o subreglas, sino que, más bien, interpretan y aplican las reglas existentes en el ordenamiento jurídico, en el derecho positivo vigente. Concebida la jurisprudencia de ese modo, ésta puede considerarse como fuente, al menos indirecta, de normas jurídicas generales, con la salvedad de que la incorporación al ordenamiento jurídico de la norma creada -o, mejor dicho, descubierta o interpretada- por el juez se produce no porque haya tomado la decisión de adoptar un determinado criterio, sino por la reiteración de decisiones en el mismo sentido. De ahí que la "línea jurisprudencial" sea el resultado única y exclusivamente de la sola reiteración de decisiones en un mismo sentido, de donde se desprendería una interpretación común que vincularía, por lo menos persuasivamente, a los jueces. En lo que respecta al precedente, este es consecuencia sino de la voluntad deliberada del juez de otorgarle carácter normativo a su decisión, sí de un sujeto investido de la autoridad de dictar precedentes vinculantes.

En virtud de lo antes dicho, lo clave, a la hora de aplicar el precedente, resulta ser el análisis de los hechos para determinar si procede o no aplicar el precedente a los demás casos. En contraste, "las sentencias de casación se estudian para descubrir dónde está y cuál es el principio de derecho, porque eso que se busca es la regla *juris abstracta* que se aplica al caso sucesivo, y no la individuación del caso concreto que ha sido objeto de decisión". Esto explica el por qué "los textos que constituyen nuestra jurisprudencia no incluyen los hechos que han sido objeto de decisión, de modo que la aplicación de la regla formulada en una decisión precedente no se funda sobre la analogía de los hechos, más sí sobre la subsunción del caso sucesivo en una regla general". Dado que los tribunales supremos en los países del civil law dictan miles de sentencias por año, contrario a los tribunales supremos del *common law*, como ejemplifica Estados Unidos -con una corte suprema que dicta unas 200 sentencias anualmente-, la jurisprudencia es "a menudo una empresa complicada, difícil y riesgosa. En consecuencia, de un lado, no se sabe casi nunca si en realidad se llega a conocer toda la jurisprudencia (lo que es a menudo imposible), o al menos toda la jurisprudencia relevante sobre una determinada cuestión. De otro lado, a menudo se descubre que la jurisprudencia es incoherente y contradictoria. Se deberá tratar entonces de establecer si existe o no jurisprudencia conforme, si existe una jurisprudencia prevalente, si la jurisprudencia es incierta, o si inclusive tenemos una situación de caos jurisprudencial. En los ordenamientos que verdaderamente se fundan en el uso del precedente estos problemas no existen, o surgen solamente en poquísimos casos límite" (TARUFFO 2007: 87-90), aunque hay que reconocer que, aunque menor, este problema no deja de existir en países con tribunal constitucional, como es el caso de Colombia, cuya Corte Constitucional conoce más de 5,000 casos por año.

7.2.3 Fundamento del precedente. El *respeto a los precedentes* cumple funciones esenciales en los ordenamientos jurídicos, incluso en sistemas de Derecho legislado como el dominicano. Como bien señala la mejor doctrina, "hoy puede afirmarse que la autoridad de los precedentes en los países de *civil law* no es cualitativamente diferente, ni cuantitativamente inferior a la de éstos en los Estados Unidos. Si bien son raros los casos en los que asumen carácter vinculante, en cambio es normal que ejerzan una *eficacia persuasiva*, más o menos intensa según la autoridad del órgano que juzga, de su colocación en el sistema de los medios de impugnación de las decisiones y de otros factores de este tipo" (PIZZORUSSO 1987: 174). Ahora bien, una cosa es que no todo precedente tiene fuerza vinculante o que la fuerza obligatoria de un precedente jurisdiccional ordinario no tiene la fuerza de un precedente constitucional y otra es decir que las decisiones de los jueces ordinarios, aún los de la corte suprema, no son precedentes, como afirma el Tribunal Constitucional (Sentencia TC/0220/16). "En efecto, el precedente judicial tiene un efecto persuasivo en casi todos los ordenamientos jurídicos en razón a que el *stare decisis* (estarse a lo que se ha decidido previamente) es una máxima de aplicación universal" (CROSS: 23).

¿Por qué el respeto al precedente es una máxima de aplicación universal? El principal fundamento del precedente es la seguridad jurídica pues ningún justiciable estaría seguro en sus derechos si el juez ante su caso pudiera decir: "Su caso es igual al que resolvimos con anterioridad, pero ahora decidiremos exactamente lo contrario y la próxima vez probablemente lo haremos en otro sentido" (DÍAZ GARCÍA: 131). Por eso, para preservar la confianza del justiciable en la estabilidad jurídica, en los sistemas que consagran el precedente como fuente del derecho, cuando se va a cambiar un precedente, muchas veces no sólo se motiva el cambio jurisprudencial sino que, además, se aplica la figura del "prospective overruling", en donde los jueces "señalan que, a pesar de que el precedente va a ser cambiado, en el caso particular que están conociendo no lo aplicarán, atendiendo a que la nueva regla a aplicarse no era conocida por las partes previamente y su puesta en vigencia será para el porvenir" (REYES: 274).

Pero la seguridad jurídica no es el único valor que justifica o protege el precedente. Todo juez debe ser consistente con sus decisiones previas por cuatro razones fundamentales explicadas sintética y didácticamente por la Corte Constitucional colombiana: "En primer término, por elementales consideraciones de *seguridad jurídica* y de coherencia del sistema jurídico, pues las normas, si se quiere que gobiernen la conducta de los seres humanos, deben tener un significado estable, por lo cual las decisiones de los jueces deben ser razonablemente previsibles. En segundo término, y directamente ligado a lo anterior, esta seguridad jurídica es básica para proteger la *libertad ciudadana* y permitir el desarrollo económico, ya que una caprichosa variación de los criterios de interpretación pone en riesgo la libertad individual, así como la estabilidad de los contratos y de las transacciones económicas, pues las personas quedan sometidas a los cambiantes criterios de los jueces, con lo cual difícilmente pueden programar autónomamente sus actividades. En tercer término, en virtud del *principio de igualdad*, puesto que no es justo que casos iguales sean resueltos de manera distinta por un mismo juez. Y, finalmente, como un *mecanismo de control* de la propia actividad judicial, pues el respeto al precedente impone a los jueces una mínima racionalidad y universalidad, ya que los obliga a decidir el problema que le es planteado de una manera que estarían dispuestos a aceptar en otro caso diferente pero que presente caracteres análogos. Por todo lo anterior, es natural que en un Estado de derecho, los ciudadanos esperen de sus jueces que sigan interpretando las normas de la misma manera, por lo cual resulta válido exigirle un respeto por sus decisiones previas" (SU-047). De este fundamento del precedente, se infiere que "el desconocimiento del precedente judicial acarrea como consecuencia la vulneración de bienes fundamentales, el debido proceso, el derecho a la defensa, así como el derecho de acceso a la administración de justicia, razón por la cual la decisión se encuentra viciada de nulidad, y ella podrá ser declarada por la vía ordinaria, por vía del recurso de casación o en última instancia" (BASTIDAS DE RAMÍREZ: 103).

Este respeto a los precedentes judiciales, o *principio de stare decisis*, de estarse a lo resuelto en casos anteriores, es inherente a la función jurisdiccional y no puede ser limitado por el legislador pues si lo hiciera vulneraría el principio de separación de poderes y la independencia del poder judicial (FALLON). Ello explica porqué este principio no exige la existencia de un precepto legal o constitucional que expresamente establezca la obligación de los tribunales de adherirse a los precedentes que les vinculan. En efecto, en los Estados Unidos no es consagrado expresamente por la Constitución, lo cual no significa que el *stare decisis* pierda su fuerza imperativa y que no sea lo que es: un parámetro normativo fundamental de los órganos judiciales (MAGALONI KERPEL: 185). El *stare decisis* es un principio general del derecho, presente tanto en Derechos judiciales como el norteamericano como en derechos legislados como el dominicano. Tan asumido es el precedente en los países de la familia angloamericana, como es el caso de Estados Unidos, que, a pesar de no haber norma expresa, son pocos los tratados doctrinales que estudian sistemáticamente el precedente, existiendo en la nación norteamericana apenas un tratado sobre el tema, publicado en 1910 y uno más reciente, publicado en 2016 (Breyer: xiii). Este principio, consustancial a la función jurisdiccional, tiene como fundamento el *principio de igualdad*, o sea, la exigencia de que los casos análogos sean decididos análogamente y se vincula con el principio de la *seguridad jurídica* de las personas.

Ya que la eficacia, al menos persuasiva, del precedente encuentra su fundamento constitucional en nuestro ordenamiento en los principios de igualdad y seguridad jurídica, "es claro que dicha eficacia no sólo se predicará de las *ratione decidendi* de las sentencias del Tribunal de casación sino también respecto de cualesquiera sentencias, sea cual sea el juez que las haya pronunciado. De este modo, entre el conjunto de las sentencias utilizables para la obtención de precedentes cabrá hacer diferenciaciones a partir de la intensidad de la fuerza normativa de unas y otras (su carácter más o menos persuasivo), pero no, en rigor, distingos cualitativos" (Pizzorusso 1984: 409). Esto así porque "de facto siempre se ha reconocido una *auctoritas rerum similiter judicatarum* –la autoridad de los precedentes– incluso en la tradición del *civil law*. La diferencia, de hecho, es esencialmente una de grado y tiene que ser vista en conexión con… la estructura más diluida de los tribunales, la inundación de decisiones irrelevantes tapando las pocas significativas, el personal judicial más anónimo y orientado a la rutina: todas estas características [de los sistemas del *civil law*] conducen a tornar esa *auctoritas* menos pronunciada, menos visible, y menos dramática que la autoridad de los precedentes en las áreas donde prevalece la tradición del *common law*" (Cappelletti: 51-52).

El respeto al precedente, consustancial con la función jurisdiccional y derivación de los principios constitucionales de igualdad y de seguridad jurídica, no viola en modo alguno las disposiciones del artículo 5 del Código Civil que prohíben "a los jueces fallar por vía de disposición general y reglamentaria las causas sujetas a su decisión", pues el juez no crea *ex profeso* una regla general sino que provee una *solución concreta para un caso particular* de la cual posteriormente otros jueces derivan o infieren un principio general aplicable a otros casos. Tampoco opera únicamente en los casos en que la ley es oscura, silente o insuficiente y que si no son fallados hacen incurrir al juez en denegación de justicia (artículo 4 del Código Civil), pues el juez acude al precedente no solo para suplir las lagunas del legislador sino, además y principalmente, para aplicar la ley conforme ha sido interpretada por los demás jueces. El juez no falla en el vacío: él juez sabe que pertenece a una comunidad interpretativa y que con su labor jurisdiccional contribuye a escribir esa novela en cadena que es el ordenamiento jurídico, a construir esa catedral inacabada e inacabable que es el Derecho.

Finalmente, debemos remarcar en este apartado la importancia del precedente para que la justicia constitucional pueda desplegar la *función inmunitaria* que le incumbe en la defensa frente a las patologías inconstitucionales de un ordenamiento jurídico-constitucional básicamente autopoiético y autorreferencial. Como se sabe, "lo nocivo no es tanto que surjan patologías, sino que el sistema no sepa reaccionar contra las mismas o que ni siquiera sea capaz de identificarlas como tales, lo que conduce a que las anteriores, no solo sigan anidando en el ordenamiento sino, en muchos casos a que expandan o desarrollen la nocividad que portan [...] En último término, las patologías sirven para poner a prueba la capacidad de reacción del ordenamiento y reforzarla, contribuyendo así a que despliegue una mayor eficacia [...] El antígeno genera el anticuerpo. Siendo esto así, el sistema no se protege en puridad, o no solo, frente a las patologías, sino, prioritariamente, a través de ellas, pues necesita reconocerlas y examinarlas para identificarlas como tales y, posteriormente, combatirlas. Aquel no lucha contra lo que no detecta como una amenaza. Ese progresivo reconocimiento de patologías refuerza la respuesta inmunitaria del sistema por cuanto va ampliando su *memoria celular*, en la que van quedando registradas experiencias previas de elementos considerados nocivos, lo que refina y agudiza la futura detección de otros y, consiguientemente, su eliminación. El sistema aprende a identificar y combatir patologías, tanto exógenas como endógenas, también a base de experimentarlas" (GARCÍA MAJADO: 274). Pues bien, el precedente constitucional forma parte de -o, más bien, es- la *memoria celular del ordenamiento jurídico-constitucional*, donde quedan registrados los tipos de anticuerpos utilizados en el pasado para enfrentar patologías inconstitucionales iguales o parecidas a actuales amenazas, refinándose esa memoria vía el mecanismo del *distinguishing* o modificándose vía el cambio justificado del precedente. Es esta contribución al rol inmunitario que despliega la justicia constitucional, en especial la que ejerce el Tribunal Constitucional, lo que explica a fin de cuentas que la mayoría de los ordenamientos, aún de los provenientes de la familia romano-germánica o del civil law en donde la fuente por excelencia del derecho lo ha sido siempre la ley escrita, hayan evolucionado a sistemas en donde las decisiones jurisdiccionales sientan precedentes vinculantes que permiten que el derecho no se anquilose y petrifique como derecho legislado sino que cambie conforme cambia la sociedad, volviéndose así un derecho vivo, que mantiene su positividad y autorreferencialidad no obstante las patologías inconstitucionales que siempre le amenazan.

7.2.4 Obligatoriedad del precedente: ratio decidendi y obiter dicta. La obligatoriedad de un precedente no se predica con la misma intensidad para las diferentes partes de la decisión judicial. La doctrina angloamericana distingue entre la parte resolutiva (*decisum*), la razón de la decisión (*ratio decidendi*) y los *obiter dicta* (dichos al pasar). El *decisum* es la resolución concreta del caso, es decir, la determinación específica de si el demandado en cobro de pesos debe pagar o no en materia civil, de si el despido fue justificado en materia laboral o no, de si el acusado es culpable o no en materia penal. La *ratio decidendi* es la formulación general, más allá de las particularidades del caso, del principio o regla que constituyen la base de la decisión judicial específica. Por su parte, constituye un mero *dictum*, toda reflexión del juez al momento de motivar la sentencia que no es necesaria para su decisión y que constituye una opinión más o menos incidental en la argumentación del tribunal. El *decisum* goza de la autoridad de la cosa juzgada y, en la medida en que solo surte efectos entre las partes, no constituye en sí mismo un precedente ni vincula a los otros jueces, pues éstos decidirán otros casos, quizás análogos, pero nunca idénticos. El *precedente vinculante* es la *ratio decidendi* del caso, ya que por su abstracción y generalidad, puede y debe ser aplicado por los demás jueces a casos similares. En cuanto a los *obiter dicta*, éstos tienen una fuerza persuasiva, constituyendo la doctrina jurisprudencial del tribunal en cuestión, que puede ser mayor o menor según el prestigio y jerarquía del tribunal y que, como bien ha señalado el Tribunal Constitucional de Perú, "se justifican por *razones pedagógicas y orientativas*" en la labor de interpretación jurisdiccional y que permite a jueces y litigantes "*predecir*" o "*pronosticar*" futuros casos por el Tribunal (Exp. No. 0024-2003-AI/TC). Un *dictum* es un criterio auxiliar pero nunca obligatorio del juez.

¿Por qué únicamente la *ratio decidendi* constituye doctrina vinculante para los jueces en tanto que los *dicta* solo tienen *fuerza persuasiva*? La Corte Constitucional colombiana nos responde esta interrogante: "Para entender el fundamento de esa diferencia es necesario tener en cuenta que, como ya se indicó, el respeto al precedente se encuentra íntimamente ligado a una exigencia que pesa sobre toda actuación judicial, para que pueda ser calificada de verdaderamente jurídica y racional y es la siguiente: los jueces deben fundamentar sus decisiones, no en criterios *ad hoc*, caprichosos y coyunturales, sino con base en un principio general o una regla universal que han aceptado en casos anteriores, o que estarían dispuestos a aplicar en casos semejantes en el futuro. Y es que no puede ser de otra forma, pues de los jueces se espera que resuelvan adecuadamente los conflictos, pero no de cualquier manera, sino con fundamento en las prescripciones del ordenamiento. El juez debe entonces hacer justicia en el caso concreto pero de conformidad con el derecho vigente, por lo cual tiene el deber mínimo de precisar la regla general o el principio que sirve de base a su decisión concreta. Esta *exigencia de universalidad de la argumentación jurídica* es tan importante, que muchos teóricos contemporáneos hacen de ella el requisito mínimo de racionalidad que debe tener una decisión judicial en una sociedad democrática. Por ende, la existencia de una *ratio decidendi* en una sentencia resulta de la necesidad de que todos los casos no sean decididos caprichosamente sino con fundamento en normas aceptadas y conocidas por todos, que es lo único que legitima en una democracia el enorme poder que tienen los jueces –funcionarios no electos– de decidir sobre la libertad, los derechos y los bienes de las otras personas" (SU-047/99).

Es importante señalar que la LOTCPC, contrario a su homóloga peruana, no contiene un artículo VII como el Código Procesal Constitucional de Perú, en virtud del cual las sentencias del Tribunal Constitucional "constituyen precedente vinculante cuando así lo exprese la sentencia, precisando el extremo de su efecto normativo". En virtud de la Constitución y de la LOTCPC, las decisiones del Tribunal Constitucional constituyen precedentes vinculantes, pero es la comunidad jurídica, litigantes y jueces, la que, posteriormente, identifica el precedente en la ratio *decidendi* distinguida del *obiter dicta*, lo cual podrá ser refrendado o no por el Tribunal Constitucional. Y es que "la analogía entre los dos casos es afirmada o excluida por el juez del caso sucesivo según retenga prevalentes los elementos de identidad o los elementos de diferencia entre los hechos de los dos casos. Es por lo tanto el juez del caso sucesivo el que establece si existe o no existe el precedente, y entonces, por así decirlo, 'crea' el precedente" (TARUFFO 2007: 88). Esto hace del precedente constitucional dominicano, en la mejor tradición de sus padres angloamericanos, mucho más dinámico y menos rígido y permite un diálogo entre las Altas Cortes y entre el Tribunal Constitucional, los jueces ordinarios y los litigantes que ejerzan recurso de revisión contra sentencias firmes por violación del precedente constitucional. Este mecanismo democrático y participativo de determinación del precedente constitucional no deja de suscitar miedo y suspicacia en los juristas del *civil law* pues "el sistema del precedente se funda en la distinción entre *ratio decidendi* y *obiter dicta*, lo cual, como se sabe, ha suscitado enormes divergencias en la doctrina del *common law*" (WRÓBLEWSKI: 304). En efecto, la mejor doctrina angloamericana señala diferentes métodos existentes propuestos por autores y jueces para determinar la *ratio decidendi* y los *obiter dicta* (CROSS: 61-121). En este sentido, hay que indicar que el carácter vinculante de los precedentes constitucionales viene ordenado por la Constitución y la LOTCPC pero donde radica la *ratio decidendi* de la decisión a la cual se considera precedente vinculante "deriva de la sólida fundamentación que sostiene la *ratio decidendi* que sustenta que la regla de un caso particular pase a ser una regla genérica", de modo que, "si no hay un estricto cumplimiento de esta exigencia material podríamos estar sólo ante un precedente formalmente declarado como tal por el Tribunal Constitucional, pero sin verdadero valor vinculante" (FALCONI GÁLVEZ: 265).

En todo caso, aún admitiendo que el Tribunal Constitucional puede fijar su precedente vinculante, es importante resaltar que, incluso en países donde la ley autoriza al Tribunal Constitucional a hacerlo, como es el caso de Perú, el propio Tribunal Constitucional ha establecido que su libertad en la labor de crear precedentes vinculantes está limitada por al menos cuatro exigencias: (i) el precedente creado debe ser necesario para la solución del caso, existiendo una relación directa entre el caso y el contenido del precedente; (ii) el precedente fijado no puede agotarse en el caso decidido sino que ha de trascender los hechos de la litis y constituir una norma de carácter general con vocación de aplicación más allá del caso; (iii) el precedente constitucional no puede consistir en una interpretación de una disposición constitucional que admita diversas interpretaciones como una manera de imponer determinadas opciones o doctrinas del tribunal; y (iv) deben reunirse uno o más de cinco presupuestos habilitantes que justifiquen la fijación del precedente: (a) divergencia de interpretaciones de relevancia constitucional; (b) que los operadores jurídicos del sistema están interpretando erróneamente el bloque de constitucionalidad; (c) cuando hay un vacío normativo evidente; (iv) cuando se está en presencia de la inconstitucionalidad manifiesta de una norma que afecta no solo a las partes envueltas en la controversia ante el Tribunal Constitucional sino que produce efectos generales que afecta los derechos fundamentales de un colectivo de personas; y (v) cuando se producirá un cambio de precedente (Exp. No. 3741-2004-AA/TC).

Los antes referidos parámetros son importantes porque, si se descarta la libre formación democrática y participativa del precedente constitucional, como ha sido la decisión constitucional y legislativa en el caso dominicano, no se puede caer en un imperialismo absolutista por parte del Tribunal Constitucional donde se fijen de modo "medalaganario" los precedentes. Por eso, lo mejor y lo ideal es que los precedentes constitucionales se vayan formando paulatina y progresivamente a partir de ese diálogo del Tribunal Constitucional con la "comunidad de intérpretes constitucionales". Como bien señala la Corte Constitucional colombiana, la distinción entre *ratio decidendi* y *obiter dicta* "en cada caso no resulta siempre clara. Sin embargo, la identificación, interpretación y formulación de los fundamentos jurídicos inescindibles de una decisión, son labores de interpretación que corresponden a los jueces, y principalmente a las altas Cortes. La *ratio decidendi* de un caso, por supuesto, no siempre es fácil de extraer de la parte motiva de una sentencia judicial como tal, y por lo tanto, su obligatoriedad no implica la vinculación formal del juez a determinado fragmento de la sentencia descontextualizado de los hechos y de la decisión, aun cuando resulta conveniente que las altas Cortes planteen dichos principios de la manera más adecuada y explícita en el texto de la providencia, sin extender ni limitar su aplicabilidad, desconociendo o sobrevalorando la relevancia material de aquellos aspectos fácticos y jurídicos necesarios para su formulación en cada caso concreto" (SU-47/99 y C-836/2001). Como se puede observar, lo que dice la Corte y lo que interpreta la doctrina de su afirmación es que "la extracción de la *ratio decidendi* puede ser compleja y que depende en gran parte de los intérpretes posteriores" (LÓPEZ MEDINA: 248), intérpretes posteriores que bien pueden ser los jueces del Tribunal Constitucional como los demás jueces del Poder Judicial y del Tribunal Superior Electoral.

7.2.5 El precedente y el principio de igualdad. Ya hemos dicho que el principio del precedente queda incorporado en nuestro ordenamiento por la simple consagración del principio de igualdad en el artículo 39 de la Constitución, en virtud del cual es constitucionalmente inadmisible "dar decisiones iguales a los casos iguales" (MARINONI 2013: 114). Como bien considera el Tribunal Constitucional español, cuando una decisión judicial se aparta de otra anterior o coetánea recaída en un caso análogo, el juez tiene que justificar la diferencia en un cambio de criterio, pues de otro modo el principio de igualdad resulta vulnerado. Sin embargo, el juez constitucional español ha limitado las posibilidades de desarrollo del precedente al expresar que la igualdad en la aplicación de la ley sólo es violada cuando una sentencia judicial se aparta del criterio sostenido por el mismo tribunal en un caso igual (STC 168/1989). Si se trata de dos sentencias de *órganos judiciales distintos*, "no puede sin embargo prosperar la invocación de la igualdad [...] porque, al no existir un término de comparación ajeno a las dos sentencias discrepantes, el juicio aquí habría de referirse al fondo mismo del derecho aplicado, e incluso a los hechos [...] es decir, acerca de cuál de las dos interpretaciones consideradas era la más correcta" (STC 134/1991).

Con esta conceptualización de la igualdad en la aplicación de la ley por los jueces provista por el Tribunal Constitucional español, el juez resulta vinculado tan solo a su propio precedente y no al de los demás tribunales, ni iguales ni superiores. Como bien expresa un autor crítico de esta posición jurisprudencial, la vinculación "no servirá para asegurar la *uniforme interpretación del derecho* por todos los tribunales, y únicamente garantizará la seguridad jurídica y la igualdad ante cada tribunal singularmente considerado" (OTTO: 292). En el caso dominicano, si bien no puede predicarse la *obligatoriedad del precedente* de tribunales superiores con el mismo rigor que la que puede predicarse del autoprecedente, no cabe dudas de que la doctrina jurisprudencial de la Suprema Corte de Justicia sentada al conocer de los recursos de casación es alta e intensamente persuasiva como precedente -e incluso vinculante como ocurre en materia penal en nuestro país-, en tanto que los precedentes del Tribunal Constitucional resulta ser vinculantes para todos los tribunales dominicanos, como veremos más adelante en este mismo Capítulo.

Pero, en realidad, lo anterior no significa que el precedente no tenga eficacia en el ordenamiento dominicano pues los sistemas en los que el precedente es fuente del derecho se configuran de las más diversas maneras. Así, en Estados Unidos, "el precedente no tiene *carácter vinculante* para el juez que ha pronunciado la resolución, ni la Corte Suprema Federal ni las cortes supremas de cada Estado están vinculadas a sus propios precedentes. De esta manera todo el sistema resulta más dúctil porque, si bien es verdad que los jueces inferiores están vinculados a los precedentes establecidos por jueces superiores, la posibilidad que tienen estos últimos de cambiar de orientación ofrece inevitablemente a todos un mayor espacio dentro del cual moverse" (Pizzorusso 1987: 173).

7.2.6 Precedente y cambios jurisprudenciales. Un mal entendimiento del precedente como técnica de desarrollo del Derecho jurisprudencial podría conducir a la osificación del derecho legislado. El sistema de precedente es y debe ser esencialmente *dinámico*. Así lo reconoce la Corte Constitucional colombiana: "El respeto al precedente es entonces esencial en un Estado de Derecho; sin embargo, también es claro que este principio no debe ser sacralizado, puesto que no solo puede petrificar el ordenamiento jurídico, sino que, además, podría provocar inaceptables injusticias en la decisión de un caso. Así, las eventuales equivocaciones del pasado no tienen porqué ser la justificación de inaceptables equivocaciones en el presente y en el futuro. O, en otros eventos, una doctrina jurídica o una interpretación de ciertas normas puede haber sido útil y adecuada para resolver ciertos conflictos jurídicos en un determinado momento, pero su aplicación puede provocar consecuencias inesperadas e inaceptables en casos similares, pero en otro contexto histórico, por lo cual en tal evento resulta irrazonable adherir a la vieja hermenéutica. Es entonces necesario aceptar que todo sistema jurídico se estructura en una tensión permanente entre la búsqueda de la seguridad jurídica –que implica unos jueces respetuosos de los precedentes– y la realización de la justicia material del caso concreto –que implica que los jueces tengan capacidad de actualizar las normas a las situaciones nuevas" (SU-047/99).

La *igualdad en la aplicación de la ley* no impide que los tribunales modifiquen los criterios adoptados en anteriores decisiones pues ello es consustancial a la propia función judicial que debe siempre buscar la corrección de criterios que se revelan posteriormente erróneos. Sobre los tribunales, ya lo ha dicho el Tribunal Constitucional español, "no pesa la exigencia de resolver siempre en los mismos términos sobre supuestos que se pretenden iguales, pues cada caso, para el mismo juzgador, puede merecer una consideración diversa, ya por las peculiaridades que a su juicio muestra, ya porque el entendimiento judicial de la norma aplicable variase a lo largo del tiempo, ya, incluso, porque parezca necesario corregir errores anteriores a su aplicación. Lo que el principio de igualdad garantiza no es que quienes acudan a los tribunales vayan a obtener una resolución igual a las que se hayan adoptado en el pasado por el mismo órgano judicial, sino simplemente, la razonable confianza de que la propia pretensión merecerá del juzgador [...] la misma confianza obtenida por otros casos iguales" (STC 30/1987).

La igualdad en la aplicación de la ley busca evitar "que no se emitan pronunciamientos arbitrarios por incurrir en desigualdad no justificada en un cambio de criterio que pueda reconocerse como tal, es decir, como solución genérica conscientemente diferenciada de la que anteriormente se venía manteniendo, y no como respuesta individualizada al concreto supuesto planteado" (STC 63/1984). De lo que se trata es evitar que los jueces dicten sentencias aisladas que de modo irreflexivo o arbitrario cambien de modo ocasional e inesperado líneas jurisprudenciales mantenidas sin contradicción relevante. De ahí que las modificaciones o virajes jurisprudenciales deben motivar suficientemente el cambio de criterio (STC 63/1984 y STC 64/1984). Ahora bien, "no siempre que falte la motivación expresa del cambio de criterio ha de entenderse quebrado sin más el principio de igualdad. Puede haber casos en los que de la propia *lógica interna de la sentencia*, o de datos externos a ella, como podría ser la innovación de la jurisprudencia del órgano jurisdiccional superior [...] pueda inferirse con certeza, o al menos con relativa seguridad, que el cambio es consciente" (STC 49/1985). La existencia de otras decisiones del mismo órgano jurisdiccional en el mismo sentido de la sentencia impugnada por violatoria de la igualdad es también un elemento externo a considerar al momento de evaluar si hubo o no violación a la igualdad en la aplicación de la ley (STC 2/1991).

"El *cambio de criterio* en la interpretación de las normas es legítimo, contemplado desde la perspectiva del principio de igualdad, siempre que sea razonado, razonable y consistente, esto es mantenido, una vez que se adopta, con un mínimo de continuidad, requisitos todos que pueden resumirse en la exigencia de que el cambio no sea arbitrario. El cambio que significa sólo una ruptura ocasional en una línea mantenida antes como después de la decisión divergente ha de ser tachado necesariamente de arbitrario, esto es, adoptado en atención a consideraciones o circunstancias que por no ser peculiares o características del caso en cuestión en relación con otros, no debieron ser tomadas en cuenta en aquél si no lo fueron en éstos" (STC 161/1989).

Al respecto, el Tribunal Constitucional dominicano ha establecido que "aunque el criterio jurisprudencial por ante el Poder Judicial no es vinculante, el mismo debe considerarse como el criterio establecido en una o varias sentencias emitidas con anterioridad al caso en el cual se invoque el mismo. Para que ese cambio pueda ser alegado ante un tribunal judicial, es necesario que la cuestión decidida en el mismo guarde similitud con el caso de que se trate, en lo que concierne, particularmente, al problema jurídico planteado, cuestiones constitucionales, hechos del caso, norma juzgada o tema de derecho". Según esa Alta Corte constitucional, "el valor de la continuidad del criterio jurisprudencial radica en que la variación del mismo, sin una debida justificación, constituye una violación a los principios de igualdad y de seguridad jurídica". En el caso fallado, "el desconocimiento al principio de seguridad jurídica radica en que los recurrentes obtuvieron un resultado distinto al razonablemente previsible, en el sentido de que siendo su caso igual a aquellos en que, de manera reiterada, se había declarado admisible el recurso de casación, lo normal era que esperaran que corriera la misma suerte, es decir, que lo declararan admisible". Según el Tribunal Constitucional, "sin embargo, lo anterior no implica que el criterio jurisprudencial no pueda ser variado, sino que cuando se produzca dicho cambio el mismo debe ser motivado de manera adecuada, lo cual implica exponer las razones que justifican el nuevo criterio" (Sentencia TC/0094/13).

La obligación de justificar el cambio jurisprudencial es mucho más estricta y exigente cuando el cambio se produce a nivel de jurisdicciones cuyas decisiones tienen carácter de precedente vinculante. Como bien ha establecido la Corte Constitucional de Colombia, "para justificar un cambio jurisprudencial no basta que el tribunal considere que la interpretación actual es un poco mejor que la anterior, puesto que el precedente, por el solo hecho de serlo, goza ya de un plus, pues ha orientado el sistema jurídico de determinada manera. Por ello, para que un cambio jurisprudencial no sea arbitrario es necesario que el tribunal aporte razones que sean de un peso y una fuerza tales que, en el caso concreto, primen no sólo sobre los criterios que sirvieron de base a la decisión en el pasado sino, además, sobre las consideraciones de seguridad jurídica e igualdad que fundamentan el principio esencial del respeto del precedente en un Estado de derecho" (Sentencia C-400/98).

El cambio de precedente estaría justificado: (i) cuando se abandona un *precedente incorrecto*, basado en un *error doctrinario garrafal*, que consistía en una interpretación defectuosa o no suficientemente fundamentada de la norma, con una solución contraria a la lógica, a la prudencia, absolutamente desproporcionada, interpretación arbitraria, circunstancial y veleidosa contenidas en decisiones que, por esa razón, "no pueden, ni deben, constituirse como ratio decidendi o precedente constitucional vinculante" (Salcedo Camacho: 279) pues, como afirmaba Blackstone, "los precedentes y las reglas deben ser seguidos a menos de que sean netamente absurdos o injustos" (Blackstone: 15), que vendrían a ser un *Derecho absolutamente injusto* y, por tanto, un "no-Derecho" (Radbruch, Alexy); (ii) cuando estamos en presencia de un *precedente inconstitucional* a la luz de la declaratoria de inconstitucionalidad o inconvencionalidad de normas que le servían de fundamento o de la derogación de dichas normas; y (iii) cuando se producen *cambios sociales, económicos y legales* que justifiquen la variación de un precedente que se vuelve obsoleto.

En este último escenario, es preciso indicar, como ha dicho la Corte Constitucional colombiana que "un cambio en la situación social, política o económica podría llevar a que la ponderación e interpretación del ordenamiento tal como lo venía haciendo la Corte Suprema, no resulten adecuadas para responder a las exigencias sociales. Esto impone la necesidad de formular nuevos principios o doctrinas jurídicas, modificando la jurisprudencia existente, tal como ocurrió en el siglo pasado, cuando la Corte Suprema y el Consejo de Estado establecieron las teorías de la imprevisión y de la responsabilidad patrimonial del Estado. En estos casos se justifica un replanteamiento de la jurisprudencia. Sin embargo, ello no significa que los jueces puedan cambiar arbitrariamente su jurisprudencia aduciendo, sin más, que sus decisiones anteriores fueron tomadas bajo una situación social, económica o política diferente. Es necesario que tal transformación tenga injerencia sobre la manera como se había formulado inicialmente el principio jurídico que fundamentó cada aspecto de la decisión, y que el cambio en la jurisprudencia esté razonablemente justificado conforme a una ponderación de los bienes jurídicos involucrados en el caso particular" (Sentencia C-836/01).

7.2.7 La técnica del *distinguishing*. Una de las técnicas jurisprudenciales propias del Derecho angloamericano –aunque exportada a los ordenamientos de la familia romana germánica con jurisdicción constitucional especializada o no- que es clara manifestación del dinamismo intrínseco del precedente es la del *"distinguishing"*. En términos sencillos y en pocas palabras, y como bien afirma Neil Duxbury, *"'distinguishing'* es lo que los jueces realizan cuando hacen la distinción entre un caso y el otro". Para nuestro Tribunal Constitucional se trata –tal como estableció abierta y expresamente en la Sentencia TC 188/14- de "la facultad del juez constitucional de establecer excepciones al precedente constitucional por existir, respecto de un caso, elementos particulares que ameritan una solución diferente, sin que dicha circunstancia suponga la derogación del precedente anterior", la cual tiene como fundamento, según expresan los jueces constitucionales especializados, el artículo 7.4 de la LOTCPC, que establece el "principio de efectividad que le permite al juez constitucional el ejercicio de una tutela judicial diferenciada cuando [...] lo amerite el caso". El Tribunal Constitucional ha utilizado la técnica en una serie de casos (Sentencias TC/0127/13, TC/0224/17, TC/0217/18, TC/0465/19, TC/0611/19). Distinguir cuando estamos en presencia de un *"distinguishing"*, una revocación de precedente, un *"signaling"* (anuncio de revocación, a medio camino entre el distinguishing y el overruling), una *"transformation"* (reconfigurar el precedente), o un *"overriding"* (especie de revocación parcial), será una de las tareas de la doctrina que ya ha comenzado a desbrozar el camino (REYES-TORRES, FRANCO: 168-175). La clave en todo esto es que el Tribunal Constitucional puede apartarse del precedente justificando las razones del cambio; que la no aplicación del precedente revela que este no está siendo aceptado por la comunidad jurídica y que el precedente pierde credibilidad y conduce a la inseguridad jurídica cuando se torna *"very distinguishing"*.

7.2.8 Posición del precedente en el sistema de fuentes. El precedente es una *fuente productiva de normas interpretativas*. "Esto es así porque los precedentes son principios de derecho identificados al hilo de la decisión concreta, de una decisión orientada a aplicar las normas producidas por las leyes o por otras fuentes del Derecho. Consecuencia de este rasgo general (no hay precedente que no sea interpretativo, al menos de la lacuna legis) es que estamos ante una meta-fuente a la que no es posible asignar un grado específico en el sistema jerárquico. Si una norma interpretativa es emanada mediante una fuente dotada de una posición propia en el sistema jerárquico (ley, reglamento o costumbre de interpretación), la misma asumirá el grado correspondiente a la fuente de la que proviene y no el que ostentan las disposiciones interpretadas. A diferencia de esto, en el caso del precedente no hay posibilidad alguna de identificar su vis normativa por referencia a la sentencia de la que se obtiene, puesto que, como hemos visto, precedente y sentencia no se confunden ni siquiera en esos casos (excepcionales, por lo demás), en los que la sentencia tiene en sí misma, una eficacia normativa (eficacia materializada en su propia fuerza de cosa juzgada). Por todo ello, la *eficacia normativa del precedente* debe identificarse con la de la norma interpretada a propósito de la cual se forma el principio de derecho en que el precedente mismo consiste" (Pizzorusso 1984: 410).

7.2.9 Graduación de la intensidad del precedente. La intensidad de la persuasión ejercida por el precedente es graduable. Dicha graduación depende de una serie de factores. En primer lugar, prevalecen los precedentes establecidos por los jueces de última instancia sobre los de primera instancia cuando los primeros conocen de la impugnación de las sentencias dictados por los segundos. En segundo lugar, se reconoce mayor intensidad al precedente establecido en ocasión de la interpretación de normas que no han sido aún interpretadas por otros jueces. En tercer lugar, se reconoce mayor intensidad a los precedentes más publicitados, como es el caso de las decisiones de la Suprema Corte de Justicia, que son compiladas, indexadas por materias y publicadas, lo cual permite claramente la identificación de precedentes. Finalmente, la intensidad del precedente es mayor en los órganos judiciales unitarios que en los órganos judiciales colegiados (Pizzorusso 1984: 411).

7.2.10 Uso de los precedentes y línea jurisprudencial. Antes hemos visto que la jurisprudencia, en sentido estricto, se entiende como una serie de decisiones judiciales uniformes sobre un mismo punto de derecho, en tanto que el precedente es la regla sentada en un caso que puede ser universalizada y aplicada como criterio de decisión en casos sucesivos, siempre y cuando estos últimos sean análogos con el primero, por lo que es suficiente un solo precedente para fundamentar la decisión del caso posterior. "Ahora bien, con independencia de que en la actualidad una única sentencia pueda constituir precedente, la forma atípica del Derecho jurisprudencial y su carácter argumentativo e incremental, que impone su decantación caso a caso de manera progresiva, hacen recomendable la reconstrucción de líneas jurisprudenciales. Con ello no solo se logra una perspectiva completa de la evolución de la postura jurisprudencial sobre una determinada cuestión y se puede identificar y comprender con más facilidad la regla que constituye el precedente aplicable en ese caso; posibilita además apreciar cómo la jurisprudencia sirve (o no) a la realización de valores como la previsibilidad, certeza, seguridad, igualdad, coherencia y adaptabilidad del Derecho a los cambios" (Santaella Quintero: 5). Y es que "la interpretación de sentencias aisladas no da una buena idea del desarrollo sistemático de la jurisprudencia y esto resulta crucial para el entender el aporte del derecho de origen judicial a todas las ramas del derecho [...] La incrementalidad del derecho jurisprudencial, determinada por la resolución de problemas jurídicos caso a caso, tiene la tendencia a ser desestructurada y a veces caótica. La lectura de sentencias individuales, sin sentido de orientación o agrupación, puede llevar al analista a una dispersión radical, con la consecuente incomprensión de los mensajes normativos emanados del derecho judicial" (López Medina: 139).

Es por lo anterior que la doctrina de los ordenamientos que han incorporado el precedente vinculante han adoptado el análisis de las *líneas jurisprudenciales* como una de las herramientas fundamentales para el estudio y aplicación del precedente. Una línea jurisprudencial es compuesta por sentencias que responden una pregunta o problema, por ejemplo: ¿son impugnables ante el Tribunal Constitucional por la vía de la acción directa de inconstitucionalidad los actos administrativos? Una línea jurisprudencial tiene varias *"sentencias hito"*. Dentro de las sentencias hito podemos encontrar la *"sentencia fundadora de línea"* (por ejemplo, la que establece que los actos administrativos no pueden ser impugnados mediante la acción de inconstitucionalidad), la *"sentencia consolidadora de línea"*, la *"modificadora de línea"* (que establece un cambio jurisprudencial), la *"reconceptualizadora de línea"* (que redefine la *ratio decidendi* de sentencias anteriores de la línea) y la *"sentencia dominante"*. La sentencia dominante vendría a ser el equivalente del *"leading case"* del derecho angloamericano o la *"grand arret"* del derecho francés y es la que contiene los criterios vigentes y dominantes con los cuales los jueces resuelven los casos que conciernen a la pregunta o problema de la línea. Raras veces la sentencia fundadora de línea es dominante. Casi siempre la sentencia dominante o es consolidadora, modificadora o reconceptualizadora de línea. No constituyen sentencias hito, es decir, son sentencias "no importantes", las *"sentencias reiteradoras"* (que confirman el principio sostenido en la línea), *"argumentativas confusas o inconcluyentes"* y las *"sentencias en exceso abstractas, con numerosos obiter y poca relación con los hechos materiales"*). Para encontrar todas estas sentencias, lo ideal es encontrar la *"sentencia arquimédica"*, que es la sentencia más reciente que contiene el *"nicho citacional"*, donde aparecen todas o la mayoría de las sentencias hito de la línea. A esta sentencia arquimédica, se le aplica la *"ingeniería reversa"*, que consiste en el estudio de todas las sentencias citadas en el nicho citacional. Esto se facilita porque las Altas Cortes, en especial, el Tribunal Constitucional, "tienen una adecuada comprensión de cuáles son las 'sentencias hito' de una línea; más aún, por definición, una 'sentencia hito' es aquella que pertenece al repertorio frecuente de sentencias que la Corte cita en fallos subsiguientes y que proveen la retórica y marco de análisis en el tema concreto que se estudia". Esto parecerá complejo, pero, cuando se investiga el nicho citacional, se verá que lo que parecía una "telaraña" de sentencias, en el fondo no es más que una serie de *puntos nodales*, que son las sentencias más citadas por los propios jueces y que precisamente constituyen las sentencias hito de la línea (LÓPEZ MEDINA: 139-192).

Dentro de las sentencias hito de la línea jurisprudencial hay que resaltar, en el ámbito del Tribunal Constitucional, las *"sentencias de unificación"*. El Tribunal Constitucional ha establecido que "cuando existe un número importante de decisiones de nuestro Tribunal Constitucional en aplicación divergente de un precedente es necesario analizar dichos criterios y determinar si este tribunal debe aclarar, modificar o abandonar el mismo. Bien se trate de una cuestión de lenguaje o de fondo, el Tribunal debe velar porque sus precedentes sean lo suficientemente claros y precisos para que los destinatarios puedan aplicarlos en pro de la seguridad jurídica, la igualdad y la racionalidad". Precisamente, "el uso de la modalidad de sentencias constitucionales de unificación de doctrina se justifica cuando dentro de la jurisprudencia de este tribunal se observan aplicaciones divergentes de un precedente o se haga necesario unificar criterios contrarios tendentes a la clarificación, modificación o variación de un precedente y evitar así sentencias o criterios contradictorios. Como ya lo ha indicado este tribunal, aplicaciones contradictorias de precedentes, o la existencia continuada de precedentes contradictorios, plantean problemas de seguridad jurídica y de la aplicación del principio de igualdad de la ley (TC/0094/13) que colocaría en un estado de vulnerabilidad a los justiciables, así como a los operadores políticos y jurisdiccionales encargados de acoger y hacer efectivos los criterios de este tribunal". Estas sentencias "proceden cuando: a. Por la cantidad de casos aplicando un precedente o serie de precedentes sobre un punto similar de derechos, se presentan divergencias o posibles contradicciones que hacen necesaria la unificación por razones de contenido o lenguaje. b. Por la existencia de una cantidad considerable de precedentes posiblemente contradictorios que llame al Tribunal a unificar doctrina. c. Por la cantidad de casos en que, por casuística se aplican criterios concretos para aquellos casos, pero que por la cantidad se hace necesario que el Tribunal unifique criterios en una sola decisión por la naturaleza de la cuestión" (Sentencias TC/0123/18 y TC/0268/18).

7.3. La jurisprudencia de la Suprema Corte de Justicia como tribunal de casación

7.3.1 Función constitucional de la casación. La necesidad de reducir la libertad del juez en la aplicación de la ley condujo en Europa y Latinoamérica a atribuir al tribunal supremo la función de elaborar una jurisprudencia uniforme acerca de la manera cómo debe interpretarse la ley. De ese modo, el sistema se acerca al angloamericano del precedente, con la diferencia de que la fuerza vinculante se atribuye únicamente a las decisiones de un órgano específico –el tribunal de casación– y no a las de cualquier tribunal superior. El *tribunal de casación* se constituye y se consolida así, como el tribunal supremo del orden judicial con potestad para conocer todos los errores que los jueces puedan cometer en la aplicación de la ley, es decir, cualquier error en la interpretación, aunque no constituya una contravención expresa de la ley. Este tribunal no solo se limita a anular la sentencia que se somete a su control sin razonar el criterio que le lleva a hacerlo y remitiendo la causa al tribunal que la dictó, sino que, además, motiva su anulación, con lo que influye poderosamente en la decisión que adoptará el tribunal al que el caso se devuelve y en la de los demás tribunales en casos similares.

A pesar de que el Tribunal Constitucional considera que las decisiones de la Suprema Corte de Justicia no constituyen precedente (Sentencia TC/0220/16), lo cierto es que el tribunal de casación asume la misión de establecer la *interpretación correcta de la ley*, haciéndose prácticamente vinculante para los jueces, pues el tribunal de casación tiene la posibilidad de anular cualquier sentencia que se base en una *ratio decidendi* contraria a su opinión jurídica. "Se reconoce así, y se concentra en un órgano *ad hoc*, una función jurisdiccional en la que mediante la aplicación de la ley se constituye a su vez una pauta para la actuación jurisdiccional ulterior, una regla de aplicación que da carácter uniforme a la aplicación del derecho" (OTTO: 293). Esto no es de extrañar tomado en cuenta el durante por mucho tiempo oculto origen inglés del recurso de casación, considerado por la mayoría de la doctrina, fiel seguidora del estudio histórico más completo de la institución que debemos a CALAMANDREI, como de original factura francesa. En efecto, como advierte la más reciente doctrina, la casación francesa no es más que el *appeal* ante la *House of Lords* inglesa, que es un recurso, al igual que la casación, restringido al punto de derecho (*point of law*), al extremo que puede afirmarse que "el sistema de casación no sería original francés, sino un reflejo probablemente mejorado del sistema inglés de la House of Lords en esa época, y quizá en parte de la Supreme Court de Estados Unidos", aparte de que "la finalidad nomofiláctica es la misma en todos estos órganos, aunque llegando a la misma por caminos diferentes" (Nieva Fenoll: 101-106). En cualquier caso, "más allá del nombre oficial de la corte, del recurso empleado para llegar a ella o de la plasmación legislativa de ciertas características", todos los tribunales supremos contemporáneos "se insertan en un sistema jurídico que contiene un *(sub)sistema de precedentes* (cuya conformación puede variar en gran medida), lo cual sumado a otros elementos como la relevancia práctica de las normas establecidas por el tribunal supremo, determinará un mayor o menor grado de uniformización jurisprudencial y, además, su cercanía a un modelo de tribunal de precedentes" (Cavani: 218). En esta línea de pensamiento, es claro que si la función de la corte de casación "es la de asegurar la aplicación de la de asegurar la aplicación de la norma según la interpretación que se considera justa en base a criterios de orden general, es obvio que tal interpretación debe valer en términos generales en tanto se muestra justa y razonable, es decir: para todos los casos que se reconduzcan al mismo supuesto de hecho (*fattispicie*), en tanto no existan razones fundadas, a su vez de orden general, para una interpretación diferente" (Taruffo 2006: 233).

En la República Dominicana, el recurso de casación, en su configuración actual, tiene *naturaleza constitucional* desde 1908 y su conocimiento está atribuido a la Suprema Corte de Justicia, a quien corresponde "conocer de los recursos de casación de conformidad con la ley" (artículo 154.2 de la Constitución). Como bien establecía el artículo 2 de la Ley sobre Procedimiento de Casación, "las decisiones de la Suprema Corte de Justicia, en funciones de Corte de Casación, establecen y mantienen la *unidad de la jurisprudencia nacional*", de donde resulta claro que la voluntad expresa y manifiesta del legislador ha sido siempre que el rol de la Suprema Corte de Justicia como tribunal de casación no se limite al de garantizar servilmente el respeto a la voluntad del legislador, sino que se ha buscado en todo momento que ella disponga, por vía de la interpretación de la ley, de un poder creador del derecho que le permita establecer y mantener la unidad de la jurisprudencia. Evidencia de esta intención del legislador, tanto ordinario como constituyente, es que la Constitución en 1844 confirió a la Suprema Corte de Justicia la facultad de conocer los recursos de nulidad que se elevaran contra las sentencias en última instancia rendidas por los tribunales de apelación y al mismo tiempo para reformar aquellas decisiones que sometidas a su jurisdicción "contuvieran algún principio falso o errado, o adolecieran de algún vicio esencial" y que hasta la reforma de 1876 la Constitución consagró esas atribuciones del tribunal de casación en "interés de uniformar la jurisprudencia". Esta finalidad de la casación –mantener la uniformidad de la jurisprudencia nacional– se reafirmaba con lo dispuesto por el artículo 63 de la Ley de Procedimiento de Casación, en virtud del cual "el Procurador General de la República puede interponer el recurso de casación en interés de la ley contra toda sentencia dictada en última instancia, en materia civil, comercial, penal, en la cual se hubiera violado la ley, siempre que las partes interesadas no hayan recurrido a la casación en tiempo hábil". A juicio de la mejor doctrina, el "recurso en interés de la ley" busca fundamentalmente que las decisiones recurridas sean casadas "a los solos efectos de impedir que tales fallos puedan adquirir la *condición de precedente*" (Pizzorusso 1984: 406). Aunque este recurso en interés de la ley ha sido suprimido por la Ley No. 2-23 sobre Recurso de Casación, su artículo 9 preserva la finalidad de la casación, tal cual había sido establecida por la derogada Ley de Procedimiento de Casación en su artículo 2, al disponer que "las decisiones de la Corte de Casación establecen y mantienen la uniformidad de la jurisprudencia nacional".

Precisamente, sólo a través de la comprensión del rol de la Suprema Corte de Justicia como uniformadora de la jurisprudencia vía el recurso de casación puede analizarse el impacto de la jurisprudencia como fuente del derecho que podría ser soslayado con la equivocada visión de que solo sienta precedentes el Tribunal Constitucional. Y es que el sistema de casación que la Constitución consagra y que la Ley de Casación desarrolla persigue claramente establecer un criterio uniforme en la aplicación e interpretación de la ley, asignando a un tribunal único y superior el conocimiento de un recurso que no solo persigue el control de la legalidad como en la concepción revolucionaria francesa que inspira originalmente la *casation* sino que busca fundamentalmente la creación de una *interpretación unitaria de la ley*, de una jurisprudencia en el sentido estricto de este término. Ya lo ha dicho el gran jurista Hipólito Herrera Billini: "La Suprema Corte de Justicia constituye la jurisdicción más elevada en el orden judicial. Su papel no es negativo, pues mediante el ingenioso sistema de la casación, ella puede aniquilar todas las tendencias particularistas e imponer, en último análisis, su criterio de la interpretación de la ley [...]. Si no hubiera una Corte reguladora de la libertad de que gozan los tribunales para interpretar las leyes tendría por resultado una dispersión del derecho, y se daría el caso insólito de que un litigante ganara ante una jurisdicción un litigio que hubiera perdido ante otra. Situación que es necesario hacer imposible completando la unidad de legislación con la unidad de jurisprudencia. La misión fundamental de la Suprema Corte consiste, pues, en asegurar la *estabilidad del derecho* y su aplicación uniforme a todo el mundo, por lo cual su jurisdicción se ejerce principalmente en un interés público más bien que para la protección de los intereses privados" (Herrera Billini: 24).

Este reconocimiento de la jurisprudencia de la Suprema Corte de Justicia como elemento unificador de la aplicación de la legalidad por los jueces se pone de manifiesto en la *generalización de la casación* a todos los sectores del ordenamiento. La casación hoy aplica a la materia civil, comercial, penal, laboral y administrativa. De manera que la Suprema Corte, a través de la casación, mantiene la *uniformidad de la jurisprudencia* en todo el orden judicial, por lo que se puede afirmar que nuestro tribunal supremo sostiene esta uniformidad a lo largo y ancho de todo el ordenamiento jurídico dominicano, salvo en la materia constitucional pues el Tribunal Constitucional, como veremos más adelante, no solo tiene la última palabra respecto a la Constitución sino también respecto a la interpretación de la ley conforme a la Constitución. Del rol de la Suprema Corte como uniformadora de la jurisprudencia no es válido inferir que ella tiene "el monopolio de la elaboración de la jurisprudencia. Esta solo monopoliza, por mandato legal, la unificación de la jurisprudencia, lo que en palabras más sencillas sería decir que ella tiene la última palabra" (Estévez Lavandier: 71). En todo caso, el principio de "uniforme interpretación del derecho", que está en la base de la función y del sistema casacional del tribunal supremo y que está estrechamente vinculado con la seguridad jurídica y la igualdad ante la ley que sirven también de sustento al precedente jurisdiccional, constriñen a que la Corte de Casación, como bien ha observado la mejor doctrina, no se aparte de sus precedentes "a no ser por razones graves o aptas que justifiquen el sacrificio de los principios de certeza del derecho y de igualdad, de modo que debe motivar el apartamiento mediante la alegación de dichas razones" (Gino Gorla, citado por Bustamante: 512).

Muchos confunden la *eficacia del precedente* sentado por la Suprema Corte de Justicia como tribunal de casación con la obligatoriedad que tiene el tribunal de envío de sujetarse a la jurisprudencia de la Suprema Corte. El artículo 20 de la derogada Ley de Procedimiento de Casación disponía que, para el caso de reenvío después de la rebelión del juez del primer envío, a causa de una segunda casación por la misma razón que la primera, de manera excepcional, se imponía al segundo tribunal la obligación de conformarse con la decisión de la Suprema Corte en el punto de derecho juzgado por ésta. Pero esto aplica solo para el caso particular pues, en los nuevos asuntos que le toque juzgar a cualquier tribunal, estos quedarán en libertad de interpretar la ley como lo entiendan procedente. Por eso había quienes se preguntaban por qué no se consagraba la obligatoriedad de que el tribunal se conforme a la jurisprudencia de la Suprema Corte de Justicia "en beneficio de una justicia uniforme, homogénea e igualitaria para todos como lo demanda y consagra el numeral 5 del artículo 8 de la Constitución, según el cual la ley es igual para todos" (Luciano 2002: 10). Al respecto, la nueva Ley de Casación ha dispuesto que "la jurisdicción de envío estatuye sobre todas las pretensiones de las partes en las mismas condiciones y atribuciones que el tribunal cuya decisión fue casada, pero conforme con el alcance de la casación" (artículo 73). Si este primer tribunal de envío se rebela contra la decisión de casación, la segunda sentencia podrá ser objeto de un segundo recurso de casación y si esta "segunda sentencia es casada con envío por igual motivo que la primera, el segundo tribunal al cual se reenvíe el asunto deberá atenerse estrictamente a la decisión de las Salas Reunidas de la Corte de Casación respecto a este punto de derecho juzgado por ésta" (artículo 77). Si la tercera sentencia dictada por el tribunal de envío no se atiene al criterio de la Suprema Corte, podrá ejercerse por tercera y última vez el recurso de casación y, en esta ocasión, "corresponde a las Salas Reunidas dictar sentencia directa sobre el fondo, poniendo fin a la controversia" (artículo 78, párrafo).

En todo caso, lo anterior no significa, sin embargo, que el precedente sentado por la Suprema Corte no tenga gran *fuerza persuasiva* para todos los tribunales de la República. Y es que, a pesar del carácter jurisdiccional del órgano de casación, la casación como institución permanece siendo fundamentalmente y de manera irreductible lo que siempre ha sido desde sus orígenes en Francia: "una institución de política legislativa", pues "casar no es juzgar" (Zenati: 186), lo que resalta el innegable carácter creativo y normativo de la función casacional en manos de un tribunal supremo que, como el dominicano, se orienta paulatina pero progresivamente a ser un "*tribunal de precedentes*", a lo cual contribuye la nueva ley de casación que, siguiendo las exhortaciones del Tribunal Constitucional en su Sentencia TC/0489/15, establece el "interés casacional" como filtro destinado a limitar el excesivo número de casos en la corte de casación, pues "un tribunal de este tipo está menos dirigido a la justicia del caso concreto y se concentra, más bien, en la abstracción, en la interpretación de normas dirigidas a construir precedentes para los casos sucesivos" (Taruffo 2021: 21). Al respecto el Primer Acuerdo Pleno No Jurisdiccional de la Primera Sala de la Suprema Corte de Justicia para la Aplicación de la Ley 2-23 es claro, en la misma línea de los considerandos de la nueva Ley de Casación, en cuanto a que "la noción de interés casacional está llamada a trascender los intereses particulares de los actores privados involucrados en la litis y a erigirse en un ente de equilibrio, de riguroso orden público procesal y de canalización de objetivos impostergables del estado de derecho, como ocurre, por ejemplo, con la salvaguarda del debido proceso, la uniformidad coherente de la administración de justicia o la necesidad de uniformar posiciones encontradas entre los diferentes tribunales de última o de única instancia del sistema judicial dominicano", siendo el interés casacional "aquel reconocido como trascendente en su proyección jurisprudencial, por encima del caso mismo, de modo que se evite tener que dictar sentencias que, dada la naturaleza del caso y su solución, no aportarían nada al acervo jurisprudencial, por ser reiterativas o insustanciales".

Más aun, la existencia de un tribunal supremo de precedentes es imprescindible en los estados contemporáneos. Y es que "no existe Estado de derecho sin orden jurídico coherente. La uniformidad de las decisiones judiciales, aspecto fundamental de la coherencia del derecho, favorece que el Estado se presente como garante de la unidad del uniformidad derecho. Un Estado que produce decisiones distintas en casos que exijan el mismo tratamiento falla en su compromiso de garantizar un sistema jurídico único. El Estado constitucional tiene el deber de tutelar la seguridad jurídica, garantizando la estabilidad del derecho y su previsibilidad. En un Estado constitucional, además de la estabilidad del orden jurídico, se espera univocidad a la hora de calificar las situaciones jurídicas, sin la que no es posible prever las consecuencias jurídicas de las conductas, lo que es indispensable para que el ciudadano se pueda desarrollar en un Estado de derecho. El sistema jurídico y, por ende, incluso la estructuración y el funcionamiento de los órganos judiciales deben ser capaces de proporcionar previsibilidad. No se puede asegurar la igualdad ante el derecho cuando los precedentes de los tribunales supremos no tienen fuerza obligatoria. Un sistema que conviva con decisiones diferentes en casos que no tienen ningún motivo racional para ser tratados de forma distinta es un sistema que no solo refleja desigualdad, sino que, además, la estimula, al permitir que el ciudadano crea que siempre existe la posibilidad de 'manipular el caso' para conseguir una decisión que le beneficie. Todo ello significa que, si el Estado constitucional tiene el deber normativo y fáctico de tutelar los derechos fundamentales, no puede convivir con un tribunal supremo incapaz —por la falta de normas o de eficiencia fáctico-administrativa— de garantizar la coherencia del derecho, la seguridad jurídica y la igualdad" (Marinoni 2015: 231).

7.3.2 Las sentencias que versan sobre excepciones de inconstitucionalidad.
La doctrina constitucional tradicional, importada de los Estados Unidos, afirma que los efectos de una sentencia de la Suprema Corte de Justicia en lo que respecta al control de constitucionalidad, resultan *inter partes*, es decir, restringidos al caso concreto. Esta doctrina quedó magistralmente plasmada en la Exposición de Motivos preparada por la Comisión General de la Asamblea Revisora de la Constitución en 1942: "El juez jamás juzga la ley; la aplica tal cual es. Pero cuando hay diversas reglas jurídicas en conflicto está obligado a solucionar ese conflicto de alguna manera, porque le es imposible imponer ordenaciones contradictorias; cuando esas reglas emanan de autoridades distintas, obedecerá a la de mayor jerarquía. Por eso se explica que atienda antes al canon constitucional que a una ley del Congreso. Pero esta decisión no es general ni absoluta. Aún después de pronunciado el fallo, el debate jurídico continúa abierto. En teoría, la controversia puede reproducirse ante los tribunales indefinidamente, pero en la práctica cesa por completo cuando la deliberación manifestada (…) revela la evidencia de la verdad jurídica. La ley inconstitucional no cae por un acto de autoridad de la Suprema Corte de Justicia, sino por el desprestigio que resulta de la comprobación inequívoca del vicio que la afecta (…) El examen de la constitucionalidad de las leyes, decretos, resoluciones y reglamentos en todos los casos en que sean materia de controversia entre partes, no es una cuestión que compete exclusivamente a la Suprema Corte de Justicia (…) puesto que siendo inseparable del juicio de la contestación promovida entre las partes, la ultimidad de ese fallo resulta del hecho de encontrarse dicha Corte en el puesto más elevado de la jerarquía judicial, sea que juzgue por sí misma el fondo o que se limite a ejercer funciones de casación".

Lo cierto es, sin embargo, "la 'historia oficial' propia del sistema difuso o desconcentrado de control de constitucionalidad, en el sentido de que lo resuelto por un tribunal tiene solamente efectos *inter partes*, hoy ya es una mentira" (SAGÜÉS: 149). "En realidad, un sistema que admite el control difuso de constitucionalidad no puede permitir que los jueces y tribunales no tengan en cuenta los precedentes constitucionales de la corte suprema. En caso contrario, habría incoherencia interna e irracionalidad, además de fomentarse el caos […] Puesto que el significado de un derecho fundamental no puede variar en función del juez o tribunal que conozca del caso, parece innegable que el modelo del control difuso es incompatible con un sistema que ignora algo parecido al *stare decisis*" (MARINONI 2017: 46-47). Esto, advertido tempranamente por Cappelletti, que conduce a extremos tan absurdos e irracionales como "obligar a alguien a proponer una acción para librarse de los efectos de una ley que, en innumerables oportunidades ya fue afirmada inconstitucional por el Poder Judicial" (MARINONI 2013: 86), ha conducido a doctrina tan autorizada como la de PELLERANO GÓMEZ a sostener que las sentencias dictadas bajo el control difuso en los casos en que la Suprema Corte de Justicia haya tenido la última palabra sobre la inconstitucionalidad mediante una sentencia de casación tienen efecto *erga omnes* (PELLERANO GÓMEZ 1998: 30). Por otro lado, la propia Suprema Corte ha considerado que forma parte del bloque de constitucionalidad "la jurisprudencia constitucional local, tanto la dictada mediante el control difuso como por el concentrado" (Resolución 1920-2003). A la luz de los anterior, no hay dudas de que hoy nuestro más alto tribunal de justicia ejerce una gran influencia sobre la interpretación de la Constitución, sin ser lógicamente lo que la Comisión General de la Asamblea Revisora de la Constitución en 1942 negó que ésta fuera, "un Tribunal de Garantías Constitucionales, un organismo en cierto sentido superior a los demás poderes del Estado, ya que en él quedaría depositada la extraordinaria facultad de dictar a todos los demás poderes la significación real de los preceptos constitucionales". Misión esta última encomendada por la Constitución al Tribunal Constitucional cuya jurisprudencia con valor normativo y de precedente vinculante pasamos a analizar a continuación…

7.4 La jurisprudencia del Tribunal Constitucional

La creación de un Tribunal Constitucional cuyas "decisiones son definitivas e irrevocables y constituyen precedentes vinculantes para los poderes públicos y todos los órganos del Estado" (artículos 184 de la Constitución y 31 de la LOTCPC) nos despeja ya de antemano la duda respecto de la capacidad de creación de Derecho de dicho tribunal, estando más que claro que "la noción de precedente constitucional ha ingresado en el ordenamiento jurídico dominicano" (Concepción Acosta: 237). Si a esto sumamos que una de las misiones fundamentales de este Tribunal es el control concentrado de constitucionalidad, en especial el control de normas, no hay dudas de que el mismo tiene, por definición, una incidencia normativa innegable: cada vez que el Tribunal Constitucional decide respecto de normas, está afectando directamente el ordenamiento jurídico. De manera que puede afirmarse que, en tanto la jurisdicción constitucional tiene como núcleo esencial de su función el *control de normas*, uno de sus rasgos básicos es la capacidad de innovación en el ordenamiento jurídico o, lo que es lo mismo, la capacidad de creación de Derecho.

7.4.1 Características de la producción jurídica del Tribunal Constitucional. La producción jurídica del Tribunal Constitucional se destaca por tres características. En primer lugar, su *complejidad*, pues el valor de esa producción jurídica está condicionado por determinadas variables, tales como el material jurídico utilizado por el tribunal. En segundo lugar, el *carácter complementario* de *la producción jurisdiccional* resalta en la medida en que ésta carece de la plenitud inherente a la producción legislativa. En tercer y último lugar, su *condición fragmentaria* en cuanto que la producción jurisprudencial opera parcialmente sobre contextos normativos definidos previamente. Veamos estas tres características a continuación…

7.4.1.1 La complejidad de la producción jurídica del Tribunal Constitucional. Aquí hay que distinguir entre las sentencias que dicta cualquier tribunal de la República al conocer de una excepción de inconstitucionalidad interpuesta como mecanismo de defensa por una de las partes y las decisiones del Tribunal Constitucional sobre las acciones directas en inconstitucionalidad que se le sometan en virtud del artículo 185.1 de la Constitución. Las primeras son simples sentencias que solo surten efectos entre las partes mientras que las decisiones del Tribunal Constitucional constituyen una *legislación negativa* que permite al Tribunal eliminar del ordenamiento la norma jurídica considerada inconstitucional.

Es obvio que el Tribunal Constitucional puede conocer por vía directa de la constitucionalidad no solo de normas generales tales como las leyes y reglamentos sino también de actos tales como los actos administrativos y sentencias. Cuando el Tribunal controla la constitucionalidad por vía concentrada de un acto administrativo o de una sentencia, el efecto de su decisión es el mismo que cuando cualquier tribunal declara por vía de excepción inconstitucional un acto administrativo o una sentencia. Las únicas decisiones en control concentrado del Tribunal Constitucional donde el tribunal actúa como legislador negativo es cuando declara la inconstitucionalidad de una ley o de un reglamento. Es ahí que nuestro tribunal supremo actúa como un verdadero "destructor de leyes" y donde sus decisiones tienen *fuerza de ley*, surtiendo sus efectos *erga omnes*, frente a todos. Lo mismo ocurre en caso de que el Tribunal Constitucional dicte una sentencia interpretativa de rechazo que es una técnica frecuente en la jurisdicción constitucional y mediante la cual el tribunal declara que una ley no contradice la Constitución porque procede una interpretación conforme a la Constitución. Como bien señala la doctrina, "la interpretación rechazada, la que sirve de fundamento al recurso que se desestima, es así objeto de una declaración de inconstitucionalidad (…) mediante la cual el Tribunal actúa también como legislador, en este caso positivo, en cuanto contribuye a concretar por exclusión el contenido del precepto legal examinado". Por el contrario, las sentencias que desestiman la acción en inconstitucionalidad elevada y declaran que la ley impugnada no es contraria a la Constitución, carecen de fuerza de ley porque atribuirle esta fuerza "supondría que la ley así confirmada resultaría inatacable en el futuro, salvo para el propio legislador, esto es, que no cabría reexaminar su constitucionalidad en un nuevo proceso, de forma que vendría a tener un valor similar al de la Constitución misma" (Otto: 286).

Las decisiones del Tribunal Constitucional tienen el *valor de la ley* porque al declarar inconstitucional una ley actúa como un verdadero legislador negativo. Pero aparte de tener fuerza de ley esas decisiones tienen un *valor jurisprudencial* pues ellas proveen una interpretación de la norma constitucional aplicada, incluyendo o descartando determinados sentidos de ésta. El Tribunal Constitucional, en tanto garante de "la supremacía de la Constitución, la defensa del orden constitucional y la protección de los derechos fundamentales" (artículo 184), es el *intérprete supremo de la Constitución*: si él puede anular una ley por inconstitucional es porque su interpretación prevalece sobre la del legislador y sobre la de cualquier otra autoridad. Esta jurisprudencia constitucional se impone a todos los tribunales, incluyendo a la Suprema Corte de Justicia, la que, al conocer en casación asuntos constitucionales, no debe apartarse de la doctrina constitucional precedente sentada por el Tribunal Constitucional. La jurisprudencia constitucional equivale a la Constitución misma y los tribunales, y todos los demás poderes públicos y órganos del Estado, deberán, en aras de la seguridad jurídica, interpretar la norma constitucional conforme esa jurisprudencia. Puede afirmarse que el Tribunal Constitucional ejerce un poder extraordinario porque, "a diferencia del juez ordinario, no sólo puede enjuiciar leyes, sino que el fundamento jurídico de sus sentencias representa una *forma de legislación*;

pero, al mismo tiempo, a diferencia del legislador, que tan solo dicta enunciados normativos, el Tribunal se comporta como un verdadero juez; esto es, interpreta y argumenta. Si puede decirse así, la Justicia Constitucional dicta sentencias con fuerza de las leyes y leyes con el alcance interpretativo de las sentencias" (BETEGÓN: 375). O, como afirma el Tribunal Constitucional, al señalar que sus decisiones "son definitivas e irrevocables y constituyen precedentes vinculantes para los poderes públicos y todos los órganos del Estado; es decir, que las decisiones de este tribunal -como la precedentemente descrita-, se traducen en verdaderas normas jurídicas que hacen parte del derecho positivo en nuestro ordenamiento jurídico y fuente directa del derecho con carácter vinculante para todos los poderes públicos, dentro de los que se encuentran los hoy recurridos" (Sentencias TC/0093/13 y TC/0319/15). Es en este sentido que puede decirse, como afirma la Corte Constitucional colombiana, que "la *ratio decidendi*, además de ser el fundamento normativo de la decisión judicial, define, frente a una situación fáctica determinada, la correcta interpretación -y, por ende, la correcta aplicación de una norma" (Sentencia T-569 de 2001). En consecuencia, la *ratio decidendi* "constituye un precedente y constituye una norma" (TARAZONA NAVAS: 255). Puede afirmarse, en fin, que el valor vinculante de las decisiones del Tribunal Constitucional es "una cuestión de intensidad", reconociéndose "hasta tres grados de vinculación de las sentencias del Tribunal Constitucional: como *tener que (müssen)* acatar las sentencias de inconstitucionalidad de las leyes, como *deber (sollen)* de cumplir con los precedentes vinculantes y como *poder/deber (können)* de seguir la doctrina jurisprudencial" (LANDA ARROYO: 79).

7.4.1.2 El carácter complementario de la producción jurisprudencial del Tribunal Constitucional. La producción jurisprudencial del Derecho carece de la plenitud inherente a la producción legislativa. La ley sigue siendo el instrumento de conformación del ordenamiento jurídico, que manifiesta el funcionamiento ordinario de los mecanismos de producción jurídica. La jurisprudencia tiene un potencial corrector que emerge sólo en el momento de la resolución del conflicto. Por eso, se afirma que la jurisprudencia es una *fuente de producción complementaria* del ordenamiento jurídico. "Se trata de una fuente que sólo interviene cuando se produce el ejercicio de la función jurisdiccional. Desde la tradicional consideración estática del ordenamiento jurídico podría decirse que la jurisprudencia expresa la patología del sistema. Desde la consideración de los mecanismos ordinarios de producción jurídica, la jurisprudencia como fuente del derecho sólo se expresa cuando se produce, por los motivos que sean, algún fallo en esos mecanismos ordinarios. Lo que ocurre es que esa patología es tan común al ordenamiento como lo es la enfermedad a cualquier sociedad. La reacción frente a ella que la jurisprudencia supone, es un *mecanismo de desarrollo del ordenamiento jurídico*" (BALAGUER CALLEJÓN 1999: 121).

7.4.1.3 La producción jurisprudencial opera parcialmente sobre contextos normativos previamente definidos. La naturaleza complementaria de la jurisprudencia, sea ésta constitucional u ordinaria, se manifiesta en el modo en que se estructuran las *cadenas normativas* a ser aplicadas por los agentes jurídicos. El legislador puede, a partir del marco constitucional, establecer una cadena de enunciados completa que resulte aplicable por dichos agentes. Esta potestad se deriva del principio democrático en que se fundamenta el ordenamiento constitucional. En contraste, la producción jurisprudencial del derecho, no importa si es constitucional o si es ordinaria, opera sólo en la reparación o en la conformación de algunos enunciados de la cadena normativa, aquellos que han sido cuestionados en sede jurisdiccional o aquellos que requieren una formulación propia o un ajuste a los principios del sistema.

El *carácter fragmentario de la jurisprudencia constitucional* significa que determinadas disposiciones legales son expulsadas del ordenamiento en la medida en que las normas extraídas de ellas resulten contrarias a la Constitución. Significa, además, la posibilidad de que de esas disposiciones sean extraídas normas cónsonas con la Constitución distintas a aquellas que fueron cuestionadas. Excepto ciertos casos, la intervención de la jurisdicción constitucional es limitada, pues opera sobre disposiciones concretas que se insertan en un conjunto sistemático mucho más amplio. Esto implica que su capacidad real de incidir directamente en el ordenamiento infraconstitucional es menor de lo que muchas veces se supone, no obstante que sus sentencias puedan tener una amplia repercusión en el plano político. Esa repercusión política se deriva de la naturaleza arbitral de la jurisprudencia constitucional y de la tensión política inherente y subyacente a los procesos constitucionales. Pero la *función legislativa* que desarrolla el Tribunal Constitucional en el control concentrado de constitucionalidad no es una verdadera función legislativa como la que despliega el legislador, quien manifiesta una voluntad de conformación que integra todos los elementos normativos necesarios para normar una esfera social determinada, a pesar del carácter cada vez menos unitario de un legislador que regula un territorio sobre el cual confluyen al menos normas de dos ordenamientos (internacional y nacional) definitorias de cadenas normativas crecientemente complejas. No obstante, la función legislativa se fundamenta generalmente en una programación finalista en todas sus fases que no puede ser atrapada por la lógica de la intervención jurisprudencial.

En resumen, se podría afirmar que, en tanto el legislador tiende a formulaciones normativas completas, el Tribunal Constitucional enjuicia disposiciones o normas que solo serán aplicables en contextos normativos definidos previamente por la ley. Diferente es la relación entre el Tribunal Constitucional y la Constitución. A pesar de que el aporte del Tribunal a la *producción de Derecho Constitucional* opera también en un contexto normativo previo, la capacidad de incidencia del Tribunal Constitucional es mayor y su intervención menos fragmentaria. Y es que la labor jurisdiccional se produce aquí sobre un contexto normativo muy reducido y sobre enunciados que se pueden configurar como normas directamente aplicables para sus destinatarios. Cuando el Tribunal Constitucional interpreta esos enunciados, no hay dudas de que está condicionando la función legislativa y la actuación de los tribunales ordinarios, en la medida en que produce nuevas normas partiendo de los mismos enunciados constitucionales. Gracias a ello, la capacidad de conformación del orden infraconstitucional desplegada por el Tribunal Constitucional a través de la producción de derecho constitucional en sus sentencias es muy superior a la que posee con la fragmentaria producción infraconstitucional.

7.4.2 El valor normativo de las sentencias del Tribunal Constitucional. Hoy nadie cuestiona que existe una "participación de la jurisdicción constitucional en el proceso de creación jurídica" (STERN: 49). Y es que cuando el Tribunal Constitucional hace uso de las atribuciones que le confiere la Constitución en su artículo 185.1 interviene en la definición de los límites de las potencialidades normativas de las diversas fuentes del Derecho, despliega una labor innegablemente innovadora sobre el sistema de fuentes que puede extenderse también a la Constitución. Esa *actividad de innovación jurídica*, que es indudablemente el núcleo de la función desempeñada por el Tribunal Constitucional se expresa en el ámbito dual en el que se manifiesta el juicio de constitucionalidad, es decir, respecto de la propia Constitución, conformando su función de parámetro de las demás normas del ordenamiento, y respecto del material jurídico secundario que se controla, configurando, a partir de dicho material, la normativa que puede ser válida dentro del ordenamiento.

En ambas instancias, la función creadora se desarrolla a través de la definición de normas jurídicas a partir de las disposiciones contenidas en los textos que debe utilizar de medida o que debe controlar el tribunal. No obstante, las reglas que se formulan en las sentencias del Tribunal Constitucional tienen distinta potencialidad normativa, dando cuenta así de la compleja labor que ejercita la jurisdicción constitucional en nuestro ordenamiento. La interpretación que lleva a cabo el Tribunal Constitucional sobre el texto constitucional puede originar la configuración de normas paraconstitucionales o, lo que es lo mismo, *normas constitucionales de creación jurisprudencial*. Esas normas pasan a integrar el parámetro a partir del cual el Tribunal Constitucional y el Poder Judicial ejercitan el control de constitucionalidad. Y es que, a pesar de que "todo juicio de constitucionalidad no es más que una operación lógica de subsunción [...] sucede que esa operación se motiva, y se motiva de una forma que la fundamentación crea una nueva norma que delimita y especifica el contenido de la genérica, de la constitucional, que a primera vista es la única aplicada [sentándose así] una doctrina que en sí misma tiene estructura normativa" (ALONSO GARCÍA: 12). "En este contexto, es posible afirmar que todas las razones suficientes o ratio decidendi en una sentencia constitucional [...] son *normas constitucionales implícitas o adscritas* a la norma constitucional directamente estatuida, objeto de interpretación y en relación a la cual se ha formulado el precedente vinculante" (CASTILLO CÓRDOVA: 223).

Sin embargo, esas no son las únicas reglas que el Tribunal Constitucional puede formular a partir de las disposiciones que utiliza en el desarrollo de su función. De ahí que la *posición de las normas* creadas por el Tribunal Constitucional no es equiparable en todos los casos a la *posición de sus sentencias*. Una misma sentencia del Tribunal Constitucional puede tener un distinto régimen jurídico en relación con los actos normativos incluidos en la misma. Así, el *dispositivo* de las sentencias, en lo que contenga de innovación jurídica, ligará su régimen jurídico al de la norma o acto enjuiciado: si la norma enjuiciada es una ley, el dispositivo ocupa, en el sistema de fuentes, el mismo lugar que dicha ley, mientras que el dispositivo de la sentencia del mismo tribunal que declara inconstitucional un reglamento ocupa el lugar propio de los reglamentos en el ordenamiento. Por su parte, la *motivación* ocupará una posición diversa según que las normas determinadas en los mismos procedan de la interpretación del material secundario o del primario. Si se trata del primer caso, su posición es materialmente constitucional, mientras que, si se trata del segundo, su posición irá unida a la propia del material secundario interpretado.

Se ha popularizado en cierta doctrina, atrapada en una concepción formalista que reduce la función del juez a la mera declaración del Derecho existente, el término de *"sentencias interpretativas"*, para referirse a aquellas que establecen una interpretación obligada del material normativo enjuiciado por la jurisdicción constitucional. Incluso el legislador, en el artículo 47 de la LOTCPC, reconoce la potestad del Tribunal Constitucional de dictar sentencias interpretativas. El término confunde porque, en realidad, todas las sentencias de los tribunales constitucionales son interpretativas, pues todas interpretan el material primario (la Constitución) y el material secundario (la norma o acto enjuiciado). Ahora bien, sólo algunas sentencias son, aparte de interpretativas, normativas, es decir, que incorporan reglas jurídicas de obligado cumplimiento. En todo caso, los tribunales, como bien ha establecido el Tribunal Constitucional, tienen "el compromiso de fallar conforme a las interpretaciones que han sido dadas por el Tribunal Constitucional en relación con el derecho o garantías fundamentales que se indican en la decisión" (Sentencia TC/0271/18), pues "las determinaciones que de las disposiciones abiertas, vagas e imprecisas realiza el Tribunal Constitucional […] conforman en sí mismas derecho y además de rango constitucional" (Sentencia TC/0361/17). Y es que, como bien señala la mejor doctrina, el valor creador de la jurisprudencia constitucional es innegable:

"Utilizar ese término [sentencia interpretativa] para referirse tan sólo a aquellas sentencias que establecen una interpretación obligada del material secundario, o que excluyen alguna o algunas interpretaciones del mismo, conduce a centrar la *creación judicial del Derecho* en la ley, en la creación normativa de rango legal, eludiendo la creación constitucional. Pero, al igual que se pueden extraer normas legales de las disposiciones legales, también se pueden extraer –y se extraen– normas constitucionales de las disposiciones constitucionales. Del mismo modo que el juez ordinario ha creado derecho a partir de la interpretación de la ley, también el juez constitucional crea derecho a partir de la interpretación de la Constitución. La fundamentación jurídica de las sentencias tiene así un doble contenido, en lo que a creación de Derecho respecta: la innovación sobre el ordenamiento en general, con la extracción de normas de los enunciados legales, y la innovación sobre la Constitución, más reducida normalmente, mediante la determinación de normas a partir de los enunciados constitucionales" (BALAGUER CALLEJÓN 1999: 123).

En cualquier caso, la interpretación constitucional que lleva a cabo el Tribunal Constitucional, sea a través de sus sentencias ordinarias o de las denominadas sentencias interpretativas, tienen una trascendencia que "se manifiesta también desde el punto de vista de la unificación hermenéutica, por cuanto el Tribunal Constitucional, al interpretar, no solo llega a resultados, sino que utiliza criterios que, por conducir a esos resultados obligados, vinculan igualmente a los tribunales ordinarios en cuanto a las reglas de interpretación a que estos deben atenerse. El Tribunal Constitucional, de ese modo, define no solo las normas constitucionales, sino también las normas sobre la interpretación constitucional, que son reglas esenciales dentro de las normas sobre la interpretación jurídica del ordenamiento" (Balaguer Callejón 1999: 239).

7.4.3 El precedente constitucional y su influjo en la práctica, estudio y enseñanza del Derecho. La mecánica y la lógica del precedente ha sido extraña durante mucho tiempo a la tradición romano-germánica, como ya hemos visto. Sin embargo, hay que entender e insistir en que "las razones para seguir el precedente vinculante son comunes en ambas tradiciones jurídicas […]; técnica que debe ser conocida por los operadores jurídicos del civil law, para identificarla y aplicarla correctamente" (Medina García: 205). Y es que, en el ámbito constitucional, "el principio de precedente está tan arraigado en los tribunales constitucionales continentales como el *stare decisis* en la Corte Suprema británica. También los tribunales constitucionales continentales adecuan su actividad a sus propios precedentes. El *auto-precedente* ha devenido el argumento decisivo en la jurisprudencia constitucional continental. Ya no ha lugar a la distinción, según la cual, la jurisprudencia anglosajona crea normas generales, mientras que la continental se limita a dictar normas singulares que vinculan solo a los litigantes. También los tribunales constitucionales continentales fundamentan sus resoluciones en sus propias sentencias que, de este modo, devienen auténticas normas generales. Al igual que la Suprema Corte británica, el Tribunal Constitucional italiano, el alemán o el español, en la práctica totalidad de sus sentencias, utilizan el argumento del propio precedente como el crucial y determinante. De la simple lectura de su jurisprudencia se evidencia que, también para los tribunales constitucionales continentales, el propio precedente se ha convertido en la más importante de las fuentes del Derecho. Léase cualquier sentencia constitucional reciente y se observará que el fundamento inmediato es invariablemente el precedente; y que el ponente, para justificar el fallo, cita, una y otra vez, los precedentes, reproduce literalmente párrafos interminables de sentencias anteriores, y –para acabar– los glosa" (Lafuente Balle: 159).

La *producción jurisprudencial del Tribunal Constitucional* dominicano no escapa a este rasgo que cada día más caracteriza a la jurisdicción constitucional contemporánea. El influjo cada vez mayor del precedente constitucional en la labor del Tribunal Constitucional y en el resto del ordenamiento obligará a los operadores jurídicos y a los estudiosos del Derecho a desarrollar y adecuar modelos de análisis dinámico de precedentes y líneas jurisprudenciales que permitan determinar la *sub-regla jurisprudencial vigente* en un momento dado a partir de un análisis temporal y estructural de varias sentencias que se relacionan entre sí. Ya esto ha sido intentado para un país de Derecho legislado como Colombia (López Medina) pero los esfuerzos requerirán una comprensión más cabal y detallada del funcionamiento esencialmente dinámico del precedente constitucional, así como la publicación "de compilaciones exhaustivas de la jurisprudencia, que permitan su divulgación y de una dogmática que la analice, la construya en forma de sistema y la critique" (Bernal Pulido: 186). Y es que el Derecho judicial creado por los precedentes es esencialmente un "*law in action*", un derecho fundamentalmente cambiante, dinámico, lo cual "permite que el derecho se transforme e incorpore las nuevas demandas y valores sociales, sin que ello, por lo general, signifique que el principio de *stare decisis* pierda por completo su fuerza imperativa", articulándose así "un cuerpo de reglas en donde el pasado y el presente siempre quedan de algún modo entrelazados" (Magaloni Kerpel: 193). En el futuro, incluso, los manuales de Derecho constitucional de nuestros países estarán estructurados a partir de "los precedentes más importantes para describir la Constitución" (Solá: XXIX).

7.5 La jurisprudencia de los órganos supranacionales y la cuestión del precedente interamericano

Las decisiones de los tribunales internacionales sobre derechos humanos constituidos según tratados de los que la República Dominicana es parte y las recomendaciones de los organismos internacionales deben ser tomados en cuenta por los jueces dominicanos en sus sentencias, pues los derechos fundamentales deben ser interpretados conforme los tratados internacionales de derechos humanos, lo cual implica, como bien ha señalado el Tribunal Constitucional del Perú, "una adhesión a la interpretación que, de los mismos, hayan realizado los órganos supranacionales de protección de los atributos inherentes al ser humano y, en particular, el realizado por la Corte Interamericana de Derechos Humanos, guardián último de los derechos en la Región" (Exp. No. 0217-2002-HC/TC, Caso de Crespo Bragayrac). En este sentido, la LOTCPC, en su artículo 7.13, es más que clara cuando dispone que "las interpretaciones que adoptan o hagan los tribunales internacionales en materia de derechos humanos, constituyen precedentes vinculantes para los poderes públicos y todos los órganos del Estado".

7.5.1 Obligatoriedad de las decisiones de la Corte IDH. El Estado dominicano, mediante instrumento de aceptación de la competencia de la Corte IDH del 19 de febrero de 1999, aceptó y declaró que reconoce como obligatorio de pleno derecho y sin convención especial, de acuerdo a las disposiciones del artículo 62 de la CADH, la competencia de la Corte sobre todos los casos relativos a la interpretación o aplicación de la referida Convención. El grado de obligatoriedad de las decisiones de la Corte varía según se trate de sentencias o de opiniones consultivas. "Las sentencias, que representan la decisión del Tribunal en casos específicos en los que se han denunciado violaciones de derechos humanos constituyen jurisprudencia obligatoria y vinculante para los tribunales internos" (Gordillo: III-20). Esta obligatoriedad deriva del hecho de que la CADH tiene rango constitucional, en virtud del artículo 74.3 de la Constitución y conforme ha reconocido la propia Suprema Corte de Justicia en su Resolución 1920-2003, y la Corte IDH, como órgano de control de esa Convención, tiene competencia para conocer en cualquier caso atinente a la aplicación e interpretación del mismo (artículo 62), siendo sus sentencias definitivas e inapelables y encontrándose los Estados parte de la Convención obligados a cumplirlas (artículos 67 y 68 de la CADH).

En cuanto a las opiniones consultivas emitidas por la Corte IDH, éstas, como bien ha señalado el propio órgano, están destinadas "a ayudar a los Estados y Órganos a cumplir y aplicar los tratados (…) sin someterlos al formalismo y al sistema de sanciones que caracteriza al proceso contencioso" (OC-3/83). Pero estas opiniones, según admite la propia Corte IDH, "no tienen el mismo efecto vinculante que se reconoce para sus sentencias en materia contenciosa" (OC-1/82 del 24/9/92). La tendencia es, sin embargo, a admitir una mayor importancia de las opiniones consultivas de la Corte en la tarea de colaborar en la interpretación de la CADH, y hoy la propia Corte IDH entiende que las mismas permiten al tribunal "emitir interpretaciones que contribuyan a fortalecer el sistema de protección de los derechos humanos" (OC-14/94 del 9/12/94) y que "aun cuando la opinión consultiva no tiene el carácter vinculante de una sentencia en un caso contencioso, tiene en cambio efectos jurídicos innegables" (OC-16/97 de 14/11/97).

7.5.2 Obligatoriedad de los pronunciamientos de la Comisión Interamericana de Derechos Humanos. Aunque en un principio, la Corte IDH ha considerado que las "recomendaciones" de la CIDH no constituyen decisiones jurisprudenciales de carácter obligatorio (Caballero Delgado y Santana, 8/12/95), la tendencia parece ser que "si bien las recomendaciones, proposiciones e informes emitidas por la Comisión no son 'decisiones jurisdiccionales' tienen efectos jurídicos y poseen obligatoriedad para los Estados" (GORDILLO: III-25). La propia CIDH ha afirmado en el Informe Anual de 1997 que "la Corte Interamericana ha señalado que los Estados parte en la Convención Americana tienen la obligación de adoptar las recomendaciones emitidas por la Comisión en sus informes sobre casos individuales, en virtud del principio de buena fe. Esta obligación se extiende a los Estados miembros en general, toda vez que, conforme a la Carta de la OEA, la CIDH es uno de los órganos principales de la Organización y tiene como función promover la observancia y la defensa de los derechos humanos en el hemisferio".

7.5.3 La Suprema Corte de Justicia y el valor vinculante de la jurisprudencia supranacional. Nuestro más alto tribunal de justicia ha considerado que "es de carácter vinculante para el Estado dominicano, y, por ende, para el Poder Judicial, no solo la normativa de la Convención Americana sobre Derechos Humanos sino sus interpretaciones dadas por los órganos jurisdiccionales, creados como medios de protección, conforme el artículo 33 de ésta, que le atribuye competencia para conocer de los asuntos relacionados con el cumplimiento de los compromisos contraídos por los Estados parte". Pero no solo eso: para la Suprema Corte de Justicia el bloque de constitucionalidad está constituido no solo por la Constitución y los instrumentos internacionales de derechos humanos sino también por "las opiniones consultivas y las decisiones emanadas de la Corte Interamericana de Derechos Humanos" (Resolución 1920-2003). De este modo, la Suprema Corte de Justicia incorpora al parámetro de constitucionalidad la normativa supranacional en materia de derechos humanos y la interpretación que de esa normativa han provisto los órganos jurisdiccionales supranacionales, en específico, la suministrada por la Corte IDH. Ello no es más que el reconocimiento de que la interpretación de la Constitución y de la normativa supranacional de derechos humanos, como ya hemos visto anteriormente, crea necesariamente normas subconstitucionales, "que pueden llegar a hacer olvidar después de X tiempo el significado primitivo del texto, produciendo el fenómeno ya explicado de la concretización y actualización" (ALONSO: 13).

7.5.4 La consagración del precedente interamericano. La mayoría de los ciudadanos y las autoridades están familiarizados con el carácter vinculante del precedente sentado por el Tribunal Constitucional. Menos conocido y estudiado es otro importantísimo precedente jurisdiccional que, al igual que el constitucional, tiene carácter vinculante en el ordenamiento jurídico de la República Dominicana: el de la Corte IDH. El llamado "precedente interamericano" se ubica dentro de lo que se denomina "precedente supranacional" que designa el carácter de precedentes "de las decisiones de las cortes instituidas por convenios o tratados internacionales" y que lo son "respecto a todos los jueces de los Estados que en cada caso se encuentran involucrados en la controversia, pero también respecto a los jueces de los Estados que se han adherido a la respectiva convención o al respectivo tratado, los cuales deben considerarse como pertenecientes a un sistema judicial para ciertos aspectos uniformes (en las materias reguladas por dichas convenciones y tratados)" (TARUFFO: 82).

La Corte IDH consagró el precedente interamericano en el momento mismo en que estableció el *control de convencionalidad*, al señalar que "la Corte es consciente que los jueces y tribunales internos están sujetos al imperio de la ley y, por ello, están obligados a aplicar las disposiciones vigentes en el ordenamiento jurídico. Pero cuando un Estado ha ratificado un tratado internacional como la Convención Americana, sus jueces, como parte del aparato del Estado, también están sometidos a ella, lo que les obliga a velar porque los efectos de las disposiciones de la Convención no se vean mermadas por la aplicación de leyes contrarias a su objeto y fin, y que desde un inicio carecen de efectos jurídicos. En otras palabras, el Poder Judicial debe ejercer una especie de 'control de convencionalidad' entre las normas jurídicas internas que aplican en los casos concretos y la Convención Americana sobre Derechos Humanos. En esta tarea, el Poder Judicial debe tener en cuenta no solamente el tratado, sino también la interpretación que del mismo ha hecho la Corte Interamericana, intérprete última de la Convención Americana" (Corte IDH. Caso *Almonacid Arellano y otros vs Chile* de 6 de septiembre 2006). Posteriormente, la Corte IDH establecería que "las decisiones de esta Corte tienen efectos inmediatos y vinculantes y que, por ende, la sentencia dictada en el caso *Barrios Altos* está plenamente incorporada a nivel normativo interno. Si esa sentencia fue determinante en que lo allí dispuesto tiene efectos generales, esa declaración conforma ipso iure parte del derecho interno peruano, lo cual se refleja en las medidas y decisiones de los órganos estatales que han aplicado e interpretado esa Sentencia" (Corte IDH. Caso *La Cantuta vs Perú* de 29 de noviembre 2006). Más adelante, ha decidido que "el juez nacional, por consiguiente, debe aplicar la jurisprudencia convencional incluso la que se crea en aquellos asuntos donde no sea parte el Estado nacional al que pertenece, ya que lo que define la integración de la jurisprudencia de la Corte IDH es la interpretación que este Tribunal Interamericano realiza del corpus iuris interamericano con la finalidad de crear un estándar en la región sobre su aplicabilidad y efectividad. Lo anterior lo consideramos de la mayor importancia para el sano entendimiento del 'control difuso de convencionalidad', pues pretender reducir la obligatoriedad de la jurisprudencia convencional sólo a los casos donde el Estado ha sido 'parte material', equivaldría a nulificar la esencia misma de la propia" (Corte IDH. Caso *Cabrera García y Montiel Flores vs México* de 26 de noviembre 2010).

7.5.5 El precedente interamericano y la autoridad de la "cosa interpretada".

Como bien ha señalado el juez interamericano Eduardo Ferrer Mac-Gregor, en voto razonado, "la proyección de la eficacia interpretativa de la sentencia hacia todos los Estados Parte que han suscrito y ratificado o se han adherido a la Convención Americana sobre Derechos Humanos, y particularmente en aquellos que han aceptado la competencia contenciosa de la Corte IDH, consiste en la obligación por todas las autoridades nacionales de aplicar no sólo la norma convencional sino la 'norma convencional interpretada' (*res interpretata*); es decir, el criterio interpretativo que como estándar mínimo aplicó el Tribunal Interamericano al Pacto de San José y, en general al corpus iuris interamericano, materia de su competencia, para resolver la controversia. Y así asegurar la efectividad (mínima) de la norma convencional. Lo anterior, al constituir precisamente el objeto del mandato y competencia del Tribunal Interamericano 'la interpretación y aplicación' de la Convención Americana", y 'de otros tratados que le otorguen competencia'" (Voto razonado del juez Eduardo Ferrer Mac-Gregor Poisot a la resolución de la Corte IDH de 20 de marzo 2013, caso *Gelman vs Uruguay*, supervisión de cumplimiento de sentencia).

En este sentido, hay que distinguir la eficacia directa inter partes, "en relación a la controversia específica que ha sido resuelta y respecto de los Estados involucrados en la controversia" (Taruffo 2016: 333), es decir, la "cosa juzgada" (*res judicata*), propia de la sentencia supranacional, de la "norma convencional interpretada" (*res interpretata*) o precedente interamericano, con efectos erga omnes. "De este modo, la decisión interamericana abre la oportunidad para que, a partir de ella, la doctrina realice un doble discurso: uno orientado al caso concreto (cosa juzgada interamericana inter partes) y otro al orden público interamericano (cosa interpretada). El primero constituye un derecho de las partes y el segundo es de orden institucional, estructurado para promover la unidad del derecho interamericano, orientado a la seguridad jurídica, la igualdad, la coherencia normativa y el más importante, la amplia protección de los derechos humanos" (Machado:118- 122).

El precedente interamericano vincula no solo a los jueces de los Estados parte sino a todas las autoridades de los Estados, pues, como bien ha dicho la Corte IDH, "cuando un Estado es Parte de un tratado internacional como la Convención Americana, todos sus órganos, incluidos sus jueces, están sometidos a aquél, lo cual les obliga a velar por que los efectos de las disposiciones de la Convención no se vean mermados por la aplicación de normas contrarias a su objeto y fin, por lo que los jueces y órganos vinculados a la administración de justicia en todos los niveles están en la obligación de ejercer ex officio un 'control de convencionalidad" entre las normas internas y la Convención Americana, evidentemente en el marco de sus respectivas competencias y de las regulaciones procesales correspondientes y en esta tarea, deben tener en cuenta no solamente el tratado, sino también la interpretación que del mismo ha hecho la Corte Interamericana, intérprete última de la Convención Americana"(Corte IDH. *Caso Gelman vs Uruguay* de 24 de febrero 2011).

7.5.6 Fundamentos del carácter vinculante del precedente interamericano desde la perspectiva del sistema interamericano de derechos humanos. Una vez incorporadas las normas internacionales al sistema nacional, es el Derecho Internacional el que determina como estas deben ser aplicadas, según sus propias normas de observancia, de interpretación y también según el sentido que le hayan dado aquellos órganos de control o judiciales encargados de aplicar los tratados de derecho internacional, como es el caso de la Corte IDH. Y es obvio que los Estados parte en un tratado internacional deben aplicar a nivel interno las normas de este tratado en el sentido interpretado por los órganos de aplicación e interpretación del tratado. Esto ha sido reconocido por la propia Corte IDH que ha señalado que los poderes públicos de los Estados parte "deben tener en cuenta no solamente el tratado, sino también la interpretación que del mismo ha hecho la Corte Interamericana, intérprete última de la Convención Americana" (Corte IDH. Caso Gelman vs Uruguay de 24 de febrero 2011). El carácter vinculante de las decisiones de la Corte IDH se justifica además por las siguientes razones: 1) por el principio de buena fe que debe regir el cumplimiento de las obligaciones internacionales, principio que implica reconocer autoridad a las decisiones de los órganos de supervigilancia dispuestos en los mismos instrumentos suscritos por los Estados; 2) por la obligación que genera la doctrina del acto propio o también llamado estoppel a partir del momento que el Estado parte declaró "que reconoce como obligatoria de pleno derecho y sin convención especial, la competencia de la Corte sobre todos los casos relativos a la interpretación o aplicación de esta Convención" (artículo 62, inciso 1° del CADH); y 3) por el deber de las autoridades nacionales de evitar hacer incurrir al Estado en responsabilidad internacional por incumplimiento de sus obligaciones internacionales, entendiendo que el examen de convencionalidad que exige actualmente la Corte Interamericana es la consecuencia de un sistema de protección de los derechos humanos (FUENZALIDA BASCUNAN: 181).

Este carácter vinculante es más fuerte en el caso dominicano porque nuestra Constitución, aparte de darle carácter constitucional a los convenios internacionales de derechos humanos (artículo 74.3) establece además que "el Estado podrá suscribir tratados internacionales [...] para atribuir a organizaciones supranacionales las competencias requeridas para participar en procesos de integración", como es el caso del sistema interamericano de derechos humanos, lo que permite reconocer la autoridad de la Corte IDH para interpretar las normas de la CADH de una manera amplia y extendida, en función de su artículo 29, lo que legitima y justifica el carácter vinculante de sus decisiones.

7.5.7 El locus del precedente interamericano: la ratio decidendi. El carácter vinculante del precedente interamericano radica en la ratio decidendi, lo que no impide que los obiter dicta, en tanto doctrina jurisprudencial de la Corte IDH, sirvan de orientación a los jueces nacionales. Así lo reconoce la propia Corte cuando afirma que "en varios tribunales nacionales de la más alta jerarquía han entendido que la jurisprudencia internacional es fuente de derecho, si bien con distintos alcances, y han utilizado los obiter dicta y/o las ratio decidendi de dicha jurisprudencia para fundamentar o guiar sus decisiones e interpretaciones" (Corte IDH. *Caso Gelman vs Uruguay*. Supervisión de Cumplimiento de Sentencia. Resolución de 20 de marzo de 2013). Aquí es importante distinguir la vinculatoriedad del precedente interamericano radicada en la ratio decidendi de la decisión del tribunal de la vinculatoriedad de toda la sentencia interamericana respecto a las partes en el contencioso ante la Corte, lo que implica que las partes están vinculadas al *decisum* y a toda la motivación, incluyendo tanto los *obiter dicta* como la ratio decidendi. Finalmente, es importante indicar que nada impide que el Tribunal Constitucional adopte como ratio decidendi de una decisión el obiter dicta de una sentencia interamericana, con lo que ese obiter dicta adquiriría la vinculatoriedad de que goza la ratio decidendi de las decisiones del Tribunal Constitucional en virtud del artículo 184 de la Constitución y los artículos 7.13 y 31 de la Ley Orgánica del Tribunal Constitucional y de los Procedimientos Constitucionales (LOTCPC).

7.5.8 El carácter vinculante del precedente interamericano en el ordenamiento jurídico-constitucional dominicano. El carácter vinculante del precedente interamericano está clara y expresamente consagrado en el artículo 7.13 de la LOTCPC, según el cual "las decisiones del Tribunal Constitucional y las interpretaciones que adoptan o hagan los tribunales internacionales en materia de derechos humanos, constituyen precedentes vinculantes para los poderes públicos y todos los órganos del Estado". Anteriormente, el artículo 1 del Código Procesal Penal había dispuesto que "los tribunales, al aplicar la ley, garantizan la vigencia efectiva de la Constitución de la República y de los tratados internacionales y sus interpretaciones por los órganos jurisdiccionales creados por éstos, cuyas normas y principios son de aplicación directa e inmediata en los casos sometidos a su jurisdicción y prevalecen siempre sobre la ley".

Estos preceptos legales —que, aun incluso después de la Sentencia TC/256/14, que intenta desvincularnos de la competencia de la Corte IDH, no han sido declarados inconstitucionales por el TC— viene a concretar un conjunto de principios del Derecho Internacional de los Derechos Humanos, gracias a los que el incumplimiento de los instrumentos internacionales de los derechos humanos —que tienen rango constitucional conforme el artículo 74.3 de la Constitución, y que, en tanto tratados, por mandato de los artículos 31.1 de la Convención de Viena sobre Derecho de los Tratados y 29 de la Convención Americana sobre Derechos Humanos (CADH), deben ser aplicados e interpretados conforme la interpretación provista en los órganos supranacionales establecidos por dichos tratados— compromete la responsabilidad internacional del Estado en cualquiera de sus poderes (artículos 1.1 y 2 de la CADH). Estos principios del Derecho Internacional son de carácter constitucional por aplicación del artículo 26 de la Constitución, lo que excluye la validez constitucional de cualquier declaratoria de inconstitucionalidad de los referidos textos.

El carácter vinculante de las decisiones de la Corte IDH ordenado por el derecho internacional constitucionalizado y por el artículo 7.13 de la LOTCPC que concreta ese bloque constitucional de principios del Derecho Internacional y que opera independientemente de la desvinculación de la República Dominicana de la competencia de la Corte IDH intentada por el TC, obliga al jurista dominicano a familiarizarse con unos precedentes que se imponen en el ejercicio del obligatorio control de convencionalidad.

El control de convencionalidad está indisolublemente ligado al control de constitucionalidad por obra y gracia del artículo 74.3 de la Constitución y de que el Estado dominicano, de conformidad con el artículo 26 de la Constitución, es un Estado abierto, cooperativo y amigo del Derecho Internacional. Esto, aparte de confirmar la "*dimensión internacional de la Constitución*" (Ayuso), nos recuerda también que estamos unidos al Derecho convencional supranacional, tanto por el hecho de que hemos ratificado tratados internacionales de derechos humanos de rango constitucional, como por el no menos importante de que nuestra sola "pertenencia a la comunidad de Estados", significa "la afirmación de los principios generales del derecho de toda la comunidad civilizada" en "la que se han asentado los ordenamientos jurídicos, y la defensa y cumplimiento de las obligaciones internacionalmente imperativas (jus cogens), que producen efectos ergo omnes, sea que se encuentren positivizadas o no" (SANTOFIMIO: 1086).

Los poderes públicos dominicanos están ligados, pues, al precedente interamericano y deben respetar la autoridad de la "cosa interpretada" por el juez interamericano, como base de un *"orden público interamericano"* que el constituyente dominicano ya, sabia y preclaramente, constitucionalizado.

7.5.9 El precedente interamericano como parte del bloque de constitucionalidad. Por otro lado, hay que resaltar que la CADH, por efecto del rango constitucional del cual goza en nuestro ordenamiento, conlleva a que la interpretación que de ella haga la Corte IDH, por formar parte del *"acquis conventionnel"*, resulte vinculante también con rango constitucional. Así lo estableció la Suprema Corte de Justicia (SCJ) en la Resolución 1920-2003 cuando dispuso que el bloque de constitucionalidad está constituido no solo por la Constitución y los instrumentos internacionales de derechos humanos sino también por "las opiniones consultivas y las decisiones emanadas de la Corte Interamericana de Derechos Humanos" (Resolución 1920-2003), es decir, que los estándares interpretativos fijados por el intérprete auténtico de la CADH forman parte del corpus constitucional. Por tanto, irrespetar el precedente interamericano implica violar la Constitución, principalmente cuando los derechos de la CADH se interpretan por debajo de estos estándares, lo que significa también una violación del *principio constitucional de la favorabilidad* (artículo 74.4). Y es que la interpretación de la Corte IDH determina el alcance de los derechos, formando parte de la disposición que los reconoce, integrándose como un todo que favorece su efectividad, su máxima efectividad, como se deriva de la favorabilidad constitucional y del principio de efectividad (artículos constitucionales 8, 38, 68 y 69). De ese modo, la Suprema Corte consagró, de modo precursor, en nuestro país la doctrina internacionalista en virtud de la cual la interpretación que hace la Corte IDH, tanto de la CADH como de las constituciones de los Estados parte, "pasará a formar parte del bloque de constitucionalidad y por lo tanto la interpretación se incorpora a la norma aclarada debiendo ser respetada en principio por los Estados parte en la Convención Americana". Analizando esta decisión de nuestro tribunal supremo, la doctrina afirma que "queda claro que los dictámenes consultivos integran el bloque de constitucionalidad dominicano erigiéndose como parámetros de validez formal y material de toda la legislación interna, pudiendo constituir fuente de Derecho primaria de las decisiones de los jueces quienes a su vez se encuentran obligados a informarse y aplicar los criterios consultivos de la Corte IDH, y ello más allá de que el Estado dominicano no haya participado en el procedimiento consultivo en cuestión" (GUEVARA PALACIOS: 154).

7.5.10 Precedente interamericano, interpretación conforme al derecho internacional de los derechos humanos y principio constitucional de favorabilidad. La interpretación del Derecho interno del Estado Parte debe ser conforme con la Convención y con los principios y reglas que integran el Derecho convencional (Corte IDH. Casos *Radilla Pacheco vs México* de 23 de noviembre 2009; *Átala Rifo y niñas vs Chile* de 24 de febrero 2012). De ahí que los poderes y las autoridades del Estado deben desarrollar una interpretación del Derecho nacional conforme con el corpus iuris interamericano, por lo que, ante diversas interpretaciones posibles de una determinada norma jurídica nacional, debe preferirse la norma que sea más consistente con el Derecho interamericano, lo que incluye los precedentes interamericanos, quedando descartada cualquier interpretación inconsistente con este, ya que un Estado parte de la CADH no puede escudarse en su Derecho interno para incumplir el orden mínimo convencional, pues, al ratificar la CADH, queda obligada a adecuar su Derecho interno a las obligaciones derivadas de la CADH, tal como establece el artículo 2° de esta, al tiempo que los artículos 26 y 31.1. de la Convención de Viena sobre Derecho de los Tratados, significa que el Estado parte de la CADH no puede poner trabas de Derecho interno al cumplimiento de la CADH, como dispone el artículo 27 de la Convención de Viena.

Ahora bien, el *carácter vinculante del precedente interamericano* no significa, en modo alguno, que el juez dominicano se vea obligado a aplicar a rajatablas, automática e impensadamente el mismo. La Constitución establece el principio de favorabilidad (artículo 74.4), al igual que la LOTCPC (artículo 7.4). De ahí que cuantas veces exista en el ordenamiento jurídico dominicano una norma más favorable al titular del derecho fundamental que la norma interamericana, aun sea de rango infraconstitucional, es deber del juez aplicar la norma dominicana más favorable. Ya lo dice Ferrer Mac-Gregor en su citado voto razonado: "En todo caso las autoridades nacionales pueden válidamente ampliar la eficacia de la norma convencional a través de la interpretación más favorable en aplicación del principio pro personae, que además obliga al Estado debido a lo previsto en el artículo 29.b) del Pacto de San José, en la medida en que ninguna disposición de esta Convención puede ser interpretado en el sentido de que 'limite el goce y ejercicio de cualquier derecho o libertad que pueda estar reconocido de acuerdo con las leyes de cualquiera de los Estados partes o de acuerdo con otra convención en que sea parte uno de dichos Estados'. Lo anterior es de importancia para comprender que la eficacia interpretativa de la norma convencional, al constituir un estándar mínimo regional de aplicabilidad nacional constituye una pauta hermenéutica fundamental e imprescindible de mínimos en materia de derechos humanos; de tal manera que pueden las autoridades nacionales (administrativas, legislativas o jurisdiccionales) de cualquier nivel (municipal, regional, estadual, federal o nacional) de los Estados Parte de la Convención, eventualmente apartarse del criterio interpretativo de la Corte IDH cuando se realice de manera razonada y fundada una interpretación que permita lograr un mayor grado de efectividad de la norma convencional a través de una interpretación más favorable de la 'jurisprudencia interamericana' sobre el derecho humano en cuestión. El precedente interamericano se impone, en consecuencia, siguiendo a Ferrer Mac-Gregor, "siempre y cuando no exista una interpretación que otorgue mayor efectividad a la norma convencional en el ámbito nacional. Esto es así, ya que las autoridades nacionales pueden ampliar el estándar interpretativo; incluso, pueden dejar de aplicar la norma convencional cuando exista otra norma nacional o internacional que amplíe la efectividad del derecho o libertad en juego, en términos del artículo 29 de la Convención Americana. Además, deben considerarse las reservas, declaraciones interpretativas y denuncias en cada caso, si bien en esos supuestos la Corte IDH puede, eventualmente, pronunciarse sobre su validez y adecuada interpretación, como lo ha realizado en algunas ocasiones" (Voto razonado del juez Eduardo Ferrer Mac-Gregor Poisot a la resolución de la Corte IDH de 20 de marzo 2013, caso *Gelman vs Uruguay*, supervisión de cumplimiento de sentencia).

De ahí que el juez dominicano debe procurar siempre realizar una interpretación de las normas que sea cónsona con el derecho convencional y los precedentes interamericanos que forman parte del mismo y solo allí donde esta interpretación conforme al derecho convencional no sea posible por la manifiesta inconvencionalidad de las normas interpretadas deberá declarar su inconvencionalidad que, en el caso dominicano, se confunde con su inconstitucionalidad, cuando las normas interpretadas tienen rango infraconstitucional, aplicando directa e inmediatamente las normas convencionales, tal como son interpretadas por la Corte IDH. Ahora bien, esta *interpretación conforme el derecho convencional* se sustituye por una interpretación conforme la norma más favorable del ordenamiento jurídico dominicano, cuando esta exista, lo que implica el desplazamiento del precedente interamericano cuantas veces exista esta norma nacional más favorable. De manera que el derecho interamericano de los derechos solo tiene aplicación preferente como estándar mínimo cuantas veces no exista en el ordenamiento jurídico dominicano normas más favorables para el titular del derecho que en el derecho convencional.

7.5.11 Irrelevancia jurídica de la adhesión de la República Dominicana a la competencia de la Corte IDH para la determinación de la vinculatoriedad del precedente interamericano. Aunque el Tribunal Constitucional declaró inconstitucional el instrumento de adhesión de la República Dominicana a la competencia de la Corte IDH, hay muchas razones de peso que cuestionan los fundamentos y la eficacia jurídica y práctica de su decisión, como lo son, a saber:

1º   El instrumento de aceptación de la competencia de la Corte IDH no es un tratado internacional y, por tanto, no requiere ratificación del Congreso Nacional.

2º   Tanto el presidente Leonel Fernández como el Embajador dominicano ante la Organización de Estados Americanos, Flavio Darío Espinal, tenían los poderes legales necesarios, conforme el artículo 62 de la CADH para firmar el referido instrumento.

3º   El Estado dominicano, al momento de firmar la CADH, no hizo observaciones ni comentarios respecto de los cuales se infiera que aceptaría la competencia de la Corte IDH bajo reserva de ratificación.

4º   No se ha violado ninguna norma constitucional en el proceso de aceptación de la competencia de la referida Corte.

5º   El Estado dominicano se ha comportado de un modo tal que implica un reconocimiento de la competencia de la Corte, lo que se manifiesta en la postulación y posterior elección de la Dra. Radhys Abreu Blondet de Polanco como primera juez dominicana miembro de la Corte y en la representación del Estado dominicano en los diferentes casos contra el país ante esa jurisdicción.

6º Todos los poderes del Estado han reconocido la competencia de la Corte, como ocurre con el Poder Judicial, al dictar la Resolución 1920-2003 que le reconoce valor vinculante a las decisiones de la Corte y hasta las considera parte integrante del bloque de constitucionalidad; con el Poder Legislativo, que dictó la LOTCPC que legaliza ese carácter vinculante en su artículo 7.13; y con el Tribunal Constitucional, que ha reconocido esa competencia en varias sentencias, incluyendo la Sentencia TC/168/13 (párrafo 1.2.3.5.1), en donde afirman nuestros jueces constitucionales especializados que el Estado dominicano reconoció esa competencia en 1999 y que, por tanto, las decisiones de la Corte IDH son vinculantes para el país, ya que "las sentencias emitidas por la Corte Interamericana de Derechos Humanos (CIDH) tienen carácter vinculante para todos los Estados que han ratificado la Convención Americana sobre Derechos Humanos y que además hayan reconocido la competencia de la Corte".

Y no es que esta decisión del Tribunal Constitucional vaya a tener ningún impacto en el plano internacional. De acuerdo con la *doctrina estoppel*, el Estado no puede negar la verdad de ciertos hechos cuando ha adoptado una conducta jurídica contraria a dichas manifestaciones. La única manera para desvincularse de la competencia de la Corte IDH es la denuncia de la CADH. Pero para ello, se requiere una reforma constitucional que efectivamente nos desvincule del sistema de protección interamericano de derechos humanos, pues la Constitución constitucionaliza la CADH en el artículo 74.3. Por lo tanto, la decisión de nuestros jueces constitucionales especializados no producirá ningún efecto sobre la competencia contenciosa de la Corte IDH. La Corte continuará conociendo los casos que se presenten contra República Dominicana. Así las cosas, si el Estado dominicano no cumple con las decisiones emitidas por la Corte IDH, ello acarrearía su responsabilidad internacional. La mejor doctrina resume la situación de la República Dominicana ante la Corte IDH de un modo que no deja lugar a dudas sobre la irrelevancia en términos internacionales de la referida decisión del Tribunal Constitucional:

"[…] Consideramos que la República Dominicana, definitivamente, sigue sujeta al ámbito de la competencia de la Corte IDH y, por consiguiente […] es lógico que el Estado dominicano aun tenga el deber de ejercer el control de convencionalidad en los términos que ha establecido la jurisprudencia de la Corte IDH. Y es que, es la Corte IDH, como órgano de control de la CADH, quien tiene competencia para aplicar e interpretar dicha Convención, siendo sus sentencias definitivas e inapelables, por lo tanto obligando a los Estados parte de la Convención a cumplirlas. Por lo que es la Corte IDH quién puede interpretar las disposiciones de la CADH, incluyendo la manera de reconocer su propia competencia por parte de los Estados signatarios (como lo es la República Dominicana), así como también la forma en que los Estados pueden retirarse del ámbito competencial de la misma" (Sousa Duvergé: 204).

Independientemente de lo anterior, aún en el hipotético y casi imposible caso de que la Corte IDH convalide la nulidad del instrumento de adhesión a la competencia de la Corte, pronunciada por el Tribunal Constitucional, ello no implicaría disminuir en modo alguno el efecto vinculante del precedente interamericano en el ordenamiento jurídico-constitucional dominicano por las siguientes razones:

1º El carácter vinculante del precedente interamericano se deriva de un conjunto de principios consagrados en la CADH y en el derecho internacional que adquieren rango constitucional vía los artículos 74.3, que reconoce rango constitucional a los convenios internacionales de derechos humanos y 26, que establece que "la República Dominicana es un Estado miembro de la comunidad internacional, abierto a la cooperación y apegado a las normas del derecho internacional".

2º Los efectos vinculantes de las decisiones de la Corte IDH se proyectan no solo a los Estados que han sido parte de la controversia ni tampoco solo a los Estados parte de la CADH que han aceptado la competencia contenciosa de la Corte IDH sino también a todos los países miembros del sistema interamericano de derechos humanos, hayan o no formado parte de la controversia o hayan aceptado o no esta competencia. Como bien ha establecido la Corte IDH:

En situaciones y casos en que el Estado concernido no ha sido parte en el proceso internacional en que fue establecida determinada jurisprudencia, por el solo hecho de ser Parte en la CADH, todas sus autoridades públicas y todos sus órganos, incluidas las instancias democráticas, jueces y demás órganos vinculados a la administración de justicia en todos los niveles, están obligados por el tratado, por lo cual deben ejercer, en el marco de sus respectivas competencias y de las regulaciones procesales correspondientes, un control de convencionalidad tanto en la emisión y aplicación de normas, en cuanto a su validez y compatibilidad con la Convención, como en la determinación, juzgamiento y resolución de situaciones particulares y casos concretos, teniendo en cuenta el propio tratado y, según corresponda, los precedentes o lineamientos jurisprudenciales de la Corte Interamericana" (Corte IDH. *Caso Gelman vs Uruguay*. Supervisión de Cumplimiento de Sentencia. Resolución de 20 de marzo de 2013).

Fíjense bien en las palabras utilizadas por la Corte IDH: "por el solo hecho de ser Parte en la Convención Americana", los poderes públicos de los Estados están obligados no solo al control de convencionalidad sino también a aplicar "según corresponda, los precedentes o lineamientos jurisprudenciales de la Corte Interamericana". Y es que, como se ha mencionado antes, la Corte establece que:

"Cuando un Estado es Parte en un tratado internacional como la Convención Americana, todos sus órganos, incluidos sus jueces y demás órganos vinculados a la administración de justicia en todos los niveles, también están sometidos al tratado, lo cual les obliga a velar para que los efectos de las disposiciones de la Convención no se vean mermados por la aplicación de normas contrarias a su objeto y fin, de modo que decisiones judiciales o administrativas no hagan ilusorio el cumplimiento total o parcial de las obligaciones internacionales. Es decir, todas las autoridades estatales, están en la obligación de ejercer ex officio un 'control de convencionalidad' entre las normas internas y la Convención Americana, en el marco de sus respectivas competencias y de las regulaciones procesales correspondientes. En esta tarea, deben tener en cuenta no solamente el tratado, sino también la interpretación que del mismo ha hecho la Corte Interamericana, intérprete última de la Convención Americana" (Corte IDH. Caso

Gelman vs Uruguay. Supervisión de Cumplimiento de Sentencia. Resolución de 20 de marzo de 2013).

En este sentido, vale la pena recordar lo señalado por Ferrer Mac-Gregor en su voto razonado en el *caso Gelman*, en cuanto a que "la eficacia interpretativa de la norma convencional debe entenderse como la posibilidad de lograr una efectividad regional estándar mínima de la Convención Americana para ser aplicable por todas las autoridades en el ámbito nacional. Lo anterior se deriva de los artículos 1.1 y 2 del propio Pacto de San José, en virtud de que existe la obligación de los Estados Parte de "respetar" y "garantizar" los derechos y libertades, así como la obligación de "adecuación" —normativa e interpretativa— para lograr la efectividad de los derechos y libertades cuando no estén garantizados. Esta última obligación de los Estados Parte es de singular importancia en el Sistema Interamericano de Derechos Humanos y constituye uno de los aspectos fundamentales que lo distingue del Sistema Europeo". Sobra decir que esta efectividad mínima de la norma convencional no puede asegurarse si rigen dos estándares convencionales en la región, uno, más riguroso y estricto, para aquellos que aceptaron la competencia contenciosa de la Corte IDH y otro, que podría estar por debajo del mínimo convencional regional establecido por la Corte IDH, para aquellos que no aceptaron su competencia. Lo anterior se reafirma porque las decisiones de la Corte IDH son vinculantes incluso para la CIDH, que asume los estándares mínimos de protección de los derechos humanos en el ejercicio de sus diferentes competencias y cara a los Estados parte de la CADH.

3º Como ya hemos visto anteriormente, las interpretaciones que realiza la Corte IDH de la CADH y, en sentido general, del bloque de convencionalidad que le sirve de parámetro para determinar la convencionalidad de las actuaciones de los Estados respecto a los derechos de los habitantes de sus territorios, forman parte del bloque de constitucionalidad. De ahí que todo juez dominicano, a la hora de ejercer el control de constitucionalidad, se ve constreñido a utilizar como parámetro un bloque de constitucionalidad que incluye los tratados internacionales de derechos humanos y las interpretaciones que de estos tratados efectúe la Corte IDH.

4º Finalmente, el artículo 7.13 de la LOTCPC establece el carácter vinculante de las interpretaciones que realicen los tribunales internacionales de derechos humanos lo que, aun en el caso de que sea derogado o declarado inconstitucional este artículo, significa que el juez dominicano debe seguir controlando la convencionalidad por la vía del control de constitucionalidad que tiene como parámetro un bloque de constitucionalidad que incluye el bloque de convencionalidad, incorporando ambos bloques los precedentes vinculantes de la Corte IDH.

Felizmente, y como era de esperar, la Corte IDH, en el *Caso de las Niñas Yean y Bosico y Caso de Personas dominicanas y haitianas expulsadas vs. República Dominicana, Supervisión de cumplimiento de sentencias y competencia* (Resolución de 12 de marzo de 2019), se ha pronunciado respecto al mantenimiento de su competencia contenciosa sobre la República Dominicana, pese a la expedición de la Sentencia TC/0256/14 del Tribunal Constitucional dominicano, recogiendo la mayoría de los argumentos antes expuestos. A juicio de los jueces interamericanos, "la supuesta inconstitucionalidad

Las Fuentes del Derecho 475

del instrumento de aceptación de la competencia contenciosa de la Corte está basada en determinadas consideraciones que no son acordes a las obligaciones internacionales asumidas por República Dominicana ni, en general, al Derecho Internacional". En este sentido, la Corte IDH ha considerado que "la interpretación que realizó el Tribunal Constitucional en el 2014 es contraria al derecho internacional público, particularmente a los principios de pacta sunt servanda, buena fe (infra Considerando 53) y de estoppel (infra Considerandos 58 a 65), así como a la aplicación del referido artículo 62 de la Convención Americana, el cual debe ser interpretado conforme al objeto y fin de un tratado de derechos humanos (infra Considerandos 67 a 69)". Por estas razones, la Corte IDH ha considerado "que la decisión TC-256-14 del Tribunal Constitucional de 4 de noviembre de 2014 no genera efectos jurídicos en el derecho internacional, así como cualquier consecuencia que se derive de ella. Por consiguiente, la Corte Interamericana de Derechos Humanos mantiene su competencia contenciosa sobre República Dominicana".

7.5.12 Efectos jurídicos de las opiniones consultivas de la Corte IDH. Las opiniones consultivas emitidas por la Corte IDH, en palabras del propio órgano jurisdiccional, "están destinadas 'a ayudar a los Estados y Órganos a cumplir y aplicar los tratados (…) sin someterlos al formalismo y al sistema de sanciones que caracteriza al proceso contencioso" (Corte IDH: Opinión Consultiva OC-3/83 del 8 de septiembre 1983). Pero estas opiniones, según admite la propia Corte IDH, "no tienen el mismo efecto vinculante que se reconoce para sus sentencias en materia contenciosa' (Corte IDH: Opinión Consultiva OC-1/82 del 24 de septiembre 1992). La tendencia es, sin embargo, a admitir una mayor importancia de las opiniones consultivas de la Corte en la tarea de colaborar en la interpretación de la Convención, y hoy la Corte entiende que las mismas permiten al tribunal "emitir interpretaciones que contribuyan a fortalecer el sistema de protección de los derechos humanos" (Corte IDH: Opinión Consultiva OC-14/94 del 9 diciembre 1994) y que "aun cuando la opinión consultiva no tiene el carácter vinculante de una sentencia en un caso contencioso, tiene en cambio efectos jurídicos innegables" (Corte IDH: Opinión Consultiva OC-16/97 del 14 de noviembre 1997).

Como se puede ver, la propia Corte IDH, al distinguir entre los efectos jurídicos de una sentencia y de una opinión consultiva, es clarísima al establecer que la opinión consultiva dictada por ella tiene "efectos jurídicos innegables". Esto tiene varias trascendentales consecuencias. La primera de ellas es descartar la tesis de que los dictámenes consultivos tienen un simple valor moral, pues sus efectos son jurídicos e innegables, como ha dicho la propia Corte IDH. La segunda es que la opinión consultiva es una "*interpretación autoritativa*", es decir, una interpretación auténtica de la CADH y otros tratados sobre derechos humanos. En este sentido, la Corte IDH ha dicho que ella "es el órgano del Sistema Interamericano de Protección a los Derechos Humanos encargado de interpretar y aplicar las disposiciones de la Convención, según lo dispone el artículo 62 de la misma, y su jurisprudencia tiene el valor de fuente del Derecho Internacional. Si bien la jurisprudencia citada en los párrafos anteriores se refiere a pronunciamientos de la Corte emitidos en opiniones consultivas, así como respecto de casos y medidas provisionales específicos, dichas decisiones expresan la interpretación y aplicación que el Tribunal ha dado a la normativa convencional que tienen relación con los asuntos planteados en la solicitud de opinión, lo cual también debe constituir una guía para la actuación de otros Estados que no son partes en el caso o las medidas. Los máximos Tribunales de diversos Estados que han reconocido la competencia de la Corte han tomado la jurisprudencia de ésta, emitida respecto de otros Estados o en opiniones consultivas, como un parámetro para decidir en asuntos sometidos a su conocimiento" (Corte IDH: Resolución de 24 de junio de 2005). La tercera consecuencia es que la interpretación contenida en una opinión consultiva surte efectos incluso para aquellos países que no han reconocido la competencia de la Corte, pues el artículo 64 de la CADH dispone que no es necesario ser parte de la CADH para solicitar una opinión consultiva. La cuarta consecuencia es que la jurisprudencia consultiva de la Corte IDH se erige en un referente respecto a la juridicidad de las actuaciones de los poderes públicos, como ha señalado la CIDH (Corte IDH: Opinión Consultiva OC-95/05 de 24 de octubre 2005).

La mejor doctrina afirma el carácter vinculante de las opiniones consultivas de la Corte IDH no solo porque lo dice la propia Corte, "sino porque es obvio que la función de intérprete final de la CADH la ejerce cuando desarrolla su competencia tanto en los casos contenciosos como consultivos, en ambos casos es la intérprete auténtica y final de la Convención, como en el plano interno de los Estados es la jurisdicción constitucional respectiva. Basta señalar que la Corte IDH al pronunciarse en sentencias y opiniones consultivas interpreta y dota de contenido a las disposiciones de la CADH, de modo que su doctrina legal y ratio decidendi de las sentencias constituyen una extensión de la CADH" (Nogueira Alcalá 2017: 163).

7.5.13 Consecuencias de la vinculatoriedad del precedente interamericano. El precedente interamericano es vinculante desde la óptica del derecho internacional de los derechos humanos y desde la perspectiva del derecho interno dominicano y esta vinculatoriedad, que se impone al margen de si el país se ha adherido efectivamente o no a la competencia de la Corte IDH -de lo cual no cabe duda que sí se adhirió valida y efectivamente-, obliga al jurista a familiarizarse con la jurisprudencia de la Corte IDH que impacta todas las disciplinas en virtud de la internacionalización del Derecho nacional y que poco a poco hacen surgir un "constitucionalismo más allá del Estado" y un "constitucionalismo global" (Ferrajoli: 41).

7.6 La jurisprudencia y el precedente electoral

¿Existe o no un precedente electoral vinculante fijado por el Tribunal Superior Electoral?. Al respecto, ni la ley ni la Constitución fijan el carácter obligatorio del precedente electoral. Las sentencias de dicho Tribunal vinculan a las partes, en cuanto a lo decidido, y lógicamente deben ser acatadas por la JCE y todos los demás poderes, órganos y entes estatales. Pero la razón de la decisión -la ratio decidendi- no vincula ni es obligatoria para aplicación a casos análogos. Lógicamente, las decisiones del Tribunal Superior Electoral, en tanto Alta Corte, crean jurisprudencia, en la medida en que son seguidas y reiteradas por el propio tribunal, como históricamente ha ocurrido con las

Las Fuentes del Derecho

477

decisiones de la Suprema Corte de Justicia. Pero no hay tal cosa como un precedente electoral vinculante, como ocurre en materia penal, por disposición del Código Procesal Penal, y como es el caso de las decisiones del Tribunal Constitucional que lo son por mandato constitucional y legal. Se puede hablar, a lo más, del valor persuasivo del precedente electoral pues, a fin de cuentas, el Tribunal Superior Electoral, como la Suprema Corte y el Tribunal Constitucional, es una Alta Corte. Pero no es obligatorio por mandato jurídico.

Y es que, a juicio de la mejor doctrina, "en el ordenamiento jurídico dominicano no existe, desde el punto de vista formal, 'el precedente electoral'". En verdad, debe decirse, más que de "precedente electoral" -en todo caso no vinculante sino persuasivo- de lo que debe hablarse en materia electoral en el país es de "jurisprudencia electoral" -tampoco vinculante sino también, al igual que aquel, meramente persuasiva-, que no es lo mismo ni es igual que el precedente, pues el último se fija en una sola decisión, en tanto que la jurisprudencia necesita que el criterio sea reiterado en una línea jurisprudencial formada por varias decisiones que lo confirman y consolidan, es decir, "en la medida en que la jurisdicción electoral mantiene constantemente un criterio específico para el tratamiento de supuestos fácticos idénticos" (JÁQUEZ LIRANZO: 173 y 172). Lógicamente, el Tribunal Superior Electoral, por las razones antes dichas al referirnos en sentido general al valor de la jurisprudencia y del precedente en nuestro ordenamiento jurídico, debe respetar su autoprecedente y ceñirse a su jurisprudencia, por lo que, tanto la variación de su precedente como de su jurisprudencia, debe, en aras de respetar la igualdad y la seguridad jurídica de los justiciables, ser expresamente justificada, variación que, en sede del Tribunal Constitucional, podría ser censurada cuando haya falta de debida motivación o sea manifiestamente injustificado el cambio jurisprudencial o de precedente.

7.7 La jurisprudencia como parte del ordenamiento

En nuestro sistema, contrario a España, la *infracción de la jurisprudencia* no ha dado lugar a la anulación en sede de casación de la sentencia que la cometa. En efecto, la Suprema Corte de Justicia ha expresado que la inobservancia de un criterio jurisprudencial, aún cuando éste emane de la Corte de Casación, no puede servir de fundamento a la anulación de la sentencia, salvo cuando dicha inobservancia entrañe la violación de un texto legal (S.C.J. 30 de septiembre de 1941. B.J. 374. 916; 17 de junio de 1958. B.J. 575. 1290; 3 de julio de 1959. B.J.5888.1363; Salas Reunidas.10 de junio de 2015. No. 12. B.J.1255. 136). La jurisprudencia, aún constante, es susceptible de ser variada y son los textos legales violados los que deben ser invocados en apoyo del recurso (S.C.J. 6 de marzo de 1958. B.J. 572.488). Esto, sin embargo, no nos debía conducir a afirmar que la violación de la jurisprudencia no daba lugar de modo indirecto a recursos de casación. La Suprema Corte ha considerado que el recurso de casación puede estar fundamentado en la *violación de una máxima* siempre y cuando la misma se encuentra incorporada implícitamente a una o varias disposiciones legales (S.C.J. 27 de noviembre de 1945. B.J. 424.1040) y no hay dudas que, en ese caso, como en general en todos los casos en que se viola la ley, lo que se viola no es la máxima ni la ley sino la interpretación que la jurisprudencia constante asigna a una o varias disposiciones normativas. Por demás, en materia penal, el Código Procesal Penal dispuso que el recurso de casación procede "cuando la sentencia de la Corte de Apelación sea contradictoria con un fallo anterior de ese mismo tribunal o de la Suprema Corte de Justicia" (artículo 426.2), con lo que "el legislador dominicano ha otorgado al precedente en materia penal la categoría de norma de aplicación directa, y, en consecuencia, fuente de Derecho en paridad de estatus con la ley" (PEREYRA: 67). Por si esto fuera poco, al ser las decisiones del Tribunal Constitucional "precedentes vinculantes para los poderes públicos y todos los órganos del Estado" (artículo 184 de la Constitución), no hay dudas de que la violación de un precedente constitucional por definición constitucional vinculante para todos puede y debe perfectamente fundar un recurso de casación.

Las modificaciones introducidas por la nueva Ley de Casación se orientan en la línea de consagrar la jurisprudencia, en específico la emanada de la Corte de Casación, como fuente del derecho y parte esencial del ordenamiento jurídico. En efecto, ésta establece que "el recurso de casación censura la no conformidad de la sentencia impugnada con las reglas de derecho" (artículo 7), lo que significa que es recurrible en casación y, por tanto, casable, toda sentencia contraria a Derecho, es decir, al ordenamiento jurídico, a cualquier fuente del derecho (Constitución, tratados internacionales, leyes, reglamentos, principios generales del derecho, costumbre, jurisprudencia, etc.), lo que sienta las bases para comenzar a desterrar todo vestigio de la anacrónica idea de que la casación solo procede contra decisiones violatorias de la ley. En el caso específico de la jurisprudencia, el artículo 10.3 de la Ley de Casación establece que el recurso de casación procederá contra "las sentencias interlocutorias e incidentales que pongan fin al proceso o han ordenado su suspensión o sobreseimiento, así como aquellas sentencias de fondo, dictadas en única o en última instancia, que en la solución del recurso de casación presenten interés casacional, el cual se determina cuando: a) En la sentencia se haya resuelto en oposición a la doctrina jurisprudencial de la Corte de Casación. b) En la sentencia se resuelva acerca de puntos y cuestiones sobre las cuales exista jurisprudencia contradictoria entre los tribunales de segundo grado o entre salas de la Corte de Casación. c) Las sentencias que apliquen normas jurídicas sobre las cuales no exista doctrina jurisprudencial de la Corte de Casación, y esta última justifique la trascendencia de iniciar a crear tal doctrina". Con estas disposiciones legales, si bien el recurso de casación no puede fundarse exclusivamente en la violación de la jurisprudencia -salvo la materia penal como antes hemos visto-, sino en la violación de una regla de derecho, es más que ostensible que, aparte de que la regla de derecho es fundamentalmente la regla tal como es interpretada por los jueces, la violación de la jurisprudencia podría fundar el recurso de casación cuando la regla de derecho es aquella creada por los jueces ante el vacío, ambigüedad o contradicción de las normas escritas. Esto es lo que explica por qué el interés casacional se determina partiendo de si la sentencia recurrida en casación contraría la doctrina jurisprudencial de la Corte de Casación, si hay jurisprudencia contradictoria o si no hay jurisprudencia sobre la materia en cuestión.

En vista de lo antes expuesto, hay que tomar con pinzas el criterio sostenido por la Tercera Sala de la Suprema Corte de Justicia respecto a que "ha sido jurisprudencia constante de esta alta corte que si bien la jurisprudencia de la Suprema Corte de Justicia contribuye eficazmente a la unificación de los criterios jurídicos sobre la correcta aplicación de la ley y sirve de orientación plausible a las corrientes de interpretación judicial de las leyes, la violación de una jurisprudencia no es, en el estado actual de nuestro derecho, motivo de casación. La jurisprudencia, aun constante, es susceptible de ser variada. Solo las reglas de derecho en que se funda la jurisprudencia son las que deben ser invocadas en apoyo de un recurso de casación; lo cual no ocurre en la especie, debido a que la parte recurrente se limitó a denunciar la violación del referido precedente jurisprudencial, sin indicar qué regla de derecho que sustenta dicho criterio fue violada, motivo por el cual se desestima este argumento" (SCJ-TS-23-1354; ver también: S.C.J. 1ª Sala, 31 de agosto de 2021, No. 141. B.J. 1329.1347 y S.C.J. 1ª Sala, 28 de febrero de 2017, No. 264. B.J. 1275.2416). Y con iguales pinzas hay que tomar también la posición del Tribunal Constitucional que sostiene que "la diferencia entre el Precedente Judicial y el Precedente Constitucional radica esencialmente en que el Precedente Judicial sirve como parámetro para los tribunales inferiores al órgano que lo dictó, siendo la máxima autoridad la Suprema Corte de Justicia (en el caso dominicano, llamada a mantener la unidad de la jurisprudencia nacional, conforme lo dispone el artículo 2 de la Ley sobre Procedimiento de Casación) y el no acatamiento de dicho precedente judicial no constituye una violación al mismo ni al principio de Seguridad Jurídica, pues no es vinculante para dichos tribunales ni constituye una causal de casación y, siempre y cuando se justifique y argumente ampliamente el cambio de criterio, no se vulnera la seguridad jurídica; sin embargo, el precedente constitucional se convierte en norma y como lo establece la misma Constitución en su artículo 184, es vinculante para todos los poderes públicos, incluyendo el Poder Judicial" (Sentencia TC/0043/22). Que la violación de la jurisprudencia per se no constituya causal de casación, pues siempre haya que argüir la violación de una determinada regla de derecho para sustentar el recurso, no disminuye el valor de la jurisprudencia como fuente del derecho pues la violación de esa regla necesariamente se verá, salvo que no haya jurisprudencia, a través del prisma de cómo esa regla es interpretada por los jueces. Que la jurisprudencia, aun constante, pueda ser variada, no significa que no tengan valor jurídico los precedentes, pues, como el propio Tribunal Constitucional reconoce en la antes citada decisión "de hecho, el Precedente Constitucional, como no es pétreo, también puede ser objeto de cambio u Overruling, con la debida motivación", lo cual no es óbice para el reconocimiento de su valor vinculante.

Es claro que para el legislador "la institución de la casación no solo cumple la misión nomofiláctica referida a la garantía de la correcta aplicación de las normas jurídicas en todo el territorio de la República, sino que, además, crea las condiciones que permiten establecer y mantener la unidad de la jurisprudencia nacional, en salvaguarda de un interés de orden público y de la seguridad jurídica, necesaria para la estabilidad social y económica del país" (Considerando Cuarto de la Ley de Casación). Este fortalecimiento del rol de la Corte de Casación como unificadora de la jurisprudencia nacional, más que manifiesto en que la determinación de si hay contradicción de la doctrina jurisprudencial de la Corte de Casación, o jurisprudencia contradictoria entre tribunales o si no hay jurisprudencia sobre la materia en cuestión es precisamente lo que permite configurar el interés casacional, permite afirmar que la doctrina jurisprudencial de la Suprema Corte de Justicia, sentada al conocer de los recursos de casación, es ahora mucho más alta e intensamente persuasiva que en el pasado. Por eso, aparecen como puros remilgos fariseos los dedicados esfuerzos de la jurisprudencia casacional y constitucional de negar a la jurisprudencia su valor como fuente del Derecho y fundamento de los recursos de casación. Contrasta esta actitud jurisprudencial, que no es ocioso resaltar se opone a la letra y espíritu de la Ley de Casación, con la manera cómo la Corte de Casación de Francia, país origen de nuestro sistema casacional, considera sus decisiones "derecho positivo" y habla de la "regla surgida del viraje jurisprudencial" e, incluso, de la "nueva regla jurisprudencial". Como bien afirma la mejor doctrina francesa, "la Corte de casación no esconde ya su rol de creadora de derecho y, de este modo, contribuye a acreditar la idea que su jurisprudencia es fuente. Se puede incluso afirmar que ella la reivindica después de decenios de disimulo". Más aún, la Corte de Casación francesa -y la dominicana también, no es ocioso recordar-, cita, sin complejo alguno, sus propias decisiones, en la parte motiva y, en especial, en los enunciados de principio. En todo caso, "lo que es notable, en el fondo, es que la Corte de Casación reivindica cada vez más su rol normativo y el estatuto de fuente del derecho de la jurisprudencia" (TERRÉ & MOLFESSIS: 463 y 475).

Lógicamente no puede en modo alguno afirmarse que, con el nuevo régimen legal de la casación, estemos evolucionando nuestro sistema jurídico de uno donde el tribunal de casación ejerce una indudable influencia basada en su capacidad de convencer en base a razones (*auctoritate rationis*) a tribunales que tienen plena libertad a la hora de juzgar, a otro sistema en donde esta influencia estaría basada más bien en la autoridad de su precedente o doctrina jurisprudencial (*auctoritate rationis*). No. En principio, en el *sistema romano-germánico*, "el juez no está formalmente obligado a observar la jurisprudencia; él está obligado solo por su propia discreción, de acuerdo con su propio juicio. El carácter de seguir la jurisprudencia no es algo meramente automático y mecánico, porque el juez primero decide de acuerdo con su criterio en caso de que la jurisprudencia se oponga al principio que él está buscando para resolver según la justicia y el espíritu del ordenamiento jurídico. El más humilde juez puede despreciar la más autorizada jurisprudencia de los tribunales superiores, a no ser que él considere que esa jurisprudencia es acertada jurídicamente para el caso. Claro que por medio del ejercicio del recurso, su resolución puede llegar a ser revocada eventualmente por el superior que le puede poner el peso de su jurisprudencia a la resolución. Lo importante de nuestro sistema romano-germánico es que los jueces de primera instancia pueden luchar contra la jurisprudencia de los tribunales superiores, cuando consideren que no es justa para el caso en examen. De su fundamentación (*ratio decidendi*) y la relación aguda que hagan de los hechos con sus razones jurídicas, depende el éxito de su sentencia" (GUTIÉRREZ RODRÍGUEZ: 146).

Más allá del creciente carácter vinculante del precedente jurisdiccional en nuestro ordenamiento, como lo evidencian la instauración de los precedentes constitucional y casacional -en materia penal-, los precedentes en los demás ámbitos jurídicos sin duda alguna constituyen, aún no se consideren vinculantes, una fuente del Derecho en nuestro ordenamiento. Y es que lo que caracteriza al precedente como fuente del Derecho, es que "la fuerza de esta fuente depende esencialmente de la *bondad de las argumentaciones* que apoyan la *ratio decidendi* y no de la autoridad política de la que los jueces están escasamente provistos en cuanto órganos no representativos" (Pizzorusso 1987: 175). En esto, el sistema dominicano de precedente se aproxima a la flexibilidad del norteamericano y se aleja de la rigidez del inglés y del prevaleciente en ciertos países hispanoamericanos. Y es que el derecho jurisprudencial es de base esencialmente racional por lo que hay que entender el proceso judicial, como bien ha señalado Federico C. Alvarez, "en su conjunto, que consiste en un esfuerzo común de los jueces, con la colaboración de los abogados de las partes y el aporte de la doctrina y de los precedentes judiciales, en un debate que se desenvuelve en diversas instancias, ante las cuales las opiniones no se cuentan sino que se aprecian por el mérito de las razones que les sirven de fundamento" (Alvarez: 14). En sentido general, la fuerza del precedente nada tiene que ver con un autoritarismo disfrazado de defensa de la seguridad jurídica. El precedente es una "*fuente cultural*" (Pizzorusso 1984: 409) en la medida en que es producto de la actividad de una serie de sujetos (jueces, abogados, doctrinarios), de una "comunidad de intérpretes", y que, por tanto, se contrapone al Derecho de formación política (leyes, reglamentos, etc.). "El precedente judicial es siempre persuasivo en nuestro derecho" (Alvarez: 105). Cabe aquí señalar lo expresado por un gran jurista puertorriqueño, José Trías Monge, crítico de la aceptación acrítica y absoluta del sistema del precedente y del *stare decisis*:

"[…] la tarea del juez no termina con el hallazgo de precedentes para resolver una causa de tal o cual modo. Tras determinar que los supuestos precedentes son rigurosamente aplicables a la situación de hechos en controversia comienza la labor de constatar si la solución que ofrecen es la más justa. Entre otros materiales a tal fin debe investigarse la reputación de su ratio, tanto en la doctrina como en otras jurisdicciones, a la luz de preceptos en otras disciplinas y de todo documento o estadística que pueda arrojar luz sobre su efecto, dañino o beneficioso, sobre la sociedad en que se vive. Los precedentes son útiles en diversas formas. Sirven, en primer término, para ayudar a identificar alternativas de decisión; muchas veces se hallarán distintos grupos de precedentes sobre el asunto en controversia. En segundo término, los precedentes, tras constatar su relativa validez y justicia, constituyen una excelente manera de acercarse a la 'objetividad', de frenar la inclinación instintiva del juez hacia determinada solución. Si el precedente es de comprobada calidad y ha funcionado bien debe respetársele, a menos que su modificación o rechazo se impongan claramente a la luz de otros materiales y experiencias. En ausencia de otra solución manifiestamente superior en términos documentales y prácticos, el deber del magistrado es honrar tal tipo de precedente, no importa su preferencia personal" (Trias Monge: 407).

Hoy el sistema dominicano no escapa a una tendencia generalizada de *convergencia entre los sistemas de common law y de civil law* y hacia una aceptación de un principio cada día menos limitado de *stare decisis* en ambos sistemas. En realidad, estudios recientes demuestran que en todos los países de derecho legislado el precedente es citado y aceptado como fuente de argumentación legal, al extremo que se afirma que constituye más que una fuente fáctica del derecho una verdadera fuente *de jure* (Mac Cormick: 494). La doctrina del *stare decisis* de los países del *common law* y la práctica de los tribunales de los países del sistema romano-germánico conducen a los mismos resultados y "las diferencias prácticas son microscópicas" (Zweigert: 263). En este sentido, podría afirmarse que República Dominicana avanza a convertirse en un "*mixed jurisdiction*", que es la tercera familia legal a la cual pertenecen Filipinas, Puerto Rico, Escocia, Louisiana, Québec, Israel y Sudáfrica (Palmer). Con la adopción del precedente constitucional, del casacional y del penal y la consolidación de una literatura doctrinal criolla sobre el precedente (Concepción Acosta, Pereyra, Herrera Carbuccia, Acosta de los Santos, Jáquez Liranzo, Cruceta Almánzar, Reyes, Tatem Brache), se abandona progresivamente ese *horror a la jurisprudencia* que heredamos de Robespierre y se logra someter verdaderamente al juez al Derecho en la medida en que se vincula al juez con sus propios precedentes y los de tribunales superiores, lo cual garantiza la igualdad y la seguridad jurídicas, bases esenciales de todo Estado que se precie ser un Estado de Derecho. Sin un respeto siquiera mínimo a los precedentes, el juez es un verdadero "chivo sin ley", aunque una veneración exagerada de los mismos, ausente de una justificada crítica racional de las decisiones jurisdiccionales y carente del uso de las indispensables técnicas de distinguishing y variación de los precedentes, conduce a una petrificación del ordenamiento jurídico, que cesa de evolucionar conforme avanza la sociedad y el conocimiento y que sustituye el tradicional absolutismo del legislador propio del Estado legal de derecho por el despotismo del juez de un mal entendido -y tan nocivo como aquel viejo orden- Estado constitucional de derecho. Aquí hay que evitar los extremos: no debemos transitar del tradicional positivismo del juez como simple "boca de la ley" para sustituirlo por un nuevo positivismo del juez como "*boca de la jurisprudencia*", es decir, como mero altoparlante de los precedentes supremos y constitucionales.

8. LA COSTUMBRE

La costumbre es la más antigua fuente del derecho. Tradicionalmente se ha definido por la concurrencia de tres elementos: un *elemento espacial*, que consiste en que el uso esté ampliamente extendido en un medio social, en una profesión u oficio o en una localidad; un *elemento temporal*, según el cual el uso social, caracterizado por su generalidad y uniformidad, debe de gozar de continuidad y duración en el tiempo; y un *elemento sicológico*, la llamada *opinio iuris seu necessitatis*, consistente en la creencia o convicción de que es jurídicamente obligatorio ajustar los comportamientos sociales a esas reglas de conducta consuetudinarias. En la actualidad, sin embargo, se entiende que una costumbre social deviene en costumbre jurídica cuando pertenece a un ordenamiento jurídico concreto. Esa pertenencia se concreta a través de tres posibles criterios: primero, cuando una norma de reconocimiento del sistema jurídico la reconoce como tal; segundo, cuando es adoptada como norma de organización o solución de conflictos por los órganos primarios del ordenamiento jurídico, o sea, por los que asumen las medidas coactivas de éste; y, finalmente, cuando es asumida por algún principio de derecho.

8.1 Relevancia constitucional de la costumbre

La Constitución, al igual que la inmensa mayoría de las constituciones, no se refiere a la costumbre como modo de producción jurídica. El silencio del constituyente podría interpretarse como una opción de la Constitución por la perspectiva político-constitucional de las fuentes del derecho. Conforme esta perspectiva, el problema de las fuentes del derecho radica en la determinación de cuáles autoridades ostentan la titularidad del poder legislativo. En un Estado constitucional regido por el principio de la democracia representativa y el principio de la separación de poderes son los representantes del pueblo en las cámaras legislativas los únicos autorizados para dictar las normas jurídicas obligatorias para el pueblo. Esta perspectiva no responde, sin embargo, a la cuestión del Derecho consuetudinario.

8.2 La costumbre constitucional

Frente a la costumbre general del derecho privado, en derecho constitucional se habla de *costumbre constitucional* (González Trevijano). Esta costumbre constitucional se caracteriza por dos rasgos fundamentales: en primer término, porque el sujeto no es la comunidad social, sino los diferentes órganos e instituciones del Estado, fundamentalmente los órganos constitucionales (Presidente de la República, Congreso, Suprema Corte de Justicia); y, en segundo término, porque las notas de continuidad y duración pierden importancia como consecuencia de la trascendencia de las instituciones e intereses públicos regulados. Así, en derecho constitucional, se afirma la existencia de una costumbre cuando un solo órgano o sujeto lleve a cabo uno o escasos actos de parecido contenido, en un plazo limitado de tiempo.

La única costumbre cuya constitucionalidad cabe admitir en los países con Constitución normativa es la costumbre *secundum constitutionem*. Esta costumbre sirve para complementar e integrar el derecho constitucional, enriqueciendo el derecho constitucional no escrito. "En este sentido, la costumbre debe insertarse en el programa de la norma constitucional, de modo que, a través de la articulación del derecho formal constitucional con las reglas materiales constitucionales, se contribuya al desarrollo de la Constitución" (Gomes Canotilho: 836). Una costumbre que contradiga el programa normativo constitucional es una costumbre contra constitutionem que es necesariamente una costumbre inconstitucional pues, si no fuese así, estaríamos permitiendo que se alterase la Constitución obviando los mecanismos de reforma constitucional.

8.3 Las convenciones constitucionales

Las denominadas "*convenciones constitucionales*" consisten en acuerdos, implícitos o explícitos, entre varias fuerzas políticas, acerca del comportamiento a adoptar para ejecutar determinadas normas constitucionales, legislativas o reglamentarias. Originarias del derecho constitucional británico, las "constitutional conventions" designan el conjunto de reglas no escritas que permitieron establecer el régimen parlamentario en Inglaterra (Dicey). Estas convenciones constitucionales, en la doctrina constitucional británica, son conceptualizadas como simples prácticas o máximas de moral constitucional o política, desprovistas de todo valor jurídico. Esta doctrina tradicional británica ha sido aceptada por la mayoría de la doctrina italiana (Pizzorusso), austriaca (Kelsen), y francesa (CHEVALIER), aunque la doctrina española tiende a inclinarse por reconocer en determinados casos una fuerte pretensión normativa. Representativa de esta tendencia doctrinal que reconoce a las convenciones constitucionales un valor normativo es la de González Trejivano. Para este autor, estas convenciones son "reglas jurídicas, reglas de Derecho constitucional no escrito, aunque no 'recogidas' formalmente por las normas de reconocimiento del propio ordenamiento jurídico –"fuentes extraordinem"–, en cuanto establecen reales normas de conducta o pautas de comportamiento, que disciplinan muchas de las situaciones y relaciones entre los órganos superiores del sistema político" (González Trevijano: 622). La literatura cita como convenciones constitucionales la apertura por el Rey español de cada legislatura parlamentaria, el cuidado del Presidente de los Estados Unidos de nombrar a los miembros del Gabinete de entre las diferentes regiones del país y la práctica italiana de que el Presidente de la República no critique públicamente al Parlamento ni que este último critique al primero.

8.4 Las reglas de corrección constitucional

Las *normas de corrección constitucional* son aquellas reglas de conducta a las que se sujetan los poderes públicos en sus respectivas relaciones y, en particular los diferentes sujetos que la ejercen, con el espíritu de colaboración que debe caracterizar a las instituciones públicas. Se trata de las reglas de la "ética política", de discreción, deferencia, lealtad, que constituyen una especie de tacto o urbanidad política, de ceremonial dirigido a disciplinar la discrecionalidad concedida a los órganos constitucionales. Se les llama reglas de corrección "porque es constitucionalmente correcto y oportuno respetarlas, aunque no sean obligatorias sobre un plano jurídico-constitucional: su violación, puede tener por consecuencia una eventual sanción de carácter político… pero no de carácter jurídico (Spagna Musso: 17). Ilustración de estas reglas es la abstención de los congresistas de una cámara legislativa de criticar la actividad de la otra cámara legislativa o de intentar dirigir sus operaciones y, en sentido general, en las relaciones entre los congresistas el "galateo parlamentario" que impide las disputas de carácter personal, las ofensas personales y la profusión de palabras malsonantes. La mayor diferencia entre las reglas de corrección constitucional y las convenciones constitucionales es que mientras las primeras serían fundamentalmente "*normas no jurídicas*, en materia de ceremonia, de '*fair play*' constitucional, de educación política, de la buena educación, es decir, de corrección en el desarrollo de las relaciones políticas, las normas convencionales de carácter jurídico afectarían a materias de sustancial relieve político y dotadas, por lo tanto, de una mayor sanción institucional que aquellas en los supuestos de infracción o violación" (González Trevijano: 625).

8.5 La práctica y el precedente constitucional

Finalmente hay que distinguir la costumbre constitucional, las convenciones constitucionales y las reglas de corrección constitucional de la práctica y el precedente constitucional. La práctica constitucional puede definirse como una serie de actos o hechos que indican el modo en que una autoridad intenta ejercer las competencias que la Constitución le ha confiado. Las convenciones constitucionales pueden constituir una práctica y, si se consolidan en el tiempo, una costumbre. El precedente constitucional -que no abarca el precedente jurisprudencial constitucional- es un modelo de comportamiento que se erige en una ocasión y podría ser invocado, de modo persuasivo, aunque no necesariamente vinculante, en circunstancias similares a las originales en las que se estableció. Tanto la costumbre como las convenciones, las normas de corrección, la práctica y el precedente constitucional encuentran su particular campo de formación y aplicación al interior de las asambleas legislativas, puesto que su organización interna y sus relaciones con el ejecutivo y demás poderes públicos, si bien están disciplinados por las normas escritas constitucionales y parlamentarias, se rigen también por muchas de las normas no escritas del derecho parlamentario (Martines: 74).

BIBLIOGRAFÍA

Aláez Corral, Benito. "Soberanía constitucional e integración europea". En *Cuadernos Fundamentos*. Oviedo: Instituto de Estudios Parlamentarios Europeos de la Junta General del Principado de Asturias, 1998.

Alonso García, Enrique. *La interpretación de la Constitución*. Madrid: Centro de Estudios Constitucionales, 1984.

Alvarez, Federico C. *Finalidad del recurso de casación*. Santo Domingo: 1967.

Alvarez, Roberto. "Compatibilidad de la legislación interna con las normas de la Convención Americana sobre Derechos Humanos". En *Gaceta Judicial*. No. 9, del 22 al 26 de junio de 1997.

Amiama, Manuel. *Notas de Derecho Constitucional*. Santo Domingo: ONAP, 1995.

Arenas Ramiro, Mónica. "Causas y consecuencias de la mayoría cualificada en la ley orgánica". En Ignacio Gutiérrez Gutiérrez (ed.). *Decidir por mayoría*. Madrid: Marcial Pons, 2016.

Arias, Luis. *Manual de Derecho Internacional Público Americano*. Santo Domingo: Editora Corripio, 1990.

Báez Ramírez, Nikauris. "El debido procedimiento administrativo en el dictado de normas: implicaciones del vicio de origen". https://abogadosdq.com/el-debido-procedimiento-administrativo-en-el-dictado-de-normas-implicaciones-del-vicio-de-origen/

Balaguer Callejón, Francisco y otros. *Derecho Constitucional*. Tomo I. Madrid: Tecnos, 1999.

——————. *Fuentes del Derecho*. Madrid: Tecnos, 1991.

Balaguer Callejón, María Luisa. *Interpretación de la Constitución y ordenamiento jurídico*. Madrid: Centro de Estudios Políticos y Constitucionales, 2022.

Ballarín Iribarren, Javier. "Materias conexas". En Manuel Aragón Reyes (coord). *Temas básicos de Derecho Constitucional*. Tomo I. Madrid: Civitas, 2001.

Bastida, Francisco J. "La soberanía borrosa: la democracia". www.uniovi.es/-constitucional/fundamentos/primero.

Bastidas de Ramírez, Raquel. *El precedente judicial*. Bogotá: Ediciones Doctrina y Ley, 2009.

Bazán, Víctor. "La tarea de control de constitucionalidad de los tratados y convenios internacionales por la jurisdicción constitucional". En *Anuario de Derecho Constitucional Latinoamericano*. Buenos Aires: Konrad Adenauer-Ciedla, 2003.

Berges Chupani, Manuel D. "La Suprema Corte de Justicia como fuente creadora del Derecho". En *Estudios Jurídicos*. Vol. IX, No. 1, enero-abril 2000.

Bernal Pulido, Carlos. "El precedente constitucional en Colombia". En Edgar Carpio Marcos y Pedro R. Grández Marcos. *Estudios al precedente constitucional*. Lima: Palestra, 2007.

Berranger, Thiabut de. *Constitutions nationales et construction communitaire*. París: LGDJ, 1995.

Betegón, Jerónimo et al. *Lecciones de Teoría del Derecho*. Madrid: McGraw Hill, 1997.

Bidart Campos, Germán J. *Manual de la Constitución reformada*. Tomo II. Buenos Aires: Ediar, 1997.

Brea Franco, Julio. *El sistema constitucional dominicano*. Santo Domingo: UNPHU; 1980.

Breyer, Stephen. "Foreword". Bryan Garner y otros. *The Law of Judicial Precedent*. St. Paul: Thomson Reuters, 2016.

Bustamante, Thomas da Rosa de. *Teoría del precedente judicial. La justificación y la aplicación de las reglas jurisprudenciales*. Lima: Ediciones Legales, 2016.

Cabo Martín, Carlos de. *Sobre el concepto de ley*. Madrid: Trotta, 2000.

Cancado Trindade, Antônio A. *El Derecho Internacional de los derechos humanos en el siglo XXI*. Santiago de Chile: Editorial Jurídica de Chile, 2006.

Carré de Malberg, R. *Teoría general del Estado*. México: Fondo de Cultura Económica, 1998.

Carrillo Salcedo, Juan Antonio. *Soberanía de los Estados y derechos humanos en Derecho Internacional contemporáneo*. Madrid: Tecnos, 2001.

Castillo Córdova, Luis. « La jurisprudencia vinculante del Tribunal Constitucional ». En José Luis Castillo Alva y Luis Castillo Córdova. *El precedente judicial y el precedente constitucional*. Lima: Ara Editores, 2008.

Chevalier, J. "La coutume et le Droit constitutionnel francais". En *Revue de Droit Public et de la Science Politique*. No. 6. 1970.

Comella Dorda, Rosa. *Límites del poder reglamentario en el Derecho Administrativo de los Estados Unidos*. Barcelona: Cedecs Editorial, 1997.

Concepción Acosta, Franklin E. *El precedente constitucional en la República Dominicana compilación de las Sentencias del Tribunal Constitucional*

Dominicano y precedentes comentados; índice temático. Santo Domingo: Impresora Soto Castillo, 2014.

CORIPUNA, Javier Adrián. "La jurisprudencia vinculante de los altos tribunales como límite al principio de independencia judicial". En Edgar Carpio Marcos y Pedro R. Grández. *Estudios al precedente constitucional.* Lima: Palestra, 2007.

COSCULLUELLA MONTANER, Luis. *Manual de Derecho Administrativo.* Cizur Menor: Thomson Reuters Aranzadi, 2015.

COSSIO, Carlos. *El Derecho en el Derecho judicial.* 1959.

CROSS, Rupert y J. W. Harris. *El precedente en el Derecho inglés.* Madrid: Marcial Pons, 2012.

CRUCETA, José Alberto. "El precedente constitucional vinculante". En Alejandro A. Mosco Segarra. *El precedente constitucional: análisis crítico. Homenaje a Michele Taruffo.* Santo Domingo: 2019.

CRUZ AYALA, Hernán. "Estudio acerca de la competencia de los tribunales dominicanos en materia de constitucionalidad". En *Estudios Jurídicos.* 1 (2). 1967.

CRUZ VILLALÓN, Pedro. La Constitución inédita. Madrid: Trotta, 2004.

DÍAZ FILPO, Rafael. *La reserva de ley en Iberoamérica.* Santo Domingo: Tribunal Constitucional de la República Dominicana, 2018.

DICEY, A. V. *Introduction to the Study of the Law of the Constitution.* Indianápolis: Liberty Fund, 1982.

DROMI SAN MARTIN, Laura. *Derecho Constitucional de la Integración.* Buenos Aires: Editorial Ciudad Argentina, 2002.

DWORKIN, Ronald. *Freedom's Law.* Cambirdge: Harvard University Press, 1996.

_____. *Law's Empire.* Cambridge: University Press, 1986.

_____. *Los derechos en serio.* Barcelona: Ariel, 1984.

ESPINAL, Flavio Darío. "Veto presidencial y formación de las leyes". En *Diario Libre.* 18/12/2014.

_____. "El veto presidencial: precisiones conceptuales". En *Diario Libre.* 11.9.2014.

ESTÉVEZ LAVANDIER, Napoleón. *La casación civil dominicana.* Santo Domingo: Librería Jurídica Internacional, 2019.

FALCONI GÁLVEZ, Juan T. "Lo dice formalmente el Tribunal Constitucional, pero ¿el caso Lizana Puelles es realmente un precedente?". En Susana Castañeda Otsu (dir.). *Comentarios a los precedentes constitucionales del Tribunal Constitucional.* Lima: Grijley, 2010.

FALLON, Richard H. "Stare Decisis and the Constitution: An Essay on Constitutional Methodology". En *New York University Law Review,* Vol. 76.

FAVOREU, Louis et al. *Droit Constitutionnel.* París: Dalloz, 1998.

FERNÁNDEZ, Tomás-Ramón. *Discrecionalidad, arbitrariedad y control jurisdiccional.* Lima: Palestra, 2006.

_____. *De la arbitrariedad del legislador.* Madrid: Civitas, 1998.

FERNÁNDEZ ESPINAL, Darío. "Artículo 8.5". En *La Constitución comentada por los jueces del Poder Judicial.* Santo Domingo: Suprema Corte de Justicia, 2006.

Ferrajoli, Luigi. *Constitucionalismo más allá del Estado*. Madrid: Trotta, 2018.
——————. *Garantismo*. Madrid: Trotta, 2006.
——————. *La ley del más débil*. Madrid: Trotta, 1999.
Ferrer Mac-Gregor, Eduardo. *Juicio de amparo y Derecho Procesal Constitucional*. Santo Domingo: Comisionado de Apoyo a la Reforma y Modernización de la Justicia, 2010.
Franco, Francisco. *Derecho Procesal Constitucional. Interpretación y desarrollo jurisprudencial*. Santo Domingo: 2021.
Fuenzalida Bascunan, Serhio. "La jurisprudencia de la Corte Interamericana de Derechos Humanos como fuente de derecho. Una revisión de la doctrina del "examen de convencionalidad". En *Revista de Derecho* (Valdivia), Vol. 28, no.1, julio 2015.
Galligan, D. J. *Due Process and Fair Procedures*. Oxford: Clarendon Press, 2004.
García de Enterria, Eduardo y Tomás-Ramón Fernández. Curso de Derecho Administrativo. Tomo I. Lima-Bogotá: Palestra-TEMIS, 2006.
García Majado, Patricia. *De las inmunidades del poder a la inmunidad del sistema jurídico y sus patologías*. Madrid: Centro de Estudios Políticos y Sociales, 2022.
García Roca, Javier. « La recepción constitucional de la idea de ordenamiento jurídico y su impacto en las fuentes del Derech »". En Rosa María Moreno Flórez (dir.). *El centenario del Ordenamiento jurídico de Santi Romano*. Madrid: Dyckinson, 2021.
Gerkrath, Jorg. *L'emergence d'un Droit Constitutionnel pour l'Europe*. Bruselas: Université de Bruxelles, 1997.
Gomes Canotilho, J. J. *Direito Constitucional e teoria da Constitucao*. Coimbra: Almedina, 2001.
González Beilfus, Markus. *Tribunal Constitucional y reparación de la discriminación normativa*. Madrid: Centro de Estudios Políticos y Constitucionales, 2000.
González Trejivano, Pedro José. *La costumbre en Derecho Constitucional*. Madrid: Congreso de los Diputados, 1989.
Gordillo, Agustín. *Tratado de Derecho Administrativo*. Tomo I. Buenos Aires: Fundación de Derecho Administrativo, 2003.
——————. *Derechos Humanos*. Buenos Aires: Fundación de Derecho Administrativo, 1999.
Granillo Ocampo, Raúl. *Derecho Público de la Integración*. Buenos Aires: Editorial Ábaco de Rodolfo Depalma, 2007.
Guevara Palacios, Augusto. *Los dictámenes Consultivos de la Corte Interamericana de Derechos Humanos: Interpretación Constitucional y Convencional*. Mendoza: J.M. Bosch Editor, 2012.
Gutiérrez Rodríguez, Marcos de Jesús. *La jurisprudencia como fuente de Derecho*. San José: Editorial Juricentro, 1982.
Habermas, Jürgen. *Facticidad y validez*. Madrid: Trotta, 1998.
Hart, H. L. A. *El concepto de Derecho*. México: Editora Nacional, 1980.

Hayek, Friedrich A. *Law, Legislation and Liberty*. Vol. I. Chicago: The University of Chicago Press, 1983.

Herrera Billini, Hipólito. Discurso publicado en *Revista Jurídica Dominicana*. Edición extraordinaria de 1958.

Holmes, Oliver Wendell. *The Common Law*. Boston: Little, Brown & Co., 1938.

Hostos, Eugenio María de. *Lecciones de Derecho Constitucional*. Santo Domingo: ONAP, 1982.

Jorge Blanco, Salvador. *Introducción al Derecho*. Santo Domingo: Capeldom, 2000.

Jorge Prats, Eduardo y Omar Victoria Contreras. *Derecho de la Regulación Monetaria y Financiera*. Santo Domingo: Ius Novum, 2008.

Kelsen, Hans. *Teoría pura del Derecho*. México: UNAM, 1986.

_____. "La garantía jurisdiccional de la Constitución". En *Anuario Iberoamericano de Justicia Constitucional*. Núm. 15, Madrid (2011), págs. 249-300.

Kosko, Bart. Fuzzy Thinking. New York: Hyperion, 1993.

Lafuente Balle, José Ma. *La judicialización de la interpretación constitucional*. Madrid: Colex, 2000.

Landa, César. "Los precedentes constitucionales". En Susana Castañeda Otsu (dir.). *Comentarios a los precedentes constitucionales del Tribunal Constitucional*. Lima: Grijley, 2010.

Liendo Tagle, Fernando. *Los precedentes vinculantes y su incorporación en el orden jurídico*. Lima: Ara Editores, 2012.

Loewenstein, Karl. *Teoría de la Constitución*. Barcelona: Ariel, 1976.

López Guerra, Luis y otros. *Derecho Constitucional*. Vol. I. Valencia: Tirant lo Blanch, 2000.

López Medina, Diego Eduardo. *El Derecho de los jueces*. Bogotá: Legis, 2006.

Louis, Jean-Víctor. *El ordenamiento jurídico comunitario*. Luxemburgo: Oficina de Publicaciones Oficiales de las Comunidades Europeas, 1995.

Luchaire, Francois. *Droit de la decentralisation*. París: PUF, 1989.

Luciano Pichardo, Rafael. "Discurso pronunciado en el acto de puesta en circulación de la obra 'Un lustro de jurisprudencia civil'". En Gaceta Judicial. 23 de agosto al 6 de septiembre del 2002.

_____. *Rol de la Suprema Corte de Justicia como corte de casación y unificadora de la jurisprudencia nacional*. Santo Domingo: Escuela Nacional de la Judicatura, 2001.

Luhmann, Niklas. *Social Systems*. Stanford University Press, 1999.

MacCormick, D.N. y R.S. Summers. *Interpreting Precedents: A Comparative Study*. Ashgate: Darmouth, 1997.

Machado Martins, Priscila. "La cosa juzgada en las decisiones de la Corte Interamericana de Derechos Humanos". En *Revista Jurídica Direito & paz*. No. 36. Año IX. (I- 2017)

Magaloni Kerpel, Ana Laura. *El precedente constitucional en el sistema judicial norteamericano*. Madrid: McGraw Hill, 2001.

Marinoni, Luis Guilherme. *La ética de los precedentes*. Lima: Palestra, 2017.

——————. "El precedente interpretativo". En Giovanni Priori Posada (coord.). *Proceso y Constitución. El rol de las Altas Cortes y el derecho a la impugnación*. Lima: Palestra, 2015.

——————. *Precedentes obligatorios*. Lima: Palestra, 2013.

Mariño Menéndez, Fernando M. *Derecho Internacional Público*. Madrid: Trotta, 2005.

Martines, Temistocle. *Diritto costituzionale*. Roma: Giuffre, 2022.

Maturana, Humberto R. y Francisco J. Varela. *The Tree of Knowledge*. Boston: Shambhala, 1998.

Medina García, Ivette Z. *El precedente constitucional vinculante*. Santo Domingo: Librería Jurídica Internacional, 2021.

Mirabal, Minerva. *El principio de irretroactividad de las leyes y la jurisprudencia dominicana*. Santo Domingo: Tribunal Constitucional de la República Dominicana / Centro de Estudios Constitucionales / Editora Amigo del Hogar, 2022.

Mirkine-Guetzévitch, Boris. *Derecho Constitucional Internacional*. Madrid: Editorial Reus, 2008.

Montilla Martos, José Antonio. *Las leyes singulares en el ordenamiento constitucional español*. Madrid: Civitas 1994.

Moral Soriano, Leonor. *El precedente judicial*. Madrid: Marcial Pons, 2002.

Muñoz Machado, Santiago. *Tratado de Derecho Administrativo y Derecho Público General*. Tomo II. Madrid: Iustel, 2006.

Nieto, Alejandro. *El arbitrio judicial*. Barcelona: Ariel, 2000.

Nino, Carlos Santiago. *Fundamentos de Derecho Constitucional*. Buenos Aires: Astrea, 1992.

Nogueira Alcalá, Humberto. "El control de convencionalidad por los Estados parte la Convención Americana sobre Derechos Humanos y tribunales chilenos". En *Revista de Derecho* 15 (I-2017).

——————."Las constituciones latinoamericanas, los tratados internacionales y los derechos humanos". En *Anuario de Derecho Constitucional Latinoamericano*. Buenos Aires: Konrad Adenauer-Ciedla, 2000.

Ollero Tassara, Andrés. *Igualdad en la aplicación de la ley y precedente judicial*. Madrid: Centro de Estudios Constitucionales, 1989.

Otto, Ignacio de. *Derecho Constitucional*. Barcelona: Ariel, 1998.

Palmer, Vernon Valentin. *Mixed Jurisdictions Worldwide: The Third Legal Family*. Cambridge: Cambridge University Press, 2001.

Paulus, Andreas. "Globalización en el derecho constitucional". En Michael Stolleis, Andreas Paulus e Ignacio Gutierrez. *El Derecho constitucional de la globalización*. Madrid: Fundación Coloquio Jurídico Europeo, 2013.

Pellerano Gómez, Juan Manuel. *El control judicial de la constitucionalidad*. Santo Domingo: Capeldom, 1998.

——————. "La constitucionalización de los tratados". En *Estudios Jurídicos*. Enero-abril 1994.

_____. *Constitución y política.* Santo Domingo: Capeldom, 1990.
Pérez Luño, Antonio Enrique. *La seguridad jurídica.* Madrid: Ariel, 1991.
Pereyra, Luis Miguel. *"De la jurisprudencia al precedente".* En Alejandro A. Moscoso Segarra (dir.). *El precedente constitucional: análisis crítico.* Santo Domingo: 2019.
Pizzorusso, Alessandro. *Curso de Derecho Comparado.* Barcelona: Ariel, 1987.
_____. *Lecciones de Derecho Constitucional.* Tomo II. Madrid: Centro de Estudios Constitucionales, 1984.
Ponce Solé, Juli. *Deber de buena administración y derecho al procedimiento administrativo debido.* Madrid: Lex Nova, 2001.
Prieto Sanchís, Luis. "El constitucionalismo de los derechos". En Miguel Carbonell (editor). *Teoría del neoconstitucionalismo.* Madrid: Trotta, 2007.
Recassens-Siches, Luis. *Introducción al estudio del Derecho.* 1995.
Requejo Pagés, Juan Luis. *Sistemas normativos, Constitución y ordenamiento.* Madrid: McGraw Hill, 1995.
Remiro Brotons, Antonio. *Derecho Internacional.* Valencia: Tirant lo Blanch, 2007.
Reyes-Torres, Amaury. "El Precedente y El Tribunal Constitucional: Una Aproximación" (November 22, 2013). Available at SSRN: https://ssrn.com/abstract=2357696 or http://dx.doi.org/10.2139/ssrn.2357696
Rodríguez, Cristóbal. « Arancel tasa cero y su régimen de mayoría ». En *Diario Libre*. 13 de abril de 2022. https://www.diariolibre.com/opinion/en-directo/2022/04/12/la-ley-de-arancel-tasa-cero-tiene-un-carater temporal/1766480
Rodríguez de Santiago, José María. *Sistema de fuentes del Derecho Administrativo. La dirección de la Administración a través del Derecho.* Madrid : Marcial Pons, 2021.
Roland, Henri y Laurent Boyer. *Introduction au droit.* Paris : Litec, 2002.
Ross, Alf. *Teoría de las fuentes del Derecho.* Madrid: Centro de Estudios Políticos y Constitucionales, 2018.
_____. *Sobre el Derecho y la justicia.* Buenos Aires: Ed. Universidad de Buenos Aires, 1977.
Roubier, Paul. *Le Droit Transitoire.* Paris : 1960.
Roux, A. *Droit Constitutionnel Local.* París: Económica, 1995.
Rubio Llorente, Francisco. *La forma del poder.* Madrid: Centro de Estudios Constitucionales, 1997.
Sagüés, Nestor Pedro. "El valor del precedente de la jurisprudencia de la Corte Suprema de Justicia en EE.UU. y Argentina". En Edgar Carpio Marcos y Pedro R. Grández. *Estudios al precedente constitucional.* Lima: Palestra, 2007.
Santiago Iglesias, Diana. *La jurisprudencia y su función en el ordenamiento jurídico administrativo. Un estudio desde la óptica de los principios de igualdad y seguridad jurídica.* Madrid: Marcial Pons, 2021.

Santofimio Gamboa, Jaime. *El concepto de convencionalidad: vicisitudes para su construcción sustancial en el sistema interamericano de derechos humanos.* Segunda edición. Bogotá: Universidad Externado de Colombia, 2018.

Santamaría Pastor, Juan Alfonso. *Principios de Derecho Administrativo.* Vol. I. Madrid: Editorial Centro de Estudios Ramón Aceres, 2000.

Schmitt, Carl. *Teoría de la Constitución.* Madrid: Alianza Editorial, 1982.

Solá, Juan Vicente. *Derecho Constitucional.* Buenos Aires: LexisNexis / Abeledo Perrot, 2006.

Solozabál Echavarría, Juan José. "Algunas cuestiones básicas de las teorías de los derechos fundamentales". En *Revista Estudios Políticos.* No. 71. Enero-marzo 1991.

Spagna Musso, E. *Diritto Costituzionale.* Tomo I. Padua: Cedam, 1979.

Starck, Boris. *Introduction au droit.* Paris: Litec, 1991.

Starck, Christian. "Los criterios competenciales en la armonización de ordenamientos jurídicos". En Rosa María Moreno Flórez (dir.). *El centenario del Ordenamiento jurídico de Santi Romano.* Madrid: Dyckinson, 2021.

Stern, Klaus. *Jurisdicción constitucional y legislador.* Madrid: Dykinson, 2009.

Suárez Crothers, Christian. "El rol de la ley en la configuración de los derechos fundamentales". www.unisi.it/ricerca/dip/dir-eco/comparato/suarez.doc

Subero Isa, Jorge. "El papel de la jurisprudencia como fuente del Derecho". En *Gaceta Jurídica: Derecho y Negocios.* No. 5, mayo-junio 1993.

Tarazona Navas, Julio Alberto. *El imperio de la Constitución y del precedente constitucional.* Bogotá: Ediciones Doctrina y Ley, 2005.

Taruffo, Michel. "Consideraciones sobre el precedente". En Revista Ius et Veritas, No. 53, diciembre 2016.

—————. *El vértice ambiguo. Ensayos sobre la casación civil.* Lima: Palestra, 2006.

Tena de Sosa, Felix. "Artículo 103.– Plazo para conocer las observaciones del Poder Ejecutivo". En VVAA. *Constitución Comentada 2015.* Santo Domingo: FINJUS, 2015.

Terré, Francois y Nicolas Molfessi. *Introduction générale au droit.* Paris: Dalloz, 2021.

Teubner, Gunther (editor). *Autopoietic Law: A New Approach to Law and Society.* Berlín: de Gruyter, 1988.

—————. *State, Law, Economy as Autopoietic Systems.* Berlín: de Gruyter, 1987.

Trias Monge, José. *Teoría de adjudicación.* San Juan: Universidad de Puerto Rico, 2000.

Valera Montero, Miguel A. "Inconstitucionalidad sobrevenida: comentarios a la sentencia No. 12 del 23 de agosto del 2000". En *Revista de Ciencias Jurídicas y Políticas.* UNPHU. Enero-mayo 2001.

Vega, Juan Carlos y Marisa Adriana Graham. *Jerarquía constitucional de los tratados internacionales.* Buenos Aires: Astrea, 1996.

VIDAL-NAQUET, Ariane. *Les garanties legales des exigences constitutionnelles dans la jurisprudence du Conseil Constitutionnel.* Paris : Editions Panthéon Assas, 2007.

WRÓBLEWSKI, Jerzy. *Sentido y hecho en el derecho.* Lima: Grijley, 2013.

ZADEH, L. A. *Fuzzy Sets and Applicattions: Selected Papers.* New York: Wiley, 1987.

ZAGREBELSKY, Gustavo. *El Derecho dúctil.* Madrid: Trotta, 1995.

ZADEH, L. A. *Fuzzy Sets and Applications: Selected Papers.* New York: Wiley, 1987.

ZENATI, Frederic. *La jurisprudence.* París: Dalloz, 1991.

ZWEIGHERT, K. y H. Kotz. *An Introduction to Comparative Law.* Oxford: Oxford University Press, 1998.

CAPÍTULO CINCO
La Interpretación Constitucional

El trabajo del jurista consiste en la interpretación de las normas jurídicas. Sea en un debate ante un tribunal, sea en la formulación de un contrato, en el terreno que fuere, de manera contenciosa o de modo pacífico, cuando el jurista interviene, lo hace, encontrando en la norma la solución del problema que se somete a su consideración. Detrás de cada operación llevada a cabo por un jurista, encontramos siempre una operación de interpretación de normas. "Sin interpretación no hay derecho. Mejor dicho, no hay derecho que no exija ser interpretado. La interpretación es la sombra que acompaña el cuerpo. De la misma manera que ningún cuerpo puede librarse de su sombra, el derecho tampoco puede librarse de la interpretación" (PÉREZ ROYO: 113).

1. LA TRADICIONAL AUSENCIA DE LA INTERPRETACIÓN EN EL DERECHO CONSTITUCIONAL

A pesar de la medular importancia de la interpretación para el derecho y la tarea del jurista, en derecho constitucional la interpretación ha estado ausente durante siglo y medio y ha hecho su aparición súbita comenzada la década de los 50 del siglo XX. En ninguna otra rama del derecho ha ocurrido algo semejante. En todas, se le ha concedido a la interpretación un lugar preponderante. Y en todas han sido aceptados los criterios interpretativos definidos por la teoría general del derecho privado en la primera mitad del siglo XIX. Cuando surge el derecho comercial, el derecho administrativo y el derecho laboral, los estudiosos de estas ramas del derecho no elaboran una teoría de la interpretación especial para dichos derechos, sino que acuden a la interpretación tal como había sido conformada por la hermenéutica privatista, haciendo las adaptaciones de lugar. Se entiende que la interpretación es una e indivisible: la *interpretación jurídica*.

Cuando comienza a emerger el derecho constitucional como rama del derecho a partir de finales del siglo XVIII, la interpretación brilla por su ausencia hasta que, a mediados de la década de los 50 del siglo XX, comienza a brillar por su presencia una *"teoría de la interpretación de la Constitución"*. "Así pues, en el Derecho Constitucional no ha habido interpretación jurídica desde el principio, como ha ocurrido en todas las demás disciplinas jurídicas sin excepción, y cuando la ha habido, ha sido una interpretación jurídica distinta de la de todas las demás disciplinas, también sin excepción. O ninguna o distinta. Estas han sido las condiciones en las que se han relacionado los términos Constitución e Interpretación a lo largo de los dos siglos de vida del Estado Constitucional" (Pérez Royo: 114).

De modo que quien aborde la problemática de la interpretación constitucional debe, ante todo, responder varias preguntas: "¿Por qué cuando el Derecho Constitucional se constituye como disciplina jurídica con base en el principio de constitucionalidad no se comporta como lo hicieron las demás ramas del Derecho cuando se constituyeron como disciplinas autónomas? ¿Por qué el Derecho Constitucional no puede simplemente "hacer suya" la teoría general de la interpretación, como hicieron los demás? ¿Por qué ha tenido que desarrollar una teoría propia de la interpretación, una teoría de la interpretación de la Constitución?" (Pérez Royo: 116).

Cuando el juez controla la constitucionalidad de las leyes y los actos de los poderes públicos, no se limita a colocar la ley o acto impugnado por pretendida inconstitucionalidad al lado de la Constitución, sino que tiene que interpretar la Constitución. Tradicionalmente la interpretación de la Constitución empleaba los mismos métodos y técnicas de la interpretación de las leyes. Prevalecía la idea de que, dado que la Constitución era una ley –solo que una ley sustantiva, fundamental o ley de leyes–, la interpretación constitucional participaba de las mismas características de la *interpretación legal ordinaria* y, por tanto, se trataba de asignar sentido a los términos utilizados en aquellas en base a las reglas de esos métodos clásicos de interpretación adjetiva.

Pero es claro que, así como en cada ciencia su objeto determina la metodología para su investigación atendiendo a la distinta naturaleza de los fenómenos que estudia, la específica y distintiva naturaleza de la norma constitucional condiciona una metodología para su interpretación radicalmente diferente a la que se aplica para la interpretación de las demás normas jurídicas. De ahí que no puedan ser aplicados los mismos principios, métodos y técnicas de la interpretación legal para la *interpretación constitucional*.

La interpretación ha estado ausente del derecho constitucional por las mismas razones que explican la prevalencia en Europa continental de una concepción descriptiva de la Constitución sobre una *concepción normativa*, contrario a lo ocurrido en Estados Unidos de América. Donde reina el principio de la *soberanía de la ley*, la Constitución es una simple proclama o documento político y la única interpretación constitucional válida es la política, que es aquella que provee el legislador al dictar la ley. Dado que la Constitución está a disposición del legislador, la Constitución queda fuera del mundo del derecho y no hay sitio, en consecuencia, para la interpretación jurídica de ésta. Cuando se abandona la *concepción descriptiva de la Constitución* y ésta pasa a ser una norma jurídica, la Constitución deviene entonces un texto sujeto a interpretación como las demás normas. Pero, al ser una norma de características distintas a las de las normas ordinarias como la ley y el reglamento, la interpretación de la Constitución adopta unos rasgos que la hacen distinta de la interpretación jurídica en otras áreas del Derecho. En resumen, "mientras prevaleció el paradigma del Estado de Derecho Legal no era posible que el juez interpretara la Constitución, pues para cumplir su rol era suficiente con interpretar la ley, fuente en la cual se consideraba que estaba todo el Derecho. En otros términos, el juez encontraba en la ley la respuesta de cualquier problema jurídico. La Constitución fue considerada como un programa político, no como una fuente del Derecho. Bajo este paradigma, no era necesario que el juez argumentara, contrario a lo que ocurre en el Estado de Derecho Constitucional, en el cual la tarea esencial del juez es argumentar" (ACOSTA: 80).

2. LA DISCUSIÓN EN TORNO A LA INTERPRETACIÓN CONSTITUCIONAL

Si antes no se hablaba de interpretación constitucional, hoy puede decirse que los constitucionalistas pasan la mayor parte de su tiempo sumidos en disputas acerca de cómo debe interpretarse la Constitución. La discusión tiene lugar a ambos lados del Atlántico...

2.1 La discusión estadounidense

La discusión acerca de la interpretación constitucional en los Estados Unidos se desarrolla alrededor de tres corrientes doctrinarias contrapuestas: el interpretativismo, el no interpretativismo y una corriente ecléctica, que pretende y trata de situarse a medio camino entre las dos primeras.

2.1.1 La corriente del interpretativismo u originalismo. El *interpretativismo* considera que los jueces, al interpretar la Constitución, deben limitarse a captar el sentido de los preceptos expresos en la Constitución o, por lo menos, de los claramente implícitos. El interpretativismo, a pesar de que no se confunde con el *literalismo* –que parte de que la competencia interpretativa de los jueces termina en donde el texto claro de la interpretación indica–, considera que los límites de la competencia interpretativa son la textura semántica y la voluntad del legislador. Estos límites son postulados por el *principio democrático*: la decisión judicial no debe sustituir la decisión política del legislador de la mayoría democrática, es decir, el *rule of law* no debe transmutarse en el *law of judges*, pues de ese modo el gobierno de las leyes sería suplantado por el gobierno de los hombres. El control judicial de constitucionalidad tendría entonces unos límites claros: la propia Constitución escrita y la voluntad del poder político democrático.

De acuerdo con los exponentes más destacados de esta corriente (BLACK, BERGER, BORK, REHNQUIST), la Constitución, en su calidad de ley suprema, constituye y limita el *poder político del Estado*, el cual no es, en consecuencia, un poder incondicionado sino un poder constitucionalmente conformado. El poder político democrático es el valor fundamental de la Constitución por lo que el control judicial de los actos legislativos debe considerarse siempre un mecanismo excepcional. Este control sólo es admisible y posible cuando el texto o la *"intención de los padres fundadores"* permitan deducir una regla clara que sirva de parámetro al juicio de constitucionalidad. Cuando no sea posible deducir esta regla, la competencia decisoria y decisiva para la disciplina jurídica de los problemas pertenece a los órganos políticamente responsables y democráticamente legitimados.

Esta corriente parte de un entendimiento de la función de la Constitución esencialmente institucional y procedimental en virtud de la cual compete a ésta establecer procedimientos y competencias de los órganos estatales y se rechaza como improcedente la fijación constitucional de fines y contenidos de justicia. La Constitución vendría a ser un mero *instrumento de gobierno* lo cual se basa en dos premisas fundamentales del orden democrático y liberal: (i) la tesis del *pluralismo*, en virtud de la cual es necesario confiar a los órganos políticamente responsables la concretización de los contenidos de libertad y de justicia defendidos por los diversos grupos políticos, religiosos y culturales de una sociedad eminentemente pluralista; y (ii) la tesis del *relativismo* de los valores que obliga a rechazar una visión fundamentalista de los valores y a otorgar un simple peso relativo a los valores defendidos por una mayoría democrática en contraste con los de la minoría o de un órgano judicial.

El interpretativismo emergió a mediados de los años 60 del siglo pasado como respuesta a las sentencias liberales de la denominada Corte Warren, tribunal que produjo avanzadas decisiones en materia de igualdad racial y derechos sociales. Esta teoría ha pasado a ser conocida como "*originalismo*" desde la publicación en 1971 del célebre artículo de Robert Bork sobre el discurso protegido por la Primera Enmienda, en donde afirma que el juez debe ceñirse "al texto y a la historia, y sus justas consecuencias, y no construir nuevos derechos" (BORK). Considerada una teoría radical en 1987, cuando el Senado de los Estados Unidos rechazó la confirmación de un confeso originalista como Bork para integrar la Suprema Corte, hoy, sin embargo, es la ideología judicial hegemónica en la nación norteamericana, con jueces supremos (tales como Thomas, Gorsuch y Barret) y de cortes federales inferiores declarándose abiertamente originalistas y con una actitud activista en sus partidarios -otrora considerada patrimonio exclusivo de los no originalistas liberales- que ha llegado, como en el caso *Dobbs vs Jackson Women's Health Organization* (597 U.S. [2022]), al extremo de revocar un viejo precedente tan consolidado como el de Roe vs. Wade (410 U.S. 113 [1973] que reconoció el derecho al aborto.

Pero, aparte de su rechazo de los precedentes históricamente consolidados, los grandes problemas del originalismo, como bien afirma la mejor doctrina (CHEMERINSKY: 44-165), son: el epistemológico -que asume que el juez no hace derecho, sino que simplemente lo aplica, no importando su ideología liberal o conservadora-, el de su incoherencia -los padres fundadores no quisieron que la Constitución se interpretase conforme su intención original, es decir, no hubo "intención original de que la Constitución se interpretase de acuerdo con su significado original-, el de sus abominables resultados -por ejemplo, permitir que se violen los derechos de las minorías, mientras se espera que el constituyente democrático ratifique enmiendas constitucionales protectoras contra la discriminación como la *Equal Rights Amendment*, que, desde 1972, está pendiente de una ratificación que no llega, a pesar de haber sido aprobada en el Congreso con una extraordinaria mayoría-, el de su anacronismo, que lo vuelve inútil -y que impide por ello, por ejemplo, considerar, desde la perspectiva estrictamente originalista, que existe libertad de expresión en internet cuando este medio electrónico no existía al momento de entrar en vigor la Constitución- y el de su hipocresía -que, aparte de proponer en ocasiones el tradicional *judicial restraint* y en otras postular un desvergonzado activismo, explica por qué los jueces originalistas abandonan su teoría originalista cuando se trata de avanzar su agenda conservadora, como lo demuestra la oposición de Scalia y Thomas a los programas de acción afirmativa, claramente permitidos por la Constitución desde una perspectiva originalista, como evidencia la historia constitucional estadounidense, llena de instancias en donde las leyes hacían distinciones raciales para perjudicar y luego para beneficiar a determinados colectivos.

La sentencia en el caso Dobbs es una clara muestra de las inconsistencias del método originalista. La Corte Roberts revoca el precedente de *Roe vs. Wade* que reconocía el derecho al aborto, remontándonos al pensamiento de 1868 -sin explicarnos por qué precisamente a esa época y por qué cómo evolucionó el derecho tras esa fecha no es importante para la decisión-, un pensamiento que, por demás, fue construido en una época en que las mujeres ni tenían derechos ni podían participar en el debate público y, lo que no es menos importante, pasando por alto que el derecho de la época en que la Enmienda XIV fue ratificada sí apoyaba el derecho al aborto -y así se consigna en el voto disidente de la sentencia-, derecho históricamente adquirido en luchas y conquistas populares que los jueces no pueden olímpicamente desconocer. Por si esto fuera poco, la Corte, tras invalidar el precedente de Roe, remite la cuestión del aborto a las legislaturas estatales, demostrando que no es lo mismo llamar al "*constitucionalismo popular*" -al cual nos referimos en el Capítulo 1- que verlo llegar, haciéndose realidad el sueño húmedo de quienes, amparados en las tesis de los constitucionalistas populares, reclaman una interpretación constitucional democrática y popularmente legitimada por encima de la "supremacía judicial" de la "juristocracia". Aunque los defensores del constitucionalismo popular consideran Dobbs una provocación y una burla de los originalistas al verdadero sentido de esta aproximación teórica al constitucionalismo, resaltando que no se puede confundir el debate democrático, público y ciudadano a las decisiones de unos congresos capturados por los intereses de las oligarquías partidarias que monopolizan la representación, lo importante, al margen de determinar si esta decisión responde o no a los postulados del constitucionalismo popular, es señalar el descarado oportunismo y las inconsistencias del originalismo "realmente existente" de los jueces del tribunal supremo estadounidense. Un originalismo que, tras Dobbs, retorna a las mujeres estadounidenses a la tierra de nadie de la exclusión, la discriminación, la opresión, la vulnerabilidad y la inseguridad, donde residen millones de ciudadanos afroamericanos y latinos -sujetos a leyes impulsadas por los republicanos para suprimir su voto- e inmigrantes ilegales -sumidos en el limbo de las personas "sin derecho a tener derechos".

2.1.2 La corriente del no interpretativismo o del constitucionalismo viviente. Esta corriente defiende la posibilidad y la necesidad de que los jueces invoquen y apliquen valores y principios sustantivos "*principios de libertad y de justicia*" contra los actos de los poderes públicos que no sean cónsonos con el "proyecto" de la Constitución. Debe apelarse, en consecuencia, a *substantive values* que incluyen no solo el principio democrático sino fundamentalmente la justicia, la igualdad y la libertad, y que potencian la competencia interpretativa de los jueces.

Los presupuestos de esta corriente, según uno de sus más ilustres exponentes, son: (i) la *soberanía de la Constitución*, ya que el derecho de la mayoría es limitado por la Constitución no solo cuando existen reglas constitucionales específicas sino también cuando las formulaciones constitucionales se presentan bajo la forma de estándares, de conceptos vagos; (ii) la *objetividad de la interpretación* que no es perturbada por el hecho de que los jueces apliquen los principios de libertad, justicia e igualdad, pues, en todo caso, estos principios están anclados en un determinado *ethos* social, aparte de que la interpretación de la Constitución se realiza siempre tomando en cuenta el texto, la historia, los precedentes, las reglas de procedimiento y las normas de competencia, lo que permite una interpretación tendencialmente objetiva; y (iii) el no interpretativismo supone que el Derecho Constitucional está compuesto no solo de reglas jurídicas concretas sino sobre todo por *principios jurídicos abiertos* como la justicia, la imparcialidad, la igualdad, la libertad y el debido proceso, cuya concretización a través de la mediación judicial es una tarea indeclinable de los jueces, si se quiere asumir el Derecho como una "*integridad*" (DWORKIN).

El *no interpretativismo o no originalismo* es la ideología judicial que ha prevalecido mayormente en la historia constitucional de los Estados Unidos, cuya Suprema Corte, salvo en su composición actual tras las tres designaciones de jueces supremos por el presidente Trump, siempre ha rechazado el originalismo y siempre ha interpretado la Constitución tomando en cuenta una variedad de fuentes: el texto constitucional, la intención del constituyente -si se conoce-, el significado original del texto -hasta donde sea posible conocerlo-, la estructura de la Constitución, las prácticas constitucionales, las tradiciones constitucionales y sociales, el precedente y lo que resulta mejor para la sociedad. El no originalismo permite que la Constitución evolucione como Constitución viviente a través de la interpretación de sus cláusulas generales, de sus conceptos, tomando en cuenta los valores de la sociedad y de la Constitución, tal como son explicitados y escogidos por los jueces, que no pretenden esconder estos y los suyos, como realizan los originalistas cuando disfrazan los mismos bajo los supuestos valores de hace siglos, en una interpretación supuestamente objetiva pero que, en verdad, tan solo disfraza sus prejuicios conservadores (CHEMERINSKY: 166-185).

2.1.3 El "constitucionalismo del bien común" y la "moral interna del derecho". En años recientes, se añade un tercer eje a la discusión estadounidense, cuyo entendimiento contribuye a la mejor comprensión de las corrientes hermenéuticas antes descritas. Adrian Vermeule, en su célebre artículo "Beyond Originalism" (2020) en la revista *The Atlantic*, ampliado luego en su libro *Common Good Constitutionalism* (2022), hace una fuerte crítica al originalismo utilizando la herramienta de la "lectura moral de la Constitución" de Dworkin y propone, por su parte, un "constitucionalismo del bien común", que, si bien "es metodológicamente dworkiniano", en verdad "aboga por un conjunto muy diferente de compromisos y prioridades morales sustantivos de los de Dworkin, que eran de una inclinación liberal de izquierda convencional" (VERMEULE). Dworkin y Vermeule hablan de una "moral política" positivizada pero la moral de

Vermeule está en las antípodas de la de Dworkin. Vermeule considera que, en lugar de los conservadores adoptar una estrategia de defender sus posiciones parapetados tras un vergonzante y desacreditado originalismo/textualismo, es mejor usar la hermenéutica de Dworkin, pero haciendo una lectura moral conservadora de la Constitución. Pero, en realidad, Dworkin no aboga por una determinada moral, que obligue a los jueces a encontrar una única solución correcta conforme esta moral positivizada, o que les permita fallar según su propia conciencia moral. Dworkin más bien postula que, como bien afirma en *Law's Empire*, la "Constitución es derecho y, como todo derecho, está anclada en la historia, la práctica y la integridad", lo que requiere que los jueces asuman "que el derecho está estructurado por un conjunto coherente de principios sobre justicia, equidad y debido proceso" (DWORKIN: 243).

Vermeule avanza un constitucionalismo basado en la vieja idea del *bien común*, que se impone sobre los intereses individuales, en tanto no es la suma de las libres voluntades individuales, y que, para los liberales, se remonta: al tatarabuelo del totalitarismo, Platón, para quien los intereses propios debían ser sacrificados en aras de los "intereses de todos"; a su bisabuelo Santo Tomas de Aquino, quien piensa que el bien común no es la simple suma de los bienes individuales; y a su abuelo, Rousseau, para quien, mientras la voluntad de todos es la suma de las voluntades particulares, la voluntad general "no tiene en cuenta sino el interés común". Es esa clásica desconfianza liberal frente al bien común lo que llevó a Joseph A. Schumpeter a señalar que éste es inaceptable en democracia. Para el economista austríaco, "no hay tal bien común, unívocamente determinado, en el que todo el mundo pueda estar de acuerdo o pueda hacérsela estar de acuerdo en virtud de una argumentación racional. Esto no se debe primordialmente al hecho de que algunos puedan querer cosas distintas del bien común, sino al hecho mucho más fundamental de que, para los distintos individuos y grupos, el bien común ha de significar necesariamente cosas diferentes" (SCHUMPETER: 322). Esto explica por qué en las sociedades contemporáneas, caracterizadas por su heterogeneidad y complejidad, siempre habrá interpretaciones distintas del bien común, que nunca podrán resolverse apelando a una etérea y evanescente voluntad general y sí podrán dirimirse en el marco de una democracia deliberativa y dialógica (HABERMAS, NINO); de un "*consenso superpuesto*" (RAWLS) entre partidarios de doctrinas aparentemente incompatibles de justicia que pueden, sin embargo, encontrar un "*common ground*" en democracia; y de una jurisdicción constitucional que interpreta la Constitución como conjunto de principios y que se legitima por la justificación de sus decisiones conjuntamente y cara a la "comunidad de intérpretes constitucionales" (HÄBERLE).

Lo anterior sonará como simple jerga sin sentido a todo aquel conservador que, cual Donoso Cortés del siglo XXI, critica la indecisión liberal y su fe ciega en la discusión pública racional. Ya lo dice Schmitt: "Es, según Donoso, consustancial al liberalismo burgués no decidirse por uno ni por otro en la contienda y, en su lugar, tratar de entablar una discusión. Define la burguesía como la 'clase discutidora'. Con lo cual queda juzgada, pues en ello estriba que trate de eludir la decisión. Una clase que despliega su actividad política en discursos en la prensa y en el parlamento, no puede hacer frente a una época de luchas sociales" (SCHMITT 2009: 53).

E pur si muove: aún en una democracia constitucional, aparece una especie de bien común, lo que Ferrajoli ha denominado la "*esfera de lo indecidible*", constitucionalmente reconocida y que es intangible para las mayorías. Esta consiste en "la esfera de lo '*indecidible que*', es decir, de lo que no está permitido (o está prohibido) decidir, determinada por el conjunto de los derechos individuales que excluyen, en cuanto expectativas negativas, decisiones que puedan dañarlos o reducirlos; y la esfera de lo '*indecidible que no*', es decir de lo que no está permitido no (o es obligatorio) decidir, determinada por el conjunto de los derechos sociales que imponen, en cuanto expectativas positivas, decisiones idóneas para satisfacerlos. Solo lo que está fuera de estos ámbitos es la '*esfera de lo decidible*', dentro de la cual es legítimo el ejercicio de los derechos secundarios, instrumentales o de autonomía: de la autonomía política, habitualmente medida por la representación política, en la producción de las decisiones legislativas y de gobierno; y de la autonomía privada, como se desarrolla sobre todo en los intercambios de mercado, en la producción de las decisiones privadas" (Ferrajoli: 22).

Vermeule, con su tercera vía hermenéutico-constitucional frente a los tradicionales enfoques del originalismo, auspiciado por los juristas conservadores, y del constitucionalismo progresivo o viviente, propio de los juristas liberales e inspirado en la filosofía de Ronald Dworkin, coincide con las objeciones que hiciera Dworkin al originalismo. Para Dworkin, el método originalista es incapaz de determinar, por sí solo y al margen de principios normativos de moralidad política, si el "significado público" de un texto constitucional -por ejemplo, la prohibición de "castigos crueles e inusuales"- debe ser las "aplicaciones esperadas" -que supone que es válido aplicar la pena de muerte existente al momento de la aprobación de la cláusula y considerada una pena usual y normal por los constituyentes- o si es el significado inserto en el contenido semántico del texto -que, siguiendo a Dworkin permitiría, incluso, invalidar como inconstitucional una pena que, como la de muerte, es hoy mayoritariamente considerada cruel. Según Vermeule, el originalismo, abatido por Dworkin, ha mutado en un "*originalismo viviente*", basado en conceptos de la mayor abstracción y generalidad como los propuestos por Dworkin y que lo hacen indistinguible del *constitucionalismo progresivo* que debía combatir. Este constitucionalismo progresivo instrumentaliza el derecho al servicio del proyecto de "liberación radical" de los individuos, tal como se evidencia, a su juicio, en la decisión *Obergefell v. Hodges*, donde los jueces de la Suprema Corte consideraron el matrimonio entre personas del mismo sexo como un derecho derivado del derecho a "definir y expresar nuestra identidad".

La alternativa hermenéutico-constitucional de Vermeule de un constitucionalismo del bien común es un "*constitucionalismo en desarrollo*" (*developing constitutionalism*), una "lectura moral" de la Constitución, basada en principios, como el constitucionalismo progresivo de Dworkin, con la diferencia de que, en la propuesta de Vermeule, los principios supuestamente no cambian con el tiempo sino tan solo sus aplicaciones, siempre vinculadas a la teoría legal clásica y al bien común. Su propuesta se aleja del conservadurismo en la medida en que reconoce las potestades de la Administración en la regulación de derechos tales como el de propiedad y la necesidad de proteger el bien común ambiental y combatir los abusos de las fuerzas del mercado, al tiempo que tutela los derechos sociales. Y es opuesta al progresismo liberal al garantizar el bien común ligado a instituciones sociales milenarias como la familia y las iglesias. Con Vermeule, el neoconstitucionalismo podría dejar de ser provincia exclusiva de los liberales, en la medida que convenza a muchos conservadores originalistas de la necesidad de conceptuar el derecho constitucional como un derecho abierto a los discursos metajurídicos ajenos al iuspositivismo, como el derecho natural clásico.

La teoría constitucional del bien común de Vermeule se vincula con su concepción de la legitimidad del Estado administrativo. Desde la aparición de su libro *La abdicación del Derecho*, Vermeule ha venido postulando que la consolidada deferencia de los jueces hacia la Administración, en la creación de normas y su interpretación, no es una patología sino una evolución lógica del derecho estadounidense, que, además, como demuestra en su otro libro -junto con Cass Sunstein-, *Law & Leviathan*, es contrapesada por la aplicación de principios por jueces y agencias administrativas, que, recogidos en leyes administrativas, forman parte de lo que Lon Fuller llama la "moralidad interna del derecho" (FULLER) y sirven como parámetro para controlar la discrecionalidad administrativa. Vermeule incorpora al constitucionalismo del bien común esta idea de la "moral interna" del derecho (FULLER), que analiza ampliamente junto con Sunstein.

Lo primero que llama la atención del jurista proveniente de la familia romano-germánica o del "civil law", cuando lee a Sunstein y Vermeule, es que haya que emprender la defensa de un Estado administrativo cuya existencia resultó obvia desde que en Estados Unidos comenzaron a crearse a finales del siglo XIX las agencias reguladoras -mejor conocidas en nuestro medio como "administraciones independientes"- que proliferaron exponencialmente a partir del New Deal de Franklin Delano Roosevelt, pero que, contrario a la opinión más extendida, es un Estado administrativo mucho más viejo de lo pensado y que se remonta a los orígenes mismos de los Estados Unidos (MASHAW). En la nación norteamericana, el derecho administrativo es básicamente un derecho de la regulación y de las agencias reguladoras y ese paradigma ha influido en Europa y América Latina cuando se importa el modelo angloamericano de los organismos reguladores de la economía a partir de los años 80 del siglo pasado. Por su parte, los europeos, que presenciaron desde el final de la Primera Guerra Mundial el traslado de las herramientas de la centralización y la planificación militar al ámbito de la Administración civil y el surgimiento de la Administración prestadora vislumbrada por Ernst Forsthoff, no cuestionan desde esa época que el Estado es crecientemente administrativo, como tampoco dudan, desde finales del siglo XX, que la Administración es eminentemente reguladora.

Pero lo cierto es que, aunque muchos lo ignorábamos en Europa y Latinoamérica, el Estado administrativo está bajo ataque dogmático en Estados Unidos. A título de ejemplo, basta con citar las obras recientes de Philip P. Hamburger, acerbo crítico de la doctrina Chevron, quien considera que todo el derecho administrativo estadounidense es ilegítimo (HAMBURGER), en tanto que Richard Epstein, critica todas las decisiones dictadas por la Suprema Corte a partir de 1936 que legitiman a las diferentes agencias administrativas y le dan mayor control sobre cuestiones sustantivas a través de la deferencia judicial a la interpretación de la agencia, como resulta en los célebres casos Auer y Chevron (EPSTEIN). Y lo paradójico es que, mientras en nuestros lares son liberales quienes defienden las libertades frente a la Administración, en Estados Unidos se considera "conservadores" a quienes quieren limitar el poder de las agencias reguladoras mediante un mayor control jurisdiccional de su actuación y "liberales" a quienes buscan incrementar el poder de estas para proteger así a los consumidores, al medio ambiente y a la libre y leal competencia.

Es en este contexto político y doctrinal que aparece la obra del dueto Sunstein & Vermeule. La misma, colocándose en una posición de centro en este debate, amplía argumentos avanzados por Vermeule en su libro *Law's Abnegation*, en donde el autor defiende la deferencia judicial hacia el poder normativo de las agencias administrativas estadounidenses, considerando que ello constituye un rasgo distintivo del Estado administrativo más que una patología. Vermeule, junto con Sunstein, sostiene que el derecho administrativo responde a lo que el filósofo Lon Fuller llama la "*moralidad interna del derecho*", es decir, a los principios de generalidad, publicidad, claridad, no contradicción, irretroactividad, congruencia, posibilidad y estabilidad de las normas. Estos principios, según los autores, están plasmados, en mayor o en menor grado, en la *Administrative Procedure Act* de 1946 -que inspiró las primeras leyes de procedimiento administrativo en Europa y América- y en las decisiones de los jueces estadounidenses, sirviendo, así, como un parámetro para controlar la discrecionalidad de la Administración a la hora de ejercer su poder normativo.

En la esfera jurídica europea y latinoamericana, la posición de Vermeule y Sunstein, en tanto reivindica los precedentes claves de la jurisprudencia norteamericana en materia de *deferencia judicial*, vendría a colocarse más lejana de la tesis de un Eduardo García de Enterría y un Tomás Ramón Fernández, para quienes no hay nada de las decisiones administrativas que escape al control jurisdiccional, pudiendo incluso sustituir las decisiones de los jueces, y más cercana a la de los juristas que entienden que hay ciertas zonas exentas de este control, no pudiendo en ningún caso el juez sustituir la actividad de la Administración. Como lo demuestra el heterodoxo e interesante análisis de Vermeule y Sunstein de esos precedentes, los autores propugnan siempre por la deferencia judicial, salvo cuando, para los jueces, la ley no es ambigua -y no admite por tanto interpretación por la agencia- o la normativa dictada por la Administración resulta irrazonable.

El *constitucionalismo del bien común* de Vermeule entronca, además, en la esfera del derecho europeo e iberoamericano, con la idea de Peter Häberle del Tribunal Constitucional, en tanto "tribunal social", como "*jurisdicción del bien común*". Häberle, partiendo de una concepción republicana del bien común en la que éste se determina democráticamente, afirma que todas las funciones estatales, legislativas, ejecutivas y jurisdiccionales, se fundamentan en el bien común, y que éste se constituye en principio, norma o topos jurídico a todos los niveles del sistema de fuentes del Derecho, erigiéndose en objeto y herramienta de la interpretación constitucional. Aparecen así la Constitución, en tanto proceso público, como "*orden público del bien común normativo*" y los jueces constitucionales, especialmente los miembros del Tribunal Constitucional, como descubridores del bien común, erigiéndose el bien común en método de interpretación constitucional y como contenido y resultado de esta. "Su contenido debe ser determinado en el cambiante campo de tensión de los intereses públicos y privados que están detrás de las otras leyes del bien común; este, por lo tanto, es un acompañante tácito y latente de la ley desde su creación hasta su aplicación en la realidad vital por medio de la interpretación en el tiempo (*law in public action*)". De ese modo la jurisdicción constitucional -principalmente la especializada- "se convierte, con ello, en una auténtica jurisdicción del bien común y la interpretación se transforma en su innegable concretización" (León Vásquez: 122-130).

Es curioso que el bien común y la doctrina social católica puedan inspirar la jurisprudencia de los Estados Unidos, cuya Constitución no tiene cláusula del Estado social y no reconoce los derechos sociales, aunque queda por determinar su locus constitucional. En todo caso, el constitucionalismo del bien común, junto con la vieja y renovada idea de la *moralidad interna del derecho*, podría sustituir a los modelos originalista y dworkiniano como el nuevo paradigma de la jurisprudencia constitucional de los Estados Unidos si se sigue consolidando la mayoría conservadora en la Suprema Corte de ese país. El tiempo dirá... Mientras tanto, el debate norteamericano repercute en nuestros lares donde un "constitucionalismo del bien común", como bien ha señalado la más reciente y mejor doctrina, engarza perfectamente con el constitucionalismo social latinoamericano y su énfasis en la garantía de unos bienes sociales básicos, así como con la doctrina social de la Iglesia Católica, que se ve reflejada en el principio de subsidiariedad que recoge la Constitución dominicana, y el "*derecho común*" que emerge del reconocimiento del derecho a la buena administración en la región (Hernández) y que, a fin de cuentas, es un derecho vasto que responde a la idea de la moralidad interna del Derecho.

2.2 La discusión alemana

La discusión en Alemania revela puntos de contacto con la discusión norteamericana, articulándose la misma alrededor de dos posiciones: (i) quienes abogan por un método jurídico de interpretación y (ii) quienes sostienen que la interpretación constitucional debe realizarse a partir de un método científico-espiritual.

2.2.1 El método jurídico. Conforme este método, la interpretación constitucional no se distingue de la interpretación legal, por lo que para interpretar la Constitución se deben utilizar los mismos métodos tradicionales de interpretación de la ley (Forsthoff).

2.2.2 El método científico-espiritual. De acuerdo con el método científico-espiritual, la interpretación de la Constitución debe realizarse a partir del presupuesto de que ella expresa un "*orden de valores*", cuyo sentido sólo puede captarse a través de un método que tenga en cuenta no solo el texto sino además los contenidos axiológicos del orden constitucional (Smend).

2.3 Puntos de contacto entre las discusiones y balance crítico

La controversia entre interpretativistas y no interpretativistas en Estados Unidos y entre los partidarios del método jurídico y los que defienden el método científico-espiritual en Alemania revela unas comprensiones y precomprensiones subyacentes comunes y semejantes respecto a democracia, Derecho, mayorías/minorías y teorías morales.

Los interpretativistas y los partidarios del método jurídico procuran una interpretación objetiva, precisa, democrática, vinculada a reglas constitucionales precisas y claras, lo cual no es criticable si admitimos que toda metodología constitucional supone objetividad, operatividad, rigor, respeto por el principio democrático, humildad frente a los conflictos de valores. Sin embargo, estas corrientes se basan en postulados cuestionables en la medida en que: (i) se asume el derecho constitucional como *simple instrumento de gobierno*, lo que revela una concepción instrumental del Derecho; (ii) se entiende la Constitución como producto de una *voluntad constituyente* históricamente situada, lo que petrifica la interpretación constitucional y erige una "Constitución estatua"; (iii) se conceptualiza el derecho como un *sistema cerrado de reglas precisas*, susceptibles de aplicación, lo que ignora ex profeso el carácter vago y abierto de las normas constitucionales, su radical indeterminación (HART), y la ductilidad de un derecho hoy esencialmente principialista (ZAGREBELSKY 1995); (iv) se propone un *relativismo de valores* que conduce a la indiferencia frente a las palpitantes y actuales cuestiones sustanciales de justicia que se presentan a los operadores jurídicos; y (v) se considera al *control judicial de constitucionalidad* como antidemocrático, cuando desde el juez Marshall en *Marbury v. Madison* se admite que sin este control es imposible hacer realidad un ordenamiento basado en una Constitución normativa.

Estos postulados no sintonizan con la estructura sistémica de una Constitución entendida como sistema abierto de reglas y principios. Por eso, nos inclinamos por unos postulados que, como los de lo no interpretativistas y los partidarios del método científico-espiritual, parten de presupuestos radicalmente diferentes a los anteriores, en la medida en que entienden que lo que se interpreta es una Constitución concebida como proyecto de ordenación inteligible y susceptible de consenso, dirigida al futuro, formada por reglas concretas y principios abiertos y valorativos, con lagunas e imperfecciones como toda obra humana, por lo que necesariamente la interpretación debe ser un proceso de argumentación principial y objetivizante, jurídicamente concretizadora, a cargo de una instancia jurisdiccional.

Siguiendo a la mejor doctrina, nuestra posición en torno a los problemas de la interpretación constitucional puede sintetizarse del modo siguiente: (i) rechazo de cualquier *interpretativismo extremo*, llámese literalismo, textualismo u originalismo, vinculado a premisas teóricas insustentables (la interpretación como revelación de la voluntad del poder constituyente, identificación del texto con la norma, limitación de la interpretación a las reglas jurídicas precisas y concretas); (ii) rechazo de la interpretación como "*desconstrucción*" o como "posestructuralismo interpretativo", conducente a una jurisprudencia política que introduzca subrepticia o abiertamente los valores del intérprete en la Constitución en lugar de mediar e integrar los valores presentes en el orden constitucional; (iii) *articulación de la concepción sustantiva de la Constitución con el principio democrático*, lo que implica el reconocimiento de que los parámetros sustantivos de la Constitución son concretizados político-jurídico-valorativamente por el legislador y controlados jurídico-valorativamente por los jueces; (iv) diseño de una interpretación constitucional basada en una *teoría constitucionalmente adecuada* que postula el apego simultáneo a valores sustantivos (igualdad, libertad, justicia), valores procedimentales (proceso democrático, elecciones) y valores formales (forma de ley) y que parte de una concepción de la Constitución como sistema abierto de reglas y principios; y (v) entendimiento de la interpretación constitucional como la interpretación de un *hard law* y no de un *soft law*, ya que los principios y reglas constitucionales son jurídicamente vinculantes y no simples directivas prácticas que los poderes públicos pueden acoger o no (GOMES CANOTILHO: 1163).

3. CONCEPTOS BÁSICOS DE LA INTERPRETACIÓN, APLICACIÓN Y CONCRETIZACIÓN CONSTITUCIONAL

Para entender a cabalidad la interpretación, aplicación y concretización de la Constitución, conviene familiarizarnos con algunos conceptos básicos y el sentido de estas tareas.

3.1 Realización constitucional

Realizar la Constitución significa volver jurídicamente eficaces las normas constitucionales. Esta realización, sin la cual ninguna Constitución puede ser jurídicamente eficaz, es una tarea de todos los órganos constitucionales, los que, en su actividad normativa, administrativa o jurisdiccional, deben aplicar las normas constitucionales. En esta tarea realizadora de la Constitución, que implica su interpretación, participan no sólo los órganos estatales, sino además todos los ciudadanos y grupos sociales que constituyen una "*sociedad abierta de los intérpretes de la Constitución*" que ha producido "*la democratización de la interpretación constitucional*". Y es que "todo el que vive en y con las situaciones de hecho reguladas por la norma es intérprete de la misma de manera indirecta, e incluso directa. El destinatario de las normas participa más vigorosamente en el proceso interpretativo de que comúnmente se acepta. Puesto que no sólo los intérpretes jurídicos de la Constitución viven las normas, tampoco son los únicos y ni siquiera los intérpretes primarios". Es claro "que la interpretación constitucional no es, ni en la teoría ni en la práctica, un proceso de naturaleza exclusivamente estatal, sino que potencialmente tienen acceso a él todas las fuerzas de la comunidad política", las que deben ser consideradas "fuerzas productivas de la interpretación, es decir, intérpretes de la Constitución en sentido amplio". "Puesto que estas fuerzas constituyen un pedazo de realidad y del espacio público constitucional ¡participan también en la interpretación de la realidad y el espacio público de la Constitución!" (HÄBERLE: 151, 153, 150 y 157).

3.2 Interpretación constitucional

Interpretar una norma constitucional consiste en atribuir un significado a uno o varios símbolos lingüísticos escritos en la Constitución con el fin de obtener una decisión sobre problemas prácticos que esté fundada normativo-constitucionalmente. La interpretación constitucional tiene, pues, tres dimensiones relevantes: (i) interpretar la Constitución significa *procurar el derecho* contenido en las normas constitucionales; (ii) *investigar el derecho* contenido en la ley constitucional implica una actividad compleja que se traduce fundamentalmente en la adscripción de un significado a un enunciado o disposición lingüística (texto de la norma); y (iii) el *producto del acto de interpretar* es el significado atribuido.

Esta definición de interpretación constitucional resalta el componente adscriptivo-decisorio de la interpretación y rechaza la concepción de la interpretación como actividad meramente cognoscitiva o dirigida al conocimiento. Según la *concepción cognoscitiva de la interpretación*, hoy considerada como errónea o insuficiente, la interpretación consiste en la atribución de un determinado significado a un texto normativo en los casos en que tal significado resulta dudoso, pues *in claris non fit interpretatio*, es decir, cuando la norma es clara no requiere ser interpretada. La labor del intérprete, conforme esta concepción, consiste en clarificar el significado del texto que es previo y que deriva de la voluntad de la ley. Pero toda aplicación de un texto (incluso la no contenciosa) implica la previa interpretación de ese texto. Y es que pensar que existe "una interpretación exacta de las proposiciones constitucionales […] se funda implícitamente en la idea de que la interpretación es un acto científico y no un acto de voluntad […] concepción [que] no es aceptable" (TROPER: 275). Desde hace tiempo, resulta claro que la aplicación del derecho comporta una interpretación y que ésta no es una descripción o conocimiento de la norma sino una *actividad volitiva del intérprete*, conducente a decidir una determinada atribución del significado (WROBLEWSKY).

3.3 Concretización de la Constitución

La concretización de la Constitución se traduce en un *proceso de densificación* de reglas y principios constitucionales. Esta concretización implica un proceso que va desde el texto de la norma (su enunciado) hacia una concreta 'norma jurídica', la cual, a su vez, solo se considera un resultado intermedio, pues solo cuando es descubierta la norma de la decisión para la solución de los casos jurídico-constitucionales tendremos el resultado final de la concretización. La concretización normativa es un trabajo técnico-jurídico. Se trata, en el fondo, del lado técnico del procedimiento estructurante de la normatividad. No se confunde la concretización con la interpretación del texto de la norma, pues la concretización consiste en la construcción de una norma jurídica (MÜLLER).

3.4 Densificación de normas

Densificar una norma significa aprehender, complementar y precisar el espacio normativo de un precepto constitucional, especialmente carente de concretización, a fin de hacer posible la solución, por ese precepto, de problemas concretos. La concretización y la densificación están asociadas: se densifica un *espacio normativo* para hacer posible su concretización y consecuente aplicación a un caso concreto.

3.5 Norma y formulación de norma

Aunque "en un primer y común significado -usual en el lenguaje legislativo, entre los juristas prácticos y en la doctrina-, disposición es un vocablo asumido como sinónimo de norma" (CRISAFULLI: 67), debe distinguirse entre el enunciado (formulación, disposición) de una norma y la norma en sí. La *formulación de la norma* es cualquier enunciado que forma parte de un texto normativo (de una fuente del derecho). *Norma* es el sentido o significado adscrito a cualquier disposición (o fragmento de disposición, combinación de disposiciones o de fragmentos de disposiciones). *Disposición* es la parte de un texto que se debe interpretar. La norma es parte de un texto interpretado.

El Tribunal Constitucional –en sus Sentencias TC 68/12 y 103/12- reconoce esta distinción al establecer que "en nuestro ordenamiento jurídico encontramos, por un lado, disposiciones normativas y por otro, normas o contenidos normativos. Las primeras se refieren al texto legal como tal, en tanto que las segundas, corresponden a la interpretación que hacen los jueces de ese texto legal". Sigue aquí el Tribunal Constitucional a su homólogo peruano que "ha precisado que en todo precepto legal se puede distinguir entre 'disposicion' y 'norma', entendiendo por la primera aquel texto, enunciado lingüístico o conjunto de palabras que integran el precepto, y por la segunda, aquel o aquellos sentidos interpretativos que se pueden deducir de la disposicion o de parte de ella" (STC 0010-2002-AI/TC).

A partir de esta distinción y de la enumeración de actos sujetos a la acción directa en inconstitucionalidad que efectúan los artículos 185.1 de la Constitución y 36 de la LOTCPC ("leyes, decretos, reglamentos, resoluciones y ordenanzas"), el Tribunal concluye que el control concentrado de constitucionalidad que dicha acción activa "recae sobre la ley, decreto, reglamento, ordenanza, debiendo confrontar objetivamente la disposición legal acusada con la Constitución, mas no sobre la interpretación que surge de esta durante la actividad judicial". Con esta aseveración, nuestros jueces constitucionales especializados pasan por alto algo evidente casi desde los orígenes mismos de la justicia constitucional: que la inconstitucionalidad puede originarse no solo en el enunciado de una disposición sino también, es más, la gran mayoría de las veces, por las normas adscritas a la disposición. Es precisamente la constatación de esta distinción entre norma y disposición y de la posibilidad de que no solo las disposiciones legales resultasen inconstitucionales sino, sobre todo, las normas adscritas a ellas, la que condujo al legislador a consagrar en el artículo 47 de la LOTCPC la facultad del Tribunal Constitucional de dictar *sentencias interpretativas*. Y es que, como bien afirma el Tribunal Constitucional peruano, "esta posibilidad de que el Tribunal Constitucional pueda distinguir entre 'disposición' y 'norma', cuando se trata del proceso de inconstitucionalidad, es el presupuesto básico de las denominadas sentencias interpretativas, cuyo fundamento [...] radica en el principio de conservación de la ley y en la exigencia de una interpretación conforme a la Constitución, a fin de no vulnerar el principio de supremacía constitucional. En efecto, las sentencias interpretativas recaen normalmente sobre disposiciones ambiguas, confusas o complejas, de las que se pueden extraer varios sentidos interpretativos, por lo que corresponde al Tribunal Constitucional analizar la constitucionalidad, en primer lugar, de la disposición; y, seguidamente, de todas aquellas normas que se desprendan de la disposición cuestionada con la finalidad de verificar cuales se adecuan a la Constitución y cuáles deben ser expulsadas del ordenamiento jurídico" (STC 0042-2004-AI). El propio Tribunal Constitucional no solo ha dictado sentencias interpretativas, haciendo uso de la potestad que le confiere la LOTCPC, como veremos en el siguiente Capítulo, sino que ha admitido en las mismas sentencias antes citadas que es su deber, al ejercer su potestad de rendir justicia constitucional, establecer "en sus sentencias cuales son las interpretaciones admitidas para determinadas disposiciones normativas".

No es, sin embargo, nuestro Tribunal Constitucional el primero que cae en la tentación, a todas luces absurda, de tratar de restringir su papel –por lo menos en lo que respecta a la acción directa en inconstitucionalidad- al control de constitucionalidad de las disposiciones normativas. En efecto, el Tribunal Constitucional español en una ocasión señaló que "si se admite la distinción entre la norma como mandato y texto legal como signo sensible mediante el cual el mandato se manifiesta o el medio de comunicación que se utiliza para darlo a conocer, la conclusión a que hay que llegar es que el objeto del proceso constitucional es básicamente el ultimo y no el primero" (STC 11/81). Sobra decir que esta posición de la jurisdicción constitucional española fue criticada, en su momento, por la mejor doctrina, no tanto porque "esta afirmación, en la que es fácil percibir resonancias de la tesis sostenida sin ningún éxito en Italia por Pierandrei y Sandulli entre otros, esta abundantemente contradicha por la práctica ulterior del mismo Tribunal" sino, fundamentalmente, porque dicha posición patentiza "un entendimiento de la interpretación constitucional que tal vez no presta toda la atención que debiera a la necesidad de integrar en esta las relaciones de hecho a cuya regulación se dirige la norma", lo que hace que la interpretación constitucional se sitúe "en un plano extremadamente formal en el que apenas puede valerse de otros instrumentos que los ofrecidos por los 'metodos' tradicionales, cuya insuficiencia debilita el razonamiento que, cuando no conduce a aceptar pura y simplemente la decisión del legislador, no ofrece fundamento suficiente para invalidarla, si no es por consideraciones formalistas con las que [...] no siempre se sirve con eficacia el espíritu de la Constitución" (Rubio Llorente: 1367). Esta concepción de la interpretación constitucional, subyacente en esta posición del Tribunal Constitucional respecto a la distinción entre disposición y norma y al objeto de la interpretación constitucional en la acción directa en inconstitucionalidad, sale a relucir en las mismas decisiones de nuestros jueces constitucionales especializados antes citadas, cuando se afirma que dicha acción es "un mecanismo de *control normativo abstracto* de la constitucionalidad. Es decir, un control que se realiza con independencia de la aplicación concreta a la realidad, en los casos particulares, de la norma sujeta a examen" (Sentencias TC 68/12 y 103/12).

Hoy, sin embargo, postular tal concepción de la interpretación constitucional y de la naturaleza del control concentrado de constitucionalidad no resulta constitucionalmente adecuado ni a la Constitución, que erige al Tribunal Constitucional en el defensor supremo de las normas constitucionales, ni a la LOTCPC, que consagra la facultad del Tribunal de consignar las interpretaciones de las normas infraconstitucionales constitucionalmente admisibles o inadmisibles. Es obvio que esta determinación de las normas constitucionalmente legitimas o ilegitimas no puede hacerse al margen de los hechos. Como bien destaca la doctrina, "muchas veces es solo a la luz de un caso concreto que es posible advertir la existencia de una excepción a la aplicación de una norma (excepción que hasta entonces se mantenía implícita). Ello implica aceptar que en ciertos casos el contenido de las normas solo termina de manifestarse cuando son puestas en confrontación con hechos concretos. En efecto, la determinación del contenido normativo de las disposiciones no es unidireccional, sino bidireccional, pues los hechos también contribuyen a formularlo. El contenido normativo del Derecho se alimenta de distintos elementos que van siendo recogidos en el camino que se proyecta de las disposiciones a los hechos y se proyecta hacia las disposiciones. Es decir, en la búsqueda del componente normativo definitivo del Derecho, disposiciones y hechos están en una relación de condicionamiento mutuo bidireccional. [...] En tal sentido, realidad y ordenamiento no pueden ser analizados como dos compartimientos estancos. Se trata, en todo caso, de dos ámbitos que solo guardan entre si una independencia relativa: una realidad que analizada detenidamente puede permitir ubicar propiedades determinantes en el contenido de las normas, pero que, a su vez, no puede actuar más allá de lo que las normas razonablemente permiten. [...] Puede concluirse que un juicio sobre la validez de una norma en el que no se toman en cuenta los hechos, es necesariamente un juicio incompleto, parcialmente desinformado, y, por derivación, probablemente erróneo" (RODRÍGUEZ SANTANDER: 223). El derecho y, por tanto, el derecho cuya constitucionalidad evalúa el Tribunal Constitucional, no es solo el derecho escrito, sino también y, fundamentalmente, lo que los italianos, en bella y atinada frase, han denominado el *"Derecho viviente"*, es decir, "el derecho que efectivamente rige [...], el que resulta del impacto entre la norma en abstracto y sus condiciones reales de funcionamiento" (ZAGREBELSKY 1995: 122). Lógicamente, tal Derecho resulta no tanto de las disposiciones normativas como de las normas resultantes de la interpretación de dichas disposiciones por los jueces, lo que obliga al Tribunal Constitucional, a la hora de constatar la constitucionalidad o no de una norma, considerar en todo momento la "norma viviente", es decir, como lo ha dicho la Corte Constitucional italiana, "la definida por dicha interpretación y de afrontar, partiendo de ella, la cuestión de constitucionalidad" (sentencia No. 26 de 1984). Vale la pena recordar, y esto es un argumento más –eso sí, de raigambre constitucional- que postula a favor del control de constitucionalidad no solo de las disposiciones legales sino, sobre todo, de las normas que emanan de sus interpretaciones, que tanto los jueces como los demás poderes públicos están constreñidos por la propia Constitución a aplicar e interpretar las normas, específicamente las normas atinentes a los derechos fundamentales, conforme las pautas interpretativas que la propia Constitución establece (artículo 74.4). Si ello es así, como es, es decir, si la propia Constitución está preocupada por la aplicación e interpretación de las normas, mal pudiera afirmarse que el Tribunal Constitucional puede restringir el objeto del control de constitucionalidad concentrado a las disposiciones normativas, desentendiéndose del sentido interpretativo que de dichas disposiciones proveen los operadores del sistema jurídico. En el Capítulo 6, seguiremos abundando sobre el tema al abordar más detalladamente la aplicación e interpretación de los textos normativos como objeto del control concentrado de constitucionalidad.

3.6 Norma constitucional

Por norma constitucional se entiende un modelo de ordenación jurídicamente vinculante, positivizado en la Constitución y orientado para una concretización material y constituido por: (i) una *medida de ordenación* expresa a través de enunciados lingüísticos (programa normativo); y (ii) por una *constelación de datos fácticos reales* (sector o dominio normativo). Tradicionalmente se ha entendido que norma constitucional es simplemente el *programa normativo*. Hoy, sin embargo, la norma constitucional no puede ser aprehendida con abstracción del *dominio normativo*.

3.7 Normatividad

La normatividad es el producto de la aplicación y concretización de la norma a los problemas que deben ser objeto de una decisión. La normatividad presupone la *realización de la norma*. De ahí que la normatividad no es una cualidad de la norma sino un efecto global de la norma en sus dos componentes de programa normativo y dominio normativo.

3.8 Texto normativo

El texto normativo es el documento elaborado por una autoridad normativa (legislador, ejecutivo) que contiene un conjunto de enunciados prescriptivos, es decir, creados con la finalidad de modificar el comportamiento de los individuos.

3.9 Ámbito de reglamentación

El ámbito de reglamentación es la globalidad de los casos jurídicos que eventualmente pueden ser regulados por una norma jurídica.

3.10 Ámbito de protección

El ámbito de protección son los bienes, valores e intereses protegidos por una norma.

3.11 Espacio de interpretación

El espacio de interpretación es el ámbito dentro del cual el programa normativo es compatible con los límites impuestos por el texto de la norma.

4. DIMENSIONES DE LA INTERPRETACIÓN CONSTITUCIONAL

4.1 Dimensiones metodológicas

Interpretar las normas constitucionales significa comprender, investigar y mediatizar el contenido semántico de los enunciados lingüísticos que forman el texto constitucional.

La interpretación constitucional se reconduce, en consecuencia, a la *atribución de significado* a uno o varios símbolos lingüísticos escritos en la Constitución. Esta interpretación se hace mediante el uso de determinados criterios que se pretenden objetivos, transparentes y científicos conforme la teoría o doctrina de la hermenéutica. Interpretar la Constitución es una tarea que se impone metódicamente a todos los aplicadores de las normas constitucionales (legislador, ejecutivo y jueces). El deber de estos aplicadores es: (i) encontrar un resultado constitucionalmente admisible a través de un método racional y controlable; y (ii) fundamentar este resultado de forma también racional y controlable. Considerar la interpretación como tarea significa entonces que toda norma es significativa pero ese significado no es previo al momento de la interpretación sino que es el resultado de la tarea interpretativa.

4.2 Dimensiones políticas

Desde el punto de vista político, la interpretación de las normas constitucionales debe tener en cuenta el hecho de que la Constitución es un *estatuto jurídico de lo político*. De ahí que el intérprete no puede ignorar los valores políticos que subyacen tras las normas constitucionales ni los principios políticos constitucionalmente estructurantes que expresan las distintas dimensiones de esos valores (Perdomo).

Ahora bien, el recurso a los valores políticos en la interpretación constitucional es legítimo siempre y cuando se trate de *valores positivizados*, integrados en el contenido de las normas constitucionales sujetas a interpretación. Es ilegítimo, sin embargo, apelar a valores políticos esgrimidos por los poderes fácticos o las fuerzas hegemónicas en un momento determinado para contrariar o subvertir los dictados constitucionales. Y es que admitir la "aplicación de valores o principios alternativos a los que informan la Constitución escrita [...] implicaría una grave quiebra de la seguridad jurídica y la caída en una ilimitada y absoluta *judicial discretion*, que convertiría la interpretación constitucional en una actividad incontrolada e incontrolable y, por lo tanto, arbitraria" (Pérez Luño: 273). "Lo que vale es que la labor de concreción no se realice en un determinado vacío jurídico o político, es decir, existe una precomprensión de la Constitución y sus disposiciones que condicionan las formas de su interpretación. Si el operador jurídico está claro del tipo de Constitución que tenemos, el modelo de Estado y sus cláusulas esenciales, en cuanto a la protección del individuo (Artículo 5 y 36); fin esencial del Estado (Artículo 8) y la interpretación de la norma más favorable (Artículo 74.4), el margen de libertad sería, en cierto sentido, más reglado y se evita un resultando inadecuado respecto a la Constitución" (Reyes-Torres: 93).

Los valores políticos no pueden servir tampoco para hacer primar un principio sobre otro: por ejemplo, la interpretación de Schmitt, para quien en una democracia debe primar el principio democrático sobre el principio del Estado de derecho (Schmitt 1982) o la de Forsthoff quien considera que el principio del Estado de derecho no es compatible con el principio del Estado social (Forsthoff). Para no caer en la *tiranía de los principios*, el principio de la unidad jerárquico-normativa de la Constitución (Hesse) exige una interpretación armónica de los principios constitucionales pues todas las normas contenidas en la Constitución tienen el mismo rango y la misma dignidad. Es lo que establece la propia

Constitución cuando dispone que los poderes públicos deberan, al momento de la interpretación y aplicación de los derechos fundamentales y sus garantías y "en caso de conflicto entre derechos fundamentales, procurarán armonizar los bienes e intereses protegidos por esta Constitución" (artículo 74.4).

4.3 Dimensiones jurídicas

Desde este punto de vista, la norma constitucional, por razón de su jerarquía, su carácter originario e incondicional y su calidad de fuente de las otras normas, por ser norma de normas, requiere una técnica interpretativa especial que rebasa a la interpretación tradicional de las demás normas del ordenamiento jurídico. Situadas en el vértice de la pirámide normativa, las normas constitucionales presentan una mayor apertura y, por consiguiente, una menor densidad que el resto de las normas. Por su carácter abierto, las normas constitucionales requieren una operación de concretización que se lleva a cabo por los poderes públicos aplicadores de dichas normas y a quienes se les reconoce un mayor (en el caso del legislador) o menor (en lo que respecta los jueces) espacio de conformación de tales normas.

4.4 Dimensiones lingüísticas

El intérprete constitucional no puede atribuir un significado arbitrario a los enunciados lingüísticos de las disposiciones constitucionales. El debe partir de lo dicho por el constituyente por lo que, en principio, la interpretación constitucional es una *interpretación semántica* de las formulaciones normativas del texto constitucional. Sin embargo, dado el *carácter abierto* de las normas constitucionales derivado de su naturaleza principista, son inútiles los métodos de interpretación tradicionalmente utilizados para desentrañar el lenguaje del legislador. Los principios tienen un significado lingüístico autoevidente y no hay nada que pueda ser extraído mediante una interpretación literal o gramatical, mediante un simple razonamiento sobre las palabras. Las fórmulas de principio –la "dignidad humana", "justicia social", "libertad de asociación"–, a pesar de ser frecuentemente expresiones un tanto banales, remiten a determinadas tradiciones históricas, contextos de significado, lo cual obliga a una aprehensión del *ethos* de la norma más que una interpretación lingüística de ésta. Estos contextos son cambiantes por lo que es posible que sea alterado el espacio semántico de los conceptos o palabras. Así lo que hace 50 años era justo a la luz del artículo 40.15 de la Constitución, hoy resultaría injusto. Y es que la Constitución contiene "conceptos" pero no "concepciones" (Dworkin 1989).

4.5 Dimensiones constitucionales

En este plano, se oponen una *tendencia historicista* para la que la interpretación constitucional se realiza a partir de la *intención del constituyente* y una *tendencia evolucionista* que asume el texto constitucional como el material con el cual se construye la norma que, más que un dato previo, es el producto de una actividad interpretativa mediante la cual se adecua el texto a las exigencias y contextos actuales (Lora del Toro). No hay dudas de que el dominio constitucional es un espacio jurídico más adecuado para una perspectiva evolucionista. Esto así por la naturaleza misma de los textos constitucionales, que por su mayor grado de elasticidad y su constante remisión a contextos económicos, sociales y políticos cambiantes, amplían los poderes del intérprete. El intérprete busca aplicar, en esta perspectiva, la *Constitución viviente* ("*the living Constitution*"), construida en base a la normativa constitucional integrada por sus contextos sociales. En esta perspectiva, la Constitución más que un puerto de llegada es un punto de partida desde el cual se construye una realidad futura. Los riesgos que presenta la *interpretación evolutiva* de la Constitución son: la posibilidad de que se modifique la Constitución por vía de la interpretación, dejando intacto el texto escrito y sin tener que reunir la mayoría agravada que se exige para la reforma de las constituciones rígidas. Estos riesgos no nos deben conducir, sin embargo, a ignorar la necesidad de adaptar la norma constitucional a los cambiantes contextos por vía de una interpretación que respete el texto constitucional y los fines y valores establecidos por la propia Constitución y que deben orientar toda interpretación constitucional. Una interpretación de la norma constitucional que permita el desarrollo, actualización y evolución del *programa constitucional* sin traspasar los límites de la tarea interpretativa es constitucionalmente admisible.

5. LOS MÉTODOS DE INTERPRETACIÓN

5.1 Los métodos

5.1.1 El método jurídico o hermenéutico-clásico. El método hermenéutico clásico mantiene fidelidad a los postulados tradicionales de la interpretación jurídica elaborados por la dogmática iusprivatista de Savigny, o sea, a los criterios gramaticales, lógicos, históricos y sistemáticos. Este método "persigue, por lo común, revelar la voluntad (objetiva) de la norma o la voluntad (subjetiva) del legislador mediante el análisis del texto, de su proceso de creación, de sus conexiones sistemáticas, de sus antecedentes, así como, finalmente, del sentido y la finalidad (la 'ratio' y el 'telos') de la norma" (HESSE: 59).

5.1.1.1 Interpretación gramatical. El método literal o gramatical consiste en asignar a los términos utilizados en la Constitución el significado exacto que dichas palabras tienen en el lenguaje ordinario, según las definiciones que de éstas se den en los mejores diccionarios o en el lenguaje técnico-jurídico usado en la respectiva área de conocimiento. Es el método que los norteamericanos llaman "*textual*" y que fue utilizado en el caso *Olmstead v. United States* (277 US 438 (1928), cuando la Suprema Corte declaró que la Cuarta Enmienda que protege contra requisas irrazonables no protege contra las escuchas telefónicas, y por el juez Black de la Suprema Corte de los Estados Unidos para demostrar que, cuando la Primera Enmienda habla de "*no law*", significa que el Congreso no debe aprobar ninguna ley que limite la libertad de expresión. Este método es el más usado en el país por quienes todavía no han podido rebasar *"el concepto tipográfico de la Constitución"*.

Aunque es obvio que, como afirmaba Savigny, "toda interpretación de un texto ha de comenzar con el sentido literal", no menos cierto es que el método gramatical tiene utilidad donde es menos útil: en la interpretación de *cláusulas claras y precisas* como la que establece que para ser Presidente de la República se requiere "haber cumplido 30 años de edad" (artículo 123.2 de la Constitución), donde no hay ninguna duda del significado de la disposición. Pero ¿cómo interpretar gramaticalmente aquellas disposiciones constitucionales redactadas en términos generales –por ejemplo, la ley "no puede ordenar más que lo que es justo y útil para la comunidad ni puede prohibir más que lo que la perjudica" (artículo 40.15 de la Constitución)– y que ofrecen la posibilidad al intérprete de escoger entre una serie de interpretaciones alternativas? ¿Qué es justo? ¿Qué es útil? ¿Qué es perjudicial? Aquí la interpretación gramatical nada tiene que buscar porque el constituyente de manera deliberada elaboró una norma de amplio alcance, formulada en términos generales, como pauta a aplicar por los intérpretes a los concretos casos, conforme a criterios de interpretación que no pueden deducirse del texto mismo o que son, más aún, extrajurídicos.

5.1.1.2 Interpretación histórica. Este método consiste en investigar los antecedentes de la norma constitucional para deducir su espíritu. Se toman en cuenta aquí las motivaciones y circunstancias que en su momento llevaron a la adopción de la norma constitucional interpretada, así como las circunstancias políticas, económicas, sociales y culturales que rodearon el momento de la consagración de la norma. Este es el método utilizado por la Suprema Corte de los Estados Unidos en el caso *Dred Scott v. Sandford* (60 US (19 How) 393 (1857), que acudió al período 1787-1788 para saber si un esclavo podía ser ciudadano y precisar así el ámbito del artículo III de la Constitución que atribuye competencia a los jueces federales en caso de diversidad de ciudadanía. Fue uno de los métodos usados por la Suprema Corte de Justicia al conocer de la inconstitucionalidad de algunas disposiciones de la Ley de Carrera Judicial en tanto nuestro tribunal supremo acudió a las actas de la Asamblea Revisora de 1994 donde el constituyente plasmó su intención al consagrar la inamovilidad de los jueces (S.C.J. No. 8 del 30 de septiembre de 1998. B.J. 1054). El método histórico se confunde con el *método teleológico subjetivo* porque ambos buscan la finalidad de la norma constitucional a través de la determinación de la voluntad del constituyente.

Este método, cuyos exponentes contemporáneos más importantes en el Derecho Constitucional norteamericano son Robert Bork (BORK) y el juez Antonin Scalia (SCALIA), a pesar de que es muy útil para revelar la intención del constituyente al consagrar una determinada norma constitucional, es criticado por varias razones. Se afirma que el método es útil siempre y cuando la norma interpretada no sea muy antigua porque de lo contrario se corre el riesgo de que la *"mano muerta del pasado"* congele la norma e impida que la misma se adecue a una realidad siempre cambiante. Por otro lado, se resalta el hecho de que la voluntad del constituyente no es indivisible. Ya lo señala Roberto Gargarella:

"Así, por ejemplo, ¿las intenciones de qué individuos debemos tomar en cuenta para evaluar tales '*intenciones originarias*'? ¿Acaso se trata de las intenciones de cada uno de los constituyentes que participaron en debates como los mencionados?; ¿las de quienes tuvieron un papel más relevante en los mismos?; ¿las intenciones de quienes redactaron cada artículo en particular? ¿Y qué hacer con las intenciones de los grupos de presión más influyentes que estuvieron detrás de la redacción de tales artículos? ¿Y respecto de las motivaciones inconscientes, los temores, o los prejuicios de tales individuos? Por otra parte, y en cuanto a las motivaciones conscientes de los que participaron en la obra constituyente, ¿debemos considerar sólo las vinculadas con el dictado de la Constitución, o debemos también admitir aquellas otras relacionadas, por ejemplo con su destino personal? (así, por ejemplo, ¿cómo valorar el apoyo dado a un artículo no tanto por convicciones teóricas, sino por el interés de ganar prestigio dentro de una determinada fracción política?). O también, ¿qué importancia se debe asignar a los que no corrigieron o no enmendaron la Constitución?" (GARGARELLA 1996: 62).

Otros señalan que la norma, una vez consagrada, cobra vida propia y rige tal como aparece textualmente, sin que el intérprete pueda desconocer su sentido literal –siempre y cuando su redacción sea clara y precisa– bajo el pretexto de que no fue esa la intención del constituyente.

5.1.1.3 La interpretación lógica. El método lógico utiliza los argumentos de lógica formal para extraer el sentido de la norma. Estos argumentos incluyen a "*a contrario sensu*", "*a fortiori ratione*", "*ad absurdum*", "*a generali sensu*", "*a rubrica*", etc. Aunque los *argumentos lógicos de razonamiento* son útiles como auxilio del intérprete que utiliza los demás métodos –en especial el sistemático–, muchas veces son inútiles porque la Constitución no es una matemática. Así, la lógica no nos dice nada de qué es el principio de la igualdad y cuáles son sus aplicaciones prácticas. De todos los argumentos lógicos el más provechoso es el "*ab auctoritate*" que sirve para demostrar que la interpretación hecha se compadece con la doctrina de los más reputados autores y con la jurisprudencia de los tribunales constitucionales más importantes (Argentina, Alemania, Colombia, Costa Rica, España, Estados Unidos, Italia, Francia, Puerto Rico, etc.).

5.1.1.4 La interpretación sistemática. Este método parte de la idea de que la Constitución es un todo coherente que recoge los principios esenciales de la sociedad, al cual deben sujetarse todas las normas e instituciones del ordenamiento jurídico y cuyas normas no deben ser interpretadas de manera aislada. Deducidos en base a este método son los principios de interpretación constitucional establecidos por el Tribunal Constitucional alemán y a los cuales nos referiremos más adelante: principio de la unidad de la Constitución; principio de concordancia práctica; principio de la Constitución como orden de valores; y la interpretación conforme a la Constitución. La Suprema Corte de los Estados Unidos ha aplicado este método, denominado por los juristas norteamericanos como *método "estructural"*, al fallar el caso *INS v. Chaddha* (462 US 919 (1983) que declara inconstitucional el veto legislativo. Este método consiste en extraer un principio incontestable (e incontestado) de la Constitución, deducir de este principio una determinada consecuencia jurídica e inferir una afirmación sobre la realidad circundante.

5.1.1.5 La interpretación teleológica. En realidad, el método teleológico es una derivación del sistemático y con él nos referimos a la doctrina objetiva de este método que, en contraste con la subjetiva que se confunde con el "*originalismo*" o método histórico, entiende que el fin de la norma radica no en la intención del constituyente sino que es inmanente a la misma. Para los objetivistas el fin de la norma es el que va acorde con el momento en que la norma será aplicada, para lo cual hay que tener en cuenta lo que hubieran tenido en mente los constituyentes si en ese momento se fuera a consagrar la norma interpretada: ¿qué respuesta nos daría hoy el constituyente acerca de cómo resolver este problema del presente? Este "*back to the future*", este ponerse en las sandalias del constituyente para pensar como éste hubiese pensado si tuviese que elaborar de nuevo la norma para aplicarla a un caso del presente, es para muchos más que un método de interpretación una verdadera técnica adivinatoria cercana más a la astrología que al Derecho Constitucional.

5.1.2 El método científico-espiritual. Este método entiende que la Constitución expresa un *orden de valores* que se encuentra subyacente en la norma constitucional y que solo puede ser captado espiritualmente a través de un proceso cuyo objetivo es lograr la integración espiritual real de la comunidad (Smend). Las críticas a este método se fundan en que el mismo parte de los datos sociológicos de la realidad y no de los datos normativos que informan la Constitución lo que supedita lo constitucionalmente admisible a lo sociológicamente necesario (Böckenforde).

5.1.3 El método tópico. Este método parte de las siguientes premisas: (i) el *carácter práctico* de la interpretación constitucional que se revela en el hecho de que toda interpretación procura resolver problemas concretos; (ii) el *carácter abierto*, fragmentario e indeterminado de la norma constitucional; y (iii) la preferibilidad de la discusión del *problema* en virtud del carácter abierto de la norma constitucional que no permite deducciones subsuntivas a partir de ésta.

La interpretación constitucional, según los partidarios de este método, vendría a ser un proceso abierto de argumentación entre varios participantes a través del cual se busca adaptar o adecuar la norma constitucional a la solución del problema concreto. El intérprete se sirve de varios *topoi* o puntos de vista que permiten desvelar, dentro de las varias posibilidades derivadas de la polisemia de sentido del texto constitucional, la interpretación más conveniente para el problema. La tópica vendría a ser un arte, una técnica de pensar problemático, y los *topoi* servirían de auxiliar del intérprete, de guía en la discusión de los problemas y de herramienta que permite la decisión del problema jurídico en discusión (Viehweg).

Las críticas al *método tópico-problemático* se fundan en que, a menos que se quiera caer en un casuismo sin límites, la interpretación no debe partir del problema para la norma, sino de ésta para el problema. La interpretación es una actividad normativamente vinculada, constituyendo la Constitución escrita un límite no susceptible de ser eliminado (Hesse).

5.1.4 El método concretizador o normativo-estructurante. La concretización y el método normativo estructurante pueden ser estudiados como dos métodos separados o, como lo hacemos aquí, como un método único.

5.1.4.1 Sentido del método. Este método postula que la lectura de un texto normativo arranca por la precomprensión de su sentido a través del intérprete, el cual es un mediador entre el texto sujeto a interpretación y el contexto de la norma. La actividad de interpretación sería entonces un constante "ir y venir" entre el texto y el contexto (*círculo hermenéutico*). Al igual que el método tópico, el *método hermenéutico-concretizante* es orientado hacia el problema, pero, contrario al primero, el segundo parte del primado del texto constitucional frente al problema (Hesse). La crítica a la concretización radica en que precisamente el rasgo fundamental del texto constitucional es su polisemia e imprecisión y que lo que busca la interpretación constitucional es lograr obtener un texto claro y cierto en cuanto a su contenido, de donde resulta que es imposible condicionar la interpretación a algo que ella misma debe producir (Böckenforde).

A estos problemas de la concretización, responden los postulados básicos del método normativo-estructurante, que son los siguientes: (i) la metodología jurídica tiene como tarea investigar las varias funciones de realización del derecho constitucional (legislación, administración, jurisdicción); (ii) con la finalidad de resolver problemas prácticos; (iii) preocupándose por la estructura de la norma y del texto normativo, por el sentido de la normatividad y del proceso de concretización y por la conexión de la concretización normativa; (iv) partiendo de una teoría hermenéutica de la norma jurídica que arranca de la disociación entre norma y texto normativo; (v) considerando que el texto de un precepto jurídico es apenas la parte visible del iceberg normativo constituido por el programa normativo; (vi) que la norma comprende aparte del texto el dominio normativo, que es un pedazo de realidad social que el programa normativo sólo parcialmente contempla; y (vii) de donde resulta que la concretización normativa trabaja con dos tipos de elementos de concretización: uno formado por los elementos resultantes de la interpretación del texto de la norma y otro conformado por los resultados de la investigación del dominio normativo (Müller y Gomes Canotilho).

"La concreción, de acuerdo con la teoría estructurante del derecho, al contrario de la subsunción, no designa más que un esquema de descubrimiento del derecho, esto es, la concreción no designa la reducción de la norma general dada sin validez sobre la importancia del caso específico, sino la producción de una norma jurídica general en el marco de la solución de un caso determinado. En este sentido, según la teoría estructurante del derecho, concretar una norma jurídica, de ninguna manera quiere decir que la norma jurídica exista previamente al advenimiento del caso concreto y a su solución (…) Aunque el punto de partida para la solución del caso concreto sea el texto de la norma y si bien una norma-decisión está vinculada a la norma jurídica, la normatividad no se puede desencadenar sino en el proceso de resolución del caso concreto, o sea, por la naturaleza de las cosas (…) En vista de lo expuesto, y con fundamento en las siguientes razones, la concreción de la norma significa, en primer lugar, que el texto de la norma no se identifica con la norma; en segundo lugar, que el texto de la norma constituye el punto de partida del proceso de concreción iniciado, tanto por el derecho en vigor, como por los hechos, por las circunstancias de las cosas que se han de solucionar; en tercer lugar, que el texto de la norma desarrollado durante el proceso de solución del caso es más concreto que el texto de la norma, pues está más estrechamente vinculado, desde el punto de vista tipológico, al caso concreto; en cuarto lugar, que el texto de la norma jurídica es más general que el de la norma-decisión, que es más concreto que la norma jurídica y es, por consiguiente, más concreto que el texto de la norma" (ALFLEN DA SILVA: 271).

5.1.4.2 El postulado normativo de constitucionalidad

A. La norma. En un ordenamiento jurídico presidido por una Constitución escrita, que se considera el orden jurídico fundamental del Estado y de la sociedad, la tarea de concretización y aplicación de las normas constitucionales parte de la consideración de la norma como elemento primario del proceso interpretativo. De ahí que el proceso concretizador de la norma constitucional comienza con la atribución de un significado a los enunciados lingüísticos del texto constitucional.

B. Mediación del contenido semántico. Que el texto constitucional sea el elemento primario del proceso de interpretación-concretización constitucional no significa que la letra de la Constitución contenga ya la decisión del problema a resolver mediante la aplicación de las normas constitucionales. Se parte de las siguientes premisas: (i) la letra de la ley no dispensa de la averiguación del contenido semántico; (ii) la norma constitucional no se identifica con el texto; y (iii) la delimitación del ámbito normativo, hecha a través de la atribución de un significado a la norma, debe tener en cuenta elementos de concretización vinculados con el problema a resolver.

C. Elementos de la norma. Los componentes fundamentales de la norma son el programa normativo y el dominio normativo. El *programa normativo* es el resultado de un proceso parcial de concretización que se asienta básicamente en la interpretación del texto normativo. El *dominio normativo* es el resultado de un segundo proceso parcial de concreción que se basa en el análisis de elementos empíricos, de datos de la realidad social a la que se destina la norma.

D. Dificultades en la investigación del contenido semántico de la norma. Una de las mayores dificultades en la interpretación constitucional se deriva del carácter polisémico de las normas constitucionales (ej. "ley" en el antiguo artículo 67.1 de la Constitución), de su carácter vago ('justo y útil" en el artículo 40.15) que muchas veces constituyen conceptos de valor (igualdad, justicia social, etc.) que están abiertos a la valoración más o menos libre de los órganos de concretización.

E. Texto de la norma y norma. Texto y norma no se identifican. El texto es la señal lingüística en tanto que la norma es lo que revela o designa esta señal.

F. Sentido de la norma y convenciones lingüísticas. Para la determinación del contenido vinculante de la norma constitucional, se debe determinar el contenido semántico de los enunciados lingüísticos tal como son mediatizados por las convenciones jurídicas relevantes. Pero... ¿cuáles convenciones lingüísticas? ¿Aquellas basadas en el uso científico o las sustentadas en el uso normal de los términos constitucionales? ¿Las convenciones lingüísticas del momento constituyente o las del momento interpretativo?

5.1.4.3 El programa normativo

A. Los elementos de interpretación. El programa normativo no se agota en los datos lingüísticos normativamente relevantes del texto captados a nivel puramente semántico. Hay que considerar otros elementos: (i) la sistemática del texto normativo (¿cómo se enmarca el texto en la estructura sistemática de la Constitución?); (ii) la genética del texto (¿cómo nace el texto y qué nos dice su nacimiento del mismo?); (iii) la historia del texto (¿cómo evoluciona el texto a lo largo de la historia constitucional?); y (iv) la teleología del texto (¿cuál es el propósito del texto?).

B. El carácter bipolar de la interpretación. Entender que en la aplicación del derecho la norma jurídica se obtiene teniendo en cuenta exclusivamente las exigencias del derecho nos conduce a una ciencia teóricamente inútil para la finalidad del derecho, en la medida en que la interpretación se cerraría en un discurso sobre el derecho carente de sentido y desconectado de su esencial función reguladora. Pensar, por el contrario, que lo importante son sólo los casos que deben ser resueltos nos lleva a un casuismo igualmente nocivo.

"Cabe decir, en general, que el caso no puede comprenderse jurídicamente si no es por referencia a la norma y ésta por referencia a aquel, pues no es sólo el caso el que debe orientarse por la norma, sino también la norma la que debe orientar al caso [...] La interpretación jurídica es la búsqueda de la norma adecuada tanto al caso como al ordenamiento. En esta definición se pone de relieve el carácter bipolar de la interpretación y se indica su vocación para conjugar ambas vertientes hasta hacerlas coincidir en un resultado satisfactorio para ambas. El intérprete no está al servicio exclusivo ni de una ni de otra, sino, en todo caso, de las dos a la vez, manifestando así una cierta autonomía frente a cada una de ellas que deriva del vínculo que lo hace depender de la otra. [...] En el proceso de interpretación del derecho, el caso es el motor que impulsa al intérprete y marca la dirección. Partiendo del caso se acude al derecho para interrogarlo y obtener de él una respuesta. A partir del caso, el intérprete procede a buscar las reglas y vuelve a él, en un procedimiento circular (el llamado '*círculo interpretativo*') de dirección bipolar que finaliza cuando se componen de modo satisfactorio las exigencias del caso y las pretensiones de las reglas jurídicas" (ZAGREBELSKY 1995: 132).

C. El análisis del sector normativo como parte del proceso de concretización de las normas constitucionales. La concretización no se limita a la delimitación del ámbito normativo a partir del texto de la norma. El significado del texto apunta a un referente, a un universo material, cuyo análisis es clave para una concretización que no quiere quedarse en la pura racionalidad formal como el positivismo decimonónico sino que aspira a una racionalidad material. De ahí que es necesario delimitar el *dominio normativo* constituido por datos jurídicos, económicos, sociológicos, etc., delimitación que se hace más necesaria en la medida en que la norma reenvía a elementos no jurídicos –por lo que el resultado de la concretización de la norma dependa, en gran medida, del análisis empírico del dominio de la norma– o es una norma abierta que carece de concretización posterior por los órganos legislativos.

De lo anterior se infiere la imposibilidad de conocer de la constitucionalidad de leyes que versan sobre los más diversos temas (aborto, nacionalidad, castración química de delincuentes sexuales condenados, etc.), si el juez no conoce las consecuencias de los complejos fenómenos políticos, sociales y económicos que subyacen tras estas disposiciones. De ahí que la interpretación de la norma constitucional se ve obligada a *referencias extrajurídicas* mediante la incorporación de conceptos utilizados en la ciencia política, en la economía y en la sociología; persiguiendo los antecedentes históricos, políticos y jurídicos que dieron nacimiento a la norma; relacionando la norma con las diferentes corrientes de pensamiento que inciden en su concepción e interpretación; invocando principios del derecho natural (igualdad, justicia, etc.) superiores al derecho positivo e inspiradores de éste; y apelando al derecho comparado para entender el sentido y las implicaciones de la norma interpretada. Como se puede observar, si el intérprete no se alimenta de los datos extraídos de todas estas disciplinas, restringiendo su dieta a unas cuantas obras dogmáticas de derecho constitucional, su interpretación perecerá por malnutrición intelectual.

El reconocimiento del necesario *pluralismo disciplinario* en la interpretación de la Constitución no significa admitir la infundada creencia de que las cuestiones constitucionales no son cuestiones jurídicas, sino meras cuestiones de poder como argüía Ferdinand Lasalle. Como bien afirma Antonio Enrique Pérez Luño, "en su condición de norma jurídica la Constitución se halla supeditada, con determinadas peculiaridades, a las reglas básicas y generales que presiden la interpretación del derecho" (PÉREZ LUÑO: 268). Toda interpretación constitucional es esencialmente interpretación jurídica pero toda interpretación constitucional refleja los criterios y orientaciones propios de un ordenamiento jurídico determinado.

D. El espacio de interpretación y el espacio de selección. El análisis de los datos lingüísticos del programa normativo y el análisis de los datos reales del dominio normativo son procesos diferentes pero vinculados. El programa normativo actúa como filtro del dominio normativo en la medida en que se excluyen aquellos datos del dominio normativo que contradicen el programa normativo. Dentro del programa normativo, se confiere libertad de interpretación al aplicador de las normas constitucionales siempre y cuando las interpretaciones provistas no contradigan el texto de la norma.

5.1.6 El método comparativo. En la medida en que, tal como dispone la Constitución, la República Dominicana "es un Estado miembro de la comunidad internacional, abierto a la cooperación y apegado a las normas del derecho internacional" (artículo 26), que las fuentes internacionales son fuentes del Derecho interno (artículo 26.2) y que los tratados internacionales de derechos humanos tienen rango constitucional (artículo 74.3), resulta imprescindible acudir a lo que Peter Häberle ha denominado el *"quinto método de interpretación"* (en alusión a los cuatro métodos de Savigny): el *método comparativo*. En el caso dominicano, esta exigencia es mayor, más allá de esta apertura al Derecho Internacional constitucionalmente consagrada, pues nuestra Constitución es recipiendaria de muchas cláusulas provenientes de constituciones de países pertenecientes a la civilización constitucional euro atlántica, tales como España, Alemania, Estados Unidos, Francia, Colombia, Venezuela, Perú, Argentina, entre otros. Y es que los textos constitucionales de los diversos países –y la República Dominicana no podía ser la excepción- son portadores de las diversas partes integrantes del tipo del Estado constitucional o de la *"comunidad universal de Estados constitucionales"*. "En la 'Internacional del Estado constitucional', en la 'familia' de los Estados constitucionales, el intérprete de los derechos fundamentales tiene que tomar en consideración siempre los textos universales y regionales sobre los derechos humanos" (HÄBERLE: 163).

La apertura de la Constitución hacia el exterior implica la apertura de la interpretación constitucional con las herramientas hermenéuticas desarrolladas por la jurisprudencia constitucional de otros países. Por eso, la distinción entre derecho constitucional nacional y derecho constitucional general pierde cada día más importancia: el derecho constitucional es hoy en día, en gran medida, un *derecho constitucional común* cuyas soluciones se inspiran en textos constitucionales importados y en las soluciones jurisprudenciales de los tribunales constitucionales reconocidos mundialmente. Ello permite entender por qué el Tribunal Constitucional dominicano, contrario a jurisdicciones constitucionales más introvertidas –en tanto ajenas a la *"circulación de las jurisprudencias"*- como es el caso de la Corte Suprema de los Estados Unidos, y al igual que otras jurisdicciones constitucionales, tales como Alemania, España, Colombia, Argentina y Sudáfrica, hace uso abundante y frecuente de referencias al derecho comparado, en especial a la jurisprudencia constitucional comparada, particularmente la proveniente del Tribunal Constitucional español y de la Corte Constitucional colombiana, lo que se explica por la notable influencia de las constituciones de España y Colombia en la Constitución de 2010.

No vaya a pensarse que se postula una especie de *"complejo de Guacanagarix"* jurisprudencial. No. "En realidad, no hay ninguna necesidad de llegar a tanto. Incluso parece que esta exageración ideológica parece hecha a propósito para suscitar oposición. Basta una actitud de modestia al examinar las experiencias foráneas, respecto a nuestros propios problemas. Basta no creer que estamos solos en el propio camino y no presumir, como por el contrario hacen los chauvinistas de la constitución, de ser los mejores. El presupuesto no es necesariamente el derecho natural ni la ilusión del progreso. Puede ser la prudencia del empirista que quiere aprender, además de los propios, también de los errores y aciertos de los demás. Basta reconocer que las normas de la Constitución, por ejemplo en el tema de la dignidad e igualdad de todos los seres humanos y de los derechos fundamentales, aspiran a la universalidad, y que su interpretación, incluso a primera vista, no es la interpretación de un contrato, de una decisión administrativa, y ni siquiera de una ley, emanada de voluntades políticas contingentes. La interpretación constitucional es un acto de adhesión o de ruptura respecto a tradiciones histórico-culturales comprensivas, de las que las Constituciones particulares forman parte. La relevancia para las jurisprudencias nacionales de la jurisprudencia extranjera o supra-nacional no presupone por tanto la existencia de una preponderante dimensión de derecho supra-constitucional. Estamos hablando no de un caballo de Troya para afirmar la dictadura universal de los derechos, sino de un instrumento para entender nuestras propias constituciones nacionales, a través del cuadro de fondo que les da un preciso significado en un determinado momento histórico […] El fin es principalmente de derecho interno. Es como recurrir, para resolver un problema difícil, a 'un amigo con gran experiencia', que nos hace pensar mejor, desvela energías potenciales latentes, extiende la perspectiva y enriquece las argumentaciones, poniendo bajo la luz puntos de vista quizá de otro modo ignorados […] La circulación de las jurisprudencias no compromete por tanto la identidad de la propia. La comunicación de experiencias esta siempre filtrada porque presupone *standards* mínimos de homogeneidad o juicios de congruencia sobre los textos y los contextos jurisprudenciales. Estos juicios son de las cortes nacionales. No determinan ninguna disminución de su función soberana […] La comunicabilidad de las jurisprudencias coincide con la participación en una relación paritaria y excluye prejudiciales complejos constitucionales de superioridad […] La incomunicabilidad, por el contrario, equivale a la rotura del circulo ideal de intérpretes constitucionales […] Las cortes de justicia tienen, por así decirlo, raíces que se asientan en condiciones político-constitucionales nacionales pero tienen la cabeza dirigida a principios de alcance universal. Cerrarse a sí mismas significa solamente una cosa: predisponerse a políticas constitucionales y de los derechos humanos funcionales solamente a los exclusivos intereses nacionales" (ZAGREBELSKY 2008: 750).

El uso del derecho comparado por la jurisprudencia constitucional ha sido escasamente estudiado y solo ahora comienzan a aparecer estudios de la temática, precursoramente iniciada por PERGORARO. En todo caso, hay que insistir en un uso crítico del derecho comparado por los jueces constitucionales. Primero, hay que tener en cuenta que "las decisiones extranjeras surgen de un contexto social, político, histórico e institucional complejo al cual la mayoría de los jueces y magistrados son ajenos" (POSNER 2011: 383). Segundo, hay que conocer el origen de muchas de las instituciones y derechos consagrados por nuestra Constitución. Por ejemplo, es perfectamente admisible que el Tribunal Constitucional dominicano se inspire en la jurisprudencia constitucional española a la hora de deslindar el ámbito reservado a las leyes orgánicas, pues precisamente de España ha importado nuestro constituyente tal instituto, pero sería una opción hermenéutica y metodológica desacertada, inspirándose en la jurisprudencia y doctrina españolas, dividir los derechos consagrados en la Constitución entre fundamentales y no fundamentales, cuando nuestra Constitución considera fundamentales –y por lo tanto tutelables mediante la acción constitucional de amparo- todos los derechos en ella consignados. En realidad, el juez constitucional tiene que evitar dos tentaciones en posiciones extremas y contrapuestas: la de imitar modelos jurisprudenciales foráneos de modo acrítico, lo cual conduce a Frankensteins constitucionales, frutos de innecesarios y extravagantes "trasplantes jurisprudenciales"; y la de resistir, desde las trincheras del *chauvinismo constitucional*, toda influencia del derecho comparado, lo que conlleva a la petrificación del ordenamiento constitucional y a una endogamia que impide vivificar la Constitución y los derechos que ella consagra mediante la sana savia de la útil e ilustradora jurisprudencia constitucional comparada. En todo caso, hay que estar claros que ni el Tribunal Constitucional ni los demás jueces constitucionales nacionales están solos: ellos, particularmente en el ámbito de los derechos fundamentales, compiten con los demás intérpretes pertenecientes a la que, inspirados en Häberle, podríamos denominar "*sociedad global abierta de los interpretes constitucionales supremos*". Por eso, el Tribunal Constitucional, si bien sigue siendo el intérprete supremo de la Constitución estatal, no lo es de todo el derecho constitucional pues, en el campo de los derechos fundamentales, todos los jueces, incluyendo los del Tribunal Constitucional, están vinculados a las decisiones del órgano jurisdiccional supremo del sistema interamericano de derechos, la Corte IDH, como bien dispone el artículo 7.13 de la LOTCPC en desarrollo del artículo 26 de la Constitución.

5.2 Balance crítico: El pluralismo de los métodos de interpretación constitucional, el "equilibrio reflexivo" y la interpretación constitucional constitucionalmente adecuada a la Constitución.

Los métodos hermenéuticos tradicionales resultan insuficientes porque la misión fundamental del intérprete de la norma constitucional, consiste casi siempre en interpretar *normas de carácter general y abierto*, por lo que resulta esencial su concretización, su aplicación a un caso concreto, lo cual implica necesariamente, quiérase o no, un cierto nivel de creación, para lo cual los métodos tradicionales de interpretación no son de un gran auxilio. Por eso el abordaje tradicional de la interpretación constitucional ha sido profundamente revisado por quienes, desde la jurisprudencia y la doctrina, a pesar de reconocer el carácter esencialmente jurídico de la interpretación constitucional, admiten la peculiaridad de ésta por la influencia que sobre ella ejercen los datos políticos y los valores éticos que la condicionan. De manera que la aplicación de los métodos formales a la interpretación constitucional se hace hoy no de manera "químicamente pura" sino reconociendo la *insuficiencia de los métodos formales* para captar los datos políticos, económicos y sociales que gravitan sobre la interpretación constitucional y el programa de fines y valores que deben orientarla.

No es que los métodos tradicionales de interpretación no tengan relevancia para la materia constitucional. No. Es obvio que la interpretación de un texto debe partir de su sentido literal. Del mismo modo, el método sistemático resulta relevante para la configuración de algunos de los principios de la interpretación constitucional elaborados por la jurisprudencia. Pero lo que resalta de la aplicación de los métodos de interpretación en la actualidad es, como bien señala Zagrebelsky, "la *pluralidad de métodos*, cada uno de los cuales puede ser utilizado alternativamente frente a cualquiera de los otros, y el eclecticismo de las doctrinas de la interpretación". Este pluralismo metodológico "está tan arraigado en las exigencias del derecho actual que ninguna controversia sobre los métodos ha logrado jamás terminar imponiendo uno de ellos en detrimento de los demás y, al final, todas se han resuelto con la propuesta de añadir algún otro a la lista" (Zagrebelsky 1995: 135).

Es claro entonces que el intérprete debe escoger entre una variedad de métodos de interpretación, en principio igualmente útiles, válidos y legítimos. Sin embargo, la escogencia del método no es una *decisión neutral*. Tal como indica Zagrebelsky, "la búsqueda de la regla no viene determinada por el método, sino que es el método el que está en función de la (dirección de la) búsqueda, dependiendo de lo que se quiera encontrar. El método es, en general, sólo un expediente argumentativo para mostrar que la regla extraída del ordenamiento es una regla posible, es decir, justificable en un ordenamiento dado" (Zagrebelsky 1995: 134). Como bien expresa Richard Posner: "Aún la decisión de leer la Constitución estrictamente y, por lo tanto, restringir la interpretación judicial, no es una decisión que puede leerse directamente del texto. La Constitución no dice 'Léanme extensamente' o 'Léanme restrictivamente'. La decisión de escoger uno u otro método es una cuestión de teoría política y dependerá de cosas tales como la visión de uno en torno a la legitimidad judicial y la competencia de los tribunales y el Congreso en tratar con ciertos tipos de asunto" (Posner 1995: 234).

Cuando el intérprete tropieza con un principio constitucional de significado incierto, con un vocablo ambiguo, no se enfrenta a él con la frialdad del teórico ni con la precisión convencional del científico sino con "el afán arquitectónico y constructivo que domina al estadista y el estremecimiento pasional que desgarra a quien sabe que es parte y sujeto protagónico o pasivo de la realidad que interpreta, moderados por el sentido común y el pragmatismo de quien requiere con urgencia resultados inmediatos y eficaces que satisfagan demandas sociales impostergables de justicia actualizada y completa". De ahí que la interpretación constitucional expresa la *concepción ideológica* que la inspira, la cosmovisión del constituyente y –por qué no– los valores del juez que interpreta la norma. En este sentido, el Derecho Constitucional perdió la inocencia de la disciplina que se cree inmune a la ideología: la Constitución y su interpretación pueden ser individualistas, socialistas, jusnaturalistas, democráticas, aristocráticas, conservadoras, revolucionarias, pluralistas, participativas, comunitarias, solidaristas. Toda interpretación de la norma constitucional es precedida por un prejuicio, por una preconcepción condicionante, que es la idea general que el intérprete tiene sobre el contenido, los valores y los objetivos de la Constitución. "Quiérase o no –afirma Sáchica–, la interpretación constitucional está impregnada de una cierta idea de legitimidad" (Sáchica: 37).

Los jueces entonces "deben considerar las consecuencias de su escogencia" del método de interpretación, partiendo de sus convicciones particulares como "puntos fijos" provisionales, sujetos a discusión y contrargumentos y en búsqueda, como propone Rawls, de un "equilibrio reflexivo" entre estos (Sunstein 2023: 102). "Por ejemplo, tenemos la seguridad de que la intolerancia religiosa y la discriminación racial son injustas. Pensamos que hemos examinado estos casos cuidadosamente y que hemos llegado a lo que creemos que es un juicio que no es probable que haya sido distorsionado por haber prestado excesiva atención a nuestros propios intereses. Estas convicciones son puntos fijos provisionales a los que presumimos que toda concepción de la justicia tiene que ajustarse" (Rawls: 19). Cuando se acude a estas intuiciones morales básicas para interpretar las normas constitucionales, aplicamos el famoso "*test del vómito*" del magistrado estadounidense Oliver Wendell Holmes, según el cual el juez debe declarar inconstitucional una ley si le dan ganas de vomitar, es decir, que una ley es inconstitucional si para "un hombre racional y justo" esta viola "principios fundamentales tal como han sido entendidos por las tradiciones de nuestro pueblo", y que se encuentran tan profundamente arraigados en el ser del juez que a este le resultaría inconcebible fallar contra ellos (*Lochner v. New York*). Serían inconstitucionales entonces aquellos actos estatales que, para decirlo con las palabras de la doctrina angloamericana, "chocan la consciencia", o sea, si resultan ser «graves y manifiestamente injustos» para cualquier persona. Conforme esta prueba, fácil porque esos principios morales esenciales están positivizados en la Constitución y los convenios internacionales de derechos humanos y no requieren una compleja "ponderación" à la Robert Alexy por un "juez Hércules" à la Dworkin, por lo menos allí donde es manifiesta la arbitrariedad estatal, sería inconstitucional sacar a la fuerza de los hospitales a mujeres embarazadas extranjeras de estatus migratorio irregular, deportar a dominicanos con sus documentos por ser negros o impedir que los niños accedan a la educación por no tener acta de nacimiento.

Sin embargo, como bien advierte Rawls, hay muchos casos no tan fáciles en los que, por ejemplo, "tenemos mucha menos seguridad en cuanto a cuál es la correcta distribución de la riqueza y la autoridad. Tenemos que buscar un modo de eliminar nuestras dudas al respecto. Podemos poner a prueba una interpretación de la situación inicial, pues, por la capacidad de sus principios para acomodar nuestras convicciones más firmes y proporcionar una guía allí donde es necesaria" (Rawls: 19). Es aquí donde interviene el *equilibrio reflexivo* que no es más que un procedimiento a través del cual una persona vincula sus juicios considerados de justicia con determinados principios de justicia y con los argumentos filosóficamente relevantes a fin de establecer si esos principios son la mejor expresión posible de su sentido de justicia. Se busca así lograr coherencia entre nuestras diversas convicciones morales: nuestros juicios morales considerados, nuestros principios al lado de los argumentos en favor de ellos, y finalmente lo que Rawls llama las "premisas de su derivación", que resultan ser determinadas convicciones abstractas sobre las condiciones formales que deben cumplir los principios de justicia, y que, en lo que respecta a la teoría de la justicia como equidad, integran las restricciones a las que sometemos el acuerdo en la posición original. En ese proceso de búsqueda de una estructura de convicciones coherente e integral ninguno de los elementos involucrados está protegido contra la posibilidad de ser revisado. Viene a ser así el equilibrio reflexivo el resultado final, pero provisional, de un proceso de mutua revisión y ajuste de todos esos elementos. Lógicamente, Rawls no responde la cuestión de que lo que hace que un determinado juicio sea razonable no es en sí el propio equilibrio reflexivo, sino que este equilibrio reflexivo es posible sólo en la medida en que los juicios que se introducen en la posición original sean razonables (Benfeld: 614). De ahí que, por ejemplo, en ausencia o no de una cláusula constitucional que prohíba expresamente la discriminación en razón de cualquier razón social o personal, si existe una teoría interpretativa que permite al Estado discriminar en perjuicio de personas y colectivos, ésta, a fin de cuentas, será constitucionalmente inadmisible por irrazonable y contraria a la dignidad humana y deberá ser descartada en beneficio de una teoría interpretativa que, en tanto es razonable, asegure la igualdad y no discriminación como valores y derechos fundamentales.

Pese a lo antes dicho, es decir, que existe una pluralidad de métodos interpretativos y que el juez debe escoger entre estos atendiendo a los resultados interpretativos que de su aplicación concreta se derivan, siempre y cuando sean razonables y compatibles con los valores constitucionales en juego, para lo cual puede ser útil la noción de equilibrio reflexivo antes descrita, lo cierto es que la Constitución no es indiferente a la escogencia del método interpretativo y no lo deja a la pura y total discrecionalidad del intérprete. Más aun, contrario a constituciones más antiguas de otros países, ella consagra expresamente el método a utilizar por su interprete en determinados supuestos, como ocurre, por ejemplo, en casos de conflictos constitucionales, casos en los cuales la propia Constitución ordena que dichos conflictos sean resueltos mediante la armonización de "los bienes e intereses protegidos por esta Constitución", o cuando, para citar otro ejemplo, se interpretan derechos y garantías fundamentales, lo que obliga al interprete a interpretar dichos derechos y garantías "en el sentido más favorable a la persona titular de los mismos" (artículo 74.4). En esos casos, a pesar de los múltiples y diversos modos en que es válido aplicar la ponderación o la favorabilidad, es obvio que hay un método de interpretación constitucional constitucionalmente adecuado a la Constitución y que, por tanto, sería inadmisible, desde la óptica constitucional, que el intérprete optase por otro método que no sea el constitucionalmente establecido. De manera que hoy no puede decirse que la teoría de la interpretación constitucional sea totalmente externa a la Constitución como postula Böckenförde, ya que ella contiene pautas interpretativas expresamente consignadas, principalmente para su uso en la interpretación de los derechos y garantías fundamentales que ella consagra. Siendo esto así, en esos casos en los que la Constitución ha escogido expresamente un método interpretativo, resultaría ilegitimo que se optara por otro, más afín con la particular ideología hermenéutica personal del intérprete.

Lo anterior no es muchas veces un seguro contra catastróficos pero cotidianos siniestros interpretativos que pueden ocurrir por una mala interpretación constitucional o una distorsionada ponderación de derechos y valores, provocada por una precomprensión de la norma constitucional que resulta ser constitucionalmente inadecuada, ya que no responde al sentido, contenido y finalidad del plexo constitucional de valores y del catálogo constitucional de derechos, todo ello causado por una inadecuada formación jurídico-constitucional del juez y/o la prevalencia de una cultura jurídica anticonstitucional y de "una atmósfera externa hostil respeto del dictado constitucional o de la tutela de los derechos constitucionalmente reconocidos". Ello conduce entonces, como veremos más adelante en este Capítulo, a las patologías inconstitucionales de la erosión del "*significado último de la rigidez constitucional*" (Zozzi: 93-94) y al surgimiento, por obra y gracia de una praxis interpretativa jurisprudencial totalmente alejada o contraria a los postulados de un Estado constitucional de derecho, de un "derecho degenerado" en donde las garantías interpretativas de los derechos fundamentales, como es el caso de la ponderación o de doctrinas como el "estado de cosas inconstitucional", en una especie de travestismo, malabarismo, alquimia o maltrato [in]constitucional, operan en perjuicio de los derechos fundamentales mismos que deben tutelar.

6. EL CATÁLOGO DE PRINCIPIOS DE INTERPRETACIÓN CONSTITUCIONAL

6.1 Influencia del carácter principista de las normas constitucionales en la interpretación constitucional: pluralismo de principios.

Anteriormente hemos visto, la naturaleza peculiar de la norma constitucional. Hemos visto que las normas legislativas son casi siempre reglas, mientras que las normas constitucionales –en especial las relativas a los derechos fundamentales– son prevalentemente principios. Ya sabemos que la diferencia entre las reglas y los principios radica en que solo los principios cumplen una función propiamente constitucional, o sea, constitutiva del ordenamiento jurídico. Las reglas, aunque estén escritas en la Constitución, no son más que leyes reforzadas por su forma especial de adopción y, lo que es más importante, "se agotan en sí mismas, es decir, no tienen ninguna fuerza constitutiva fuera de lo que ellas mismas significan" (Zagrebelsky 1995: 110).

Sabemos también que las reglas proporcionan el criterio de cuáles acciones están prohibidas, cómo se debe o se puede actuar. Las reglas son establecidas para ser obedecidas de donde se desprende que es preciso que se sepa con exactitud los preceptos establecidos por el legislador. En contraste, los principios proveen criterios para tomar posición frente al mundo y a la vida, frente a situaciones concretas que el principio no pudo o no quiso prever. Pero los principios, contrario a las reglas, carecen de supuestos de hecho por lo que su significado sólo puede determinarse en casos concretos, atendiendo a las cosmovisiones, los valores y la cultura jurídica de la que forman parte. Por ello, sólo las reglas pueden ser observadas y aplicadas mecánica y pasivamente por esos jueces autómatas que deseaba Montesquieu, mediante los esquemas lógicos de razonamiento, el silogismo judicial y la subsunción del supuesto de hecho concreto en el supuesto abstracto de la norma. Por el contrario, la aplicación de los principios constitucionales a la realidad exige de nosotros una reacción de apoyo o rechazo a todo lo que pueda estar implicado en la salvaguarda del principio en cada caso concreto, reacción a la cual no escapa el juez cuando ejerce su rol de control de la constitucionalidad.

Esta prevalencia de los principios en materia constitucional obliga a formas de interpretación cercanas al estilo y al modo de argumentar en el derecho natural y en la filosofía del derecho, aparte de que "el fenómeno de la constitucionalización de los ordenamientos jurídicos europeos a partir de la posguerra europea y el surgimiento de las diversas corrientes del neoconstitucionalismo, multiplicarán los puntos de contacto entre el Derecho constitucional y la filosofía del Derecho" (Santiago: 22). El derecho constitucional es un derecho de principios por lo que se abre a los discursos metajurídicos ajenos a la tradición juspositivista. El contenido de esos principios depende del contexto cultural del cual forman parte. "Tales principios expresan importantes y muy valorados conceptos, como la igualdad, la libertad, la justicia, la solidaridad, la persona y la dignidad humana, etc., pero el contenido de estos conceptos, es decir, su 'concepción', es objeto de inagotables discusiones. Las concepciones ejercen su influencia sobre cada aplicación de los principios, porque las declaraciones constitucionales al respecto no son más que esbozos cuyo alcance concreto se mueve en el sentido de la evolución de las ideas. El conjunto de los principios constitucionales (…) debería constituir una suerte de 'sentido común' del derecho, el ámbito de entendimiento y de recíproca comprensión en todo discurso jurídico, la condición para resolver los contrastes por medio de la discusión y no a través de la imposición" (Zagrebelsky 1995: 124).

Por su marcado carácter principiológico, es obvio que, como bien señala Luis Carlos Sáchica, "una Constitución no se construye en el vacío, ni sale de la nada". Ella tiene unos marcos, unos entornos, unos contextos, unos supuestos y unos apoyos fácticos que le dan estabilidad, vigencia y eficacia. Al configurar una estructura de poder y al organizar la protección de la libertad, la Constitución recoge los elementos sociales, las fuerzas políticas, las relaciones económicas y las instituciones culturales que le preexisten y que se insertan en ella, modelándola, dándole vida, pero introduciendo cambios y adecuaciones de sus normas que muchas veces hacen innecesaria la reforma formal del texto constitucional. De ahí que la interpretación constitucional sea más exigente que las demás. Y ello por varias razones: "Desborda la hermenéutica usual. Porque es fundadora y directora de ésta. No es compatible con el formalismo simplista y el apego a lo literal que puede revelar los alcances de las normas fundamentales del Estado. Impone, a más de la técnica jurídica, amplios conocimientos del derecho, una sensibilidad política, un hondo sentido histórico, una visión de futuro, un severo realismo, una postura humanista, una capacidad creadora y una vigorosa orientación ética no comunes" (SÁCHICA: 35).

Este contexto histórico-espiritual de la interpretación constitucional está formado por los valores, los cuales constituyen ideas directivas generales que fundamentan, orientan y limitan críticamente la interpretación y aplicación de todas las restantes normas constitucionales y del ordenamiento jurídico en su conjunto. Estos valores son menos concretos y específicos que los principios en lo que respecta a las situaciones en que pueden ser aplicados y a las consecuencias jurídicas de su aplicación. Como bien expresa Pérez Luño, "los valores funcionan […] como metanormas respecto a los principios y como normas de tercer grado respecto a las reglas o disposiciones específicas" (PÉREZ LUÑO: 292). En todo caso, los principios reciben su peculiar orientación de sentido de aquellos valores que especifican o concretan. Muchas veces, una misma noción puede revestir, a tenor de la Constitución, el significado de un valor, de un principio y de una regla específica. Tal es el caso de la libertad, que aparece como valor supremo en el Preámbulo, como principio en el artículo 8 y como un conjunto de reglas en el artículo 40.

Hay una serie de principios que la doctrina y la jurisprudencia han señalado como *guías de la interpretación constitucional*. "No se deben confundir los principios de interpretación de la Constitución con los métodos orientados a esos fines. Los métodos son los medios o instrumentos utilizados en la actividad interpretativa; son los caminos o las vías posibles, y los principios son las guías que orientan esos caminos por los que transita el intérprete u operador, conduciéndolo y dirigiéndolo. De modo que los métodos están permeados o informados por los principios para dotarlos de la eficacia necesaria en la concreción de la norma interpretada" (VÁSQUEZ: 20). Estos principios, en contraste con los métodos de interpretación constitucional que hacen referencia a los instrumentos utilizados en la actividad interpretativa, constituyen pautas que orientan la labor del intérprete, que le sirven de brújula para navegar en las muchas veces tormentosas y peligrosas aguas del mar constitucional.

Algunos de estos principios ya han sido reconocidos por la jurisprudencia dominicana; en efecto, la Suprema Corte de Justicia ha estatuido en el sentido de que "la Constitución debe ser interpretada como un todo en la búsqueda de la unidad y armonía de sentido; que los preceptos constitucionales deben ser interpretados no sólo por lo que ostensiblemente indican sino también por lo que resulta implícito en ellos; que la efectividad de las normas constitucionales debe ser pensada en armonía con la eficacia, implícita o explícita de las otras reglas constitucionales; que la interpretación de las normas constitucionales debe hacerse en concordancia con los precedentes judiciales y con la legislación vigente, y, finalmente, que a una norma fundamental se le debe atribuir el sentido que más eficacia le conceda, pues a cada norma constitucional se le debe otorgar, ligada a todas las otras normas, la máxima capacidad de reglamentación" (S.C.J. 14 de abril de 2003).

En todo caso, la aplicación de estos principios depende de si se hace una interpretación *"de"* o *"desde"* la Constitución que, aunque son dos cuestiones estrechamente vinculadas, tienen perfiles netamente diferenciados. Y es que la Constitución es simultáneamente la norma fundamental y fundamentadora de todo el orden jurídico. Por eso, cuando se habla de interpretación constitucional nos referimos no solo a la interpretación de la Constitución sino también a la interpretación de las normas que componen el ordenamiento jurídico desde la óptica constitucional. Más aún, puede afirmarse que la interpretación constitucional es, sobre todo y, ante todo, más que interpretación de la Constitución, interpretación constitucional del ordenamiento y que, en sentido general, a fin de cuentas, la interpretación del derecho no puede ser algo distinto a la interpretación de la Constitución, en la medida en que hoy la interpretación jurídica es eminentemente principiológica. Pero, y esto no es menos importante, la interpretación constitucional, para poder satisfacer plenamente su función uniformadora del ordenamiento, no se contenta ni tan solo con la interpretación de la Constitución ni exclusivamente con la mera reordenación del ordenamiento desde los valores y principios constitucionales. De ahí que se afirme que "la Constitución no es un cuerpo dogmático cerrado en sí mismo que se impone como una verdad revelada y única sobre el conjunto de los operadores jurídicos, sino el resultado de un proceso de conciliación de intereses que se desarrolla y se extiende para renovar, de manera constante, esa conciliación y pacificación social" (BALAGUER CALLEJÓN: 31).

6.2 La interpretación "de" la Constitución

La norma constitucional como toda norma jurídica debe ser interpretada. En este sentido, cabe hablar de interpretación de la Constitución, la cual puede llevarse a cabo o bien a raíz del control de la constitucionalidad o bien como consecuencia de la aplicación directa e inmediata de la norma constitucional. Veamos los principios que rigen la interpretación de la Constitución.

6.2.1 Principio de la unidad de la Constitución. Este principio consiste en que la norma constitucional no se puede interpretar en forma aislada sino que debe considerarse dentro del conjunto de normas que integran e informan la Constitución. La Constitución es un todo por lo que el juez no debe limitar su interpretación al cotejo de una ley adjetiva con uno o varios artículos de la Constitución, sino que es preciso que base sus decisiones tomando en cuenta la concordancia o armonización con todas aquellas normas constitucionales que tengan relación con el asunto a dilucidar. La Constitución debe interpretarse como un *conjunto armónico* en donde ninguna disposición puede ser considerada aisladamente debiendo preferirse siempre la interpretación que armonice y no la que coloca en pugna las disposiciones constitucionales.

El Tribunal Constitucional alemán, en su primera gran decisión, afirmó este principio, señalando que ninguna disposición constitucional puede ser sacada de su contexto e interpretada por sí sola, que todas las disposiciones de la Constitución deben ser interpretadas de modo que éstas sean compatibles con los *principios fundamentales de la Constitución*. En la especie, el tribunal estimó que los principios de la democracia y el federalismo limitan la libertad del legislador en la reestructuración de los Lander del sudoeste prevista en el artículo 118 de la Ley Fundamental (BverfGE, 32 (1951).

Ya Madison, sin embargo, había postulado este principio cuando expresó: "Existen dos reglas de interpretación, dictadas por la razón y fundadas en la razón. Una es que cada parte del texto debe, de ser posible, redactarse de forma que persiga un mismo fin. La otra es que, cuando diversas partes del texto no pueden ser vistas en forma coincidente, la menos importante debe ceder a la parte más importante; el medio debe ser sacrificado al fin, más que el fin a los medios" (*El Federalista* No. 40).

6.2.2 Principio de concordancia práctica. Este principio, estrechamente vinculado con el anterior, se basa en la conexidad entre los bienes constitucionalmente protegidos. La concepción de la Constitución como unidad fundamental tiene importantes consecuencias en caso de conflictos entre principios constitucionales, entre bienes o intereses constitucionalmente amparados. Tal es el caso del conflicto entre el derecho a un juicio público y el derecho a un juicio imparcial; entre el derecho a la información y el derecho a un juicio imparcial; entre el derecho a la intimidad y el derecho a la información; entre el derecho a la vida del feto y el derecho a la vida de la madre. Conflictos como éstos exigen que el intérprete constitucional, como ya ha afirmado el Tribunal Constitucional alemán, asegure una "concordancia práctica" entre los principios en conflicto. Esto conlleva a que los valores constitucionalmente amparados deban ser armonizados los unos con los otros y que se evite que un valor se realice en base al sacrificio de otro. Así lo exige la propia Constitución cuando establece que los poderes públicos, al momento de interpretar y aplicar las normas constitucionales relativas a derechos fundamentales, "procurarán armonizar los bienes e intereses protegidos por esta Constitución" (artículo 74.4). Ello implica, como bien ha establecido nuestro Tribunal Constitucional, "la necesidad de ponderar derechos fundamentales en conflicto, lo que implica la operación de 'balancear' esos derechos en concurrencia, o sea, establecer un orden de importancia entre ellos, haciendo prevalecer a uno sobre el otro, con base en una estimación específica para el caso concreto" (Sentencia TC 42/12).

En el caso *Crucifijo en las aulas de clase* (BverfGE 1 (1995), el Tribunal Constitucional alemán ha considerado que su misión esencial era preservar al mismo tiempo los valores de la libertad de creencia, de consciencia y de profesión de fe y los de la enseñanza escolar. Cada valor constitucionalmente protegido debía ser limitado para que alcanzase su efecto óptimo. Pero esas limitaciones no podían ser irrazonables o desproporcionadas sino que debían ser aquellas limitaciones justas y necesarias para realizar la concordancia entre los valores en conflicto. En la especie, el tribunal determinó que la colocación de un crucifijo en las aulas escolares excedía lo necesario para garantizar que los factores religiosos se tomen en cuenta en la enseñanza escolar tal como manda la Constitución.

6.2.3 Principio de la Constitución como orden de valores.

Vinculado con el principio de la Constitución como unidad lógica-teleológica encontramos el de la Constitución como *"orden objetivo de valores"* desarrollado por el Tribunal Constitucional alemán. Para este tribunal, la Constitución, más que un sistema de reglas estructurado por principios, está cargada de valores en tanto ésta incorpora los valores fundamentales provenientes de sus redactores. Estos valores, estructurados como un orden concreto de valores, incluyen los principios fundamentales de la democracia a la cabeza de los cuales encontramos el principio cardinal de la dignidad humana. Para el tribunal, la Constitución establece un orden y un gobierno que no son neutros desde el punto de vista de los valores sino que incorpora valores objetivos que tienen una independencia respecto a la Constitución misma. La Constitución debe ser interpretada de modo que sus disposiciones sean compatibles con el orden de valores planteados por el texto.

La "teoría de los valores" desarrollada por la jurisprudencia constitucional alemana, la llamada *"jurisprudencia de valores"*, que entiende la Constitución no tanto como un sistema de reglas estructurado por principios sino como "un orden concreto de valores", ha sido fuertemente criticada por el hecho de asimilar los principios jurídicos a valores. Jürgen Habermas vocaliza esta crítica al afirmar las diferencias entre los principios y las normas:

"Los principios o normas de orden superior, a cuya luz pueden justificarse otras normas, tienen un sentido deontológico, los valores, en cambio, un sentido teleológico. Las normas válidas obligan a sus destinatarios sin excepción y por igual a practicar un comportamiento que cumple expectativas generalizadas de comportamiento, mientras que los valores hay que entenderlos como preferencias intersubjetivamente compartidas. Los valores expresan la preferibilidad de bienes que en determinados colectivos se consideran deseables y que pueden adquirirse o realizarse mediante una acción enderezada a ese fin. Las normas se presentan con una pretensión binaria de validez y son, o bien válidas, o bien no válidas; frente a los enunciados normativos, al igual que frente a los enunciados asertóricos, sólo podemos tomar postura con un 'sí' o con un 'no', o absteniéndose de juzgar. En cambio, los valores fijan relaciones de preferencia que dicen que determinados bienes son más atractivos que otros; de ahí que nuestro asentimiento a los enunciados valorativos consienta grados. La validez deontológica de las normas tiene el sentido absoluto de una obligación incondicional y universal: lo debido pretende ser bueno para todos por igual. La atractividad de los valores tiene el sentido relativo de una apreciación de bienes a la que se está habituado o que se ha adoptado en una determinada cultura o en una determinada forma de vida: las decisiones valorativas decisivas o preferencias de orden superior dicen qué es lo que, consideradas las cosas en conjunto, es bueno para nosotros (o para mí). Distintas normas no pueden contradecirse unas a otras si pretenden validez para el mismo círculo de destinatarios; tienen que guardar una relación coherente, es decir, formar sistema. Los diversos valores, en cambio, compiten por ser los primeros; en la medida en que consiguen reconocimiento intersubjetivo dentro de una cultura o de una forma de vida, constituyen configuraciones a la vez flexibles y tensas" (HABERMAS: 328).

De acuerdo con Habermas, "quien hace agotarse una Constitución en un orden concreto de valores, desconoce su específico sentido jurídico; pues como normas jurídicas, los derechos fundamentales, al igual que las reglas morales, están formados conforme al modelo de normas obligatorias de acción, y no conforme al modelo de bienes apetecibles" (HABERMAS: 329). Transformar los derechos fundamentales en *valores fundamentales* significa que la determinación de los primeros depende de lo que es apetecible o no, lo cual va marcado siempre por las preferencias particulares o subjetivas, por la tradición, el contexto o el consenso en el que se ha crecido, se ha asumido o se está culturalmente habituado. Interpretar la Constitución deviene en un acto de expresión de las aspiraciones colectivas, como el juez las entiende. La conversión de los derechos fundamentales de principios deontológicos a bienes jurídicos teleológicos que constituirían un orden objetivo de valores contribuye a que la jurisdicción constitucional se transforme "en una instancia autoritaria, al haber de dejarse guiar por la idea de realización de unos valores materiales que vendrían previamente dados en términos de derecho constitucional" (HABERMAS: 332).

Dado que las normas y principios pueden pretender una obligatoriedad general y no una preferibilidad particular o especial como los valores, poseen una fuerza justificatoria mayor que los valores, valores que solo pueden ser sopesados o bien de forma discrecional o arbitraria o bien conforme patrones a los que se está acostumbrado. Y continúa Habermas:

"En la medida en que un tribunal constitucional adopta la 'teoría de los valores' o *'teoría del orden valorativo'* y la pone a la base de su práctica de toma de decisiones, aumenta el peligro de juicios irracionales porque con ello cobran primacía los argumentos funcionalistas a costa de los argumentos normativos. La 'capacidad de funcionamiento' del ejército o de la administración de justicia, la 'paz' específica de un ámbito, la 'seguridad del Estado como estructurado poder de paz y orden', el comportamiento favorable a la Federación o 'fidelidad a la Federación', estos 'principios' y otros semejantes constituyen, ciertamente, puntos de vista bajo los que pueden introducirse argumentos en un discurso jurídico en caso de colisión de normas; pero estos argumentos solo pueden 'contar' en el mismo grado en que 'cuenten' los principios jurídicos a cuya luz se justifican a su vez tales objetivos y bienes. Pues en última instancia son sólo derechos los que deben convencernos en el juego argumentativo. Es este umbral el que queda neutralizado por la equiparación contraintuitiva de los principios jurídicos con *bienes, objetivos y valores*: 'Las garantías constitucionales de libertad se encuentran en este caso en competencia con 'principios' que no solo por su contenido, sino también por toda su estructura, son principios que le son antitéticos, como son la capacidad de funcionamiento del ejército o la capacidad de funcionamiento de las empresas y la economía global… Estos (al igual que otros) bienes colectivos, el Tribunal Constitucional [alemán, EJP] los transforma en encargos constitucionales directos que el legislador está obligado a ejecutar, con unos costes para los derechos de libertad, que se determinan en cada caso conforme a la situación" (HABERMAS: 333).

Sin embargo, cuando los derechos fundamentales son tomados en serio en su sentido deontológico, quedan sustraídos del *análisis costo-beneficios* a que conduce la jurisprudencia de valores. Esto es válido también para las normas constitucionales abiertas, como es el caso del criterio de razonabilidad, que deben ser concretizadas en el caso de aplicación. Cuando hay colisión con otras normas no hay que determinar en qué grado han de cumplirse valores que compiten entre sí, sino que hay que determinar cuál es la norma que se adecua más o mejor a la situación de aplicación, descartando aquellas normas que, a pesar de seguir siendo válidas, son inadecuadas para el caso. "Las normas que vienen al caso y las normas que, aun habiendo sido candidatas a ello, no son de aplicación en el caso de que se trate, no se comportan entre sí como valores en competencia que, como mandatos de optimización, hubieran de cumplirse en medida diversa en cada caso, sino como normas 'adecuadas' o 'inadecuadas'. Y adecuación significa aquí validez de un juicio singular deducido a partir de una norma válida, que es el que 'satura' a la norma correspondiente" (HABERMAS: 334).

Lo que postula Habermas, como alternativa a la concepción de la Constitución como orden de valores, es una aplicación del derecho constitucional orientada por principios. Esto tiene que ver con la cuestión de la legitimidad del control de la constitucionalidad que analizaremos más adelante. De todos modos, es importante recalcar que la idea de los *"objetivos de valor constitucional"* desarrollada por el Consejo Constitucional francés si bien es una idea vecina a la concepción alemana de la Constitución como unidad lógica-teleológica, como orden objetivo de valores a realizar, no es equivalente y, al ser más afín a la noción de Habermas de una jurisprudencia constitucional orientada por principios y no valores, bien pudiera evitar los riesgos de discrecionalidad y autoritarismo en el ejercicio del control de la constitucionalidad que Habermas señala. Estos objetivos, deducidos por la jurisprudencia constitucional francesa, permiten hacer efectivos las libertades y derechos constitucionalmente establecidos al tiempo de conciliar los eventuales conflictos entre los mismos. Así, el Consejo Constitucional ha establecido que "la salvaguarda del orden público, el respeto de la libertad del otro y la preservación del carácter pluralista de las corrientes de expresión socioculturales" son objetivos de valor constitucional que deben ser conciliados con el ejercicio de la libertad de comunicación establecida por el artículo 11 de la Declaración de los Derechos del Hombre y del Ciudadano (*Communication audiovisuelle*, 27 juillet 1982, CC, dec. 82-141 DC, cons. 5, RJC, I, 127). A pesar de que estos objetivos no son referidos formal y expresamente por los textos, encuentran su apoyo en normas y principios de carácter constitucional, en contraste con los valores de la jurisprudencia constitucional alemana que parecen constituir una realidad independiente de la Constitución misma. Se podría decir que los franceses han detectado objetivos con valor constitucional *nacidos del texto* mientras que los alemanes han inferido valores considerados objetivos para subrayar su *independencia del texto*.

En el caso dominicano, los valores, considerados supremos, aparecen plasmados en el Preámbulo de la Constitución y los mismos pueden encontrarse tras muchos de los principios fundamentales consagrados en el Título I, de modo que puede decirse, como lo ha hecho la Suprema Corte de Justicia previo a la reforma constitucional de 2010, que "el *bloque de constitucionalidad* encierra entre sus principios y normas una serie de valores como el orden, la paz, la seguridad, la igualdad, la justicia, la libertad y otros que, al ser asumidos por nuestro ordenamiento jurídico se configuran como patrones de razonabilidad, principio establecido en el Artículo 8, numeral 5 de nuestra Constitución" (Resolución 1920-2003 del 13 de noviembre de 2003). Este criterio jurisprudencial quedó plasmado en el articulo 7.10 de la LOTCPC, en virtud del cual "los valores, principios y reglas contenidos en la Constitución y en los tratados internacionales sobre derechos humanos adoptados por los poderes públicos de la República Dominicana, conjuntamente con los derechos y garantías fundamentales de igual naturaleza a los expresamente contenidos en aquellos, integran el bloque de constitucionalidad que sirve de parámetro al control de la constitucionalidad y al cual está sujeto la validez formal y material de las normas infraconstitucionales".

6.2.4 El principio del efecto integrador. Este principio significa que, en la resolución de los problemas jurídico-constitucionales, se debe dar preeminencia a los criterios que favorezcan la integración política y social y que refuercen la unidad política. Esto no es un cheque en blanco para autoritarismos y fundamentalismos pues se parte de que la Constitución es la vía racional para alcanzar soluciones pluralísticamente integradoras a los conflictos sociales.

6.2.5 El principio de máxima efectividad. Conforme a este principio, supuestas varias interpretaciones posibles se debe dar preferencia a la que mayor eficacia confiera a la norma constitucional. Este principio está ligado al "principio de la máxima expansión de los derechos fundamentales" (RODRÍGUEZ ZAPATA: 160) o principio "*in dubio pro libertate*", el cual constituye una opción en favor de la libertad de los individuos que implica que en supuestos dudosos habrá que optar por la interpretación que mejor proteja los derechos fundamentales. Consagrado expresamente por la Constitución, al disponer que los poderes públicos interpretan y aplican las normas relativas a los derechos fundamentales, "en el sentido más favorable a la persona titular de los mismos" (artículo 74.4), dicho principio conlleva la concepción de la actividad interpretativa de la Constitución como una tarea destinada a maximizar y optimizar la fuerza expansiva y la eficacia de los derechos fundamentales en su conjunto. Este principio, acogido particularmente por la jurisprudencia norteamericana y alemana, ha sido postulado por la Corte Suprema de la Argentina en el sentido que el fin último de la Constitución es el de servir de *palladium* de la libertad, y que este fin de protección de los derechos constitucionales, debe ser considerado como regla máxima de interpretación (*Sojo,* CSJN, Fallos, 32: 125; *Elortondo,* CSJN, Fallos, 33: 193; *Lacoir,* CSJN, Fallos, 200: 187; y *Pérez,* CSJN, Fallos, 91: 56).

La LOTCPC ha consagrado en su artículo 7.4 la efectividad como principio rector de la justicia constitucional y en virtud de ello "todo juez o tribunal debe garantizar la efectiva aplicación de las normas constitucionales y de los derechos fundamentales frente a los sujetos obligados o deudores de los mismos, respetando las garantías mínimas del debido proceso y está obligado a utilizar los medios más idóneos y adecuados a las necesidades concretas de protección frente a cada cuestión planteada". Para nuestro Tribunal Constitucional, dado que "el Tribunal Constitucional tiene como misión esencial, entre otras, garantizar la protección y efectividad del ejercicio de los derechos fundamentales", lo que le reconoce el artículo 7.4 de la LOTCPC, ello "permite al tribunal erradicar, dentro de la órbita del Estado, todas las medidas administrativas o jurisdiccionales que dificulten, limiten o condicionen irrazonablemente el ejercicio de un derecho fundamental" (Sentencia TC 50/12), pues "la Constitución y los derechos fundamentales deben ser interpretados y aplicados de modo que se optimicen su máxima efectividad para favorecer al titular del derecho fundamental, pudiendo [el juez de amparo] adoptar, de oficio, las medidas requeridas para garantizar la supremacía constitucional y el pleno goce de los derechos fundamentales, aun cuando no hayan sido invocadas por las partes o las hayan utilizado erróneamente" (Sentencia TC/0426/18).

6.2.6 El principio de corrección funcional. De acuerdo con este principio, el intérprete debe respetar el marco de distribución de las funciones estatales establecido por la Constitución. "Si la Constitución regula de una determinada manera el contenido respectivo de los agentes de las funciones estatales, el órgano de interpretación debe mantenerse en el marco de las funciones a él encomendadas; dicho órgano no deberá modificar la distribución de las funciones a través del modo y del resultado de dicha interpretación" (HESSE: 68).

6.2.7 El principio de la fuerza normativa de la Constitución. Este principio, derivado del artículo 6 de la Constitución, significa que, para la solución de los problemas jurídico-constitucionales, debe darse preeminencia a aquellas soluciones interpretativas que posibilitan una eficacia óptima de la Constitución, sin que ello impida la actualización constitucional y su permanencia.

6.2.8 La interpretación de la Constitución de conformidad con el derecho internacional. Al establecer la Constitución que la República Dominicana "es un Estado miembro de la comunidad internacional, abierto a la cooperación y apegado a las normas del derecho internacional" (artículo 26) y al disponer que "los tratados, pactos y convenciones relativos a derechos humanos, suscritos y ratificados por el Estado dominicano, tienen jerarquía constitucional y son de aplicación directa e inmediata por los tribunales y demás órganos del Estado" (artículo 74.3), es obvio que, dado que existe un principio en el Derecho Internacional de que las normas internacionales priman sobre el Derecho interno –aún el de rango constitucional–, las normas internas, incluyendo las constitucionales, deben interpretarse conforme las internacionales. Esto es fundamental en el campo de los derechos fundamentales. Aquí no hay ninguna contradicción con el principio de supremacía constitucional. Y es que la Constitución sigue siendo suprema, aunque el Derecho Internacional se coloque por sobre ella misma, o a su mismo nivel, pues, al así reconocerlo y decidirlo, es en todo momento la Constitución suprema la que opera como fuente primaria y fundamental del Derecho interno cuando en función de ésta consagra el principio de jerarquía normativa. En este sentido, hay que recordar que, como bien señala la Suprema Corte de Justicia, "es de carácter vinculante para el Poder Judicial, no solo la normativa de la Convención Americana sobre Derechos Humanos sino sus interpretaciones dadas por los órganos jurisprudenciales" del sistema interamericano (Resolución 1920-2003 del 13 de noviembre de 2003), lo que viene reafirmado por el artículo 7.13 de la LOTCPC.

La interpretación de la Constitución conforme el derecho internacional es clave, principalmente en materia de derechos humanos, como una manera de evitar el desplazamiento de la norma constitucional por la internacional, que se considera preferente, armonizando los contenidos de ambas, en lugar de optar por la desaplicación de la primera. Es, si se quiere, el resultado de una deferencia hacia el constituyente, que persigue que la obra constituyente de la representación popular se presuma legitima y no sea desplazada por la norma internacional, a menos que haya una manifiesta y clara contradicción entre el ordenamiento internacional y el ordenamiento constitucional. Hay que señalar, sin embargo, que, cuando tal interpretación conforme al derecho internacional de la norma constitucional no es posible, no queda otro camino que, a través de la técnica del *control de convencionalidad* (SOUSA DUVERGE), la desaplicación de la norma constitucional y la aplicación inmediata y directa de la internacional. No otro sentido tiene, por lo menos en lo que respecta al ámbito de los derechos fundamentales, la cláusula constitucional en virtud de la cual los instrumentos internacionales de derechos humanos "son de aplicación directa e inmediata por los tribunales y demás órganos del Estado" (artículo 74.2).

6.3 La interpretación "desde" la Constitución:

6.3.1 La interpretación conforme a la Constitución. La norma constitucional, al mismo tiempo que constituye una norma sujeta a interpretación, supone ella misma el *criterio interpretativo fundamental* de todo el ordenamiento jurídico. Y es que la Constitución no solo es norma suprema sino también "fundamento del ordenamiento jurídico del Estado" (artículo 5). De ahí que todo el ordenamiento jurídico debe interpretarse de conformidad a la norma sustantiva, en especial de conformidad a los derechos y principios fundamentales consagrados en la Constitución, al tiempo que es necesario agotar las posibilidades de una interpretación acorde con la Constitución antes de acudir a la declaración de la inconstitucionalidad de las leyes (PELLERANO GÓMEZ). Tal como ha dicho el Tribunal Constitucional, la interpretación conforme a la Constitución es un principio "conforme al cual si en la concurrencia de distintos y posibles sentidos de interpretación deducibles de un precepto constitucional, existe alguno que razonablemente haga compatible ambos instrumentos normativos, este es el que debe ser necesariamente acogido por el tribunal, desestimando la inconstitucionalidad aducida y adoptando la interpretación conforme al derecho fundamental de que se trate. Constituye un mecanismo al que recurre la jurisprudencia constitucional comparada para no producir lagunas innecesarias en el ordenamiento jurídico y, a la vez, impedir que el mantenimiento de la norma impugnada pueda afectar la supremacía de la Constitución" (Sentencia TC/0467/15).

Este principio es esencial para garantizar la *normatividad de la Constitución* en países con control concentrado de la constitucionalidad, pues provee un criterio de interpretación para el juez ordinario que, imposibilitado de desaplicar por inconstitucional una ley, puede, de acuerdo con este principio, interpretar la ley en el sentido más conforme a la Constitución. Según la jurisprudencia constitucional alemana, una disposición solo es inconstitucional cuando no puede ser interpretada conforme a la Constitución, debiendo, en todo caso, preferirse a cualquier interpretación en la que la disposición legislativa resultaría inconstitucional, aquella que mejor concuerda con los principios constitucionales.

El principio de la interpretación conforme a la Constitución es relevante también en los *sistemas de control difuso* de la constitucionalidad pues provee al juez ordinario una alternativa a la inaplicabilidad de la ley por inconstitucional, la cual es ofrecer una interpretación de la disposición legislativa que sea cónsone con la letra y el espíritu de la Constitución. Así, cuando el legislador supedita la aplicación de una determinada disposición a cláusulas generales como el "orden público", las "buenas costumbres", o los "usos locales", se trata de cláusulas vacías que deben ser llenadas por el juez ordinario mediante una interpretación que, en todo caso, debe ser conforme a la Constitución. Ahora bien, cuando la Constitución consagra un derecho fundamental como, por ejemplo, la libertad de conciencia y de cultos, condicionado "al orden público y respeto a las buenas costumbres" (artículo 45), se trata de una pauta que debe ser concretizada tanto por el legislador como por el juez. Pero una vez el legislador opta por una determinada posibilidad de concretización –digamos prohibiendo las sectas religiosas no cristianas–, el juez ordinario no puede proveer una interpretación de esa disposición legislativa conforme a la Constitución sino que tiene que aplicarla o inaplicarla mediante el control difuso de la constitucionalidad al caso concreto, estableciendo, por ejemplo, que las sectas religiosas no cristianas no son violatorias del orden público y las buenas costumbres o que su prohibición resulta irrazonable a la luz de la Constitución. La diferencia en la aplicación de este principio en los sistemas de control concentrado y de control difuso es que, aunque en ambos la interpretación conforme a la Constitución procede sólo en los casos en que la ley presenta una laguna o contiene conceptos que precisan de ser llenados de contenido por el juez, en los países de control difuso, si al juez ordinario le es imposible proveer una interpretación conforme a la Constitución porque no puede rebasar el marco del posible sentido literal o metatextual de la ley, pueda inaplicar la ley por considerarla inconstitucional conforme a los principios y métodos de interpretación propios de la materia constitucional. Este es el criterio sustentado por la Suprema Corte de Justicia, la cual ha establecido que "los jueces están obligados a aplicar las disposiciones contenidas en el bloque de constitucionalidad como fuente primaria de sus decisiones, realizando, aún de oficio, la determinación de la validez constitucional de los actos y de las reglas sometidas a su consideración y decisión", y que "se impone su aplicación, armonizando los significados de la ley que no le fueren contradictorias, con los principios, normas y valores que lo integran" (Resolución 1920-2003 del 13 de noviembre de 2003).

6.3.2 La interpretación conforme al derecho internacional. Pero el juez constitucional no solo debe proveer una interpretación de las normas conforme a la Constitución sino también al derecho internacional. Este deber del juez deriva de la cláusula constitucional del *Estado cooperativo*, es decir, del *Estado abierto al Derecho Internacional*, en virtud de la cual "la República Dominicana es un Estado miembro de la comunidad internacional, abierto a la cooperación y apegado a las normas del derecho internacional", que "reconoce y aplica las normas del derecho internacional, general y americano, en la medida en que sus poderes públicos las hayan adoptado" (artículo 26.1) y que acepta que "las normas vigentes de convenios internacionales ratificados regirán en el ámbito interno, una vez publicados de manera oficial" (artículo 26.2). El juez dominicano debe, por tanto, proveer una interpretación de las normas nacionales que sea *conforme con el Derecho Internacional* y allí donde exista la imposibilidad de proveer dicha interpretación, conforme particularmente los tratados internacionales vigentes en el ordenamiento interno, deberá entonces aplicar preferentemente la norma internacional en virtud del principio del Derecho Internacional *pacta sunt servanda*.

En el ámbito de los derechos humanos, en el que opera el rango constitucional de los tratados internacionales de derechos humanos (artículo 74.3 de la Constitución), el deber del juez nacional de interpretar las normas internacionales conforme el derecho internacional de los derechos humanos se hace efectivo mediante su sumisión al precedente establecido en las decisiones de la Corte IDH, el cual es obligatorio para los jueces dominicanos, en virtud no solo de la CADH y la ratificación de la competencia de la Corte por la República Dominicana en 1999, sino también de las disposiciones del artículo 7.13 de la LOTCPC, el cual dispone que "las interpretaciones que adoptan o hagan los tribunales internacionales en materia de derechos humanos, constituyen precedentes vinculantes para los poderes públicos y todos los órganos del Estado". Allí donde no sea posible dar una interpretación de las normas nacionales conforme el Derecho Internacional de los Derechos Humanos, el juez nacional debe entonces, del mismo modo que acude a la desaplicación de la norma inconstitucional cuando no puede suministrar una lectura de la misma conforme a la Carta Sustantiva, desaplicar la norma interna y aplicar preferentemente la norma internacional, en aplicación del denominado *control de convencionalidad* (SOUSA DUVERGE).

7. INTERPRETACIÓN CONSTITUCIONAL Y TEORÍA DE LA ARGUMENTACIÓN

Aunque resulta obvio que "todo el que expone un punto de vista jurídico y desea que otros lo acepten debe presentar argumentos que lo justifiquen" (FETERIS: 19), lo cierto es que la argumentación emerge en la agenda de la filosofía y teoría del derecho en Europa a fin de los 50 del siglo XX de la mano de un grupo de autores (PERELMAN, VIEHWEG), a los cuales se sumarian, en las tres últimas décadas de dicho siglo, una serie de filósofos y juristas, a ambos lados del Atlantico (WROBLEWSKI, TOULMIN, ALEXY, AARNIO, MACCORMICK, HABERMAS, ATIENZA, entre otros). "Un modo sintético y simple de entender la argumentación jurídica, en la que seguramente coincidirían buena parte de los autores antiguos y contemporáneos que se han ocupado del tema, sería que ella consiste en exponer argumentos o razones que avalen una posición en cuestiones jurídicas debatidas o dudosas, a los fines de que la misma resulte más y mejor justificada y así logre vencer racionalmente a cualquier otra alternativa" (VIGO 2011: 464).

El derecho es contemporánea y esencialmente "*derecho como argumentación*" (ATIENZA), lo que significa que, hoy en día, en los Estados constitucionales de Derecho, a los poderes públicos no les basta con su autoridad para imponer las normas y actos que dictan sino que deben dar razones de los mismos, deben justificar su actuación, lo que conlleva el sometimiento del poder a la razón del Derecho y, por tanto, una mayor demanda de argumentación jurídica que la exigida en los Estados legislativos de Derecho. Esta demanda de argumentación jurídica se hace más intensa y acuciante en el terreno de la interpretación de la Constitución, en tanto esta última, como ya hemos visto anteriormente, está preñada de principios, de naturaleza abierta, ambigua e indeterminada, que requieren esquemas de argumentación basados en la ponderación, y que hacen mucho más necesario que en otros ámbitos jurídicos, por la imposibilidad de alcanzar una "única solución correcta", principalmente en los "casos difíciles", justificar las decisiones que adopte el juez constitucional para resolver dichos casos. De ahí la importancia de una adecuada motivación de las decisiones del juez constitucional que permita convencer al "auditorio" (Perelman) de la jurisdicción constitucional de la corrección de sus fallos, así como la posibilidad de universalizar los criterios adoptados en la decisión jurisdiccional a casos análogos, cuestión fundamental en el caso del Tribunal Constitucional cuyas decisiones constituyen precedente vinculante para todos los poderes y órganos del Estado.

Las teorías de la argumentación insisten en la necesidad de justificar racionalmente las decisiones jurídicas, fundamentándolas en un conjunto coherente de argumentos que observa determinadas reglas (Alexy), aunque no pasan por alto que la justificación de una decisión jurídica requiere algo más que una argumentación racional, como lo es que la decisión este de conformidad con los puntos de partida de una "forma de vida" (Aarnio), es decir el conjunto de valores que comparte una determinada comunidad, en este caso, la comunidad jurídica y su "ideología jurídica" (Peczenik). Todo esto nos lleva a la necesidad de que la "comunidad de intérpretes constitucionales" comparta los valores mínimos de una "*cultura constitucional*" constitucionalmente adecuada a la Constitución de una sociedad multicultural, como lo es la dominicana, y que la interpretación constitucional posibilite "en el mayor grado posible, la convivencia de diferentes formas de vida justificadas con argumentos compatibles con los postulados de autonomía, independencia, libertad e igualdad (al que va unido el respeto a la diferencia) como mecanismo para el desarrollo de una vida digna" (Asís: 78).

8. LÍMITES DE LA INTERPRETACIÓN CONSTITUCIONAL

El abordaje adecuado de la interpretación constitucional debe partir de una premisa que parece incuestionable: el intérprete constitucional no se puede arrogar las atribuciones propias del poder constituyente, sea primario o secundario, pues ha de tenerse bien claro que el intérprete debe respetar la voluntad (original o histórica) de quien tiene autoridad para votar la norma; voluntad que no puede alterar. Es por ello que resulta necesario establecer límites a esa labor hermenéutica" (Gil 2020: 125). Y es que, aún no se admita el originalismo o la interpretación histórica de la Constitución como método de interpretación, lo cierto es que "si el intérprete puede atribuir cualquier significado al texto o enunciado normativo, la preexistencia de éste ya no es necesaria. Toda actividad constitucional debe ser razonable. Los principios, valores, derechos y garantías constitucionales no pueden ser alterados por procesos interpretativos, puesto que se incurriría en arbitrariedad" (Goig Martínez: 208).

8.1 Las mutaciones constitucionales

Es perfectamente posible que la Constitución mute por la vía de la interpretación constitucional (Dau-Lin). Esta *mutación constitucional por la vía interpretativa* será constitucionalmente admisible en la medida en que se funde en un cambio de sentido del enunciado lingüístico que no sea contradictorio con el programa normativo. Así, si la interpretación de la norma la Constitución norteamericana que prohíbe los castigos "crueles e inusuales" evoluciona desde el sentido de que la pena de muerte no es un castigo cruel e inusual al sentido de que si lo es, estaremos ante una mutación constitucional por la vía de la interpretación constitucionalmente legítima. Ahora bien, serían constitucionalmente inadmisibles aquellas mutaciones interpretativas que pretendan legitimizar una realidad constitucional inconstitucional, es decir, alteraciones manifiestamente incompatibles con el programa de la norma constitucional o con el texto constitucional (Gomes Canotilho).

8.2 La interpretación auténtica

El legislador no puede dictar *leyes meramente interpretativas* cuyo objetivo sea precisar el único sentido entre los varios posibles que debe atribuirse a un precepto constitucional porque se usurpan así las potestades del poder constituyente, como lo ha establecido el Tribunal Constitucional español. Y es que, cuando el legislador dicta una ley interpretativa, "al reducir las distintas posibilidades o alternativas del texto constitucional a una sola, completa de hecho la obra del poder constituyente y se sitúa funcionalmente en su mismo plano, cruzando al hacerlo la línea divisoria entre el poder constituyente y los poderes constituidos" (STC 76/1983). El legislador es destinatario de las normas constitucionales y puede concretizarlas a través de leyes que desarrollan preceptos constitucionales. Pero no puede pretender fijar por ley un sentido único de las normas constitucionales a menos que acuda a hacer uso del poder de reforma conforme el procedimiento trazado por la Constitución. Y es que, si se admite la validez de la *interpretación auténtica* de la Constitución provista por el legislador, se sustituye el principio de la constitucionalidad de las leyes por el de la *legalidad constitucional*. De ahí los peligros que representa el método de interpretar la Constitución conforme a las leyes que proponen algunos y que convertiría el control de constitucionalidad de las leyes en el control de legalidad de las normas constitucionales, erigiéndose de nuevo la ley en norma suprema y retornando la Constitución a su antiguo rol de norma puramente política, que no vinculaba al legislador.

8.3 Las normas constitucionales inconstitucionales

Existe la posibilidad de que normas constitucionales resulten inconstitucionales (Bachof). Son imaginables varias hipótesis: (i) una norma constitucional podría contradecir el *núcleo de constitucionalidad superior* protegido por el artículo 268 de la Constitución; (ii) una norma constitucional podría contradecir un *principio no escrito derivado del derecho natural* e incorporado al ordenamiento vía el 74.1 como derecho fundamental implícito o vía el artículo 40.15 de la Constitución como condición de la razonabilidad de la propia norma constitucional; y (iii) una norma constitucional podría contravenir el *ordenamiento internacional* cuyas normas, en virtud del artículo 26 de la Constitución, priman sobre las internas en la medida en que esta primacía es una norma de derecho internacional general adoptada por la República Dominicana.

9. LA PONDERACIÓN DE BIENES

Si bien la Constitución expresa un orden de valores estos valores, aplicados a casos concretos, pueden encontrarse en *situaciones de conflicto o tensión*. Así, el derecho a un juicio público que reclama una comunidad puede colidir con el derecho a un juicio imparcial de un justiciable sometido a una publicidad adversa; el derecho a la información del público puede colidir con el derecho a la honra o a la intimidad de una persona. Tales situaciones solo pueden enfrentarse a través de técnicas de ponderación, de balance de intereses y valores, utilizadas frecuentemente por las jurisdicciones constitucionales. La doctrina se refiere a esas técnicas con diversos nombres: ponderación, razonabilidad, proporcionalidad e interdicción de la arbitrariedad (Prieto Sanchís), técnicas que se han venido imponiendo sobre las demás técnicas de interpretación aún en los sistemas constitucionales con más sólidas y antiguas tradiciones de hermenéutica constitucional como es el caso de los Estados Unidos (Aleinikoff). En derecho dominicano la exigencia de ponderación -en el sentido más extenso del término- de las normas o decisiones estatales -y a la cual la doctrina criolla le presta cada día más atención (Cruceta)- se fundamenta en el principio de razonabilidad consagrado por el artículo 40.15 de la Constitución, como exigencia general de razonabilidad de las leyes; en el artículo 74.2, como límite a los límites a los derechos fundamentales; y en el artículo 74.4, que establece la obligación de procurar una armonización de los bienes e intereses protegidos por la Constitución en caso de conflicto de derechos fundamentales.

9.1 Relevancia de la ponderación de bienes

La ponderación de bienes constitucionales no es una simple "moda" del nuevo constitucionalismo sino que es una técnica indispensable del Derecho Constitucional ya que la Constitución no contiene una jerarquía de bienes, aparte de que, por el carácter principista de las normas constitucionales, los conflictos entre éstas no pueden resolverse con reglas del "todo o nada" sino que requieren técnicas de ponderación que impidan la tiranía de un bien constitucional sobre otro y que eviten la fractura de la comunidad política alrededor de los valores.

9.2 Interpretación y ponderación

La interpretación determina cuáles bienes constitucionales están en juego en un caso determinado y cuál es el sentido de los textos constitucionales susceptibles de ser aplicados para resolver un caso. La ponderación elabora los criterios en base a los cuales se resolverá el conflicto entre los diferentes bienes constitucionalmente protegidos.

9.3 El principio de razonabilidad

9.3.1 Definición, origen, migración y denominación del principio. La razonabilidad es un criterio o patrón de interpretación constitucional que exige que exista cierta sustancial y razonable relación entre el acto (ley, reglamento, acto administrativo, sentencia) y la seguridad, salubridad, moralidad y bienestar de la comunidad.

Se trata de una cláusula de amplio alcance y, hasta la instauración del Tribunal Constitucional, poco definida por nuestra jurisprudencia. Tiene su origen en la cláusula del debido proceso de la Constitución de los Estados Unidos (CIANCIARDO), el denominado *"substantive due process",* la cual aparece en nuestro sistema jurídico, al igual que en Argentina, como una "garantía innominada" (LINARES), teniendo como locus constitucional, en el caso dominicano, el artículo 8.5 de la Constitución, hoy artículo 40.15, hasta su consagración expresa en 2010 en el artículo 74.2 de la Constitución. Desarrollado doctrinaria y jurisprudencialmente en Europa donde, a pesar de no estar consagrado textualmente, con la excepción del ordenamiento comunitario europeo, ocupa un lugar esencial en los Derechos nacionales europeos (BERNAL PULIDO), bajo la denominación más conocida y utilizada de *"principio de proporcionalidad",* este principio ha migrado sucesiva y progresivamente desde el derecho administrativo hacia el derecho constitucional -como exigencia de proporcionalidad en los actos administrativos- y desde su país natal –Alemania- al sistema europeo de derechos humanos, al resto de los ordenamientos jurídicos nacionales europeos occidentales, a Canadá, Nueva Zelandia, Australia, a los países de Europa Central y del Este, hasta llegar a América Latina y Asia (BARAK), salvo el caso de Estados Unidos, donde el principio hermenéutico-constitucional que prima es el de "balancing of *interests*" (COHEN-ELIYA: 15), más cercano a nuestra ponderación, pero que no es propiamente dicho el principio de proporcionalidad. La proporcionalidad constituye hoy el principio medular y universal de la interpretación constitucional y de los derechos fundamentales, erigiéndose como el elemento clave y fundacional del constitucionalismo global o de un "derecho constitucional genérico" (KLATT y MEISTER: 49).

La denominación escogida por el constituyente de 2010 para este principio, que entronca directamente con la tradición jurisprudencial dominicana, herencia de Argentina, que a su vez la importa de los Estados Unidos, no es desacertada pues, aparte de que razonabilidad y proporcionalidad son conceptos parecidos destinados a evitar la arbitrariedad, independientemente de que estricta y formalmente no son lo mismo, entre ambos principios existe una relación de genero a especie, ya que la razonabilidad abarca la proporcionalidad, al ser una consecuencia o manifestación de aquella. De hecho, una forma de saber si un acto es razonable o no, es determinar si existe proporcionalidad entre este y el fin que persigue. Llamando así razonabilidad a lo que en el Derecho comparado se conoce como proporcionalidad se evita, por tanto, que confundamos uno de los pasos del test de razonabilidad, llamado precisamente principio de proporcionalidad stricto sensu, con el principio general de proporcionalidad lato sensu, aparte de que nos mantiene adscritos a nuestro tradición jurisprudencial que, mal que bien, había desarrollado el principio.

Podría afirmarse que, en nuestro ordenamiento jurídico, la razonabilidad tiene dos significados diferentes, aunque estrechamente vinculados. En primer término, la razonabilidad, teniendo como base textual constitucional el artículo 40.15 de la Constitución, conduce al control de la justeza del contenido de una ley. En segundo lugar, la razonabilidad, basada en el artículo 74.2 de la Constitución, sirve para controlar la razonabilidad de una ley que limita a un derecho fundamental. Pero ambos significados están muy vinculados porque la razonabilidad de una ley casi siempre se juzga en relación a un derecho fundamental al cual dicha ley limita.

9.3.2 Reconocimiento jurisprudencial del principio. La razonabilidad recibe carta de ciudadanía en 1973 cuando la Suprema Corte de Justicia, apartándose del rigor exegético que caracterizaba hasta ese momento la aplicación de los preceptos legales, estableció lo siguiente: "Considerando, sobre el alegato 4to. del memorial de la recurrente, relativo a la multa que le fue impuesta, que es de principio que toda disposición legal o reglamentaria que establezca sanciones de cualquier índole debe interpretarse de un modo restrictivo; que, en el punto de que se trata, o sea de la pena de multa establecida en el artículo 194 de la Ley para el Régimen de las Aduanas, modificado por el artículo 1ro. de la Ley No. 56 de 1966, esta Suprema Corte estima que esa pena no es aplicable a los importadores sino en el caso de que sus declaraciones del valor de las mercancías se aparten de lo anotado en las facturas comercial y consular, lo que no ha ocurrido en el presente caso, o cuando la autoridad aduanera compruebe y declare, lo que no ha sucedido tampoco en la especie recurrente, que los valores anotados en las facturas comercial y consular se han apartado, en el sentido de su reducción, como efecto de maniobras o gestiones dolosas encaminadas a perjudicar el interés fiscal; que si el texto legal citado parece conferir a la autoridad aduanera un poder sancionador incondicionado, es preciso declarar que, conforme a la Constitución de la República en su reforma de 1966, toda ley debe ser *'justa y útil'* (art. 8, inciso 5) lo que confiere a los tribunales la facultad de exigir la condición de razonabilidad en la aplicación de toda ley por los funcionarios públicos, condición que debe alcanzar, sobre todo, a aquellas que impongan cargas y sanciones de toda índole; que, por lo expuesto, procede acoger el 4to. alegato del memorial de la recurrente y casar la sentencia impugnada en lo relativo a la multa" (S.C.J. 15 de junio de 1973. B.J. 751.1606).

En esa sentencia sin precedentes en los anales jurisprudenciales dominicanos, quedaron claros varios de los elementos que caracterizan el juicio de razonabilidad. Primero, el principio de razonabilidad sirve para exigir la justeza "en la aplicación de toda ley por los funcionarios públicos, condición que debe alcanzar, sobre todo, a aquellas que impongan cargas y sanciones de toda índole". Segundo, esa razonabilidad se exige no sólo de la ley sino también, como señalaría más tarde el tribunal supremo, de la aplicación de todo "acto e incluso decisiones jurisdiccionales", los cuales se encuentran "supeditados a la condición de razonabilidad, para la cual condición se deberá tomar en cuenta la idea de lo justo y lo útil para la comunidad" (S.C.J. 9 de febrero de 2000). Tercero, la razonabilidad, aplicada a "toda disposición legal o reglamentaria que establezca sanciones de cualquier índole" implica que esta disposición "debe interpretarse de modo restrictivo".

9.3.3 Razonabilidad, arbitrariedad, racionalidad e igualdad. El principio de razonabilidad "es prohibitivo de la *arbitrariedad* (...) la que pudiera presentarse en aquellos casos en que la ley en su diseño o aplicación anide vicios de arbitrariedad, discriminación, auto contradicción o incoherencias incompatibles con los justos intereses de la colectividad" (FERNÁNDEZ ESPINAL: 67). Esta arbitrariedad debe ser comprendida partiendo de la peculiar posición del legislador con respecto a la Constitución y que hace que éste posea un amplio margen de configuración de las materias sujetas a legislación. Como bien ha expresado el Tribunal Constitucional español, "consiguientemente, si el Poder Legislativo opta por una configuración legal de una determinada materia o sector del ordenamiento –en este caso, público- no es suficiente la mera discrepancia política –ínsita en otra opción- para tachar a la primera de arbitraria, confundiendo lo que es arbitrio legítimo con capricho, inconsecuencia o incoherencia creadores de desigualdad o de distorsión en los efectos legales, ya en lo técnico legislativo, ora en situaciones personales que sea crean o estimen permanentes" (STC 99/1987). De modo que, "al examinar un precepto legal impugnado desde este punto de vista (de la arbitrariedad, EJP) el análisis se ha de centrar en verificar si tal precepto establece una discriminación, pues la discriminación entraña siempre una arbitrariedad, o bien, si aun no estableciéndola, carece de toda explicación racional (STC 108/1986).

La razonabilidad conecta entonces con la *racionalidad* pues "el único poder que la Constitución acepta como legítimo, en su concreto ejercicio, es, pues, el que se presenta como resultado de una voluntad racional, es decir, de una voluntad racionalmente justificada y, por lo tanto, susceptible de ser entendida y compartida por los ciudadanos y, en esa misma medida, de contribuir a renovar y reforzar el consenso sobre el que descansa la convivencia pacífica del conjunto social" (FERNÁNDEZ 2006: 308). Este principio implica, por tanto, exigir razones al legislador capaces de justificar sus decisiones. "El Legislador es, ciertamente, libre, en los límites, por supuesto, de la Constitución, para elegir, de entre todas las posibles, la alternativa o vía de acción que estime en cada caso más conveniente y lo es también para escoger las razones que mejor puedan justificar su elección, dentro, claro está, del cuadro de razones que concretamente admita la norma que le sirva de fundamento jurídico (...) Las razones del Legislador han de ser, pues, coherentes con los fines a los que la norma legal ha de orientarse, es decir, susceptibles de explicar satisfactoriamente la adecuación a esos fines de los medios y las técnicas puestas en juego, su potencial aptitud, por lo tanto, para servir a los fines perseguidos, así como su capacidad para alcanzarlos sin imponer sacrificios innecesarios por excesivos. Deben ser también necesariamente razones consistentes con la realidad objetiva, con los hechos que constituyen el punto de partida de la decisión a adoptar, porque sobre los hechos ni el Legislador, ni nadie, como es obvio, puede reclamar poder de disposición alguno (...) Los hechos son, en su concreta realidad, un dato fijo para todos, Legislador incluido. Deben ser, en fin, razones conformes con las reglas de la lógica formal. Ni el Legislador ni nadie puede afirmar al mismo tiempo una cosa y la contraria, ni decir que dos y dos son cinco" (FERNÁNDEZ

1998: 160). La puesta en juego de este control de la razonabilidad de la ley implica la verificación por el juez constitucional de la concordancia entre los motivos expresados por el legislador y el contenido de la ley objeto de control, lo cual, puede conducir a censurar un desvío de poder cuando haya una manifiesta y flagrante incoherencia en la estructura interna de la norma. Esto ha sido admitido aún en la Francia país origen del paradigma superado de la soberanía de la ley, como lo demuestra una copiosa jurisprudencia del Consejo Constitucional (VIDAL-NAQUET).

Aunque el principio de razonabilidad está estrechamente vinculado al *principio de igualdad*, al extremo de que toda violación a la igualdad es necesariamente irrazonable, no podemos afirmar que todo trato irrazonable es discriminatorio. Se trata, en consecuencia, de dos patrones de constitucionalidad vinculados pero distintos. Del mismo modo, aunque gran parte de la jurisprudencia sobre la razonabilidad ha sido producida a consecuencia del juicio de constitucionalidad sobre los límites a los derechos fundamentales, pues todo límite a un derecho fundamental debe ser razonable, el principio de razonabilidad de la ley puede ser violado independientemente de la violación de un derecho fundamental. Podemos afirmar, en consecuencia, que aunque es muy probable que toda ley irrazonable viole por esa razón un derecho fundamental, puede ocurrir que una ley sea irrazonable sin violar un derecho fundamental. Podría decirse respecto a la razonabilidad, que es un principio pero también un derecho, es decir, un derecho que se puede violar independientemente de que se viole o no otro derecho fundamental.

9.3.4 Contenido del principio. Como bien ha establecido la Suprema Corte de Justicia, el principio de razonabilidad permite a los tribunales "exigir la condición de razonabilidad en la aplicación de toda ley por los funcionarios públicos, condición que debe alcanzar, sobre todo, a aquellas que impongan cargas y sanciones de toda índole" (S.C.J. 15 de junio de 1973. B.J. 751. 1601). Posteriormente, este tribunal ha reconocido que "de esta manera se procura no sólo evitar que la Ley sea irracional, arbitraria o caprichosa, sino, además, que los medios seleccionados tengan una relación real y sustancial con su objeto" (Resolución 1920-2003 del 13 de noviembre de 2003).

La razonabilidad implica que para que una medida sea constitucional es preciso un cierto *contenido de justicia* o, para decirlo en los términos de nuestro Tribunal Constitucional, que "las normas jurídicas que limitan ámbitos de libertad en un Estado Democrático de Derecho, quedan sometidas a un *orden racional* como fundamento axiológico de su validez" (Sentencia TC 99/12). El sentido común y el sentimiento racional de justicia de los individuos permiten apreciar lo que es razonable y lo que es arbitrario, lo que es conforme o no a la justicia, lo que tiene razón suficiente. Así, por ejemplo, cualquier persona comprende que es razonable clausurar un restaurant hasta que éste mejore sus condiciones sanitarias y no ponga en peligro la salud de sus clientes. Del mismo modo, cualquiera comprende que no es razonable condenar a un año de prisión a quien bota un vaso plástico en la calle en lugar de usar el canasto público de la basura. Una ley que obliga a todas las personas a vestir con ropa rosada sería por igual considerada irrazonable, injusta e inútil.

No obstante, en otras ocasiones, no es fácil determinar qué es o no razonable. En esos casos hay que evitar la tentación de identificar razonabilidad con una exigencia genérica y abstracta de prudencia y buen criterio. Si se cede a esa tentación, "se corre el riesgo de diluir la idea del control (de razonabilidad) a un punto tal que la exigencia de razonabilidad pasaría a ser entendida como una exigencia de justicia, lo que tendería a desnaturalizar el concepto. Por más que sea deseable que el ejercicio del poder obedezca a patrones de justicia, la idea de justicia es al mismo tiempo tan amplia y tan relativa que esa exigencia no se tornó un requisito de validez de los actos estatales. La justicia conserva su importancia como una idea reguladora del sistema jurídico, como un valor a ser mantenido en mente por todos los envueltos. Sin embargo, en la actual dogmática jurídica, sustentar que una ley es injusta no es un argumento suficiente para justificar la no aplicación de una norma o la anulación de un acto. Si entendemos la exigencia de razonabilidad de una forma tan amplia a punto de identificarla con la prudencia, el buen criterio o la justicia, terminaremos por tornar inviable su utilización como un requisito de validez de los actos estatales. Por otro lado, si consideramos el principio de razonabilidad como una exigencia general de justicia, su ámbito de aplicación se tornaría tan amplio que todas las cuestiones envolverían ese control. Y el resultado de esa ampliación sería nuevamente la disolución del contenido del control de razonabilidad y la imposibilidad de fijarse criterios mínimamente objetivos para su aplicación, pues los criterios que sirvieran para evaluar el buen criterio de todas las especies de actos estatales necesitarían ser tan generales, tan abstractos, que –tal como la idea de justicia– no servirían como un instrumento adecuado para la evaluación de la legitimidad de los casos concretos" (SOLA: 602).

9.3.5 El test de razonabilidad. Es por todo lo anterior que la Constitución provee criterios, parámetros, principios y valoraciones que permiten al juez integrar y descubrir en cada caso el *criterio de razonabilidad*. La jurisprudencia norteamericana evalúa lo que es razonable o no: (i) partiendo de que lo que es razonable es producto de la comparación y equilibrio de las ventajas que lleva a la comunidad un acto estatal con las cargas que esto le causa; (ii) considerando que lo razonable es la adecuación entre el medio empleado por el acto y la finalidad que él persigue; y (iii) admitiendo que la razonabilidad es la conformidad del acto con una serie de principios filosóficos, políticos, sociales, religiosos, a los cuales se considera ligadas la existencia de la sociedad y de la civilización norteamericana.

El análisis o test de la razonabilidad implica determinar si, entre diversos medios igualmente posibles para alcanzar un fin, se optó por el más o menos restrictivo para los derechos fundamentales afectados. Una vez realizado este análisis, se debe determinar si el medio escogido para lograr la finalidad de la medida es el más severo cuando el legislador, la Administración o el juez disponía de un menú de opciones más benignas y menos restrictivas que el medio escogido y que también sería conducente al fin perseguido. En otras palabras, y como bien ha establecido nuestro Tribunal Constitucional, siguiendo la jurisprudencia constitucional comparada, para que una medida sea razonable se requiere: (i) proporción en el medio elegido para promover un fin válido; y (ii) que no haya una alternativa menos restrictiva para el derecho que se limita (Sentencia

TC 44/12). Veremos más en detalle la aplicación de este test por la jurisprudencia constitucional comparada y el Tribunal Constitucional cuando analicemos en el Capítulo 9 el principio de razonabilidad como límite a los límites de los derechos fundamentales.

9.3.6 La razonabilidad y la realidad social. Es preciso señalar que la determinación de la razonabilidad por el juez debe tomar en cuenta las condiciones sociales, políticas y económicas del momento. Ya lo expresaban los magistrados Oliver Wendell Holmes y Louis D. Brandeis, al condensar en *Truax v. Corrigan* (1921), la filosofía que sirve de fundamento a la jurisprudencia del debido proceso sustantivo de la Suprema Corte de los Estados Unidos:

"Casi toda la legislación envuelve un equilibrio de las necesidades públicas y los deseos privados; y, al mismo tiempo, la consideración de los relativos *valores sociales*. Como el gobierno no es una ciencia exacta, la opinión pública prevaleciente acerca de los males y los remedios debe formar parte de los hechos importantes a considerar; particularmente cuando la opinión popular tiene profundas raíces y se ha difundido. Lo que en un momento dado constituye la necesidad pública preponderante es, necesariamente, una cuestión de raciocinio... Las divergencias de opinión en este difícil campo de la acción gubernamental, deberían constituir para nosotros una admonición de no declarar una norma arbitraria e irrazonable solamente porque estamos convencidos de que significa un peligro para el bienestar general, cerrando así la puerta al experimento dentro de la ley" (257 US 312 (1921).

La razonabilidad, por otro lado, no puede ser evaluada *in abstracto* sino que tiene que ser aplicada a situaciones concretas, tomando en cuenta las personas afectadas con la medida, las circunstancias, el tiempo y el lugar en que se dicta y aplica ésta. Así, por ejemplo, ¿qué se busca prohibiendo a las jóvenes el uso de maquillaje en las aulas escolares? ¿O el uso de aretes en los estudiantes varones? ¿Es esta conducta nociva para el desenvolvimiento del proceso de aprendizaje y de las actividades en las escuelas? ¿No es esa prohibición irrazonable en una época como la nuestra tan lejana de los tiempos autoritarios en que se dictó una medida que buscaba preservar la disciplina estudiantil? Una decisión de la Corte Constitucional de Colombia –en el caso de un joven seminarista que fue expulsado por lanzar un preservativo en la secretaría del colegio– es sumamente ilustrativa de como se evalúa in concreto la razonabilidad de una medida:

"El señor juez [municipal] considera, y la sala comparte esa apreciación, que el comportamiento realizado por el joven Sánchez Rojas no es un acto inmoral y grave, dirigido contra la institución educativa o contra una persona determinada. Además la sanción es significativamente desproporcionada a la falta cometida, que apenas puede juzgarse como un trivial acto de indisciplina. Si se tiene en cuenta la edad del educando más parece un comportamiento de autoafirmación del adolescente frente a sus compañeros que no amerita privarlo del servicio público, sino que reclama la intervención formativa de los educadores para encauzarlo y permitirle superar los conflictos de personalidad propios de la etapa que está atravesando, ya que su comportamiento ni fue inmoral ni hace impracticable la vida en relación con sus compañeros y superiores. Así como la ignorancia no es causal de expulsión aceptable, pues es de la esencia de un establecimiento educativo instruir, tampoco lo puede ser la falta de formación, pues es precisamente para que la adquieran correctamente orientados, para lo que se matricula a los niños y jóvenes en escuelas y colegios" (Sentencia ST-118/1993).

9.4   Ponderación, "balance por definición" y razonabilidad

Hay que distinguir entre el "*definitional balancing*" y la ponderación. El balance por definición es un procedimiento interpretativo destinado a determinar el ámbito de protección de las normas garantizadoras de los derechos y bienes constitucionales. Así, la jurisprudencia constitucional norteamericana utiliza esta técnica cuando considera que la libertad de expresión protege a la propaganda subversiva. Mientras el balance por definición define por la vía general y abstracta los campos normativos, la ponderación opera en el nivel de caso tratando de resolver una tensión entre bienes constitucionales.

La ponderación y la razonabilidad o proporcionalidad se distinguen en que la primera interviene cuando el juez -o el legislador o la Administración- deben ponderar los derechos o valores constitucionales en conflicto a la hora de adoptar una decisión judicial, una norma o un acto administrativo, en tanto que la segunda entra en acción a la hora de determinar la legitimidad constitucional de una norma o acto ya adoptado por un poder público distinto a aquel que desarrolla el juicio de control. La razonabilidad o proporcionalidad es el último paso de la ponderación cuando se aplica el test de fin legítimo/idoneidad/necesidad/proporcionalidad stricto sensu "en el cual el juez [o el legislador o la Administración, EJP] lleva a cabo una evaluación del grado en el cual una norma o situación determinada afecta un derecho o principio constitucional, por una parte, y de la importancia de los valores, principios, intereses u objetivos constitucionales invocados para justificar la imposición de dicha carga, por otra" (GOIG MARTÍNEZ: 205).

9.5   El peligro de la jurisprudencia valorativa

Hay que tratar de evitar que la ponderación de los bienes constitucionales protegidos en un caso concreto conduzca a los resultados anunciados por Habermas al analizar la jurisprudencia constitucional alemana: que se considere unos principios constitucionales más valiosos o dignos de protección que otros. La ponderación no debe conducir a una jerarquía de valores porque ello es el primer paso a la *tiranía de los valores* (SCHMITT 1961). La ponderación debe basarse en una armonización de los principios y no en la exclusión de unos principios a favor de otros. Por eso, debe tenerse en cuenta la regla de la concordancia práctica antes analizada. Como bien ha señalado el Tribunal Constitucional español, "no se trata de establecer jerarquías de derechos ni prevalencias *a priori*, sino de conjugar, desde la situación jurídica creada, ambos derechos o libertades, ponderando, pesando cada uno de ellos, en su eficacia recíproca" (STC 320/1994). Por eso, nuestro Tribunal Constitucional ha establecido que la ponderación o balance de los derechos en conflicto no se realiza in abstracto sino "con base en una estimación específica para el caso concreto" (Sentencia TC 42/12). Del mismo modo, la ponderación ni la razonabilidad pueden ser válidamente usados para, en presencia de una garantía fundamental de la persona, consagrada a nivel legislativo, considerar dicha garantía irrazonable, cuando no está en juego un conflicto de derechos fundamentales. Razonables deben ser los límites a los derechos fundamentales pues se supone que los derechos, por su mera consagración constitucional, se presuponen razonables. No hay tal cosa como "derechos irrazonables". Irrazonables solo pueden ser los límites a los derechos fundamentales, como bien expresa el Tribunal Constitucional al establecer que su misión de "garantizar la protección y efectividad del ejercicio de los derechos fundamentales", lo que autoriza al Tribunal es a "erradicar todas las medidas administrativas o jurisdiccionales que dificulten, limiten o condicionen irrazonablemente el ejercicio de un derecho fundamental" (Sentencia TC 50/12). Es en este sentido que puede afirmarse que la interpretación constitucional debe ser razonable y que el principio de razonabilidad se erige en una herramienta hermenéutica para "combatir la indeterminación de la norma sustentada en valores y contrarrestar así la discrecionalidad del intérprete, procurando así evitar el peligro del funesto decisionismo" (GIL 2019: 135).

10. LOS SUJETOS DE LA INTERPRETACIÓN CONSTITUCIONAL

La teoría de la interpretación constitucional ha descuidado la cuestión de los participantes en la interpretación. Es mérito de Peter Häberle haber llamado la atención sobre este hecho, paradójico si se toma en cuenta que, en la práctica, el número de participantes en el proceso de interpretación es amplio. La tesis de Häberle es que "en los procesos de interpretación constitucional están incluidos potencialmente todos los órganos del Estado, todos los poderes públicos, todos los ciudadanos y todos los grupos. No hay un *numerus clausus* de intérpretes de la Constitución". A juicio del autor alemán, existe una "*sociedad abierta de los intérpretes de la Constitución*", constituida por todos aquellos que son destinatarios de las normas. Y es que "todo el que vive en y con las situaciones de hecho reguladas por la norma es intérprete de la misma de manera indirecta e incluso directa". "Una Constitución que no solo estructura al Estado en sentido estricto, sino también al espacio público, y que constituya a la sociedad, incluyendo de manera inmediata el ámbito de lo privado, no puede hacer esto sólo de manera pasiva, esto es, tratar a las fuerzas sociales y a las privadas solamente como objeto, sino que también debe incorporarlos activamente en cuanto sujetos". La democratización de la sociedad exige una *democratización de la interpretación constitucional* por lo que "el derecho procesal constitucional se vuelve un pedazo del derecho de la participación democrática" (HÄBERLE: 150, 151, 157, 162), de modo que la interpretación constitucional no solo ya no puede ser concebida exclusivamente como un proceso oficial, estatal, al margen de los ciudadanos, sino que también, lo que es aún más importante, esta interpretación constitucional aparece como un proceso mucho más democrático que los instrumentos de democracia directa, "a causa de que cualquiera puede interpretar la Constitución de manera libre y sin impedimentos" (LEÓN VÁSQUEZ: 212).

En este sentido, el Tribunal Constitucional peruano ha establecido que "la apertura del proceso constitucional a una pluralidad de intérpretes de la Constitución optimiza un enriquecimiento de los puntos de vista que el Tribunal Constitucional, en cuanto supremo interprete de la Constitución ha de considerar para examinar un proceso de inconstitucionalidad. El enriquecimiento del procedimiento de interpretación constitucional que ha de efectuar el Tribunal Constitucional, en cuanto interprete supremo de la Constitución, se realiza en especial cuando se incorporan al proceso de inconstitucionalidad sujetos que, debido a las funciones que la Constitución les ha conferido, detentan una especial cualificación en la materia objeto de interpretación constitucional. No se trata, así, de terceros con interés, sino, por así decirlo, de sujetos 'partícipes' en el proceso de inconstitucionalidad. La justificación de su intervención en este proceso no es la defensa de derecho o interés alguno, cuando más bien, aportar una tesis interpretativa en la controversia constitucional que contribuya al procedimiento interpretativo" (RTC 00020-2005-PI).

De ahí la importancia de que no se limite el acceso a la justicia constitucional, como ocurre cuantas veces se niega legitimación procesal activa a las asociaciones para interponer amparos en defensa de los derechos fundamentales individuales de sus asociados, representados o ciudadanos en general (Sentencia TC 123/12) o como cuando se le niega calidad al ciudadano para interponer una acción directa en inconstitucionalidad. Cuando eso ocurre, se disminuye el número de integrantes de la comunidad de intérpretes constitucionales, se desapodera al ciudadano de la interpretación constitucional y el Tribunal Constitucional deja de ser lo que es y debe ser siempre: un Tribunal social, un Tribunal ciudadano.

11. LAS PATOLOGÍAS DE LA INTERPRETACIÓN CONSTITUCIONAL: LA DEGENERACIÓN DEL DERECHO POR LA VÍA DE LA INCONSTITUCIONAL ALQUIMIA INTERPRETATIVA O, EN VERDAD, MALTRATO CONSTITUCIONAL.

Por "causas ajenas a la voluntad", es decir, ajenas o, en verdad, contrarias al sentido de los mecanismos interpretativos propios de una hermenéutica constitucional, muchas veces, en la práctica, estos propios mecanismos, manipulados por los jueces, en una aplicación totalmente distorsionada, operan contra la Constitución y los derechos fundamentales que ella reconoce y tutela. Si estos mecanismos, en tanto garantías fundamentales, objetivas y subjetivas, forman parte del *sistema de defensa del orden constitucional y de los derechos constitucionales,* cuando se produce esta distorsión de la interpretación constitucional, por la [mala] aplicación de los instrumentos hermenéuticos que la propia Constitución, expresa o implícitamente, ordena, es como si el propio sistema inmunológico se volviera contra el cuerpo mismo, en este caso contra el cuerpo constitucional que, atacado por este trastorno autoinmunitario, deviene incapaz de diferenciar entre una interpretación constitucionalmente adecuada (el tejido sano) y antígenos potencialmente nocivos (la mala interpretación constitucional), surgiendo un derecho constitucional degenerado que finalmente conduce a una reacción destructora del propio ordenamiento constitucional. Ya lo ha dicho la mejor doctrina al respecto:

"A pesar de que la jurisdicción y, particularmente, el Tribunal Constitucional constituye una pieza clave en la actividad inmunitaria del ordenamiento jurídico, no es menos cierto que, en ocasiones, su labor no contribuye a depurarlo eliminando las patologías, exógenas o endógenas, surgidas en el mismo, sino al revés. Esto habitualmente sucede porque aquel no guía, o lo hace incorrectamente, su interpretación por los criterios jurídicos que le corresponden, lo que le conduce a desvirtuar las soluciones a las que llega (patologías). Este es, quizá, uno de los ejemplos más claros de la inercia autoinmunitaria del sistema: que el órgano constitucional llamado, en última instancia, a defenderlo termine por convertirse en su mayor amenaza" (García Majado: 283).

Cuando la propia justicia constitucional, en especial el Tribunal Constitucional, se convierte en un agente patógeno dentro del ordenamiento constitucional que por misión y mandato constitucional debe defender en todo momento, ya sea porque, con sus decisiones, perpetua patologías hermenéuticas de los jueces del poder jurisdiccional o bien porque ella misma las crea, se da el primer paso hacia el establecimiento de un Derecho constitucional degenerado cuyos rasgos distintivos veremos a continuación.

11.1 La revolución secreta de los jueces

Los abogados más viejos fuimos formados en los dogmas del Estado legal de derecho en virtud de los cuales la fuente del derecho por excelencia en los sistemas de derecho escrito, como es el caso de la familia romano-germánica a la cual se adscribe la República Dominicana, lo es la ley. Sólo la emergencia de la Constitución como norma de normas, norma suprema, fuente no solo de las fuentes del derecho, es decir, estableciendo las normas básicas para la producción jurídica, sino, también y sobre todo, fuente por sí misma del derecho, norma aplicable judicialmente, clave para la resolución del caso y parámetro esencial para determinar la validez de las normas aplicables a la disputa judicial, estableció las bases para el surgimiento de un derecho jurisprudencial, precipitado por el carácter abierto e indeterminado de las normas constitucionales de naturaleza principiológica, el carácter difuso de nuestro modelo de control de constitucionalidad, en manos por ello de todos los jueces, y el establecimiento de un Tribunal Constitucional cuyas decisiones constituyen precedente vinculante para todos los poderes públicos, sólo todo lo anterior, repito, nos convenció de que nuestro ordenamiento había mutado de un derecho legislado a uno de carácter eminentemente jurisprudencial. Hoy podría decirse que tanto la familia del *common law* como la del *civil law* constituyen sistemas de derecho jurisprudencial. Por eso, el jurista en la actualidad debe saber no solo lo que dice la ley sino fundamentalmente qué dicen los jueces que dice la ley. De ahí también que un viraje jurisprudencial vuelve obsoleta toda una biblioteca de derecho. El locus de las políticas públicas, otrora campo exclusivo de los poderes políticos, en especial del legislativo, se ha trasladado a la jurisdicción.

Todo esto ha ocurrido a plena luz del sol y ha sido tratado ampliamente por la dogmática a ambos lados del Atlántico en los últimos 50 años. Sin embargo, para Bernd Rüthers, uno de los juristas vivos más importantes de Alemania, la transformación de nuestro derecho legislativo en derecho jurisprudencial ha ocurrido de modo prácticamente inadvertido. Su juicio, al respecto, es lapidario: "La República Federal de Alemania ha pasado de ser un Estado democrático de derecho a un 'Estado judicial'". "Extensas áreas de todas las ramas del derecho se regulan, ya no a través de las leyes, sino del 'derecho judicial'." Actualmente el derecho es "aquello que los tribunales superiores competentes declaran como derecho vigente hasta que se avecine el próximo cambio jurisprudencial". Consciente de que el legislador no puede preverlo todo, lo que se evidencia en las muchas leyes llenas de principios que necesitan la concreción dinámica del juez, el propio Rüthers admite que el derecho ya solo puede ser judicial y hasta reconoce, en la segunda edición de la obra, que la "revolución" no ha sido tan secreta. Pero toca un punto que es donde se encuentra el valor de su ensayo: "el abierto desprecio de renombrados juristas contra la metodología jurídica" y la necesidad de reconocer "que las cuestiones sobre los métodos [de interpretación, EJP] son siempre en esencia cuestiones del poder, por ende, cuestiones constitucionales". Y lo que no es menos importante: Rüthers advierte que "la libertad de elección metodológica propaga la arbitrariedad del contenido constitucional de acuerdo con las cambiantes preferencias ideales, orientadas al espíritu de la época de la respectiva Sala del Tribunal que se declara competente para conocer del asunto", pues "con la elección de un método particular de interpretación, se elige también un resultado determinado mientras se rechaza otro", con lo que el método deviene así, no tanto el instrumento para solucionar la controversia, como el disfraz de una solución previamente adoptada mediante la alquimia interpretativa del juzgador (Rüthers 2020), lo que "hace que el derecho quede completamente en manos de los jueces" y lo que se agrava con una nueva forma de positivismo, el jurisprudencial propio de distorsiones "neoconstitucionalistas", en la medida en que el slogan positivista "la ley es la ley" es sustituido por el interpretativista "sentencias son sentencias" (Rosler 2020: 167 y 175).

11.2 Alquimia interpretativa y maltrato constitucional

A la luz de lo anterior, la suerte de la República Dominicana es que la Constitución y la LOTCPC han establecido expresamente pautas interpretativas como la razonabilidad, la favorabilidad y la ponderación en materia de derechos fundamentales y sus usuales conflictos. Por eso Rüthers propone para Alemania una "ley metodológica, que declare y establezca las mencionadas reglas métodicas generales inmanentes a la Constitución" (Rüthers 2020). Pero esto no es un seguro -seguro, valga la redundancia- contra el siniestro de la arbitrariedad judicial: la misma ponderación (Rosler), o una mala ponderación, fruto de una locamente desbocada hermenéutica (Prieto Sanchís) que conduce al "abuso de los principios" (Neves), pueden generar pura y dura arbitrariedad. Pese a las críticas, puede afirmarse, sin embargo, que, en sentido general, es admitido mayormente que el problema no es "el método en sí, sino el *empleo del método*" (Borowski: 166).

Como observa la doctrina argentina, analizando la evolución de la jurisprudencia constitucional de la Suprema Corte argentina, ésta usa una variedad de criterios interpretativos que hace prácticamente imposible pronosticar cual será el resultado de determinado caso en dicha jurisdicción, propensa a utilizarlos indistintamente, en "alquimia interpretativa" (Sagüés) que, en realidad, constituye un verdadero "maltrato constitucional" (Gargarella 2007), que conduce a un gobierno arbitrario de los jueces. A a la justicia, se le pide que se atenga a sus precedentes y a los criterios interpretativos en base a los cuales se han construido los mismos. Y no es que la justicia no pueda varias sus criterios. No. Lo que se pide es que, cuando lo varíe, justifique su cambio jurisprudencial.

La doctrina, al igual que la jurisprudencia, puede cambiar su criterio, pero ello debe estar motivado en un cambio constitucional o legislativo o en un cambio de la doctrina jurisprudencial o de los precedentes constitucionales. Como afirmaba Julius Hermann Von Kirchmann, en celebre conferencia pronunciada en 1847, cuando ocupaba el cargo de procurador de Prusia: "Dos palabras rectificadoras del legislador –y añadiríamos hoy, del Tribunal Constitucional [EJP]- bastan para convertir bibliotecas enteras en basura". Esta posibilidad de evolución y cambio de la doctrina jurídico-constitucional no debe confundirse con el oportunismo ni debe conducir al estéril nihilismo jurídico a lo Duncan Kennedy, en donde toda doctrina, jurisprudencia o decisión jurídica es fruto de la política y no del razonamiento jurídico, este último siempre a expensas del comportamiento "estratégico" de los actores en el ordenamiento jurídico (KENNEDY). Siempre hay la posibilidad de evaluar cuando un cambio jurisprudencial o doctrinario esta jurídicamente justificado. Y es que "no hay, verdaderamente, 'dos bibliotecas'. Hay una sola; en ella está la Constitución. [...] Y la otra biblioteca, de existir, es la propia de los argumentos amañados, retorcidos, basados en sofismas, generalmente de fácil comprobación de su falsedad; que sirve de refugio a propuestas que eluden el compromiso constitucional; que atentan contra la Constitución, sobre todo que pone en evidencia que su único sentido es el de romper, a través de su relativización y de transformarlos en 'discutibles', los cauces y los límites que el ordenamiento jurídico impone al ejercicio de las competencias que él mismo habilita, para posibilitar el control del poder que es un requerimiento imprescindible en un orden democrático" (PÉREZ HUALDE: 109).

El problema se agrava en contextos donde el conocimiento del Derecho Constitucional es precario, aunque la gran mayoría de los abogados –aun sin tener una obra doctrinaria acabada, validos estudios en la materia y docencia acreditada- se consideren "expertos" en Derecho Constitucional. En esos casos, "si el intérprete posee una baja precomprensión, es decir, si el intérprete sabe poco o casi nada sobre la Constitución y por lo tanto, sobre la importancia de la jurisdicción constitucional, la teoría del Estado, la función del Derecho, etc.- estará condenado a la pobreza de razonamiento, quedando restringido al manejo de los viejos métodos de interpretación y del cotejo de textos jurídicos en el plano de la mera infraconstitucionalidad; por ello, no es raro que juristas y tribunales continúan interpretando la Constitución de acuerdo con los Códigos y no los Códigos de conformidad con la Constitución" (STRECK). Cuando no se sabe nada de Derecho Constitucional, pero todo el mundo –incluso el más incompetente de los mortales- se autoproclama pomposamente experto constitucional, reina entonces la confusión. Y es que "los juristas saben bien que la raíz de sus certezas y creencias comunes, como la de sus dudas y polémicas, está en otro sitio (…) Lo que cuenta en última instancia, y de lo que todo depende, es la idea del derecho, de la Constitución, del código, de la ley, de la sentencia. La idea es tan determinante que a veces, cuando está particularmente viva y es ampliamente aceptada, puede incluso prescindirse de la cosa misma, como sucede con la Constitución en Gran Bretaña (…)

Y, al contrario, cuando la idea no existe o se disuelve en una variedad de perfiles que cada cual alimenta a su gusto, el derecho 'positivo' se pierde en una Babel de lenguas incomprensibles entre sí y confusas para el público profano" (Zagrebelsky).

En esta insostenible situación de nuestro derecho constitucional, como ya he dicho antes, los abogados podemos morir de inanición o de indigestión jurídica. Morimos de inanición cuando, tras salir graduados de licenciados en Derecho, nos conformamos con los conocimientos adquiridos en la Universidad y no nos preocupamos por actualizar los mismos a la luz de la evolución de la legislación, la jurisprudencia y la doctrina. Morimos de indigestión jurídica cuando, desordenadamente y sin tomar en cuenta las peculiaridades de nuestro ordenamiento jurídico, asumimos cuanta doctrina extranjera sea posible, al margen de la pertinencia de ello y de sus consecuencias para la práctica jurídica y en el plano político y social. Aunque parezca mentira, de estos dos tipos de abogados, es preferible el que muere de inanición, bien porque ya murió en el sentido profesional del término, lo que le evita mayores daños y perjuicios a sus clientes y a la sociedad, o bien porque perfectamente puede resucitar mediante la actualización de sus conocimientos en los cientos de diplomados y especializaciones disponibles en el mercado. El abogado más peligroso es, sin embargo, el que sufre de indigestión jurídica, no solo porque, como todo ignorante, es osado sino, sobre todo, porque está armado de todas las doctrinas erróneas, lo cual rodea de un aura de legitimidad sus alegatos y pretensiones, y lo hace más resistente, por sus infundados prejuicios dogmáticos, a cualquier intento de formación continua y de "resocialización" en el Derecho justo y adecuado.

Ante la posibilidad de la arbitrariedad provocada por la distorsión por parte de los operadores del sistema jurídico de la interpretación de los textos legales y constitucionales hay que comportarse y resistir constitucionalmente. "Un comportamiento constitucional implica comprender la Constitución existencialmente, en cuanto presencia constante en lo cotidiano y en nuestra labor jurídica. Es comprender que siempre podemos hacer juicios acerca de la (in)constitucionalidad de cualquier acto que tenga relevancia jurídico-social. Y tengamos claro que, en el campo de la aplicación del derecho, siempre hacemos jurisdicción constitucional. Cuando examinamos un texto, ya nos viene filtrado por nuestros pre-juicios, que pueden ser legítimos (verdaderos) o ilegítimos (falsos). Un comportamiento constitucional no permite que el derecho -que es siempre 'derecho constitucional' (así como el ser es siempre un ser de un ente)- sea transformado en una simple racionalidad instrumental, o algo por lo cual los juristas puedan libremente disponer, para hacer enmiendas, reformas, interpretaciones desorientadas y otras maniobras orientadas a debilitar la fuerza normativa de la Constitución" (Streck 2012: 187).

11.3 Derecho degenerado, resistencia jurisdiccional, lucha por el Derecho y hegemonía cultural

Leyendo *Respuestas en Núremberg* -libro en el que se reúnen los interrogatorios a que fue sometido el célebre jurista alemán Carl Schmitt, tras el fin de la Segunda Guerra Mundial y durante su confinamiento en el centro penitenciario de Núremberg, así como los informes que Schmitt escribió a requerimiento del fiscal estadounidense Robert Kempner, previo a un proceso en el que, finalmente, no resultó incriminado el isupublicista que, tras la noche del 30 de junio y de la madrugada del 1 de julio de 1934, la llamada "Noche de los Cuchillos Largos" en la que Hitler eliminó a los miembros del partido que eran en una medida u otra sus opositores, proclamó al Führer el supremo protector del Derecho- nos topamos con la justificación esgrimida por gran parte de los burócratas juzgados en Núremberg como excusa de su participación en los crímenes perpetrados por el régimen nazi y que Schmitt resume del modo siguiente:

"La interpretación mayoritaria e incontestada del derecho –antes y durante los doce años del Tercer Reich, EJP- era un positivismo jurídico ilimitado. Esto significa que se consideraba que toda norma u orden promulgada por la autoridad estatal competente para emitir disposiciones legales tenía valor 'de ley'. Todo lo demás quedaba fuera del 'derecho positivo' y se lo despreciaba calificándolo de 'derecho natural', 'derecho ideal', 'simple programa' y formulas parecidas. La autoridad legislativa suprema no era susceptible de producir legitimidad pero tampoco la necesitaba, pues era la fuente de toda legalidad, y dicha legalidad se había convertido en la única forma de legitimidad. El poder del Estado funcionaba como un poder coactivo irresistible y eficaz. Sus mandatos eran 'derecho', por cuanto obraban de su parte todos los 'medios para obtener la obediencia'. Esto es el positivismo jurídico. Pueden leerlo en cualquier manual y en numerosos tratados [...] La legalidad, establecida mediante normas u órdenes particulares del departamento competente del poder estatal efectivo, con independencia de si este ha surgido conforme a derecho o no, se elevó así al rango de atributo único de aquello que la burocracia funcional al servicio de dicho poder estatal consideraba como derecho positivo'".

En otras palabras, los crímenes de los nazis fueron posibles pues una burocracia, tanto administrativa como jurisdiccional, criada en los viejos dogmas del positivismo jurídico, estaba totalmente incapacitada para -y le estaba vedado por el ordenamiento jurídico, además- distinguir entre derecho y ley, entre norma vigente y norma inválida, entre conformidad con el derecho o legitimidad y legalidad. Según Schmitt, citando a un reputado jurista y al más distinguido sociólogo, para un "pueblo patéticamente necesitado de la legalidad" (Rudolf Smend), en el reino del positivismo, "la forma de legitimidad más habitual" era "la creencia en la legalidad" (Max Weber). Concluía Schmitt afirmando que "a la vista de la colaboración del aparato de justicia estatal y del aparato administrativo en los crímenes de Hitler, solo podemos decir que dichos crímenes fueron posibles bajo el signo de una legalidad completamente funcional" (Schmitt 2016: 122-125).

Pero... ¿qué hay de cierto en esta verdadera leyenda negra del positivismo jurídico? Si acudimos a Rüthers, la respuesta a la pregunta de qué explica la participación de los burócratas alemanes en los crímenes nazis es diametralmente diferente a la de Schmitt. Según este autor, "los partidarios de la renovación jurídica nacionalsocialista no pretendían lograrla con ayuda de la teoría positivista del derecho, bien representada hasta entonces en la filosofía del derecho. Esa teoría más bien era tildada de 'normativismo' vacío y de formalismo. Los nuevos contenidos de lo jurídico debían extraerse de fuentes adicionales y completamente distintas. El positivismo jurídico era visto como un molesto obstáculo. El nuevo pensamiento jurídico debía radicarse 'más allá del derecho natural y del positivismo' [...] El auténtico y muy actual sentido político de esa concentración de ataques doctrinales contra ese positivismo y ese normativismo que se declaraban superados estriba en la relativización de la vinculación del juez a la ley en el nuevo Estado" (Rüthers 2016: 59).

El "*derecho degenerado*" no surge, para Rüthers, entonces, de la obediencia ciega de burócratas y jueces al texto de normas injustas sino, sobre todo, por volver injusto el Derecho positivo, dándole "vuelta a todo un ordenamiento jurídico nada más que mediante interpretación". En el caso nazi, este viraje radical del Derecho, llegó al extremo de asumir como fuentes del derecho el liderazgo "providencial" del Führer, la "comunidad racial del pueblo", el programa del Partido Nacionalsocialista, el espíritu del nacionalsocialismo y el "sano sentimiento popular", desmontando así las garantías constitucionales, legales y procesales de las personas, vistas por los nazis como meros obstáculos a la voluntad del Führer y al "sano sentimiento popular", e implementando, en tanto "comisarios políticos", "una moral aberrante" y "perversa", "que privó a los individuos de los beneficios del gobierno de las leyes" (Peña Freire).

No vaya a pensarse, sin embargo, que el nazismo postuló por un derecho natural que controlase la arbitrariedad de los poderes públicos amparados bajo la sombrilla del positivismo formal y jurídico. No. Como bien aclarara en su momento uno de los representantes de la bibliografía nacionalsocialista, "cuando hoy en día se proclama la indisoluble unidad del derecho legal y la moralidad, lo que eso significa es la íntima complementariedad de ambas esferas y su fusión en el orden vital de la comunidad popular, pero no el reconocimiento de un derecho natural que limite al legislador por encima del pueblo" (Carl Dernedde, citado por Fraenkel: 183). El nuevo Derecho nazi, si es que puede llamársele derecho, en su distorsión del derecho positivo vigente y en su rechazo a unos principios de derecho natural que limitasen las actuaciones de los poderes públicos, es claro que "solo reconoce como verdad lo que sirve a los objetivos del partido dominante" (Fraenkel: 225).

Pero el derecho degenerado no es exclusivo de los nazis. En nuestra época, podemos ver como el régimen chavista se asienta en el "golpe de estado constituyente" y el "fraude constitucional" de 1999 (Brewer-Carías 2021) y, posteriormente, en la "dictadura judicial" de un Tribunal Supremo de Justicia que, a través de 50 sentencias, cercenó los poderes de la Asamblea Nacional con mayoría opositora y condujo a "la destrucción del Estado democrático por el juez constitucional" (Brewer-Carias 2018), basándose en artilugios interpretativos totalmente distorsionadores del texto y el espíritu constitucional. Y, en el resto de nuestra América, es lamentablemente muy común ver como asoma un derecho degenerado en decisiones jurisdiccionales que, como bien ha advertido Jürgen Habermas, escondiéndose tras la mampara de una mal entendida ponderación, proporcionalidad o razonabilidad, contrabandean los prejuicios autoritarios del juez, pasando los derechos a tener el valor que el juzgador determine arbitrariamente en cada ocasión, como si fueran simples y desechables bienes apetecibles y no normas obligatorias de acción.

La República Dominicana no es ajena tampoco al fenómeno del derecho degenerado y su dictadura judicial. La distorsión anticonstitucional en la aplicación automática de medidas de coerción sin reunirse los presupuestos para las mismas, en virtud de la coinfección viral populismo penal + derecho penal del enemigo + lawfare, y el asesinato del amparo y de las medidas cautelares por los jueces constitucionales y de lo contencioso administrativo son la mejor prueba de ello.

Ante esta situación, ¿qué hacer? La verdad es que, aun en regímenes no totalitarios, "la justicia no es en modo alguno un prometedor centro de resistencia contra los sistemas de injusticia establecidos" (RÜTHERS). Por eso, la única esperanza de retorno a un verdadero Estado de derecho consiste en crear una "hegemonía cultural" desde la doctrina, la academia, los medios de comunicación, las redes sociales y la sociedad civil que revele, de modo público y crítico, que el emperador está desnudo -es decir, que tenemos en gran medida una justicia manifiestamente política, parcializada en contra del justiciable, anti ética y anti garantista- y que luche denodadamente por el derecho y desde el derecho -sobre todo desde el derecho constitucional- por llevar la justicia, para usar la frase de Juan Bosch, a su propia legalidad, que es y solo puede ser la legalidad sustancial y material del Estado de derecho constitucional, es decir, la legalidad de la dignidad humana y de los derechos fundamentales de la persona.

BIBLIOGRAFÍA

AARNIO, A. *Lo racional como razonable.* Madrid: Centro de Estudios Políticos y Constitucionales, 1991.

ACOSTA, Hermógenes. "Los métodos de interpretación jurídica y la interpretación constitucional". En Vásquez Correa, Domingo Rafael. *Interpretación constitucional.* Santo Domingo: Escuela Nacional de la Judicatura, 2020.

ALEINIKOFF, T. Alexander. *El Derecho Constitucional en la era de la ponderación.* Lima: Palestra, 2010.

ALFLEN DA SILVA, Kelly Susane. *Hermenéutica jurídica y concreción judicial.* Bogotá: Temis, 2006.

ASIS, Rafael de. "La interpretación de la Constitución en una sociedad multicultural". En Carlos Alarcón y Rodolfo Luis Vigo. *Interpretación jurídica y argumentación jurídica. Problemas y perspectivas actuales.* Buenos Aires: Marcial Pons, 2011.

ATIENZA, Manuel. *El Derecho como argumentación.* Barcelona: Ariel, 2006.

BACHOF, Otto. *Normas constitucionais inconstitucionais?* Coimbra: Almedina, 1994.

BALAGUER CALLEJÓN, María Luisa. *Interpretación de la Constitución y ordenamiento jurídico.* Madrid: Centro de Estudios Políticos y Constitucionales, 2022.

BARAK, Aharon. *Proportionality. Constitutional Rights and their Limitations.* Cambridge: Cambridge University Press, 2012.

Benfeld, Johann S. "'Justice as Fairness' y la idea de equilibrio reflexivo". En *Revista de Derecho de la Pontificia Universidad Católica de Valparaíso*. XXXIX. Valparaíso: 2do Semestre, 2012.

Berger, Raoul. "Some Reflections on Interpretativism". En *The George Washington Law Review*. Vol.55. Num. 1. November 1986.

Bernardo Pulido, Carlos. *El principio de proporcionalidad y los derechos fundamentales*. Madrid: Centro de Estudios Políticos y Constitucionales, 2003.

Black, Hugo. *A Constitutional Faith*. New York: Knopf, 1968.

Böckenforde, Ernst-Wolfgang. *Escritos sobre derechos fundamentals*. Baden-Baden: Nomos, 1993.

Bork, Robert. *The Tempting of America: The Political Seduction of Law*. New York: The Free Press, 1990.

_____."Neutral Principles and Some First Amendment Problems". En *Indiana Law Journal*. Vol. 47. 1 (1971).

Borowski, Martin. *Elementos esenciales de la dogmática de los derechos fundamentales*. Ciudad de México: Tirant lo Blanch, 2022.

Brewer-Carías, Allan. *Golpe de estado constituyente y fraude constitucional. Lecciones de la experiencia venezolana con la Asamblea Constituyente de 1999*. Santiago de Chile: Ediciones Olejnik / Editorial Jurídica Venezolana, 2021.

_____. *El "nuevo constitucionalismo latinoamericano" y la destrucción del Estado democrático por el juez constitucional*. Santiago de Chile: Ediciones Olejnik / Editorial Jurídica Venezolana, 2018.

Cianciardo, Juan. *El principio de razonabilidad*. Buenos Aires: ABACO, 2004.

Chemerinsky, Erwin. *Worse than Nothing. The Dangerous Fallacy of Originalism*. New Haven: Yale University Press, 2022.

Cohen-Eliya, Moshe y Iddo Porat. *Proportionality and constitutional culture*. Cambridge: Cambridge University Press, 2013.

Crisafulli, Vezio. "Disposición (y norma)". En Susanna Pozzolo y Rafael Escudero (eds.). *Disposición vs. Norma*. Lima: Palestra, 2011.

Cruceta, José Alberto. *Neoconstitucionalismo, argumentación y especificidad de la interpretación constitucional. Test de proporcionalidad (Ponderación)*. Santo Domingo: Editora Centenario, 2011.

Dau-Un, Hsu. *Mutación de la Constitución*. Oñate: IVAP, 1998.

Dworkin, Ronald. *Freedom's Law: The Moral Reading of Constitution*. Cambridge: Harvard University Press, 1996.

_____. *Los derechos en serio*. Barcelona: Ariel, 1989.

_____. *Law's Empire*. Cambridge: Harvard University Press, 1986.

_____. *A Matter of Principle*. Cambridge. Harvard University Press, 1985.

Epstein, Richard A. *The Dubious Morality of Modern Administrative Law*. New York: Manhattan Institute, 2019.

Fernández, Tomás-Ramón. *Discrecionalidad, arbitrariedad y control jurisdiccional*. Lima: Palestra, 2006.

_____. *De la arbitrariedad del legislador*. Madrid: Civitas, 1998.

Fernández Espinal, Darío. "Artículo 8.5". En *La Constitución comentada por los jueces del Poder Judicial*. Santo Domingo: Suprema Corte de Justicia, 2006.

Ferrajoli, Luigi. *Principia iuris. Teoría del derecho y de la democracia. 2. Teoría de la democracia*. Madrid: Trotta, 2011.

Feteris, Eveline E. *Fundamentos de la argumentación jurídica. Revision de las teorías sobre la justificación de las decisiones judiciales*. Bogotá: Universidad Externado de Colombia, 2007.

Forsthoff, E. "Concepto y esencia del Estado Social de Derecho". En *El Estado Social*. Madrid: Centro de Estudios Constitucionales, 1986.

Fraenkel, Ernst. *El Estado dual. Contribución a la teoría de la dictadura*. Madrid: Trotta, 2022.

Fuller, Lon L. *La moral del derecho*. Santiago de Chile: Ediciones Jurídicas Olejnik, 2019.

García Majado, Patricia. *De las inmunidades del poder a la inmunidad del sistema jurídico y sus patologías*. Madrid: Centro de Estudios Políticos y Constitucionales, 2022.

Gargarella, Roberto. "De la alquimia interpretativa al maltrato constitucional. La interpretación del Derecho en manos de la Corte Suprema argentina". En *Biblioteca Jurídica Virtual*. Instituto de Investigaciones Jurídicas. UNAM. 2007. https://archivos.juridicas.unam.mx/www/bjv/libros/7/3015/6.pdf

_____. *La justicia frente al gobierno*. Barcelona: Ariel, 1996.

Gil, Domingo. "Límites de la interpretación constitucional". En Vásquez Correa, Domingo Rafael. *Interpretación constitucional*. Santo Domingo: Escuela Nacional de la Judicatura, 2020.

_____. "El principio de razonabilidad como límite de la interpretación constitucional". En Tribunal Constitucional de la República Dominicana. *Anuario 2018*. Santo Domingo: Editora Búho, 2019.

Goig Martínez, Juan Manuel. "Canon de constitucionalidad en la interpretación de los derechos fundamentales. Especial referencia al caso de República Dominicana". En Tribunal Constitucional de la República Dominicana. *Anuario 2018*. Santo Domingo: Editora Búho, 2019.

Gomes Canotilho, J. J. *Direito Constitucional e Teoria da la Constituicao*. Coimbra: Almedina, 2000.

Guastini, Riccardo. *Teoría e ideología de la interpretación constitucional*. Madrid: Trotta, 2008.

_____. *Distinguiendo*. Barcelona: Gedisa, 1999.

Häberle, Peter. *El Estado Constitucional*. México: UNAM, 2001.

Habermas, Jürgen. *Facticidad y validez*. Madrid: Trotta, 1998.

Hamburger, Philip. *Is Administrative Law Unlawful?* Chicago: The University of Chicago Press, 2014.

Hart, H. L. A. *El concepto de Derecho*. México: Editora Nacional, 1980.

Hernández, José Ignacio. "Common-Good Constitutionalism and the "Ius Constitutionale Commune" in Latin America". En *Ius & Iustitium*. September 28, 2020.

Hesse, Konrad. *Escritos de Derecho Constitucional*. Madrid: Fundación Coloquio Jurídico Europeo y Centro de Estudios Políticos y Constitucionales, 2011.

Hoyos, Arturo. *La interpretación constitucional*. Bogotá: Temis, 1998.

Jorge Prats, Eduardo. "El derecho degenerado como obstáculo impuesto por la judicatura a la efectividad de la Constitución y los derechos fundamentales". En Eduardo Jorge Prats (dir.). *Las bases constitucionales e históricas del derecho público*. Liber Amicorum. Wenceslao Vega B. Santo Domingo: Instituto Dominicano de Derecho Constitucional / Librería Jurídica Internacional, 2023.

Kalinowski, G. *La Logique des Normes*. Paris: Presses Universitaires de France, 1972.

Klatt, Matthias y Moritz Meister. *La estructura constitucional del principio de proporcionalidad*. Madrid: Marcial Pons, 2021.

Kennedy, Duncan. *Izquierda y derecho*. Buenos Aires: Siglo 21, 2010.

León Vásquez, Jorge Luis. *Jurisdicción constitucional, derecho procesal constitucional y pluralismo en Alemania*. Madrid: Agencia Estatal Boletín Oficial del Estado, 2021.

Linares, Juan Francisco. *Razonabilidad de las leyes*. Buenos Aires: Astrea, 1989.

Lora del Toro, Pablo de. *La interpretación originalista*. Madrid: Centro de Estudios Políticos y Constitucionales, 1998.

MacCormick, N. *Legal Reasoning and Legal Theory*. Oxford: Oxford University Press, 1978.

Mashaw, Jerry L. *Creating the Administrative Constitution. The Lost One Hundred Years of American Administrative Law*. New Haven: Yale University Press, 2012.

Müller, Friedrich. *Métodos de trabajo del Derecho Constitucional*. Madrid: Marcial Pons, 2006.

_____. "Tesis acerca de la estructura de las normas jurídicas". En *Revista Española de Derecho Constitucional*. No. 27, 1989.

Neves, Marcelo. *Constitutionalism and the Paradox of Principles and Rules. Between the Hydra and the Hercules*. Oxford: Oxford University Press, 2021.

Nino, Carlos Santiago. *La constitución de la democracia deliberativa*. Barcelona: Gedisa, 1997.

Peczenik, A. *On Law and Reason*. Dordrecht: Reidel, 1989.

Pellerano Gómez, Juan Manuel. *La interpretación conforme a la Constitución*. Santo Domingo: Capeldom, 201_.

Peña Freire, Antonio Manuel. "Lecciones del nazismo jurídico para la filosofía de derecho: Radbruch y el positivismo jurídico". En *Doxa*. Cuadernos de Filosofía del Derecho, (2020), 43. https://digibug.ugr.es/bitstream/handle/10481/66657/Doxa_2020_43_03.pdf?sequence=1&isAllowed=y

Perdomo Cordero, Nassef. "La naturaleza y función política de la interpretación constitucional". En Eduardo Jorge Prats (dir.). *Constitución, justicia constitucional y derecho procesal constitucional. Liber Amicorum Dr. Juan Manuel Pellerano Gómez*. Santo Domingo: Librería Jurídica Internacional, 2013.

Perelman, Ch. *The Idea of Justice and the Problem of Argument*. Londres: Routledge and Keagan Paul, 1967.

Pérez Hualde, Alejandro. "La doctrina, ¿fuente 'poco confiable' en el derecho administrativo?". En *Anuario da Facultade de Dereito da Universidade da Coruña*. No. 19. 2015.

Pérez Luño, Antonio Enrique. *Derechos humanos, Estado de Derecho y Constitución*. Madrid: Tecnos, 2001.

Pérez Royo, Javier. *Curso de Derecho Constitucional*. Madrid: Marcial Pons, 2007.

Pergoraro, Lucio. "La utilizacion del Derecho Comparado por parte de las Cortes Constitucionales: un analisis comparado". En *Revista General de Derecho Público Comparado*. Iustel. No. 1. 2007.

Posner, Richard. *Cómo deciden los jueces*. Madrid: Marcial Pons, 2011.

_____. *Overcoming Law*. Cambridge: Harvard University Press, 1995.

Prieto Sanchís, Luis. Justicia constitucional y derechos fundamentales. Madrid: Trotta, 2003.

Rawls, John. *A Theory of Justice*. Oxford: Oxford University Press, 1985.

Rehnquist, William. "The Notion of a Living Constitution". En *Texas Law Review*. Vol. 54, Num. 4, may 1976, pp.693-704.

Reyes-Torres, Amaury A. "Una aproximación a la ponderación: modelo argumentativo simplificado". En *Revista de Derecho Internacional y Comparado*. Núm. II-1, enero 2017.

Rodríguez Zapata, Jorge. *Teoría y práctica del Derecho Constitucional*. Madrid: Tecnos, 1999.

Rosler, Andrés. *Si quiere una garantía compre una tostadora. Ensayos sobre punitivismo y Estado de derecho*. Buenos Aires: Editores del Sur, 2022.

_____. *La ley es la ley. Autoridad e interpretación en la filosofía del derecho*. Buenos Aires: Katz Editores, 2019.

Ross, A. Lógica de las normas. Madrid: Tecnos, 1971.

Rüthers, Bernd. *La revolución secreta. Del Estado de derecho al Estado judicial*. Madrid, Marcial Pons, 2020.

_____. *Derecho degenerado: teoría jurídica y juristas de cámara en el Tercer Reich*. Madrid: Marcial Pons, 2016.

Sáchica, Luis Carlos. *Derecho Constitucional General*. Bogotá: Temis, 1995.

Sagüés, Néstor Pedro. *Interpretación constitucional y alquimia interpretativa. (El arsenal argumentativo de los tribunales supremos)*. Buenos Aires: Lexis Nexis, 2004.

_____. *La interpretación judicial de la Constitución*. Buenos Aires: Depalma, 1998.

Santiago (h), Alfonso. *En las fronteras entre el Derecho Constitucional y la Filosofía del Derecho. Consideraciones iusfilosóficas acerca de algunos temas constitucionales*. Madrid: Marcial Pons, 2010.

Scalia, Antonin. "Common Law Courts in a Civil Law System: The Role of United States Federal Courts in Interpreting the Constitution and Laws". En

Amy Gutman (ed.). *A Matter of Interpretation: Federal Courts and the Law*. Princeton: Princeton University Press, 1997.

Schmitt, Carl. *Respuestas en Nuremberg*. Madrid: Escolar y Mayo Editores, 2016.

_____. *Teología política*. Madrid: Trotta, 2009.

_____. *Teoría de la Constitución*. Madrid: Alianza Editorial, 1982.

_____. "La tiranía de los valores". En *Revista de Estudios Políticos*, No. 115. 1961.

Schumpeter, Joseph. *Capitalismo, socialismo y democracia*. Volumen II. Barcelona: Página Indómita, 2015.

Smend, Rudolf. *Constitución y Derecho Constitucional*. Madrid: Centro de Estudios Constitucionales, 1985.

Streck, Lenio Luiz. *Verdad y consenso. De la posibilidad a la necesidad de respuestas correctas en Derecho*. Montevideo: B de F, 2012.

Sola, Juan Vicente. *Control judicial de constitucionalidad*. Buenos Aires: LexisNexis/Abeledo Perrot, 2006.

Sousa Duvergé, Luis Antonio. *Control de convencionalidad en República Dominicana*. Santo Domingo: Ius Novum, 2011.

Sunstein, Cass R. *How to Interpret the Constitution*. Princeton: Princeton University Press, 2023.

Toulmin, Stephen E. *The Uses of Argument*. Cambridge: Cambridge University Press, 1958.

Troper, Michel. *Por una teoría jurídica del Estado*. Madrid: Dykinson, 2001.

Valera, Miguel A. "Principios que caracterizan la Constitución y la interpretación constitucional". En *Estudios Jurídicos*. Vol. IX, No. 3, Septiembre-Diciembre 2000.

Vermeule, Adrian. *Common Good Constitutionalism*. Cambridge: Polity, 2022.

_____. "Beyond Originalism". En *The Atlantic*. Mar. 31, 2020.

_____. *Law's Abnegation. From Law's Empire to the Administrative State*. Cambridge, Massachusetts: Harvard University Press, 2016.

Vermeule, Adrian y Cass Sunstein. *Law and Leviathan. Redeeming the Administrative State*. Cambridge, Massachusetts: The Belknap Press of Harvard University Press, 2020.

Vidal-Naquet, Ariane. *Les garanties legales des exigences constitutionnelles dans la jurisprudence du Conseil Constitutionnel*. Paris : Editions Panthéon Assas, 2007.

Viehweg, Theodor. *Tópica y jurisprudencia*. Madrid: Taurus, 1964.

Vásquez Correa, Domingo. "Los principios de la interpretación constitucional". En Vásquez Correa, Domingo Rafael. *Interpretación constitucional*. Santo Domingo: Escuela Nacional de la Judicatura, 2020.

Vigo, Rodolfo Luis. "Argumentación constitucional". En Carlos Alarcón y Rodolfo Luis Vigo. *Interpretación jurídica y argumentación jurídica. Problemas y perspectivas actuales*. Buenos Aires: Marcial Pons, 2011.

_____. *Interpretación constitucional*. Buenos Aires: Abeledo-Perrot, 1993.

Wright, G. H. von. *Norma y acción*. Madrid: Tecnos, 1970.

WROBLEWSKI, Jerzy. *Constitución y teoría general de la interpretación.* Madrid: Civitas, 1985.

ZAGREBELSKY, Gustavo. "Jueces constitucionales". En Francisco Fernández Segado (coord.). *Dignidad de la persona humana, derechos fundamentales, justicia constitucional.* Madrid: Dykinson, 2008

_____. El Derecho dúctil. Madrid: Trotta, 1995.

ZOZZI, Michele. "El rol del holismo y del contextualismo en la interpretación constitucional. Consideraciones a la luz de las categorías teóricas de la tesis de Duhem-Quine". En *Revista Derecho del Estado*, Universidad Externado de Colombia. N.º 56, mayo-agosto de 2023, 71-102.

CAPÍTULO SEIS
La Justicia Constitucional

1. LA JUSTICIA CONSTITUCIONAL COMO FORMA DE CONTROL DEL PODER

1.1 El control del poder.

Todo un Título de la Constitución –el VII– está dedicado al "control constitucional". El control constitucional, como hemos visto en el Capítulo 1, surge como una respuesta del constitucionalismo a la innegable realidad de que, tal como señalaba Lord Acton, "el poder tiende a corromper y el poder absoluto corrompe absolutamente". Es precisamente la constatación de la naturaleza maligna del poder, es decir, "que todo hombre que tiene poder siente la inclinación de abusar de él", lo que movió al constitucionalismo liberal a concebir la Constitución como un límite al poder estructurado a partir de un sistema de frenos y contrapesos (*checks and balances*) en donde, como quería Montesquieu, "el poder frena al poder" (MONTESQUIEU: 106). Es más, puede afirmarse que la historia del constitucionalismo moderno ha sido la de la búsqueda de los mejores y más eficaces mecanismos para limitar al poder, al extremo que hoy nadie cuestiona que, como sugería Loewenstein, una de las funciones estatales claves es la del *control político* (LOEWENSTEIN), entendiéndose por éste "la facultad concedida a los órganos del Estado por el orden jurídico para que en el curso de su interrelación vigilen la observancia de las limitaciones establecidas al ejercicio de sus funciones y las hagan efectivas" (HUERTA OCHOA: 49).

La Constitución es manifiestamente sensible al hecho de que el control del poder es uno de los problemas fundamentales del constitucionalismo. De ahí que ésta consagre, por solo citar un ejemplo, una serie de mecanismos de *control parlamentario*, tales como el examen de los informes de la Cámara de Cuentas, el examen de los actos del Poder Ejecutivo, las invitaciones, las interpelaciones y el juicio político, los cuales regula la Constitución y a los cuales se refiere expresamente en su conjunto, al señalar en su artículo 115 que la ley reglamentará estos procedimientos "y los demás mecanismos de control".

1.2 El control jurisdiccional de constitucionalidad: jurisdicción constitucional y justicia constitucional.

El Título VII de la Constitución, a pesar de estar consagrado al genéricamente denominado "control constitucional", en realidad se refiere exclusivamente a un tipo de control constitucional: el *control de constitucionalidad*, y, en particular, al control *jurisdiccional* de constitucionalidad. El control de constitucionalidad es el mecanismo a través del cual se verifica la inconstitucionalidad y se garantiza así la supremacía constitucional, en tanto que el control jurisdiccional de la constitucionalidad consiste en confiar dicho control a un órgano jurisdiccional.

En el caso dominicano, este control se ejerce tanto por el *Tribunal Constitucional* a cargo de "garantizar la supremacía de la Constitución, la defensa del orden constitucional y la protección de los derechos fundamentales" (artículo 184) como por los jueces del *Poder Judicial*, quienes no solo "conocerán la excepción de constitucionalidad en los asuntos sometidos a su conocimiento" (artículo 188), sino que, en virtud de los artículos 70, 71, 72 y 73 de la Constitución, también son competentes para conocer las acciones incoadas por las personas para protección de sus derechos (habeas data, habeas corpus, amparo y acción de nulidad de Derecho Constitucional). Es por ello que la LOTCPC establece que "la *justicia constitucional* es la potestad del Tribunal Constitucional y del Poder Judicial de pronunciarse en materia constitucional en los asuntos de su competencia". Como bien señala Brewer-Carías, "se distingue, entonces, en la República Dominicana, la 'justicia constitucional' de la '*jurisdicción constitucional*'. Esta última es una noción de carácter orgánico, que identifica un órgano estatal judicial o no que ejerce el control concentrado de constitucionalidad [...] y que por ello, no tiene el monopolio de la 'justicia constitucional'. En cambio, la noción de 'justicia constitucional' es una noción material equiparable a 'control de constitucionalidad, la cual, como se ha dicho, además de por el Tribunal Constitucional, también se ejerce por todos los jueces u órganos jurisdiccionales mediante el método difuso de control de constitucionalidad [...] Por ello, en la Constitución, además de crearse el Tribunal Constitucional como 'Jurisdicción Constitucional', se regulan las competencias en materia de justicia constitucional que ejercen los demás tribunales de la República al decidir las excepciones de inconstitucionalidad cuando ejercen el método de control difuso de la constitucionalidad de las leyes, y al decidir los procesos iniciados mediante las acciones de habeas corpus, amparo y habeas data. En resumen, la noción de justicia constitucional es de carácter material o sustantiva y se refiere a la competencia que ejercen todos los órganos judiciales cuando les corresponde decidir casos concretos o juicios de amparo aplicando y garantizando la Constitución; en tanto que la expresión Jurisdicción Constitucional es, en cambio, de carácter orgánica, e identifica al órgano jurisdiccional al cual se le ha atribuido en la Constitución competencia exclusiva en materia de control concentrado de la constitucionalidad de las leyes, y que es el Tribunal Constitucional" (Brewer- Carías 2011: 293).

1.3 Justicia constitucional y derecho procesal constitucional.

Para una parte de la doctrina, en lo que respecta a la disciplina que estudia la jurisdicción constitucional –en el sentido amplio y material del término- y los procesos constitucionales, habría que distinguir entre justicia constitucional y *derecho procesal constitucional* y optar entre una y otra expresión, preferida la primera en el ámbito europeo y la segunda en la región latinoamericana. "La distinción entre una y otra radica en que la primera es ciencia constitucional y la segunda es ciencia procesal. La justicia constitucional es parte del objeto del derecho constitucional, a manera de uno de sus elementos que lo conforman. El derecho procesal constitucional pertenece a la dogmática procesal, con la misma autonomía que han alcanzado sus diversas ramas y bajo la unidad de la teoría o los principios generales del proceso, si bien con una estrecha relación con el derecho constitucional en la medida en que en muchos casos sus categorías se encuentran en los textos constitucionales. La justicia constitucional, como parte de un todo, debe limitar su superficie a los propios de la disciplina que lo contiene. El derecho procesal constitucional, como una disciplina autónoma procesal, necesariamente tendrá una cobertura mayor en su objeto de estudio y con enfoques diversos, debiendo crear sus propios conceptos, categorías e instituciones que la distingan de las demás ramas procesales. En todo caso, debe privilegiarse el estudio interdisciplinario de la disciplina constitucional y la procesal para llegar a posturas más avanzadas en su desarrollo" (Ferrer Mac-Gregor: 68). Mientras algunos postulan esta convivencia de ambas disciplinas, hay quienes sostienen que, en realidad, transitamos "de la jurisdicción constitucional al derecho procesal constitucional" (García Belaúnde 2003), en tanto que otros afirman que, si bien la denominación derecho procesal constitucional ha ayudado en una región de institucionalidad precaria como América Latina a consolidar la idea de que la política está sometida a un derecho constitucional exigible a través de procesos de control jurisdiccional, lo cierto es que tal denominación acentúa la forma sobre la sustancia, el procedimiento en perjuicio de la materia, por lo que es preferible "el mantenimiento de una denominación más dúctil y omnicomprensiva, como 'justicia constitucional'" (Pegoraro 2010: 24).

Desde la perspectiva dominicana, esta contraposición entre justicia constitucional y derecho procesal constitucional es menos justificable. Y es que para el legislador orgánico la justicia constitucional es una *potestad de los órganos jurisdiccionales*, la de "pronunciarse en materia constitucional en los asuntos de su competencia", potestad que "se realiza mediante *procesos y procedimientos jurisdiccionales* que tienen como objetivo sancionar las infracciones constitucionales para garantizar la supremacía, integridad y eficacia y defensa del orden constitucional, su adecuada interpretación y la protección efectiva de los derechos fundamentales" (artículo 5 de la LOTCPC), debiendo, en caso de "imprevisión, oscuridad, insuficiencia o ambigüedad" de la LOTCPC, aplicarse "supletoriamente los principios generales del Derecho Procesal Constitucional y sólo subsidiariamente las normas procesales afines a la materia discutida, siempre y cuando no contradigan los fines de los procesos y procedimientos constitucionales y los ayuden a su mejor desarrollo" (artículo 7.12 de la LOTCPC). De manera que para nuestro legislador orgánico la justicia constitucional no es una disciplina sino una potestad que se ejerce por los órganos jurisdiccionales a través de procesos y procedimientos jurisdiccionales en los que se aplican las normas del derecho procesal constitucional.

1.4 La justicia constitucional como garantía constitucional.

La justicia es doble garantía constitucional: (i) en tanto garantía de la Constitución; y (ii) en tanto garantía de los derechos fundamentales consignados en la Constitución. Veamos ambas garantías que, a pesar de su carácter distintivo, están estrechamente conectadas...

1.4.1 La justicia constitucional como garantía objetiva de la Constitución.

De nada sirve proclamar que la Constitución es norma suprema si no se organiza un dispositivo de *control de la supremacía constitucional*. Si la Constitución es norma suprema entonces es lógico suponer que los actos de cualquier autoridad que desconozcan o vulneren los mandatos constitucionales son necesariamente nulos. Ya lo decía Hamilton, de manera rotunda y sencilla, en el capítulo 78 de *El Federalista*: "Todo acto de una autoridad delegada, contrario a los términos del mandato con arreglo al cual se ejerce, es nulo. Por lo tanto, ningún acto legislativo contrario a la Constitución puede ser válido. Negar esto equivaldría a afirmar que el mandatario es superior al mandante". O como lo pondría el juez Marshall, presidente de la Suprema Corte de los Estados Unidos, en una de las partes más memorables de la sentencia *Marbury v. Madison* (1803), que inauguraría el control de constitucionalidad: "Hay solo dos alternativas –demasiado claras para ser discutidas–: o la Constitución controla cualquier ley contraria a aquella, o la legislatura puede alterar la Constitución mediante una ley ordinaria. Entre tales alternativas no hay términos medios: o la Constitución es la ley suprema, inalterable por medios ordinarios, o se encuentra al mismo nivel que las leyes, y, por lo pronto, como cualquiera de ellas puede reformarse o dejarse sin efecto siempre que el Congreso le plazca. Si es cierta la primera alternativa, entonces una ley contraria a la Constitución no es ley: pero si en cambio es verdadera la segunda. Entonces las constituciones escritas son absurdos intentos del pueblo para limitar un poder ilimitable por naturaleza." (5 U.S. 137).

La justicia constitucional es, en consecuencia, el mecanismo a través del cual se concreta la supremacía constitucional, detectando y anulando las inconstitucionalidades, de modo que se configura como un agente inmunitario que contribuye a preservar la autorreferencialidad y positividad del ordenamiento jurídico-constitucional (García Majado: 274-283). Se trata, en consecuencia, como ha señalado Pérez Royo, de una *garantía constitucional* al igual que la reforma constitucional. Cuando se dice garantía constitucional, lo que se quiere significar es que la justicia constitucional es una garantía de "la" Constitución, en contraste con las garantías de tal o cual derecho fundamental, las denominadas por la propia Constitución "garantías fundamentales" (artículo 68). En tanto garantía constitucional, salvaguarda la normatividad constitucional frente a los atentados producidos por los actos estatales inconstitucionales. Pero, contrario a la reforma constitucional, que es una garantía extraordinaria de la Constitución, la justicia constitucional es la *garantía ordinaria*, la garantía cotidiana, pues la Constitución no puede ser reformada todos los días como si fuera una simple ley, so pena de que, como afirmaba Loewenstein, se erosione el "sentimiento constitucional", que siempre está asociado al hecho de que la Constitución no es una ley más. De hecho, en aquellos países en donde la justicia constitucional opera efectivamente, como es el caso de Estados

Unidos, la reforma constitucional es la excepción porque la Constitución se garantiza a través de la justicia constitucional. En fin, "la reforma es el fundamento del control. Pero el control es lo que permite que la Constitución sea norma jurídica todos los días y que solo se tenga que acudir a la reforma de la Constitución cuando no es posible encontrar una solución al problema de que se trate a través de la interpretación de la Constitución. La reforma de la Constitución en cuanto garantía extraordinaria supone un límite para el control en cuanto garantía ordinaria. Cuando no hay posibilidad de encontrar una respuesta por la vía de la interpretación, hay que acudir a la reforma. Pero siempre que sea posible encontrar una respuesta por la vía de la interpretación, no se tiene que acudir a la reforma" (Pérez Royo: 133).

1.4.2 La justicia constitucional como garantía subjetiva de los derechos fundamentales. En principio, la justicia constitucional se desarrolla como una técnica de defensa jurisdiccional de la Constitución rígida frente a los actos de los poderes públicos, incluidas las leyes, contrarias a ella. Se trata, desde la perspectiva norteamericana, de una *garantía de la separación de poderes*, tanto en sus relaciones horizontales (legislativo, ejecutivo y judicial) como en sus relaciones verticales (Estado federal o central y Estados federados o entes regionales), y, en perspectiva kelseniana, una *garantía de la coherencia constitucional* del ordenamiento jurídico. Pero, incluso en sus orígenes en los Estados Unidos, la justicia constitucional aparece como una "*jurisdicción constitucional de las libertades*" (Cappelletti) que asegura que los derechos fundamentales de los gobernados no sean vulnerados por las decisiones de los poderes públicos. Es por ello que la Constitución, a la hora de instituir el Tribunal Constitucional, dispone que éste no solo tiene como misión garantizar "la supremacía de la Constitución" y "la defensa del orden constitucional", sino que éste tiene a su cargo, además, "la protección de los derechos fundamentales" (artículo 184). El Tribunal Constitucional es, por tanto, desde su origen y por expresa definición constitucional, "un tribunal de garantía de derechos y un tribunal de interpretación constitucional" (Pérez Tremps 2019: 218). De ahí que el legislador orgánico, al regular las competencias del Tribunal Constitucional, no se ha restringido a aquellas propias de la garantía objetiva de la Constitución, como lo es la acción directa en inconstitucionalidad y los conflictos de competencias, sino que también ha regulado la facultad conferida al Tribunal por el artículo 277 de la Constitución de revisar las sentencias firmes dictadas por los jueces y tribunales del Poder Judicial y ha diseñado un recurso de revisión ante el Tribunal de las decisiones de los jueces en materia de amparo y de habeas data. Y es que el Tribunal Constitucional no solo es un órgano extra poder a cargo de garantizar la coherencia del ordenamiento jurídico respecto de la Constitución, vale decir, la defensa objetiva de la Constitución, sino que también es *garante directo de los derechos fundamentales de las personas* (Zagrebelsky 2004: 38).

Por eso, "el derecho procesal constitucional lejos de ser entendido en un sentido meramente positivista y privatista, debe dar paso a un derecho procesal garantista, propio de un pensamiento institucional, que atienda tanto a las demandas formuladas por los particulares (*tutela subjetiva de los derechos fundamentales*) como a las exigencias objetivas del Estado de Derecho (*tutela objetiva de la Constitución*) (Landa

2004: 68). Ambas tutelas, la objetiva y la subjetiva, sin embargo, no se contraponen y se complementan pues, al tiempo de que el Tribunal Constitucional está concernido sobre todo con la garantía objetiva de la Constitución y de los derechos que ella consagra, lo que explica que una de las causales de la revisión contra sentencia firme es la violación del precedente constitucional y de que tanto la revisión de sentencias firmes como decisiones judiciales en materia de amparo por el Tribunal Constitucional están sujetas a la "especial trascendencia o relevancia constitucional" como requisito de admisibilidad, puede afirmarse, por otro lado, que "si partimos del supuesto de que la Constitución es manifestación de la voluntad del pueblo que debe prevalecer sobre la voluntad de los órganos constituidos, el primer y principal derecho constitucional que los ciudadanos tienen en un Estado de derecho, es el derecho a dicha supremacía, es decir, al respeto de la propia voluntad popular expresada en la Constitución", de donde "nada se ganaría con señalar que la Constitución, como manifestación de la soberanía del pueblo, debe prevalecer sobre la de los órganos del Estado, si no existiere el derecho de los integrantes del pueblo de exigir el respeto de esa Constitución" (Brewer-Carías 2008: 765). Precisamente es la existencia de este *derecho fundamental del ciudadano a la supremacía constitucional*, lo que explica que, en lo que respecta a la legitimación procesal para interponer acciones directas en inconstitucionalidad contra normas, haya que considerar que toda persona, en tanto eventual destinatario de dichas normas, tiene, a la luz del artículo 185 de la Constitución, "interés legítimo y jurídicamente protegido" para interponer dicha acción, lo cual hace de la acción directa en inconstitucionalidad contra normas una acción popular en cabeza de cualquier ciudadano y convierte al Tribunal Constitucional, para usar la frase de Häberle, en un verdadero "tribunal social" o "*tribunal ciudadano*", más que un mero tribunal del Estado, en el sentido de que el Tribunal Constitucional "abre su derecho procesal constitucional -entendido como foro abierto y público y público de la información y la participación- para la diversidad de ideas e intereses de la sociedad", involucrándose "en la observancia, afirmación diaria y continuación del contrato social" y, del no menos importante "contrato constitucional", acuerdo este último que es un "contrato generacional", entre generaciones presentes y futuras, entre las generaciones más viejas y las más jóvenes, "de tal manera que todos los ciudadanos se sientan comprendidos como tales, que nadie se sienta agobiado y no surjan grietas o rupturas entre grupos y generaciones" (León Vásquez: 118-122).

1.5. Presupuestos para la existencia de la justicia constitucional.

Son cinco las exigencias para la existencia de un sistema de justicia constitucional: (i) una Constitución rígida; (ii) un órgano de justicia constitucional independiente del órgano controlado; (iii) facultades decisorias del órgano jurisdiccional de control; (iv) posibilidad de los particulares interesados de cuestionar por sí mismos los actos inconstitucionales; y (v) la sumisión de todo la actividad estatal a la justicia constitucional (Sagüés: 15). Veamos en detalle estos presupuestos…

1.5.1 Una Constitución rígida. Si la Constitución es flexible, es sumamente difícil, por no decir imposible, que una ley ordinaria resultase inconstitucional pues todas las leyes, al no distinguirse entre leyes comunes y leyes constitucionales, tendrían la misma jerarquía constitucional. Es lo que ocurrió durante mucho tiempo en Francia, en donde la incapacidad de distinguir entre poder constituyente y poder legislativo hizo que reinase allá un "Estado legal" más que un Estado constitucional, situación que llevaría a los juristas Joseph-Barthélémy y Duez a afirmar sin vergüenza que "la Constitución es norma suprema pero el legislador puede desconocerla" (FAVOREU: 111). Esa flexibilidad constitucional cuyo paradigma es Inglaterra tiende a ser cada día un dato histórico porque hasta los ingleses, a partir de su pertenencia al sistema europeo de derechos humanos, han adoptado la *Human Rights Act* de 1998, en virtud de la cual la *House of Lords* puede adoptar una "declaración de incompatibilidad" de una ley parlamentaria con la Convención Europea de Derechos Humanos, lo que en la práctica equivale a un control de constitucionalidad de las leyes (LAFUENTE BALLE: 160).

1.5.2 Un órgano de control jurisdiccional independiente del órgano controlado. La eficacia del control de constitucionalidad requiere que el ente de control no sea el mismo que el ente cuyos actos son controlados. Y es que el ratón no es el mejor vigilante del queso. El custodio de la Constitución no solo debe ser distinto al órgano controlado sino, además, autónomo, pues si el guardián constitucional está subordinado al ente controlado el control se vuelve totalmente ineficaz. Es por ello que el autocontrol no permite un adecuado control de constitucionalidad.

1.5.3 Un órgano de control con facultades decisorias. Un presupuesto clave de la existencia de un adecuado sistema de justicia constitucional es que las decisiones que adopte el órgano de control se impongan imperativamente. Si este órgano tiene un carácter meramente consultivo y depende de los entes cuyos actos son controlados eliminar o no el acto inconstitucional, queda claro que el control será manifiestamente ineficaz.

1.5.4 Posibilidad de los particulares impugnar por sí mismos los actos inconstitucionales. Si la justicia constitucional implica controlar la arbitrariedad de las mayorías representadas en los poderes del Estado, es obvio que los ciudadanos deben tener una determinada participación en el control. Y es que "la jurisdicción constitucional es un *vehículo de participación* indirecta del individuo, del ciudadano y de las minorías tanto en el control de los poderes públicos como en la producción de la ley y en la administración de justicia, y en tanto tal es un factor democrático" (ACOSTA SÁNCHEZ: 371). Es por ello que, en los diferentes modelos de justicia constitucional, se arbitran diversos modos de participación de los particulares en el impulso o iniciativa del mecanismo de control, siendo los más democráticos aquellos que se caracterizan por una *legitimación procesal amplia* (acción popular de inconstitucionalidad, etc.) y por la introducción de mecanismos como el *amicus curiae*, que permiten que "amigos del tribunal", terceros ajenos a la disputa, ofrezcan a la corte sus opiniones consideradas de trascendencia para la sustanciación del proceso.

1.5.5 La sumisión de toda la actividad estatal a la justicia constitucional. Tradicionalmente, los órganos de la justicia constitucional evadieron controlar la constitucionalidad de determinados actos, considerados como "*cuestiones políticas*" en el caso de los Estados Unidos o como "actos de gobierno" en el caso de Francia. Hoy se reconoce, sin embargo, que "si el Estado no es justiciable cuando algunas de sus actividades se escudan tras la pantalla de las cuestiones políticas, la responsabilidad estatal se esfuma, pese a la eventual infracción constitucional en que se incurra" (BIDART CAMPOS: 452). Es importante recalcar que una corriente muy crítica de la doctrina de las cuestiones políticas y principalmente de su aplicación en el ámbito de las relaciones internacionales se ha desarrollado en los Estados Unidos. Esta corriente afirma que los tribunales norteamericanos han facilitado grandemente el crecimiento del poder presidencial, deviniendo éstos en "un brazo de la rama ejecutiva" al invocar cuestiones políticas para rehusar conocer de la constitucionalidad de las acciones militares de los Estados Unidos en Corea, Vietnam, Grenada, Nicaragua, El Salvador y Panamá, a pesar de que era evidente que el presidente no había recibido aprobación congresional para iniciar la guerra. Esta deferencia judicial hacia el Presidente de los Estados Unidos ha fomentado la "*presidencia imperial*".

El modelo que se impone paulatinamente en el mundo es el alemán. Contrario a la jurisprudencia constitucional norteamericana, el Tribunal Constitucional de Alemania no ha elaborado una doctrina de las cuestiones políticas. Concibiendo la Constitución como una *unidad y orden de valores*, este tribunal ha evitado que nada inconstitucional escape a su jurisdicción. Así se ha pronunciado sobre la constitucionalidad del Tratado de Maastricht (89 BVerfGE 155 [1993]) y ha inferido una serie de principios directores de interpretación de dicho instrumento que deben ser seguidos por los poderes constituidos y que en Estados Unidos y Francia serían vistos como verdaderas decisiones políticas. Con relación a la constitucionalidad del envío de tropas militares alemanas al exterior, ha considerado que el envío de tropas al extranjero debe ser decidido por el ejecutivo pero aprobado por la cámara parlamentaria elegida por el pueblo (89 BVerfGE 38 [1993] y 90 BVerfGE 286 [1994]), decisión que contrasta con la reticencia de la Suprema Corte norteamericana a juzgar en casos similares. En nuestra América, Costa Rica ha seguido el modelo alemán, en donde, desde la reforma de 1966 a la jurisdicción contenciosa administrativa, no existen ya los actos de gobierno, en el sentido de no justiciables, estando sujetas todas las normas y actos públicos al control de la constitucionalidad y, eventualmente, a las garantías de los derechos y libertades constitucionales, con excepción de la propia creación del tribunal constitucional y de su competencia.

En el caso dominicano, el Tribunal Constitucional no ha declarado que existan cuestiones políticas no justiciables ante su jurisdicción, porque es claro que tanto la Constitución como las leyes no fundamentan tales cuestiones. Sin embargo, para cierta doctrina (REYES-TORRES) parecería que tales cuestiones podrían -y deberían, para darle supuestamente así legitimidad a la jurisdicción constitucional y controlar su poder- emerger, principalmente a partir de la Sentencia TC/0009/17, en donde el Tribunal Constitucional afirma que no es a esa Alta Corte a quien corresponde determinar la procedencia o improcedencia de las observaciones presidenciales a las leyes, sino al Poder Legislativo, pues, de lo contrario, "el Tribunal Constitucional invadiría la competencia de dicho poder". Aparte de que consideramos que la inadmisibilidad de las acciones directas de inconstitucionalidad ante el Tribunal Constitucional por carencia de objeto no puede ni debe asimilarse como hace la antes referida doctrina a las cuestiones políticas no justiciables, al tratarse de dos instituciones procesales distintas, entendemos que el principio que rige en la República Dominicana es el de la "*universalidad del control jurisdiccional de la actividad estatal*" de donde se deduce que no existen actos estatales, aún de carácter político, excluidos del control jurisdiccional (Brewer-Carías 2017: 959). Abogar por que existan cuestiones que, por el solo hecho de ser políticas, estén exentas de control de constitucionalidad implica retornarnos a la época previa al establecimiento de la justicia constitucional en la que Carl Schmitt, polemizando con Hans Kelsen y contrariando su tesis de la procedencia y necesidad de un defensor jurisdiccional de la Constitución, señalaba que "cabe otorgar […] al juez una cierta libertad, pero no es posible transferirle la decisión en materia política, que es propia del legislador, sin alterar su posición constitucional" (Schmitt 2009: 67). Que se judicialice la política no es malo siempre y cuando se evite la politización de la justicia, esta última también presente en regímenes con poderes jurisdiccionales que evaden conocer cuestiones políticas. Y no es cierto que consagrar cuestiones políticas no justiciables ante la justicia constitucional contribuya a darle más legitimidad a la misma. En realidad, es todo lo contrario: pueblos como el dominicano, en donde durante más de un siglo no ha existido un poder jurisdiccional independiente, no podrán hacer otra cosa que sumirse en su pesimismo ancestral y su escepticismo atávico ante los poderes públicos, si ven a sus jueces desentenderse del conocimiento de vitales asuntos públicos sobre la base de que se trata de cuestiones políticas reservadas a los poderes políticos del Estado. Las cuestiones políticas se mantienen en Estados Unidos como un dato arqueológico en un sistema jurídico-constitucional aislado del mundo, galápagos jurídico en donde la Suprema Corte de Justicia no solo se desembaraza de cuestiones constitucionales que considera políticas en deferencia al legislador, en contraste con los tribunales constitucionales europeos y latinoamericanos, sino que también, en base a la doctrina Chevron y sus sucedáneas o variaciones del mismo tema, se niega a revisar jurisdiccional decisiones administrativas en deferencia a la interpretación de las agencias ejecutivas, contrario a las jurisdicciones contencioso-administrativas que, en base a un avanzadísimo derecho administrativo, han ido puliendo y sofisticando los instrumentos para controlar la discrecionalidad administrativa. Por eso, en el fondo la peligrosa doctrina de las cuestiones políticas a quien fortalece es a la rama ejecutiva del Estado, principalmente por la preeminencia que ha adquirido ésta en la evolución de los regímenes políticos, cada vez más ejecutivos, centralizados y personalizados en la figura del presidente o del primer ministro. La inexistencia de cuestiones políticas no justiciables en nuestro ordenamiento constitucional no es más que una conquista de la permanente "*lucha contra las inmunidades del poder*" (García de Enterría 2004).

1.6 Los modelos de justicia constitucional

1.6.1 Criterios para tipificar los modelos. Diversos son los criterios pasibles de ser utilizados para tipificar los diversos modelos de justicia constitucional…

1.6.1.1 Los sujetos del control. El control de constitucionalidad es la puesta en obra del principio de la *separación del poder constituyente y de los poderes constituidos*. Para que ese principio sea algo más que un simple voto piadoso, se precisa que los poderes constituidos no puedan desconocer, modificar o alterar las voluntades del poder constituyente sin ser sancionados. Este control puede ser el del poder constituyente mismo, es decir, el pueblo. El *derecho de resistencia* a la opresión, derecho natural e imprescriptible del hombre según el artículo 2 de la Declaración de 1789, vendría a ser la manifestación de este tipo de control. Pero este poder excepcional del pueblo no puede ser de aplicación cotidiana, por lo que se precisa confiar el control de constitucionalidad a los poderes constituidos mismos. Pero… ¿cómo organizarlos? Dependiendo de quien ejerce el control de constitucionalidad, se conciben históricamente dos modelos: (i) el del control político y (ii) el del control jurisdiccional.

A. Control político. El control de los poderes constituidos puede ser de naturaleza política, es decir, ejercido por órganos políticos. Los constituyentes estadounidenses han pensado en este tipo de control cuando concedieron al Presidente de los Estados Unidos la prerrogativa de oponer un *veto suspensivo* a las leyes votadas por el Congreso. Los primeros constituyentes franceses han recurrido con menos éxito que sus colegas norteamericanos al control político cuando establecieron en la Constitución de 1791 la *sanción real*. Pero los franceses pronto descubrieron que un control del poder legislativo por el ejecutivo en un país marcado por el absolutismo monárquico no tenía sentido, por lo que Siéyes propone que el control se ponga en manos del propio poder legislativo. Se trata del proyecto del *"jurado constitucional"* que Siéyes describía como "un verdadero cuerpo de representantes (…) con la misión especial de juzgar los reclamos contra todo atentado a la Constitución". Sin embargo, el control político de las leyes no puede verse sólo como producto de la doctrina jacobina de la separación de poderes pues es también típico de la doctrina de la soberanía del Parlamento inglés cuyo poder, como bien aseguraba Blackstone, "es absoluto y sin control". En el caso dominicano, a pesar de su poco o ningún uso, el control político a cargo del Congreso coexistió con el control judicial difuso "desde la primera experiencia constitucional hasta la reforma de la Constitución en el año 1907" (Sosa Pérez: 96).

B. Control jurisdiccional. Lo que tipifica a la justicia constitucional es que el control de los poderes constituidos es de naturaleza jurisdiccional, o sea, ejercido por órganos habilitados para decir derecho, por los jueces. Este tipo de control se impone cuando la Constitución es considerada como "derecho". Desde el momento mismo en que existe una Constitución verdaderamente normativa, una ley fundamental y suprema que se impone sobre las demás normas del sistema jurídico, abandonándose la concepción descriptiva de la Constitución como simple proclama de principios políticos relativos al buen gobierno de la sociedad, ya no tiene sentido el control político de la constitucionalidad. El control de constitucionalidad deviene entonces un asunto de jueces porque las cuestiones que éste suscita, a pesar de su importancia y repercusión políticas, son asuntos ante todo jurídicos. La Constitución deviene Derecho a partir del momento en que ésta es interpretada por un juez, por lo que, si es el pueblo el que dicta la Constitución, a fin de cuentas, resulta que es el juez quien la hace verdaderamente nacer. Dos sistemas de control jurisdiccional se conciben: (i) el *sistema difuso* o norteamericano; y (ii) el *sistema concentrado* o austriaco.

I. Sistema difuso. En el sistema difuso, la competencia para controlar la constitucionalidad de las leyes se les reconoce a todos los jueces como parte inherente de la función jurisdiccional de aplicar las leyes a los casos concretos sometidos a la apreciación judicial. Se trata del *judicial review*, sistema plasmado en *Marbury vs. Madison*, y que ha sido el sistema tradicional dominicano. Este sistema parte de la idea expresada por el juez Marshall de que "la Constitución es superior a cualquier acto ordinario de la legislatura" y que un "acto de la legislatura que contradiga la Constitución es nulo" (5 U.S. 137).

II. Sistema concentrado. Este sistema se denomina concentrado porque la facultad de juzgar acerca de la constitucionalidad de las leyes es monopolizada por o concentrada en un único órgano, que puede ser un órgano especializado (casi siempre denominado *Tribunal* o *Corte Constitucional*) o el tribunal supremo de la jurisdicción ordinaria (como pleno de jueces o reservada esta competencia a una sala o cámara de dicho tribunal). El *sistema concentrado* fue concebido originalmente por el jurista vienes Hans Kelsen y fue consagrado por vez primera en la Constitución de Austria de 1920. Este sistema difiere del difuso en la medida en que no se trata en puridad de un control judicial sino de una función constitucional autónoma, de una *función de legislación negativa*, que se ejerce no a consecuencia de un caso judicial concreto, sino de manera abstracta como juicio de compatibilidad o incompatibilidad de una ley o norma con la Constitución, pues, como afirma Kelsen, "un tribunal que tiene el poder de anular leyes es, en consecuencia, un órgano del poder legislativo". El modelo austriaco se expande por Europa Occidental a partir de la Segunda Guerra Mundial, en el Sur de Europa a partir de las transiciones democráticas de mediados de los 70, en los antiguos países socialistas tras la caída del muro de Berlín en 1989 y en toda América Latina a partir de las reformas constitucionales de los años 80 y 90. Este sistema fue adoptado por el constituyente dominicano en 1994 y redimensionado en 2010.

1.6.1.2 El modo del control. El control de la constitucionalidad puede ejercerse (i) por vía incidental y (ii) por vía principal…

A. Control por vía incidental. En el control por vía incidental la inconstitucionalidad del acto sólo puede ser invocada en el transcurso de una acción sometida a apreciación de cualquier tribunal con la finalidad de que el mismo inaplique la norma inconstitucional al caso concreto. Conocido también como *control por vía de excepción*, este control se asocia generalmente al control difuso, aunque los mismos no se identifican, pues hay sistemas, como el alemán y el italiano, donde existe el *incidente de inconstitucionalidad*, que obliga al juez *a quo*, contrario a los sistemas difusos, a suspender la acción hasta que el Tribunal Constitucional se pronuncie sobre la cuestión de inconstitucionalidad.

B. Control por vía principal. En el control por vía principal las cuestiones de inconstitucionalidad se suscitan a título principal mediante un *proceso constitucional autónomo* ante un Tribunal Constitucional con competencia para juzgar la inconstitucionalidad de los actos de los poderes públicos a pedido de determinadas personas con legitimidad procesal para ello, independientemente de la existencia de controversia. El control por vía principal puede conducir a un control abstracto de los actos normativos, como en el caso dominicano, o a una garantía concreta de los derechos fundamentales, como es el caso del recurso de amparo alemán, español y mexicano.

1.6.1.3 La abstracción del control. El control abstracto se vincula con el control concentrado y principal. Significa que la impugnación de la constitucionalidad de la norma es hecha independientemente de la existencia de un litigio concreto. Aquí no hay un proceso contradictorio de partes: se trata, en verdad, de un proceso cuyo objetivo principal es la "*defensa de la Constitución*" y del principio de constitucionalidad a través de la extirpación del ordenamiento jurídico de los actos normativos contrarios a la Carta Sustantiva. En la medida en que es un proceso objetivo, la legitimidad para solicitar este control abstracto se reserva a determinadas personas. En contraste, el control concreto se asocia al control difuso, al *judicial review* norteamericano: cualquier tribunal, al decidir un caso concreto, está obligado, en virtud de su vinculación por la Constitución, a controlar si las normas aplicables al caso son o no válidas.

1.6.1.4 El tiempo del control. El control de la constitucionalidad puede ser (i) preventivo, (ii) sucesivo o (iii) mixto.

A. Control preventivo. El control preventivo se ejerce contra *actos legislativos imperfectos*, es decir, actos que carecen de eficacia jurídica pues todavía no ha arribado el momento de entrada en vigor de los mismos. El modelo prototípico de este tipo de control es el que ejerce el Consejo Constitucional francés.

B. Control sucesivo. El control sucesivo o *a posteriori* interviene cuando el acto normativo ha entrado en vigor. El control difuso es un control sucesivo.

C. Control mixto. En el caso dominicano, el control concentrado tiene una vertiente preventiva y otra sucesiva.

1.6.1.5 Las partes del control. El principio fundamental del proceso constitucional es que la cuestión de inconstitucionalidad solo puede ser iniciada por determinadas personas –las personas con legitimidad procesal– u órganos públicos (o un número limitado de titulares de los mismos), pero nunca por los propios órganos de control, quienes no pueden autoapoderarse ni iniciar *ex officio* el control. Los sistemas de control de la constitucionalidad van desde sistemas en donde hay una *legitimidad restringida* a determinadas personas (como es el caso de un buen número de jurisdicciones constitucionales de tipo concentrado) hasta sistemas como el dominicano en donde hay una *legitimidad universal*, pues la facultad de impugnar la constitucionalidad se le reconoce a cualquier persona (*quisque de populo*) en la forma de una "acción popular".

1.6.1.6 Los efectos del control.

A. Efectos generales y efectos particulares. Se distingue entre un sistema en el que el órgano contralor de constitucionalidad anula el acto inconstitucional con eficacia *erga omnes* y un sistema en el cual se inaplica el acto reputado inconstitucional con eficacia *inter partes*. En el primer caso, propio del sistema de control concentrado, tras la declaratoria de inconstitucionalidad, se producen efectos generales que conducen a la eliminación del acto inconstitucional del ordenamiento jurídico. En el segundo caso, propio del control difuso, se producen efectos particulares, siendo inaplicado el acto considerado inconstitucional al caso concreto y quedando vigente en el ordenamiento hasta que sea debidamente anulado o derogado por los órganos competentes.

B. Efectos retroactivos y efectos prospectivos. Existen efectos prospectivos cuando se atribuye a la decisión de anulación eficacia *ex nunc* en el sentido de que el efecto de dicha anulación surtirá efectos a partir del momento en que sea declarada la inconstitucionalidad. Los efectos son retroactivos o de eficacia *ex tunc* cuando la invalidez del acto inconstitucional abarca todos los actos fundados en el mismo, aún cuando hayan sido realizados con anterioridad a la declaratoria de la inconstitucionalidad. La eficacia *ex nunc* se predica de las sentencias pronunciadas por el juez en el control concentrado mientras que la eficacia retroactiva es propia del control difuso.

C. Efectos declarativos y efectos constitutivos. El efecto declarativo se produce cuando el órgano contralor de constitucionalidad se limita a declarar la nulidad preexistente del acto normativo. El efecto constitutivo es el que se predica de las decisiones sobre inconstitucionalidad que anulan un acto normativo que ha sido considerado hasta el momento de la decisión válido y eficaz. El efecto declarativo es propio del control difuso en tanto que el constitutivo se predica de las decisiones constitucionales en el control concentrado.

1.6.2 Los diferentes modelos. Como ya hemos dicho, la justicia constitucional presenta dos modalidades principales. El control jurisdiccional de constitucionalidad puede ser confiado a los tribunales ordinarios o puede ser atribuido a un tribunal en particular. El primer sistema nace en los Estados Unidos e impacta los sistemas constitucionales de Latinoamericana. El segundo, inspirado en las ideas de Hans Kelsen, se desarrolla en Europa débilmente a principios del siglo XX y con intensidad tras la Segunda Guerra Mundial, cuando los europeos se dan cuenta de los horrores a los que puede conducir un totalitarismo que violando los derechos constitucionales preserva, sin embargo, el orden legal adjetivo. Lo que caracteriza al primer sistema es que la facultad de controlar la constitucionalidad está difundida a nivel de todos los tribunales, sin importar su jerarquía, mientras que en el segundo el tribunal creado a los efectos del control monopoliza el mismo. De ahí los nombres de "*control difuso*" y "*control concentrado*" con que han sido bautizados éstos.

Estudiaremos a continuación el modelo de control difuso prevaleciente en los Estados Unidos, para luego abordar el sistema de control concentrado, estudiar la variante francesa que, a pesar de que se asemeja al concentrado, presenta características que no están presentes ni en Estados Unidos ni en el resto de Europa, para pasar poteriormente a analizar el modelo latinoamericano y, finalmente, el control de la constitucionalidad en la República Dominicana, el cual, históricamente se ha adscrito al modelo estadounidense pero que desde 1994 presenta rasgos del modelo concentrado.

1.6.2.1 El modelo estadounidense: control difuso. El control de constitucionalidad que se aplica en los Estados Unidos puede definirse como el sistema en el cual todo juez puede estatuir sobre toda inconstitucionalidad que le es presentada. Se le conoce bajo el nombre de *judicial review*. No se trata de un poder de revisión, como podría interpretarse partiendo de una traducción literal al español del término "*review*": en realidad el juez no revisa nada ni anula el acto pretendidamente inconstitucional, sino que se limita a privarlo de fuerza legal al no aplicarlo. No se trata tampoco de un control limitado a las leyes pues el poder de *judicial review* es de aplicación general y concierne tanto a los actos del poder legislativo como los del ejecutivo.

A. Bases constitucionales del poder de judicial review. Dos son los fundamentos constitucionales de la facultad de los tribunales estadounidenses para conocer de la constitucionalidad: (i) la estructura federal de la Unión; y (ii) el principio de la soberanía del pueblo. Veamos en detalle ambos.

I. La estructura federal de la Unión. En los Estados Unidos, la supremacía de la Constitución es ordenada, en primer término, por la estructura federal de la Unión. El artículo VI de la Constitución federal establece que la Constitución es la "*ley suprema del país*" (*supreme law of the land*) y obliga a los jueces en cada Estado a tomar en cuenta esta disposición "no obstante toda disposición contraria en la Constitución o en las leyes de cualquiera de los Estados". Como se puede observar, existe un control de la constitucionalidad de la Constitución y de las leyes de los Estados miembros de la Unión: éstas deben respetar la Constitución federal y tanto los jueces estatales como los federales deben velar por hacer efectivo este principio. El control de la constitucionalidad es difuso o descentralizado en la medida en que cada juez, por más inferior y modesto que sea el lugar que éste ocupe en la jerarquía judicial, ejerce la facultad de controlar la constitucionalidad.

Dado que las decisiones judiciales poseen la *autoridad relativa de la cosa juzgada*, el fallo del tribunal sobre la constitucionalidad solo se aplicará al caso concreto fallado y a las partes involucradas en el mismo. Este principio presenta en Estados Unidos dos justificaciones: por un lado, se trata de un principio de los países del *common law* y, por otro lado, en un Estado federal como los Estados Unidos, la soberanía de cada Estado federado se opone a que la jurisdicción de un Estado se imponga sobre la de otro, asegurándose la unidad y coherencia del sistema jurídico en su conjunto por el control ejercido por el poder judicial federal, cuya competencia se extiende "a todos los casos que se presenten bajo el imperio de la presente Constitución, a las leyes de los Estados Unidos, a los tratados concluidos y a los que serán concluidos, bajo su autoridad", conforme las disposiciones del artículo III, sección 2 (I) de la Constitución.

II. El principio de la soberanía del pueblo. En segundo término, la supremacía constitucional en los Estados Unidos es ordenada por el principio de la *soberanía del pueblo*. Según las ideas expresadas por Jefferson y luego retomadas por Hamilton en *El Federalista*, el pueblo es soberano y sus delegados no son más que mandatarios sujetos a su voluntad, tal como ésta se manifiesta en la Constitución. Ningún acto legislativo contrario a la Constitución puede ser válido y es deber de los jueces negar la validez de una norma legislativa reputada inconstitucional, anulación que, más que cuestionar la "voluntad soberana del pueblo", lo que viene a hacer es justamente lo contrario: reafirmar el peso de la voluntad popular. Y es que, al anular el juez la ley, queda ratificada por el poder judicial la supremacía de la Constitución, que es el documento que refleja de manera más fiel la voluntad soberana del pueblo. Ya lo dice Hamilton: esto "no supone de ningún modo la superioridad del poder judicial sobre el legislativo. Solo significa que el poder del pueblo es superior a ambos, y que donde la voluntad de la legislatura, declarada en sus leyes, se encuentra en oposición con la del pueblo, declarada en la

La Justicia Constitucional

Constitución, los jueces deberán gobernarse por esta última antes que por las primeras. Deberán regular sus decisiones por las normas fundamentales antes que por las que no lo son".

B. La decisión Marbury vs. Madison (1803). Para entender el modelo estadounidense de control de la constitucionalidad, es preciso partir del análisis de la jurisprudencia, en especial de la proveniente de la Suprema Corte, dada la importancia que tiene ésta en un país que, al ser del *common law*, sólo reconoce como derecho verdadero el derecho dicho por el juez. La decisión en el caso *Marbury vs. Madison* es la justificación jurisprudencial más célebre del poder de controlar la constitucionalidad, elemento fundamental de una Constitución normativa.

I. El argumento de la Constitución escrita. Según el juez Marshall, la Constitución habría sido escrita porque se trata de la *ley primera*. Los estadounidenses escriben sus constituciones para salirse de la tradición inglesa y poner por escrito un derecho superior al dictado por las asambleas elegidas. Hoy, sin embargo, el argumento es mucho menos convincente que en la época de Marshall, pues la historia muestra que es perfectamente posible tener una Constitución escrita sin que los jueces puedan controlar la constitucionalidad de las leyes, como muestra el caso de Francia y de la gran mayoría de los países europeos.

No obstante, suponiendo que el argumento sea verdadero, decir que los poderes constituidos no pueden sobrepasar los poderes que ellos tienen en una Constitución escrita no resuelve el problema de saber quién debe decidir si la ley está o no en conflicto con la Constitución. Esta cuestión del quién es lo verdaderamente fundamental: saber cuál es el *órgano de control* es la cuestión decisiva. La cuestión del quién, sin embargo, en un país del *common law* no tiene razón de ser, desde el momento en que se califica a la Constitución como derecho (*law*) en un sistema en donde el juez es el que dice el derecho y el derecho es básicamente lo que dice el juez (pues la ley no forma parte del derecho hasta que un juez la aplica). Para un jurista del *common law*, el derecho es un derecho hecho por los jueces (*judge made law*). En Estados Unidos, resulta entonces que es la calificación de la Constitución como derecho y, en especial, como *derecho escrito*, lo que es central en la definición y fundamentación del control de constitucionalidad, máxime cuando las constituciones habían sido consideradas como enunciados de principios políticos pero no jurídicos.

II. El argumento de la función judicial. Este argumento se desprende del anterior. El juez Marshall enfatiza que es la función ordinaria de los jueces interpretar el Derecho y, admitido que la Constitución es derecho, es lógico y normal que los tribunales en el ejercicio de sus funciones puedan interpretar las disposiciones constitucionales. "Es por excelencia el dominio y el deber del poder judicial decir lo que es el derecho (*to say what the law is*)" (5 U.S. 137). Esta función de interpretar la Constitución es incidental a la misión judicial de resolver los conflictos. El juez puede y debe interpretar la Constitución en tanto sea necesario para resolver los litigios de los cuales es apoderado. En consecuencia, la cuestión de la inconstitucionalidad no es, en principio, más que una excepción en un litigio principal, una especie de cuestión accesoria que el juez debe resolver interpretando la Constitución exactamente como él interpreta una ley ordinaria. El razonamiento del juez Marshall conduce, en consecuencia, a establecer un modelo de control de la constitucionalidad por *vía de excepción*.

No hay dudas de que, como algunos críticos del razonamiento del juez Marshall señalan, la misión del juez más que decir el derecho es resolver conflictos, pues el consultor al dar su opinión dice el derecho sin resolver el conflicto. Sin embargo, es imposible resolver una controversia sin decir el derecho, pues es necesario interpretar la norma jurídica para poder aplicarla al caso. Es claro que el argumento del juez Marshall extraído de la función judicial no es más que otra perspectiva del argumento de la Constitución considerada como derecho. Y es ahí donde radica el valor de *Marbury v. Madison:* haber situado a la Constitución entre las leyes positivas que definen el Derecho en vigor en un país, que crean los derechos y obligaciones de los individuos y que, por ello, forman parte necesariamente del conjunto de normas que deben ser aplicadas por los jueces para poder fallar los casos que se le presentan. Al plantear la *equivalencia sustancial* pero no jerárquica entre Constitución y ley, al considerar las disposiciones de la Constitución no solo como derecho sino como *derecho supremo*, el juez Marshall construye los argumentos que han pasado a la posteridad y a la historia y que han contribuido a hacer del poder del *judicial review* un elemento central del derecho constitucional norteamericano.

1.6.2.2 El modelo europeo: el control concentrado. El control jurisdiccional de la constitucionalidad que prevalece en la mayoría de los países de Europa se presenta como un sistema en el cual el juicio sobre la inconstitucionalidad pertenece a una sola y única jurisdicción. Mientras que en Estados Unidos, todo juez, por más modesto que sea el lugar que ocupe en la organización judicial, puede pronunciarse sobre la inconstitucionalidad, en Europa el juez debe reenviar la cuestión de la inconstitucionalidad a una jurisdicción especializada. En Europa el control de la constitucionalidad es concentrado o centralizado en contraste con Estados Unidos donde es difuso o descentralizado.

La oposición entre ambos sistemas se explica en las diferencias de estructura y de cultura jurídicas que separan los Estados Unidos de los países europeos. En primer término, Estados Unidos es un *Estado federal*. Los individuos tienen una doble ciudadanía: la de su Estado de residencia y la del Estado federal. Sus derechos y obligaciones surgen de ambos órdenes jurídicos pero, en todo caso, prima el Derecho federal sobre el derecho estatal. Para que esta superioridad del derecho federal sea efectiva, cada ciudadano debe poder reclamar el beneficio del derecho federal. En un Estado de las dimensiones de un continente, no es posible garantizar la superioridad del Derecho federal sobre los Derechos de los estados federados mediante un control centralizado so pena de congestionar el centro. Se precisa entonces que el derecho federal pueda ser invocado en toda instancia y en toda jurisdicción, sea federal o estatal, pudiendo el asunto ser resuelto en este primer nivel, sin necesidad de acudir a un nivel más alto. Esto provoca necesariamente una *descentralización del sistema de control de constitucionalidad*.

En segundo lugar, los Estados Unidos pertenecen a la familia del *common law* mientras que Europa se enmarca dentro del sistema de los *derechos codificados*. De ahí se desprenden importantes consecuencias respecto a la autoridad de las sentencias dictadas por los tribunales. En los países del *common law*, el juez dice el derecho y la jurisprudencia es considerada como una verdadera fuente del derecho. Las sentencias tienen una autoridad que va más allá de la jurisdicción del tribunal que las dicta. Estas crean precedentes que vinculan los jueces de un mismo orden soberano. Ello explica, afirman algunos, por qué los Estados Unidos pueden soportar el carácter necesariamente descentralizado del control de constitucionalidad: los conflictos de jurisprudencia en materia de constitucionalidad son reducidos desde el punto de vista territorial gracias al precedente y, a nivel federal, la unidad del derecho es asegurada por un tribunal supremo. En Europa, por el contrario, si al juez ordinario se le reconociese el derecho de controlar la constitucionalidad de las leyes, surgiría una multiplicidad de interpretaciones constitucionales divergentes y contradictorias que solo podría resolver la interpretación uniforme dada por la corte suprema. La situación sería la que prevalece en Francia donde cada corte de apelación puede interpretar unilateralmente la ley nueva sin consideración de la jurisprudencia de las otras cortes de apelación y aún en oposición a éstas, a menos que la Corte de Casación imponga soberanamente una interpretación única de la ley y del derecho. Para evitar una cacofonía jurídica difícilmente concebible en materia de interpretación constitucional, no existe otro medio que centralizar el control de la constitucionalidad y confiarlo a una sola corte, la cual podrá ser apoderada por vía de acción directa o por reenvío de las jurisdicciones inferiores. Ya veremos más adelante, cuando estudiemos el modelo latinoamericano, que no se deben exagerar las dificultades que acarrea la importación del control difuso en países de Derecho codificado.

A. Surgimiento de los tribunales constitucionales, la polémica Kelsen/Schmitt y la evolución histórica de la jurisdicción constitucional. Llama la atención el hecho de que en Europa no se desarrollase un control de la constitucionalidad de las leyes. Y la razón primordial de esta ausencia de control radica en la *sacralización de la ley*. A partir de 1789, se impone el dogma rousseauniano de la infalibilidad de la ley, pues los revolucionarios franceses desconfiaban de los jueces por los abusos por ellos cometidos en el Ancien Regime pero no del legislador siempre y cuando la nación estuviese representada en el Parlamento; todo lo contrario de los revolucionarios norteamericanos que desconfiaban de un Parlamento que le impuso impuestos a las colonias británicas en Américas, a pesar de que los colonos no contaban con representación parlamentaria. En la Europa posrevolucionaria, el reino del derecho es el reino de la ley y el derecho se reduce a la ley. Esto, unido a la existencia de un sistema judicial constituido por funcionarios de carrera considerados simples intérpretes, meros portavoces, fieles servidores de la ley, que no pudieron (o quisieron) oponerse a los desmanes y atropellos de los regímenes fascistas, condujo al convencimiento, tras la Segunda Guerra Mundial, de que se requería una *jurisdicción constitucional* y de que ésta no podía ser confiada a los jueces ordinarios como en el modelo estadounidense.

Lo anterior resume los antecedentes históricos de la cultura jurídica marcadamente positivista que prevalecía en Europa y que entronizaba la ley como fuente del derecho incuestionable en sede jurisdiccional. La célebre polémica Kelsen/Schmitt cuyo eco todavía resuena en nuestros días se produce en este contexto histórico. Kelsen fue quien concibió la institución del Tribunal Constitucional para la Constitución austríaca de 1920, jurisdicción que funcionaría hasta 1933 y que pasaría a la historia como el primer tribunal constitucional de la historia porque el checoslovaco, creado también en 1920, no llegó a funcionar y el Tribunal de Garantías Constitucionales español, instaurado en 1931, sufrió un rápido fracaso. Kelsen expone por primera vez sus ideas acerca de la justicia constitucional en su ensayo de 1928 "La garantía jurisdiccional de la Constitución" donde sostiene que la mejor garantía de la Constitución es la anulación del acto inconstitucional y que ese poder de anulación debería estar centralizado en un Tribunal Constitucional fuera del poder judicial, que pudiese anular con efectos erga omnes el acto inconstitucional, de modo que no se produjese la inseguridad jurídica propia del modelo de control difuso de constitucionalidad donde la nulidad del acto inconstitucional solo surte efecto para el caso concreto resuelto por el tribunal. Schmitt, en su libro "El defensor de la Constitución" de 1929, impugnaría la propuesta kelseniana señalando que ningún tribunal puede desempeñar la función de defensa de la Constitución sin atentar contra la división de poderes y convertirse en justicia política y que ese rol debería ser jugado por el Presidente del Reich. Por su parte, Kelsen replicaría a Schmitt en su obra "¿Quién debe ser el defensor de la Constitución?" de 1931, afirmando que el Presidente del Reich no podía ser el defensor de la Constitución como proponía Schmitt pues no era una instancia independiente y neutral sino una evidentemente política y partidarizada en virtud de su elección plebiscitaria y el rol de los partidos en el sistema político-electoral. En el caso "Prusia contra Reich" resuelto en 1932 por el Tribunal Estatal de Leipzig, se pusieron a prueba ambas teorías: allí fue evidente, como afirmaba Kelsen, la necesidad de un Tribunal Constitucional y que el Presidente del Reich no podía ser el defensor de la Constitución cuando sus propias medidas estaban sujetas a escrutinio jurisdiccional, pero, al mismo tiempo se validaban las medidas excepcionales que podían ser adoptadas por el Presidente del Reich como argüía Schmitt en su defensa de la "dictadura comisarial" (ver todos los escritos de la polémica en Schmitt y Kelsen y la excelente explicación de la misma en Miguel Bárcena y Tajadura Tejeda).

Sin embargo, las ideas que se materializarían con el tiempo desde la óptica jurídico-institucional serían las de Kelsen, debiendo subrayarse "una constante de las sucesivas oleadas expansivas de la justicia constitucional: la estrecha conexión entre justicia constitucional y democracia" (Miguel Bárcena y Tajadura Tejeda 2022: 270). A partir de 1945 y terminada la Segunda Guerra Mundial, se produce una *segunda ola de tribunales constitucionales* en virtud de la cual toma cuerpo una verdadera justicia constitucional en Europa. Esta segunda ola incluye el reestablecimiento del tribunal austriaco (1945) y la creación de los tribunales italiano (1948), alemán (1949) y turco (1961). En la década de los 70, con la transición del autoritarismo a la democracia en el Sur de Europa, surge una tercera ola que enmarca la creación de los tribunales griego (1975), portugués (1976) y español (1978), y algunos tribunales del mundo árabe. Con la transición del totalitarismo a regímenes liberales y la desaparición de la Unión Soviética, se produce una cuarta ola que produjo la creación de los tribunales de Albania (1998), Bielorrusia (1996), Bosnia-Herzegovina (1999), Bulgaria (1991),

Croacia (1999), Eslovaquia (1992), Eslovenia (1991), Estonia (1992), Lituania (1992), Macedonia (1992), Moldavia (1994), Polonia (1997), República Checa (1992), Rumania (1991), Rusia (1993), Ucrania (1996) y Yugoslavia (1992). América Latina, que tiene una vieja historia de justicia constitucional difusa y aun concentrada, se sumaría a la ola, destacándose los casos del discreto Tribunal Constitucional chileno (1980), la Corte Constitucional de Colombia (1991) y el Tribunal Constitucional de Perú (1993), sin perjuicio de la activa justicia constitucional difusa en manos de los tribunales supremos de Argentina y Brasil.

B. *Fundamentos del modelo concentrado.* Sin Hans Kelsen no habría sistema concentrado de la constitucionalidad de las leyes pues, como hemos visto, es el jurista austriaco, con sus escritos y con su proyecto de Constitución para Austria, quien sienta las bases para la construcción de un nuevo tipo de justicia constitucional opuesto al modelo estadounidense. Los rasgos fundamentales del modelo kelseniano son: (i) el control como una medida técnica; (ii) la abstracción del control; (iii) la anulación del acto institucional como efecto del control; y (iv) la concentración del control en un tribunal que monopoliza el mismo. Veamos estos cuatro aspectos fundamentales en detalle...

I. El control como medida técnica. En el sistema kelseniano, el control de la constitucionalidad de las leyes es una medida técnica cuya meta es asegurar el ejercicio regular de las funciones estatales. Tiene por objeto garantizar, sobre un plano formal, la *estructura jerárquica y piramidal* del orden jurídico. En la perspectiva kelseniana, la razón de ser del control de constitucionalidad es verificar que la ley se produjo conforme las normas y procedimientos requeridos por la Constitución. Y es que la Constitución, conforme Kelsen, se limita a ser la norma que regula la elaboración de las leyes, de las normas generales en ejecución de las cuales se ejerce la actividad de los órganos estatales, de los tribunales y de las autoridades administrativas. Se trata, en consecuencia, tan solo de constatar la *regularidad del proceso de producción de la norma*, de constatar una relación de correspondencia entre la norma inferior y la norma superior.

Esta concepción rigurosamente formal de la Constitución, este abordaje "científico" de la ley sustantiva, excluye, en principio, todo juicio de valor sobre el contenido de una ley. Para Kelsen, toda inconstitucionalidad es una *inconstitucionalidad formal* pues, en los casos en que el contenido de una ley contradice a la Constitución, esta inconstitucionalidad sustancial cesaría desde el momento mismo en que esta misma ley sea votada como ley constitucional. De ahí que las declaraciones de inconstitucionalidad pronunciadas por el juez constitucional no son jamás verdaderas condenas al fondo, sino tan solo condenas de procedimiento. En el modelo de Kelsen, cuando el juez constitucional censura la ley, no es el contenido de la ley que condena, sino el procedimiento por el cual este contenido ha sido puesto en forma de norma. El control de constitucionalidad es, consecuencia, una operación estrictamente técnica y no política. No debe hablarse de *"gobierno de los jueces"* pues el juez no es un censor sino un simple guía que se limita a señalar al "tren legislativo" la vía constitucional correcta. Esta presentación anodina del control de la constitucionalidad sirve para evadir el tema de la legitimidad del control de la constitucionalidad que más adelante abordaremos y quizás fue la única estrategia viable de poder "vender" el modelo de justicia constitucional concentrada en un continente que no creía que las leyes podían y debían ser declaradas inconstitucionales por los jueces.

II. La abstracción del control. Contrario al modelo estadounidense del *judicial review*, el control kelseniano se ejerce sobre "cuestiones puras de derecho" en ausencia de litigios y controversias, en abstracto, por razones estrictamente teóricas. Ello explica por qué el control concentrado puede intervenir aún antes de que la ley sea promulgada y aplicada, es decir, *a priori*: el control concentrado es un mecanismo de defensa de la Constitución y de la jerarquía normativa establecida en ésta.

III. La anulación del acto inconstitucional. Para Kelsen, la mejor garantía de la regularidad de las funciones estatales reside en la *anulación del acto inconstitucional*, lo cual evita la incertidumbre que teóricamente supone el *judicial review*, donde el juez no anula la ley reputada inconstitucional sino que tan solo la inaplica al caso que conoce. Dado que en el derecho continental europeo hay una autonomía interpretativa de las jurisdicciones, Kelsen entiende que no basta con la creación de un tribunal que monopolice el juicio de la inconstitucionalidad sino que es necesario, además, que la anulación del acto inconstitucional se imponga para obligar a todas las jurisdicciones a ceñirse.

La certidumbre que provoca la anulación de la ley inconstitucional en el modelo concentrado es, sin embargo, relativa cuando se compara con la coherencia jurisprudencial producida por el *sistema de precedente,* que obliga a los jueces a seguir las decisiones de otros tribunales en casos similares, y por la norma del *stare decisis,* que constriñe a las jurisdicciones inferiores a seguir las opiniones de la Suprema Corte federal. Además, como veremos más adelante, el control difuso de la constitucionalidad, como evidencia el modelo latinoamericano, no conduce necesariamente a la anarquía jurisprudencial.

IV. El tribunal constitucional como sede del control. La influencia del modelo kelseniano en Europa se manifiesta por la existencia de *tribunales constitucionales* a los cuales se les reserva el monopolio del control de la constitucionalidad. Esto no significa que no se pueda suscitar una cuestión de inconstitucionalidad por vía de excepción ante una jurisdicción inferior. Lo que ocurre es que el juez no puede resolver por sí mismo la cuestión de la inconstitucionalidad, debiendo sobreseer el asunto y reenviar el mismo al tribunal constitucional.

Al prohibir a los jueces ordinarios interpretar la Constitución y atribuir esa facultad a una jurisdicción especial, próxima a las instituciones del poder, el sistema europeo de control de la constitucionalidad se adscribe a una tradición del pensamiento jurídico europeo que distingue entre el derecho público y el derecho privado. Esta distinción, consecuencia de la oposición sociedad política vs. sociedad civil, contribuye a conceptualizar el acto de juzgar los asuntos civiles o privados como algo propiamente jurídico, en contraste con la función jurisdiccional en materia de asuntos de derecho público, la cual ha sido vista durante mucho tiempo como un acto político. Esta oposición entre derecho y política es lo que conduce a llamar el derecho constitucional derecho político, a dudar que lo político pueda ser sometido al control del juez y a desvalorizar todo juicio sobre inconstitucionalidad como una cuestión política más que jurídica, como una intromisión de los no políticos en la política.

Al impedir que el juez ordinario conozca de la constitucionalidad, el modelo europeo conduce a que los tribunales constitucionales sean apoderados por vía de acción, los cuales estatuyen en única instancia. Excepcionalmente, el recurso puede ser presentado por un ciudadano, aunque casi siempre la acción es elevada por los órganos o autoridades del Estado.

C. El modelo en la práctica: el Tribunal Constitucional alemán. Es preciso abordar el caso del Tribunal Constitucional Federal de Alemania (TCFA) pues, a pesar de que no es el decano de los tribunales constitucionales europeos, permite entender las manifestaciones concretas del modelo de control concentrado de la constitucionalidad.

I. Evolución histórica. Tras sentir en carne propia el absolutismo de un legislador indiferente a los derechos fundamentales y creer que los jueces ordinarios son incapaces de declarar la inconstitucionalidad de la ley por su apego reverencial a la misma, temerosos de establecer un sistema difuso de control de la constitucionalidad que condujera a un caos jurisprudencial en un país que carecía del precedente y del *stare decisis*, los alemanes crearon el TCFA el 12 de marzo de 1951.

II. Composición y atribuciones. El TCFA, compuesto por 16 jueces repartidos en dos cámaras o senados, tiene una competencia múltiple: es tribunal electoral (pero sólo en apelación), tribunal supremo de justicia (para los casos penales que envuelven al Presidente de la República por violación a la Constitución o a las leyes federales y a cualquier ciudadano por violación o atentado contra los derechos y libertades fundamentales), tribunal federal (para dirimir las controversias entre la federación y los Lander y entre los Lander entre sí), tribunal de conflictos (para dirimir los que se presentan entre los órganos de la federación), control de calidad y del sentido de las normas (siempre que éste no desemboque en la anulación de las mismas) y su rol más importante que es de controlar la constitucionalidad de las leyes y actos. Veamos este último aspecto en detalle...

El TCFA conoce de la constitucionalidad de las leyes, de los actos administrativos o reglamentarios y de los fallos jurisdiccionales de tribunales supremos. El "*recurso constitucional*" puede ser elevado por "cualquiera que estime haber sido lesionado por los poderes públicos en uno de sus derechos fundamentales" (artículo 93, 1, ap. 4a de la Constitución). En cuanto al control de la constitucionalidad de las leyes, el control se ejerce casi siempre a posteriori, pudiendo ser un control abstracto (que lo emprende contra una ley federal el gobierno de un *Land* o un tercio de los miembros del *Bundestag*), un control concreto (por remisión de los tribunales) y el control que dispara el recurso constitucional que elevan los individuos cuando una ley vulnera sus derechos fundamentales y que debe establecerse dentro del año de promulgación de la ley.

III. Efectos de la sentencia. La comprobación de la inconstitucionalidad de la ley conduce a su anulación, pero el TCFA generalmente opta por: (i) la "*anulación parcial cualitativa*" que consiste en declarar que la ley es nula en la medida en que se aplica a determinada situación (por ejemplo una legislación sobre transporte de personas se declaró nula en lo relativo a los taxis y a los carros de alquiler, siguiendo vigente para los demás medios de transporte); (ii) la "*interpretación conforme a la Constitución*" que permite mantener la ley en vigor siempre y cuando su interpretación sea conforme a la dada por el TCFA; (iii) la "*anulación diferida*" en los casos en que una ley originalmente constitucional deviene inconstitucional por la evolución de los hechos o el derecho, lo que conduce al TCFA a advertir al legislador que dicha ley es provisionalmente constitucional y que debe proceder a modificarla; y (iv) la *declaratoria de inconstitucionalidad sin anulación subsiguiente* que procede cuando se lesiona el principio de igualdad (en) la aplicación de la ley.

IV. Un tribunal ciudadano. La jurisprudencia del TCFA ha sido abundante en materia de derechos fundamentales como veremos cuando abordemos este tema. En lugar de ser lo que otros tribunales constitucionales son –el lugar donde un grupo de funcionarios gubernamentales y legisladores lanzan las "papas calientes" políticas que no se atreven o no quieren dirimir por vías no jurisdiccionales–, el TCFA es una jurisdicción abierta y amplia que le permite generar sus propios vínculos simbólicos con los ciudadanos corrientes, lo cual lo ha convertido en un verdadero "tribunal ciudadano" (Häberle).

1.6.2.3 La desviación francesa: el Consejo Constitucional. El sistema de justicia constitucional que prevalece en Francia es muy original. No se parece ni al modelo europeo y mucho menos al estadounidense. Está alejadísimo del *judicial review* porque los jueces franceses no tienen el poder de controlar la constitucionalidad de las leyes. Es diferente del modelo europeo en la medida en que el control de la constitucionalidad que existe no está centralizado en las manos de un tribunal constitucional. El Consejo Constitucional no es una corte y, lo que es menos claro para un observador no familiarizado con el sistema, no es el único órgano encargado de ejercer un control de constitucionalidad, pues el Consejo de Estado participa de esta función jurisdiccional, bajo la forma contenciosa y bajo la forma consultiva.

La compleja situación de la justicia constitucional en Francia es producto de su especial historia constitucional. Para entender el modelo francés de justicia constitucional hay que partir de (i) la concepción francesa de la ley y del poder judicial que se refleja en (ii) las formas específicas francesas de control de la constitucionalidad y que se manifiesta en (iii) la parte mejor conocida del sistema, que es la justicia constitucional ejercida por el Consejo Constitucional.

A. La concepción francesa del poder judicial y de la ley. La concepción normativa de la Constitución ha estado ausente por largo tiempo en la historia constitucional francesa. Esta ausencia no se debe como algunos piensan a la inestabilidad constitucional crónica de Francia durante la época revolucionaria sino que se vincula directamente con la concepción francesa del poder judicial. Es preciso entender que la concepción normativa de la Constitución solo puede nacer allá donde los jueces la concretizan a petición de los ciudadanos. Son los jueces, en especial los de la jurisdicción suprema, quienes en Estados Unidos, Alemania y gran parte de Latinoamérica han dado vida a esta concepción. Es a través de sus decisiones que la Constitución deviene efectivamente en Derecho fundamental y supremo del Estado.

En Francia, el axioma de la Constitución como ley fundamental y suprema no aplica en la misma extensión que en otros sistemas jurídicos porque el juez ordinario no es competente para conocer de las cuestiones constitucionales. Y no lo es porque la Constitución no es un documento cuyo respeto pueda ser exigido por las personas en los tribunales ni por vía de acción ni por vía de excepción. La razón de esto radica en que los jueces no constituyen en Francia un poder público que pueda oponer sus decisiones a la voluntad de los legisladores. Los jueces franceses son simples *"autoridades judiciales"* como los define el título VIII de la Constitución de 1958.

B. El lugar del juez en Francia. La conversión del Estado en una *machina legislatoria* con vocación de regular el todo social, el Estado Legislación que surge de la Revolución, no deja espacio al juez. Así, el primer proyecto de Constitución de 1789, establecía que "no será permitido a ningún juez, de cualquier manera que sea, interpretar la ley". Del mismo modo, la Ley de 16-24 de agosto de 1790 de Organización Judicial expresa que los tribunales "no podrán hacer reglamentos y se dirigirán al cuerpo legislativo todas las veces que lo crean necesario, bien para interpretar una Ley, bien para hacer una nueva". Se trata del sistema del *référe legislatif*. El juez no debe ser más que "la boca que pronuncia las palabras de la Ley", según un Montesquieu que no olvidó añadir que "los juicios deben ser fijos hasta el punto que no sean jamás más que un texto preciso de la Ley". Les queda prohibido a los jueces y al poder ejecutivo interpretar los preceptos legales a los cuales quedan estrictamente vinculados.

C. La justicia constitucional en Francia. La tradición "antijudicialista" de Francia explica por qué los franceses no admiten el control judicial de la constitucionalidad, inclinándose más bien por un *control político* de la constitucionalidad, del cual Francia es el país arquetipo. Así, en la imposibilidad de apoyarse en el poder judicial para afirmar la supremacía de la Constitución sobre los poderes constituidos, es a unos órganos sui generis, en su origen más administrativos que jurisdiccionales, a quienes ha correspondido en Francia garantizar el respeto a la Constitución. Los jueces de derecho común no han podido ejercer el control de constitucionalidad más que a título residual, siendo el sistema francés marcado por la dualidad de jurisdicciones.

Al prohibir a los jueces de derecho común juzgar tanto al poder legislativo como al poder ejecutivo, la Ley 16-24 de agosto de 1790 ha originado este rasgo tan particular del sistema jurídico francés que se expresa en el hecho de que en Francia el poder tiene sus jueces. Se enseña tradicionalmente que hay dos órdenes de jurisdicciones: las jurisdicciones del orden judicial y las jurisdicciones del orden administrativo. Pero en realidad las dos jurisdicciones del sistema francés son las siguientes: las *jurisdicciones de Derecho común* o del orden judicial y las *otras jurisdicciones*, de las cuales las administrativas son las más conocidas pero a las que hay que añadir: la jurisdicción constitucional legislativa (el Consejo Constitucional) y, a título accesorio, la jurisdicción política (la Alta Corte de Justicia y la Corte de Justicia de la República), la jurisdicción de los conflictos (Tribunal de Conflictos) y la jurisdicción financiera (Corte de Cuentas). El rasgo común de las primeras es fácilmente identificable: estas jurisdicciones son los jueces de las personas privadas, de las que componen la sociedad civil. Las segundas, en contraste con las primeras, son los jueces de las personas públicas, de quienes pertenecen a la sociedad política, y solo estas jurisdicciones son competentes para ejercer el control de la constitucionalidad. El sistema francés se diferencia notablemente del sistema europeo en que no hay una jurisdicción especializada sino dos: (i) la que se ocupa del control de la constitucionalidad de los actos del poder ejecutivo; y (ii) la que es competente para controlar la constitucionalidad de los actos del poder legislativo.

I. El control de constitucionalidad de los actos del poder ejecutivo: el Consejo de Estado. En su origen un órgano principalmente administrativo, el Consejo de Estado ha devenido un órgano jurisdiccional y, de manera general, el juez de derecho común del poder ejecutivo. En su doble calidad de "consejero" y de "juez" del gobierno, el Consejo de Estado participa en el control de la constitucionalidad de dos maneras: en *forma consultiva*, cuando da su opinión sobre los proyectos de textos o sobre cuestiones jurídicas que le son presentadas por el gobierno; y, en *forma contenciosa*, cuando estatuye sobre actos del ejecutivo que le son diferidos por vía de un recurso jurisdiccional.

Tanto cuando interviene a título consultivo como cuando lo hace a título contencioso, el Consejo de Estado ejerce una *función jurisdiccional* pues en ambos casos dice el derecho (*juris dictio*: decir el derecho). Ya lo decía el juez Marshall en *Marbury vs. Madison*: "es por excelencia el dominio y el deber del poder judicial decir lo que es el derecho". En el caso del Consejo de Estado, sin embargo, esta función jurisdiccional no se ejerce con la misma latitud. Cuando el Consejo de Estado dice el derecho a título consultivo, a petición del gobierno, su competencia es general en el sentido de que no hay cuestión jurídica que no pueda examinar. Tal fue la ocasión en que el Consejo de Estado se pronunció en torno a la ausencia de incompatibilidad entre el estado eclesiástico y la calidad de profesor (opinión del 21 de septiembre de 1972, GACE, no. 7, pág. 105) y cuando dictaminó respecto a la constitucionalidad de las prohibiciones de colocar signos religiosos en los establecimientos públicos de enseñanza (opinión del 27 de noviembre de 1989, GACE, no. 33, pág. 315). En contraste, cuando el Consejo de Estado dice el derecho a título contencioso, a petición de un particular que incoa un recurso jurisdiccional contra el poder público por inconstitucionalidad, su competencia es estrictamente limitada: (i) sólo puede controlar los actos de administración con exclusión de los actos de gobierno; y (ii) controla la constitucionalidad de los actos de administración bajo ciertas condiciones.

Los actos de la administración son los actos jurídicos que el ejecutivo realiza en su misión de ejecutar las leyes. Estos actos, denominados *actos administrativos*, están integralmente sometidos al control jurisdiccional a través de un mecanismo conocido como el *recurso por exceso de poder*. Este recurso está abierto a todas las personas que se consideran lesionadas en sus derechos y permiten al juez administrativo censurar los actos administrativos por inconstitucionales. Este control de la constitucionalidad no es automático: el juez ejerce un control de la legalidad del acto administrativo y solo a título accesorio un control de la constitucionalidad. La razón es sencilla conforme a la lógica de la jurisdicción administrativa francesa: los actos administrativos son, por hipótesis y por definición, actos de ejecución de las leyes, por lo que el control del juez administrativo versa prioritariamente sobre la conformidad del acto con la ley, deteniéndose en principio ahí. Solo cuando hay una laguna de la ley, un silencio de ésta o una ausencia de disposición legislativa precisa, puede el juez administrativo acudir a comparar el acto con la Constitución. El juez administrativo, como el juez de

Derecho común, tiene las mismas obligaciones: ninguno de los dos puede conocer de la constitucionalidad de las leyes.

Tal ha sido la solución que el Consejo de Estado había consagrado antes de 1958 en la sentencia de principio *Arrighi* (S., 1937, 3, 33, concl. Lautornerie, note A. Mestre; D., 1938, 3, 1, concl. Latournerie, note C. Eisenmann) y que ha confirmado después de 1958 en *Roujansky* (Ass. 20 octobre 1989, *Roujansky*, JCP, 1989, II, 21371, concl. Frydman). Cuando el acto administrativo pretendidamente inconstitucional ha sido tomado en ejecución de una ley y conforme a ésta, la ley sirve como "*ecran*" entre el acto administrativo y la Constitución. La ley "cubre" la eventual inconstitucionalidad del acto del poder ejecutivo llevado a cabo para su ejecución (Ass. 28 janvier 1972, *Conseil transitoire de la Faculté des lettres et sciences humaines de Paris,* JCP, 1973, II, 17296, note J. Chevalier; CE, 8 decembre 1995, *Movement de défense des automobolistes,* D., 1997, pág. 287, note W. Sabete). Como se puede observar, se admite que el legislador pueda dar al ejecutivo el derecho de irrespetar la Constitución sin que el juez pueda hacer nada para evitarlo.

II. El control de la constitucionalidad de los actos del poder legislativo: el Consejo Constitucional. Ya hemos dicho que el sistema francés de control de la constitucionalidad difiere del estadounidense en que el último es un control difuso mientras que el primero, al igual que el sistema europeo, es concentrado, residiendo en un órgano llamado Consejo Constitucional. Pero el Consejo Constitucional se diferencia en varios aspectos de los tribunales constitucionales europeos. Por un lado, el Consejo Constitucional es la única jurisdicción constitucional cuyos miembros son nombrados exclusivamente por autoridades políticas, sin estar sometidos a ningunas condiciones técnicas ni profesionales. Por otro lado, el Consejo Constitucional es la única jurisdicción constitucional europea en practicar exclusiva y únicamente el control previo y abstracto de las normas, cuando sus homólogas han generalizado el uso del control concreto mediante el reenvío prejudicial efectuado por una jurisdicción ordinaria.

Es preciso señalar que hasta 1958 no existía en Francia el *control de constitucionalidad de las leyes,* debido a que, tal como se ha señalado antes, el principio del control de constitucionalidad era extraño a la tradición de soberanía de la ley, a la concepción republicana –y jacobina– de las instituciones. El Consejo, creado con la finalidad de vigilar al parlamento para que éste no se saliese de su esfera de atribuciones, pasa sus primeros años –que coinciden con la presidencia de Charles de Gaulle– en una gran discreción hasta que el 16 de julio de 1971 el Consejo censura una ley que limitaba la libertad de asociación al someter su constitución al control previo de la autoridad administrativa. En esa decisión, que permite a los franceses descubrir su Constitución y comenzar a romper con la soberanía de la ley, el Consejo avanza una concepción extensa de la Constitución que integraba el Preámbulo de la Constitución de 1946, la declaración de los derechos del hombre y del ciudadano de 1789 y los "principios fundamentales reconocidos por las leyes de la República", adaptación de los "principios generales de Derecho" elaborados por el Consejo de Estado.

El control que ejerce el Consejo Constitucional sobre las leyes puede ser de dos tipos: un *control obligatorio* sobre las leyes orgánicas y el reglamento de las asambleas parlamentarias; y un *control facultativo* que ejerce el Consejo sobre el reglamento y las leyes ordinarias a instancias del Presidente de la República, el Primer Ministro, el Presidente de la Asamblea Nacional, el Presidente del Senado, 60 diputados ó 60 senadores. El Consejo puede dar 4 tipos de respuestas: (i) puede declarar la ley conforme a la Constitución; (ii) puede declarar la ley conforme a la Constitución siempre y cuando se interpreten sus disposiciones en el sentido dado por el Consejo y se excluyan las interpretaciones que el Consejo considera inconstitucionales; (iii) puede declarar la ley contraria a la Constitución pero el Consejo indica como el legislador debe rehacer de nuevo la ley; y (iv) el Consejo declara que la ley es contraria a la Constitución sin comentarios y sin sugerir modificaciones que permitan remediar el vicio de inconstitucionalidad.

El *acceso de los justiciables* al Consejo Constitucional en principio estaba vedado. Por ello, el Presidente de la República propuso en 1990 y 1993 una modificación constitucional a los fines de que los particulares pudiesen establecer en cualquier jurisdicción una *excepción de inconstitucionalidad*, debiendo la jurisdicción sobreseer el conocimiento del caso hasta tanto el Consejo Constitucional se pronunciara. A fin de evitar la multiplicación de excepciones puramente dilatorias se había previsto que si la excepción no estaba fundada sobre un medio serio, ella podía ser descartada por el tribunal donde fuese elevada y, enseguida, por el Consejo de Estado o la Corte de Casación, dependiendo del orden jurisdiccional al cual perteneciese el tribunal donde se estableció la excepción. Esta iniciativa encontró una gran oposición en el Parlamento hasta que la ley constitucional No. 2008-724 del 23 de julio de 2008 modificó la Constitución para crear un procedimiento de examen por vía de excepción de la constitucionalidad de la ley, la denominada *"cuestión prioritaria de constitucionalidad"*. La ley orgánica relativa a la aplicación de la indicada reforma constitucional fue declarada constitucional por el Consejo Constitucional mediante Sentencia No. 209-595 DC del 3 de diciembre de 2009. El Consejo determinó, sin embargo, que el justiciable que haya formulado una cuestión prioritaria de constitucionalidad y que ha recibido sentencia firme en un proceso, sin que el Consejo se haya pronunciado antes sobre dicha cuestión, podrá iniciar un nuevo procedimiento para que se tenga en cuenta la decisión del Consejo Constitucional sobre la referida cuestión. Esta ley establece, además, que el juez ante quien se presente una cuestión de inconstitucionalidad debe ponderar primero si procede admitir la cuestión para enviarla así al Consejo, antes que el juez efectúe el *control de convencionalidad*. En todo caso, el Consejo Constitucional mantiene el monopolio de la justicia constitucional y el juez ordinario sigue siendo competente para el conocimiento del control de convencionalidad. Tremenda paradoja la del juez francés y, en sentido general, la del juez europeo: ¡él puede inaplicar una norma por violar los convenios internacionales, pero le está prohibido juzgar la constitucionalidad de las leyes! La introducción de la cuestión prioritaria de constitucionalidad con el tiempo ha significado, sin embargo, una transformación paulatina pero progresiva del modelo francés que ha pasado de ser de un modelo basado en el control preventivo y abstracto de constitucionalidad formal de la ley a ser un control a posteriori y concreto de constitucionalidad sustancial de la ley tendente a garantizar los derechos fundamentales.

Hoy el 85% de las decisiones del Consejo Constitucional son rendidas a consecuencia de cuestiones prioritarias y el sistema, que buscaba preservar la separación de poderes y la primacía de la ley, hoy ha devenido en un modelo cuya justicia constitucional busca mayormente la garantía de derechos y libertades (PADOVANI) con lo que se acerca al modelo europeo y disminuye la desviación francesa frente al mismo.

1.6.2.4 El modelo latinoamericano: entre el sistema dual y el sistema mixto.
Una de las principales características del constitucionalismo en Latinoamérica es el concepto normativo de la Constitución, el entendimiento de la Constitución como norma suprema, real y efectiva, que contiene normas directamente aplicables tanto a los órganos del Estado como a los individuos. Este concepto fue importado de los Estados Unidos por los latinoamericanos en el siglo XIX y, aunque fue adoptado en Europa tras la revolución francesa, fue abandonado durante el siglo pasado al influjo del absolutismo parlamentario, y solo es redescubierto después de la Segunda Guerra Mundial. En Latinoamérica, en consecuencia, y contrario a Europa, el principio de la supremacía constitucional y de la justicia constitucional nunca fueron cuestionados.

Como bien ha expresado Allan R. Brewer-Carías, en América Latina "desde el siglo pasado se tuvo conciencia que el principio de la *supremacía de la Constitución*, desde el punto de vista jurídico, es imperfecto e inoperante si no se establecen las garantías judiciales que la protejan ante los actos inconstitucionales del Estado o de cualquier ruptura del ordenamiento constitucional. Estos sistemas de control judicial de la constitucionalidad de las leyes, por supuesto, pudieron desarrollarse en los países de América Latina, porque en ellos no se adoptó el criterio europeo extremo de la separación de poderes que consideraba, particularmente durante el siglo pasado y la primera mitad de este siglo, que cualquier sistema de control judicial de la constitucionalidad de las leyes era atentatorio contra el principio de la soberanía del Parlamento, que se basaba en la preeminencia del Legislador sobre los demás poderes del Estado. Esta concepción se apoyaba en la idea de que el Parlamento estaba compuesto de representantes del pueblo, quienes, como tales, en el seno de un régimen democrático representativo, representaban al Soberano y lo sustituían. En este sentido, se consideraba inadmisible toda intervención de otra instancia constitucional cualquiera con miras a limitar la autonomía del órgano representativo supremo del Estado, razón por la cual el control de la constitucionalidad de las leyes solo podía ser ejercido por ese mismo órgano. En América Latina, en cambio, bajo la influencia de los principios de la Revolución norteamericana, siempre se ha entendido que el control de la constitucionalidad de las leyes, en un sistema flexible de separación de poderes, debía ser ejercido por los órganos del *Poder Judicial*, fuera por todos los tribunales de un país determinado, por la Corte Suprema de Justicia del país o por un Tribunal Constitucional especialmente creado con ese fin" (BREWER-CARÍAS 1997: 122).

La gran mayoría de las constituciones latinoamericanas consagran el *principio de la supremacía constitucional,* al declarar expresamente que son nulas y sin ningún valor las leyes y demás actos estatales que fuesen contrarios a las normas constitucionales, en especial, a las declarativas de los derechos fundamentales, incluidas en el texto de nuestras constituciones. Este reconocido y expandido principio de la supremacía constitucional condujo a que se desarrollara en América Latina un sistema de control judicial de la constitucionalidad, tanto de carácter difuso como concentrado.

La influencia más notoria fue la del difuso tal como se conforma en la decisión *Marbury vs. Madison.* En efecto, en el caso *Sojo* de 1887, la Suprema Corte de la Nación Argentina, por motivos de fondo similares a los expuestos por el juez Marshall, admitió el método del control difuso de la constitucionalidad de las leyes, que continúa vigente en la actualidad y que paralela y posteriormente fue adoptado en casi todas las naciones de América Latina, en especial en Brasil, Bolivia, Colombia, Guatemala, Ecuador, Perú, México y Venezuela. Pero, además, nuestra América –en especial Venezuela (1858) y Colombia (1910)– tiene una larga tradición de control concentrado con sede en un tribunal especial, en el pleno de la corte suprema o en una cámara de esta corte, que se remonta al siglo XIX, mucho antes de que se inventara en Europa el modelo kelseniano y que en la República Dominicana se adopta en la reforma constitucional de 1924. En otros países latinoamericanos, se ha establecido un sistema donde coexisten ambos modelos, el difuso y el concentrado. Este es el caso de Bolivia, Colombia, Guatemala, Ecuador, Perú, México, Venezuela y República Dominicana (después de la reforma constitucional de 1994, en sede de la Suprema Corte de Justicia y, a partir de 2010, con la creación de un Tribunal Constitucional).

En síntesis, lo que caracteriza al *modelo latinoamericano de control judicial de la constitucionalidad* es que: (i) se admite el control difuso desde que en el siglo XIX es aceptada la facultad de los jueces ordinarios de conocer la constitucionalidad de las leyes; (ii) emerge el control concentrado mucho antes que en Europa, con la característica de que la sede del control puede residir en un tribunal constitucional o en un tribunal supremo (en pleno o en una cámara del mismo); (iii) el acceso al control concentrado es generalmente mucho más amplio y democrático que en Europa, al hacer de los tribunales constitucionales verdaderos tribunales ciudadanos; (iv) tienden a coexistir los modelos difuso y concentrado en algunos países; y (v) la justicia constitucional es enriquecida con las posibilidades que abren novedosos recursos admitidos en Latinoamérica como el *habeas corpus ampliado* a todas las libertades y el *amparo*, que estudiaremos más adelante. Donde coexisten los sistemas, el modelo es *dual o paralelo* cuando en el mismo ordenamiento jurídico coexisten sin mezclarse el control difuso y el control concentrado (ej. Chile) y es *mixto* cuando tienen un punto de conexión (caso de la República Dominicana, en donde las decisiones firmes y de amparo de los jueces pueden ser revisadas ante el Tribunal Constitucional).

De todos modos, el modelo latinoamericano demuestra que la adopción del control difuso en países de derecho codificado o de herencia romana no necesariamente conduce a la inseguridad y a la incertidumbre al carecerse de la regla del precedente y del principio del *stare decisis* . Por un lado, la existencia del *recurso de casación* para recurrir las decisiones de jueces ordinarios en materia de constitucionalidad, contribuye a uniformar la jurisprudencia constitucional, aún en ausencia del sistema del precedente, por el mero temor de los jueces a ver sus decisiones anuladas por la corte de casación. Por otro lado, algunos países como México han establecido la *obligatoriedad del precedente* para las decisiones de las cortes federales en materia de amparo. Por último, muchos países han adoptado un sistema mixto o integral de control de la constitucionalidad donde coexisten el difuso y el concentrado, lo cual disminuye la incertidumbre característica de un sistema difuso en ausencia de precedente y *stare decisis*. En fin, América Latina demuestra que el control difuso no es incompatible con los derechos de la familia romano-germánica por el solo hecho de que carezcamos de la regla del *stare decisis* y que los problemas que origina éste acontecen tanto en países del *common law* como del Derecho civil o codificado.

1.6.2.5 El modelo commonwealth. A partir de finales de los 80 en Canadá, de finales de los 90 en Nueva Zelanda y el Reino Unido y desde los inicios del siglo XXI en los estados de Victoria y Territorio de la Capital en Australia, se ha desarrollado un nuevo modelo de justicia constitucional, llamado "*commonwealth*" o híbrido -entre la tradicional supremacía del Parlamento propia del modelo británico y los Estados con constituciones rígidas y control de constitucionalidad- o parlamentario, que opera en un "terreno intermedio" entre las propuestas de los "constitucionalistas políticos", que se oponen a la judicialización de la política inherente a los modelos jurisdiccionales de control de constitucionalidad tal como operan en Estados Unidos, Europa y América Latina y favorecen mecanismos de control político de la constitucionalidad, y los modelos realmente existentes de justicia constitucional a ambos lados del Atlántico, y que parte de la aceptación de fórmulas de control jurisdiccional de constitucionalidad que actúan como penúltima sede de control constitucional con la condicionante de que la "última palabra" en materia constitucional y de derechos fundamentales la tiene el soberano democrático, es decir, el legislador. En el caso británico, el legislador puede ignorar las declaraciones judiciales de incompatibilidad constitucional, sin ofrecer justificación alguna, aunque en la práctica y hasta la fecha el Parlamento casi siempre ha modificado las leyes en el sentido indicado por los jueces. Por lo que respecta a Canadá, la última palabra parlamentaria no procede con relación a ciertos derechos (derechos democráticos, lingüísticos, etc.) y las determinaciones judiciales, tras un período de 5 años, vuelven a tener vigencia, a menos que haya sido reformada la Constitución en sentido contrario a dichas determinaciones (MELERO DE LA TORRE). Este modelo ha inspirado en gran medida las propuestas de reforma judicial propulsadas por el gobierno conservador en Israel y contra las que se ha producido un amplio movimiento de protestas populares. En virtud de estas propuestas la Asamblea -por mayoría simple de votos- puede volver a promulgar la ley declarada inconstitucional, no pudiendo ser revisada la ley en los próximos cuatro años, pudiendo, además, ser promulgada de nuevo de manera definitiva, todo ello sin olvidar que la Asamblea puede promulgar nuevas Leyes Básicas que quedarán totalmente inmunes al control judicial.

El gran problema de este modelo es que una justicia constitucional cuyas decisiones estén sometidas al derecho de réplica del legislador no es, en verdad, justicia constitucional y nos retornan al superado modelo francés revolucionario del *referé legislatif*. Quizás entendible en países de gran tradición institucional, constitucional, parlamentaria y democrática como Inglaterra, donde ha existido además paralelamente una vigorosa tradición de control jurisdiccional de las actuaciones estatales, la implantación de este modelo en países de democracia, justicia e institucionalidad precaria es una peligrosa licencia para validar las inconstitucionalidades perpetradas por el legislador mediante la anulación de los poderes de la justicia constitucional como contrapeso a los poderes políticos del Estado. Pero, además, el modelo europeo y el modelo latinoamericano de justicia constitucional ofrecen mecanismos de colaboración entre la justicia constitucional y el legislador tales como las sentencias constitucionales exhortativas, la nulidad diferida, la inconstitucionalidad sin nulidad, o una combinación de estas variedades de sentencias (Macho Carro) que permiten eficazmente enfrentar los rasgos contramayoritarios inherentes a la justicia constitucional sin necesidad de supeditar las decisiones de los jueces constitucionales a la última palabra del sujeto cuyos actos son el objeto mismo del control jurisdiccional de constitucionalidad.

1.6.3 Comparación de los modelos de justicia constitucional. Si se comparan los dos modelos de control de la constitucionalidad básicos –el norteamericano y el europeo– es posible entender mejor las diferencias y semejanzas de ambos sistemas y el carácter sui generis del modelo francés y como la República Dominicana, que se inscribe dentro del modelo latinoamericano, se asemeja y diferencia de ambos modelos. Tras abordar las diferencias y semejanzas entre los modelos podemos entonces comparar entre los mismos y ver cuáles son las ventajas y desventajas que presentan cada uno de ellos.

1.6.3.1 Diferencias y semejanzas. Las diferencias y semejanzas pueden establecerse en seis niveles:

a) En el modelo europeo y en el francés, la justicia constitucional es ejercida por una *jurisdicción especializada*, mientras que en el modelo norteamericano todos los tribunales pueden controlar la constitucionalidad. En el modelo latinoamericano, tanto los tribunales ordinarios como una jurisdicción especializada –llamase Corte o Tribunal Constitucional, sala constitucional del Tribunal Supremo o corte suprema en pleno– pueden impartir justicia constitucional.

b) En el modelo europeo, el control de constitucionalidad es de naturaleza *objetiva o abstracta*: se trata de un proceso a la norma cuya constitucionalidad se cuestiona. En el modelo norteamericano, el control es *subjetivo o concreto* porque la constitucionalidad se aborda a raíz de un proceso entre justiciables. El control concentrado en el modelo latinoamericano es objetivo, al igual que en Europa, pero la facultad de conocer acciones de amparo constitucional hacen que el control asuma crecientemente un carácter subjetivo.

c) El modelo europeo trata de prevenir un atentado a la Constitución mientras que el modelo norteamericano ha sido construido alrededor de la noción de hacer cesar un atentado a la Constitución. Este *carácter preventivo del control concentrado* es notorio en el modelo francés donde la constitucionalidad de las leyes siempre es conocida a priori en contraste con el modelo norteamericano donde el control siempre es a posteriori.

d) El control de la constitucionalidad en el modelo europeo es de carácter ofensivo por *vía de acción* o antes del nacimiento de la ley. En el modelo norteamericano, el control es defensivo por *vía de excepción* o después del nacimiento de la norma. Existe, sin embargo, un control a posteriori en algunos países europeos.

e) La decisión del tribunal constitucional en el modelo europeo produce efectos generales, es decir, *erga omnes*. En el modelo norteamericano, la decisión es de carácter relativo, *inter partes*, en virtud del carácter relativo de la cosa juzgada.

f) La norma declarada inconstitucional en el modelo europeo desaparece del ordenamiento jurídico mientras que en el modelo norteamericano permanece vigente aunque es inaplicada al caso en cuestión. En el modelo latinoamericano, la norma inaplicada por inconstitucional mediante el control difuso, aunque permanece vigente para todos los demás casos, aún en ausencia de precedente y *stare decisis* como en el modelo norteamericano, en virtud del cuasiprecedente que sientan los tribunales supremos queda prácticamente anulada para los demás casos.

1.6.3.2 Hacia la convergencia de los modelos. A pesar de estas diferencias, ambos modelos tienden a acercarse a tal extremo que se hace cada día más difícil distinguir claramente entre los clásicos modelos concentrados y difusos, llegando incluso cierta doctrina a hablar de una progresiva *unificación de los modelos* (CAPPELLETTI 1990: 179). La convergencia de los modelos, cuya manifiesta e innegable trascendencia para un entendimiento constitucionalmente adecuado del sistema de justicia constitucional vigente muchas veces es ignorada o soslayada por la jurisprudencia constitucional, puede explicarse atendiendo a elementos relevados por la mejor doctrina comparada en la cuestión (FERNÁNDEZ SEGADO 2013: 938-997) algunos de los cuales abordamos sumariamente a continuación:

A. La emergencia del Tribunal Constitucional como "legislador positivo". En la concepción tradicional kelseniana, la jurisdicción constitucional especializada tiene como función primigenia y esencial la depuración del ordenamiento jurídico mediante la expulsión de todas las normas consideradas por dicha jurisdicción como inconstitucionales vía sentencias constitucionales con efectos erga omnes. Sin embargo, los tribunales constitucionales, en tanto *"intérpretes supremos de la Constitución"*, han desarrollado otra función trascendental, que no es más que la interpretación con valor vinculante de una Constitución que, por su carácter normativo supremo, requiere no solo de la concreción hermenéutica del Tribunal Constitucional que haga de sus normas, muchas veces abiertas, indeterminadas o ambiguas, una verdadera Constitución viviente y dinámica, sino también, y lo que no es menos importante, una interpretación conforme la Constitución del resto de las normas infraconstitucionales que integran el ordenamiento jurídico y que en virtud del principio de conservación de las leyes y de su presunción de constitucionalidad, son interpretadas en armonía con la Constitución en lugar de proceder a declararlas inconstitucionales. Esta interpretación por el juez constitucional especializado de la Constitución y del resto del ordenamiento jurídico conforme la Constitución, provista con el objetivo de evitar vacíos normativos o suplirlos al menos temporalmente, se logra a través de las diferentes modalidades de sentencias interpretativas desarrolladas pretorianamente o recogidas expresamente en la legislación procesal constitucional adjetiva, como ocurre con el artículo 47 de la LOTCPC, muchas de las cuales rebasan el ámbito propio de la interpretación stricto sensu y se insertan más bien en el plano de la creación normativa. Dichas sentencias interpretativas han supuesto una notable reducción de la distancia entre la eficacia de los precedentes derivada de la regla del *stare decisis* y de la superioridad jerárquica del tribunal supremo propia del sistema angloamericano, que los erige en verdadera fuente del derecho conformadora del *common law*, y la típica eficacia erga omnes de los pronunciamientos del Tribunal Constitucional.

B. La combinación del control incidental concreto del modelo estadounidense con el control principal abstracto del modelo kelseniano. Aunque tradicionalmente se asocia el control principal abstracto, activado mediante una acción directa de inconstitucionalidad incoada ante el Tribunal Constitucional, lo cierto es que desde el mismo surgimiento de jurisdicciones constitucionales especializadas en Europa (Alemania, Italia y España) y América (Panamá, Uruguay, Honduras y Paraguay), este tipo de control se ha acompañado con un control incidental concreto que se pone en acción mediante una "cuestión de inconstitucionalidad" planteada ante el tribunal ordinario por los litigantes o de oficio por el juez y que es elevada a la jurisdicción constitucional especializada para que sea decidida mediante un juicio abstracto sobre la constitucionalidad de la norma, juicio en el cual, pese a su naturaleza abstracta, no deja de tener cierta influencia el caso concreto que motivó la cuestión incidental de constitucionalidad. A pesar del carácter abstracto del control europeo de la constitucionalidad, el fallo de cuestiones prejudiciales de constitucionalidad ha colocado a las jurisdicciones constitucionales europeas en el circuito de la justicia ordinaria. El juez ordinario europeo, si bien no puede inaplicar la ley por inconstitucional, como sí puede el juez norteamericano o el dominicano, puede suspender la aplicación de esta hasta que el tribunal constitucional decida en torno a la constitucionalidad de la misma. Por su parte, el juez norteamericano ejerce con más frecuencia un control in abstracto de la constitucionalidad de la ley.

C. La anulación en la práctica de la ley inaplicada por inconstitucional en el modelo difuso. Ya sabemos que una de las diferencias básicas entre el modelo difuso y el concentrado es que, en el primero, la declaratoria de inconstitucionalidad solo surte efectos inter partes, en tanto que, en el segundo, ésta tiene efectos erga omnes, para todo el mundo. Sin embargo, aunque esto es menos visible en los países de América Latina con sistema difuso y carentes de la regla del precedente, en Estados Unidos, por efecto de la regla del *stare decisis*, debido a la naturaleza de "*settled law*" de lo decidido definitivamente por el tribunal supremo y a causa de ser ese tribunal la única y definitiva Alta Corte en ese país, el efecto en la práctica de una decisión inaplicando una norma por inconstitucional rebasa el ámbito de las partes del caso en cuestión y, aunque se mantenga formalmente en vigor, es como si hubiese sido derogada con eficacia *erga omnes*. Aunque Estados Unidos carece de un tribunal constitucional pues todos los jueces norteamericanos son jueces constitucionales, la Suprema Corte federal es el juez especial de las grandes cuestiones de constitucionalidad, semejante a los tribunales constitucionales europeos. Lo mismo ocurre con los tribunales supremos de Brasil, México y Argentina que han devenido en la práctica tribunales constitucionales.

D. El mestizaje de los modelos de justicia constitucional. La doctrina ha señalado que se ha producido "la mixtura o hibridación de los sistemas jurisdiccionales de control de constitucionalidad en el constitucionalismo de nuestro tiempo" (Fernández Segado 2013: 988). La mejor prueba de ello es el surgimiento de un tercer modelo, el latinoamericano, donde se manifiesta la convergencia de los sistemas tradicionales de justicia constitucional en la medida en que, junto con el tradicional control difuso de constitucionalidad, se establecen tribunales constitucionales que muchas veces, incluso, tienen la potestad de revisar finalmente las decisiones en materia constitucional dictadas por los jueces ordinarios. Es por ello que puede afirmarse que "en el mundo contemporáneo, por tanto, ya no es posible sostener que el sistema de justicia constitucional que se establezca en un país tiene que optar entre uno u otro método de control, el concentrado o el difuso, y menos señalar que alguno de ellos pueda ser incompatible con los sistemas jurídicos del common law o del derecho civil" (Brewer-Carías 2017: 763). Por eso, se ha propuesto una *"reclasificación de la justicia constitucional"* que parta de la "reconstrucción empírica" y que acerque "a las clasificaciones tradicionales de los modelos de justicia constitucional otras tipologías, enfocadas hacia la posición general de los Tribunales [Constitucionales, EJP] en los distintos ordenamientos", sus diferentes funciones, el modo como la ciudadanía accede a éstos, el objeto del control y su nivel de activismo (Pegoraro 2018: 370-387). Esa es una tarea importantísima y pendiente del Derecho constitucional comparado que, como es obvio, rebasa el objetivo, la función y el espacio de este manual.

1.6.3.3 Ventajas y desventajas. Pero, pese a la creciente convergencia de los modelos, las diferencias entre éstos persisten y es preciso abordar éstas para poder poner en balance las ventajas y desventajas de uno u otro tipo de control.

A. La seguridad jurídica. Si bien es cierto que el modelo europeo tiene la ventaja de que extrae del ordenamiento jurídico la norma considerada inconstitucional lo cual lo hace aparecer como más efectivo y más propiciador de la seguridad jurídica frente al modelo norteamericano, no menos cierto es que un efecto similar se logra en el modelo norteamericano a través del precedente y del *stare decisis*, resultado que por igual se alcanza en el modelo latinoamericano como hemos explicado anteriormente. De manera que una de las supuestas ventajas del control concentrado frente al difuso, no es tal ventaja si se analiza detenidamente el valor de las sentencias de los tribunales supremos aún en países de derecho codificado.

B. La especialidad del control. Descartada esta supuesta ventaja del control concentrado frente al control difuso, aparece el primero como lo que realmente es, expresión de un sistema basado en el *privilegio del legislador*, "una expresión que indica, sobre todo, que el legislador tiene su propio juez, que actúa a través de procedimientos particulares y está formado por personal no exclusivamente judicial, capacitado para tener debidamente en cuenta, junto a las exigencias de los derechos, las exigencias propiamente políticas expresadas en la ley" (Zagrebelsky: 62). Así como en su momento la jurisdicción contencioso administrativa surge como un compromiso entre quienes abogaban por la justiciabilidad de los actos de la rama ejecutiva y los que, amparados en una concepción absolutista de la separación de poderes, se oponían a esta justiciabilidad, optándose por una solución ecléctica que propició la creación de un juez de la Administración que, aún cuando juzgaba administraba, del mismo modo la necesidad de controlar la constitucionalidad de las normas elaboradas por el legislador a la que se oponían quienes defendían el dogma de la soberanía de la ley y del legislador terminó en una transacción: la creación de un juez del legislador que, aún cuando juzga, legisla.

La consagración de este *juez del legislador* se ha justificado sobre la base de que los jueces ordinarios, son "magistrados de 'carrera', poco aptos para cumplir una tarea de control de las leyes, tarea que (…) es inevitablemente creadora y va mucho más lejos de su función tradicional de 'meros intérpretes' y 'fieles servidores' de las leyes" (Cappelletti: 76). A esto habría que ripostar diciendo que, no obstante que la interpretación constitucional difiere de la interpretación de las leyes, la inhabilidad de los jueces ordinarios de interpretar la Constitución viene dada por las restricciones que el dogma de la soberanía de la ley impone a la facultad judicial de interpretar las leyes. Desde el momento mismo que se admite que el juez puede interpretar la ley y no tiene que ser un aplicador automático de la misma, el juez queda liberado, pudiendo entonces el control judicial de la constitucionalidad encajar "perfectamente dentro del ejercicio normal de la única y esencial función de los tribunales, que es la de aplicar las leyes a las causas que se someten a su fallo" (Cruz Ayala: 171).

C. El carácter político de la justicia constitucional. La creación de una jurisdicción constitucional especializada, de un juez del legislador, tiende a acentuar el *carácter político* del control de la constitucionalidad. Ello así no tanto porque se trate de una jurisdicción política en el sentido de juzgar los actos realizados por responsables políticos en el ejercicio de sus funciones o de fallar los asuntos que se le someten en base a criterios políticos, sino por el carácter abstracto del mismo y el efecto anulatorio de éste. Este carácter político del modelo europeo de control de la constitucionalidad contrasta con el modelo norteamericano. Como bien observaba Tocqueville, lo que hace soportable que la judicatura en Estados Unidos sea "un poder político de primer orden" es que "el juez americano no entra nunca en lucha directa, no se encuentra enfrentado a los poderes políticos propiamente dichos" (Tocqueville: 101). Esto es posible en el modelo norteamericano por el tipo de control que se ejerce: un control *in concreto*, de naturaleza incidental. Es ahí donde radica la belleza y la bondad del control difuso de la constitucionalidad, el ser un elemento corrector de la rama legislativa sin convertirse en un peligro para el sistema político. "Si el juez hubiese podido atacar las leyes de manera teórica y general, si hubiese podido tomar la iniciativa y censurar al legislador, hubiese entrado estrepitosamente en la escena política. Convertido en el campeón o adversario de un partido, hubiese llamado a tomar parte en la lucha a todas las pasiones que dividen el país. Pero cuando el juez ataca la ley en un debate oscuro y en una aplicación particular, oculta en parte a las miradas del público la importancia del ataque. Su sentencia únicamente tiene por objeto afectar a un interés individual, la ley solo es herida por casualidad" (Tocqueville: 105).

El control concentrado de la constitucionalidad tiende, en consecuencia, a atribuirle una trascendencia inusitada a la facultad de la judicatura de resolver la constitucionalidad de las leyes, al tiempo de situarla en un innecesario antagonismo frente a los demás poderes públicos. El monopolio del control de la constitucionalidad por una jurisdicción especializada le otorga a ésta un poder demasiado destacado e imponente que no hace más que crear suspicacias y resentimiento en las autoridades cuyos actos están sometidos a esta especie de supervigilancia por lo que muchos no tienen empacho en calificar de verdadero *"cuarto poder del Estado"*. En contraste, la facultad de controlar la constitucionalidad de las leyes aplicables a la solución de un litigio es propia de la función jurisdiccional pues, como bien afirmaba en 1934 Hernán Cruz Ayala, al justificar la competencia del juez dominicano ordinario para conocer de la constitucionalidad de las leyes, es "la función esencial de los tribunales la de aplicar las leyes a las causas que se someten a su decisión", de donde se infiere "la competencia para decidir si las leyes y otros actos susceptibles de influir en la solución de las causas son o no son válidos por ser o no compatibles con la Constitución" (CRUZ AYALA: 175).

D. El Tribunal Constitucional como respuesta a la pasividad del Poder Judicial. A pesar de estas críticas que suscita el modelo de control concentrado de constitucionalidad, es innegable que los jueces ordinarios, prisioneros durante mucho tiempo de los dogmas del Estado legal de Derecho, en particular del principio de la soberanía de la ley, se han revelado incapaces en la práctica de hacer realidad la supremacía constitucional a través del control de constitucionalidad. Y es que "si el intérprete posee una baja precomprensión, es decir, si el intérprete sabe poco o casi nada sobre la Constitución –y por lo tanto, sobre la importancia de la jurisdicción constitucional, la teoría del Estado, la función del Derecho, etc.- estará condenado a la pobreza de razonamiento, quedando restringido al manejo de los viejos métodos de interpretación y del cotejo de textos jurídicos en el plano de la mera infraconstitucionalidad; por ello, no es raro que juristas y tribunales continúan interpretando la Constitución de acuerdo con los Códigos y no los Códigos de conformidad con la Constitución!" (STRECK: 18). Es ahí donde resulta útil la creación de una *jurisdicción constitucional especializada* que, reconociendo las implicaciones políticas de la justicia constitucional, ponga en pie una institución que, como el Tribunal Constitucional, no es más que "un órgano artificial inventado por el constituyente democrático del siglo XX para completar la división tripartita clásica de poderes ante la insuficiencia de esta última para controlar el ejercicio del poder del Estado y evitar su desnaturalización autoritaria. Se trata, pues, de un producto de la falta de respeto a la Constitución por los poderes clásicos del Estado. Donde la Constitución se ha respetado, no ha hecho falta un Tribunal Constitucional. Donde no se ha respetado, ha habido que introducirlo. Los constituyentes democráticos de los países en los que ha ocurrido esto último han tenido que hacer de necesidad virtud y diseñar un instrumento, a fin de imponer a los poderes del Estado desde el exterior, por así decirlo, el respeto a la voluntad del constituyente. En esto, en última instancia, es en lo que consiste el Tribunal Constitucional" (PÉREZ ROYO: 798). Todo ello sin perjuicio de la potestad de que goza el juez ordinario de seguir controlando la constitucionalidad en los casos sujetos a su jurisdicción.

E. La obligación del Tribunal Constitucional de "hablar". Una de las claras ventajas del modelo de justicia constitucional concentrada es que, contrario a lo que ocurre en

Estados Unidos, donde la Suprema Corte tiene la facultad de seleccionar discrecionalmente los casos que conocerá mediante la técnica del *certiorari*, en el modelo concentrado el Tribunal Constitucional no puede negarse a controlar la constitucionalidad de una ley impugnada por inconstitucional. Es cierto que hay unos requisitos mínimos de admisibilidad que deben ser satisfechos para que pueda conocerse una demanda en inconstitucionalidad pero tales requisitos (por ejemplo, un número determinado de legisladores para poder accionar en inconstitucionalidad) son taxativamente fijados por la Constitución y hay poco margen de flexibilidad que le permita maniobrar al Tribunal Constitucional y evitar el conocimiento de la acción en inconstitucionalidad. No obstante, en lo que respecta al conocimiento de las acciones de amparo de derechos fundamentales, y para evitar la sobrecarga de trabajo, como ha ocurrido en Costa Rica y Colombia, se han producido reformas en Alemania y España tendentes a conferirle al Tribunal Constitucional un mayor margen de discrecionalidad para la admisión de los casos mediante la introducción del concepto de la "especial relevancia o trascendencia constitucional", que produce efectos similares al *certiorari,* en la medida en que el Tribunal Constitucional, aparte de juzgar más o menos discrecionalmente lo que es especialmente relevante o trascendente desde la óptica constitucional, solo tiene que motivar los casos admitidos, sin tener que dar razones de las inadmisiones.

Pero, en sentido general, y en lo que respecta principalmente al control abstracto y por la vía directa de la constitucionalidad de la ley, se puede afirmar que, contrario a los tribunales supremos en el modelo difuso, "un tribunal constitucional lo tiene difícil para evadir las cuestiones constitucionales que se le plantean". Y es que "los tribunales constitucionales, como sabemos, han sido creados con la específica misión de controlar al legislador […] La presencia de un tribunal constitucional indica que la comunidad política considera suficientemente probable que las leyes sean inconstitucionales. La inconstitucionalidad de la ley se convierte en un acontecimiento relativamente 'normal'. El legislador puede, en efecto, sobrepasar los límites constitucionales con tal frecuencia que valga la pena instituir un órgano con el mandato específico de someter a escrutinio sus decisiones. Pues bien, será difícil para un tribunal constitucional asegurar su propio espacio en el sistema institucional si continuamente desestima las impugnaciones que se formulen en contra de las leyes. ¿Qué sentido tendría establecer un órgano cuyo cometido primordial es controlar la validez de las leyes, si al final resulta que ese órgano casi nunca invalida una ley?" (Ferreres Comella 2011: 127 y 130).

F. El Tribunal Constitucional es menos deferente frente a los políticos y los poderes públicos. Una de las características del sistema difuso, tal como ha evolucionado en los Estados Unidos, es que los tribunales evaden el conocimiento de muchas controversias constitucionales acudiendo a la técnica de las cuestiones políticas *("political questions")* o de la autorrestricción judicial (*judicial self restraint*). Y es que como los tribunales ordinarios no han sido establecidos con la misión principal de controlar la constitucionalidad de las leyes, sino que dicho control lo ejercen como un incidente en los procesos bajo su conocimiento, se supone que sean deferentes frente a las decisiones de los políticos y de los poderes públicos. "Es obvio que cuando se cuenta con un verdadero tribunal constitucional (…) no es tan fácil declarar no judiciables ciertas cuestiones, pero cuando un tribunal supremo no tiene carácter político encargado de resolver conflictos de poderes, como en el caso argentino, todo es posible. Estos tribunales pueden acudir a la '*self restraint*' cuando no les interesa resolver el caso, porque sería favorecer los derechos de los menos poderosos o porque les acarrearía conflictos que quieren evitar, o puede ampliar su competencia cuando le interesa particularmente hacerse cargo de la decisión de un caso o formular una simple manifestación política" (ZAFFARONI: 83). De modo que los tribunales en el sistema difuso no solo tienen muchas vías de evitar el conocimiento de las controversias constitucionales sino que, además, en los casos constitucionales que admiten son extremadamente deferentes frente a dichos políticos y poderes públicos. En el caso de los tribunales constitucionales, sin embargo, "una postura judicial muy deferente ni se podría extender a un tribunal constitucional, pues de éste sí puede decirse que ha sido erigido como 'principal garantía' de la Constitución frente al legislador [...] Si queremos tener un foro en que los principios constitucionales sean examinados, interpretados y hechos efectivos frente al legislador, los tribunales encargados del control no debe ser tímidos" (FERRERES COMELLAS 2011: 134 y 138).

G. Un Tribunal de dedicación exclusiva a la justicia constitucional. Una de las desventajas del sistema difuso es que los jueces no solo son jueces constitucionales sino que tienen a su cargo principalmente un cúmulo de asuntos ordinarios que impiden dedicar el tiempo suficiente a la resolución de las controversias constitucionales. Esta sobrecarga de trabajo, causada por el volumen creciente de casos ordinarios, es más que ostensible en los tribunales supremos, quienes, contrario a sus homólogas en el sistema angloamericano, carecen de la facultad de seleccionar discrecionalmente los casos ordinarios. De modo que mientras más actúe el tribunal supremo como tribunal ordinario menos tiempo tendrá para actuar como tribunal constitucional y viceversa. "Un tribunal constitucional de tipo europeo, en cambio, no tiene que preocuparse por este riesgo. Puede concentrar toda su atención en los asuntos de naturaleza constitucional, ya que la resolución final de las cuestiones de Derecho ordinario está en manos de otro órgano, el tribunal supremo (el cual, a su vez, está internamente especializado por materias) (FERRERES COMELLAS 2011: 77).

H. La sobrecarga de trabajo. Los tribunales constitucionales no solo garantizan la Constitución, sino que además tutelan los derechos fundamentales mediante el conocimiento en única instancia o en grado recursivo de las acciones de tutela entabladas por los titulares de derechos fundamentales. Esto implica, en aquellos países en donde la jurisdicción judicial ordinaria no es competente para conocer las acciones de tutela, como es el caso de Costa Rica, que el Tribunal Constitucional es inundado por un alud de recursos. De ahí la importancia de arbitrar mecanismos más o menos discrecionales de selección y admisibilidad de los casos, como se ha hecho en Alemania y España, y como existe en la República Dominicana, a pesar de que los tribunales ordinarios son los que conocen en primera instancia las acciones de amparo, habeas corpus y habeas data y no existe esa sobrecarga de amparos como en otros países.

I. Los conflictos entre el Tribunal Constitucional y el Poder Judicial. Una de las ventajas del modelo en el que el tribunal supremo es al mismo tiempo suprema instancia judicial y Tribunal Constitucional es que no hay posibilidad de conflictos entre el tribunal supremo y el Tribunal Constitucional. La creación de un Tribunal Constitucional, principalmente en la etapa inicial de esta nueva jurisdicción, puede originar divergencias entre ésta y el tribunal supremo, al extremo que se habla de una "guerra de las cortes" o de un "*choque de trenes*" entre ambas jurisdicciones, como ha ocurrido en España, Colombia y Perú. Estas tensiones pueden intensificarse allí donde los tribunales ordinarios ejercen la potestad de aplicar la Constitución en los casos bajo su competencia, el Tribunal Constitucional es sede recursiva de los casos de tutela de derechos fallados por los jueces ordinarios y puede, además, revisar las decisiones firmes dictadas por los jueces ordinarios, como ocurre en el caso dominicano. Es obvio que la última palabra en materia constitucional la tiene el Tribunal Constitucional cuyas decisiones constituyen precedente vinculante. Es evidente, además, que el Tribunal Constitucional no solo es juez de la Constitución sino también juez de la ley en la medida en que puede y debe dar una interpretación de la ley conforme a la Constitución y cuando ello no es dable puede perfectamente anular dicha ley por inconstitucional. De ahí que los conflictos entre la jurisdicción ordinaria y la constitucional son inevitables, aunque a fin de cuentas son resueltos por la primacía del precedente constitucional. En todo caso, los tribunales constitucionales arbitran mecanismos para minimizar las tensiones con la jurisdicción ordinaria, como es el caso de la doctrina del "derecho viviente" de la Corte Constitucional italiana, en virtud de la cual la Corte acepta la interpretación dada de una ley por la Corte de Casación en virtud de su potestad de uniformar la jurisprudencia, como manifestación del Derecho tal cual es interpretado y aplicado por los jueces ordinarios, siempre y cuando dicha interpretación sea compatible con la Constitución (ZAGREBELSKY 2008 I: 877).

J. El Tribunal Constitucional es más sensible a la peculiaridad de la interpretación constitucional. Ya hemos visto que el carácter abierto de las normas constitucionales y la naturaleza principiológica de la Constitución hacen que la interpretación constitucional sea muy diferente de la interpretación de las leyes ordinarias. Pues bien, "uno de los rasgos principales de los tribunales constitucionales es que no huyen de los principios más abstractos de moralidad política que figuran en el catálogo de derechos y libertades de la Constitución. Los tribunales ordinarios que operan en el marco de la tradición del *civil law*, en cambio, se encontrarían más incómodos si tuvieran que trabajar con esos principios, a los efectos de medir la constitucionalidad de las leyes […] Cuando un tribunal tiene que hacer efectivos los derechos fundamentales abstractos, tiene que desarrollar un razonamiento complejo que incluye consideraciones de principios morales y de políticas públicas. Este tipo de razonamiento sobre los derechos fundamentales, que no es extraño en los países del common law, resulta más novedoso para los jueces formados en la tradición del *civil law*. Pues una cosa es que los jueces interpreten las leyes de manera flexible, a fin de evitar resultados absurdos […] Y otra cosa es someter la opción legislativa central a principios de justicia tan abstractos como los derechos fundamentales consagrados en la Constitución. Las cuestiones de principio y de políticas públicas que el control de constitucionalidad comporta están demasiado alejadas de las consideraciones más técnicas para las que han sido preparados, por lo general, los jueces ordinarios en los países del *civil law*." (FERRERES COMELLAS 2011: 87-88).

K. El Tribunal Constitucional promueve la conversación constitucional: hacia un constitucionalismo dialógico. Una de las ventajas del modelo de justicia constitucional centrado en un Tribunal Constitucional es que el mismo promueve el diálogo constitucional entre las partes accionantes, minorías congresuales, presidente de la República y ciudadanos con legitimación procesal activa para interponer acciones directas en inconstitucionalidad, y quienes asumen la defensa de las normas cuestionadas por supuesta inconstitucionalidad. El acceso de los ciudadanos al Tribunal Constitucional mediante la acción popular en inconstitucionalidad convierte a esta jurisdicción en un verdadero "*tribunal ciudadano*" (HABERLE). La presencia de "amigos de la corte" permite al Tribunal Constitucional contar con la opinión experta de peritos y de grupos sociales o comunitarios concernidos en los procesos constitucionales. En todo caso, se propicia escuchar todos los puntos de vista, incluso los de la mayoría congresional que representa la voluntad popular concretada en la ley impugnada por supuestamente inconstitucional. Este último punto de vista "es necesario para que el tribunal logre una visión equilibrada del problema constitucional de fondo. Además, la intervención de la mayoría gubernamental contribuye a incrementar la visibilidad pública de la disputa. Cuando una ley es objeto de ataque por razones constitucionales, la opinión pública está deseosa de conocer cuáles son los argumentos que tiene el gobierno para responder a las objeciones formuladas […] Además, el hecho de que el tribunal constitucional pueda anular las leyes con efectos generales eleva la calidad de los argumentos jurídicos esgrimidos por el gobierno. Dado que la ley puede ser eliminada en un solo procedimiento, existe un fuerte incentivo para que el gobierno recurra a sus más prestigiosos abogados, para que presenten ante el tribunal constitucional los argumentos más convincentes en defensa de la ley. Así como la centralización del control de constitucionalidad permite atraer a las mejores cabezas jurídicas del país, para que sean miembros del tribunal, puede también atraer a los mejores abogados, a efectos de argumentar las tesis de la mayoría gubernamental" (FERRERES COMELLAS 2011: 113). Hoy, además, la justicia constitucional experimenta, paulatina pero progresivamente, un "giro dialógico", impulsado por los avances de la corriente del "constitucionalismo dialógico" que postula por una "*justicia constitucional dialógica*" evidenciada en emergentes prácticas institucionales tales como la jurisprudencia constitucional colombiana que castiga la ausencia o el déficit de deliberación en los órganos legislativos y la celebración de audiencias públicas participativas en aquellos casos de amparo estructural por violación de derechos sociales o medioambientales en que se escucha a las comunidades y colectivos afectados (SOSA SACIO). Sobre este último mecanismo de las audiencias públicas hay que señalar, sin embargo, dos aspectos fundamentales. En primer lugar, al no existir una reglamentación clara de estas audiencias todo queda en manos de la discrecionalidad de la jurisdicción constitucional que la organiza, lo que nos lleva a un "curioso entramado: en un esquema preparado para 'demonios', el diálogo constitucional terminó pasando a depender de la buena voluntad de los 'ángeles'". Y segundo, no menos importante, "una consulta pública no equivale a una conversación pública: eso no es diálogo, sino, en todo caso, un insumo fundamental para el diálogo, un modo de enriquecerlo extraordinariamente", por lo que se requiere "debate, correcciones y ayudas mutuas, intercambio de información, precisiones y matizaciones elaboradas colectivamente en una conversación abierta, continua, inacabada" (GARGARELLA 2022: 273-275). Queda por tanto como tarea pendiente afinar los instrumentos de una justicia constitucional dialógica que, al tiempo de garantizar los derechos fundamentales de las personas, contribuya a legitimar a la justicia constitucional, pudiendo solventar así la objeción democrática a esta.

J. El Tribunal Constitucional facilita el "diálogo jurisdiccional". Aunque se suele resaltar los denominados y usuales *"choques de trenes"* entre el Tribunal Constitucional y las demás Altas Cortes, en especial la Suprema Corte de Justicia, dada la atribución de la jurisdicción constitucional especializada de revisar las decisiones de los jueces y tribunales del Poder Judicial, en el caso dominicano, las sentencias firmes y las decisiones dictadas por los jueces de amparo, lo cierto es que tal choque, aparte de que en realidad no es tal choque, pues la decisión del Tribunal Constitucional es vinculante para todos los poderes públicos, en verdad los jueces constitucionales especializados son cada día más sensibles a las interpretaciones provistas por los jueces ordinarios, a lo que la doctrina y la jurisprudencia italiana, tal como ha sido adoptada por tribunales constitucionales como la Corte Constitucional colombiana, denomina el "derecho viviente", tal como es interpretado y producido por la justicia ordinaria (CRUZ RODRÍGUEZ), al tiempo que los jueces ordinarios son menos susceptibles a la jurisprudencia constitucional la cual integran a sus decisiones, sea como precedente constitucional vinculante -cuando este procede- o como doctrina jurisprudencial constitucional persuasiva -cuando se acogen los obiter dicta del Tribunal Constitucional. Como los recursos que interponen los justiciables ante la justicia ordinaria muchas veces están fundados en la violación del precedente constitucional o en el cambio jurisprudencial no motivado por los jueces, la justicia ordinaria, en especial las cortes de apelación y la Suprema Corte de Justicia, contribuyen a la definición del sentido del precedente constitucional, al tiempo que el Tribunal Constitucional define también los contornos de la jurisprudencia ordinaria. Se produce así un *diálogo interjurisdiccional* que, a pesar de las más o menos frecuentes fricciones entre la jurisdicción constitucional y la ordinaria -que, en el mejor de los casos, terminan en "diálogo erístico", que si bien reemplaza como un sustituto de las peleas o duelos, y la "riña" como un subtipo del erístico, que da vía libre a las emociones reprimidas y en donde las partes tienden a agredirse mutuamente es muy fructífero en el desarrollo, conocimiento, crítica y difusión de la jurisprudencia, tanto constitucional como ordinaria, la cual es crecientemente considerada como una fuente del Derecho indispensable para litigantes y jueces. Y es que el "diálogo entre los tribunales parece, en efecto, llamado a ser uno de los elementos que pueden contribuir al desarrollo de la argumentación necesaria para la resolución de las cuestiones planteadas dentro, por supuesto, en los márgenes jurisdiccionales y competenciales que corresponden a cada tribunal. Las fórmulas ofrecidas por otros tribunales pueden constituir un elemento valioso para compulsar la consistencia, coherencia, universalidad y adecuación de la conclusión obtenida por el tribunal en su ámbito de competencia y en su nivel de decisión" (XIOL RÍOS). Este diálogo, al cual nuestra mejor doctrina (MEDRANO) comienza a prestarle la mayor atención, si bien es solo monólogo cuando el Tribunal Constitucional hace suyos precedentes de otras reputadas jurisdicciones constitucionales especializadas del mundo, se internacionaliza cuando "conversan" entre sí las altas cortes internacionales de derechos humanos, como ocurre entre la Corte IDH y el TEDH, o cuando este diálogo se produce entre dichas cortes internacionales y las jurisdicciones nacionales, en especial el Tribunal Constitucional, haciéndose así efectiva la cláusula del Estado abierto al derecho internacional del artículo 26 de la Constitución.

1.6.4 La legitimidad de la justicia constitucional

1.6.4.1 La objeción democrática. El control judicial de la constitucionalidad, en especial el control difuso tal como se efectúa en el sistema norteamericano, ha suscitado a lo largo de la historia críticas basadas en el carácter antidemocrático del sistema, en la manifiesta contradicción entre el principio según el cual la Constitución está basada en la soberanía del pueblo que elige sus representantes y el principio aparentemente contrario según el cual unos funcionarios que ni siquiera son elegidos por el pueblo tienen el poder de anular las leyes de los representantes populares y de interpretar la expresión del pueblo plasmada en la Carta Sustantiva. No por casualidad un francés, Edouard Lambert, pone en guardia a principios del siglo XX contra el poder del *judicial review*, el cual conducía, a su juicio, al *"gobierno de los jueces"* (LAMBERT), es decir, en palabras de Carl Schmitt, a convertir al tribunal constitucional en "una instancia política suprema con atribuciones para formular preceptos constitucionales" en manos de "la aristocracia de la toga" (SCHMITT: 280).

La *objeción mayoritaria* (lo que los juristas norteamericanos denominan la *counter-majoritarian difficulty*) es refutada por Hamilton en *El Federalista* y validada por el juez Marshall en *Marbury v. Madison*: la Constitución es la expresión máxima de la voluntad popular y cuando una ley contradice esa voluntad es deber de los jueces anularla. Esta refutación, sin embargo, es combatida por Alexander Bickel quien considera que los argumentos de Hamilton y de Marshall son engañosos pues los jueces lo que hacen es "aplicar y dar forma a la Constitución, en cuestiones de la mayor importancia, contra los deseos de las mayorías legislativas que son, a su vez, incapaces de torcer la decisión judicial" (BICKEL: 17).

Sin entrar a analizar ahora las propuestas de eliminación pura y simple del judicial review de autores como Jeremy Waldron y Mark Tushnet, que dejarían el queso del control de constitucionalidad de sus propias leyes en manos de los ratones legisladores (WALDRON, TUSHNET) y que consideramos antihistóricas y absolutamente impracticables, estas críticas han motivado a autores norteamericanos a reconceptualizar el modelo de *judicial review*. Por un lado, Bruce Ackerman, afirma que existen dos tipos de *decisiones fundamentales* dentro de una democracia: las que toman el conjunto de los ciudadanos y que se expresan a través del dictado de la Constitución, sus reformas y otras decisiones igualmente importantes; y las que toman los representantes de la ciudadanía y que se manifiestan en las leyes. Las decisiones del primer tipo, a las que llama *"decisiones constitucionales"*, no son muy frecuentes y se manifiestan en *"momentos constitucionales"* como la asamblea constituyente, la reconstrucción que siguió a la guerra civil o las decisiones de la época del *"New Deal"*, que implican procesos de reorganización social muy profundos, amplios debates en la ciudadanía y reformas formales o informales a la Constitución. El rol del juez es hacer prevalecer los grandes principios de la política constitucional (aunque no estén plasmados en una reforma formal de la Constitución como ocurre con la expansión de los poderes del Estado federal a raíz de las legislaciones sociales del *New Deal*) sobre las circunstanciales mayorías legislativas temporales que se oponen a las cuasipermanentes mayorías constitucionales (ACKERMAN), garantizando así, como sugiere Jon Elster, una carta de derechos, de la cual se dotó el pueblo durante el intervalo de lucidez del momento constituyente como "precompromiso" para enfrentar en el futuro sus propias pasiones coyunturales, cual Ulises, regresando de Ítaca tras la guerra de Troya, atado al mástil de su embarcación para evitar ser seducido por el canto de las sirenas que atraía a los marineros en las naves al encallo en las rocas (ELSTER).

Otros, como J. H. Ely, entienden que es posible refutar la objeción mayoritaria si se admite que el papel del juez es proteger los derechos que son indispensables al *proceso democrático* (en especial el derecho al voto y la libertad de expresión) y los *derechos de los grupos* que, por determinadas razones, son excluidos y son incapaces de participar activa y plenamente en el proceso democrático. El *judicial review* debería corregir la distorsión que en un sistema democrático produce la imposibilidad relativa de estos grupos de participar en el proceso democrático, por lo que perdería su carácter antidemocrático (ELY).

Ligada con la tesis anterior, encontramos la que propone que el rol del juez no es solamente reforzar el proceso democrático en beneficio de las minorías imposibilitadas de participar, sino que el juez debe profundizar la democracia, asegurando una igual participación de todos en el proceso y descartando por inconstitucionales aquellas leyes que son el producto de facciones victoriosas o que reflejan simplemente las relaciones de poder existentes (padres vs. hijos, blancos vs. negros, hombres vs. mujeres) (MICHELMAN).

Roberto Gargarella ha expuesto brillantemente esta discusión de profunda relevancia y pertinencia, al tiempo de proponer un modelo que recoge aspectos de las tesis antes indicadas, con ciertas variantes. El modelo de Gargarella busca asegurar las *condiciones del debate democrático*, permitiendo al juez intervenir frente a leyes que discriminen irrazonablemente minorías; impidan el derecho de asociación y de reunión y la libertad de expresión; y distorsionen la voluntad de las mayorías, el proceso decisorio y los controles destinados a asegurar la rendición de cuentas de los representantes populares y de los funcionarios públicos. Por otro lado, este modelo permite al contralor de la constitucionalidad declarar inconstitucionales leyes "perfeccionistas" que pretendan fijar a los individuos normas acerca de la "buena vida", afectando así la esfera privada de los individuos que permite a éstos desarrollar libremente sus opciones de vida. El control de la constitucionalidad, de acuerdo con Gargarella, recaería en un órgano extrajudicial y extralegislativo compuesto de personas especialmente preparadas y cuya misión sería señalar a los legisladores los errores que han cometido en la ley o las razones que justifican la misma, a los fines de que los legisladores la modifiquen. Este mecanismo, que recuerda el fracasado reenvío francés, de acuerdo con Gargarella promovería un "valioso 'diálogo institucional'" (GARGARELLA 1996: 125).

Más recientemente, una corriente denominada *"constitucionalismo popular"*, ha propuesto reformas en el sistema político estadounidense tendentes a hacer más responsiva la Suprema Corte frente a los poderes del Congreso y del ejecutivo. Se habla de limitar los mandatos de los jueces supremos, siguiendo el modelo de los mandatos de los jueces de los tribunales constitucionales europeos, y de la posibilidad de que el Congreso puede revocar las decisiones del tribunal supremo que los legisladores juzguen contrarias a la percepción popular y de la opinión pública de lo que es constitucional. Aunque la propuesta no es muy detallada, lo que se busca es terminar con la "supremacía judicial" y erigir una corte suprema "aversa al riesgo y potencialmente vulnerable" y que, por tanto, "ajustará su comportamiento a una mayor sensibilidad hacia el liderazgo político en los otros poderes" (KRAMER: 307).

En todo caso, no hay duda de que la legitimidad democrática de los jueces de los tribunales constitucionales, que son designados por un mandato temporal limitado, casi siempre sin opción de reelección, es mayor que la de los jueces ordinarios que controlan la constitucionalidad y los cuales son designados o por vida (*"tenure for life"*), como ocurre en Estados Unidos, o hasta la edad de retiro forzoso o voluntario, como es el caso de gran parte de Europa o América Latina. Aunque hay quienes tienen "reservas acerca de las bondades del mandato limitado de los jueces del tribunal constitucional", principalmente por el hecho de que, aún sin existir la posibilidad de reeelección, "los jueces pueden estar preocupados por su futuro profesional, una vez hayan cesado" (FERRERES COMELLAS 2011: 157-158), lo cierto es que muchos juristas norteamericanos, cansados de los jueces vitalicios, admiran el sistema europeo de los tribunales constitucionales y abogan por reformas que emulen los logros del viejo continente. Veamos como se expresa uno de los partidarios del "constitucionalismo popular" y en cuyas palabras resulta claro que, en términos de legitimidad democrática, el modelo de los tribunales constitucionales supera al modelo estadounidense:

"Las naciones de la Europa moderna encontraron formas más sensatas para manejar este problema de control. A partir del reconocimiento de que hacer cumplir las normas constitucionales no es, ni será jamás, como la interpretación jurídica ordinaria, las constituciones de la Europa de posguerra establecieron tribunales especiales, que no integran el sistema jurídico ordinario, cuya única función es revisar las cuestiones de constitucionalidad. Dada la elevada posición política de estos tribunales, se incorporaron garantías adicionales para asegurar un nivel adecuado de responsabilidad política sin condicionar innecesariamente la independencia judicial. La designación como magistrados de esos tribunales requiere típicamente una supermayoría en una o dos cámaras del parlamento, garantizando así que los tribunales constitucionales tendrán la ideología preponderante, al tiempo que los jueces ejercen un mandato limitado y alterno para asegurar el recambio con regularidad. Además, las constituciones mismas son reformables con mayor facilidad que la nuestra. El efecto combinado de estas innovaciones libera la presión que genera la doctrina de la supremacía mediante la reducción de las posibilidades de desacuerdos serios entre el tribunal constitucional y los otros poderes del gobierno, y facilita la implementación de correctivos políticos cuando se dan estos desacuerdos. En parte como resultado de ello, los tribunales constitucionales de Europa se las han arreglado con éxito para imitar el activismo estadounidense sin generar controversias similares, aunque los acontecimientos recientes sugieren que los jueces europeos, también, podrían estar acercándose a los límites de su autoridad" (Kramer: 304).

La objeción democrática a la legitimidad de la justicia constitucional es improcedente si observamos que, en verdad, la justicia constitucional no solo es legítima en tanto hace realidad efectiva la voluntad democrática expresada en el acto constituyente, sino también y sobre todo, porque "el control jurisdiccional sobre la legitimidad constitucional de las leyes no interfiere en modo alguno en la esfera legítima de la legislación, es decir, en las competencias del poder político, y menos aún compromete la separación de poderes. Al censurar la invalidez de las leyes, aquel interviene en la esfera ilegítima del poder político, y por ello representa la principal garantía del concreto ejercicio del poder legislativo y, consecuentemente, de la dimensión sustancial tanto de la validez como de la democracia" (Ferrajoli 2017: 226). Lógicamente, como gran parte de la ilegitimidad del poder político se produce hoy en día por la omisión estatal en asumir su deber de prestar y garantizar derechos sociales que aseguren no solo la procura existencial para un mínimo vital, sino también que permitan desarrollar a todos un proyecto de vida digno sin discriminación, la intervención de la justicia constitucional, principalmente del Tribunal Constitucional, no se circunscribe hoy en día a la misión tradicional del legislador negativo -que anula/deroga leyes por inconstitucionales- sino que, a través de un arsenal de instrumentos procesales constitucionales, como la inconstitucionalidad por omisión, los amparos estructurales y las sentencias interpretativas, la justicia constitucional asume un rol activo y positivo en el diseño y seguimiento de las políticas públicas. De manera que podría decirse que, en verdad, el juez constitucional del Estado social y democrático de derecho es activista o no es juez constitucional. Eso sí, debe procurarse siempre "un equilibrio 'sin osadas proyecciones sobre las zonas de reserva de los otros poderes', es decir, el núcleo duro del principio de separación de poderes, o que se caracterice por 'un mesurado activismo judicial entre la pasividad convalidatoria de los actos consumados y la sobreexcitación del gobierno de los jueces' que salvaguarde los derechos conculcados. Esto es especialmente necesario cuando recordamos que contrario a los demás intérpretes de la norma, los tribunales constitucionales realizan una labor intelectiva que no puede ser recurrida y revisada por un órgano superior interno, por lo que 'cualquier desvío o abuso de poder, por parte de los jueces constitucionales, pone en peligro, prácticamente, todo el sistema jurídico-político institucional' (Conde Jiminián: 628).

1.6.4.2 Una legitimidad basada en la deliberación, la argumentación y la garantía de los derechos: el Tribunal Constitucional como "tribunal ciudadano" y su misión pedagógica en el Estado constitucional. Hay que concluir que si la Constitución es verdaderamente normativa debe haber un órgano encargado de evaluar las leyes y los actos de los poderes públicos y anular esas disposiciones si resultan obviamente inconstitucionales. La experiencia indica que el control de constitucionalidad más exitoso y adecuado es el jurisdiccional lo cual se evidencia en el fracaso del control político, que hoy es solo una nota al pie de la historia del derecho constitucional. Ello así porque los jueces, debido a una serie de virtudes que inciden en su designación (mesura, conocimientos jurídicos, objetividad) están en mejores condiciones que los legisladores (no siempre juristas, casi siempre parciales y escasamente neutrales ante el pluralismo) para "concretizar" los derechos constitucionales. La falta de sosiego y de meditación en las asambleas legislativas no facilitan una actividad netamente intelectual y de cultura como lo es la proyección de los derechos fundamentales en la vida del derecho. El derecho y los derechos son cosas demasiado importantes para dejarlo en las manos exclusivas del legislador, que ya de por sí disfruta de la facultad de elaborar las normas.

Este control puede dar lugar, en ocasiones, a arbitrariedad o discrecionalidad, debido a los problemas que la interpretación de la Constitución plantea y que ya hemos examinado en el Capítulo 5. Pero de ahí no debe concluirse que es necesario cambiar el *órgano de control* pues los mismos problemas de interpretación se le plantearan al nuevo órgano que se instituya; tampoco debe pensarse en el sistema de reenvío por las razones antes indicadas. Mucho menos debe restringirse el *ámbito del control* de la constitucionalidad pues crearía normas supraconstitucionales que, paradójicamente, solo podrían ser derogadas por un poder constituido: el legislador. De más está decir, que la reducción del ámbito de control a aquellas disposiciones que vulneran la democracia, la participación o la deliberación, no quiere decir, en modo alguno, que terminan los problemas de interpretación sustantiva, pues estos problemas, a pesar de su apariencia procesal, son de un gran contenido sustantivo.

El gran valor de la justicia constitucional es que preserva los *derechos de las minorías* contra las pasiones mayoritarias del momento y que garantiza los derechos de las mayorías contra los intereses de las minorías poderosas o influyentes. Las garantías contra la arbitrariedad judicial radican en el desarrollo jurisprudencial de normas comunes de interpretación, en la motivación de las sentencias que hacen de los jueces los únicos funcionarios públicos que justifican en Derecho sus decisiones, en la posibilidad de recurrir los fallos de constitucionalidad dados en control difuso, en la posibilidad de revertir un fallo de constitucionalidad dado mediante el control concentrado a través de una reforma constitucional y en la opción siempre abierta de que tanto mayorías como minorías influyan ideológicamente en el seno de los tribunales constitucionales. A fin de cuentas, "la legitimidad última del juez constitucional descansa en que lo que hace en el ejercicio de su jurisdicción es defender la voluntad del pueblo soberano de la de sus representantes" (Acosta Sánchez: 378) y "alimentar el deseo de Constitución (...) a través de (...) una jurisprudencia que no se contemple a si misma, que sepa hablar con claridad y en general, que no tema proclamar netamente los principios esenciales que la sostienen y argumentar su importancia en la vida civil, para convertirse así en fuerza viva de la historia y de la cultura constitucional" (Zagrebelsky 2008 II: 107).

Por eso hoy la tarea de controlar la constitucionalidad que llevan a cabo los jueces no debe consistir en deslindar un *campo no justiciable* que correspondería al pueblo representado en el Congreso y un campo jurídico en el cual el juez podría desplegar con toda su intensidad su control en la seguridad de que no interferiría con la soberana voluntad del poder constituyente. No. Siempre el juicio de constitucionalidad tendrá como objeto "la gran política" (García Pelayo: 11) reflejada en el texto constitucional. De ahí que lo importante es controlar la *racionalidad del proceso argumentativo* de la justicia constitucional pues, a fin de cuentas, el juez constitucional debe decidir fundado en Derecho y con razones debidamente explicitadas en su sentencia. En este sentido, queda mucho por explorar en torno a la aplicación de la teoría de la argumentación jurídica (Alexy 1997, Aarnio, Atienza) en el campo de la interpretación constitucional, quizás "uno de los más importantes caminos que nuestra reflexión constitucional tiene por recorrer en el nuevo siglo" (Bernal Pulido). Este enfoque del modelo argumentativo de la justicia constitucional rechaza la idea de que existen materias no susceptibles de control judicial de constitucionalidad y asume que es posible y legítimo controlar judicialmente el ejercicio del poder legislativo a la luz de una racionalidad jurídica común y partiendo de que los "casos difíciles" que conoce el juez constitucional deben ser resueltos intentando "conjugar unas pretensiones conflictivas que reposan en razones justificatorias que tiene un igual fundamento en la Constitución. Una vez más, nada de 'materias' exentas o de espacios de inmunidad" (Prieto Sanchís: 234). La legitimidad de la justicia constitucional se encontraría entonces en la "*representación argumentativa*" de los ciudadanos en oposición a la "representación política" en el Parlamento (Alexy 2003: 40), basada en un discurso y una discusión racional, donde puede haber "desacuerdo razonable" (Rawls: 55), pero donde hay casos que solo admiten una única y justa respuesta correcta y en donde es necesario que un número suficiente de personas acepte los argumentos constitucionales como correctos o razonables, lo que exige "la existencia de un número suficiente de personas racionales, es decir, personas que pueden y están dispuestas a aceptar argumentos razonables o correctos por la razón de que son de hecho razonables o correctos. Estas personas se podrían denominar por analogía al concepto de 'persona liberal' de John Rawls, 'personas constitucionales'" (Alexy 2019: 263). Por eso, "los hombres y los juristas 'inflexibles y sin matices' no se compadecen bien con el tipo de vida individual y social que reclama el Estado constitucional de nuestro tiempo. Su presencia, además de ser fuente de fragilidad y emotividad, constituye un potencial de asocialidad, agresividad, autoritarismo y, en fin, no sólo de inconstitucionalidad, sino también de anticonstitucionalidad" (Zagrebelsky 1995: 112).

Comprender la legitimidad distintiva de la justicia constitucional implica asumir que ésta es función de la república, no de la democracia, como ocurre con la legitimidad de los poderes políticos. Por eso, "en las cortes debe valer el *principio deliberativo*; en los parlamentos puede prevalecer el espíritu de parte [...] La actitud deliberativa no elimina de hecho la discrecionalidad en el juzgar sobre el derecho constitucional. Pero cambia su naturaleza y fines: la discrecionalidad como expresión de la voluntad que se impone, propia de los órganos políticos, es una cosa distinta a la discrecionalidad 'republicana', dirigida al consenso sobre la constitución" (Zagrebelsky 2008 III: 758). Pero la naturaleza deliberativa/republicana de la justicia constitucional no excluye el elemento democrático, ya que, aparte de la democratización de la justicia por la vía de la ampliación de la legitimación activa para accionar en inconstitucionalidad, que convierte a la acción de inconstitucionalidad en una acción popular y al tribunal constitucional en un "tribunal ciudadano", "el carácter democrático de la institución reside *in primis* en la posibilidad de participación popular en la fase de deliberación de la sentencia, a través de la facultad de proporcionar a los Tribunales, argumentaciones y puntos de vista externos al consenso judicial y a las partes procesales; por ello, la institución más significativa en estos términos es el *amicus curiae*" (BAGNI: 95). De lo que se trata aquí es "de comprender la argumentación constitucional en su doble función: como actividad orientada al proceso en concreto, pero también como proceso público de decisión en el que el órgano constitucional logra legitimarse en sus funciones. No es solo 'técnica' de la subsunción para la corrección en el razonamiento deductivo, sino discurso abierto en busca de adhesiones" (GRÁNDEZ CASTRO: 105). La deliberación debe estar presente en la fase predecisional, en la etapa decisional y con posterioridad a la decisión. "En otras palabras, si alguien quiere verificar si una Corte Constitucional está cumpliendo con sus deberes deliberativos debe inspeccionar la interacción escrita y aquella cara a cara entre interlocutores y jueces, luego la interacción entre los jueces mismos y, finalmente, la decisión escrita emitida por la Corte" (HÜBNER MENDES: 133). Aquí juegan un rol fundamental los emergentes mecanismos procesales tendentes a construir una *justicia constitucional dialógica*, impulsados por la corriente del constitucionalismo dialógico, como es el caso de las audiencias públicas participativas, y los cuales pueden articular la participación de los titulares de derechos fundamentales en las decisiones públicas que inciden en sus derechos. Y es que, en una democracia, la "conversación constitucional", es decir, "la discusión sobre la Constitución y los principios subyacentes a ella debe ser producto de una conversación igualitaria e inclusiva entre todos los potencialmente afectados" (GARGARELLA 2022: 270). Ese diálogo debe ser no solo jurisdiccional, sino también institucional, en el sentido de que incluya al legislador y al ejecutivo, poderes que, en el caso dominicano, están obligados a fundar sus decisiones, en razones, en las encontradas en los "principios de aplicación e interpretación de los derechos y garantías fundamentales" que establece el artículo 74 de la Constitución y que, independientemente del carácter vinculante para todos los poderes públicos de las decisiones del órgano de cierre del sistema de justicia constitucional que es el Tribunal Constitucional, deben actuar, aún dentro de sus legítimos márgenes de discrecionalidad política, en el marco de deliberación para la producción de normas y actos estatales propio de un Estado constitucional caracterizado por "una 'cultura democrática de la justificación', es decir, un orden político y jurídico en el que la protección y promoción de los derechos humanos se concibe desde la perspectiva de la colaboración y la responsabilidad compartida" (MELERO DE LA TORRE: 316).

Esto nos lleva, finalmente, a la clave de la legitimidad de la justicia constitucional. Esta la encontramos en el hecho de que, como bien advierte Ferrajoli, el control jurisdiccional de constitucionalidad juega un rol fundamental en la *garantía de los derechos*, "los cuales se establecen siempre virtualmente contra la mayoría y, en general, contra cualquier clase de poder". Aunque Ferrajoli deplora el rol creador de derecho de la jurisdicción constitucional, sí defiende "su carácter contramayoritario a causa del carácter contramayoritario de los derechos garantizados", pues "si decimos que los derechos han sido establecidos contra las mayorías, también deben establecerse contra ellas sus garantías jurisdiccionales: solo jueces y fiscales independientes respecto de cualquier clase de poder van a estar en condiciones de garantizar los derechos de los ciudadanos contra sus violaciones por parte de los poderes políticos y administrativos". En este sentido, puede afirmarse que, en tanto la Constitución consagra expresamente los derechos de las personas y en la medida en que se amplía el círculo de sujetos procesales legitimados para activar los mecanismos de la justicia constitucional por un reconocimiento de un derecho a la legalidad constitucional, el control jurisdiccional de constitucional se erige en la garantía constitucional por antonomasia pues, como afirma Ferrajoli, repitiendo a Kelsen "una Constitución a la que le falta la garantía de la anulabilidad de los actos inconstitucionales no es propiamente obligatoria" (Ferrajoli 2020: 79-80, 67). Esa garantía constitucional sólo puede estar en manos de una jurisdicción independiente, separada de los poderes políticos y administrativos, productores de las normas y los actos sujetos a control y censura por parte de esa jurisdicción cuando ejerce sus potestades de justicia constitucional, sea para la garantía objetiva de la Constitución como para la protección efectiva de los derechos constitucionalmente consagrados en favor de las personas.

Finalmente, debemos referirnos sumariamente aquí -al margen de otros tratamientos en otras partes de este manual- a dos aspectos fundamentales de la justicia constitucional, en específico, del Tribunal Constitucional, como el órgano de cierre y supremo en materia constitucional, y que de algún modo resumen, refuerzan o permiten comprender mejor los fundamentos de la legitimidad de la justicia constitucional antes esbozados que no son más que la deliberación, la argumentación y la garantía de los derechos como medios y fines de la misma. El primero de estos aspectos es la comprensión del Tribunal Constitucional como un *"tribunal ciudadano"*, como antes veíamos a Häberle calificar con ese término al TCAF alemán, es decir, como un "espacio ciudadano", en palabras de Milton Ray Guevara, quien populariza este último término de la mano de Dominique Rousseau (Ray Guevara), lo que significa que es un "tribunal social", de la sociedad, y no meramente un tribunal estatal, y que está abierto, por tanto, a la "comunidad de intérpretes constitucionales", que acceden como participantes en los procesos constitucionales mediante la democratización de la legitimación procesal activa y de la propia interpretación constitucional y, lo que no es menos importante, que es social porque incide en la sociedad mediante su jurisprudencia vinculante y expansiva, contribuyendo con sus decisiones "de manera decisiva a la constitucionalización de la sociedad, es decir, a que la Constitución invada eficazmente la vida en sociedad" (Tena de Sosa & Rojas: 234). El segundo y último aspecto, que es esencial para que el Tribunal Constitucional pueda ser espacio ciudadano para la deliberación, la argumentación y la garantía de derechos, es que esa Alta Corte cumpla una *"misión tutelar y pedagógica"* (Broun Isaac: 129), pues, como bien señalan los propios jueces constitucionales especializados, "los tribunales constitucionales, dentro de la nueva filosofía del Estado Social y Democrático de Derecho, no sólo se circunscriben a garantizar la supremacía constitucional o la protección efectiva de los derechos fundamentales al decidir jurisdiccionalmente los casos sometidos a su competencia, sino que además asumen una misión de pedagogía constitucional al definir conceptos jurídicos indeterminados, resolver lagunas o aclarar disposiciones ambiguas u oscuras dentro del ámbito de lo constitucional" (Sentencia TC/0041/13). Esta "función democratizadora y pedagógica del Tribunal Constitucional dominicano no sólo se ha manifestado a través de sus decisiones, sino que también han tenido gran impacto las distintas actividades e iniciativas formativas que ha desplegado en el marco del artículo 35 de su ley orgánica" (Tena de Sosa y ROJAS: 250), en coordinación con universidades, centros técnicos y académicos, lo que definitivamente contribuye al fortalecimiento de la cultura jurídico-constitucional del Estado social y democrático de derecho y a convertir la Constitución de papel en una verdadera Constitución normativa y viviente.

1.7 El sistema dominicano de justicia constitucional

El principio de la supremacía constitucional está consagrado en el artículo 6 de la Constitución que establece que "todas las personas y los órganos que ejercen potestades públicas están sujetos a la Constitución, norma suprema y fundamento del ordenamiento jurídico del Estado. Son nulos de pleno derecho toda ley, decreto, resolución o reglamento o acto contrarios a esta Constitución". La Constitución reconoce el poder de los jueces para ejercer el *control de la constitucionalidad* difuso de las leyes (artículo 188) y garantizar por vía de acción los derechos fundamentales, mediante los procesos constitucionales de las garantías fundamentales del habeas corpus, el habeas data, el amparo y la acción de nulidad de derecho constitucional (artículos 70, 71, 72 y 73 de la Constitución), al tiempo que crea un Tribunal Constitucional, que tiene a su cargo el control concentrado (artículos 184 a 187 y 189). Veremos a continuación en detalle ambos sistemas, los cuales conforman el sistema dominicano de justicia constitucional. Pero, antes, debemos familiarizarnos con los principios que rigen la justicia constitucional...

2. LOS PRINCIPIOS RECTORES DE LA JUSTICIA CONSTITUCIONAL

La justicia constitucional se rige por una serie de *principios rectores* establecidos por el artículo 7 de la LOTCPC. Estos principios rectores constituyen todo un pórtico hermenéutico que ordena y sistematiza a la LOTCPC y al ejercicio de la justicia constitucional por parte del Tribunal Constitucional, del Poder Judicial y del Tribunal Superior Electoral. Se trata de un conjunto de principios generales que no deben ser considerados como simples declaraciones o elementos de decorado legislativo pues juegan un rol trascendental en la interpretación de la Constitución y de la propia LOTCPC y suministran una serie de herramientas hermenéuticas que permiten resolver las eventuales antinomias que puedan presentarse.

2.1 Accesibilidad.

Conforme el artículo 7.1 de la LOTCPC, "la jurisdicción debe estar libre de obstáculos, impedimentos, formalismos o ritualismos que limiten irrazonablemente la accesibilidad y oportunidad de la justicia". La accesibilidad es una consecuencia del reconocimiento constitucional de la garantía fundamental de la tutela judicial efectiva, en específico del "derecho a una justicia accesible, oportuna y gratuita" (artículo 69.1 de la Constitución). Las personas deben tener libre acceso a la justicia constitucional de modo que puedan promover efectivamente la actividad jurisdiccional y que ésta desemboque en una decisión judicial sobre las pretensiones constitucionales deducidas. Esto implica la remoción de todo impedimento, formalismo o ritualismo que restrinja de modo irrazonable una justicia constitucional pronta y oportuna, de modo que, como bien afirma el magistrado Rafael Díaz Filpo, en voto disidente en la Sentencia TC/0087/12, se logre "acercar al ciudadano lo más posible a la justicia, sin obstáculos y libres de formalismos".

En este sentido, es pertinente la jurisprudencia del Tribunal Constitucional español que estima que "ningún requisito formal puede convertirse en 'obstáculo que impida injustificadamente un pronunciamiento sobre el fondo' [...] y ha dicho también que, desde la perspectiva de la constitucionalidad, 'no son admisibles aquellos obstáculos que puedan estimarse excesivos, que sean producto de un formalismo y que no se compaginan con el necesario derecho a la justicia, o que no aparezcan como justificados y proporcionados conforme a las finalidades' para que se establecen, que deben, en todo caso, ser adecuadas a la Constitución" (STC 57/1985).

Es importante señalar que la accesibilidad de la justicia constitucional no debe ser una mera *accesibilidad formal* o de papel: en este sentido, la Corte Interamericana de Derechos Humanos ha sido más que clara al señalar que para que un recurso efectivo contra las violaciones de los derechos humanos exista "no basta con que esté previsto por la Constitución o la ley o con que sea formalmente admisible, sino que se requiere que sea realmente idóneo para establecer si se ha incurrido en una violación a los derechos humanos y proveer lo necesario para remediarla. No pueden considerarse efectivos aquellos recursos que, por las condiciones generales del país o incluso por las circunstancias particulares de un caso dado, resulten ilusorios. Ello puede ocurrir, por ejemplo, cuando su inutilidad haya quedado demostrada por la práctica, porque el Poder Judicial carezca de la independencia necesaria para decidir con imparcialidad o porque falten los medios para ejecutar sus decisiones; por cualquier otra situación que configure un cuadro de denegación de justicia, como sucede cuando se incurre en retardo injustificado en la decisión; o, por cualquier causa, no se permita al lesionado el acceso al recurso judicial" (Corte I.D.H., *Garantías judiciales en Estados de Emergencia*, Artículos 27.2, 25 y 8 de la Convención Americana sobre Derechos Humanos, Opinión Consultiva OC-9-87 del 6 de octubre de 1987, Serie A, No. 9).

2.2 Celeridad.

El artículo 7.2 de la LOTCPC dispone que "los procesos de justicia constitucional, en especial los de tutela de los derechos fundamentales, deben resolverse dentro de los plazos constitucional y legalmente previstos y sin demora innecesaria". La justicia constitucional, en especial la que se activa en los procesos constitucionales de amparo, habeas corpus y habeas data, debe ser célere, lo cual se deriva del carácter *"preferente, sumario [...] y no sujeto a formalidades"* de dichos procesos, en particular del amparo (artículo 72 de la Constitución). Estos procesos constitucionales de tutela de los derechos fundamentales se caracterizan por ser urgentes. La categoría de procesos urgentes, de acuerdo con el X Congreso Provincial de Derecho Procesal de Santa Fe (Argentina), realizado en el mes de agosto de 1996, "constituye una categoría amplia caracterizada por la necesidad de proporcionar respuestas jurisdiccionales prontas y expeditas a determinadas situaciones cuya solución no admite demoras. Las diligencias cautelares son solo una especie de las mismas, pero también se integra con otras: las medidas autosatisfactivas, las sentencias anticipatorios, el habeas corpus, etc.". El principio de celeridad es lo que explica la consagración por la LOTCPC del amparo de extrema urgencia (artículo 82) y de las medidas precautorias (artículo 86).

Ya en el plano de la aplicación del principio a la interpretación de las normas procesales, el Tribunal Constitucional, a propósito de lo dispuesto los numerales 5 y 7 del artículo 54 de la LOTCPC en cuanto a exigir en los casos de revisión constitucional de sentencias firmes que el Tribunal Constitucional dicte primero una sentencia sobre la admisibilidad de dicho recurso y otra sobre el fondo del mismo, esa Alta Corte ha establecido en su Sentencia TC/0038/12, en un criterio reiterado en sentencias posteriores, que "el principio de celeridad y economía procesal supone que en la administración de justicia deben aplicarse las soluciones procesales que sean menos onerosas en lo que concierne a la utilización de tiempo y de recursos; de manera que si en la especie puede solucionarse la admisibilidad y el fondo del recurso mediante una sola decisión, sin lesionar los intereses de las partes, el Tribunal no debe dictar dos sentencias".

2.3 Constitucionalidad.

El artículo 7.3 establece que "corresponde al Tribunal Constitucional y al Poder Judicial, en el marco de sus respectivas competencias, garantizar la supremacía, integridad y eficacia de la Constitución y del bloque de constitucionalidad". Aquí aparecen el Tribunal Constitucional y el Poder Judicial como defensores de la supremacía, integridad y eficacia no solo de la Constitución sino también del bloque de constitucionalidad, entendido este último como "los valores, principios y reglas contenidos [...] en los tratados internacionales sobre derechos humanos adoptados por los poderes públicos de la República Dominicana" (artículo 7.10 de la LOTCPC).

2.4 Efectividad.

El artículo 7.4 de la LOTCPC dispone que "todo juez o tribunal debe garantizar la efectiva aplicación de las normas constitucionales y de los derechos fundamentales frente a los sujetos obligados o deudores de los mismos, respetando las garantías mínimas del debido proceso y está obligado a utilizar los medios más idóneos y adecuados a las necesidades concretas de protección frente a cada cuestión planteada, pudiendo conceder una tutela judicial diferenciada cuando lo amerite el caso en razón de sus peculiaridades". Aquí remitimos a lo explicado en el Capítulo 11 sobre el derecho a la tutela judicial efectiva y a la tutela judicial diferenciada. Sin embargo, es preciso señalar que del principio de efectividad se deriva el *carácter preferente de las acciones constitucionales de garantía*, expresamente consagrado por la Constitución respecto a la acción de amparo (artículo 72). Y es que, como bien señala la Corte Constitucional de Colombia, "las decisiones jurídicas deben respetar el principio de legalidad y a la vez ofrecer una solución real a los conflictos sociales. En esta tarea, el *sentido de la justicia y la equidad* permiten hallar el derecho. La ley, por sí misma, es siempre deficiente frente a la realidad cambiante que está llamada a regular. Al intérprete le corresponde actualizar su contenido según las cambiantes circunstancias históricas y sociales y dar una aplicación correcta de las normas con la clara conciencia de que su cometido es resolver problemas y no evadirlos" (Corte Constitucional, Sentencia T-605/92, M.P.: Dr. Eduardo Cifuentes Muñoz). Esta preferencia por el Derecho sustancial es mucho más intensa en ordenamientos como el dominicano donde el Derecho que aplica el juez en la solución de las controversias debe ser fundamentalmente justo en virtud del artículo 40.15 de la Constitución.

El Tribunal Constitucional, pese a que ha tratado la efectividad sobre todo en su dimensión procedimental de que el juez constitucional debe aplicar todas las medidas y todas las normas procesales que resulten más idóneas y adecuadas (Sentencia TC/0050/12) y más útiles (Sentencia TC/0092/13) para la efectividad de la justicia constitucional, no ha sido ajeno a esta conceptuación del principio de efectividad como expresión de una justicia concreta, material y socialmente situada, proclamando en su Sentencia TC/0224/19) que: "Al respecto, el Tribunal Constitucional advierte que, como garante de la supremacía de la Constitución, la defensa del orden constitucional y la protección de los derechos fundamentales, nuestra Ley Sustantiva prescribe en sus artículos 51.2 y 59 sendos derechos fundamentales de carácter económico y social atinentes, respectivamente, al acceso legal a la propiedad inmobiliaria titulada y a la vivienda digna, los cuales figuran como prioridades fundamentales de las políticas públicas del Estado dominicano. A la luz de dichas importantes normas constitucionales, esta corporación estima que no debe ser marginalizado del alcance de la presente sentencia el gran conflicto social que concierne a los ocupantes de viviendas […] En esta virtud, apelando al principio de efectividad que rige el derecho procesal constitucional, el juez debe adoptar todas las medidas pertinentes que garanticen la efectividad de su decisión para tutelar todos los derechos fundamentales afectados en el conflicto sometido a su consideración, así como la restauración del orden constitucional violentado por la expropiación irregular por vía de hecho administrativa ejecutada".

2.5 Favorabilidad.

El artículo 7.5 de la LOTCPC establece que "la Constitución y los derechos fundamentales deben ser interpretados y aplicados de modo que se optimice su máxima efectividad para favorecer al titular del derecho fundamental. Cuando exista conflicto entre normas integrantes del bloque de constitucionalidad, prevalecerá la que sea más favorable al titular del derecho vulnerado. Si una norma infraconstitucional es más favorable para el titular del derecho fundamental que las normas del bloque de constitucionalidad, la primera se aplicará de forma complementaria, de manera tal que se asegure el máximo nivel de protección. Ninguna disposición de la presente ley puede ser interpretada en el sentido de limitar o suprimir el goce y ejercicio de los derechos y garantías fundamentales".

El *principio de favorabilidad* establecido por el artículo 7.5 de la LOTCPC se deriva del artículo 74.3 de la Constitución que dispone que "los poderes públicos interpretan y aplican las normas relativas a los derechos fundamentales y sus garantías, en el sentido más favorable a la persona titular de los mismos" (artículo 74.3). Se asimila este principio al *principio pro homine,* el cual "es un criterio hermenéutico que informa todo el derecho de los derechos humanos, en virtud del cual se debe acudir a la norma más amplia, o a la interpretación más extensiva, cuando se trata de reconocer derechos protegidos e, inversamente, a la norma o a la interpretación más restringida cuando se trata de establecer restricciones permanentes al ejercicio de los derechos o su suspensión extraordinaria" (PINTO: 163). Este principio está estrechamente vinculado con el principio de la máxima efectividad, en virtud del cual, supuestas varias interpretaciones posibles se debe dar preferencia a la que mayor eficacia confiera a la norma constitucional.

La favorabilidad conecta también con el *principio de concordancia práctica*, según el cual "en caso de conflicto entre derechos fundamentales, [los poderes públicos] procurarán armonizar los bienes e intereses protegidos por esta Constitución" (artículo 74.4 de la Constitución). En este sentido, la LOTCPC dispone que en caso de conflicto entre normas integrantes del bloque de constitucionalidad prevalecerá la más favorable al titular del derecho, no importa el rango de la norma dentro del sistema de fuentes del Derecho. Esto, sin embargo, no resuelve el caso de conflicto entre los derechos de dos titulares de derechos. Estos conflictos son frecuentes. Tales son los casos de conflicto entre el derecho a un juicio público y el derecho a un juicio imparcial; entre el derecho a la información y el derecho a un juicio imparcial; entre el derecho a la intimidad y el derecho a la información; entre el derecho a la vida del feto y el derecho a la vida de la madre. Conflictos como éstos exigen que el intérprete constitucional, como ya ha afirmado el Tribunal Constitucional alemán, asegure una "concordancia práctica" entre los principios en conflicto. Esto conlleva a que los valores constitucionalmente amparados deban ser armonizados los unos con los otros y que se evite que un valor se realice en base al sacrificio de otro. En el caso *Crucifijo en las aulas de clase* (BverfGE 1 [1995]), el Tribunal Constitucional alemán ha considerado que su misión esencial era preservar al mismo tiempo los valores de la libertad de creencia, de conciencia y de profesión de fe y los de la enseñanza escolar. Cada valor constitucionalmente protegido debía ser limitado para que alcanzase su efecto óptimo. Pero esas limitaciones no podían ser irrazonables o desproporcionadas, sino que debían ser aquellas limitaciones justas y necesarias para realizar la concordancia práctica entre los valores en conflicto. En la especie, el tribunal determinó que la colocación de un crucifijo en las aulas escolares excedía lo necesario para garantizar que los factores religiosos se tomen en cuenta en la enseñanza escolar tal como manda la Constitución.

Vinculado con el principio *pro homine*, encontramos el *principio de la mayor protección*, el cual conduce a aplicar preferentemente aquella norma del bloque de constitucionalidad que ofrezca una mayor protección de un determinado derecho fundamental. Así, cuando las normas internacionales ofrezcan una mayor protección que las nacionales, prevalecerán las primeras y, de lo contrario, las segundas. Es por ello que la jurisprudencia constitucional comparada considera que el debido proceso aplica no solo a los procesos judiciales como mandan la mayoría de las constituciones sino a todos los procesos, incluyendo los administrativos, como ordenan los pactos internacionales de derechos humanos. En este sentido, los convenios internacionales de derechos humanos no pueden considerarse que brindan una mayor protección de los derechos fundamentales, sino que únicamente contienen un estándar mínimo, por debajo del cual no pueden reconocerse derechos fundamentales, pero sí otorgarles un mayor grado de protección. Los derechos fundamentales deben ser interpretados conforme los tratados internacionales de derechos humanos, pero no conforme a cualquier tratado sino aquel que otorgue, en contraste con las normas nacionales de protección del derecho envuelto, la mayor protección y optimización del derecho. En su dimensión procesal el principio in dubio pro homine se concreta en el principio *pro actione* o *favor actionis* que, como bien ha establecido el Tribunal Constitucional, "supone que, ante dudas fundadas sobre la observancia por parte del recurrente de un requisito objetivo de admisibilidad en particular, el Tribunal Constitucional debe presumir la sujeción del recurrente a dicho requisito para garantizar la efectividad de sus derechos fundamentales" (Sentencia TC/0247/18).

Finalmente, dado que la Constitución reconoce como función esencial del Estado la protección efectiva de los derechos de la persona (artículo 8), los derechos fundamentales gozan de una *posición preferente* en el ordenamiento jurídico, lo cual impone la exigencia de que todo el ordenamiento jurídico deba ser interpretado de conformidad con los derechos fundamentales. De ahí que, cuantas veces entren en conflicto normas sobre el poder y normas sobre derechos, el conflicto debe resolverse aplicando preferentemente las normas sobre derechos. Este criterio de interpretación no significa, sin embargo, que al interior de la Constitución existe un *orden jerarquizado de derechos fundamentales* donde hay unos derechos más valiosos que otros. Lo que la posición preferente de los derechos fundamentales significa es que ciertos derechos gozan de una posición preferente en el sentido de que cualquier restricción sobre los mismos se presume inconstitucional y tiene que ser sometida a un estricto control de constitucionalidad. Si coliden derechos preferidos con otras libertades, como bien afirma el Tribunal Constitucional peruano, "la solución del problema no consiste en hacer prevalecer unos sobre otros, sino en resolverlos mediante la técnica de la ponderación y el principio de concordancia práctica" (STC. Exp. 1797-2002-HDTC). Pero si lo que está en juego son solo los derechos de una persona frente a las prerrogativas del Estado, como bien ha establecido nuestro Tribunal Constitucional, "existiendo dos opciones de interpretación en nuestra carta magna [..], de acuerdo con los principios interpretativos de favor libertatis y pro homine reconocidos por este tribunal –entre otras muchas a través sus sentencias TC/0621/18 y TC/0013/13- de conformidad con el artículo 74.4 de la Constitución, este colegiado está obligado a preferir aquella opción que restringe en menor medida el derecho del accionante" (Sentencia TC/0210/20).

2.6 Gratuidad.

El artículo 7.6 dispone que "la justicia constitucional no está condicionada a sellos, fianzas o gastos de cualquier naturaleza que dificulten su acceso o efectividad y no está sujeta al pago de costas, salvo la excepción de inconstitucionalidad cuando aplique". *La gratuidad de la justicia constitucional* es una exigencia derivada de la accesibilidad a la justicia constitucional, consagrada en el artículo 7.1 de la LOTCPC, y que va más allá de la gratuidad en general de la justicia consagrada por la Constitución (artículos 69.1 y 149) que, como bien ha reconocido el Tribunal Constitucional, admite limitaciones al legislador fijar costas, tasas o impuestos judiciales (Sentencia TC/0339/14). Y es que en un país que, como la República Dominicana, se caracteriza por la pobreza estructural que aqueja a casi la mitad de su población, la igualdad ante la ley, de la cual se deriva la igualdad ante la justicia, sería una vana ilusión si no se asegura la plena accesibilidad al servicio judicial a través de la gratuidad de este, por lo menos en los procesos de justicia constitucional. Por eso la LOTCPC ha entendido que la justicia constitucional, salvo la excepción de constitucionalidad sometida al régimen de la materia en la cual se interpone, debe estar exenta de todo cargo de sellos, fianzas, gastos o costas, de modo que a ninguna persona se le prive del derecho a acceder libre y plenamente a la misma. Este principio es reafirmado de manera expresa en lo que respecta a la acción de amparo en el artículo 66 de la LOTCPC. En todo caso, aunque el principio de la gratuidad en general de la justicia, es un principio que admite limitaciones, como ya dijimos, lo que permite la exigencia legal del pago de costas a la parte perdidosa en materia civil y comercial, por ejemplo, la jurisprudencia internacional en materia de derechos humanos es clara de que, aún en esos casos, las limitaciones a la gratuidad de la justicia, deben ser razonables y no pueden implicar la negación misma del derecho (Tribunal Europeo de Derechos Humanos, *Osman vs. The United Kingdom*, Judgment of 28 October 1998, Reports 1998-VIII). Los problemas de acceso a la justicia de los justiciables en situaciones de pobreza debido a los costos asociados a las limitaciones a la gratuidad de la justicia ajena a los procesos constitucionales que imponen cargas judiciales desproporcionadas para las personas en tales situaciones solo podrán solventarse, sin embargo, cuando se garantice la asistencia legal a estos justiciables mediante instituciones tales como el "amparo de pobreza" colombiano, al cual nos referiremos sumariamente al abordar la gratuidad de la justicia en el capítulo 10.

2.7 Inconvalidabilidad.

El artículo 7.7 de la LOTCPC dispone que "la infracción de los valores, principios y reglas constitucionales, está sancionada con la nulidad y se prohíbe su subsanación o convalidación". La inconvalidabilidad es una consecuencia de la nulidad absoluta y de pleno derecho de los actos inconstitucionales consagrada por el artículo 6 de la Constitución tal como ha reconocido el Tribunal Constitucional (Sentencia TC/0090/22).

2.8 Inderogabilidad.

El artículo 7.8 de la LOTCPC establece que "los procesos constitucionales no se suspenden durante los estados de excepción y, en consecuencia, los actos adoptados que vulneren derechos protegidos o que afecten irrazonablemente derechos suspendidos, están sujetos al control jurisdiccional". La LOTCPC consagra un principio fundamental del derecho internacional de los derechos humanos que es el de la inderogabilidad de las garantías de los derechos fundamentales. Hay que remarcar que si bien la Constitución establece que durante el Estado de Defensa las *garantías judiciales, procesales e institucionales* para la protección de los derechos no son pasibles de suspensión (artículo 263.12), permite, sin embargo, que en los Estados de Conmoción Interior y de Emergencia pueda suspenderse el *habeas corpus*, que es la garantía fundamental de la libertad física (artículo 266.6). Independientemente de lo ilógico que resulta que durante el estado de excepción más grave, que es el Estado de Defensa, no puedan suspenderse las garantías fundamentales, en tanto que para los menos graves sea posible suspender una garantía fundamental tan básica como resulta ser el habeas corpus, lo cierto es que, tal como ha señalado la Corte Interamericana de Derechos Humanos, "aquellos ordenamientos constitucionales y legales de los Estados Partes que autoricen, explícita o implícitamente, la suspensión de los procedimientos de habeas corpus o de amparo en situaciones de emergencia, deben considerarse incompatibles con las obligaciones internacionales que a esos Estados impone la Convención" (*El habeas corpus bajo suspensión de garantías,* Opinión Consultiva OC-8/87 y *Garantías judiciales en estados de emergencia,* Opinión Consultiva OC-9/87). Es de esperar que los jueces, a la luz del principio de inderogabilidad consagrado por la LOTCPC, del principio de la aplicación preferente del Derecho Internacional de los derechos humanos, del carácter vinculante de los precedentes de los organismos supranacionales de derechos humanos, del rango constitucional de los tratados internacionales de derechos humanos, de la obligación de los jueces de controlar la convencionalidad de los actos estatales y del principio de la interpretación más favorable al titular de los derechos fundamentales, si fuese menester, hagan prevalecer la plena vigencia de las garantías fundamentales, en específico del habeas corpus, durante los estados de excepción.

2.9 Informalidad.

El artículo 7.9 de la LOTCPC afirma que "los procesos y procedimientos constitucionales deben estar exentos de formalismos o rigores innecesarios que afecten la tutela judicial efectiva". Si la finalidad principal del Estado es la protección efectiva de los derechos de las personas (Artículo 8 de la Constitución) y si los procesos constitucionales de garantía de los derechos fundamentales deben ser acciones rápidas y sencillas como lo quiere la Constitución y la Convención Americana sobre Derechos Humanos, estos procesos no pueden someterse a formalismos salidos de una *concepción ritual de la justicia* que rinde culto a las formas procesales por ellas mismas y no por ser garantes de la libertad (POUND). Como bien expresa la Corte Constitucional colombiana, "riñe, entonces, con la naturaleza y los propósitos que la inspiran y también con la letra y el espíritu de la Carta, toda exigencia que pretenda limitar o dificultar su uso, su trámite o su decisión por fuera de las muy simples condiciones determinadas en las normas pertinentes" (T-459, 15 de julio de 1992, M.P.: José Gregorio Hernández Galindo). El derecho de acceso a la justicia es el fundamento de las acciones constitucionales de garantía. De ahí que, tal como nos señala la jurisprudencia constitucional colombiana, "si una persona que no es conocedora de la ciencia jurídica hace una solicitud confusa, ello no exonera al Juez de Tutela para cumplir con la obligación de acercarse al caso concreto. La tutela tiene que ser un medio eficaz de defensa de los derechos fundamentales y es inaudito que un Juez no haga esfuerzo alguno para que el principio constitucional de acceso a la justicia sea una realidad y no un simple enunciado" (Expediente 27.441, caso de Azucena Ramírez, M.P.: Dr. Alejandro Martínez Caballero). Aunque el Tribunal Constitucional parece atenuar el principio de informalidad, por lo menos en materia de acciones directas de inconstitucionalidad, al señalar que "deben existir requisitos y contenidos mínimos que le permitan a este tribunal el estudio satisfactorio de los aspectos planteados" (Sentencia TC/0199/13), lo cierto es que ha reiteradamente confirmado el principio al establecer, por ejemplo, que no se requiere a los amparistas accionar en amparo mediante abogado (Sentencia TC/0349/19) y que el acto de intimación en el amparo de cumplimiento no tiene que señalar la autoridad que tiene que hacer cesar el incumplimiento (Sentencia TC/0048/19).

2.10 Interdependencia.

La LOTCPC establece que "los valores, principios y reglas contenidos en la Constitución y en los tratados internacionales sobre derechos humanos adoptados por los poderes públicos de la República Dominicana, conjuntamente con los derechos y garantías fundamentales de igual naturaleza a los expresamente contenidos en aquellos, integran el bloque de constitucionalidad que sirve de parámetro al control de la constitucionalidad y al cual está sujeto la validez formal y material de las normas infraconstitucionales" (artículo 7.10).

2.10.1 El bloque de constitucionalidad como parámetro del control de constitucionalidad. En virtud del artículo 6 de la Constitución, "son nulos de pleno derecho toda ley, decreto, resolución, reglamento o acto contrarios a esta Constitución". Esto significa que todos los actos están subordinados, formal, procedimental y sustancialmente al parámetro constitucional. Pero… ¿cuáles normas integran este *parámetro constitucional* que sirve de base al juicio de constitucionalidad?

La percepción habitual del control de constitucionalidad es la de un contraste directo entre una norma infraconstitucional y un precepto contenido expresamente en la Constitución escrita. Ese contraste puede determinar, por sí mismo, la inconstitucionalidad de la norma objeto de control, de tal modo que el parámetro de la constitucionalidad está integrado únicamente por preceptos constitucionales. Por eso, tradicionalmente se ha sostenido que el parámetro constitucional equivale a la Constitución escrita. Pero esta percepción resulta incompleta, sin embargo, si consideramos la complejidad del ordenamiento jurídico y la naturaleza de la Constitución como norma abierta. De ahí que hoy se sostiene que el parámetro constitucional es el orden constitucional global, compuesto por los principios escritos en la Constitución y los principios no escritos pero integrantes de ese orden. Así, para Hernández Valle, "el parámetro del juicio de constitucionalidad es la norma escrita o no escrita, en base a la cual se confronta la legitimidad constitucional de los diversos actos y normas del ordenamiento objeto del control" (Hernández Valle: 707). Esta última tesis acerca del parámetro constitucional es la que sostuvo nuestra Suprema Corte de Justicia, la que, ya en 1961, advertía que "los tribunales no tan sólo tienen el derecho, sino que están en el deber de interpretar […] si un tratado internacional, lo mismo que las demás leyes, son o no compatibles con la Constitución; que [dichos tratados deben interpretarse] con sujeción a los *supremos principios, escritos y no escritos*, que sirven de base a nuestra Constitución política, y ninguna estipulación [de esos tratados] que se aparte de esos principios puede ser aplicada por nuestros tribunales" (S.C.J. 20 de enero de 1961. B.J. 606.49). Y es precisamente esta tesis la receptada por la LOTCPC, la cual es clara en cuanto a que "los valores, principios y reglas contenidos en la Constitución y en los tratados internacionales sobre derechos humanos adoptados por los poderes públicos de la República Dominicana, conjuntamente con los derechos y garantías fundamentales de igual naturaleza a los expresamente contenidos en aquellos, integran el *bloque de constitucionalidad* que sirve de parámetro al control de la constitucionalidad y al cual está sujeto la validez formal y material de las normas infraconstitucionales" (artículo 7.10). Como se puede observar, para la LOTCPC el parámetro de constitucionalidad no está integrado únicamente por preceptos constitucionales sino también por normas supra constitucionales que pertenecen a lo que la doctrina, la jurisprudencia y la propia LOTCPC denominan el *"bloque de constitucionalidad"*.

La expresión *bloc de constitutionnalité* designa, conforme a la doctrina francesa, el conjunto de normas que el Consejo Constitucional aplica en el control previo de constitucionalidad de las leyes y de los reglamentos parlamentarios. Este conjunto está compuesto por la Constitución, la Declaración de Derechos del Hombre y del Ciudadano de 1789 y el Preámbulo de la Constitución de 1946 (Favoreu: 166). En el caso dominicano, en virtud del artículo 74.3 de la Constitución, "los tratados, pactos y convenciones relativos a derechos humanos, suscritos y ratificados por el Estado dominicano tienen jerarquía constitucional y son de aplicación directa e inmediata por los tribunales y demás órganos del Estado". Resulta entonces que los instrumentos internacionales de derechos humanos integran el bloque de constitucionalidad, por lo que forman parte del parámetro en virtud del cual los jueces juzgan la constitucionalidad de las normas y de los actos. De modo que una norma o un acto resulta inconstitucional no solo cuando contradice una disposición constitucional sino también cuando choca con una disposición contenida en un *convenio internacional de derechos humanos* que resulta ser una norma materialmente constitucional, tal como lo había consagrado la Suprema Corte de Justicia, previo a la reforma constitucional de 2010, al disponer que "los jueces están obligados a aplicar las disposiciones contenidas en el bloque de constitucionalidad como fuente primaria de sus decisiones" (Resolución 1920-2003, del 13 de noviembre de 2003). A la luz del artículo 74.3 no es constitucionalmente admisible ni correcto el criterio sostenido por la Suprema Corte de Justicia en el sentido de que "frente a una confrontación o enfrentamiento de un tratado o convención con la Constitución de la República, ésta debe prevalecer, de lo que se deriva que para que una ley interna pueda ser declarada inconstitucional, no es suficiente que ella contradiga o vulnere una convención o tratado de que haya sido parte el Estado dominicano, sino que es necesario que esa vulneración alcance a la Constitución misma, en virtud de que en nuestro país rige el *principio de supremacía de la Constitución*, por lo que ningún tratado internacional o legislación interna es válida cuando colisione con principios expresamente consagrados por nuestra Carta Magna" (Sentencia No. 86, 12 de agosto de 2009). Y es que, muy por el contrario, basta simplemente con que un acto viole un derecho consignado en un instrumento internacional de derechos humanos suscrito y ratificado por el país para que viole la Constitución, aun cuando el derecho no sea reconocido expresa ni implícitamente por la Constitución, ya que dicho instrumento al tener jerarquía constitucional es parte del bloque de constitucionalidad y, por ende, del corpus constitucional. De ahí que el Tribunal Constitucional, a la hora de conceptuar la finalidad de la acción directa en inconstitucionalidad, no la ha limitado a garantizar solo la Constitución sino que la ha conceptuado como una acción que permite defender todo el bloque de constitucionalidad, el que incluye en virtud del artículo 74.3 de la Constitución los convenios internacionales de derechos humanos, afirmando que "es incuestionable que esta acción funciona como una especie de fuero constitucional en provecho de la Norma Fundamental, pues tiene por finalidad garantizar la supremacía de la Constitución y de las demás normas que integran el denominado bloque de constitucionalidad respecto de las normas infraconstitucionales, con lo que el constituyente ha procurado resguardar el núcleo normativo de la Constitución (en su doble sentido, formal y material) y, consecuentemente, la preservación del orden constitucional consagrado en la Norma Sustantiva" (Sentencia TC/0361/19).

2.10.2 El bloque de convencionalidad como parámetro del control de constitucionalidad. Que el parámetro del control de constitucionalidad de las normas y de los actos sea no solo la Constitución sino también los instrumentos de derechos humanos vigentes en el país significa que tanto el Tribunal Constitucional como el Poder Judicial, en el ejercicio de su potestad de justicia constitucional (artículo 5 de la LOTCPC), son defensores no solo de la Constitución sino también del derecho internacional de los derechos humanos. Es por ello que, como bien dispone el artículo 2 de la LOTCPC, el objetivo de la justicia constitucional es "garantizar la supremacía y defensa de las normas y principios constitucionales y del Derecho Internacional vigente en la República, su uniforme interpretación y aplicación, así como los derechos y libertades fundamentales consagrados en la Constitución o en los instrumentos internacionales de derechos humanos aplicables".

Una lectura combinada de la LOTCPC y la Constitución revelan que el juez dominicano no solo está obligado a controlar la constitucionalidad de las normas y de los actos para hacer efectiva la normatividad y supremacía constitucional, tal como quiere y manda el artículo 6 de la Constitución, sino que, en virtud del artículo 26 de la Constitución, que establece que "la República Dominicana es un Estado miembro de la comunidad internacional, abierto a la cooperación y apegado a las normas del derecho internacional", el juez debe aplicar las normas del derecho internacional (artículo 26.1), incluyendo las normas contenidas en convenios internacionales ratificados por el país, los cuales "regirán en el ámbito interno, una vez publicados de manera oficial" (artículo 26.2) y, en lo que respecta a los que versen sobre derechos humanos, aparte de tener jerarquía constitucional, "son de aplicación directa e inmediata por los tribunales y demás órganos del Estado" (artículo 74.3).

Como bien ha establecido la Corte IDH, "los jueces y tribunales internos están sujetos al imperio de la ley y, por ello, están obligados a aplicar las disposiciones vigentes en el ordenamiento jurídico. Pero cuando un Estado ha ratificado un tratado internacional como la Convención Americana, sus jueces, como parte del aparato del Estado, también están sometidos a ella, lo que les obliga a velar porque los efectos de las disposiciones de la Convención no se vean mermados por la aplicación de leyes contrarias a su objeto y fin, y que desde un inicio carecen de efectos jurídicos. En otras palabras, el Poder Judicial debe ejercer una especie de 'control de convencionalidad' entre las normas jurídicas internas que aplican en los casos concretos y la Convención Americana sobre Derechos Humanos. En esta tarea, el Poder Judicial debe tener en cuenta no solamente el tratado, sino también la interpretación que del mismo ha hecho la Corte Interamericana, intérprete última de la Convención Americana" (Corte IFH, *"Caso Almonacid Arellano y otros vs. Chile"*, sentencia sobre excepciones preliminares, fondo, reparaciones y costas, 26 de septiembre de 2006, Serie C, párr. 124). Y es que "cuando un Estado ha ratificado un tratado internacional como la Convención Americana [sobre Derechos Humanos], sus jueces también están sometidos a ella, lo que les obliga a velar porque el efecto útil de la Convención no se vea mermado o anulado por la aplicación de leyes contrarias a sus disposiciones, objeto y fin. En otras palabras, los órganos del Poder Judicial deben ejercer no solo un control de constitucionalidad, sino también 'de convencionalidad' ex officio entre las normas internas y la Convención Americana" (Corte I.D.H. *Caso Trabajadores Cesados del Congreso (Aguado Alfaro y otros) v. Perú*, Sentencia de 24 de noviembre de 2006, Serie C No. 158, párr. 128). El deber de los jueces no se limita, entonces, a determinar si, por ejemplo, una norma interna es constitucional, sino que está obligado, además, a determinar si la ley viola o no una convención internacional, como es el caso de la Convención Americana sobre Derechos Humanos (Corte I.D.H., *Caso Boyce y otros vs. Barbados*, Sentencia de 20 de noviembre de 2007, Serie C No. 169, párr. 78). El juez debe, en primer término, tratar de proveer una interpretación conforme el derecho internacional de la norma en cuestión pero, en caso de que la norma sea flagrantemente violatoria de las normas internacionales, entonces, por un principio general de derecho recogido en el artículo 26 de la Convención de Viena sobre los Tratados, "no podrá invocar disposiciones de su derecho interno como justificación para el incumplimiento de dichas obligaciones convencionales" (*Caso Boyce*, cit., párr. 77). En todo caso, "esta verificación de convencionalidad tiene un carácter difuso ya que cada uno de los magistrados locales puede y debe cumplir la tarea, sin perjuicio de la postrera intervención de la Corte Interamericana" (HITTERS: 124).

Este control de convencionalidad, crecientemente estudiado por la doctrina constitucional (ALBANESE, AYALA CORAO, HITTERS, REY CANTOR, SOUSA DUVERGE), apenas desarrollado por nuestro Tribunal Constitucional, que, sin embargo, reconoce su deber de aplicarlo (Sentencia TC/0190/13), puede y debe ser ejercido para controlar la legitimidad incluso de las normas constitucionales, a la luz de los convenios internacionales de derechos humanos suscritos y ratificados por el país, pues dicho control, no pone en juego la supremacía constitucional ordenada por el artículo 6 de la Constitución, pues es la propia Constitución la que reconoce el apego de la República "a las normas del derecho internacional" (artículo 26) y la que, al tiempo de darle rango constitucional a los instrumentos internacionales de derechos humanos (artículo 74.3) y plena aplicabilidad, directa e inmediata, a dichos derechos humanos, dispone que los "poderes públicos interpretan y aplican las normas relativas a los derechos fundamentales y sus garantías, en el sentido más favorable a la persona titular de los mismos" (artículo 74.4). Lo que esto significa es que no se trata de una cuestión de jerarquía de fuentes, sino que lo que está en juego es sencillamente la obligación del juez de aplicar preferentemente la norma internacional y la norma más favorable al titular de los derechos fundamentales, por lo que la norma internacional queda descartada si y solo si la norma interna, sea constitucional o infraconstitucional, es más favorable que la internacional.

Al considerarse los derechos humanos consignados en los tratados internacionales de derechos humanos como parte del bloque de constitucionalidad, "el '*bloque de convencionalidad*' queda subsumido en el 'bloque de constitucionalidad', por lo que al realizar el 'control de constitucionalidad' también se efectúa 'control de convencionalidad'" (Voto razonado de Sergio García Ramírez, juez de la Corte IIDH en el *Caso Trabajadores Cesados del Congreso (Aguado Alfaro y otros) vs. Perú*). En todo caso, el resultado es que "el juez dominicano se convierte en un juez internacional y la Constitución no solo es lo que ella expresamente consagra sino también el conjunto de derechos y garantías consignados en los instrumentos internacionales de derechos humanos, lo que ya los autores conocían como el 'bloque de constitucionalidad' y que ahora encuentra en el control de convencionalidad el instrumento idóneo para su efectiva concreción y vigencia" (SOUSA DUVERGE: 128). Este bloque de convencionalidad subsumido en el bloque de constitucionalidad vendría a estar integrado por los convenios internacionales de derechos humanos suscritos y ratificados por el Estado dominicano, las decisiones de los órganos creados para la interpretación y aplicación de dichos convenios, en especial las sentencias y opiniones consultivas de la Corte IDH y las recomendaciones de la CIDH, como tendremos ocasión de analizar más en detalle cuando abordemos la garantía fundamental de la convencionalidad en el capítulo 12.

2.11 Oficiosidad.

El artículo 7.11 de la LOTCPC consagra que "todo juez o tribunal, como garante de la tutela judicial efectiva, debe adoptar de oficio, las medidas requeridas para garantizar la supremacía constitucional y el pleno goce de los derechos fundamentales, aunque no hayan sido invocadas por las partes o las hayan utilizado erróneamente". La *oficiosidad* obliga al juez constitucional a impulsar de oficio los procesos constitucionales de modo que este avance autónomamente sin necesidad de intervención de las partes o ante una intervención defectuosa de las mismas. Y es que es de la esencia y naturaleza pública de los procesos constitucionales que, contrario a los procesos de carácter iusprivatista, "el juez, de oficio, desarrolle las etapas o estadios procesales que, en la naturaleza sumarísima de estos procesos sui generis, no deben tener muchas formalidades como ocurre con el resto de los procesos civiles u ordinarios" (ETO CRUZ Y PALOMINO MACHEGO: 304). Esto no significa que el juez sustituye a las partes sino que los jueces "como conductores del proceso constitucional, en mérito a este principio de impulso procesal, tienen el deber de impulsar el desarrollo de los procesos, al punto de resultar responsables por la demora, por simple inactividad o por negligencia, ya que es parte activa para alcanzar la finalidad del proceso constitucional [...] Recapitulando, la facultad de impulso del juez, *garantiza la continuidad en el desarrollo del proceso constitucional*, permitiendo cumplir con la emisión de una sentencia en el menor tiempo posible" (ESPINOZA ZEVALLOS: 391).

2.12 Supletoriedad

La LOTCPC contempla que "para la solución de toda imprevisión, oscuridad, insuficiencia o ambigüedad de esta ley, se aplicarán supletoriamente los principios generales del Derecho Procesal Constitucional y sólo subsidiariamente las normas procesales afines a la materia discutida, siempre y cuando no contradigan los fines de los procesos y procedimientos constitucionales y los ayuden a su mejor desarrollo" (artículo 7.12). Veamos en qué consiste esta supletoriedad y cuál es el sentido de esta como principio rector de la justicia constitucional.

2.12.1 El derecho procesal constitucional como derecho supletorio en la justicia constitucional. La LOTCPC es la primera ley en la historia dominicana que menciona expresamente al "derecho procesal constitucional" como rama del Derecho. ¿En qué consiste está disciplina? Una definición inicial del derecho procesal constitucional sería la de que se trata del "conjunto de reglas [...] referentes a la instauración de los juicios constitucionales y la representación en ellos de posiciones subjetivas, las modalidades de acción de la corte constitucional, los caracteres y los aspectos de sus decisiones" (ZAGREBELSKY 1995: 16). Sin embargo, esta definición es apenas un punto de partida. Tratemos de profundizar en la cuestión comenzando por el surgimiento de la disciplina...

2.12.1.1 El desarrollo histórico del derecho procesal constitucional. Cuando hablamos de derecho procesal constitucional, se alude a dos realidades conectadas, pero diferentes: la material, relativa al *fenómeno histórico-social de lo procesal constitucional*, es decir, los instrumentos jurídicos de protección de la Constitución y de los derechos de las personas, y la científica, atinente a *la disciplina, la ciencia o dogmática del derecho procesal constitucional*, que estudia la materia procesal constitucional y que adquiere relevancia con la creación durante el siglo XX de jurisdicciones constitucionales especializadas. (FERRER MAC-GREGOR: 50). En consecuencia, al momento de abordar el desarrollo histórico del derecho procesal constitucional es preciso distinguir entre estas dos realidades.

Aunque la doctrina procesal constitucional precursora (CAPPELLETTI 1961: 48-57) remonta el surgimiento del fenómeno procesal constitucional a la antigua Grecia (en donde, específicamente, en la polis ateniense, mediante la *graphē paranómōn*, que era una acción pública jurisdiccional, cualquier ciudadano podía solicitar la anulación de los decretos o *psephísmata* que entendiese contrarios a las leyes o *nomoi*); que en el derecho romano existió el interdicto pretoriano de Homine libero *exhibendo*, procedimiento sumarísimo en virtud del cual se obtenía la libertad de hombres libres detenidos arbitrariamente por particulares; que el Justicia Mayor del Reino de Aragón, que apareció en el siglo XII, conocía de procesos forales en los cuales se defendía a los súbditos contra los actos arbitrarios de la autoridad real o eclesiástica; que, incluso hay quienes señalan que existen antecedentes del juicio de amparo mexicano en el Derecho indiano; que casi toda la doctrina coincide en que el primer proceso constitucional es el habeas corpus inglés, detalladamente regulado en 1679 pero que se remonta a la Carta Magna de 1215 (FERRER MAC-GREGOR: 50-54); lo cierto es que, pese a todos los antes citados precedentes, la materia procesal constitucional comienza a emerger propiamente hablando con el surgimiento de la primera Constitución escrita, la Constitución de los Estados Unidos de 1787, cuyo artículo VI consagra el principio de supremacía constitucional, y, en específico, con el caso *Marbury v. Madison* de 1803, en el que, de la mano del presidente de la Suprema Corte John Marshall aparece, por vez primera en la historia, el denominado control judicial de constitucionalidad de las leyes o *judicial review*.

A pesar de que el control judicial de constitucionalidad se vincula a técnicas propias del *common law* inglés, como las puestas en práctica en el célebre caso Bonham´s Case de 1610 en donde Lord Edward Coke propugnó por la supremacía del *common law* frente a las leyes del parlamento; que Hamilton afirmaba en El Federalista que "debe preferirse la Constitución a la ley ordinaria", con lo que postulaba el carácter fundamental de la ley constitucional; y que, en *Holmes vs. Walton* en 1780, el tribunal de New Jersey declaró la inconstitucionalidad de un estatuto local; es, sin embargo, el juez Marshall el que sienta las bases fundamentales del *judicial review*, mecanismo que tipifica a toda Constitución verdaderamente normativa, al afirmar que la Constitución constituía Derecho supremo y que era función y deber consustancial de los jueces inaplicar las leyes y los actos contrarios a este Derecho supremo. Y es ahí donde radica el valor de *Marbury v. Madison*: haber situado a la Constitución entre las leyes positivas que definen el Derecho en vigor en un país, que crean los derechos y obligaciones de los individuos y que, por ello, forman parte necesariamente del conjunto de normas que deben ser aplicadas por los jueces para poder fallar los casos que se le presentan. Al plantear la equivalencia sustancial pero no jerárquica entre Constitución y ley, al considerar las disposiciones de la Constitución no solo como Derecho sino como Derecho supremo, el juez Marshall construye los argumentos que han pasado a la posteridad y a la historia y que han contribuido a hacer del poder del judicial review un elemento central del derecho constitucional.

Aunque la argumentación de Marshall ha sido muy criticada por parte de la doctrina constitucional estadounidense -con lo cual disentimos pues es obvio "que el razonamiento de Marshall a lo largo y ancho de toda la decisión responde a una lógica incuestionable" (FERNÁNDEZ SEGADO 1997: 687)- y pese a que el juez Marshall no volvió a utilizar el *judicial review* durante su carrera judicial que terminó en 1835; que la Suprema Corte estadounidense, tras *Marbury vs. Madison*, tampoco volvió a inaplicar una norma por razones de inconstitucionalidad, hasta que la llamada Corte Taney resuelve el caso *Dred Scott v. Stanford* en 1857; y que, en realidad, el control judicial de constitucionalidad sólo adquiere verdadera relevancia durante la época del presidente Franklyn Delano Roosevelt, cuando la Corte privilegia las libertades económicas frente a las leyes sociales de Roosevelt, lo que obliga al último a diseñar un *Court Packing Plan* que no tiene que llevarse a cabo pues la Corte cambia sus criterios y comienza a admitir la constitucionalidad de las reformas sociales implementadas por el presidente; lo cierto es que, no obstante lo anteriormente indicado, la experiencia estadounidense impactaría poderosamente en las jóvenes naciones iberoamericanas que adoptarían a lo largo del siglo XIX el mecanismo del *judicial review*, aunque la importación de la figura no sería servil, emergiendo un sistema mixto o dual de control de constitucionalidad, en donde coexiste el control difuso de constitucionalidad con el concentrado, incluso mucho antes de surgir este último en Europa, al calor de los aportes doctrinarios de Hans Kelsen. En todo caso, más allá de estos aportes originales de Iberoamérica al control de constitucionalidad, a los cuales se suman los mecanismos de defensa de los derechos humanos, como es el caso del amparo mexicano, progresivamente difundido a todo el continente, hay que señalar que todo lo anterior "no fue una creación *ex novo*, sino una creación derivada o, si se quiere, un matiz y desarrollo interesante y peculiar, y eventualmente original, pero solo entendible y explicable desde el trasfondo de un desarrollo propio desde la experiencia norteamericana, que todos los juristas y políticos latinoamericanos del siglo XIX conocían perfectamente bien, ya sea porque tenían acceso a sus fuentes, ya sea porque viajaron o vivieron y asimilaron la cultura norteamericana directamente, por haber vivido en los Estados Unidos y haber publicado allá sus obras, como es el caso, paradigmático, de Domingo Faustino Sarmiento" (GARCÍA BELAÚNDE 2006: 313).

Es indudable que el modelo estadounidense del *judicial review* "es un tema que se analiza dentro de aquellos destinados al proceso o a lo constitucional, y por cierto, está presente en todas las áreas del derecho, ya que la *judicial review* se hace a través de cualquier proceso, ante cualquier juez, en cualquier instancia y tratándose de cualquier materia" y que, en consecuencia, "no ha provocado un enfoque teórico independiente, como ha sucedido en otras partes y en especial en el modelo europeo", al extremo de que "la doctrina norteamericana no parece interesada en el tema, y lo trata abundantemente, pero sin mayores pretensiones y dentro del área del derecho constitucional y como uno de sus capítulos" (GARCÍA BELAÚNDE 2006: 306). Pero esta verdad indiscutible, que se explica en las peculiaridades propias de un sistema jurídico que, como el estadounidense, pertenece al *common law* y, lo que no es menos importante, donde se produce una temprana "constitucionalización del derecho", pues todo juez es constitucional y toda materia jurídica puede potencialmente tener repercusiones constitucionales si toca algún derecho o principio constitucional, esta verdad, repetimos, no nos debe llevar a soslayar el hecho básico e innegable de que es a partir de *Marbury v. Madison* y del desarrollo jurisprudencial posterior de la *judicial review* que se construyen los fundamentos de lo que hoy es un elemento clave del Derecho Procesal Constitucional, al constituir el proceso constitucional por excelencia y el elemento básico sobre el cual se estructura la jurisdicción constitucional. Es más, el debate en Europa a comienzos del siglo XX alrededor del "*defensor de la Constitución*" y de la "*jurisdicción constitucional*", y que tuvo como momento culminante la célebre polémica entre Hans Kelsen y Carl Schmitt, no hubiese podido producirse si no hubiese tenido de trasfondo la experiencia norteamericana del judicial review. Precisamente es este período (1928-1956) "donde debemos ubicar el nacimiento del derecho procesal constitucional como ciencia" (FERRER MAC-GREGOR: 55). Con razón, el eminente iuspublicista español Eduardo García de Enterría, al ponderar los aportes del modelo constitucional estadounidense al constitucionalismo mundial, ha señalado que "el tribunal constitucional es una pieza inventada de arriba abajo por el constitucionalismo norteamericano y reelaborada, en la segunda década de este siglo (XX), por uno de los más grandes juristas europeos, Hans Kelsen. Su punto de partida es, como se comprende, que la Constitución es una norma jurídica, y no cualquiera, sino la primera de todas, lex superior, aquella que sienta los valores supremos de un ordenamiento y que desde esa supremacía es capaz de exigir cuentas, de erigirse en el parámetro de validez de todas las demás normas jurídicas del sistema" (García de Enterría 2006).

2.12.1.2 La disciplina del derecho procesal constitucional y la cuestión de su fundador. La expresión "derecho procesal constitucional" es usada por vez primera en 1944 por el jurista español Niceto Alcalá-Zamora y Castillo, estando exiliado en Argentina, reiterando dicho uso, una vez emigrado a México, en una obra publicada en 1947 (Alcalá-Zamora y Castillo). Por esa razón, una parte de la doctrina entiende que, "para hablar de un fundador del derecho procesal constitucional, necesitamos por un lado que exista el derecho procesal; por otro que lo adjetivemos, o sea, que le demos el nombre y finalmente le demos el contenido. Y esto aun cuando sea en embrión, como sucede siempre con los fundadores y en los primeros pasos de toda disciplina. Y quien primero lo ha hecho es, sin lugar a dudas, Niceto Alcalá-Zamora y Castillo. Y lo hizo en América. No cupo este designio a ningún autor o doctrinario alemán o italiano, que estaban debidamente equipados para ello, pues usan el término en fecha muy posterior (en Italia a partir de 1950 y en Alemania a partir de 1970)" (García Belaúnde 2007).

Sin embargo, el propio Alcala-Zamora y Castillo sostiene que Hans Kelsen es el fundador de la disciplina (Alcalá Zamora y Castillo). Y es que Kelsen, aparte de haber formado parte tanto del equipo de juristas que hubo de preparar el texto concerniente al Tribunal Constitucional austríaco como, en el periodo comprendido entre 1921 y 1930, del propio Tribunal instituido por la Constitución de 1920, es también el autor en 1928 del primer análisis sistemático de la jurisdicción constitucional especializada (Kelsen), que sienta las bases para la estructuración científica de lo que hoy se conoce como derecho procesal constitucional. Las credenciales de Kelsen como fundador de la disciplina radican, en consecuencia, en el hecho de que el jurista "crea en la constitución austriaca un órgano jurisdiccional ad hoc para impartir justicia constitucional: el Tribunal Constitucional; fue a su vez magistrado de dicho tribunal, incluso se le otorgo la membresía de ser magistrado vitalicio; y, años después, cuando el terreno estaba lo suficientemente fértil y maduro, publica su magistral ensayo sistematizando en forma precisa las ideas y los perfiles de la Corte Constitucional austriaca, que sin proponérselo, a la larga, sería el paradigma de la jurisdicción constitucional 'concentrada', 'austriaca' o 'kelseniana'" (Eto Cruz 2013: 666). Hay quienes entienden, sin embargo, que "no obstante, y sin perjuicio del decisivo aporte del maestro de la Escuela de Viena, cabe alertar que si el derecho procesal constitucional se nutre no solo de la doctrina kelseniana de la pirámide jurídica, sino también de los conocidísimos 'procesos constitucionales' de habeas corpus, amparo, writ of error y demás engranajes procesales destinados a tutelar las garantías constitucionales y el principio de supremacía constitucional, resultaría desacertado atribuirle a Kelsen una paternidad que históricamente no le correspondería. A lo dicho, cabe agregar que la implementación de aquellos tramites es muy anterior a la erección de la Corte Constitucional austriaca, y que ya existía una 'magistratura constitucional' (no especializada claro está) antes de Kelsen" (Sagüés: 5).

Por su parte, el uruguayo Eduardo Couture se refiere también al derecho procesal constitucional, el cual distingue del "*derecho constitucional procesal*", comprendiendo el primero los procesos constitucionales destinados a asegurar la supremacía constitucional y los derechos constitucionales y abarcando el segundo las garantías constitucionales de los justiciables en el proceso (Couture), en tanto que los italianos Piero Calamandrei y Mauro Cappelletti contribuirán, respectivamente, al estudio de los fundamentos de la jurisdicción constitucional (Calamandrei), así como de la jurisdicción constitucional protectora de los derechos, la denominada "jurisdicción de la libertad", y de la justicia constitucional supranacional (Cappelletti 1961), lo que hoy se entiende como una nueva rama o subdisciplina del derecho procesal constitucional, denominada "derecho procesal transnacional".

En realidad, el verdadero padre fundador del derecho procesal constitucional, no solo por haber usado la expresión, como su maestro Alcala-Zamora y Castillo, que le otorga por vez primera el *nomen iuris* a la disciplina, sino, fundamentalmente, por haber definido sistemáticamente su contenido y contornos, es el mexicano Héctor Fix-Zamudio, para quien se trata de "una disciplina instrumental que se ocupa del estudio de las normas que sirven de medio para la realización de las disposiciones contenidas en los preceptos constitucionales, cuando estos son desconocidos, violados o existe incertidumbre sobre su significado" (Fix-Zamudio: 91). Fix-Zamudio incardina el derecho procesal constitucional dentro del derecho procesal, define la disciplina y sus diferentes sectores, estudia el proceso constitucional y los diferentes tipos de procesos constitucionales, y aborda las complejidades de la jurisdicción constitucional, cuando todavía no funcionaba la Corte Constitucional italiana y cuando apenas la alemana daba sus primeros pasos. De ahí que, sobre la base de los aportes de Kelsen, Calamandrei, Couture y Cappelletti, "debe considerarse al jurista mexicano como 'fundador conceptual de la ciencia del Derecho procesal constitucional, en el entendido de que la 'ciencia' se va construyendo a través del pensamiento concatenado de todos estos juristas" (Ferrer Mac-Gregor: 100).

2.12.1.3 La naturaleza jurídica del derecho procesal constitucional. La doctrina se divide acerca de la naturaleza jurídica del derecho procesal constitucional (Cruceta, Raful). Existen tres posturas doctrinarias básicas respecto a la naturaleza jurídica del derecho procesal constitucional: (i) una que considera que este pertenece al derecho procesal (ii) otra que postula la naturaleza hibrida o mixta de la disciplina, a caballo entre el derecho constitucional y el derecho procesal; y, finalmente, (iii) una que sostiene que el derecho procesal constitucional es parte del derecho constitucional.

Una gran parte de la doctrina considera que el derecho procesal constitucional se ubica dentro de la disciplina y ciencia del derecho procesal, viniendo a ser esta disciplina, en consecuencia, "un área de estudio que, partiendo de la unidad del proceso y utilizando los conceptos y principios fundamentales acunados por la ciencia procesal, analice el proceso y los procedimientos por medio de los cuales tanto el Tribunal Constitucional como los tribunales ordinarios controlan la supremacía constitucional y la tutela de los derechos fundamentales" (Bordalí Salamanca: 16).

Otra parte de la doctrina coloca al derecho procesal constitucional, en tanto ámbito y como disciplina, dentro del derecho constitucional. Y es que, como bien postula Peter Häberle, el derecho procesal constitucional es un derecho constitucional sustantivo y concretizado en un doble sentido: "en que él mismo es un derecho constitucional concretizado y en que le sirve al Tribunal Constitucional para concretizar la ley fundamental" (HÄBERLE 2004: 27). En tal sentido, es misión de todos los jueces a la hora de impartir justicia constitucional y, principalmente del Tribunal Constitucional, en tanto supremo defensor jurisdiccional de la Constitución, no "sólo de aplicar la Constitución en función de las normas procedimentales, sino de darle a dichas normas un contenido propio, conforme a la Constitución, pues si bien el derecho procesal constitucional también requiere partir y remitirse a los principios generales del derecho procesal, ello será posible en la medida que este último sea afín con los principios y valores constitucionales" (LANDA 2004: 67)., tal como reconoce la LOTCPC al disponer que se aplicarán "sólo subsidiariamente las normas procesales afines a la materia discutida, siempre y cuando no contradigan los fines de los procesos y procedimientos constitucionales y los ayuden a su mejor desarrollo" (artículo 7.12). "En consecuencia, son los jueces los que forjan la mayoría de las reglas procesales, con una autonomía (y un impacto sobre el derecho constitucional general) incluso mayor que la de los parlamentos a la hora de promulgar las normas que van a disciplinar los procedimientos legislativos, de control y de impulso. En definitiva, si el derecho constitucional general es también derecho del desarrollo legislativo de la Constitución, significa que hoy es sobre todo derecho de su desarrollo jurisprudencial: como se ha dicho, 'la Constitución es lo que el tribunal supremo dice que es'. El estudio de la justicia constitucional, por tanto, no puede circunscribirse a los rígidos esquemas de un derecho procesal (eso sí peculiar), no sin dejar un halo de sombra sobre sus otras características destacadas" (PERGORARO: 23). Los procesos constitucionales, en un grado mayor y mucho más intenso que en los procesos jurisdiccionales ordinarios en donde no se ejerce la justicia constitucional, son procesos regulados por la Constitución y en donde la conexión entre el derecho material y el derecho procedimental es más fuerte y estrecha. Más aún, el derecho procesal constitucional no puede ser atrapado del todo por la codificación de un legislador cuyos productos están sometidos al escrutinio del intérprete supremo y final de la Constitución, el Tribunal Constitucional, quien no solo puede interpretar las normas procesales adjetivas conforme a la Constitución y a los fines constitucionales de los procesos constitucionales sino que, además, puede anular dichas normas cuando resultan contrarias a la Constitución y sustituirlas por otras creadas jurisdiccionalmente *ex novo* por el propio Tribunal en virtud de su autonomía procesal.

Finalmente, otra parte de la doctrina sostiene que el derecho procesal constitucional tendría una naturaleza mixta o hibrida, es decir, seria "un derecho procesal constitucional, sí, pero 'suis generis', -es más: muy 'suis generis'-, que comprenda en si pluralidad de perspectivas, que deben reconstruirse alrededor de bienes jurídicos múltiples" (ZAGREBELSKY: 57), lo que obliga a una "doble visualización" de su contenido: por un lado, una "mirada constitucional" que toma en cuenta la regulación constitucional de los institutos del derecho procesal constitucional (jurisdicción constitucional, magistratura constitucional, procesos constitucionales, debido proceso) y, por otro, una "mirada procesal" que se concentra en la regulación legislativa o infraconstitucional de dichos institutos, es decir, en los códigos y leyes procesales constitucionales (SAGÜÉS 2010: 326).

2.12.1.4 El contenido del derecho procesal constitucional. La doctrina difiere acerca del ámbito del derecho procesal constitucional. Sin embargo, desde la perspectiva del ordenamiento jurídico-constitucional dominicano, esta disciplina tiene como objeto de estudio la justicia constitucional, entendida ésta, tal como dispone el artículo 5 de la LOTCPC, como "la potestad del Tribunal Constitucional y del Poder Judicial de pronunciarse en materia constitucional en los asuntos de su competencia", lo cual comprende los "procesos y procedimientos jurisdiccionales que tienen como objetivo sancionar las infracciones constitucionales para garantizar la supremacía, integridad y eficacia y defensa del orden constitucional, su adecuada interpretación y la protección efectiva de los derechos fundamentales". En este sentido, el derecho procesal constitucional abarcaría el estudio de lo siguiente:

a) El *derecho procesal constitucional de la libertad*, que comprende las acciones y los procesos constitucionales destinados a vehicular las garantías de los derechos fundamentales, que no son mas que los mecanismos de protección jurisdiccional enderezados a asegurar la efectividad de dichos derechos (amparo, habeas corpus, habeas data, etc.) y aquellos órganos e instrumentos cuyo fin es la protección de estos derechos (Defensor del Pueblo, etc.). El derecho procesal constitucional aparece así como un Derecho de las garantías fundamentales, entendido incluso el control de constitucionalidad como una garantía del derecho fundamental a la legalidad y a la supremacía constitucional.

b) El *derecho procesal constitucional orgánico*, que abarca la magistratura constitucional especializada (Tribunal Constitucional) y la jurisdicción constitucional ordinaria (Poder Judicial), los procesos constitucionales de control de constitucionalidad por la vía directa en el control concentrado ante el Tribunal Constitucional y por la vía de excepción en el control difuso ejercido por los tribunales del Poder Judicial, y los procesos ante el Tribunal Constitucional de resolución de conflictos de competencia entre órganos constitucionales.

c) El *debido proceso* que, aunque sólo una parte de la doctrina sostiene que forma parte del derecho procesal constitucional (GOZAÍNI 2006, HITTERS), entendiendo muchos autores que éste en realidad debe ser objeto de estudio dentro de lo que se conoce como el derecho constitucional procesal (COUTURE), lo cierto es que la consagración constitucional del debido proceso como garantía fundamental, al lado del habeas corpus, el habeas data y el amparo, no deja otro camino en la República Dominicana que considerar a esta garantía como incluida dentro del objeto del derecho procesal constitucional. En este sentido, puede afirmarse que, en la República Dominicana, al igual que en todo país con control difuso de constitucionalidad, en donde cualquier persona puede alegar la inconstitucionalidad en cualquier tipo de proceso, "cae por tierra (…) una teoría constitucional o procesal que pretenda absolutizar la distinción entre derecho constitucional procesal y derecho procesal constitucional. Todo proceso, y no solamente los que estructuran las llamadas garantías constitucionales-procesales, al crear las condiciones institucionales de un discurso lógico-argumentativo de aplicación reconstructiva del derecho constitucional, es proceso que instrumentaliza el ejercicio de la jurisdicción en materia constitucional, o sea, es proceso constitucional" (CATTONI: 207).

d) La *interpretación constitucional*, en la medida en que la Constitución establece principios para la interpretación y aplicación de los derechos fundamentales (principio de concordancia practica que obliga a armonizar y ponder los bienes, valores y derechos en conflicto), y que la propia LOTCPC consagra los principios rectores de la interpretación cuando los jueces ejercen la potestad de brindar justicia constitucional.

e) La *justicia constitucional* electoral ejercida por el Tribunal Superior Electoral en los casos contencioso-electorales y las controversias concernientes a los partidos políticos y que son de su competencia.

f) El *derecho procesal constitucional transnacional*, que incluye el estudio de las jurisdicciones internacionales y supranacionales protectoras de los derechos fundamentales, los procesos de protección de los derechos ante dichas jurisdicciones y el ejercicio por parte de los poderes públicos del deber de controlar la convencionalidad de los actos estatales, lo que articula el agotamiento de los recursos internos, paso indispensable antes de acudir a la jurisdicción supranacional, cuyas decisiones e interpretaciones son vinculantes para los órganos y poderes públicos nacionales.

El derecho procesal constitucional aparece así como un derecho de las garantías fundamentales, entendido incluso el control de constitucionalidad como una garantía del derecho fundamental a la legalidad y a la supremacía constitucional, lo que lleva a considerar esta disciplina como un "derecho constitucional concretizado" (HÄBERLE 2004), significando esto que "el derecho procesal constitucional también requiere partir y remitirse a principios generales del derecho procesal, pero que no sean contradictorios con la justicia constitucional, sino que se desprendan de la Constitución (LANDA 2004: 13).

2.12.1.5 El derecho procesal constitucional en la República Dominicana. En nuestro país, el primer jurista en utilizar el término "*derecho procesal constitucional*" es Juan Ml. PELLERANO GÓMEZ en el año 1990. La primera obra dominicana intitulada "Derecho Procesal Constitucional" es la de Erick HERNÁNDEZ-MACHADO SANTANA. Hoy, en la República Dominicana, el derecho procesal constitucional es una disciplina que cuenta con un amplio número de cultores y obras representativas, como es posible apreciar en el sumario recuento que hicimos en el Capítulo 1, a propósito de una sugerida aproximación bibliográfica al derecho constitucional dominicano, y al cual remitimos al lector. Como evidencia adicional del desarrollo de la disciplina en el país encontramos, además, la fundación del *Capítulo dominicano del Instituto*

Iberoamericano de Derecho Procesal Constitucional, que agrupa a los expertos en la materia, organización que, bajo la égida de su fundador y presidente, el magistrado emérito Hermógenes Acosta de los Santos, desarrolla un sinnúmero de actividades académicas y editoriales.

2.12.1.6 Sentido de la supletoriedad del derecho procesal constitucional. Al disponer la LOTCPC que para "la solución de toda imprevisión, oscuridad, insuficiencia o ambigüedad de esta ley, se aplicarán supletoriamente los principios generales del Derecho Procesal Constitucional", el legislador ha querido dejar claro que "los conflictos constitucionales se solventen a través de la utilización de un *derecho procesal especial* y no mediante el empleo de un derecho procesal ordinario o general" (ASTUDILLO: 45). Con ello, el legislador ha querido evitar los perniciosos efectos que produce, en términos de la protección de los derechos del justiciable y, en sentido general, de la efectividad de los derechos fundamentales, la consideración del derecho civil y del derecho procesal civil como supletorios de la legislación procesal constitucional y de todo el ordenamiento jurídico. A modo de ilustración de estos efectos negativos y, en gran medida, erosionantes de la fuerza normativa de la Constitución, basta con recordar como el traslado al ámbito procesal constitucional de la noción de interés jurídico, legítimo y directo, como base de una legitimación procesal activa conceptuada a partir de la naturaleza patrimonial de los derechos subjetivos en el derecho civil, conduce a impedir que las personas puedan accionar en los procesos constitucionales en defensa de la Constitución y de los derechos fundamentales, todo justificado bajo el argumento de que el accionante debe sufrir un perjuicio directo e ignorando que en materia procesal constitucional se privilegia el principio *pro actione*, como derivado del principio *pro homine*, y que garantiza el derecho a la jurisdicción y, por tanto, que ésta sirva para tutelar efectivamente los derechos de la persona.

Que el legislador consagre expresamente que el derecho procesal constitucional es supletorio de la legislación procesal constitucional, por demás, es una clara manifestación de que la LOTCPC es consciente de que colocar a la legislación civil como norma supletoria de las restantes normas del ordenamiento no solo es una opción políticamente desacertada en tanto perjudica a los titulares de los derechos fundamentales sino, además, teórico-jurídicamente falsa, pues asume que el ordenamiento jurídico gira alrededor del Código Civil cuando lo cierto es que la Constitución es la fuente del derecho suprema y que irradia todo su contenido al resto del sistema jurídico. Mal pudiera entonces la legislación procesal civil servir como derecho supletorio de una legislación procesal constitucional que despliega sus efectos en un ordenamiento jurídico crecientemente constitucionalizado y que, por si fuera poco, y como ya ha señalado Peter Haberle, resulta ser no solo *derecho constitucional concretizado* sino también, lo que no es menos importante, derecho constitucional concretizado por un Tribunal Constitucional que goza de autonomía procesal.

La LOTCPC, aparte del artículo 7.12, también contiene otra remisión al derecho procesal constitucional cuando, al momento de establecer la potestad del Tribunal Constitucional de dictar sentencias interpretativas, señala que esa Alta Corte podrá adoptar "cuando lo considere necesario, sentencias exhortativas o de cualquier otra modalidad admitida en la *práctica constitucional comparada*" (artículo 47, párrafo III).

El Tribunal Constitucional, al amparo tanto de la citada disposición legal como de los principios de supletoriedad y de oficiosidad, no solo ha dictado una variedad de sentencias interpretativas reconocidas en el derecho constitucional comparado, aunque no establecidas expresamente en la LOTCPC, como ya tendremos ocasión de estudiar a la hora de analizar la tipología de sentencias constitucionales, sino que también, en varias sentencias, ha extendido este recurso a la práctica constitucional comparada en materia de sentencias constitucionales para acoger, además, "dentro de las modalidades de sentencias constitucionales en el derecho procesal constitucional comparado […] las llamadas 'sentencias de unificación', utilizadas frecuentemente por la Corte Constitucional de Colombia. Este tipo de sentencias tiene como finalidad unificar criterios en la jurisprudencia para resolver posibles contradicciones originadas por decisiones jurisdiccionales, que impidan la vigencia o relación de derechos fundamentales, para unificar criterios jurisprudenciales o cuando un asunto de transcendencia lo amerite" (Sentencia TC/0123/18).

2.12.1.7 Subsidiariedad de la legislación procesal de la materia discutida. Tanto la Constitución como la LOTCPC están conscientes de que la justicia constitucional está en manos no solo de la jurisdicción constitucional especializada del Tribunal Constitucional sino también del juez ordinario. Tomando en cuenta ese rasgo fundamental de nuestro sistema de justicia constitucional, es decir, que el juez ordinario aplica la Constitución en las controversias que se suscitan ante su jurisdicción, la LOTCPC dispone que, para el hipotético caso de que los principios del derecho procesal constitucional no sean suficientes para suplir las lagunas de la LOTCPC se acuda "subsidiariamente" a "las normas procesales afines a la materia discutida". El recurso a normas procesales extraconstitucionales es, sin embargo, aparte de subsidiario, condicionado a que dichas normas "no contradigan los fines de los procesos y procedimientos constitucionales y los ayuden a su mejor desarrollo". Y es que, en el campo de lo procesal constitucional, "la técnica procesal debe estar al servicio de las situaciones subjetivas, de manera que más perfecta resulta aquella cuanto mejor se adecúe a los derechos fondales que pretende tutelar" (Hitters: 394). Es por ello que, si bien el derecho procesal constitucional no se aparta totalmente del derecho procesal general, cuando se trasladan al primero conceptos de la teoría general del proceso tales como "proceso", "parte", etc., siempre "deben comprenderse a partir del contenido material y finalista de la Constitución" (Landa 2023: 27) que presupone que la función esencial del Estado es la protección efectiva de los derechos fundamentales (artículo 8) y que la finalidad del proceso y los procesos constitucionales, en particular, no es más que hacer realidad concreta esta tutela efectiva por parte del Estado de los derechos de las personas.

2.12.1.8 Los principios generales del derecho procesal constitucional. Aunque la LOTCPC consagra un gran número de los principios generales del Derecho Procesal Constitucional, ella es consciente de que el legislador no puede prever en un momento dado todos los principios englobados en una disciplina tan dinámica y tan dúctil como la del derecho procesal constitucional. Por eso, el legislador remite en caso de lagunas, ambigüedad u oscuridad de las normas procesales constitucionales expresamente consignadas en la LOTCPC a los principios generales de aquella disciplina. Muchos de estos principios generales se derivan de los expresamente consagrados en la LOTCPC, como ocurre con el *principio de interacción*, en virtud del cual el juez dominicano, a la hora de tutelar los derechos fundamentales, debe tomar en cuenta lo dicho al respecto por el juez supranacional, el cual se deriva del principio de interdependencia (artículo 7.11). Otros, sin embargo, no pueden derivarse de los principios legislativamente consagrados, aunque sí se desprenden del propio ordenamiento constitucional. Tal es el caso del *principio de socialización del proceso*, el cual viene exigido por el artículo 39 de la Constitución, y en virtud del cual el juez debe evitar que la desigualdad de las personas afecte el desarrollo o resultado del proceso y que es lo que explica por qué la LOTCPC consagra el deber del juez de dar tutela judicial diferenciada a los justiciables (artículo 7.4). Ocurre lo mismo con el *principio de economía procesal*, en virtud del cual debe tratarse de obtener el mayor resultado posible con el mínimo de empleo de actividad procesal, exigencia que, por demás, se desprende de la función esencial del Estado, que es la protección efectiva de los derechos de la persona (artículo 8 de la Constitución) y de la definición constitucional misma de garantía fundamental (artículo 68). En todo caso, el juez debe partir de que la tutela constitucional está impregnada por unos principios rectores propios que, aparte de los consagrados en el artículo 7 de la LOTCPC, son aquellos provistos por la dogmática procesal constitucional.

2.13 Vinculatoriedad.

Finalmente, la LOTCPC dispone que "las decisiones del Tribunal Constitucional y las interpretaciones que adoptan o hagan los tribunales internacionales en materia de derechos humanos, constituyen precedentes vinculantes para los poderes públicos y todos los órganos del Estado" (artículo 7.13). En el Capítulo 4 nos referimos al *carácter vinculante de las decisiones del Tribunal Constitucional*. En cuanto a la vinculatoriedad de las decisiones de los tribunales internacionales sobre derechos humanos constituidos según tratados de los que la República Dominicana es parte y las recomendaciones de los organismos internacionales, hay que señalar que deben ser tomados en cuenta por los jueces dominicanos en sus sentencias pues los derechos fundamentales deben ser interpretados conforme los tratados internacionales de derechos humanos, lo cual implica, como bien ha señalado el Tribunal Constitucional del Perú, "una adhesión a la interpretación que, de los mismos, hayan realizado los órganos supranacionales de protección de los atributos inherentes al ser humano y, en particular, el realizado por la Corte Interamericana de Derechos Humanos, guardián último de los derechos en la Región" (Exp. No. 0217-2002-HC/TC, *Caso de Crespo Bragayrac*).

El Estado dominicano, mediante instrumento de aceptación de la competencia de la Corte IDH del 19 de febrero de 1999, aceptó y declaró que reconoce como obligatorio de pleno derecho y sin convención especial, de acuerdo a las disposiciones del artículo 62 de la CADH, la competencia de la Corte sobre todos los casos relativos a la interpretación o aplicación de la referida Convención. El grado de obligatoriedad de las decisiones de la Corte varía según se trate de sentencias o de opiniones consultivas. "Las *sentencias*, que representan la decisión del Tribunal en casos específicos en los que se han denunciado violaciones de derechos humanos constituyen jurisprudencia obligatoria y vinculante para los tribunales internos" (Gordillo: III-20). Esta obligatoriedad deriva del hecho de que la CADH tiene rango constitucional, en virtud del artículo 74.3 de la Constitución y conforme ha reconocido la propia Suprema Corte de Justicia en su Resolución 1920-2003, y la Corte, como órgano de control de esa Convención, tiene competencia para conocer en cualquier caso atinente a la aplicación e interpretación del mismo (artículo 62), siendo sus sentencias definitivas e inapelables y encontrándose los Estados parte de la Convención obligados a cumplirlas (artículos 67 y 68 de la Convención).

En cuanto a las *opiniones consultivas* emitidas por la Corte, éstas, como bien ha señalado el propio órgano, están destinadas "a ayudar a los Estados y Órganos a cumplir y aplicar los tratados (…) sin someterlos al formalismo y al sistema de sanciones que caracteriza al proceso contencioso" (OC-3/83). Pero estas opiniones, según admite la propia Corte, "no tienen el mismo efecto vinculante que se reconoce para sus sentencias en materia contenciosa" (OC-1/82 del 24/9/92). La tendencia es, sin embargo, a admitir una mayor importancia de las opiniones consultivas de la Corte en la tarea de colaborar en la interpretación de la Convención, y hoy la Corte entiende que las mismas permiten al tribunal "emitir interpretaciones que contribuyan a fortalecer el sistema de protección de los derechos humanos" (OC-14/94 del 9/12/94) y que "aun cuando la opinión consultiva no tiene el carácter vinculante de una sentencia en un caso contencioso, tiene en cambio efectos jurídicos innegables" (OC-16/97 de 14/11/97).

Aunque en un principio, la Corte ha considerado que las "recomendaciones" de la CIDH no constituyen decisiones jurisprudenciales de carácter obligatorio (*Caballero Delgado y Santana*, 8/12/95), la tendencia parece ser que "si bien las recomendaciones, proposiciones e informes emitidas por la Comisión no son 'decisiones jurisdiccionales' tienen efectos jurídicos y poseen obligatoriedad para los Estados" (Gordillo: III-25). La propia Comisión ha afirmado en el Informe Anual de 1997 que "la Corte Interamericana ha señalado que los Estados parte en la Convención Americana tienen la obligación de adoptar las recomendaciones emitidas por la Comisión en sus informes sobre casos individuales, en virtud del principio de buena fe. Esta obligación se extiende a los Estados miembros en general, toda vez que, conforme a la Carta de la OEA, la Comisión Interamericana de Derechos Humanos es uno de los órganos principales de la Organización y tiene como función promover la observancia y la defensa de los derechos humanos en el hemisferio".

La LOTCPC viene a reconfirmar lo establecido por la Suprema Corte de Justicia, la que, incluso antes del reconocimiento por la Constitución del rango constitucional de los tratados internacionales de derechos humanos (artículo 74.3), de la cláusula del Estado abierto al Derecho Internacional y de la posibilidad de transferencia de competencias a órganos supranacionales (artículo 26), había considerado que "es de carácter vinculante para el Estado dominicano, y, por ende, para el Poder Judicial, no solo la normativa de la Convención Americana sobre Derechos Humanos sino sus interpretaciones dadas por los órganos jurisdiccionales, creados como medios de protección, conforme el artículo 33 de ésta, que le atribuye competencia para conocer de los asuntos relacionados con el cumplimiento de los compromisos contraídos por los Estados parte". Pero más aún: para la Suprema Corte de Justicia el bloque de constitucionalidad está constituido no solo por la Constitución y los instrumentos internacionales de derechos humanos sino también por "las opiniones consultivas y las decisiones emanadas de la Corte Interamericana de Derechos Humanos" (Resolución 1920-2003). De este modo, la Suprema Corte de Justicia incorporó al parámetro de constitucionalidad la normativa supranacional en materia de derechos humanos y la interpretación que de esa normativa han provisto los órganos jurisdiccionales supranacionales, en específico, la suministrada por la Corte IDH, lo que viene a ser reafirmado por la LOTCPC.

3. LA JUSTICIA CONSTITUCIONAL EJERCIDA POR EL PODER JUDICIAL

En la República Dominicana cualquier tribunal, no importa el lugar que ocupe en la jerarquía judicial, tiene competencia para juzgar la cuestión de la constitucionalidad que le sea sometida como defensa en el curso de un proceso. Ello ha sido expresamente consagrado en el artículo 188 de la Constitución, relativo al control difuso, que dispone "los tribunales de la República conocerán la *excepción de constitucionalidad* en los asuntos sometidos a su conocimiento". Los jueces ordinarios también ejercitan la justicia constitucional, aparte de esta vía de excepción, en los procesos de *habeas corpus, habeas data, amparo* y *acción de nulidad de derecho constitucional* que sirven de garantía a los derechos fundamentales (artículos 70, 71, 72 y 73 de la Constitución). Veamos a continuación ambas modalidades de justicia constitucional...

3.1 La justicia constitucional activada por vía de excepción: la excepción de constitucionalidad.

Como en la gran mayoría de los países latinoamericanos, el control de constitucionalidad se ha ejercido siempre en República Dominicana por vía de excepción ante un juez ordinario. Así quedó plasmado, desde el momento mismo de la fundación de la República, en el artículo 125 de la Constitución de 1844, el cual establecía que "ningún tribunal podrá aplicar una ley inconstitucional". Esta fórmula fue reproducida en las constituciones de 1854, 1868 y 1872, siendo la de 1874 la que, en su artículo 71, párrafo 17, especifica por primera vez con mayor claridad la potestad de la Suprema Corte de Justicia de "conocer definitivamente de las causas en que se alegue inconstitucionalidad de parte de las leyes, dando si esto fuera así, y sólo como decisión particular, fallo razonable que redima a la parte de la responsabilidad o perjuicio que pudiera sobrevenirle". Esta misma fórmula fue empleada por la Constitución de 1875 (artículo 72, párrafo 16) y, aunque las constituciones de 1877, 1878, 1879, 1880, 1881, 1887 y 1907 fueron silentes al respecto, en la Constitución de 1908 reaparece perfeccionada la fórmula que da competencia a la Suprema Corte de "decidir en último recurso sobre la constitucionalidad de las leyes, decretos y reglamentos en todos los casos en que sean materia de controversia judicial entre partes" (artículo 63, párrafo 5). La cláusula incorporada en 1908 aparece de nuevo en las constituciones de 1927, 1929 y 1934 y desaparece en 1942, año a partir del cual la Constitución no contiene ninguna cláusula expresa en lo referente al control judicial de la constitucionalidad. A pesar de este silencio de la Constitución respecto al control de la constitucionalidad, ello "no ha impedido que la inconstitucionalidad de una ley pueda pedirse por vía de excepción, en un litigio entre particulares" (JORGE GARCÍA: 35), como siempre ha sido reconocido por la jurisprudencia dominicana. Como ya hemos visto, la reforma constitucional de 2010 reconoció expresamente este control en el antes citado artículo 188 de la Constitución. Por su parte, la LOTCPC reconoce y reglamenta este tipo de control en su artículo 51.

3.1.1 El objeto del control de constitucionalidad por vía de excepción: la excepción de inconstitucionalidad supone un cuestionamiento no solo de normas sino también de cualquier acto de los poderes públicos, aún sin carácter normativo, pretendidamente inconstitucional. El objeto del control difuso se infiere del artículo 6 de la Constitución: "Son nulos de pleno derecho toda ley, decreto, resolución o acto contrarios a esta Constitución". Por su parte, el artículo 51 de la LOTCPC dispone que la excepción de inconstitucionalidad procede cuantas veces, como medio de defensa, se alegue ante el juez o tribunal apoderado del fondo de un asunto "la inconstitucionalidad de una *ley, decreto, reglamento o acto*". De manera que tanto las normas como los actos, tanto las disposiciones de carácter general como las de carácter particular, las leyes, reglamentos, tratados internacionales, normas municipales, como todos los demás actos de los poderes públicos, son susceptibles de ser cuestionados mediante una excepción de constitucionalidad.

Sin embargo, pese a la claridad de los textos antes referidos, la Suprema Corte de Justicia ha establecido que la excepción de inconstitucionalidad debe estar "dirigida contra *acto normativo*" (S.C.J. 3ª Sala. 18 de octubre de 2017. No. 57. B.J. 1283. 3729), por lo que el demandante debe motivar la misma señalando la norma que viola la Constitución y el texto constitucional violado por la norma cuestionada (S.C.J. 1ª Sala. 28 de octubre de 2020. No. 147. B.J. 1319. 1685-1692). Este criterio del tribunal supremo deriva de una aplicación improcedente al instituto de la excepción de inconstitucionalidad de los criterios de admisibilidad de las acciones directas de inconstitucionalidad fijados por el Tribunal Constitucional, criterios que han girado alrededor de la noción -que más adelante examinaremos y criticaremos- de que dicha acción procede exclusivamente contra las normas y no contra otro tipo de actos estatales, como los actos administrativos, noción que apenas comienza a evolucionar para admitir, aun sea de modo excepcional, dicha acción contra este tipo de actos no normativos. En cualquier caso, el Tribunal Constitucional ha dicho que la excepción de inconstitucionalidad debe versar "sobre una ley, decreto, reglamento o acto, que son las normas jurídicas o disposiciones legales sobre las cuales se puede ejercer el control difuso" y que no se verifica "una verdadera 'excepción de inconstitucionalidad'" allí donde "no se disputa la constitucionalidad de ninguna norma jurídica" (Sentencia TC/0534/18). También señala la jurisdicción constitucional especializada que "el control difuso de constitucionalidad se ejerce ante los tribunales, por vía de excepción, contra toda norma del ordenamiento jurídico", por lo que "el tribunal se ve precisado a decidir la cuestión de la constitucionalidad de la norma que aplica y determinar su conformidad con la Constitución" (TC/0368/17).

La verdad es que, contrario a lo que postula la Suprema Corte de Justicia y el Tribunal Constitucional, y como bien señala la mejor doctrina, "la esencia del método difuso de control de constitucionalidad está en la noción de supremacía constitucional, en el sentido de que si la Constitución es la ley suprema de un país", entonces "la efectiva garantía de la supremacía de la Constitución es que los actos que colidan con la Constitución son, en efecto, nulos, y como tales, tienen que ser considerados por los tribunales". De ahí que "la racionalidad del método difuso de control de constitucionalidad es la consideración como nulos de los actos estatales, particularmente [pero no solo, EJP] de las leyes" (Brewer-Carías 2012: 57). Esa antes referida doctrina, que postula con carácter general que la esencia y la racionalidad del control difuso es la posibilidad y el deber de declarar judicialmente como nulos por la vía del control difuso los actos estatales inconstitucionales, es la misma que señala que, en el particular caso de la República Dominicana, se trata de "un control difuso de objeto amplio, en el sentido de que no sólo se establece respecto de las leyes, sino que procede respecto de cualquier tipo de acto estatal como una 'ley, decreto, reglamento o acto' (art. 51). Es decir, ni en la Constitución ni en la Ley se establece que se trate exclusivamente de un control de constitucionalidad de las leyes ni siquiera de los actos normativos" (Brewer-Carías 2017: 941).

De modo que, aunque gran parte de las excepciones de inconstitucionalidad, se dirigen contra leyes, reglamentos y, en sentido general, normas jurídicas cuya inaplicabilidad por inconstitucionales se procura ante un juez o tribunal para un caso concreto, otras veces la excepción se dirige contra actos estatales cuya aplicación se controvierte en un litigio, como sería el caso de actos administrativos, que resultan ser inconstitucionales no tanto por ser el fruto de la aplicación de una ley o norma inconstitucional sino por vulnerar directamente la Constitución o ser el producto de una aplicación inconstitucional de una norma o de una interpretación de la norma no conforme con la Constitución.

3.1.2 La cuestión de la inconstitucionalidad es previa. De acuerdo con una jurisprudencia constante de la Suprema Corte de Justicia, "todo tribunal ante el cual se alegue la inconstitucionalidad de una ley, decreto, reglamento o acto, como medio de defensa, tiene competencia y está en el deber de examinar y ponderar dicho alegato como *cuestión previa* al resto del caso" (S.C.J. 16 de diciembre de 1983. B.J. 877.3876; S.C.J. 17 de diciembre de 1987. B.J. 924.2969; S.C.J. 1ª Sala. 27 de mayo de 2015. No. 139. B.J.1254.1304). El artículo 51, párrafo, de la LOTCPC recoge este criterio jurisprudencial al disponer que todo juez apoderado de una excepción de inconstitucionalidad "está en el deber de examinar, ponderar y decidir la excepción planteada como cuestión previa al resto del caso". Así ha sido reiterado también por el Tribunal Constitucional (Sentencia TC/0578/17).

3.1.3 La cuestión de la inconstitucionalidad es incidental. El juez no puede conocer de la inconstitucionalidad por la vía principal e independientemente de una controversia judicial ya que el artículo 5 del Código Civil prohíbe a los jueces fallar por vía de disposición general (S.C.J. 31 de marzo de 1922. B.J. 138-140.28), y porque de lo contrario estarían "invadiendo atribuciones de otros organismos" y "violando los principios fundamentales de la separación de poderes" (S.C.J. 15 de marzo de 1969. B.J. 670.608). La Suprema Corte de Justicia ha sintetizado esta característica fundamental del control difuso de la constitucionalidad en los siguientes términos: "La Suprema Corte de Justicia, ni tribunal alguno, está capacitada por la Constitución para decidir acerca de los alegatos de inconstitucionalidad de las leyes, decretos, reglamentos o actos de los poderes públicos en vistas de instancias directas, como la que ha sido elevada en el presente caso; que para los fines del artículo 46 de la Constitución [actual artículo 6], es preciso reconocer que, para que un alegato cualquiera de inconstitucionalidad pueda ser tomado en consideración por los tribunales, es condición indispensable que el alegato sea presentado como un *medio de impugnación o de defensa* en el curso de una *controversia entre partes*, que deba decidir el tribunal ante el cual el alegato de inconstitucionalidad sea propuesto" (S.C.J. 9 de mayo de 1961. B.J. 610.1130; en el mismo sentido: S.C.J. 4 de agosto de 1916. B.J. 73.4 y 1 de septiembre de 1916. B.J. 74.2).

3.1.4 La inconstitucionalidad debe ser pronunciada de oficio por el juez. Dado que el juez tiene una obligación constitucional de no aplicar leyes inconstitucionales desde el inicio de la República y en virtud del principio de la supremacía constitucional establecido por el artículo 6 de la Constitución, éste, "en presencia de una ley, resolución, reglamento o acto contrarios a la Constitución (…) puede y debe pronunciar su nulidad aunque no la hayan promovido las partes envueltas en el mismo, esto es *de oficio*, sin el cumplimiento de ninguna formalidad, de cualquier naturaleza que sea, que al proceder de ese modo los jueces no están invadiendo atribuciones de otros organismos, ni violando los principios fundamentales de la separación de los Poderes, sino dando cabal cumplimiento a las facultades que se le otorgan para examinar y ponderar no solo la regularidad de las leyes, sino también sus alcances y propósitos" (S.C.J. 16 de diciembre de 1983. B.J. 877.3976). La LOTCPC, en su artículo 52, recoge este criterio jurisprudencial al establecer que "el control difuso de la constitucionalidad debe ejercerse por todo juez o tribunal del Poder Judicial, aun de oficio, en aquellas causas sometidas a su conocimiento". Al respecto, el Tribunal Constitucional ha establecido que "en los países donde existe el control difuso, como el dominicano, los jueces, tienen la facultad de inaplicar las normas pertinentes al caso que consideren contrarias a la Constitución, a pedimento de parte, y en algunos sistemas, como el nuestro, el juez puede hacerlo de oficio, según se establece en el artículo 52 de la Ley núm. 137-11" (Sentencias TC/0448/15 y TC/0577/17)

3.1.5 El efecto relativo de la decisión judicial. En virtud del principio de la *relatividad de la cosa juzgada*, las decisiones judiciales que inaplican por inconstitucionales normas jurídicas tienen un efecto *interpartes*, es decir, la norma considerada inconstitucional no es aplicada al caso en cuestión, pero subsiste para los demás.

Sin embargo, la jurisprudencia constante, reafirmada por la Suprema Corte de Justicia, viene en la práctica a equivaler a una anulación *erga omnes*. Más aún, aunque el carácter relativo de la cuestión constitucional juzgada es claro en lo que respecta a los tribunales inferiores al de casación, cuando la sentencia proviene de la Suprema Corte la jurisprudencia parece reconocerle un efecto *erga omnes* (S.C.J. 1 de septiembre de 1989. B.J. 946. 1181). En este sentido, vale citar la opinión de Juan Ml. Pellerano Gómez: "La autoridad *erga omnes* de las sentencias dictadas bajo el control difuso sólo debe ser admitida en los casos en que el más alto tribunal haya tenido la última palabra sobre la cuestión de la constitucionalidad mediante su decisión sobre el recurso en casación de que haya sido apoderada, y a la vez haya pronunciado la nulidad de la ley incriminada. A sus sentencias desestimatorias dictadas bajo el control difuso no debe reconocérseles ese carácter a causa de que se impediría a otros litigantes el libre acceso a la ley sustantiva y obstaculizaría la implantación de una interpretación evolutiva que adapte el texto de la Constitución a situaciones históricas cambiantes" (Pellerano Gómez 1998: 30).

También "puede darse el caso de que la decisión judicial aplicando el método difuso de control de constitucionalidad en un caso concreto, como un juicio de amparo, la dicte el órgano de la Jurisdicción Constitucional, en cuyo caso, los efectos de la decisión podrían ser de carácter *erga omnes*" (Brewer-Carías 2007: 101). Ese efecto *erga omnes* se predica, además, de las decisiones que dicten los jueces de amparo en materia de acciones sobre derechos e intereses colectivos y difusos, las cuales, como bien ha señalado la Sala Constitucional del Tribunal Supremo de Venezuela, "tienen un rango de desaplicación de mayor amplitud, producto de lo 'universal' de la pretensión y de la naturaleza *erga omnes* de los fallos que en ellos se dictan" (Sentencia No. 85 de 24 de enero de 2002).

Entendemos que las decisiones dictadas en control difuso de constitucionalidad surten efectos inter partes, aún sean pronunciadas por el Tribunal Constitucional. La norma considerada inconstitucional es desaplicada para el caso en particular pero formalmente sigue vigente para el resto de los casos. Ahora bien, la ratio decidendi, es decir, por qué la norma es considerada inconstitucional por el tribunal, tiene efectos vinculantes, en el caso del Tribunal Constitucional, por expreso mandato constitucional. Lo mismo ocurre, aunque en menor grado, si la norma es desaplicada por inconstitucional por la Suprema Corte de Justicia, pues la nueva Ley de Casación permite recurrir en casación por violación del precedente supremo. Pero de ahí no puede inferirse que la norma ha sido formalmente derogada como sí ocurre cuando el Tribunal Constitucional, apoderado de una acción directa de inconstitucionalidad, anula una norma por inconstitucional. Aquí es clave diferenciar lo que es el precedente vinculante de la ratio decidendi -del Tribunal Constitucional o, incluso, hasta cierto punto, de la Suprema Corte de Justicia- del efecto erga omnes de la declaratoria de inconstitucionalidad contenida en el dispositivo de una sentencia del Tribunal Constitucional que anula y deroga por inconstitucional una determinada norma del ordenamiento jurídico.

La Justicia Constitucional

3.1.6 El derecho procesal de la excepción de inconstitucionalidad. La excepción de inconstitucionalidad puede ser interpuesta en cualquier materia (civil, comercial, laboral, administrativa, de tierras, etc.) y ante cualquier tribunal no importa su jerarquía, por lo que las reglas que rigen su ejercicio se corresponden con las materias y jurisdicciones en las cuales se ejerza.

3.1.6.1 Las partes. Solo las partes del proceso pueden interponer la excepción de inconstitucionalidad. Como afirma Hostos, "toda inconstitucionalidad, ora de hecho, ora sea de ley, cae bajo la autoridad de la justicia común, tan pronto como el lastimado por lo prescrito en contra de la Constitución, razona, argumenta o litiga en nombre de ella" (Hostos: 404). Por parte "hay que entender, en sentido estricto, aquella que figure como tal en una instancia, contestación o controversia de carácter administrativo o judicial, o contra la cual se realice un acto por uno de los poderes públicos, basado en una disposición legal, pretendidamente inconstitucional" (S.C.J. No. 2 del 1 de septiembre de 1995. B.J. 1018.170).

3.1.6.2 El tribunal competente y la cuestión del control difuso ejercido por el Tribunal Constitucional. Conforme el artículo 188 de la Constitución, "los tribunales de la República conocerán la excepción de constitucionalidad en los asuntos sometidos a su conocimiento". De esa disposición constitucional se desprende que el control difuso de constitucionalidad puede ser ejercido por cualquier tribunal, sea del Poder Judicial o constituido por cualquiera de las Altas Cortes de los demás órganos jurisdiccionales que conforman el innominado poder jurisdiccional (Tribunal Constitucional y Tribunal Superior Electoral) y sin importar su rango o jerarquía y si pertenece o no al Poder Judicial, tiene la obligación (artículo 188 de la Constitución). Más aún, el deber de los jueces de aplicar la Constitución implica la obligación de inaplicar las normas y actos inconstitucionales por lo cual, aún de oficio, pueden, en el ejercicio de sus potestades, inaplicar por inconstitucional de una norma o acto considerados inconstitucionales.

A pesar de lo anterior, el Tribunal Constitucional, abandonando su línea jurisprudencial de ejercer el control difuso en los casos en que, al revisar decisiones judiciales firmes o sentencias dictadas por el juez de amparo, se pronunciaba sobre excepciones de inconstitucionalidad planteadas por las partes en los procesos jurisdiccionales (Sentencias TC/0010/12 y TC/0012/12), ha establecido que solo puede pronunciarse sobre la inconstitucionalidad de una norma por la vía de la acción directa en inconstitucionalidad y que el control difuso de constitucionalidad "está reservado para los jueces del Poder Judicial, de conformidad con el artículo 51 de la Ley num. 137-11" (Sentencias TC/0177/14 y TC/0016). A juicio del Tribunal Constitucional, "el Tribunal Constitucional, como único órgano calificado para estatuir acerca de la constitucionalidad de una ley, decreto, reglamento, resolución u ordenanza por la vía concentrada, mediante una acción directa de inconstitucionalidad, no debe –y de hecho no puede– ejercer también el control difuso de constitucionalidad cuando se encuentra apoderado de un recurso de revisión –sea de sentencia de amparo o de decisión jurisdiccional– debido a que el legislador le ha confiado dicha potestad a los jueces o tribunales del Poder Judicial conforme al artículo 51 de la Ley número 137-11". Consideran también nuestros jueces constitucionales especializados que "además, atendiendo a los efectos de una inconstitucionalidad pronunciada por la vía difusa –a saber, inter partes y exclusivos para el caso en concreto en que sea pronunciada–, tal decisión no se corresponde con la naturaleza de las tomadas por el Tribunal Constitucional, pues estas al tenor del principio de vinculatoriedad y del artículo 31 de la ley número 137-11, constituyen precedentes vinculantes para todos los poderes públicos y órganos estatales. Por tanto, el hecho de que este tribunal se detenga a estatuir sobre una excepción de inconstitucionalidad –control difuso– supondría una marcada contradicción con su fisonomía, cuestión traducible en una inminente violación a las reglas de competencia delimitadas en la Constitución y la indicada ley de procedimientos constitucionales, ya que se estarían rebasando los poderes que le han sido conferidos por la normativa constitucional vigente" (Sentencia TC/0577/17).

Este viraje jurisprudencial del Tribunal Constitucional, aparte de que no ha sido justificado, es injustificable por improcedente desde la óptica constitucional, como bien resaltan votos disidentes de los magistrados Hermógenes Acosta de los Santos, Lino Vásquez y Alba Beard. En primer término, la Constitución es clarísima en cuanto a que el conocimiento de las excepciones de inconstitucionalidad corresponden a cualquier tribunal y no solo a los del Poder Judicial, lo que se impone al todas luces inconstitucional artículo 51 de la LOTCPC. En segundo lugar, es deber del Tribunal Constitucional, como máximo y supremo defensor de la Constitución, en todos los casos que conoce, y no solo en las acciones directas en inconstitucionalidad, aplicar la Constitución y deducir las consecuencias de la primacía de ella sobre las normas infraconstitucionales que la contradigan, haciendo uso de las diferentes modalidades de sentencias interpretativas establecidas por el artículo 47 de la LOTCPC para todos los casos que conozca el Tribunal Constitucional y no solo para las acciones directas en inconstitucionalidad, como lo ha reconocido en varias sentencias el propio Tribunal (Sentencias TC/0010/12, TC/0012/12, TC/0186/13 y TC/0048/19, entre otras). En tercer lugar, como el control difuso tiene un carácter concreto, las decisiones que intervienen en su aplicación tienen efectos inter partes en el caso en particular, por lo que, en principio, la decisión del Tribunal Constitucional en donde se ejerce el control difuso no tiene carácter erga omnes y la norma cuestionada mediante la -acogida por el Tribunal Constitucional- excepción en inconstitucionalidad -que, por cierto, y contrario a la acción directa en inconstitucionalidad no procura la "declaratoria" de inconstitucionalidad erga omnes sino la *"inaplicación" in concreto inter partes* de la norma o acto reputado inconstitucional- técnica y formalmente se mantiene vigente en el ordenamiento jurídico pero, por efecto del precedente vinculante del Tribunal Constitucional, en términos prácticos es cómo si la norma o acto hubiese sido extirpada del ordenamiento.

Como bien ha sugerido una parte de la doctrina, nuestro Tribunal Constitucional podría -aunque no es necesario- también darle efectos erga omnes a las sentencias que dicte ejerciendo el control difuso, aunque garantizando el contradictorio mediante el pedimento de opinión a la Procuraduría General de la República y al órgano que dictó la norma, sin necesidad de celebrar audiencia, lo que estaría cubierto con las conclusiones escritas de los órganos respecto a la excepción de inconstitucionalidad (Acosta de los Santos 2020: 414). Pero hay que insistir: ni requiere el Tribunal Constitucional una excepción de inconstitucionalidad para inaplicar a un caso concreto una norma inconstitucional mediante una sentencia interpretativa ni surge ningún problema en la práctica con que esa inaplicación por la Alta Corte de una norma inconstitucional no tenga efectos erga omnes y que la interpretación del Tribunal se imponga por la fuerza jurídica y fáctica del precedente vinculante del cual gozan todas las decisiones de los jueces constitucionales especializados. Tal como ha establecido el Tribunal Constitucional, "es de la naturaleza de las decisiones que adopte este tribunal constitucional, el que sean definitivas e irrevocables y que constituyan precedentes vinculantes para los poderes públicos y todos los órganos del Estado. Entonces, tal incidencia, en caso de que se produzca, estaría de acuerdo con un mandato sustantivo" (Sentencia TC/0093/16). En otras palabras, que el Tribunal Constitucional pueda inaplicar mediante el control difuso una norma que repute inconstitucional para un caso concreto, quedando vigente para el resto de los casos por no tratarse de un control abstracto de la constitucionalidad de las normas, no conlleva ninguna contradicción, incoherencia o paradoja, pues precisamente lo que caracteriza al resto de los procesos constitucionales en donde es viable y posible un control difuso (revisión de sentencias dictadas en amparo o de carácter firme e, incluso, el conflicto de competencias) es que "el examen del juez constitucional no se realiza in abstracto, sino in concreto", por lo que la sentencia del Tribunal Constitucional que interviene no produce efectos omnes y, por tanto, la constatada inconstitucionalidad de la norma no desemboca en su expulsión del ordenamiento jurídico, como ocurre en la acción directa en inconstitucionalidad, sino que "solo tiene efecto inter partes" (Sentencia TC/0093/16). Pero no resulta tampoco inconstitucional que la sentencia que dicte el Tribunal Constitucional ejerciendo el control difuso constituya precedente vinculante pues ese efecto obligatorio de su sentencia es conforme con la Constitución y, por demás, hasta hace innecesario en la práctica atribuirle efectos erga omnes a la sentencia previo reconocimiento del principio de contradicción. En fin, "no es que los efectos de la sentencia dictada por el Tribunal Constitucional rompan en su totalidad con el carácter declarativo, relativo e inter partes que distingue al control concreto, pues este sigue teniendo lugar como incidente o medio de defensa dentro de un proceso principal y sirve para resolver un conflicto especifico de aplicación normativa; sino que la implementación del precedente constitucional provoca un umbral donde la interpretación del Tribunal Constitucional pasa a ser una regla que debe ser acatada por todos los jueces posteriores y poderes públicos" (Vizcaíno Canario: 38). De este modo, la norma inaplicada por el Tribunal Constitucional para el caso concreto sigue técnica y formalmente vigente pues no ha sido expulsada del ordenamiento jurídico como consecuencia de un control abstracto, aunque, por efecto del precedente constitucional vinculante, es, en la práctica, como si hubiera sido derogada.

Un punto importante que debemos resaltar es que el Tribunal Constitucional, como todo órgano jurisdiccional y como todo poder u órgano estatal, debe ejercer el control de convencionalidad, pues la CIDH ha entendido que tal control es propio "no solo del Poder Judicial" (*Gelman vs. Uruguay*), sino que "todas las autoridades y órganos de un Estado Parte en la Convención tienen la obligación de ejercer el control de convencionalidad" (*Personas dominicanas y haitianas expulsadas vs. República Dominicana*). Para los jueces interamericanos, se debe ejercer ese control "'de convencionalidad' ex officio entre las norma internas y la Convención Americana" (*Caso Trabajadores Cesados del Congreso (Aguado Alfaro y otros) contra Perú*) y no solo a pedido de parte, aunque siempre en un proceso iniciado a instancia de parte. Ese control de convencionalidad se puede ejercer "independientemente de que el sistema de justicia constitucional no admita el ejercicio del control difuso de constitucionalidad" (Brewer-Carías).

3.1.6.3 Formas de interponer la excepción. Estas formas variarán conforme la materia y la jurisdicción ante la cual se ejerza la excepción.

3.1.6.4 La sentencia: sus efectos declarativos. Los efectos de la sentencia que interviene en el control difuso son (i) interpartes y (ii) declarativos. Ya hemos visto que los efectos de las sentencias dadas en el control difuso tienen efecto solo entre las partes envueltas en el litigio y para lo que ha sido juzgado en virtud del principio de la relatividad de la cosa juzgada consagrado por el artículo 1351 del Código Civil. En cuanto a sus efectos declarativos, la sentencia que constata la inconstitucionalidad surte efectos desde el momento en que se ha realizado el acto inconstitucional o se reputa obligatoria la norma pretendidamente inconstitucional. La norma o acto inconstitucional nunca ha existido ni ha sido válido ni ha producido efectos jurídicos. El juez no anula el acto: lo considera nulo. De ahí que es nulo desde un principio: desde su origen y el juez tan solo lo ha declarado así.

3.1.6.5 La impugnación de la decisión que rechaza la excepción. La LOTCPC dispone que "la decisión que rechace la excepción de inconstitucionalidad solo podrá ser recurrida conjuntamente con la sentencia que recaiga sobre el fondo del asunto", con lo que se busca evitar el retardo de la justicia a causa de la impugnación de este tipo de decisiones.

3.2 La justicia constitucional activada por vía de acción: los procesos constitucionales de conocimiento de las acciones de garantía de los derechos fundamentales.

El control difuso se despliega no solo por la vía de la excepción de inconstitucionalidad sino también mediante las acciones de garantía fundamental, como es el caso del habeas corpus, el amparo y el habeas data. En dichos procesos, que estudiaremos en detalle en el Volumen II a la hora de analizar las garantías de los derechos fundamentales, "los jueces competentes, si es el caso, pueden aplicar el método difuso de control de constitucionalidad de las leyes en la decisión del caso concreto" (Brewer-Carías 2007: 105).

4. LA JUSTICIA CONSTITUCIONAL EJERCIDA POR EL TRIBUNAL CONSTITUCIONAL

El control concentrado se establece por vez primera en 1924 cuando se le otorgó a la Suprema Corte de Justicia la facultad de "decidir en primera y última instancia sobre la constitucionalidad de las leyes, decretos, resoluciones y reglamentos, cuando fueren de objeto de controversia entre partes ante cualquier tribunal, el cual, en este caso, deberá sobreseer su decisión sobre el fondo hasta después del fallo de la Suprema Corte de Justicia; y en interés general, sin que sea necesario que haya controversia judicial, cuando se trate de leyes, decretos, resoluciones y reglamentos atentativos a los derechos individuales consagrados por la presente constitución" (artículo 61.5). Este *sistema dual de control concentrado de la constitucionalidad mediante sobreseimiento* o acción popular desapareció en la reforma constitucional de 1927 y no sería hasta casi siete décadas después (1994), cuando reaparecería este sistema ahora con la facultad de sobreseimiento eliminada. Con la reforma constitucional de 2010, el control concentrado se consolida en nuestro país al crearse un Tribunal Constitucional, ampliarse el objeto de la acción directa en inconstitucionalidad y dársele un conjunto de competencias a este Tribunal, como el control preventivo de los tratados internacionales y la revisión de sentencias firmes y de amparo, este como veremos más adelante.

En su artículo 184, la Constitución establece "un Tribunal Constitucional para garantizar la supremacía de la Constitución, la defensa del orden constitucional y la protección de los derechos fundamentales". A pesar de lo que podría inferirse de la lectura de este texto, lo cierto es que, conforme nuestro ordenamiento constitucional, el control de constitucionalidad de los actos estatales no es monopolio de una determinada jurisdicción, incluso aunque se trate de la jurisdicción constitucional especializada, como es el caso del Tribunal Constitucional. El Tribunal Constitucional ejerce la *jurisdicción constitucional* –en el sentido orgánico o estricto del término- pero no es el único órgano, dentro de nuestro ordenamiento, que goza de la potestad de juzgar y de hacer ejecutar lo juzgado en materia constitucional, es decir, no es el único que realiza *justicia constitucional* o, lo que es lo mismo, jurisdicción constitucional en el sentido material o amplio del término. La competencia para velar por la integridad y supremacía de la Constitución se ejerce por todos los jueces, quienes no solo "conocerán la excepción de constitucionalidad en los asuntos sometidos a su conocimiento" (artículo 188), sino que también conocen de los procesos constitucionales de garantía de los derechos fundamentales, como es el caso del amparo, el habeas corpus y el habeas data (artículos 72, 71 y 70), procesos en los cuales se lleva a cabo un juicio de constitucionalidad respecto del acto lesivo vulnerador de los derechos fundamentales de su titular.

Ahora bien, aunque el Tribunal Constitucional no monopoliza la justicia constitucional, pues todo juez en tanto administra justicia aplica la Constitución para decidir los conflictos que se someten a su jurisdicción, éste es el *máximo y último intérprete de la Constitución*, a fin de "garantizar la supremacía de la Constitución, la defensa del orden constitucional y la protección de los derechos fundamentales" (artículo 184). Y es que, si bien es cierto que tanto el Tribunal Constitucional como el Poder

Judicial, pueden y deben interpretar y aplicar la Constitución, sólo las decisiones del Tribunal Constitucional, en tanto supremo intérprete de la Constitución, "constituyen precedentes vinculantes para los poderes públicos y todos los órganos del Estado" (artículo 184). En otras palabras, y no obstante el hecho de que no es el único órgano competente para conocer del control de constitucionalidad, el Tribunal Constitucional goza de supremacía interpretativa en materia constitucional respecto del Poder Judicial y todos los demás poderes y órganos del Estado, lo cual se refleja no solo en el hecho del carácter vinculante de sus fallos sino también en el hecho de habérsele conferido el monopolio del control concentrado de la constitucionalidad de los actos estatales (artículos 185.1 y 185.2), así como la competencia exclusiva para conocer de los conflictos de competencia entre los poderes públicos (artículo 185.3).

4.1 Organización y funcionamiento del Tribunal Constitucional

4.1.1 Sede. La LOTCPC dispone que "el Tribunal Constitucional tiene como sede la ciudad de Santo Domingo de Guzmán, Distrito Nacional. Puede sesionar en cualquier otro lugar de la República Dominicana" (artículo 8). Este precepto podría considerarse irrelevante. Pero si asumimos que los procesos constitucionales son procesos eminentemente públicos, es recomendable que en aquellos procesos en donde están en juego intereses colectivos geográficamente diferenciados, como podría ocurrir en los recursos de revisión de amparos colectivos por violación al medio ambiente o en las acciones en inconstitucionalidad contra actos o normas municipales, el Tribunal Constitucional, para hacer partícipe de sus procesos a las comunidades regionales de intérpretes constitucionales celebre audiencias fuera de su sede oficial, lo cual, por demás, contribuye a la labor de promoción de los valores constitucionales tal como quiere y manda la propia Constitución.

4.1.2 Integración. Conforme la Constitución, el Tribunal Constitucional está "integrado por trece miembros" (artículo 186). Hay quienes han criticado el supuestamente excesivo número de miembros del Tribunal Constitucional. Ya Hans Kelsen había señalado que, en lo que respecta a la matrícula del Tribunal Constitucional, "el número de miembros no deberá ser muy elevado" (KELSEN: 26). Pero lo cierto es que, si comparamos el Tribunal Constitucional dominicano con sus homólogos europeos más ilustres, veremos que los dominicanos no estamos lejos del número promedio de magistrados constitucionales especializados: 13 miembros en el caso del Tribunal Constitucional español, 14 miembros –más 6 suplentes– para el Tribunal Constitucional austríaco, 15 miembros en el caso de la Corte Constitucional italiana, y 16 en lo que respecta al Tribunal Constitucional alemán, por solo citar las jurisdicciones más antiguas y conocidas. Sólo el Consejo Constitucional francés, con sus 9 miembros, se aleja de esta media, pero ello se explica por su diversa naturaleza y funciones que nos ha llevado a hablar de la "desviación francesa", en contraste con el modelo europeo kelseniano de jurisdicción constitucional. No menos atinada ha sido la decisión del constituyente de que el número de jueces del Tribunal Constitucional sea un número impar, lo que, contrario al caso español, con sus 12 jueces constitucionales, evita los empates y hace innecesario el voto de calidad del presidente del órgano jurisdiccional, mecanismo este último que, conforme a la mejor doctrina, genera "una importante limitación, sino es que no violación, de la necesaria condición paritaria de los miembros de un órgano colegial como es el caso de un Tribunal Constitucional" (FERNÁNDEZ SEGADO 1997: 642).

4.1.3 Designación de los jueces del Tribunal. Los jueces del Tribunal Constitucional son designados por el Consejo Nacional de la Magistratura (artículo 179.2 de la Constitución). Por su parte, el artículo 11, párrafo, de la LOTCPC establece que "para la designación de los jueces de este Tribunal, el Consejo Nacional de la Magistratura recibirá las propuestas de candidaturas que formulasen las organizaciones de la sociedad civil, de los ciudadanos y entidades públicas y privadas. Todo ciudadano que reúna las condiciones para ser juez de este Tribunal, podrá auto proponerse". El Párrafo II de dicho artículo dispone, además, que "el Consejo Nacional de la Magistratura publicará la relación de las personas propuestas, a fin de que los interesados puedan formular tachas, las cuales deben estar acompañadas de la prueba correspondiente".

4.1.3.1 El rol de los partidos políticos. A pesar de que, al igual que el Poder Judicial, el Tribunal Constitucional es un poder jurisdiccional compuesto por jueces que, aparte de reunir las mismas condiciones exigidas para los jueces de la Suprema Corte de Justicia, es lógico que deben ser independientes, imparciales y responsables y que, por tanto, al igual que los jueces, deben abstenerse de cualquier actividad político partidista, por su carácter de órgano extra poder, con funciones políticas mucho más marcadas que las del Poder Judicial, el Tribunal Constitucional es un órgano compuesto muchas veces por "eminentes políticos que a la vez son juristas y catedráticos", lo que explica que "cuando los cuerpos políticos deben designar en Europa sus jueces para los tribunales constitucionales lo hagan nombrando juristas destacados que no son ajenos a los partidos y que muchas veces han tenido una militancia política ampliamente reconocida" (ZAFFARONI: 92).

En todo caso, las funciones políticas que desempeña el Tribunal Constitucional implican que los partidos no pueden ni deben estar ajenos a la selección de sus integrantes. Ello explica la composición del Consejo Nacional de la Magistratura, que el Presidente de la República presida este Consejo, que los presidentes de las cámaras legislativas lo integren, y que la segunda mayoría en ambas cámaras forme parte del mismo, siempre y cuando sea de un "partido o bloque de partidos diferente" al presidente de la cámara (artículo 178 de la Constitución). Esto no significa que los integrantes del Tribunal Constitucional se deben escoger si éstos carecen de las credenciales humanas y profesionales requeridas para tan alta investidura. Pero sí significa que su escogencia es inevitablemente cuestión política de la mayor trascendencia.

4.1.3.2 El rol de las organizaciones de la sociedad civil. Lo ideal es que la elección de los jueces constitucionales especializados se realice "del espectro de todos los partidos" y "más allá de éstos" de modo que el TC pueda ser un verdadero Tribunal de la sociedad, plural en su integración y, por tanto, capaz de reflejar los anhelos de la comunidad de ciudadanos intérpretes de la Constitución. Como bien afirma el gran constitucionalista alemán, "también la elección de los jueces constitucionales, (y es de esperar que en el futuro vaya), inserta de un modo efectivo al pluralismo en el proceso constitucional (y ejerce una influencia sobre él)" (Häberle 2006: 381).

4.1.3.3 No hay cuota en la matrícula del Tribunal Constitucional para jueces de carrera. Aunque parte de la doctrina lamenta que no exista esta cuota, que existe en otros países como Alemania, Chile, Colombia y España (Acosta de los Santos 2020: 40), nos guste o no, es claro que para la Constitución de 2010, en el espíritu de que no es bueno echar vino viejo en odres nuevos, y como se afirma en relación a España, es mala la práctica "que descuida la dimensión especial del Tribunal Constitucional, y (…) tiende a afirmar su pertenencia en él como un paso más en la carrera judicial, como la culminación de la misma", así como aquella "que querría aparecer como convención, de asegurar al presidente del Tribunal Supremo el tránsito natural al Tribunal Constitucional. La tensión entre ambas jurisdicciones, que es lógico, en sus justos términos, que exista y que no puede acabar ni con la superioridad ni la especialidad del Tribunal Constitucional, indudables dada la condición de este de garante máximo del orden constitucional, no puede pensarse que quede resuelta a través de un procedimiento que muestre al Tribunal Supremo como la antesala del Constitucional (…) No conviene aceptar un Constitucional como prolongación del Supremo, ignorando, (…) que las lógicas de ambas jurisdicciones son diferentes y que el perfil del magistrado del Tribunal Constitucional ha de tener un relieve que no se compadece necesariamente con la práctica y la actitud del aplicador de la legalidad ordinaria, aun con el grado de competencia, independencia y dedicación de los magistrados del Supremo. Este riesgo, sin considerar el argumento de que el servicio al Tribunal Constitucional impone muchas veces dificultades en el trabajo no siempre superables cuando se alcanza la jubilación en el Supremo" (Solozábal).

4.1.4 Requisitos de elegibilidad. La Constitución dispone que "para ser juez del Tribunal Constitucional se requieren las mismas condiciones exigidas para los jueces de la Suprema Corte de Justicia" (artículo 187).

4.1.5 Duración en el cargo y renovación de los jueces del Tribunal. Los jueces del serán inamovibles durante el tiempo de su mandato, que será un único período de 9 años, sin reelección, salvo para el caso de quienes en calidad de reemplazantes hayan ocupado el puesto por un período menor de 5 años (artículo 187). "Para garantizar la renovación gradual de la matrícula del Tribunal Constitucional, por excepción de los dispuesto en el artículo 187, sus primeros trece integrantes se sustituirán en tres grupos, dos de cuatro y uno de cinco, a los seis, nueve y doce años de ejercicio, respectivamente, mediante un procedimiento aleatorio. Los primeros cuatro jueces salientes, por excepción, podrán ser considerados para un único período" (Disposición Transitoria Decimonovena). La LOTCPC prohíbe la reelección en sus cargos de los jueces del Tribunal Constitucional, lo cual fomenta la responsabilidad de los mismos. Por su parte, la renovación periódica de la matrícula del Tribunal, impide los "cambios bruscos" de jurisprudencia y permite aprovechar la "memoria institucional" de la corte (Acosta de los Santos 2020: 47). Para evitar disfuncionalidades en un órgano cuyas decisiones requieren mayoría agravada y previendo posibles demoras en la renovación de los cargos, la LOTCPC establece que los jueces continúan en sus funciones hasta la toma de posesión de los reemplazantes.

4.1.6 Inelegibilidad. Conforme el artículo 14 de la LOTCPC no podrán ser elegidos miembros del Tribunal Constitucional: "1) Los miembros del Poder Judicial o del Ministerio Público que hayan sido destituidos por infracción disciplinaria, durante los diez años siguientes a la destitución; 2) Los abogados que se encuentren inhabilitados en el ejercicio de su profesión por decisión irrevocable legalmente pronunciada, mientras esta dure; 3) Quienes hayan sido condenados penalmente por infracciones dolosas o intencionales, mientras dure la inhabilitación; 4) Quienes hayan sido declarados en estado de quiebra, durante los cinco años siguientes a la declaratoria; 5) Quienes hayan sido destituidos en juicio político por el Senado de la República, durante los diez años siguientes a la destitución; 6) Quienes hayan sido condenados a penas criminales". Este precepto establece una serie de causas de inelegibilidad. Estas causas, en caso de sobrevenir tras la elección, devienen en causas de incompatibilidad que obligan al juez del Tribunal Constitucional afectado por una de las mismas a renunciar al cargo, pues, de lo contrario se expone a su destitución por falta grave mediante el procedimiento de juicio político. Podría considerarse que si sobreviene una de estas causas de inelegibilidad tras la elección se produce la vacancia, a pesar de que el artículo 22 de la LOTCPC no contiene una disposición expresa en este sentido. Lo mismo aplica para las incompatibilidades establecidas en el artículo 17 de la LOTCPC.

4.1.7 Independencia de los jueces del Tribunal. El artículo 16 de la LOTCPC establece que "la función de Juez del Tribunal Constitucional es de dedicación exclusiva. Le está prohibido desempeñar cualquier otro cargo público o privado y ejercer cualquier profesión u oficio". Por su parte, el artículo 17 dispone que los jueces del Tribunal "están impedidos de defender o asesorar pública o privadamente, salvo los casos excepcionales previstos en el Código de Procedimiento Civil. Sus integrantes no podrán optar por ningún cargo electivo público, ni participar en actividades político partidistas. Párrafo. Cuando concurriera una causa de incompatibilidad en quien fuera designado como Juez del Tribunal, debe antes de tomar posesión, declinar al cargo o a la actividad incompatible. Si no lo hace en el plazo de treinta días siguientes a su designación, se entiende que no acepta el cargo de juez". Finalmente, el artículo 18 de la misma ley establece que los jueces del Tribunal Constitucional "no están sujetos a mandato imperativo, ni reciben instrucciones de ninguna autoridad. No incurren en responsabilidad por los votos emitidos en el ejercicio de sus funciones".

Estos textos legales buscan preservar la independencia e imparcialidad de los jueces del Tribunal Constitucional así como el adecuado desempeño de sus funciones jurisdiccionales. Si estos jueces "no están sujetos a mandato imperativo, ni reciben instrucciones de ninguna autoridad" (artículo 18), entonces es preciso impedir cualquier lazo de subordinación o vínculo de los integrantes del Tribunal con órganos o personas públicas o privadas. Por eso, la función de juez del Tribunal Constitucional "es de dedicación exclusiva", por lo que "le está prohibido desempeñar cualquier otro cargo público o privado y ejercer cualquier profesión u oficio" (artículo 16), "defender o asesorar pública o privadamente", "optar por ningún cargo electivo, ni participar en actividades político partidistas" (artículo 17). Aunque la LOTCPC no lo dice expresamente, se infiere que la dedicación exclusiva a la que se refiere el artículo 16 impide a los jueces del Tribunal Constitucional ocupar empleos en toda clase de personas físicas o jurídicas, públicas o privadas, sean con o sin fines de lucro, estén retribuidos o no. La LOTCPC busca la desvinculación total, por imposición de la apariencia de imparcialidad exigible, y a tenor de la exclusiva dedicación y única retribución.

Hay que resaltar que la LOTCPC establece que los integrantes del Tribunal Constitucional "no podrán optar por ningún cargo electivo público, ni participar en actividades político partidarias" (artículo 17). Con este precepto, se busca la despolitización del Tribunal Constitucional. Pero… ¿qué se quiere decir cuando se habla de "despolitización"? Ante todo hay que estar claros que, conforme la Constitución, si el Tribunal Constitucional no quiere dejar de ser un órgano del Estado, es obvio que no puede dejar de estar politizado, en el sentido de órgano que, aunque extra poder, tiene que ser justamente político pues cumple funciones políticas en tanto es precisamente un órgano del Estado que solo dejando de ser estatal podría dejar de ser político. Si esto es así como es, ¿qué sentido tiene hablar de despolitización de la jurisdicción constitucional especializada? Entendemos que sólo es constitucionalmente válido hablar de despolitización del Tribunal Constitucional en el sentido de evitar la "partidización" de los jueces constitucionales, pues ésta, entendida como sometimiento de la justicia constitucional especializada, a un partido político, a un grupo de empresarios o a cualquier poder fáctico, sea legal o ilegal, atenta contra el código operativo mismo de un órgano que no deja de ser jurisdiccional a pesar de no pertenecer al Poder Judicial: la imparcialidad. Y es que un Tribunal Constitucional partidarizado deja de ser jurisdiccional, en tanto ya no es ni independiente ni imparcial. Lo anterior no quiere decir que un militante político no pueda incorporarse al Tribunal Constitucional cumpliendo los requisitos constitucionales y legales. Lo que la LOTCPC prohíbe es que quien es juez del Tribunal Constitucional participe en actividades político-partidistas, no que en el pasado hubiese sido militante político. Sin embargo, los jueces del Tribunal Constitucional no son eunucos ni esos seres insípidos, inodoros e incoloros que nos venden algunas corrientes que postulan una imposible apoliticidad de unos jueces que, en tanto seres humanos, son, como bien señaló Aristóteles, inevitablemente animales políticos.

4.1.8 Responsabilidad de los jueces del Tribunal. La LOTCPC establece que el régimen de responsabilidad de los jueces del Tribunal Constitucional es el mismo de los jueces del Poder Judicial (artículo 25). Esta responsabilidad de los jueces del Tribunal Constitucional hay que entenderla en estrecha vinculación con la independencia de los mismos. En el desempeño de sus funciones, el juez debe sentirse seguro y esa seguridad debe depender solo de su buena conducta en el ejercicio de la función jurisdiccional. Por ello, la inamovilidad se configura como garantía de la independencia judicial. Sin seguridad el juez no puede ser independiente. Pero esa misma seguridad exige la responsabilidad efectiva de los jueces. Ya lo afirma Pérez Royo: "Sin independencia no hay responsabilidad. Pero sin responsabilidad tampoco hay independencia. Pues la independencia del juez es funcional. El juez debe ser independiente para poder cumplir con la obligación que la Constitución le impone de administrar justicia. No para hacer lo que le dé la gana. Si cuando no cumple con su obligación como es debido no se le exige responsabilidad alguna, su subordinación por vías soterradas y espurias a intereses privados se producirá con seguridad. La no exigencia de responsabilidad del juez es la antesala de la privatización de la función jurisdiccional, que es lo que, en última instancia, consiste la prevaricación. Quiere decirse, que la responsabilidad del Juez no puede quedar reducida a una mera proclamación constitucional, sino que tiene que ser real y efectiva. Un poder sin responsabilidad no puede no acabar siendo un poder corrompido" (Pérez Royo: 877). El juez es responsable penalmente en caso de que se aparte de su deber de juzgar en conciencia, o sea, imparcialmente, ateniéndose únicamente a su convicción y a las pruebas legalmente recibidas, y descartando toda consideración de simpatía hacia los litigantes, o de interés personal (artículos 177 y siguientes del Código Penal). El juez también es responsable civilmente.

4.1.9 Mayoría para decidir. La Constitución establece que las decisiones del Tribunal Constitucional "se adoptaran con una mayoría calificada de nueve o más de sus miembros" (artículo 186). Esto significa que el quórum es 9 y que, en principio, se requeriría un voto unánime de estos 9 jueces para que el Tribunal pueda adoptar una decisión. La mayoría calificada hace sentido si partimos de la presunción de constitucionalidad de las leyes, objeto del control de constitucionalidad por antonomasia en el modelo de control concentrado en manos de un Tribunal Constitucional: a fin de cuentas, 9 jueces constitucionales pueden derogar lo que un Congreso Nacional de más de 200 representantes de la voluntad popular aprobó como norma obligatoria. Esta mayoría, asimismo, obliga necesariamente a que se forme un consenso al interior del colegio constitucional y a que las decisiones no sean fruto de una minoría intensa o de una mayoría coyuntural. En todo caso, los votos disidentes pueden ser expresados en la decisión adoptada, como bien establece el artículo 186 de la Constitución y tal como regula el artículo 30 de la LOTCPC. La mayoría constitucionalmente exigida viene a responder a lo que señala un autor, hablando desde la perspectiva de quien ha sido juez de uno de los más antiguos tribunales constitucionales –el italiano–, "la aspiración a una resolución sostenida por el más amplio consenso, preferiblemente unánime, se constata frecuentemente en los órganos de justicia constitucional (…) La razón de esta búsqueda de un amplio consenso es la presunción de que las resoluciones amplia o unánimemente sostenidas por los jueces que han deliberado sobre ellas están destinadas a una más fácil aceptación por parte del público, que no puede especular sobre la división entre aquellos y sus argumentos eventualmente expresados en votos particulares" (Zagrebelsky 2008 II: 44).

Siempre entendimos que, como corresponde al Tribunal Constitucional la ineludible responsabilidad de resolver los casos que se le sometan y en virtud de la presunción de constitucionalidad de la ley, la mayoría calificada debió conceptuarse como aquella necesaria para declarar inconstitucional la norma o acto cuestionado, por lo que, en caso de no alcanzarse dicha mayoría, el Tribunal deberá dictar sentencia declarando infundada la demanda en inconstitucionalidad, pudiendo los magistrados emitir sus opiniones en forma de fundamento de voto como muestra del debate y la transparencia. El sistema vigente posibilita que la minoría derrote a la mayoría, por ejemplo, 8 jueces considerando que la ley es inconstitucional frente a 5 que la consideren constitucionalmente válida. Pero ello, por lo menos en lo que respecta al control concentrado de constitucionalidad de las leyes (artículo 185.1), es preferible a que las causas ante el Tribunal Constitucional no se decidan por no reunirse la mayoría calificada. Esta es la solución en el ordenamiento constitucional peruano en donde, según el artículo 5 de la Ley Orgánica del Poder Judicial, aparte de que los jueces son irrecusables aunque pueden inhibirse, el Tribunal Constitucional no puede dejar de resolver y los magistrados tampoco pueden dejar de votar, exigiéndose 5 votos conformes para resolver la inadmisibilidad de la demanda o para dictar sentencia que declare la inconstitucionalidad de la norma, lo cual produce con frecuencia que, por ejemplo, 4 magistrados que consideran la norma inconstitucional terminen vencidos por 3 que la reputan constitucional. La LOTCPC, apoyada en el hecho de que la Constitución no distingue entre decisiones estimatorias y desestimatorias, ha dado, sin embargo, una lectura conservadora de los textos constitucionales, exigiendo una mayoría calificada para todas las decisiones, incluyendo las concernientes a la admisibilidad de las acciones y recursos constitucionales ante el Tribunal Constitucional, esto último impidiendo que se configuren salas de admisibilidad que contribuyan a filtrar los procesos constitucionales y eviten la sobrecarga de trabajo del pleno del Tribunal.

4.1.10 Irrecusabilidad y obligación de asistencia. El artículo 28 de la LOTCPC establece que "los jueces del Tribunal son irrecusables, pero deben inhibirse voluntariamente de conocer asunto, cuando sobre ellos concurra cualquiera de las causas de recusación previstas en el derecho común. El Pleno, por mayoría de votos puede rechazar la inhibición". Este precepto persigue preservar la capacidad del Tribunal Constitucional de poder reunirse válidamente, sin exponerse a recusaciones alegres e infundadas tendentes a evitar que se configure el quórum necesario para deliberar y la mayoría agravada requerida para decidir. El juez del Tribunal Constitucional en quien concurra una de las causas de recusación del derecho común deberá inhibirse, aunque el pleno del Tribunal puede rechazar la inhibición.

4.1.11 Obligación de asistencia, de votar y de motivar. El artículo 29 de la LOTCPC dispone que "los jueces deben asistir a las convocatorias del pleno. Las ausencias reiteradas a las sesiones del Tribunal, se considera falta grave en el ejercicio de sus funciones". Y es que la necesidad de reunir el quórum necesario para deliberar y la mayoría agravada requerida para decidir han obligado al legislador a considerar las ausencias reiteradas de los jueces del Tribunal Constitucional como una falta grave pasible de ser sancionada con el juicio político y la consecuente destitución del magistrado en cuestión.

La LOTCPC es clara en cuanto a que "los jueces no pueden dejar de votar, debiendo hacerlo a favor o en contra en cada oportunidad. Los fundamentos del voto y los votos salvados y disidentes se consignarán en la sentencia sobre el caso decidido" (artículo 30). Tal disposición legal solo se explica si asumimos que el debido proceso implica que la exigencia de la motivación de las sentencias es mayor cuando se trata de las sentencias del Tribunal Constitucional por el carácter general, ambiguo, principista y axiológico de las normas constitucionales, lo que obliga a y hace más necesario, tal como dispone la LOTCPC, en desarrollo del artículo 186 de la Constitución, institucionalizar la práctica de las opiniones disidentes y concurrentes como garantía de publicidad y transparencia del proceso constitucional. Y es que "la textura abierta de las normas constitucionales, el delicado equilibrio entre principios y valores que conviven en tensión, el inevitable componente político de muchas de las controversias que la jurisdicción constitucional debe resolver, son factores que explican el marcado carácter argumentativo y retórico de las sentencias constitucionales" (León Morel). La sentencia constitucional adquiere legitimidad y sólo podrá ser aceptada y obedecida en la medida en que no es mero *ukase*, *fiat* o decisión de poder sino un acto fundado en razones. "Dentro de esa exigencia cualificada de justificación de las decisiones del Tribunal Constitucional se sitúa el papel de la crítica. Como para ninguna otra jurisprudencia, es aquí necesario un diálogo permanente entre el Tribunal y la doctrina jurídica, un diálogo franco y abierto, con elogios y censuras, con desarrollos y justificaciones generales, con reservas y advertencias. Jurisprudencia y doctrina han de caminar conjuntamente para que la legitimidad de la primera se afiance y se afirme, presentándose como la expresión inequívoca y autorizada de la Constitución y de sus valores fundamentales" (García De Enterría 2006: 237). En este sentido, los votos disidentes y concurrentes proporcionan "ulteriores argumentos y puntos de vista divergentes respecto al contenido de la norma, contribuyendo a enriquecer el debate que sobre el caso se produce dentro de la Corte y fuera del juicio constitucional. Representa, además una oportunidad a posteriori de ejercicio de control social por parte de la sociedad civil y contribuye a enriquecer el concepto de justicia constitucional deliberativa" (Bagni & Nicolini: 439).

Es importante resaltar que cuando la Constitución establece que los "jueces que hayan emitido podrán hacer valer sus motivaciones en la decisión adoptada" (artículo 186), ello debe ser entendido en el sentido de que podrán hacer constar sus motivaciones en la sentencia o que podrán ser emitidas con posterioridad a la sentencia, como es la práctica del Tribunal Constitucional, esto último comprensible dado la necesidad del juez disidente de comprender y contrarrestar los argumentos de la mayoría, quizás no tan claros en el momento de la deliberación donde el juez disidente expresó su disidencia. Todo ello facilita el diálogo entre los jueces y permite la mejor comprensión de la sentencia. Ahora bien, "lo que no es de recibo […] es que la motivación y justificación del voto particular, ya adoptado, deba quedar al arbitrio del juez". Es cierto que el juez disidente no tiene que motivar su disidencia en el momento en que se emite el fallo. Que puede esperar la motivación de la mayoría para entonces justificar debidamente su disidencia. Pero de que debe motivar su disidencia junto con el fallo de la mayoría o posteriormente no hay duda alguna. Y es que el voto disidente -aún se integre posteriormente a la sentencia y no sea vinculante- forma parte de la sentencia, es clave para la debida comprensión e interpretación del voto de la mayoría, y, en consecuencia, *el juez disidente está obligado a motivar*, "pues no hay ninguna razón para no extender al juez discrepante el deber de motivación y la función legitimadora que pesa sobre el colegio" (Castellanos Hernández 2023: 393 y 397).

4.1.12 Autonomía procesal del Tribunal Constitucional. Conforme el artículo 3 de la LOTCPC, "en el cumplimiento de sus funciones como jurisdicción constitucional, el Tribunal Constitucional solo se encuentra sometido a la Constitución, a las normas que integran el Bloque de Constitucionalidad, a esta Ley Orgánica y a sus reglamentos". Este artículo 3 hay que leerlo en combinación con los artículos 1 y 4 de la LOTCPC. El artículo 1 consagra la autonomía del Tribunal Constitucional, en tanto que el 4 establece su potestad reglamentaria. El artículo 3, de la mano de los artículos 1 y 4 de la LOTCPC, consagra el *principio de la autonomía procesal* del Tribunal Constitucional. En la medida en que el Tribunal Constitucional es el defensor de la supremacía constitucional y que sus decisiones son vinculantes para todos los poderes públicos (artículo 184 de la Constitución), este solo está sometido a la Constitución –tal como éste autoritativamente la interprete–, a la LOTCPC –en la medida en que esta última no contradiga la Constitución, tal como la interprete el Tribunal Constitucional– y a los reglamentos –que dicta el propio Tribunal Constitucional–, lo que significa que, en gran medida, el Tribunal Constitucional es, si se quiere utilizar la expresión con la cual se auto describe el Tribunal Constitucional alemán, "*dueño del procedimiento constitucional*", por lo que puede "configurar libremente su procedimiento" (HÄBERLE 2006: 245). ¿Cuál es el sentido de esta autonomía procesal del Tribunal Constitucional? La respuesta la provee la doctrina: "En el Estado constitucional y democrático de derecho, ante la existencia de vacíos o deficiencias en las normas procesales constitucionales, la autonomía procesal se configura como una necesidad inexorable del Tribunal Constitucional, que a través de la interpretación constitucional y la argumentación jurídica integra y concretiza las disposiciones constitucionales a fin de alcanzar los fines esenciales de los procesos constitucionales: garantizar la primacía de la Constitución y la vigencia efectiva de los derechos constitucionales" (LANDA 2004: 269).

El Tribunal Constitucional, a partir de la Sentencia TC/0039/12, ha hecho uso de esta autonomía procesal para, en sus propias palabras, "esclarecer conceptos jurídicos vagos o imprecisos, así como aclarar expresiones y términos ambiguos u oscuros que contiene nuestro ordenamiento legal" (Sentencia TC/0008/15), regulando el plazo para la notificación de la demanda en suspensión de sentencia (Sentencia TC/0039/12), reconociéndose competencia para conocer el fondo del amparo en la revisión de sentencias (Sentencia TC/0071/13) y para devolver el caso para el juez de amparo para que este lo conozca de nuevo cuando el Tribunal falla las revisiones de sentencias dictadas por el juez de amparo (Sentencia TC/0655/17), todo ello con la finalidad de perfeccionar la legislación "en aquellos casos en que debe ser perfeccionada o adecuada a los fines del proceso constitucional para garantizar la supremacía de nuestra Carta Magna y el pleno goce de los derechos fundamentales" (Sentencia TC/0008/15). Y es que, ante una situación de *vacío o ambigüedad normativos*, "el Tribunal tiene dos alternativas: no resolver el caso que se le ha presentado, a consecuencia de la imprevisión o laguna legislativa, o llenar dicha laguna aplicando en este caso el principio de autonomía procesal desarrollado por la doctrina alemana e implementado por algunos tribunales constitucionales de la región. i) El principio de autonomía procesal faculta al Tribunal Constitucional a establecer mediante su jurisprudencia normas que regulen el proceso constitucional '… en aquellos aspectos donde la regulación procesal constitucional presenta vacíos normativos o donde ella debe ser perfeccionada o adecuada a los fines del proceso constitucional. La norma así establecida está orientada a resolver el concreto problema –vacío o imperfección de la norma– que el caso ha planteado y, sin embargo, lo transcenderá y será susceptible de aplicación ulterior debido a que se incorpora, desde entonces en la regulación procesal vigente'. j) El principio de autonomía procesal es coherente con el de *efectividad* previsto en el artículo 7.4 de la referida Ley 137-11, texto que establece lo siguiente: 'Efectividad. Todo juez o tribunal debe garantizar la efectiva aplicación de las normas constitucionales y de los derechos fundamentales frente a los sujetos obligados o deudores de los mismos, respetando las garantías mínimas del debido proceso y está obligado a utilizar los medios más idóneos y adecuados a las necesidades concretas de protección frente a cada cuestión planteada, pudiendo conceder una tutela judicial diferenciada cuando lo amerite el caso en razón de sus peculiaridades'" (Sentencia TC/0039/12; ver también Sentencias TC/0351/14 y TC/0391/15).

4.1.13 Las atribuciones del Tribunal Constitucional. La Constitución establece tres atribuciones básicas del Tribunal Constitucional: (i) el conocimiento de las *acciones directas de inconstitucionalidad* contra las leyes, decretos, reglamentos, resoluciones y ordenanzas (artículo 185.1); (ii) el *control preventivo de los tratados internacionales* antes de su ratificación por el órgano legislativo (artículo 185.2); y (iii) los *conflictos de competencia entre los poderes públicos* (artículo 185.3). La Constitución también establece que el Tribunal será competente, además, para conocer "cualquier otra materia que disponga la ley" (artículo 185.4), aparte de que le otorga competencia a dicho órgano para conocer de otras atribuciones. La LOTCPC ha establecido que el Tribunal Constitucional es competente para conocer la revisión de las decisiones jurisdiccionales firmes, así como las sentencias dictadas por los jueces de amparo, competencias que examinaremos en el Capítulo 12 junto con el amparo y demás garantías fundamentales. Veamos a continuación estas tres potestades básicas del Tribunal Constitucional…

4.2 La acción directa de inconstitucionalidad.

4.2.1 El carácter abstracto y objetivo del proceso. Pellerano Gómez señaló precursora y certeramente que el proceso a que da lugar el ejercicio de la acción en declaratoria de la inconstitucionalidad "es de *carácter abstracto*, una vez que no tiende a resolver un conflicto de intereses concreto regulado por alguna ley, sino que versa sobre una discrepancia in abstracto sobre la interpretación de un texto de la Constitución en cuanto se refiere a su compatibilidad con alguno de los actos enumerados por el artículo 46 [actual artículo 6], y a la vez es *objetivo*, en cuanto se confunde y resuelve en el fin perseguido. En la puesta en obra de esta acción no existen las posiciones de demandantes ni de sujetos demandados que defiendan intereses personales" (Pellerano Gómez 1998: 40), lo que ha sido confirmado por el Tribunal Constitucional, para el que, por dicha razón, el fallecimiento del accionante no interrumpe el conocimiento de la acción (Sentencia TC/0062/12) como tampoco el desistimiento de la misma por parte del accionante (Sentencia TC/0352/18), por lo que, si bien se requiere la interposición de una acción por una parte con legitimación para accionar, "no es necesaria la intervención activa del impugnante para su normal desarrollo". Y es que, a fin de cuentas, lo que valora el Tribunal Constitucional, al enjuiciar la constitucionalidad de la norma o acto impugnado por la vía de la acción directa de inconstitucionalidad, "es que quede asegurada la supremacía de la Constitución" (Sentencia TC/0062/12).

4.2.2 El carácter imprescriptible del ejercicio de la acción. Debido a la naturaleza de la jurisdicción constitucional, a la popularidad de la acción, al carácter normativo y general del objeto del control concentrado y a la ausencia de una ley que establezca plazo de caducidad alguno para interponer la acción, la acción en inconstitucionalidad es *imprescriptible*.

4.2.3 El objeto del control concentrado.

4.2.3.1 Ampliación del objeto del control concentrado. La Constitución establece que las acciones directas de inconstitucionalidad podrán interponerse "contra las leyes, decretos, reglamentos, resoluciones y ordenanzas" (artículo 185.1), disposición que es reproducida textualmente por el artículo 36 de la LOTCPC. Esta disposición constitucional amplía considerablemente el objeto del control concentrado pues, antes de la reforma constitucional de 2010, la Constitución se refería expresamente sólo a las leyes, lo cual originó una intensa controversia doctrinal, dividiéndose los autores entre quienes consideraban que el control recaía solo sobre las leyes aprobadas por el Congreso Nacional (JULIÁN) y los que entendían que todos los actos enumerados por el artículo 46, actual artículo 6 de la Constitución estaban sujetos a dicho control (PELLERANO GÓMEZ). La Suprema Corte de Justicia se colocó en el justo medio de ambas posiciones, afirmando que "si bien es cierto que el artículo 67, inciso 1, de la Constitución de la República menciona solo a las leyes como el objeto de la acción en inconstitucionalidad por vía directa ante la Suprema Corte de Justicia", no es menos cierto que "el artículo 46 de la misma Constitución proclama que son nulos de pleno derecho toda ley, decreto, resolución o acto contrarios a la Constitución" y que "al consagrar la Asamblea Revisora de la Carta Magna en 1994 el sistema de control concentrado de la constitucionalidad (…) para conocer de la constitucionalidad de las leyes, es evidente que no está aludiendo a la ley en sentido estricto; esto es, a las disposiciones de carácter general y aprobadas por el Congreso Nacional y promulgadas por el Poder Ejecutivo, sino a la norma social obligatoria que emane de cualquier órgano de poder reconocido por la Constitución y las leyes, pues, aparte de que el artículo 46 no hace excepción ni distinción al citar los actos de los poderes públicos que pueden ser objeto de una acción en nulidad o inconstitucionalidad, la Suprema Corte de Justicia, como guardiana de la Constitución de la República y del respeto de los derechos individuales y sociales consagrados en ella, está en el deber de garantizar, a toda persona, a través de la acción directa, su derecho a erigirse en centinela de la conformidad de las leyes, decretos, resoluciones y actos en virtud del principio de la supremacía de la Constitución" (S.C.J. No. 1 del 6 de agosto de 1998. B.J. 1053.4). Posteriormente, la Suprema Corte de Justicia ampliaría aún más el objeto del control concentrado para incluir actos no normativos como es el caso de contratos administrativos y otros actos administrativos (SCJ. junio 2010. B.J. 1195).

Con la reforma constitucional de 2010, la discusión pierde bastante interés pues la Constitución incluye como objetos del control no solo las leyes sino también los "decretos, reglamentos, resoluciones y ordenanzas" (artículo 185.1). Puede afirmarse, a partir del citado texto, que el control concentrado se extiende a todos los actos enumerados por el artículo 6 ("ley, decreto, resolución, reglamento o acto contrarios a esta Constitución") y por el artículo 185.1 de la Constitución. Como afirmaba Pellerano Gómez, antes de ampliarse el objeto del control y como diría ahora con mucha mayor razón, dada la amplia lista de actos sujetos a control consagrada expresamente por la Constitución, "el sistema dominicano de control jurisdiccional de la constitucionalidad se fundamenta en dos textos de una misma naturaleza, que son el artículo 46 [actual artículo 6] y el acápite 1ro. del 67 de la Constitución [actual artículo 185.1]. El primero rige para el control difuso y ambos para el control concentrado. En este sistema el principio de la supremacía de la Constitución que proclama el primero de esos textos, es norma aplicable a ambos tipos de control, por lo que es valedero afirmar que es imposible que algunos de los actos que enumera el artículo 46 [actual artículo 6] puedan quedar libres del control difuso como del control concentrado de la constitucionalidad, todo a causa de que ambos tipos de control son los medios procesales creados por el constituyente para hacer que dicho principio sea realmente efectivo en la vida social" (Pellerano Gómez: 65).

4.2.3.2 Los actos administrativos como objeto del control concentrado. Uno de los temas más controvertidos pero que el Tribunal Constitucional ha tratado de solucionar desde su creación es la posibilidad de cuestionar por la vía de la acción directa de inconstitucionalidad los actos administrativos. La temprana posición del Tribunal ha sido la de que estos actos, en principio, no pueden ser objeto del control concentrado de constitucionalidad, lo que ha originado críticas en una parte de la doctrina y en los propios litigantes que no han cesado de cuestionar este tipo de actos ante el Tribunal, a pesar de su clara posición al respecto que, sin embargo, ha terminado de flexibilizar, aunque sin dar su brazo a torcer respecto a su posición original. Veamos en detalle estas cuestiones.

A. La posición del Tribunal Constitucional que establece que los actos administrativos no pueden ser atacados por la vía de la acción directa de inconstitucionalidad. El Tribunal Constitucional, a partir de la Sentencia TC 0051/12 (en una serie que incluye las sentencias TC/73/0012, TC/0041/13, TC/0117/13, TC/0402/14, TC/0426/15, TC/0606/15, TC/0192/17, TC/0286/17 y TC/0154/18), ha considerado que "la acción directa en inconstitucionalidad, como proceso constitucional, está reservada para la impugnación de aquellos actos señalados en los artículos 185.1 de la Constitución de la República y 36 de la Ley Orgánica No. 137-11 (leyes, decretos, reglamentos, resoluciones y ordenanzas), es decir, aquellos actos estatales de carácter normativo y alcance general" y no puede incoarse contra "un simple acto administrativo de efectos particulares y concretos" (Sentencia TC 51/12). A juicio del Tribunal, "el objeto de la acción directa en inconstitucionalidad está orientado a garantizar la supremacía de la Constitución de la República respecto de otras normas estatales de carácter infraconstitucional, pero no puede constituirse en un instrumento para reivindicar situaciones particulares y concretas, las cuales deben encaminarse por ante la jurisdicción contenciosa administrativa" (Sentencia TC 51/0012).

Ocurre, sin embargo, que ni la Constitución ni la LOTCPC restringieron el objeto de la acción directa en inconstitucionalidad a las normas, sino que, muy por el contrario, dado que la reforma constitucional de 2010 extendió el control concentrado, restringido en principio solo a las "leyes", para abarcar también a los "decretos, reglamentos, resoluciones y ordenanzas", es obvio que se pueden atacar por la vía de la acción directa no solo las normas sino todo tipo de actos administrativos. Como se puede observar, actos normativos propiamente dichos en esa lista solo son las leyes, las ordenanzas y los reglamentos, pues los decretos y las resoluciones pueden consistir en actos administrativos. En el caso de las resoluciones, es más que obvio que, como señala Eduardo Couture en su célebre diccionario jurídico, se trata de una "decisión o fallo de un órgano administrativo o judicial". Tanto es así que la LOTCPC, al reglamentar el procedimiento de la acción directa en inconstitucionalidad, se refiere siempre a "normas" y "actos" (artículos 39, 41, 45 y 49), evidencia de que para el legislador orgánico era manifiestamente claro que la acción en inconstitucionalidad procede contra normas y actos, como lo quiere y manda expresamente el artículo 185.1 de la Constitución. Más aún, la propia inclusión del interés legítimo como condición sine qua non para la legitimación procesal activa en la acción directa en inconstitucionalidad (artículo 185.1 de la Constitución) revela claramente que la intención del constituyente era incluir los actos administrativos en la lista de actos susceptibles de ser controlados en su constitucionalidad por la vía concentrada y exigir que quien cuestionara estos actos fuese una parte de estos actos o un interesado en los mismos.

B. Los actos sujetos a control concentrado conforme el Tribunal Constitucional. En la Sentencia 41/13 el Tribunal Constitucional estableció que, aparte de las leyes, los actos sujetos al control concentrado de constitucionalidad son los siguientes:

I. Los actos administrativos de carácter normativo y alcance general. Estos "son susceptibles de ser impugnados mediante la acción directa, pues al tratarse de un control abstracto o de contenido de la norma, el tribunal constitucional verifica si la autoridad pública responsable de producir la norma observó los valores, principios y reglas de la Constitución de la República y del bloque de constitucionalidad (supremacía constitucional)".

II. Los actos administrativos de efectos particulares y que sólo inciden en situaciones concretas. Estos actos "deben ser tutelados mediante la acción en amparo si se violan derechos fundamentales (Art. 75 de la Ley No. l37-11) o por la jurisdicción contenciosa-administrativa en caso de violarse situaciones jurídicas o derechos no fundamentales dentro del ámbito administrativo, estando la decisión final sujeta a un recurso de revisión constitucional de sentencias (Art. 53 de la Ley No. 137-11), por lo que no escapa en ningún caso al control de la justicia constitucional"; y

III. Los actos administrativos producidos en ejecución directa e inmediata de la Constitución y en ausencia de una ley que los norme. Estos actos "aún no ostenten un alcance general o normativo, pueden ser impugnados mediante la acción directa en inconstitucionalidad al tratarse de actuaciones que la Ley Sustantiva ordena realizar bajo ciertas formalidades de tiempo o modo y a los fines de que se garantice la supremacía constitucional, el tribunal debe verificar el cumplimiento íntegro y cabal del mandato constitucional".

C. Crítica a la posición del Tribunal Constitucional respecto a la exclusión de los actos administrativos del objeto del control concentrado de constitucionalidad. El Tribunal Constitucional básicamente ha establecido que "la acción directa en inconstitucionalidad, como proceso constitucional, está reservada para la impugnación de aquellos actos señalados en los artículos 185.1 de la Constitución de la República y 36 de la Ley Orgánica No. 137-11 (leyes, decretos, reglamentos, resoluciones y ordenanzas), es decir, aquellos actos estatales de carácter normativo y alcance general" (Sentencia TC 51/12). Ya hemos dicho que ni la Constitución ni la LOTCPC excluyen expresamente los actos administrativos como objeto del control concentrado de constitucionalidad ni tampoco señalan que solo serán atacables por la acción directa en inconstitucionalidad las normas o los actos de alcance general. Ahora bien, aunque el Tribunal Constitucional no lo dice del todo expresamente, debemos tratar de determinar cuál es la "pre-comprensión" de la cual parte la jurisdicción constitucional especializada para excluir los actos administrativos del control concentrado de constitucionalidad. Para el Tribunal Constitucional, el control concentrado de constitucionalidad ha sido diseñado, en principio, solo para controlar la constitucionalidad de las leyes; de aquellos "actos administrativos de carácter normativo y alcance general", que "son susceptibles de ser impugnados mediante la acción directa, pues al tratarse de un control abstracto o de contenido de la norma, el tribunal constitucional verifica si la autoridad pública responsable de producir la norma observó los valores, principios y reglas de la Constitución de la República y del bloque de constitucionalidad (supremacía constitucional)"; y de los "actos administrativos producidos en ejecución directa e inmediata de la Constitución y en ausencia de una ley que los norme", que "aún no ostenten un alcance general o normativo, pueden ser impugnados mediante la acción directa en inconstitucionalidad al tratarse de actuaciones que la Ley Sustantiva ordena realizar bajo ciertas formalidades de tiempo o modo y a los fines de que se garantice la supremacía constitucional, el tribunal debe verificar el cumplimiento íntegro y cabal del mandato constitucional" (Sentencia TC 41/13).

Parte aquí el Tribunal, como lo reconoce en la Sentencia TC 73/12, de la doctrina de Allan Brewer-Carías, quien, frente al silencio del legislador, que no ha definido, como no lo hizo tampoco el constituyente, cuáles decretos, resoluciones y ordenanzas son susceptibles de ser impugnados por vía de la acción en inconstitucionalidad, propone que el Tribunal Constitucional determine cuáles de estos actos mencionados en la Constitución no son actos administrativos sujetos al control del Tribunal Constitucional y cuáles lo son y, por tanto deben estar solo sujetos al control de la jurisdicción contencioso-administrativa y, eventual y subsidiariamente, vía revisión, ante el Tribunal Constitucional. Esta precisión jurisprudencial del Tribunal Constitucional debe ser hecha, conforme Brewer-Carías, a partir de "la interpretación del sistema jurídico conforme a la doctrina de la creación del derecho por grados (Kelsen, Merkl) de manera que llámense como se llamen los actos estatales, deberían estar sometidos al control de la Jurisdicción Constitucional, aquellos actos estatales, como lo son las leyes, dictados en ejecución directa e inmediata de la Constitución o de previsiones constitucionales, con rango legal en la formación del orden jurídico. De resto, los otros actos estatales serían de rango sub-legal como los actos administrativos, dictados en ejecución directa de la legislación (e indirecta de la Constitución) y, por tanto, sometidos al control de la Jurisdicción Contencioso Administrativa". A juicio del distinguido constitucionalista venezolano, "solo en el caso de los 'reglamentos', sin embargo, en particular los dictados por el Presidente de la República (Reglamentos Ejecutivos), aun tratándose de actos administrativos, en virtud de la mención expresa de la Constitución, podrían considerarse que como excepción, la competencia para conocer de su impugnación corresponde en forma exclusiva a la Jurisdicción Constitucional". Pero, aclara, no obstante la mención expresa en la Constitución, "ello no debería aplicarse a reglamentos, es decir, actos normativos dictados por otros funcionarios de la Administración" (Brewer-Carías 2011: 308-312)

Como se puede observar, la doctrina de Brewer-Carías, reiterada en escritos posteriores (Brewer-Carias 2013), que es la que en gran medida adopta el Tribunal Constitucional, reduce sustancialmente el ámbito del control concentrado de constitucionalidad, el cual solo procedería contra las leyes del Congreso Nacional, contra los reglamentos dictados por el Presidente de la República y contra los actos de ejecución directa de la Constitución en ausencia de una ley que los norme, quedando fuera los reglamentos dictados por las demás autoridades y todos los actos administrativos, que consisten en la actividad esencial y cotidiana de la Administración, principalmente cuando hoy el Estado es fundamentalmente un Estado administrativo. El Tribunal Constitucional, quizás constreñido por la claridad y rotundez del texto constitucional que habla de reglamentos, ha acogido parcialmente la tesis del venezolano, incluyendo, como debe ser, en el objeto del control, los actos administrativos de carácter normativo (Sentencia TC 41/13), aún no sean reglamentos dictados por el Presidente, aunque ya no incluye dentro del objeto del control concentrado los actos administrativos que, sin ser de naturaleza normativa, tienen efectos generales, como si lo hizo en la primera sentencia que dictó sobre este tema (Sentencia TC 51/12). En todo caso, quedan fuera del control concentrado del Tribunal Constitucional los decretos y resoluciones administrativos, de efectos individuales o particulares, y que constituyen la casi totalidad de la actividad de la Administración.

Lo que propone Brewer-Carías, y que el Tribunal Constitucional acoge en gran medida como precedente vinculante, parte, como lo reconoce el destacado iuspublicista, de la "*doctrina de la creación del derecho por grados*", atribuida principalmente a Hans Kelsen, el inventor de la jurisdicción constitucional especializada. Pero, si examinamos en detalle la posición de Kelsen sobre los actos sujetos a control por el Tribunal Constitucional, veremos que el austríaco en modo alguno excluye los actos administrativos de este control. Es cierto que el núcleo de la concepción kelseniana del Tribunal Constitucional radica en las garantías de la Constitución frente a las leyes, las que él denomina las "garantías de la regularidad de las normas inmediatamente subordinadas a la Constitución" (KELSEN: 15 y 59). Pero no menos cierto es que el propio Kelsen, inmediatamente después de señalar que la competencia básica de la jurisdicción constitucional es el control de constitucionalidad de las leyes, aclara que otras normas de carácter general y no solo la ley, son susceptibles de ser controladas en su constitucionalidad por el Tribunal Constitucional, por lo que prescribe la necesidad de extender el control concentrado a "reglamentos con fuerza de ley" (KELSEN: 61). Pero Kelsen va más allá de una jurisdicción constitucional especializada en el control de actos normativos pues entiende que "la noción pura de garantía de la Constitución", que conduce "a incorporar en ella el control de todos los actos inmediatamente subordinados a la Constitución", como es el caso de los reglamentos autónomos y los decretos leyes, que no se hacen depender formalmente de una ley, debe combinarse, a partir de "las necesidades de la Constitución considerada" y "haciendo a un lado todo prejuicio doctrinario", con la posibilidad de que el Tribunal Constitucional controle no solo actos normativos y de ejecución directa de la Constitución, sino también "actos generales y actos individuales" (KELSEN: 64). Respecto a estos actos estatales individuales, Kelsen afirma que "no son solamente las normas generales (leyes o reglamentos) las que se encuentran inmediatamente subordinadas a la Constitución sino, además, ciertos actos individuales que pueden, por tanto, ser inmediatamente inconstitucionales" (KELSEN: 26), en la medida en que la ejecución de las leyes en casos concretos genera la necesidad de un control "reflejo" de constitucionalidad de actos que pueden y deben ser objeto del control concentrado de constitucionalidad. Al control concentrado de constitucionalidad de estos actos individuales, que son fundamentalmente "actos de la administración" (HERRERA GARCÍA: 970), Kelsen lo denomina *"garantía de la regularidad de los actos de ejecución de las leyes"* (KELSEN: 27). Y cita un ejemplo de este tipo de actos, que bajo los actuales precedentes vinculantes del Tribunal Constitucional, no podrían ser impugnados por la vía de la acción directa en inconstitucionalidad, por ser "actos administrativos de efectos particulares y que sólo inciden en situaciones concretas", pero que, sin embargo, para Kelsen caerían dentro de las competencias de la jurisdicción constitucional: "Los actos administrativos hechos en aplicación de estas leyes pueden ser inconstitucionales, en un sentido distinto del que tiene todo acto administrativo ilegal. Así, por ejemplo, si la Constitución dispone que la expropiación no puede tener lugar sino mediante plena y completa indemnización y si, en un caso concreto, se procede a una expropiación sobre la base de una ley perfectamente constitucional (que señala también el principio de plena indemnización), entonces el acto administrativo no es ilegal e indirectamente inconstitucional en el sentido habitual, pues no va únicamente contra la ley y contra el principio constitucional general de la legalidad de la ejecución, sino, además, contra un principio especial expresamente señalado por la Constitución (a saber, que toda expropiación debe ser acompañada de una plena y entera indemnización) excediendo así el límite específico que la Constitución impone a la legislación. Con base en esto se comprende que contra los actos ilegales de esta naturaleza se pone en movimiento una institución que sirve a la garantía de la Constitución" (KELSEN: 29).

Como se puede observar, es obvio "que el modelo kelseniano de la jurisdicción constitucional nunca quedó reducido al exclusivo control del legislador. Más aún, tampoco se sostiene que el modelo kelseniano se reduzca al control de constitucionalidad de las leyes o de normas de carácter general (considerando dentro de esta categoría a los reglamentos o a los decretos-leyes). Sería más acertado afirmar que el modelo kelseniano de la jurisdicción constitucional concentrada es sólo esencialmente, que no exclusivamente control de constitucionalidad de normas. Como se ha visto, la tesis kelseniana no sólo sostiene, sino que además prescribe, que también se concentre el control de regularidad de actos individuales que el constituyente desee atribuirle. Ello a pesar de que esta opción constituyente pudiera no compadecerse bien con la estructura jerárquica del ordenamiento jurídico. Por consecuencia, no porque el control de ciertos actos individuales esté atribuido al conocimiento del tribunal constitucional, ese control 'traicionaría' el paradigma kelseniano. Antes bien, como se ha visto, Kelsen aseguraba la necesidad de combinar el control de los actos inmediatamente subordinados a la Constitución y el control de actos generales e individuales como parámetros a tomar en cuenta para configurar la jurisdicción constitucional concentrada. La tarea de discernir las materias sujetas a esta jurisdicción queda en manos de la asamblea constituyente como resultado de los mayores o menos consensos políticos conseguidos por sus integrantes. Así, considerar como sinónimos el concepto de exclusivo control concentrado de constitucionalidad de las leyes y el modelo de control de constitucionalidad de Kelsen no satisface con rigor su idea integral de la jurisdicción constitucional. Si existe un modelo kelseniano 'puro' de la jurisdicción constitucional, éste no coincide exactamente con el modelo de tribunal constitucional que cuenta con la única función de controlar las leyes. En Kelsen, tal atribución es solo la esencial, pero no la única existente, y ni siquiera, bajo su misma tesis, la única recomendable. En sus escritos aconsejó la necesidad de combinar dos directrices teóricas a la hora de configurar la jurisdicción constitucional: la primera es la sujeción al tribunal constitucional del control de regularidad de todos los actos inmediatamente subordinados a la Constitución (leyes y algunos tipos de reglamentos). La segunda es la combinación entre actos generales y tantos actos individuales cuantos concierten las fuerzas políticas participantes en las labores constituyentes. Dentro de los actos individuales que pueden ser considerados se encuentran las decisiones judiciales o administrativas definitivas, muy especialmente cuando en ellas se involucre un problema de irregularidad constitucional de una ley que en tales decisiones se aplique" (HERRERA GARCÍA: 971).

En el caso dominicano, el constituyente de 2010, a la luz de la experiencia constitucional precedente en la que el control concentrado estaba restringido a las leyes y solo posteriormente fue ampliado por la Suprema Corte de Justicia en 1998 para incluir las normas y otros actos estatales, tomó una decisión política fundamental, que el Tribunal Constitucional ha pasado por alto: en el mejor espíritu kelseniano de combinar el control concentrado de las normas y de los actos dictados en ejecución inmediata de la Constitución y el control concentrado de los actos generales e individuales, amplió el objeto de control concentrado de constitucionalidad, estableciendo una lista de actos susceptibles de ser impugnados ante el Tribunal Constitucional, de la cual solo quedan excluidas las sentencias, dado que, para impugnar las mismas ante el Tribunal Constitucional, el artículo 277 diseña un recurso de revisión constitucional, que posteriormente el legislador orgánico reglamentó. Este legislador orgánico fue respetuoso de la decisión constituyente y tomó el cuidado de referirse en la LOTCPC en todo momento en que disponía sobre la acción directa en inconstitucionalidad a normas y actos, como objeto del control. Paradójicamente, hoy los dominicanos, a pesar de tener un texto constitucional que como el artículo 185.1 plantea un objeto amplio del control concentrado de constitucionalidad, hemos retrocedido en comparación con el período 1994-2011, cuando, a pesar de tener un artículo constitucional como el 67.1, que restringía el control concentrado a las leyes, gracias a la gran labor pretoriana de la Suprema Corte de Justicia en funciones de tribunal constitucional, disfrutamos de una amplia garantía jurisdiccional concentrada, conquista que el Tribunal Constitucional ha enterrado con una interpretación que no se compadece ni con el texto, ni con la intención constituyente ni con el espíritu teleológico y sistémico del modelo de control concentrado de constitucionalidad decidido por el constituyente en 2010. Y es que, a fin de cuentas, como bien señala la mejor doctrina, lo que la Constitución de 2010 hizo fue plasmar textualmente "la tesis extensiva desarrollada por la Suprema Corte de Justicia" en 1998 y establecer que "el objeto del control concentrado no sólo abarcaba la ley adjetiva y de alcance general, sino también los decretos, reglamentos y resoluciones" (ACOSTA DE LOS SANTOS 2010: 271).

D. Admisión excepcional por el Tribunal Constitucional de acciones directas en inconstitucionalidad. El Tribunal Constitucional, en su Sentencia TC/127/13, ha admitido excepcionalmente la acción directa en inconstitucionalidad contra un acto administrativo, cuando este fue dictado con la intención deliberada de violar la Constitución. A juicio del Tribunal, "en presencia de una acción directa de inconstitucionalidad contra un acto estatal de efectos particulares, cada vez que esté comprobado o exista la presunción grave de que ha sido producido con dolo, es decir, con el propósito deliberado de violar la Constitución, dicha acción debe ser admitida, pues esta solución, que se constituye en excepción a la jurisprudencia constitucional de que dicho recurso está reservado para los actos estatales de efectos generales, es la más adecuada en la misión de este tribunal constitucional de defender la vigencia del estado social y constitucional de derecho". El caso fallado por el Tribunal Constitucional se trataba de "un decreto de expropiación que, no obstante haber sido anulado por la jurisdicción judicial, fue nuevamente reintroducido con idénticas motivaciones al que había sido precedentemente anulado. Más todavía, dicho decreto afecta las mismas parcelas que ya habían sido liberadas mediante una decisión judicial que adquirió la autoridad de lo cosa definitiva e irrevocablemente juzgada. En tal virtud, nos encontramos con una clara violación al principio de seguridad jurídica, a la tutela judicial efectiva y al derecho de propiedad, razón por la cual este tribunal conocerá el fondo del presente caso".

D. Otras atemperaciones al -o desviaciones del- criterio de la inadmisibilidad de las acciones directas de inconstitucionalidad contra actos administrativos. En la Sentencia TC/0502/21, el Tribunal Constitucional estableció que, a partir de dicha sentencia, "el

Tribunal Constitucional optará por determinar que los presupuestos de admisibilidad de la acción directa de inconstitucionalidad (prescritos en los artículos 185.1 de la Constitución y 36 de la Ley núm. 137-11), se encuentran satisfechos o no satisfechos, según la tipología del acto impugnado. En este orden de ideas, el Tribunal asumirá que los presupuestos de admisibilidad previstos en las dos precedentes disposiciones citadas se encuentran satisfechos cuando el acto objeto de acción directa de inconstitucionalidad corresponda a uno cualquiera de los supuestos por ellas previstos: es decir, leyes, decretos, reglamentos, resoluciones y ordenanzas. Esta evaluación será efectuada sin perjuicio de la autonomía procesal que incumbe al Tribunal Constitucional de valorar otros elementos según cada caso en concreto. Los anteriores razonamientos implican en sí un cambio de precedente, debido a que, en lo adelante, solo podrán ser susceptibles de control concentrado de constitucionalidad las leyes, decretos, reglamentos, resoluciones y ordenanzas, independientemente de su alcance". En otras palabras, el Tribunal Constitucional ha decidido que todo lo que se llame ley, decreto, reglamento, resolución u ordenanza, sea de carácter general o no, trátese de actos de naturaleza o no, siempre que tengan esa denominación, serán susceptibles de válidamente ser impugnados ante esa jurisdicción por la vía de la acción directa en inconstitucionalidad. Con esta decisión parece que podrían impugnarse actos administrativos dictados por decreto o resolución, pero no actos de naturaleza normativa que no sean designados expresamente como "reglamento", como ocurre con muchas "circulares", "normas generales", etc. que son dictadas por órganos ejecutivos o de la Administración, ni tampoco actos administrativos que no sean designados como decreto, resolución u ordenanza. Se trata de una decisión poco sistemática y que no deja claro si el Tribunal entrará o no a analizar si los actos impugnados ante su jurisdicción son de naturaleza reglamentaria o resolutiva para poder determinar si están o no incluidos en la lista del artículo 185.1 de la Constitución.

E. Las relaciones Tribunal Constitucional y jurisdicción contencioso-administrativa. Conforme al Tribunal Constitucional, "es el fuero administrativo el competente para dirimir cuestiones que han tenido su origen en actos administrativos ejercidos por mandato de la ley, y es al Tribunal Contencioso Administrativo al que corresponde examinar la cuestión". Según los jueces constitucionales, "aun cuando los medios invocados por la accionante son de índole constitucional", si el "acto administrativo ha sido dictado en ejercicio directo de poderes y competencias establecidas en disposiciones normativas infraconstitucionales, es decir, normas de derecho inferiores a la Constitución", no procede la acción en inconstitucionalidad. En otras palabras, la Administración, en ejercicio de competencias conferidas por las leyes, puede dictar resoluciones o actos violatorios de la Constitución y esos actos no pueden ser atacados ante el TC sino que deben ser cuestionados ante la jurisdicción contencioso administrativa. El TC considera que el artículo 139 de la Constitución confiere a la jurisdicción contencioso-administrativa el control de legalidad de los actos administrativos, que ese control es de conformidad con el Derecho, es decir, control de juridicidad que abarca el control constitucional.

Lo anterior nadie lo niega pues la justicia constitucional no es más que "la potestad del Tribunal Constitucional y del Poder Judicial de pronunciarse en materia constitucional en los asuntos de su competencia" (artículo 5 de la LOTCPC). Pero el Tribunal Superior Administrativo conoce los recursos contencioso-administrativos (artículo 165.2 de la Constitución) y no las acciones en inconstitucionalidad contra resoluciones administrativas, cuyo conocimiento es una competencia irrenunciable del Tribunal Constitucional conforme el artículo 185.1 de la Constitución. El control concentrado de constitucionalidad de los actos administrativos si bien resulta excepcional a la luz de la historia del control de constitucionalidad hoy ya no es una novedad y existe en Austria, Chile, Bolivia y Perú. La ampliación del objeto del control concentrado para incluir, aparte de las normas, a los actos administrativos, como lo ha hecho el constituyente en 2010, responde a una concepción del Tribunal Constitucional que va más allá del simple legislador negativo extirpador de normas y que lo encuadra como supremo intérprete de la Constitución mediante sentencias interpretativas reconocidas en la misma LOTCPC (artículo 47).

Por otro lado, a juicio del Tribunal Constitucional, "el objeto de la acción directa en inconstitucionalidad está orientado a garantizar la supremacía de la Constitución de la República respecto de otras normas estatales de carácter infraconstitucional, pero no puede constituirse en un instrumento para reivindicar situaciones particulares y concretas, las cuales deben encaminarse por ante la jurisdicción contenciosa-administrativa" (Sentencia TC/0051/12). Según el Tribunal Constitucional, "aun cuando los medios invocados por la accionante son de índole constitucional, en virtud de la naturaleza del acto atacado (resolución que prescribe sobre el desarrollo de un contrato administrativo) tales alegatos corresponden ser examinados en la jurisdicción administrativa. Sobre el particular, cabría referirnos al contenido del artículo 139 de la Constitución que sujeta el control de la legalidad de los actos de la administración pública a los tribunales, lo cual debe combinarse con el artículo 165.2 del texto constitucional, que a su vez otorga competencia a la jurisdicción contenciosa administrativa para 'conocer los recursos contenciosos contra los actos, actuaciones y disposiciones de autoridades administrativas, contrarias al Derecho como consecuencia de las relaciones entre la Administración del Estado y los particulares' (…) Sobre este último aspecto en doctrina se ha llegado a establecer que cuando el artículo 165.2 de la Constitución emplea la denominación 'contrariedad al derecho' ello implica contrariedad a la Constitución, y además, a las leyes y demás fuentes de derecho, por lo que la impugnación de los actos administrativos por razón de inconstitucionalidad, es una competencia de los tribunales de la jurisdicción contencioso administrativa y no puede corresponder a la jurisdicción constitucional" (Sentencia TC/0073/12).

Sin perjuicio de que, tal como establece el Tribunal Constitucional, la jurisdicción contencioso administrativa es la constitucionalmente competente para conocer de las impugnaciones de actos administrativos, aun cuando dichas impugnaciones estén basadas en violaciones a la Constitución, lo cierto es que en ninguna parte de la Constitución encontramos un texto que establezca que se debe agotar la vía contencioso administrativa previo a incoar una acción en inconstitucionalidad contra un acto administrativo ni tampoco uno que excluya expresamente a los actos administrativos del objeto del control concentrado. Además, ¿cuál sería el perjuicio o el inconveniente que se causaría con que estuviese abierto un caso ante la jurisdicción contencioso-administrativa y otro ante el Tribunal Constitucional? Si el caso fue fallado, el afectado puede ejercer sus recursos, de casación ante la Suprema Corte de Justicia y de revisión, eventualmente, ante el Tribunal Constitucional, aun estando pendiente de conocimiento una acción en inconstitucionalidad contra el acto administrativo en el Tribunal Constitucional. La decisión de la jurisdicción constitucional especializada que intervenga a fin de cuentas va a ser vinculante para aquellos jueces que no hayan fallado el caso. Pero, en modo alguno, hay retardo en la justicia, porque la acción en inconstitucionalidad no es suspensiva, ni tampoco provoca conflictos entre las jurisdicciones ya que, al final, la decisión prevaleciente y vinculante es la del Tribunal Constitucional.

Como se puede observar, el modelo de control concentrado de constitucionalidad dominicano ni impide que la jurisdicción contencioso administrativa conozca el caso, ni supedita el ejercicio de la acción en inconstitucionalidad al agotamiento previo de la vía contencioso administrativa, ni da la posibilidad de conflictos porque, o bien la jurisdicción contencioso administrativa resuelve el caso con anterioridad al Tribunal Constitucional, o bien falla el caso después que el Tribunal Constitucional, debiendo ceñirse al criterio vinculante de la jurisdicción constitucional especializada. Si la decisión de la jurisdicción contencioso-administrativa fue anterior a la del Tribunal Constitucional y fue desfavorable al accionante en inconstitucionalidad, es de suponer que éste ejerció el recurso de casación ante la Suprema Corte de Justicia y que, si ésta no ha fallado, el precedente del Tribunal Constitucional le será oponible. Si ya la Suprema Corte falló es de suponer que, si la sentencia le es desfavorable al accionante, éste habría recurrido ante el Tribunal Constitucional, caso en el cual ambos casos habrían arribado al Tribunal Constitucional, eliminándose la posibilidad de eventual conflicto. Son muy remotas las posibilidades, salvo negligencia de una de las partes, de que el fallo del Tribunal Constitucional intervenga luego de haber intervenido una sentencia firme del Poder Judicial. En el hipotético e improbable caso de que así fuese, no hay duda de que el fallo del Tribunal Constitucional deroga cualquier disposición contraria, aún judicial, no importa cuán antigua sea la sentencia, del mismo modo que una sentencia del Tribunal Constitucional deroga una ley. No hay aquí atentado contra la seguridad jurídica porque, en todo caso, las partes del acto administrativo cuestionado ante la jurisdicción constitucional especializada han sido puestas en causa, por lo que no hay violación al debido proceso en tanto garantía fundamental de las partes. En cualquier caso, y como bien ha establecido el Tribunal Constitucional, cuando tuvo que evaluar la incidencia del conocimiento de una acción directa de inconstitucionalidad sobre una norma que estaba siendo aplicada en un proceso jurisdiccional, no "es acertado sugerir que porque la decisión que se adopte en el presente recurso incida en la suerte del proceso disciplinario seguido en contra del accionante, se pudiera afectar la autonomía de los funcionarios judiciales que lo conocen, ya que es de la naturaleza de las decisiones que adopte este tribunal constitucional, el que sean definitivas e irrevocables y que constituyan precedentes vinculantes para los poderes públicos y todos los órganos del Estado. Entonces, tal incidencia, en caso de que se produzca, estaría de acuerdo con un mandato sustantivo y no se resentiría dicha autonomía judicial, porque su ejercicio y desarrollo está previsto dentro de los cauces constitucionales" (Sentencia TC/0093/16).

4.2.2.3 La cuestión de las sentencias. Conforme el Tribunal Constitucional, "la acción directa de inconstitucionalidad es un recurso previsto en contra de las leyes, decretos, reglamentos, resoluciones y ordenanzas que infrinjan, por acción u omisión, alguna norma sustantiva. Las decisiones jurisdiccionales no están incluidas en la disposición constitucional que instituye dicho recurso", por lo que "es válido afirmar que el control constitucional de las decisiones jurisdiccionales se realiza mediante el recurso de revisión constitucional, instituido, por mandato expreso del artículo 277 de la Constitución de la República, así como por el artículo 53 de la Ley Orgánica del Tribunal Constitucional y de los Procedimientos Constitucionales. Dicho recurso de revisión constitucional está sujeto a las condiciones exigidas en la precitada ley, entre las cuales resaltamos el que se interponga contra sentencias que hayan adquirido la autoridad de la cosa irrevocablemente juzgada" (Sentencia TC/0052/12). Esta posición del Tribunal Constitucional es correcta porque la LOTCPC ha arbitrado una vía procesal para impugnar la constitucionalidad de las sentencias a través del recurso de revisión, cosa que no ocurre con los actos administrativos, los que, muy por el contrario, caen expresamente por mandato constitucional dentro del ámbito del objeto del control de constitucionalidad por la vía de la acción directa de inconstitucionalidad ante el Tribunal Constitucional.

4.2.3.4 La aplicación e interpretación de los textos normativos como objeto del control concentrado.

A. El Tribunal Constitucional y el control de constitucionalidad de las interpretaciones. Conforme una línea jurisprudencial del Tribunal Constitucional (Sentencias TC/0103/12, TC/0247/14, TC/0325/14, TC/0308/18, TC/0024/21 y TC/0127/21), "la acción directa en inconstitucionalidad, como proceso constitucional, está reservada para la impugnación de aquellos actos señalados en los artículos 185.1 de la Constitución de la República y 36 de la Ley núm. 137-11 (leyes, decretos, reglamentos, resoluciones y ordenanzas), no así para la interpretación que de estos hagan los tribunales del Poder Judicial ni de otras instancias especializadas" (Sentencia TC/0024/21), todo ello en el entendido de que "el legislador ha previsto procedimientos a los fines de accionar, por vía directa, contra decisiones o interpretaciones jurisdiccionales que emanan de los tribunales ordinarios", como es el caso del artículo 277 de la Constitución y de los artículos 53 y siguientes de la LOTCPC, que "disponen la revisión constitucional de decisión jurisdiccional ante este tribunal como un mecanismo extraordinario, cuya finalidad se contrae a darle uniformidad a la interpretación de las normas y principios constitucionales, en su calidad de máximo y último intérprete de la Constitución" (Sentencia TC 0044/18). Según la Alta Corte, la acción de inconstitucionalidad es "un mecanismo de *control normativo abstracto de la constitucionalidad,* o sea, se realiza con independencia de la aplicación concreta en la realidad, en los casos particulares, de la norma sujeta a examen, de ahí que tal control recae sobre la ley, decreto, reglamento ordenanza, debiendo confrontar objetivamente la disposición legal acusada con la Constitución, más no sobre la interpretación que surge de ésta durante la actividad judicial, salvo lo dispuesto para la revisión constitucional de sentencia con autoridad de la cosa irrevocablemente juzgada" (Sentencia TC/0103/12). Para el Tribunal Constitucional, "si se asumiera el criterio de que el control de constitucionalidad puede ejercerse contra la interpretación que los tribunales hacen de los textos infraconstitucionales que aplican en la solución de las controversias sometidas a su consideración, sería lo mismo que aceptar que el control de la constitucionalidad puede ejercerse contra las decisiones jurisdiccionales, lo que no sólo es contrario a los precedentes antes citados, sino que, además, con ello se anularía o descartaría la vía que han diseñado el constituyente dominicano, mediante el art. 277 constitucional, y el legislador, mediante el art. 53 de la Ley núm. 137-11, para impugnar las decisiones dictadas por los tribunales ordinarios. Y es que los juzgadores no hacen otra cosa que interpretar y aplicar normas, positivas o no, conforme al derecho que consideren como aplicable a cada caso. Por lo que la interpretación de la norma para la solución del caso es parte de la decisión misma, pues la labor del juez consiste en hacer una labor de subsunción, aplicar al caso concreto sometido a su consideración el derecho construido por él sobre la base de la interpretación de las normas que, según su consideración, le da solución a éste" (Sentencia TC/0024/21).

Esta posición del Tribunal Constitucional, a la luz del artículo 6 de la LOTCPC, es insostenible. En efecto, dicho artículo establece que "se tendrá por infringida la Constitución cuando haya contradicción del texto de la norma, acto u omisión cuestionado, de sus efectos o de su *interpretación o aplicación* con los valores, principios y reglas contenidos en la Constitución y en los tratados internacionales sobre derechos humanos suscritos y ratificados por la República Dominicana o cuando los mismos tengan como consecuencia restar efectividad a los principios y mandatos contenidos en los mismos". De esta disposición legal se desprende claramente que la Constitución es vulnerada no solo cuando existe una contradicción del texto de la norma de constitucionalidad cuestionada sino también cuando esa contradicción se produce entre la interpretación o aplicación de la norma y la Ley Sustantiva. Y es lógico que sea así. Como bien señala la doctrina, "no puede entenderse que el objeto del control de constitucionalidad sea exclusivamente la disposición, o la norma. Cuando el Tribunal Constitucional ha de valorar la constitucionalidad de uno o varios preceptos legales, ineludiblemente ha de interpretarlos, al igual que ha de interpretar la Constitución. Esta interpretación se produce en todos los procesos de constitucionalidad –no solamente en la vía incidental– y no sólo cuando la sentencia finalmente emanada es interpretativa, sino en todos los supuestos" (Díaz Revorio: 78). Por eso, se afirma que, "en realidad, *lo que el Tribunal valora en un juicio de constitucionalidad es una norma que se deriva de un precepto o disposición normativa vía interpretación*" (Cocarico Lucas: 72). Si no fuese así, es decir, si, como pretende el Tribunal Constitucional, su pronunciamiento debe referirse necesaria y obligatoriamente al texto impugnado, y no a las posibles interpretaciones o normas que puedan derivarse del mismo, todo ello sobre la base de que, en el control concentrado, según la concepción tradicional del mismo, el juicio que sobre la constitucionalidad de la norma debe hacer el juez constitucional especializado no es un juicio sobre la aplicación de la norma, sino sobre la ley misma, esquema teórico de identificación simplista entre norma legal y enunciado de la ley que hoy en día ya no se sostiene, el Tribunal Constitucional se situaría "ante la incómoda alternativa de mantener la plena validez del enunciado, aún consciente de que una o varias interpretaciones posibles son contrarias a la Constitución, o anularlo en su totalidad, aunque pudiera ser interpretado también de un modo que no resultaría incompatible con la Constitución o su supresión pueda crear una situación más gravemente inconstitucional que la que implica el riesgo de aquellas interpretaciones" (Rubio Llorente: 1269).

Felizmente eso no es así en el modelo del control concentrado en Europa, tal como se ha ido imponiendo en la práctica de las jurisdicciones constitucionales, y tampoco lo es en la República Dominicana, que cuenta con un Tribunal Constitucional cuya ley orgánica -la LOTCPC- le permite dictar todo tipo de *sentencias interpretativas* admitidas en el derecho comparado "en todos los casos que conozca", como es el caso, en especial, de las "sentencias interpretativas de desestimación o rechazo que descartan la demanda de inconstitucionalidad, declarando la constitucionalidad del precepto impugnado, en la medida en que se interprete en el sentido que el Tribunal Constitucional considera como adecuado a la Constitución o no se interprete en el sentido o sentidos que considera inadecuados" (artículo 47). Que la LOTCPC permita al Tribunal Constitucional dictar este tipo de sentencias interpretativas es una prueba clara de que, en nuestro ordenamiento jurídico-constitucional, se distingue entre texto normativo y las normas que se derivan de ese texto, pues, precisamente, esta distinción "es el presupuesto básico de toda sentencia interpretativa, sin el cual no podrían entenderse este tipo de decisiones" (Cocarico Lucas: 74). Más aún, el Tribunal Constitucional, en virtud del artículo 47 de la LOTCPC, puede dictar sentencias aditivas, las que no se pronuncian simplemente acerca de la conformidad o no con la Constitución de las normas que pueden extraerse de la disposición sometida al control de constitucionalidad, sino que, además, el Tribunal Constitucional fabrica una nueva norma, que no es consecuencia de la interpretación de la disposición enjuiciada, sino que, conforme el Tribunal, viene impuesta por la Constitución para conservar la validez de la disposición, aunque, al final, esa norma nueva es presentada como un significado de la disposición cuestionada. "Como resultado de la sentencia aditiva, la disposición sometida a control es declarada conforme a la Constitución, con un plus normativo determinado por el Tribunal. Así, la declaración de inconstitucionalidad recae sobre la norma que es deducible a contrario sensu de la disposición, por no contemplar la norma prevista por el Tribunal. Este añadido normativo no se trata de uno de los posibles significados de la disposición, sino una exigencia constitucional" (Cocarico Lucas: 78). Es por todo lo anterior que se afirma que hay que entender la justicia constitucional "como *jurisdicción de interpretación*" (Zagrebelsky 2007: 202).

El Tribunal Constitucional no debe ignorar lo antes señalado. En efecto, en la misma Sentencia TC/0024/21, afirma que, a pesar de que considera que no procede la acción contra la interpretación de una disposición legal, "este tribunal entiende, a tono con la jurisprudencia constitucional, que si la interpretación que se cuestiona en la acción directa en inconstitucionalidad se fundamenta de manera razonable en el texto legal, de modo tal que es el propio texto el que de manera indubitable posibilita y determina tal interpretación inconstitucional, la misión atribuida al Tribunal Constitucional de ser garante de la primacía de la Constitución, demanda su intervención para que tal interpretación inconstitucional que el texto posibilita sea erradicada del ordenamiento jurídico. Es evidente que, en tal situación, la acción para erradicar la interpretación inconstitucional, no estaría dirigida contra la facultad del juez de aplicar el texto, derivado de la autonomía de juzgar que constitucionalmente posee, sino contra el texto legal mismo, en tanto, por su propia redacción, permite de manera razonable la interpretación inconstitucional que se cuestiona". En otras palabras, el Tribunal Constitucional admite una acción directa en inconstitucionalidad contra una interpretación que se desprende razonablemente de un texto, pero no la admite contra una interpretación irrazonable de ese mismo texto. De nuevo, el razonamiento del Tribunal Constitucional es enrevesado porque la propia LOTCPC no solo permite impugnar interpretaciones de textos normativos, sino que, además, permite la impugnación en ausencia de textos, como ocurre con las omisiones inconstitucionales.

El Tribunal Constitucional insiste en que una interpretación que en un caso concreto ha realizado un tribunal "no puede ser impugnada mediante la acción directa en inconstitucionalidad, por la naturaleza abstracta del control constitucional que se ejerce mediante dicha acción, y porque las interpretaciones que realizan los jueces se enmarcan dentro del estatuto de autonomía que le confiere la Constitución" (Sentencia TC/0024/21). Ello es obvio porque la acción directa en inconstitucionalidad no procede contra sentencias. Pero lo que el Tribunal Constitucional soslaya es que, en la impugnación que efectúe un accionante en inconstitucionalidad, este último puede perfectamente resaltar la *interpretación o aplicación inconstitucional concreta* de una ley procurando que los jueces constitucionales especializados efectúen un juicio, no concreto, sino abstracto de la constitucionalidad del texto normativo en cuestión, tomando en cuenta dicha interpretación o aplicación concreta. Aquí es ilustrador el juicio de constitucionalidad que realiza un Tribunal Constitucional europeo frente a una cuestión de inconstitucionalidad. En este caso nos encontramos con un caso concreto en el que la disposición legal a aplicar por el juez ordinario está sometida a un previo juicio abstracto de la constitucionalidad de dicha disposición por el Tribunal Constitucional. "Esta, si se quiere, relativa concreción en el planteamiento de la cuestión de inconstitucionalidad convive con la abstracción del enjuiciamiento llevado a cabo en sede constitucional [...] La concreción en el planteamiento de origen no parece que haya de carecer de una cierta repercusión en el propio juicio constitucional, pues, llegado el momento de determinar el sentido de los enunciados normativos, puede llegar a ejercer un cierto influjo, por pequeño que sea, el caso litigioso en suspenso en el que se ha suscitado el problema de constitucionalidad y sobre el que, una vez que haya dictado sentencia el juez constitucional, habrá de pronunciarse el juez a quo" (Fernández Segado 2013: 951). En una acción directa de inconstitucionalidad, que cuestiona una interpretación o aplicación de un texto normativo, no hay un caso litigioso en suspenso como en la cuestión de inconstitucionalidad en Europa. Pero sí hay concretas aplicaciones e interpretaciones del texto normativo que se han producido en el pasado y que han motivado una acción directa ante el Tribunal Constitucional que, dependiendo del grado de frecuencia y generalización de dichas aplicaciones e interpretaciones por parte de los jueces o de la Administración, podría incluso constituir un "estado de cosas inconstitucional", por la inefectividad inconstitucional sistémica que se origina a raíz de una generalizada inconstitucional aplicación o interpretación de un texto normativo. De más está decir que la *interpretación como objeto del control de constitucionalidad* en la acción directa es indefectible cuando se acciona contra un acto administrativo, donde se cuestiona muchas veces la constitucionalidad de la concreta aplicación que de un texto normativo realiza la Administración.

Es bueno resaltar que la doctrina no cuestiona la posibilidad y la procedencia de accionar contra interpretaciones ante el Tribunal Constitucional. Sólo se hacen algunos reparos al uso de las sentencias interpretativas consagradas por la LOTCPC. En especial, se considera que, "al menos como regla general, no debe dictarse una sentencia interpretativa para rechazar la constitucionalidad de interpretaciones que no hayan sido propuestas en el proceso constitucional por el recurrente, el juez que plantea la cuestión, o cualquiera de las partes intervinientes (las únicas excepciones serías, quizá las interpretaciones inconstitucionales de preceptos no impugnados que deriven 'por conexión o consecuencia' de preceptos declarados inconstitucionales y nulos, de acuerdo con el art. 39.1 LOTC) y ello a diferencia de la interpretación considerada constitucional, que sí puede ser 'propuesta' por el propio Tribunal -mientras no sea hipotética o irrazonable, o contradictoria con la letra de la ley- en aras del principio de conservación de la ley. Pero declarar formalmente en el fallo (o en los fundamentos, pero con reflejo directo en el tipo de fallo, hasta el punto de condicionar su formulación) la inconstitucionalidad de una norma que no ha sido objeto de la impugnación ni del debate procesal, creo que excede, con carácter general, las atribuciones del Tribunal" (Díaz Revorio: 193).

B. La doctrina del "derecho viviente" y el control de constitucionalidad de las interpretaciones. Para el debido entendimiento y encuadramiento jurídico-constitucional del control de constitucionalidad por el Tribunal Constitucional de las interpretaciones de las normas en sentido general, pero, en especial, en los procesos de acción directa de inconstitucionalidad, conviene abordar una noción que ha sido fundamental en aquellos ordenamientos cuyas jurisdicciones constitucionales han asumido, sin inútiles, anacrónicos e hiper positivistas dogmas, remilgos y eufemismos, que lo que está en juego, a la hora de ejercer la hora de controlar la constitucionalidad de las normas, no es tanto el texto normativo en sí, sino, más bien y sobre todo, la interpretación que de ese texto ofrecen los operadores jurídicos para extraer el significado de la norma o la norma per se. Esta noción es fundamental porque provee una herramienta valiosísima al Tribunal Constitucional que reduce la discrecionalidad del juez constitucional en el control de constitucionalidad de las interpretaciones judiciales. Nos estamos refiriendo al concepto de "*derecho viviente*".

¿Qué se entiende por derecho viviente? La Corte Constitucional italiana, madre fundadora del concepto, comenzaría a definir el término en 1956 cuando afirmó que "la Corte, si bien entiende que puede y debe interpretar con autonomía de juicio y de orientaciones la norma constitucional que se asume violada y la norma ordinaria que se acusa de violarla, no puede no tener en debida cuenta una constante interpretación jurisprudencial que confiere al precepto legislativo su efectivo valor en la vida jurídica, si es verdad, como lo es, que las normas son no como aparecen propuestas en abstracto, sino como son aplicadas en la vida cotidiana por obra del juez, dirigida a volverlas concretas y eficaces". Como bien señala la doctrina, con la fórmula del derecho viviente "se entiende la norma de ley no en las abstractas posibilidades interpretativas que descienden de los textos, sino *la norma de ley tal como 'vive' en la interpretación consolidada de los jueces*" (ZAGREBELSKY 2008 I: 876). Esta "norma viviente", que sería no el texto normativo, sino "la norma producto de una consolidada interpretación jurisprudencial", es la que asume la jurisdicción constitucional como "objeto de su propio juicio", es decir, como objeto del control de constitucionalidad (GROPPI: 207). "La teoría del derecho viviente señala que la Corte hace propia la interpretación jurisprudencial dominante y controla la legitimidad de la ley sobre esa base. Ahora bien, si la ley es incompatible con la Constitución en esta interpretación, se dará lugar a una sentencia de inconstitucionalidad" (ZAGREBELSKY 2008 I: 877). "La Corte Constitucional no renuncia a proponer en todo caso su propia interpretación, si es necesario en contraste con el derecho viviente, y sólo sucesivamente, si la interpretación inconstitucional persiste, la anula. La Corte Constitucional ha expresamente afirmado que, si bien consciente de proponer una interpretación en contraste con la seguida por la jurisprudencia, la fuerza preeminente de los principios constitucionales impone no dar seguimiento, sobre todo en sede interpretativa, a una reconstrucción del sistema que se traduciría en una lesión de esos principios. Es por tanto deber del intérprete, incluso en presencia de derecho viviente, examinar si no es posible una lectura distinta, la cual evite la ilegitimidad constitucional. La corte hace prevalecer sobre la doctrina del derecho viviente la de la interpretación conforme a la Constitución, optando por tanto por un pronunciamiento de interpretación conforme" (GROPPI: 208). Lo que revela la teoría del derecho viviente y que ninguna jurisdicción constitucional dotada de amplios poderes interpretativos, como es el caso del Tribunal Constitucional dominicano, puede ignorar es que "la ley, entendida en su interpretación jurisprudencial (y no, por tanto, como la 'ley en los libros'), es una dimensión del derecho que hoy se impone a cualquier consideración" (ZAGREBELSKY 2008 I: 878), sobre todo porque hoy los textos legales, cada vez más ambiguos e imprecisos, por la necesidad de acoger compromisoriamente una variedad de intereses plurales y convergentes en la sociedad, requieren de la concreción del juzgador, de modo que su verdadero sentido solo es posible comprenderlo una vez se ha desplegado esa tarea de *concreción de la regla abstracta al caso en particular.*

La doctrina del derecho viviente ha sido adecuada por la Corte Constitucional de Colombia, jurisdicción que estableció que "es necesario aclarar que la Corte no puede declararse inhibida para pronunciarse en el presente asunto, tal como se plantea en una de las intervenciones, con el argumento de la existencia de una proposición jurídica inexistente […] En otros términos, porque no existe un texto normativo que deba ser declarado exequible o contrario al ordenamiento jurídico. Si bien es cierto que el punto objeto de controversia que ahora ocupa la atención de la Sala se origina en la interpretación que se hace de las normas acusadas y no en su texto literal, la Corte no puede declararse inhibida para conocer de la acusación presentada, toda vez que la interpretación que hace la actora de los preceptos acusados, está involucrando *un problema de interpretación constitucional* que, a diferencia de otros problemas de hermenéutica, debe ser resuelto por esta Corporación, como ente encargado de la guarda e integridad de la Constitución" (Sentencia C-1436 de 2000).

Asimismo, posteriormente estableció que "si bien el demandante no estructuró un cargo directo de inexequibilidad contra el contenido material del texto impugnado, lo que en principio daría lugar a un fallo inhibitorio, la interpretación que el Consejo de Estado ha hecho de la norma y su ulterior cuestionamiento por parte de los distintos sujetos procesales -entre los cuales se cuenta al actor-, involucra sin lugar a equívocos un problema de interpretación constitucional que obliga a este organismo de control a asumir la competencia en el presente caso, con el propósito de definir si el sentido reconocido al precepto acusado por el máximo organismo de la jurisdicción contenciosa, que a su vez determina la forma como en la práctica éste viene siendo aplicado y que constituye la orientación dominante del texto en cuestión, armoniza con las garantías constitucionales que se aducen como violadas". A juicio de la Corte, "en principio, no le corresponde al juez constitucional resolver aquellos debates suscitados en torno al proceso de aplicación o interpretación de la ley, pues es claro que en estos casos no se trata de cuestionar el contenido literal de la norma impugnada, sino el sentido o alcance que a ésta le haya fijado la autoridad judicial competente. Según lo ha señalado, en tanto es la propia Constitución la que establece una separación entre la jurisdicción constitucional y las otras jurisdicciones, los conflictos jurídicos que surjan como consecuencia del proceso de aplicación de las normas legales han de ser resueltos por los jueces ordinarios y especializados a quien se les asigna dicha función. No obstante, también este alto Tribunal ha admitido que por vía de la acción pública de inexequibilidad se puedan resolver los *conflictos atinentes a la interpretación de las normas jurídicas*, cuando aquellos 'está[n] involucrando un problema de interpretación constitucional' y el mismo se origina directamente en el texto o contenido de la disposición impugnada. El hecho de que a un enunciado normativo se le atribuyan distintos contenidos o significados, consecuencia de la existencia de un presunto margen de indeterminación semántica, conlleva a que la escogencia práctica entre sus diversas lecturas trascienda el ámbito de lo estrictamente legal y adquiera relevancia constitucional, en cuanto que sus alternativas de aplicación pueden resultar irrazonables y desconocer los mandatos superiores. Ciertamente, conforme al criterio hermenéutico fijado por la jurisprudencia de la Corporación, si una preceptiva legal puede ser interpretada en más de un sentido por parte de las autoridades judiciales que tienen a su cargo la aplicación de la ley, y alguna de ellas entra en aparente contradicción con los valores, principios, derechos y garantías que contiene y promueve la Constitución Política, corresponde a la Corte adelantar el respectivo análisis de constitucionalidad con el fin de establecer cuál es la regla normativa que, consultando el espíritu del precepto, en realidad se ajusta o se adecua a la Carta Política". (Sentencia C-426/02).

Para la Corte Constitucional de Colombia, "cuando una norma puede ser interpretada en más de un sentido y entre las interpretaciones plausibles hay una incompatible con la Constitución -como sucede en este caso a juicio del demandante- la interpretación jurisprudencial y doctrinaria del texto normativo demandado debe ser tenida en cuenta para fijar el sentido, los alcances, los efectos, o la función de la norma objeto del control constitucional en un proceso, tal y como ha sido aplicada en la realidad. Si esta interpretación jurisprudencial y doctrinaria representa una orientación dominante bien establecida, el juez constitucional debe, en principio, acogerla salvo que sea incompatible con la Constitución [...] Si bien el control de constitucionalidad de las normas es un control abstracto porque no surge de su aplicación en un proceso particular, ello no significa que el juicio de exequibilidad deba efectuarse sin tener en cuenta el contexto dentro del cual la norma fue creada (i.e. su nacimiento), y dentro del cual ha sido interpretada (i.e. ha vivido). En fin: en buena medida, *el sentido de toda norma jurídica depende del contexto dentro del cual es aplicada*. Ahora, dentro de las múltiples dimensiones de ese contexto –bien sea la lingüística, que permite fijar su sentido natural, o bien la sociológica, que hace posible apreciar sus funciones reales- se destaca la actividad de los expertos que han interpretado los conceptos técnicos que ella contiene y que los han aplicado a casos concretos. Obviamente, esos expertos son los jueces y los doctrinantes especializados en la materia tratada en la norma; dentro de ellos, una posición preminente la ocupan los órganos judiciales colegiados que se encuentran en la cima de una jurisdicción [...] Al prestarles la atención que su ubicación institucional exige, la Corte Constitucional está valorando su labor hermenéutica dentro de un mismo sistema jurídico. Obviamente, cuando no exista jurisprudencia sobre las normas objeto del control constitucional, la Corte Constitucional tendrá que acudir a otras fuentes del derecho para interpretar los artículos demandados. Además, observar el derecho viviente en las providencias judiciales es necesario para evaluar si el sentido de una norma que el juez constitucional considera el más plausible, es realmente el que se acoge o patrocina en las instancias judiciales. Por ello, atender el derecho vivo es una garantía de que la norma sometida a su control realmente tiene el sentido, los alcances, los efectos o la función que el juez constitucional le atribuye" (Sentencia C-557 de 2001).

El caso de Colombia es interesante para los dominicanos porque los jueces constitucionales colombianos, aparte de aceptar el recurso al derecho viviente en procesos de tutela, admiten la *acción directa de inconstitucionalidad contra interpretaciones judiciales*, sujeta a una serie de condiciones. "Así, para que de la jurisprudencia se pueda derivar un derecho viviente al cual haya de referirse el juez constitucional, no basta con la existencia de una providencia sobre uno de los conceptos contenidos en la norma demandada. Ello sería insuficiente para configurar un sentido normativo completo y el juez constitucional estaría ante una simple aplicación de la ley. Con el fin de que el derecho viviente en la jurisprudencia se entienda conformado, se deben cumplir varios requisitos que muestren la existencia de una orientación jurisprudencial dominante, bien establecida. Entre ellos, son requisitos sine qua non los siguientes: (1.) la interpretación judicial debe ser consistente, así no sea idéntica y uniforme (si existen contradicciones o divergencias significativas, no puede hablarse de un sentido normativo generalmente acogido sino de controversias jurisprudenciales); (2.) en segundo lugar, la interpretación judicial debe estar consolidada: un solo fallo, salvo circunstancias especiales, resultaría insuficiente para apreciar si una interpretación determinada se ha extendido dentro de la correspondiente jurisdicción; y, (3.) la interpretación judicial debe ser relevante para fijar el significado de la norma objeto de control o para determinar los alcances y efectos de la parte demandada de una norma" (Sentencia C-557 de 2001).

Un punto importante por resaltar es que, para la Corte Constitucional colombiana, "adicionalmente, *la doctrina especializada también constituye derecho viviente*, pues, al igual que la jurisprudencia, permite fijarles sentido a las normas siempre que sea una orientación dominante, bien establecida. Para esto, debe valorarse la expansión de dicho consenso académico en términos cuantitativos y la autoridad académica de los doctrinantes en términos cualitativos. Lo anterior no significa que las interpretaciones jurisprudenciales o doctrinales dominantes sean per se constitucionales. En efecto, la competencia de la Corte Constitucional es ejercer el control constitucional sobre el sentido atribuido a las disposiciones constitucionales tanto por jueces como por la comunidad jurídica de doctrinantes" (Cruz Rodríguez: 116). Al respecto, la Corte Constitucional colombiana ha dicho que "la opinión de los doctrinantes puede ser valiosa para fijar el significado de una norma, pero no basta por sí sola para que se configure un derecho viviente. Los requisitos mencionados anteriormente son también aplicables para apreciar el valor de la doctrina. Sin embargo, a ellos debe agregarse un elemento cuantitativo y otro cualitativo: en cuanto al primero, no es lo mismo la opinión de un ensayista que la coincidencia entre las tesis de muchos tratadistas; para que pueda ayudar a conformar un derecho viviente la interpretación de los doctrinantes debe estar suficientemente expandida; en cuanto a lo segundo, la autoridad académica del doctrinante naturalmente le confiere un valor especial" (Sentencia C-557 de 2001, reiterada, entre muchas otras, en las sentencias C-426 de 2002 C-569 de 2004, C-987 de 2005 y C-258 de 2013).

Por otro lado, han señalado los jueces constitucionales colombianos que "el valor del derecho viviente es relativo a la interpretación de la ley demandada, lo cual no le resta trascendencia, sino que define el ámbito del mismo. Le corresponde a la Corte Constitucional decidir si recibe y adopta dicha interpretación. Y en caso de que la acoja proceder a ejercer de manera autónoma sus competencias como juez en el ámbito de lo constitucional" (C-875-03). Asimismo, han señalado también que la doctrina del derecho viviente implica la posibilidad de pronunciarse nuevamente sobre los mismos textos normativos, cuando "ocurran cambios intempestivos de orden extrajurídico (económicos, sociales, políticos, culturales, etc.)" (C-221/2016). En otras palabras, el juez constitucional puede controlar la constitucionalidad de normas surgidas de nuevas interpretaciones acarreadas por cambios sociopolíticos y económicos. Para este ejercicio de control hay que tener también en cuenta el "*derecho convencional viviente*; es decir, el que mana de una interpretación consistente, consolidada y relevante de la Convención Americana sobre Derechos Humanos (Ley 16 de 1972), llevada a cabo no sólo por parte de la Corte Interamericana de Derechos Humanos, sino también por la Comisión Interamericana de Derechos Humanos y la doctrina más autorizada en la materia" (voto disidente de la magistrada María Victoria Calle Correa (Sentencia C-442/11. En cualquier caso, "el valor del derecho viviente es relativo a la interpretación de la ley demandada, lo cual no le resta trascendencia, sino que define el ámbito del mismo. Le corresponde a la Corte Constitucional decidir si recibe y adopta dicha interpretación. Y en caso de que la acoja proceder a ejercer de manera autónoma sus competencias como juez en el ámbito de lo constitucional" (Sentencia C-442/11).

Como se puede ver, el *control de la constitucionalidad de las interpretaciones judiciales* por parte del Tribunal Constitucional en los procesos constitucionales, pero, en particular, en las acciones directas de inconstitucionalidad, no repugna al carácter abstracto del juicio de constitucionalidad. Tampoco implica una injerencia en la función jurisdiccional de los jueces ordinarios a la hora de aplicar la ley. Ni conlleva un choque de trenes con las demás Altas Cortes ni mucho menos una revisión de las decisiones jurisdiccionales, las que por demás están sujetas a revisión ante el Tribunal Constitucional y son excepcionalmente susceptibles de tutela en Colombia y -pese a la oposición del Tribunal Constitucional al respecto- de amparo en la República Dominicana. Muy por el contrario, "la doctrina del derecho viviente permite que el juez constitucional acuda a la jurisprudencia de la Corte Suprema de Justicia o del Consejo de Estado para delimitar las características de las normas sujetas a control constitucional. Dichas características pueden ser de diverso orden. En primer lugar, una característica se refiere al significado de la norma legal demandada. Cuando una disposición puede tener diferentes sentidos, la Corte Constitucional puede acudir a la jurisprudencia de la Corte Suprema de Justicia o del Consejo de Estado para identificar cuál es el sentido que ha sido acogido de manera consistente y clara por estos altos órganos judiciales. De esta manera la Corte respeta la actividad hermenéutica de las corporaciones que encabezan la jurisdicción ordinaria y la jurisdicción contenciosa. Además, por esta vía la Corte puede delimitar el contexto dentro del cual su fallo será interpretado y aplicado con lo cual se asegura que responda a la posición predominante en la comunidad jurídica cuya actividad interpretativa es crucial al momento de fijar el sentido de las normas. Así, la doctrina del derecho viviente promueve un diálogo institucional respetuoso de las competencias de los diversos órganos judiciales, así como abierto a las características del contexto hermenéutico. Claro está que la Corte Constitucional puede apartarse de la *interpretación predominante de la norma demandada* cuando ésta es incompatible con la Constitución. En este caso la doctrina del derecho viviente permite que la Corte Constitucional oriente la interpretación y aplicación de las normas legales de una manera conforme a la Constitución, con lo cual cumple su función de garantizar la efectividad de las normas constitucionales que de otro modo continuarían siendo aplicadas de una manera contraria a la Carta" (voto de Manuel José Cepeda Espinosa, Sentencia C-1294/01).

4.2.3.5 La Constitución como objeto del control concentrado. Ya hemos analizado en el Capítulo 2 la validez y la legitimidad del control jurisdiccional de constitucionalidad de las reformas constitucionales, afirmando que es constitucionalmente admisible controlar jurisdiccionalmente la constitucionalidad no solo de la ley que declara la necesidad de la reforma constitucional -lo que no debería ser discutible, porque se trata al fin y al cabo de una ley susceptible de tal control- sino también de la propia Constitución reformada. Hemos visto también que dicho control versa no solo sobre los aspectos procedimentales sino también sobre el fondo de la reforma, puesta esta puede haber incorporado textos que alteren la fórmula política del Estado protegida por la cláusula de intangibilidad del artículo 268 de la Constitución o que contravengan convenios internacionales de derechos humanos, lo que obliga en este último caso al juez constitucional a ejercer el control de convencionalidad. Es obvio que, contrario a lo que establece la jurisprudencia constitucional y parte de la doctrina dominicana (ACOSTA DE LOS SANTOS 2020: 93-97), la Constitución inconstitucionalmente reformada puede ser atacada por la vía de la *acción directa de inconstitucionalidad* ante el Tribunal Constitucional y, en caso de que tenga méritos dicha acción, se reputarían nulas las disposiciones incorporadas a la Constitución en violación al procedimiento constitucional o que choquen con la cláusula pétrea o las normas de los tratados internacionales de derechos humanos incorporados a nuestro ordenamiento jurídico. Tal control puede ser llevado a cabo también por el juez ordinario mediante el *control difuso* y con los efectos temporales e inter partes propios de dicho control, con la particularidad de que el juez, en lugar de declarar inconstitucionales o inconvencionales las disposiciones constitucionales impugnadas, tan solo las inaplica al caso en particular, haciendo prevalecer de modo preferente las normas constitucionales anteriores, inconstitucionalmente derogadas por la reforma constitucional cuestionada, o las normas convencionales que chocan con las disposiciones constitucionales cuestionadas en sede judicial.

4.2.4 La inconstitucionalidad por omisión.

4.2.4.1 Constitución, legislador y sentido de la censura de la inconstitucionalidad por omisión en el Estado social y democrático de derecho. La idea de que la *omisión de legislar* pudiese resultar inconstitucional y que la justicia constitucional pudiese declarar dicha inconstitucionalidad, así como establecer consecuencias jurídicas de esa declaratoria, es chocante desde la óptica del constitucionalismo liberal clásico que consagra la omnipotencia del legislador y su absoluta discrecionalidad a la hora de legislar o no. No solo un ardiente partidario del Parlamento como Blackstone, para quien "el poder del Parlamento es absoluto y sin control" (BLACKSTONE: …), se hubiese opuesto hoy a esa idea de controlar las omisiones legislativas, sino que, aun incluso uno de los padres fundadores del control concentrado de constitucionalidad, como es el caso de Kelsen, afirmaría que "si el órgano legislativo deja simplemente de expedir una ley prescrita por la Constitución, resulta prácticamente imposible enlazar a esa omisión consecuencias jurídicas" (KELSEN 1949: 275). Precisamente, una de las razones por las que no se consolidó una dogmática y una cultura de los derechos fundamentales, especialmente de los derechos sociales, en la época de la República de Weimar, lo fue la extendida idea, prácticamente no cuestionada por ningún jurista, de que los derechos fundamentales tan solo eran directrices, pautas, normas apenas programáticas, en nada vinculantes para el legislador. Nada humano le era ajeno al legislador, las normas dictadas por el legislador se imponían en la teoría y la práctica en el sistema de fuentes y, en consecuencia, nadie tampoco podía censurar la inacción legislativa ni constreñir al poder legislativo a legislar, pues el legislador era totalmente libre a la hora de decidir legislar o no una determinada materia.

Esta concepción del legislador comienza a cambiar tras la aprobación de la Ley Fundamental de Bonn (FERNÁNDEZ SEGADO 2013: 1021-1023) que consagra el carácter vinculante de los derechos fundamentales (artículo 1º.3) y, en especial, la vinculación de la legislación al ordenamiento constitucional (artículo 20.3). A partir de ese momento, progresivamente resultaría obvio que no podía postularse como antes la absoluta discrecionalidad del legislador sino que, dada la lista de mandatos constitucionales, explícitos e implícitos, dirigidos a este último, habría que considerar la posibilidad de que, por lo menos en determinados supuestos, estos mandatos, más que una simple proclama política, asumible o no por el poder legislativo, habría que entenderlos como una obligación jurídica vinculante, como un deber constitucional de legislar. Se afirma entonces que, allí donde la Constitución exige una actuación, podría constatarse una *inconstitucionalidad por omisión* de la actuación legislativa constitucionalmente requerida. Comienza así en la jurisprudencia del Tribunal Constitucional alemán a sustituirse paulatina pero progresivamente entonces la idea de la discrecionalidad del legislador, importada del derecho administrativo, por la de la libertad de configuración legislativa (SCHNEIDER: 55), lo que lleva a doctrinarios de la talla de Gomes Canotilho a postular que las omisiones legislativas inconstitucionales se producen a consecuencia del incumplimiento de mandatos constitucionales de legislar para concretar y desarrollar la Constitución, aunque no de fines o tareas constitucionales abstractas (GOMES CANOTILHO: 1021). Posteriormente, el Tribunal Constitucional alemán afirmará que el deber constitucional de legislar, cuyo incumplimiento genera una omisión legislativa censurable por la justicia constitucional, se deriva no solo de mandatos constitucionales concretos de legislar sino también de principios identificados durante el proceso de interpretación constitucional (MENDES: 274).

El *deber constitucional de legislar* no solo se derivaría de la estructura de las normas constitucionales, sino que crecientemente se relacionaría con el deber del legislador de delimitar, conformar y precisar los derechos fundamentales a fin de que estos encuentren no solo la validez formal sino también la vigencia real en la vida social (HÄBERLE 2000: 170-172). Más aún, este deber nacería también en el seno del "*deber de protección*" que obliga al Estado, en especial al poder legislativo, a actuar en garantía de derechos fundamentales como la vida y la integridad física frente a atentados de terceros (BÖCKENFÖRDE: 114; SCHOLZ: 64;). Este deber se acrecienta en el caso de los *derechos sociales* pues estos, en la medida que contienen obligaciones positivas a cargo del Estado, no se satisfacen con el mero no hacer (no matar, no encarcelar arbitrariamente, etc.) sino que, muy por el contrario, demandan la intervención de los poderes públicos de modo muchas veces prolongado en el tiempo (FERNÁNDEZ SEGADO 2013: 1025).

Lógicamente, "el legislador en modo alguno se encuentra respecto a la Constitución en la misma relación en que se halla el poder reglamentario respecto de la ley […] La Constitución es un marco normativo lo suficientemente amplio como para que dentro del mismo quepan diferentes opciones de desarrollo, que el legislador que actualiza permanentemente la voluntad soberana del pueblo, está legitimado para adoptar […] Solo cuando las decisiones legislativas llegan a un nivel de irracionalidad evidente, se consideran inconstitucionales. En definitiva, la *sujeción del legislador a la Constitución* no impide en modo alguno la libertad de configuración de que el mismo goza, que se proyecta no solo sobre el contenido a dar a la norma de desarrollo constitucional, sino también sobre el tiempo, esto es, sobre el momento en que llevar a cabo dicho desarrollo, pero ni uno ni otro aspecto quedan sujetos a la libérrima capacidad decisoria del poder legislativo, pudiendo, desde luego, ser objeto de control en sede constitucional" (FERNÁNDEZ SEGADO: 1028-1029). En otras palabras, y como bien señala el Tribunal Constitucional español, "el legislador no ejecuta la Constitución, sino que crea Derecho con libertad dentro del marco que ésta ofrece" (STC 209/1987). Pero cuando no crea el Derecho mandatorio en virtud de la Constitución o se sale del marco constitucional el legislador está sujeto al control constitucional.

En fin, el sentido y la *finalidad del control de constitucionalidad de las omisiones* radica, como bien ha establecido el Tribunal Constitucional de Perú, en: "a) la necesidad de reivindicar el valor normativo de la Constitución, b) la reivindicación de la naturaleza 'social' del Estado constitucional, en el entendido, de que los derechos tradicionalmente postergados o dejados al ocio del legislador son, por lo general, los derechos sociales; c) la necesidad de relacionar el poder constituyente con el poder constituido, permitiendo un desarrollo responsable de los contenidos de la Constitución; d) la naturaleza y rol actual que han asumido los Tribunales Constitucionales en su labor de defensa de lo que la Constitución ordena; y, e) finalmente, la necesidad de tomar en serio las 'obligaciones constitucionales', en este caso, las que corresponden en esencia al legislador de cara a la vigencia y efectividad de los derechos fundamentales" (STC 0014-2007-PI y STC 0006-2008-PI).

4.2.4.2 Definición de omisión inconstitucional. Dado que el instituto de la inconstitucionalidad por omisión se ha desarrollado a partir de las *omisiones del legislador*, al ser el legislativo el poder público apoderado generalmente por la Constitución para desarrollar y concretar los mandatos constitucionales, una parte de la doctrina ha sido renuente a considerar como omisión inconstitucional las derivadas de la inacción de otros poderes públicos. Sin embargo, lo cierto es que la omisión constitucionalmente censurable puede surgir como consecuencia no solo de que el legislador no dicte las normas que la Constitución ordena aprobar, sino también como fruto de la inacción de otros poderes públicos, en especial el ejecutivo, que comete, por ejemplo, una omisión inconstitucional cuando no reglamenta una ley que es constitucionalmente obligatoria (SAGÜÉS: 37). De manera que cuando se habla de omisión inconstitucional es obvio que hay que referirse a la inconstitucionalidad por omisión que se genera por el *incumplimiento de cualquier órgano estatal*, incluyendo no solo el poder legislativo, sino también el ejecutivo y el judicial, de un mandato constitucional, debido a su inactividad, inacción o ausencia de conducta que se manifiesta en la falta de emisión o el insuficiente desarrollo de normas de carácter general, actos administrativos, actos políticos o, incluso, normas concretas e individualizadas como las resoluciones judiciales.

Por otro lado, la determinación de qué se entiende por omisión inconstitucional obliga a la identificación de cual es el objeto del control de constitucionalidad en caso de omisiones inconstitucionales. Una parte de la doctrina, partidaria de la denominada tesis *obligacionista*, entiende que existe omisión legislativa inconstitucional en los casos en que el legislador, a lo largo de un determinado y mas o menos prolongado de tiempo, no adopta las medidas legislativas concretas y necesarias para dar cumplimiento y ejecución a un mandato constitucional que impone dicha acción legislativa. Por su parte, la doctrina *normativista* enfatiza no tanto la omisión en sí como las consecuencias de esta, es decir, la norma implícita que resulta de la inacción legislativa y que es, en verdad, el objeto del control de constitucionalidad. Una tercera posición doctrinaria, encabezada por Fernández Segado, que suscribimos y que es ecléctica, en cuanto combina las concepciones obligacionales y normativistas antes descritas, asume la omisión inconstitucional como una "*realidad bifronte*" en la que la omisión resulta tanto del incumplimiento de una obligación constitucional de legislar como de los efectos inconstitucionales en el ordenamiento jurídico de tal incumplimiento, que pueden consistir tanto en una norma implícita inconstitucional como en un vacío legislativo inconstitucional. Desde esta perspectiva bifronte, "la inconstitucionalidad de una omisión exige constatar que el legislador ha incumplido la obligación que la Constitución le exige de dictar un texto legislativo con el que dar adecuada respuesta a un mandato constitucional o con el que posibilitar la plena eficacia de una determinada previsión constitucional, incumplimiento que se ha prolongado en el tiempo más alá de un 'plazo razonable', pero también exige verificar de igual que modo que la ausencia de esa normación 'constitucionalmente debida' ha propiciado la vigencia de normas preconstitucionales en contradicción con los mandatos constitucionales, o que se ha producido una situación en las relaciones jurídico-sociales inequívocamente opuesta a las previsiones de la Constitución" (FERNÁNDEZ SEGADO: 1038). En este sentido, los elementos configuradores de una omisión inconstitucional serían los siguientes:

A. El incumplimiento de un deber de legislar. La omisión inconstitucional no es un mero no hacer ni una simple inercia del poder legislativo, sino que debe entrañar el incumplimiento de un deber constitucional de legislar en desarrollo y concreción de la Constitución. Este deber constitucional de legislar deriva no solo de mandatos concretos y expresos contenidos en la Constitución, sino que también deriva de mandatos implícitos o principios identificados en el proceso de interpretación constitucional.

Pero las fuentes del deber constitucional de legislar no se restringen a las que emanan de la estructura de las normas constitucionales, sino que también surgen de la necesidad constitucional de *intervención del legislador en servicio de los derechos fundamentales* para que los mismos alcancen vigencia real en la vida social (HÄBERLE: 169). Esta necesidad es ostensible en el caso de los derechos sociales, que requieren una acción positiva permanente del Estado, como reconoce expresamente la Constitución con respecto al derecho fundamental de la igualdad, al establecer que "el Estado debe promover las condiciones jurídicas y administrativas para que la igualdad sea real y efectiva y adoptará medidas para prevenir y combatir la discriminación, la marginalidad, la vulnerabilidad y la exclusión" (artículo 39.3), pero no se limita exclusivamente a los derechos sociales pues todos los derechos fundamentales, aún los individuales, conllevan, de un modo u otro, en mayor o menor medida, una dimensión social que exige una acción positiva del Estado, como ocurre con el derecho de propiedad, que requiere todo un entramado estatal destinado a su protección (registro inmobiliario, registro mercantil, procesos y tribunales para dirimir conflictos de propietarios, etc.). En todo caso, hay que estar claros en que los derechos fundamentales no requieren la previa intervención legislativa para su eficacia, pues vinculan de modo inmediato a todos los órganos estatales y a los particulares. Incluso en aquellos supuestos donde existe una reserva constitucional de configuración legal, hasta tanto no se dicte la normación del derecho en cuestión, un contenido mínimo de ese derecho debe ser respetado, ya que la tardanza del legislador en cumplir con su deber de legislar no puede traducirse en la lesión del derecho fundamental, como bien lo ha establecido la jurisprudencia constitucional española (STC 15/1982).

B. El transcurso de un período de tiempo razonable. La jurisprudencia constitucional comparada, en especial la portuguesa, la brasileña, la alemana y la española, establece que, aunque la Constitución no establezca un plazo determinado para cumplir con un deber de legislar, el legislador no puede demorar indefinidamente el cumplimiento de su deber y que dispone de un "plazo adecuado" o "plazo razonable" para cumplir con los mandatos constitucionales de legislar. En este sentido, el Tribunal Constitucional, como lo ha hecho el alemán y está legal y expresamente autorizado el dominicano a hacerlo, puede dictar *sentencias exhortativas o apelativas* en las que se constatan "*omisiones todavía constitucionales*" (que amenazan con convertirse en inconstitucionales transcurrido un plazo razonable) y "*omisiones inconstitucionales*", apelándose al legislador para que legisle subsanando las mismas, sin plazo o con un plazo otorgado por el Tribunal, sin o con reservas de que, transcurrido el plazo eventualmente conferido e, incluso, mientras el legislador solventa la omisión, se aplique directamente el mandato constitucional o se apliquen normas provisionales dictadas por el propio Tribunal.

C. El efecto objetivo de la violación de la Constitución. La omisión, para ser inconstitucional, debe acarrear la violación objetiva de la Constitución, es decir, la aplicación de normas implícitas inconstitucionales o la consolidación de situaciones jurídico-sociales en contradicción con las normas constitucionales, en especial de los derechos fundamentales, como fruto de la inacción estatal. Esto no significa que no pueda efectuarse un control abstracto de la omisión inconstitucional y que se requieran actos concretos de aplicación de las normas implícitas que vulneran a la Constitución. Como resulta obvio en el plano de los derechos sociales, es perfectamente posible un control abstracto de la omisión inconstitucional cuando hay carencia en el desarrollo legislativo de determinados derechos sociales sin que haya habido concretos actos de aplicación de normas implícitas. Lo que debe estar claro es que "sin transgresión de las normas constitucionales no hay inconstitucionalidad ni por acción ni por omisión. No es, por tanto, el silencio del legislador lo que por sí solo vulnera la Constitución, sino la interacción de la omisión de un deber constitucional de legislar prolongada en el tiempo más allá de un plazo razonable con consecuencia objetivamente transgresora de la Norma suprema" (FERNÁNDEZ SEGADO: 1042).

D. La intrascendencia de la inactividad del legislador. Si difícil es determinar la voluntad subjetiva del legislador a la hora de legislar mucho más difícil es aún saber si la inacción del legislador que origina la omisión inconstitucional se debe a la intención del legislador. Por eso, para la constatación de la existencia de una omisión inconstitucional no hay que averiguar si ella responde o no a la voluntad del legislador. Basta que haya un deber constitucional de legislar que se ha incumplido más allá de un plazo razonable, generando la aplicación de normas implícitas inconstitucionales o de un vacío jurídico inconstitucional para que emerja el vicio de la inconstitucionalidad por omisión.

4.2.4.3 Omisiones absolutas y relativas. Fue el juez del Tribunal Constitucional alemán W. Wessel quien, en la segunda mitad del siglo XX, acuñó la famosa distinción entre omisiones absolutas y omisiones relativas calurosamente acogida por la mayoría de los trabajos dogmáticos acerca del instituto de la inconstitucionalidad por omisión. La *omisión absoluta* o *total* es aquella que encontramos cuando el legislador no desarrolla formal y materialmente la obligación que le es impuesta por la norma constitucional, haciéndose evidente su total pasividad frente al mandato constitucional absolutamente incumplido. Por su parte, la *omisión relativa* o parcial se produce cuando el legislador, aunque acata su deber constitucional de legislar, lo hace de modo insuficiente, deficiente o incompleto, afectando muchas veces el principio de igualdad, al excluir arbitrariamente del beneficio de determinados derechos a un grupo social, pese a que no cabe predicar de la omisión relativa la afectación del mencionado principio, pues "la violación de la Constitución por omisión relativa o parcial puede producirse por carencias o imperfecciones de la disposición en relación con exigencias derivadas de otros preceptos constitucionales, o por una incompleta regulación de un instituto que origine la ineficacia de la norma inconstitucional" (Bazán 2017: 172).

Desde Wessel, la doctrina tradicionalmente ha considerado que es inadmisible la intervención represiva de la justicia constitucional en casos de omisiones absolutas, en tanto que sí se admite dicha intervención en supuestos de omisiones relativas, criterio ya vuelto obsoleto pues la evolución de la jurisprudencia constitucional comparada demuestra que las omisiones absolutas sí son censuradas por la justicia constitucional, incluso no solo en países en donde existen instrumentos procesales específicos de control de la inconstitucionalidad por omisión, como es el caso de Portugal, Brasil o Hungría, sino también en aquellos ordenamientos donde estos instrumentos no existen, como es el caso de Alemania, por solo citar un ejemplo, en donde el Tribunal Constitucional, en sede de amparo, ha controlado la constitucionalidad de las omisiones absolutas en supuestos en donde la inactividad legislativa ha propiciado la aplicación de normas preconstitucionales inconstitucionales y los jueces constitucionales han procedido a aplicar directamente la norma constitucional cuyo desarrollo ha sido omitido por el legislador (Fernández Segado: 1033). De ahí que la distinción entre los dos tipos de omisiones inconstitucionales procede para determinar la modalidad de remedio procesal a utilizar más que para descartar a priori toda intervención de la justicia constitucional en la corrección de las omisiones absolutas, como ha postulado la doctrina tradicional.

La jurisprudencia constitucional comparada ha ido afinando tests para determinar la existencia de omisiones inconstitucionales, en particular omisiones relativas. Así, la Corte Constitucional colombiana ha establecido que habrá omisión inconstitucional relativa en los casos en: "a). Que exista una norma sobre la cual se predique necesariamente el cargo; b). Que la misma excluya de sus consecuencias jurídicas aquellos casos que, por ser asimilables, tenían que estar contenidos en el texto normativo cuestionado, o que el precepto omita incluir un ingrediente o condición que, de acuerdo con la Constitución, resulta ser esencial para armonizar el texto legal con los mandatos de la Carta; c). Que la exclusión de los casos o ingredientes carezca de un principio de razón suficiente; d). Que la falta de justificación y objetividad genere para los casos excluidos de la regulación legal una desigualdad negativa frente a los que se encuentran amparados por las consecuencias de la norma; e). Que la omisión sea el resultado del incumplimiento de un deber específico impuesto por el constituyente al legislador" (Sentencia C-427/00).

4.2.4.5 La inconvencionalidad por omisión. Pese a la reticencia inicial de parte de la doctrina, lo cierto es que hoy en día la doctrina y la jurisprudencia mayoritariamente admiten la procedencia de la corrección jurisdiccional de las omisiones constitucionales. Sin embargo, las omisiones constitucionalmente relevantes no se limitan exclusivamente a las generadas por el incumplimiento de mandatos constitucionales sino también de aquellas que se suscitan por la preterición de mandatos convencionales, es decir, contenidos, en el caso de los países miembros del sistema interamericano de derechos humanos, en la CADH y en otros instrumentos internacionales de derechos humanos, incluyendo los precedentes vinculantes de la Corte IDH, todos ellos integrantes del llamado bloque de convencionalidad. Tempranamente advertido por doctrina precursora (BAZÁN 2009), hoy ya se ha avanzado en el estudio del "*salto de la inconstitucionalidad por omisión a la inconvencionalidad por omisión*", todo ello motivado en el hecho incontestable de que la conducta censurable en sede de convencionalidad "del grueso de los estados contemporáneos es por el silencio o el nulo desarrollo que exige en este caso la Convención Americana de impulsar mediante leyes o de actos de políticas públicas el desarrollo efectivo de lo que establecen estas normas convencionales" (ETO CRUZ 2019: 8).

La base normativa fundamental de la inconvencionalidad por omisión, aparte de otros elementos también importantes que la mejor doctrina (BAZÁN 2017: 470-479) señala -pero que estimamos secundarios, por lo menos en lo que respecta a las omisiones inconvencionales propiamente dichas, aunque sí esenciales a la hora de analizar el fundamento general del control de convencionalidad-, radica en el artículo 2 de la CADH que establece el deber de los Estados adoptar disposiciones de derecho interno, de modo que, si los derechos consagrados en la Convención no estuvieran ya garantizados por disposiciones legislativas o de otro carácter, los Estados parte se comprometen a adoptar las medidas legislativas o de otro carácter que fueren necesarias para hacerlos efectivos. De ahí surge la obligación de los Estados parte de la CADH de adecuar el derecho interno a sus disposiciones para garantizar los derechos convencionales consagrados, como ha especificado la Corte IDH (Corte IDH. Caso «La Última Tentación de Cristo» Olmedo Bustos y otros Vs. Chile. Fondo, Reparaciones y Costas. Sentencia de 5 de febrero de 2001. Serie C Núm. 73, párrafo 87). Esa obligación no se satisface solo con la adopción de esas medidas estatales de adecuación del derecho interno al convencional, sino que implican, además y sobre todo, que los Estados parte deben asegurarse que tales medidas sean, en la práctica, efectivas, o sea cumplidas en el ordenamiento interno, para que de ese modo no se afecte su existencia y real vigencia, como bien ha establecido la propia Corte IDH (Corte IDH. Caso Garrido y Baigorria vs. Argentina. Reparaciones y Costas. Sentencia de 27 de agosto de 1998. Serie C, núm. 39, párrs. 69 y 70). Esto así, por lo antes dicho, pero también por lo dispuesto por el artículo 26 de la Convención de Viena sobre el Derecho de los Tratados, que dispone que "todo tratado en vigor obliga a las partes y debe ser cumplido por ellas de buena fe".

La doctrina (FERRER MAC-GREGOR: 586-588) señala ejemplos de omisiones inconvencionales por parte del legislador, constituyente o secundario, de la administración o de los órganos jurisdiccionales. Así, se cita como ilustraciones de omisiones inconvencionales por parte del constituyente el *Caso Olmedo Bustos y otros vs. Chile* (2001) y el *Caso Caesar vs. Trinidad y Tobago*, donde, respectivamente, se consideró que era inconvencional la normativa constitucional chilena que permitía la censura de cintas cinematográficas y se ordenaba a Trinidad y Tobago enmendar su Constitución para permitir recurrir ante un tribunal competente en los casos de aplicación de penas corporales de latigazos en virtud de la Ley de Delitos contra la Persona. En cuanto a las omisiones inconvencionales por parte del legislador, se refiere el caso fallado en 1999 por la Suprema Corte de Justicia dominicana, donde este tribunal aplicó directamente el artículo 25.1 de la CADH y estableció el procedimiento del amparo, hasta que finalmente el legislador en 2006 y el constituyente de 2010 consagraron expresamente la figura. Respecto a omisiones inconvencionales por parte de los órganos jurisdiccionales, es ilustrativo el *Caso Campo Algodonero* donde, frente a la falta de investigación adecuada de los feminicidios en Ciudad Juárez por parte del Estado mexicano, se constató que "esta ineficacia judicial frente a casos individuales de violencia contra las mujeres propicia un ambiente de impunidad que facilita y promueve la repetición de los hechos de violencia en general y envía un mensaje según el cual la violencia contra las mujeres puede ser tolerada y aceptada como parte del diario vivir" y se concluyó "que el Estado incumplió con su deber de investigar".

4.2.4.6 El contexto normativo de la inconstitucionalidad por omisión en la República Dominicana. En el caso dominicano, el actual ordenamiento constitucional consagra todos los fundamentos constitucionales y legales requeridos para la censura por la justicia constitucional de las omisiones de los poderes públicos que resulten inconstitucionales. La Constitución no solo establece que "todos los órganos que ejercen potestades públicas están sujetos a la Constitución" (artículo 6), sino que, además y sobre todo, establece como "función esencial del Estado", "la protección efectiva de los derechos de la persona" (artículo 8) y la obligación de garantizar "la efectividad de los derechos fundamentales, a través de los mecanismos de tutela y protección" (artículo 68). De estos textos se deriva la vinculación de los poderes públicos a la Constitución y los derechos fundamentales que ella reconoce, así como el deber constitucional del Estado de proteger efectivamente esos derechos y garantizarlos mediante los mecanismos de protección de los mismos denominados garantías fundamentales. Por su parte, el artículo 36 de la LOTCPC establece que "la acción directa de inconstitucionalidad se interpone ante el Tribunal Constitucional contra las leyes, decretos, reglamentos, resoluciones y ordenanzas, que infrinjan por acción u omisión, alguna norma sustantiva", al tiempo que el artículo 72 de la LOTCP dispone que "toda persona tiene derecho a una acción de amparo para reclamar ante los tribunales, por sí o por quien actúe en su nombre, la protección inmediata de sus derechos fundamentales, no protegidos por el hábeas corpus, cuando resulten vulnerados o amenazados por la acción o la omisión de toda autoridad", lo que da base jurídica al control de la omisiones inconstitucionales por la vía de la acción directa de inconstitucionalidad y del amparo. A esto se suma que el artículo 47 de la LOTCPC confiere al Tribunal Constitucional la potestad de dictar *sentencias interpretativas* en el sentido amplio del término, incluyendo, de manera enunciativa pero no limitativa, pues incluye cualquier otro tipo de sentencia constitucional admitida en el derecho comparado, las sentencias aditivas, que pueden ser dictadas por el Tribunal Constitucional "cuando se busca controlar las omisiones legislativas inconstitucionales entendidas en sentido amplio, como ausencia de previsión legal expresa de lo que constitucionalmente debía haberse previsto o cuando se limitan a realizar una interpretación extensiva o analógica del precepto impugnado". De ese modo, el Tribunal Constitucional está habilitado para implementar todas las técnicas decisorias admitidas por el derecho comparado que le permitan controlar las omisiones inconstitucionales.

Como se puede observar, tanto el constituyente como el legislador han sido conscientes de que, en un Estado social y democrático de derecho como el que consagra el artículo 7 de la Constitución, con una Constitución cargada de programas de transformación social, en donde el Estado tiene mandatos constitucionales concretos para hacer efectivamente reales los derechos fundamentales y el deber constitucional de adoptar todas las medidas políticas y administrativas dirigidas a asegurar la igualdad y la no discriminación (artículo 39.3) y en donde los derechos sociales no son simples normas programáticas sino verdaderos derechos vinculantes para todos los poderes públicos y justiciables, era preciso dotar a los jueces constitucionales, tanto los especializados del Tribunal Constitucional, como los ordinarios del Poder Judicial y del Tribunal Superior Electoral, de los instrumentos que permitiesen censurar y sancionar las omisiones de los poderes públicos a la hora de proteger los derechos fundamentales y concretar los mandatos constitucionales dirigidos al desarrollo de la Constitución y los programas y derechos fundamentales que ella consagra.

El artículo 36 de la LOTCPC permite que la acción directa se interponga ante el Tribunal Constitucional contra los actos objeto de control cuando dichos actos "infrinjan por acción u omisión" una "norma sustantiva", es decir, una norma perteneciente al bloque de constitucionalidad. Como se puede observar, esta disposición legal da carta de ciudadanía a la fiscalización por el Tribunal Constitucional de una omisión del legislador que resulte inconstitucional. La omisión legislativa, para poder servir de fundamento a una acción de inconstitucionalidad, debe vincularse con una exigencia constitucional de acción, pues la violación por el Congreso del simple deber general de legislar no constituye un silencio legislativo capaz de ganar significado autónomo y motivar dicha acción. Hay omisión legislativa constitucionalmente relevante cuando el legislador viola una imposición constitucional de legislar, omisión que impide la ejecución de los preceptos constitucionales (por ejemplo, cuando, en violación del artículo 63.3 de la Constitución, no define en la ley la oferta educativa para el nivel inicial).

Del mismo modo, hay omisión legislativa cuando el legislador viola órdenes de legislar que exigen del legislador la emanación de una o varias leyes necesarias para la creación de una nueva institución (por ejemplo, el Tribunal Constitucional) o la adaptación de viejas leyes a un nuevo orden constitucional (por ejemplo, la Ley de Carrera Judicial).

Esta acción de inconstitucionalidad puede intentarse cuando la omisión es absoluta, aunque procede también cuando se está en presencia una omisión normativa relativa, o sea, que guarda relación con un texto normativo considerado deficiente o incompleto. "Así, con ocasión del control de constitucionalidad de las leyes, el Tribunal constata, en no pocas ocasiones, un insatisfactorio ejercicio de la potestad legislativa en el sentido de que la norma omite determinadas previsiones que resulta constitucionalmente obligado incluir, o bien, lo que en realidad es lo mismo, conducen a un resultado que de haber sido expresamente querido por el legislador sería inconstitucional y obligaría a anular el texto legal por incompatibilidad constitucional (con mayor frecuencia por violación del principio de igualdad). De este modo, siendo de su competencia la declaración de la inconstitucionalidad de las leyes cuando el poder legislativo excede los límites materiales o formales previstos en la Constitución previa comprobación de que por vía interpretativa el texto legal no es compatible con la Constitución, el TC anula preceptos o los interpreta cuando sobrepasan por exceso, pero también por defecto, los referidos límites" (GÓMEZ PUENTE: 86).

Si examinamos la jurisprudencia constitucional de España, –país cuyo Tribunal Constitucional, a pesar de que la Constitución española no consagra expresamente la nulidad de la inconstitucionalidad por omisión ni la facultad de dicho Tribunal de declararla, ha admitido la posibilidad de accionar para lograr la declaratoria de inconstitucionalidad de una omisión legislativa–, encontramos cinco técnicas a través de las cuales el Tribunal Constitucional, al igual que sus homólogos extranjeros, intenta hacer frente a la omisión legislativa. En primer lugar, el tribunal puede limitarse a formular recomendaciones, indicaciones, admoniciones al legislador, como ocurrió cuando el Tribunal Constitucional advirtió al Poder Legislativo que el principio del Estado Social requiere la organización de un servicio de defensa pública que no descanse únicamente sobre la defensa honorífica o pro bono (STC 42/1982). En segundo lugar, la omisión legal se salva por vía interpretativa mediante sentencias interpretativas de carácter aditivo, como ocurrió cuando el Tribunal Constitucional amplió el derecho a intérprete judicial a los españoles que no hablaban castellano cuando el mismo sólo estaba contemplado para los extranjeros (STC 74/1987). En tercer lugar, el tribunal puede declarar la inconstitucionalidad parcial de una ley en cuanto sus normas al omitir ciertas previsiones vulneran el principio de igualdad y conducen a un resultado discriminatorio o inconstitucional (STC 99/1987). En cuarto lugar, el tribunal, una vez consta el efecto inconstitucional de una omisión legal, declara la mera inconstitucionalidad sin sancionarla con la nulidad, ya que esa sanción no serviría a erradicar o terminar con la inconstitucionalidad (STC 45/1989). Por último, es posible garantizar los preceptos constitucionales prohibiendo o anulando cualquier acto contrario que la omisión legislativa pudiera amparar (STC 31/1994). Estas cinco técnicas son admitidas por la LOTCPC, la que permite al Tribunal Constitucional, en su artículo 47, declarar "expresamente la inconstitucionalidad parcial de una ley" (párrafo I), dictar sentencias aditivas (párrafo II) como pronunciar "sentencias exhortativas o de cualquier otra modalidad admitida en la práctica constitucional comparada" (párrafo III).

4.2.4.7 El Tribunal Constitucional y la inconstitucionalidad por omisión. El Tribunal Constitucional ha establecido que "la doctrina ha definido la inconstitucionalidad por omisión como la falta de desarrollo de los poderes públicos con potestad normativa, durante un tiempo exorbitantemente largo, de aquellas normas constitucionales de obligatorio desarrollo, de forma tal que se imposibilita su eficaz aplicación. La inconstitucionalidad por omisión puede ser vista como un remedio eficaz frente a la inactividad del legislador que también viola frontalmente la enérgica pretensión de validez de las normas constitucionales, quedando los textos constitucionales, a la postre, sin posibilidad de ser vivida en su plenitud, precisamente, por el ocio del legislador que no observa el mandato que el poder constituyente delega al poder constituido, postergando así diversas normas programáticas. Partiendo de los conceptos que anteceden pueden afirmarse que los presupuestos que se requieren para que quede configurada la inconstitucionalidad por omisión son los siguientes: a) Un interés constitucional tutelado o asegurado. Es decir, la ley ha de significar una relación jurídica de derechos u obligaciones frente a terceros, que pueden ser destinatarios diversos. b) Un interés constitucional peligrosamente amenazado. Supone la existencia) de una ley o norma que la Constitución garantiza. Dicha ley se ve peligrosamente amenazada ante la indiferencia del legislador al no crearla. c) Una organización instrumental idónea para asegurar el contenido o interés constitucional por ella protegido. O sea, el órgano de jurisdicción constitucional. En este sentido, [...] las omisiones bien pueden ser legislativas con cargo expreso, que son aquellas reservadas al Poder Legislativo como guardián de la soberanía popular, con legitimidad para dictar una ley; o las omisiones legislativas a encargo tácito, que imponen al legislador por mandato constitucional dictar una ley para hacer efectiva la exigencia de un derecho. También existen las llamadas omisiones administrativas, conferidas al Poder Ejecutivo en el ejercicio de su potestad reglamentaria, como los actos administrativos y actuaciones materiales de la administración. A lo anterior cabe sumar un eventual desacato a sentencia exhortativa de este Tribunal Constitucional" (Sentencia TC/0079/12). Según nuestros jueces constitucionales especializados, "la omisión legislativa puede vulnerar garantías constitucionales, por lo que el silencio del legislador puede ser objeto de control jurisdiccional por la vía de la acción directa en inconstitucionalidad" (Sentencia TC/0467/15).

Ha dicho también el Tribunal Constitucional que "la inconstitucionalidad por omisión resulta del silencio, por un lapso considerablemente largo, del órgano legislativo de emitir normas para el desarrollo de la Ley Fundamental, en cuyo caso correspondería someter la inobservancia al control que ejerce el Tribunal Constitucional como garante de la supremacía de la Constitución y defensor del orden constitucional, debido a que el silencio del legislador puede transgredir determinadas garantías constitucionales. Dicho lo anterior, no se debe confundir la inconstitucionalidad por omisión legislativa y el *silencio administrativo*, ya que este último parte de la existencia de un acto administrativo –positivo o negativo— o del incumplimiento de un mandato de la ley. Además de ello, cuando la omisión es producida por la función administrativa del Estado correspondería ser atacada mediante un amparo de cumplimiento. Por los motivos expuestos, procede rechazar la petición de inconstitucionalidad por omisión del silencio administrativo invocado por el recurrente, sin necesidad de hacerlo constar en la parte dispositiva de esta sentencia" (Sentencia TC/0420/16).

Para el Tribunal Constitucional, citando a la Corte Constitucional de Colombia, "la demanda de inconstitucionalidad por omisión legislativa relativa impone al actor demostrar lo siguiente: (i) que exista una norma sobre la cual se predique necesariamente el cargo; (ii) que la misma excluya de sus consecuencias jurídicas aquellos casos que, por ser asimilables, tenían que estar contenidos en el texto normativo cuestionado, o que el precepto omita incluir un ingrediente o condición que, de acuerdo con la Constitución, resulta esencial para armonizar el texto legal con los mandatos de la Carta; (iii) que la exclusión de los casos o ingredientes carezca de un principio de razón suficiente; (iv) que la falta de justificación y objetividad genere para los casos excluidos de la regulación legal una desigualdad negativa frente a los que se encuentran amparados por las consecuencias de la norma; y (v) que la omisión sea el resultado del incumplimiento de un deber específico impuesto por el constituyente al legislador" (Sentencia TC/0467/15).

La jurisdicción constitucional especializada ha distinguido también entre la omisión *relativa* y la *absoluta*. "Así, la omisión legislativa puede ser absoluta, cuya configuración se materializa ante la inacción total del legislador de abocarse a dictar una norma respecto de la que existe una reserva de ley en el texto fundamental; y relativa, en aquellos casos en los que el desarrollo legislativo deviene en incompleto y, en consecuencia, puede tener como resultado que el derecho fundamental o la norma a complementar se vea limitada en su plena aplicación" (Sentencia TC/0113/21). Y, lo que es más importante, ha admitido la acción directa en contra de omisiones absolutas, al afirmar:

"La inconstitucionalidad por omisión viene a ser la abstinencia del legislador durante un tiempo considerablemente largo, de cumplir con el mandato de la Constitución de dictar una norma. En algunos casos, como en el dominicano, la Constitución establece el mandato, mas no un plazo determinado para cumplir lo ordenado, por lo que corresponderá al intérprete constitucional determinar la razonabilidad o no del tiempo transcurrido entre la proclamación de la Constitución y la omisión legislativa aducida. 10.2.3. Ese no hacer se traduce en una vulneración del principio de supremacía constitucional, que se erige en una limitante al ejercicio de la libertad del legislador y las atribuciones competenciales que le reconoce la Constitución, al extender de manera excesiva e irrazonable el plazo para el cumplimiento del mandato constitucional, impidiendo el ejercicio de algún derecho, garantía o precepto consagrado por la Constitución; en consecuencia, la omisión puede, sin duda, configurar una infracción constitucional, conforme lo dispone el artículo 6 de la Ley núm. 137-11. En la especie, se trata de una inconstitucionalidad por omisión absoluta, debido a que las normas cuya emisión se procura no han sido emitidas por el legislador. Así las cosas, el Tribunal Constitucional considera que, en virtud del principio de separación de poderes, la soberanía e independencia del Poder Legislativo, que cuando se trate de una acción legislativa [sic] absoluta, recae sobre el accionante el deber de argumentar con claridad, especificidad y suficiencia las razones que motivan la interposición de la acción directa de inconstitucionalidas, así como también proceder a identificar la ausencia de la norma, el texto constitucional que establece el mandato al legislador y por qué considera que el tiempo transcurrido sin la correspondiente emisión de la norma resulta irrazonable" (Sentencia TC/0113/21).

Según el Tribunal Constitucional "se debe considerar que el tiempo legislativo está sujeto a variables de política, social y económica que determinan la agenda congresual; de lo que se trata es de que el tiempo que ha mediado entre la proclamación de la Constitución y la emisión de las normas reservadas al legislador sea razonable, por lo que no puede ser un plazo demasiado largo. A la fecha en que intervendrá este fallo del Tribunal Constitucional, han transcurrido once (11) años de la proclamación de la Constitución, no obstante, ser de público conocimiento de que no existe un proyecto de Ley de Participación Ciudadana, el mismo no ha sido aprobado, lo que, en principio, pudiera satisfacer el mandato de los artículos 203, 210 y 272. En consecuencia, la inercia del legislador para dictar leyes de vital importancia para la consolidación democrática, tras un tiempo irrazonablemente largo, evidencia una falta de observancia al principio de supremacía constitucional. En consecuencia, este tribunal constitucional, en ejercicio de sus competencias como órgano de control constitucional y ante la ausencia total de las referidas leyes, declarará como inconstiucional por omisión legislativa absoluta en que ha incurrido el Congreso Nacional respecto de la emisión de leyes reservadas en la Constitución en los artículos anteriormente establecidos, por lo que ordenará que las mismas sean dictadas en un plazo no mayor a dos (2) años, contados a partir de la notificación de la presente decisión, tiempo que este tribunal considera prudente, suficiente y razonable para cumplir con el presente mandato. Finalmente, el Tribunal Constitucional considera propicia la ocasión para exhortar, así mismo, al Congreso Nacional, a que proceda a la elaboración y emisión de otras normas de parte del Congreso Nacional, respecto de las que también el constituyente ha previsto una reserva de ley. Tal es el caso de la ley concerniente al régimen de adquisición y transferencia de la propiedad inmobiliaria en la zona fronteriza (artículo 10 numeral 2 de la Constitución); ley sobre el Sistema integral para prevenir, sancionar y erradicar la violencia contra las mujeres (artículo 42, numeral 2); de libertad de expresión y difusión del pensamiento (artículo 49 numerales 1, 2, 3, 4 y 5); ley de estímulo y motivación al deporte, la atención integral a los deportistas y el apoyo al deporte de alta competición (artículo 65, numeral 2); sobre concesión de indultos por parte del presidente de la República en su condición de Jefe de Estado (artículo 128, numeral 1-J); la ley orgánica de delimitación territorial (artículo 195); la ley relativa a la región, cuya finalidad es la de definir lo relativo a sus competencias, composición, organización y funcionamiento de estas, así como el número de estas (artículo 196), y finalmente, la ley concerniente a los sistemas de inteligencia del Estado (artículo 261); sin exclusión de cualquier otra norma respecto de la que exista una reserva de ley en la Constitución y que a la fecha no haya sido dictada. La emisión de estas normas complementarias de la Constitución permitirá fortalecer y hacer aplicable el contenido sustantivo de esta, consolidando así el sistema democrático, pues se facilitará el ejercicio pleno de los derechos y garantías consagradas al ciudadano y con ello, consolidar el Estado Social y Democrático de Derecho, paradigma esencial consagrado en el artículo 7 de la Carta Magna y a su vez, el principio de supremacía constitucional, contenido en el artículo 6, al que se encuentran sujetos todos los poderes y órganos públicos" (Sentencia TC/0113/21).

Esta sentencia, que contiene dos muy fuertemente críticos votos disidentes (Hermógenes Acosta y Alba Beard), que afirman que nuestro ordenamiento constitucional no contempla la *acción directa contra omisiones absolutas*, y que ha sido también muy criticada por una parte importante de nuestra doctrina (Franco), coincidente en gran medida con la doctrina anterior a dicho fallo (Valera, Reyes-Torres), constituye, sin embargo, un loable y positivo precedente constitucional rompedor y paradigmático que, partiendo de la definición legislativa de infracción constitucional como violación por acción u omisión de la Constitución y de las amplias potestades de dictar sentencias interpretativas lato sensu que la LOTCPC le confiere al Tribunal Constitucional, viene a enfrentar el estado de cosas inconstitucional que se produce no solo cuando proliferan omisiones inconstitucionales relativas sino cuando hay una total omisión de los poderes públicos, en especial del legislador, de sus deberes expresos de legislar o de aquellos deberes tácitos que se infieren de la prevalencia de normas inconstitucionales por la omisión absoluta del legislador de dictar las normas que preserven la Constitución y los derechos fundamentales de las personas. Tanto los votos disidentes y la doctrina crítica antes referida enfatizan la necesidad de distinguir entre los ordenamientos constitucionales del derecho comparado y sostienen el generalizado rechazo jurisprudencial en otros países al instituto de la inconstitucionalidad por omisión absoluta o, por lo menos, a argüirla por la vía de la acción directa de inconstitucionalidad. Sin embargo, pasan por alto el carácter distintivo del ordenamiento jurídico-constitucional dominicano, con una ley, la LOTCPC, que reconoce la inconstitucionalidad por omisión y las sentencias aditivas, lo que, como bien ha señalado la mejor doctrina del derecho constitucional comparado en la materia, puede y debe dar lugar a soluciones creativas, como las que precisamente configura la Sentencia TC/0113/21. En este sentido, no debemos olvidar que, en materia de *inconstitucionalidad por omisión*, los dominicanos hemos sido pioneros no solo al admitir la inconvencionalidad por omisión sino también al remediar una tal inconvencionalidad absoluta, como lo hizo la Suprema Corte de Justicia en el célebre caso *Avon Products*, reconociendo la existencia de la acción de amparo a partir de una norma convencional (el artículo 25.1 de la CADH) y subsanando la omisión inconvencional absoluta producida por la ausencia de una ley de amparo, reglamentando por sentencia dicha acción, inspirándose en el procedimiento de una acción sumaria y rápida como el amparo, tal como es el referimiento (Bazán: 910). En este sentido, los dominicanos somos precursores por reconocer que las omisiones legislativas no solo son censurables por ser inconstitucionales sino también por ser inconvencionales, por reconocer que esa inconvencionalidad puede ser absoluta y por remediar la misma por medio de una sentencia que suple la omisión legislativa, aún en ausencia de un texto legal que dé tal potestad a la jurisdicción constitucional, como ya lo hace expresamente la LOTCPC. Sin embargo, el Tribunal Constitucional, aunque ha declarado leyes y otras normas inconvencionales (Sentencias TC/0190/13 y TC/0200/13), "aún no se aboca a ampliar el parámetro de constitucionalidad para incluir las omisiones convencionales que podrían generarse y ser sancionadas en un control interno" (Ayuso: 573).

4.2.5 La legitimación procesal exigida al accionante en inconstitucionalidad: la cuestión del interés legítimo. Conforme la Constitución, la acción directa en inconstitucionalidad podrá ser interpuesta, "a instancia del Presidente de la República, de una tercera parte de los miembros del Senado o de la Cámara de Diputados y de cualquier persona con un interés legítimo y jurídicamente protegido" (artículo 185.1).

4.2.5.1 La acción de los funcionarios. La LOTCPC confiere al Presidente de la República y a un tercio de los legisladores de cualquiera de las cámaras legislativas la prerrogativa de cuestionar la constitucionalidad de los actos sin tener que demostrar ningún interés para accionar.

4.2.5.2 La distinción entre acto normativo o general y acto no normativo o individual como base de la definición conceptual del interés legítimo y jurídicamente protegido. La LOTCPC dispone que la acción directa en inconstitucionalidad puede ser interpuesta por "cualquier persona con un interés legítimo y jurídicamente protegido". Reproduce aquí la LOTCPC textualmente el artículo 185.1 de la Constitución. Pero… ¿qué significa tener *"interés legítimo y jurídicamente protegido"*? La LOTCPC no define el concepto por lo que corresponde a la doctrina y a la jurisprudencia definir el mismo.

Para responder esta pregunta, hay que acudir al Derecho administrativo, disciplina en donde emerge la noción de interés legítimo y desde donde se importa la misma al derecho constitucional. La noción de interés legítimo surge en derecho administrativo por la necesidad de ampliar la legitimación procesal más allá de los estrechos contornos del derecho civil. Y es que, mientras en derecho civil esta legitimación se conecta exclusivamente con la existencia de un *derecho subjetivo* en juego, que está en el objeto del proceso y del que es titular el actor o demandante, de modo que, por ejemplo, solo quien es titular de un derecho real o de crédito tiene legitimidad para exigir ante los tribunales la tutela de su derecho, en el proceso contencioso administrativo esta legitimidad se le reconoce no solo a quien es titular de un derecho subjetivo sino también a quien ostente un interés legítimo. Así, en derecho administrativo no solo los propietarios de terrenos sobre los que discurre una carretera construida por el Estado tienen legitimidad para accionar en la jurisdicción contencioso-administrativa contra la Administración sino también aquellas personas que en virtud de un interés legítimo se sienten afectadas por dicha carretera ya sea porque corta sus vías de comunicación, como porque ésta contamina acústicamente el entorno o tiene un nefasto impacto paisajístico o ambiental. De este modo, tal como establece la jurisprudencia del Tribunal Supremo español, para reputar que existe este interés legítimo "basta con que la declaración jurídica pretendida coloque al accionante en condiciones naturales y legales de consecución de un determinado beneficio, sin que simultáneamente quede asegurado que forzosamente le haya de obtener", aplicándose el criterio de interés legítimo "con un criterio laxo, con el fin de que en situaciones dudosas se evite cerrar el acceso del administrado a la revisión jurisdiccional del acto", todo ello en el entendido de que este problema de la legitimación activa debe manejarse "con criterio más bien amplio y progresivo que restrictivo", pues el interés legítimo "no consiente una interpretación angosta" (Sentencia del 5 de julio de 1972).

Como se puede observar, la introducción y la consolidación de la noción de interés legítimo como criterio fundante de la legitimación procesal activa en derecho administrativo busca en todo momento concebir la misma en términos ostensiblemente más amplios que en derecho civil, todo ello necesariamente derivado de la dimensión pública de la actividad de la Administración y de la naturaleza pública del derecho administrativo. Esta *amplitud de la legitimación procesal activa* se extiende con más intensidad en el campo del derecho constitucional, en particular, en el ámbito de la acción directa en inconstitucionalidad. En el derecho constitucional, la conceptuación del interés legítimo debe partir del supuesto de que la garantía constitucional en la jurisdicción constitucional especializada del Tribunal Constitucional implica la *democratización del acceso a la justicia constitucional,* lo cual, en el caso dominicano, conlleva a presumir que, por lo menos en lo que respecta al cuestionamiento por la vía de la acción directa de inconstitucionalidad de los actos normativos o de efectos generales, que cualquier persona tiene interés legítimo y jurídicamente protegido para accionar, que esta acción es una verdadera acción popular y que el Tribunal Constitucional es un *tribunal del pueblo*, un tribunal ciudadano, por lo que se admite incluso la institución norteamericana del "amigo de la corte" (*amicus curiae brief*), como lo ha hecho la Suprema Corte de Justicia (S.C.J. Sentencia No. 7. 10 de febrero del 2004) y como lo establece el artículo 23 del Reglamento Jurisdiccional del Tribunal Constitucional. Por tanto, se puede afirmar que, partiendo de la idea de que el círculo de personas legitimadas para interponer la acción en inconstitucionalidad se amplía en la medida en que crece el número de destinatarios de los actos impugnados, habría que reconocer que, en lo que respecta a las acciones en inconstitucionalidad dirigidas contra leyes del Congreso Nacional y reglamentos dictados por el Poder Ejecutivo y las Administraciones Públicas, existe un interés legítimo y jurídicamente protegido en la cabeza de todos y cada uno de los habitantes del territorio nacional, ciudadano o extranjero, en tanto eventual destinatario de dichas normas generales, por el mero hecho de habitar en territorio dominicano, en cuestionar directamente ante el Tribunal Constitucionalidad la constitucionalidad de dichas normas, aún incluso en ausencia de una lesión o daño directo o indirecto en los accionantes. De ahí que cualquier persona, como bien ha establecido la Sala Constitucional venezolana, "sin necesidad de un hecho histórico concreto que lesione la esfera jurídica privada del accionante", puede ser "un tutor de la constitucionalidad y esa tutela le da el interés para actuar, haya sufrido o no un daño proveniente de la inconstitucionalidad de una ley" (Sentencia No. 1077 de 22 de septiembre de 2000, *caso Servio Tulio Briceño*). Actúa aquí el ciudadano como un verdadero *defensor de la Constitución*, garante de la supremacía constitucional, lo cual se explica en el hecho de que debe suponerse que "toda persona que pudiera ser sujeto de la aplicación de una norma, tenga capacidad para debatir en juicio de su validez"

(Sentencia No. 37 de 27 de enero de 2004, *caso Impugnación de los artículos 129 y 132 de la Ley de Minas*). La legitimación procesal activa es amplia porque cualquier persona, haya o no sufrido un daño, hayan sido o no vulnerados sus derechos o pudieren o no violarse los mismos, tiene un derecho a la supremacía constitucional, derecho que, si se quiere, es un derecho colectivo.

La acción de inconstitucionalidad contra normas y otros actos de efectos generales es, en consecuencia, una verdadera *acción popular*, que garantiza el derecho constitucional de todo individuo a denunciar la inconstitucionalidad y a proteger así no solo un derecho subjetivo violado sino a garantizar el ordenamiento constitucional, actuando como verdadero centinela de la Constitución y de las leyes, sin que tenga que alegar en el proceso la vulneración de algún derecho, interés o bien jurídico protegido que se encuentre dentro de su esfera patrimonial. Y es que en derecho constitucional el interés, contrario a lo que ocurre en derecho civil, no es la medida de la acción, sino la lesión o vulneración de la Constitución. Esta acción popular convierte así al Tribunal Constitucional en un verdadero "tribunal ciudadano" (HÄBERLE: 256). En consecuencia, quien acciona en inconstitucionalidad contra leyes y reglamentos ante el Tribunal Constitucional en virtud del artículo 185.1 de la Constitución, actúa en virtud de un interés no personal, sino de la comunidad a la que pertenece, es decir un interés general, derivado de un lato derecho fundamental a la legalidad constitucional, tal como se infiere del artículo 6 de la Constitución, y que busca que la jurisdicción constitucional se transforme en *espacio de participación ciudadana*, destinado a concretar el control de los gobernantes por los gobernados, más allá del simple momento electoral y del periódico –y efímero– ejercicio del derecho de sufragio. Queda así consagrada la acción en inconstitucionalidad contra normas estatales como un mecanismo de defensa del orden constitucional en manos de todos los destinatarios de dichas normas, que no son más que los integrantes de la "*comunidad de intérpretes constitucionales*" (HABERLE).

En síntesis, en lo que respecta a las acciones directas en inconstitucionalidad dirigidas contra actos normativos, no cabe duda de que la legitimación activa pertenece a toda persona habitante del territorio nacional pues, desde la óptica constitucional, el interés legítimo viene dado por el interés en el mantenimiento del derecho objetivo y no, como ocurre en el derecho privado, por el interés de quien ha sufrido perjuicios morales o patrimoniales por el acto de que se trata. En este sentido, la práctica constitucional comparada revela que la legitimación activa ante los tribunales constitucionales es un instituto "destinado a velar por la defensa objetiva de la Constitución y el interés general o bien común, para lo cual se predetermina un conjunto de autoridades u órganos del Estado que por su posición institucional tienen por tarea la defensa del bien común o del interés general, legitimándolos para demandar sin que haya un caso concreto o un interés subjetivo, por vía de acción directa, sin condicionamiento alguno, al Tribunal Constitucional, para que este último depure el ordenamiento jurídico de normas inconstitucionales o impida el ingreso de tales normas a dicho ordenamiento, constituyendo este un rasgo distintivo del modelo germano austríaco de control de constitucionalidad" (NOGUEIRA ALCALÁ: 202). De ahí que para la defensa de la Constitución por la vía de la acción directa en inconstitucionalidad, todos los integrantes de la comunidad nacional, sean personas físicas o morales, nos convertimos en "*guardianes de la Constitución*" y asumimos, individualmente o de manera colectiva, la protección de la Constitución y de los derechos que ella consagra, pues "al ser la Constitución un pacto de todos los integrantes de la sociedad, queda radicada en todos y cada uno de ellos, la facultad para exigir el cumplimiento de dicho pacto, pues lo pactado obliga" (GUERRERO VALLE: 34). Exigir una lesión o un interés cualificado a una persona para poder accionar ante el Tribunal Constitucional contra una norma inconstitucional es desapoderar al ciudadano y cerrar las puertas de este Tribunal al pueblo. Por eso, el interés legítimo, desde un punto de vista estrictamente constitucional, despojado de cualquier inconstitucional impregnación iusprivatista, debe ser comprendido en sentido amplio, en cabeza de cada uno de los ciudadanos, y abarcando, como bien ha señalado el Tribunal Constitucional chileno, "tanto los mecanismos de defensa de los derechos propiamente tales o derechos subjetivos cuanto de los intereses legítimos cuya eficaz protección también favorece el libre y pleno desarrollo de la personalidad" (Ley 18.575, rol no. 634, 2007), visión que compatibiliza el interés subjetivo personal con el interés general del bien común.

Ahora bien, en lo que respecta a las acciones en inconstitucionalidad dirigidas contra actos no normativos, es decir, actos administrativos de efectos particulares o circunscritos a una esfera delimitada de destinatarios, como lo sería un decreto de expropiación o un contrato administrativo, la situación es manifiestamente diferente. Aquí es evidente que, a fin de proteger la seguridad jurídica de las personas, en especial de los beneficiarios o destinatarios de dichos actos de aplicación individual, a menos que entren en juego los intereses difusos o colectivos tutelados por la Constitución, no puede admitirse, en principio, que cualquier persona, actuando "utis civis" y no "utis singulus", pueda cuestionar ante el Tribunal Constitucional el acto generador o protector de una situación jurídica subjetiva. De ahí que, en lo que respecta a los actos no normativos o singulares, en aras de preservar la seguridad jurídica de las personas, no puede admitirse que cualquier persona, una persona que, para utilizar dos adagios populares, "no tiene vela en el entierro", o "no es ariente o pariente" de las partes del acto, pueda cuestionar ante el Tribunal Constitucional el acto generador o protector de una situación jurídica subjetiva. El accionante en inconstitucionalidad contra un acto no normativo o particular debe ser, en consecuencia, una verdadera "*parte interesada*", es decir, como ya lo ha dicho la Suprema Corte de Justicia, "aquella que figure como tal en una instancia, contestación o controversia de carácter administrativo o judicial, contra la cual se realice un acto por uno de los poderes públicos, basado en una disposición legal, pretendidamente inconstitucional" (S.C.J. 30 de septiembre de 1998. B.J. 1054, Vol. I. 20) o que "tiene un interés legítimo y jurídicamente protegido", es decir, "demuestre ser *titular de un derecho o interés consagrado por la Constitución* de la República, leyes, decretos, reglamentos, resoluciones, ordenanzas, cuya violación sea susceptible de causarle un perjuicio" (S.C.J. 19 de mayo de 2010). El artículo 185.1 de la Constitución es pertinente pues, al ampliarse el objeto del control para incluir no solo las leyes sino también los decretos, reglamentos, resoluciones y ordenanzas, y, en sentido general, todos los actos referidos por el artículo 6, se hace imprescindible el establecimiento de un filtro que permita preservar la seguridad jurídica de los particulares contra los cuestionamientos a los actos que los amparan por parte de terceros sin interés legítimo y jurídicamente protegido.

La categoría procesal del interés legítimo y jurídicamente protegido ha quedado desvirtuada por los precedentes del Tribunal Constitucional (Sentencias TC 51/12, 73/12 y 41/13) que afirman que los actos administrativos no son impugnables por la vía del control concentrado en la medida en que en la gran mayoría de los casos hay que admitir que un eventual destinatario de una norma atacada por inconstitucional tiene interés legítimo y jurídicamente protegido para accionar en inconstitucionalidad. Son poquísimas las acciones directas de inconstitucionalidad contra normas que en donde se haya inadmitido la acción por falta de interés. Esto revela que, en la práctica, la acción directa en inconstitucionalidad en contra de las normas es una acción popular y que el interés legítimo solo tendría un efecto procesal precisamente en los casos de acciones contra actos administrativos, que son aquellas que el Tribunal Constitucional han considerado inadmisibles no obstante la claridad del texto del artículo 185.1 y de la propia LOTCPC. Precisamente, en aras de garantizar la seguridad jurídica de las personas, es respecto a esos actos administrativos, cuya impugnación por la vía de la acción directa en inconstitucionalidad el Tribunal Constitucional se niega a admitir salvo casos excepcionales, donde debe requerirse con todas sus exigencias el interés legítimo, exigiendo al accionante una afectación singular de sus derechos o intereses, un interés en la acción, a menos que se trate de actos administrativos que afecten intereses colectivos y difusos.

4.2.5.3 El interés legítimo y jurídicamente protegido en el Estado social y democrático de derecho. No hay dudas de que, como bien ha señalado el Tribunal Constitucional al momento de definir el objeto del control concentrado de constitucionalidad, "los tribunales constitucionales, dentro de la nueva filosofía del Estado Social y Democrático de Derecho, no sólo se circunscriben a garantizar la supremacía constitucional o la protección efectiva de los derechos fundamentales al decidir jurisdiccionalmente los casos sometidos a su competencia, sino que además asumen una misión de pedagogía constitucional al definir conceptos jurídicos indeterminados, resolver lagunas o aclarar disposiciones ambiguas u oscuras dentro del ámbito de lo constitucional" (Sentencia TC 41/2013). Ahora bien, esa definición conceptual, vale decir, ese ejercicio de lo que se conoce como la *autonomía procesal* del Tribunal Constitucional, no puede hacerse al margen de los valores fundamentales que inspiran y permean la Constitución de 2010, es decir, de un modo descontextualizado. Por eso, el concepto de interés legítimo tiene que ser constitucionalmente adecuado a la Constitución de 2010. De ahí que, como señala la doctrina, el concepto de quien tiene interés legítimo para demandar en inconstitucionalidad ante el Tribunal Constitucional contra los actos pretendidamente inconstitucionales debe ser construido a la luz de "la proclamación de la soberanía popular en el artículo 2 constitucional, la del *Estado Social y Democrático de Derecho* en el 7 constitucional y la declaración de la preservación de los derechos e intereses de las personas como función esencial del Estado en el artículo 8 constitucional" (Perdomo 2012).

Siendo esto así, como lo es, es obvio que las opciones interpretativas del Tribunal Constitucional a la hora de definir en qué consiste el interés legítimo se reducen en la medida en que la acción en inconstitucionalidad contra leyes del Congreso Nacional y reglamentos del ejecutivo y las administraciones autónomas aparece como una acción ejercitable por cualquier ciudadano que ejerce su derecho a participar en la cosa pública mediante su colaboración en la expulsión del ordenamiento jurídico de aquellas normas declaradas inconstitucionales. Es aquí donde el Tribunal Constitucional deviene en un "tribunal de la sociedad" al cual acuden cualquiera de los miembros de la "comunidad de intérpretes constitucionales" (HABERLE).

Por ese imperativo de conceptuar el interés legítimo a la luz del *principio democrático* es que se hace necesario abandonar toda visión exegético-procesal estrecha de dicho concepto. Como bien nos recuerda, el gran constitucionalista argentino German Bidart Campos, "los egoísmos, los reduccionismos, los angostamientos en materia de legitimación procesal son capaces de desvirtuar al sistema de derechos y al sistema garantista, en la misma medida en que ni uno ni otro rindan el resultado a que están destinados ante la administración de justicia. De ahí que la misma matriz constitucional donde se alimentan el sistema de derechos y el sistema garantista deba alimentar al derecho procesal en materia de legitimación" (BIDART CAMPOS: 15).

La misma *historia del interés legítimo* en el seno del derecho administrativo, rama del derecho en donde nació y se desarrolló dicho concepto de legitimación procesal, revela que interés legítimo no debe ser confundido ni con interés personal, ni con interés directo, ni con necesidad de vulneración de un derecho ni con sufrir una lesión. "Precisamente la evolución garantista de lo contencioso-administrativo está ligada a una evolución ampliadora de la legitimación y del paso de un proceso protector únicamente de derechos subjetivos a un proceso que, además se abre a la protección de intereses, inicialmente personales y directos, y después simplemente legítimos; un concepto más amplio que linda casi con la acción popular" (PARADA: 630).

El Tribunal Constitucional español ha estado más que claro en ello cuando ha establecido que, en presencia de los *intereses comunes*, es decir, "aquellos en que la satisfacción del interés común es la forma de satisfacer el de todos y cada uno de los que componen la sociedad [...] puede afirmarse que cuando un miembro de la sociedad defiende un interés común sostiene simultáneamente un interés personal, o, si se quiere desde otra perspectiva, que la única forma de defender el interés personal es sostener el interés común". Y siguen diciendo los jueces constitucionales españoles: "Esta solidaridad e interrelación social, especialmente intensa en la época actual, se refleja en la concepción del Estado como social y democrático de derecho, que consagra la Constitución (art. 1.1), en el que la idea de interés directo, particular, como requisito de legitimación, queda englobado en el concepto más amplio de interés legítimo y personal, que puede o no ser directo" (STC 62/1983).

De manera que la noción jurídico-procesal de interés legítimo, desde su mismo nacimiento, ya lleva inscrita en su código genético la idea de *amplia legitimación* procesal, lo que se repotencia en un Estado Social y Democrático de Derecho en donde puede afirmarse que, por lo menos frente a normas inconstitucionales, las personas gozan de un derecho fundamental implícito a la supremacía constitucional, por lo que el interés jurídico para accionar en inconstitucionalidad frente a las mismas, como ocurre en presencia de normas relativas al sistema democrático y republicano y como ha señalado al respecto el Tribunal Constitucional, "no puede ser adscrito a ninguna persona en particular, razón por la cual el mismo se constituye en un interés difuso pasible de ser asumido por cualquier persona" (Sentencia TC/05999/15). En este sentido, la doctrina se ha preguntado si puede "razonablemente admitirse que interesa a toda persona el interés jurídico de preservar las reglas institucionales en las que reposa el régimen democrático dominicano, pero no así reconocer a todo ciudadano el mismo interés respecto de la supremacía de la norma constitucional y la defensa del orden constitucional", contestando que obviamente que no (VALERA MONTERO 2020: 454).

4.2.5.4 El reconocimiento por el Tribunal Constitucional de la acción popular de inconstitucionalidad. Con la proclamación de la Constitución reformada en 2010, muchos esperábamos que el Tribunal Constitucional continuara con la tendencia jurisprudencial iniciada por la Suprema Corte de Justicia en 1998 de reconocer a toda persona el derecho de "erigirse en centinela de la conformidad de las leyes, decretos, resoluciones y actos en virtud del principio de la supremacía de la Constitución" (S.C.J. Sentencia No. 1. 1 de agosto de 1998. B.J. 1053. 3) y que era una notable ampliación de la legitimación procesal activa en comparación con el criterio anterior de la misma Corte en cuanto a que sólo podía accionar directamente en inconstitucionalidad quien figurara "como parte en una instancia administrativa o judicial o haber sido perjudicado con la ejecución de un acto emanado de uno de los poderes públicos en ejecución de una ley considerada inconstitucional". (S.C.J. Sentencia de fecha 1 de septiembre de 1995; B.J. 1018). Como se puede observar, la interpretación de la Suprema Corte en 1998 tuvo la virtud de que, a pesar de partir de una noción de legitimación mucho menos inclusiva que la de interés legítimo, como lo es la de "parte interesada", consagró la *acción popular de inconstitucionalidad*. Sin embargo, desde 2010, la Suprema Corte de Justicia, sobre la base del artículo 185.1 de la Constitución, actuando transitoriamente como Tribunal Constitucional, en lugar de exigir el interés legítimo y jurídicamente protegido únicamente a los accionantes contra actos administrativos, particulares y no normativos, lo exigió a todos los accionantes, incluyendo a los accionantes contra normas, estableciendo que "una persona tiene un interés legítimo y jurídicamente protegido cuando demuestre ser titular de un derecho o interés consagrado por la Constitución de la República, leyes, decretos, reglamentos, resoluciones y ordenanzas, cuya violación sea susceptible de causarle un perjuicio" (S.C.J. No. 1. 14 de abril de 2010. B.J. 1193. 3).

El Tribunal Constitucional, desde que entró en operación, siguió la misma nueva línea jurisprudencial de la Suprema Corte, admitiendo solo una legitimación amplia en aquellas acciones de las cuales se encontraba apoderada antes de 2010 y que estaban en estado de recibir fallo. En este sentido, el Tribunal Constitucional consideró que, "desde que se pronunció sobre la calidad para accionar, ha sentado una sólida línea jurisprudencial, en el sentido de que la parte impugnante tiene calidad para accionar en inconstitucionalidad porque al momento de su acción era '*parte interesada*', ya que bastaba solamente que el accionante tuviese un interés directo y figurara como tal en una instancia, contestación o controversia de carácter administrativo o judicial o que actuara como denunciante de la inconstitucionalidad de la ley, decreto, reglamento, resolución u ordenanza" (Sentencia TC/0043/12). Para las acciones posteriores al 2010, la posición del Tribunal Constitucional fue la de que el accionante en inconstitucionalidad debía ser una persona con *interés legítimo y jurídicamente protegido*, es decir, que "demuestre que la permanencia en el ordenamiento jurídico de la norma cuestionada le causa un perjuicio y, por el contrario, la declaratoria de inconstitucionalidad le proporciona un beneficio" (Sentencia TC/0057/18). A pesar de ello, y como el propio Tribunal Constitucional lo reconoce en su Sentencia TC/0345/19, donde lista todos los casos en los que flexibilizó el requisito, el Tribunal relajó notablemente en muchas ocasiones y en variados supuestos el criterio de legitimidad procesal, llegando en la Sentencia TC/0048/13 y como bien ha señalado la doctrina, "a reconocer una *acción cuasi-popular* en casos específicos referidos a 'intereses colectivos y difusos'" (Valera Montero 2020: 436).

Felizmente, el Tribunal Constitucional, en 2019, estableció que "la acción directa de inconstitucionalidad supone un proceso constitucional instituido para que la ciudadanía, profesando su *derecho a participar de la democracia* de acuerdo con las previsiones de las cláusulas de soberanía popular y del Estado social y democrático de derecho preceptuadas en los artículos 2 y 7 de la Constitución dominicana, tenga la oportunidad —real y efectiva— de controlar la constitucionalidad de aquellas leyes, decretos, resoluciones, ordenanzas y actos que contravengan el contenido de nuestra Carta Política; esto, ante este tribunal constitucional, a fin de preservar la supremacía constitucional, el orden constitucional y garantizar el respeto de los derechos fundamentales". A partir de ese fundamento el Tribunal decidió que "tanto la legitimación procesal activa o calidad de cualquier persona que interponga una acción directa de inconstitucionalidad, como su interés jurídico y legítimamente protegido, se presumirán en consonancia a lo previsto en los artículos 2, 6, 7 y 185.1 de la Constitución dominicana. Esta presunción, para el caso de las personas físicas, estará sujeta a que el Tribunal identifique que la persona goza de sus derechos de ciudadanía. En cambio, cuando se trate de personas jurídicas, dicha presunción será válida siempre y cuando el Tribunal pueda verificar que se encuentran constituidas y registradas de conformidad con la ley y en consecuencia, se trate de una entidad que cuente con personería jurídica y capacidad procesal para actuar en justicia, lo que constituye un presupuesto a ser complementado con la prueba de una relación existente entre su objeto o un derecho subjetivo del que sea titular y la aplicación de la norma atacada, justificando en la línea jurisprudencial ya establecida por este tribunal, legitimación activa para accionar en inconstitucionalidad por apoderamiento directo" (Sentencia TC/0345/19). Con esta sentencia, el Tribunal Constitucional -haciendo caso omiso a lecturas originalistas respecto a la intención del constituyente que no se compadecen con una interpretación sistemática que asume la Constitución como un todo armónico, como bien advierte parte de la doctrina (Castellanos Pizano: 279)- consagra a la acción directa de inconstitucionalidad como una verdadera "acción ciudadana" o "popular" y redime al "*denunciante de la inconstitucionalidad* en la figura del ciudadano dominicano, parte del Pueblo Soberano y partícipe de esa soberanía, y que como tal tiene de manera clara y contundente un interés legítimo en la protección de su voluntad última, de la defensa del orden constitucional y de la supremacía de la Constitución" (Valera Montero 2020: 457). El propio Tribunal Constitucional, cuya posición al respecto ha sido considerada "incorrecta e irrazonable" (León Morel: 455), a la luz de las antes referidas lecturas originalistas de la Constitución, ha estado claro al respecto pues, en la Sentencia TC/0502/21, ha señalado que "esta orientación jurisprudencial evidencia la intención de este colegiado de otorgar al pueblo, encarnado en el ciudadano con plena posesión y goce de sus derechos de ciudadanía, así como a las personas morales constituidas de acuerdo con la ley, la opción de fiscalizar la constitucionalidad de las normas por esta vía, sin mayores complicaciones u obstáculos procesales".

4.2.5.5 La inutilidad sobrevenida del interés legítimo. Lógicamente, conforme nuestra posición respecto a la validez y procedencia de la impugnación de los actos administrativos por la vía de la acción directa de inconstitucionalidad antes explicada, sostenemos que donde debe exigirse interés legítimo y jurídicamente protegido es cuando se cuestionan ante el Tribunal Constitucional actos administrativos, con destinatarios singulares, en donde la legitimación procesal activa, si bien no debe estar limitada a las partes pues debe incluir interesados, cuyo círculo se amplía notablemente en el caso de intereses colectivos y difusos, *sí* debe ser exigida , contrario a las acciones directas contra normas -donde todos nos presumimos destinatarios de las normas-, pues no debe permitírsele a cualquier ciudadano, que no justifique un interés legítimo y jurídicamente protegido, accionar directamente ante el Tribunal Constitucional contra actos administrativos, de los cuales no es parte, no está interesado o no le afecta, como si existiese una acción popular contra *éstos*. Precisamente, el sentido constitucional del interés legítimo y jurídicamente ha sido siempre *filtrar las acciones contra actos administrativos*, filtro que deviene innecesario desde el momento mismo en que el Tribunal Constitucional, en contradicción con la letra y el espíritu del artículo 185. 1 de la Constitución, inadmite, salvo los casos excepcionales antes indicados, las acciones contra actos administrativos.

El interés legítimo y jurídicamente protegido, como lo reconoce el propio Tribunal Constitucional, era un concepto muy subjetivo, por lo menos en lo que respecta a su exigencia respecto a accionantes contra normas, por "la meridiana imprecisión y vaguedad que se desprende del requisito de comprobación de la legitimación procesal activa o calidad de cualquier persona que pretenda ejercer la acción directa de inconstitucionalidad" (Sentencia TC/0345/19). Con el establecimiento de una *presunción de interés legítimo* por el Tribunal, se trata ya de un concepto absolutamente inútil en lo que respecta a las acciones contra normas y sólo podrá recobrar su verdadero sentido constitucional cuando el Tribunal revierta totalmente su tesis contraria a la admisibilidad de las acciones directas de inconstitucionalidad contra actos administrativos, donde el Tribunal tendrá necesariamente que examinar, como lo hace la jurisdicción contencioso-administrativa, si hay o no interés legítimo en los accionantes, que no debe ser solo un interés de que se cumpla la Constitución, salvo cuando se afectan intereses colectivos o difusos, donde la acción directa de inconstitucionalidad contra el acto administrativo vendría a ser una acción popular, al igual que la acción de inconstitucionalidad contra normas. Excepcionalmente, en los casos de acciones directas contra actos administrativos, y contrario a las acciones contra normas, donde el interés legítimo se presume, hay casos en donde la legitimación procesal activa es tan amplia como en la acción popular de inconstitucionalidad contra normas, donde, para usar las palabras del Tribunal Supremo español, debe reconocerse a los particulares una acción pública o popular, "mediante la cual y amparada en el mero interés por el cumplimiento de la legalidad y la salvaguarda de los intereses generales se permite a los administrados la posibilidad de impugnar cualquier actuación administrativa sin tener alguna conexión directa que les ataña, esto es ni derecho subjetivo que defender ni tampoco interés legítimo", como ocurre "en materias de urbanismo, medio ambiente y patrimonio público" (STS de 16 de julio de 2016). En esos casos excepcionales, donde están en juego *intereses de incidencia colectiva* o el interés general, debe permitirse una acción popular de inconstitucionalidad contra actos administrativos en defensa de la legalidad constitucional.

En cualquier caso, mientras el Tribunal Constitucional no admita sin limitación alguna las acciones contra los actos administrativos, que es donde cobra toda su utilidad y vitalidad el interés legítimo como interés para accionar ante la justicia constitucional, y dado que el interés legítimo se presume en las acciones contra normas, puede decirse, haciendo nuestras las palabras de un estudioso español del interés legítimo, que "el 'interés legítimo' ha devenido así un continente vacío, un fósil, un vestigio, la huella de algo que ha desaparecido. Del 'interés legítimo' queda solo el nombre. El sistema jurídico conserva el significante, pero le ha hurtado su significado histórico" (MEDINA ALCOZ: 47). Ni "concepto jurídico indeterminado" ni "concepto constitucional controvertido" ni "significante vacío", el interés legítimo habría devenido simplemente un *concepto total y absolutamente inútil*, pues la función para la que fue establecido al momento en que el constituyente amplió el objeto del control concentrado de constitucionalidad en las acciones directas de inconstitucionalidad, que no es más que evitar que quien no ha sufrido una afectación particular, ni arriesga nada, ponga en juego la seguridad jurídica de las personas y la estabilidad de los actos administrativos, ya no tendría que llevarse a cabo porque el Tribunal Constitucional, de golpe y porrazo, y en clara vulneración al artículo 185.1 de la Constitución, declaró inadmisible las acciones contra actos administrativos, no teniéndose ya que demostrar interés legítimo para entrar a la casa de la justicia constitucional cuyas puertas le han sido de antemano cerradas -salvo ocasiones excepcionales, ahora un poco menos excepcionales- por el Tribunal Constitucional, exigiéndose un incomprensible interés jurídico para impugnar las normas cuando, como ha tenido que reconocer al menos tácitamente el propio Tribunal, debe admitirse en esos casos la más amplia legitimación procesal activa, configurándose una verdadera acción popular o ciudadana de inconstitucionalidad contra las normas, como lo han dicho los propios jueces constitucionales especializados. Paradójicamente, se sigue exigiendo este interés legítimo -cada día más licuado, ampliado, presunto *e inútil- donde no se debería* en modo alguno exigir -para impugnar normas-, en tanto que no se exige allí donde sí debería exigirse -para la impugnación de actos administrativos- porque, si bien hoy se permiten más supuestos de impugnación de actos administrativos -siempre que sean bautizados por sus autores como "decreto" o "resolución"-, todavía el Tribunal Constitucional insiste en la errada idea de que la acción directa de inconstitucionalidad es básicamente una acción de impugnación de normas, por lo que no son tantos los casos que se admiten de impugnación de actos administrativos y, como quiera, ni siquiera ahí el Tribunal Constitucional se preocupa tanto por determinar el interés legítimo de los accionantes, a pesar de que es en ese ámbito, el de la impugnación de actos administrativos, donde sí hace sentido y donde sí se requiere determinar precisamente cuál es el interés legítimo de los accionantes. Por eso no concordamos con la doctrina que, aún después de la flexibilización por parte del Tribunal Constitucional de la exigencia del interés legítimo, todavía afirma que "hay supuestos en los que podría resultar propicio que el accionante acredite algún interés, perjuicio, riesgo o daño concreto que le impulse a solicitar la declaratoria de inconstitucionalidad de la norma cuestionada" (TENA DE SOSA & ROJAS: 239), pues insistimos en que, en la práctica, la acción directa de inconstitucionalidad contra normas ha devenido una acción popular, quedando reservada la utilidad del interés legítimo como criterio de legitimación procesal activa para aquellos casos en que se impugnen actos administrativos donde, sí hay que exigir este interés legítimo, es decir, ser parte o interesado, y donde no se puede hablar de acción popular o colectiva a menos que estemos en presencia de un acto administrativo de efectos generales o que envuelva derechos o intereses colectivos o difusos y que se impugne por la vía de la acción directa de inconstitucionalidad.

4.2.6 Procedimiento para la interposición y el conocimiento de la acción.

4.2.6.1 Acto introductivo. Conforme el artículo 38 de la LOTCPC, "el escrito en que se interponga la acción será presentado ante la Secretaria del Tribunal Constitucional y debe exponer sus fundamentos en forma clara y precisa, con cita concreta de las disposiciones constitucionales que se consideren vulneradas". La LOTCPC recoge el criterio de la doctrina y jurisprudencia dominicana para las que el escrito mediante el cual se interpone la acción directa en inconstitucionalidad debe identificar clara y específicamente la norma o acto cuya constitucionalidad se cuestiona, las disposiciones constitucionales vulneradas y las razones que fundamentan las pretensiones del accionante (PELLERANO GÓMEZ: 88; y S.C.J. No. 3 del 16 de septiembre de 1998. B.J. 1054. Vol. I. 22).

4.2.6.2 Efectos de la interposición de la acción. "En sentido general debemos entender que, basados en el principio de la presunción de constitucionalidad, las normas generales cuya constitucionalidad es impugnada no pierden su eficacia de manera suspensiva por la interposición del recurso" (VALERA MONTERO: 144). En cuanto a los efectos de la interposición de la acción sobre los litigios conducidos en las jurisdicciones inferiores involucrando la norma atacada, ésta "no tiene por efecto suspender el conocimiento del fondo del asunto" (S.C.J. No. 3 del 13 de marzo de 1996. B.J. 1061.52). Entendemos, sin embargo, que, cuando se trata de *normas autoaplicativas*, que no requieren un acto de la Administración para su ejecución que pueda ser cuestionado en la jurisdicción contencioso administrativa y suspendido cautelarmente por dicha jurisdicción, se justifica la solicitud de una medida cautelar de suspensión de la norma atacada en inconstitucionalidad, la cual puede ser concedida por el Tribunal Constitucional, haciendo uso de la potestad cautelar que se le reconoce a todo tribunal, especialmente una Alta Corte como el Tribunal Constitucional. En este caso, la acción directa en inconstitucionalidad opera como una especie de amparo contra ley. Puede afirmarse que, si es posible impugnar ante el juez ordinario en sede de amparo una ley que viola derechos fundamentales, que tanto cautelarmente como en la decisión de fondo, el juez podrá suspender o anular, no hay ninguna razón procesal valida que impida que el Tribunal Constitucional, provisionalmente, suspende una norma autoaplicativa hasta tanto se pronuncie sobre el fondo de la acción directa en inconstitucionalidad.

4.2.6.3 Notificación de la acción y carácter no contradictorio del proceso. Antes de la entrada en vigor de la Constitución de 2010, la Suprema Corte de Justicia había establecido el criterio de que, por la naturaleza objetiva y abstracta del control concentrado, el juicio de constitucionalidad era esencialmente no contradictorio por lo que no había necesidad de citar al Ministerio Público ni al "órgano emisor de la ley, decreto, resolución o acto de que se trate" (S.C.J. No. 6 del 16 de junio de 1999. B.J. 1063.81; No. 12 del 19 de febrero del 2000. B.J. 1071.73; No. 7 del 27 de septiembre del 2000. B.J. 1078.53). A juicio de la Suprema Corte, "la ley, decreto, resolución o actos emanados de los poderes públicos, como normas sociales obligatorias, no se anulan o derogan mediante un procedimiento judicial que conlleve la citación del órgano emisor de la ley, decreto, resolución o acto de que se trate, pues dichos instrumentos legales se dejan sin efecto o validez, mediante las formas instituidas por la Constitución o la ley; que una de esas formas de anulación se obtiene mediante decisión de la Suprema Corte de Justicia, apoderada directamente con esa finalidad por el Poder Ejecutivo, por uno de los presidentes de las Cámaras del Congreso o por parte interesada, en caso de inconstitucionalidad; que esa facultad constitucional es ejercida por quienes son así autorizados para que esta Corte, en virtud de esa competencia excepcional, juzgue si la ley, decreto, resolución o acto, sometido a su escrutinio, es conforme, es decir, no contrario a la Constitución, sin que estén obligados por la Constitución o la ley, a notificar su instancia a las personas o instituciones que pudieran eventualmente ser afectadas, ya que cuando esta Corte se aboca a ese análisis en virtud de los poderes que le son atribuidos por la Constitución de la República, lo hace sin contradicción y, por tanto, sin debate, a la vista sólo de la instancia que la apodera y del dictamen u opinión, si se produjera, del Procurador General de la República, a quien se le comunica el expediente" (S.C.J. No. 7 del 22 de septiembre de 1999. B.J. 1066).

Sin embargo, el artículo 39 de la LOTCPC dispone que "si el Presidente del Tribunal Constitucional considerare que se han cumplido los requisitos precedentemente indicados, notificará el escrito al Procurador General de la República y a la autoridad de la que emane la norma o acto cuestionado, para que en el plazo de treinta días, a partir de su recepción, manifiesten su opinión". Asimismo, el párrafo de dicho artículo establece que "la falta de dictamen del Procurador o de las observaciones de la autoridad cuya norma o acto se cuestione no impide la tramitación y fallo de la acción en inconstitucionalidad". Como se puede observar, la LOTCPC, al disponer que se notificará la acción al Procurador General de la República así como a la autoridad cuya norma o acto se cuestiona pero que la falta de dictamen del Procurador o de observaciones de la autoridad "no impide la tramitación o fallo de la acción en inconstitucionalidad", sigue en parte el criterio sostenido por la Suprema Corte de Justicia en el sentido de que, por la naturaleza objetiva y abstracta del control concentrado, *el juicio de constitucionalidad es esencialmente no contradictorio*, aunque reconoce la necesidad de citar al Procurador General de la República y al órgano emisor de la norma o acto impugnado. En el fondo, sin embargo, y contrario a lo que sostiene una parte de la doctrina (Acosta de los Santos 2020: 103-107), el legislador comparte el criterio de los jueces supremos de que el principio de contradicción no rige en sede de control concentrado y que cuando alguien ejercita la acción de inconstitucionalidad no tiene que existir ningún órgano del Estado que asuma obligatoriamente la función de defender la constitucionalidad de la norma impugnada, como se evidencia del propio hecho de que el artículo 39 de la LOTCPC permite que la acción se puede tramitar y fallar aún en ausencia del dictamen del Procurador y del órgano emisor de la norma o acto cuestionado. Que se soliciten las opiniones del Procurador y del órgano emisor no significa que el proceso sea contradictorio sino más bien que es participativo, lo que explica también la posibilidad de depositar *amicus curiae* en el mismo. Este carácter no contradictorio del proceso se refuerza, por el lado del accionante, cuando observamos que el propio Tribunal Constitucional ha establecido que, si bien es cierto que se requiere una parte con legitimación procesal que impugne por la vía de la acción directa en inconstitucionalidad, "no es necesaria la intervención activa del impugnante para su normal desarrollo", al extremo de que, como antes hemos visto, ni el fallecimiento del accionante (Sentencia TC/0062/12) ni el desistimiento por el accionante de su acción (Sentencia TC/0352/15) produce la interrupción del proceso de la acción directa de inconstitucionalidad.

4.2.6.4 Publicación. La LOTCPC establece que "se dispondrá también que se publique un extracto de la acción que ha sido incoada en el portal institucional del Tribunal Constitucional y cualquier otro medio que se estime pertinente" (artículo 40). Como se puede observar, el legislador dispone la publicación de un extracto de la acción. El sentido de esta publicidad no puede ser otro que permitir que, como bien ha sostenido la jurisprudencia dominicana, "aquellos que lo consideren útil en interés propio o general, hagan por escrito elevado" al Tribunal Constitucional "sus observaciones a favor o en contra del pedimento" (S.C.J. No. 7 del 22 de septiembre de 1999. B.J. 1066), en su condición de "amigos de la corte" (*amicus curiae*) y a través de un escrito en apoyo de la constitucionalidad o inconstitucionalidad de la norma (*amicus curiae brief*), modalidad admitida expresamente por la Suprema Corte de Justicia (S.C.J. Sentencia No. 7. 10 de febrero del 2004). Como bien establece la doctrina, "la participación procesal del *amicus curiae* supone la presentación en un proceso de un tercero que interviene aportando una opinión fundada que puede resultar relevante para la resolución de un litigio en el que se debatan cuestiones socialmente sensibles. Ese tercero, por tanto, no reviste calidad de parte ni mediatiza, desplaza o reemplaza a estas; debe ostentar un interés justificado en la decisión que pondrá fin al pleito en el que se presenta; es preciso que muestre reconocidas competencias y versación en la cuestión debatida; su informe no constituye un dictamen pericial, y la actuación que despliega no devenga honorarios ni tiene efectos vinculantes para el tribunal ante el que comparece" (Bazán 2009: 303). El Reglamento Jurisdiccional del Tribunal Constitucional establece que "se considera amicus curiae o amigo del Tribunal a la persona física o jurídica, o a la institución del Estado que, ajena al litigio o al proceso del cual está apoderado el Tribunal Constitucional, somete un escrito de opinión con el objeto de colaborar en su edificación. El amicus curiae participa en casos de trascendencia constitucional o que resulten de interés público, como son la acción directa de inconstitucionalidad, el control preventivo de los tratados internacionales y los recursos de revisión constitucional de amparo en los cuales se ventilen derechos colectivos y difusos. Deberá poseer reconocida competencia sobre la cuestión debatida y su opinión carece de efectos vinculantes para el Tribunal Constitucional" (artículo 23). La institución del amicus curiae "permite ampliar la legitimación de las sentencias del Tribunal", aparte de que "puede ser utilizado como argumento para contrarrestar el carácter antidemocrático atribuido a los sistemas de justicia constitucional" (BAGNI: 102).

4.2.6.5 Audiencia, conclusiones e informes. Conforme la LOTCPC, una vez vencido el plazo de 30 días, contados a partir de la notificación al Procurador General de la República del escrito introductivo de la acción, "se convocará a una audiencia oral y pública, a fin de que el accionante, la autoridad de la que emane la norma o el acto cuestionado y el Procurador General de la Republica, presenten sus conclusiones", todo ello en el entendido de que "la no comparecencia de las partes no impide el fallo de la acción en inconstitucionalidad" (artículo 41). "El Tribunal Constitucional podrá requerir de instituciones públicas o privadas informes técnicos para una mejor sustanciación de la acción de inconstitucionalidad" (artículo 42).

Como se puede observar, el proceso de conocimiento de la acción directa en inconstitucionalidad no ha sido estructurado por el legislador como un proceso contradictorio. Ahora bien, que el principio del contradictorio no aplique al proceso de conocimiento de las acciones directas en inconstitucionalidad y que, por lo tanto, no puedan extrapolarse al mismo las garantías judiciales propias de dicho principio, no significa que el debido proceso no rija en la tramitación de las acciones directas en inconstitucionalidad. Sería paradójico que se garantizara la aplicación del debido proceso en los procesos ordinarios, tal como reconoce la LOTCPC, y, sin embargo, no se observase el mismo cuando se trate de la inconstitucionalidad por vía directa ante el Tribunal Constitucional. El debido proceso rige en sede del control concentrado pero, por su naturaleza sui generis, las garantías judiciales que aplican al mismo no están vinculadas al principio contradictorio sino a la necesidad de asegurar un *proceso constitucional abierto, público, participativo, transparente y deliberativo*, en vista de que "la justicia constitucional proporciona uno de los más importantes canales de participación política que se han arbitrado para aquellos que tienen alguna cosa que decir sobre el estado de las instituciones políticas y civiles del país, y que desean mantenerse en un plano objetivo, sin entrar en las organizaciones de partido" (GARCÍA DE ENTERRÍA 2006: 238). Como bien expresa Habermas, "el Tribunal Constitucional ha de operar dentro del marco de sus competencias en el sentido de que el proceso de producción de normas se efectúe en las condiciones de una política deliberativa, que son las que fundan su legitimidad. Esta *política deliberativa* está ligada a su vez a los exigentes presupuestos comunicativos que han de caracterizar a espacios de discusión política que no tienen por qué coincidir con el espectro de la formación de la voluntad política, institucionalizada en los órganos parlamentarios, sino que abarcan también tanto el espacio de la opinión pública política, como el contexto cultural de éste y su base social. Una práctica de la autodeterminación de corte deliberativo sólo puede desarrollarse en un juego de interacciones entre la formación de la voluntad en los organismos parlamentarios, programada para la toma de decisiones e institucionalizada en términos de derecho procedimental, por un lado, y la formación política de la opinión en circuitos informales de comunicación política, por otro" (HABERMAS: 348).

El debido proceso en sede constitucional implica, en consecuencia, una serie de prácticas, reconocidas por la LOTCPC y tendentes a asegurar *una pública y justa discusión constitucional*, tales como dar oportunidad a determinados órganos a tomar posición (artículo39), llevar a cabo audiencias y juicios orales (artículo 41), solicitar informes a terceros para que actúen como declarantes o peritos participantes (artículo 42 de la LOTCPC), y, en virtud del deber general de motivación, decir expresamente en el texto de las sentencias a quienes concretamente se le ha dado la oportunidad de expresar su opinión, prácticas todas ellas que, al conducir a escuchar y ponderar las opiniones de los partidos políticos, grupos de la sociedad civil y ciudadanos que actúan como amigos del Tribunal Constitucional, contribuyen todas ellas a dar voz a quienes no tienen voz, a instrumentar la participación plural, a ampliar el círculo de intérpretes constitucionales y, en consecuencia, a fomentar la "consciencia constitucional" (HÄBERLE) y el "sentimiento constitucional" (LOEWENSTEIN), en la medida en que integran a la ciudadanía en la gran y apasionante experiencia de la jurisdicción constitucional.

4.2.6.6 Plazo y moratoria. De acuerdo con el artículo 43 de la LOTCPC, "el Tribunal Constitucional debe resolver la acción de inconstitucionalidad dentro de un término máximo de cuatro meses, a partir de la fecha en que concluya la vista". Con esta disposición, el legislador trata de subsanar uno de los grandes problemas generados por la ausencia de una legislación procesal constitucional que estipulase términos mandatorios dentro de los cuales la jurisdicción constitucional especializada debiese fallar las acciones directas en inconstitucionalidad.

4.2.7 La cuestión de la potestad cautelar del Tribunal Constitucional en el conocimiento de las acciones directas en inconstitucionalidad. El Tribunal Constitucional ha establecido que la *tutela cautelar* "contribuye a prevenir la afectación de bienes jurídicos que se debaten en los derechos controvertidos y que se hace necesario preservar hasta que intervenga el fallo definitivo. Las medidas cautelares como remedio procesal constituyen un valioso instrumento para garantizar que, durante el desarrollo del proceso, los derechos de las partes permanezcan inalterables. Esta institución exhibe hoy gran utilidad práctica como mecanismo de protección, al que el juez puede acudir en caso necesario, habilitándole para que, en determinadas circunstancias del proceso, adopte una decisión provisional para evitar los riesgos que entraña la demora para los intereses del peticionante; se trata de una decisión anticipada del derecho reclamado que bien puede prevenir daños irreparables o evitar la continuidad de una situación que se está consumando". A juicio de nuestros jueces constitucionales especializados, "las medidas precautorias no son ajenas a los procedimientos constitucionales" y forman "parte integrante" de los mismos (Sentencia TC/0077/15).

A pesar de lo anterior, el TC ha dictaminado en una serie de sentencias (TC/0068/12, TC/0200/13, TC/0097/14) que "la figura de la suspensión provisional [de los efectos de las normas impugnadas por la vía de la acción directa en inconstitucionalidad ante el TC, EJP] es ajena a tal procedimiento" (Sentencia TC/0432/18). Las razones esgrimidas por el TC para justificar su criterio son tres: (i) la Ley Orgánica del Tribunal Constitucional y de los Procedimientos Constitucionales "no prevé procedimiento alguno para los casos en que se persiga el cese temporal de las consecuencias jurídicas que emanan" de las normas atacadas en inconstitucionalidad, "hasta tanto este tribunal produzca un fallo definitivo de la acción principal interpuesta"; (ii) "la ausencia de dicha facultad radica en la propia naturaleza de la acción directa de inconstitucionalidad que se fundamenta en el control abstracto de la normas atacadas, pues el examen general de la cuestión planteada se realiza al margen de los elementos particulares que supone un caso concreto, cuyos efectos, en caso de ser acogida, rigen hacia el futuro para todos los ciudadanos debido al carácter general y normativo que los caracteriza", por lo que dicha acción "no puede ser objeto de una suspensión debido al efecto erga omnes que la caracteriza", en la medida en que "la interrupción de los efectos de las normas atacadas" por la vía de esta acción "afectaría a todas las personas"; y (iii) "dar solución al requerimiento de suspensión implicaría prejuzgar aspectos de fondo que están reservados al análisis propio de la acción directa de inconstitucionalidad cursada" (Sentencia TC Sentencia TC/0077/15).

Los anteriores argumentos son muy rebatibles. En primer término, como ha establecido el propio TC, citando jurisprudencia de su homólogo peruano, "el principio de *autonomía procesal* faculta al Tribunal Constitucional a establecer mediante su jurisprudencia normas que regulen el proceso constitucional '… en aquellos aspectos donde la regulación procesal constitucional presenta vacíos normativos o donde ella debe ser perfeccionada o adecuada a los fines del proceso constitucional" (Sentencia TC/0039/12) y, en esta línea, el TC, a pesar de que la ley no establece la posibilidad de solicitar la suspensión de las sentencias dictadas en amparo, ha considerado en la Sentencia TC/0013/13 que, "como regla general, dicha demanda [en suspensión] es procedente". En cuanto al segundo argumento, la existencia de la suspensión en los procedimientos de acción directa en inconstitucionalidad en muchos de los países donde rige el control de constitucionalidad abstracto y concentrado es clara evidencia de que la *suspensión de las normas impugnadas* no colide con este tipo de control. Y, respecto al tercer argumento, es obvio que la "buena apariencia de Derecho", como presupuesto básico cautelar, tan solo implica una cognición expeditiva y superficial, con el valor de mera hipótesis que no requiere prueba plena ni certeza de la realidad del derecho, lo que significa que el TC al ordenar la suspensión, como bien señala Julio Pérez Gaipo, "no juzga sobre el fondo […] ni sobre el derecho del solicitante, sino simplemente sobre la apariencia de la veracidad".

A la luz de lo anterior, la potestad de tutela cautelar del TC en las acciones directas en inconstitucionalidad aparece como totalmente procedente y debería ser reconocida por esa Alta Corte, vía su autonomía procesal, para proteger así los derechos e intereses legítimos de los accionantes y de los destinatarios de las normas y actos impugnados, para quienes la suspensión de los efectos de esos instrumentos, aun sea con carácter excepcionalísimo, aparece como garantía fundamental que asegura una justicia constitucional efectiva. El *poder para suspender las leyes* es un poder que deriva de los principios constitucionales que garantizan la efectividad de la tutela. El hecho de que no haya previsión legal expresa al respecto no tiene la mayor importancia pues "se trata de un poder cautelar implícito en el juicio de constitucionalidad de las leyes, que podría tranquilamente ser entendido incluso en donde no esté expresamente previsto", por lo que es dable concluir que al Tribunal Constitucional "podría serle reconocido, en el ámbito del ejercicio de sus funciones jurisdiccionales, el poder implícito de recurrir a la llamada tutela cautelar, incluso allí en donde no esté expresamente previsto" (PERRONE: 52-53).

4.2.8 Los principios propios del conocimiento de la acción directa en inconstitucionalidad.

4.2.8.1 El principio del pedido. El Tribunal Constitucional actúa a pedido de las personas y autoridades con legitimidad procesal activa y no puede actuar a iniciativa de los jueces que la componen. Pero el proceso constitucional no es un simple *"proceso de partes"*, por lo que no existe posibilidad válida de desistir a una acción en inconstitucionalidad.

4.2.8.2 El principio de instrucción. A pesar del principio del pedido, el proceso constitucional no responde al *principio dispositivo* en virtud del cual el juez constitucional debe restringirse al material que suministran las partes para fundar la decisión jurisdiccional. El principio de instrucción permite al juez constitucional indagar materialmente la verdad, independientemente de la contribución de las personas que hayan introducido la acción en inconstitucionalidad.

4.2.8.3 El principio de congruencia. El principio de congruencia, tal como se aplica en el Derecho Procesal Civil, significa que tiene que existir entre la sentencia del tribunal y las pretensiones de las partes una relación de congruencia que consiste fundamental en que el tribunal tiene que juzgar sólo lo pedido y todo lo pedido. En el proceso constitucional, este principio, estrechamente vinculado al *principio dispositivo*, se aplica con ciertas correcciones. Así, el juez constitucional puede declarar inconstitucional otros preceptos que los específicamente impugnados, cuando hay indivisibilidad o interdependencia entre ellos, siempre y cuando todos los preceptos se encuentren dentro del mismo acto normativo impugnado.

4.2.8.4 El principio de individualización. El *principio de sustanciación*, estrechamente vinculado con el principio dispositivo y el principio de congruencia, en virtud del cual tiene que haber una correspondencia entre el pedido y el pronunciamiento del tribunal, limitándose el juez a decidir dentro del marco delimitado por las partes y estándole vedado buscar otros fundamentos jurídicos a lo pretendido por las partes, tiene escasa aplicación en el proceso constitucional. El juez constitucional puede conocer otros vicios de inconstitucionalidad de la norma impugnada que los aportados por las partes, pudiendo conocer con gran elasticidad hasta qué punto las normas impugnadas son o no conformes con el parámetro constitucional.

4.2.8.5 El principio de control material. El principio de control material está asociado con el principio de instrucción e implica que el control de constitucionalidad debe abarcar los fundamentos de hecho y de Derecho relevantes para el proceso.

4.3 El control preventivo de los tratados internacionales

La Constitución establece que el Tribunal Constitucional será competente para conocer acerca de "el control preventivo de los tratados internacionales antes de su ratificación por el órgano legislativo" (artículo 185.2). ¿En qué consiste y como opera este control que ha dado lugar a una abundante jurisprudencia y doctrina (Díaz Filpo, Hernández-Machado Santana)? Veamos…

4.3.1 El control solo opera respecto a los tratados internacionales. El control preventivo de constitucionalidad que la Constitución establece es el de los tratados internacionales. Respecto al *control preventivo de las leyes*, a pesar de que cierta doctrina entendía que este control podía ser ejercido contra los proyectos de leyes (por parte de los presidentes de las cámaras legislativas) y contra las leyes enviadas al Poder Ejecutivo para su promulgación (por el Presidente de la República), debiendo suspenderse los plazos constitucionales del *iter legislativo* (Pellerano Gómez 1998: 36), la Suprema Corte de Justicia tuvo una visión más conservadora del asunto. En este sentido, ésta, si bien reconoció implícitamente esta modalidad de control al declarar inconstitucional una ley de reforma constitucional, la cual fue impugnada por el Poder Ejecutivo antes de ser promulgada (S.C.J. No. 1 del 3 de enero del 2002. B.J. 1094.4), entendió, sin embargo, que este control sólo puede ser ejercido sobre leyes que no han entrado en vigor y no sobre proyectos de leyes (S.C.J. 10 de octubre de 2004). De manera que, por lo menos en lo que respecta a las leyes y todos los actos que no constituyan tratados internacionales, el principio parecer ser el de que la Constitución no consagra el control preventivo (Catrain).

4.3.2 Fundamento del control. Como bien ha establecido el Tribunal Constitucional, el control preventivo de la constitucionalidad de los tratados internacionales "persigue evitar distorsiones del ordenamiento constitucional con los tratados internacionales" (Sentencia TC 37/12), "como fuente del derecho interno, para que el Estado no se haga compromisario de obligaciones y deberes en el ámbito internacional que sean contrarios a la Constitución" (Sentencias TC 99/12 y 19/13). "El control preventivo de constitucionalidad exige una relación de correspondencia entre el contenido de los tratados, convenios o acuerdos suscritos por el Estado dominicano, y las disposiciones establecidas en su carta sustantiva. Dicho control conlleva además la integración y consonancia de las normas del acuerdo internacional con las reglas establecidas en nuestra Carta Sustantiva, que permita evitar una distorsión o contradicción entre ambas disposiciones, con el objetivo de impedir que el Estado se haga compromisario de obligaciones y deberes en el ámbito internacional que sean contrarios a la Constitución" (Sentencia TC/0179/13). Lo que este "control preventivo persigue evitar distorsiones del ordenamiento constitucional, con los tratados internacionales como sistema de fuentes del derecho interno y, consecuentemente, que el Estado asuma compromisos y obligaciones en el ámbito internacional contrarios a la Constitución, lo que constituye la justificación hermenéutica del control de constitucionalidad a través del mecanismo antes señalado" Y es que "una postura coherente de los órganos públicos al momento de suscribir un tratado que va a implicar deberes y obligaciones para el Estado, pues ellos no pueden entrar en contradicción con la Constitución, que es la norma habilitante que faculta a la autoridad que suscribe el tratado. De ahí que el control preventivo emerge como un mecanismo de utilidad fundamental para garantizar la supremacía constitucional" (Sentencia TC/0315/15). En fin, este control "persigue evitar el surgimiento de contradicciones entre las cláusulas que integran un acuerdo internacional y la Carta Sustantiva, evitando la producción de distorsiones del ordenamiento constitucional respecto a los tratados internacionales, así como la asunción estatal de compromisos, obligaciones o deberes internacionales contrarios a la Constitución" (Sentencia TC/0066/20).

4.3.3 Personas legitimadas para cuestionar preventivamente la constitucionalidad de los tratados. Previo a la entrada en vigor de la LOTCPC, que, en su artículo 55, ante el silencio de la Constitución, dispone expresamente que el sujeto legitimado para accionar preventivamente en inconstitucionalidad contra un tratado es el Presidente de la República, la Suprema Corte de Justicia estableció que "siendo una atribución del Presidente de la Republica someter al órgano legislativo para su aprobación los tratados y convenios internacionales, es a este a quien corresponde someter al Tribunal Constitucional, a los fines del control preventivo, el referido acuerdo" (S.C.J. Sentencia No. 8. 22 de septiembre de 2010. B.J. 1198. 50). Esta decisión, para parte de la doctrina, es lo "más lógico y en consonancia al proceso de adopción de normas de derecho internacional establecido en nuestra Constitución" (VALERA MONTERO 2013: 864). Sin embargo, hay quienes entienden, que "este razonamiento asume que el interés de conocer la constitucionalidad del tratado solo corresponde al Poder Ejecutivo. Sin embargo, precisamente por tratarse de un control en interés de la Constitución y no de un medio de defensa, todos los órganos que intervienen en la normativización del tratado tienen la facultad de acudir al Tribunal Constitucional para verificar que el tratado es conforme a la Constitución. Lo que dice el artículo 185.2 [de la Constitución, EJP] es que el control constitucional sobre el tratado debe ser ejercido antes de su ratificación por el Congreso. Es decir que el Congreso, una vez apoderado del tratado, y antes de ratificarlo, puede someterlo a control preventivo" (PERDOMO 2011: 389). Si nos adherimos a esta última opinión doctrinaria, hay que entender que cualesquiera de las cámaras legislativas, por decisión de la mayoría de sus integrantes, aunque no los legisladores individualmente o en grupo, puede impugnar preventivamente en inconstitucionalidad un tratado no ratificado o coadyuvar total o parcialmente con la impugnación que haya efectuado el Presidente de la República del mismo. Esto, sin duda alguna, ayuda a la *"conversación constitucional"*, es decir, a que el Tribunal Constitucional pueda tomar una mejor decisión respecto a la constitucionalidad del tratado, a lo que contribuyen también las eventuales intervenciones de amigos de la corte que acudan al Tribunal Constitucional en defensa de la constitucionalidad del tratado o coincidiendo con la impugnación que del mismo se ha efectuado.

4.3.4 El control es automático y obligatorio. Se trata de un *control automático y obligatorio*: ningún tratado puede perfeccionarse en la esfera internacional sin antes someterse al control previo de constitucionalidad que se confía al Tribunal Constitucional. De ahí que el Presidente de la República, en cualquier momento previo a la ratificación, debe remitir al Tribunal Constitucional el correspondiente instrumento, a fin de que éste examine su constitucionalidad, tanto desde la óptica formal como sustancial. Si la sentencia es de constitucionalidad, entonces el Congreso Nacional podrá ratificar el tratado; en caso contrario, la ratificación no podrá efectuarse. El control preventivo aplica sobre todos los tratados internacionales suscritos y aún no ratificados (S.C.J. 21 de julio de 2010). Y es que "este control, concentrado en el sentido de que solo puede ser llevado a cabo por el Tribunal Constitucional, se distingue de la acción directa en inconstitucionalidad por el hecho de que es automático, es decir, que no depende de una acción en inconstitucionalidad para que el Tribunal se pronuncie sobre la constitucionalidad de un tratado, sino que implica la obligatoriedad para el Presidente de la República de remitir al interprete supremo de la Constitución todos los tratados internacionales, previo a su envío al Congreso Nacional para fines de ratificación. No se trata, pues, de un control que se ejerce sobre una norma del ordenamiento, sino de un mecanismo propio del proceso de ratificación de los tratados" (Perdomo 2011: 388).

4.3.5 Efectos de la decisión del Tribunal Constitucional sobre la constitucionalidad del tratado y eventual impugnación por inconstitucionalidad a posteriori del tratado. La LOTCPC dispone que la declaratoria de constitucionalidad de un tratado internacional por la vía del control preventivo "impide que, posteriormente, el mismo sea cuestionado por inconstitucional ante el Tribunal Constitucional o cualquier juez o tribunal por los motivos que valoro el Tribunal Constitucional" (artículo 57). De la lectura de este artículo queda claro que está prohibido cuestionar posteriormente por inconstitucional un tratado internacional, sea ante el Tribunal Constitucional o ante cualquier juez o tribunal, por los mismos motivos valorados por esa Alta Corte al momento de declarar constitucional dicho tratado. Queda claro también que el control a posteriori de la constitucionalidad de un tratado declarado constitucional por el Tribunal Constitucional en control preventivo es perfectamente admisible, tanto ante dicho Tribunal como ante cualquier juez o tribunal, si el cuestionamiento versa sobre motivos no valorados por el Tribunal Constitucional o, sencillamente, si la jurisdicción constitucional "no valoró, ni justificó, ni motivó, ni fundamentó nada" (Ramos: 28). Veamos, sin embargo, en detalle está cuestión, distinguiendo el supuesto de los tratados internacionales sujetos al control preventivo de aquellos tratados en vigor con anterioridad al establecimiento constitucional del control preventivo.

4.3.5.1 El control de constitucionalidad a posteriori de los tratados internacionales declarados constitucionales por el Tribunal Constitucional tras el control preventivo. Según la doctrina, esta prohibición del artículo 57 de cuestionar a posteriori la constitucionalidad de un tratado previamente reputado constitucional por el Tribunal Constitucional "es irrazonable", ya que establece una prohibición tajante de impugnación a posteriori que desconoce "la imposibilidad material de realizar un control profundo y riguroso" de la constitucionalidad del tratado por los jueces del Tribunal Constitucional, "todos estos seres humanos" y, por tanto, falibles. Es cierto que se permite cuestionar el tratado por otros motivos no valorados por el Tribunal, como ocurriría, por solo citar un ejemplo, en caso de inconstitucionalidad sobrevenida del tratado debido a una reforma constitucional o porque la aplicación del tratado, en la práctica, haya devenido inconstitucional debido a cambios sociales inexistentes en el momento de la declaratoria de constitucionalidad. Pero la LOTCPC excluye la posibilidad de que el Tribunal Constitucional pueda variar su criterio en las condiciones establecidas por la propia LOTCPC para los demás casos, es decir, expresando el Tribunal "en los fundamentos de hecho y de derecho de la decisión las razones por las cuales ha variado su criterio" (artículo 31, párrafo I), todo ello para garantizar "una seguridad jurídica y responsabilidad internacional [que, EJP] no pueden ser suficientes para mantener una violación constante a la supremacía constitucional que implique, adicionalmente, una prohibición de revisión de un criterio jurisprudencial ad infinitum" (VALERA MONTERO 2013: 866-867). Hay que insistir en que los tribunales no se encuentran "eternamente atados por la jurisprudencia que ellos mismos han dictado", mucho menos en materia constitucional, en donde vincular al juez "a sus propias sentencias impediría ajustar la Constitución a la evolución de la sociedad" (PERDOMO 2011: 391). Impedir el control de constitucionalidad a posteriori de los tratados internacionales no se compadece con el hecho de que "en un Estado de Derecho Constitucional no es tolerable la permanencia de una norma contraria a la Constitución, pues esto constituye una devaluación de un principio fundamental del sistema, como lo es la supremacía de la Constitución (ACOSTA DE LOS SANTOS 2020: 138).

4.3.5.2 El control de constitucionalidad a posteriori de los tratados internacionales en vigor con anterioridad a la reforma constitucional de 2010. La LOTCPC dispone que la declaratoria de constitucionalidad de un tratado internacional por la vía del control preventivo "impide que, posteriormente, el mismo sea cuestionado por inconstitucional ante el Tribunal Constitucional o cualquier juez o tribunal por los motivos que valoró el Tribunal Constitucional" (artículo 57) pero, como ya hemos visto, nada impide que ese tratado sea impugnado posteriormente por otros motivos de inconstitucionalidad que los valorados por los jueces constitucionales especializados en su momento ni mucho menos tampoco impide, agregamos ahora, que un tratado en vigor con anterioridad al establecimiento constitucional del control preventivo sea por igual cuestionado por inconstitucional ante el propio Tribunal Constitucional u otros jueces o tribunales. Por eso consideramos absolutamente errada la posición del Tribunal Constitucional, establecida en su Sentencia TC/0526/21, en variación, más bien, revocación no justificada de sus precedentes en la materia, donde afirma "que el ejercicio de un *proceso a posteriori de control de constitucionalidad de tratados internacionales* no se encuentra contemplado por la Constitución, sino que la garantía de conformidad se desarrolló mediante el ejercicio de un control a priori o preventivo". Como bien señala el magistrado José Alejandro Ayuso en voto disidente en dicha Sentencia, "si el legislador le ha otorgado al Tribunal Constitucional la facultad de controlar la constitucionalidad de un tratado internacional que ya ha pasado por el control previo en aras de garantizar la supremacía de la constitución, a fortiori ese mismo razonamiento debe aplicar para que el TC conozca por vez primera cualquier tratado internacional preconstitucional para ejercer el control de constitucionalidad previsto en nuestro ordenamiento. Razones hay para hacerlo pues la evolución misma de las sociedades y sus ordenamientos jurídicos hacen que una norma tenga suficientes fundamentos constitucionales al momento de ser dictada pero que, posteriormente, colisione con aspectos del orden constitucional reformado y devenga en inconstitucionalidad sobrevenida". Esta posición del Tribunal Constitucional, como bien advierte el magistrado Domingo Gil en voto disidente en la indicada decisión, es muy peligrosa "pues con ello se admite, en definitiva, que en nuestro ordenamiento jurídico pueden subsistir normas en conflicto con la Constitución, con tal de que hayan sido aprobadas antes de la reforma constitucional de 2010".

4.3.6 Evaluación de la idoneidad del existente mecanismo de control preventivo de los tratados internacionales. Como bien establecen los jueces del Tribunal Constitucional Katia Miguelina Jiménez e Idelfonso Reyes, en voto disidente, "el juez constitucional al ejercer el control preventivo deberá necesariamente velar por la supremacía constitucional, pues es la Ley Fundamental la que le otorga validez interna al tratado, de ahí que este llamado a realizar un control profundo y riguroso, sobre la base de un cuidadoso análisis de la Constitución y de todo cuanto pudiera brindar certeza, sobre todo ante las consecuencias que tendría que lograse ingresar a nuestro ordenamiento jurídico interno un tratado inconstitucional" (Sentencia TC 14/12). Sin embargo, tal "control profundo y riguroso" es prácticamente imposible de realizar pues, aparte de que *no hay una consulta, duda o pregunta* sobre la constitucionalidad del tratado por parte del Presidente de la Republica, que facilite y focalice la labor de control de constitucionalidad por el TC, un control exhaustivo de la constitucionalidad de un tratado se dificulta en grado sumo porque el Tribunal aprecia in abstracto dicha constitucionalidad, sin tener la oportunidad de ver operando in concreto al tratado, lo que vuelve su tarea de defensor de la Constitución una obra ciclópea, titánica y sobrehumana. Por eso, coincido con quienes sostienen que el control preventivo de los tratados internacionales, tal como es regulado en la LOTCPC, es "un ejercicio burocrático inútil que carga tanto el proceso de aprobación de estos como al Tribunal Constitucional. El grado de seguridad que aporta es mínimo, bajo una falso aura de inmutabilidad del precedente constitucional, y ocupando al Tribunal de subir la piedra de Sísifo. Esto se refleja en el trabajo del mismo Tribunal Constitucional, el cual, […] en la práctica ha venido limitando su revisión a aspectos muy puntuales y selectivos, usualmente relacionados a las obligaciones y deberes asumidos por el Estado" (Valera Montero 2013: 867). Por lo anterior, consideramos que, aunque "a través de esta modalidad de control se pueden evitar los trastornos que en el orden de las relaciones internacionales se generan cuando el control se hace a posteriori" (Acosta de los Santos: 147), sería recomendable que, aparte de la intervención de los amigos de la corte tal como actualmente contempla el Reglamento Jurisdiccional del Tribunal Constitucional, la ley exigiese o que por costumbre o convención el ejecutivo hiciese una *consulta de constitucionalidad* al Tribunal en donde al menos esbozase los potenciales reparos de inconstitucionalidad que pudiesen hacerse al tratado en cuestión como una manera de orientar la labor revisora de la Alta Corte Constitucional.

4.4 Los conflictos de competencia.

La Constitución establece que el Tribunal Constitucional será competente para conocer "los conflictos de competencia entre los poderes públicos, a instancia de uno de sus titulares" (artículo 185.3). Veamos en que consiste esta atribución del Tribunal Constitucional a la que esa Alta Corte ha dedicado varias de sus sentencias (TC/0061/12, TC/0152/13, TC/0112/14, TC/0305/14, TC/0282/17 y TC/0624/18)…

4.4.1 Origen de esta atribución del Tribunal Constitucional. La asignación de facultades de resolución de conflictos de competencia a la jurisdicción constitucional surge originalmente como fruto de la necesidad de salvaguardar la estructura federal de los estados, pero su utilidad se extiende a todo tipo de conflictos entre órganos constitucionales. Se trata de "atribuciones complementarias" de la jurisdicción constitucional especializada (Gil: 207).

4.4.2 Fundamento de la resolución jurisdiccional de los conflictos de competencia. El fundamento de esta potestad del Tribunal Constitucional es "el reconocimiento de que la *distribución horizontal del poder* se articula mediante un reparto constitucional de competencias, de modo análogo a como ocurre con la división vertical o territorial. Lo que significa, pues, que cada uno de los poderes del Estado, o más concretamente (como ocurre en Alemania y en España) cada uno de los órganos constitucionales posee atribuciones propias que sólo él y no cualquiera de los otros órganos puede ejercer" (Gómez Montoro: 21).

4.4.3 Concepto de conflictos de competencia. El artículo 59 de la LOTCPC establece que "le corresponde al Tribunal Constitucional resolver los conflictos de competencia de orden constitucional entre los poderes del Estado, así como los que surjan entre cualquiera de estos poderes y entre órganos constitucionales, entidades descentralizadas y autónomas, los municipios u otras personas de Derecho Público, o los de cualquiera de éstas entre sí, salvo aquellos conflictos que sean de la competencia de otras jurisdicciones en virtud de lo que dispone la Constitución o las leyes especiales".

A juicio de parte de la doctrina las disposiciones de la LOTCPC no se limitaron "a desarrollar el contenido del texto constitucional, como en principio debió ser, sino que ampliaron considerablemente el número de órganos legitimados para plantear el conflicto de competencia", con lo que se estableció no un listado muy amplio, "sino de un listado sin límites, donde todos los entes de Derecho Público están legitimados para plantear el conflicto de competencia" (Acosta de los Santos 2020: 150).

A nuestro modo de ver, conforme la Constitución y la LOTCPC, por conflictos de competencia, debemos entender competencia, en el sentido amplio del término, es decir, abarcando los *conflictos de competencia o atribuciones* que opongan a los poderes públicos, es decir, el legislativo, el ejecutivo y el judicial, pero también los conflictos entre órganos del Estado, de configuración constitucional, como es el caso de la Junta Central Electoral y la Cámara de Cuentas, o entre éstos y los poderes públicos, así como los conflictos en defensa de la autonomía local a instancia de un ayuntamiento en relación al Estado. Y es que, si la Constitución reconoce la autonomía de los órganos del Estado con rango constitucional y de los ayuntamientos, es obvio, en consecuencia, que el Tribunal Constitucional pueda ejercer su misión fundamental de garantizar la supremacía Constitucional y defender el orden constitucional atributivo de las competencias constitucionales a los diferentes poderes y órganos del Estado. En este sentido, "en el constitucionalismo actual, las funciones y responsabilidades del Estado no solo son delegadas a los tres poderes clásicos de la teoría de la separación o división de poderes, sino que se ha determinado la necesidad de extender espacios de autonomía orgánica para la ejecución de nuevas funciones primordiales del Estado y para la preservación de los derechos de los ciudadanos" (Franco: 992), por lo que mal pudiera el Tribunal Constitucional abstenerse de conocer los eventuales conflictos de competencia que pudiesen surgir entre estos nuevos órganos y poderes del Estado.

4.4.4 Elementos constitutivos del conflicto de competencia. En la Sentencia TC/0061/12, el Tribunal Constitucional estableció cuales son los requisitos exigidos para que se configure un conflicto de competencias: (i) que haya una controversia entre órganos constitucionales u otras personas de Derecho Público respecto a sus atribuciones competenciales; (ii) que las competencias en disputa estén establecidas constitucionalmente; (iii) que el conflicto se inicie a instancia del titular del órgano que esgrime el conflicto; y (iv) que el titular se encuentre legitimado por la norma que establece el mecanismo de su elección, nombramiento o designación.

4.4.5 Procedimiento. El conflicto debe ser planteado por el titular de cualquiera de los poderes, órganos o entidades en conflicto mediante un memorial escrito que debe contener una exposición precisa de las razones jurídicas que fundan su pretensión (artículo 60 de la LOTCPC). Para garantizar el contradictorio, se le conceden 30 días al titular de la contraparte, contados a partir de la recepción y comunicación del memorial, para formular su posición (artículo 61 de la LOTCPC). El Tribunal Constitucional tiene 60 días, contados a partir del vencimiento del antes indicado plazo o de la audiencia celebrada, para resolver el conflicto, "salvo que se considere indispensable practicar alguna prueba, en cuyo caso dicho plazo se contará a partir del momento en que ésta se haya practicado" (artículo 62 de la LOTCPC). El Tribunal Constitucional, aunque no ha excluido la intervención voluntaria de terceros personas de Derecho público, sí ha excluido expresamente la participación de privados (Sentencia TC/0305/14), criterio criticado por la mejor doctrina para la que la cuestión del conflicto de competencia interesa a todos, sean personas de derecho público como personas de derecho privado (Acosta de los Santos 2020: 169).

4.4.6 Precedente lamentable y peligroso del Tribunal Constitucional. En la Sentencia TC/0061/12, el Tribunal Constitucional estableció que "el conflicto surgido a raíz de la negativa del Ministerio de Hacienda de entregar los fondos correspondientes al distrito municipal de Tavera no constituye un conflicto de competencia a la luz de la previsión constitucional y de la referida Ley No. 137-11, debido a la ilegitimidad de sus autoridades, por lo que la acción interpuesta deviene inadmisible". Conforme este precedente cualquier titular de un poder público o de un órgano del Estado que acuda en conflicto de competencia ante el Tribunal Constitucional, podría ver rechazada su acción en virtud de que los jueces constitucionales especializados consideren que la autoridad que incoa la acción ha sido ilegítimamente designada, aunque ello no constituya el objeto de la litis y no obstante que el Tribunal Superior Electoral no haya sido apoderado de una instancia en este sentido, cuando se trate de autoridades electas por el pueblo. Entendemos que el Tribunal Constitucional debe resolver los conflictos de competencia que surjan entre autoridades y órganos al margen de la legitimidad de estas autoridades y órganos que no es el objeto del conflicto de competencias. Como bien ha señalado la doctrina, el Tribunal Constitucional "no dirime en su sentencia el conflicto de competencia del cual fue apoderado, ya que se limita a declarar inadmisible la acción por falta de calidad del Sr. Juan Belén Bautista para representar el Distrito Municipal de Tavera; sin embargo, para determinar la calidad o no del accionante, o mejor dicho, su legitimidad como autoridad del Distrito Municipal de Tavera, soluciona indirectamente un conflicto de competencia para la elección de dicha autoridad, del cual, a nuestro entender, no estaba formalmente apoderado" (VALERA MONTERO 2013: 868). Peor aún, como bien indican los Magistrados Ray Guevara y Diaz Filpo en su voto disidente, el Tribunal Constitucional deja al accionante en un claro y manifiesto estado de indefensión.

4.5 La autorrevisión de las sentencias del Tribunal Constitucional.

Una de las cuestiones más controvertidas del derecho procesal constitucional es la validez jurídica de la revisión por el Tribunal Constitucional de sus sentencias definitivas -o *"autorrevisión"*- allí donde la Constitución ni la ley la contemplan expresamente. Es el caso dominicano, pues nuestra Constitución no contempla tal posibilidad y lo que establece más bien es que las decisiones del Tribunal Constitucional "son definitivas e irrevocables" (artículo 184) y, en igual sentido, se pronuncia la LOTCPC (artículo 35). La doctrina tradicional, de cuño positivista, formalista y kelseniano, niega la validez de la autorrevisión en ausencia de una norma constitucional o infra constitucional que la consagre. Una doctrina permisiva de la autorrevisión, acogida jurisprudencialmente por la Suprema Corte de Argentina y el Tribunal Constitucional de Perú, haciendo prevalecer el valor de la justicia material sobre el de la estabilidad o seguridad jurídica de la cosa juzgada, justifica la autorrevisión sobre la base de que allí donde nos encontramos con una sentencia constitucional manifiestamente inconstitucional, injusta y arbitraria o bien no hay cosa juzgada propiamente hablando, pues estaríamos en presencia de una "no-sentencia" que, por ser tan injusta, no es Derecho, bajo la célebre fórmula de Radbruch (la injusticia extrema no es Derecho), o bien nos encontraríamos frente a una *cosa juzgada aparente, írrita o espuria* (SAGÜÉS 2017).

El Tribunal Constitucional, en su Resolución TC/0239/20, variando el criterio de que no existía un recurso de revisión contra las sentencias del Tribunal que permitiese a este anular sus sentencias (tal como se afirmó en las Sentencias TC/0521/16, TC/0290/17, TC/0361/17, TC/0690/17, TC/0401/18 y TC/0629/19), estableció que "el principio de congruencia también debe ser observado por este tribunal constitucional al momento de emitir sus decisiones; por tanto, cuando una decisión, excepcionalmente contenga una contradicción manifiesta entre sus motivos y su parte dispositiva, anulándose recíprocamente, este tribunal, en aras de preservar los derechos fundamentales a la tutela judicial efectiva y a un debido proceso de las partes, así como para garantizar la legitimidad de sus pronunciamientos, excepcionalmente podrá -a solicitud de parte y sola y únicamente para casos de correcciones de errores materiales, como el que ahora nos ocupa- rectificar la incompatibilidad entre lo argumentado en sus motivaciones y lo preceptuado en la parte resolutoria de la decisión mediante la anulación de sus propias decisiones que evidencien tales falencias. Lo anterior, luego de dar participación a los justiciables y tomar conocimiento de sus opiniones en garantía de su derecho de defensa".

Aunque, como bien señalan los votos disidentes de los magistrados Alba Beard y Justo Pedro Castellanos en la Resolución antes indicada, bastaba en la especie con corregir el error material en el dispositivo como había solicitado la parte afectada, sin tener que acudir a la consagración de la autorrevisión, lo cierto es que el Tribunal Constitucional, con la Resolución TC/239/20, y como bien lo reconocen los jueces disidentes, ha abierto la posibilidad de revisar sus decisiones. Ocurrido esto, "en definitiva: si en un país su tribunal constitucional o corte suprema ha engendrado reglas de esta índole que permiten la autorrevisión por parte de aquellos 'órganos de cierre', el problema [de la autorrevisión], bien o mal, está resuelto" (SAGÜÉS 2017: 235). Sin embargo, se requieren tomar en cuenta una serie de aspectos que deberán ser desarrollados pretorianamente por el Tribunal Constitucional, acogiéndose al principio de autonomía procesal, para garantizar al mismo tiempo la seguridad jurídica que provee la cosa juzgada constitucional como la justicia material que es el fin esencial de toda justicia constitucional en un verdadero Estado de Derecho. Al respecto, la jurisprudencia constitucional argentina, peruana y colombiana es ilustradora y puede servir como marco de referencia a nuestros jueces constitucionales especializados a la hora de establecer los contornos del instituto procesal de la autorrevisión de las sentencias del Tribunal Constitucional alrededor de tres elementos fundamentales que se señalan a continuación:

1º En primer término, hay que partir de que la irrevocabilidad de las decisiones del Tribunal Constitucional consagrada por la Constitución y la LOTCPC no nos debe conducir a la idea de una *"santidad de la cosa juzgada"* que imposibilitaría que ese Tribunal revisase las decisiones anti jurídico-constitucionales que nazcan de su seno. Puede afirmarse que en aquellos casos en que hay vicios constitucionales graves, manifiestos e insubsanables, estamos en presencia de lo que la Corte IDH ha denominado la *"cosa juzgada aparente"*, en relación a casos en los que algunos Estados han buscado extender la garantía formal de la cosa juzgada a decisiones cuyo real fin era dar un manto de impunidad ante afectaciones graves a derechos humanos, bien mediante leyes de amnistía o con juicios desplegados haciendo caso omiso a las garantías de independencia e imparcialidad (*La Cantuta vs. Perú* y *Nadege Dorzema y otros vs. República Dominicana*).

2º La autorrevisión debe ser un recurso del justiciable y una potestad del Tribunal Constitucional *excepcional*, ejercitable sólo allí donde nos encontramos con inconstitucionalidades *graves, manifiestas e insubsanables*. Al respecto, la doctrina, partiendo de la jurisprudencia constitucional peruana, ha señalado que la autorrevisión procede cuando: a) "se hayan presentado vicios graves de procedimiento, en relación tanto con el cumplimiento de las formalidades necesarias y constitutivas de una resolución válida, como a vicios en el procedimiento seguido en esta sede que afecten de modo manifiesto el derecho de defensa"; b) "existan vicios o errores graves de motivación, los cuales enunciativamente pueden estar referidos a: vicios o errores graves de conocimiento probatorio; vicios o errores graves de coherencia narrativa, consistencia normativa o congruencia con el objeto de discusión; y errores de mandato, en caso se dispongan mandatos imposibles de ser cumplidos, los cuales trasgredan competencias constitucional o legalmente estatuidas destinados a sujetos que no intervinieron en el proceso, etc."; y c) "existan vicios sustantivos contra el orden jurídico-constitucional (en sentido lato), en alusión a, por ejemplo, resoluciones emitidas contraviniendo arbitrariamente precedentes constitucionales o incuestionable doctrina jurisprudencial vinculante de este Tribunal; o cuando se trasgreda de modo manifiesto e injustificado bienes, competencias o atribuciones reconocidos constitucionalmente" (Espinosa-Saldaña Barrera: 56; ver también Sosa Sacio).

3º Independientemente de la eventual autorrevisión, hay que apuntar que, en el caso de una decisión del Tribunal Constitucional que no solo es inconstitucional, sino también y sobre todo manifiestamente inconstitucional, respecto de la cual "no es posible formular ninguna razón a favor de su corrección y si alguna es dada, es tan débil que la convierte en apariencia de corrección", dicha decisión "ha de ser tenida como derecho inválido al punto que estará justificado no requerir la declaración de inconstitucionalidad por ningún otro órgano, para conseguir que todos los operadores jurídicos le desconozcan eficacia jurídica" (Castillo Córdova: 179). Esto así por lo que ya indicamos en el Capítulo 3 respecto a la *nulidad de pleno derecho de las normas y actos contrarios a las normas constitucionales supremas* consagrada por el artículo 6 de la Constitución en virtud de la cual las referidas normas y actos se reputan nulos sin necesidad de que órgano o tribunal alguno la pronuncie. De ahí la importancia de la autorrevisión como recurso y potestad constitucional que, evitando que, en la práctica social, se erosione en la comunidad de intérpretes constitucionales el carácter vinculante de las decisiones del Tribunal Constitucional por el mero efecto de la desobediencia civil frente a decisiones de esa Alta Corte manifiestamente inconstitucionales que no han sido anuladas por el propio Tribunal, no solo garantiza la justicia material en el caso concreto sino que también preserva la integridad de la interpretación de la Constitución, sosteniendo, además, el prestigio ante la comunidad jurídica y ante la ciudadanía del máximo defensor jurisdiccional de la Constitución y de los derechos que ella consagra.

5. LAS SENTENCIAS CONSTITUCIONALES

La sentencia es "la decisión dictada por un tribunal" (Jorge Blanco: 502) mediante la cual el juez cumple la obligación jurisdiccional derivada de la acción y del derecho de contradicción, de resolver sobre las pretensiones del demandante y las excepciones de forma o fondo del demandado; poniendo así fin al proceso judicial. Esta decisión jurisdiccional implica por parte del juez que la dicta acoger o rechazar, total o parcialmente, las pretensiones del demandante. Como resolución judicial, la sentencia implica la *aplicación judicial del derecho*, por lo que se puede considerar una actuación del tribunal que culmina la función jurisdiccional, su *iuris dictio*.

5.1 Definición

Por *sentencias constitucionales* entendemos las sentencias dictadas por el Tribunal Constitucional. Estas sentencias están sometidas a las mismas exigencias que las demás sentencias dictadas por los tribunales ordinarios. Deben estar motivadas y contener los demás aspectos formales de las sentencias ordinarias. Son sentencias dictadas en instancia única porque no son susceptibles de ningún recurso y definitivas porque ponen fin al proceso. Sin embargo, las sentencias constitucionales tienen unas características propias que las tipifican y diferencian del resto de las sentencias que pueden intervenir en los demás procesos constitucionales (v. gr. el amparo) y las que se dictan por los tribunales ordinarios cuando éstos ejercen el control difuso de constitucionalidad, que son esencialmente sentencias ordinarias.

Entre esas características que tipifican a la sentencia constitucional y que la diferencian de las demás sentencias una de las más importantes resalta en aquellas que intervienen en los procesos de control concentrado de constitucionalidad de las normas y ella deriva del carácter *sui generis* de dicho. Este proceso, a diferencia de otros, implica que la litis trabada engloba no la aplicación de una ley al caso material sino el enjuiciamiento de la ley misma. En principio, el control concentrado es un control abstracto, es decir, un juicio a la ley, entendiendo por ley, una norma general y obligatoria (v. gr. un reglamento o una ordenanza municipal), cuyo objetivo fundamental es establecer si la norma contraviene o no la Constitución y si, en consecuencia, debe o no ser extirpada del ordenamiento jurídico. No hay lugar, pues, a la existencia de dos partes que se contradicen y discuten el contenido e interpretación de la norma, de acuerdo con el rol que desempeñen en el pleito (demandante o demandado), sino que la única contradicción que se desarrolla es la contraposición de la ley a la Constitución con el objeto de establecer si la norma puede o no permanecer en el ordenamiento jurídico. Con razón, Schmitt ha dicho "que en la decisión de una pugna semejante no existe en modo alguno el proceso típicamente judicial de la subsunción procesal y concreta. No se produce subsunción alguna, sino que simplemente se comprueba la existencia de la pugna y se resuelve cuál de las normas contradictorias ha de mantener su vigencia, y cuál otra 'dejará de ser aplicada'" (Schmitt: 86).

Ahora bien, el Tribunal Constitucional en esta tarea de analizar la validez de una norma lo que está haciendo es salvaguardar la *integridad y supremacía de la Constitución*, en la medida en que, al expulsar una norma del ordenamiento jurídico al considerarla inconstitucional, está procurando la existencia misma de la Constitución. Garantizar la integridad y supremacía constitucional no significa, sin embargo, que el Tribunal Constitucional no deba procurar salvar la ley, o sea, buscar la solución menos traumática para el sistema constitucional y evitar que se incrementen los vacíos y lagunas legales. Se trata, por otro lado, de mantener la voluntad legislativa y preservar el principio democrático. En consecuencia, la constitucionalidad se presume, constituyendo la declaratoria de inconstitucionalidad la *ultima ratio* para mantener la legitimidad constitucional. El tribunal deberá, cuantas veces existan interpretaciones constitucionalmente adecuadas de la ley sujeta al control de constitucionalidad, proveer esa interpretación y mantener la constitucionalidad de la norma. Del mismo modo, deben dejarse subsistir dentro del ordenamiento jurídico aquellas partes de las leyes que resultan ser constitucionales o que pueden ser interpretadas conforme a la Constitución (VALERA MONTERO 2001).

A lo anterior hay que añadir la especial naturaleza de la *interpretación constitucional*. La norma constitucional es particularmente abierta e indeterminada y es susceptible, en consecuencia, de diversas interpretaciones. La sentencia constitucional viene a ser, en consecuencia, "el momento hermenéutico en el que el Tribunal confiere status jurídico relevante a aquella interpretación que declara la compatibilidad o incompatibilidad entre la norma constitucional y la sometida a enjuiciamiento" (BALAGUER CALLEJÓN: 242). Pero, además, el *"carácter político especialmente pronunciado"* (WROBELSKY: 113) de la Constitución, "que la penetra por entero" (LUCAS VERDÚ 1994: 25), implica que la sentencia constitucional, "es indispensablemente decisión política [...] acto de poder en dialéctica con los demás poderes del Estado" (GARRORENA MORALES: 7), y el órgano que la dicta, el Tribunal Constitucional, constituye, sin lugar a dudas, "un órgano constitucional supremo con evidentes características políticas" (LUCAS VERDÚ 1981: 1495).

La sentencia constitucional es no sólo el acto jurídico mediante el cual se pone fin a un proceso como tampoco sólo la herramienta de interpretación y creación jurisprudencial del derecho. La sentencia constitucional es eso y algo más. La sentencia constitucional es un *acto político* en tanto versa sobre actos de carácter político –las normas dictadas por los poderes públicos– y en cuanto establece límites e implica obligaciones para los demás órganos del Estado, desde el Poder Legislativo, pasando por el Ejecutivo y terminando en el Judicial. La sentencia constitucional debe, en consecuencia, ser abordada desde la triple perspectiva del proceso, de la interpretación constitucional y de su politicidad.

5.2 Los principios de las sentencias constitucionales

Según la doctrina, una serie de principios manifiestan los aspectos más característicos del dictado y contenido de las sentencias constitucionales (GARRORENA MORALES). Estos son: (i) el principio de congruencia; (ii) el principio de motivación; (iii) el principio de conservación de la norma; y (iv) el principio de interpretación conforme a la Constitución.

5.2.1 Principio de congruencia. En derecho procesal, el *principio de congruencia* significa que el fallo, la decisión que toma el juez en su sentencia, debe hacerse con base en el cuerpo de la demanda. El juez decide exclusivamente sobre la base de las peticiones de las partes, sin que pueda ir en su decisión más allá de lo pedido o pueda conceder cosa diferente a la inicialmente solicitada. Se prohíben los fallos *ultra petita* y *extra petita*.

Este principio no aplica en el derecho procesal constitucional. Como bien dispone el artículo 46 de la LOTCPC, "la sentencia que declare la inconstitucionalidad de una norma o disposición general, declarara también la de cualquier precepto de la misma o de cualquier otra norma o disposición cuya anulación resulte evidentemente necesaria por conexidad, así como la de los actos de aplicación cuestionados". Como se puede observar, el legislador orgánico reconoce que el Tribunal Constitucional puede declarar inconstitucionales normas contenidas en el cuerpo de una ley cuya inconstitucionalidad no ha sido demandada por los accionantes. Y es que el objetivo de la jurisdicción constitucional es salvaguardar la integridad constitucional, lo cual no se compadece con la *limitación de los poderes de oficio* del juez constitucional, para declarar inconstitucional, ya sea extra o ultra petita, disposiciones que contrarían la Constitución. Aunque con este accionar el juez constitucional rompe el principio de congruencia, tal como se entiende en el derecho procesal ordinario, la Constitución queda efectivamente asegurada y una decisión que, como la del Tribunal Constitucional, es irrecurrible, llega a incluir aquellos preceptos que inicialmente escaparon a la demanda pero cuya inclusión es decisiva para el mantenimiento de la integridad constitucional.

Ahora bien, la facultad del Tribunal Constitucional de no circunscribirse a la solicitud de revisión y declarar inconstitucionales disposiciones no sometidas inicialmente a juicio, se ejerce a partir del criterio de la *unidad normativa o conexidad necesaria*. Ello significa que la declaración de inconstitucionalidad puede extenderse más allá de lo solicitado en la demanda, siempre y cuando sea necesario en virtud de la estrecha relación entre la norma objeto de controversia y la no demandada. Como bien explica la Corte Constitucional colombiana, "cuando entre dos o más preceptos existe unidad normativa, aunque se encuentren incluidos en leyes o estatutos diferentes, la inconstitucionalidad de uno de ellos implica la de los demás, motivo suficiente para que esta corporación, en ejercicio de su función de control, en defensa de la integridad y supremacía de la Carta Política, tenga la facultad de declarar la inexequibilidad del conjunto de normas, aunque de ellas no hayan sido demandadas […]. Ello no sucede –y, por tanto, en tal evento no surge unidad normativa– cuando se trata de disposiciones que, a pesar de referirse a los mismos asuntos tratados en el mandato que se juzga contrario a la Constitución, no depende de este sino que goza de autonomía frente a él, en términos tales que pueden subsistir sin que su contenido sea fatalmente afectado por lo resuelto" (Sentencia C-344 de 1995, 2 de agosto de 1995).

Hay que distinguir el criterio de la unidad normativa del *principio de la unidad constitucional*. La unidad constitucional refiere a la idea de cada uno de los preceptos constitucionales debe ser interpretado atendiendo a su inclusión dentro del total texto constitucional, de forma coherente y coordinada con los demás preceptos concordantes. En contraste, la unidad normativa se refiere a las normas demandadas en inconstitucionalidad y aquellas que, a juicio del juez constitucional, conformen dicha unidad con aquellas otras declaradas inconstitucionales.

5.2.2 Principio de motivación. La *motivación de las sentencias* es un imperativo que se deriva del sometimiento al derecho del juez, del derecho a la tutela judicial efectiva, del derecho a los recursos y del derecho a un juicio imparcial, que exigen una resolución judicial fundada en derecho. La motivación tiene un doble fundamento: por un lado, busca posibilitar la *censura externa*, social, o de la comunidad, de la actividad jurisdiccional y, por otro, posibilita su *control interno* a través de la impugnación de las sentencias ante las jurisdicciones superiores. Sólo si las sentencias son motivadas debidamente puede hacerse una crítica social de éstas, es posible recurrir éstas, verificar que el juez ha sido imparcial y que permaneció sometido únicamente al imperio del derecho. "Una verificación de esta naturaleza –como bien expresa el Tribunal Constitucional español– sólo es posible si la Sentencia hace referencia a la manera en que debe inferirse de la Ley la resolución judicial y expone las consideraciones que fundamentan la subsunción del hecho bajo las disposiciones legales que aplica. De otra manera, la Sentencia no podría operar sobre el convencimiento de las partes ni de los ciudadanos, ni podría permitir el control correspondiente a los Tribunales que todavía pudieran intervenir por la vía de los recursos previstos por las leyes" (STC 55/1987). Sólo si la sentencia es motivada puede el tribunal superior comprobar si el proceso deductivo del tribunal inferior ha sido arbitrario o irracional o si, por el contrario, se ajusta a las reglas de la lógica. La motivación, además, busca que el proceso de aplicación del derecho no permanezca en secreto, que no solo se haga justicia sino que también la gente perciba que se hace justicia.

La motivación tiene una enorme trascendencia en materia constitucional. Las sentencias constitucionales son irrecurribles por lo que el razonamiento judicial adquiere una importancia extraordinaria a los fines de lograr el convencimiento de las bondades del fallo en el seno del pueblo, de la comunidad de intérpretes de la Constitución. En la sentencia constitucional, más que en ninguna otra, debe el juez "buscar la aceptabilidad de sus argumentos y decisiones en tanto que decisiones racionales que serán sometidas a crítica y control social y, por supuesto, doctrinal" (PEÑA FREIRE: 262). Ello contribuye, sin lugar a dudas, a la *legitimidad constitucional* de un poder por esencia contramayoritario. De lo contrario, "si en su función interpretativa de la Constitución el pueblo, como titular del poder constituyente, entendiese que el Tribunal había llegado a una conclusión inaceptable, podrá poner en movimiento el poder de revisión constitucional y definir la nueva norma en el sentido que el constituyente decida, según su libertad condicionada [...]. En último extremo, a través de esta reserva última de la entrada en juego del constituyente como corrector o rectificador de los criterios del Tribunal, se comprende que el sistema entero reposa sobre una aceptación final" (GARCÍA DE ENTERRÍA 2006: 95).

Pero la motivación de la sentencia constitucional es clave en el plano intraprocesal en la medida en que es necesaria para su *eficacia expansiva*: si bien es cierto que la motivación no se exige en la sentencia constitucional a los fines de recurrir las mismas como en las sentencias ordinarias, no menos cierto es que la motivación facilita la vinculación de todos los jueces a la Constitución y a la jurisdicción constitucional. Si los jueces están sometidos al Derecho y si el ordenamiento jurídico debe ser interpretado conforme a la Constitución, se precisa que las sentencias constitucionales estén motivadas para, de ese modo, poder vincular a todos los jueces. Ya lo ha dicho García Pelayo: "Si extremando las cosas suele decirse que lo importante de una sentencia es el fallo, de la jurisdicción constitucional podría decirse que lo fundamental es la motivación" (García Pelayo: 33). De ahí que los jueces ordinarios siguen muy de cerca la evolución de la jurisprudencia constitucional al extremo de que algunos autores entienden que la fuerza vinculante de las decisiones de los tribunales constitucionales nace no tanto del fallo dispositivo en sí sino "justamente de la motivación del fallo, es decir de su argumentación" (Prieto Sanchís: 179).

5.2.3 Principio de presunción de constitucionalidad de la ley. La ley, por provenir de los representantes de la voluntad popular, se presume constitucional, mientras no sea declarada inconstitucional por los tribunales. Y es que, tal como ha establecido el Tribunal Constitucional, "toda norma legal dimanada del Congreso Nacional como representante del pueblo y, por ende, depositario de la soberanía popular, se encuentra revestida de una presunción de constitucionalidad hasta tanto la misma sea anulada o declarada inaplicable por el Tribunal Constitucional, en caso de un control concentrado, o por los tribunales judiciales, en caso de un control difuso de constitucionalidad" (Sentencia TC/0039/15). Esta *presunción de constitucionalidad* "impone a quien sostiene que el texto de una ley es inconstitucional la carga de argumentar convincentemente que se da una incompatibilidad entre la norma que ese texto expresa y el sistema de normas que el texto constitucional expresa. Para mostrar que se da esta incompatibilidad, el impugnante habrá de mostrar que la interpretación correcta del primer texto (el de la ley) contradice la interpretación del segundo (el de la Constitución). Cualquier duda acerca de la interpretación correcta de uno u otro texto se resolverá a favor de la ley: in dubio pro legislatore" (Ferreres Comellas: 131). Es dicha presunción lo que, en gran medida, explica el esfuerzo de las jurisdicciones constitucionales por proveer interpretaciones de la ley impugnada que no contradigan el texto y el espíritu constitucional. Como bien ha establecido el Tribunal Constitucional alemán, "en general tiene valor el principio, que una ley no debe ser declarada nula si puede ser interpretada en consonancia con la Constitución; pues no sólo habla en favor de ello la presunción que una ley está en consonancia con la Ley Fundamental, sino que el principio expresado en esa presunción exige también en la duda una interpretación de ley conforme con la Constitución". En otras palabras, "la inconstitucionalidad de una ley contraria a la letra o al espíritu de la Constitución no debe ser declarada por el solo hecho de que haya sido demandada, antes, es necesario agotar todas las posibilidades de lograr una interpretación conforme a la Constitución que haga innecesaria la declaratoria de inconstitucionalidad, la cual solo deberá serlo cuando se descarte esa posibilidad" (Pellerano Gómez 2008: 20).

La presunción de constitucionalidad "no exime del control. En efecto, la *'deferencia razonada'* no consiste en aceptar acríticamente el parecer del legislador. Muy por el contrario, lejos de aliviar la carga de los Tribunales, la deferencia obliga al ejercicio crítico serio y disciplinado. En tanto la mera discrepancia o la simple duda no bastan por sí solas para destruir la presunción, el Tribunal que pretenda anular un determinado precepto deberá proporcionar argumentos que prueben la existencia de vicios concretos de inconstitucionalidad que justifiquen la decisión invalidatoria. La presunción de constitucionalidad, en consecuencia, lejos de ser un obstáculo para la función contraloría es, más bien, un criterio interpretativo que facilita su ejercicio eficaz" (Zapata Larraín: 246). En este sentido, "la presunción de constitucionalidad engloba tres obligaciones esenciales: Primero, el deber de todas las personas y órganos que ejercen potestades públicas de obedecer las disposiciones legales en tanto no sean expulsadas del ordenamiento jurídico. Segundo, la obligación del impugnante de demostrar que las disposiciones legales ciertamente contradicen los preceptos constitucionales. Es decir que la carga probatoria recae directamente sobre quien sostiene la inconstitucional de la norma, pues es éste el responsable de derrumbar la presunción de legitimidad constitucional. Y, tercero, el deber del juez constitucional de sólo invalidar aquellas leyes que sean manifiestamente inconstitucionales, en virtud del principio in dubio pro legislatore" (Medina Reyes).

Se trata, sin embargo, de una *presunción moderada* y no fuerte, pues, en lo que respecta al control concentrado de constitucionalidad, el mismo hecho que la Constitución establezca que los jueces del Tribunal Constitucional "que hayan emitido un voto disidente podrán hacer valer sus motivaciones en la decisión adoptada" (artículo 186), evidencia claramente que la inconstitucionalidad de una ley no es cierta "más allá de toda duda razonable", y que pueden coexistir diversas interpretaciones razonables de la ley y de la Constitución. En apoyo de este carácter moderado de la presunción de constitucionalidad, encontramos, además, el hecho de que la misma debe ceder en caso de que la ley atacada limite derechos fundamentales (Valera Montero 2001) en cuyo caso, por expreso mandato constitucional, el intérprete debe interpretar los derechos "en el sentido más favorable a la persona titular de los mismos" (artículo 74.4). Es más, cuando la ley impugnada por inconstitucional contiene disposiciones discriminatorias en razón de "género, color, edad, discapacidad, nacionalidad, vínculos familiares, lengua, religión, opinión política o filosófica, condición social o personal" (artículo 39), las llamadas *"categorías sospechosas"*, la ley se presume inconstitucional y es el Estado quien carga con la prueba de demostrar la constitucionalidad de la discriminación.

En todo caso, la presunción de constitucionalidad sólo beneficia a la ley y en ningún caso al reglamento ni al acto administrativo. Al respecto, el Tribunal Constitucional ha establecido que "los actos dictados por la Administración Pública son válidos y componen una presunción de legalidad que es lo que permite a los administrados realizar actuaciones e inversiones en base a los derechos reconocidos, otorgados y protegidos por dichos actos. Tal permanencia es lo que, en definitiva, provee de confianza y seguridad jurídica a los administrados sobre un acto que es ejecutivo, tiene eficacia jurídica, fuerza obligatoria y que, finalmente, debe cumplirse en la forma en que fue dictado" (Sentencia TC/0226/14). Esta presunción de legalidad de los actos administrativos, que los hace ejecutorios por mandato legal, salvo que sean suspendidos o anulados en la jurisdicción contencioso administrativo, no significa que, cuando son cuestionados ante el Tribunal Constitucional, en especial por la vía de la acción directa en inconstitucionalidad, estos gocen de una presunción de constitucionalidad que solo pueden ostentar las leyes por las razones antes expuestas.

5.2.4 Principio de interpretación conforme a la Constitución. El Tribunal debe siempre tratar de proveer la interpretación de la ley impugnada que se encuentre más conforme con la Constitución, porque lo que se busca no sólo es encontrarle un valor vinculante a los principios constitucionales sino reconocer la dimensión constitucional de las normas jurídicas sujetas al control de constitucionalidad.

5.3 Los efectos de las sentencias constitucionales

Las sentencias constitucionales producen dos tipos de efectos: (i) los temporales y (ii) los normativos.

5.3.1 Los efectos temporales. Determinar los efectos temporales de las sentencias constitucionales conlleva la tarea de establecer si la declaración de inconstitucionalidad rige únicamente hacia el futuro, con base en la fecha de su reconocimiento por el tribunal, o si, por el contrario, debe retrotraerse al momento de la entrada en vigor de la norma declarada inconstitucional. De lo que se trata es saber si la sentencia constitucional tiene efectos *ex nunc o pro futuro*, lo que significa que las situaciones presentadas antes de la declaratoria de inconstitucionalidad tendrán pleno reconocimiento del orden jurídico; o si, por el contrario, tiene efectos *ex tunc*, con lo que la declaratoria de inconstitucionalidad tiene efecto retroactivo o *pro pretérito* al momento de la entrada en vigor de la ley inconstitucional.

La determinación de los efectos temporales de las sentencias constitucionales implica analizar: (i) los modelos de control de constitucionalidad y su incidencia en la configuración de los efectos temporales de las sentencias constitucionales; (ii) los grados de retro e irretroactividad de las sentencias; y (iii) la modulación de los efectos temporales de las sentencias por los tribunales constitucionales.

5.3.1.1 Modelos de control de constitucionalidad y efectos temporales. Los modelos de control de constitucionalidad tienen una fuerte incidencia en la configuración de los efectos temporales de las sentencias constitucionales.

A. El modelo norteamericano: los efectos ex tunc de las sentencias constitucionales. En el modelo norteamericano de control de constitucionalidad (control difuso, actuando el juez ordinario por vía de excepción, en ocasión de un litigio concreto), la sentencia que declara la nulidad constitucional lo hace solo a efectos de su aplicación a un caso concreto, únicamente para las partes (*inter partes*), debiendo otro interesado en la inaplicación iniciar el proceso (y asegurando el principio del stare decisis que en los casos sustancialmente iguales se decida con arreglo al criterio fijado por la Suprema Corte). Dicha sentencia produce los típicos efectos retroactivos de una sentencia declarativa de una nulidad de pleno derecho, en la medida en que deja de aplicarse la norma a los hechos acaecidos bajo su amparo que motivaron la controversia. En consecuencia, todas las relaciones jurídicas que se desarrollaron con causa en la misma durante la vigencia aparente, pero pacífica, de la norma pueden ser revisadas, con los consiguientes problemas de incertidumbre jurídica asociados a la retroactividad pura, los gastos innecesarios que entraña el tener que plantear un nuevo proceso en cada caso y el agravante adicional de que la doctrina del precedente no siempre asegura la uniformidad interpretativa, lo que crea manifiestas situaciones de desigualdad.

Este modelo se funda en la idea de que la declaratoria de inconstitucionalidad es la *simple declaración de una nulidad preexistente* por lo que el valor de la sentencia debe ser retrotraído al momento en que la norma incurrió en contradicción con la Constitución, es decir, al momento en que la ley entró en vigor en el ordenamiento jurídico. Como declaraba el Field, "una ley inconstitucional no es ley; no confiere derechos; no impone deberes; no protege; ni confiere autoridad; es, en términos legales, tan inoperativa como si nunca hubiese sido promulgada" (*Norton vs. Shelby Countv*, 118 U.S. 425, 442 [1886]). Dado que, como bien afirmaba Blackstone, "el deber de la [Suprema] Corte no es 'dictar una nueva ley sino preservar y exponer la vieja'" (*Linkletter vs. Walker*, 381 U.S. 618, 622-23 [1965]), se entiende que las decisiones judiciales, contrario con lo que ocurre con las leyes del Congreso, se aplican retroactivamente (*Eskridge vs. Washington*, 357 U.S. 214 [1958]; *Griffin vs. Illinois*, 351 U.S. 12 [1956]; *Gideon vs. Wainwrigtht*, 372 U.S. 335 [1963]; *Jackson vs. Denno*, 378 U.S. 368 [1964]).

B. El modelo europeo: los efectos ex nunc de las sentencias constitucionales. En el segundo modelo (control concreto, por vía de acción ante el Tribunal Constitucional, único legitimado), la sentencia que declara la inconstitucionalidad tiene carácter constitutivo y proyecta sus efectos *ex nunc*. Dado que en este modelo, la ilegitimidad constitucional se predica de la norma, es posible fijar los efectos, ya sea hacia el pasado o el futuro de la sentencia constitucional, pudiendo además diferirse la cesación de los efectos de la norma a un tiempo superior (que no debe sobrepasar el año) al de la publicación de la sentencia. Por tratarse de una sentencia con efectos *erga omnes*, la misma equivale a una derogación de la ley. Sin embargo, la ventaja que presenta la generalidad de la sentencia constitucional en este modelo, choca con la injusticia inherente a dar por válidas y eficaces todas las relaciones jurídicas que nacieron y se desarrollaron a su amparo.

Hans Kelsen, creador del modelo, explica la filosofía de los efectos temporales de las sentencias constitucionales en los siguientes términos: "Sería bueno, en todo caso, también en interés de la *seguridad jurídica*, no atribuir ningún efecto retroactivo a la anulación de las normas generales, al menos en el sentido de dejar que subsistan todos los actos jurídicos anteriormente realizados sobre la base de la norma que se trate. Pero ese mismo interés no afecta a los hechos anteriores a la anulación que, en el momento en que ésta se produzca, no hayan sido todavía objeto de ninguna decisión de ninguna autoridad pública, los cuales, si se excluye todo efecto retroactivo de la sentencia anulatoria –y no se anulaban las normas generales más que pro futuro, sólo para los hechos posteriores a la anulación– habrían de ser siempre juzgados con arreglo a aquella" (KELSEN: 144). Como se puede observar, Kelsen concibió la eficacia de la sentencia constitucional con un *efecto retroactivo de carácter limitado o de grado medio*. El vicio de la ley inconstitucional tiene carácter anulable y la sentencia del tribunal constitucional que lo expulsa es eficaz sólo desde el momento de la declaración de inconstitucionalidad, salvo para el proceso *a quo*.

C. El acercamiento de los modelos: la modulación de los efectos temporales de las sentencias constitucionales. Dados los inconvenientes que presentaban ambos modelos, se han ido atemperando las diferencias entre los mismos. El modelo austriaco reconsideró los efectos de la sentencia que declara la anulación al implantar un control incidental de constitucionalidad que permite declarar efectos retroactivos en su seno cuando así lo exija el interés de los afectados en un litigio. Para el propio Kelsen, "este efecto retroactivo de la anulación es una necesidad técnica, puesto que sin él, las autoridades encargadas de aplicación del derecho no tendrían interés inmediato y, por tanto, suficientemente poderoso para provocar la intervención del Tribunal Constitucional. Es preciso alentar la presentación de estas peticiones atribuyendo en este caso efectos retroactivos a la anulación" (Kelsen: 147). Por otro lado, la sentencia de inconstitucionalidad es aplicable al caso que dio lugar a la inconstitucionalidad, al tiempo que el Tribunal Constitucional puede decidir si la ley declarada inconstitucional es aplicable o no a los hechos anteriores a la anulación (artículo 140 de la Constitución de Austria), lo que entraña que, si decide que la ley no es aplicable, la sentencia constitucional podrá tener un alcance temporal retroactivo.

Por su parte, el modelo norteamericano se acerca al europeo en la medida en que la Suprema Corte decide que son irrevisables las materias civiles y administrativas cuando las relaciones jurídicas hayan consolidado o extinguido sus efectos y permite la revisión sólo en materia penal. Además, en ausencia de disposición expresa de la Constitución, la Corte ha declarado la limitación de los efectos temporales de la sentencia anulatoria de una ley sólo para el futuro mediante sentencia prospectiva. Así, el sistema norteamericano ha desechado el anacrónico dogma blackstiano de la teoría declaratoria del derecho como función del juez, del carácter declarativo del derecho, propia de los sistemas jurídicos *private law oriented*, orientados y ordenados sobre el derecho privado, que considera al derecho como un sistema cerrado de conceptos, propia de una sociedad estática perteneciente a una época preindustrial y agrícola, pero que es incompatible con la época actual, que demanda que el Derecho sea un proceso abierto en función de fines y objetivos a alcanzar.

5.3.1.2 Los grados de retro e irretroactividad. La retroactividad y la irretroactividad de las sentencias constitucionales son susceptibles de ser moduladas con arreglo a grados (Blasco Soto: 46-57).

A. Los grados de retroactividad. La retroactividad es susceptible de ser modulada conforme tres grados: (i) en grado máximo, (ii) en grado medio; (iii) en grado mínimo.

I. Retroactividad de la sentencia en grado máximo. La sentencia es retroactiva en grado máximo cuando la misma se aplica al pasado afectando todas las relaciones jurídicas nacidas al amparo de la ley declarada inconstitucional y gozando de una eficacia retroactiva absoluta, en la medida en que permite abrir procesos que han creado situaciones jurídicas definitivas, investidas de fuerza de cosa juzgada, eliminándose la preclusión que la misma produce. Este criterio de retroactividad, en virtud del cual todos los efectos de la ley desaparecen al ser declarada inconstitucional, ha sido el que tradicionalmente ha operado en el sistema de control difuso norteamericano.

Entendemos que este criterio está fundado en un error conceptual. Al no distinguirse entre nulidad y efecto retroactivo de los vicios de los actos, es fácil concluir que la declaratoria de inconstitucionalidad declara la nulidad, por lo que la ley no ha producido ningún efecto. Se dice que la sentencia constitucional en estos casos es *meramente declarativa*. Pero lo cierto es que la nulidad no determina la retroactividad o no de la sentencia y la ley nula sí ha producido efectos hasta el momento de la declaratoria de la inconstitucionalidad. Por demás, este criterio conduce a la revisión de todas las relaciones jurídicas surgidas al amparo de la ley, declarada posteriormente inconstitucional, con lo que se perturba en exceso el ordenamiento jurídico y el normal funcionamiento de las instituciones. Es por estas razones prácticas, más que por el reconocimiento del error de considerar las sentencias constitucionales meramente declarativas, que la Suprema Corte estadounidense ha atemperado este criterio. En *Linkletter vs. Walker*, la Corte, advirtiendo que no siempre el principio de la retroactividad absoluta de la sentencia constitucional puede ser atendido, consideró que el efecto retroactivo de la decisión judicial abarca a todos los casos pendientes, excluyéndose los que han adquirido la autoridad de la cosa juzgada.

De todos modos, en el caso dominicano es inadmisible el criterio de la retroactividad en grado máximo de la sentencia constitucional. La razón fundamental de esta inadmisibilidad estriba en el carácter normativo de la sentencia constitucional y en el principio constitucional de la irretroactividad de las normas (artículo 110 de la Constitución). La sentencia constitucional es la decisión de un *legislador negativo*: el Tribunal Constitucional. De ahí el carácter *erga omnes* de la sentencia constitucional. La declaratoria de inconstitucionalidad no equivale a la constatación o proclamación del vicio de la ley originario sino a una especie de derogación de la norma reputada inconstitucional. Por lo tanto, esa declaratoria debe surtir efectos para el futuro y no para el pasado, debiendo reconocerse la legalidad de los actos concluidos a su amparo. Como bien establece el artículo 110 de la Constitución, "en ningún caso la ley ni poder público alguno podrán afectar o alterar la seguridad jurídica derivada de situaciones establecidas conforme a una legislación anterior". Es en este sentido que debe entenderse la decisión *Linkletter vs. Walker* de la Corte Suprema estadounidense: las sentencias constitucionales son retroactivas en la medida en que no afecten los derechos de las personas establecidos al amparo de un precedente judicial *overruled* por una *overruling decision* que no puede, aunque quiera, borrar las consecuencias de un *existing judicial fact*.

De todos modos, el único caso en que sería admisible la *retroactividad absoluta* de la sentencia constitucional es si la misma declara inconstitucional una ley penal. En este caso, en virtud del artículo 110 de la Constitución, si la declaratoria permite la reducción de penas y condenas de quienes están subjúdice o cumpliendo condena se podría aplicar retroactivamente la misma, pudiendo revisarse los procesos que gozan de autoridad de cosa juzgada. Ahora bien, habría que determinar si la retroactividad absoluta en caso de favorabilidad se extiende a las leyes penales exclusivamente o también a las procesales penales. El Tribunal Constitucional español ha considerado que cuando "no está en juego una reducción de la pena o una reducción de la sanción administrativa o una exclusión, exención o limitación de la responsabilidad" no deben revisarse "los procesos terminados por sentencia firme" (STC 145/1988). Por su parte, la Suprema Corte de los Estados Unidos ha considerado que la revisión de los procesos fenecidos no es posible si la norma declarada inconstitucional es procesal penal, porque su aplicación en el proceso no ha influido sobre su resultado final. Con esta decisión, el tribunal busca evitar que se reabran casos que gozan de autoridad de cosa juzgada, en los que volver a encontrar las pruebas sobre la culpabilidad del imputado sería casi imposible (*Linkletter vs. Walker*, 381 U.S. 618 [1965]). El tribunal admite, sin embargo, como se evidencia en *Griffith vs. Kentucky*, que "las reglas nuevas declaradas" deben ser aplicadas retroactivamente a todos los "casos criminales pendientes" o que no son finales (479 U.S. 314 [1987]).

En el caso dominicano, consideramos que, dado que la Constitución no distingue entre *normas penales sustantivas y normas penales procesales*, procede la aplicación retroactiva de una sentencia que declare la inconstitucionalidad de dichas normas, sin distinguir la naturaleza de estas. Y es que la Constitución es clara cuando afirma que la ley "no tiene efecto retroactivo sino cuando sea favorable al que está subjúdice o cumpliendo condena" (artículo 110). En todo caso, el análisis debe concentrarse no tanto en determinar si la norma penal declarada inconstitucional es de carácter sustantivo o procesal sino más bien en averiguar si la derogación de dicha norma es favorable o no al subjúdice o al condenado. Si no es favorable, la sentencia solo surtirá efectos para el futuro y para los casos pendientes. Al *análisis de la favorabilidad* contribuye notablemente el test aportado por el Tribunal Constitucional español antes citado (STC 145/1988), el cual debería ser aplicado caso por caso, a petición de quien mejor puede considerar la norma favorable o no –el subjúdice o condenado–, ante el Tribunal Constitucional por vía de la acción en inconstitucionalidad, o ante el juez de amparo. Y es que "el hecho es, pues, que los efectos en el tiempo de las sentencias estimatorias del Tribunal constitucional no pueden describirse, sin más, hablando de efectos *ex tunc* (retroactivos) o de efectos *ex nunc* o *pro futuro*; la sentencia será eficaz frente a todas aquellas relaciones (anteriores o posteriores a su publicación) en las que la disposición o norma declarada inconstitucional pudiese ser objeto de aplicación" (Pizzorusso: 56). Esta eficacia de la sentencia constitucional solo puede ser decidida por el juez competente ante petición en un caso concreto del interesado.

II. Retroactividad de la sentencia en grado medio. Este grado de retroactividad se produce cuando la sentencia despliega su eficacia hacia el pasado afectando a todas las relaciones jurídicas surgidas al amparo de la norma inconstitucional, excepto las agotadas. Este es el sistema predominante en la mayoría de las jurisdicciones constitucionales del mundo porque hace compatible el principio de la supremacía constitucional con el de la seguridad jurídica, ambos valores constitucionales esenciales del ordenamiento jurídico en un Estado de Derecho.

III. Retroactividad de la sentencia en grado mínimo. Esta retroactividad se manifiesta cuando la sentencia sólo se aplica respecto a los hechos pasados del proceso donde se ha originado la duda de inconstitucionalidad. Este tipo de retroactividad es predicable sólo de aquellos procesos constitucionales de carácter incidental en que la declaración de inconstitucionalidad ha tenido su origen en un juicio, como es el caso de la llamada "*cuestión de inconstitucionalidad*" del Derecho español o del sistema de control de constitucionalidad establecido en la Constitución dominicana de 1924 en virtud del cual correspondía a la Suprema Corte de Justicia "decidir en primera y última instancia sobre la constitucionalidad de las leyes, decretos, resoluciones y reglamentos, cuando fueren objeto de controversia entre partes ante cualquier tribunal, el cual, en este caso, deberá sobreseer su decisión sobre el fondo hasta después del fallo de la Suprema Corte de Justicia" (artículo 61, numeral 5).

Como bien señala un autor, "es en este grado donde es más difícil fijar los límites entre retroactividad e irretroactividad, porque se puede argumentar que la ley es irretroactiva excepto para el caso que dio origen al proceso constitucional. Incluso dentro de la graduación establecida, se dificulta la distinción entre *retroactividad media y mínima*, al entenderse que cuando se extiende la eficacia de la sentencia constitucional al proceso '*a quo*', automáticamente esta eficacia se amplía a todas las relaciones jurídicas no agotadas que versen sobre la misma materia. Esta motivación tiene su lógica; si una ley es inconstitucional para un supuesto, también lo es para todos los casos iguales, salvo para las relaciones ya no discutibles, de lo contrario la Constitución perdería su carácter de Norma Fundamental" (BLASCO SOTO: 53).

B. Los grados de irretroactividad. Aunque la graduación de la irretroactividad es mucho más compleja, es posible distinguir (i) la irretroactividad en grado máximo y (ii) la irretroactividad en grado medio.

I. Irretroactividad en grado máximo. Este grado de irretroactividad se da cuando la sentencia declara la inmediata inconstitucionalidad, pero la efectividad del fallo se aplaza a un momento posterior (*vacatio sententiae*) con la finalidad de evitar el vacío legislativo que produce la declaración de inconstitucionalidad. El plazo es conferido por el Tribunal Constitucional al legislador a los fines de que éste pueda adecuar el ordenamiento jurídico a la situación declarada inconstitucional. Así, recurriendo al mecanismo de *sucesión de leyes*, se evitan los efectos más traumáticos que produce la declaración de inconstitucionalidad.

Esta irretroactividad en grado máximo sólo es admitida en el ordenamiento austriaco cuya Constitución permite al Tribunal Constitucional fijar un plazo no mayor de un año para la entrada en vigor de la anulación de una ley por dicho órgano (artículo 140.5 de la Constitución de Austria). Para la mayoría de la doctrina, resultan tan inadmisibles las sentencias declarativas de la inconstitucionalidad de una ley a la que no siga inmediata y automáticamente la pérdida de eficacia de la ley como las leyes destinadas a suspender los efectos de la declaración de inconstitucionalidad o a prorrogar la eficacia de la ley declarada inconstitucional.

Es por ello que los tribunales constitucionales prefieren optar por la reserva de declaración de inconstitucionalidad y el aplazamiento de la decisión estimatoria para el futuro. Esto se logra en Italia a través de las *sentencias de rechazo con reserva de estimación*. En Alemania, el mismo fin se obtiene con las decisiones del Tribunal Constitucional que declaran la inconstitucionalidad, pero aplazan la eficacia de la sentencia pro futuro, mediante *sentencias de mera incompatibilidad*, en las que el pronunciamiento separa la verificación de la inconstitucionalidad, de la anulación de la ley, para permitir que el legislador intervenga antes de que se produzcan los efectos eliminatorios de la decisión de inconstitucionalidad, evitándose así la creación de vacíos legislativos. De igual modo operan en Estados Unidos las *prospective prospective overruling*.

II. Irretroactividad en grado medio. Esta irretroactividad es predicable cuando la sentencia se aplica a supuestos futuros, excluyendo el juicio a quo, si se trata de una cuestión de constitucionalidad promovida incidentalmente.

5.3.1.3 Modulación por los tribunales constitucionales de los efectos temporales de sus sentencias. Para entender la modulación por los tribunales constitucionales de los efectos temporales de sus sentencias, es preciso que abordemos (i) las causas de la modulación; (ii) sus fundamentos; (iii) las ventajas de las mismas; (iv) los tipos de sentencias constitucionales conforme a la modulación de sus efectos temporales; y (v) finalmente, las peculiaridades del caso dominicano.

A. Las causas de la modulación. Tanto la Suprema Corte de los Estados Unidos como los tribunales constitucionales europeos y latinoamericanos, se han visto precisados a elaborar técnicas que controlen y limiten los efectos de sus sentencias, debido a la trascendencia que tiene la *sentencia constitucional estimatoria* sobre las relaciones jurídicas preexistentes, reguladas por la ley declarada inconstitucional. Con su actuación, los tribunales constitucionales han tratado de hacer varias cosas: no perder de vista las consecuencias políticas, sociales y económicas de sus sentencias de la declaratoria de inconstitucionalidad que una visión estrechamente dogmática habría impedido ver; no causar la paralización de las instituciones, en especial de la administración de justicia; evitar el uso abusivo del *self restraint* que había dado lugar a situaciones incompatibles con la lógica jurídica, llegándose a una situación de denegación de justicia, al evitar conocer el juez constitucional casos injustamente tachados de "políticos", por el temor a los efectos automáticos e inmediatos de una declaratoria de inconstitucionalidad; violar los principios constitucionales de la igualdad, y la seguridad jurídica a que conduce la aplicación puramente retroactiva o irretroactiva de las sentencias constitucionales.

B. Los fundamentos de la modulación. Como hemos visto anteriormente, las dos concepciones originarias de los efectos temporales de las sentencias constitucionales, la norteamericana y la europea, se han acercado, gracias a la actuación de las jurisdicciones constitucionales que, a pesar de la ausencia de una consagración *expressis verbis* en las Constituciones de sus ordenamientos de la facultad de los tribunales de modular los efectos temporales de sus sentencias, han procedido o bien a limitar los efectos en el tiempo de sus sentencias o bien a permitir una cierta retroactividad de éstas. A pesar de haberse invocado el principio de seguridad jurídica, esta actitud implica la autoatribución de un notable margen de libertad de apreciación de las consecuencias prácticas de las sentencias, particularmente cuando los tribunales constitucionales han limitado los efectos al implica del Tribunal Supremo norteamericano: por vía pretoriana a falta de previsión expresa".

¿En qué se fundan los tribunales para autoatribuirse la facultad de modular los efectos temporales de sus sentencias? Según el Tribunal Constitucional español, es misión de este tribunal precisar el alcance de la declaratoria de inconstitucionalidad "en cada caso" (STC 108/1986), lo que significa que en ciertos casos el vicio de inconstitucionalidad puede ser compatible con la práctica constitucional, a diferencia de otros casos, en donde el vicio puede ser definitivamente contrario a la dinámica constitucional; luego, entonces, podría específicamente evaluarse el vicio, de acuerdo con su grado de equivocidad y los efectos políticos de su decisión para adoptar la decisión pertinente. No hay dudas de que tal tarea corresponde al Tribunal Constitucional. Como bien expresa la Corte Constitucional de Colombia: "Pero, fuera del poder constituyente, ¿a quién corresponde declarar los efectos de los fallos de la Corte Constitucional, efectos que no hacen parte del proceso, sino que se generan por la terminación de éste? Únicamente a la propia Corte Constitucional, ciñéndose, como es lógico, al texto y espíritu de la Constitución. Sujeción que implica tener en cuenta los fines del derecho objetivo, y de la Constitución que es parte de él, que son la justicia y la seguridad jurídica" (Sentencia C-037 de 1996).

C. Las ventajas de la modulación. Son indudables las ventajas de la modulación de los efectos temporales de las sentencias constitucionales. La declaración de efectos *pro futuro* permite una *adecuación progresiva de las leyes* a la Constitución en la medida en que es mucho menos traumático agotar la vigencia de los preceptos legales hacia el futuro, que extirparlos desde su rigor inicial, lo que acarrea muchas veces conmociones políticas en el *indirizzo* político y desproporciones en cuanto a la igualdad se refiere. Esto es clave en países que, como la República Dominicana, poseen anacrónicas legislaciones que devienen inconstitucionales a la luz de la interpretación progresiva de la Constitución.

Por ello, no se puede menos que coincidir con García de Enterría cuando afirma: "La técnica permite, pues, gradualizar progresivamente la efectividad de la Constitución sin el precio de una conmoción social a cada nuevo escalón. La alternativa real a la *prospectividad de las sentencias* no es, pues, la retroactividad de las mismas, sino la abstención en el descubrimiento de nuevos criterios de efectividad de la Constitución, el estancamiento en su interpretación, la renuncia, pues, a que los tribunales constitucionales cumplan una de sus funciones capitales, la de hacer una *living Constitution*, la de adaptar paulatinamente esta a las nuevas condiciones sociales [...]" (GARCÍA DE ENTERRÍA 1989: 11).

D. Los tipos de sentencias constitucionales según la modulación de sus efectos temporales. Pueden distinguirse cinco tipo de sentencias constitucionales en función del momento en que producen sus efectos: (i) las sentencias que tienen un *efecto retroactivo absoluto*, por lo que permiten recuestionar la autoridad de la cosa juzgada de decisiones judiciales anteriores; (ii) las sentencias que tienen un *efecto retroactivo restringido*, pues no permiten aplicar la sentencia más que a las situaciones respecto de las que no haya cosa juzgada; (iii) las sentencias que prevén la aplicación de la solución que contienen a los procesos futuros y al caso de autos (*limited prospectivity*); (iv) las sentencias que niegan todo efecto retroactivo, excluyendo su aplicación al caso de autos (*prospectivity overruling*); y (v) las sentencias constitucionales que mantienen transitoriamente la aplicación de la norma antigua incluso para las relaciones surgidas tras la sentencia durante un plazo limitado de tiempo, o sea, una especie de efecto prospectivo diferido (*prospectivity prospective overruling*) porque la sentencia sólo se aplicará transcurrido un plazo desde su adopción.

E. Los efectos temporales de las sentencias constitucionales en el caso dominicano. La doctrina dominicana crecientemente enfoca su atención hacia los efectos temporales de las sentencias constitucionales (RODRÍGUEZ). El consenso es que las sentencias constitucionales surten efectos para el futuro por aplicación del artículo 110 de la Constitución, sin afectar aquellas relaciones jurídicas cumplidas y extinguidas al amparo de la ley inconstitucional ni los procesos fenecidos con fuerza de cosa juzgada en los que se haya aplicado la ley inconstitucional, salvo el caso que debe plantearse de nuevo el tema cuando la declaración de inconstitucionalidad afecte a una ley penal o una ley que establezca sanciones administrativas y la revisión resulte que la excluye, limita o reduce. Los procesos fenecidos por sentencias firmes deben equipararse a las situaciones establecidas mediante actuaciones administrativas igualmente firmes y los pagos ya realizados en virtud de las autoliquidaciones realizadas por los propios contribuyentes. Esto así porque, como bien ha establecido el Tribunal Constitucional español, "la conclusión contraria entrañaría un inaceptable trato de disfavor para quien recurrió, sin éxito, ante los tribunales, en contraste con el trato recibido quien no instó en tiempo la revisión del acto de aplicación de las disposiciones hoy declaradas inconstitucionales" (STC 45/1989). Las sentencias constitucionales surten efectos sobre los procesos pendientes, extendiéndose a los actos procesales que hayan de dictarse a partir de la fecha de la publicación de las sentencias (STC 128/1994). Debe permitirse la aplicación retroactiva de la sentencia constitucional al caso que origina la acción como una manera de estimular la *acción popular en inconstitucionalidad*.

Entendemos que el Tribunal Constitucional, al igual que sus homólogos, puede modular los efectos temporales de sus sentencias constitucionales, aunque los textos no le reconocen ese poder a ninguno de los tribunales constitucionales, y también puede dictar *sentencias monitorias* que rechazan la inconstitucionalidad pero con reserva de acogimiento en el futuro, así como *sentencias de inconstitucionalidad sobrevenida*, en la que se tolera provisionalmente la norma, se exhorta al legislador a intervenir y, si no lo hace, la sentencia de inconstitucionalidad sobrevenida retrotraerá sus efectos respecto de situaciones no firmes (por cosa juzgada, caducidad, etc.) hasta la fecha de la sentencia monitoria. En el caso dominicano, la LOTCPC dispone que "la sentencia que declara la inconstitucionalidad de una norma produce efectos inmediatos y para el porvenir. Sin embargo, el Tribunal Constitucional podrá reconocer y graduar excepcionalmente, de modo retroactivo, los efectos de sus decisiones de acuerdo a las exigencias del caso" (artículo 48).

El Tribunal Constitucional ha tenido la oportunidad de modular los efectos de sus sentencias. Así encontramos, entre otros casos (Sentencias TC/0143/15 y TC/0870/18), la Sentencia TC 33/12, donde el Tribunal Constitucional declaró inconstitucional una norma respecto al impuesto sucesoral y ordenó que retroactivamente se reembolsase únicamente a los accionantes las sumas pagadas al fisco en virtud de la norma declarada inconstitucional (*limited prospectivity*). Asimismo, en el caso de la Sentencia TC 110/13, el Tribunal Constitucional difirió por 2 años la inconstitucionalidad de la Resolución No. 14379-05 de la Procuraduría General de la República, que reglamenta la concesión de la fuerza pública por parte del Ministerio Publico a quienes la solicitan para ejecutar sentencias, hasta tanto el legislador regulara la ejecución de las sentencias por parte del Poder Judicial, a quien constitucionalmente corresponde velar por la ejecución de las sentencias de los jueces (*prospectivity prospective overruling*).

Es importante señalar que las decisiones del Tribunal Constitucional que tienen efectos pro futuro y cuyos efectos retroactivos pueden ser reconocidos y graduados por este, conforme la LOTCPC, son aquellas atinentes a acciones directas en inconstitucionalidad. En los casos en que el Tribunal Constitucional falla revisiones de amparo y de sentencia firme, al igual que lo hacen los jueces en el control difuso, la decisión, que resuelve el amparo o la controversia fallada mediante sentencia firme revisada en sede del Tribunal, en base a consideraciones sobre la constitucionalidad de la ley, se retrotrae para las partes en el proceso. Lógicamente, los jueces que instruyen procesos en virtud de la ley inaplicada por o considerada inconstitucional por el Tribunal Constitucional están vinculados por el precedente constitucional. Pero, aún en las sentencias que acogen el fondo de acciones directas de inconstitucionalidad, éstas deben tener efectos retroactivos para las partes contendientes y, como por ley tienen efectos inmediatos, se aplican a todas las relaciones jurídicas no extinguidas, aún involucren personas que no han sido parte de la controversia constitucional ante el Tribunal. Y es que, si las sentencias del Tribunal Constitucional que acogen acciones directas de inconstitucionalidad o las que fallan revisiones de amparo y de sentencias firmes no tuviesen efectos retroactivos para las partes concernidas, "nadie tendría interés en recurrir o en plantear un incidente de constitucionalidad" (PERGORARO: 253). De ahí que la norma y no la excepción debe ser siempre que la declaratoria de inconstitucionalidad en las acciones directas de inconstitucionalidad retrotraiga sus efectos temporales en favor del accionante (como se hizo en la antes referida Sentencia TC/0033/12) y que, solo excepcionalmente, se pueda retrotraer estos efectos en beneficio de otros que no accionaron contra la norma declarada inconstitucional.

5.3.2 Los efectos normativos. Los efectos normativos de las sentencias constitucionales son (i) el efecto *erga omnes*, (ii) el efecto cosa juzgada y (iii) el carácter vinculante de las sentencias constitucionales con relación a los poderes públicos. Estos efectos son establecidos por los artículos 44 y 45 de la LOTCPC y por el carácter vinculante de las decisiones del Tribunal Constitucional dispuesto por el artículo 184 de la Constitución y reiterado por la LOTCPC.

5.3.2.1 Efecto *erga omnes*. En la justicia ordinaria, las sentencias tienen efectos inter partes, es decir, que únicamente las partes que han dado origen a la controversia estarán obligadas por lo resuelto por la decisión. En contraste con las demás sentencias, la sentencia constitucional surte efectos *erga omnes*, es decir, surte plenos efectos frente a todos, incluyendo tanto a los particulares como a los poderes públicos, salvo aquellas "decisiones que denieguen la acción", las cuales "únicamente surtirán efecto entre las partes en el caso concreto" (artículo 44 de la LOTCPC).

Los efectos *erga omnes* de la sentencia constitucional se explican a partir de la existencia y función del *control abstracto de constitucionalidad*. En este tipo de control de constitucionalidad lo que se discute es la pertenencia o no de una norma con fuerza de ley al ordenamiento jurídico para, a partir de la constatación de una contradicción entre la Constitución y la norma cuestionada, proceder a agotar la vigencia legal de dicha norma. Si la sentencia constitucional no tuviese efectos *erga omnes*, no pudiese, de ninguna manera, restar vigencia y validez a una norma inconstitucional con valor y fuerza de ley. Sin estos efectos, el control abstracto de constitucionalidad degeneraría en nugatorio, en inexistente. Por eso, la LOTCPC es clara en cuanto a que "las sentencias que declaren la inconstitucionalidad y pronuncien la anulación consecuente de la norma o los actos impugnados, [...] eliminaran la norma o acto del ordenamiento".

¿De qué se predican los efectos *erga omnes*? ¿De la parte resolutiva o dispositiva de la sentencia? ¿O de su parte motiva? Entendemos que la motivación de la sentencia constitucional, por lo menos en aquellas partes "que guarden una relación estrecha, directa e indispensable para servir de soporte directo a la parte resolutiva de las sentencias y que incida directamente en ella" (Corte Constitucional de Colombia, Sentencia C-131, del 1 de abril de 1993) es de carácter obligatorio *erga omnes*, vinculando, en consecuencia, a todos los poderes públicos.

Ahora bien, el carácter *erga omnes y vinculante de la motivación* de la sentencia constitucional radica en aquellas fracciones de la parte motiva que estén en íntima relación con la parte dispositiva de la sentencia. Esto se justifica en la medida en que no todos los considerandos de la sentencia resuelven el punto de constitucionalidad que se plantea y son, hasta cierto punto, accidentales o accesorios. De esta manera, se permite la *evolución de la jurisprudencia constitucional*, en tanto los jueces no están vinculados por estos puntos accesorios. Pero, los jueces no pueden apartarse de los precedentes trazados por el Tribunal Constitucional. Si éstos deciden apartarse de la línea jurisprudencial trazada por el Tribunal Constitucional, sus sentencias serán susceptibles de ser recurridas por violación del precedente constitucional, el cual es vinculante para todos los poderes públicos y órganos del Estado, tal como dispone el artículo 184 de la Constitución.

5.3.2.2 Efecto de cosa juzgada. La cosa juzgada no es más que el efecto atribuido por la ley a la parte dispositiva de las sentencias en virtud del cual queda prohibido volver de nuevo a litigar sobre lo que el juez ha definitiva e inmutablemente declarado en la sentencia.

Se distinguen dos formas de cosa juzgada: la formal y la material. La *cosa juzgada formal* es aquella que gozan las sentencias irrecurribles e inmodificables, como ocurre con las sentencias constitucionales. La *cosa juzgada material* es aquella en virtud de la cual, una vez decidida la cuestión objeto de controversia, no podrá volverse a plantearse el asunto a consideración del tribunal constitucional. Con esto se busca impedir que se discuta indefinidamente sobre el punto específico decidido y evitar, en consecuencia, que pudiesen presentarse fallos contradictorios.

La *cosa juzgada material* no es de buen recibo en materia de control abstracto de constitucionalidad, en la medida en que vincular al juez constitucional a sus propias sentencias impediría ajustar la Constitución a la evolución de la sociedad. Por eso, la LOTCPC dispone que "las decisiones que denieguen la acción [...] no producirán cosa juzgada" (artículo 44). La cosa juzgada material sería un efecto inherente a las sentencias declaratorias de inconstitucionalidad para evitar que se reintegre al ordenamiento una norma expulsada del mismo por considerarla inconstitucional el tribunal constitucional. De ahí que la LOTCPC disponga que solo las sentencias que declaran la inconstitucionalidad de la norma o actos impugnados "producirán cosa juzgada" (artículo 45). Respecto a las sentencias desestimatorias, la controversia puede plantearse de nuevo, pues es posible que una norma, considerada en su momento constitucional, devenga inconstitucional en virtud de la dinámica interpretativa de la jurisdicción constitucional. Como bien afirma Sagués, "la cosa juzgada material presupone la función pacificadora del proceso, en el sentido de poner fin a una contienda, mientras que la cosa juzgada constitucional busca, principalmente, no pacificar intereses sino salvaguardar la supremacía de la Constitución" (Sagüés 1998: 234).

Al respecto, el Tribunal Constitucional tuvo a bien establecer que "la cosa juzgada que se deriva de las disposiciones del referido artículo 45 de la Ley núm. 137-11, en los casos de acogimiento de la acción directa de inconstitucionalidad, no tiene el típico alcance de la cosa juzgada relativa de los procesos civiles que solo alcanza a las partes involucradas en dichos litigios, sino que se trata de una cosa juzgada constitucional; es decir, que por el carácter irrevocable e incontrovertido de las sentencias dictadas por el Tribunal Constitucional, en ejercicio de sus competencias constitucionales y legales orientadas a resguardar la supremacía y el orden constitucional, así como la protección efectiva de los derechos fundamentales, la presunción de verdad jurídica que se deriva de la condición de cosa juzgada, no solo atañe a las partes procesales, sino a todas las personas públicas y privadas por la vinculatoriedad erga omnes de los fallos del Tribunal. Dichos fallos no pueden ser impugnados ante ningún otro órgano del Estado dominicano, de conformidad con las disposiciones del artículo 184 de la Constitución de la República. (…) La cosa juzgada constitucional, además de salvaguardar la supremacía normativa de la Constitución, garantiza la efectiva aplicación de los principios de igualdad, seguridad jurídica y confianza legítima de los administrados, puesto que a través de ella, el organismo de control constitucional queda obligado a ser consistente con las decisiones que adopta previamente, impidiendo que casos iguales o semejantes sean estudiados y resueltos por el mismo juez en oportunidad diferente y de manera distinta" (Sentencia TC/0158/13).

Una cuestión crucial por despejar es la atinente al *valor de cosa juzgada de las sentencias interpretativas*. Conforme el artículo 47 de la LOTCPC el Tribunal Constitucional, "en todos los casos que conozca, podrá dictar sentencias interpretativas de desestimación o rechazo que descartan la demanda de inconstitucionalidad, declarando la constitucionalidad del precepto impugnado, en la medida en que se interprete en el sentido que el Tribunal Constitucional considera como adecuado a la Constitución o no se interprete en el sentido o sentidos que considera inadecuados". En principio, dichas sentencias interpretativas, en tanto son consideradas sentencias de desestimación o rechazo por la LOTCPC, no poseen autoridad de cosa juzgada, a pesar de que tienen una dimensión estimatoria en la medida en que muchas veces no solo disponen una interpretación de la ley conforme a la Constitución, sino que también consideran inconstitucionales determinadas interpretaciones. Pero el legislador sabiamente ha dejado el camino abierto para futuros cuestionamientos de la ley interpretada por el Tribunal Constitucional al disponer que ambos tipos de sentencias interpretativas, sea que establezcan un sentido de la norma constitucionalmente adecuado o sea que dispongan interpretaciones constitucionalmente proscritas, no poseen la autoridad de la cosa juzgada. De ese modo no se cierra a la ciudadanía y a las demás partes legitimadas interponer la acción directa de inconstitucionalidad para poder acceder así a nuevas y distintas interpretaciones de la norma interpretada en cuestión, dándole la oportunidad al Tribunal Constitucional de poder mejorar, cambiar o ratificar su decisión anterior. Queda, sin embargo, pendiente la cuestión de si poseen cosa juzgada constitucional las demás sentencias interpretativas, es decir, aquellas dictadas por el Tribunal Constitucional en virtud de su poder de proferir sentencias interpretativas en "cualquier otra modalidad admitida en la práctica constitucional comparada" (artículo 47, párrafo III, in fine, de la LOTCPC), como serían el caso de *sentencias interpretativas estimatorias*, tales como las sentencias interpretativas normativas o manipulativas y, especialmente, su subtipo de las sustitutivas, en donde, como bien ha señalado el magistrado Miguel Valera Montero en voto salvado, "no se trata de una interpretación que afecte la norma o normas derivadas del texto, sino de una sustitución de palabras que alteran el contenido mismo del texto sujeto a revisión [...] a los fines de alterar su significado, es decir, la norma o significado normativo", yendo "más allá de simplemente interpretar (manipular directamente el significado y sus efectos) o de añadir (control de omisión parcial)" (Sentencia TC/0523/20). A juicio de Valera Montero, cuantas veces el Tribunal Constitucional acoge una acción directa de inconstitucionalidad y dicta uno de estos tipos de sentencia interpretativa cualquier futuro cuestionamiento de la norma surgida de la manipulación de los jueces constitucionales especializados debe ser inadmitida "por autoridad de cosa juzgada constitucional". Aunque el Tribunal Constitucional ha admitido acciones de inconstitucionalidad contra normas surgidas de los antes indicados tipos de sentencias interpretativas, como ocurre en la antes citada Sentencia TC/0523/20, no ha abordado directamente la cuestión de su valor de cosa juzgada constitucional. Al respecto, consideramos que todas las sentencias interpretativas consignadas en el supra citado artículo 47 de la LOTCPC no hacen tránsito a cosa juzgada constitucional, principalmente las que crean normas mediante la manipulación de textos, pues estas normas podrían posteriormente resultar inconstitucionales, ya sea porque devienen inconstitucionales con el tiempo o porque resultan constitucionalmente censurables por razones que no han sido consideradas por el Tribunal Constitucional a la hora de creación de esas normas. Si el legislador puede ver anulada las normas por él creadas en la justicia constitucional especializada, no vemos qué razones constitucionales impedirían que se cuestione la inconstitucionalidad por vía de acción directa de una norma creada por el Tribunal Constitucional en función de legislador positivo. Todo ello sin perjuicio del *carácter vinculante del precedente constitucional* que obliga a todos los poderes públicos. Y es que "la ausencia de cosa juzgada no significa [...] ausencia de sentencia e inaplicación de la misma cuando el juez común quiera; el efecto vinculante obliga a los jueces y magistrados a aplicar e interpretar las leyes conforme a la interpretación realizada por el Constitucional" (Blasco Soto: 59).

En todo caso, y contrario al efecto *erga omnes*, la cosa juzgada se predica del *dispositivo* y no de la motivación de la sentencia constitucional. Ello así porque afirmar que la motivación tiene efecto de cosa juzgada implica atar al Tribunal Constitucional a la parte motiva de sus sentencias, sin permitir un cambio de jurisprudencia. Esto echaría por el suelo la función creadora e integradora del Tribunal Constitucional e impediría la actualización de la Constitución vía la jurisdicción constitucional.

5.3.2.3 Vinculación de los poderes públicos. La Constitución dispone que las decisiones del Tribunal Constitucional "son definitivas e irrevocables y constituyen precedentes vinculantes para los poderes públicos y todos los órganos del Estado" (artículo 184). Queda claro aquí que la sentencia constitucional tiene capacidad para vincular y obligar a los poderes públicos. Si no fuera así, no tendría sentido establecer el control concentrado de constitucionalidad. Esta vinculación significa que la sentencia constitucional tiene fuerza de ley, tanto en su parte dispositiva, como en las partes esenciales de su parte motiva. Ello implica que el legislador no puede reincorporar al ordenamiento preceptos declarados inconstitucionales por el Tribunal Constitucional. Por su parte, los jueces deben interpretar las leyes y los reglamentos según los preceptos y principios constitucionales tal como fueron interpretados por las sentencias dictadas por el Tribunal Constitucional. Por su parte, el Tribunal Constitucional queda vinculado a sus propias decisiones lo cual es una exigencia de *seguridad jurídica*. La congruencia, la obligación de que los tribunales actúen conforme a su propio precedente, tanto hacia el pasado como hacia el futuro, sentando precedentes que puedan ser utilizables en otros casos, es una exigencia lógica de la jurisdicción constitucional.

La Constitución es clara en cuanto a que las decisiones del Tribunal Constitucional constituyen *"precedentes vinculantes para los poderes públicos* y todos los órganos del Estado" Que las sentencias constitucionales sienten precedentes ha sido explicado por la Corte Constitucional de Colombia en los siguientes términos: "En últimas, la Constitución Política es una sola y el contenido de sus preceptos no puede variar indefinidamente según el criterio de cada uno de los jueces llamados a definir los conflictos surgidos en relación con los derechos fundamentales. Es verdad que, como esta Corporación lo ha sostenido repetidamente, uno de los principios de la administración de justicia es el de la autonomía funcional del juez, en el ámbito de sus propias competencias [...], pero ella no se confunde con la arbitrariedad del fallador para aplicar los preceptos constitucionales. Si bien la jurisprudencia no es obligatoria [...], las pautas doctrinales trazadas por esta Corte, que tiene a su cargo la guarda de la integridad y supremacía de la Carta Política, indican a todos los jueces el sentido y los alcances de la normatividad fundamental y a ellas deben atenerse. Cuando la ignoran o contrarían no se apartan simplemente de una jurisprudencia —como podría ser la penal, la civil o la contencioso-administrativa— sino que violan la Constitución, en cuanto la aplican de manera contraria a aquella en que ha sido entendida por el juez de constitucionalidad a través de la doctrina constitucional que le corresponde fijar (Sentencia C-260/95). Más recientemente, la Corte colombiana ha ratificado su criterio, en los siguientes términos: "La interpretación que lleva a cabo la Corte no es externa al texto de la Carta, como que ésta demanda de la misma para poder actualizarse en el espacio y en el tiempo históricos. Las sentencias de la Corte Constitucional, en este sentido, por ministerio de la propia Constitución, son fuentes obligatorias para discernir cabalmente su sentido" (SU-640/98 y SU-168/99).

Hay quienes se rasgarán las vestiduras ante la consagración constitucional expresa del precedente vinculante del Tribunal Constitucional, alegando que ello es un peligroso injerto en un sistema jurídico que, como el dominicano, no pertenece al sistema del *common law*, el cual por definición está basado en el precedente judicial. Basta citar las palabras de Lafuente Balle para refutar este infundado e improcedente tradicionalismo: "[...] tanto en el sistema difuso como en el concentrado de control de constitucionalidad de las leyes, compete a un órgano judicial resolver sobre la adecuación de las leyes parlamentarias a la Constitución, mediante unas sentencias dotadas de una eficacia muy superior a la de las sentencias ordinarias, puesto que pueden fallar hasta la nulidad de una ley parlamentaria. Por consiguiente, también el Tribunal Constitucional es destinatario de las normas constitucionales, tanto las de conducta como las de competencia, de forma que su vigencia exige los mismos requisitos que cualesquiera otras normas jurídicas. Esta atribución a los tribunales constitucionales del control de constitucionalidad de las leyes les ha dotado de un auténtico *poder normativo*. El Tribunal Constitucional puede operar no sólo como un legislador negativo y resolver la inconstitucionalidad y la nulidad de una ley parlamentaria; sino, además, como un legislador positivo en las denominadas sentencias interpretativas por las que declara la constitucionalidad condicionada de un precepto legal, imponiendo o vedando una o varias de sus posibles interpretaciones e, incluso, manipulando el texto de la norma que enjuicia. En todo caso, cualquiera que sea el procedimiento que se somete a su competencia y consideración, los tribunales con cometido constitucional adecuan su actividad a su propio precedente, a su *autoprecedente*, con lo que se favorece la predicibilidad de sus pronunciamientos y resoluciones futuras. En la actualidad, no ha lugar a la vieja distinción entre la interpretación jurisdiccional continental y anglosajona según la cual sólo ésta crearía normas generales o *common law*. El propio precedente ha devenido también el argumento decisivo en la jurisprudencia constitucional continental. Por consiguiente, cada sentencia adoptada por el Tribunal Constitucional pudo operar como norma singular entre las partes litigantes, pero a partir de que es utilizada como precedente de futuras sentencias deviene norma general. Es comprobable que tanto si es el Tribunal Supremo estadounidense, como si es el Tribunal Constitucional alemán o español, la práctica totalidad de sus sentencias utilizan el argumento del propio precedente como determinante. Dicho de otro modo, de entre todas las fuentes del Derecho, es decir, de entre todos los elementos que influyen en los considerandos sobre los que el Tribunal Constitucional fundamentará su fallo, la jurisprudencia y el propio precedente adquieren una especial relevancia. Más aún, tanto en el sistema jurídico continental como en el anglosajón, el precedente jurisdiccional determina el *grado de vigencia de la norma*" (LAFUENTE BALLE: 48).

La importancia del precedente en materia constitucional es tal que ya resulta inconcebible el estudio del derecho constitucional sino se estudia la jurisprudencia como ocurre en el mundo anglosajón. Esto choca con la cultura jurídica imperante en nuestro país la cual insiste en que el derecho se aprende, aprendiendo derecho legislado, derecho codificado, bajo la falsa creencia de que el derecho dominicano, al derivar de la familia romano-germánica, es un derecho legislado, en contraposición al derecho anglosajón que es un derecho jurisprudencial basado en el precedente. Ello ya no es así, sin embargo: "El precedente ha devenido el primer argumento de la jurisprudencia constitucional. Un análisis pormenorizado del comportamiento de los tribunales constitucionales lleva a la conclusión de que el fundamento de sus resoluciones es preponderantemente jurisprudencial. La vieja configuración de los Jueces y tribunales como un órgano destinado a la función de ejecutar las leyes es una ficción. La norma constitucional está siendo progresivamente desplazada por el precedente en los considerandos de las sentencias de los tribunales constitucionales" (LAFUENTE BALLE: 51).

Por ello, "hacia el futuro, los libros de derecho constitucional en nuestro país deberán contener *narrativas monográficas* donde se ofrecieran interpretaciones completas y persuasivas de las interrelaciones entre textos constitucionales, legales y derecho judicial" (López Medina: 184).

5.4 Los tipos de sentencias constitucionales

Para comprender la tipología de las sentencias que puede dictar el Tribunal Constitucional es preciso referirse al ordenamiento constitucional italiano. Ello así porque es Italia el país en donde el juez constitucional posee el más variado y sutil abanico de opciones decisorias y porque el mismo es fruto de la propia labor creadora del Tribunal Constitucional italiano que, tras su establecimiento, dedicó sus esfuerzos a ampliar la tipología elemental de sentencias imaginadas por Kelsen (Martin de la Vega).

Siguiendo la doctrina y la jurisprudencia constitucional italianas, es posible afirmar que hay dos clases de sentencias que pueden dictar las jurisdicciones constitucionales: las simples y las complejas. Mediante las *simples*, el Tribunal Constitucional hace de "legislador negativo" como quería Kelsen, es decir, anula legislación, mientras que mediante las *complejas*, hace también de "legislador positivo", o sea, crea derecho. Como bien afirma José Acosta Sánchez, esta tipología "es predicable de cualquier sistema de jurisdicción constitucional […] siendo [únicamente, EJP] la mayor sutileza y proliferación en este orden lo que distingue al sistema italiano" (Acosta Sánchez: 285). El estudio de esta tipología de sentencias introducida por el Tribunal Constitucional italiano es clave pues constituye hoy un acervo invaluable, que enriquece el menú de opciones decisorias a disposición del juez constitucional.

En sentido general, las sentencias que dicta el juez constitucional pueden ser de dos tipos: las *sentencias de admisión* o de anulación (estimatorias) y las *sentencias de rechazo* (desestimatorias). Las primeras son aquellas en las que el juez constitucional acoge, en cuanto la considera fundada, la petición del accionante de declarar inconstitucional una determinada norma y, consecuentemente, la anula. Las segundas son las que dicta el juez cuando desatiende la petición de declaración de inconstitucionalidad al considerarla no fundada.

5.4.1 Sentencias estimatorias. Estas sentencias declaran la inconstitucionalidad de la norma porque la misma vulnera la Constitución y su objetivo es eliminar la respectiva disposición del ordenamiento jurídico mediante una declaratoria de nulidad. Puede ser de dos tipos: declaratoria de inconstitucionalidad simple de carácter parcial y declaratoria de inconstitucionalidad simple de carácter total.

5.4.1.1. Sentencias de inconstitucionalidad simple de carácter parcial. Son éstas las sentencias que declaran la ilegitimidad constitucional de una parte de la disposición –identificada según los apartados, proposiciones o términos singulares de la misma– dejando como válidas las restantes disposiciones contenidas en el texto normativo cuestionado. Tal fue el caso de la sentencia dictada por la Suprema Corte de Justicia cuando declaró inconstitucionales algunas disposiciones de la Ley de Carrera Judicial. (S.C.J. 30 de septiembre de 1998. B.J.1054, Vol. I. 20)

5.4.1.2. Sentencias de inconstitucionalidad simple de carácter total. Estas sentencias afectan la totalidad del texto normativo. Tal es el caso de la declaratoria de inconstitucionalidad de toda una ley por vicios de forma. En este caso, el juez constitucional elimina toda la ley, la cual desaparece del ordenamiento jurídico en su totalidad.

5.4.2 Sentencias desestimatorias. Las sentencias desestimatorias declaran el status de legitimidad constitucional de la ley impugnada. Estas sentencias pueden ser entendidas de modo parcial en el sentido de que se considera constitucionalmente legítima una parte de la disposición. En cualquier caso, sea que se mire la cuestión desde el punto de vista de la sentencia que acoge la acción o que la rechace, el resultado es el mismo: una parte de la disposición será inconstitucional mientras que otra será considerada constitucional.

5.4.3 Sentencias interpretativas. En la República Dominicana, contrario a otros países, donde las sentencias interpretativas han emergido de la practica jurisprudencial, es el propio legislador el que faculta al Tribunal Constitucional "a formular exhortaciones, adicionar o reducir criterios a una norma puesta bajo su análisis, asi como a decidir con carácter vinculante cual es la forma precisa en que debe interpretarse una ley, o en que deben producirse las prácticas en ella fundadas, para que la misma sea conforme a la Constitución" (RODRÍGUEZ 2013: 110). En efecto, el artículo 47 de la LOTCPC dispone que "el Tribunal Constitucional, en todos los casos que conozca, podrá dictar sentencias interpretativas de desestimación o rechazo que descartan la demanda de inconstitucionalidad, declarando la constitucionalidad del precepto impugnado, en la medida en que se interprete en el sentido que el Tribunal Constitucional considera como adecuado a la Constitución o no se interprete en el sentido o sentidos que considera inadecuados. Párrafo I. Del mismo modo dictará, cuando lo estime pertinente, sentencias que declaren expresamente la inconstitucionalidad parcial de un precepto, sin que dicha inconstitucionalidad afecte íntegramente a su texto. Párrafo II. Las sentencias interpretativas pueden ser aditivas cuando se busca controlar las omisiones legislativas inconstitucionales, entendidas en sentido amplio, como ausencia de previsión legal expresa de lo que constitucionalmente debía haberse previsto o cuando se limitan a realizar una interpretación extensiva o analógica del precepto impugnado. Párrafo III. Adoptará, cuando lo considere necesario, sentencias exhortativas o de cualquier otra modalidad admitida en la práctica constitucional comparada".

Varios elementos deben ser resaltados del antes citado texto legal. Primero, la enumeración de tipos de sentencias interpretativas provista por el legislador es simplemente indicativa y enunciativa y no excluye que el Tribunal Constitucional dicte sentencias "de cualquier otra modalidad admitida en la práctica constitucional comparada". Segundo, las sentencias interpretativas pueden ser dictadas por el Tribunal Constitucional no solo en ocasión de las acciones directas en inconstitucionalidad sino "en todos los casos que conozca", criterio que ha sido acogido por el Tribunal Constitucional (Sentencias TC/0010/12, TC/0012/12, TC/0186/13 y TC/0048/19, entre otras). Y, tercero, para la LOTCPC las sentencias interpretativas no solo son las sentencias interpretativas stricto sensu, sino también otras que, como las de exhortación al legislador, no son estrictamente interpretativas. Por eso, a partir de las disposiciones de la LOTCPC y de lo que establece el derecho constitucional comparado respecto a la tipología de sentencias constitucionales conforme sus efectos normativos, podemos dividir los tipos de sentencias constitucionales que dicta el Tribunal Constitucional en dos: (i) las interpretativas stricto sensu y (ii) las interpretativas lato sensu. Veamos en detalle ambas categorías de sentencias…

5.4.3.1 Las sentencias interpretativas stricto sensu. Entendidas en sentido estricto, las sentencias interpretativas actúan directamente sobre el contenido de la disposición normativa restringiendo su alcance, permitiendo al juez constitucional purgar la ley o reglamento cuestionado y reduciendo su capacidad normativa. Según el Tribunal Constitucional español, "las llamadas en parte de la doctrina sentencias interpretativas, esto es, aquellas que rechazan una demanda de inconstitucionalidad o, lo que es lo mismo, declaran la constitucionalidad de un precepto impugnado en la medida en que se interprete en el sentido que el Tribunal Constitucional considera como adecuado a la Constitución, o no se interprete en el sentido (sentidos) que considera inadecuados son, efectivamente, un medio al que la jurisprudencia constitucional de otros países ha recurrido para no producir lagunas innecesarias en el ordenamiento, evitando, al tiempo, que el mantenimiento del precepto impugnado pueda lesionar el principio básico de la primacía de la Constitución" (STC 77/85). Mediante estas sentencias se busca, como ha reconocido el Tribunal Constitucional, evitar "producir lagunas innecesarias en el ordenamiento jurídico y, a la vez, impedir que el mantenimiento de la norma impugnada pueda afectar la supremacía de la Constitución" (Sentencia TC/0467/15).

Estas sentencias pueden a su vez ser de tres clases: *aniquilantes*, cuando reducen a la nada el contenido de la ley que queda "desvitalizada, reducida a una concha vacía, aplicable en apariencia pero en realidad ineficaz" (DI MANNO: 131); *neutralizantes*, cuando solo atenúan el efecto de una disposición; y *alternativas* que son aquellas que separan dos interpretaciones del mismo texto con el fin de expulsar una de ellas del ordenamiento jurídico. La técnica de las sentencias alternativas, propia del Tribunal Constitucional italiano, se distingue de la "interpretación conforme" alemana y de la "interpretación neutralizante" francesa en que la condena de la interpretación excluida figura en la parte dispositiva de la sentencia".

Las sentencias interpretativas pueden ser estimatorias o desestimatorias.

A. Sentencias interpretativas estimatorias. Las sentencias interpretativas estimatorias declaran tanto la inconstitucionalidad de textos como de las normas que se pueden recabar de ellos. Se pueden agrupar a su vez en dos grandes clases: (1) aquellas que declaran la inconstitucionalidad por interpretación errónea o aplicación indebida de una norma en un caso concreto y (2) las que declaran la inconstitucionalidad por los efectos del texto o de la norma cuestionada.

I. Las sentencias que declaran la inconstitucionalidad por interpretación errónea o aplicación indebida de una norma en un caso concreto. En ocasiones el texto de una norma o acto cuya constitucionalidad se cuestiona, no contrarían directamente la Constitución. Sin embargo, su interpretación errónea o su aplicación indebida por las autoridades judiciales y administrativas conllevan a una clara violación constitucional, pues la norma derivada de esta interpretación o aplicación contraría los valores y principios constitucionales. En estos casos, el juez, en lugar de declarar inconstitucional el texto de la disposición de la norma o del acto impugnados, declara inconstitucional la interpretación errónea o la aplicación indebida que las autoridades hacen de ese texto, manteniéndose inalterado y surtiendo todos sus efectos normales el texto de la disposición o del acto de donde se recabó la norma declarada inconstitucional.

Una ilustración de este tipo de sentencias es el de la *Ordinanza* de la Corte Constitucional italiana No. 515 del 10 de diciembre de 1987, mediante el cual se resolvió una cuestión de legitimidad constitucional en relación con el artículo 1.4 de la Ley 76/1981, sobre medidas urgentes para la asistencia sanitaria del personal mercante. Este precepto establecía que los bienes inmuebles pertenecientes a la gestión de las casas marítimas debían ser preceptivamente destinadas al uso de la asistencia sanitaria del personal mercante. Se alegó que la norma implicaba una expropiación gratuita contraria al derecho constitucional de propiedad. La Corte dictaminó que la cuestión era manifiestamente inadmisible al considerar que sería inconstitucional una interpretación del artículo 1.4 de la ley impugnada que sostuviese que la sujeción de aquellos bienes inmuebles a la asistencia sanitaria fuese gratuita.

II. Las sentencias que declaran la inconstitucionalidad por los efectos del texto o de la norma cuestionada. Estas sentencias declaran que un texto o una norma son nulas no porque violen de manera directa la Constitución sino porque su aplicación modifica inconstitucionalmente otra norma del ordenamiento o porque su aplicación conlleva la violación indirecta del parámetro del juicio de constitucionalidad. Tal sería el caso de que por medio de un decreto del Poder Ejecutivo se aumente indirectamente la tarifa de cierto impuesto, lo cual es materia reservada al legislador. Aquí la inconstitucionalidad se manifiesta de modo reflejo ya que los efectos producidos por el decreto sobre la ley, al modificar la tarifa original establecida en ella, hace que aquel resulte inconstitucional. Otro ejemplo sería el de una ley que estableciera que solo pueden ser intermediarios de bienes raíces las personas que se encuentran asociadas a una compañía inmobiliaria, lo cual obligaría a los vendedores de inmuebles a asociarse obligatoriamente a una de las franquicias inmobiliarias existentes para poder ejercer válidamente esa actividad comercial. En este último caso, la norma violaría por sus efectos el derecho de no asociarse que la Constitución les garantiza a todos los individuos.

B. Sentencias interpretativas desestimatorias. En este tipo de sentencias, el tribunal constitucional se pronuncia diciendo que con base en la interpretación que se le ha dado la norma será declarada constitucional. El tribunal fija así la interpretación de la ley que es la única constitucionalmente admisible y que permite la coexistencia de la norma en el sistema constitucional, desestimando la pretensión de ilegitimidad constitucional.

Ejemplo de este tipo de sentencias es una decisión del Consejo Constitucional francés en virtud de la cual falló la constitucionalidad de la Ley por la que se autoriza la aprobación del Convenio de aplicación del *Acuerdo de Schengen*. El recurso de inconstitucionalidad afectó a varios preceptos del Convenio, en especial al artículo 2 (supresión de las fronteras para la circulación de personas) por supuesta vulneración del principio constitucional de la soberanía nacional, en tanto que atentaría al deber del Estado de asegurar el respeto de las instituciones de la República, la continuidad de la vida de la Nación y la garantía de los derechos y libertades de los ciudadanos. El Consejo dictaminó que aquel precepto no era inconstitucional siempre y cuando se interpretase en el sentido de que no supone una modificación de las fronteras que delimitan la competencia territorial del Estado y no modifica el código de nacionalidad francesa (No. 91-294, DC de 5 de julio de 1991).

Un ejemplo dominicano de este tipo de sentencia es la dictada por el Tribunal Constitucional en ocasión de un recurso de revisión de sentencia donde se alegaba la inconstitucionalidad del artículo 37 de la Ley 36 de porte y tenencia de armas, que permite al Ministerio de Interior y Policía revocar las licencias de porte o tenencia de armas. El Tribunal desestimo la pretensión de inconstitucionalidad y estableció que, para que sea conforme a la Constitución, dicho texto "debe interpretarse en el sentido de que el Ministerio de Interior y Policía, debe dar motivos razonables y por escrito cuando revoca una licencia de porte y tenencia de armas de fuego" (Sentencia TC/0010/12).

5.4.3.2 Las sentencias iuterpretativas lato sensu. Las sentencias interpretativas en el sentido amplio incluirían, aparte de las stricto sensu, las sentencias normativas, las sentencias recomendaciones al legislador y las sentencias legislativas. Veamos estos tipos de sentencia en detalle...

A. Sentencias normativas. También conocidas como "creativas", "integradoras", "paralegislativas" o "manipulativas" estas sentencias buscan enriquecer el contenido normativo de la norma cuestionada mediante una extensión de su alcance, que la salva, al ponerla en conformidad con la Constitución. Aunque parte de la doctrina ha cuestionado la legitimidad de estas sentencias interpretativas manipulativas (CASTELLANOS HERNÁNDEZ 2021), lo cierto es que, sin perjuicio de aceptar la necesidad de que el Tribunal Constitucional no invada el espacio de libre discrecionalidad política del legislador, salvo en los casos de manifiesta inconstitucionalidad por acción u omisión legislativa y aplicando siempre y rigurosamente los métodos de interpretación constitucional, sin caer en el malabarismo, el bamboleo, la alquimia y el maltrato constitucional, que conducen a la dictadura judicial, y ejerciendo una especie de *self-restraint*, los fundamentos constitucionales y los alcances de este tipo de sentencias, son más que suficientes para legitimar unas sentencias que, al igual que las demás sentencias interpretativas, son imprescindibles e irrenunciables por razones propias y consustanciales a la existencia misma de los Estados de derecho contemporáneos, en donde la jurisdicción constitucional es locus para la implementación de las políticas públicas constitucionalizadas y convencionalizadas para la realización efectiva de los derechos fundamentales. Tal como lo ha dicho la Corte Constitucional de Colombia:

"La *sentencia integradora* es una modalidad de decisión por medio de la cual el juez constitucional, en virtud del valor normativo de la Carta, proyecta los mandatos constitucionales en la legislación ordinaria, para de esa manera integrar aparentes vacíos normativos o hacer frente a las inevitables indeterminaciones del orden legal. En ello reside la función integradora de la doctrina constitucional, cuya obligatoriedad como fuente de derecho, ya ha sido reconocida por esta Corporación. Y no podía ser de otra forma, porque la Constitución no es un simple sistema de fuentes sino que es en sí misma una norma jurídica, y no cualquier norma, sino la norma suprema, por lo cual sus mandatos irradian y condicionan la validez de todo el ordenamiento jurídico [...]. De otro lado, este tipo de decisiones integradoras también encuentra fundamento en el principio de efectividad [...], puesto que los órganos del Estado en general, y los jueces y la Corte Constitucional en particular, deben buscar, en sus actuaciones, hacer realidad los principios, derechos y deberes constitucionales así como el orden de valores que la Constitución aspira a instaurar. Es, pues, natural que los jueces, y en particular el juez constitucional, integren en sus sentencias los mandatos constitucionales [...]. Finalmente, estas sentencias integradoras encuentran fundamento en la propia función de la Corte Constitucional en la guarda de la supremacía e integridad de la Carta [...]. En efecto, en muchas ocasiones una sentencia de simple exequibilidad o inexequibilidad resulta insuficiente, ya que ella podría generar vacíos legales que podrían hacer totalmente inocua la decisión de la Corte. En tales casos, la única alternativa para que la Corte cumpla adecuadamente su función constitucional es que, con fundamento en las normas constitucionales, ella profiera una sentencia que integre el ordenamiento legal con el fin de crear las condiciones para que la decisión sea eficaz. Como vemos, las sentencias integradoras tienen un múltiple y sólido fundamento constitucional, lo cual explica que esta modalidad de decisión no sea nueva en la jurisprudencia constitucional colombiana, ni en el derecho constitucional comparado. Así el Tribunal Constitucional italiano ha recurrido en numerosas ocasiones a decisiones de este tipo, que la doctrina de ese país ha denominado sentencias aditivas, sustitutivas o integradoras" (C-109 de 1995).

Estas sentencias se subdividen en tres subcategorías: las aditivas, las sustractivas y las sustitutivas.

I. Las sentencias aditivas. La sentencia aditiva añade o amplía literalmente el texto normativo cuestionado. Esta es una técnica utilizada por el juez constitucional para controlar las carencias de la ley y las omisiones del legislador (Sentencia TC/0161/13). El Tribunal Constitucional ha dictado este tipo de sentencias en varios casos: en la Sentencia TC 12/12, el Tribunal Constitucional estableció que no solo los sobrevivientes de un matrimonio con un o una militar gozarían de pensión sino también aquellos sobrevivientes "de una unión marital de hecho"; en la Sentencia TC/0170/16, ante una acción directa de inconstitucionalidad contra el artículo 15 de la Ley núm. 307 que crea el INPOSDOM, el Tribunal condiciona la conformidad con la Constitución de la norma impugnada a que se prevea que la inembargabilidad de los bienes del INPOSDOM no aplica en caso de créditos salariales "o de naturaleza laboral debidamente reconocidos por sentencias que hayan adquirido la autoridad de la cosa irrevocablemente juzgada"; en la Sentencia TC/0135/20, respecto del artículo 16.9, párr. I de la Ley núm. 631-16, el Tribunal incluyó entre los sujetos beneficiados a "los jueces de todos los tribunales y los miembros del Ministerio Público", pasando entonces a ser titulares del derecho "al porte y tenencia de armas" de por vida, "sin más requisito que su identificación y la identificación de las armas que registrarán en el Ministerio de Interior y Policía"; en la Sentencia TC/0482/20, los jueces constitucionales especializados procedieron a "acoger –en relación con estas disposiciones [los artículos 111 de la Ley núm. 15-19, Orgánica de Régimen Electoral, y 18 y 2 del Reglamento para el voto del dominicano en el exterior, emitido por el Pleno de la JCE el 5 de junio de 2019] y no las atacadas originalmente- la presente acción y, por consiguiente, declarar mediante sentencia interpretativa aditiva la lectura conforme que deberá consignarse en ambas disposiciones"; en la Sentencia TC/0484/16, en relación a los artículos 4 (numeral 2), 10, 2 (numeral 13), 40 y 88 de la Ley núm. 172-13 sobre protección de datos personales; y en la Sentencia TC/0146/21, respecto al artículo 75, numeral 1, de la Ley núm. 33-18 de Partidos, Agrupaciones y Movimientos Políticos, el Tribunal determinó que la norma, para resultar conforme con la Constitución, debe ser interpretada en el sentido de que la disolución de la personería jurídica de un partido político solo procede si dicho partido no ha obtenido al menos el 1% de los votos válidos emitidos en cierto torneo electoral, ni representación congresual.

II. Las sentencias sustractivas. Las sentencia sustractivas o reductoras "son aquellas que señalan que una parte (frases, palabras, líneas, etc.) del texto cuestionado es contraria a la Constitución, y ha generado un vicio de inconstitucionalidad por su redacción excesiva y desmesurada", por lo que "ordena una restricción o acortamiento de la 'extensión' del contenido normativo de la ley impugnada (Sentencia TC/0093/12). Modelos paradigmáticos de este tipo de sentencias son la dictada por el Tribunal Constitucional para eliminar de un decreto presidencial el texto que establecía que para ser beneficiario de ventas sociales del Estado no se podía sobrepasar la edad de 70 años (Sentencia TC/0093/12) y la pronunciada respecto de la parte del artículo 8.5.1.1 de las "Normas particulares para la habilitación de los establecimientos farmacéuticos", dictada por el Ministerio de Salud Pública, por vulneración del derecho a la libertad de empresa cifrada en una irrazonable composición de la "Junta de Farmacias" (TC/0188/20), por solo citar dos ejemplos ilustrativos (ver también Sentencias TC/0266/13, TC/0001/15, TC/0171/16, TC/0214/19 y TC/0135/20).

III. Las sentencias sustitutivas. Las sentencias sustitutivas son aquellas que estiman la acción y alteran el contenido normativo de la disposición impugnada, sustituyendo la norma contraria a la Constitución por otra acorde a la Constitución. Estas sentencias se parecen a las aditivas pues en ambos tipos de sentencias el juez constitucional crea una norma inferida de la cuestión. Sin embargo, las diferencia una distinción fundamental: en las aditivas, el tribunal no modifica la disposición impugnada, sino que se limita a añadir la norma creada *ex novo*, mientras que, en las sustitutivas, la norma de creación jurisprudencial sustituye a la norma declarada inconstitucional en la disposición impugnada. Ejemplo de este tipo de sentencias es la TC/0214/19.

B. Sentencias recomendaciones al legislador y sentencias legislativas. Estas sentencias, en lugar de declarar la nulidad de una disposición considerada contraria a la Constitución, otorgan un determinado *plazo al legislador* para que reforme la ley impugnada, a fin de que elimine la parte incompatible con la Carta Sustantiva. Para combatir la previsible indiferencia del legislador a la exhortación del juez constitucional, es posible, como se hace en Italia, dictar una primera sentencia donde se advierte al legislador que si no se llevan a cabo las recomendaciones del juez constitucional, sería dictada una segunda sentencia en que se declarará la inconstitucionalidad de la norma cuestionada. La primera es una *sentencia desestimatoria condicionada* a la realización de la modificación ordenada al legislador y la segunda es una *sentencia estimatoria* que se dicta en caso de que el legislador no cumpla con las pautas o directrices trazadas por el juez constitucional. En Alemania y Austria, se acostumbra a disponer en la propia sentencia exhortativa que si el legislador no cumple con el mandato del juez dentro del plazo dado entonces la norma cuestionada quedará ipso facto anulada a partir del incumplimiento de aquel. En este caso, estamos en presencia de una sentencia de inconstitucionalidad cuya eficacia anulatoria está sujeta a una condición suspensiva. Este fue el caso de la Sentencia TC/0110/13, en la que el Tribunal Constitucional exhorta al legislador a adoptar en un plazo de 2 años la regulación de la ejecución de las sentencias por el Poder Judicial, para dar cumplimiento así a los mandatos constitucionales, entrando en vigor la inconstitucionalidad de las normas reglamentarias que permiten al Ministerio Publico conceder el auxilio de la fuerza pública para la ejecución de las sentencias en el caso de que el legislador no adopte la normativa que exhorta el Tribunal Constitucional a adoptar.

Son sentencias exhortativas aquellas que contienen *directrices dirigidas a las autoridades* aplicadoras de la ley, es decir, a la Administración y a los jueces ordinarios. Estas buscan señalar, a la manera en que se señalan con balizas las aguas navegables y los aeródromos, la norma a la luz de la Constitución. Se trata de sentencias que, al tiempo de declarar la inconstitucionalidad de una ley no reparan la omisión legislativa sino que se limitan a plantear un principio en virtud del cual la laguna legislativa debe ser cubierta tanto por el legislador como por la Administración o los jueces. Este tipo de sentencias, denominadas sentencias-leyes, programáticas o prescriptivas, no se limitan a una sutil recomendación o invitación al legislador, sino que fija los criterios normativos con base en los cuales el legislador ha de elaborar las leyes. El legislador pasa así a una especie de función de legislador delegado, en donde únicamente le restaría hacer la norma dando cumplimiento a los requisitos establecidos por el tribunal constitucional. Estas sentencias, como todas las sentencias constitucionales, vinculan a todos los poderes públicos y en particular a quien van especialmente dirigidas, el legislador.

El Tribunal Constitucional, en ocasión de una revisión de una decisión de un juez de amparo, dictó una sentencia exhortativa, destinada al Procurador General de la Republica, en la que recomienda a dicha autoridad a que ponga en vigor "un protocolo de regulación de las entradas y salidas de defensores públicos y abogados interesados en prestar servicios profesionales a los detenidos", dando incluso las pautas que dicho protocolo debe seguir a fin de garantizar "la integridad y seguridad física de los detenidos" (Sentencia TC/0018/12). Asimismo, en la Sentencia TC/0110/13, el Tribunal Constitucional exhorta al legislador a aprobar una ley que regulase la ejecución de las sentencias por parte de los tribunales, difiriendo la inconstitucionalidad de las normas reglamentarias que autorizan al Ministerio Publico a conceder la fuerza pública para la ejecución de las sentencias. En la Sentencia TC/0189/15 el Tribunal Constitucional exhortó al legislador a dictar una ley de indultos.

5.5 El costo de las sentencias constitucionales

Todas las sentencias cuestan al Estado y tienen directa o indirectamente un impacto presupuestario. Sin embargo, el impacto económico de las sentencias constitucionales es mayor por el carácter *erga omnes* de la decisión, por el rol del precedente constitucional en el sistema de fuentes y por la naturaleza prestacional de muchos de los derechos fundamentales, en especial los derechos sociales. Esto es evidente en relación a las *sentencias de anulación aditiva de prestación* (ej. "la ley es inconstitucional en la parte en la cual no contempla una determinada actividad o una determinada erogación"). La cuestión es determinar si las disposiciones presupuestarias de la Constitución aplican a las sentencias constitucionales. En efecto, dichos textos disponen, respectivamente, que "ninguna erogación de fondos públicos será válida, si no estuviere autorizada por la ley y ordenada por funcionario competente" y que "no tendrá efecto ni validez ninguna ley que ordene o autorice en pago o engendre una obligación pecuniaria a cargo del Estado, sino cuando esa misma ley identifique o establezca los recursos necesarios para su ejecución" (artículos 236 y 237). Consideramos que cuando el Tribunal Constitucional mediante sentencia constitucional declara inconstitucional una ley que confiere asistencia social a los pobres residentes en las ciudades en discriminación de los pobres que viven en el campo, y ordena que sean incluidos en los beneficios de la ley los pobres residentes en el campo, esta sentencia es perfectamente constitucional y corresponde a los poderes públicos competentes llenar los trámites legales y constitucionales necesarios para hacer frente a las consecuencias financieras de la sentencia. Esta sentencia no presentaría mayores problemas si tan solo amplía el espectro de beneficiarios de la ley. Pero si la Constitución garantiza un mínimo, no hay dudas que la sentencia acarrearía gastos mayores para el Estado, al aumentar el número de beneficiarios de la ley. Pero "el resultado que hay que perseguir, cuando se tenga que ver efectivamente con derechos constitucionales primarios, no es el de ahorrar sino el de proteger los derechos de todos, todos del mismo modo" (ZAGREBELSKY 2004: 135). En todo caso, no debemos olvidar, sin embargo, que es deber de los jueces, muy especialmente los del Tribunal Constitucional, tener en cuenta las consecuencias políticas, económicas y sociales de sus decisiones, pues, definitivamente, no cabe dentro de las atribuciones del Tribunal Constitucional, la de "condenar al Estado a su ruina en nombre del Derecho" (FERNÁNDEZ SEGADO 2013: 961).

5.6 La ejecución de las sentencias del Tribunal Constitucional

La creación y expansión de la justicia constitucional en manos del Tribunal Constitucional ha conllevado la creciente atención de doctrina y jurisprudencia a una de las carencias más notorias en todo Estado que se precie ser un Estado de derecho: el incumplimiento de las decisiones del órgano supremo de justicia constitucional especializada. Son varios los supuestos de incumplimiento de una sentencia constitucional: el incumplimiento total o parcial de la sentencia, el cumplimiento tardío de esta y la reiteración del acto considerado lesivo del derecho fundamental (VARGAS GUERRERO: 684-686). En todos esos supuestos, el incumplimiento de las sentencias constitucionales acarrea la violación del derecho a una tutela judicial efectiva -que implica "que la sentencia sea ejecutada" (Sentencia TC/0127/13)-, la puesta en tela de juicio del principio de supremacía constitucional -pues "si un mandato constitucional pudiera ser eludido por los poderes públicos y los órganos del Estado a los que va dirigido su acatamiento, bajo argumento contrario a la realidad procesal incontrovertible establecida por el órgano habilitado para ello, entonces la supremacía no residiría en la Constitución sino en sus destinatarios, produciendo la quiebra del sistema de justicia constitucional" (Sentencia TC/0360/17)-, la vulneración del derecho a la seguridad jurídica, la efectividad del derecho fundamental material objeto del litigio constitucional, la erosión del fin esencial del Estado social y democrático de Derecho, que no es más que la protección efectiva de los derechos fundamentales (SALCEDO CAMACHO: 487-490), y, en fin, la subversión del orden constitucional (Sentencia TC/0271/18).

Ante esta problemática, la doctrina -que ha estudiado incluso la misma desde una perspectiva comparada (FRANCO: 968-988)- ha descrito los diversos mecanismos que existen para lograr la ejecución de las sentencias constitucionales: (i) la operación de una Unidad de Seguimiento de la Ejecución de las Sentencias como la creada por la Resolución TC/0001/18 del Tribunal Constitucional para investigar y atender las solicitudes tendentes a resolver las dificultades de ejecución o el incumplimiento de las sentencias del Tribunal Constitucional, solicitudes cuyo "auténtico propósito [...] no es la imposición de sanciones al obligado por su desobediencia frente a lo ordenado; sino que su objetivo es lograr el cumplimiento efectivo de lo juzgado que se encuentra pendiente de ser ejecutado", según ha establecido el propio Tribunal Constitucional (Sentencia TC/0008/21); (ii) la imposición de sanciones penales por desacato, infracción que no ha sido tipificada todavía en nuestra legislación penal, aunque se contempla en el proyecto de Código Penal pendiente en el Congreso Naciona; (iii) la imposición de astreintes para constreñir a la ejecución de lo decidido; (iv) la responsabilidad administrativa, civil y penal de las personas causantes de la inejecución; (v) la configuración de una acción "de" o "por" incumplimiento, como existe en Colombia, Perú y Bolivia, para lograr la ejecución de las sentencias; (vi) la participación del Defensor del Pueblo para la ejecución de las sentencias, aun cuando sus dictámenes no son vinculantes sino solo persuasivos. Los estudiosos de esta preocupante problemática han propuesto una modificación de la LOTCPC a fin de que el legislador consagre o fortalezca algunos de estos mecanismos de ejecución, sugiriendo, además, que el Tribunal Constitucional exhorte al Congreso Nacional a adoptar una legislación sobre la base de los mecanismos antes sumariamente esbozados (PEÑA PÉREZ: 658-703). Es posible incluso que, como acertadamente han sugerido algunos doctrinarios, el Tribunal Constitucional, siguiendo el modelo alemán, se comporte como *señor de la ejecución*" y asuma "la potestad jurisdiccional de dictar en la propia decisión todo lo relativo a la ejecución de la misma" así como la de regular jurisprudencialmente dicha potestad (FRANCO: 974 y 982).

Sin perjuicio de los antes mencionados mecanismos de ejecución existentes y los que se puedan consagrar o fortalecer legislativamente, la clave para combatir el incumplimiento estructural de las sentencias constitucionales, que puede devenir en un "estado de cosas inconstitucional" si el incumplimiento se generaliza en lugar de ser episódico o excepcional, parecería residir, además, en la consolidación en las autoridades del Estado y en la ciudadanía de una *cultura constitucional* de respeto y cumplimiento de los mandatos constitucionales. A fin de cuentas "corresponde a las autoridades públicas, poderes y órganos del Estado, la principal responsabilidad de garantizar el cumplimiento de los fallos constitucionales. Y es que, ni la supremacía de la Constitución, ni la defensa del orden constitucional, ni los derechos fundamentales de los ciudadanos reconocidos o declarados en una sentencia, serían efectivos si la administración no se somete a la Constitución y a la ley" (Ray Guevara: 13). En este sentido, el Tribunal Constitucional, como Alta Corte con la última palabra en materia constitucional dentro del poder jurisdiccional, es decir, "como órgano de cierre del sistema de justicia constitucional" (Sentencia TC/0360/17), no escapa a una condición inherente de todo órgano jurisdiccional y que fue resaltada por Hamilton en *El Federalista 78*, el poder judicial "no influye ni sobre las armas, ni sobre el tesoro; no dirige la riqueza ni la fuerza de la sociedad, y no puede tomar ninguna resolución activa. Puede decirse con verdad que no posee fuerza ni voluntad, sino únicamente discernimiento, y que ha de apoyarse en definitiva en la ayuda del brazo ejecutivo hasta para que tengan eficacia sus fallos". Esta colaboración del Poder Ejecutivo -y de los demás poderes y órganos del Estado- en el cumplimiento de las decisiones del Tribunal Constitucional, que jurídico-constitucionalmente son vinculantes para todos los poderes y órganos públicos, puede inducirse y sancionarse mediante mecanismos legales y jurisdiccionales pero, a la larga, y no obstante que la jurisdicción constitucional especializada puede reclamar para sí un mayor rol político que la jurisdicción ordinaria, es, a fin de cuentas, la consolidación de una cultura constitucional de cumplimiento de los fallos constitucionales y la *sanción social del escarnio público* impuesta a quienes instrumenten dicho incumplimiento, facilitados por -y sostenidos en- el valor del razonamiento de los jueces constitucionales y la legitimidad de su proceso de deliberación público y participativo, más que por la mera autoridad de dichos magistrados y de su Tribunal, lo que hará que estos fallos se cumplan efectivamente, garantizándose de ese modo la supremacía constitucional y los derechos fundamentales de las personas.

6. EL CONTROL DIFUSO DE CONSTITUCIONALIDAD Y CONVENCIONALIDAD EJERCIDO POR LOS ÓRGANOS ESTATALES NO JURISDICCIONALES

La gran mayoría de los ciudadanos estamos familiarizados con el control de constitucionalidad que llevan a cabo los jueces del poder jurisdiccional del Estado, es decir, los magistrados del Poder Judicial, el Tribunal Constitucional y el Tribunal Superior Electoral. Ese control jurisdiccional de constitucionalidad permite a los jueces inaplicar o desaplicar las normas, sean leyes, reglamentos o cualquier otra fuente del derecho que resulte ser inconstitucional y al Tribunal Constitucional le faculta para declarar inconstitucional cualquier norma que contradiga nuestra Carta Sustantiva. Pero... ¿es cierto que solo los jueces pueden desaplicar por inconstitucionales o declarar inconstitucionales las normas? Veamos...

La doctrina y la jurisprudencia tradicionalmente ha establecido que el control de constitucionalidad es *monopolio exclusivo de los jueces* porque se entiende que permitirle al Poder Ejecutivo desaplicar normas por inconstitucionales sería convalidar la potestad ejecutiva de evadir el cumplimiento de las normas, en particular de las leyes emanadas del Poder Legislativo. El anterior argumento, podríamos más bien decir dogma jurídico o, en verdad, artículo de fe, sostenido por importante doctrina (Rodríguez 2021), no se sostiene, sin embargo, si examinamos los preceptos constitucionales que norman la actividad ejecutiva y, en especial, la actividad de la Administración, tal como ha señalado parte de la doctrina dominicana (Medina, León Morel & Liranzo).

En efecto, la Constitución establece que la Administración debe actuar siempre con *"sometimiento pleno al ordenamiento jurídico del Estado"* (artículo 138), o sea, con sometimiento pleno a la ley del Congreso, a los reglamentos que dicta la propia Administración, y, en sentido general, a toda fuente del derecho, sobre todo, la Constitución, pues, tal como esta última dispone, "todas las personas y los órganos que ejercen potestades públicas están sujetos a la Constitución, norma suprema y fundamento del ordenamiento jurídico del Estado" (artículo 6). Partiendo de estos textos constitucionales es obvio que la Administración no puede escapar a su sometimiento a la Constitución argumentando que le es vedado desaplicar una norma por inconstitucional porque estaría violando el principio de legalidad.

Esto en nada afecta el *control jurisdiccional posterior* que los tribunales deben llevar a cabo de la actividad administrativa, mediante el cual es perfectamente posible constatar si el juicio administrativo sobre la constitucionalidad de la norma es correcto o incorrecto, deduciendo de ello las consecuencias de lugar. Este control jurisdiccional de la constitucionalidad desemboca en el Tribunal Constitucional que es el órgano constitucional extra poder que tiene la última palabra en materia constitucional. En todo caso, el riesgo que los ciudadanos asumen frente a una Administración que se niega a aplicar una disposición normativa por considerarla inconstitucional es el mismo que toma frente a autoridades administrativas que violan la ley en detrimento de las personas. En ambos casos, los particulares afectados pueden y deben ejercer los recursos tanto administrativos como jurisdiccionales que el ordenamiento estructura para de ese modo anular la decisión administrativa. Y son los tribunales, y finalmente el Tribunal Constitucional, los que tendrán la última palabra sobre la constitucionalidad de las normas en cuestión y los que evitarán al final que reine la inseguridad jurídica al proveer mediante el control de casación en la Suprema Corte de Justicia y la potestad de revisar sentencias jurisdiccionales firmes por el Tribunal Constitucional la uniforme interpretación de la ley y de la Constitución, garantizando así la certidumbre jurídica y la confianza legitima de los ciudadanos.

Lógicamente, antes de ejercer un control represivo de constitucionalidad que conduzca a la desaplicación de la norma en cuestión, la Administración debe tratar de proveer una *interpretación de la norma conforme a la Constitución* y, en el caso de los derechos fundamentales, deberá aplicar la norma más favorable a la persona sea de rango constitucional, supranacional o convencional o, incluso, de carácter infraconstitucional. En todo caso, lo que el órgano estatal no jurisdiccional hace no es declarar inconstitucional una norma, potestad exclusiva con carácter erga omnes del Tribunal Constitucional y con efectos inter partes por los tribunales, sino desaplicar para el caso en cuestión la norma reputada inconstitucional y aplicar directamente la Constitución o la interpretación administrativa de la norma tachada de inconstitucional que resulte ser, a su juicio, conforme con la Constitución.

El control administrativo o ejecutivo de la constitucionalidad de las normas puede consistir en un *control de convencionalidad* que desplace una norma inconvencional por una norma convencionalmente admisible, es decir, conforme a los instrumentos internacionales de derechos humanos. Al respecto, la Corte IDH ha sido clara en cuanto a que "las obligaciones convencionales de los Estados Parte vinculan a todos los poderes y órganos del Estado, es decir, que todos los poderes del Estado –Ejecutivo, Legislativo, Judicial, u otras ramas del poder público– y otras autoridades públicas o estatales, de cualquier nivel, incluyendo a los más altos tribunales de justicia de los mismos, tienen el deber de cumplir de buena fe con el derecho internacional". El control de convencionalidad constituye, en consecuencia, para los jueces interamericanos "'una obligación' de toda autoridad de los Estados Parte de la Convención de garantizar el respeto y garantía de los derechos humanos", de "toda autoridad pública y todos sus órganos, incluidas las instancias democráticas, jueces y demás órganos vinculados a la administración de justicia en todos los niveles". Es un control, por demás, que las autoridades vienen obligadas "a ejercer *ex oficio*", control de oficio "que es función y tarea de cualquier autoridad pública y no sólo del Poder Judicial" (Corte IDH, *Gelman vs. Uruguay*, del 20 de marzo de 2013, Serie C, No 221).

Muchos juristas se rasgan las vestiduras ante la validez constitucional del *control ejecutivo de constitucionalidad* pero lo cierto es que, si uno estuviera preso, y le van a aplicar una ley aprobada por unanimidad en referendo donde participó el 100% del padrón electoral, que no fue vetada por el Presidente de la República, y que establece que todas las semanas, a fin de descongestionar las cárceles, hay que fusilar a un preso seleccionado al azar, ley que, a pesar de que viola la proscripción constitucional y convencional de la pena de muerte, fue declarada constitucional por el Poder Judicial y el Tribunal Constitucional, uno estuviese muy contento si la autoridad penitenciaria se niega a aplicar dicha ley el día que la lotería seleccione a uno como el preso a ser fusilado, ejerciendo así dicha Administración su legítima facultad de desaplicar normas manifiestamente inconstitucionales.

El anterior ejemplo, provisto con fines meramente ilustrativos, no significa que el control difuso de constitucionalidad ejercido por los órganos no jurisdiccionales solo sea admisible cuando estemos en presencia de una norma manifiestamente inconstitucional. No. El mismo procede también cuando el órgano administrativo determina que la norma a aplicar vulnera un *precedente constitucional vinculante* o cuando la Administración entiende que la aplicación de la norma conllevaría efectos discriminatorios –lo que la obligaría a ampliar el ámbito de los beneficiados por la norma– o vulneraría derechos fundamentales. Y es que, en verdad, no existe una guía hermenéutica que permita determinar cuando estamos frente a una "inconstitucionalidad manifiesta". Más aún, "no debemos engañarnos y esperar leyes manifiestamente inconstitucionales [...] Hoy en día las inconstitucionalidades no se dan de manera clara e incontrovertible. Si la Constitución es un orden abierto de valores, indeterminado y determinable, entonces será cualquier cosa menos algo claro que una ley sea inconstitucional" (Castillo Cordova: 39).

Aunque en Perú, país pionero en el reconocimiento jurisprudencial del control de constitucionalidad difuso administrativo, el Tribunal Constitucional mediante precedente vinculante recaído en la STC Exp. N° 04293-2012-PA/TC, decidió dejar sin efecto el precedente vinculante de la STC Exp. N° 03741-2004-PA/TC, que facultaba a todo tribunal u órgano colegiado de la administración pública a inaplicar una disposición infraconstitucional si la consideraba vulneradora de la Constitución, es decir, a emplear el *control difuso en sede administrativa*, como referente del Derecho comparado de control difuso administrativo de constitucionalidad encontramos la jurisprudencia de los Estados Unidos, ordenamiento en donde se inventó el *judicial review* y donde se reconoce que "en el cumplimiento de sus atribuciones constitucionales cada rama de gobierno debe inicialmente interpretar la Constitución" (*United States v. Nixon*, 418 U.S. 683, 703 [1974]). De ahí que, aunque la misión constitucional del Poder Ejecutivo es cumplir y hacer cumplir la ley, debe siempre velar porque la ley suprema, la ley de leyes, la Constitución, sea observada. De modo que, en los casos en que el Presidente perciba un conflicto entre la Constitución y una ley que debe ejecutar, debe ignorar la última y aplicar la Constitución (*Freytag v. Commissioner*, 501 U.S. 868, 906 [1991]).

BIBLIOGRAFÍA

Aarnio, Aulis. *Lo racional como razonable*. Madrid: Centro de Estudios Políticos y Constitucionales, 1991.

Ackerman, Bruce. *We the People 2: Transformations*. Cambridge: Cambridge University Press, 1998.

Acosta de los Santos, Hermógenes. *El Tribunal Constitucional dominicano y los procesos constitucionales*. Santo Domingo: Tribunal Constitucional de la República Dominicana, 2020.

_____. *El control de la constitucionalidad como garantía de la supremacía de la Constitución*. Santo Domingo: Unapec, 2010.

Acosta Sánchez, José. *Formación de la Constitución y jurisdicción constitucional*. Madrid: Tecnos, 1998.

Albanese, Susana (coordinadora). *El control de convencionalidad*. Buenos Aires: Ediar, 2008.

Alexy, Robert. *Ensayos sobre la teoría de los principios y el juicio de proporcionalidad*. Lima: Palestra, 2019.

_____. "Los derechos fundamentales en el Estado Constitucional Democrático. En Miguel Carbonell (ed.). *Neoconstitucionalismo(s)*. Madrid: Trotta, 2003.

_____. *Teoría de la argumentación jurídica*. Madrid: Centro de Estudios Políticos y Constitucionales, 1997.

Álvarez Valdez, Francisco. "Necesidad de vincular los controles concentrado y difuso de constitucionalidad de la norma". En *Gaceta Judicial*. No. 288. Noviembre 2010.

American Bar Association. "Guía para evaluar las cualidades de los candidatos a jueces". *En Revista de Ciencias Jurídicas*. Pontificia Universidad Católica Madre y Maestra. No. 27. Octubre 1986.

Aragón Reyes, Manuel. *Estudios de Derecho Constitucional*. Madrid: Centro de Estudios Políticos y Constitucionales, 2009.

Atienza, Manuel. *El Derecho como argumentación*. Madrid: Ariel, 2006.

Autexier, Christian. *Introduction au Droit Public allemand*. París: PUF, 1997.

Ayala Corao, Carlos. *Del diálogo jurisprudencial al control de convencionalidad*. Caracas: Editorial Jurídica Venezolana, 2012.

Ayuso, José Alejandro. "Una aproximación a la inconvencionalidad por omisión en el ordenamiento constitucional dominicano". En Eduardo Jorge Prats (dir.). *Las bases constitucionales e históricas del derecho publico. Liber Amicorum. Wenceslao Vega*. Santo Domingo: Instituto Dominicano de Derecho Constitucional / Librería Jurídica Internacional, 2023.

Bagni, Silvia. *Justicia constitucional y procesos constituyentes*. Santiago de Chile: Ediciones Olejnik, 2017.

Bagni, Silvia y Matteo Nicolini. *Justicia constitucional comparada*. Madrid: Centro de Estudios Políticos y Constitucionales, 2021.

Balaguer Callejón, Francisco y otros. *Derecho Constitucional*. Vol. II. Madrid: Tecnos, 1999.

Bazán, Víctor. *Control de las omisiones constitucionales e inconvencionales*. Bogotá: Fundación Konrad Adenauer / Ediciones Nueva Jurídica, 2017.

_____. "En torno al *amicus curiae*". En *Revista Oficial del Poder Judicial*. Año 3. No. 5. 2009.

Bickel, Alexander. *The Least Dangerous Branch*: The Supreme Court and the Bar of Politics. New Haven: 1986.

Bidart Campos, Germán. *Manual de la Constitución reformada*. Tomo III. Buenos Aires: Ediar, 1997.

Bidart Campos, Germán. "El acceso a la justicia, el proceso y la legitimación. En *La legitimación. Homenaje a Lino Palacio*. Buenos Aires: Abeledo-Perrot, 1996.

Blasco Soto, María del Carmen. *La sentencia en la cuestión de inconstitucionalidad*. Barcelona: Bosch, 1995.

Bordalí Salamanca, Andrés. "La función judicial de defensa del orden constitucional". En Eduardo Ferrer Mac-Gregor (coord.). *Derecho Procesal Constitucional*. México: Porrúa, 2006.

Brewer-Carías, Allan. *Tratado de derecho constitucional. Justicia constitucional y jurisdicción constitucional*. Tomo XII. Caracas: Fundación de Derecho Público / Editorial Jurídica, 2017.

_____. "Los actos sujetos al control por parte del Tribunal Constitucional en República Dominicana y el necesario deslinde entre la jurisdicción constitucional y la jurisdicción contencioso-administrativa". En Tribunal Constitucional de la República Dominicana. *Anuario 2012*. Santo Domingo: Impresora AMSI, 2013.

_____. *Derecho Procesal Constitucional. Instrumentos para la justicia constitucional*. San José: Editorial Investigaciones Jurídicas, 2012.

_____. "El sistema de justicia constitucional en la República Dominicana y la Ley Orgánica del Tribunal Constitucional y de los Procedimientos Constitucionales". En Eduardo Ferrer Mac-Gregor y Eduardo Jorge Prats (coordinadores). *VII Encuentro Iberoamericano de Derecho Procesal Constitucional*. Santo Domingo: Comisionado de Apoyo a la Reforma y Modernización de la Justicia, 2011.

_____. "Nuevas reflexiones sobre el papel de los tribunales constitucionales en la consolidación del Estado democrático de derecho: defensa de la Constitución, control del poder y protección de los derechos humanos". En Francisco Fernández Segado (coord.). *Dignidad de la persona, derechos fundamentales, justicia constitucional*. Madrid: Dykinson, 2008.

_____. *La justicia constitucional (procesos y procedimientos constitucionales)*. México: Porrúa, 2007.

_____. "La jurisdicción constitucional en América Latina". En Domingo García Belaunde y Francisco Fernández Segado (eds.) *La jurisdicción constitucional en Iberoamérica*. Madrid: Dykinson, 1997.

Burgoa, Ignacio. *El juicio de amparo*. México: Porrúa, 1997.

Calamandrei, Piero. *Estudios sobre el proceso civil*. Buenos Aires: Editorial Depalma, 1962.

_____. *Proceso y democracia*. Buenos Aires: Ediciones Jurídicas Europa – América, 1960.

Cappelletti, Mauro. *La justicia constitucional*. México: Porrúa, 1987.

_____. "Necessité et legitimité de la justice constitutionnelle". En Revue International de Droit Comparé. 1981.

_____. *La jurisdicción constitucional de la libertad*. México: UNAM, 1961.

Castellanos Hernández, Pedro J. "El peso específico del voto particular: un argumento a favor de su concepción como deudor del deber de motivación". En Eduardo Jorge Prats (dir.). *Las bases históricas y constitucionales del derecho público. Liber Amicorum. Wenceslao Vega B.* Santo Domingo: Instituto Dominicano de Derecho Constitucional / Librería Jurídica Internacional, 2023.

_____. "Sobre la problemática legitimidad de las sentencias interpretativas manipulativas en el control concentrado de constitucionalidad". En Tribunal Constitucional de la República Dominicana. *Anuario 2020*. Santo Domingo: Editora Búho, 2021.

Castillo Córdova, Luis. *Administración Pública y control de la constitucionalidad de las leyes. ¿Otro exceso del TC?*. Lima: Diálogo con la Jurisprudencia N° 98, 2007.

Cruz Ayala, Hernán. "Estudio acerca de la competencia de los tribunales dominicanos en materia de constitucionalidad". En Estudios Jurídicos. 1 (2). 1967.

Catrain, Salvador. "No existe el control previo de constitucionalidad en República Dominicana". En *Gaceta Judicial*. No. 121. 29 de noviembre al 14 de diciembre de 2001.

Cocarico Lucas, Edwin Santiago. « La distinción entre disposición y norma: hacia una comprensión de las sentencias interpretativas y el objeto del control de constitucionalidad ». En *Ciencia y Cultura* N° 35. Diciembre 2015.

Conde Jiminián, Jimena. "El activismo judicial de los Tribunales Constitucionales y el principio de separación de poderes". En Eduardo Jorge Prats (dir.). *La organización del poder para la libertad. Liber Amicorum. Milton Ray Guevara.* Santo Domingo: Librería Jurídica Internacional / Instituto Dominicano de Derecho Constitucional, 2020.

Couture, Eduardo. *Fundamentos del Derecho Procesal Civil.* Buenos Aires: Depalma, 1981.

_____. "Las garantías constitucionales del proceso civil". En *Estudios de Derecho Procesal Civil.* Tomo I. Buenos Aires: Editorial Depalma, 1978.

Cruceta, José Alberto. "La naturaleza del Derecho Procesal Constitucional". En Eduardo Ferrer Mac-Gregor y Eduardo Jorge Prats (coords.). *VII Encuentro Iberoamericano de Derecho Procesal Constitucional.* Santo Domingo: Comisionado de Apoyo a la Reforma y Modernización de la Justicia, 2011.

Di Manno, Thierry. *Le juge constitutionnel et la technique des decisions interpretatives en France e Italie.* París: Económica /PUAM, 1997.

Díaz Filpo, Rafael Ramón. *Control preventivo de los tratados internacionales en el ordenamiento jurídico dominicano.* Santo Domingo: Tribunal Constitucional de la República Dominicana / Centro de Estudios Constitucionales, 2023.

Díaz Revorio, Francisco Javier. *Las sentencias interpretativas del Tribunal Constitucional.* Valladolid: Lex Nova, 2001.

Eguiguren Praeli, Francisco. *Los tribunales constitucionales en Latinoamérica: una visión comparativa.* Buenos Aires: Ciedla, 2000.

Elster, Jon. *Ulises y las sirenas. Estudios sobre racionalidad e irracionalidad.* México: Fondo de Cultura Económica, 2015.

Ely, John. *Democracy and Distrust: A Theory of Judicial Review.* Cambridge: Harvard University Press, 1980.

Eto Cruz, Gerardo. *La inconvencionalidad por omisión: balance y perspectivas.* Trabajo anual. Lima: Centro de Estudios de Derechos Fundamentales, 2019.

_____. *Constitución y procesos constitucionales.* Tomo I. Lima: Adrus D&L Editores, 2013.

Eto Cruz, Gerardo y Palomino Manchego, José F. "En tres análisis: el primer Código Procesal Constitucional del mundo legislativo y sus principios procesales. En José F. Palomino Manchego. *El derecho procesal peruano. Estudios en homenaje a Domingo García Belaúnde.* Tomo I. Lima: Universidad Inca Garcilaso de la Vega, 2007.

Espinal, Flavio Darío. "La revisión judicial o control de la constitucionalidad en Estados Unidos y Francia". En *Estudios Jurídicos.* Vol. V, No. I, Enero-Abril 1995.

Favoreu, Louis. *Los tribunales constitucionales*. Barcelona: Ariel, 1994.

Favoreu, Louis y otros. *Droit Constitutionnel*. París: Dalloz, 2002.

Fernández Rodríguez, José Julio. *La justicia constitucional europea ante el siglo XXI*. Madrid: Tecnos, 2002.

Fernández Segado, Francisco. "La jurisdicción constitucional en España". En Domingo García Belaúnde y Francisco Fernández Segado. *La jurisdicción constitucional en Iberoamérica*. Madrid: Dykinson, 1997.

Ferrajoli, Luigi. *Iuria Paria. Los fundamentos de la democracia constitucional*. Madrid: Trotta, 2020.

_____. *La lógica del derecho. Diez aporías en la obra de Hans Kelsen*. Madrid: Trotta, 2017.

Ferrer Mac-Gregor, Eduardo. *Panorámica del Derecho procesal constitucional y convencional*. Madrid: Marcial Pons, 2013.

Ferreres Comella, Víctor. *Justicia constitucional y democracia*. Madrid: Centro de Estudios Políticos y Constitucionales, 2007.

Fix-Zamudio, Héctor. *Introducción al Derecho Procesal Constitucional*. Santiago de Querétaro: FUNDA, 2002.

Franco, Francisco. *Derecho Procesal Constitucional*. Santo Domingo: Francisco Franco, 2021.

_____. "Límites de la justicia constitucional y la nueva doctrina del Tribunal Constitucional dominicano sobre las omisiones legislativas absolutas". En *Noticias SIN*. 28 de abril de 2021. Disponible en: https://noticiassin.com/opinion/limites-de-la-justicia-constitucional-y-la-nueva-doctrina-del-tribunal-constitucional-dominicano-sobre-las-omisiones-legislativas-absolutas-1089672

García Belaúnde, Domingo. *De la jurisdicción constitucional al derecho procesal constitucional*. Lima: Grijley, 2003.

_____. "La jurisdicción constitucional y el modelo dual o paralelo". En *Revista del Instituto de Ciencias Políticas y Derecho Constitucional*. No. 6. 1998.

García De Enterría, Eduardo. *La Constitución como norma y el Tribunal Constitucional*. Madrid: Civitas, 2006.

_____. *La lucha contra las inmunidades del poder en el derecho administrativo Poderes discrecionales, poderes de gobierno y poderes normativos*. Madrid: Civitas, 2004.

_____. "Un paso importante para el desarrollo de nuestra justicia constitucional: la doctrina prospectiva en la declaración de ineficacia de las leyes inconstitucionales". En *Revista Española de Derecho Administrativo*. No. 61. 1989

García Majado, Patricia. *De las inmunidades del poder a la inmunidad del sistema jurídico y sus patologías*. Madrid: Centro de Estudios Políticos y Constitucionales, 2022.

García Pelayo, Manuel. "El 'status' del Tribunal Constitucional". En *Revista Española de Derecho Constitucional*. Vol. I, no. I, 1981.

Gargarella, Roberto. *El derecho como una conversación entre iguales. Qué hacer para que las democracias contemporáneas se abran -por fin- al diálogo ciudadano*. Madrid: Siglo Veintiuno Editores / Clave Intelectual, 2022.

_____. La justicia frente al gobierno. Barcelona: Ariel, 1996.

Garrorena Morales, Angel. "Cuatro tesis y un corolario sobre el Derecho Constitucional". En Revista Española de Derecho Constitucional. No. 51. 1997.

Gil, Domingo. "La justicia constitucional y sus atribuciones en Iberoamérica". En Ferrer Mac-Gregor, Eduardo y Eduardo Jorge Prats (coordinadores). *VII Encuentro de Derecho Procesal Constitucional*. Tomo I. Santo Domingo: Comisionado de Apoyo a la Reforma y Modernización de la Justicia, 2011.

Gomes Canotilho, J. J. "Tomemos a serio o silencio dos poderes públicos: o direito a emanacao de normas jurídicas e a protecao contra as omissoes normativas". En S. De Figueira de Teixera. *As garantias do cidadao na justicia*. Sao Paulo: Saraiva, 1993.

Gómez Montoro, Angel G. *El conflicto entre órganos constitucionales*. Madrid: Centro de Estudios Constitucionales, 1992.

Gómez Puente, Marcos. *La inactividad del legislador: una realidad susceptible de control*. Madrid: McGraw Hill, 1997.

González Rivas, Juan José. *Análisis de los sistemas de jurisdicción constitucional*. Madrid: Centro de Estudios Políticos y Constitucionales, 2004.

Grández Castro, Pedro P. *Tribunal Constitucional y argumentación jurídica*. Lima: Palestra, 2010.

Guerrero Valle, Gonzalo. *La legitimación activa de la acción constitucional de nulidad*. Santiago de Chile: Librotecnia, 2010.

Loewenstein, Karl. *Teoría de la Constitución*. Barcelona: Ariel, 1976.

Häberle, Peter. "La jurisdicción constitucional institucionalizada en el estado constitucional". En Eduardo Ferrer Mac-Gregor (coordinador). *Derecho Procesal Constitucional*. México: Porrúa, 2006.

_____. *Nueve ensayos constitucionales y una lección jubilar*. Lima: Palestra, 2004.

_____. *El Estado Constitucional*. México: UNAM, 2001.

_____. *La garantía del contenido esencial de los derechos fundamentales en la Ley Fundamental de Bonn*. Madrid: Dykinson, 2000.

_____. "El recurso de amparo en el sistema germano federal de jurisdicción constitucional". En Domingo García Belaunde y Francisco Fernández Segado (eds.). *La jurisdicción constitucional en Iberoamérica*. Madrid: Dykinson, 1997.

Habermas, Jurgen. *Facticidad y validez*. Madrid: Trotta, 1998.

Hamilton, Alexander. *El Federalista*. México: Fondo de Cultura Económica, 1994.

Hernández Ramos, Mario. *El nuevo trámite de admisión del recurso de amparo constitucional*. Madrid: Editorial Reus, 2009.

Hernández-Machado Santana, Erick. *Las grandes sentencias de la jurisprudencia constitucional. Control preventivo de los tratados, sentencias principales y decisiones relevantes. 2012-2020.* Columbia: 2021.

Hernández Valle, Rubén. *El Derecho de la Constitución.* San José: Editorial Juricentro, 1993.

Herrera García, Alfonso. "El recurso de amparo en el modelo kelseniano de control de constitucionalidad de las leyes". En Victor Bazán (coordinador). *Derecho Procesal Constitucional Americano y Europeo.* Tomo II. Buenos Aires: Abeledo Perrot, 2010.

Hitters, Juan Carlos. "Control de constitucionalidad y control de convencionalidad. Comparación (Criterios fijados por la Corte Interamericana de Derechos Humanos". En *Estudios Constitucionales.* Año 7, No. 2, 2009.

Hostos, Eugenio María de. *Lecciones de Derecho Constitucional.* Santo Domingo: ONAP, 1982.

Hübner Mendes, Conrado. *Cortes Constitucionales y democracia deliberativa.* Madrid: Marcial Pons, 2013.

Huerta Ochoa, Carla. *Mecanismos constitucionales para el control del poder político.* México: Universidad Nacional Autónoma de México, 2010.

Jorge Blanco, Salvador. *Introducción al Derecho.* Santo Domingo: Capeldom, 1995.

Jorge García, Juan. *Derecho Constitucional Dominicano.* Santo Domingo: Editora Corripio, 2000.

Julián, Amadeo. "La acción en inconstitucionalidad ante la Suprema Corte de Justicia". En *Estudios Jurídicos.* 6 (1), enero-abril 1996.

Kelsen, Hans. *La garantía jurisdiccional de la Constitución.* México: Universidad Nacional Autónoma de México, 2001.

Kramer, Larry D. *Constitucionalismo popular y control de constitucionalidad.* Madrid: Marcial Pons, 2011.

Lafuente Balle, José Ma. *La judicialización de la interpretación constitucional.* Madrid: Colex, 2000.

Lambert, Eduard. *Le gouvernment des juges et la lutte contre la legislation sociale aux Etats-Unis.* París: Giard, 1921.

Landa, César. *Derecho procesal constitucional.* Lima: Fondo Editorial PUCP, 2023.

_____. *Teoría del Derecho Procesal Constitucional.* Lima: Palestra, 2004.

_____. "Autonomía procesal del Tribunal Constitucional". En *Revista Justicia Constitucional.* Año 2, No. 4, julio-diciembre 2006.

León Morel, Víctor. "Evolución y límites a la legitimación activa para la acción directa en inconstitucionalidad en la República Dominicana". En Eduardo Jorge Prats (dir.). *Las bases constitucionales e históricas del derecho publico. Liber Amicorum. Wenceslao Vega.* Santo Domingo: Instituto Dominicano de Derecho Constitucional / Librería Jurídica Internacional, 2023.

_____. "Ventajas y desventajas del sistema de votos particulares en las Altas Cortes". En *Abogados SDQ.* https://abogadosdq.com/ventajas-y-desventajas-del-sistema-de-votos-particulares-en-las-altas-cortes/

León Morel, Víctor y Chanel Liranzo Montero. "Control difuso en sede administrativa". En *Abogados SDQ*. https://abogadosdq.com/control-difuso-en-sede-administrativa/

León Vásquez, Jorge Luis. *Jurisdicción constitucional, derecho procesal constitucional y pluralismo en Alemania*. Madrid: Agencia Estatal Boletín Oficial del Estado, 2021.

López Guerra, Luis. *El poder judicial en el Estado Constitucional*. Lima: Palestra Editores, 2001.

López Medina, Diego Eduardo. *El Derecho de los jueces*. Bogotá: Legis, 2006.

Lucas Verdú, Pablo. "Reflexiones en torno y dentro del concepto de Constitución". En *Revista de Estudios Políticos*. No. 83. 1994.

_____. *Curso de Derecho Político*. Vol. IV. Madrid: Tecnos, 1981.

Luciano Pichardo, Rafael y José E. Hernández Machado. "La evolución del Derecho Procesal Constitucional". En *Anuario de Derecho Constitucional 2002*. Montevideo: Konrad-Adenauer-Stiftung, 2002.

Macho Carro, Alberto. De la dificultad contramayoritaria al diálogo interinstitucional: mecanismos de equilibrio en la relación justicia constitucional – Poder Legislativo". En *Anuario Iberoamericano de Justicia Constitucional*. Vol. 23 Núm. 1 (2019). https://doi.org/10.18042/cepc/aijc.23.08

Martin de la Vega, Augusto. *La sentencia constitucional en Italia*. Madrid: Centro de Estudios Politicos y Constitucionales, 2003.

Medina Reyes, Roberto. "La presunción de constitucionalidad de las leyes". En *Acento*. 12 de enero de 2019. https://acento.com.do/opinion/la-presuncion-constitucionalidad-las-leyes-8641436.html

Melero de la Torre, Mariano C. *Legalidad como razón pública. Una teoría del constitucionalismo desde el modelo commonwealth*. Madrid: Centro de Estudios Políticos y Constitucionales, 2020.

Medrano, Claudio Aníbal. "El poder jurisdiccional, fuentes del Derecho, y diálogo jurisprudencial entre los órganos de justicia constitucional". En Tribunal Constitucional de la República Dominicana. *Anuario 2022*. Santo Domingo: Dento Media, 2023.

Michelman, Frank. "Law's Republic". En *The Yale Law Journal*. Vol. 97. No. 8. 1988.

Miguel Bárcena, Josu de y Javier Tajadura Tejada. Kelsen versus Schmitt. *Política y derecho en la crisis del constitucionalismo*. Madrid: Guillermo Escolar Editor, 2022.

_____. "Kelsen y Schmitt. Dos juristas en Weimar". En Leonardo Alvarez Alvarez (coord.). *Estado y Constitución en la República de Weimar*. Madrid: Marcial Pons, 2021.

Montesquieu. *Del espíritu de las leyes*. Madrid: Tecnos, 2002.

Nogueira Alcalá, Humberto. "La legitimación activa de los procedimientos ante los Tribunales Constitucionales de América del Sur". En *Ius et Praxis*. Año 10. No. 2.

Ortega Gutiérrez, David. "La especial trascendencia constitucional como concepto jurídico indeterminado". En *Teoría y Realidad Constitucional*. UNED. Num. 25. 2010.

Padovani, Julien. *Essai de modélisation de la justice constitutionnelle. Pour une approche téléologique du contentieux constitutionnel*. Paris: LGDJ / Lextenso, 2022.

Parada, Ramón. *Derecho Administrativo I. Parte General*. Madrid: Marcial Pons, 2007.

Pellerano Gómez, Juan Ml. *Constitución, interpretación e inconstitucionalidad*. Santo Domingo: FINJUS, 2008.

_____. "Los tribunales de garantías constitucionales". En *Estudios Jurídicos*. Vol. IX, No. 2, Mayo-Agosto 2000.

_____. *El control judicial de la constitucionalidad*. Santo Domingo: Capeldom, 1998.

Peña Freire, Antonio Manuel. *La garantía en el Estado Constitucional de Derecho*. Madrid: Trotta, 1997.

Peña Pérez, Pascal. "Los mecanismos de ejecución de las sentencias del Tribunal Constitucional de la República Dominicana". En Eduardo Jorge Prats (dir.). *La organización del poder para la libertad. Liber Amicorum. Milton Ray Guevara*. Santo Domingo: Librería Jurídica Internacional / Instituto Dominicano de Derecho Constitucional, 2020.

Perdomo, Nassef. "Interés legítimo y democracia". En www.acento.com.do. 27 de agosto de 2012.

_____. "Supremacía constitucional y tratados internacionales: aproximaciones a los efectos del control previo de la constitucionalidad de tratados internacionales en República Dominicana". En Eduardo Ferrer Mac-Gregor, Eduardo y Eduardo Jorge Prats (coordinadores). *VII Encuentro de Derecho Procesal Constitucional*. Tomo I. Santo Domingo: Comisionado de Apoyo a la Reforma y Modernización de la Justicia, 2011.

Pérez Royo, Javier. *Curso de Derecho Constitucional*. Madrid: Marcial Pons, 2007.

Pérez Tremps, Pablo. *Sistema de justicia constitucional*. Cizur Menor: Civitas / Thomson Reuters, 2019.

_____. *El recurso de amparo*. Valencia: Tirant lo Blanch, 2004.

Pegoraro, Lucio. "Propuestas de clasificación de los sistemas de justicia constitucional y sus relaciones con la denominación de la materia 'Derecho Procesal Constitucional'". En Víctor Bazán (coordinador). *Derecho Procesal Constitucional*. Tomo I. Buenos Aires: Abeledo Perrot, 2010.

Pegoraro, Lucio y Angelo Rinella. *Derecho constitucional comparado. 2. Sistemas constitucionales*. Volumen B. Buenos Aires: Astrea, 2018.

Perrone, Daría. El poder de suspensión cautelar en la justicia constitucional: una perspectiva de derecho comparado". En *Cuadernos de Derecho Público* N° 38, septiembre-diciembre 2009, pp. 31-53.

Prieto Sanchís, Luis. "Notas sobre la interpretación constitucional". En *Revista del Centro de Estudios Constitucionales*. No. 9. 1991.

Pizzorusso, Alessandro. *Lecciones de Derecho Constitucional*. Vol. II. Madrid: Centro de Estudios Constitucionales, 1984.

Ramos, Omar. *El control a posteriori de los tratados internacionales*. Santo Domingo: Somos Artes Gráficas, 2013.

Ramos Messina, Wellington y Enmanuel. "Del control de la constitucionalidad". En *Estudios Jurídicos*. Vol. II, No. 1, 1973.

Ray Guevara, Milton. "Ejecución de las sentencias del Tribunal Constitucional". *XXII Encuentro de presidentes y magistrados de tribunales y salas constitucionales de América Latina*. México: 2016. https://tribunalsitestorage.blob.core.windows.net/media/14580/conferencia-magistrado-presidente-dr-milton-ray-guevara-la-ejecucion-de-las-sentencias-del-tribunal-constitucional.pdf

Rawls, John. *Political Liberalism*. New York: Columbia University Press, 1993.

Rey Cantor, Ernesto. *Control de convencionalidad de las leyes y derechos humanos*. México: Porrúa, 2008.

Reyes-Torres, Amaury. "Distinguiendo: dos ideas sobre la inconstitucionalidad por omisión". En *Galletas Jurídicas*. 8 de junio de 2020. Disponible en: https://galletasjuridicas.wordpress.com/2020/06/08/distinguiendo-dos-ideas-sobre-la-inconstitucionalidad-por-omision/

_____. "La justiciabilidad de casos o controversias en el control de constitucionalidad: las cuestiones políticas y la carencia de objeto. 31 de julio de 2017. Disponible en: https://ssrn.com/abstract=3015564 o http://dx.doi.org/10.2139/ssrn.3015564

Rodríguez, Cristóbal. "Seis reparos a una hipótesis de Eduardo Jorge Prats". En *Diario Libre*. 23 de junio de 2021.

_____. "Las sentencias interpretativas: algunas tareas pendientes para el TC". En Tribunal Constitucional de la República Dominicana. *Anuario 2012*. Santo Domingo: Imprenta AMSI, 2013.

Rodríguez, Manuel A. "La eficacia temporal de la sentencia que declara la nulidad de pleno derecho en aplicación del artículo 46 de la Constitución". En *Estudios Jurídicos*. Vol. XIII, enero 2004 – diciembre 2007.

Rousseau, Dominique. *La justice constitutionnelle en Europe*. París: Montchrestien, 1996.

Rubio Llorente, Francisco. *La forma del poder*. III. Madrid: Centro de Estudios Políticos y Constitucionales, 2012.

Sagüés, Néstor Pedro. *Compendio de Derecho Procesal Constitucional*. Buenos Aires: Astrea, 2009.

Salcedo Camacho, Carlos Ramón. "Incumplimiento de sentencias del Tribunal Constitucional de la República Dominicana. Retos y soluciones". En *Anuario de Derecho Constitucional Latinoamericano*. Bogotá: Konrad Adenauer Stiftung, 2018.

_____. *La interpretación judicial de la Constitución*. Buenos Aires: Depalma, 1998.

Schmitt, Carl. *La defensa de la Constitución*. Madrid: Tecnos, 1998.

Schmitt, Carl y Hans Kelsen. *La polémica Schmitt / Kelsen sobre la justicia constitucional. El defensor de la Constitución versus ¿Quién debe ser el defensor de la Constitución?* Madrid: Marcial Pons, 2020.

Silva Ivarrázaval, Luis Alejandro. *El control de constitucionalidad de los actos administrativos legales.* Santiago, Chile: Legal Publishing, 2009.

Soberanes Fernández, José L. y Faustino Martínez Martínez. *Apuntes para la historia del juicio de amparo.* México: Porrúa, 2002.

Solís Fallas, Alex. *La dimensión política de la justicia constitucional.* San José: Impresión Gráfica del Este, 2000.

Solozábal, Juan José. *Una renovación crucial.* (en línea), disponible en: http://www.iustel.com/v2/diario_del_derecho/?ref_iustel=1045293

Sosa Pérez, Rosalía. "El control político o congresual y el control difuso de la constitucionalidad". En *Gaceta Judicial.* No. 278. Enero 2010.

Sosa Sacio, Activismo judicial de los tribunales constitucionales y su posible legitimación a través de mecanismos vinculados a la democracia deliberativa. Conselho Nacional de Pesquisa e Pós-graduação em Direito. http://www.conpedi.org.br/wp-content/uploads/2017/08/Juan-Manuel-Sosa-Sacio-Peru.pdf

Sousa Duvergé, Luis Antonio. *Control de convencionalidad en República Dominicana.* Santo Domingo: Ius Novum, 2011.

Streck, Lenio Luiz. "La jurisdicción constitucional y las posibilidades de concretización de los derechos fundamentales sociales". En *Teoría y Realidad Constitucional.* No. 16. 2005.

Tavares, Froilán. *Elementos de Derecho Procesal Civil Dominicano.* Vol. I. Santo Domingo: Editora Corripio, 1995.

Tena de Sosa, Felix y Laia Verónica Rojas. "El Tribunal Constitucional dominicano como espacio ciudadano". En Tribunal Constitucional de la República Dominicana. *Anuario 2022.* Santo Domingo: Dento Media, 2023.

Tejada, Adriano Miguel. "La inconstitucionalidad de las leyes por vicios de forma". En *Revista de Ciencias Jurídicas.* Septiembre 1984.

Tocqueville, Alexis. *La democracia en América.* Madrid: Aguilar, 1989.

Tribe, Laurence. *American Constitutional Law.* New York: Foundation Press, 2000.

Tushnet, Mark. "Democracy vs. Judicial Review: Is It Time to Amend the Constitution? En *Dissent.* No. 52, 2005, pp. 59-63.

Valera Montero, Miguel. *Jurisprudencia constitucional del Poder Judicial.* Santo Domingo: Librería Jurídica Internacional, 2013.

_____. "La presunción de constitucionalidad". En *Estudios Jurídicos.* Vol. IX, No. 1, enero-abril 2001.

_____. *El control concentrado de la constitucionalidad.* Santo Domingo: Capeldom, 1999.

Vargas Guerrero, José Alejandro. *El Tribunal Constitucional y las garantías de los derechos fundamentales. Análisis general y procedimiento de amparo, habeas data, habeas corpus, inconstitucionalidad*. Santo Domingo: Tribunal Constitucional / Centro de Estudios Constitucionales, 2023.

Vidales Rodríguez, Caty. *La eficacia retroactiva de los cambios jurisprudenciales*. Valencia: Tirant lo Blanch, 2001.

Vizcaíno Canario, William. "Apuntes sobre la identidad de la excepción de inconstitucionalidad ante el Tribunal Constitucional". En Juan N. E. Vizcaíno Canario (comp.). *Compilación de Estudios Legales*. Santo Domingo: Abogados SDQ, 2022. https://abogadosdq.com/wp-content/uploads/2022/08/CELABOGADOSDQ-2022.pdf

Virgala Forvira, Eduardo. "Control abstracto y recurso directo en inconstitucionalidad en Estados Unidos". En *Revista Española de Derecho Constitucional*. No. 62. 2001.

Waldron, Jeremy. *Derecho y desacuerdos*. Madrid: Marcial Pons, 2005.

Wroblewski, Jerzy. *Constitución y teoría general de la interpretación*. Madrid: Civitas, 1985.

Zaffaroni, Eugenio Raúl. *Estructuras Judiciales*. Santo Domingo: Comisionado de Apoyo a la Reforma y Modernización de la Justicia, 2007.

Zagrebelsky, Gustavo. "Realismo y concreción del control de constitucionalidad de las leyes en Italia". En Francisco Fernández Segado (coordinador). *Dignidad de la persona, derechos fundamentales, justicia constitucional*. Madrid: Dykinson, 2008 (I).

_____. *Principios y votos: el Tribunal Constitucional y la política*. Madrd: Trotta, 2008 (II).

_____. *Giustizia costituzionale*. II. Oggetti, procedimenti, decisioni. Bologna: Il Mulino, 2007.

_____. "Jueces constitucionales". En Francisco Fernández Segado (coordinador). *Dignidad de la persona, derechos fundamentales, justicia constitucional*. Madrid: Dykinson, 2008 (III).

_____. *¿Derecho Procesal Constitucional?* México: FUNDAP, 2004.

_____. *El Derecho dúctil*. Madrid: Trotta, 1995.

Zapata Larraín, Patricio. *Justicia constitucional: teoría y práctica en el Derecho chileno y comparado*. Santiago: Editorial Jurídica de Chile, 2008.

Zoller, Elisabeth. *Droit Constitutionnel*. París: PUF, 1998.

CAPÍTULO SIETE
La Dignidad Humana como Fundamento del Estado y de la Constitución

1. LA DIGNIDAD HUMANA EN LA CONSTITUCIÓN

1.1 La garantía de la dignidad humana como fundamento del Estado y de la Constitución

La Constitución de 2010 reconoce expresamente que ella "se fundamenta en el respeto a la *dignidad humana*" (artículo 5) y que, del mismo modo, "el Estado se fundamenta en el respeto a la *dignidad de la persona* y se organiza para la protección real y efectiva de los derechos fundamentales que le son inherentes", considerándose la dignidad del ser humano como "sagrada, innata e inviolable" y siendo su respeto y protección "una responsabilidad esencial de los poderes públicos" (artículo 38). Estos textos vienen a incorporar la Constitución dominicana a una larga lista de constituciones que, sobre los pasos de la Ley Fundamental de Bonn de 1948, consagran expresamente la dignidad humana como un principio estructural del Estado y del ordenamiento constitucional, como es el caso de las constituciones de Portugal (1976, artículo 1), España (1978, artículo 10.2), Brasil (1987, artículo 1, III), Croacia (1990, artículo 25), Bulgaria (1991, artículo 1), Rumania (1991, artículo 1), Letonia (1991, artículo 1), Eslovenia (1991, artículo 1), Estonia (1992, artículo 10), Lituania (1992, artículo 21), Eslovaquia (1992, artículo 12), República Checa (1992, preámbulo) y Rusia (1993, artículo 21).

No es que sin esta consagración expresa la dignidad humana no fuese ni operara como principio fundamental del Estado y de la Constitución. Antes de la reforma constitucional de 2010, el artículo 8 de la Constitución reconocía –como todavía lo hace hoy, palabras más, palabras menos-, "como finalidad principal del Estado la protección efectiva de los derechos de la persona humana". Este reconocimiento constitucional de que la garantía de los derechos fundamentales es el *fin esencial del Estado* solo podía hacerse sobre la base de que, tal como prescribe el Preámbulo de la Declaración

Universal de los Derechos del Hombre, "la libertad, la justicia y la paz en el mundo tienen por base el reconocimiento de la dignidad" y que "todos los seres humanos nacen libres e iguales en dignidad y derechos" (artículo 1). Es por ello que la Suprema Corte de Justicia, previo a la reforma constitucional de 2010, había señalado que los derechos fundamentales "tienen como fundamento los atributos de la persona humana que emanan de su dignidad inherente y son reconocidos por el sistema constitucional" (Resolución 1920-2003 del 13 de noviembre de 2003).

Pero la reforma constitucional de 2010 hace explícito lo implícito: no solo aparece la dignidad humana como el primer *"valor supremo y principio fundamental"* de los que cita el Preámbulo (antes que la libertad, la igualdad, el imperio de la ley, la justicia, la solidaridad y la convivencia fraterna), sino que, además, tras consagrarse los primeros principios relativos a la nación, su soberanía y gobierno, se establece que ésta es el *fundamento de la Constitución* (artículo 5), que su respeto funda el Estado Social y Democrático de Derecho (artículo 7), que es función esencial del Estado el respeto de la dignidad de la persona (artículo 8), para, finalmente, reconocer a la dignidad humana como *fundamento del Estado* y como *derecho fundamental* (artículo 38). Así lo ha reconocido el Tribunal Constitucional al establecer que "del estudio combinado de los artículos 5, 7 y 8 de la Ley Sustantiva se desprende que el respeto a la dignidad humana es una función esencial en la que se fundamentan la Constitución y el estado social y democrático de derecho en la República Dominicana" (Sentencias TC/0059/13 y TC/0520/15). Se coloca así la dignidad humana en la cima del articulado constitucional, como fundamento del Estado y de la estructura normativa de la Constitución, como base de los derechos fundamentales y como derecho fundamental en sí misma, tal como reconoce el Tribunal Constitucional, haciendo suyas las palabras de la Corte Constitucional colombiana, cuando esta última señala que la dignidad humana tiene tres expresiones: "la dignidad humana entendida como: (i) principio fundante del ordenamiento jurídico y por tanto del Estado, y en este sentido la dignidad como valor; (ii) principio constitucional; y (iii) derecho fundamental autónomo" (Sentencia TC/0030/19). De ese modo, al ser, si se quiere, el más fundamental de los principios fundamentales reconocidos por la Constitución, la dignidad humana se erige en patrón para la interpretación de los derechos fundamentales y en norma fundamental para todo el ordenamiento jurídico. Como dirían Mangoldt y Klein, la dignidad humana, en tanto valor supremo, fundamento del Estado y de la Constitución, y derecho fundamental implica que "la vida en su conjunto [...] debe estar bajo el signo de la dignidad del hombre, todas las normas jurídicas, en su promulgación e interpretación, deben ser armonizadas con dicho principio supremo" (citados por MAIHOFER: 3). Con esta proclamación constitucional de la dignidad humana, queda claro, por si había dudas, que es el ser humano, con su dignidad y su Derecho, quien está por encima del Estado y de cualquier otra cosa.

El reconocimiento constitucional de que la dignidad humana es fundamento del Estado y de la Constitución parte del supuesto de que "como principio jurídico, la protección de la dignidad humana (¡y también su irradiación hacia los derechos fundamentales en lo particular!) es anterior al Estado". Si el Estado debe proteger efectivamente los derechos de la persona como manda la Constitución, es porque su obligación fundamental es respetar y proteger la dignidad humana ya que "el Estado se encuentra al servicio del ser humano (y no a la inversa)" (HÄBERLE: 174). Por eso, los derechos del ser humano se protegen y satisfacen, para utilizar las propias palabras de la Declaración Universal de los Derechos Humanos, en la medida que son "indispensables a su dignidad y al libre desarrollo de su personalidad" (artículo 22). Porque la dignidad humana es principio fundamental del Estado y porque ella es la base del reconocimiento y protección de los derechos fundamentales, es que se garantiza la inviolabilidad de la vida (artículo 37), el derecho a la igualdad y la no discriminación (artículo 39), el derecho de toda persona privada de su libertad a ser "tratada humanamente y con el respeto debido a la dignidad inherente al ser humano" (artículo 10.1 del Pacto Internacional de los Derechos Civiles y Políticos) y, en fin, el derecho de toda persona "al respeto de su honra y al reconocimiento de su dignidad" (artículo 11.1 de la Convención Americana sobre Derechos Humanos). La Corte Constitucional colombiana explica este vínculo entre dignidad humana y derechos en estos términos: "Los derechos fundamentales son los que corresponden al ser humano en cuanto tal, es decir, como poseedor de una identidad inimitable caracterizada por la racionalidad que le permite ejercer sus deseos y apetencias libremente. De ahí que se le reconozca una dignidad –la dignidad humana– que lo coloca en situación de superior en el universo social en que se desenvuelve y por ello es acreedor de derechos que le permiten desarrollar su personalidad humana y sin los cuales ésta se vería discriminada, enervada y aun suprimida" (Sentencia T-496 del l de agosto de 1992).

La dignidad humana tiene una importancia tal en el ordenamiento constitucional "que sólo al interior de una construcción e interpretación sistemática, basada en la *garantía constitucional de la dignidad humana*, de los principios del Estado de Derecho, del Estado Social y de la democracia, es factible desplegar, en su forma y contenido, la concepción jurídica del Estado que llamamos democracia liberal y propia de un Estado social de Derecho. Ella constituye un sistema constitucional referido de parte a parte al hombre y su dignidad como centro del ser y fin de la entidad estatal, y colmado con esa materia en todos sus preceptos y 'cursos del Estado'; un sistema en que dicha norma básicamente representa no únicamente el solio del catálogo de derechos fundamentales, sino también de la organización constitucional, hasta el punto de sobrepasar la Constitución y servir de fundamento al sistema jurídico en su conjunto" (MAIHOFER: 40).

En fin, como bien ha dicho el Tribunal Constitucional, siguiendo la jurisprudencia constitucional colombiana, "el reconocimiento superior de la dignidad como principio fundante de nuestro ordenamiento constitucional, exige un trato especial para el individuo, de tal forma que la persona se constituye en un fin para el Estado que vincula y legitima a todos los poderes públicos, en especial al juez, que en su función hermenéutica debe convertir este principio en un parámetro interpretativo de todas las normas del ordenamiento jurídico. De lo expuesto fluye que cuando el Estado, independientemente de cualquier consideración histórica, cultural, política o social, establece normas sustanciales o procedimentales dirigidas a regular las libertades, derechos o deberes del individuo, sin tener presente el valor superior de la dignidad humana, serán regulaciones lógica y sociológicamente inadecuadas a la índole de la condición personal del ser humano y, por contera, contrarias a la Constitución, en la medida en que se afectarían igualmente los derechos fundamentales, dado que éstos constituyen condiciones mínimas para la '*vida digna*' *del ser humano*; en efecto, cuando se alude a los derechos fundamentales, se hace referencia a aquéllos valores que son ajenos a la dignidad humana" (Sentencia TC/0059/13).

1.2 La imagen del ser humano en la Constitución

"El hombre no existe sin una *imagen del hombre*. El hombre no vive al día tal y como se presentan las cosas, sino que vive orientado, mirando hacia un mundo de tareas, basándose en un conjunto de premisas formado por condiciones y posibilidades, es decir, bajo la luz de un proyecto de ser, sea o no consciente de él […] Por ello, las imágenes del hombre son el origen y motivo de la humanidad de las culturas y las épocas, y constituyen la instancia última bajo la cual el hombre vive como individuo y como comunidad. Todas las instancias sociales, religiosas y legales, las cuales pueden exigir responsabilidades al hombre, se fundamentan en una imagen básica de la realidad y de la existencia humana y, por lo tanto, están ligadas a la última instancia de una imagen del hombre, ya esté esta imagen validada por una formulación verbal o bien presente de modo tácito y evidente" (ROMBACH: 19).

Es por ello que, para entender el rol de la dignidad humana como valor, principio y derecho fundamental y, por ende, poder determinar su contenido, debemos familiarizarnos con la imagen del hombre en la Constitución. Y es que "el Derecho positivo resulta incomprensible si no se tiene en cuenta esa condición que supone la imagen antropológica del hombre" (SMEND: 251). Esa imagen del hombre es clave en Derecho Constitucional porque el ser humano es el *fundamento axiológico y jurídico del Estado Constitucional* (HÄBERLE 2001). ¿Cómo captar para el derecho constitucional esa imagen del hombre? No es fácil responder a esta pregunta porque, a pesar de que se requiere una cierta imagen del hombre para comprender en todas sus dimensiones el ordenamiento constitucional, al extremo de que la imagen de la persona humana es un canon valorativo clave de la Constitución, lo cierto y lo problemático es que dicha imagen "debe ser obtenida precisamente" a partir del propio ordenamiento constitucional (GUTIÉRREZ GUTIÉRREZ: 10). Por ello, lo más recomendable es seguir el consejo de Radbruch: "Si queremos tener ante nosotros la imagen del hombre sobre la que descansa un determinado orden jurídico, no tenemos más que fijarnos en lo que ese orden jurídico ha plasmado como derechos subjetivos y en lo que ha plasmado como deberes jurídicos" (RADBRUCH: 157). En otras palabras, captar la imagen del hombre en la Constitución, sin la cual es imposible comprender el sentido y el significado de la dignidad humana como valor, principio y derecho fundamental, requiere, para usar la expresión de Böckenforde, una *"teoría de la Constitución constitucionalmente adecuada"* en este caso, a la Constitución dominicana.

Si miramos atentamente a la Constitución, veremos que "es función esencial del Estado la protección efectiva de los derechos de la persona, el respeto de su dignidad y la obtención de los medios que le permitan perfeccionarse de forma igualitaria, equitativa y progresiva, dentro de un marco de libertad individual y de justicia social, compatibles con el orden público, el bienestar general y los derechos de todos y todas" (artículo 8). Es claro entonces que la Constitución rechaza tanto las puras concepciones individualistas del liberalismo clásico como las soluciones extremas del colectivismo social y se inclina por una línea intermedia, que es propiamente la del *Estado social y democrático de derecho* (artículo 5): los derechos de la persona se protegen y el mantenimiento de los medios que permitan a la persona perfeccionarse igualitaria, equitativa y progresivamente se logran "dentro de un marco de libertad individual y de justicia social, compatible con el orden público, el bienestar general y los derechos de todos y todas". Puede decirse, en consecuencia, como bien ha sentenciado el Tribunal Constitucional alemán, que la "imagen del hombre" plasmada en la Constitución "no es la de un individuo soberano en sí mismo; más bien ha decidido resolver la polaridad individuo-sociedad refiriendo y vinculando la persona a esa comunidad, sin que por ello aquella vea menoscabada su sustantividad". De ahí que "el individuo debe asumir aquellos límites que, para cultivar y fomentar la vida en común, imponga el legislador a su libertad de acción, dentro de los márgenes de lo exigible y siempre que se garantice la autonomía de la persona" (BverfGE 4, 7 [16]).

Como todo *Estado de derecho*, el Estado dominicano, por mandato constitucional, a la hora de establecer límites a los derechos fundamentales, arranca del presupuesto de partida de que la dignidad humana está mejor garantizada bajo condiciones de mayor libertad que en un orden de mayor seguridad porque su finalidad principal es y sigue siendo "la protección efectiva de los derechos de la persona". Ahora bien, como *Estado Social*, el Estado dominicano no puede abandonarse a una interpretación puramente individualista de las normas constitucionales, ya que la protección de los derechos de la persona sólo puede implementarse efectivamente si se mantienen los medios que le permitan perfeccionarse igualitaria, equitativa y progresivamente en un orden no sólo libre sino también social y económicamente justo. La *libertad individual* cuyo respeto exige el Estado de derecho y la *justicia social* que debe garantizar todo Estado Social son pues los polos en tensión permanente y las referencias que debe tener el legislador y la Administración a la hora de elaborar y ejecutar las normas que permitan llevar a cabo la función esencial del Estado. Esta concepción constitucional tiene sus antecedentes en la Novena Conferencia Internacional Americana celebrada en Bogotá en 1948, en el marco de la cual los países americanos adoptaron la Carta de la OEA, que proclama los "derechos fundamentales de la persona humana" como uno de los principios en que se funda la OEA, y en la que se aprobó la Carta Internacional Americana de Garantías Sociales, en la que los gobiernos de las Américas proclaman "los principios fundamentales que deben amparar a los trabajadores de toda clase" y que "constituye el minimum de derechos de que ellos deben gozar en los Estados americanos, sin perjuicio de que las leyes de cada uno puedan ampliar esos derechos o reconocerles otros más favorables", pues "los fines del Estado no se cumplen con el solo reconocimiento de los derechos del ciudadano, sino que también el Estado debe preocuparse por la suerte de hombres y mujeres, considerados ya no como ciudadanos sino como personas" y como consecuencia debe garantizar "simultáneamente el respeto a las libertades políticas y del espíritu y la realización de los postulados de la justicia social".

El concepto de dignidad humana que comienza a emerger de esta imagen del hombre en la Constitución es, en consecuencia, uno en el que dicha dignidad no solo aparece en su perspectiva exclusivamente formal de prohibición de *instrumentalización del hombre*, o sea, de poner al hombre al servicio del Estado, y de garantía de la integridad física y moral de la persona y de la igualdad formal, sino también en su *vertiente material y social*, que presupone que la dignidad queda comprometida en aquel ordenamiento que obliga o permite que el hombre tenga que subsistir en condiciones infrahumanas, en una situación de desamparo, exclusión, marginación y opresión social que lo degradan a la condición de objeto. La dignidad humana implica la existencia digna de las personas, la cual no puede realizarse al margen de los bienes materiales, y de un *mínimo existencial* garantizado por el Estado. La dignidad es, pues, presupuesto de los derechos fundamentales. Mientras en el Estado de derecho la dignidad inherente al ser humano es un fin, cuya realización se logra a través de la concreción de los demás derechos fundamentales, en el Estado social y democrático de derecho la dignidad humana es presupuesto para la realización de tales derechos, pues se considera que de nada sirve consagrar derechos y garantías que tengan por destinatario al ser humano, cuya dignidad le es desconocida. Para este último modelo de Estado el mayor compromiso es alcanzar tal dignidad, para que los demás derechos, como la libertad y la igualdad, tengan realización, porque si no se respeta dicha dignidad, ni la libertad, ni la igualdad podrán ser efectivas. Por eso, y para usar los conceptos de la Corte Constitucional colombiana, "el principio de dignidad humana, se constituye como un mandato constitucional, un deber positivo, o un principio de acción, según el cual todas las autoridades del Estado sin excepción, deben, en la medida de sus posibilidades jurídicas y materiales, realizar todas las conductas relacionadas con sus funciones constitucionales y legales con el propósito de lograr las condiciones, para el desarrollo efectivo de los ámbitos de protección de la dignidad humana identificados por la Sala: autonomía individual, condiciones materiales de existencia, e integridad física y moral" (Sentencia T-881/02). En este sentido, "las acciones para garantizar el respeto mínimo de la dignidad humana son mecanismos de intervención de un poder a favor de la inclusión social, para mejorar las condiciones de vida acorde a la dignidad" (CARVAJAL SÁNCHEZ: 159).

1.3 Concepto y contenido de la dignidad humana

No puede decirse que la dignidad humana sea un elemento fundamental de la cultura mundial, al existir ordenamientos jurídicos que no garantizan la inviolabilidad de esta, como es el caso de Irán. Pero si puede afirmarse que ella constituye el pilar de la civilización constitucional euroatlántica, de la "modernidad occidental" (MARTÍNEZ REAL: 92). Por eso, la conceptualización de la dignidad humana no se puede llevar a cabo al margen de la historia de la República Dominicana y de Occidente.

La garantía de la dignidad humana se encuentra estrechamente vinculada al *cristianismo* que concibe al hombre creado a imagen y semejanza de Dios. No por casualidad es un ministro cristiano, Fray Antón de Montesino, aquí, en territorio dominicano, quien reacciona enérgicamente frente a la esclavización y tortura de los aborígenes de

La Española en un sermón que dice mucho de la idea de dignidad humana: "¿Con qué derecho, con qué justicia tenéis en tan cruel y horrible servidumbre aquestos indios? ¿Con qué autoridad habéis hecho tan detestables guerras a estas gentes que estaban en sus tierras mansos y pacíficos, donde tan infinitos de ellos, con muertes y estragos nunca oídos, habéis consumido? ¿Cómo los tenéis tan opresos y fatigados sin dalles de comer y sin curallos de sus enfermedades? ¿Éstos no son hombres? ¿No tienen ánimas racionales? ¿Esto no entendéis? ¿Esto no sentís? ¿Cómo estáis en tanta profundidad de sueño tan letárgico? Tened por cierto que en el estado en que estáis no os podéis salvar más que los moros o turcos que carecen y no quieren la fe de Cristo". Las encíclicas *Rerum Novarum* y *Laborem exercens* del Papa León XIII de 1891, *Pacen in terris* del Papa Juan XXIII de 1963, y *Populorum progressio* del Papa Pablo VI reafirmarían las viejas raíces de la dignidad humana en la doctrina de la Iglesia Católica y contribuirían a la universalización del reconocimiento de la misma.

Más aún, el reconocimiento constitucional de la dignidad humana tiene mucho de reacción contra su desprecio y envilecimiento bajo los fascismos europeos, como bien se infiere del Preámbulo de la Constitución francesa de 1946: "Apenas alcanzada por los pueblos libres la victoria sobre los regímenes que pretendieron sojuzgar y degradar la persona humana, el pueblo francés proclama, una vez más, que todo ser humano, sin distinción de raza, de religión o de creencias, posee derechos inalienables y sagrados". Ese texto preambular ha servido de base al Consejo Constitucional de Francia para reconocer a la dignidad humana como "*principio de valor constitucional*" (27 juillet 1994, 343-344 DC. *Bioethique*, GD no. 47). Y es que, tras la experiencia del fascismo, es claro que, tal como expresó el Tribunal Constitucional alemán, "nunca más deberá ser reducido el hombre a la condición de objeto de un ente colectivo" (BverfGE 5, 85 (205). Los dominicanos, habiendo sufrido los atropellos de los gobiernos de Santana, Báez, Heareaux, Trujillo y los Doce Años de Balaguer, podemos compartir el criterio del Tribunal Constitucional alemán que entiende que la dignidad humana comporta una obligación del Estado a proteger a las personas "frente a determinadas agresiones, como pueden ser la humillación, estigmatización, persecución, proscripción, etc." (BverfGE 1, 97 (104). La consagración constitucional de la dignidad humana es, en consecuencia, una clara "reacción a la injusticia padecida bajo la dictadura" (BENDA: 124).

Pero no solo un Estado de no-derecho, un Estado totalitario o autoritario, vulnera la dignidad humana. Un Estado de derecho podría verse tentado a atentar contra la dignidad de los grupos más vulnerables, tales como las minorías étnicas o religiosas, los enfermos síquicos, los discapacitados, los delincuentes, y los desarraigados. De ahí la importancia de concebir la dignidad humana como un valor constitucional que impida al Estado distinguir entre las personas en función de su presunto valor moral derivado de su conducta, su situación o sus predisposiciones genéticas. El Estado debe respetar "al ser humano cuya dignidad se muestra en el hecho de tratar de realizarse en la medida de sus posibilidades". En las sociedades contemporáneas, todos, en mayor o menor medida, somos menesterosos, lo cual obliga a "una alta dosis de intensa *procura existencial*, de programación y de dirección por parte del Estado" (BENDA: 125). Es por ello que el Estado debe garantizar cada día más la existencia material de las personas por lo que asume las prestaciones de los derechos sociales constitucionalmente establecidos que proveen una garantía frente a la menesterosidad material y que permiten proveer una existencia humanamente digna.

Pero... ¿en qué consiste específicamente la dignidad humana? A pesar de la dificultad de una definición, que ha llevado a algunos a afirmar que es más fácil determinar cuándo se viola el contenido de la dignidad que en qué consiste ésta, podría afirmarse, junto con el Tribunal Constitucional español, que la dignidad se refiere a "la dignidad de la persona humana concebida como un *sujeto de derecho*, es decir, como miembro libre y responsable de una comunidad jurídica que merezca ese nombre y no como mero objeto del ejercicio de los poderes públicos" (STC 91/2000). La dignidad humana, en síntesis, prohíbe instrumentalizar al ser humano, tratarlo como un objeto, cosificarlo, reducirlo a un mero factor económico. "Una exigencia que es coherente con el fin que, en sí mismo, es cada ser humano. Si cada persona es un fin en sí mismo, entonces, no debes ser tratada como objeto ni como simple medio; la única forma de no darle ese trato en el plano normativo es considerarle siempre como sujeto; esto significa reconocerle su capacidad de gozar, ejercer y cumplir, según corresponda, con derechos, deberes y otras figuras en ellos diferentes órdenes (la moral, la política y el Derecho)" (Bustamante Alarcón: 201). Ya lo ha dicho el Tribunal Constitucional con las palabras de su homólogo colombiano: "El reconocimiento superior de la dignidad como principio fundante de nuestro ordenamiento constitucional, exige un trato especial para el individuo, de tal forma que la persona se constituye en un fin para el Estado que vincula y legítima a todos los poder públicos, en especial al juez, que en su función hermenéutica debe convertir este principio en un parámetro interpretativo de todas las normas del ordenamiento jurídico" (Sentencia TC/0520/15).

En todo caso, la dignidad humana es, como todos los principios y valores constitucionales, un concepto en gran medida abierto y que, por consiguiente, no tiene un contenido absoluto. Por ello, el concepto constitucional de dignidad humana dependerá mucho de los valores espirituales, morales, éticos y religiosos del momento. Como bien afirma Dworkin, lo que es "trato cruel e inhumano" a la luz de la Constitución norteamericana depende mucho de la época en que vivimos, al tratarse de un concepto constitucional y no de una concepción del constituyente original. Quizás la mejor manera de saber si se ha violado la dignidad humana es conocer la opinión del afectado por las actuaciones del Estado y de los particulares. "El corazón de la auyama lo conoce bien el cuchillo", dice el refrán. Como afirma un autor, como la dignidad humana protege el *sentimiento de autoestima de la persona*, a la hora de saber si se ha violado o no esta garantía, "debería ser decisivo el sentimiento de la persona en cuestión, no el criterio de terceras personas implicadas", aunque ello no debería conducir "a que se conceda protección a sentimientos exagerados" (München: 22).

1.4 La dignidad humana como derecho fundamental

La dignidad humana y los derechos fundamentales están estrechamente vinculados de modo que cada vez que se viola un derecho fundamental íntimamente conexo a la persona –como los derechos de la personalidad– es casi seguro que se viola la dignidad humana, "lo cual no significa que la tutela de la dignidad sólo se pueda visualizar con relación a la afectación de un derecho constitucional concreto [pues] si bien la dignidad opera como una cláusula interpretativa, también es protegible por sí misma, en tanto constituye un *principio constitucional y derecho fundamental justiciable*" (LANDA: 7). Y ello es clave para entender el sentido de la dignidad humana en el ordenamiento constitucional: ella es valor y principio fundamental, pero, además, *derecho fundamental*. Allí donde la dignidad humana no incorpora un derecho fundamental, "queda por ello mismo irremisiblemente quebrada" (GUTIÉRREZ GUTIÉRREZ: 24).

La Constitución no deja lugar a dudas: la dignidad humana queda consagrada en el Capítulo I del Título II relativo a los derechos fundamentales y ella se considera no solo "sagrada" e "innata", sino, sobre todo, "inviolable" (artículo 38). La dignidad humana, para nuestra Constitución, es, en consecuencia, no solo un valor y un principio fundamental sino también un derecho fundamental. Así lo reconoce el Tribunal Constitucional, haciendo suyos los criterios de la Corte Constitucional colombiana, cuando establece que la dignidad humana es un "*derecho fundamental autónomo*", "de eficacia directa" (Sentencia TC/0030/19).

Pero la dignidad humana es *"algo más"* que un derecho fundamental. Algo más porque ésta es *fundamento de la Constitución y del Estado*, así como de los derechos fundamentales que aquella reconoce y que el segundo tiene como función esencial proteger efectivamente. De ahí que, sin dejar de reconocer que ella constituye un verdadero derecho fundamental, exigible judicialmente por sus titulares, hay que tener cuidado de, al conceptuarla como mero derecho fundamental, degradarla y olvidar que ésta funda todo el sistema de derechos fundamentales, por lo que las más graves violaciones a los derechos fundamentales constituyen, en el fondo, directa o indirectamente, una violación a la dignidad humana. No por azar la Constitución, a la hora de reconocer que el Estado se fundamenta en el respeto a la dignidad humana, inmediatamente afirma que este Estado "se organiza para la protección real y efectiva de los derechos fundamentales que le son inherentes" (artículo 38).

En vista de lo anterior, conviene distinguir la dimensión de la *dignidad humana en cuanto fundamento último de los derechos*, que ordena no tratarnos a nosotros ni a los demás exclusivamente como medios, y la *dignidad humana traducida en derechos fundamentales concretos*, como es el caso del derecho al debido proceso o los derechos de la personalidad. "En cuanto fundamento último de los derechos, es obvio que la dignidad no puede ceder frente a ninguna otra exigencia (las razones basadas en la dignidad son absolutas); pero los derechos basados en la dignidad sí que pueden ser ponderados con otros (la libertad de expresión, por ejemplo, puede prevalecer frente al honor o la intimidad)" (ATIENZA: 39), todo en el entendido de que ni todo derecho fundamental es inherente a la dignidad humana ni cualquier limitación al ejercicio de los derechos fundamentales constituye un *"estado de indignidad"* (BRAGE CAMAZANO: 59).

Pero la dimensión subjetiva de la dignidad humana no se reduce a su mera traducción en derechos fundamentales concretos. En nuestro ordenamiento constitucional, la dignidad humana aparece como un *derecho fundamental autónomo*. De ahí que, en nuestro país, no es posible válidamente afirmar que no exista "un derecho que consista simplemente en ser tratado dignamente" (ATIENZA: 35). Sí lo hay. Así como según nuestra Constitución la igualdad no solo es igualdad en derechos sino también un derecho autónomo, el derecho a recibir "la misma protección y trato de las instituciones, autoridades y demás personas", "sin ninguna discriminación" (artículo 39) y que se puede violar independientemente de que se violen otros derechos fundamentales, del mismo modo, "desde una dimensión subjetiva, la dignidad humana es la prerrogativa que poseen las personas de ser tratados dignamente" (MEDINA REYES). Lógicamente, en mayor grado a que lo que ocurre con la igualdad, al ser la dignidad el fundamento de los más importantes y, en verdad, de la mayoría de todos los derechos, sino todos o casi todos, o, por lo menos, al estar comprometida la dignidad humana en las más graves violaciones de los derechos, aun cuando estos derechos no estén directamente fundados en la dignidad, es difícil concebir casos en que se viole el derecho a la dignidad y no se esté vulnerando al mismo tiempo algún derecho fundamental. Pero no es imposible: pensemos, por solo citar un ejemplo, en la vulneración del derecho a la dignidad humana de consumidores que, por culpa de conductas de proveedores, sean colocados en situaciones vergonzantes, vejatorias o intimidatorias, en países donde la ley no contempla el derecho de los consumidores a un trato digno. Por eso, no es válido argüir en nuestro ordenamiento la doctrina y la jurisprudencia de España, cuya Constitución no consagra a la dignidad humana en la sección relativa a los derechos fundamentales, por lo que éstas niegan el carácter de derecho fundamental a la dignidad humana y, por tanto, susceptible de ser tutelado por la vía procesal de la acción de amparo, en un país que, como la República Dominicana, su Carta Sustantiva consagra a la dignidad humana en su doble dimensión de valor y principio que fundamenta la Constitución y el Estado (artículos 5 y 38) y de derecho fundamental consagrado en el Título II relativo a los derechos y garantías fundamentales (artículo 38).

La consideración de la dignidad humana como derecho fundamental obliga a admitir entonces que "la dignidad de la persona no es un principio absoluto" (ALEXY 1993: 109), y que, como todo derecho, es un *derecho relativo*, sujeto a limitaciones y susceptible de ponderación, pues, como señala el Tribunal Constitucional español, "no existen derechos ilimitados" (STC 2/1982). Por eso, la jurisprudencia constitucional alemana admite la constitucionalidad de tratos indignos a las personas, cuando son bienintencionados: por ejemplo, la alimentación forzosa de reclusos en huelga de hambre o el cacheo de los pasajeros en los aeropuertos, aunque hay votos disidentes de jueces constitucionales que consideran que se da la violación de la dignidad, aunque se actúe "con buenas intenciones" (MÜNCH: 20). La jurisprudencia constitucional española sigue esta línea al señalar que, cuando colisionan el derecho a la vida del *nascitarus* con los derechos a la vida y a la dignidad de la mujer, "en la medida en que no puede afirmarse de ninguno de ellos su carácter absoluto, el intérprete constitucional se ve obligado a ponderar los bienes y derechos en función del supuesto planteado, tratando de armonizarlos si ello es posible o, en caso contrario, precisando las condiciones y requisitos en que podría admitirse la prevalencia de uno de ellos" (STC 53/1985). Por eso, la dignidad humana, en tanto derecho fundamental capaz de colidir con otros derechos, está sujeta a ponderación y es bueno que sea así, desde la óptica de la interpretación de los derechos fundamentales, pues, de lo contrario, al no haber alternativas válidas de interpretación iusfundamental al margen de la ponderación, nos hace víctimas de lo que se ha llamado el "*intuicionismo de la dignidad humana*" (ALEXY 2019: 295).

Pero si la dignidad humana no es un derecho absoluto, como no lo es ningún derecho fundamental, hay que tener en cuenta que la dignidad humana, junto con otros derechos personalísimos como el derecho a la vida, es uno de los derechos más absolutos. De ahí que cuando se pondere este derecho, en caso de colisión con otros derechos, hay que tener mucho cuidado de que no se produzca una *relativización de la dignidad humana* y del "valor normativo de los derechos fundamentales, y, en último término el de la Constitución misma" (BASTIDA FREIJEDO: 144). Así, consideramos que es constitucionalmente inadmisible justificar el empleo de la tortura con el fin de salvar la vida de inocentes, como pretende una cierta doctrina contemporánea al influjo del denominado *"Derecho Penal del enemigo"*. Es más, el solo hecho de tratar doctrinalmente tal posibilidad en países que, como Alemania, España y República Dominicana, han sufrido los abusos de la tortura sistemática a cargo del Estado y sus agentes, es una muestra más del estado actual del garantismo frente a los avances de un eficientismo penal capaz, desde el 11/2001, de justificar todo en aras de una supuesta seguridad. No puede esto considerarse un "mal necesario", admisible si es con autorización judicial, pues el solo hecho de hablar de ello es de por sí pura obscenidad. Sólo quien no ha sufrido tortura –y muchos de los héroes y heroínas inmortales cuyos "ejemplos de luchas y sacrificios" inspiraron al constituyente dominicano fueron torturados- puede hablar con desparpajo de la posibilidad de aplicarla en aras de garantizar supuestos valores superiores de la comunidad. Quien es torturado no pierde tanto su dignidad como su fe en el mundo, es decir, "la seguridad de que el prójimo, en virtud de pactos sociales escritos o no escritos, tiene consideración de mí, o dicho en términos más precisos, que respeta mi existencia física y, con ello, también mi existencia metafísica" (Jean Amery, citado por MAIHOFER: 8). Por eso, la tortura es y debe seguir siendo un tema tabú en nuestras sociedades, a menos que sea para investigarla, revelarla y sancionarla, como lo hacen los grupos de derechos humanos y la siempre atenta prensa de investigación. Por demás, más que de un derecho a no ser torturado, como todo derecho fundamental, en tanto principio, eminentemente relativo y sujeto a ponderación, en realidad la prohibición de tortura es una verdadera regla constitucional que se impone bajo la lógica del todo o nada pues, o bien la tortura está permitida, o bien está prohibida, pero no es constitucionalmente admisible hablar de más o menos tortura, ponderando ésta como si se tratase de un valor o derecho fundamental.

2. EL RESPETO Y LA PROTECCIÓN DE LA DIGNIDAD HUMANA

La Constitución establece que el Estado social y democrático de derecho está "fundado en el respeto de la dignidad humana" (artículo 7), que es función esencial del Estado el respeto de la dignidad de la persona (artículo 8) y que el respeto de la dignidad es "responsabilidad esencial de los poderes públicos" (artículo 38). Del mismo modo, la Constitución establece que la protección de la dignidad humana constituye también, y al igual que su respeto, una "responsabilidad esencial de los poderes públicos" (artículo

38). Como se puede observar, la Constitución ordena al Estado no solo la protección de la dignidad humana frente a posibles menoscabos debidos a acciones u omisiones de los hombres y mujeres sino que impone al Estado la obligación de respetar esa dignidad. ¿Cuál es el sentido y el significado de esas obligaciones estatales de respetar y proteger la dignidad humana? El *deber estatal de respetar la dignidad humana* otorga a cada persona el derecho, garantizado frente al Estado, de exigir de éste la omisión de todas las acciones que menoscaben la dignidad humana. Es obligación estatal abstenerse de realizar actos atentatorios contra la dignidad de las personas.

2.1 Dignidad humana y Derecho Penal

La dignidad humana en el *Derecho Penal* se concreta en los principios de la presunción de inocencia, la intangibilidad de la persona y la culpabilidad. El acusado se presume inocente hasta que se pruebe su culpabilidad y sólo puede ser sancionado penalmente aquella persona encontrada culpable conforme un proceso regular y conforme al Derecho. "Ciertamente, proteger a la población ante el delito se cuenta entre las obligaciones del Estado. Pero de lo que se trata en el proceso penal es precisamente averiguar la verdad. Mientras la misma no se haya constatado, la culpa del sospechoso estará pendiente de prueba" (BENDA: 127). La *averiguación de la verdad* en el proceso penal tiene, sin embargo, sus límites constitucionales: nadie está obligado a declarar contra sí mismo y a nadie se le puede someter contra su voluntad a tratos que tiendan a lograr, directa o indirectamente, la declaración del imputado (hipnosis, drogas, etc.). "Lo que diferencia al proceso del acto de tomarse la justicia por la propia mano o de otros métodos bárbaros de justicia sumaria es el hecho de que éste persigue, en coherencia con la doble función preventiva del derecho penal, dos finalidades diversas: el castigo de los culpables y, al mismo tiempo, la tutela de los inocentes" (FERRAJOLI: 604). Las penas no pueden ser desproporcionadamente altas o crueles: la *razonabilidad de la pena* es garantía de la dignidad humana del condenado. "Ninguna persona puede ser sometida a penas, torturas o procedimientos vejatorios que impliquen la pérdida o disminución de su salud, o de su integridad física o psíquica" (artículo 42.1). Pero las infracciones penales deben ser también razonables: las únicas prohibiciones penales justificadas son las prohibiciones mínimas necesarias, es decir, "las establecidas para impedir comportamientos lesivos que, añadidos a la reacción informal que comportan, supondrían una mayor violencia y una más grave lesión de derechos que las generadas inconstitucionalmente por el derecho penal" (FERRAJOLI: 466). Para que un bien jurídico sea penalmente relevante, debe ser constitucionalmente razonable, lo que implica una transformación radical de la teoría del bien jurídico (FERNÁNDEZ), "porque lo que en origen aparecía como una exigencia ética o suprapositiva quiere integrarse hoy resueltamente en el Derecho positivo a través de la Constitución, convirtiendo el juicio externo sobre la justicia o legitimidad de la norma penal en un juicio interno sobre su validez" (PRIETO SANCHÍS: 297).

2.2 Dignidad humana y privacidad

El derecho a la privacidad, *the right to be alone*, es consustancial a la dignidad humana. Si las personas se ven obligadas a revelarse al público tal como realmente son en privado la vida sería insostenible. Se tiene el derecho a que a uno lo dejen en paz, a que a uno lo dejen tranquilo. La *inviolabilidad del domicilio* y el *secreto de las comunicaciones* persiguen garantizar esta esfera privada e íntima. En la intimidad de nuestros aposentos, debemos ser libres para hacer lo que queramos, dedicarnos a nuestras extravagancias, coleccionar lo que nos gusta, saborear lo que apetecemos y, en fin, realizar lo que es expresión de nuestra individualidad. Por teléfono, debemos ser libres de hablar lo que queramos, sin temor a que nos escuchen permanentemente. El individuo debe tener derecho a conocer la información que sobre él se acumula en bancos de datos públicos y privados, rectificar los errores en la misma y conocer a quien se le transmite ésta. El derecho a la privacidad nos protege también de la revelación no autorizada de diagnósticos médicos. En principio, todo lo íntimo debe ser ajeno al público. Como bien ha expresado el Tribunal Constitucional español, "en ningún caso pueden considerarse públicos y parte del espectáculo las incidencias sobre la salud y la vida del torero, derivada de las heridas recibidas, una vez que abandona el coso, pues ciertamente ello supondría convertir en instrumento de diversión y entretenimiento algo tan personal como los padecimientos y la misma muerte de un individuo, en clara contradicción con el principio de la dignidad de la persona (...)" (STC 231/88). Del *reality show* al circo romano hay un solo paso.

2.3 Dignidad humana y manipulación genética

Las técnicas de alteración genética y de clonación, ponen en juego al valor dignidad humana (ANDORNO). ¿Es legítimo alterar la codificación genética para mejorar la raza humana? ¿Es admisible seleccionar y programar nuestros descendientes? ¿Y clonar a seres muertos? ¿O a los que aún no han nacido? Esto ya no es cosa de ciencia ficción como creería quien haya visto la película *Gattaca* o cualquier otro film que trate sobre los mundos infelices de las anti-utopías. "Cuando se consigue modificar la dotación genética interviniendo el sistema de reproducción humana, no solo se manipula en la forma deseada a la persona directamente afectada, sino a todos sus descendientes. Y con ello, se está influyendo en la misma esencia de la persona. Ello supone dar un paso radical que está demandando una nueva concepción de la dignidad humana. Hasta ahora se reconocía que con ella no se pretendía proteger la *persona ideal plasmada en las normas*, sino únicamente aquella directamente afectada. De ello se infiere que el mandato de respeto a la dignidad humana del individuo también protege de aquellas intervenciones planteadas en aras de un supuesto bienestar de la humanidad. Pero si se admitiera que cupiera intervenir en la propia sustancia del hombre, ello afectaría no a seres humanos vivientes pero sí al hombre concreto concebible del futuro. Es decir, no está en juego una mera imagen abstracta del hombre, sino el destino de futuras generaciones respecto del que somos responsables" (BENDA: 135).

2.4 Dignidad humana, tecnología estatal y programación de las personas

Ya la tecnología puesta a disposición de la acción del Estado ha sobrepasado los arcaicos semáforos y los registros de huellas digitales y se acerca a las pesadillas de las anti-utopías de la ciencia ficción desde la novela *1984* de Orwell hasta la película *Brasil*. Hoy es técnicamente posible implantar monitores cerebrales en determinados delincuentes para controlar sus actuaciones mediante choques eléctricos a distancia, política preventiva que elimina el costo generado por los crímenes y el sancionamiento de los infractores. ¿Afecta ello la dignidad humana? Responder esta pregunta requeriría recordar los regímenes totalitarios que trataron a los delincuentes políticos como enfermos mentales desde la Unión Soviética de los disidentes hasta la República Dominicana de Trujillo como bien nos recuerda Antonio Zaglul en *Mis 500 locos*. En principio, no afectaría tanto la dignidad de la persona los controles por circuitos cerrados de televisión de los clientes de las grandes superficies comerciales y la inspección corporal de las personas en los aeropuertos, aunque "no hay razón para alegrarse de que se trate como terrorista o ladrón en potencia al ciudadano emancipado" (BENDA: 139).

2.5 Dignidad humana y autodeterminación

La autodeterminación es consustancial a la dignidad humana. Por eso, tras el debate del aborto, la fecundación *in vitro* y la protección de los datos personales, se encuentra el *derecho a la autodeterminación* de la mujer embarazada a decidir sobre sí mismas sobre la continuación o interrupción del embarazo, el de las parejas infértiles a procrear y el de las personas a tener control sobre sus datos personales. La autodeterminación está presente en los casos de enfermos terminales que desean poner fin a tratamientos médicos que, si bien extienden la vida, son en gran medida crueles y vejatorios: se habla así del derecho a morir con dignidad, que no debe ser confundido con la prerrogativa del Estado o de los establecimientos médicos de poner fin a la vida de pacientes desamparados o discapacitados como en la Alemania de Hitler, que no es más que asesinato de seres indefensos bajo el disfraz de eutanasia. La autodeterminación tiene, sin embargo, sus límites: llega un momento, por ejemplo, en que el *nascitarus* es una persona que, aunque no nacida, merece toda la protección de sus derechos fundamentales.

¿Puede la dignidad protegerse contra la *decisión voluntaria de la propia persona*? El Tribunal Contencioso-Administrativo federal alemán ha sostenido, en el caso de una mujer que ha participado voluntariamente en una exhibición, que la dignidad humana "está por encima de un individuo determinado, [y] ha de ser asimismo defendida frente a la intención del afectado de realizar ciertas concepciones subjetivas en abierta desviación de la dignidad humana objetivamente considerada" (BverfGE 62, 274 (280). Por su parte, el Consejo de Estado francés, al conocer de un recurso por exceso de poder contra una decisión de un prefecto que prohibió un show en un establecimiento de diversiones en el cual los asistentes columpiaban por todo el establecimiento personas de pequeña estatura, ha declarado que "el respeto a la dignidad de la persona humana es uno de los componentes del *orden público*; que la autoridad investida del poder de policía municipal puede, aún en ausencia de circunstancias locales particulares, prohibir un espectáculo atentatorio contra la dignidad de la persona humana" (RDP 1996/564). Se consagra así un nuevo concepto de orden público que permite la intervención del poder de policía administrativo para proteger la dignidad humana contra la propia persona, aunque ello no puede conducir a hacer de la dignidad un valor absoluto que merezca protección en caso de actuaciones no lesivas contra la integridad física, el honor o la imagen de terceros o de una comunidad. Como bien establece el Tribunal Constitucional alemán, no es función del Estado "enmendar la plana y corregir a los ciudadanos" (BverfGE 22, 180 (219). Por eso, exigir cascos de protección a motociclistas y cinturones de seguridad a conductores y pasajeros mayores de edad es un acto de *paternalismo* que busca proteger al individuo contra sí mismo de una acción que no perjudica en nada a extraños.

2.6 Dignidad humana y derecho a una existencia material mínima

El principio de la dignidad humana, en conjunción con el principio del Estado Social, obligan al Estado a garantizar a las personas un *minimun vital* unos recursos básicos indispensables para una existencia digna. La pobreza extrema es la mayor vulneración a la dignidad humana en nuestros pueblos de Tercer Mundo. Por eso, el Estado debe garantizar los derechos sociales, tal como exige el artículo 2.1 del Pacto Internacional de los Derechos Económicos, Sociales y Culturales, "hasta el máximo de los recursos disponibles". Como bien estableció el Tribunal Constitucional alemán, el respeto al derecho a una existencia digna se opone a que el Estado, amparado en el deber de contribuir de las personas con las cargas públicas, expropie indirectamente a las personas por la vía fiscal de los recursos mínimos que garanticen su existencia material (BverfGE 1, 97 (104). La función esencial del Estado es la obtención de los medios que permitan a la persona perfeccionarse igualitaria, equitativa y progresivamente (artículo 8 de la Constitución), lo cual no se compadece con una imposición fiscal del Estado que haga imposible una actividad empresarial o profesional al despojar al pequeño empresario o al profesional liberal de los medios materiales indispensables para la subsistencia digna de la persona.

2.7 Dignidad humana y derechos del trabajador

La dignidad humana es un valor constitucional fundamental de todo el ordenamiento jurídico-laboral nacional y supranacional. Por eso, la Constitución afirma que "es finalidad esencial del Estado fomentar el empleo digno", que nadie está obligado "a trabajar contra su voluntad" (artículo 62.2), que es un derecho básico del trabajador el respeto "a su dignidad personal" (artículo 62.3), que se prohíbe la discriminación "para acceder al empleo o durante la prestación del servicio" (artículo 62.5) y que "todo trabajador tiene derecho a un salario justo y suficiente que le permita vivir con dignidad" (artículo 62.9). ¿En qué consiste la *dignidad del trabajador*? El Tribunal Constitucional español la ha definido "como el derecho de todas las personas a un trato que no contradiga su condición de ser racional igual y libre, capaz de determinar su conducta en relación consigo mismo y con su entorno". Por eso, ese Tribunal considera atentatorio contra la dignidad del trabajador todo control absoluto sobre la persona y la vida privada del trabajador por parte del empleador, de donde ha considerado que resulta injustificado el despido de un trabajador por el hecho de haber trabajado para otra empresa durante su período de vacaciones.

"La concepción del período anual de vacaciones como tiempo cuyo sentido único o principal es la reposición de energías para la reanudación de la prestación laboral supone reducir la persona del trabajador a un mero factor de producción y negar, en la misma medida, su libertad, durante aquel período, para desplegar la propia personalidad del modo que estime más conveniente. Una tal concepción, según la cual el tiempo libre se considera tiempo vinculado y la persona se devalúa a mera fuerza de trabajo, resulta incompatible" con la dignidad del trabajador y su libre desarrollo, "que es fundamento del orden político y de la paz social" (STC 192/2003).

2.8 Dignidad humana y derechos de la mujer

El respeto a la dignidad humana implica la protección de la dignidad de la mujer en tanto ser humano y en tanto mujer. Por eso, obligar a la mujer a dar a luz el fruto de un embarazo consecuencia de una violación es un atentado a su dignidad. Y es que "obligarla a soportar las consecuencias de un acto de tal naturaleza es manifiestamente inexigible; la dignidad de la mujer excluye que pueda considerársela como mero instrumento, y el consentimiento necesario para asumir cualquier compromiso u obligación cobra especial relieve en este caso ante un hecho de tanta trascendencia como el de dar vida a un nuevo ser, vida que afectará profundamente a la suya en todos los sentidos" (STC 53/1985). El *acoso sexual* contra la mujer en el ámbito laboral constituye también un atentado contra su dignidad. "No puede permitirse hoy, ni siquiera residualmente, la perpetuación de actitudes con las cuales implícitamente se pretende cosificarla, tratándola como un objeto, con desprecio de su condición femenina y en desdoro de su dignidad personal" (STC 224/1999).

2.9 Dignidad humana y discurso de odio

La *libertad ideológica* y la *libertad de expresión* no amparan el derecho a realizar manifestaciones, expresiones o campañas racistas o xenófobas ya que ello no sólo afecta el derecho al honor de las personas directamente concernidas sino que vulneran la dignidad humana. La CADH es clara en cuanto a que "estará prohibida por la ley toda propaganda a favor de la guerra y toda *apología del odio* nacional, racial o religioso que constituyan incitaciones a la violencia o cualquier otra acción ilegal similar contra cualquier persona o grupo de personas, por ningún motivo, inclusive los de raza, color, religión, idioma u origen nacional" (artículo 13.5). En el mismo sentido, se pronuncia el Pacto Internacional de Derechos Civiles y Políticos: "Toda apología del odio nacional, racial o religioso que constituya incitación a la discriminación, la hostilidad o la violencia estará prohibida por la ley" (artículo 20.2). Aunque se requieren leyes que hagan efectivas estas prohibiciones, una vez se produce la consagración legislativa de las mismas, éstas sirven como límites a derechos tales como la libertad de expresión. En efecto, como bien expresa el Tribunal Constitucional español, "el odio y el desprecio a todo un pueblo o a una etnia (a cualquier pueblo o a cualquier etnia) son incompatibles con el respeto a la dignidad humana, que sólo se cumple si se atribuye por igual a todo hombre, a toda etnia, a todos los pueblos (…) Tales derechos no garantizan, en todo caso, el derecho a expresar y difundir un determinado entendimiento de la historia o concepción del mundo con el deliberado ánimo de menospreciar y discriminar, al tiempo de formularlo, a personas o grupos por razón de cualquier condición o circunstancia personal, étnica o social, pues sería tanto como admitir que, por el mero hecho de efectuarse al hilo de un discurso más o menos histórico, la Constitución permite la violación de uno de los valores superiores del ordenamiento jurídico, como es la igualdad (…) y uno de los fundamentos del orden político y de la paz social: la dignidad de la persona". En un Estado social y democrático de derecho, no hay derecho "a menospreciar o generar sentimientos de hostilidad contra determinados grupos étnicos, de extranjeros o inmigrantes, religiosos o sociales" y "los integrantes de aquellas colectividades tienen el derecho a convivir pacíficamente y a ser plenamente respetados por los demás miembros de la comunidad social" (STC 214/91). Del mismo modo, "*la apología de los verdugos*, glorificando su imagen y justificando sus hechos a costa de la humillación de sus víctimas, no cabe en la libertad de expresión como valor fundamental del sistema democrático que proclama nuestra Constitución. Un uso de ella que niegue la dignidad humana, núcleo irreductible del derecho al honor en nuestros días, se sitúa por sí mismo fuera de la protección constitucional" (STC 176/1995).

BIBLIOGRAFÍA

  Alexy, Robert. *Ensayos sobre la teoría de los principios y el juicio de proporcionalidad.* Lima: Palestra, 2019.
  _____. *Teoría de los derechos fundamentales.* Madrid: CEC, 1993.
  Andorno, Roberto. *Bioética y dignidad de la persona.* Madrid: Tecnos, 1998.
  Atienza, Manuel. *Sobre la dignidad humana.* Madrid: Trotta, 2022.
  Barak, Aharon. *Human dignity. The constitutional value and the constitutiona right.* Cambridge: Cambridge University Oress, 2015.
  Bastida Freijedo, Francisco J. y otros. *Teoría general de los derechos fundamentales en la constitución española de 1978.* Madrid: Tecnos, 2004.
  Benda, Ernesto. "Dignidad humana y derechos de la personalidad". En Ernesto Benda y otros. *Manual de Derecho Constitucional.* Madrid: Marcial Pons, 2001.
  Brage Camazano, Joaquín. *Los límites a los derechos fundamentales.* Madrid: Dykinson, 2004.
  Bustamante Alarcón, Reynaldo. *La idea de persona y dignidad humana.* Madrid: Dykinson, 2018.
  Carvajal Sánchez, Bernardo. *La dignidad humana como norma de derecho fundamental.* Bogotá: Universidad Externado de Colombia, 2020.
  Chueca, Ricardo (dir.). *Dignidad humana y derecho fundamental.* Madrid: Centro de Estudios Políticos y Constitucionales, 2015.
  Desimoni, Luis María. *El derecho a la dignidad humana.* Buenos Aires: Depalma, 1999.

Fernández, Gonzalo D. *Bien jurídico y sistema de delito*. Montevideo: B de F., 2004.

Fernandez Segado, Francisco. *Dignidad de la persona, derechos fundamentales y justicia constitucional*. Madrid: Dykinson, 2008.

Ferrajoli, Luigi. *Derecho y razón*. Madrid: Trotta, 1999.

Gonzalez Pérez, Jesús. *La dignidad de la persona*. Madrid: Civitas/Thomson Reuters, 2017.

Gutiérrez Gutiérrez, Ignacio. *Dignidad de la persona y derechos fundamentales*. Madrid: Marcial Pons, 2005.

Häberle, Peter. *El Estado Constitucional*. México: UNAM, 2001.

_____. *La imagen del ser humano dentro del Estado Constitucional*, Lima: Pontificia Universidad Católica del Perú, 2001.

Hoyos, Ilva Myriam. *De la dignidad y de los derechos humanos*. Bogotá: Temis, 2005.

Landa, César. "Dignidad de la persona humana". En *Cuestiones Constitucionales*. www.jurídicas.unam.mx.

Maihofer, Werner. *Estado de Derecho y dignidad humana*. Montevideo - Buenos Aires: B de F, 2008.

Martinez Real, Javier. *El fenómeno neoconstitucional como objetivación jurídica de la dignidad humana*. Santo Domingo: Editorial UNIBE, 2010.

Medina Reyes, Roberto. "La dignidad de las personas". En *Acento*. 27 de mayo de 2022. https://acento.com.do/opinion/la-dignidad-de-las-personas-9066329.html

Münch, Ingo von. "La dignidad del hombre en el Derecho Constitucional". En *Revista Española de Derecho Constitucional*, 5, 1982.

Prieto Sanchís, Luis. "La limitación constitucional del legislador penal". En *Justicia constitucional y derechos fundamentales*. Madrid: Trotta, 2003.

Radbruch, Gustav. *Filosofía del Derecho*. Granada: Comares, 1999.

Rombach, Heinrich. *El hombre humanizado*. Barcelona: Herder, 2004.

Sarlet, Ingo Wolfgang. *Dignidade (da pessoa) humana e direitos fundamentais na Constituicao federal de 1988*. Porto Alegre: Livraria Do Advogado, 2015.

Torralba Roselló, Francesc. *¿Qué es la dignidad humana?* Barcelona: Herder, 2005.

Weinrib, Jacob. *Dimensions of dignity. The modern theory and practica of modern constitutional law*. Cambridge: Cambridge University Press, 2016.

CAPÍTULO OCHO
Los Principios Fundamentales del Estado

1. EL ENCUADRAMIENTO CONSTITUCIONAL DEL ESTADO

1.1 Constitución y Estado

La Constitución es un instrumento de *articulación del Estado a través del derecho*. Esto significa que la Constitución presupone una cierta forma de organización del poder político sin la cual ella misma no existiría: el Estado. No por azar el primer artículo de la Constitución se titula "Organización del Estado". Y es que la Constitución es sobre todo *Constitución estatal,* Constitución de un Estado o de un grupo de Estados, en nuestro caso, Constitución de "una Nación organizada en Estado libre e independiente, con el nombre de República Dominicana" (artículo 1).

"La Constitución y el Estado deben ser diferenciados. El Estado es condición previa y objeto de la Constitución. Esta última establece su fundamento jurídico, su estructura interna" (Isensee: 339)". Por eso, un *cambio de Constitución* no pone en entredicho la existencia y la continuidad del Estado, permaneciendo íntegra su identidad. Como lo expresó Gerhard Anschutz, al referirse a la eliminación de la monarquía y la instauración de la república en la Alemania de 1918, "no se suelen emprender revoluciones para destrozar un Estado, sino para hacer caer la Constitución de un Estado, y sobre todo, para hacer cambiar lo que se denomina la forma de Estado. La conexión en el desarrollo del Derecho se perturba, pero la de la vida del Estado continúa. La voluntad general adquiere, en la medida en que ha reconocido o desencadenado la revolución, nuevos órganos y depositarios. La Constitución ha cambiado, el Estado permanece" (citado por Isensee: 340). Es esto lo que explica por qué las rupturas políticas internas y los cambios constitucionales no repercuten en la identidad del Estado como sujeto de derecho internacional, en la pervivencia de los tratados internacionales, en la membresía en organizaciones internacionales y en la obligación que tiene el Estado de honrar sus deudas con acreedores extranjeros, aunque aquellas hayan sido pactadas por gobiernos de dudosa legitimidad. En otras palabras, "la Constitución no es el Estado; no le puede reemplazar y tampoco es sustitutivo de decisiones políticas que se presentan como necesarias [...] La Constitución es 'el punto de Arquímedes' de todo el ordenamiento jurídico. Sin embargo, la Constitución no sustituye al poder estatal, simplemente lo conduce" (STERN 2009: 98).

Ahora bien, desde la óptica del derecho constitucional, "habrá tanto Estado como se encuentre constituido en la Constitución", lo que no significa ignorar la importancia del Estado ni soslayar su rol vital en la protección de los derechos fundamentales, sino tan solo admitir "que se toma en serio a la Constitución y que no se reconocen supervivencias feudales o monárquicas, ya sea en la dogmática o en la realidad. Si todo el poder del Estado proviene de los ciudadanos que se encuentran en la comunidad ciudadana, no queda entonces ningún espacio para un poder estatal extra o preconstitucional. La Constitución debe concebirse como previa al Estado, a pesar de la importancia que éste pueda tener o conservar" (HÄBERLE: 104).

De modo que, aunque el Estado es "un ente independiente con fines generales, que comprende necesariamente a la población establecida sobre cierto territorio, dotado de una estructura de gobierno y basado en un conjunto homogéneo y autosuficiente de normas que regulan a la sociedad y su estructura organizativa" (VERGOTTINI: 67), el Estado que interesa al derecho constitucional no es cualquier Estado –como el Estado absoluto o el Estado dictatorial- sino uno específico: el *Estado constitucional*. El Estado constitucional es el Estado ordenado conforme derecho, es decir, el *Estado de derecho*, "pero no a un derecho 'dictado' por uno o pocos guías sino acordado y aceptado democráticamente" (SÁNCHEZ FERRIZ: 23), es decir, el Estado democrático. De modo que la Constitución no es más que una forma de organización del poder político representado por el Estado y el derecho constitucional no es más que el estudio de la juridificación del Estado, de su domesticación y progresiva conversión –a través de su sumisión al derecho– de Estado (a secas) a Estado constitucional, es decir a *Estado democrático de derecho*.

Ahora bien, admitir que el abordaje del Estado es imprescindible para aproximarse al derecho constitucional, no significa que debamos acometer un estudio global del Estado porque dicha tarea corresponde a otras disciplinas, tales como la teoría general del Estado, la ciencia política o la sociología, que, aunque afines al derecho constitucional, son autónomas. El Estado no interesa al derecho constitucional desde una óptica histórica, politológica, sociológica o teórica sino desde una óptica estrictamente jurídica. En derecho constitucional, el Estado interesa fundamentalmente desde una *perspectiva funcional*: o sea, lo que interesa es la proyección que tiene el Estado en la Constitución.

Que el derecho constitucional aborde jurídicamente al Estado no significa, sin embargo, que el estudio jurídico-constitucional deba ser indiferente a los *elementos extra jurídicos del Estado*. La historia, por ejemplo: el Estado constitucional no puede ser comprendido sino se parte de la afirmación de su historicidad. De ahí que, aún en el marco de una perspectiva jurídica, para poder entender el Estado, se precisa abordar, al menos someramente, la *historia del Estado constitucional* que, a final de cuentas, no es más que la historia de un proceso de "domesticación" del Estado, de proscripción de la arbitrariedad y de la incorporación progresiva de los ciudadanos a la toma de decisiones. Esa historia debe ser conocida por el constitucionalista porque, de lo contrario, es imposible comprender las notas características del Estado constitucional contemporáneo y, sobre todo, la dimensión axiológica del derecho constitucional, en la medida en que los valores que vivifican al derecho constitucional se han asentado en el calor de las luchas para el establecimiento y transformación del Estado Constitucional.

De lo que se trata es, en consecuencia, de abordar el Estado constitucional desde una perspectiva que, a través del *hilo conductor jurídico*, tenga en cuenta sus aspectos filosóficos, históricos, ideológicos, sociales, políticos, económicos y éticos. Este enfoque ecléctico y holístico del Estado constitucional permite evitar lo peor de dos mundos: el mundo irreal de un positivismo jurídico formal radical, que reduce al Estado a un mero sistema de normas jurídicas, provisto de determinada validez espacial, temporal y personal, y el mundo hiperreal de las doctrinas que conciben al Estado como una simple relación de fuerza entre gobernantes y gobernados, como ocurre en los enfoques marxistas y en todas las teorías sociológicas del Estado. Con esta perspectiva, se sigue operando en el derecho constitucional y no se ignoran los aspectos normativos del Estado porque se aborda históricamente el Estado constitucional y se toman en cuenta los aspectos extralegales más relevantes, no para describir al Estado de manera que no se olvide consideración alguna, sino para comprender qué es lo que caracteriza al Estado en cuanto forma de organización política y cuál ha sido su proceso de juridificación y, sobre todo, para entender las *proyecciones constitucionales de un Estado constituido específico* –la República Dominicana– y la fórmula política expresa en nuestra Constitución que caracteriza al Estado como un Estado social y democrático de derecho.

1.2 El nombre del Estado: República Dominicana

En virtud del artículo 1 de la Constitución el nombre del Estado libre e independiente en que se organiza la nación constituida por el pueblo dominicano es República Dominicana, tal como aparece en el proyecto de Ley Fundamental de Duarte, en el Manifiesto del 16 de enero de 1844 y en la primera Constitución de 1844. Desde 1844 hasta la fecha, histórica y constitucionalmente el Estado se ha denominado siempre República Dominicana, salvo el lapso de 1861-1865 cuando el país fue anexado a España y se le volvió a llamar Santo Domingo, como en la época previa a la independencia se denominó tanto a la isla -que todavía así se designa en el artículo 9.1 de la Constitución- como a la colonia española en ella asentada.

2. LOS ELEMENTOS CONSTITUTIVOS DEL ESTADO

Los manuales tradicionales de derecho constitucional definen al Estado como el ente social que se forma en el momento mismo en que en un determinado territorio se organiza jurídicamente un pueblo que se somete a la voluntad de un gobierno. Partiendo de esta definición, los elementos constitutivos del Estado vendrían a ser *el poder, el pueblo y el territorio*, por lo que todas las formas políticas de la historia de la Humanidad constituirían un Estado, ya que, en todas las épocas, ha existido la dominación de un grupo de personas (poder) sobre otras (pueblo) que viven en un territorio determinado. De ahí que se precise una definición que tipifique al Estado en contraste con las demás formas políticas y no una que, como la tradicional, defina al Estado a partir de tres elementos constitutivos que son comunes a todas y cada una de las formas políticas pasadas y presentes.

¿Qué caracteriza al Estado y qué lo diferencia de las demás formas políticas? La respuesta la provee el artículo 39 de la Constitución: *la igualdad*. Este texto constitucional asume que "todas las personas nacen libres e iguales ante la ley, reciben la misma protección y trato de las instituciones, autoridades y demás personas y gozan de los mismos derechos, libertades y oportunidades, sin ninguna discriminación por razones de género, color, edad, discapacidad, nacionalidad, vínculos familiares, lengua, religión, opinión política o filosófica, condición social o personal". Y es que "el Estado es la única forma política que arranca de la afirmación del principio de igualdad y que solo alcanza su pleno desarrollo cuando dicho principio ha adquirido políticamente la fuerza de un auténtico 'prejuicio popular.' Este es el secreto del Estado, aquello que explica la configuración específica que asumen esos tres elementos comunes a todas las formas políticas, cuando del Estado se trata" (PÉREZ ROYO: 66). Pero la igualdad que sirve de fundamento al Estado no es solo la igualdad ante la ley, la igualdad formal, sino también la igualdad real y efectiva (artículo 39). Esto así porque "la disparidad social puede hacer de un *summum ius* una *summa iniura*. Sin homogeneidad social, la más radical igualdad formal se torna la más radical desigualdad y la democracia formal, Dictadura de la clase dominante" (HELLER: 265). Por eso, el artículo 8 de la Constitución dispone que la función esencial del Estado es, aparte de la protección efectiva de los derechos de la persona y el respeto de su dignidad, "la obtención de los medios que le permitan perfeccionarse de forma igualitaria, equitativa y progresiva, dentro de un marco de libertad individual y de justicia social compatible con el orden público, el bienestar general y los derechos de todos".

2.1 El elemento político del Estado: el monopolio de la coacción legítima

El Estado no es solamente un poder político sino que es, además, un poder en *régimen de monopolio*, un poder que no admite la existencia de competidores. Este monopolio deriva de la igualdad: como la igualdad presupone que nadie está por encima o por debajo de nadie, sino que todos están en pie de igualdad, el poder o no existe (como ocurre en la anarquía) o bien, si existe (como ocurre en el Estado), reside en una instancia objetiva y despersonalizada que se relaciona por igual con todos los individuos. Las personas son políticamente iguales en el Estado, en consecuencia, porque todos están sometidos por igual al Estado.

2.1.1 Surgimiento del Estado moderno. El término "Estado" proviene del latín *"status"* que designa la situación jurídica de una persona, en el sentido de que forma parte de un cuerpo, de una comunidad, ante los cuales las personas responden en términos de deberes y obligaciones. Es en este sentido que todavía hoy se habla del "estado civil" de las personas: los casados tienen deberes de fidelidad y protección frente a los cónyuges que no comparten los solteros.

En la organización política medieval, los "Estados" constituían *divisiones "naturales"* de la sociedad y de la ciudad. Según esta concepción, el pueblo está compuesto de grupos heterogéneos, con funciones específicas en el ejercicio del poder y de la obediencia. Este poder no puede ser absoluto por tres razones fundamentales: al ser de origen divino es de carácter trascendente; se trata de un poder compartido entre el príncipe y los Estados; él reposa sobre lazos de interdependencia personales. Cada persona posee parte del poder pero nadie lo posee entero.

El Estado moderno surge donde el origen del poder es secularizado, donde es de carácter abstracto y único y en donde ninguna persona lo posee personalmente. Este poder se ejerce sobre un territorio determinado sobre todas las personas que en él se encuentren. No derivando este poder de la "ley natural", muy por el contrario él instituye la ley positiva. "Soberano" será entonces quien imponga esta ley sin que ninguna otra ley pueda imponerse sobre él.

2.1.2 La consolidación de la soberanía como fundamento del poder del Estado. Este monopolio del poder se expresa en la teoría política y jurídica bajo el concepto de *soberanía*. La formulación original de este concepto se debe al francés Bodino (1530-1596) que, en su obra *Los seis libros de la República*, expone las características más importantes de que se compone. A juicio de Bodino, el Estado es una persona jurídica que se distingue por tener una voluntad propia y cuyo criterio diferenciador, en relación a las demás organizaciones humanas, estriba en que ejerce y monopoliza la soberanía, la cual consiste sobre todo en el poder y derecho de crear, modificar o anular las leyes que obligan a todos los habitantes del territorio sobre el que se asienta aquel. En consecuencia, todo acto estatal deriva de esta especificidad de la soberanía, concebida sobre todo como la fuente de donde emana todo el Derecho de la comunidad.

Esta soberanía, según Bodino, tiene tres características: es perpetua, es absoluta y es indivisible. La soberanía es un *poder perpetuo* ya que no tiene ninguna limitación temporal, a pesar de que el sujeto que la ejerce en su nombre es temporal. Es *absoluta* porque la soberanía no está sujeta a imposiciones de nadie –a pesar de que está limitada por las leyes de Dios, las leyes naturales que protegen ciertos derechos y las leyes fundamentales del Reino que regulan el poder–, de donde se infiere que la soberanía no se delega y, por tanto, es inalienable. Finalmente, la soberanía es *indivisible*, pues no se puede compartir, aunque Bodino distingue tres posibilidades de titularidad de su ejercicio que dan lugar a tres formas distintas de gobierno: la monarquía, cuyo único titular es el Rey; la aristocracia, en la cual el poder está en manos de un grupo o de una asamblea; y la democracia, en donde la soberanía pertenece al pueblo. Hay revolución para Bodino cuando cambia la titularidad de la soberanía: cuando ésta pasa del Rey al pueblo, por ejemplo. En todo caso, el autor distingue entre Estado y Gobierno. El Estado posee un poder soberano que permanece mientras exista el propio Estado, en tanto que el Gobierno es el aparato mediante el cual se ejerce tal poder y que, dependiendo de las circunstancias, puede cambiar.

2.1.3 La teoría del contrato social como justificación del Estado. La teoría del *"contrato social"* viene a completar esta construcción: todo ser humano es libre y tiene un poder natural consustancial a su libertad pero esta libertad es amenazada siempre por las demás personas. A fin de sobrevivir (Hobbes) y de desarrollarse (Locke, Rousseau), los individuos renunciaron de manera irreversible a este poder natural, bajo la condición de que todos los demás también renunciasen al mismo, a fin de ejercerlo colectivamente. Se instituye así, de manera igualmente irreversible, el "soberano" a quien los individuos transfieren una autoridad que el soberano ejerce sin ninguna otra limitación que las que impone la naturaleza. Esta teoría crea un soberano absoluto pero le retira al poder que este ejerce el carácter originario, patrimonial e incondicional.

2.1.4 La soberanía como función. El cambio principal que produce la teoría del contrato social consiste en el hecho de que la soberanía no es ya ni la propiedad ni la cualidad intrínseca de una persona sino una función ejercida en razón de una atribución. Si bien es cierto que la decisión de los asociados de transferir autoridad a un soberano es irreversible, puede ocurrir que el soberano no esté en condiciones de asegurar el ejercicio de su cargo. Ello obliga a conferir la autoridad a otro titular pero nada impide que el pueblo retenga para sí dicha autoridad. Esto tiene importantes implicaciones jurídicas y políticas: el rey no es considerado soberano en tanto rey sino en tanto titular de una soberanía que le es atribuida y que puede ser confiada a otros en determinadas circunstancias y según determinadas justificaciones. Aparece así la soberanía como una propiedad de un sistema normativo, como algo que caracteriza el sistema y no sus destinatarios, como algo que el sistema puede conferir o retirar, algo que dispone el sistema, una característica esencial de la "República" (Bodino), del Estado, del orden jurídico mismo.

2.1.5 La soberanía democrática. Si la introducción de la soberanía como función o cargo permite plantear políticamente la cuestión de la legitimidad del ejercicio del poder, la reinvidicación democrática se apoyará en esta teoría para justificar sus exigencias. De acuerdo con la teoría del contrato social, sólo las partes del contrato social pueden pronunciarse sobre la cuestión de la atribución de la soberanía, pues ellos son los titulares naturales de la misma, aunque si existe una atribución ya efectiva del poder, ya las partes del contrato no son titulares concretos del poder normativo, salvo el caso de disolución del Estado como orden jurídico debido a la guerra civil, el golpe de Estado o la revolución.

La teoría democrática radicaliza estas conclusiones de los contractualistas. Se afirma entonces que quienes tienen efectivamente el derecho de hacer la ley son aquellos que tienen la facultad originaria de transferir esta autoridad a otros y, por lo tanto, igualmente de retirarla. Se habla entonces de "soberanía del pueblo" o "*soberanía popular*" para expresar esta idea.

Esta concepción tiene la ventaja de legitimar la aspiración democrática pero presenta el grave inconveniente que no nos permite explicar ni jurídica ni políticamente las democracias contemporáneas. La existencia de vastos Estados en términos territoriales o poblacionales imposibilita el ejercicio del poder por todos los que son afectados por las decisiones políticas. De ahí que se acuda a la *teoría de la representación*:

quienes toman decisiones son "representantes" del pueblo, que actúan en su nombre y por cuenta de éste, aún cuando aquellos en cuyo nombre se toman las decisiones, no tienen ninguna influencia real sobre dicha acción. Se tratará entonces de democratizar la representación que, como ya veremos más adelante, no tiene que ser necesariamente democrática.

2.1.6 Soberanía del Estado, soberanía en el Estado y soberanía de la Constitución. Debemos distinguir la soberanía del Estado y la soberanía en el Estado.

2.1.6.1 Soberanía del Estado. La *soberanía del Estado* se desprende del hecho de que el Estado, en tanto que sistema jurídico considerado globalmente, no está sometido a ningún Estado. Es lo que expresa la Constitución cuando proclama que "la soberanía de la Nación dominicana, Estado libre e independiente de todo poder extranjero, es inviolable", y que "la República es y será siempre libre e independiente de todo poder extranjero" (artículo 3). La soberanía del Estado es la soberanía internacional que permite participar al Estado en la producción de normas del derecho internacional. El límite de esta soberanía le viene dado por el derecho internacional cuyas normas la República Dominicana reconoce y aplica "en la medida en que sus poderes públicos la hayan adoptado" (artículo 26.1). Por ser soberano en el plano internacional, el Estado dominicano puede transferir competencias a órganos supranacionales (artículo 26.5) pues, de lo contrario, no fuese soberana la República Dominicana.

2.1.6.2 Soberanía en el Estado. La *soberanía en el Estado* refiere a la soberanía como competencia del Estado. Este concepto de soberanía es el que expresa el artículo 2 de la Constitución en virtud del cual "la soberanía nacional corresponde al pueblo, de quien emanan todos los poderes del Estado, los cuales se ejercen por representación". Soberano es pues el pueblo dominicano y la soberanía se divide entre todos los miembros del pueblo, entre aquellos no ciudadanos y aquellos que, por ser ciudadanos, se les convoca para las decisiones trascendentales que implica su ejercicio. El origen popular del poder es, a fin de cuentas, el *principio de legitimidad democrática* que sirve de base a toda nuestra ordenación jurídico-política y, en especial, de la organización del poder configurada en la Constitución.

La soberanía no descansa, sin embargo, en un poder constituido en específico. Todos los poderes del Estado emanan de la *soberanía popular* (artículo 2) por lo que ningún poder constituido puede reclamar para sí la titularidad de la soberanía. Si en alguien descansa la soberanía es en la Constitución que ese pueblo se ha dado. Y es que, como bien afirma Ignacio de Otto, "el concepto de soberanía, motor de la construcción del Estado constitucional y fundamento de la supremacía de la propia Constitución, tiene que ponerse enteramente a un lado cuando se trata de examinar el propio orden constitucional existente, porque la noción misma de Constitución como norma suprema es incompatible de manera radical con el reconocimiento de una soberanía. Si la Constitución es norma que se impone a cualquier poder, que sujeta a normas toda la creación de derecho, allí donde hay Constitución no puede haber ningún soberano ni ninguna soberanía que no sea la de la Constitución misma, pues la idea de que una norma jurídica reconoce y regula *legibus solutus*, un poder absoluto, es en sí misma contradictoria. Allí donde esto ocurre, no hay en rigor Constitución alguna: en el Estado constitucional no hay soberano" (Otto: 138). "La Constitución es soberana. Todos los poderes públicos sin excepción están sometidos a ella y sus actos son susceptibles de ser controlados y anulados si no se adecuan a lo que ella prescribe. La Constitución es, por tanto, documento político, pero también norma jurídica. Norma inmediatamente aplicable y alegable ante los Tribunales de Justicia como fuente de derechos y obligaciones" (Pérez Royo: 163). Esta *"soberanía de la Constitución"* es lo que consagra el artículo 6 de la Constitución cuando establece que "todas las personas y los órganos que ejercen potestades públicas están sujetos a la Constitución norma suprema y fundamento del ordenamiento jurídico". Lo que esto significa es que, como bien ha afirmado el Tribunal Constitucional español, la Constitución "lejos de ser un mero catálogo de principios de no inmediata vinculación y de no inmediato cumplimiento hasta que no sean objeto de desarrollo por vía legal, es una norma jurídica, la norma suprema de nuestro ordenamiento" (STC 16/1982).

Lo anterior no significa que el *pueblo constituyente*, sujeto previo a la Constitución del cual ella emana, no sea titular de la soberanía. De hecho, el principio de *legitimidad democrática* es la base del ordenamiento jurídico-político y, como bien ha afirmado el Tribunal Constitucional español, "la titularidad de los cargos y oficios públicos sólo es legítima cuando puede ser referida, de manera mediata o inmediata, a un acto concreto de expresión de la voluntad popular" (STC 10/1983). Pero el principio del origen popular del poder no significa que el pueblo esté por encima de la Constitución. Ese pueblo, desde el momento en que se dota de una Constitución, es un *sujeto sometido a la Constitución*, al igual que todos los poderes constituidos del Estado, y que actúa con arreglo a ella y por los cauces que ella establece y sólo crea Derecho dentro de los límites trazados por ésta. La voluntad popular que se expresa, por tanto, en una ley del Congreso Nacional no es una voluntad soberana omnipotente sino una *voluntad sometida a normas*, a las normas mediante las cuales la Constitución regula el ejercicio del poder y le pone límites. Y es que "la soberanía del pueblo no puede interpretarse como un *principio metafísico de unidad sustancial* de la que emanan todos los poderes del Estado. Hay que liberarse de esa mentalidad lineal y volcánica de pueblo, porque no responde a lo que es su plasmación jurídica, la constitución democrática. La constitución no proclama la soberanía nacional o popular para dejar patente quién es el sujeto que decide en el estado de excepción, en los términos planteados por Schmitt, sino justamente para señalar que no es posible el estado de excepción en su nombre, ya que el pueblo actúa a través de los procedimientos constitucionalmente establecidos. Tampoco, pues, se entroniza al pueblo para identificar un ente pre-jurídico dotado de propia voluntad y poder ilimitado. La soberanía popular cumple la función de preprogramar el Estado democrático de derecho al objeto de que organice lo más fielmente posible el absoluto político que ella representa, es decir, la idea de una sociedad de individuos libres e iguales en la que los gobernados se sientan gobernantes [...] El contenido de la democracia no radica en que el pueblo sea la fuente histórica o ideal del poder, sino en que tenga el poder. Y no solo en que tenga el poder constituyente, sino también en que a él correspondan los poderes constituidos; no en que tenga la nudo soberanía (que prácticamente no es nada) sino el ejercicio de la soberanía (que prácticamente lo es todo)" (BASTIDA: 42). En fin, la soberanía del pueblo, si asumimos que la Constitución es soberana, es y solo puede ser una "*soberanía en la Constitución*", soberanía que, partiendo de la función esencial del Estado que es la protección efectiva de los derechos de la persona (artículo 8), debe ser asumida siempre desde una "concepción instrumental de la soberanía, al servicio del ser humano", en la que el Estado "existe para el hombre y al mismo tiempo tiene que ser interpretado de manera 'humana' y 'referida a la humanidad" y en tanto "la soberanía se legitima a partir de la garantía de la libertad humana" (KOTZUR: 111-112).

2.2 El elemento humano del Estado: el pueblo

2.2.1 Pueblo y nación. El artículo 1 de la Constitución establece que "el pueblo dominicano constituye una Nación organizada en Estado libre e independiente, con el nombre de República Dominicana". ¿Qué quiere decir la Constitución cuando habla de "pueblo"? ¿Cuál es el significado de "Nación"? Ya hemos visto, al analizar el poder constituyente, que el concepto de pueblo que constitucionalmente interesa es el de pueblo político. Corresponde ahora abordar el concepto de nación…

Tres grandes grupos de teorías definen lo que constituye nación. Conforme las *teorías subjetivas*, la nación es consecuencia de la adhesión voluntaria de las personas que desean formar parte de ella. Esta es la concepción que está detrás de la Revolución francesa y, en gran medida, de la Revolución norteamericana: la nación como "pueblo", es decir, como conjunto concreto de personas unido alrededor de valores, de una historia y de un proyecto de futuro. Como diría Renan, "una Nación es una gran solidaridad constituida por el sentimiento de los sacrificios que se han hecho y de los que aún se está en disposición de hacer. Supone un pasado y se resume en el presente por un hecho tangible: el consentimiento, el deseo claramente expresado de continuar la vida en común. La existencia de una nación es un plebiscito cotidiano" (RENAN: 30).

Las teorías objetivas conciben la nación como una comunidad de personas que presentan unos rasgos objetivos comunes, tales como el origen étnico, la lengua, la cultura o la historia. Son objetivas aquellas teorías que, como la que sostuvo Peña Batlle, entienden que "la nación es *historia y tradición*", que "los dominicanos no fuimos a la independencia impulsados únicamente por un ideal político, sino más bien obligados por necesidades apremiantes de preservación cultural, para resguardo y defensa de las formas de nuestra vida social propiamente dicha" (PEÑA BATLLE: 20). Son teorías objetivas aquellas, que yendo más lejos que las teorías historicistas e hispanistas, son teorías propiamente racistas, que descansan sobre la idea de la unidad de raza, como es el caso de Balaguer para quien "el pueblo dominicano constituye una nación blanca, hispánica, que desde el siglo XIX ha estado amenazada por las tendencias imperialistas de otra nación, la cual a causa de sus orígenes africanos era inferior en muchos sentidos" (BAUD: 168).

Finalmente, las *teorías mixtas* conciben la nación como una sociedad de personas a quienes la unidad de territorio, de origen, de costumbres y de idioma lleva a una comunidad de vida y de conciencia social. Es la teoría que subyace tras el Acta de Separación dominicana del 16 de enero del 1844 en la que los dominicanos son "comprendidos bajo este nombre todos los hijos de la parte del Este y los que quieran seguir nuestra suerte" y queda claro que la nación es fruto de quienes comparten unos ciertos valores, una misma historia y un proyecto de futuro y de quienes quieren unirse a este proyecto. Es la teoría que, en el fondo, sostienen nuestros grandes intelectuales liberales, Hostos, Luperón, Martí, Betances, Máximo Gómez, quienes defendían un nacionalismo pan-caribeño, en el cual la raza, el color, la lengua y la etnicidad fuesen datos accidentales y donde la lealtad nacionalista se complementaba con la solidaridad entre los países de la región americana y caribeña. Se trata del *nacionalismo liberal*, que es nacionalista en cuanto proclama su apego a la nación, pero es liberal en la medida en que la nación es definida como una comunidad republicana que reconoce derechos de participación política a todos los ciudadanos, sean de origen nacional -por el *ius soli* o el *ius sanguini*- o hayan adquirido la nacionalidad y llegado a la mayoría de edad, y derechos fundamentales a todas las personas, sin distinción -en ninguno de los dos casos, ciudadanos o personas- de clase, origen o condición social o personal y sin importar su status migratorio ni su nacionalidad. Este nacionalismo liberal, pese a la doctrina que opina lo contrario (REYES-TORRES 2024: 73), responde al sano *patriotismo constitucional* que repasamos en el Capítulo 1, en tanto que la vinculación que se postula es a una nación popular, democrática, civil, republicana y de derechos y a un Estado constitucional abierto al Derecho internacional y a la integración y que no restringe la vinculación de nadie sobre la base de razones étnicas, religiosas o culturales. De ahí que puede afirmarse que "el patriotismo en el ámbito del nacionalismo liberal actúa como factor de unión y arraigo, lo cual contribuye a una sociedad inclusiva donde el amor por la patria coexiste con el respeto y la valoración de la diversidad" (ROJAS BÁEZ: 251).

Para la Constitución dominicana, pueblo y Nación son conceptos sinónimos. Por eso se afirma que "el pueblo dominicano constituye una Nación" (artículo 1), que "la soberanía corresponde al pueblo" (artículo 2) y que "la soberanía de la Nación dominicana [...] es inviolable" (artículo 3). Esa nación, constituida por el pueblo dominicano, como bien afirma Juan Pablo Duarte, "está obligada a conservar y proteger por medio de sus delegados, y a su valor de leyes sabias y justas, la libertad personal, civil, e individual, así como la propiedad y demás derechos legítimos de todos los individuos que la componen sin olvidar para con los extraños, a quienes también se les debe justicia, de los deberes que impone la Filantropía" (DUARTE: 114). Es una nación donde se juntan "blancos, morenos, cobrizos, cruzados" y que se organiza "en Estado libre e independiente, con el nombre de República Dominicana" (artículo 1) y que tiene como "función esencial" proteger efectivamente "los derechos de la persona", de modo que ésta pueda "perfeccionarse igualitaria, equitativa y progresivamente" (artículo 8) en un orden en donde todas las personas "recibirán la misma protección y trato de las instituciones, autoridades y demás personas y gozan de los mismos derechos, libertades y oportunidades, sin ninguna discriminación por razones de género, color, edad, discapacidad, nacionalidad, vínculos familiares, lengua, religión, opinión política o filosófica, condición social o personal" (artículo 39). Como se puede observar, y como ha señalado la doctrina tras analizar el Informe Constituyente de 1844 que justificó y explicó el sentido político, jurídico e histórico de nuestra primera Constitución, en aquella ocasión "la idea de nación y patria formulada fue una herramienta integradora, libertaria y tendente a la igualdad de los sujetos que en ellas se hermanarían" (MONTILLA CASTILLO: 140).

Como bien establece el artículo 5 de la Constitución, ésta "se fundamenta en la *indisoluble unidad de la Nación dominicana*, patria común de todos los dominicanos". Este texto, copia parcial y textual del artículo 2 de la Constitución española, que a su vez se inspira en la Constitución francesa de 1791, viene a reafirmar, en lectura combinada con los artículos 1 y 2 de la Constitución, que la Constitución se fundamenta en la indisoluble unidad de la Nación, constituida por el pueblo dominicano que es el titular de la soberanía de quien emanan todos los poderes del Estado, por lo que el poder constituyente no puede cederse a una fracción del pueblo que vendría a ejercer un derecho de autodeterminación que implica adquirir una cuota de soberanía que es una sola, pues pertenece al conjunto del pueblo dominicano y reside exclusivamente en éste. Esta Nación, indisolublemente una, es la *patria común de todos los dominicanos*, por lo que la unidad de la Nación organizada en Estado, "no descansa en la existencia de autoridades comunes, sino que aparece como la proyección política de la homogeneidad espiritual de una comunidad que se siente vinculada afectivamente con las estructuras políticas que ha aceptado" (SOLOZÁBAL ECHAVARRÍA: 88). Esta patria común es trascendental incluso para una comunidad que, como la dominicana, debido al fenómeno de la emigración, es crecientemente transnacional. Y es que, como bien señala Hannah Arendt, "la privación fundamental de los derechos humanos se manifiesta primero y sobre todo en la *privación de un lugar en el mundo* que haga significativas a las opiniones y afectivas a las acciones (…) La calamidad que ha sobrevenido a un crecientemente número de personas no ha consistido en la pérdida de derechos específicos, sino en la pérdida de una comunidad que quiera y pueda garantizar cualesquiera derechos. El hombre, así, puede perder todos los llamados Derechos del Hombre sin perder su cualidad esencial como hombre, su dignidad humana. Solo la pérdida de la comunidad misma le arroja de la humanidad" (ARENDT: 375).

2.2.2 Nacionalidad, ciudadanía y extranjería. La nacionalidad constituye el vínculo jurídico que une a un individuo con un Estado. Históricamente, la nacionalidad se encuentra unida a la concepción del Estado-nación, en tanto prerrequisito que habilita a quien lo posee para participar en la vida política de dicha comunidad estatal. Pero nacionalidad y ciudadanía no se confunden: mientras que la nacionalidad identifica la *pertenencia del individuo a la comunidad estatal*, la ciudadanía refiere a la *capacidad del individuo para el ejercicio de los derechos* políticos. Es posible entonces afirmar que todos los ciudadanos son nacionales, pero no todos los nacionales (como ocurre con los menores de edad) son ciudadanos.

El pueblo de la Nación dominicana está constituido por ciudadanos y no ciudadanos. Son ciudadanas y ciudadanos todas las dominicanas y dominicanos que hayan cumplido 18 años de edad, y los que sean o hubieren sido casados, aunque no hayan cumplido esa edad" (artículo 19). Pero los no ciudadanos, es decir los dominicanos menores de 18 años, forman parte del pueblo. No forman parte del cuerpo electoral por lo que no pueden ejercer los derechos políticos, pero eso no les resta su condición de miembros del pueblo. En cuanto a los extranjeros, su condición de no nacionales les impide alcanzar la condición de ciudadanos a menos que se naturalicen y adquieran la nacionalidad dominicana, pero eso no significa que no sean titulares de derechos fundamentales. El extranjero, es titular de derechos fundamentales, con excepción de los derechos políticos que son exclusivos de los ciudadanos, pues los derechos fundamentales se atribuyen en razón de la condición de persona y no de la nacionalidad (Esquea Guerrero: 361-371).

La tradición jurídica siempre ha distinguido entre un *status civitatis* (o ciudadanía) y un *status personae* (personalidad jurídica). Esta distinción fue proclamada por la Declaración de los Derechos del Hombre y del Ciudadano de 1789 que, al suprimir las antiguas distinciones de status, dejó subsistir solo dos: el status de ciudadano, o sea, la *ciudadanía*, y el de persona, es decir, la *personalidad*, extendida a todas las personas físicas, a todos los seres humanos. A partir de ese momento, *homme* y *citoyen*, persona y ciudadano, personalidad y ciudadanía forman en todas las constituciones, incluida la dominicana, los dos status subjetivos a los que se vinculan dos clases diferentes de derechos fundamentales: los derechos de la personalidad que corresponden a todos los seres humanos en cuanto individuos y los derechos de ciudadanía que corresponden exclusivamente a los ciudadanos.

Los derechos del hombre o de la personalidad engloban todos los derechos excepto los inherentes a la ciudadanía. Y es que, como bien establece el artículo 1 de la Declaración de 1789, "los hombres (y no los ciudadanos) nacen iguales en derechos", derechos que son "naturales e imprescriptibles" (artículo 2) y que se identifican con "la libertad, la propiedad, la seguridad y la resistencia a la opresión". Solo algunos derechos, los *derechos políticos*, son atribuidos al individuo en cuanto ciudadano: "el derecho a concurrir personalmente o por medio de representantes a la formación" de la ley como "expresión de la voluntad general" y el de "acceder a todas las dignidades, puestos y empleos públicos sin otra distinción que la de sus virtudes y la de sus talentos". Los demás derechos se otorgan a todos los individuos, sean o no ciudadanos, pues, como bien establece el artículo 7 del Código Civil de Napoleón, "el ejercicio de los derechos civiles es independiente de la cualidad de ciudadano".

Esta distinción entre los *derechos inherentes a la persona* en tanto persona y los *derechos políticos de los ciudadanos* está plasmada en nuestra Constitución. En efecto, la Constitución dominicana no establece distinciones entre nacionales y extranjeros a la hora de atribuirles la titularidad de los derechos fundamentales y sólo los derechos inherentes a la ciudadanía son conferidos exclusivamente a los ciudadanos. Como la República Dominicana fue durante gran parte de su vida una nación despoblada y como hemos sido hasta mediados del siglo XX un país de inmigración, la Constitución ha sido ampliamente benigna no solo en la concesión de la titularidad de los derechos tanto a nacionales como extranjeros sino también en la adquisición de la nacionalidad.

El artículo 25 de la Constitución es más que claro respecto a esta igualdad: "extranjeros y extranjeras tienen en la República Dominicana los mismos derechos y deberes que los nacionales, con las excepciones y limitaciones que establecen esta Constitución y las leyes". Estas excepciones y limitaciones están ligadas fundamentalmente a su status de no ciudadanos. Los extranjeros quedan excluidos de los *derechos de ciudadanía*, por lo que "no pueden participar en actividades políticas en el territorio nacional, salvo para el ejercicio del derecho al sufragio de su país de orígen" (artículo 25.1). Pero las excepciones y limitaciones que establezcan las leyes, más allá de las expresamente consagradas en la Constitución, no pueden ser de índole tal que rompan con el principio de *igualdad de derechos* establecido en los artículos 25 y 39, pues la Constitución consagra una *igualdad humana* y no meramente política. De ello se desprende que ninguno de los poderes públicos puede establecer distinciones entre dominicanos y extranjeros que quebranten esta igualdad. La Constitución establece una igualdad plena entre dominicanos y extranjeros en lo que respecta al disfrute de los derechos fundamentales, los cuales son reconocidos sin ninguna discriminación por razón de nacionalidad (artículo 39).

En este sentido, es importante resaltar que, en nuestro ordenamiento constitucional, la ciudadanía no constituye, como afirma Ferrajoli refiriéndose a la ciudadanía en los países desarrollados, "el *último privilegio de status*, el último factor de exclusión y discriminación, el último residuo premoderno de la desigualdad personal en contraposición a la proclamada universalidad e igualdad de los derechos fundamentales", pues la Constitución ha tomado tan en serio estos derechos que ha tenido "el valor de desvincularlos de la ciudadanía como 'pertenencia' (a una comunidad estatal determinada) y de su carácter estatal", lo cual implica, como lo hace el artículo 74.3 de la Constitución que consagra la jerarquía constitucional de los instrumentos internacionales de derechos humanos, "reconocer el carácter supraestatal, en los dos sentidos de su doble garantía constitucional e internacional" y "transformar en derechos de la persona los dos únicos derechos que han quedado hasta hoy reservados a los ciudadanos", por lo menos en el Primer Mundo: "el *derecho de residencia y el derecho de circulación*". Es cierto que la Constitución no abre automáticamente las puertas de nuestro país a los extranjeros, pues se requiere cumplir mínimos requisitos legales para entrar al territorio nacional y residir en el mismo, pero "toda persona que se encuentre en territorio nacional tiene derecho a transitar, residir y salir libremente del país" (artículo 46). Esto puede parecer poco, pero es mucho si pensamos lo lejos que está el mundo de la utopía de la universalización que, pese a todo, sigue siendo posible y realizable, pues, como señala el propio Ferrajoli, "la historia del derecho es también una historia de utopías (mejor o peor) convertidas en realidad. Esta, en todo caso, después de la caída de los muros y después del fin de los bloques podría ser la exigencia más importante que proviene hoy de cualquier teoría de la democracia que sea consecuente con la doctrina de los derechos fundamentales: alcanzar –sobre la base de un *constitucionalismo mundial* ya formalmente instaurado a través de las convenciones internacionales mencionadas, pero de momento carente de garantías– un ordenamiento que rechace finalmente la ciudadanía: suprimiéndola como status privilegiado que conlleva derechos no reconocidos a los no ciudadanos, o, al contrario, instituyendo una ciudadanía universal; y por tanto, en ambos casos, superando la dicotomía 'derechos del hombre/derechos del ciudadano' y reconociendo a todos los hombres y mujeres del mundo, exclusivamente en cuanto personas, idénticos derechos fundamentales. No menos irreal ni ambicioso, por lo demás, debió parecer hace dos siglos el desafío a las desigualdades del *Ancien Regime* contenido en las primeras Declaraciones de derechos, y la utopía que en aquella época alentó la ilustración jurídica y, más tarde, toda la historia del constitucionalismo y de la democracia" (FERRAJOLI 1999: 116-119).

Es importante señalar que, si bien todas las personas, independientemente de su nacionalidad e incluso de su status migratorio, gozan de todos los derechos fundamentales consagrados en la Constitución y en los instrumentos internacionales de derechos humanos, salvo los derechos políticos, todavía hoy, a más de medio siglo de la adopción de estos instrumentos, la nacionalidad sigue siendo un elemento que, en la práctica efectiva, permite el mayor disfrute de los derechos. Ya lo había señalado Hannah Arendt: "Los derechos del hombre, después de todo, habían sido definidos como 'inalienables' porque se suponía que eran independientes de todos los gobiernos; pero resultó que, en el momento en que los seres humanos carecían de su propio gobierno y tenían que recurrir a sus mínimos derechos, no quedaba ninguna autoridad para protegerles ni ninguna institución que deseara garantizarlos". De ahí que hoy la nacionalidad tiene que ser configurada, como explicamos más adelante, más que como una mera prerrogativa estatal soberana y discrecional, como "un derecho a pertenecer a algún tipo de comunidad organizada", como un "derecho a tener derechos" (ARENDT: 414 y 247), configurándose la desnacionalización y la apatridia como uno de los mayores atentados no solo contra el derecho fundamental a la nacionalidad sino, en sentido general, contra el orden supranacional de derechos humanos fundado en el principio de la dignidad humana y de la igualdad.

2.2.3 El régimen de la nacionalidad.

2.2.3.1 Tipos de nacionalidad. El artículo 18 de la Constitución establece cinco clases de nacionalidad:

1) Son dominicanos "los hijos e hijas de padre o madre dominicanos" (artículo 18.1) y "los descendientes directos de dominicanos residentes en el exterior" (artículo 18.6). Se trata de la nacionalidad por la sangre, *nacionalidad de origen* o *ius sanguini.*

2) También son dominicanos "las personas nacidas en territorio nacional, con excepción de los hijos e hijas de extranjeros miembros de legaciones diplomáticas y consulares, de extranjeros que se hallen en tránsito o residan ilegalmente en territorio dominicano" (artículo 18.3). Se trata de la nacionalidad por nacimiento, *nacionalidad territorial* o *ius soli.*

3) Del mismo modo, son dominicanos "los nacidos en el extranjero, de padre o madre dominicanos, no obstante haber adquirido, por el lugar de nacimiento, una nacionalidad distinta a la de sus padres. Una vez alcanzada la edad de dieciocho años, podrán manifestar su voluntad, ante la autoridad competente, de asumir la doble nacionalidad o renunciar a una de ellas" (artículo 18.4). Esta es la *nacionalidad por opción.*

4) Tenemos, además, la *nacionalidad por matrimonio,* la cual se reconoce a "quienes contraigan matrimonio con un dominicano o dominicana, siempre que opten por la nacionalidad de su cónyuge y cumplan con los requisitos establecidos por la ley" (artículo 18.5).
5) Encontramos también la *nacionalidad por naturalización,* la cual se confiere "de conformidad con las condiciones y formalidades requeridas por la ley" (artículo 18.7). El artículo 19 de la Constitución dispone que los naturalizados "no pueden optar por la presidencia o vicepresidencia de los poderes del Estado, ni están obligados a tomar las armas contra su Estado de origen".

La Constitución reconoce la nacionalidad a quienes gocen de la misma antes de la entrada en vigencia de la reforma constitucional de 2010 (artículo 18.2).

2.2.3.2 Límites a la competencia estatal para regular la nacionalidad. Se admite que la determinación y regulación de la nacionalidad es competencia de cada Estado. Hay ciertos límites, sin embargo, que el Derecho Internacional constitucionalizado, en virtud de las exigencias de la protección integral de los derechos fundamentales, impone a la discrecionalidad del Estado. Hoy la nacionalidad no se considera más como un atributo que el Estado otorgaba a sus súbditos, sino que se entiende a la nacionalidad como un *derecho fundamental* en sí mismo. Así, el artículo 19 de la Declaración Americana de los Derechos y Deberes del Hombre establece que "toda persona tiene derecho a la nacionalidad que legalmente le corresponde, y el de cambiarla, si así lo desea, por la de cualquier otro país que esté dispuesto a otorgársela". Del mismo modo, el artículo 15 de la Declaración Universal de los Derechos del Hombre consagra el derecho de toda persona "a una nacionalidad" y la prohibición de privar a las personas "arbitrariamente de su nacionalidad ni del derecho a cambiar de nacionalidad". El artículo 20 de la CADH, por su parte, establece claramente que "toda persona tiene derecho a una nacionalidad", que "toda persona tiene derecho a la nacionalidad del Estado en cuyo territorio nació si no tiene derecho a otra", y que "a nadie se privará arbitrariamente de su nacionalidad ni del derecho a cambiarla".

No hay dudas de que el derecho internacional sigue reconociendo a los Estados un importante margen de discrecionalidad para determinar soberanamente quienes son sus nacionales. La Corte IDH ha establecido que "sin embargo, su discrecionalidad en esa materia sufre un constante proceso de restricción conforme a la evolución del derecho internacional, con vistas a una mayor protección de la persona frente a la arbitrariedad de los Estados. Así que en la actual etapa de desarrollo del derecho internacional de los derechos humanos, dicha facultad de los Estados está limitada, por un lado, por su deber de brindar a los individuos una protección igualitaria y efectiva de la ley y sin discriminación y, por otro lado, por su deber de prevenir, evitar y reducir la apatridia" (caso *Yean y Bosico vs. República Dominicana*). En este orden de ideas, es preciso recalcar que el *margen de discreción* del Estado para regular por ley la nacionalidad no es el mismo cuando se trata de la *naturalización* donde es el Estado el que concede la nacionalidad al extranjero que cuando ésta depende del hecho fortuito de haber nacido en un territorio determinado o de nacer de unos padres que la tenían. En este sentido, la Corte IDH ha sido clara:

"Siendo el Estado [en materia de naturalización, EJP] el que establece la posibilidad de adquirir la nacionalidad a quien originariamente era extranjero, es natural que las condiciones y procedimientos para esa adquisición sean materia que dependa predominantemente del derecho interno. Siempre que en tales regulaciones no se vulneren otros principios superiores, es el Estado que otorga la nacionalidad, el que ha de apreciar en qué medida existen y cómo se deben valorar las condiciones que garanticen que el aspirante a obtener la nacionalidad esté efectivamente vinculado con el sistema de valores e intereses de la sociedad a la que pretende pertenecer plenamente. Es igualmente lógico que sean las conveniencias del Estado, dentro de los mismos límites, las que determinen la mayor o menor facilidad para obtener la nacionalidad; y como esas conveniencias son generalmente contingentes, es también normal que las mismas varíen, sea para ampliarlas, sea para restringirlas, según las circunstancias. De ahí que no sea sorprendente que en un momento dado, se exijan nuevas condiciones, enderezadas a evitar que el cambio de nacionalidad sea utilizado como medio para solucionar problemas transitorios sin que se establezcan vínculos efectivos reales y perdurables que justifiquen el acto grave y trascendente del cambio de nacionalidad" (Corte I.D.H., *Propuesta de Modificación a la Constitución Política de Costa Rica relacionada con la Naturalización*, Opinión Consultiva OC-4/84 del 19 de enero de 1984, Serie A No. 4, párr. 36).

Es precisamente ese margen de discrecionalidad, de apreciación de las conveniencias generalmente contingentes, el que no existe en materia de *nacionalidad natural*, sea por *jus soli* o por *jus sanguini*. La nacionalidad natural, nace directa y operativamente de la Constitución a favor de los nacidos en territorio dominicano, de donde se infiere que la ley que reglamente esta nacionalidad tiene el deber de atribuir tal nacionalidad y no puede regularla para suprimirla a una categoría de individuos. En el caso de la *nacionalidad territorial*, la nacionalidad depende de un hecho involuntario que afecta a un ser que hasta el momento de nacer no tiene, en principio, otra nacionalidad que la que le da la Constitución. Mientras en la naturalización es el Estado quien confiere la nacionalidad a quienes cumplen los requisitos establecidos por ley, que pueden variar en el tiempo, la nacionalidad por *jus soli* la otorga la Constitución a quienes nacen en territorio dominicano, que no se encuentran en una de las situaciones que limitativamente señala la ley, situaciones excepcionales que deben ser interpretadas en sentido restrictivo. Se supone que el legislador no debe intervenir para distinguir donde el constituyente no distinguió: considerar *personas en tránsito* a los extranjeros que tienen décadas viviendo en el país es una distinción legal adjetiva que contradice el contenido esencial del derecho a la nacionalidad por *jus soli* y que es además irrazonable por contradecir lo que el sentido común infiere de la realidad de la residencia de los migrantes. No importa que la Constitución establezca que "se considera persona en tránsito a toda extranjera o extranjero definido como tal en las leyes dominicanas". La definición legal de "tránsito" no puede ser irrazonable a la luz del artículo 74.2 ni de lo que tradicionalmente se ha entendido por tránsito a nivel de las normas nacionales e internacionales, es decir, la situación temporal de un transeúnte que tiene solamente la finalidad de pasar por un territorio. Como bien ha señalado la Corte IDH, "para considerar a una persona transeúnte o en tránsito, independientemente de la clasificación que se utilice, el Estado debe respetar un límite temporal razonable, y ser coherente con el hecho de que un extranjero que desarrolla vínculos en un Estado no puede ser equiparado a un transeúnte o a una persona en tránsito". Y es que, en palabras de la Comisión Interamericana de Derechos Humanos, es inaceptable calificar de "extranjeros en tránsito" a "personas que viven por diez, quince o más años en un país" (caso de las *Niñas Yean y Bosico vs. República Dominicana*). En consecuencia, una ley, como es el caso de la Ley General de Migración de 2004, que refleje un *concepto de tránsito* que no es conforme con la realidad de unas personas que han residido por años en el país es inconstitucional no solo porque vulnera el contenido esencial del derecho fundamental a la nacionalidad sino porque es irrazonable por injusta, pues es absolutamente ilógico considerar en tránsito a personas que han residido por numerosos años en un país donde han desarrollado innumerables relaciones de toda índole, todo así aunque la Constitución señale que "se considera persona en tránsito a todo extranjera o extranjero definido como tal en las leyes dominicanas" (artículo 18.3), pues la definición de tránsito que provea el legislador debe ser razonable a la luz del artículo 40.15 de la Constitución. Es irrazonable, por igual, aplicar retroactivamente esta ley a personas que ya obtuvieron su nacionalidad dominicana por el *jus soli*.

Tomando en cuenta el carácter fundamental del derecho a la nacionalidad y no el de simple prerrogativa o competencia estatal, tal como ha sido reconocido por la jurisprudencia internacional de derechos humanos, resulta cuestionable, desde la óptica constitucional y supranacional, que la Constitución niegue la nacionalidad a los hijos de extranjeros que "residan ilegalmente en territorio dominicano" (artículo 18.3). En este sentido, la CIDH ha sido clara en cuanto a que "a) el *estatus migratorio* de una persona no puede ser condición para el otorgamiento de la nacionalidad por el Estado, ya que su calidad migratoria no puede constituir, de ninguna forma, una justificación para privarla del derecho a la nacionalidad ni del goce y ejercicio de sus derechos; b) el estatus migratorio no se transmite a sus hijos y; c) la condición del nacimiento en el territorio del Estado es la única a ser demostrada para la adquisición de la nacionalidad, en lo que se refiere a personas que no tendrían derecho a otra nacionalidad, si no adquieren la del Estado en donde nacieron" (Corte I.D.H. *Caso de las Niñas Yean y Bosico vs. República Dominicana*. Sentencia de 8 de septiembre de 2005, par. 156).

Por otro lado, es importante señalar que los requisitos legales y administrativos para documentar el nacimiento de una persona no pueden ser tan gravosos que se conviertan en un obstáculo para el acceso a la nacionalidad y, en consecuencia, para el respeto a los derechos a la igualdad ante la ley, el derecho al nombre y al reconocimiento de la personalidad jurídica y el derecho a la integridad personal de los niños, como ha señalado la Corte Interamericana en el caso antes citado. Se violan estas disposiciones internacionales, y por tanto la Constitución, con el "*status de ilegalidad permanente*" a que se someten a los haitianos y a sus hijos nacidos en territorio dominicano. En efecto, dado que cientos de miles de haitianos viven por décadas en el país sin llegar a tener un status legal de residente permanente, sus hijos nacidos en nuestro país se ven privados de evidenciar legalmente su nacionalidad, ya sea porque los funcionarios de los hospitales o de las oficinas del Registro Civil se niegan a dar una acta de nacimiento o porque las autoridades pertinentes se niegan a inscribirlos en el registro civil, argumentando que los padres solo poseen el documento que los identifica como trabajadores temporales, ubicándolos así en la categoría de extranjeros en tránsito, a pesar de vivir por años en la República Dominicana. Los funcionarios gubernamentales muchas veces requieren a los padres documentos que la ley no requiere, requisitos que se vuelven aún más numerosos, complejos y difíciles de obtener si se trata de declaraciones tardías de nacimiento. Por otro lado, la Circular No. 17 y la Resolución No. 12 dictadas en el año 2007 por la Junta Central Electoral ordenan a los funcionarios del Registro Civil a no tramitar, firmar o copiar cualquier documento de identidad para los hijos de "padres extranjeros" que hayan recibido actas de nacimiento en circunstancias "irregulares". Todo ello configura una violación clara al *derecho a la nacionalidad* dominicana que establece el artículo 18 de la Constitución para todas las personas que nacieren en el territorio dominicano, así como del derecho a no ser privado arbitrariamente de su nacionalidad consagrado por el artículo 20.3 de la Convención Americana.

El Tribunal Constitucional, en lugar de poner coto a estas constantes e históricas violaciones al derecho fundamental a la nacionalidad y pasando por alto todos los precedentes y decisiones vinculantes de la Corte IDH, ha venido a agravar la situación con la Sentencia TC/0168/13 en la que reitera el criterio establecido por la Suprema Corte de Justicia en la Sentencia No. 9 del 14 de diciembre de 2005 y señala que, a pesar de que solo a partir del 26 de enero de 2010, fecha en que es proclamada la reforma constitucional de ese año, se establece constitucionalmente que no adquieren la nacionalidad por ius soli "las personas nacidas en territorio nacional […] de extranjeros que se hallen en tránsito o residan ilegalmente en territorio dominicano" (artículo 18.3), también debía considerarse, de modo inconstitucionalmente retroactivo, que no la adquirían tales personas, aún nacidas antes de la indicada fecha y a pesar de que la propia Constitución señala que tienen nacionalidad dominicana "quienes gocen de la nacionalidad dominicana antes de la entrada en vigencia de esta Constitución" (artículo 18.2), "en vista de que resulta jurídicamente inadmisible fundar el nacimiento de un derecho a partir de una situación ilícita de hecho". Esta decisión de los jueces constitucionales especializados dominicanos, a pesar de ser defendida por algunos (ver las obras de JORGE GARCÍA, CASTELLANOS PIZANO & VARGAS CORONA así como de CASTELLANOS KHOURY, esta última conteniendo una compilación de las defensas de una serie de magistrados autores de dicha sentencia), ha sido fuertemente censurada por la Corte IDH en el caso de *Personas dominicanas y haitianas expulsadas vs. República Dominicana*, tribunal internacional que considera que "la sentencia TC/0168/13, dados sus alcances generales, constituye una medida que incumple con el deber de adoptar disposiciones de derecho interno, normado en el artículo 2 de la Convención Americana, en relación con los derechos al reconocimiento de la personalidad jurídica, al nombre y a la nacionalidad reconocidos en los artículos 3, 18 y 20, respectivamente, del mismo Tratado, y en relación con tales derechos, el derecho a la identidad, así como el derecho a la igual protección de la ley reconocido en el artículo 24 de la Convención Americana; todo ello en relación con el incumplimiento de las obligaciones establecidas en el artículo 1.1 del mismo tratado". Más aún, la referida sentencia pasa por alto que, como bien ha advertido la mejor doctrina, repasando los trabajos de los constitucionalistas dominicanos de la primera mitad del siglo XX, "el enfoque centrado en la no atribución de la nacionalidad a los nacidos en territorio nacional de padres de nacionalidad extranjera en condición migratoria irregular, resultaba no sólo desnaturalizante, sino incompleta, ya que no toma en consideración otra exigencia recogida en la fórmula constitucional vigente en los períodos 1908-1924 y 1929-2010, en materia de excepción a la nacionalidad por jus soli como lo era la condición de hijos legítimos de sus padres extranjeros" (RODRÍGUEZ HUERTAS 2021), por lo que habría que concluir que eran y son dominicanos, bajo el régimen constitucional de la nacionalidad vigente en los períodos señalados, los hijos ilegítimos de padres extranjeros en condición migratoria irregular.

La dramática situación creada por la Sentencia TC/0168/13 del Tribunal Constitucional trató de ser remediada mediante la Ley 169-14 que Establece un Régimen Especial para Personas Nacidas en el Territorio Nacional Inscritas Irregularmente en el Registro Civil Dominicano y Sobre Naturalización. Esta ley categorizó las personas afectadas en dos categorías: la "A" que abarca a los hijos de extranjeros indocumentados que nacieron en la República Dominicana y obtuvieron sus actas de nacimiento previo a 2007; y la "B" que incluye a los hijos de extranjeros indocumentados que nacieron en la República Dominicana y nunca pudieron obtener su acta de nacimiento. A los primeros se les homologó el acta por considerarse que no podían ser responsables deun "error" del Estado (artículo 5). A los segundos se les otorgó un permiso de residencia con la garantía legal de una vía expedita para la naturalización. A pesar de que esta ley no resolvía todo el problema, fue un intento salomónico de solución por parte del Estado pero que también fue aplicado parcialmente y solo benefició a 26,153 personas afectadas por la referida sentencia. Es de esperar que algún día el Estado dominicano finalmente valide la nacionalidad dominicana de miles de personas nacidas en territorio dominicano con anterioridad al 26 de enero de 2010 y que fueron ilegítima y retroactivamente despojadas de su nacionalidad y cesen "las deportaciones y expulsiones de personas que, incluso, presentan documentos de identidad válidos", otras que son "mujeres haitianas embarazadas en centros de salud" y "hasta deportaciones masivas de niños y niñas haitianos no acompañados", todo ello "sin sopesar el debido proceso establecido ni los derechos fundamentales que les corresponden a estas personas, a pesar de su status migratorio" (AQUINO VERAS: 227).

2.2.3.3 Pérdida de la nacionalidad. La nacionalidad natural que impone la Constitución, en cualesquiera de las variantes establecidas en la Constitución, no puede perderse. Ello así porque, al nacer directa y operativamente de la Constitución, es un *atributo irrevocable*, de donde se desprende la prohibición de que la ley establezca su pérdida. Sin embargo, la *nacionalidad por naturalización*, dado que es conferida por el Estado y está sujeta a la reglamentación que fije la ley, si está sujeta a pérdida por causales previstas en la ley. En todo caso, la ley no puede establecer causales irrazonables de pérdida de la nacionalidad del naturalizado porque existe un derecho fundamental a no ser privado arbitrariamente de su nacionalidad establecido en la CADH. Entre estas causales, pueden retenerse las establecidas por la Convención sobre Reducción de la Apatridia que admite en su artículo 8.1 la privación de la nacionalidad en los casos de naturalización fraudulenta, una residencia prolongada en el extranjero o conducta incompatible con los deberes de lealtad.

2.2.3.4 La doble nacionalidad. La Constitución establece que "se reconoce a dominicanos y dominicanas la facultad de adquirir una nacionalidad extranjera". Asimismo, dispone que "la adquisición de otra nacionalidad no implica la pérdida de la dominicana", aunque sí conlleva la disminución de los derechos de ciudadanía. En efecto, "las dominicanas y los dominicanos que adopten otra nacionalidad, por acto voluntario o por el lugar de nacimiento, podrán aspirar a la presidencia y vicepresidencia de la República, si renunciaren a la nacionalidad adquirida con diez años de anticipación a la elección y residieren en el país durante los diez años previos al cargo. Sin embargo, podrán ocupar otros cargos electivos, ministeriales o de representación diplomática del país en el exterior y en organismos internacionales, sin renunciar a la nacionalidad adquirida" (artículo 20).

2.2.4 La ciudadanía. A la ciudadanía nos referimos en el Volúmen II, al momento de estudiar el sistema electoral y los derechos políticos.

2.2.5 Los extranjeros.

2.2.5.1 Ingreso y admisión. El primer aspecto de la vinculación del extranjero con el Estado dominicano viene dado por: (i) el derecho de entrar en su territorio; y (ii) la admisión por parte del Estado. Aunque la Constitución no se refiere expresamente al derecho de los extranjeros de entrar al país, entendemos que debe reconocérsele ese derecho, sujeto a las condiciones razonables establecidas por la ley. "El *derecho de ingreso* y el consiguiente *derecho de admisión* no son absolutos. El ingreso no consiste en una mera entrada física que coloca al extranjero material y geográficamente dentro del territorio. El ingreso se institucionaliza, al contrario, mediante condiciones razonables que la ley establece, y con cuya verificación y aceptación se produce la 'admisión' con fines de una cierta permanencia (lo cual no excluye algún tipo de control sobre la entrada de extranjeros en calidad de simples 'transeúntes')" (BIDART CAMPOS: 419).

2.2.5.2 Los refugiados. Los refugiados son aquellas personas que han debido abandonar su país de origen debido a fundados temores de ser perseguidos por motivos de raza, religión, nacionalidad, pertenencia a determinado grupo social u opiniones políticas (Convención sobre el Estatuto de los Refugiados) o debido a la agresión, ocupación o dominación extranjera y los acontecimientos que perturban gravemente el orden público en una parte o en la totalidad de un país o debido a la violación masiva de los derechos humanos (Declaración de Cartagena de 1984). La clave del estatuto del refugiado estriba en la garantía de su seguridad y, en consecuencia, de la cláusula que prohíbe al Estado devolver al refugiado a un país en que su vida o libertad se encuentre en peligro. Este *principio de non refoulement o no devolución* constituye la base del asilo territorial que se dispensa al refugiado de manera permanente o temporal, o sea, hasta conseguir el asilo definitivo en otro Estado.

A. El asilo. Desde tiempo inmemorial el poder soberano se ha reservado la facultad de conceder asilo a los extranjeros que solicitaban su amparo. Para la mayoría de la doctrina, se trata de una simple *prerrogativa del Estado* y no un derecho del perseguido:

el "derecho a buscar asilo, y a disfrutar de él, en cualquier país", como bien establece el artículo 14.1 de la Declaración Universal de Derechos Humanos. De acuerdo con esta tesis, la "concesión o denegación [del asilo, EJP] es un acto graciable de la autoridad local" y "debe recorrerse todavía un largo camino desde el derecho a buscar asilo hasta el derecho de asilo, entendido como un derecho del perseguido amparado por una norma internacional general a obtenerlo allí donde lo solicite" (REMIRO BROTONS: 1304). Precisamente, el uso de expresiones como "buscar" y "disfrutar" ha permitido justificar la denegación del carácter de derecho fundamental al asilo, pues se argumenta que no está escrito "derecho a obtener" o a que "se conceda" el mismo, de donde se infiere el carácter potestativo del Estado de la concesión del asilo. Sin embargo, no es fácil comprender cómo se puede disfrutar del asilo si no se ha obtenido, a menos que se entienda que el derecho a "disfrutar" sólo se atribuye a quienes ya lo tienen o como garantía de que no lo perderán

A nuestro modo de ver, el asilo es, en el ordenamiento constitucional dominicano, un *derecho* y no una simple prerrogativa estatal. Tal como establece la Declaración Universal de Derechos Humanos, "en caso de persecución, toda persona tiene derecho a buscar asilo, y a disfrutar de él, en cualquier país" (artículo 14.1), principio que es reafirmado por el artículo 22.7 de la Convención Americana de Derechos Humanos, según el cual "toda persona tiene el derecho de buscar y recibir asilo en territorio extranjero en caso de persecución por delitos políticos o comunes conexos con los políticos y de acuerdo con la legislación de cada Estado y los convenios internacionales". Si bien es cierto que, tal como señala la Declaración sobre Asilo Territorial de 1967, la concesión del asilo pertenece al Estado en ejercicio de su soberanía (artículo 1.1), correspondiendo al Estado regular las condiciones de su concesión, no menos cierto es que, cuando el solicitante de asilo reúne las condiciones establecidas por la ley nacional para calificar para el mismo, el mismo no puede ser negado de modo irrazonable. Dado que la República Dominicana no ha regulado mediante ley las *condiciones del asilo*, una interpretación liberal de los instrumentos internacionales nos conduciría a afirmar que toda persona considerada perseguida conforme a las normas internacionales antes citadas tiene derecho a solicitar y recibir asilo en territorio dominicano. Si interviene una ley que regule las condiciones del asilo, ésta no podrá atacar el núcleo fundamental del derecho de asilo –encontrar amparo cuando se es perseguido– o someter el mismo a condiciones irrazonables, so pena de ser declarada o inaplicada por inconstitucional.

El Estado, sin embargo, tiene la potestad de negar el asilo a quien no reúna las condiciones exigidas por las normas internacionales y por la ley nacional para considerarse perseguido. Así, no podrá beneficiarse del asilo ni invocarlo aquellos que hayan cometido un crimen contra la paz, un crimen de guerra o un *crimen* contra la humanidad, entendiendo tales crímenes en el sentido que lo describen los instrumentos internacionales (artículos 1.1 y 1.2 de la Declaración de 1967 sobre Asilo Territorial).

En todo caso, el Estado que deniega el asilo al extranjero no puede expulsarlo o devolverlo a aquel en el que corre riesgo de persecución. Se trata del *principio de no devolución* establecido por el artículo 33.1 de la Convención de Ginebra de 1951: "ningún Estado Contratante podrá, por expulsión o devolución, poner en modo alguno a un refugiado en las fronteras de territorios donde su vida o su libertad peligre por causa de su raza, religión, nacionalidad, pertenencia a determinado grupo social o de sus opiniones políticas". ¿Se viola este principio cuando se rechaza al extranjero en el mismo puesto fronterizo o, incluso, cuando se impide su acceso al mismo, sin posibilidad de reconocer su condición de refugiado o de permitirle la presentación de la solicitud de asilo? La respuesta es clara cuando se trata de *rechazo en la frontera*: el artículo 3.1 de la Declaración de 1967 sobre Asilo Territorial prohíbe expresamente que se rechace en la frontera al solicitante de asilo. Sin embargo, la cuestión es sujeta a controversia cuando se impide la llegada del extranjero a la frontera. En *Sale V. Haitian Centers Council Inc. et al.* (1993), el Tribunal Supremo de los Estados Unidos consideró que la práctica de los patrulleros de los Estados Unidos de interceptar en alta mar a los balseros haitianos que se dirigían a las costas de la Florida y su forzado retorno a Haití no infringía el principio formulado en el artículo 33 de la Convención de Ginebra de 1951, el cual, según el alto tribunal, sólo constituiría un límite para la discrecionalidad de los Estados cuando el extranjero se encontrara en el territorio de éstos y no antes. "Este tortuoso argumento [...] no sólo olvida la necesaria interpretación generosa y extensiva de los tratados reguladores de cuestiones humanitarias, como la Convención de Ginebra de 1951, sino que supone una diáfana infracción del principio de no devolución, tal cual es practicado por la generalidad de los Estados. De ahí que deba sostenerse que el principio de no devolución abarca no sólo el reenvío al país de origen del solicitante de asilo después de haber realizado un somero examen de dicha solicitud, también la inadmisión en frontera y la adopción de medidas tendentes a interceptar a los solicitantes de asilo fuera del territorio del Estado de acogida" (REMIRO BROTONS: 1305).

B. El refugio. Para algunos, la frontera entre asilo y refugio está desdibujada. "En realidad, asilo y refugio serían modalidades o grados de desarrollo de un derecho fundamental, el de asilo, 'el derecho de toda persona, que huye de la persecución, a ser acogida y protegida por autoridades y sociedades diferentes de aquellas de las que huye', es decir, el derecho que ejerce quien 'busca cobijo en un Estado distinto del suyo originario'. Y quien busca cobijo no desea solamente que no le devuelvan al Estado que le persigue, sino también un sitio donde vivir y trabajar" [...]. Desde el punto de vista del Derecho Comparado y del Derecho Internacional [...] el refugio (el estatuto de refugiado) constituye la modalidad más desarrollada de esa categoría básica del asilo a la que nos hemos referido" (LUCAS: 218).

El *refugiado*, una vez que se le reconoce como tal, cuenta con la protección dispuesta por los instrumentos internacionales que regulan su estatuto como un mínimo que las leyes y normas del Estado de acogida pueden desarrollar y mejorar. La Convención de 1951 establece el *principio de no discriminación* en favor de los refugiados (artículo 3) y, a reserva de las disposiciones más beneficiosas contenidas en la Convención, se le concede el mismo trato que se otorgue a los extranjeros en general (artículo 7). La Convención, además, tras determinar que el estatuto personal del refugiado se regirá por la ley del país de su domicilio o residencia (artículo 12), le garantiza "el trato más favorable posible y en ningún caso menos favorable que el concedido generalmente a los extranjeros en iguales circunstancias" en lo que respecta a la adquisición de bienes muebles e inmuebles (artículo 13), asociacionismo no político y sindicación (artículo 15), trabajo por cuenta propia en agricultura, industria, artesanía y comercio (artículo 18), ejercicio de una profesión liberal, cuando posean los diplomas reconocidos por dicho Estado (artículo 19), vivienda (artículo 21). El refugiado es equiparado con el nacional en su país de residencia habitual en lo que respecta a educación (artículo 22), racionamiento (artículo 20), asistencia pública (artículo 23), propiedad intelectual e industrial (artículo 14), libre acceso a los tribunales (artículo 16) y gravámenes fiscales (artículo 29). En lo que se refiere al acceso al mercado de trabajo y la ocupación de empleos remunerados, la condición del refugiado oscila entre la asimilación al nacional y el trato más favorable concedido en las mismas circunstancias a los extranjeros (artículo 17). Cuando el refugiado es empleado, se le aplica trato nacional en materia de legislación laboral y seguridad social (artículo 24).

2.2.5.3 Permanencia y expulsión de extranjeros. Los extranjeros son libres de entrar y permanecer en el territorio dominicano siempre y cuando cumplan con los controles de admisión y permanencia establecidos por ley y en la medida en que estos sean razonables.

En cuanto a la *expulsión de los extranjeros*, la Constitución faculta al Presidente de la República a "hacer arrestar o expulsar a los extranjeros cuyas actividades fueren o pudieren ser perjudiciales al orden público o la seguridad nacional" (artículo 128.1.k). Esta prerrogativa del Presidente, como toda prerrogativa presidencial, debe ser entendida en el marco de la Constitución y las leyes. Un extranjero que no ha violado las leyes penales no puede ser arrestado y si lo es debe ser por orden escrita y motivada de funcionarios judicial competente como ordena la Constitución. El extranjero arrestado que haya cometido una infracción que lo haga pasible de ser encarcelado debe cumplir prisión por el tiempo que ordene el juez. La expulsión de extranjeros sólo procede en los casos en que la ley prevé su expulsión en caso de violar determinadas normas consideradas de orden público o cuando el extranjero ha entrado ilegalmente al país o permanece ilegalmente en territorio dominicano incumpliendo las reglamentaciones de inmigración. En todo caso, previo a su expulsión, se debe producir un procedimiento administrativo que compruebe la ilegalidad del ingreso o de la permanencia y que garantice al extranjero su derecho a un *debido proceso administrativo*, estando sujeta la resolución administrativa que ordena expulsión a revisión judicial ante la jurisdicción contenciosa administrativa. Un extranjero que está subjúdice en el exterior no puede ser expulsado del territorio nacional si no ha violado las leyes dominicanas y debe ser sometido al procedimiento de extradición, si es solicitado por las autoridades del país del cual se encuentra subjúdice.

2.3 El elemento físico del Estado: el territorio

El Estado es una colectividad territorial y gran parte de las más importantes competencias estatales tienen carácter territorial, formando lo que se conoce como *soberanía territorial*. Como lo ha dicho el Tribunal Constitucional, "es precisamente en el territorio del Estado donde se concretiza una de las manifestaciones características de su soberanía, conformado por los límites fijados en la propia Constitución. Soberanía y territorio unidos indisolublemente son elementos indispensables para la existencia del Estado" (Sentencia TC/0037/12). El territorio es "el ámbito espacial en el que el Estado ejerce sus competencias y, por tanto, 'el soporte material de la soberanía estatal'" (FERNÁNDEZ RIVEIRA: 102)

La soberanía territorial se caracteriza por su plenitud, exclusividad e inviolabilidad. La soberanía territorial es plena porque el Estado, dentro de su territorio, ejerce todas las competencias que no haya cedido a organizaciones internacionales o supranacionales. Es exclusiva porque en el territorio estatal no se permite el ejercicio de competencias territoriales por otro Estado, lo cual conlleva el deber del Estado de proteger, dentro de su territorio, los derechos de los otros Estados. En fin, como bien establece la Constitución, es "inviolable" (artículo 3), de donde se deriva que "el territorio de la República Dominicana es y será inalienable" (artículo 9).

2.3.1 Conformación del territorio. El territorio nacional está conformado, conforme el artículo 9 de la Constitución por (i) *la parte oriental de la isla* de Santo Domingo, sus islas adyacentes y el conjunto de elementos naturales de su geomorfología marina, siendo sus límites terrestres irreductibles los fijados en el Tratado Fronterizo de 1929 y su Protocolo de Revisión de 1936; (ii) *el mar territorial*, el suelo y subsuelo marinos correspondientes; y (iii) *el espacio aéreo* sobre el territorio nacional (Sentencias TC/0037/12 y TC/0045/18), el espectro electromagnético y el espacio donde éste actúa.

Asimismo, la Constitución establece una serie de políticas a ser implementadas por el Estado respecto al territorio nacional. En primer término, las autoridades velarán "por el cuidado, protección y mantenimiento de los bornes que identifican el trazado de la línea de demarcación fronteriza, de conformidad con los dispuesto en el Tratado Fronterizo y en las normas del Derecho Internacional" (artículo 9.1). En segundo lugar, "la extensión del mar territorial, sus líneas de base, zona contigua, zona económica exclusiva y la plataforma continental serán establecidas y reguladas por ley orgánica o por acuerdos de delimitación de fronteras marinas, en los términos más favorables permitidos por el Derecho del Mar" (artículo 9.2). Y, en tercer lugar, la ley regulará el uso del espacio aéreo sobre el territorio nacional, el espectro electromagnético y el espacio donde éste actúa (artículo 9.3).

2.3.2 Régimen de seguridad y desarrollo fronterizo. La Constitución "declara de supremo y permanente interés nacional la seguridad, el desarrollo económico, social y turístico de la *Zona Fronteriza*, su integración vial, comunicacional y productiva, así como la difusión de los valores patrios y culturales del pueblo dominicano". De ahí que "los poderes públicos elaborarán, ejecutarán y priorizarán políticas y programas de inversión pública en obras sociales y de infraestructura para asegurar estos objetivos", al tiempo que "el régimen de adquisición y transferencia de la propiedad inmobiliaria en la Zona Fronteriza estará sometido a requisitos legales específicos que privilegien la propiedad de los dominicanos y dominicanas y el interés nacional" (artículo 10).

2.3.3 División político-administrativa del territorio. Conforme la Constitución, a los fines del gobierno y administración del Estado, el territorio "se divide políticamente en un Distrito Nacional y en las regiones, provincias y municipios que las leyes determinen", estando las regiones "conformadas por las provincias y municipios que establezca la ley" (artículo 12). La ciudad de Santo Domingo de Guzmán "es el Distrito Nacional, capital de la República y asiento del gobierno nacional" (artículo 13).

El nombre otorgado a esta ciudad, según la tradición, se debió a que el día de su fundación se celebraba, precisamente, el día de Santo Domingo de Guzmán, fundador de la orden de predicadores los dominicos, de donde deriva el nombre de República Dominicana y el gentilicio de dominicano, aunque, de acuerdo con Fray Cipriano de Utrera, la ciudad debe su nombre, además, a que el día que comenzó a erigirse la villa era domingo y que el padre de Colón se llamaba Domingo. Lo cierto es que, a lo largo de la historia constitucional dominicana, la ciudad capital se ha denominado siempre Santo Domingo, sin el Guzmán, con la excepción del período (1934-1961) en que se llamó Ciudad Trujillo en honor al déspota que aterrorizó al país durante tres décadas (BALCÁCER). Es en 1966 cuando el constituyente por vez primera designa a la ciudad capital con su nombre actual, que ha permanecido inalterado en las reformas constitucionales de 1994, 2002, 2010 y 2015 y que, a pesar de que se considera un "desliz" del constituyente de 1966 que rompe, por demás, con la tradicional designación histórica, constitucional y cartográfica de la ciudad capital, tiene sus antecedentes en la designación de la provincia de "Santo Domingo de Guzmán" en la reforma constitucional de 1854 que subsistió hasta 1879, aunque siempre reteniendo el nombre de Santo Domingo, sin el Guzmán, para la ciudad. Quizás la reticencia a reinstaurar constitucionalmente el tradicional nombre de la ciudad se debe a la creación en 2001, mediante la Ley núm. 163-01, de la provincia de Santo Domingo con tres municipios designados Santo Domingo (Este, Norte, Oeste) y la necesidad de distinguir la ciudad capital del resto de los demás municipios denominados Santo Domingo agregándole "de Guzmán".

Es importante destacar que, como bien ha dicho el Tribunal Constitucional, "al establecer el constituyente en el artículo 13 de la Constitución de la República Dominicana que 'la ciudad de Santo Domingo de Guzmán es el Distrito Nacional, capital de la República y asiento del gobierno nacional', ha dispuesto que la ciudad de Santo Domingo de Guzmán comprende la demarcación territorial donde esté ubicado el Distrito Nacional, siendo ese el lugar sede del gobierno de República Dominicana", por lo que sostienen los jueces constitucionales especializados que, en virtud de "lo dispuesto en la normativa constitucional antes indicada, la capital de la República Dominicana, sede del gobierno, puede ser nombrada indistintamente como la ciudad de Santo Domingo de Guzmán o Distrito Nacional" (Sentencia TC/0260/20).

En todo caso, "el hecho de que la sede del gobierno y de la capital quede fijada en el texto constitucional frena la intención y posibilidad de que esta sea modificada fácilmente por mero interés de un particular, sea por razones políticas, económicas o personales" (CAPELLÁN: 159). Se trata, pues, de un importantísimo límite constitucional a la adulación, buscada por muchos gobernantes y propiciada por sus más serviles acólitos, que llegó al extremo no solo de cambiar el cuatricentenario nombre a la ciudad capital sino de posibilitar lo que casi ningún gobernante en tiempos modernos se ha atrevido: hacer obligatorio colgar el slogan "Dios y Trujillo" para que aparezca "en luces de neón y en las tesis académicas en la República Dominicana" (ORNES: 289).

2.4 El elemento cultural: la cultura como cuarto elemento del Estado

Tradicionalmente, la teoría general del Estado considera sólo tres elementos del Estado: el pueblo, el poder y el territorio. "Típicamente, en esta tríada (todavía) no tiene lugar la 'Constitución', y esto caracteriza a las teorías generales del Estado, pero también las hace cuestionables. Una 'teoría de la Constitución' que merezca tal nombre tiene que buscar el modo de incorporar a la Constitución, en el sentido de que ésta sea, sino el 'primer' elemento del Estado, al menos un elemento esencial" (HÄBERLE 2001: 21). En otras palabras, de lo que se trata es de incorporar a la cultura como un *elemento del Estado* en la medida en que la Constitución forma parte de la cultura. La cultura como elemento del Estado significa que todos los elementos del Estado deben ser pensados culturalmente, llenados desde la perspectiva de la ciencia cultural.

2.4.1 El territorio como valor constitucional.
Esta perspectiva cultural de los elementos del Estado se manifiesta en el territorio. El *territorio*, "al convertirse en un elemento cultural, encarna los cometidos estatales que le son propios [siendo] la base física de los valores económicos y culturales de todo tipo; pero sobre todo es además la expresión gráfica de la totalidad del acervo valorativo de un Estado y de un pueblo" (SMEND: 105). "El territorio del Estado es territorio culturalmente formado, un *espacio cultural*, no un *factum brutum*" (HÄBERLE 2001: 21). Si la historia es, como afirmaba Herder, la "geografía puesta en movimiento", el territorio, desde la perspectiva cultural, es la cultura ligada al terreno, la libertad cultural y el pluralismo cultural que tienen al territorio como vehículo y como escenario. No por casualidad la Constitución, al referirse al territorio fronterizo, lo vincula a la cultura, al disponer que, en lo que respecta a la Zona Fronteriza, "se declara de supremo y permanente interés [...] la difusión de los valores patrios y culturales del pueblo dominicano" (artículo 10).

El territorio, desde la óptica de la Constitución cultural, es el *espacio para los derechos fundamentales*. Por eso, la Constitución no distingue a la hora de proteger estos derechos entre nacionales y extranjeros, entre ciudadanos y no ciudadanos: el territorio nacional está, pues, al servicio de los derechos fundamentales protegidos de todos los individuos. De ahí que la organización territorial de la República Dominicana que establece la Constitución tiene como finalidad no solo el "desarrollo integral y equilibrado" de ésta sino también "el de sus habitantes" (artículo 193) y por eso también "las leyes relativas al orden público, policía y la seguridad, obligan a todos los habitantes del territorio" (artículo 111).

El territorio nacional es, en consecuencia, el espacio para el *"patriotismo constitucional"* (HABERMAS), no para la exclusión. En todo caso, lo que la Constitución quiere es que se protejan los derechos de la persona, que esta persona tenga acceso al trabajo, a la educación, a la salud, a la seguridad social, a la vivienda. Que pueda socializarse en los valores de la Constitución. Que pueda construir su destino, acatando la Constitución y las leyes dominicanas, en territorio nacional. Aparece así el territorio como lo que es: "una base valiosa del Estado constitucional [...] un pedazo de la Constitución como cultura" (HÄBERLE 2001: 27).

2.4.2 Los símbolos patrios en su dimensión cultural.
No solo de -muchas veces lejanas, frías e incomprensibles- ideologías e instituciones políticas vive el hombre. Estas

requieren, para llegar a las masas, representaciones auxiliares con símbolos que las hagan inmediatamente accesibles a todos. "Los símbolos recuerdan al objeto aclarándolo. Cumplen una función y reacción emocionales tanto en la religión -señal de la cruz- como en la vida política. Además, sirven para reconocerse los que pertenecen a un mismo grupo cualquiera que sea su tamaño". Por eso la estatalidad ha encontrado siempre su expresión en *símbolos*, tales como las banderas, los escudos, los himnos y las fiestas nacionales, que, en tanto símbolos políticos, "son signos y expresiones de una comunidad que mediante ellos cumple una tarea de educación política" (LUCAS VERDÚ 2011: 109 y 20). Estos símbolos tienen una enorme fuerza integradora, lo cual se debe "no sólo a que por su propia naturaleza irracional y por su propia amplitud sean vividos con especial intensidad, sino también a que el símbolo siempre es más moldeable que las formulaciones racionales y legales" (SMEND: 98).

En la actualidad, los símbolos estatales, más que simbolizar al Estado, "apuntan a las dimensiones culturales de la comunidad política" y son *"fuentes de consenso"* (HÄBERLE 2001: 32 y 281), aunque muchas veces por la carga emocional-histórica que conjugan o por la manipulación de que son objeto por parte de fuerzas políticas patrioteras deseosas de cultivar la crispación y la división para crecer político-electoralmente en medio de la fomentada polarización entre "patriotas" y "traidores a la patria" -en un país que, como la República Dominicana, sus tres Padres de la Patria, Duarte, Sanchez y Mella fueron así declarados por el verdadero traidor a la patria Pedro Santana- son fuentes de "disputas" (STERN 1987: 509).

Las normas constitucionales relativas a los símbolos son frecuentemente desatendidas pese a que penetran, casi como ninguna otra, en el centro de la identidad cultural del Estado constitucional. En todo caso, el respeto a estos símbolos se fomenta a través de la educación cívica en lugar de una penalización, pues la identificación de la ciudadanía con estos es eminentemente un *"proceso cultural"* (TENA: 103).

Uno de los elementos más singulares del tratamiento de los símbolos estatales en nuestro ordenamiento constitucional es que "la Constitución de la República Dominicana recurre al espectro de lo simbólico en relación con la patria. No habla de símbolo del Estado, de la Nación, del País, de la República, sino de símbolos patrios". Más aún, y lo que no es menos importante, "en su derecho constitucional histórico la República Dominicana trató los símbolos patrios [...] en todos los casos y en forma minuciosa" (ORTEGA GUTIÉRREZ: 316-317). En este sentido, la Constitución establece que "los símbolos patrios son la Bandera Nacional, el Escudo Nacional y el Himno Nacional" (artículo 30). Más adelante, señala que "la ley reglamentará el uso de los símbolos patrios y las dimensiones de la Bandera Nacional y el Escudo Nacional" (artículo 36). Entendemos que el Lema Nacional y los Días de Fiesta Nacional deben ser considerados también símbolos patrios pues también desempeñan el rol de "señas de identidad del Estado" (PÉREZ ROYO: 183). Estudiémoslos a continuación...

2.4.2.1 La Bandera Nacional. El artículo 31 de la Constitución dispone que "la Bandera Nacional se compone de los colores azul ultramar y rojo bermellón, en cuarteles alternados, colocados de tal modo que el azul quede hacia la parte superior del asta, separados por una cruz blanca del ancho de la mitad de la altura de un cuartel, y que lleve en el centro el escudo de armas de la República. La bandera mercante es la misma que la nacional sin escudo".

2.4.2.2 El Escudo Nacional. "El Escudo Nacional tiene los mismos colores de la Bandera Nacional dispuestos en igual forma. Lleva en el centro la Biblia abierta en el Evangelio de San Juan, capítulo 8, versículo 32, y encima una cruz, los cuales surgen de un trofeo integrado por dos lanzas y cuatro banderas nacionales sin escudo, dispuestas a ambos lados; lleva un ramo de laurel del lado izquierdo y uno de palma al lado derecho. Está coronado por una cinta azul ultramar en la cual se lee el lema: 'Dios, Patria y Libertad'. En la base hay otra cinta de color rojo bermellón cuyos extremos se orientan hacia arriba con las palabras: 'República Dominicana'. La forma del Escudo Nacional es de un cuadrilongo, con los ángulos superiores salientes y los inferiores redondeados, el centro de cuya base termina en punta, y está dispuesto en forma tal que resulte un cuadrado perfecto al trazar una línea horizontal que une las dos verticales del cuadrilongo desde donde comienzan los ángulos inferiores" (artículo 32).

2.4.2.3 El Himno Nacional. "El Himno Nacional es la composición musical de José Reyes con letras de Emilio Prud'Homme, y es único e invariable" (artículo 33). Al respecto, el Tribunal Constitucional ha establecido que, si bien la composición y letras del Himno Nacional no es norma jurídica sujeta a control de constitucionalidad, "lo consignado en el citado artículo 33 de la Constitución de la República debe ser interpretado en el sentido de que por ser único, no puede haber otro Himno Nacional diferente al de Prud' Homme y Reyes, aun cuando la diferencia se refiera solo a una parte de su letra o de su melodía; y que por ser invariable, la modificación a su letra y su melodía le está vedada a los poderes y órganos constituidos del Estado dominicano, incluido el Tribunal Constitucional, erigiéndose así en una especie de cláusula inmutable o pétrea, con todas sus implicaciones". Más aún, "es un patrimonio cultural de la nación, inmaterial; por lo tanto, está bajo la salvaguarda del Estado que garantizará su protección, conservación y puesta en valor", al igual que la palabra "Quisqueya", de donde deriva el gentilicio "quisqueyano" que aparece en las letras del himno y cuya inconstitucionalidad se buscaba ante la jurisdicción constitucional especializada (Sentencia TC/0713/16). Se trata esta de una sentencia paradigmática del Tribunal Constitucional que establece los fundamentos de una teoría cultural de la Constitución y de una teoría constitucional del Estado de cultura y de los símbolos patrios en su dimensión cultural, en particular del Himno Nacional, llegando los jueces a señalar que el Himno Nacional es una "de las 'fuentes de consenso emotivas de una comunidad política'", lo que para la doctrina más autorizada constituye una verdadera seña "de identidad cultural del estado constitucional", el que tiene en el himno, en tanto signo de la "historia colectiva de un pueblo", no solo un símbolo del Estado sino un trascendental factor "cultural de la comunidad política", en tanto la música, combinada con la letra, hacen del himno la "fuente de consenso emocional del Estado constitucional par excellence" (Häberle 2012: 96).

2.4.2.4 El Lema Nacional y el sentido jurídico-constitucional de las "cláusulas Dios" y de los símbolos religiosos en los espacios públicos. "El Lema Nacional es 'Dios, Patria y Libertad'" (artículo 34). Como se ve, la primera palabra del Lema es Dios. No es ésta la primera ni la única mención de Dios en el texto constitucional. Los representantes del pueblo que votaron la Constitución lo hicieron, tal como reconoce expresamente el Preámbulo, "invocando el nombre de Dios". "El Escudo Nacional […] [l]leva en el centro la Biblia abierta en el Evangelio de San Juan, capítulo 8, versículo 32, y encima una cruz, […] lleva un ramo de laurel del lado izquierdo y uno de palma al lado derecho. Está coronado por una cinta azul ultramar en la cual se lee el lema: 'Dios, Patria y Libertad'" (artículo 32). El Presidente y el Vicepresidente de la República electos, "antes de entrar en funciones, prestarán ante la Asamblea Nacional, el siguiente juramento: "Juro ante Dios y ante el pueblo, por la Patria y por mi honor, cumplir y hacer cumplir la Constitución y las leyes de la República, proteger y defender su independencia, respetar los derechos y las libertades de los ciudadanos y ciudadanas y cumplir fielmente los deberes de mi cargo" (artículo 127). Pertenece así nuestra Constitución a más de un centenar de constituciones en el mundo con "cláusulas Dios", es decir, donde Dios aparece expresamente citado (IBAN).

Hay quienes han querido ver en las menciones constitucionales de Dios, principalmente en el Lema Nacional, una *opción constitucional por la religión*, en específico, la cristiana y, en particular, el catolicismo, que no se compadece en modo con el carácter secular del Estado dominicano y la libertad de conciencia y de cultos inherente a éste. Otros conciben estas menciones desde una perspectiva estrictamente cultural, "por su carácter tradicional y estar enraizados con la historia y cultura de la Nación dominicana", asignándoles un valor meramente patriótico y ceremonial, sin que ellas ni los símbolos patrios que las recogen favorezcan una determinada confesión religiosa ni impongan una particular práctica religiosa con carácter oficial (TENA DE SOSA: 100). Por último, hay quienes entienden que "es comprensible la justificación o racionalizar en términos seculares el símbolo o elemento que forma parte de la ceremonia, sin embargo, el deísmo ceremonial puede provocar un efecto de inhibición de aquellos que se les complica endosar o aceptar que realmente se ha secularizado el símbolo, elemento o ritual ceremonial" y proponen "repensar la secularidad como pretensión de imparcialidad" (REYES-TORRES 2020: 23).

Es la posición que sostiene el *carácter cultural, ceremonial y patriótico de las denominadas "cláusulas Dios"* la que parecería ser, en principio, la más constitucionalmente adecuada. En verdad, los signos cristianos en los símbolos patrios consagrados por nuestra Constitución se remontan a los rituales de la sociedad secreta La Trinitaria que, a su vez, se inspiraban en los de la masonería a la cual pertenecían muchos de sus integrantes, que juraron y prometieron, en las palabras de Juan Pablo Duarte, "en el nombre de la Santísima, Augustísima e Indivisible Trinidad de Dios Omnipotente, […] cooperar con mi persona, vida y bienes a la separación definitiva del gobierno haitiano y a implantar una república libre, soberana e independiente de toda dominación extranjera, que se denominará República Dominicana". Tanto la idea de conformarse secretamente y hacerlo de tres en tres constituía una simbología estrechamente vinculada a la masonería. Igualmente, los colores azul, rojo y blanco de la bandera dominicana representan los tres grados principales de la masonería. De modo que los símbolos patrios, y en particular, el Lema Nacional, son fruto de un *triple proceso de secularización de símbolos cristianos*: el producido por las ordenes masónicas durante siglos, el surgido con la fundación de La Trinitaria -que incorpora con fines patrióticos los símbolos masónicos- y el que funda la Constitución de la nueva república independiente desde su primer texto constitucional. En este sentido, se puede afirmar que el corpus iconográfico y simbólico del cristianismo y de la masonería, en cuanto representación simbólica del mundo religioso, espiritual, iniciático y sagrado, trascienden dichas experiencias para incorporarse al terreno de las luchas patrióticas por la nacionalidad y la independencia dominicanas y quedar finalmente plasmados en nuestros textos constitucionales como símbolos del Estado, como símbolo de la nueva patria independiente.

Es precisamente por ser los símbolos patrios el fruto de la *incorporación constitucional secularizada de símbolos religiosos* que, contrario a otros países, la cruz o el crucifijo en los tribunales y en las escuelas debe verse, además de un símbolo religioso, como un símbolo cultural y de la identidad nacional dominicana, así como de los principios y valores que conforman la democracia y la sociedad occidental que han quedado plasmados e incorporados en nuestros símbolos patrios desde el momento mismo de nuestra independencia nacional. La cruz y el crucifijo, desde esta perspectiva, debe verse entonces como un símbolo político. Al respecto, ha señalado el Tribunal Constitucional español que "enriquecido con el transcurso del tiempo, el símbolo [político allí] acumula toda la carga histórica de una comunidad, todo un conjunto de significaciones que ejercen una función integradora y promueven una respuesta socioemocional, contribuyendo a la formación y mantenimiento de la conciencia comunitaria, y, en cuanto expresión externa de la peculiaridad de esa Comunidad, adquiere una cierta autonomía respecto de las significaciones simbolizadas, con las que es identificada; de aquí la protección dispensada a los símbolos [políticos allí] por los ordenamientos jurídicos" (STC 94/1985). "Naturalmente, la configuración de estos signos de identidad puede obedecer a múltiples factores y cuando una religión es mayoritaria en una sociedad sus símbolos comparten la historia política y cultural de ésta, lo que origina que no pocos elementos representativos de los entes territoriales, corporaciones e instituciones públicas tengan una connotación religiosa. Ésta es la razón por la que símbolos y atributos propios del Cristianismo figuran insertos en nuestro escudo nacional, en los de las banderas de varias Comunidades Autónomas y en los de numerosas provincias, ciudades y poblaciones; asimismo, el nombre de múltiples municipios e instituciones públicas trae causa de personas o hechos vinculados a la religión cristiana; y en variadas festividades, conmemoraciones o actuaciones institucionales resulta reconocible su procedencia religiosa". En este sentido, "cuando una tradición religiosa se encuentra integrada en el conjunto del tejido social de un determinado colectivo, no cabe sostener que a través de ella los poderes públicos pretendan transmitir un respaldo o adherencia a postulados religiosos". Por eso, "en una sociedad en la que se ha producido un evidente proceso de secularización es indudable que muchos símbolos religiosos han pasado a ser, según el contexto concreto del caso, predominantemente culturales, aunque esto no excluya que para los creyentes siga operando su significado religioso". (STC 34/2011). Nada de esto menoscaba la aconfesionalidad del Estado ni su neutralidad religiosa pues, con una tradición o un símbolo de origen religioso, los poderes públicos en modo alguno pretenden transmitir un respaldo o adherencia a postulados religiosos, máxime cuando muchos de esos símbolos han sido previamente secularizados con su conversión en símbolos patrios constitucionalizados, como ocurre claramente en el caso dominicano.

Este hecho mismo de la temprana secularización de signos cristianos y masónicos en la historia republicana dominicana, que se remonta al proceso histórico mismo de la independencia nacional, es una clara muestra, sin embargo, de que, más allá del valor político y cultural de los símbolos patrios, como afirma Böckenförde, un pueblo, y el dominicano no es una excepción, no puede vivir solo sobre la base de las garantías de los derechos fundamentales, "es decir, sin tener un vínculo unificador que preceda" a tales derechos. Y es que "el *Estado liberal secularizado* vive de presupuestos que él mismo no puede garantizar", por lo que, para este Estado mundano, "en última instancia, es necesario vivir de los impulsos y las fuerzas que la fe religiosa transmite a sus ciudadanos. En efecto, no en el sentido de que se lo configure como un nuevo Estado 'cristiano' sino, por el contrario, que los cristianos comprendan que este Estado, en su laicismo, ya no es algo extraño y enemigo de su fe, sino una oportunidad para la libertad, que también deben ellos preservar y realizar" (BÖCKENFÖRDE 2022). Ese es precisamente el sentido del diálogo necesario entre laicos y católicos propuesto por Joseph Ratzinger el 1 de abril de 2005, 18 días antes de ser elegido Papa, cuando afirmó que "los cristianos debemos estar muy atentos para mantenernos fieles a esta línea de fondo: a vivir una fe que proviene del 'logos', de la razón creadora, y que, por tanto, está también abierta a todo lo que es verdaderamente racional". Si la Constitución, como orden normativo racional no es ajena a Dios, es, en gran medida, porque el cristianismo como religión del "logos" ha propiciado una Ilustración que *rechaza la estatización de la religión.* No por azar, como señala Ratzinger, la Ilustración, con su reivindicación de la dignidad de la persona y de la intangibilidad de sus derechos, no solo "es de origen cristiano", sino que ha "nacido única y exclusivamente en el ámbito de la fe cristiana, allí donde el cristianismo, contra su naturaleza y por desgracia, se había vuelto tradición y religión de estado" (RATZINGER).

La Constitución, pues, seculariza y recoge la tradición cristiana y masónica que inspiró las luchas "de nuestros héroes y heroínas inmortales" por la independencia, la democracia y las libertades. La *referencia constitucional a Dios*, sin embargo, no debe ofender ni a los que profesan religiones distintas a la cristiana –a quienes ofende más, como bien recuerda Ratzinger, "el intento de construir la comunidad humana sin Dios"- ni a unos laicos más que protegidos por la libertad de conciencia y la ausencia de una religión estatal. Por demás, esta referencia no significa que la Constitución deriva de Dios ni que el derecho constitucional puede ser impuesto desde la cátedra religiosa. La Constitución habla allí donde los teólogos deben callar. Y es que el derecho constitucional del Estado Social y Democrático de Derecho, a pesar de que "todos los conceptos determinantes de la moderna teoría del Estado son conceptos teológicos secularizados" (SCHMITT 2004: 43), por ser esencialmente aconfesional, no admite dogmatismos religiosos, como bien demuestra la expresa consagración del voto disidente en el Tribunal Constitucional (artículo 186), clara expresión del pluralismo de valores, visiones e interpretaciones inherentes al derecho constitucional.

Nada de lo antes dicho impide -muy por el contrario, exige- articular un *"catolicismo constitucional"* a la Böckenförde postulando que "el estado secular se justifica y robustece si permite, garantiza y favorece el desarrollo de a la religión, no si la contiene o cercena", todo en el entendido de que "para ser compatible con el Estado secular la religión debe renunciar a la estatalidad, volverse societal y defender a la libertad de todos, incluso de quienes no creen", como lo evidencia el hecho de que "las tradiciones religiosas que han aprendido a coexistir y aceptan la legalidad del estado secular se transforman en un pilar fundamental del orden constitucional", como es el caso de la tradición judeocristiana que es la que provee la cultura propia del Estado constitucional "al defender la libertad religiosa y aceptar la legalidad del Estado Secular" (JENSEN). Lógicamente este catolicismo constitucional böckenfördiano post Concilio Vaticano II está muy lejos del "integralismo" católico a la Vermeule (MUÑOZ) que tiene "un rasgo antiliberal" y donde "se notan elementos propios de un tomismo preconciliar y del derecho romano" (JENSEN). La *tolerancia* es pieza clave de un *catolicismo constitucional adecuado a la Constitución vigente*. "La tolerancia significa que los creyentes, los creyentes de otros credos y los no creyentes admiten mutuamente las convicciones, las prácticas y las formas de vida que respectivamente rechazan. Esta admisión tiene que cimentarse en una base común de reconocimiento mutuo desde la que puedan franquearse las disonancias repulsivas. Este reconocimiento no debe confundirse con el aprecio de la cultura y el tipo de vida foráneos, ni con las convicciones y prácticas rechazadas. Solo necesitamos practicar la tolerancia frente a ideologías que consideramos falsas, y frente a hábitos vitales que no nos gustan. La base del reconocimiento no es el aprecio de estas cualidades o de aquellos logros, sino la conciencia de pertenecer a una sociedad inclusiva de ciudadanos con los mismos derechos, en la que uno rinde cuentas al otro por sus declaraciones y sus acciones políticas" (HABERMAS 2015: 271).

2.4.2.5 Días de Fiesta Nacional. "Los días 27 de febrero y 16 de agosto, aniversarios de la Independencia y la Restauración de la República, respectivamente, se declaran de fiesta nacional" (artículo 35). Estas *fiestas nacionales* son "días de la Constitución', porque pretenden traer a la conciencia elementos diversos del Estado constitucional en su conjunto" (HÄBERLE 2001: 281).

Hay que señalar que hay días festivos que, aunque no están consignados en la Constitución, son implícitamente de carácter constitucional. Tal es el caso del *domingo*. El domingo tiene más de 1,000 años y no ha podido ser suprimido ni por los revolucionarios franceses en 1789 ni por los comunistas en Rusia (1917) y en China. La Constitución protege implícitamente al domingo al garantizar la libertad de cultos. El domingo es "*patrimonio cultural de la humanidad*", "patrimonio constitucional" de todos los dominicanos y los que se encuentran en el territorio nacional. La garantía institucional del domingo permite el descanso laboral colectivo, los servicios religiosos ese día y un espacio público pluralista para el tiempo libre de ciudadanos y grupos. Constitucionalmente hablando, el domingo permite "estructuración tanto de la soledad como de la convivencia humanas en el ritmo semanal a través del descanso laboral colectivo, con ello tensión-distensión, trabajo-tiempo libre y obligación-ocio y con ello apertura hacia: valores fundamentales (ejercidos voluntariamente) como el matrimonio y la familia, la vecindad y la asociación, la amistad y las reuniones, la religión, la creencia y el arte, como ejemplos de la posibilidad básica de la 'elevación espiritual' (en tal sentido, 'carácter de oferta' del domingo)" (HÄBERLE 2001: 286).

2.5 El elemento ecológico: los recursos naturales como quinto elemento del Estado

Antes de la reforma constitucional de 2010, la Constitución dominicana era de las pocas constituciones latinoamericanas que, a pesar de contener disposiciones de relevancia ambiental, no contenía normas expresas que se refiriesen a la cuestión del medio ambiente en su conjunto (MENA). Así, permanecíamos adscritos, junto con Chile, Honduras y Nicaragua, a la familia de constituciones que "regulan por lo general la protección de los recursos naturales y, en ciertos casos, la protección de la salud de los efectos nocivos del ambiente, y la ordenación de los asentamientos humanos; en ocasiones esos preceptos constitucionales tratan de la propiedad de los recursos naturales, y hacen de la propiedad de la Nación a todos o algunos de esos recursos" (GAMUNDI: 380). Antiguos países miembros de esa familia constitucional, tales como Colombia, Paraguay, Perú, Ecuador, Venezuela, Costa Rica, Bolivia y México, se dotaron de textos constitucionales que han recogido las experiencias del movimiento ambientalista internacional y los convenios internacionales que le sirven de soporte. En la actualidad, la Constitución dominicana no solo es Constitución política sino también *Constitución medio ambiental*. De ahí la importancia que adquieren los recursos naturales en el articulado de la Constitución, constituyendo todo un capítulo del Título I dedicado a la nación, el Estado, su gobierno y sus principios fundamentales.

Conforme el artículo 14, los recursos naturales no renovables que se encuentren en el territorio y en los espacios marítimos bajo jurisdicción nacional, los recursos genéticos, la biodiversidad y el espectro radioeléctrico son consagrados como patrimonio de la Nación. El artículo 15 define el agua como patrimonio nacional estratégico, su consumo humano como prioritario sobre cualquier otro uso y el deber del Estado de promover de políticas efectivas de protección de los recursos hídricos. El párrafo de ese artículo consagra por vez primera a nivel constitucional el libre acceso a playas, ríos y lagunas, con la obligación de los propietarios privados de soportar las servidumbres que por ley se establezcan a fin de garantizar de este acceso, al tiempo de constitucionalizar "la figura del dominio público" (ALIES: 177). El artículo 16 consagra la vida silvestre y las unidades de conservación como patrimonio de la Nación al tiempo que exige una mayoría agravada en el Congreso Nacional de las dos terceras partes de los votos presentes para reducir los límites de las áreas protegidas, con lo cual se asegura una mayor intangibilidad de las mismas. Se establece en el artículo 17 que los recursos naturales no renovables pueden ser explorados y explotados por los particulares, bajo criterios racionales y sostenibles, en virtud de las concesiones, contratos, licencias o cuotas que determine la ley. De ahí que se declaren como políticas públicas de alto interés nacional la reforestación, la conservación y la renovación forestal, así como la preservación y aprovechamiento racional de los recursos vivos y no vivos de las áreas marítimas nacionales. Los beneficios que perciba el Estado por este uso de los recursos no renovables serán dedicados al desarrollo de la nación y las provincias en las proporciones que determine el legislador.

3. LOS PRINCIPIOS FUNDAMENTALES DEL ESTADO

El artículo 7 de la Constitución establece que "la República Dominicana es un Estado Social y Democrático de Derecho, organizado en forma de República unitaria, fundado en el respeto de la dignidad humana, los derechos fundamentales, el trabajo, la soberanía popular y la separación e independencia de los poderes". Por su parte, el artículo 4 dispone que "el gobierno de la Nación es esencialmente civil, republicano, democrático y representativo". Del mismo modo, el artículo 26 establece que "la República Dominicana es un Estado miembro de la comunidad internacional abierto a la cooperación y apegado a las normas del Derecho Internacional".

Los textos antes citados consagran la *fórmula política* (Canosa Usera) del Estado dominicano que no es más que "la expresión ideológica jurídicamente organizada en una estructura social" (Lucas Verdú 1974: 428). Se trata de los principios estructurales del Estado dominicano, los que la Constitución denomina "principios fundamentales" y que podríamos resumir del modo siguiente: principio republicano, principio del Estado social y democrático de derecho, principio del Estado unitario descentralizado, principio del Estado cooperativo y principio del Estado de cultura. Veamos a continuación en qué consisten cada uno de estos principios fundamentales del Estado.

3.1 El principio republicano

3.1.1 ¿En qué consiste la República Dominicana? ¿Es posible descubrir a nivel constitucional el "código genético" de la República Dominicana, o lo que, en términos informáticos, podríamos denominar su "sistema operativo"?

La respuesta a esta pregunta debe encontrarse en el texto constitucional. El Preámbulo de la Constitución establece que los representantes del pueblo dominicano, reunidos en Asamblea Nacional convocada para la reforma constitucional, han estado guiados por el ideario de nuestros Padres de la Patria "de establecer una *República* libre, independiente, soberana y democrática". La Constitución establece, además, que "el pueblo dominicano constituye una Nación organizada en Estado libre e independiente, con el nombre de *República Dominicana*" (artículo 1), que "el gobierno de la Nación es esencialmente civil, *republicano*, democrático y representativo" (artículo 4) y que "ninguna modificación a la Constitución podrá versar sobre la forma de Gobierno, que deberá ser siempre civil, republicano, democrático y representativo" (artículo 268). Estos preceptos constitucionales, cuyos antecedentes y fundamentos se remontan a las decisiones preconstituyentes que precedieron a nuestra independencia de 1844, que se plasmaron en nuestra primera Constitución, que fueron paulatina y progresivamente incorporados y expandidos en las posteriores reformas constitucionales, "al margen de los ensayos democráticos, las dictaduras y las inestabilidades políticas, permiten afirmar, como veremos en detalle más adelante, "que el ordenamiento constitucional dominicano se fundamenta sobre los ideales del republicanismo" (Medina Reyes 2024: 27-34, 47-48).

Pero… ¿cuáles son los elementos constitutivos de esta *"República libre"* llamada "República Dominicana" y cuya forma de gobierno "deberá ser siempre" de carácter esencialmente "republicano"? Veamos…

3.1.1.1 Autodeterminación y autogobierno. En primer lugar, la República significa una *comunidad política*, una "unidad colectiva" de individuos que se autodeterminan políticamente a través de la creación y mantenimiento de instituciones propias que permiten la decisión y la participación de los ciudadanos en el gobierno de sí mismos. Este *autogobierno* se ejerce fundamentalmente a través de los mecanismos de la representación, pues el gobierno de la Nación es caracterizado por la Constitución, como esencialmente representativo, pero también puede efectuarse por el pueblo "en forma directa" (artículo 2), a través de los mecanismos de participación ciudadana que establecen la Constitución y las leyes. En todo caso, tanto la representación como la participación directa de los ciudadanos deben efectuarse conforme un *procedimiento justo* de selección de los representantes y de realización de las consultas populares al pueblo, ateniéndose al respeto de la *deliberación mayoritaria* de los representantes o del *voto mayoritario* de los ciudadanos, todo ello limitado siempre por el reconocimiento de los derechos de las personas, cuya protección efectiva es la "función esencial del Estado" (artículo 8).

3.1.1.2 República popular. La República Dominicana es soberana en el sentido de comunidad autodeterminada y autogobernada. Así queda claro de la lectura del artículo 1 en donde se establece que "el pueblo dominicano constituye una Nación organizada en Estado libre e independiente" y del artículo 3 que dispone que "la soberanía de la nación dominicana, Estado libre e independiente de todo poder extranjero, es inviolable". Pero, además, la República Dominicana es soberana en tanto acoge como título de legitimación la soberanía popular: "La soberanía nacional reside exclusivamente en el pueblo, de quien emanan todos los poderes, los cuales ejerce por medio de sus representantes o en forma directa" (artículo 2). La República se asume como *república popular* (*res publica-res populi*), lo que excluye la constitucionalidad de cualquier título de legitimación metafísico, ya sea del orden dinástico-hereditario, divino, o divino-dinástico, como de carácter mesiánico, autoritario o populista: la "voluntad de Dios" (fundamentalismo), la "voluntad del jefe" (Trujillo), del Fuhrer (Hitler), del caudillo ("lo que diga Balaguer"), la "vanguardia del partido único" (leninismo) o la "dictadura con apoyo popular" (Bosch). La República es así un *orden de dominio* de las personas sobre las personas pero se trata de un dominio sujeto a la deliberación política de ciudadanos libres e iguales. Precisamente por eso la *forma republicana de gobierno* está asociada a la idea de *democracia deliberativa*, por la cual se entiende un orden político en el que los individuos se comprometen a: (i) resolver colectivamente sus problemas a través de la discusión pública; y (ii) a aceptar como legítimas las instituciones políticas en la medida en que éstas constituyen el marco de una deliberación pública desenvuelta con toda libertad.

3.1.1.3 República y democracia participativa. Aunque el gobierno se define constitucionalmente como esencialmente representativo, el hecho de que la propia Constitución reconozca que "la soberanía reside exclusivamente en el pueblo" y que ésta puede ejercerse "en forma directa" (artículo 2) a través de los mecanismos de participación ciudadana que ella misma y las leyes establecen, tales como el referendo y la iniciativa popular (artículos 22.2 y 22.3), es un claro indicador de que la democracia republicana instaurada por la Constitución tiene elementos participativos que sirven para corregir las distorsiones inherentes a la democracia representativa.

3.1.1.4 República y dignidad de la persona humana. La Constitución es clara en cuanto a que la República Dominicana es un Estado "fundado en el respeto de la dignidad humana" (artículos 7 y 38). En este sentido, la República es una *organización política que sirve al hombre* y no éste a los aparatos políticos del Estado. Por eso, la Constitución establece que "el Estado (…) se organiza para la protección real y efectiva de los derechos fundamentales que le son inherentes" a la persona (artículo 38). Esa importancia del valor constitucional de la dignidad humana queda evidenciado en la consagración de la inviolabilidad de la vida (artículo 37), lo cual es crucial en una cultura política que, como la dominicana, durante mucho tiempo validó como arma política legítima el asesinato y en un mundo que ha conocido las experiencias históricas de aniquilación del ser humano desde la Inquisición hasta la esclavitud, desde el genocidio nazi hasta la matanza de haitianos ordenada por Trujillo, y desde el estalinismo hasta las guerras sucias de América Latina y las guerras étnicas de Europa, Africa y Asia. Esa importancia queda también manifestada en la prohibición de la esclavitud (artículo 41), de la tortura y de todo trato vejatorio (artículo 42.1), así como en la condena a la violencia intrafamiliar y de género (artículo 42.2).

La dignidad humana como valor constitucional que, a fin de cuentas, implica que la República está al servicio de la persona, no significa que el hombre deba encontrarse aislado y al margen de sus semejantes. Ya lo ha dicho el Tribunal Constitucional alemán: "La *imagen del hombre* plasmada en la Ley Fundamental no es la de un individuo soberano en sí mismo; más bien ha decidido resolver la polaridad individuo-comunidad refiriendo y vinculando la persona a esa comunidad, sin que por ello aquella vea menoscabada su sustantividad. El individuo debe asumir aquellos límites que, para cultivar y fomentar la vida en común, imponga el legislador a su libertad de acción, dentro de los márgenes de lo exigible y siempre que se garantice la autonomía de la persona" (BverfGE 4, 7 (16). Por eso, la persona, en virtud del artículo 75 de la Constitución, puede también cooperar con la República, principalmente en la medida en que esa persona es alguien que puede asumir la condición de ciudadano, o sea, de un miembro normal y plenamente cooperador a lo largo de su vida. Es por ello que la Constitución establece que "los derechos fundamentales reconocidos en esta Constitución determinan la existencia de un orden de responsabilidad jurídica y moral, que obliga la conducta del hombre y la mujer en sociedad", de donde se desprenden una serie de *deberes fundamentales* para las personas (artículo 75). En todo caso, el establecimiento de estos límites a los derechos y estos deberes fundamentales parte del principio no solo de que lo que no está prohibido está permitido sino también de que la persona sólo está obligada a hacer a lo que la ley manda, ley que "sólo puede ordenar lo que es justo y útil para la sociedad" (artículo 40.15).

Finalmente, la dignidad de la persona humana como núcleo esencial de la República expresa la apertura de la República a la idea de *comunidad constitucional inclusiva* a partir de un *multiculturalismo* vivencial, religioso y filosófico, en la medida que la Constitución consagra la libertad de conciencia y de cultos (artículo 45). Se opone de ese modo la República a las verdades o fundamentalismos políticos, religiosos o filosóficos. La República es, en consecuencia, un *orden libre* en la medida en que no se identifica con ninguna tesis, dogma, religión o verdad de comprensión del mundo y de la vida.

3.1.1.5 República y libertades. La República Dominicana es un orden político que se basa en el respeto y garantía efectiva de los derechos fundamentales (artículo 8). El republicanismo no se basa en la libertad sino en las libertades. Existen *libertades republicanas* pero no hay tal cosa como una "libertad republicana". La noción de que la República respeta y garantiza efectivamente las libertades significa que la Constitución no garantiza cualquier libertad extra jurídica como, por ejemplo, la libertad natural del liberalismo o la libertad nihilista del anarquismo. Y es que la República no atribuye ninguna prioridad a la libertad per se, en cuanto tal, sino que la cuestión esencial siempre ha sido la obtención de ciertas libertades básicas específicas, tal como se encuentran consagradas en diferentes cartas y declaraciones de derechos del hombre. Por eso, la Constitución establece claramente que el Estado "se organiza para la protección real y efectiva de los derechos fundamentales que le son inherentes" a la persona. (artículo 38).

Las libertades republicanas apuntalan un *orden constitucional libre* en virtud de la articulación de dos tipos de derechos: los derechos y libertades de naturaleza personal, constitutivos de la libertad del *Burger*, típica del Estado de derecho liberal, y los derechos y libertades de participación política constitutivos del orden democrático del ciudadano. Las libertades republicanas procuran de ese modo una articulación de la *libertad de los antiguos* con la *libertad de los modernos* (Constant), de la libertad como participación política en la *polis* y la libertad como defensa frente al poder del Estado, de la libertad positiva con la libertad negativa (BERLIN).

3.1.1.6 República social. La República Dominicana asume claramente la idea del *Estado social*, de manera que el republicanismo de la Constitución dominicana es, si se quiere, un *republicanismo social*. La República respeta el derecho de propiedad y la libertad de empresa, pero al mismo tiempo consagra una serie de derechos sociales, económicos y culturales que obligan al Estado a garantizar un "mínimo vital" a los ciudadanos que asegure su "procura existencial". La República Dominicana es, pese a todo y en virtud de la Constitución, un orden libre que aspira a que se protejan efectivamente los derechos de la persona humana y se mantengan los medios "que le permitan perfeccionarse de forma igualitaria, equitativa y progresiva dentro de un marco de libertad individual y de justicia social" (artículo 8).

3.1.1.7 República verde. La Constitución establece en su Preámbulo el "equilibrio ecológico" como un valor supremo. Además, al referirse a los elementos constitutivos del Estado, en específico al territorio nacional, declara como patrimonio de la Nación "los recursos naturales no renovables que se encuentren en el territorio y en los espacios marítimos bajo jurisdicción nacional, los recursos genéticos, la biodiversidad y el espectro radioeléctrico" (artículo 14). Más aún, al tiempo de consagrar el derecho individual y colectivo a disfrutar los recursos naturales y a habitar en un ambiente sano y ecológicamente equilibrado, establece como deber del Estado "prevenir la contaminación, proteger y mantener el medio ambiente", en provecho de las presentes y futuras generaciones" (artículo 67). Aparece así no solo el elemento ecológico como un verdadero elemento constitutivo del Estado sino que la República emerge como una *República ecológicamente sustentable,* consciente no solo del lugar del ser humano en la comunidad de seres vivos (animales, plantas) sino también de las responsabilidades de los poderes del Estado frente a "las presentes y futuras generaciones" en lo que respecta a la autosostenibilidad ambiental.

3.1.1.8 *Res publica* y *res privata*. La República Dominicana incorpora lo que siempre se ha considerado como un principio republicano por excelencia: la concepción de la función pública y los cargos públicos como estrechamente vinculados a la persecución de los intereses públicos y del bien común (*res publica*) y radicalmente diferenciados de los asuntos o negocios privados de los titulares de los órganos, funcionarios o agentes de los poderes públicos (*res privata*). Por eso la Constitución dispone que "será sancionado con las penas que la ley determine, todo aquel que, para su provecho personal, sustraiga fondos públicos o que prevaleciéndose de sus posiciones dentro de los organismos del Estado, sus dependencias o instituciones autónomas, obtenga provechos económicos" (artículo 146.1). "De igual forma será sancionada la persona que proporcione ventajas a sus asociados, familiares, allegados, amigos o relacionados" (artículo 146.2).

3.1.2 La forma republicana de gobierno. Como ya hemos visto, la Constitución establece que "el gobierno de la Nación es esencialmente civil, republicano, democrático y representativo" (artículo 4). El carácter civil, democrático y representativo del gobierno, como veremos más adelante, no ofrece dificultades a la hora de su determinación. Sin embargo, cuando se trata de descubrir los rasgos que caracterizan que la forma republicana de gobierno, emergen una serie de dificultades que no deben obstaculizar el intento de definición del contenido de esa forma y de la fórmula constitucional que la contiene. ¿Qué quiere decir la Constitución al calificar de republicana la forma de gobierno y al denominar República a la nación dominicana?

3.1.2.1 Monarquía y República. Una conceptuación meramente formal del término constitucional de República nos conduciría a definirla por su oposición a la *Monarquía,* tal como lo hizo Maquiavelo cuando, al introducir dicho término como concepto político del derecho del estado, se refiere con él por igual al titular del poder del Estado y al jefe del Estado. Para el momento en que Maquiavelo escribía, el monarca era al mismo tiempo titular del poder del Estado y del Gobierno, así como Jefe del Estado. Este concepto formal, con el desarrollo de la democracia en la que se hizo posible la existencia de configuraciones distintas de la Monarquía como forma externa del Estado, se restringiría de modo que, hoy en día, la República se vincula solo al de Jefatura del Estado y a la forma exterior del Estado que aquella condiciona. En virtud de esta definición formal de República, la forma republicana de gobierno prescribe para la República Dominicana una *Jefatura del Estado no monárquica,* de manera que, si la Constitución no consagrase el principio democrático, la República podría configurarse como una aristocracia o como una democracia popular bajo la forma de una dictadura del proletariado, aunque se excluye la posibilidad de una democracia con un vértice monárquico, como existe en Inglaterra, los países escandinavos y España.

Otra variante formal del concepto de República, ligado con el anterior, es el que entiende que son repúblicas aquellos sistemas en donde el órgano que sirve de jefe del Estado es normalmente un individuo concreto, que se denomina presidente y se elige, con intervalos regulares, por la colectividad popular, mediante procedimientos más o menos directos. Aquí forma republicana de gobierno se asimila a la *forma presidencial de gobierno*. Rastros textuales de esta concepción formal de la República, en donde el gobierno republicano aparece como radicalmente incompatible con el principio monárquico (dimensión anti-monárquica) y con los privilegios hereditarios y títulos nobiliarios (dimensión aristocrática), se encuentran en las disposiciones del artículo 39 de la Constitución: "1) La República condena todo privilegio y toda situación que tienda a quebrantar la igualdad de todos los dominicanos, entre quienes no deben existir otras diferencias que las que resulten de sus talentos o de sus virtudes. 2) Ninguna entidad de la República podrá conceder títulos de nobleza ni distinciones hereditarias".

3.1.2.2 La República como organización del poder y de la libertad. Una segunda característica de la forma republicana de gobierno se reconduce a la exigencia de una estructura política organizadora y protectora de las libertades cívicas y políticas. En este sentido, la forma republicana de gobierno se vincula con la existencia de un conjunto de competencias y funciones de los órganos políticos en términos de balance, de frenos y contrapesos (*checks and balances*). La forma republicana de gobierno no es tanto una forma antimonárquica sino un esquema organizacional del control del poder. Este esquema se basa en que, como quería Montesquieu, el poder detenga al poder mediante la *división de poderes*. Por eso, la Constitución, a seguidas de consagrar la forma republicana de gobierno, establece que el gobierno de la Nación "se divide en Poder Legislativo, Poder Ejecutivo y Poder Judicial" y que "estos tres poderes son independientes en el ejercicio de sus respectivas funciones" (artículo 4). Pero esta *organización del poder* tiene como objeto fundamental la protección de un catálogo de libertades en donde se articula armónicamente la libertad de los antiguos, es decir, el derecho de participación política de los ciudadanos, con la libertad de los modernos, los derechos de defensa individuales. De manera que la organización del poder tiene como objeto la preservación de las libertades. De ahí que el artículo 8 de la Constitución establezca que el Estado cuyos poderes se dividen en Poder Legislativo, Poder Ejecutivo y Poder Judicial tiene "como función esencial (…) la protección efectiva de los derechos de la persona humana" y que el artículo 38 disponga que el Estado "se organiza para la protección real y efectiva de los derechos fundamentales que le son inherentes" a la persona.

3.1.2.3 República y democracia. La forma republicana de gobierno reivindica una legitimación del poder político basada en el pueblo: la República es, ante todo, República popular, República democrática. Por eso, en el gobierno republicano la legitimidad de las leyes se funda en el *principio democrático*, en especial, en el principio democrático representativo. En la forma republicana de gobierno, el gobierno del pueblo no es el "gobierno de los hombres" sino el *gobierno de las leyes* aprobadas por los representantes del pueblo en el Congreso. El republicanismo desconfía en todo momento y congénitamente de las formas de poder personal, sean dinásticas, militares o religiosas. Por eso, el gobierno republicano no solo es gobierno democrático y representativo sino también gobierno civil.

3.1.2.4 República y descentralización. A pesar de que la Constitución establece que la República Dominicana constituye una *"República unitaria"* (artículo 8), hay que entender este precepto en el sentido de que todo Estado unitario si quiere hoy ser republicano tiene que ser necesariamente descentralizado. Y es que la forma republicana de gobierno implica la existencia de cuerpos territoriales autónomos que propicien el *self government*, pues "la democracia, por sobre todo, es vida local, lo que significa gobierno local y, en definitiva, municipalismo" (Brewer Carías: 273). Esta autonomía territorial puede adoptar un esquema de naturaleza federal (Estados Unidos), de autonomía regional (Italia y España) o de autonomía municipal en un ámbito más restringido. Por eso, la Constitución dedica todo un Título –el IX- al "Ordenamiento del Territorio y de la Administración Local". Lamentablemente, el ideal republicano de la *autonomía territorial* está todavía lejos de ser realizado, y se puede afirmar aún hoy, como lo hizo Hostos hace un siglo, que "desde Perú a Guatemala, desde Bolivia a la República Dominicana, desde Uruguay hasta Honduras, desde Paraguay a Costa Rica, el gobierno central es el único gobierno, el ejecutivo es el centro de todos los poderes, el jefe del ejecutivo es el centro de toda la maquinaria administrativa, y todo, vida nacional, vida provincial, vida municipal, todo está pendiente de la voluntad siempre desconocida o siempre incierta del que centraliza la actividad económica, política y social" (Hostos: 95).

3.1.2.5 República y función pública. La forma republicana de gobierno obliga a definir los principios y criterios ordenadores del acceso a la función pública y a los cargos públicos alrededor de la idea de *"anti privilegio"*. El republicanismo prefiere que los cargos sean electivos, que los órganos públicos sean colegiados, y que los cargos se desempeñen temporalmente. Es esto lo que explica el carácter electivo de los representantes del pueblo en el Poder Ejecutivo y en el Poder Legislativo, la duración del término de los funcionarios electivos fijado en 4 años, la prohibición de la reelección presidencial y la naturaleza colegiada de los órganos constitucionales (Junta Central Electoral, Cámara de Cuentas, etc.). Ya lo ha dicho el Tribunal Constitucional: "el período de cuatro (4) años para los cargos electivos es la natural consecuencia de la existencia de nuestro sistema de gobierno, del régimen republicano, en el cual el desempeño del poder está sometido a un periodo de duración fija" (Sentencia TC/0062/19). Exceptuase parcialmente de estos principio a los jueces quienes, como ya preveía Hostos hace más de un siglo, difícilmente serían independientes "si después de nombrados dependieran en cualquier sentido del ejecutivo, del legislativo o del favor popular" o si sus funciones fueran temporales, ya que "los nombramientos periódicos, por bien regulados que estuvieran y por quienquiera que fueran hechos, de uno u otro modo serían fatales para la independencia judicial" (Hostos: 412). Por eso, el estatuto que prevalece en el

Poder Judicial es el de la carrera judicial, durando los jueces en sus posiciones hasta la edad de retiro obligatorio fijada en la Constitución o en las leyes (artículo 150).

3.2 La cláusula del Estado social y democrático de derecho

Se trata de una cláusula que expresa una *"fórmula compleja"* (Pérez Royo: 166). Compleja, por un lado, porque es una síntesis o mezcla de varios principios fundamentales de nuestro ordenamiento político-constitucional y compleja, también, porque resulta complicada de entender. La cláusula combina tres principios fundamentales diferentes pero que necesariamente se encuentran interrelacionados: el Estado Social, el Estado democrático y el Estado de derecho. A pesar de su formulación, que antepone el Estado social al Estado democrático y al Estado de derecho y no obstante que históricamente el Estado fue primero de derecho, luego democrático y finalmente social, en lo que sigue estudiaremos primero el principio democrático, luego el principio del Estado de derecho y, finalmente, el principio del Estado social.

La razón de esta opción metodológica y pedagógica es simple: el Estado y la Constitución son el producto de la *voluntad del pueblo* en donde reside exclusivamente la soberanía y de quien emanan todos los poderes del Estado, por lo que el Estado es, ante todo, democrático (artículos 2 y 4). Ese Estado democrático se funda en la *igualdad* de todos los ciudadanos, los cuales son iguales en derechos (artículo 39), por lo que el Estado democrático constituido es uno cuya función esencial es la protección efectiva de dichos derechos (artículo 8), alrededor de la cual se organiza (artículo 38), es decir, es un Estado de derecho. La igualdad proclamada por la Constitución, y crucial para la estructuración democrática del Estado, sería vana ilusión si el Estado, a fin de garantizar la igualdad de derechos de todos, no procura una *igualdad material de las personas* que permita el goce efectivo de sus derechos, sin discriminación, sin exclusión, sin pobreza ni marginalidad. Por eso, no basta con que el Estado sea democrático y sea de derecho, sino que se precisa que sea también un Estado social. Como bien afirma el Tribunal Constitucional, sintetizando la esencia de esta fórmula político-constitucional, "el fundamento de la vigencia real y concreta del Estado Social y Democrático de Derecho reside en la efectividad y prevalencia de los derechos fundamentales y sus garantías" (Sentencia TC 48/12). En este sentido, "la cláusula del Estado social y democrático de derecho es una construcción histórica de las distintas vertientes que componen el modelo de democracia constitucional, las cuales procuran, por un lado, la organización del poder mediante una mayor participación política por parte de los distintos sectores de la sociedad y, por otro lado, la constitucionalización de un conjunto de derechos -de libertad, políticos y sociales- que fundamentan la existencia de los órganos administrativos. Es por esta razón que la función esencial de un Estado social y democrático de derecho consiste en la protección efectiva de los derechos de las personas, el respeto de su dignidad y la obtención de los medios que le permitan perfeccionarse de forma igualitaria, equitativa y progresiva, en un marco de libertad individual y de justicia social" (Medina Reyes 2021: 6). Ese es el sentido de la fórmula "Estado Social y Democrático de Derecho" (artículo 7) y es lo que explica el orden en que tratamos los principios fundamentales que la componen.

3.2.1 El Estado democrático. Que la Constitución establezca que "la soberanía reside exclusivamente en el pueblo, de quien emanan todos los poderes" (artículo 2) y que califique al gobierno de la Nación dominicana como "esencialmente (…) democrático" (artículo 4) supone que el Estado dominicano admite, desde su Carta Sustantiva, la existencia de un principio radical, informador de su propia identidad y, en consecuencia, del ordenamiento jurídico por él producido. Ese principio es el *principio democrático*, columna vertebral de todo el sistema constitucional y cuya formulación más abstracta consistiría en sostener que, para la Constitución, el poder pertenece en última instancia al pueblo. Democracia es, en la fórmula de Lincoln, *"gobierno del pueblo, por el pueblo y para el pueblo"*.

3.2.1.1 Contenido. Una teoría constitucionalmente adecuada del principio democrático, que tome en cuenta los aportes de las teorías democráticas en tanto sean compatibles con y estén reflejadas en la Constitución, conduce a afirmar que el principio democrático, una vez desplegado, se hace eficaz en tres momentos: el momento de la fundamentación del poder, el de la participación en el poder y el de la organización y funcionamiento de los poderes públicos.

A. El principio democrático como norma fundamental legitimadora del sistema. El principio democrático actúa como *principio de legitimación originaria* del sistema en la medida en que sólo la referencia al consentimiento fundacional de los gobernados, convertido así en fuente última del poder, legitima todo el orden de autoridades del Estado y todo el orden de prescripciones del derecho, incluida la propia Constitución. Entendido de esa manera, como identificación de la instancia en la cual se aposenta la ultimidad del sistema, el principio democrático se confunde con *la soberanía*, tal como se infiere del artículo 2 de la Constitución que atribuye dicha ultimidad al propio pueblo: "la soberanía reside exclusivamente en el pueblo". En su proyección sobre el ordenamiento jurídico, ello implica, además, que este artículo 2, en tanto contiene a dicho principio, es la "norma fundamental" de dicho ordenamiento, o sea, el apoyo último de legitimidad de todo el Derecho, de donde el principio democrático, definido como principio de soberanía popular, ocupa el lugar de la "*Grundnorm*" de Kelsen o de la "norma de reconocimiento" de Hart, aunque sin el carácter lógico-formal que ambas poseen.

En esta primera dimensión el principio democrático suscita la cuestión de saber si, una vez que se define a la soberanía popular como apoyo último del sistema y, en consecuencia, de la Constitución misma, una decisión del pueblo podría, a través del uso de dicha ultimidad, subvertir el propio orden democrático y autodestruirse a sí mismo como tal soporte. En este sentido, compartimos la opinión de Böckenförde, quien, al analizar la democracia como principio constitucional establece lo siguiente:

"El *poder constituyente del pueblo*, considerado así como la forma necesaria de expresión de la soberanía popular, no puede reducirse desde la perspectiva de la teoría del Derecho a una norma fundamental que haya que presuponer como hipótesis para explicar el hecho de la vigencia normativa de la Constitución. Y tampoco es suficiente entenderlo únicamente como un fundamento ideal-normativo necesario (por ejemplo de tipo iusnaturalista), que confiere o retira a la Constitución su fuerza para vincular normativamente. Antes bien, el poder constituyente del pueblo tiene que poner de manifiesto también, y de modo específico, su referencia al pueblo real como magnitud política. Tiene, pues, que definirse como la fuerza y la autoridad que corresponden al pueblo (en el sentido de una competencia preconstitucional) para establecer una Constitución con pretensión normativa de vigencia, para mantenerla y cancelarla. Y como tal no es algo que actúe de una vez por todas, en el acto de establecer la Constitución, sino que se mantiene como algo dotado de existencia permanente. De él deriva el que las decisiones fundamentales de la Constitución se mantengan en el tiempo, se renueven de forma acorde con las circunstancias de su existencia o se vean erosionadas. La fuerza normativa de la Constitución depende de ello. El significado de esta definición, que delimita el significado del principio democrático y al mismo tiempo expresa su relación con la soberanía popular, consiste en que lo que determina el fundamento y la cohesión del orden político y social no es ya un orden divino del mundo o un orden natural, como algo dado previamente; en su lugar se reconoce al pueblo, en cuanto sujeto humano, un poder pleno de disposición sobre la configuración del orden político y social. A él le corresponde establecer las bases de la ordenación política de la vida en común" (BÖCKENFÖRDE 2000: 51).

De lo anterior se infiere que la *voluntad popular* puede cancelar una Constitución democrática y sustituirla por una Constitución monárquica o comunista. En este caso, no se desconoce la soberanía popular porque a lo que este principio se refiere es a la cuestión de la titularidad del poder del Estado. "Con él se afirma que la instauración y la organización del dominio que ejerce el poder político tienen que poder retrotraerse al pueblo mismo, esto es, a una legitimación y a una decisión que surgen del pueblo. Esto no quiere decir que tenga que ser el pueblo el que gobierne de forma inmediata –ya sea de forma directa o mediante instituciones de la democracia representativa–; pero sí que el pueblo tiene que ser y tiene que mantenerse en todo caso como *titular del poder constituyente* (*pouvoir constituant*). En el ejercicio de este poder constituyente el poder de gobernar puede luego transferirse a un monarca o a una asamblea, y esto puede hacerse con un alcance mayor o menor y de una forma temporal o permanente. El principio de la soberanía popular no queda cancelado por esta transferencia mientras la decisión de transferir el poder de gobernar se mantenga jurídicamente como algo revocable, es decir, mientras no represente una enajenación irrevocable" (BÖCKENFÖRDE 2000: 50).

Ahora bien, una cosa es que el pueblo cancele una Constitución basada en el principio democrático y la sustituya por una Constitución monárquica y otra es que los representantes del pueblo en el Congreso transformen las bases del ordenamiento constitucional mediante el *procedimiento de reforma* establecido en la propia Constitución. A ello se opone el artículo 268 de la Constitución que establece que "ninguna modificación a la Constitución podrá versar sobre la forma de gobierno, que deberá ser siempre civil, republicano, democrático y representativo". Y es que el Congreso es un *poder constituido* y, por tanto, limitado, que no puede alterar las decisiones políticas fundamentales adoptadas por el poder constituyente originario. Para afectar de modo sustancial la Constitución en su núcleo intangible se requiere la acción del poder constituyente del pueblo y por la soberanía del pueblo incorporada en él a través de los diversos procedimientos configurados por la doctrina y la praxis jurídicas y que no se encuentran reglamentados en nuestra Constitución. Pero no se puede acudir al simple procedimiento de reforma constitucional para sustituir una Constitución democrática por otra que no lo sea. El poder constituyente del pueblo ha configurado al principio democrático como un principio indisponible por los representantes del pueblo. Lógicamente, la intangibilidad de la forma de gobierno no impide una reforma total e integral de la Constitución, siempre y cuando no se cambie o sustituya la forma de gobierno, o, para ser más exactos, la forma de Estado, que siempre deberá ser democrático.

B. El principio democrático como principio de articulación de la sociedad con el poder. El principio democrático opera como principio que postula la necesaria conexión entre el poder y los ciudadanos, asegurando la condición democrática del ejercicio del poder. Aquí el principio democrático se manifiesta como *"principio de participación"*, pues es precisamente a través de la intervención de los ciudadanos en las tareas estatales o de la designación de quienes las realizan, como se logra esa conexión referencial entre gobernados y decisiones de gobierno. Es ese precisamente el objetivo del reconocimiento como derechos de los ciudadanos no solo de "elegir y ser elegibles", sino también el de "decidir sobre los asuntos que se les proponga mediante referendo" y el "ejercer el derecho de iniciativa popular" (artículo 22). En cualquier caso, una democracia sólo se conforma como una verdadera *democracia participativa* si la sociedad está convenientemente diversificada y organizada para ello. De ahí que el principio democrático deba también existir como *principio de pluralismo*, lo supone que nuestra Carta Sustantiva asume el derecho de los ciudadanos a asociarse para expresar la compleja diversidad de sus intereses sociales. En especial, y en lo que respecta a los partidos, la Constitución es más que clara en cuanto a que sus fines esenciales son "garantizar la participación de ciudadanos y ciudadanas en los procesos políticos que contribuyan al fortalecimiento de la democracia" y "contribuir, en igualdad de condiciones, a la formación y manifestación de la voluntad ciudadana, respetando el pluralismo político, mediante la propuesta de candidaturas a los cargos de elección popular" (artículo 216).

C. El principio democrático como principio de organización del poder. En su proyección orgánica, el principio democrático gobierna además la organización y el funcionamiento de ciertas instituciones claves para el sistema. Esta dimensión del principio democrático se hace efectiva en un doble plano: en primer lugar, en el nivel de la organización y el funcionamiento interno de aquellas instituciones públicas que realizan la *democracia en el Estado* (el Congreso y las demás instituciones representativas); y, en segundo lugar, en el nivel de ciertas *organizaciones* que, a pesar de no ser instituciones públicas, tienen una evidente relevancia en ese ámbito (partidos y sindicatos), por lo que, en virtud de la Constitución, deben ajustarse al principio democrático. Por eso, la Constitución reconoce que "la organización sindical es libre y democrática, debe ajustarse a sus estatutos y ser compatible con los principios consagrados en esta Constitución y las leyes" (artículo 61.4), y dispone que "la organización de partidos, agrupaciones y movimientos políticos es libre, con sujeción a los principios establecidos en esta Constitución", debiendo su conformación y funcionamiento "sustentarse en el respeto a la democracia interna y a la transparencia" (artículo 216). En estos dos niveles, el principio democrático se manifiesta en un triple contenido orgánico: como *principio de pluralidad*, en la medida en que tales asociaciones deben respetar la diversidad interna; como *principio mayoritario*, que es la regla fundamental de la democracia; y como *principio de respeto a las minorías*, que es la única forma de que el principio mayoritario no asfixie el pluralismo derivado de la libertad de asociación y con ello al Estado democrático mismo.

3.2.1.2 La democracia como forma de Estado y como forma de gobierno. El término "*forma de Estado*" se refiere al modo en que se relaciona el Estado con la sociedad, mientras que el término "*forma de gobierno*" indica la manera en que se ha estructurado el Estado como complejo de órganos. La forma de Estado refiere a las relaciones que existen entre el poder y la comunidad, entre gobernantes y gobernados, definiendo así el modo de ser del Estado-comunidad, en tanto que la forma de gobierno se refiere a la manera en que están organizados los gobernantes, definiendo el modo de ser del Estado-aparato. La forma de Estado indica quién es el titular del poder constituyente, es decir, quién es el soberano, en tanto que la forma de gobierno indica cómo "se distribuye el poder político entre los órganos supremos de un Estado, en concreto como se distribuye el poder de la dirección política" (Massó Garrote: 428), lo que equivale a determinar, a fin de cuentas, como están organizados los poderes constituidos.

La forma de Estado se refiere a la posición recíproca en la cual vienen a encontrarse los tres *elementos constitutivos* del Estado: el pueblo, el poder y el territorio. Desde el punto de vista de las relaciones entre el poder y el pueblo, el Estado puede adoptar dos formas: la autocracia y la democracia. En la *autocracia*, el poder político se concentra en una persona, en un grupo étnico o religioso o en un partido, mientras que en la democracia el poder es retenido por el pueblo, el cual participa en las decisiones de gobierno y en la elaboración de las normas. Desde la óptica de las relaciones entre el poder y el territorio, el Estado puede adoptar la forma de *Estado simple*, en donde hay una sola comunidad territorial y un solo ordenamiento jurídico, y la de *Estado compuesto* en donde el poder del Estado está territorialmente dividido entre una comunidad política nacional y comunidades políticas de ámbito regional.

Cada forma de Estado es susceptible de albergar varios tipos de forma de gobierno. La *autocracia*, por ejemplo, puede adoptar formas de gobierno tan variadas como la monarquía absoluta, la dictadura personal, la dictadura militar, la dictadura de partido y así ad infinitum pues lo que caracteriza la autocracia es la dificultad o negación de la reducción del poder a reglas de derecho. En cambio, la *forma de Estado democrática* sólo acoge en su seno un número limitado de formas de gobierno, debido a que la división de poderes no admite demasiado fórmulas de organización diferenciadas. Estas formas de gobierno propias del Estado democrático son: la directorial (Suiza), presidencial (Estados Unidos) y parlamentaria (Gran Bretaña). Dentro de una misma forma de gobierno puede haber variantes: forma parlamentaria monárquica (Gran Bretaña) o forma parlamentaria republicana (Alemania), forma parlamentaria clásica

(Gran Bretaña) o forma parlamentaria racionalizada (Alemania), forma parlamentaria de asamblea (Francia en la época revolucionaria), de gabinete (Gran Bretaña) o de canciller (Alemania).

En la Constitución dominicana, la forma de Estado está definida en su artículo 2: "La soberanía reside exclusivamente en el pueblo, de quien emanan todos los poderes". Con este enunciado nuclear, la Constitución toma expresamente el principio de la soberanía popular como punto de partida para determinar la forma de Estado, proclamándolo como la idea directriz vinculante a la hora de constituir el poder del Estado en la República Dominicana. La *forma del Estado dominicano* es, en consecuencia, la democracia, lo que implica que es la voluntad popular la única fuente de legitimidad del poder y del Derecho. De ahí que la Constitución y sus reformas emanan democráticamente y que las leyes emanan de la representación popular en el Congreso Nacional y los reglamentos de un Poder Ejecutivo legitimado democráticamente. Ese *carácter democrático* del Estado dominicano queda reafirmado en la medida en que la Constitución no sólo dispone que el poder emana de la voluntad popular sino también porque se garantizan constitucionalmente las condiciones para que esa voluntad pueda ser auténtica, es decir, libre, asegurándose así por el derecho la *autonomía de la voluntad popular*, al disponerse que "el voto es personal, libre, directo y secreto" (artículo 208).

Pero la democracia, en el ordenamiento constitucional dominicano, no sólo es forma de Estado sino también *forma de gobierno*. Ello se infiere no sólo de la lectura del artículo 4 de la Constitución, que establece que "el gobierno de la Nación es esencialmente (…) democrático (…)", sino del hecho de que la democracia, en su concreta proyección orgánica, rige, además, la organización y el funcionamiento de ciertas instituciones claves para el sistema, como es el caso de las instituciones públicas que realizan la democracia en el Estado, paradigmáticamente el Congreso Nacional. Como forma de Estado y de gobierno, el contenido de la democracia "es el de que el poder del Estado ha de articularse de tal forma que tanto su organización como su ejercicio deriven siempre de la voluntad del pueblo o puedan ser atribuidos a él". La democracia es, en consecuencia, *mecanismo de legitimación, organización y ejercicio del poder*. "La democracia como forma de Estado y de Gobierno significa algo más que la atribución al pueblo de la titularidad del poder constituyente. Quiere decir que el pueblo no es solo el origen y el portador último del poder que ejerce el dominio político, sino que, además él mismo ejerce ese poder, que lo tiene y que ha de tenerlo en todo momento. El pueblo no solo domina, sino que también gobierna" (BÖCKENFÖRDE 2000: 47 y 52). Cuando la Constitución establece que "la soberanía reside exclusivamente en el pueblo", proclama el principio de la soberanía popular; y cuando afirma que del pueblo "emanan todos los poderes, los cuales se ejercen por representación o en forma directa", establece que el poder del Estado deriva del pueblo y señala cómo se ejerce este poder por parte del pueblo. Queda claro, pues, que la Constitución expresa su decisión a favor de la democracia como forma de Estado y de Gobierno, apareciendo ésta como consecuencia y realización del principio de la soberanía popular, en el cual la democracia está anclada y en la que encuentra su fundamento y justificación.

3.2.1.3 El pueblo como titular del poder del Estado.

Que constitucionalmente "la soberanía reside exclusivamente en el pueblo, de quien emanan todos los poderes" (artículo 2) establece como derecho positivo que la posesión y el ejercicio del poder del Estado tiene que derivar del *pueblo* de un modo concreto. El concepto de pueblo, como punto de partida y como referencia del principio democrático, es un concepto fundamental de la democracia constitucionalmente configurada. La democracia como forma de Estado y de gobierno tiene su punto de referencia personal en el pueblo del Estado, es decir, en el conjunto de individuos que, en tanto unidad política de acción, forman parte del Estado y lo sostienen (HELLER). Este conjunto de individuos se define y se delimita fundamentalmente por el vínculo jurídico de *la ciudadanía*, cuyo contenido es el status de pertenecer a la asociación de aquellos que sostienen la organización del dominio que ejerce el Estado. Son los ciudadanos quienes están vinculados de un modo esencial con la vida, el presente y el futuro del Estado que ellos forman y sostienen, y en esa medida emergen como una comunidad política con su propio destino. A ellos les importan los éxitos y los fracasos del Estado, las fortalezas y las debilidades de su comunidad política, las amenazas y las oportunidades que le afectan. Lo que le ocurra al Estado, desde dentro o desde fuera, tienen que soportarlo y son responsables de ello. Son el pueblo político de quien según el artículo 2 de la Constitución emanan todos los poderes del Estado.

El concepto democrático de pueblo implica que los derechos de participación democrática, es decir, los *derechos de ciudadanía*, presupongan la pertenencia al pueblo del Estado. Por eso, la Constitución establece que gozan de ciudadanía "todos los dominicanos y dominicanas que hayan cumplido 18 años de edad y quienes estén o hayan estado casados, aunque no hayan cumplido esa edad" (artículo 21). Es por ello que, conforme la óptica tradicional del derecho constitucional, a los extranjeros no se les puede reconocer el derecho de sufragio político a menos que se quiera disolver la comunidad política que constituye el Estado. Es cierto que lo propio de la democracia es que todos los afectados por el dominio del Estado tengan que legitimarlo, por lo que no es aceptable la existencia de una pluralidad de gobernados sin derechos políticos que se vea sometida al pueblo del Estado que ejerce el dominio democráticamente. Este es un problema, sin embargo, que para muchos no se resuelve, sin embargo, mediante la ampliación del sufragio, sino que requiere, para aquellos extranjeros de segunda generación que se encuentran plenamente integrados en las condiciones de vida de la República Dominicana, que tienen en ella el centro de su vida y que no han nacido en el territorio dominicano, la posibilidad de acceder a un procedimiento de naturalización más rápido, breve y sencillo. Pero, mientras no está naturalizado y no obstante ser afectado por las medidas del Estado, el extranjero sigue siendo un "huésped", que no está vinculado de modo existencial con el destino político del pueblo en el que vive, pues no se puede descartar el regreso a su patria, con la que le une el vínculo de la ciudadanía.

Lógicamente lo anterior no significa que el extranjero por el hecho de no ser ciudadano no goza de derechos fundamentales. La Constitución dominicana, desde 1844 se enmarca en la tradición del constitucionalismo francés para el que todos los derechos fundamentales, con excepción de los derechos políticos y los derechos fundamentales conexos con éstos –como el derecho de asociación con fines políticos–, son universales y por tanto reconocidos a todos en cuanto personas y no en cuanto ciudadanos. El *concepto constitucional de ciudadanía* no es el sociológico de Thomas H. Marshall para quien los derechos "de ciudadanía" son todos los derechos fundamentales, incluyendo no solo los políticos sino también los derechos civiles y los derechos sociales (MARSHALL). Los *derechos del extranjero* en tanto persona incluyen en nuestro ordenamiento constitucional todos los derechos fundamentales, incluyendo el derecho de residencia y el derecho de circulación, y exceptuando lógicamente los derechos políticos. Por eso consideramos totalmente desenfocada la discusión en torno a los derechos de los inmigrantes de status inmigratorio ilegal en República Dominicana. Y es que, en tanto extranjeros, estos inmigrantes disfrutan de todos los derechos fundamentales, por lo que la lucha de los grupos y personas defensoras de sus derechos ha debido concentrarse en todo momento en la *reivindicación de sus derechos fundamentales* en cuanto personas, en cuanto seres humanos. Para tener derechos fundamentales no hay que ser ciudadano ni nacional de un Estado, lo cual no significa que haya que negar arbitraria e injustamente el derecho a la nacionalidad de los hijos nacidos en el territorio nacional de inmigrantes de status migratorio irregular. Lo anterior no implica ignorar que, como bien ha advertido Hannah Arendt, los derechos humanos muchas veces se pierden cuando se pierden los *"derechos nacionales"*, es decir, los derechos que la pertenencia a una comunidad política otorga a sus miembros. Por eso, no es casualidad que, antes de arrebatarles a los judíos todos sus derechos, los nazis primero le quitaron su derecho a la nacionalidad alemana, convirtiéndolos en apátridas sin derechos. "Los *derechos del hombre*, supuestamente inalienables, demostraron ser inaplicables –incluso en países cuyas constituciones estaban basadas en ellos– allí donde había personas que no parecían ser ciudadanos de un Estado soberano (...) Parece como si un hombre que no es nada más que un hombre hubiera perdido las verdaderas cualidades que hacen posible a otras personas tratarle como a un semejante". (ARENDT: 371).

Pero un Estado no puede ser verdaderamente democrático ni tampoco Estado de derecho si permite la existencia de un colectivo de personas consideradas ciudadanos de segunda clase, en tanto no han podido adquirir la nacionalidad que les corresponde en virtud de los modos constitucionalmente establecidos para la adquisición de la nacionalidad natural o bien, a pesar de su continua permanencia en el territorio nacional y sus lazos con este, o bien, en la práctica, no gozan efectiva y plenamente de sus derechos. Aquí es importante detenernos en la situación de los inmigrantes y en la necesidad de que no se constituyan en un *"sub-pueblo" del Estado* en tanto se desconocen los derechos que la Constitución les reconoce y les garantiza. Se ha dicho que "la cuestión migrantes está revelándose hoy como la cuestión de fondo en la que se juega el futuro de nuestra civilidad: porque el fenómeno migratorio es el signo y el efecto de todas las demás emergencias y de todos los demás crímenes de sistema provocados por la globalización salvaje. Cada migrante señala dramáticamente uno o más de uno de los problemas irresueltos generados por tales emergencias -las guerras, las catástrofes medioambientales, las persecuciones, la miseria y el hambre- pero también solucionables, solo con que prevalecieran, de forma realista, el buen sentido y la razón. Por otra parte, la cuestión migrantes pone hoy en riesgo de quiebra la identidad civil y democrática de nuestros países [...] Las derechas populistas protestan de lo que llaman una lesión de nuestras identidades culturales por parte de las 'invasiones' contaminantes de los migrantes. En realidad, identifican tal identidad con su identidad reaccionaria, con su falsa cristiandad, con su intolerancia de los diferentes, en definitiva, con su más o menos consciente racismo […] Es por lo que afirmar y defender los derechos de los migrantes equivale a defender la dignidad no solo de estos, sino, antes aún, la nuestra propia y de nuestros ordenamientos: para no tener que avergonzarnos en el futuro de las tragedias provocadas por su negación, con un nuevo y tardío 'nunca más' […] Sabemos bien que la política, como víctima de la demagogia y de la hegemonía de las fuerzas populistas, no tiene el coraje de reconocer que el derecho de emigrar es un derecho en vigor y por eso debe ser en todo caso garantizado como tal. Pero esta es una razón más para que sea la ciencia jurídica quien lo afirme, tomando en serio las normas por las que tal derecho fue establecido y configurando la falta de garantías capaces de asegurar su efectividad como una laguna indebida" (FERRAJOLI 2023: 463).

3.2.1.4 La necesidad de una legitimación democrática efectiva para el ejercicio del poder del Estado. El principio democrático establece como derecho positivo que la posesión y el ejercicio del poder del Estado tienen que derivar del pueblo de un modo concreto. Debe de haber lo que el Tribunal Constitucional alemán denomina la *"cadena ininterrumpida de legitimación democrática"* (BverfGE 47, 253 (275); 77, I (40); 83,60 (72 s.): la realización de las tareas del Estado y el ejercicio de las competencias estatales requiere de una legitimación que se retrotrae al pueblo mismo o que parte de él. Una vez establecida esta legitimación, la misma no puede volverse autónoma, sino que, en todo momento, debe poder retrotraerse a la voluntad popular, siendo responsable ante ésta. Sólo bajo esta presuposición puede considerarse que la acción que ejerce el Estado a través de sus órganos, diferenciados y separados orgánicamente por el pueblo, es de tal naturaleza que el pueblo actúa a través de esos órganos del Estado. El fin de la legitimación democrática no es más que poner en marcha y asegurar la influencia efectiva del pueblo en el ejercicio del poder del Estado.

Por otro lado, la Constitución exige que las asociaciones políticas más influyentes, en especial los partidos políticos y los sindicatos, se conformen a los principios constitucionales, en especial al principio democrático. El sentido de esta exigencia de *democratización interna* es fomentar la participación política al interior de estas organizaciones y evitar que la estructura interna de éstas devenga una oligarquía. Ahora bien, el hecho de que un partido, un sindicato o una asociación cualquiera tenga una estructura interna democrática y que los dirigentes de éstos sean electos por los miembros de la asociación "no les legitima para ocupar el lugar del conjunto de los ciudadanos del Estado, ni siquiera aunque dispongan de un potencial 'democrático' considerable. Desde el punto de vista democrático son y siguen siendo *pouvoirs de fair,* sus fines y aspiraciones no son algo ya de por sí legitimado democráticamente, sino que en cualquier caso están necesitados de la legitimación democrática del conjunto de los ciudadanos" (BÖCKENFÖRDE 2000: 71). Considerar legitimadas democráticamente a estas asociaciones por el mero hecho de contar con la estructura y los procesos democráticos internos que la Constitución exige, conduciría a una *"competencia desleal"* en relación con las instancias políticas legitimadas a través de la democracia representativa y a desvirtuar el rol de mediadoras de la voluntad política que estas entidades de la sociedad civil tienen como función. Las asociaciones se legitiman en la *libertad de asociación* que conduce a los individuos a organizarse para defender y hacer valer sus intereses. En todo caso, sigue abierta "la pregunta acerca de cuáles son los instrumentos constitucionales y las estrategias políticas más adecuadas para democratizar la sociedad civil" (GREPPI 2006: 87).

3.2.1.5 Principio democrático y representación.

A. Representación democrática formal. La representación democrática formal se refiere a la autorización que los órganos de dirección, que actúan por sí, obtienen de los ciudadanos. "Representación designa, pues, el *nexo de legitimación* y de imputación que existe o se establece entre la acción de los órganos de dirección y el pueblo: los órganos de dirección actúan de forma representativa en nombre del pueblo y como pueblo; su acción tiene la fuerza de obligar al pueblo" (BÖCKENFÖRDE 2000: 145). Ese es el sentido del principio constitucional de que "la soberanía reside exclusivamente en el pueblo, de quien emanan todos los poderes, los cuales ejerce por medio de sus representantes (…)" (artículo 2). Esa voluntad del pueblo se ejerce por sus representantes, el Poder Ejecutivo y los legisladores, órganos soberanos que pueden actuar autónomamente en nombre del pueblo y para el pueblo. Es porque los representantes son beneficiarios de una delegación de voluntad del pueblo por lo que los "encargados" de los poderes públicos "son responsables y no pueden delegar sus atribuciones" (artículo 4).

La noción formal de representación no debe ser confundida con el *parlamentarismo*. Como bien afirmaba Hostos, "el parlamentarismo es aquel artificio en cuya virtud se supone que el llamado poder legislativo es la más directa expresión de la soberanía. Tomando el mejor origen como fuente de facultades y poderes, se deduce que el cuerpo legislador tiene derecho natural a intervenir en la marcha política del Estado, sirviendo de freno al llamado ejecutivo, cuyo poder contrapesa, con frecuencia desequilibra, y a veces puede anular" (HOSTOS: 85). No es a esta doctrina de separación de poderes que responde el *sistema presidencial* consagrado por la Constitución en el que tanto el Presidente de la República como los legisladores son elegidos por el pueblo y son, por tanto, órganos de soberanía.

B. Representación democrática material. El concepto material de representación refiere a que en la acción legitimada y autorizada siempre por el pueblo se actualizan y se manifiestan los contenidos de la voluntad popular. La representación democrática material refiere a la idea norteamericana de la *responsiveness* (*responsividad, receptividad*): el representante representa materialmente a los ciudadanos en la medida en que responde a ellos, es sensible a sus problemas y es capaz de percibirlos y asumirlos en su agenda de trabajo. Esta idea de la responsividad del representante evita los problemas que acarrea la autonomía del representante que se cree soberano y los del representante que obedece a instrucciones.

3.2.1.6 Principio democrático y principio mayoritario.

La apelación a la decisión de la mayoría no es una mera necesidad técnica de la democracia, último recurso al cual acude la democracia como forma de poder arribar a una decisión. Muy por el contrario, existe una vinculación estrecha e intrínseca entre el principio democrático y el principio mayoritario, derivándose el fundamento y los límites del último de principios fundamentales del orden democrático.

A. Fundamento del principio mayoritario. Que la democracia requiera de la decisión mayoritaria resulta de los principios de la libertad, de la autodeterminación y de la igualdad democrática. Si la libertad democrática de participación y el derecho de autodeterminación vale para todos los ciudadanos y no solo para algunos, lo menos que puede exigirse a la hora de adoptar un determinado contenido del ordenamiento vigente es el asentimiento de la mayoría, pues, si se exigiera menos, se perjudicaría a los opuestos a dicho contenido y, si se exige más, a quienes lo respaldan. Del mismo modo, si todos los ciudadanos son iguales en derechos de participación política, toda opinión política debe ser pesada igual: por eso los votos se cuentan y no se pesan, ya que cada ciudadano equivale a un voto (*one man-one vote*).

Mientras más mayoritario sea un sistema ello no significa que sea más democrático. Por eso, la exigencia de *mayorías cualificadas* para ciertas decisiones es comprensible desde el punto de vista del principio del Estado de Derecho, pues ello sirve para proteger a las minorías y para asegurar con más intensidad la persistencia de las correspondientes materias, en la medida en que éstas se sustraen al vaivén de mayorías cambiantes y escasas, pero en modo alguno hace más democrático el régimen que establezca ese tipo de mayorías. Así, el artículo 232 de la Constitución establece que toda modificación en el régimen legal de la moneda y de la banca "requerirá el apoyo de los dos tercios de la totalidad de los miembros de una y otra cámara legislativa, a menos que haya sido iniciada por el Poder Ejecutivo, a propuesta de la Junta Monetaria o con el voto favorable de ésta". Como bien expresó el Vicepresidente de la Asamblea Revisora que incluyó dicho artículo a la Constitución en la reforma de 1947 y que posteriormente sería el primer Gobernador del Banco Central de la República Dominicana, Lic. Jesús María Troncoso, "lo que desea la propuesta del Ejecutivo, con clarísima visión de verdadero sentir de la mayoría [...] es que el legislador no pueda ensayar cualquier tipo de legislación monetaria en el futuro sino aquella que ofrezca la máxima garantía". Las mayorías cualificadas responden al principio democrático en la medida en que sirven para proteger el *contenido nuclear del ordenamiento democrático*.

El derecho de la mayoría a tomar decisiones vinculantes no puede cuestionarse sobre la base de que la democracia debe fundarse, sobre todo para las grandes cuestiones políticas, en el *consenso*. Es cierto que las decisiones democráticas se adoptan tras un proceso abierto y público de formación de la voluntad política y de búsqueda a través de los mecanismos congresionales de una decisión, en el que no está ausente el impulso hacia el compromiso, el diálogo y el acuerdo entre mayorías y minorías. Pero al final de ese proceso existe el derecho de la mayoría a adoptar una decisión. Se debe, en consecuencia, aspirar al consenso, se debe trabajar por ello, pero al final del camino, hay que estar dispuesto a soportar la decisión mayoritaria y a vivir con ella.

B. Límites del principio mayoritario. La libertad y la igualdad no solo son el fundamento del principio mayoritario sino que también le imponen ciertos límites externos e internos al mismo.

(i) Límites externos de la decisión mayoritaria. El principio mayoritario no puede significar que la mayoría pueda decidir eliminar el principio de la decisión mayoritaria

ni poner en entredicho las reglas del juego democrático que permiten a la minoría convertirse eventualmente en mayoría. En otras palabras, la mayoría no puede abusar de la posesión legal del poder y "cerrar tras de sí la puerta abierta a través de la que ella misma entró" (SCHMITT 1982: 30). De ahí que a la mayoría le está constitucionalmente vedado convertir en disponible lo que es indisponible, como es el caso de los derechos de libertad democrática y de los demás derechos fundamentales que constituyen el núcleo indisponible para la decisión democrática mayoritaria protegido por la cláusula de intangibilidad del artículo 268 de la Constitución. Del mismo modo, a la mayoría le está prohibido disponer por la vía legal de toda disciplina constitucionalmente fijada ya que el *principio de constitucionalidad* (artículo 6) prevalece sobre el principio mayoritario.

(ii) Límites internos de la decisión mayoritaria. La decisión mayoritaria está limitada por el principio de que nadie puede pretender que su propia concepción es la única válida y rehusar conceder a la concepción del oponente político la dignidad de la discusión democrática. Ello no significa que no puedan considerarse las concepciones contrarias a la nuestra como falsas, peligrosas y merecedoras de ser combatidas y criticadas. No. Lo que significa es que no puede atribuirse a nuestras concepciones y propuestas políticas una pretensión de validez objetiva que excluya la discusión y el compromiso. Y es que la democracia presupone el *relativismo*, el cual afecta no tanto la concepción del mundo como la dimensión político-pragmática (KELSEN). De ahí que cuando un partido atribuye a su propia concepción un valor ideológico absoluto le falta no solo la disposición de arribar a compromisos propia del juego democrático sino que sobre todo carece de la voluntad de respetar la igualdad de oportunidades de los demás partidos. Para un partido semejante las alianzas con otros partidos y los mecanismos de la democracia son simples compromisos tácticos que se abandonarán tan pronto se llegue al poder o se sea lo suficientemente fuerte para ejercer el dominio sin apoyo de los demás. El Tribunal Constitucional alemán ha advertido la existencia de estos límites internos al principio mayoritario al disponer que el Partido Comunista Alemán (KPD) era inconstitucional en la medida en que atribuía a su concepción política, el marxismo leninismo, una validez única y absoluta a partir de la cual el oponente político no es más que el enemigo al que habría que privar políticamente de sus derechos tan pronto se arribe al poder (BverfGE, 5, 85).

(iii) Consagración constitucional del principio mayoritario. No hay en la Constitución dominicana un precepto constitucional que reconozca expresamente al principio mayoritario como principio constitucional general. Sin embargo, la Constitución establece que en cada Cámara legislativa, "las decisiones se tomarán por mayoría absoluta de votos, salvo los asuntos declarados previamente de urgencia, los cuales, en su segunda discusión, se decidirán por las dos terceras partes de los presentes" (artículo 85), al tiempo de establecer una mayoría congresional agravada de las dos terceras partes de los presentes de cada cámara para superar las observaciones del Presidente de la República a leyes aprobadas por el Congreso Nacional (artículo 102) y para aprobar leyes orgánicas (artículo 112), y de dos terceras partes de la matrícula de ambas cámaras para modificar las leyes monetarias y bancarias de la nación (artículo 232). Estas

disposiciones revelan que el principio mayoritario, a pesar de su falta de consagración expresa, tiene rango constitucional.

3.2.1.7 El principio democrático y los demás principios fundamentales.

A. Principio democrático y Estado de derecho. El principio democrático y el principio del *Estado de derecho* son principios diferenciados aunque vinculados. La democracia responde a la pregunta de quién es el portador y el titular del poder que ejerce el dominio estatal en tanto que el Estado de derecho responde a la cuestión del contenido, del ámbito y del modo de proceder de la actividad estatal. El principio democrático contribuye a la formación y manifestación de la voluntad popular en el Estado en tanto que el Estado de derecho se erige en un límite a la acción de los poderes públicos democráticamente legitimados. Sin embargo, en un Estado democrático de derecho, ambos principios están conectados: el Estado de derecho en la medida que garantiza los derechos fundamentales de los individuos protege las libertades democráticas, en tanto que la democracia contribuye actualizar el contenido de los derechos fundamentales.

B. Principio democrático y República. En el sentido tradicional y formal del término, puede existir una democracia con un vértice monárquico como ocurre en España, Gran Bretaña o los países escandinavos y una República aristocrática o dictatorial. Este concepto de República es irrelevante hoy en día. Es por ello que se requiere asumir un contenido material del principio republicano lo cual sí tiene sentido incluso en democracias tan viejas como la de Estados Unidos donde la discusión política se polariza mal que bien entre "demócratas" y "republicanos". Este *concepto material de República* asume que el Estado es una comunidad pública (*res publica*) y que el dominio político en ésta debe ejercerse en razón de lo que es mejor para la comunidad, en base a leyes y con la participación activa de todos los ciudadanos. En este sentido, el principio republicano y el principio democrático están estrechamente vinculados. Un Estado democrático republicano "exige una organización de la república que tenga como objetivo la mayor participación y codecisión posible de todos los ciudadanos por igual en los asuntos públicos de su comunidad; dicho con otras palabras, esta organización debe ser la correspondiente a una democracia participativa, pero también pluralista, organizada conforme a principios republicanos […]. A partir de esta forma de gobierno, la república perfeccionada a través de la democracia se convierte al mismo tiempo en una democracia contenida por la república; con otras palabras, los principios organizativos de la *democracia en libertad* de hoy tienen, pues, su origen una vinculación –que hace época– entre los principios de la democracia participativa y pluralista, y al mismo tiempo constitucional y representativa" (MAIHOFER: 250).

C. Principio democrático y Estado social. El *Estado social* no se refiere, contrario al principio democrático, a elementos estructurales de tipo institucional o legitimador sino que es un fin del Estado y un mandato de acción para los órganos del Estado. En este sentido, la democracia impulsa al Estado social en la medida en que el *principio de igualdad* que está en la base del principio democrático se orienta hacia la desaparición progresiva del antagonismo y la desigualdad social y económica en la sociedad.

En la medida en que una sociedad es más democrática en esa misma medida es más democrática social y económicamente: por eso, principio de Estado social y principio de democracia social y económica son equivalentes. En este sentido, es importante resaltar que la *igualdad material de las personas* es al mismo tiempo condición o presupuesto de la democracia (RAWLS Y HABERMAS) y objetivo de la misma. Esto implica asumir la Constitución al mismo tiempo como "Constitución de la democracia deliberativa" (NINO) y como "Constitución dirigente" que contiene un proyecto de sociedad igualitaria a ser realizado por el desarrollo legislativo de los programas sociales constitucionales y por la concreción de los derechos sociales fundamentales por los jueces con vista a lograr la efectividad de la Constitución social y sus derechos (SILVA Y FERREIRA).

3.2.1.8 Tipificación del Estado dominicano como forma de democracia.

A. Democracia de identidad o democracia representativa. La democracia es de *identidad* cuando está basada en la participación directa de los ciudadanos en tanto que es *representativa* cuando está basada en el apoderamiento popular de representantes para que adopten las decisiones estatales. La democracia dominicana, al igual que la inmensa mayoría de los sistemas democráticos del mundo, es una democracia representativa (artículo 4 de la Constitución). Y no podía ser de otro modo. La democracia directa es un ideal irreal que carece de posibilidades de realización. La democracia representativa no es la única segunda vía cuando no puede establecerse la democracia directa por razones de población o de territorio. La existencia de órganos de representación es consustancial a la existencia de una democracia que, como toda forma de dominio político, requiere de una unidad de dirección, decisión y acción (BÖCKENFÖRDE 2000: 142). Que la democracia sea –y solo pueda ser para ser democracia– representativa no significa que el ordenamiento constitucional no requiera *formas de participación ciudadana* que integren un catálogo de mecanismos participativos. Por ello, la Constitución establece que los poderes del Estado se ejercen no solo por representación sino también "en forma directa" (artículo 2) a través de mecanismos tales como el referendo y la iniciativa popular (artículo 210 y 97). Esto no quiere decir que el ideal representativo no amerite un upgrading y un reloading que permitan superar, desde la perspectiva de la teoría deliberativa de la democracia, algunos fundamentos obsoletos de dicho ideal que impiden escuchar la voz del pueblo y sus intereses. Sin embargo, el necesario carácter representativo de nuestra democracia impide coincidir con quienes declaran la obsolescencia total del ideal representativo. En efecto, "dominadas por una inconfesable pulsión antipolítica, tanto las élites insatisfechas por los frenos y los contrapesos que establecía el viejo modelo y que a pesar de las resistencias aun perviven, como las masas decepcionadas en sus expectativas, coinciden en afirmar que la brecha entre el verdadero interés de los ciudadanos y el espacio de acción de las instituciones representativas es irreparable y que, por tanto, no hay mas remedio que hacer tabula rasa y tomar un camino diferente, uno que sea más democrático todavía" (GREPPI 2022: 149). Precisamente, la defensa del carácter representativo de la democracia, sin perjuicio de la corrección de sus distorsiones por la vía de mecanismos de participación ciudadana directa y de otros dispositivos institucionales, a lo que debe llevar no es a considerar simples cascarones vacíos y disfraz de la opresión del pueblo por las élites las elecciones, el Congreso, la separación de poderes y el principio de legalidad, todo ello en nombre de una etérea y evanescente democracia "protagónica" y "ciudadana", sino, muy por el contrario, a vivificar unos mecanismos que no deben ser descartados como meras reliquias institucionales sino que, debidamente actualizados, son el núcleo fundamental e irrenunciable del sistema operativo constitucional y democrático.

B. Democracia sustantiva o democracia de procedimiento. La *democracia sustantiva* enfatiza la idea de democracia como valor, identificándola con aquellos contenidos de libertad, igualdad y dignidad que la materializan, en tanto que la democracia de procedimiento (Kelsen, Schumpeter, Luhmann, Ely) concibe a la democracia como método, es decir, como conjunto de reglas y procedimientos que garantizan el funcionamiento plural del sistema político. La democracia dominicana es una *democracia de procedimiento* en tanto que la Constitución establece una serie de reglas para la toma de decisiones, las elecciones y el debate de las ideas. Pero es también una *democracia sustantiva* porque la Constitución no solo positiviza los valores procesales democráticos sino también valores sustantivos tales como la dignidad humana, los derechos fundamentales, el trabajo, la soberanía y la separación e independencia de los poderes públicos.

C. Democracia abierta o democracia militante. La democracia dominicana es una "*democracia militante*" (Loewenstein) en la medida en que la Constitución consagra la libre organización sindical y la organización de partidos sujetos a que estas asociaciones respeten los principios constitucionales (artículos 62.4 y 216). Pero es una *democracia abierta* en la medida en que tolera la libre expresión y participación de toda corriente ideológica.

D. Democracia mayoritaria o democracia de consenso. Por la existencia del sufragio proporcional, la separación de las elecciones presidenciales y congresionales, y el establecimiento de mayorías agravadas para el juicio político, la aprobación de leyes orgánicas y la reforma del sistema monetario y financiero, la Constitución da oportunidad al desarrollo de una *democracia de consenso* que se opone al modelo mayoritario (Lijphart). Esta característica se intensifica con el desarrollo de una cultura política del diálogo (Núñez Collado).

3.2.1.9 Democracia y derecho.

A. La democracia como principio legitimador del derecho. Cuando la Constitución reconoce que "la soberanía reside exclusivamente en el pueblo" (artículo 2), enuncia el principio de legitimidad democrática como base de toda nuestra ordenación jurídico-política. Esto equivale a decir que el acto de cualquier poder y el derecho por ellos creado deriva su justificación de la voluntad popular.

B. La democracia como forma de producción del derecho. La democracia es la forma usual de producción de derecho pues gran parte de las normas jurídicas provienen de los representantes populares en el Congreso Nacional o del Poder Ejecutivo. Por eso, la Constitución dedica toda una sección –la V– del Título III del Poder Legislativo a "la formación y efecto de las leyes", en la cual aparecen los rasgos distintivos que caracterizan a las formas democráticas de producción de derecho: pluralismo, publicidad, libre debate y decisión por mayoría.

C. La democracia como fin del derecho. El Estado democrático consagrado por la Constitución está traspasado por un sentido finalista que lo orienta hacia la eficacia de los derechos fundamentales y hacia la progresiva perfección de la democracia. Es en esa clave que hay que leer el artículo 8 de la Constitución el cual reconoce como función esencial del Estado la protección efectiva de los derechos de la persona humana. Y no es otro el sentido que tiene la prohibición de reformar la Constitución para alterar el principio democrático (artículo 268).

D. La democracia como contenido del derecho. La democracia es "una realidad materialmente necesitada de reglas" (Garrorena Morales: 120). De ahí que la democracia sea también contenido del Derecho. Por eso, la Constitución y las leyes rigen las asambleas electorales, las libertades democráticas y los partidos políticos.

3.2.1.10 El principio democrático y sus límites: la cuestión de la desobediencia civil. La *desobediencia civil* es una forma de expresión de la oposición política que se deriva de la libertad de expresión y del derecho de reunión. La desobediencia civil se distingue del *derecho de resistencia* en que este último se opone a un gobierno injusto, corrupto o ilegal, en tanto que la desobediencia civil se opone a un gobierno legítimo mediante un acto público, no violento, consciente y político, contrario a la ley, con el propósito de provocar una alteración de la ley o de los programas de gobierno. El derecho a la resistencia encuentra su sostén constitucional en el artículo 73 de la Constitución en virtud del cual "son nulos de pleno derecho los actos emanados de autoridad usurpada, las acciones o decisiones de los poderes públicos, instituciones y personas que alteren o subviertan el orden constitucional y toda decisión acordada por requisición de la fuerza armada".

El derecho a la desobediencia civil es un *derecho fundamental implícito* derivado del artículo 40.15 de la Constitución pues si a nadie se le puede obligar a hacer lo que la ley no manda tampoco se le puede impedir que proteste pacíficamente contra una ley que considere injusta y que se niegue a obedecerla. El principio democrático es compatible con la desobediencia civil en la medida en que no se ataquen los presupuestos que sirven de base a la democracia: elecciones, pluralismo, derechos fundamentales y libre debate de ideas (Habermas, Perdomo).

3.2.2 El Estado de Derecho. El Estado se concibe hoy como Estado constitucional, como Estado sometido al derecho, como Estado regido por leyes, como Estado sin confusión de poderes, como *Estado de derecho*. El Estado de derecho consiste "en la sujeción de la actividad estatal a la Constitución y a las normas aprobadas conforme a los procedimientos que ella establezca, que garantizan el funcionamiento responsable y controlado de los órganos del poder; el ejercicio de la autoridad conforme a disposiciones conocidas y no retroactivas en términos perjudiciales, y la observancia de los derechos individuales, sociales, culturales y políticos" (Valadés: 18). En este sentido, la noción de Estado de derecho, al exigir un gobierno de las leyes en lugar de un gobierno de los hombres, es un principio rector del constitucionalismo, entendido este último como la exigencia de que el poder político no se adquiera ni ejerza arbitrariamente, sino que esté sujeto a y se ejerza mediante normas jurídicas. Este principio rector "se representa por una expresión griega, nomos basileus (en inglés, "rule of law"): la idea del gobierno, reino, dominio (basileus quiere decir, precisamente, rey) de la ley, o del derecho (nomos)" (CELANO: 140).

Hasta la reforma constitucional del año 2010, la República Dominicana careció de una cláusula constitucional expresa de Estado de derecho, lo cual no significaba, sin embargo, que el Estado de derecho no fuese un principio constitucional estructural de la República Dominicana.

3.2.2.1. Evolución histórica. Recorrer la evolución histórica del Estado de Derecho nos conduce necesariamente a analizar (i) su nacimiento y consolidación, (ii) su crisis; y (iii) su renacimiento.

A. Nacimiento y consolidación del Estado de derecho. El Estado de derecho nace y se consolida conjuntamente con el *Estado liberal*, al extremo de que, como bien notó Schmitt, "la moderna Constitución del Estado burgués de derecho se corresponde en sus principios con el ideal de Constitución del individualismo burgués, y tanto que se suelen equiparar estos principios a Constitución y atribuir el mismo significado a las expresiones 'Estado constitucional' y 'Estado burgués de derecho'" (SCHMITT 1982: 137). Y es que tanto el Estado de derecho como el Estado liberal pretenden limitar el poder de los gobernantes a través de un conjunto de técnicas y de principios de carácter jurídico. Sin embargo, a pesar de su común y contemporáneo origen, Estado de derecho y Estado liberal no se confunden porque "las formulaciones del Estado de derecho tienen la posibilidad de ser utilizadas con relación a diferentes contextos socioeconómicos e ideológicos" (ÁLVAREZ CONDE: 93).

El *liberalismo* como experiencia histórica triunfa en Inglaterra durante los siglos XVII y XVIII, cuando quedan plasmadas institucionalmente las ideas de Locke, para quien "la verdadera libertad [...] consiste en vivir bajo leyes ciertas y estables ya que de esta manera el pueblo puede conocer sus deberes y se siente salvaguardado y seguro bajo la égida de las leyes". Con la inauguración del régimen parlamentario, se hace realidad el Estado descrito por Montesquieu: "He aquí la constitución fundamental del gobierno que hablamos. El cuerpo legislativo, estando formado por dos partes, la una enlazará con la otra por su mutua facultad de impedir. Ambas estarán vinculadas por el poder Ejecutivo, el cual a su vez, lo estará por el legislativo. Estos poderes, merced al movimiento necesario de las cosas, estarán obligados a marchar de común acuerdo".

Toma mayor ímpetu el liberalismo político con las revoluciones norteamericana y francesa. La primera deja claro "que todos los hombres han sido creados iguales y que han sido dotados por el Creador con ciertos derechos inalienables entre los cuales están la vida, la libertad y la persecución de la felicidad. Que los Gobiernos han sido instituidos entre los hombres para asegurar estos derechos, derivando sus justos poderes del consentimiento de los gobernados" (Declaración de Independencia del 4 de julio de 1776). Estos derechos fundamentales, que posteriormente serían incorporados en la Constitución (1789), no podrían ser derogados por el legislador y debían ser protegidos por los jueces al momento de resolver las controversias. Por su parte, las normas dictadas por el legislador que resultaren inconstitucionales podrían ser inaplicadas por estos jueces, como demostraría el juez Marshall en el caso *Marbury v. Madison*.

La Revolución francesa asienta el principio de la *soberanía popular* (Rousseau), soberanía que reside en la Nación que designa a sus representantes (Sieyes) y que se expresa a través de la voluntad general manifestada en las leyes. La consiguiente consideración de la norma parlamentariamente elaborada como expresión de la voluntad general y la correlativa aceptación del primado de la ley sobre el resto de las decisiones producidas dentro del proceso político es el resultado de dicha revolución.

Es de ese modo como queda consolidado el *modelo burgués de Estado de derecho*. El sistema económico, basado en cálculos racionales, exigía la inhibición estatal y lo mismo la concepción de la sociedad presidida por la libertad y la igualdad. El Estado debía limitarse a elaborar la ley para todos por igual y con el objeto de defender la libertad y la propiedad individuales. No era objeto del Estado el lograr la justicia social porque ésta habría de producirse espontáneamente. El imperio de la ley significaba ante todo que el gobierno de la representación del pueblo, ejercida sobre todo él, no comporta opresión ni limitación de las libertades del individuo por ser sus propios representantes quienes dictan la ley bajo la mirada vigilante de la opinión pública.

El Estado de derecho en esta etapa se caracteriza por una serie de notas definitorias: una organización estatal basada en la *división de poderes*, en donde todos los poderes son iguales (Estados Unidos) o en donde prima el Parlamento (Europa); reconocimiento y garantía de los *derechos y libertades individuales* sea vía la Constitución (Estados Unidos) o vía la ley (Europa); sometimiento del Estado a la ley constitucional (en Estados Unidos) o adjetiva (Europa); y *principio de legalidad* de la Administración, la cual debe ajustar sus actuaciones a la ley, actuaciones que, por demás, pueden ser controladas por los tribunales ordinarios (Estados Unidos) o por tribunales especiales (Europa). El Estado liberal es, en consecuencia, la primera manifestación del Estado de Derecho.

B. La crisis del Estado de derecho. La realidad habría de demostrar pronto las disfuncionalidades del Estado liberal y su inoperancia en sociedades cambiadas y cambiantes. Varios fueron los signos de la crisis y diversas las respuestas a la misma…

Varios fueron los signos de esta crisis:

a) La *igualdad y la libertad* que sustentaban el liberalismo pronto se revelaron como simples garantías formales, frente a la realidad de las prácticas monopolistas y la explotación obrera fomentadas por la libertad de empresa. Las graves y recurrentes depresiones económicas demostrarían que el liberalismo no ofrece ni respuestas políticas ni económicas a dichas depresiones y a las desigualdades que generan.

b) La *universalización del sufragio* fruto de las luchas de los sectores democráticos transforman los parlamentos en asambleas ingobernables en la medida en que éstos pierden la homogeneidad social que los caracterizaba y caen presos de unos partidos políticos que, con sus vastas membresías, amplios recursos y rígida disciplina, transforman totalmente la manera de hacer política. Para algunos como Schmitt, se está en presencia de *La crisis del parlamentarismo*, a cuyo tema dedica un ensayo.

c) La *ingobernabilidad* generada por los parlamentos y la necesidad de enfrentar las crisis política y económica conduce al ejecutivo a concentrar poderes y a gobernar por decreto, mientras que los parlamentos, asediados por múltiples intereses sectoriales y populares, comienzan a dictar disposiciones particulares que violan el principio de generalidad de la ley y por tanto de igualdad ante la misma.

Desde finales de la Primera Guerra Mundial hasta el final de la Segunda Guerra Mundial, el Estado liberal se vio asediado desde abajo y desde arriba, desde la izquierda y desde la derecha. Kelsen sumarizó genialmente las críticas al liberalismo: "Ocurre que la extrema izquierda del partido proletario abandona el ideal democrático creyendo que el proletariado no puede conquistar el poder dentro de esta forma […], mientras que la extrema derecha de los partidos burgueses hacen lo mismo pensando que la burguesía no podrá defender el poder político […] dentro de la democracia. En el oscuro horizonte de nuestro tiempo asoma el rojo resplandor de un astro nuevo: la dictadura de partido, dictadura socialista proletaria, o dictadura nacionalista de la burguesía; tales son las dos formas nuevas de la autocracia" (KELSEN: 23).

La respuesta será una respuesta totalitaria. El *totalitarismo*, sea comunista (Stalin, Castro), fascista (Hitler, Mussolini, Franco) o nacionalista (Trujillo) se caracteriza por una serie de rasgos. El primero de ellos es la *concentración del poder en un partido* –o en una élite– por lo común encabezado por un dirigente carismático: el Fuhrer, el Duce, el Jefe. Consecuencia inmediata de lo anterior es, en segundo lugar, la *desaparición de todo tipo de pluralismo*, acompañada de una visible jerarquización en todas las relaciones y de un manifiesto olvido de la autoridad del derecho. En tercer lugar, en un régimen totalitario nada escapa a la *supervisión ejercida por el Estado*, el Partido o el Jefe, que acaba por abarcarlo todo bajo su mirada en un escenario marcado por un visible control policial y por la ausencia de límites a la violencia estatal. En cuarto y último lugar, el totalitarismo implica la *formalización de una ideología* que, sin competidores posibles, no sólo se halla claramente delimitada sino que también suscita una obediencia sin fisuras; en ello desempeñan un rol decisivo el absoluto control por el Estado de los medios de comunicación y un permanente esfuerzo de movilización del pueblo en apoyo al régimen totalitario.

El totalitarismo *fascista* sucumbiría con el triunfo de las fuerzas aliadas en la Segunda Guerra Mundial. Sobreviviría Franco cuyo régimen suavizaría sus rasgos fascistas y quedaría siendo un mero régimen autoritario a finales de los 1960. El derrumbe del comunismo en Europa llegaría a final de los 1980, aunque subsiste en China (transformado notablemente) y Cuba (que es una especie de Isla Galápagos del totalitarismo comunista). Trujillo moriría asesinado en 1961, aunque su heredero, Joaquín Balaguer, presidiría uno de los regímenes más sangrientos (1966-1978), acompañando por un tiempo República Dominicana a un gran número de naciones centroamericanas y sudamericanas que sufrirían regímenes "burocrático-autoritarios" desde 1960 hasta finales de los 1980.

C. Renacimiento del Estado de derecho. El Estado de derecho como principio experimenta un renacimiento con la *transición a la democracia* que se inicia en Portugal (1974) y España (1976), que continúa por toda Latinoamérica en los 1980 y que engloba Europa del Este a finales de esta última década. Contrario al período de las entreguerras del siglo XX, en donde caían las democracias y ascendían las autocracias, lo que se vive ahora es el desplome de los gobiernos autoritarios y totalitarios y el resurgimiento de las democracias. Es cierto que gran parte de África y Asia vive bajo regímenes tradicionales o autoritarios y que el régimen totalitario ha sido sustituido por regímenes autoritarios en algunas repúblicas de la antigua Unión Soviética. Pero la tendencia es hacia la universalización del Estado de derecho lo cual es fomentado por los esquemas regionales de integración y cooperación, como los de la Unión Europea y los de la OEA. Sin duda alguna la historia no ha terminado como pretendía Fukuyama y el Estado de derecho sigue amenazado, sin embargo, por los fundamentalismos religiosos, los movimientos neonazis, y el terrorismo con fines delincuenciales (narcoterrorismo en Colombia), políticos (ETA) o político-religioso (terrorismo musulmán). El Estado de derecho, con su convocatoria al respeto de los derechos fundamentales, a la tolerancia, a la no-violencia, al debate libre de ideas y al pluralismo es y seguirá siendo el mejor antídoto contra esas fuerzas.

3.2.2.2 Los modelos de Estado de derecho. La construcción y concretización del Estado de Derecho se ha realizado desde diversas perspectivas históricas, culturales y políticas (Asís), lo que obliga a distinguir entre (i) el modelo inglés, (ii) el modelo norteamericano, (iii) el modelo francés, y (iv) el modelo alemán.

A. El modelo inglés: el Rule of Law. Para entender el modelo inglés de Estado de Derecho, hay que conectarlo con el dato fundamental de la veneración del pueblo inglés por la tradición. El Derecho inglés es esencialmente consuetudinario, basado en la repetición de precedentes, al extremo de que cabe afirmar que se trata de un Derecho en gran parte de carácter judicial.

El *Rule of Law*, de acuerdo con Dicey, se caracteriza por cuatro notas esenciales. *The Rule of Law* significa, en primer lugar, en los términos de la Carta Magna de 1215 la obligatoriedad de respetar un *proceso justo*, regulado legalmente, cuando se trata de juzgar y castigar a los ciudadanos, sea privándolos de su vida, de su libertad o de su propiedad. En segundo lugar, *Rule of Law* significa la preeminencia de las leyes y las costumbres del país –la llamada "law of the land"– frente a la discrecionalidad del poder real. En tercer lugar, *Rule of Law* apunta a la sujeción de todos los actos del ejecutivo a la *soberanía del Parlamento*. Finalmente, *Rule of Law* equivale al derecho de acceso a la justicia de todos los ciudadanos para defender sus derechos en base a los principios del derecho común de los ingleses (*Common Law*) y frente a las acciones de cualquier persona o entidad, pública o privada.

Tradicionalmente se afirma que en el sistema constitucional británico, las leyes del Parlamento no estarían sujetas al control de los tribunales. De acuerdo con el principio de supremacía del Parlamento (*Parliamentary supremacy*), éste representa la soberanía del pueblo y, en consecuencia, sus leyes no pueden dejar de ser aplicadas por sus jueces. Se cita a este respecto a Dicey: "El principio de la soberanía del Parlamento significa ni más ni menos que esto, a saber, que el Parlamento así definido tiene, bajo la Constitución inglesa, el derecho de hacer o deshacer toda ley cualquiera que sea; y, además, que ninguna persona o entidad está reconocida por la ley de Inglaterra como titular de un derecho para anular o derogar la legislación del Parlamento" (DICEY: 39). Nada más lejos de la realidad. El *sentido jurisprudencial del derecho inglés* es tan marcado que, en caso de conflicto entre una decisión judicial y una ley anterior del Parlamento, éste deberá aprobar una nueva legislación que se halle en consonancia con el nuevo precedente y que incluso puede tener efectos retroactivos. Puede afirmarse, sin temor a exageración, que las leyes aprobadas por el Parlamento no son derecho hasta que no se ven confirmadas y aplicadas por los jueces, ya que la creación de derecho no es patrimonio exclusivo del legislador. Los tribunales ingleses, en definitiva, no solo resuelven controversias sino que, con frecuencia, crean derecho, con primacía incluso sobre el Parlamento, el cual está subordinado a los mismos.

Lo cierto es que cada día se acerca más el modelo inglés de Estado de Derecho a los modelos continentales europeos. En efecto, si bien es cierto que la Constitución británica no está codificada en un único cuerpo legal, ello no obsta a que una gran parte de su contenido esté escrito en diferentes leyes parlamentarias (*statutes*) e instrumentos legales (*statutory instruments*). Por otro lado, en 1998 se aprobó la *Human Rights Act* que establece un procedimiento novedoso que acerca a los ingleses a los europeos continentales. Se trata de la declaración de incompatibilidad (*declaration of incompatibility*) en virtud de la cual los jueces están obligados a interpretar la legislación nacional de manera que sea compatible con el sistema europeo de derechos humanos. La *House of Lords* puede declarar que una ley parlamentaria o una norma de desarrollo es incompatible con la Convención Europea de Derechos Humanos y la *Human Rights Act*. En el caso de que se acordase la *declaration of incompatibility*, esta declaración de incompatibilidad no afectará la validez de la ley nacional. No obstante, difícilmente la *House of Lords* continuará aplicando una ley declarada incompatible con la Convención. Más aún, dado que las resoluciones de la *House of Lords* vinculan a todos los órganos judiciales, una ley declarada incompatible por los Lords, aún no siendo nula, dejará de ser aplicada por los tribunales.

Esta *evolución del derecho inglés* ha conducido a algunos autores a afirmar que el sistema constitucional europeo continental está convergiendo con el inglés pues, en definitiva, no hay nada que el juez inglés haga que no hagan sus homólogos continentales. "Es verdad que los tribunales constitucionales continentales están facultados para declarar nula aquella ley que contradiga a la Constitución. Sin embargo, es una facultad en desuso. Se acogen al principio de conservación de las leyes o al principio de la interpretación de las leyes conforme a la Constitución […] para regatear su anulación. Evitan ejercer como legisladores negativos a fin de no enfrentar al Parlamento y obviar las críticas [que se derivan del hecho de que] la Justicia constitucional supone el control de un órgano democrático (el Parlamento) por otro que no lo es (el Tribunal Constitucional). Para ello, los tribunales constitucionales continentales utilizan la técnica de la interpretación. Dictan sentencias creativas y, en lugar de anular las leyes inconstitucionales, las interpretan hasta crear una nueva norma e incorporarla al ordenamiento jurídico. De leyes manifiestamente inconstitucionales, declaran cuáles son las únicas interpretaciones correctas o cuáles no lo son. Si carecen de alguna disposición para asegurar su conformidad a la Constitución, se la añaden. Incluso, cambian, sin más, una norma contraria a la Constitución por otra perfectamente distinta pero acorde a la Constitución. O, en fin, para no anular la ley inconstitucional, instan al Parlamento para que la modifique o la reforme. Pues bien, exactamente lo mismo hace la *House of Lords* británica. Acata el principio de la *Parliamentary supremacy* y reconoce que no puede anular la legislación del Parlamento. Dicho esto, interpreta las normas de la misma manera que cualquier tribunal constitucional continental. Como cualquier tribunal constitucional, dicta sentencias correctivas, aditivas, manipulativas, reductivas o directivas. No anula las leyes parlamentarias pero dicta los mismos tipos de sentencias creativas que los tribunales constitucionales continentales. La técnica para ello es la misma: la interpretación. Finalmente, ¿dónde está la diferencia? Es lo mismo: los tribunales constitucionales evitan anular una disposición inconstitucional dictando una interpretación que la adecue a la Constitución. Y la Corte Suprema británica, para adecuarlas a la Constitución, dicta interpretaciones constitucionales de disposiciones inconstitucionales porque no puede anularlas. La consecuencia es la misma: no se anulan las leyes inconstitucionales. Los tribunales constitucionales continentales porque no quieren anularlas; y la Corte Suprema británica porque no puede anularlas. Ambos sistemas fuerzan la interpretación de las leyes para adecuarlas a la Constitución. ¿Qué más da que las leyes inconstitucionales se interpreten constitucionalmente porque no se quiera o porque no se pueda anularlas? ¿Dónde está la diferencia?" (Lafuente Balle: 163).

El modelo inglés, con su énfasis en la tradición, en la práctica interpretada por los tribunales y en su alejamiento de fórmulas sistemáticas tan caras al derecho europeo continental, aporta al acervo ideológico del Estado constitucional un dato fundamental percibido por Gustavo Zagrebelsky hace algunos años: "Lo que cuenta en última instancia, y de lo que todo depende, es la *idea del derecho*, de la Constitución, del código, de la ley, de la sentencia. La idea es tan determinante que a veces, cuando está particularmente viva y es ampliamente aceptada, puede incluso prescindirse de la 'cosa' misma, como sucede con la Constitución en Gran Bretaña […]. Y, al contrario, cuando la idea no existe o se disuelve en una variedad de perfiles que cada cual alimenta a su gusto, el derecho 'positivo' se pierde en una Babel de lenguas incomprensibles entre sí y confundentes para el público profano" (Zagrebelsky: 9).

B. El modelo norteamericano: always under law. En los Estados Unidos, el imperio del derecho (*The Reign of Law*) se configura alrededor de la idea de *always under law*. El Estado Constitucional de los norteamericanos arranca desde el derecho del pueblo de hacer su ley superior a través de un *higher lawmaking power* que desemboca en una Constitución en donde se establecen los esquemas esenciales de gobierno y los respectivos límites. Estos esquemas constitucionales esenciales incluyen los derechos y libertades de los ciudadanos (*rights and liberties of citizenship*) jurídicamente generados en la república y, por consiguiente, inherentes al *higher law* plasmado públicamente por escrito en la Constitución. Nadie puede ser afectado en estos derechos y libertades sin que se respete el *due process of law* (*debido proceso de ley*), el cual tiene una vertiente puramente procesal o adjetiva, y que implica el derecho a un proceso justo, reglado, público, regular y con respeto del derecho de defensa, y una vertiente sustantiva (el *substantive due process*) que obliga a que las medidas adoptadas por las autoridades y que restrinjan los derechos fundamentales sean razonables.

La clave del modelo norteamericano de Estado de derecho es el *control de constitucionalidad de las leyes* (*judicial review of legislation*). A partir de la histórica sentencia Marbury v. Madison (1803) dictada por el juez Marshall, los jueces ordinarios, en la tarea de aplicar las leyes en los casos concretos, tienen la potestad, inherente a su función de juzgar e interpretar las leyes, de inaplicar aquellas normas que contraríen los preceptos de la Constitución. Este tipo de control de constitucionalidad, llamado difuso porque está repartido en toda la organización judicial, fue hasta la instalación de los tribunales constitucionales europeos tras el final de la Segunda Guerra Mundial, el único tipo de control de constitucionalidad, habiéndose popularizado por toda América Latina durante el siglo XIX. La importancia del *judicial review* obliga al estudioso del Derecho Constitucional de los Estados Unidos a abordar el mismo a partir de los precedentes jurisprudenciales sentados por la Suprema Corte y las técnicas interpretativas desarrolladas por ésta y que han permitido que la más vieja Constitución del mundo se haya adaptado a una de las más modernas y cambiantes sociedades, siendo así una verdadera *living Constitution* (constitución viviente).

C. El modelo francés: l'Etat legal. La idea del Estado de derecho en el constitucionalismo francés se asienta sobre la construcción de un *Etat legal* concebido como un ordenamiento jurídico jerárquico. En el vértice de la pirámide jerárquica se situaba la Declaración del 26 de agosto de 1789 que consagra los "derechos naturales y sagrados del hombre". Esta Declaración era, simultáneamente, una "supra-constitución" y una "pre-constitución": supra-constitución porque establecía una disciplina vinculante para la propia Constitución (1791); pre-constitución porque cronológicamente precedía a la propia Constitución. La Constitución se situaba en el plano inmediatamente inferior a la Declaración. La ley ocupaba el tercer lugar en la pirámide jerárquica y, en la base, se situaban los actos del ejecutivo de aplicación de las leyes. Este sistema serviría de paradigma a los Estados constitucionales de la actualidad con sus sistemas de jerarquía de normas opuestos al Estado de policía.

Sin embargo, este Estado constitucional se transmutaría en simple Estado Legal, afirmándose la *soberanía de la ley* derivada de la soberanía nacional expresada en la asamblea legislativa. Esta primacía de la ley contribuyó a la sumisión del poder político a la ley en la medida en que los ciudadanos tenían la garantía de que la ley sólo podía ser dictada por el órgano legislativo representante de la voluntad general y, en consecuencia, todas las medidas del Poder Ejecutivo debían ser adoptadas en ejecución de las leyes (principio de legalidad de la Administración). Dado que las leyes, en tanto producto de la voluntad general eran necesariamente generales (generalidad de la ley), se garantizaba de este modo la observancia del principio de igualdad ante la ley y el repudio de los privilegios característicos del *Ancien Regime*.

Los derechos consagrados en la Declaración perdieron todo valor jurídico en la medida en que ésta fue arrojada al cesto de las genéricas proclamaciones políticas, carentes de incidencia jurídica por sí mismas e insusceptibles de aplicación directa en las relaciones sociales, quedando los derechos sujetos a la configuración de la labor codificadora napoleónica, de manera que los derechos no primaban sobre la ley sino que "la fuerza de la ley era lo mismo que la fuerza de los derechos" (ZAGREBELSKY: 53). De ese modo, los derechos fundamentales eran válidos no en tanto la Declaración lo concedían sino en la medida en que las leyes los reconocían y regulaban: en lugar de someterse la ley al *control de los derechos* se produjo el control de legalidad de los derechos cuya verdadera Constitución no fue la Declaración de los Derechos del Hombre y del Ciudadano sino el Código Civil de Napoleón.

En cuanto a la Constitución, su supremacía fue neutralizada por la *primacía de la ley*: dado que a los tribunales le está vedado anular o inaplicar una ley por inconstitucional, la norma supuestamente suprema aparece así como una simple proclama política y no como una verdadera norma jurídica, en tanto el legislador puede aprobar leyes contrarias a la Constitución sin caer por ello en su nulidad. El Parlamento tiene, de ese modo, el rol de un perpetuo poder constituyente pues puede modificar la Ley Fundamental en todo momento. En el fondo, la verdadera Constitución es la ley, pues ésta, al ser la expresión soberana de la voluntad popular representada en el Parlamento, no está sometida a ninguna norma superior a ella. Pero, dado que todo lo que emana del Parlamento es ley, se olvida muy pronto el concepto revolucionario material de la misma y se adopta un concepto formal de ésta, el reino de la ley se convierte en simple reino del legislador. El Estado legal es el Estado del legislador, del *legiscentrisme*.

La omnipotencia legislativa en el Estado legal es acompañada por la *subordinación de los jueces* quienes, tal como quería Montesquieu, vienen a ser simples "alto parlantes de la ley". La concentración de la producción normativa en la instancia legislativa supuso la reducción del derecho a lo dispuesto por la ley. La labor del jurista se restringe entonces al mero servicio de la ley, a su exégesis, que se reduce a la interpretación gramatical de los textos y a la búsqueda pura y simple de la voluntad del legislador.

La situación no deja de ser paradójica: el país cuya principal contribución a la humanidad son los derechos humanos termina confinándolos en la finca del legislador, quedando la Constitución relegada al rol de poesía o filosofía política. Con razón, se ha dicho que el constitucionalismo francés es un "constitucionalismo sin Constitución" (ACOSTA SÁNCHEZ: 145).

D. El modelo alemán: el Rechstaat. El término *Estado de derecho* es de origen alemán. Quien lo emplea por primera vez es Carl Th. Welker en 1813 y posteriormente Ch. Freiherr von Aretion en 1824 (BÖCKENFÖRDE 2000: 19). Pero el concepto se desarrolló mucho antes: tanto Kant como Humboldt llegaron a la conclusión de que la acción estatal tiene como límite la salvaguardia de la libertad individual. Sin embargo, es Robert von Mohl quien en 1829 introduce el tema del Estado de derecho como un tema relevante para las definiciones políticas y jurídicas del Estado. En todo caso, tanto Welker como Aretin y Mohl le atribuyen al nuevo concepto una característica esencial: el Estado de Derecho es el Estado de la razón, del entendimiento, de la racionalidad política. Este Estado se opone al Estado absolutista, caracterizado por la ausencia de libertades, la concentración de poder y la irresponsabilidad de los detentadores del mismo. Asimismo, se opone al Estado de Policía que todo lo regula y que asume como tarea propia perseguir la "felicidad de los súbditos". El Estado de derecho, en la concepción alemana, protege las libertades y la propiedad las cuales solo pueden sufrir intervenciones de la Administración cuando una ley aprobada por la representación popular así lo permite.

La limitación del Estado por el derecho se extiende al soberano: éste también está sometido al imperio de la ley. Se le considera un "*órgano del Estado*". La Administración, cuya finalidad esencial es la defensa y seguridad públicas, debe actuar siempre bajo los términos de la ley pues está sujeta al principio de legalidad. La actividad administrativa, por demás, está sujeta a control jurisdiccional. Esta fiscalización puede estar a cargo de los tribunales ordinarios (como ocurre en Bremen y Hamburgo) o a cargo de tribunales administrativos (como en Baviera).

3.2.2.3 Las dimensiones del Estado de derecho. A pesar de que la cláusula del Estado de Derecho no contiene todos los elementos que determinan la concepción constitucional del mismo, la Constitución manifiesta implícitamente en varios de sus preceptos una determinada concepción del Estado de derecho, reflejo de la experiencia ajena y de las diversas construcciones doctrinarias del derecho Constitucional comparado. Las notas del Estado de derecho que se derivan de la Constitución dominicana y que estudiaremos a continuación son los principios de: (i) juridicidad; (ii) constitucionalidad; (iii) los derechos fundamentales; (iv) la división de poderes; y (v) la garantía de la administración autónoma local.

A. Juridicidad. El artículo 6 de la Constitución establece que la Constitución es "norma suprema y fundamento del ordenamiento jurídico del Estado". Esta previsión constitucional no solo consagra la supremacía constitucional sino que también afirma la esencial juridicidad del ordenamiento estatal. Esta juridicidad, que es una de las marcas fundamentales del principio del Estado de derecho, debe ser analizada en una triple vertiente de: (i) la materia, el procedimiento y la forma; (ii) la distanciación/diferenciación; y (iii) la justicia. Veamos en detalle estos tres aspectos...

I. Materia, procedimiento, forma. El principio del Estado de derecho es fundamentalmente un principio constitutivo, de naturaleza material, procedimental y formal que busca dar respuesta al problema del contenido, extensión y modo de proceder del Estado. Al decidirse por un Estado de derecho, la Constitución busca conformar estructuras de poder político y de organización de la sociedad conforme y a medida del derecho. Por derecho hay que entender un *medio de ordenación racional* que vincula a una comunidad organizada a través del establecimiento de reglas y medidas, la prescripción de formas y procedimientos y la creación de instituciones. Articulando medidas o reglas materiales con formas y procedimientos, el derecho es, simultáneamente, medida material y forma de vida colectiva. Forma y contenido se presuponen recíprocamente: como medio de ordenación racional, el derecho es indisociable de la realización de la justicia, de la efectividad de los valores políticos, económicos, sociales y culturales; como forma, el derecho implica la necesidad de garantías jurídico-formales de manera que se eviten acciones y comportamientos arbitrarios e irregulares de los poderes públicos. Como bien afirmaba Ihering, "la forma es enemiga jurada de la arbitrariedad y la hermana gemela de la libertad". Como medida y forma de vida colectiva, el derecho se comprende en el sentido de un *orden jurídico global* que ordena la vida política a través del derecho constitucional, que regula las relaciones jurídicas privadas a través del derecho privado, que disciplina el comportamiento de la Administración a través del derecho administrativo, que sanciona actos o comportamientos contrarios al orden jurídico y constitutivos de lesiones graves a los bienes constitucionalmente protegidos (vida, libertad, propiedad) a través del derecho penal, que crea formas, procedimientos y procesos para canalizar en términos jurídicos, la solución de los conflictos de intereses públicos y privados a través del derecho procesal.

II. Distanciación/diferenciación. La idea de ordenación a través del derecho implica la conexión de dimensiones objetivas (derecho objetivo) con dimensiones subjetivas (derechos subjetivos). Las reglas de derecho establecen patrones de conducta o comportamiento (derecho objetivo) que garantizan también una distanciación y diferenciación del individuo a través del derecho frente a los poderes públicos, asegurándoles un estatuto subjetivo esencialmente constituido por el catálogo constitucional de derechos, libertades y garantías personales genéricamente conocidos como derechos fundamentales. El Estado de derecho es una forma de *Estado de distancia* porque garantiza a los individuos, frente al Estado y los demás individuos, un irreductible espacio subjetivo de autonomía marcado por la diferencia y la individualidad. Esos derechos fundamentales que garantizan la distancia y la diferencia de los individuos frente al Estado son, como bien ha afirmado Hostos, "en realidad la expresión del poder que el individuo tiene y debe conservar dentro de la organización jurídica [...] puesto que limitan las funciones del poder social" (Hostos: 129).

La caracterización del Estado de derecho como "*Estado de diferencia y distancia*" a través del derecho no significa una antinomia entre Derecho y Estado, pues la función del derecho en un Estado de derecho material no es negativa sino positiva: el derecho debe asegurar también positivamente el desarrollo de la personalidad de los individuos, interviniendo en la vida social, económica y cultural. El Estado de derecho no se concibe, en consecuencia, como un "Estado anti-estadual" (Hesse). Por ello, "el Estado asume como función esencial la protección efectiva de los derechos de la persona, el respeto de su dignidad y la obtención de los medios que le permitan perfeccionarse igualitaria, equitativa y progresivamente dentro de un orden de libertad individual y de justicia social, compatible con el orden público, el bienestar general y los derechos de todos" (artículo 8). El Estado que quiere y manda la Constitución es uno que no sólo se abstiene de interferir en la *esfera íntima y autónoma de los individuos* mediante la garantía de las libertades civiles, negativas, clásicas, sino que, además, interviene positiva y activamente a fin de que la persona obtenga los medios que permitan al individuo perfeccionarse mediante el ejercicio de sus derechos fundamentales.

III. Justicia. El derecho que informa la juridicidad estatal se basa en la idea de justicia. No por azar el Preámbulo de la Constitución proclama a la justicia como un valor supremo y el artículo 8 establece que el Estado tiene como función esencial la obtención de los medios que permita a las personas "perfeccionarse de forma igualitaria, equitativa y progresiva en un orden (...) de justicia social". Y es que, aunque la Constitución no lo consigne expresamente como la venezolana, el Estado de derecho es, necesariamente, un Estado de derecho justo, un *Estado de justicia*.

¿En qué consiste este Estado de justicia? La respuesta depende de la esfera de justicia que se quiere reconocer. Para algunos, Estado de justicia es aquel en el que se observan y protegen los derechos fundamentales, incluyendo los de las minorías (DWORKIN), en tanto que otros entienden que este Estado es aquel donde se garantiza la equidad (*fairness*) en la distribución de los derechos y deberes fundamentales y en la determinación de la división de los beneficios de la cooperación en sociedad (RAWLS), deviniendo el Estado de justicia en un "*Estado social de justicia*" en el que, como quería Marx, existe igualdad en la distribución de los bienes e igualdad de oportunidades. En todo caso, a pesar de que la idea de justicia comprende diversas esferas, en ella siempre está presente la idea de igualdad: el "derecho a ser considerado como un igual" (RAWLS), el "derecho a ser titular de igual respeto y consideración" (DWORKIN), el "derecho a iguales atribuciones en la comunicación política" (ACKERMAN, HABERMAS), lo que la Constitución señala como el derecho a recibir "la misma protección y trato de instituciones, autoridades y demás personas" (artículo 39). La justicia forma parte de la propia idea de derecho y se concretiza a través de principios jurídicos materiales como los principios de razonabilidad, igualdad y respeto de la dignidad humana (GARGARELLA), todos consagrados expresamente por la Constitución. En todo caso, hay que evitar "la adopción de una visión estrecha y unifocal de la igualdad y libertad" y, lo que no es menos importante, tratar de que el concepto de justicia surja no solo de la razón pública en una sociedad determinada sino que ésta "vaya más allá de las fronteras de un estado o de una región", tomando así en cuenta los intereses y perspectivas de otros pueblos (SEN: 402).

B. *Constitucionalidad.* El Estado de derecho es un Estado constitucional. Esto presupone la existencia de una Constitución que sirva de orden jurídico-normativo fundamental y que vincule a todos los poderes públicos. La Constitución confiere al orden estadual y a los actos de los poderes públicos medida y forma. Precisamente por eso, la ley constitucional no es tan solo, como lo sugería la teoría tradicional europea del Estado de derecho, una simple ley incluida en el sistema normativo estadual. Muy por el contrario, la Constitución es una verdadera *ordenación normativa fundamental* dotada de supremacía y esta supremacía constitucional la que permite configurar la primacía del derecho como característica esencial del Estado de Derecho. Esto es precisamente lo que afirma el artículo 6 de la Constitución cuando señala que ésta es "norma suprema y fundamento del ordenamiento jurídico del Estado".

En 1844, el constituyente dominicano optó por la concepción norteamericana que redefinió el Estado liberal de derecho continental europeo basado en el "imperio de la ley" o principio de legalidad y lo transformó en un Estado de derecho instituido alrededor del "imperio de la Constitución" o *principio de constitucionalidad*. Ya hemos visto como, en la concepción continental europea –especialmente en la francesa–, el dogma de la soberanía nacional y su correlato de la ley como expresión de la voluntad general, emanada del Parlamento, implicaba que las leyes adoptadas por los representantes del pueblo no tenían que someterse a lo establecido en la Constitución. De ese modo, la Constitución, despojada de todo carácter jurídico, quedaba reducida a cumplir su misión de organización de los poderes públicos y las instituciones políticas y no gozaba de ninguna supremacía sobre las leyes. Consecuencia de ello era que el Estado de Derecho tenía que definirse necesariamente alrededor del principio de legalidad, del imperio de una ley que emanaba directamente del pueblo a través de sus representantes. El resultado era que las mayorías imperaban a través de las leyes que lograban aprobar en el Parlamento, quedando así indefensas las minorías.

Pero esa no fue y nunca ha sido la concepción de la Constitución dominicana. Para el constituyente dominicano, como para su homólogo norteamericano a quien emula, la Constitución tiene una *fuerza jurídica vinculante e inmediata* y es la primera de las normas del Estado. La República Dominicana nace bajo el imperio de la Constitución y no de la ley. De ahí que nunca en la historia dominicana ha sido la ley el criterio legitimador de todas las actuaciones de los poderes públicos y de los ciudadanos sino que ese criterio ha sido esencialmente la Constitución. Ello no significa que el principio de legalidad quede anulado sino que el mismo se ubica en un lugar subordinado respecto al lugar de la Constitución. Es la concepción que expresa el artículo 125 de la Constitución de 1844 y que es reproducida por las constituciones de febrero y diciembre de 1854, 1868 y 1872: "Ningún tribunal podrá aplicar una ley inconstitucional, ni los decretos y reglamentos de administración general, sino en tanto que sean conforme a las leyes". Es la concepción que subyace tras el artículo 6 de la Constitución vigente: "Son nulos de pleno derecho toda ley, decreto, resolución, reglamento o actos contrarios a la Constitución". El Poder Legislativo, uno de los tres poderes clásicos del Estado, a lo largo de toda nuestra historia republicana, ha estado vinculado a la Norma Suprema y, por tanto, la ley no puede ser contraria a los preceptos constitucionales, a los principios de que éstos arrancan y a los valores a cuya realización aspira.

Las ventajas acarreadas por la decisión del constituyente de 1844 en cuanto a optar por el principio de constitucionalidad, a pesar de que permanecieron ocultas en las épocas más autoritarias y oscuras de nuestra vida republicana, hoy saltan a la vista y pueden ser efectivamente desarrolladas. En primer término, mediante el principio de constitucionalidad se obtiene una *seguridad general* en el Estado y en la sociedad al permanecer estable el último punto de referencia de la vida democrática, en la medida en que la Constitución queda al margen de los cambios de las mayorías. En segundo término, el contenido del *principio democrático* es ampliado porque ya no se basa solo en la regla de la mayoría sino también en la protección de las minorías. En tercer término, la ley resulta ser la *expresión de la voluntad general* en tanto está de acuerdo con la Constitución. En cuarto término, al ser la Constitución la *norma suprema*, ella traza los límites generales de todo el Derecho nacional, el cual debe estar basado en las exigencias constitucionales. Y, finalmente, en tanto *"fundamento del ordenamiento jurídico del Estado"* (artículo 6), la coherencia del ordenamiento jurídico, sistematizado jerárquicamente, se resuelve al ser la Constitución la que establece los sujetos de producción normativa. La Constitución resulta ser así la primera de las fuentes del derecho y, en la medida en que regula las demás fuentes del derecho, fuente de fuentes.

Ahora bien, el principio de constitucionalidad sería letra muerta sino se acompañara de un procedimiento adecuado de control de la constitucionalidad de las leyes, tal como se impuso en los Estados Unidos a partir de la decisión *Marbury vs. Madison* (1803) del juez Marshall. Por ello, el constitucionalismo dominicano, aún cuando no cuente con textos constitucionales expresos que reconozcan la facultad de los tribunales dominicanos de ejercer el control de constitucionalidad, como ocurrió desde 1877 hasta 1907 y desde 1942 hasta 2010, siempre ha reconocido el derecho de las partes de alegar la inconstitucionalidad de las normas y la potestad de los jueces de inaplicar normas por inconstitucionales, aún cuando las partes no hayan solicitado dicha inconstitucionalidad. Esta carencia de textos expresos no es rara: aún el país que nos lega el control judicial de la constitucionalidad –Estados Unidos– carece de una consignación constitucional expresa del poder de los jueces de declarar inconstitucional las normas y allá en el Norte, como aquí en el Sur, el control de constitucionalidad se introduce y reconoce sobre fundamentos derivados de los poderes naturales del juez. En todo caso, el control de constitucionalidad como mecanismo de asegurar el *principio de constitucionalidad* se refuerza a partir de 1994 al consagrarse, al lado del tradicional control difuso, el control concentrado de constitucionalidad a cargo de la Suprema Corte de Justicia con lo que República Dominicana viene a sumarse al concierto de países latinoamericanos que han optado por el modelo mixto de control de constitucionalidad. El carácter dual de nuestro sistema de control de constitucionalidad se reafirma con la reforma constitucional de 2010 que crea un Tribunal Constitucional y reconoce expresamente la potestad de los jueces de controlar de modo difuso la constitucionalidad (artículos 184 y 188).

El principio de constitucionalidad queda asegurado, además, por el procedimiento de *reforma constitucional*. Y es que sería a todas luces antidemocrático que, para preservar la intangibilidad de la Constitución, no se estableciese un mecanismo determinado de reforma que, fruto de la autodeterminación política del pueblo en un momento dado, permita adecuar la Constitución a los nuevos tiempos. Como bien expresó el constituyente francés en el artículo 28 de la Constitución de 1793, "un pueblo tiene el derecho de revisar, de reformar y de cambiar su Constitución", pues "una generación no puede someter a sus leyes a las generaciones futuras". Que se prevea un mecanismo determinado para reformar la Constitución permite modificar la misma cuando sea necesario y sin tener que acudir a la revolución o al golpe de estado. Pero el procedimiento de reforma no debe ser el utilizado para la adopción de la *legislación ordinaria* pues, en ese caso, la Constitución estaría sujeta a los vaivenes y veleidades de las simples y circunstanciales mayorías congresionales. Debe tratarse de un procedimiento que, a establecer una mayoría agravada para la reforma constitucional, ponga de manifiesto la superioridad del texto constitucional. Ya lo decía el juez Marshall: "O la Constitución es una ley superior, suprema, inalterable en forma ordinaria o bien se halla al mismo nivel que la legislación ordinaria y, como una ley cualquiera, puede ser modificada cuando el cuerpo legislativo lo desee. Si la primera alternativa es válida, entonces una ley del cuerpo legislativo contraria a la Constitución no será legal; si es válida la segunda alternativa, entonces las Constituciones escritas son absurdas tentativas que el pueblo efectuaría para limitar un poder que por su propia naturaleza será ilimitable" (*Marbury vs. Madison*, 5 U.S. 137).

Del principio de constitucionalidad se deducen otros elementos constitutivos del Estado de derecho: (i) la vinculación de todos los poderes públicos a la Constitución; (ii) la vinculación de todos los actos del Estado a la Constitución; (iii) el principio de reserva de Constitución; y (iv) la fuerza normativa de la Constitución.

I. Vinculación de todos los poderes públicos a la Constitución. Ya hemos visto que, en nuestra tradición constitucional, ni siquiera el legislador escapa a la obligación de respetar la Constitución, pues los actos legislativos siempre han estado sujetos al control de constitucionalidad. Queda claro, pues, que *la obligación de respetar la Constitución* incumbe a todos los poderes públicos. La Constitución no deja lugar a dudas sobre esta obligación: "todas las personas y órganos que ejercen potestades públicas están sujetos a la Constitución" (artículo 6).

La Constitución es, en consecuencia, un *parámetro formal y procedimental* para la actuación de los poderes públicos pero, sobre todo, un *parámetro material*: los actos del Poder Legislativo, del Poder Ejecutivo, del Poder Judicial y de todas las autoridades públicas deben respetar el contenido de la Constitución pues, de lo contrario, son susceptibles de ser inaplicados por inconstitucionales por la vía del control difuso de constitucionalidad o de ser anulados por la misma razón a través del control concentrado ejercido por el Tribunal Constitucional.

II. Vinculación de todos los actos del Estado a la Constitución. El artículo 6 de la Constitución establece que "son nulos de pleno derecho toda ley, decreto, resolución, reglamento o acto contrarios a esta Constitución". De esta disposición, se infiere que no solo la constitucionalidad de las leyes es susceptible de ser controlada sino, además, la de los demás *actos de los poderes públicos*, entendidos éstos en sentido amplio, incluyendo no solo los actos de los Poderes Legislativo, Ejecutivo y Judicial, sino también, los de los demás órganos constitucional y, en sentido general, toda autoridad pública. Vinculados a la Constitución están no solo los actos normativos sino también los actos administrativos de los poderes del Estado, no estando siquiera exonerados los actos políticos. El principio de constitucionalidad implica también que la *omisión inconstitucional*, por falta de cumplimiento de un deber de legislar contenido en las normas constitucionales, constituye una violación del principio de constitucionalidad. Como corolario lógico del principio de constitucionalidad y del principio de legalidad, existe el deber de la Administración de revocar los actos ilegales en los cuales haya incurrido.

III. Vinculación de los particulares a la Constitución. Cuestión crucial es la de determinar si están obligados por la Constitución sólo los poderes públicos del Estado o si también los particulares. Independientemente del desarrollo de esta temática al momento en que abordemos la cuestión de la "*eficacia horizontal*" de los derechos fundamentales, es preciso avanzar que, a nuestro juicio, y partiendo de las disposiciones de los artículos 6, 39 y 68 de la Constitución, entendemos que "todas las personas", sean públicas o privadas, autoridades o particulares, están sujetos a la Constitución, y son "sujetos obligados o deudores" de los derechos fundamentales, aunque en diversa medida, grado y extensión como ya tendremos oportunidad de ver. Esta vinculación de todos a la Constitución no escapaba a Hostos: "No para todos va unida la idea de ley a la de Constitución, pues no todos saben que es un conjunto de preceptos que se impone a todos". Por eso, la Constitución es la más general de todas las leyes, "porque abarca todos los grupos de la sociedad y todas las instituciones del Estado" (Hostos: 114 y 119). La Suprema Corte ha reconocido este efecto vinculante de la Constitución pues, al momento de reconocer el amparo como mecanismo de tutela judicial de los derechos fundamentales, afirmó que se trata de una protección "contra los actos violatorios de esos derechos cometidos por personas que actúen o no en el ejercicio de funciones oficiales y por particulares" (S.C.J. 24 de febrero de 1999. B.J. 1059. 78), tal como dispone el artículo 72 de la Constitución.

Es esta vinculación de todos a la Constitución lo que explica la *constitucionalización del derecho*, que más adelante estudiaremos. Y es que "si para el aforismo clásico allí donde había sociedad había también derecho, en nuestra época de la Constitución normativa esto significa que allí donde hay derecho debe haber también Constitución: *ubi ius, ibi constititutio*. El carácter fundamental de la norma constitucional se manifiesta, desde esta perspectiva, en su naturaleza capilar, que no solo consigue de este modo constitucionalizar el ordenamiento entero, sino que, además, difumina la siempre disputada distinción entre derecho público y derecho privado, pues obliga a afirmar que, aún admitiéndola, las categorías constitucionales son igualmente aplicables a ambos" (Angel Rodríguez en prólogo a Naranjo de la Cruz: 19).

IV. El principio de reserva de Constitución. La reserva de Constitución implica la idea de que todos los poderes públicos son conformados por la Constitución y no son considerados como entidades preconstitucionales a las cuales la Constitución apenas le impone límites jurídicos. Y es que, como bien afirmaba Hostos, "el Estado no es una realidad de derecho mientras no está constituido" (Hostos: 113) y no se constituye el Estado hasta que el poder constituyente no dota a una sociedad de una Constitución. Es debido a esta reserva de Constitución, expresión del principio de supremacía de la Constitución, que determinadas cuestiones atinentes al estatuto jurídico de lo político no deben ser reguladas por leyes ordinarias sino por la Constitución.

La reserva de Constitución se concretiza a través de dos principios: el de la tipicidad de competencias y el de la constitucionalidad de las restricciones de derechos. *La tipicidad de competencias* significa que las funciones y competencias de los órganos constitucionales del poder político deben ser exclusivamente constituidas por la Constitución, de modo que todas las funciones y competencias de los órganos constitucionales deben tener como fundamento la Constitución a cuyas normas de competencia deben reconducirse los mismos. El principio fundamental del Estado de derecho democrático no es que todo lo que la Constitución no prohíbe está permitido a los órganos del Estado, sino que estos órganos sólo tienen competencia para hacer aquello que la Constitución les permite. En el ámbito de los derechos fundamentales, la reserva de Constitución significa que las *restricciones a los derechos* deben ser hechas por la propia Constitución o por ley del Congreso Nacional.

V. La fuerza normativa de la Constitución. El principio de constitucionalidad no equivale a afirmar la total normación jurídica de la realidad por la Constitución. Sin embargo, cuando existe esta normación constitucional ésta no puede ser postergada cualesquiera que sean los argumentos invocados. El principio de constitucionalidad postula la *fuerza normativa de la Constitución* contra los peligros siguientes:

i) Pretender la prevalencia de "*fundamentos políticos*", de "superiores intereses de la Nación", de la "soberanía de la Nación" sobre la normatividad jurídico-constitucional. El origen de esta pretensión se remonta a la Revolución francesa durante la cual instancias externas al sistema jurídico, como la razón natural o divina, encarnada en un ente ideal –llamase Nación o Pueblo– o en un sujeto portador dinástico de la misma, que posteriormente en la doctrina marxista se transmutaría en un portador clasista –el proletariado– de la razón histórica y que se erigían en el parámetro último de la constitucionalidad. Con posterioridad, estos argumentos han sido hechos prevalecer por quienes, en aras supuestamente de "defender a la Nación" y la "unidad de la familia dominicana", contra los efectos de doctrinas "ateas" y "disociadoras", se han abocado a derrocar regímenes constitucionales como el de Juan Bosch (1963).

ii) Anteponer el "*gobierno de los hombres*" al "gobierno de las leyes". Muestra paradigmática de esta anteposición es la justificación de Joaquín Balaguer al abismo que separaba las prácticas de su gobierno de los principios del orden constitucional: "Alguien ha dicho que en Latinoamérica las Constituciones han sido, son y serán durante mucho tiempo simples pedazos de papel. Las constituciones son leyes que se votan cada año y se violan todos los días. Lo que vale en cada país, en cada momento histórico, no son los principios sino los hombres". Curiosamente, Balaguer se pronunció de ese modo para explicar por qué no se había incluido la prohibición de la reelección en la reforma constitucional de 1966: a su juicio, ello no era necesario porque él daba su palabra de que no buscaría la reelección. En este sentido, afirmó: "El mandatario que en estos momentos está obligado a cumplir y hacer cumplir la Constitución de 1966, no aspira a ser reelegido y la única gloria que apetece, si es que en el cumplimiento del deber cabe alguna gloria, es la de ser uno de los pocos dominicanos que saben anteponer la conveniencia de la Nación y su porvenir democrático a sus propias apetencias y a sus propias ambiciones" (BALAGUER: 87). Las escasas apetencias y ambición de Balaguer quedan harto demostradas en sus cinco reelecciones (1970, 1974, 1990 y 1994), en sus nueve campañas electorales en las que buscó la Presidencia de la República (1966, 1970, 1974, 1978, 1982, 1986, 1990, 1994 y 2000), y en los fraudes electorales que impidieron a Bosch hacer campaña (1966), que forzaron la abstención de la oposición (1970, 1974), que hicieron variar la composición del Senado de la República (1978), que impidieron a Bosch llegar de nuevo al poder (1990), y que forzaron finalmente a una reforma constitucional que prohibiese la reelección presidencial (1994).

A la luz de la historia vieja y reciente, queda claro para los dominicanos que es preferible creer en la palabra de la Constitución que en la de los hombres y que "vivir bajo el Estado de derecho no es estar sujeto a los caprichos imprevisibles de otros individuos, bien sean monarcas, jueces, funcionarios del gobierno o conciudadanos. Es estar protegido de las conocidas debilidades humanas de la arbitrariedad, la pasión, el prejuicio, el error, la ignorancia, la avaricia o el capricho. En este sentido, el Estado de derecho se basa en el temor y la desconfianza ante los otros" (TAMANAHA: 256), en la convicción de que, si bien los hombres no son demonios, tampoco son ángeles, sino seres que requieren el gobierno limitado del derecho y no el gobierno arbitrario de los hombres que conduciría al colapso del orden político y social.

C. Derechos fundamentales. Los derechos fundamentales son una pieza clave en el ajedrez del Estado de derecho. Ya lo afirma Elías Díaz: "Puede muy bien afirmarse que el objetivo de todo Estado de derecho y de sus instituciones básicas se centra en la pretensión de lograr una suficiente garantía y seguridad para los llamados derechos fundamentales de la persona humana, exigencias éticas que en cuanto conquista histórica constituyen hoy elemento esencial del sistema de legitimidad en que se apoya el Estado de Derecho. El establecimiento jurídico-constitucional de los derechos humanos y fundamentales aparece, en efecto, como eje de todo Estado de Derecho. Lo que, en definitiva, éste pretende frente al Estado absoluto del *Ancien Regime* y frente a todo Estado totalitario, es la protección, garantía y realización de los derechos humanos y de las libertades fundamentales a aquellos conexionadas" (Díaz: 67).

Es por lo anterior que, como bien afirmaba Hostos, "lo primero que debe estatuir la ley sustantiva del Estado, es la *personalidad jurídica del ciudadano* [para lo cual] no basta [...] establecer el privilegio anexo a la ciudadanía: es necesario reconocer en el ciudadano al ser humano, y en el ser humano, los derechos y poderes que recibió de la naturaleza y que de ningún modo convendría en perder, como positivamente perdería, si la Constitución hiciera caso omiso de ellos" (Hostos: 121). De ahí que, en todas las Constituciones dominicanas, la parte de los derechos fundamentales siempre precede la parte orgánica pues la organización del poder en base a su división es consecuencia de la organización de la libertad. Y es que, como bien ha señalado la Suprema Corte de Justicia, "en un Estado constitucional y democrático de derecho, el reconocimiento y tutela de los derechos fundamentales, constituye la dimensión sustancial de la democracia" (Resolución 1920-2003 del 13 de noviembre de 2003).

Esta *organización de la libertad* en la Constitución parte de una base antropológica insoslayable: "el Estado se fundamenta en el respeto a la dignidad de la persona y se organiza para la protección real y efectiva de los derechos fundamentales que le son inherentes" (artículo 38). Por eso todos los derechos fundamentales se reconocen en nuestras Constituciones a las personas humanas, independientemente de su nacionalidad, salvo el caso, como es obvio, de los *derechos de la ciudadanía*. Queda claro en nuestro ordenamiento constitucional que, como lo quisieron los revolucionarios franceses en 1789, "los hombres nacen libres e iguales en derechos" (artículo 1 de la Declaración de 1789). De ese modo, la Constitución dominicana se adscribe, de modo expreso e inequívoco, a la concepción moderna de la libertad que configura los derechos fundamentales como derechos de la persona y no exclusivamente del ciudadano.

La Constitución plasma en sus preceptos las diferentes etapas del desarrollo y reconocimiento de los derechos fundamentales a lo largo de la historia: iusnaturalismo, positivación, generalización e internacionalización. El peso del *iusnaturalismo* en nuestra Constitución se manifiesta en la garantía constitucional del contenido esencial de los derechos fundamentales (artículo 74.3). Ese contenido esencial "se rebasa o desconoce [...] cuando el derecho queda sometido a limitaciones que lo hacen impracticable, lo dificultan más allá de lo razonable o lo despojan de la necesaria protección" (STC

11/1981), violándose así el núcleo duro e intocable por un legislador que sólo puede configurar libremente el contenido concretamente positivizado y no la esencia de un derecho que no puede ser suprimido sin violar la ley fundamental del ser de la persona. La Constitución reconoce los derechos fundamentales porque, aunque entiende que muchos de estos derechos son inherentes a la persona humana a quien el Estado tiene como función esencial proteger, esos derechos, en caso de no estar consagrados en el *derecho positivo*, efectivamente se perderían. Y es que, como bien decía Hostos, "si el derecho constitucional es necesario, es porque el derecho natural no ha sido suficiente" (Hostos: 121). Con la constitucionalización de los derechos connaturales de la persona, o lo que es lo mismo, con su positivación, se abandona el terreno de la filosofía de los derechos y se pasa a un sistema en donde estos derechos se convierten en Derecho vigente y sujeto a tutela judicial.

Estos derechos se generalizarían posteriormente a todas las clases sociales: por eso, la Constitución incluye desde la reforma constitucional de 1955 y, con mayor ímpetu, a partir de 1963 y 2010 un catálogo de *derechos sociales y económicos* que se reconocen a las personas, independientemente de su status o residencia. Y, finalmente, estos derechos se internacionalizan con la suscripción y ratificación congresional de convenios internacionales de derechos humanos que, en virtud del articulo 74.3 de la Constitución, tienen rango constitucional, de manera que los derechos humanos internacionalmente consagrados se convierten, de ese modo, en derechos fundamentales constitucionalmente reconocidos. Esta *internacionalización de los derechos fundamentales* afecta a la Constitución vigente en la medida en que los derechos fundamentales deben ser interpretados conforme los textos internacionales e instancias de interpretación.

D. División de poderes. Las tres dimensiones antes analizadas –juridicidad, constitucionalidad y derechos fundamentales– indican ya que el principio del Estado de Derecho es informado por dos ideas ordenadoras: (i) la idea de la ordenación subjetiva, que garantiza un status jurídico a los individuos a través de los derechos fundamentales; y (ii) la idea de ordenación objetiva, basada en el principio de constitucionalidad que, a su vez, acoge como principio objetivamente estructural al principio de división de poderes, consagrado expresamente como fundamento del Estado en el artículo 7 de la Constitución.

I. Dimensión negativa y dimensión positiva: limite del poder y responsabilidad por el poder. La doctrina constitucional más reciente resalta que el principio de separación de poderes contiene dos dimensiones complementarias: (i) separación como "división", "control" y *limite del poder*, que es la dimensión negativa del principio; y (ii) separación como constitucionalización, ordenación y *organización del poder* del Estado tendente a lograr decisiones funcionalmente eficaces y materialmente justas. El principio de separación como forma y medio de límite del poder (separación de poderes y balance de poderes) asegura una medida jurídica al poder del Estado y, consecuentemente, sirve para garantizar y proteger la esfera jurídico-subjetiva de los individuos. El principio de separación como principio positivo asegura una justa y adecuada ordenación de las funciones del Estado y, en consecuencia, interviene como esquema relacional de competencias, tareas, funciones y responsabilidades de los órganos constitucionales.

En esta perspectiva, separación o división de poderes significa responsabilidad por el ejercicio del poder, como bien enfatiza el artículo 4 de la Constitución cuando dispone que los encargados de los tres poderes del Estado "son responsables".

II. Relevancia jurídico-constitucional.

(a) Principio jurídico-organizatorio. El principio de separación de poderes contribuye a la ordenación de funciones a través de una ajustada atribución de competencias y a la vinculación a la forma jurídica de los poderes en quienes dicha atribución es hecha. En esa perspectiva, como racionalización, estabilización y delimitación del poder estatal, la separación de poderes constituye un *principio organizatorio fundamental* de la Constitución. Esto queda claramente establecido en el artículo 4 de la Constitución: los "poderes son independientes en el ejercicio de sus respectivas funciones", sus atribuciones "son únicamente las determinadas por esta Constitución y las leyes" y los encargados de estos poderes "no pueden delegar sus atribuciones". De ese modo, se evita la delegación indiscriminada de competencias lo cual es la puerta a la disolución de la ordenación democrática de las funciones. A través de la creación de una estructura constitucional con funciones, competencias y legitimación de órganos, claramente fijada, se obtiene un control recíproco del poder y una organización jurídica de los límites de los órganos del poder. Esta ordenación funcional separada no postula una rigurosa distinción entre funciones formales y funciones materiales. En un Estado de derecho, no hay que saber si lo que el legislador, el ejecutivo o el juez hace son actos legislativos, ejecutivos o jurisdiccionales sino si lo que hacen puede ser hecho y hecho de forma legítima.

(b) Principio normativo autónomo. El principio de separación de poderes no se opone a que el Poder Ejecutivo legisle en base a su poder reglamentario o a que el Poder Legislativo juzgue en base a su potestad de juicio político. Esas competencias están expresamente consignadas y permitidas por la Constitución. Lo que la Constitución no permite es que el *núcleo esencial de las competencias*, constitucionalmente fijado, sea objeto de violación, pues en ese caso se pone en juego todo el sistema de legitimación, responsabilidad, control y sanción, definido en el texto constitucional. Así ocurriría si, por ejemplo, el Poder Ejecutivo sanciona administrativamente con prisión o crea impuestos por decreto; si el Poder Legislativo dicta sentencias de condena en contra de particulares o remueve funcionarios de la Administración; o si los tribunales dictan normas de carácter general. En estos casos, el principio de separación de poderes establecido en el artículo 4 de la Constitución puede funcionar como principio normativo autónomo conducente a una declaración de inconstitucionalidad por la vía directa.

(c) Principio fundamentador de incompatibilidades. La separación de poderes implica la *separación personal de las funciones*. Por ello, la Constitución dispone que "los cargos de senador y de diputado son incompatibles con cualquier otra función o empleo de la Administración Pública" (artículo 77.3) y que "el servicio en el Poder Judicial es incompatible con cualquier función pública o privada, excepto la docente" (artículo 151.1).

E. Garantía de la administración autónoma local. La garantía de la administración municipal autónoma es un elemento constitutivo del Estado de derecho. Ello así porque la *autonomía municipal* es la base de una "democracia descentralizada" y la idea de

Estado de derecho está indiscutiblemente asociada a la idea de descentralización administrativa como límite al poder unitario y conformador del Estado y como forma de separación entre estado y sociedad civil. Hostos entendía que las constituciones debían consagrar la autonomía municipal, echando a un lado el prejuicio de que toda organización en la Constitución de las instituciones municipales era "un atentado contra esa autonomía", pues éstos, "en virtud de su vida particular [...] deben gozar de completa autonomía, o del derecho de darse su propia ley". A juicio de Hostos es más lógico en una Constitución de un *Estado unitario* consagrar los preceptos de la autonomía municipal y entiende que ello no se hace "bien sea por el falso concepto de que el Estado es la mera representación de la unidad nacional, bien porque considerando dependencias naturales de ésta, las partes que concurren a formarla, se crea que una ley orgánica de municipios y otra de provincias contribuyen de un modo más expreso a patentizar la dependencia" (Hostos: 120). La Constitución consagra el principio de la garantía de la autonomía municipal (artículo 199), lo cual implica autonomía normativa y la garantía institucional que asegura a los municipios un espacio de conformación autónoma cuyo contenido nuclear no puede ser destruido por la Administración estatal.

3.2.2.4. El Estado de Derecho y sus subprincipios concretizadores.

A. El principio de legalidad de la Administración.

I. Conceptuación. El principio de legalidad de la Administración no es más que la concreción en un ámbito específico, del imperio de la ley. La Administración, que en la Revolución francesa deja de ser la emanación personal del poder del monarca soberano, se transforma en el Estado de derecho en una creación abstracta del derecho que debe actuar bajo una legalidad objetiva (Cruceta). Queda así sometida la Administración a la ley, lo cual limita sus posibilidades de acción al simple desarrollo de aquella. Toda acción concreta del poder, a diferencia de lo que ocurría durante el absolutismo, debe estar justificada por una ley previa a causa de dos razones. Por una parte, porque la legitimidad del poder sólo se consigue si éste procede de la *voluntad general*, cuya expresión es la ley, lo cual niega la posibilidad de que existan poderes personales capacitados para dictar normas, ya que únicamente en nombre de la ley se puede conseguir la obediencia, como bien señala nuestra Constitución: "a nadie se le puede obligar a hacer lo que la ley no manda ni impedírsele lo que la ley no prohíbe" (artículo 40.15). Y, por otra parte, porque el principio de legalidad de la Administración es una consecuencia obligada del *principio de la división de poderes* consustancial a la definición de Estado de Derecho, pues, si como establece la Constitución, "el gobierno de la Nación [...] se divide en Poder Legislativo, Poder Ejecutivo y Poder Judicial" (artículo 4), es lógico que el Poder Ejecutivo debe de actuar según las normas emanadas del Poder Legislativo que es a quien corresponde dictar las normas en representación del pueblo soberano. En este sentido, "el principio de legalidad de la Administración resulta consustancial al Estado de derecho" y representa "una de las principales conquistas del Estado social y democrático de derecho, ya que éste constituye una salvaguarda de la seguridad jurídica de los ciudadanos, en razón de que a través del mismo se le garantiza que los ciudadanos sepan, anticipadamente, cuáles actuaciones les están permitidas a la

Administración. Por eso es natural que nuestra Constitución lo incorpore de manera expresa" (Sentencia TC/0619/16).

II. Todo el Estado está sometido a la legalidad. Pero no solo la Administración está sometida a la legalidad. En nuestra Constitución, la sujeción al principio de legalidad abarca toda la rama ejecutiva del Estado, es decir, comprende a la función ejecutiva dirigida a aplicar las leyes (Administración) y a la función gubernamental o política (Gobierno en sentido estricto). No escapan a la sujeción a la legalidad, por tanto, los denominados *"actos políticos o de Gobierno"* que la doctrina francesa de principios del siglo XIX pretendió, al considerarlos justificados por la "razón de Estado", exentos de todo control jurídico. El principio de legalidad significa, si se toma en serio, la supremacía absoluta de la ley, lo que exige que toda actividad del Estado pase a ser actividad sujeta a la ley, actividad normada. Se configura así el principio de legalidad, en palabras del Tribunal Constitucional, "como un mandato dirigido a todos los órganos públicos de someter los actos y resoluciones de la administración que se encuentren bajo su jurisdicción al cumplimiento de las normas que integran el ordenamiento jurídico. De conformidad con este principio, las actuaciones de la Administración y las resoluciones judiciales quedan subordinadas a los mandatos de la ley" (Sentencia TC/0351/14).

III. Del principio de legalidad al principio de juridicidad. En la concepción originaria del principio de legalidad, este viene a ser también sinónimo de "primacía de la ley": la ley es jerárquicamente superior a todas las demás normas que componen el ordenamiento jurídico. De ahí que, originariamente, la sumisión del Estado –y, por ende, de la Administración- a derecho significaba, ante todo y sobre todo, sumisión a la ley emanada de la asamblea legislativa, sometimiento al legislador. Por eso, se afirma que, en esa época, el Estado de derecho era más bien un "Estado legal de derecho", que se expresaba en la primacía y omnipotencia de un legislador a la que nada humano le era ajeno, en contraste con una Administración que solo podía actuar en el margen concedido por el legislador. Todavía hoy, cuando es ampliamente consagrado y reconocido que la Constitución ocupa el lugar predominante y preeminente en el sistema de fuentes del derecho, en consideración de que la ley ha emanado de un procedimiento público, transparente y deliberativo de tramitación parlamentaria, en una asamblea compuesta por representantes designados por todo el cuerpo electoral y no solo por la mayoría, la ley, en el ordenamiento jurídico, es considerada la norma primaria y superior a cualquier otra por debajo de la Constitución. Ello explica por qué la Constitución establece que determinadas materias, las denominadas reservas de ley, solo pueden ser reguladas mediante Ley del Congreso, como es el caso de la regulación de los derechos fundamentales y la materia tributaria. Ello justifica también la expansividad ilimitada de la ley: la Constitución permite al legislador ocuparse de cualquier materia, aun no le este expresamente reservada y teniendo solo como límite la Constitución. Y, finalmente, es ello lo que nos permite entender la preferencia legislativa, en virtud de la cual la propia ley del Congreso puede prescribir que ciertas normativas deben ser llevadas a cabo mediante ley y no por simple reglamento.

A pesar de esta innegable importancia de la ley en el ordenamiento jurídico y como limite a la actuación de los poderes públicos, en especial de la Administración, lo cierto es que "la ley no agota, sin embargo, el ámbito del Derecho. El Derecho es algo más, pues el Estado conoce una pluralidad de fuentes de producción normativa" (Sánchez Morón: 89). Por eso, la Constitución es clara en cuanto a que la Administración actúa "con sometimiento pleno al ordenamiento jurídico del Estado" (artículo 138), de donde es obvio que la Administración no solo está sometida a la Ley formal, es decir, a la Ley del Congreso Nacional, sino al "bloque de legalidad" (Hauriou), a todo el sistema normativo, al conjunto de fuentes del derecho, por lo que sería más adecuado hablar de "principio de juridicidad" (Merkl), expresión que no deja dudas respecto al hecho incuestionable de que la Administración está sujeta al derecho y no solo a la ley. El sometimiento pleno de la Administración al ordenamiento jurídico del Estado implica que: (i) la Administración está sometida a todo el ordenamiento jurídico; y (ii) el ordenamiento jurídico es un parámetro constante de la acción administrativa. Veamos en detalle ambas implicaciones pues solo el estudio de estas nos da una imagen acabada del sentido y consecuencias del principio de juridicidad.

IV. La Administración está sometida a la totalidad del ordenamiento jurídico. Que la Administración está sometida plenamente al ordenamiento jurídico significa que está obligada a respetar no solo las leyes del Congreso Nacional, sino todo el sistema normativo, todas las fuentes del derecho, sean de carácter escrito o no escrito. Las fuentes de la legalidad son, en consecuencia, la Constitución, las leyes del Congreso Nacional, los tratados internacionales, los reglamentos y decretos del Poder Ejecutivo, la costumbre, la jurisprudencia y los principios generales del derecho. El principio de legalidad de la Administración es, más bien, el principio de juridicidad, pues las normas que se imponen a la Administración tienen carácter jurídico, aun cuando predominantemente sean de carácter escrito y legislativo. Es por ello que la Constitución, al consagrar los principios que rigen la actuación de la Administración, señala que ésta actúa *"con sometimiento pleno al ordenamiento jurídico"* (artículo 138). Esto implica que la Administración, al igual que el resto de los poderes públicos, está sometida a la Constitución, norma suprema del ordenamiento (artículo 6), es decir, a todo el bloque de constitucionalidad, constituido por la Constitución, los tratados internacionales de derechos humanos –que tienen rango constitucional y "son de aplicación directa e inmediata por los tribunales y demás órganos del Estado (artículo 74.2)- y los valores y principios que subyacen tras estos instrumentos normativos (artículo 7 de la LOTCPC). Está sometida, por igual, a todos los tratados internacionales suscritos y ratificados por el país (artículo 26.2), a los reglamentos que emanan de la propia Administración, a los principios generales del derecho, a la jurisprudencia constitucional e internacional de los derechos humanos vinculante en virtud del artículo 7.13 de la LOTCPC y al resto de las fuentes del derecho. En este sentido, la posición jurídica de la Administración en nada difiere de la propia de los particulares quienes, en virtud del artículo 75.1 de la Constitución, deben "acatar y cumplir la Constitución y las leyes".

V. El ordenamiento jurídico es un parámetro constante de la actividad administrativa. Que la Administración actúa con sometimiento pleno al ordenamiento jurídico del Estado conlleva la plena juridicidad de la actividad administrativa, es decir, que no hay espacios en la acción de la administración vacíos de derecho, que el ordenamiento jurídico, el Derecho, es siempre parámetro de la actuación de una administración que nunca puede válidamente obrar al margen del o ignorando el derecho. Toda toma de decisiones en el seno de la Administración debe partir del derecho: es el ordenamiento jurídico el que dispone lo que está permitido a la Administración, lo que le está prohibido y lo que es mandatorio hacer. Esto no significa, sin embargo, que toda actuación administrativa se produce en aplicación de la ley, pues es obvio que la Administración, al actuar, toma en cuenta los intereses generales a cuya satisfacción debe conducir su acción. Lo que significa es que, aun en los casos en que la Administración no actúa en aplicación de la ley, el ordenamiento jurídico nunca puede ser ignorado por una Administración que constitucionalmente esta constreñida a actuar siempre con sometimiento pleno al ordenamiento jurídico. Como bien afirma el Tribunal Constitucional, del artículo 138 de la Constitución "se desprende el hecho de que la sumisión de las actuaciones administrativas a la ley y al derecho debe ser plena, es decir, cabal, completa y sin excepciones. Con ello, la Constitución ha querido excluir la legitimidad de cualquier actuación administrativa contra legem y contra ius, puesto que el Estado de derecho conlleva el sometimiento de los poderes públicos al ordenamiento, norma que obviamente incluye a la Administración" (Sentencia TC/0619/16).

V. La vinculación negativa de la Administración a la ley. En su concepción originaria, durante los primeros pasos del constitucional tras la Revolución francesa, la vinculación de la Administración a la ley es formulada en términos de vinculación total positiva a los mandatos del legislador, por lo que toda actuación administrativa requería una previa habilitación legislativa. Como el Parlamento era el representante de la soberanía popular, la cual se manifestaba en las leyes emanadas del mismo, el ejecutivo venía a ser simplemente, tal como su nombre lo indica, el poder a cargo de la ejecución de las leyes. Esa ejecución se concebía como una mera concreción para el caso particular de los mandatos abstractos de la ley mediante un acto administrativo que, en tanto aplica una previsión general normativa, se equiparaba a la sentencia del juez.

Sin embargo, la equiparación entre acto administrativo iba pronto a ser rechazada pues, es obvio que el juez ante la ley no está en la misma posición que la Administración ante aquella: en tanto los jueces tienen la ejecución de la ley en el caso concreto que resuelven en su jurisdicción el objeto de exclusivo de su función, en contraste, la Administración debe realizar los diferentes fines materiales que la ley pone a su cargo, siempre respetando los límites que fija la ley. Y pone el gran administrativista español un ejemplo que ilustra esta aseveración: "Cuando la Administración construye una carretera, por ejemplo, lo hace no para ejecutar la Ley de Carreteras, sino en virtud de las razones materiales que hacen a dicha carretera conveniente u oportuna en el caso concreto; el objeto de la actuación administrativa no es, pues, ejecutar la Ley, sino servir los fines generales, lo cual ha de hacerse, no obstante, dentro de los límites de la legalidad" (GARCÍA DE ENTERRÍA: 474).

Si a lo anterior sumamos el hecho de que, a pesar de que las constituciones revolucionarias consagraban la función ejecutiva como simple ejecutora de las leyes, la doctrina, bajo el influjo del "principio monárquico", fue ampliando esta función hasta el extremo de reconocerle a la Administración una potestad normativa independiente de la ley, con excepción de las materias de la reserva legal, atribuidas expresamente al legislador, resulta claro que, conforme esta concepción, la ley para la Administración tanto solo era el límite externo a su libre actuación y no constituía en modo alguno la autorización para actuar. De acuerdo con el principio monárquico, el Rey y su Administración tenían un amplio ámbito de actuación "libre de ley", lo cual era aceptado por una sociedad burguesa que se contentaba con la exigencia de que la libertad y la propiedad solo pudiesen ser limitadas por ley emanada de sus representantes en el parlamento. De ese modo, siempre y cuando no se tocasen la libertad y la propiedad, la Administración podía actuar con plena libertad, en particular en el ámbito organizacional como en el prestacional.

Como se puede observar, conforme esta concepción, y como bien expresa Stahl, la esencia de la Administración residía precisamente en actuar mediante una acción positiva, nueva, creativa e independiente de la ley. En esta actuación administrativa, identificada con el campo propio de la potestad discrecional, la Administración era absolutamente libre. No por azar, en francés, al poder administrativo se le llama lié o vinculado, contrario a la potestad discrecional que está exenta de vinculación, que es, como se dice en alemán, freie Ermeseen, de libre apreciación, libre de vinculo lega. Lo que caracteriza entonces al entendimiento de la legalidad, pasados los inocentes fervores revolucionarios, es la identificación de la discrecionalidad administrativa con la ausencia de ley. De esa manera, la esfera de la organización administrativa y el sistema prestacional del Estado, al no constituir intervenciones limitativas de la libertad, se convertían en espacios "libres de ley", ámbitos de "no Derecho", quedando la Administración absolutamente libre de usar su discrecionalidad en todos aquellos extremos no contemplados ni reglamentados por el legislador.

Esta concepción de la legalidad de la Administración, llamada de la *vinculación negativa de la Administración* por la ley, plantea, en síntesis, que la ley opera tan solo como un límite externo a la libertad de autodeterminación de la Administración y se encuentra en las antípodas de lo que fue la concepción originaria de la legalidad administrativa en la Revolución francesa en la que la ley aparece como la base, la autorización y el marco de toda competencia pública de las autoridades. Más aún, esta doctrina, en la medida en que asume que la Administración puede hacer todo aquello que no esté prohibido y que al hacerlo es absolutamente libre y discrecional, excluye del control jurisdiccional los actos discrecionales pues, al no haber norma aplicable al caso, no hay parámetro para juzgar la legalidad del acto, lo que se agrava en la medida en que se considera que los elementos reglados del acto discrecional no son controlables jurisdiccionalmente, con lo que se deja un gran numero de actos administrativos fuera del control de legalidad a cargo de los tribunales. En la práctica, entonces la Administración no solo era libre de actuar de modo absolutamente discrecional en una gran númeroa de ámbitos de la actividad administrativa sino, lo que es peor, que esa actividad estaba totalmente exenta de control jurisdiccional.

VI. La vinculación positiva de la Administración a la ley. El principio de legalidad constituye un *límite y una condición de las actuaciones de la Administración*. "La legalidad limita a la Administración tanto en las acciones positivas, y esto es evidente, ya que si un texto impone determinada actuación a la Administración, es en este sentido y no en otro que ella debe realizarla, pero la legalidad limita a la Administración en las abstenciones. Esto significa que el respeto de la legalidad le impide a la Administración en determinadas circunstancias abstenerse; es el caso cuando un texto legal establece de manera precisa que la Administración debe tomar una medida (poder o competencia ligado), si la Administración no la toma, esta negativa es una ilegalidad susceptible de anulación y del recurso en responsabilidad contra la Administración" (Alvarado: 148). La legalidad condiciona a la Administración en cuanto que sus actuaciones sólo se justifican por medio de las autorizaciones de los órganos soberanos. De ahí que, contrario al particular que le está permitido todo lo que la ley no prohíbe, la Administración sólo puede hacer lo que expresamente una ley previa permite. En consecuencia, la Administración está condicionada por la existencia de un *Derecho Administrativo* y cada acto administrativo aislado está condicionado por la existencia de un precepto jurídico-administrativo que admita semejante acto.

"De todo lo anterior resulta que la legalidad es una traba, una limitación a la acción de la Administración. ¿No es posible entonces admitir temperamentos, gradaciones en la aplicación de la legalidad? El buen sentido, la lógica y los principios jurídicos indican que si bien es cierto que no puede dejarse a los administradores una libertad de actuar absoluta e ilimitada, porque ello puede dar lugar a la arbitrariedad y es aquí justamente que se coloca la legalidad, no es menos cierto que la *aplicación rígida de la legalidad*, es decir cuando todas las decisiones están predeterminadas, aniquila el espíritu de iniciativa de los administradores que deben estar siempre en condiciones de tomar las decisiones adecuadas a las realidades sociales cambiantes que enfrenta cada día. Es necesario entonces un equilibrio, un justo medio entre ambas situaciones" (Alvarado: 149). Por ello, al lado de las actividades normadas de la Administración, se reconoce, como algo consustancial a su función, un ámbito de actividades discrecionales, que es el margen de libertad que las exigencias de la legalidad dejan a la Administración, pero que, en ningún caso, significa actividades al margen de la ley ni tampoco acciones arbitrarias o caprichosas. Para evitar los excesos a los que podría conducir la ilimitada discrecionalidad, la doctrina acude a la teoría de la "*desviación de poder*", con el objetivo de definir aquellas actuaciones administrativas en que se utiliza la autoridad para lograr un fin diferente del establecido por el legislador, así como al principio de razonabilidad que asegura que las actuaciones administrativas no sean arbitrarias o desproporcionadas.

VII. Presunción de legalidad de los actos administrativos. Del principio de legalidad se desprende que, si una acción que pretenda presentarse como acción administrativa no puede ser legitimada por un precepto jurídico que la contemple, no podrá ser comprendida como acción del Estado. Pero, en principio, todos los actos administrativos, con excepción de los casos expresamente señalados por la ley, son válidos y, en consecuencia, ejecutorios, por lo que obligan al administrado a su inmediato cumplimiento, pues la decisión administrativa goza de una presunción de legalidad. Como bien establece el Tribunal Constitucional, "los actos dictados por la Administración Pública son válidos y componen una presunción de legalidad que es lo que permite a los administrados realizar actuaciones e inversiones en base a los derechos reconocidos, otorgados y protegidos por dichos actos. Tal permanencia es lo que, en definitiva, provee de confianza y seguridad jurídica a los administrados sobre un acto que es ejecutivo, tiene eficacia jurídica, fuerza obligatoria y que, finalmente, debe cumplirse en la forma en que fue dictado" (Sentencia TC/0226/14).

VIII. El control jurisdiccional de la Administración. Se trata, sin embargo, de una presunción iurus tantum, o sea, que opera en la medida en que los interesados no la destruyan a través de las vías de recurso disponibles, justificando que el acto no se ajusta a derecho. Es en ese preciso momento en que interviene el control jurisdiccional a posteriori de los actos de la Administración. En efecto, la legalidad de la Administración no solo conlleva la autotutela de la Administración, sino, esencialmente, la posibilidad de que un tribunal enjuicie a posteriori el problema de fondo que la autotutela ha resuelto mediante declaración o ejecución del acto. Sólo la heterotutela jurisdiccional, por el hecho de ser impartida por órganos independientes, al realizarse iuris et de iure, transforma a sus decisiones en definitivas e inmutables, adquiriendo fuerza de cosa juzgada.

La Constitución es más que clara en este sentido: "Los tribunales controlarán la legalidad de la actuación de la Administración Pública" (artículo 139). Hasta 1947, en la República Dominicana, como en Francia antes de 1789, y como todavía hoy acontece en Inglaterra y Estados Unidos, los tribunales ordinarios ejercían el control de los actos administrativos. A partir de ese año, se crea la *jurisdicción contenciosa administrativa* mediante la Ley 1494, la cual fue "provisionalmente" desempeñada durante más de medio siglo por la Cámara de Cuentas, aunque sus decisiones estaban sujetas al recurso de casación ante la Suprema Corte de Justicia. En 1992, se crea la *jurisdicción contencioso-tributaria*, con lo que la Cámara de Cuentas quedó como la jurisdicción contenciosa administrativa de todos los asuntos no tributarios. Esa jurisdicción contencioso tributaria fue constitucionalizada en la reforma constitucional de 1994 y a la misma, en virtud de la Ley 13-07 de Transición hacia el Control Jurisdiccional de la Administración, se le traspasaron las funciones jurisdiccionales en materia contencioso-administrativa de la Cámara de Cuentas, con lo que se produce "una reforma trascendental para la efectiva protección de los derechos de las personas y el fortalecimiento del Estado de Derecho en nuestro país, que sienta las bases para el desarrollo de una justicia contencioso administrativa efectiva" (RODRÍGUEZ HUERTAS 2007). Con la reforma constitucional de 2010, la jurisdicción contencioso-administrativa queda incorporada como una *jurisdicción especializada* dentro del Poder Judicial (artículos 164 a 167). De manera que, aunque existe una jurisdicción especializada para los asuntos contenciosos administrativos, ésta no constituye un orden jurisdiccional separado del judicial, lo cual acrecienta la justiciabilidad de los actos de la Administración, al encontrarse ésta sometida a una jurisdicción, si bien especializada, perteneciente en todo momento al aparato jurisdiccional del Poder Judicial y no a la Administración. El juez dominicano, contrario al francés, cuando juzga la Administración, no administra sino que simplemente ejerce sus poderes jurisdiccionales.

IX. La responsabilidad de la Administración. La legalidad de la Administración implica, además, la existencia de un sistema de *responsabilidad de la Administración*, a fin de asegurar la actuación de ésta conforme al derecho, de manera que sirva de garantía para lograr la seguridad jurídica de los ciudadanos. La Constitución es clarísima en este sentido: "Las personas jurídicas de derecho público y sus funcionarios o agentes serán responsables, conjunta y solidariamente, de conformidad con la ley, por los daños y perjuicios ocasionados a las personas físicas o jurídicas por una actuación u omisión administrativa antijurídica" (artículo 148).

B. El principio de seguridad jurídica. El ser humano necesita de seguridad para conducir, planificar y conformar autónoma y responsablemente su vida. "La seguridad jurídica, es concebida como un principio jurídico general consustancial a todo Estado de Derecho, que se erige en garantía de la aplicación objetiva de la ley, de tal modo que asegura la previsibilidad respecto de los actos de los poderes públicos, delimitando sus facultades y deberes. Es la certeza que tienen los individuos que integran una sociedad acerca de cuáles son sus derechos y obligaciones, sin que el capricho, torpeza o la arbitrariedad de sus autoridades puedan causarles perjuicios" (Sentencia TC/0100/13). Por eso se considera a los principios de *seguridad jurídica y de protección de la confianza* como elementos constitutivos del Estado de derecho. Estos dos principios –seguridad jurídica y protección de la confianza– están tan estrechamente vinculados que la mayoría de los autores consideran al segundo como un subprincipio del primero o como una dimensión específica de éste. En sentido general, se considera que la seguridad jurídica está conectada con elementos objetivos del ordenamiento jurídico –garantía de estabilidad jurídica, seguridad de orientación y realización del derecho– en tanto que la protección de la confianza abarca los componentes subjetivos de la seguridad, específicamente la calculabilidad y previsibilidad de los individuos en relación a los efectos jurídicos de los actos de los poderes públicos. La seguridad y la protección de la confianza exigen en el fondo la fiabilidad, claridad, racionalidad y transparencia de los actos del poder, de manera que en relación a los individuos venga garantizada la seguridad en sus disposiciones personales y en los efectos jurídicos de sus propios actos (Bautista de Castillo).

El principio general de seguridad jurídica (abarcando la protección de la confianza) vendría a significar lo siguiente: el individuo tiene el derecho de poder confiar en que sus actos y las decisiones públicas incidentes sobre sus derechos, posiciones o relaciones jurídicas, basados en normas jurídicas vigentes y válidas, producirán los efectos previstos y prescritos en el ordenamiento. En otras palabras, la seguridad jurídica como *elemento esencial del Estado de derecho* tiene como fin que, en la medida de lo posible, el ciudadano pueda presuponer y calcular con tiempo la influencia del Derecho en su conducta personal. De ahí se infiere que pueda confiar en el Derecho una vez establecido. La expectativa de protección de la confianza es consecuencia a la vez del principio de buena fe que también rige en el Derecho Público. Y es que el Estado no puede actuar de mala fe frente a las personas sometidas a su ordenamiento jurídico, y la persona debe poder confiar en ello.

El principio de seguridad jurídica está consagrado en el artículo 110 de la Constitución, el cual establece que: "La ley solo dispone y se aplica para lo porvenir. No tiene efecto retroactivo sino cuando sea favorable al que esté subjúdice o cumpliendo condena. En ningún caso la ley ni poder público alguno podrán afectar o alterar la seguridad jurídica derivada de situaciones establecidas conforme a una legislación anterior". Esta seguridad debe ser analizada en relación a: (i) los actos normativos; (ii) los actos jurisdiccionales; y (iii) los actos administrativos, pues, como han establecido los jueces constitucionales especializados "la seguridad jurídica tiene que ver, pues, con la certeza en la previsibilidad con que las autoridades públicas, administrativas y judiciales aplican la ley" (Sentencia TC/0082/12). Veamos en detalle estas tres vertientes del principio constitucional de seguridad jurídica.

I. Seguridad jurídica con relación a los actos normativos. La seguridad jurídica postula el *principio de precisión o determinabilidad de los actos normativos*, o sea, conformación material y formal de los actos normativos en términos lingüísticamente claros, comprensibles y no contradictorios. En esta perspectiva se habla de principios concretizadores de las exigencias de determinabilidad, claridad y fiabilidad del ordenamiento jurídico y, consecuentemente, de la seguridad jurídica y del Estado de Derecho. Si "a nadie se le puede obligar a hacer lo que la ley no manda ni impedírsele lo que la ley no prohíbe" (artículo 40.15 de la Constitución), el individuo requiere saber de modo cierto y fiable qué dice precisamente la ley, para saber qué ordena la ley o qué prohíbe.

El principio de determinabilidad de las leyes implica dos ideas fundamentales. La primera de ellas es que la Constitución exige la *claridad de las normas* legales, pues, de una ley oscura o contradictoria puede no ser posible, a través de la interpretación, obtener un sentido inequívoco capaz de proveer una solución jurídica para el problema concreto. La segunda es que la Constitución exige la *densidad suficiente* en la reglamentación legal, pues un acto normativo que no contenga una disciplina suficientemente concreta, densa, determinada, no ofrece una medida jurídica capaz de: (i) proveer posiciones jurídicamente protegidas de los individuos; (ii) constituir una norma de actuación para la Administración; y (iii) posibilitar, como norma de control, la fiscalización de la legalidad y la defensa de los derechos y los intereses de las personas.

Por otro lado, los actos normativos no pueden producir efectos jurídicos hasta tanto no han entrado en vigor en los términos constitucional y legalmente prescritos. Tampoco son constitucionalmente admisibles las normas retroactivas (artículo 110).

II. Seguridad jurídica con relación a los actos jurisdiccionales. El principio de seguridad jurídica no es sólo un elemento esencial del Estado de derecho con relación a los actos normativos. Las ideas nucleares de la seguridad jurídica se desarrollan alrededor de dos conceptos: (i) la *estabilidad o eficacia ex post* de la seguridad jurídica dado que las decisiones de los poderes públicos una vez adoptadas, en la forma y conforme al procedimiento establecido en la ley, no pueden ser arbitrariamente modificadas, sólo pudiendo ser alteradas las mismas cuando ocurran presupuestos materiales particularmente relevantes; (ii) *previsibilidad o eficacia ex ante* del principio de seguridad jurídica que, esencialmente, exige certeza y calculabilidad por parte de las personas, en relación a los efectos jurídicos de los actos normativos.

La seguridad jurídica en el ámbito de los actos jurisdiccionales apunta sobre todo a la *estabilidad de las decisiones jurisdiccionales*, de la cosa juzgada. "Las decisiones que hayan adquirido la autoridad de la cosa irrevocablemente juzgada tienen una presunción de validez y romper dicha presunción, -consecuentemente afectando la seguridad jurídica creada por estas- solo debe responder a situaciones muy excepcionales" (Sentencia TC/0243/14). La garantía de la cosa juzgada no está prevista a nivel constitucional sino solo legal (artículo 1351 del Código Civil) y se admiten excepciones. Las excepciones a este principio vienen dadas por la posibilidad de revisión de sentencia en caso de condenación injusta o error judicial y por el hecho de que la cosa juzgada no se opone a la aplicación retroactiva de leyes que sean favorables al subjúdice o al que esté cumpliendo condena tal como dispone el artículo 110 de la Constitución. En todo caso, la autoridad de la cosa juzgada es un principio seriamente cuestionado y hoy la Constitución admite la revisión de las decisiones con autoridad de la cosa irrevocablemente juzgada por el Tribunal Constitucional (artículo 277).

La seguridad jurídica derivada del caso juzgado no tiene nada que ver con la seguridad jurídica derivada de la *uniformidad de la jurisprudencia*. Desde el punto de vista de las personas, no hay un derecho al mantenimiento de la jurisprudencia de los tribunales, aunque la protección de la confianza está condicionada por la estabilidad en la jurisprudencia. Ahora bien, es una dimensión irreductible de la función de juzgar que los jueces decidan conforme al derecho y a sus convicciones, y que sus decisiones puedan ser revocadas por una jurisdicción superior. En jurisprudencia constitucional, sin embargo, el acercamiento de los sistemas del *common law* y romano-germánico, obliga a la adopción de medidas de racionalización en la construcción de los precedentes constitucionales y en su eventual revocación.

III. Seguridad jurídica con relación a los actos de la Administración. En relación a los actos de la Administración, el principio general de seguridad jurídica conduce a afirmar la fuerza del caso decidido de los actos administrativos, que es el principio equivalente en Derecho administrativo a la autoridad de la cosa juzgada del derecho procesal. La fuerza del caso decidido significa que el acto administrativo goza de una inmutabilidad tendencial que se traduce en: (i) la *autovinculación de la Administración* en su calidad de autora del acto y como consecuencia de la obligatoriedad del mismo; y (ii) la tendencial *irrevocabilidad del acto administrativo* a fin de salvaguardar los intereses de los particulares destinatarios del acto quienes tienen derecho a la seguridad jurídica y a la protección de la confianza.

Es importante señalar que la seguridad jurídica engloba el *principio de confianza legítima* "cuando dicha 'confianza' se basa en signos o hechos externos producidos por la Administración lo suficientemente concluyentes, para que induzcan racionalmente a aquel, a confiar en la 'apariencia de legalidad' de una actuación administrativa concreta, moviendo su voluntad a realizar determinados actos e inversiones de medios personales o económicos, que después no concuerdan con las verdaderas consecuencias de los actos que realmente y en definitiva son producidos con posterioridad por la Administración, máxime cuando dicha 'apariencia de legalidad', que indujo a confusión al interesado, originó en la práctica para éste unos daños o perjuicios que no tiene por qué soportar jurídicamente" (Tribunal Supremo español, S. de 8 de junio de 1990, Ar. 5180).

C. El principio de razonabilidad. A este punto nos referimos en el Capítulo 5, donde estudiamos el mecanismo interpretativo de la ponderación de bienes constitucionales, y a él nos referiremos en detalle en el Capítulo 9, al tratar los límites a los derechos fundamentales. Baste por el momento decir que la Constitución exige la razonabilidad de los actos estatales, es decir, que no sean arbitrarios, desproporcionados, injustos o discriminatorios. Este principio viene establecido por el artículo 40.15 (antiguo 8.5) y el artículo 74.2 de la Constitución y ha sido reconocido en 1973 por la Suprema Corte de Justicia (S.C.J. 15 de junio de 1973. B.J. 751.1606).

La razonabilidad, como bien se infiere de la jurisprudencia del Tribunal Constitucional alemán, es complemento del principio del Estado de Derecho en la medida en que: (i) exige que las intervenciones legislativas en la libertad de los individuos determinen claramente los requisitos de tal intervención; (ii) obliga a los poderes públicos a adoptar reglas sustanciales, procesales y organizativas tendentes a la protección de los derechos fundamentales; y (iii) que las potestades de la Administración local solo puedan ser restringidas cuando el objetivo de la restricción es legítimo, cuando la medida sea idónea y adecuada para alcanzarlo y cuando se haya adoptado la menos restrictiva de las medidas (ARNOLD).

D. El principio de garantía de los derechos fundamentales. La existencia de mecanismos de garantía de los derechos fundamentales es consustancial a la idea de Estado de derecho pues un derecho sin garantías no es derecho, a fin de cuentas. En este sentido, la Constitución define las *garantías fundamentales* como "los mecanismos de tutela y protección, que ofrecen a la persona la posibilidad de obtener la satisfacción de sus derechos, frente a los sujetos obligados o deudores de los mismos", a través de los cuales se "garantiza la efectividad de los derechos fundamentales" (artículo 68). Estas garantías son mayormente *jurisdiccionales*, como es el caso de la tutela judicial efectiva y el debido proceso que garantiza los derechos al y en el proceso de quienes acuden a los tribunales en busca de protección de sus derechos (artículo 69), el habeas data que garantiza el derecho a la autodeterminación informativa (artículo 70), el habeas corpus que protege la libertad física (artículo 71) y el amparo que garantiza los demás derechos fundamentales no protegidos por el habeas corpus (artículo 72). Pero las garantías pueden ser también *institucionales*, como es el caso del Defensor del Pueblo (Título VIII) o *internacionales*, como ocurre con los mecanismos de tutela consagrados por la CADH que permiten denunciar las violaciones de los derechos humanos y obtener la debida protección por parte de la CIDH y la Corte IDH.

Estas no son las únicas garantías fundamentales pues garantía es toda forma de proteger un derecho y de hacerlo efectivo. Y es que el constitucionalismo parte de la premisa de que el Estado no es un fin en sí mismo como en el absolutismo sino que es el instrumento para alcanzar un fin: *la protección de los derechos fundamentales*. En otras palabras, "el estado es un medio legitimado únicamente por el fin de garantizar los derechos fundamentales de los ciudadanos, y políticamente ilegítimo si no los garantiza o, más aún, si el mismo los viola" (FERRAJOLI: 881). Es lo que bellamente expresa nuestra Constitución dominicana cuando afirma que "es función esencial del Estado la protección efectiva de los derechos de la persona, el respeto de su dignidad y la obtención de los medios que le permitan perfeccionarse de forma igualitaria, equitativa y progresiva, dentro de un marco de libertad individual y de justicia social, compatibles con el orden público, el bienestar general y los derechos de todos y todas" (artículo

8). Y es que puede afirmarse que el *"garantismo"* como paradigma teórico general que implica "sujeción al derecho de todos los poderes y garantía de los derechos de todos, mediante vínculos legales y controles jurisdiccionales capaces de impedir la formación de poderes absolutos, públicos o privados", es "uno y el mismo que el del actual Estado constitucional de derecho" (FERRAJOLI 2008: 63).

Pero la protección de los derechos fundamentales que debe procurar el Estado no es cualquier protección. Se trata, en todo caso, de una *protección efectiva*, es decir, una protección que garantice que, en la práctica, los derechos fundamentales sean respetados por todos. De modo que en la Constitución encontramos inserto un principio, el *principio de efectividad*, que permite juzgar la constitucionalidad de los actos de protección de los derechos fundamentales y censurarlos desde la óptica no tanto de su validez procedimental o sustancial sino desde la perspectiva de si esos actos garantizan o no en la realidad la garantía integral de los derechos. En este sentido, si bien un derecho sin garantía no es un derecho, no menos cierto es que allí donde hay un derecho debe necesariamente existir o crearse una garantía, pues no debemos olvidar que el Estado no solo tiene como función esencial la protección de los derechos sino que, como establece el artículo 38 de la Constitución, "se organiza para la protección real y efectiva de los derechos fundamentales". Por eso, es deber de los poderes públicos garantizar efectivamente los derechos fundamentales, aún en ausencia de reglamentación de sus garantías. Vale la pena citar aquí lo señalado por la Corte IDH en el sentido de que "la inexistencia de un *recurso efectivo* contra las violaciones a los derechos reconocidos por la Convención constituye una transgresión de la misma por el Estado Parte en el cual semejante situación tenga lugar. En ese sentido debe subrayarse que, para que tal recurso exista, no basta con que esté previsto por la Constitución o la ley o con que sea formalmente admisible, sino que se requiere que sea realmente idóneo para establecer si se ha incurrido en una violación a los derechos humanos y proveer lo necesario para remediarla. No pueden considerarse efectivos aquellos recursos que, por las condiciones generales del país o incluso por las circunstancias particulares de un caso dado, resulten ilusorios. Ello puede ocurrir, por ejemplo, cuando su inutilidad haya quedado demostrada por la práctica, porque el Poder Judicial carezca de la independencia necesaria para decidir con imparcialidad o porque falten los medios para ejecutar sus decisiones; por cualquier otra situación que configure un cuadro de denegación de justicia, como sucede cuando se incurre en retardo injustificado en la decisión; o, por cualquier causa, no se permita al lesionado el acceso al recurso judicial" (Corte I.D.H., Garantías judiciales en Estados de Emergencia, Artículos 27.2, 25 y 8 de la Convención Americana sobre Derechos Humanos, Opinión Consultiva OC-9-87 del 6 de octubre de 1987, Serie A, No. 9).

3.2.2.5 Estado de derecho y democracia. El Estado constitucional de la actualidad no solo es Estado de derecho sino también Estado democrático. De ahí que todo Estado de derecho debe ser *Estado de derecho democrático*. Los límites al poder propios del Estado de derecho, como bien presentía Tocqueville, se hacen más imprescindibles allá en donde el poder emana del pueblo, pues el riesgo absolutista o totalitario es mayor donde aparece recubierto bajo la aureola de la voluntad popular. Pero el Estado de derecho que no es democrático pronto pierde su legitimidad la cual solo puede ser hoy la que proviene de elecciones populares libres, celebradas periódica y regularmente. Sin embargo, una democracia que no respete los principios fundamentales del Estado de Derecho pronto también devendría ilegítima, pues el respeto de las libertades y derechos básicos forma parte de la legitimidad de los gobiernos. De ahí que el "corazón político" no hay que partirlo entre la voluntad popular y el imperio del derecho, entre la libertad positiva de la democracia y la libertad negativa del Estado de derecho, entre la distancia y la defensa ante el Estado y su participación en éste. El derecho y el poder pueden perfectamente articularse en el Estado de derecho democrático (Habermas). En la actualidad, no hay que escoger entre ser burgués o ser ciudadano, pues ambas condiciones están indisolublemente ligadas: también los derechos de ciudadanía, de participación, de pluralismo político, están protegidos por el Estado de derecho. Más aún, los derechos económicos, sociales y culturales del Estado social en la medida en que son efectivamente tutelados permiten corregir las distorsiones que crea la exclusión total o parcial de los ciudadanos del proceso de toma de decisiones ocasionada por las desigualdades sociales y económicas que por esencia imponen severos condicionamientos al ejercicio democrático.

3.2.3 El Estado social. Para el liberalismo decimonónico, la tarea del Estado consiste en garantizar un *espacio de libertad*, lo cual se logra mediante el respeto de las libertades clásicas y el mantenimiento de la seguridad interior y exterior como factores elementales de orden y de establecimiento de las condiciones mínimas para que la vida de las personas pueda desarrollarse libre de violencia. Pero estas funciones clásicas del Estado liberal no bastan para poder realizar las libertades constitucionalmente garantizadas. Así, sin apoyo estatal, es imposible satisfacer las necesidades culturales de las personas, las cuales solo pueden ser satisfechas si el Estado crea las correspondientes estructuras o fomenta iniciativas privadas mediante exenciones tributarias. De ahí que, contrario a la opinión vulgar de quienes afirman que las personas que reclaman prestaciones al Estado tan solo quieren vivir a costa de éste y de los demás, "la exigencia del ciudadano de participar en las subvenciones o prestaciones estatales concedidas en respuesta a demandas de individuos o grupos, es decir, de recibir una parte proporcional, sea tan importante como el deseo de sentirse protegido frente a intervenciones estatales en la configuración de la propia existencia" (Benda: 527).

El *Estado social* es la respuesta a esa necesidad humana (Diez Moreno). Una necesidad humana de protección que se incrementa exponencialmente cuando el "espacio vital dominado" de las personas disminuye y crece el *"espacio vital efectivo"*. Hoy, dependemos más de los abastecimientos generados por apropiación que de los generados mediante la utilización de cosas propias. Hoy somos todos menesterosos sociales. Hoy todos requerimos de un Estado que garantice un mínimo de *"procura existencial"* (Forsthoff).

3.2.3.1 Fundamentos del Estado social. La crisis profunda que sufre el Estado liberal en el primer tercio del siglo XX condujo a una revisión del Estado liberal con el objetivo de superar sus disfunciones sin renunciar a sus postulados fundamentales. En este sentido, podemos afirmar que "en términos generales, el Estado social significa históricamente el intento de adaptación del Estado tradicional (por el que entendemos en este caso el Estado liberal burgués) a las condiciones sociales de la civilización industrial y posindustrial con sus nuevos y complejos problemas, pero también con sus grandes posibilidades técnicas, económicas y organizativas para enfrentarlos" (GARCÍA PELAYO: 18). Es cierto que las medidas de adaptación del Estado liberal a las nuevas realidades sociales y económicas no son totalmente nuevas pues ya en el siglo XIX existían medidas estatales de intervención social y económica (ayuda social, protección arancelaria, subsidios estatales, etc.), las cuales están más presentes cuanto mayor sea el atraso del país. No obstante, lo que caracteriza al Estado social es la conversión de políticas estatales socioeconómicas sectoriales, subsidiarias y parciales en una política social y económica permanente, programada y generalizada que busca dirigir el conjunto del sistema económico global. ¿Cuáles son los *fundamentos históricos, económicos y jurídicos* del Estado social?

A. Fundamentos históricos.

I. Antecedentes del Estado social. La fórmula "Estado social" aparece por primera vez durante la Revolución de París de 1848, cuando Louis Blanc emplea la expresión "República democrática y social" para referirse a un Estado que garantizaba el derecho al trabajo y que propiciaba la creación de centros de producción que fueran administrados por los propios trabajadores en base a las fórmulas cooperativistas de la época. La fórmula del Estado social, apoyada por Lasalle, se opone a la ideas de Marx en la medida en que este último abogaba por la desaparición del Estado en tanto que la izquierda reformista o socialdemócrata defensora de la República democrática y social entiende que el Estado puede suministrar soluciones a la "cuestión obrera" o "*cuestión social*". Estas ideas reformistas serían acogidas en gran medida por Bismarck quien propulsa en Alemania leyes sobre seguro de enfermedad (1883), accidentes de trabajo (1884) y pensiones y jubilación (1889), leyes que se extendieron y unificaron el Código de Servicios Sociales en 1911. Para la misma época en que Bismarck intenta desarrollar en Alemania un "Estado de servicio social", Gran Bretaña inicia un programa de iniciativas tendentes a proteger las personas necesitadas, que comienza con un sistema de beneficencia estatal combinado con la acción de organizaciones caritativas privadas y asociaciones fraternales obreras, continúa con una ley de indemnizaciones obreras, sigue con el establecimiento en 1908 de un sistema de pensiones contributivas para los ancianos pobres y culmina en 1911 con un sistema de seguro obligatorio de enfermedad y paro.

II. Emergencia del Estado social. La derrota de Alemania en la Primera Guerra Mundial (1914-18), la Revolución soviética de 1917, la Revolución mexicana de ese mismo año, el surgimiento de la República de Weimar en 1919, serían los detonantes históricos para que el Estado mutara en el sentido social. Tanto la Constitución de Querétaro de 1917 como la de Weimar de 1919 constitucionalizan los derechos sociales y la intervención del Estado en la economía, inaugurándose las técnicas del *constitucionalismo social* que caracterizarían la segunda mitad del siglo XX. Aunque la realidad económica de la primera posguerra y una jurisprudencia conservadora debilitarían la fuerza normativa de la Constitución social de Weimar, la crisis económica desatada por la Gran Depresión (1929) terminaría deslegitimando el capitalismo del *laissez faire*. La respuesta a esta crisis fue el fascismo en gran parte de Europa. Sin embargo, en Estados Unidos, quizás el país más apegado al liberalismo económico tradicional, las decididas políticas intervencionistas del *New Deal* de Roosevelt, que abarcaron la asistencia social a los desempleados, el fomento de los trabajos públicos, la planificación regional y la regulación de sectores productivos, anticiparon los medios para estimular la demanda agregada que según Keynes era la vía de enfrentar la crisis del capital. Mientras tanto, en Francia y en Bélgica toman fuerza las ideas de Henri de Man quien aboga por el intervencionismo económico y la conformación de una economía mixta como mecanismos para alcanzar el pleno empleo. En 1938, sobre la base de una concertación entre sindicatos y patronales, se acepta en Suecia la empresa privada como medio esencial de producción, la regulación por el Estado de la actividad económica y la negociación de los salarios y las condiciones de empleo, con lo que comienza a desarrollarse el modelo escandinavo de economía mixta. Aunque la crisis económica, el paro generalizado, la radicalización de la lucha de clases y la desestabilización política, conducirían al fascismo y a la Segunda Guerra Mundial, queda claro al concluir esta época de profundos cambios que había que introducir desde el Estado profundos correctivos en los esquemas del *capitalismo liberal*.

III. Consolidación del Estado social. Tras la Segunda Guerra Mundial, el modelo del Estado Social se consolida, no solo en la República Federal de Alemania donde recibe expresa consagración constitucional, sino en todo Occidente. Se consolida así no tanto el Estado de bienestar que es apenas "una dimensión de la política estatal" sino el *Estado social de derecho* que incluye, aparte de las finalidades y elementos del bienestar social, "los aspectos totales de una configuración estatal típica de nuestra época" (García Pelayo: 14). Alimentado por los postulados económicos y sociales formulados en su momento por Keynes y explicitados luego en el Informe Beveridge y sostenido por el denominado "consenso socialdemócrata" entre el socialismo, el liberalismo y la democracia cristiana, el Estado social se consolida sobre los siguientes pilares: (i) prestaciones sociales que garanticen la seguridad social, la asistencia social (ancianos, niños, menesterosos, etc.), las pensiones de jubilación, de invalidez, de viudedad, así como las prestaciones por desempleo, políticas expansivas en materia de vivienda y la universalización de la educación obligatoria; (ii) política tendente al pleno empleo y el establecimiento de los derechos laborales mediante la regulación del mercado laboral, la fijación de un salario mínimo y otras medidas económicas y laborales; y (iii) intervención en el ciclo económico y búsqueda de la redistribución de la riqueza mediante el control y la fiscalización de la actividad económica así como a través de la intervención directa e indirecta del sector público de la economía vía la Administración, las empresas públicas del gasto público, la planificación, el presupuesto y los impuestos.

IV. Crisis del Estado social. Durante décadas, el Estado social fue la simbiosis ideal entre libertad e igualdad y mantuvo su legitimidad sobre la base de lograr la paz social indispensable para un desarrollo social y económico sostenido en el pleno empleo, el bienestar social y una libertad de empresa atemperada por la economía mixta y la intervención económica estatal. Este bienestar y paz social comienza a resquebrajarse a raíz de la crisis económica de los años setenta que se desata a consecuencia de la creciente incapacidad del Estado de atender las ilimitadas demandas sociales con un producto social cuyas posibilidades de aumentar se ven crecientemente mermadas si se quiere mantener intacto el sistema de propiedad de los medios de producción. Esta crisis económica desata una crisis social al incrementar los niveles de paro, la pobreza, la marginación y la pérdida general de poder adquisitivo. Cobran valor y popularidad las críticas del *neoliberalismo*, hechas desde el momento mismo de la instauración del modelo del Estado social, en el sentido de que la política de nacionalizaciones conduce a la ruina porque las empresas estatales siempre son deficitarias (Mises), que el Estado social erosiona el Estado de derecho al vulnerar los principios de legalidad y de seguridad jurídica (Hayek), que es la causa principal del estancamiento de la economía, y que el asistencialismo social deriva en asistencialismo industrial. El ascenso al poder de gobiernos propulsores de las ideas neoliberales en Inglaterra (Margaret Tatcher) y Estados Unidos (Ronald Reagan), a comienzos de la década de los ochenta, convierte en política estatal la privatización de las empresas públicas, la disminución de los impuestos, la desregulación y el recorte de los gastos sociales, con lo que se pone en jaque los cimientos del Estado social. Pero el condicionamiento financiero de las políticas públicas redistributivas tendentes a hacer realidad los mandatos constitucionales de igualdad y justicia social se manifiesta no solo como una "crisis fiscal del Estado" sino también, lo que es más importante para los juristas, como una "crisis constitucional (en el sentido de crisis de la Constitución como norma jurídica), como una verdadera y propia crisis democrática" (Gambino: 62).

V. Reformulación del Estado social. La crítica neoliberal y la crisis económica han terminado de convencer a las fuerzas liberales y socialdemócratas de la necesidad de reducir las funciones del Estado intervencionista y de disminuir el tamaño del Estado para dar paso a un sistema capitalista más libre, en donde las fuerzas del mercado puedan, de modo más autónomo corregir, las distorsiones del sistema. En lo que concierne al Estado asistencial, es claro hoy que el mismo ha originado prácticas dilapidadoras y que ha paralizado el dinamismo social en la medida en que fomenta el parasitismo social. Sin embargo, este reconocimiento no implica ni la inutilidad ni la desaparición del Estado social. El Estado, si bien disminuye su intervención directa en la economía, tiene que hacer frente a necesidades cada día más reciente de cumplir a cabalidad su rol de regulador en sectores tales como telecomunicaciones, medio ambiente, electricidad, mercado de valores, banca y seguros. El Estado asistencial mantiene su legitimidad en la medida en que el sistema de prestaciones sociales permite una reconversión industrial con paz social, dicho sistema convive con prestaciones sociales provistas por el sector privado y se disminuye el protagonismo estatal para propiciar una participación ciudadana en dicho sistema. Por otro lado, la *internacionalización de los derechos sociales* lograda al amparo de los pactos internacionales y regionales de derechos económicos, sociales y culturales a partir de 1945, cobra un nuevo sentido frente a los retos de una globalización que propicia la industrialización de los países en vías de desarrollo en base a salarios bajos y jornadas laborales más largas, lo que fomenta la emigración de las empresas de los países más desarrollados y con mayores derechos sociales y conduce a la "desindustrialización colectiva" de éstos. Esta situación requiere la *mundialización del Estado social* para extender los beneficios de éste a todos los países que conforman la comunidad internacional y evitar así que el bienestar de unos países se base en las condiciones materiales ínfimas de la mayoría (ABELLÁN: 210). Finalmente la globalización de los mercados financieros y la creciente autonomía de los mismos, que conduce al descontrol de los flujos financieros y a la redistribución de la riqueza a favor del capital especulativo, requerirá, como lo demuestra la crisis financiera de 2008, de nuevos instrumentos y mecanismos monetarios y financieros que operen a escala global y que conlleven el redimensionamiento del Fondo Monetario Internacional (STIGLITZ), la creación de un sistema de préstamos de última instancia para los países subdesarrollados que enfrentan fuga de capitales financieros y la internacionalización de la supervisión de las entidades financieras. En todo caso, "conservar el Estado social exige profundas transformaciones en una sociedad tan fragmentada como la que a la vista se está desplegando, pero caben pocas dudas de que permanecerá, si no se produce una caída en picada de la economía, algo que, con el grado alcanzado de desarrollo, sobre todo con los conocimientos científicos y consiguiente aplicación técnica, no parece probable" (SOTELO: 415).

VI. Emergencia del Estado regulador y garante. Simultáneamente con la crisis y reformulación del Estado Social, se produce el surgimiento de un nuevo tipo de Estado: el *Estado regulador*. La característica fundamental del Estado regulador es que es un Estado no estrictamente intervencionista, sino que aparece como un *Estado ordenador*, un *Estado garante*. Asociado originalmente con los procesos de privatización de las empresas públicas y liberalización de los servicios públicos, el Estado regulador trata de ordenar los mercados en lugar de dirigirlos, para lo cual requiere la puesta en pie de autoridades independientes que supervisen y controlen la economía en lugar de intervenirla directamente como Estado empresario. El cometido de esos organismos reguladores "está dirigido a garantizar la eficacia del mercado, no sólo en términos económicos, sino también sociales, por ello no son contradictorios con el Estado social" (ARAGÓN REYES: 576). La Constitución sienta las bases para la consolidación de este Estado regulador (JORGE PRATS), pues ella establece que "el Estado podrá dictar medidas para regular la economía" (artículo 50.2), al tiempo que dispone que la regulación de los servicios públicos "y de otras actividades económicas se encuentre a cargo de organismos creados para tales fines" (artículo 147.3).

B. Fundamentos económicos. Los fundamentos económicos del Estado social se encuentran en las ideas de John Maynard Keynes. Este economista de Cambridge critica la ley de mercados de Say, asumida por la economía liberal clásica, conforme a la cual la oferta genera su propia demanda en un sistema de equilibrio normal de funcionamiento. Keynes, ante la realidad de los treinta, caracterizada por altas tasas de paro que implicaban una disminución de la demanda efectiva y una recesión económica que acentuaba más el paro y el subconsumo, propone la necesidad de fomentar la demanda como elemento motorizador del desarrollo económico. Así, al aumentar la capacidad adquisitiva de las masas y por ende el consumo, aumentaría la producción y, en consecuencia, el empleo que generarían a su vez mayor demanda y estabilidad económica. Dado que el mercado no es capaz de promover estos cambios por sí solo, Keynes abogaba por la *intervención del Estado* en la orientación y control del proceso económico, mediante la inversión, el ahorro y la propensión al consumo. Asimismo, el Estado debería participar más o menos directamente en otros sectores económicos, aparte del gasto público y social y las obras públicas, con lo que se convertiría en el principal agente económico. Complementariamente, el Estado, a través de la política fiscal y monetaria, contribuiría a la redistribución de los ingresos, la nivelación social y el desarrollo económico (Keynes). Terminada la Segunda Guerra Mundial, la teoría keynesiana sumada a las ideas del llamado *Plan Beveridge*, configurarían el marco teórico y político de un Estado intervencionista que preveía un control de precios y de salarios, la eliminación de las negociaciones colectivas libres, la estatalización de la construcción de viviendas, la reforma y creación de un nuevo sistema educativo, todo en aras de erradicar los cinco grandes males de la sociedad: la ignorancia, la enfermedad, la suciedad, la ociosidad y la indigencia. El Plan Beveridge, contrario a Keynes, pretendía lograr el pleno empleo no a través de la regulación de la demanda de los consumidores sino a través de una política de redistribución de la mano de obra mediante la intervención del Estado en el gasto total y a través de la política fiscal tendente a la plena ocupación. Ambos esquemas, sin embargo, se complementaban pues la política de seguridad social de Beveridge requería una política de plena ocupación que solo se lograba implementado el plan keynesiano.

C. Fundamentos jurídicos. El principio del Estado social comienza a configurarse en el plano jurídico con la Constitución mexicana de Querétaro de 1917 que es el primer texto que responde al modelo del *constitucionalismo social*. Sus artículos 27 y 123 regulan en detalle e in extenso el régimen de la propiedad de la tierra y las bases constitucionales del trabajo y la previsión social con lo que se inaugura un modelo que impactaría no solo a Latinoamérica sino también a Europa. Dos años después de entrar en vigor la Constitución mexicana, los alemanes se dotan de su Constitución de Weimar la cual, a pesar de carecer de la expresión Estado Social, incluye todo un complejo de normas de carácter social, consagrando derechos sociales, regulaciones en torno a la familia, la educación, la vida económica, y la propiedad, al tiempo de establecer normas respecto a la intervención de los poderes públicos y el establecimiento de Consejos obreros y Consejos económicos. Las normas sociales consagradas en la Constitución de Weimar fueron, sin embargo, transformadas en meras fórmulas programáticas por una jurisprudencia liberal, a lo que se opusieron juristas socialdemócratas como Herman Heller, a quien se le debe la acuñación de la fórmula "*Estado social de Derecho*".

La caracterización como 'social' del Estado representa una radical novedad en el Derecho Constitucional. La expresión, acuñada en 1929 por Heller, fue constitucionalizada de manera expresa por primera vez en 1949 por la Ley Fundamental de Bonn, que definió a la República Federal Alemana como "un Estado federal, democrático y social conforme a la Ley Fundamental" (artículo 20, numeral 1) y como "un Estado democrático y social de Derecho" (artículo 28, numeral 1). Posteriormente, el constituyente español definiría a España como "un Estado social y democrático de Derecho" (artículo 1.1). La fórmula del Estado social "a la española" sería exitosa y aparecería posteriormente en las Constituciones de Colombia (artículo 1), Ecuador (artículo 1), Paraguay (artículo 1) y Venezuela (artículo 2).

La Constitución dominicana desde 2010 consagra expresamente la fórmula en su artículo 7, con lo que se da clara base textual a un principio fundamental del Estado que la doctrina consideró implícito a partir del artículo 8 (Pellerano Gómez 1996: 16) y cuya vigencia reconoció la jurisprudencia (Resolución 1920-2003 de la Suprema Corte de Justicia). Esta fórmula, como veremos a continuación, "lejos de ser una disposición constitucional etérea o con fines meramente decorativos, es realmente un eje transversal que cruza todo el texto constitucional, erigiéndose en un sistema operativo poliédrico que se refleja en todos los componentes de la Constitución" (Valerio Jiminián: 87). Es más, puede afirmarse, que la cláusula del Estado social "es, probablemente, la disposición que encierra el mayor contenido semántico y de la que se derivan consecuencias fácticas y normativas de mayor trascendencia de cuantas contiene" la Constitución (Rodríguez Gómez: 1). La más importante de esas consecuencias es la de que "la implantación de un Estado social y democrático de derecho constituye el instrumento articulador para generar las bases de transformación y desarrollo de la realidad y hacer posible que los derechos se tomen en serio" (Sosa Pérez: 109). En este sentido, esta cláusula "es el principio rector y eje transversal de la Constitución que vincula al programa político de la nación con el ideal de proteger los derechos fundamentales de los ciudadanos, para alcanzar una sociedad más justa e incluyente" (Bonilla: 97).

3.2.3.2 Dimensiones del Estado social. El principio del Estado social, tal como se encuentra consagrado en la Constitución, tiene tres dimensiones fundamentales: (i) la referencia social de los derechos fundamentales; (ii) la vinculación social del Estado: y (iii) la obligación del Estado de articular la sociedad sobre bases democráticas (Stein: 189)

A. La referencia social de los derechos fundamentales. La primera dimensión del principio del Estado Social es la referencia social de los derechos fundamentales. Se abandona así la concepción liberal según la cual todos los derechos fundamentales tienen formalmente la misma posición jurídica sin referencia a la situación social de los titulares de los mismos, con lo que termina la hipocresía de reconocer derechos que sólo pueden ser ejercidos por minorías poderosas o con propiedades importantes. El principio del Estado social proclama como función esencial del Estado obtener un disfrute real y efectivo de todos los derechos fundamentales por el mayor número de personas. La referencia social de los derechos fundamentales es una dimensión que atraviesa la proclamación constitucional del Estado social en la medida en que la Constitución afirma que el Estado social y democrático de derecho está fundado en el respeto de los derechos fundamentales (artículo 7) y que es función esencial de ese Estado no solo que se respeten efectivamente esos derechos sino también que la persona titular de los mismos obtenga los medios "que le permitan perfeccionarse de forma igualitaria, equitativa y progresiva" (artículo 8).

Esta referencia social de los derechos fundamentales tiene dos consecuencias importantes. La primera es que los derechos fundamentales, considerados absolutos en el liberalismo clásico, aparecen como *derechos limitados*, pues el Estado Social entiende que, abandonada la sociedad a sus propias leyes, se producen situaciones de injusticia que obligan a una necesaria intervención del Estado. Por ello, la Constitución establece la "función social" de la propiedad (artículo 51), permite la regulación estatal de la economía (artículo 50.2) y consagra un amplio catálogo de derechos sociales. La segunda consecuencia no es menos importante que la primera: la igualdad que persigue el Estado social no es una igualdad meramente formal, sino que es también una *igualdad material*, pues "el Estado debe promover las condiciones jurídicas y administrativas para que la igualdad sea real y efectiva y adoptará medidas para prevenir y combatir la discriminación, la marginalidad, la vulnerabilidad y la exclusión" (artículo 39.3). Además, la Constitución es clara en cuanto a que "la República condena todo privilegio y situación que tienda a quebrantar la igualdad de todos las dominicanas y dominicanos, entre quienes no deben existir otras diferencias que las que resulten de sus talentos o de sus virtudes" (artículo 39.1). Aquí lo más importante es la palabra "situación": la Constitución no tolera no solo la desigualdad formal derivada de "privilegios" derivados de las leyes sino también los privilegios fácticos derivados de las situaciones reales y concretas de la vida social.

B. La vinculación social del Estado. La vinculación social del Estado obliga al Estado a atender las necesidades de las personas. De ahí que el Estado en la Constitución es uno que está obligado a proteger, por solo citar algunos ejemplos, a las madres y a asistirlas en caso de desemparo (artículo 55.6), a los niños y adolescentes frente "a toda forma de abandono, secuestro, estado de vulnerabilidad, abuso o violencia física, sicológica, moral o sexual, explotación comercial, laboral, económica y trabajos riesgosos" (artículo 56.1), a las personas de tercera edad (artículo 57), a las personas con discapacidad (artículo 58), y a quienes pertenezcan a grupos o sectores vulnerables (artículo 61). Como se puede observar, el Estado que contempla la Constitución no es el Estado liberal clásico que espera que los bienes existentes se repartan por la mano invisible del mercado entre las personas. Se trata de un Estado que, al estar socialmente vinculado, se preocupa de la *equidad y de la justicia social* al momento de la repartición de lo producido. Por eso, ese Estado se preocupa por el funcionamiento de la economía en su conjunto, como ya veremos más adelante en el Volúmen II.

C. La obligación del Estado de articular la sociedad sobre bases democráticas. "Desde el punto de vista político, no cualquier Estado es un 'Estado Social de Derecho' como tampoco cualquier Estado Social es un Estado de Derecho, ni cualquier Estado de derecho asume los perfiles de un Estado social" (VANOSSI: 517). Conforme nuestro ordenamiento constitucional, el Estado social solo puede ser un *Estado democrático de derecho*. Y es que la articulación del principio democrático con el principio del Estado social obliga a considerar el Estado social "como un sistema en el que la sociedad no sólo participa pasivamente como recipiendaria de bienes y servicios, sino que, a través de sus organizaciones, toma parte activa tanto en la formación de la voluntad general del Estado, como en la formulación de las políticas distributivas y de otras prestaciones estatales" (GARCÍA PELAYO: 48). El Estado social debe propender, en consecuencia, hacia la "*democracia social*". Esa democracia social implica el deber del Estado de propiciar una mayor participación de la ciudadanía en el proceso de toma de decisiones de los distintos centros de poder político, económico y social. De ahí que la

Constitución "reconoce la iniciativa privada en la creación de instituciones y servicios de educación" (artículo 63.12), afirma que el Estado debe promover "la participación activa y progresiva de los niños, niñas y adolescentes en la vida familiar, comunitaria y social" (artículo 56.2) y que cuando enajene su participación en una empresa estatal "podrá tomar las medidas conducentes a democratizar la titularidad de sus acciones" (artículo 219, párrafo). Al respecto, el Tribunal Constitucional ha establecido que "la dimensión material del Estado Social y Democrático de Derecho exige la participación de los ciudadanos en los distintos ámbitos del interés general, sobre todo, en materia de derechos colectivos y difusos como el derecho a un medio ambiente adecuado debido a que su desprotección no sólo pone en juego el bienestar de las generaciones presentes, sino que se compromete el bienestar de las generaciones futuras. En este sentido, hemos de concluir que el no agotamiento del procedimiento establecido constituye una vulneración del derecho fundamental a disfrutar de un medio ambiente adecuado" (Sentencia TC/0458/21).

3.2.3.3 El Estado social y los demás principios fundamentales.

A. Estado social y democracia. El Estado social es por definición un Estado democrático. De ahí que en un régimen en el que los individuos participan en los bienes económicos, sociales y culturales, pero no en la formación de la voluntad política del Estado ni en el proceso de distribución de dichos bienes no puede haber Estado social. El Estado social es un *sistema democráticamente articulado* en el que los individuos participan no solo pasivamente como recipiendarios de bienes y servicios sino también y principalmente de modo activo como participantes en la formulación de la voluntad general del Estado y en las políticas sociales y prestacionales del mismo. El Estado social no puede entonces confundirse con el Estado asistencial, el Estado providencia, el Estado populista, el Estado de bienestar que puede coexistir con regímenes autoritarios. El Estado social parte de la democracia política, presupuesto del mismo e instrumento para alcanzar la democracia social.

El pluralismo político y social que es un rasgo del Estado democrático que configura la Constitución constituye no solo un presupuesto y un instrumento del Estado social sino también una garantía de la eficacia del mismo. Contrario a los regímenes autoritarios en los que solo los gobernantes están en posición de determinar la eficacia de las medidas sociales que adoptan y en donde dichas medidas tan solo constituyen un tranquilizante contra el dolor del conflicto social, la democracia, tanto en su dimensión política como social, ofrece verdadera garantía de eficacia, "ya que una política errónea puede ser inmediatamente sometida a crítica seguida de una presión para su rectificación o, dicho de otro modo, el sistema democrático aumenta el número y la calidad de los reguladores y, con ello, acrece su capacidad para neutralizar las acciones disturbadoras de la funcionalidad del sistema, mientras que, como hemos visto, en un régimen autoritario la insistencia en políticas erróneas o lesivas para la totalidad o para una buena parte de la población, puede ser y es de hecho mucho mayor" (GARCÍA PELAYO: 51).

B. Estado social y Estado de derecho. Es minoritaria hoy en día la posición de quienes afirman, siguiendo a Forsthoff, que hay "una contradicción estructural entre la constitución del Estado de Derecho y las obligaciones de contenido social" (FORSTHOFF: 552). Aunque Forsthoff era partidario del Estado social, el cual estudió tempranamente en su célebre opúsculo de 1938 *Die Verwaltung als Leistungsträger*, tan influyente en los estudios del derecho de la "Administración prestadora" de servicios durante toda la segunda mitad del siglo XX, advertía que, mientras las normas constitucionales del Estado de derecho son de validez y aplicación inmediata, los principios estructurales del Estado social requieren una intermediación política y legislativa que depende de las posibilidades y los recursos del Estado y por lo tanto tienen un carácter meramente simbólico o "declamatorio" y en modo alguno normativo. Hoy sabemos que los principios constitucionales son importantes y hay que tomarlos en serio por su impacto en la interpretación de las leyes que conduce a la constitucionalización de todos los sectores del ordenamiento jurídico para interpretarlos a la luz no solo de la cláusula del Estado de derecho sino también del Estado social. Más aún, "el Estado social tiene su propia inevitabilidad política y, por lo tanto, puede, de hecho, contar con garantías constitucionales más fácilmente que otros objetivos estatales. El reconocimiento político se obtiene hoy en día principalmente mediante la promesa y distribución de recursos, siendo esta motivación más fuerte que cualquier garantía constitucional" (GRIMM 2020: 226).

No hay por tanto oposición entre Estado de derecho y Estado social. El Estado de derecho que consagra la Constitución es un Estado social. Por eso, la interpretación integrada de los principios del Estado social y del Estado de derecho exige "una reinterpretación del sistema de derechos fundamentales propios del Estado liberal clásico" (CARMONA CUENCA: 92). Y es que el Estado no solo busca proteger efectivamente los derechos de la persona humana dentro de un orden de libertad individual, sino que busca, sin abandonar lo primero o, mejor aún, para conseguirlo, el mantenimiento de los medios que permitan a la persona perfeccionarse dentro de un orden de justicia social. El Estado social es el *Estado de la libertad en justicia social*, lo que significa que "mientras el estado de derecho liberal debe sólo no empeorar las condiciones de vida de los ciudadanos, el estado de derecho social debe también mejorarlas" (FERRAJOLI 1995: 862). "Gracias a esta ampliación del modelo del estado de derecho, que consiste en imponer en la esfera pública no solo límites sino también vínculos, no sólo prohibiciones de lesión (o garantías negativas) sino también obligaciones de prestación (o garantías positivas), el estado ha ampliado y reforzado sus fuentes de legitimación" (FERRAJOLI 1999: 113), asumiendo el Estado así un rol de promotor de los derechos fundamentales, no solo garantizando su vigencia efectiva, que es su función esencial (artículo 8 de la Constitución) para la cual se organiza (artículo 38 de la Constitución), sino también, lo que no es menos importante, promoviendo "las condiciones jurídicas y administrativas para que la igualdad sea real y efectiva y adoptará medidas para prevenir y combatir la discriminación, la marginalidad, la vulnerabilidad y la exclusión" (artículo 39.3) de la Constitución.

Concebir al Estado de derecho como un Estado social de derecho significa controlar la *arbitrariedad del Estado social*. En efecto, el desarrollo del Estado Social "se ha producido en gran parte a través de la ampliación de los espacios de discrecionalidad de los aparatos burocráticos, el juego no reglamentado de los grupos de presión y de las clientelas, la proliferación de las discriminaciones y de los privilegios, así como de sedes extra-legales, incontroladas y ocultas de poder público y para-público" (Ferrajoli 1995: 863). De ahí que someter el Estado social al derecho y encuadrar jurídicamente, por tanto, la *acción social del Estado*, implica, ante todo, concebir las prestaciones sociales como derechos fundamentales garantizados, es decir, aplicables directa e inmediatamente y exigibles ante los tribunales, sustrayendo así "la implementación del Estado social de la lógica presidencialista" y asistencialista, haciéndola "sostenible económica e institucionalmente" (Raful: 143). La *garantía de los derechos sociales* implica su carácter gratuito, su obligatoriedad y su generalización. Esto permite, "gracias a la abstracción de las condiciones particulares y de las decisiones selectivas y potestativas en la satisfacción de tales derechos, por una parte, una radical desburocratización del Estado social en aras de la transparencia y de una legalidad restaurada y simplificada y, por otra, una formalización de los procedimientos de garantía de los derechos sociales aún más eficaz y garantista que la prevista para los derechos de libertad" (Ferrajoli 1999: 112).

3.2.3.4 Significado jurídico-constitucional del Estado Social.

A. Significado del Estado social. Pero… ¿qué quiere decir la Constitución cuando afirma que la República Dominicana constituye un Estado social? Está claro que una interpretación constitucionalmente adecuada de la cláusula del Estado social no puede lograrse haciendo descender el derecho constitucional al nivel de debate de una política en la que la búsqueda de la justicia social es siempre esencial a ella y en donde ningún dirigente político quiere arriesgarse a que se le critique por no contribuir a la justicia social. De lo contrario, todo objetivo que se pretende motivado por la justicia social buscaría no solo ser políticamente sino además constitucionalmente correcto. De ese modo, toda controversia política devendría en disputa constitucional, desvirtuándose así un precepto constitucional que, como la cláusula del Estado social, busca impedir que los poderes públicos violen sus límites pero, en ningún caso, decidir cuál de entre las alternativas políticas que caben dentro de la Constitución es la más apropiada o la más funcional.

El riesgo de politizar la interpretación de la cláusula del Estado social no debe conducir, sin embargo, a negarse a suministrar una interpretación constitucionalmente adecuada de la misma. El Estado social en la Constitución dominicana está configurado a partir de la tensión y complementariedad entre dos polos: la *libertad individual y la justicia social*. El constituyente asume que no es posible disfrutar de la libertad sino es en el marco de un orden de justicia social. De ahí que se reconozca como función esencial del Estado la protección de los derechos fundamentales, pero, además, la obtención de los medios materiales que permitan a los individuos perfeccionarse en ese orden de libertad individual y de justicia social a que aspira el constituyente, lo que significa que "se tendrá que otorgar fisonomía a los derechos fundamentales en función de una realidad particular y a partir de la consagración progresiva de todos los derechos" (RAFUL: 130). La cláusula del Estado social implica, por tanto:

a) La *protección de los estratos sociales bajos* y la protección de los débiles y menesterosos. Se trata de los sectores más necesitados lo cual incluye no solo de los sectores tradicionales, como los trabajadores, sino de aquellos que no son organizables en grupos de interés, tales como las personas de la tercera edad, las madres, los niños, los desempleados, los minusválidos y, en sentido general, todos los grupos socialmente infradotados que, por dicha condición, necesitan de especial atención y asistencia estatal. Por eso, la Constitución obliga al Estado a adoptar medidas dirigidas a "prevenir y combatir la discriminación, la marginalidad, la vulnerabilidad y la exclusión" (artículo 39.3).

b) El *rechazo del individualismo egoísta* y la conciencia de responsabilidad para con la generalidad. Esto significa el esfuerzo por la compensación de intereses antagónicos y el principio de solidaridad que comprenden la especial consideración de las necesidades de las personas o grupos amenazados. Desde esta perspectiva resulta evidente que toda política social debe permitir a los individuos el "libre desarrollo de su personalidad" (artículo 43), de modo que puedan "perfeccionarse de forma igualitaria, equitativa y progresiva" (artículo 8) y concurrir a la vez como miembro servidor de la comunidad a la vida política, económica y cultural. El Estado social implica que los intereses individuales o de grupo son referidos al bien de la generalidad.

c) El individuo debe ser considerado a la vez *como individuo y como ser social*. Cada persona forma parte de una comunidad de la cual depende para realizar sus anhelos individuales. La tarea social del Estado consiste, pues, en la *garantía de la libertad individual*, para lo cual no basta con la configuración de espacios libres al margen del Estado. Se requiere, además, la *garantía social de la libertad*, de la participación activa de los individuos en la vida política, económica y cultural, participación desde la cual sólo es posible realizar auténticamente la libertad. Esto es evidente en el reconocimiento constitucional del derecho fundamental de las personas "a participar y actuar con libertad y sin censura en la vida cultural de la Nación" (artículo 64).

Lo anterior es el *contenido mínimo esencial* de la cláusula del Estado social. A partir de ahí, no es constitucionalmente adecuado interpretar y aplicar restrictivamente dicha cláusula en ocasión de crisis políticas y sociales, pues ello podría tener como consecuencia la polarización de las posiciones políticas y efectos o cargas insoportables para el Estado y la sociedad. La Constitución debe garantizar tan solo un mínimo común denominador de ideas y creencias y, a menos que queramos trasladar a la Constitución las tensiones políticas y sociales resultantes de las crisis, hay que entenderla como un *orden abierto*. La apertura de la Constitución permite una diversidad de interpretaciones de la cláusula del Estado social y propicia un consenso básico entre interpretaciones conflictivas. Si existe este consenso, es posible deducir todas las consecuencias derivables de un principio rector como la cláusula del Estado social. Sin embargo, a falta de dicho consenso, no se debe invocar unilateralmente la norma constitucional a favor de una de las posiciones enfrentadas.

En virtud de la cláusula, todo individuo, a fin de que esté garantizada la propia dignidad, deberá disponer de unos *recursos materiales mínimos*, por lo que, cuando alguien carezca de los mismos, podrá solicitar asistencia del Estado invocando los artículos 7 y 8 de la Constitución. Y es si que el principio del Estado de derecho nos protege frente a la arbitrariedad de los poderes públicos, la cláusula del Estado social garantiza a los individuos la *liberación de la extrema necesidad*.

B. Imposición constitucional y discrecionalidad legislativa. Para la doctrina tradicional, la cláusula del Estado Social es una simple proclamación de aspiraciones políticas, a través de una fórmula nebulosa y vacía de contenido que, por demás, se encuentra desprovista de valor jurídico o, a lo más, es una norma de carácter simplemente programático.

Hoy, sin embargo, si se toma la Constitución y su cláusula del Estado social en serio, es imposible negar que el Estado social constituya un *principio rector vinculante para los poderes públicos*, en la medida en que prescribe fines del Estado que rigen la acción de dichos poderes. El principio del Estado Social contiene una imposición obligatoria dirigida a los órganos de dirección política (Poderes Legislativo y Ejecutivo) en el sentido de desarrollar una actividad económica y social que conforme las estructuras socioeconómicas de modo que se logre la libertad individual y la justicia social que quiere y manda el artículo 8 de la Constitución. Este principio es un mandato constitucional jurídicamente vinculante que limita la discrecionalidad legislativa en cuanto al "qué" de la actuación, dejando un margen considerable de libertad de conformación política en cuanto al cómo de su concretización.

C. El derecho como instrumento de conformación social. El principio del Estado social constituye una autorización constitucional para que el legislador democrático y los demás órganos encargados de la concretización político-constitucional adopten las medidas necesarias para la evolución del orden constitucional bajo la óptica de la justicia social. De ese modo, "la actividad del Estado, a consecuencia de la materialización del problema de la justicia, se separa de la vinculación a un orden social previamente dado, cuasinatural, que el Estado ha protegido únicamente contra perturbaciones; en su lugar, es el orden social mismo el que es transformado y configurado por el Estado" (GRIMM 2006: 189). De ahí que la Constitución impone al Estado *tareas de conformación, transformación y modernización* de las estructuras económicas y sociales, de manera que se promueva la igualdad real y efectiva entre los dominicanos (artículo 39.3). En todo caso, la cláusula del Estado social constituye una habilitación y un mandato constitucional al legislador para que se interese por los asuntos sociales. Es tarea del legislador crear ese "marco de libertad individual y de justicia social" a que se refiere la Constitución, lo que conlleva la eliminación de situaciones sociales de menesterosidad y no impide que el legislador disponga de un apreciable margen de maniobra para establecer las prestaciones sociales a cargo del Estado. Y es que, a fin de cuentas, "ni el desarrollo de la personalidad ni el cumplimiento de las funciones del sistema pueden llegar a buen puerto sin prestaciones anticipadas ni medidas facilitadoras estatales" (GRIMM 2006: 190)

D. El principio de no retroceso social o prohibición de regresividad. La Constitución enfatiza que el Estado debe asegurar los medios que permitan a las personas perfeccionarse de forma progresiva (artículo 8). Queda claro para el constituyente que el principio del Estado social prohíbe el retroceso social, que la "contrarrevolución social" o la "evolución reaccionaria" quedan prohibidas. A esto nos referiremos en el Capítulo 9 del Volumen II.

E. El principio del Estado social como elemento de interpretación. El principio del Estado social es un *elemento esencial de interpretación*, en específico, de la interpretación conforme a la Constitución. Tanto el legislador como la Administración y los tribunales deben considerar al principio del Estado social como principio obligatorio de interpretación para determinar la conformidad de los actos de los poderes públicos con la Constitución. Ello implica el deber de los poderes públicos de interpretar todas y cada una de las normas del ordenamiento jurídico de acuerdo con el principio del Estado social. La interpretación de las normas jurídicas debe siempre arrojar un resultado que sea conforme con la Constitución y, en especial, con los valores y principios fundamentales de ésta, entre los que destaca el principio del Estado social.

Este principio impone, por otro lado, *la comprensión social de los derechos fundamentales*, incluso de los que no constituyen derechos sociales ni económicos. Y es que la Constitución, en tanto reconoce que la función esencial del Estado no es la protección meramente formal de los derechos fundamentales sino la protección efectiva de los mismos así como la obtención de los medios que permita a sus titulares el perfeccionamiento progresivo, igualitario y equitativo, dentro de un marco de libertad individual y justicia social (artículo 7), ha rechazado la concepción liberal de los derechos fundamentales como situaciones jurídicas puramente formales, desconectadas de la posición real de sus titulares en orden a la posibilidad efectiva de su ejercicio. El principio del Estado Social prohíbe, pues, una *interpretación formal de los derechos fundamentales* que los convierta en cascarones vacíos, que los transforme en situaciones de falta de libertad por el olvido de las verdaderas condiciones de poder social. De ahí que el principio básico de igualdad no puede ser interpretado como simple exigencia de igualdad formal, sino que éste implica la *igualdad material*, es decir, tomando en cuenta la situación real de los sujetos entre los que se predica dicha igualdad. En consecuencia, como bien establece el Tribunal Constitucional español, "debe admitirse como constitucional el trato distinto que recaiga sobre supuestos de hecho que fueran desiguales en su propia naturaleza, cuando su función contribuya al restablecimiento de la igualdad real a través de un diferente régimen jurídico, impuesto precisamente para hacer posible el principio de igualdad, lo que indudablemente acontece con la desigualdad originaria que mantienen el empresario y el trabajador, debida a la distinta y generalmente profunda condición económica de ambos y a la posición de primacía y respectiva dependencia o subordinación del uno respecto al otro, que precisamente trata de equilibrar el derecho laboral con su ordenamiento jurídico compensador e igualitario" (STC 14/1983). Es lo que precisamente exige la Constitución cuando establece que el Estado adoptará las *medidas positivas* necesarias para propiciar la integración familiar, comunitaria, social, laboral, económica, cultural y política de las personas con discapacidad (artículo 58).

F. Imposición del Estado social. El principio del Estado social justifica y legitima la intervención económica constitutiva y concretizadora del Estado en los dominios económico, social y cultural, para así realizar y concretizar los derechos sociales. Se trata de una imposición constitucional conducente a la adopción de medidas existenciales para los individuos y grupos que, en virtud de condiciones particulares o de condiciones sociales, encuentran dificultades en el desarrollo de su personalidad en términos económicos, sociales o culturales.

El *principio de subsidiariedad*, reconocido en el artículo 219 de la Constitución, no puede ser invocado como cláusula-barrera para imponer la excepcionalidad de las intervenciones públicas en materia social. Una cosa es que, en el ámbito económico se reconozca la primacía de la iniciativa privada, como veremos cuando analicemos la Constitución económica en el Capítulo 16, y otra es pretender que, en el ámbito de la vida social, el Estado solo puede intervenir cuando fuese útil. Esta idea, propia de un capitalismo liberal, no responde a la de un Estado socialmente vinculado, uno cuya función esencial es precisamente la protección efectiva de los derechos de la persona y el mantenimiento de los medios que le permitan perfeccionarse igualitaria, equitativa y progresivamente en un marco de libertad individual y justicia social (artículo 8). De ahí que las *intervenciones socialmente constitutivas del Estado* no deben confundirse con la disciplina de la economía: es en este último ámbito donde el Estado despliega actividades meramente supletorias, no en el plano social donde se revelan las carencias de los sectores más empobrecidos y donde la actividad interventora estatal más que una facultad es un verdadero deber.

Lo anterior no significa que queda anulado el *principio de autoresponsabilidad* o que se niegue la bondad y eficacia de las fórmulas dinámicas que se centran en una sociedad civil socialmente comprometidas. No. Se reconoce que cada persona tiene, en principio, la capacidad para obtener un grado de existencia digno, para sí y para su familia. De ahí que no "se opone al Estado social una previsión privada y una asunción de responsabilidad para sí mismo y la propia familia, que permitan renunciar al Estado" (Benda: 540). El Estado social no debe confundirse con una Administración de servicios y una previsión absolutas, pues de ese modo no se dejaría margen para la iniciativa individual y para la libre actividad de las fuerzas sociales. Muy por el contrario: como bien ha expresado el Tribunal Constitucional alemán, si bien el Estado debe asumir ciertas prestaciones indispensables, debiendo velar por un orden social justo, ello no impide que, al lado de las medidas de las autoridades públicas, se prevea la asistencia de organizaciones privadas (BvergGE 22, 180 (204). El libre desarrollo cultural, social y económico de los individuos es un proceso público abierto a las mediaciones de entidades privadas tales como instituciones de solidaridad social, juntas de vecinos, clubes, grupos comunitarios, cooperativas e iglesias. No debe confundirse el Estado social con la *monopolización de la acción social* por el Estado. La participación de los individuos y de los grupos a los cuales pertenecen éstos en la acción social del Estado es deseable no solo porque se trata de sus intereses propios sino, sobre todo, porque tal participación fomenta un comportamiento social conscientemente responsable en la medida en que robustece la conciencia de los individuos de que ejercen corresponsabilidad. La Constitución es consciente de ello: por eso, reconoce que "la familia es el fundamento de la sociedad y el espacio básico para el desarrollo integral de las personas" (artículo 55); consagra que el Estado propiciará la participación de los jóvenes "en todos los ámbitos de la vida nacional" (artículo 55.13); declara que "se promoverá la participación activa y progresiva de los niños, niñas y adolescentes en la vida familiar, comunitaria y social" (artículo 56.2); y afirma que el fomento del deporte lo hará el Estado "en colaboración con los centros de enseñanza y las organizaciones deportivas" (artículo 65).

G. El Estado social como fundamento de pretensiones jurídicas. ¿Puede servir el principio del Estado social como *fundamento autónomo e inmediato de pretensiones jurídicas*? La respuesta es, en principio, negativa: el principio del Estado social es un principio jurídico fundamental objetivo y no una norma de prestación subjetiva. Dicho principio se encuentra plasmado en diversos derechos sociales, económicos y culturales consagrados por la Constitución y es de esos derechos, y no del principio del Estado Social en abstracto, de que debe valerse el individuo para fundamentar una petición ante la Administración o los tribunales pretensiones subjetivas. El Estado social es tarea del legislador y no de los tribunales y no podría pedirse a los tribunales que tomasen acciones que pertenecen a la esfera del legislador sin que se vulnerase seriamente el principio de división de poderes base del Estado de derecho.

Ahora bien, como bien ha establecido la jurisprudencia constitucional alemana, excepcionalmente, el principio es *inmediatamente vinculante* en ciertos casos (BverfGE 1, 97 (104). Así, en caso de arbitraria inactividad del legislador, puede invocarse la inconstitucionalidad por omisión con el fin de obtener una recomendación judicial a favor de la concretización legislativa de las imposiciones constitucionales de legislar contenidas en el principio del Estado social. Del mismo modo, en caso de particulares situaciones de necesidad, se justifica una inmediata pretensión de los individuos a que se defiendan sus condiciones mínimas de existencia inherentes al respeto de la dignidad de la persona humana, lo que puede dar lugar a un recurso de amparo ante los tribunales competentes.

H. El principio del Estado social como principio organizacional. El principio del Estado social es también un principio organizativo de la prosecución de tareas por los poderes públicos. De ahí que la Administración Pública del Estado social es una *Administración socialmente vinculada* a la estructuración de servicios suministradores de prestaciones sociales (enseñanza, salud, seguridad social). Esta vinculación social de la Administración no prohíbe, sin embargo, que esas prestaciones sean aseguradas por esquemas organizativos jurídicos privados o por entidades autónomas. El Estado social no obliga a la prestación de los servicios por el Estado de forma directa, pudiendo los servicios dejar de tener como soporte las dependencias o empresas del Estado. Es precisamente lo que establece la Constitución al disponer que los servicios públicos pueden ser prestados directamente por el Estado o por los particulares (artículos 147.1 y 147.2).

Hay un límite, sin embargo, que no puede traspasarse si no se quiere vulnerar el principio del Estado social: el acceso a los bienes públicos no puede implicar la violación de los derechos sociales ya efectivados. Por ello, la transmutación de formas de organización públicas en esquemas organizativos privados, como ha ocurrido en el sector de la energía eléctrica y de las telecomunicaciones, por solo citar un ejemplo, presupone la continuación del *principio de universalidad del acceso* de las personas a los bienes indispensables a un mínimo de existencia. Los servicios cuya prestación ha sido privatizada tienen que ser igualitarios, es decir, prestarse a todos aquellos que reúnan la condición de usuarios, y progresivos, o sea, cobrados en base a tarifas más caras para los que más consumen y mayor poder adquisitivo tienen, de manera que pueda financiarse el acceso de los más humildes al servicio. Es lo que busca asegurar la Constitución cuando señala que el Estado debe asegurar que los servicios públicos sean servicios "de calidad" (artículo 147.1) y que respondan "a los principios de universalidad, accesibilidad, eficiencia, transparencia, responsabilidad, continuidad, calidad y equidad tarifaria" (artículo 147.2).

I. El Estado social como límite a la reforma constitucional. A pesar de que el artículo 268 de la Constitución no alude *expressis verbis* al principio del Estado social como límite a la revisión constitucional, ello no implica que no constituya un *límite material implícito*. Los derechos fundamentales no aparecen tampoco en dicha enumeración y no hay dudas de que constituyen un límite a la reforma constitucional. Lo mismo ocurre con el Estado social. Así como los derechos fundamentales son un límite de la reforma constitucional que se deriva del principio del Estado de derecho, el principio del Estado social constituye un límite que se deriva del principio democrático y que se vincula con el Estado de derecho. El Estado Social es la dimensión económica y social del principio democrático que se manifiesta en los derechos económicos, sociales y culturales, los cuales, como todos los derechos fundamentales, son a su vez límite a la revisión de la Constitución.

3.3 El Estado unitario descentralizado

3.3.1 El Estado unitario en la Constitución. La Constitución establece que la República Dominicana es un Estado "organizado en forma de República unitaria" (artículo 7). El texto constitucional no es casual. Como bien afirma Manuel Amiama, "el Estado dominicano se formó bajo la influencia y atracción de un centro político único y predominante, en la capital de la antigua parte española de la isla. Se formó así sobre una Nación naturalmente unitaria, sin otras localizaciones de autoridad efectiva que las de las formaciones municipales provistas, desde los tiempos coloniales, de cabildos fuertemente imbuidos de la idea de que a ellos correspondía la administración de los intereses regionales. La división por Provincias estaba apenas esbozada en lo administrativo, aunque algo más destacada en lo judicial. Fue natural pues que, al formularse en 1844 la Constitución dominicana, ni siquiera por los más extravagantes se hablara de federalismo. Se dividió el territorio nacional en Provincias, pero solo para facilitar la administración desconcentrada de ciertos asuntos nacionales. En cambio, se reconocieron las entidades municipales, privando en el ánimo de todos la idea de conferirles una condición autárquica" (AMIAMA: 182).

3.3.1.1 El principio de unidad del Estado como presupuesto de la Constitución: la unidad del poder constituyente. Con la proclamación en la Constitución de que "el pueblo dominicano constituye una Nación organizada en Estado libre e independiente, con el nombre de República Dominicana" (artículo 1) y que "la indisoluble unidad de la Nación, patria común de todos los dominicanos y dominicanas" es fundamento de la Constitución (artículo 5), queda más que claro que la Constitución dominicana se fundamenta en la *indisoluble unidad de la Nación dominicana* y dicha unidad tiene como base el sujeto preconstitucional y constituyente que es la Nación dominicana. Existe, por tanto, una indivisibilidad del sujeto constituyente, que es la Nación dominicana, el cual en ejercicio de su soberanía se dota de una Constitución, con lo que el orden constitucional se fundamenta en esa unidad de la Nación dominicana.

La unidad primera y presupuesto de la Constitución reside pues en el mismo origen constituyente del Estado, que es unitario y no federal. Es cierto que el movimiento político que culminó en la independencia dominicana en 1844 fue avivado por los municipios históricos pero la primera Constitución, ni ninguna subsiguiente, es el resultado de un pacto entre entidades soberanas previas sino que resulta del ejercicio del poder constitucional del pueblo dominicano, titular de la soberanía nacional y del que "emanan todos los poderes" del Estado (artículo 2). No es la Constitución el resultado de un convenio entre instancias territoriales históricas que conserven unos derechos anteriores a la Constitución y superiores a ella, sino que constituye una norma emanada del poder constituyente que se impone con fuerza vinculante en su ámbito, sin que queden fuera de ella situaciones históricas anteriores. Este sujeto preconstitucional, la Nación dominicana, nunca ha estado integrada por diversas nacionalidades ni por regiones autónomas sino que se ha nutrido del sentimiento del pueblo dominicano de ser una comunidad social diferente de la metrópoli española y de la hermana República de Haití.

3.3.1.2 Significado del principio de unidad del Estado. El Estado unitario es aquel que, en un determinado territorio y para la población que en éste vive, tiene un soporte único para la estatalidad. Esto significa que: (i) existe una organización política y jurídica –el Estado– al que se le imputan en términos exclusivos la totalidad de las competencias típicamente estatales (representación externa, defensa, justicia); (ii) consecuentemente, existe una soberanía interna y externa, no existiendo otras organizaciones soberanas colocadas en posición de equiordenación (confederación) o en posición de diferenciación (federación); (iii) de la unidad del Estado resulta la inmediación de las relaciones jurídicas entre el poder central y los ciudadanos, no existiendo cuerpos intermedios entre el Estado y los ciudadanos; y (iv) la unidad del Estado implica la indivisibilidad territorial.

3.3.1.3 Intangibilidad de la unidad del Estado. A pesar de que el artículo 268 de la Constitución no contempla expresamente el principio de unidad del Estado, está claro que, a través de la reforma constitucional, no es válido transformar el Estado dominicano de un Estado unitario en un Estado federal. Quien pretenda conferir o esgrimir atributos de soberanía a instancias territoriales ubicadas en el territorio nacional está atentando contra la soberanía de la Nación dominicana como Estado libre e independiente, la cual "es inviolable" (artículo 3). Le está vedado al poder constituyente derivado aprobar o consentir esta cesión de soberanía territorial, pues "ninguno de los poderes públicos organizados por la presente Constitución podrá realizar o permitir la realización la realización de actos que constituyan [...] una injerencia que atente contra la personalidad e integridad del Estado y de los atributos que se le reconocen y consagran en esta Constitución" (artículo 3). "El territorio de la República Dominicana es inalienable" (artículo 9) y es misión de las Fuerzas Armadas defender "la independencia y soberanía de la Nación" y "la integridad de sus espacios geográficos" (artículo 252.1).

3.3.2 El Estado unitario descentralizado. La Constitución parte de la unidad de la Nación dominicana que se constituye en Estado cuyos poderes emanan del pueblo dominicano en quien reside la soberanía nacional. Esta unidad se traduce en una organización –el Estado– para todo el territorio nacional. Pero los órganos generales del Estado no ejercen la totalidad del poder público, porque la Constitución prevé con arreglo a una distribución vertical de poderes, la participación de determinadas entidades territoriales, los municipios, cuyo gobierno estará a cargo de ayuntamientos (artículo 201). Estos municipios "constituyen la base del sistema administrativo local" y gozan de autonomía conforme la Constitución y las leyes. no por ello debe obviarse que el Estado dominicano es un *Estado unitario descentralizado* pues los municipios son verdaderas colectividades territoriales descentralizadas, titulares de verdaderos derechos de poder público que se ejercen por órganos y agentes del gobierno municipal que son representantes elegidos por los ciudadanos del municipio.

3.3.2.1 El principio de autonomía de las autarquías locales. El principio de la autonomía de los municipios constituye no solo una dimensión de la organización del Estado unitario sino también un componente de la organización democrática del Estado. Los municipios, junto con sus gobiernos –ayuntamientos–, constituyen un verdadero *"Poder Local"* constitucionalmente innominado, no obstante la gran visión de nuestro Juan Pablo Duarte quien abogaba por la consagración constitucional expresa del "Poder Municipal". Este poder local significa que la Constitución reconoce la participación en el ejercicio del poder público de entidades territoriales diferentes de la entidad territorial Estado y dotadas de órganos de representación democráticamente legitimados y cuya función es perseguir los intereses propios de sus poblaciones respectivas.

La existencia de municipios autónomos es una garantía institucional lo que significa que hay un núcleo duro, un reducto de poder municipal, indisponible para el Estado. Este *núcleo esencial del poder municipal* implica: (i) el derecho a la existencia que implica autogobierno municipal, gobierno propio por medio de órganos representativos electos directamente por la colectividad y no por órganos del exterior; (ii) garantía de órganos representativos dotados de determinadas competencias autárquicas; y (iii) garantía de prosecución de intereses propios, es decir, autodeterminación por parte de las poblaciones respectivas a través de sus órganos de gobierno propios.

3.3.2.2 El principio de subsidiariedad. El principio general de subsidiariedad implica que el Estado asume sólo aquellas tareas que las comunidades municipales no pueden realizar de modo más eficiente. Este principio se articula con la *descentralización democrática*: el poder local debe tener competencias propias para regular las tareas y asuntos de las poblaciones de las respectivas áreas territoriales.

3.3.2.3 Nuevas formas de descentralización. El reclamo de nuevas formas de descentralización que acentúen el carácter descentralizado del Estado unitario dominicano y la naturaleza representativa de nuestra democracia (Catrain) ha sido en parte satisfecho con la reforma constitucional de 2010 que no solo contempla la posibilidad de transferencia de competencias del Estado a los municipios (artículo 204) sino que dispone, además, nuevos mecanismos de participación popular a nivel local (artículos 203 y 206).

3.3.2.4 El principio de participación. La descentralización está estrechamente ligada a la participación. Y es que "perfeccionar la democracia exige hacerla más participativa y más representativa, para lo cual la única vía posible que existe es acercando el Poder al ciudadano, y ello solo puede lograrse descentralizando territorialmente el Poder del Estado y llevarlo hasta la más pequeña de las comunidades; es decir, distribuyendo el Poder en el territorio nacional" (Brewer Carías: 389). Ese es el sentido de la consagración constitucional de mecanismos directos de participación ciudadana a nivel local, tales como el referendo, el plebiscito, la iniciativa normativa municipales (artículo 203) y los presupuestos participativos (artículo 206).

3.4 El Estado cooperativo o abierto al Derecho internacional

El artículo 26 de la Constitución establece que "la República Dominicana es un Estado miembro de la comunidad internacional, abierto a la cooperación y apegado a las normas del derecho internacional". ¿Cuál es el significado de esta cláusula? ¿Qué implicaciones tiene la pertenencia de la República Dominicana a la comunidad internacional y su apego a las normas que rigen esta última? ¿Qué quiere decir la Constitución cuando afirma que el país está abierto a la cooperación?

3.4.1 La emergencia del Estado cooperativo. Desde la Paz de Westfalia firmada en 1648, ha sido norma del sistema internacional que el Estado existe en territorios determinados, en cuyo interior las autoridades políticas internas constituyen los únicos árbitros de la conducta legítima. Sin embargo, el Estado-nación está siendo erosionado por arriba y por abajo. Por arriba, las fuerzas corrosivas de la globalización, de las innovaciones *tecnológicas* en los campos de la información, de las comunicaciones y de los transportes que producen la instantaneidad en las transmisiones de mensajes, la rapidez para la movilidad física y el crecimiento del intercambio económico, han permeado a los Estados de tal modo que se ha casi anulado la posibilidad de políticas públicas autónomas de los gobiernos estatales. El Estado manda menos que nunca sobre su propio territorio: "La *globalización* fuerza al estado-nación a abrirse [...] A pesar de que la soberanía y el monopolio de la violencia quedan formalmente en manos del Estado, las crecientes interdependencias de la sociedad mundial ponen en cuestión la premisa de que la política nacional, que todavía es territorial, es decir, que tiene lugar dentro de las fronteras del territorio de un Estado, pueda realmente coincidir con el destino real de la sociedad nacional" (Häbermas: 112, 94).

Por abajo, el Estado-Nación enfrenta las fuerzas de las autonomías, de los regionalismos, que luchan por una mayor *descentralización política*, por una "devolución" de los poderes asignados o usurpados por el gobierno central a las entidades locales. El nivel de autonomía reclamado por estas fuerzas locales va desde la radical independencia hasta la más moderada autonomía dentro de un esquema de Estado regional, autonómico o federal. En todo caso, si las luchas no culminan en la secesión, los arreglos siempre conducen a fórmulas cuestionadoras de la autoridad central del Estado.

A pesar de estas fuerzas corrosivas del Estado nacional, los Estados-nación se multiplican. Hoy existen más de 200 Estados-nación y es probable que en las primeras décadas de este siglo XXI alcance los 400. Sin embargo, los modernos Estados-nación, para poder dar respuesta a las crecientes demandas de servicios y de regulación en las más diversas esferas, no pueden sustraerse de la necesaria cooperación con los demás Estados. Hoy se impone no solo la cooperación política y militar para conservar la soberanía política y la seguridad territorial, sino principalmente la cooperación en los campos económicos y técnicos en los que un gobierno desempeña sus funciones de conducción del Estado. El Estado tiene que ser hoy necesariamente un *"Estado constitucional cooperativo"* y la Constitución no puede escapar a la obligación de reconocer y encuadrar los conceptos, procedimientos y competencias jurídicos adecuados para este nuevo tipo de Estado (HABERLE 2001: 68). La máxima expresión de los Estados constitucionales cooperativos es la Unión Europea, modelo que promete multiplicarse en otras regiones del planeta.

Que el Estado-nación requiera ser en la actualidad un Estado cooperativo no significa, sin embargo, que dejará de existir como forma de organización política. No. En la medida en que tras el nacionalismo subyace la idea de *igualdad* y *autodeterminación democrática*, seguirá siendo una de las fuerzas motoras del Estado constitucional, como bien lo evidencia el Tribunal Supremo de Puerto Rico, el cual al admitir la validez de la renuncia a la ciudadanía norteamericana de Juan Mari Bras y su conservación de la ciudadanía puertorriqueña, estableció que "el fundamento jurídico actual de la ciudadanía puertorriqueña es la propia Constitución del Estado Libre Asociado de Puerto Rico", que "dicha ciudadanía constituye un elemento indispensable del régimen autonómico que se estableció en el país en 1952, por la voluntad del propio pueblo", "que el derecho al voto en una jurisdicción corresponde precisamente a los que son ciudadanos de ella", "que el derecho al voto es la 'piedra angular del sistema democrático', y que es el medio primordial a través del cual el pueblo expresa su voluntad", que al renunciar a la ciudadanía de Estados Unidos "Mari Bras ha querido propagar su particular visión de independencia para Puerto Rico, manifestar su objeción a una ciudadanía, que según él fue impuesta ilícitamente, y afirmar su creencia de que Puerto Rico es una nación y su única patria" y que si bien puede exigirse "el requisito de ser ciudadano de Estados Unidos como condición para votar en el país, no puede excluirse del registro electoral a ciudadanos puertorriqueños" (Tribunal Supremo de Puerto Rico, *Miriam Ramírez de Ferrer y Juan Mari Bras*, 18 de noviembre de 1997).

En la medida en que el gobierno se descentraliza a nivel local, que el Estado-nación se incorpora en esquemas de integración estilo Unión Europea, que la persona ejerce derechos fundamentales justiciables ante jurisdicciones nacionales y supranacionales, lo esencial resultará el derecho fundamental a mantener su identidad nacional y/o cultural en cualquier territorio, sin necesidad de darle territorio a cada nacionalidad.

Se requerirá entonces anteponer la ciudadanía a la nacionalidad cuando nos referimos al gobierno y al territorio. "La ciudadanía nos iguala, nos identifica con una misma cultura política, nos hace sentirnos miembros de una sola comunidad política, más allá de las identidades nacionales o culturales de cada persona y de cada comunidad nacional o cultural con la que también se siente identificado". Los esquemas de doble nacionalidad, el federalismo multinacional, la aparición de la ciudadanía supranacional (ej. la europea), conducirán necesariamente a "un status de ciudadano del mundo o una cosmociudadanía, que hoy empieza a cobrar ya forma en comunicaciones políticas que tienen un alcance mundial […] El *Estado cosmopolita* ya ha dejado de ser un puro fantasma, aun cuando nos encontremos todavía bien lejos de él. El ser ciudadano de un Estado y el ser ciudadano del mundo constituyen un continuum cuyos perfiles empiezan ya al menos a dibujarse" (Häbermas: 643). Este Estado cosmopolita se sustenta en un "constitucionalismo global" que no es más que el producto de la extensión del "paradigma del Estado constitucional de derecho" al ordenamiento internacional (Ferrajoli: 102).

Esto parecerá una utopía si ignoramos la emergencia de una base social mundial para este constitucionalismo global. "En efecto, si el horizonte dibujado por la actual globalización neoliberal y militarista proporciona irrefutables razones para el pesimismo, también debe decirse que el proyecto de un nuevo constitucionalismo cosmopolita ha desarrollado en la última década un inédito y creativo soporte transnacional. Alentados por la referencia simbólica que suponen Chiapas, Seattle, Porto Alegre, Génova, Barcelona, Florencia o Paris, así como por el intenso ciclo de luchas locales y regionales abiertas en los últimos años, cada vez es mayor el número de organizaciones de trabajadores, de campesinos, de mujeres, de ecologistas o de jóvenes que se convence de que otro mundo es necesario y, quizá, posible" (Pisarello: 490). La cuestión política fundamental hoy es: "¿Cómo podríamos organizar hoy los objetivos de El Estado y la revolución (de Lenin, EJP) —es decir, la destrucción de la soberanía mediante el poder de lo común- en coordinación con los métodos institucionales de El Federalista (de Madison, EJP) que permiten realizar y mantener un proyecto democrático en nuestro mundo globalizado? ¿Cómo podemos descubrir en el poder constituyente de la multitud el proyecto de 'otro mundo es posible' —un mundo más allá de la soberanía, más allá de la autoridad, más allá de toda tiranía- dotándolo de un modelo institucional de garantías y de motores de constitucionalidad?" (Hardt: 402). Hay que asumir en consecuencia la difícil tarea de replantearnos el Estado Constitucional democrático en un mundo crecientemente globalizado (Scheuerman).

Quizá un buen punto de arranque sea la creación de un "*espacio público latinoamericano*", como lo evidencia el ejemplo de la Europa comunitaria. Este espacio no existe. "Pero sin lugar a dudas están dadas las condiciones para que exista. Todo ayuda: la lengua, la historia compartida, la religión (catolicismo y un gran fondo de cristianismo), la forma de gobierno, los derechos humanos, el pluralismo (como se observa en la tolerancia a otras lenguas), los lazos de dependencia económica, la cultura compartida, etc". (García Belaúnde: 344). Mientras tanto, ya ha sido constatada la existencia de un emergente *ius commune* latinoamericano en materia de derechos humanos que se asienta, por un lado, en el hecho de las naciones del sistema interamericano de derechos humanos compartir en sus ordenamientos jurídico-constitucionales unos valores comunes (dignidad humana, derechos humanos, etc) y, por otro lado, en unas normas comunes consignadas en la CADH y garantizadas por la Comisión IDH y la Corte IDH cuya jurisprudencia es vinculante para todos los Estados parte del sistema, en particular para los jueces nacionales que "ahora se convierten en los primeros jueces interamericanos", incorporando los estándares convencionales interamericanos en el juicio de los casos a su cargo, al tiempo que la Corte IDH asume gran parte de la jurisprudencia de los jueces nacionales, principalmente de las Altas Cortes, lo que fomenta lo que los propios jueces interamericanos han bautizado como "diálogo jurisprudencial" entre la Corte IDH y los jueces nacionales (Ferrer Mac-Gregor: 752). Este naciente derecho común latinoamericano ha motivado el surgimiento de un nuevo enfoque metodológico, el del *Ius Constitutionale Commune en América Latina (ICCAL)*, que, sin propugnar "por la integración funcional de la región", partiendo de la apertura de los ordenamientos nacionales al Derecho internacional e interamericano, se orienta más bien hacia "un *constitucionalismo regional de los derechos con garantías supranacionales*", mediante una aproximación teórica que reconoce "la muy estrecha relación que existe entre el derecho constitucional, el derecho internacional y el derecho comparado" (Bogdandy: 3). El desarrollo de este derecho constitucional común americano depende, sin embargo, "de la labor que desarrollen en toda América las comunidades científicas nacionales. La comunidad abierta de los intérpretes de la Constitución y de la comunidad necesita a los científicos nacionales de todos los países de su continente" (Häberle 2011: 82).

En todo caso, hay que estar claros respecto a que "el sentimiento de una sociedad cosmopolita nunca va a sustituir, totalmente, a la pertenencia a las comunidades concretas. Solamente una uniformidad axiológica y cultural (una especie de imperio moral universal) podría hacerlo, pero esa uniformidad es incompatible con la libertad y el pluralismo" (Fernández: 327). Pese a ello, paulatina pero progresivamente, los ordenamientos políticos transitan del "patriotismo constitucional" (Sternberger, Habermas) a un "*patriotismo cosmopolita*" (Fernández) correspondiente a una emergente "Constitución mundial", a una "democracia cosmopolita" y a un "constitucionalismo global", basados en un nuevo "sentido común en torno al valor de la paz y de los derechos humanos" (Ferrajoli 2011: 586). "El canon normativo típico, que manifiesta la decisión del Estado constitucional a favor de la cooperación internacional, estructura a la soberanía mucho más de lo que la desplaza. La relativización de la soberanía no conduce a decirle adios, sino a su representación como garantía estructural" (Kotzur: 121).

3.4.2 La apertura al derecho internacional. La Constitución establece que "la República Dominicana es un Estado miembro de la comunidad internacional [...] apegado a las normas del derecho internacional" (artículo 26). Se consagra aquí el principio internacionalista o *principio de la apertura internacional*. ¿Cuál es el sentido de la apertura internacional? ¿Cuáles son los límites a esta apertura?

3.4.2.1 Sentido de la apertura internacional. El reconocimiento constitucional de que el país "es un Estado miembro de la comunidad internacional", de que está "apegado a las normas del derecho internacional" (artículo 26) y de que "acepta un ordenamiento jurídico internacional que garantice el respeto de los derechos fundamentales, la paz, la justicia y el desarrollo político, social, económico y cultural de las naciones" (artículo 26.4), significa, en primer lugar, que se produce la inclusión del Estado dominicano en la comunidad internacional, aceptando las dimensiones fácticas y jurídicas de la interdependencia internacional. La apertura internacional presupone la *apertura de la Constitución*, la cual deja de pretender proveer un esquema regulatorio exclusivo, final y totalizante fundamentado en un poder estatal soberano y pasa a aceptar el encuadramiento ordenador de la comunidad internacional.

En segundo lugar, la apertura internacional significa la aceptación del derecho internacional como *derecho del propio país*, como *law of the land*. Se trata de "una *opción internacional* que parte de una determinada concepción del constituyente sobre el Derecho Internacional, al considerarlo un verdadero orden jurídico normativo y no uno de índole moral" (Ayuso: 145). Con el reconocimiento de "las normas del derecho internacional, general y americano" (artículo 26.1) y con la plena vigencia y eficacia de los convenios internacionales ratificados por el país y publicados oficialmente (artículo 26.3), el Estado dominicano se reconoce así no solo como Estado de derecho nacional e internamente limitado por las normas emanadas del poder constituyente y de los poderes constituidos, sino que acepta ser un Estado limitado por los valores, los principios y las reglas internacionales. La vinculación del Estado al derecho internacional implica la obligada observancia y cumplimiento del denominado *jus cogens* internacional. Este "derecho fuerte" internacional está compuesto por principios tales como el principio de paz, el principio de la independencia nacional, el principio de respeto a los derechos humanos, el derecho de los pueblos a la autodeterminación, el principio de independencia e igualdad de los pueblos, el principio de solución pacífica de conflictos, el principio de no intervención en los asuntos internos de los otros Estados. Estos principios constan en textos internacionales tales como la Carta de la ONU, la Carta de la OEA y la Convención de Viena sobre Derecho de los Tratados. Así lo ha reconocido el Tribunal Constitucional cuando señala que la denegación de justicia por no debida instrumentación de amparo "no sólo violenta nuestro ordenamiento jurídico, y no únicamente en lo concerniente al ámbito nacional, sino que también contraviene convenios y pactos internacionales suscritos por el país y que forman parte integral de nuestro sistema de justicia constitucional por aplicación del artículo 74, numeral 3, de la Constitución, que establece: 'Los tratados, pactos y convenciones relativos a los derechos, suscritos y ratificados por el Estado dominicano, tienen jerarquía constitucional y son de aplicación directa e inmediata por los tribunales y demás órganos del Estado'. En tal sentido la República Dominicana, como estado que forma parte de la comunidad internacional adopta sus disposiciones, es por ello que el artículo 26, numeral 1, del texto sustantivo expresa: "Reconoce y aplica las normas del derecho internacional, general y americano, en la medida en que sus poderes públicos las hayan adoptado" (Sentencia TC/0096/12).

En tercer lugar, la apertura internacional presupone una *base antropológica amiga del ser humano*. Por ello, la Constitución considera como principio fundamental y rector de las relaciones internacionales "el respeto a los derechos humanos y al derecho internacional" (artículo 26.3) y proclama, además, que el país "acepta un ordenamiento jurídico internacional que garantice el respeto de los derechos fundamentales" (artículo 26.4). Más aún, conforme la Constitución, "los tratados, pactos y convenciones relativos a derechos humanos, suscritos y ratificados por el Estado dominicano, tienen jerarquía constitucional y son de aplicación directa e inmediata por los tribunales y demás órganos del Estado" (artículo 74.3). Todo esto implica que los derechos fundamentales reconocidos en la Constitución se nutren del núcleo básico de derechos humanos reconocidos en los pactos internacionales (Pacto Internacional de los Derechos Civiles y Políticos, el Pacto Internacional de Derechos Económicos, Sociales y Culturales), en las convenciones internacionales (CADH) y en las declaraciones internacionales (Declaración Universal de los Derechos del Hombre, Declaración Americana de los Derechos del Hombre).

Por último, la apertura internacional implica que los poderes públicos constitucionalmente competentes deben tomar parte activa en la *solución de los problemas internacionales*, a través de las organizaciones internacionales, la defensa de la paz y la seguridad internacionales así como el respeto de los derechos humanos. Por eso, la Constitución dispone que "las relaciones internacionales de la República Dominicana se fundamentan y rigen por la afirmación y promoción de sus valores e intereses nacionales, el respeto a los derechos humanos y al derecho internacional" (artículo 26.3). De ahí que la Constitución también proclama que el país "se compromete a actuar en el plano internacional, regional y nacional de modo compatible con los intereses nacionales, la convivencia pacífica entre los pueblos y los deberes de solidaridad con las naciones" (artículo 26.4). Esta actuación internacional del Estado dominicano estará signada por el principio de no intervención, el cual "constituye una norma invariable de la política internacional dominicana" (artículo 3), que no invalida la aceptación y concurso de la República Dominicana en aquellas intervenciones lícitas, es decir, aquellas medidas que, con uso o no de la fuerza, puede adoptar el Consejo de Seguridad conforme el Capítulo VII de la Carta de la ONU para asegurar la paz y seguridad internacionales, excepción contemplada por el Derecho internacional y que el país asume por expreso reconocimiento constitucional en el artículo 26 (Fernández Casadevante: 260). En este sentido, el Tribunal Constitucional ha enfatizado que "el constituyente ha reconocido que las relaciones internacionales de la República Dominicana se fundamentan y rigen por la afirmación y promoción de sus valores e intereses nacionales, el respeto a los derechos humanos y al derecho internacional. Así, en igualdad de condiciones con otros Estados, nuestro país acepta un ordenamiento jurídico internacional que garantice el respeto de los derechos fundamentales, la paz, la justicia y el desarrollo político, social, económico y cultural de las naciones, y se compromete a actuar, en el plano internacional, regional y nacional, de modo compatible con los intereses nacionales, la convivencia pacífica entre los pueblos y los deberes de solidaridad con todas las naciones, lo cual es posible también mediante la suscripción de tratados internacionales para promover el desarrollo común, que aseguren el bienestar de los pueblos y la seguridad colectiva de sus habitantes" (Sentencia TC/0350/18).

3.4.2.2 Límites de la apertura internacional. La apertura internacional y la apertura de la Constitución no significan una apertura a cualquier orden internacional.

Se trata de un *orden internacional* informado y conformado por principios intrínsecamente justos (artículo 40.15 de la Constitución). El orden internacional y el orden constitucional interactivamente abiertos son órdenes fundados en los derechos humanos y los derechos de los pueblos reconocidos en los instrumentos internacionales. El orden internacional y el orden constitucional son *órdenes de paz* y de solución pacífica de conflictos, lo que justifica el establecimiento de sistemas de seguridad colectiva y de tribunales internacionales (Tribunal Internacional de Justicia, Corte Interamericana de Derechos Humanos y Tribunal Penal Internacional). La Constitución no deja lugar a dudas en este sentido: el ordenamiento jurídico internacional que acepta República Dominicana es aquel que "garantice el respeto de los derechos fundamentales, la paz, la justicia, y el desarrollo político, social, económico y cultural de las naciones" (artículo 26.4). Hay aquí un sano y garantista *"egoísmo constitucional"*, es decir, que lleva "a cada constitución a plantear ciertas exigencias de homogeneidad a los ordenamientos jurídicos y a las estructuras de decisión de una organización internacional cuyas decisiones más tarde se proyectan inmediata o mediatamente en la esfera jurídica nacional (…) Si la interdependencia fáctica y jurídica es el destino vital del Estado constitucional, a largo plazo no podría lograr mantener su identidad ideal si su entorno internacional le retara con concepciones completamente contrarias" (Tomuschat, citado por GUTIÉRREZ: 81). Como bien ha establecido el Tribunal Constitucional alemán, el proceso de transferencia de competencias soberanas a organizaciones supranacionales no puede conllevar la vulneración de las estructuras básicas del orden constitucional republicano (BverfGE 73, 339, (Solange II), Decisión del 22 de octubre de 1986).

3.4.3 La apertura a la integración americana. La apertura internacional implica una apertura a la integración regional con América.

3.4.3.1 Base constitucional de la apertura a América. La Constitución establece que "la República Dominicana promoverá y favorecerá la integración con las naciones de América, a fin de fortalecer una comunidad de naciones que defienda los intereses de la región" (artículo 26.5) y "se pronuncia en favor de la solidaridad económica entre los países de América y apoya toda iniciativa en defensa de sus productos básicos, materias primas y biodiversidad" (artículo 26.6). Estas disposiciones constitucionales constituyen el "*Artículo América*" de la Constitución dominicana en la medida en que constitucionaliza "un deber de solidaridad regional, esto no en sentido de una hegemonía con vistas a dominar un pedazo del mundo, esto es, una región, sino en el de una asociación en igualdad de derechos" (HÄBERLE: 76).

3.4.3.2 Integración y transferencia de competencias. Para facilitar la integración, la Constitución dispone que "el Estado podrá suscribir tratados internacionales para promover el desarrollo común de las naciones, que aseguren el bienestar de los pueblos y la seguridad colectiva de sus habitantes, y para atribuir a organizaciones supranacionales las competencias requeridas para participar en procesos de integración" (artículo 26.5). Hay que señalar que, aunque esta disposición constitucional es muy útil, pues cierra el paso a cualquier cuestionamiento acerca de la legitimidad de los procesos de integración en los que se involucre la República Dominicana, en el fondo, el origen del *derecho de la integración* se encuentra en el derecho internacional y en las normas plasmadas en los tratados constitutivos. Es la renuncia parcial, colectiva y recíprocamente a la soberanía a favor de los órganos comunitarios y la asunción libremente consentida del deber de solidaridad de los Estados miembros de dichos tratados constitutivos para la realización de los objetivos de los mismos, en particular de la integración económica, de la política regional y social a través de órganos independientes de creación y aplicación del Derecho, lo que sirve de base a los esquemas de integración. Es por ello que las normas que permiten la integración regional son fundamentalmente *normas internacionales convencionales* libremente consentidas y que no implican la desaparición de la soberanía de los Estados Parte en los tratados de integración (Pescatore, Isaac).

3.4.3.3 Modalidades de integración. Las modalidades de integración son diversas.

A. Acuerdos de preferencias comerciales. Son acuerdos de carácter bilateral y/o multilateral para un conjunto limitado de productos del universo arancelario, con porcentajes de desgravaciones arancelarias diferentes según los productos y los países intervinientes (ej. ALADI).

B. Zona de libre comercio. Es un área en la cual se eliminan los aranceles entre los Estados que lo conforman y también las restricciones no arancelarias, quedando, sin embargo, la política arancelaria con respecto a terceros Estados al arbitrio de cada Estado Parte (ej. NAFTA, ALCA).

C. Unión Aduanera. La Unión, a la eliminación de aranceles y restricciones no arancelarias intrazona, agrega la fijación de un arancel externo común y la coordinación de las políticas comerciales, sectoriales y macroeconómicas (ej. MERCOSUR).

D. Mercado Común. En el Mercado Común, a la Unión Aduanera se suma la libre circulación de los factores productivos y de servicios. Ello implica la armonización de legislaciones en las áreas pertinentes y la coordinación de políticas macroeconómicas. La Unión Europea, antes de la unificación de la moneda, era un ejemplo de Mercado Común.

E. Unión Económica y Monetaria. Constituye la etapa de integración económica más compleja pues, además de garantizar las libertades inherentes al mercado común (bienes, servicios, personas y capital), establecer un arancel externo común, y coordinar las políticas macroeconómicas de los Estado Parte, posee una moneda única, o sea, una política económica y monetaria común. Este es el caso de la Unión Europea, con una moneda única (el euro) y un Banco Central Europeo.

3.4.3.4 Límites de la integración: la soberanía exclusiva de la Supraconstitución material. La Constitución ha proclamado a la República Dominicana como un "Estado miembro de la comunidad internacional […] apegado a las normas del derecho internacional" (artículo 26), que "reconoce y aplica las normas del derecho internacional, general y americano" (artículo 26.1) y que acepta el "ordenamiento jurídico internacional" (artículo 26.4). Dado que una norma consuetudinaria internacional establece que los tratados son ley entre los Estados Parte (principio *pact sunt servanda*) y esa norma forma parte del ordenamiento interno, los tratados internacionales tienen primacía sobre el derecho interno y, puesto que los tratados constitutivos de esquemas de integración regional así lo disponen, esta primacía se predica también del derecho supranacional derivado.

Ahora bien, ¿cuáles son los límites que enfrenta el derecho supranacional originario y derivado? La jurisprudencia constitucional comparada ha demostrado que la Constitución se desdobla en dos: las normas constitucionales ordinarias por un lado y un núcleo constitucional intangible, integrante de una "*Supra-constitución material*". Partiendo de este supuesto, hay que admitir la preeminencia del derecho Internacional respecto de las normas constitucionales *ordinarias*, cuya aplicabilidad puede ser dispuesta por las normas del ordenamiento internacional, incluidas las comunitarias. Las normas supranacionales, sin embargo, están subordinadas al núcleo intangible constitucional, identificador de la soberanía del Estado, cuya existencia es, en todo caso, indisponible. Tal es la postura que adoptan los ordenamientos constitucionales alemán, italiano y francés y es la que entendemos procede en el caso dominicano. La cesión de competencias a los entes supranacionales, autorizada por el artículo 26.5 de la Constitución, encuentra su límite en el núcleo intangible del orden constitucional al que se refiere el artículo 268 de la Constitución. Y es que todas las normas, aún las internacionales y supranacionales, deben respetar esta "supra-constitución material", que constituye el núcleo de valores fundamentales (entre los que naturalmente se encuentran los principios fundamentales del Estado del Título I y los derechos fundamentales del Título II de la Constitución), identificadores del orden constitucional e indisponibles para el poder normativo comunitario o supranacional.

Entre los principios estructurales que componen esta "Supra-constitución", encontramos la *estatalidad*. Esta estatalidad se identifica con el mantenimiento de un mínimo cualitativo de competencias en manos de los órganos estatales, es decir, de competencias esenciales, de especial importancia para el Estado y que deben permanecer en las manos del poder público nacional. Si bien una transferencia de competencias a entes supranacionales no puede considerarse per se "una injerencia que atente contra la personalidad e integridad del Estado y de los atributos que se le reconocen y consagran en esta Constitución" (artículo 3), no menos cierto es que esto es solo así cuando no se pone en juego la pervivencia de la República Dominicana, como una unidad política delimitada personal y territorialmente. Y es que no hay dudas que la Constitución ha asumido entre sus contenidos intangibles un *concepto político de Estado* y se ha fundamentado, además, "en la indisoluble unidad de la Nación, patria común de todos los dominicanos y dominicanas" (artículo 5).

La tríada clásica –territorio, pueblo y poder público– que conforma el concepto de Estado desde un punto de vista político ha sido asumida como unidad conceptual por la Constitución y no es posible proceder a su supresión o modificación por la vía de la reforma constitucional y mucho menos mediante la transferencia de competencias. Se reservan, pues, a los poderes públicos nacionales un mínimo y un tipo cualificado de competencias constituidas que necesariamente hayan de asumir éstos por estar íntimamente ligadas a la existencia de la unidad política Estado y al concepto histórico-político de Estado constitucionalizado. La estatalidad, sea entendida como un contenido político o como la existencia misma del ordenamiento soberano, constituye, pues, un valor intangible para el proceso de integración regional.

Finalmente, el principio de soberanía popular y el principio democrático no se ven afectados cuando el ordenamiento jurídico abre sus puertas a la creación normativa desde órganos y conforme a procedimientos que él ha aceptado en los tratados fundacionales de esquema de integración. Sin embargo, cuando el *Derecho supranacional originario o derivado* atente contra el núcleo constitucional intangible conformado por la Supra-constitución material el juez constitucional puede anular o inaplicar dicho Derecho por contravenir estas normas de constitucionalidad superior como bien ha establecido el Tribunal Constitucional alemán (BverfGE 89, 155).

3.5 El Estado de cultura

Ya hemos visto que la cultura es el cuarto elemento constitutivo del Estado. Y es que "para el Estado moderno la cultura no es un lujo, es una cuestión existencial. Su posición internacional depende decisivamente de su capacidad económica. Pero ésta, a su vez, es una función de la ciencia y de la técnica. Por ello, el fomento de la ciencia, la difusión de los conocimientos científicos y de las especialidades técnicas y, más aún, el desarrollo de la capacidad humana se han convertido en una de las tareas fundamentales del Estado. Con independencia de que un determinado Gobierno lo reconozca o no, esta afirmación es plenamente válida. Las negligencias de hoy se pagan amargamente a los pocos decenios" (STEIN: 192).

El Estado hoy es necesariamente un Estado de cultura. La expresión "*Estado de cultura*" surge con Fichte en 1806 y es Bluntschli quien en 1852, al clasificar a los estados en monarquías, repúblicas o Estados de cultura, afirma que "los intereses culturales pueden determinar de forma especial la vida en un pueblo y es entonces cuando surgen los Estados de Cultura" (TAJADURA TEJADA: 664). Es la Constitución del Estado de Baviera la que en 1946 recepciona por vez primera la expresión en su artículo 3 ("Baviera es un Estado de derecho cultural y social"). Si bien la Constitución dominicana, al igual que la inmensa mayoría de constituciones del mundo, no recoge expresamente el concepto de *Estado de cultura*, no hay dudas de que el Estado dominicano emerge en esto como un Estado preocupado por la cultura, como un "Estado de Cultura".

¿Cuáles son las bases de este Estado de cultura? Veámoslas a continuación...

3.5.1 La dignidad humana como premisa antropológico-cultural del Estado constitucional. La Constitución dominicana es una Constitución de los seres humanos, por los seres humanos y para los seres humanos. Por ello, la Constitución, al tiempo de reconocer que "el Estado se fundamenta en el respeto de la dignidad de la persona", establece que "se organiza para la protección real y efectiva de los derechos fundamentales que le son inherentes" (artículo 38), protección que es la función esencial del Estado (artículo 8). La *dignidad humana* es, en consecuencia, fundamento de la Constitución (artículo 5) y del Estado (artículo 38), valor supremo (Preámbulo) y derecho fundamental (artículo 38), todo lo cual tiene como objetivo permitir que el ser humano llegue "a ser persona, serlo y seguir siéndolo" (HÄBERLE 2001: 170)

3.5.2 Los derechos culturales. La Constitución protege el "derecho a la cultura", es decir, el "derecho a participar y actuar con libertad y sin censura en la vida cultural de la Nación, al pleno acceso y disfrute de los bienes y servicios culturales, de los avances científicos y de la producción artística y literaria" (artículo 64). Por ello, el Estado debe garantizar "la libertad de expresión y la creación cultural, así como el acceso a la cultura en igualdad de oportunidades y promoverá la diversidad cultural, la cooperación y el intercambio entre naciones" (artículo 64.2).

Ahora bien, no sólo este conjunto de prerrogativas que denominamos libertad cultural configura exclusivamente esta libertad. El abordaje de la cultura por la Constitución es influenciado por el hecho de que la Constitución protege derechos fundamentales y que la democracia de la Constitución es una democracia en la libertad. ¿En qué consiste esta *libertad cultural*? Dejemos que Haberle nos explique: "Toda libertad es 'libertad cultural': como libertad que, conforme a una apreciación realista, está incorporada en una red de fines educativos y valores orientadores, parámetros culturales y obligaciones materiales, en suma, que tiene literalmente a la 'cultura' como 'objeto', incluso como función. En esta forma la cultura es objeto tanto de la libertad del individuo y en lo particular como también de la libertad como 'situación global' de un pueblo. Esta libertad 'cuaja' o se objetiva en elementos culturales; se producen cristalizaciones culturales sobre las cuales puede construirse más tarde el ejercicio individual y el colectivo de la libertad. Los procesos de crecimiento cultural se desenvuelven a través del juego recíproco que va desde la libertad 'potencial', pasando por la libertad 'realizada' y los resultados culturales de la libertad, hasta las obras a partir de las cuales es posible, pero también es necesaria e incluso debe arriesgarse (con la posibilidad del fracaso), la nueva *libertad individual*: la libertad de opinión y de prensa conducen a opiniones y obras impresas que benefician al proceso cultural y político; la libertad del arte y de la ciencia conduce a obras científicas y artísticas, incluyendo a la teoría del derecho constitucional como ciencia y como literatura, las cuales pueden ser de auxilio en futuros procesos interpretativos; la libertad de credo religioso conduce a contenidos y orientaciones religiosos que pueden influir en el concepto de sí mismos de los grupos religiosos; algo similar puede decirse de todos los aspectos corporativos de las libertades fundamentales" (Häberle 2001: 181). En todo caso, el Estado de cultura no deja de ser neutral, lo que significa "ausencia de interferencias en el libre desarrollo social e individual de lo artístico o cultural en general", es decir, "que el Estado no mediatice o interfiera esencialmente en este plano ni, menos aún, que imponga una determinada versión del arte, o que se defina en esta materia desplazando determinadas corrientes de pensamiento, arte o ideas" (González-Varas Ibáñez: 163). El Estado de cultura ordenado por la Constitución es siempre Estado de, por y para la libertad cultural.

3.5.3 El pluralismo cultural. La Constitución dispone que el Estado "establecerá políticas que promuevan y estimulen, en los ámbitos nacionales, las diversas manifestaciones y expresiones científicas, artísticas y populares de la cultura dominicana e incentivará y apoyará los esfuerzos de personas, instituciones y comunidades que desarrollen o financien planes y actividades culturales" (artículo 64.1). Este texto constitucional, conjuntamente con la garantía de la libertad de asociación (artículo 47), la libertad de expresión (artículo 49), la libertad de conciencia y de cultos (artículo 45) y la libertad de enseñanza (artículo 63.12), configuran un *pluralismo cultural* que es el mejor promotor y el soporte de la cultura en la Constitución. Y es que la participación de la familia, el Estado, las iglesias, las comunidades de base, las organizaciones de la sociedad civil, los sindicatos, los partidos políticos, los municipios, como instancias educacionales promueve la creación de múltiples y vanados espacios que sirven para configurar una educación en libertad de carácter múltiple y diferenciado. El *pluralismo social* como promotor y soporte cultural viene a convertirse así en pluralismo creador de cultura y es lo que evita precisamente que ocurra lo que muchas veces ocurre: "el Estado promotor de cultura suele convertirse, de hecho [...], en un Estado promotor de una cultura" (Pau: 96). Queda claro así que la *promoción de la cultura* es una tarea conjunta del Estado y la sociedad.

3.5.4 El concepto abierto de cultura. La Constitución se refiere en varias partes de su articulado a la cultura pero no suministra una definición expresa de qué se entiende por cultura. Ahora bien, del reconocimiento del derecho a la libertad cultural (artículo 64.2), del pluralismo cultural (64.1) y del "valor de la identidad cultural, individual y colectiva" (artículo 64.3), resulta evidente que el concepto de cultura en la Constitución no es uno elitista en donde cultura sólo es la alta cultura, la cultura ilustrada. La cultura en la Constitución es una "*cultura abierta*", una cultura, si se quiere, y parafraseando la célebre frase de Lincoln definidora de la democracia, "de" todos, "por" todos y "para" todos.

Esta cultura abierta, como magnitud empírica y como lineamiento normativo, responde a un concepto amplio y diverso, que integra la cultura ilustrada y la cultura popular, la cultura de las élites y la cultura de las masas. También incorpora las culturas alternativas, las subculturas y las contraculturas. La cultura de una *Constitución pluralista* como la dominicana es, en consecuencia, una cultura en la que lo determinante es su base antropológica, la persona humana, y sus diferentes necesidades culturales, que son muchas y diversas. Ya lo afirma Peter Häberle: "El ser humano no vive sólo de la cultura, pero esencialmente vive hacia la cultura y de la cultura de generaciones pasadas y presentes (en el sentido de un contrato cultural de las generaciones, que es en sí una conquista cultural). La cultura es, y crea, la posibilidad y la realidad de dar sentido en una historia que se concibe abierta" (HÄBERLE 2001: 242)

3.5.5 La internacionalización del Estado de cultura. Se observa una creciente internacionalización del Estado de cultura a través de los convenios internacionales relativos a la protección de la cultura. Así, la Convención de la UNESCO de 1972 garantiza adecuada protección y mantenimiento de bienes y valores culturales y naturales que existen en los respectivos territorios soberanos para transmitirlos a futuras generaciones. Los Estados se han comprometido a "la consecución de una política general orientada a garantizar, al legado natural y cultural ya existente, un lugar en la vida pública" (artículo 5). Hay, si se quiere utilizar una expresión lockeana, una especie de "*pacto social mundial*" en materia de naturaleza y cultura que convierte a los Estados en agentes fideicomisarios de sus propias culturas históricas y de su entorno natural, siendo los beneficiarios de este fideicomiso la humanidad y las futuras generaciones.

Los derechos fundamentales, reconocidos en los convenios internacionales de derechos humanos y protegidos por las jurisdicciones nacionales, regionales e internacionales, forman parte de este *patrimonio cultural universalmente protegido* y, en tanto "herencia de todos los pueblos del mundo", permite articular una ciudadanía cosmopolita en libertad gracias a la cultura. La cultura mundial apunta al multiculturalismo como expresión de un valor universal: la herencia del planeta es esencialmente multicultural. La Constitución no es ajena a este fenómeno. Ello es evidente no solo en la constitucionalización de los instrumentos internacionales de derechos humanos (artículo 74.3) sino también y sobre todo en el hecho de que, conforme la Constitución, el Estado "promoverá la diversidad cultural, la cooperación y el intercambio entre naciones" (artículo 64.2). Y es que el Estado de Cultura es también Estado cooperativo, Estado abierto al Derecho Internacional de la cultura y a la cooperación internacional.

3.5.6 El patrimonio cultural de la Nación. El artículo 64.4 de la Constitución dispone que "el patrimonio cultural de la Nación, material e inmaterial, está bajo la salvaguarda del Estado que garantizará su protección, enriquecimiento, conservación, restauración y puesta en valor". La salvaguarda del Estado sobre el *patrimonio cultural de la Nación* tiene una serie de consecuencias fundamentales:

a) La salvaguarda del Estado tiene un carácter dinámico y activo. El Estado no se limita a proteger y a conservar el patrimonio cultural sino que se dedica a enriquecerlo mediante la promoción y el apoyo de todos aquellos que buscan innovar en el terreno del arte, la historia y la cultura.

b) A la salvaguarda del Estado del patrimonio cultural le repele toda concepción clasista de la cultura, todo imperialismo cultural, todo etnocentrismo. "La *democratización de la cultura*, para ser auténtica, debe permitir la apropiación colectiva de las distintas formas de expresión artística. Significa también concebir el fenómeno cultural con la amplitud suficiente para dar cabida en su seno (y, por lo tanto, para hacer objeto de tutela) al conjunto de las tradiciones populares artísticas y culturales" (PÉREZ LUÑO: 491). No sólo los monumentos coloniales o las ruinas taínas forman parte del patrimonio cultural de la Nación: merecen la protección del Estado los bailes tradicionales, la poesía popular, los carnavales populares, las expresiones barriales artísticas como los murales o los grafittis, el arte en la calle, las fiestas patronales. Cuando la Constitución se refiere a la "difusión […] de la cultura del pueblo dominicano" indica una concepción popular de la cultura y del arte, lo que obliga a revalorizar las expresiones populares de los mismos. Podría decirse, en fin, y visto el concepto abierto de cultura en la Constitución, que el patrimonio cultural "admite infinidad de componentes conforme a las modalidades con que cada pueblo valora su cultura" (ESPINAL HERNÁNDEZ: 44).

c) La Constitución es clara en cuanto a que toda persona tiene derecho "al pleno acceso y disfrute los bienes y servicios culturales, de los avances científicos y de la producción artística y literaria" (artículo 64) y que el Estado garantizará "el acceso a la cultura en igualdad de oportunidades" (artículo 64.2). El Estado, pues, tiene como mandato la promoción de las condiciones socioeconómicas y culturales que permitan el reconocimiento de cada uno de los ciudadanos a hacer suyo el ideal de Fausto de que "todo lo que sea dado a la humanidad, lo quiero gustar dentro de mí mismo, captando con mi espíritu lo más alto y lo más profundo".

d) El mandato constitucional al Estado de salvaguardar el patrimonio cultural de la Nación está doblemente vinculado con la *protección del medio ambiente*. Por un lado, este patrimonio forma parte del medio ambiente por lo que la contaminación ambiental lo afecta. Por otro lado, las reservas naturales, los parques ecológicos, garantizados por las leyes de medio ambiente, forman parte del patrimonio cultural de la Nación. El Pico Duarte, Los Haitíses, el Parque Jaragua, la Isla Cabritos, los palmitos, las ballenas jorobadas, el manatí, las jutías, las iguanas y las demás especies de la flora y la fauna en extinción forman parte de ese patrimonio cultural que debe el Estado resguardar. La vinculación entre "natura" y "cultura" arranca de la Convención de UNESCO de 1972, la que menciona en una sola proposición a la "*herencia natural y cultural de la humanidad*".

e) El *carácter colectivo o difuso* del patrimonio cultural (artículo 66.3) hace que la vía ideal para su defensa sea el amparo colectivo o la acción en inconstitucionalidad popular. Estas acciones pueden ejercerse tanto contra los actos atentatorios contra dicho patrimonio por parte del Estado corno de los particulares.

f) La protección constitucional del patrimonio cultural de la Nación está estrechamente vinculada a la internacionalización en la tutela de los bienes culturales, al extremo de que podría decirse que dicha protección está llegando a niveles semejantes a los alcanzados por la tutela internacional de los derechos fundamentales.

3.5.7 El trabajo. Aparte de su significado en la Constitución económica, como veremos en el Volúmen II, *el trabajo*, reconocido como uno de los fundamentos del Estado Social y Democrático de Derecho, juega un rol fundamental en las tareas que despliega el Estado de Cultura. Y es que el trabajo es no sólo un derecho económico y social sino también un derecho cultural. El trabajo define al ser humano en el siglo XXI, así como la propiedad definía al burgués en el siglo XIX. La Constitución garantiza la libertad de trabajo, el derecho al trabajo y la libertad en y a través del trabajo. Por eso, el desempleo masivo deslegitima al Estado constitucional, del mismo modo que la emigración masiva. Por eso, hoy más que ayer y más que nunca hace sentido el proyecto de Bonó, de optar por las clases trabajadoras, de cifrar la esperanza de desarrollar el ideal republicano a través de la confianza en los trabajadores, en "el respeto al trabajador y al fruto de su trabajo", creando así "este elemento indispensable a la conservación de las naciones (…) hacer amar la patria por el mayor número que son los pequeños" (Bonó: 342). El trabajo como problema constitucional pasa, además, por buscar soluciones que permitan lograr el "retorno de las yolas" (Torres Saillant) y por tomarse en serio al trabajador como persona, como conciudadano, lo cual obliga a una "alianza' entre la ciencia laboralista y la ciencia constitucionalista" (Häberle 2001: 258). "El *redescubrimiento democrático del trabajo* se erige en condición sine qua non de la reconstrucción de la economía como forma de sociabilidad democrática (…)

De ahí la exigencia inaplazable de que la ciudadanía redescubra las potencialidades democráticas del trabajo" (SOUSA SANTOS: 360).

3.5.8 La cultura de la Constitución. No se puede entender el Estado de Cultura si no se comprende que hay una "cultura de la Constitución". ¿En qué consiste esta cultura constitucional?

3.5.8.1 El Estado constitucional como conquista cultural. El Estado de derecho es un Estado de cultura "porque el imperio de la ley es principio de cultura" (LUCAS VERDÚ 1998: 355). El Estado constitucional, con sus rasgos tipificadores más importantes, democracia, catálogo de derechos fundamentales, valores fundamentales (dignidad humana, justicia, pluralismo) división de poderes, justicia constitucional, y los principios del Estado social y del Estado cultural, constituyen una "conquista cultural de la civilización occidental". Se trata, si se quiere, de "patrimonio cultural de la Humanidad", que merece ser conservado y enriquecido por las generaciones presentes y futuras. La misión de la teoría constitucional como ciencia constitucional es investigar los misterios de este Estado constitucional, el "*espíritu de las Constituciones*", lo que permite al Derecho constitucional interpretar las cláusulas que son herencia de esta conquista cultural y proponer reformas constitucionales que acerquen los Estados nacionales al modelo paradigmático del Estado constitucional.

3.5.8.2 El fundamento cultural del derecho constitucional. El fundamento cultural del derecho constitucional emerge desde el momento en que se comprende que la Constitución no es sólo un documento para juristas, sino que es "la expresión de un cierto grado de desarrollo cultural, un medio de autorrepresentación propia de todo un pueblo, espejo de su legado cultural y fundamento de sus esperanzas y deseos". La Constitución como "*organismo viviente*", no como letra muerta, expresa la cultura de un pueblo e incide en ésta. Cuanto más normativa es una Constitución, cuanto menor la brecha entre la normatividad y la realidad, mayor será la identidad entre Constitución y cultura. Pero "los propios textos de la Constitución deben ser literalmente cultivados [...] para que devengan auténtica Constitución" (HÄBERLE 2000: 34).

3.5.8.3 La cultura constitucional. La cultura constitucional no es más que "la suma de actitudes e ideas, de experiencias subjetivas, escalas de valores y expectativas subjetivas y de las correspondientes acciones objetivas tanto al nivel personal del ciudadano como al de sus asociaciones, al igual que a nivel de órganos estatales y al de cualesquiera otros relacionados con la Constitución, entendida ésta como proceso público" (HÄBERLE 2000: 37). La cultura constitucional se cultiva a través de la *pedagogía constitucional* en las escuelas. Con ello no se busca imponer una "religión civil" como lo quería Rousseau o como lo impuso Trujillo a través de la Cartilla Cívica. No. La Constitución quiere una *sociedad abierta de libres intérpretes constitucionales*, que no se cierre a nuevas posibilidades y que no se aferre a dogmas que harían perder lo más preciado para los individuos: su libertad. Por ello, la Constitución dispone que "con la finalidad de formar ciudadanas y ciudadanos conscientes de sus derechos y deberes, en todas las instituciones de educación pública y privada, serán obligatorias la instrucción en la formación social y cívica, la enseñanza de la Constitución, de los derechos y garantías fundamentales, de los valores patrios y de los principios de convivencia pacífica" (artículo 63.13).

La Constitución, en consecuencia, debe ser texto docente en las escuelas. "¡*La escuela de la Constitución es la escuela!*" (Häberle 2001: 190). Es en la escuela donde se forman los intérpretes constitucionales. La pedagogía constitucional debe esforzarse en formar intérpretes y no sólo reformadores. Por ello, son vitales esfuerzos como los de la "Constitución para niños" que tratan de que la Constitución sea menos ajena a los niños. En este sentido, hay que insistir que la educación constitucional no puede consistir en una explicación técnica de los textos constitucionales sino, sobre todo, "en la transmisión del *telos* de la Constitución, de los principios ideológicos fundamentales que la informan" (Tajadura Tejada: 34), ideas básicas como Estado, Constitución, Estado de derecho, soberanía popular, derechos fundamentales, ciudadanía y participación. El preámbulo de la Constitución es, por ello, muy útil para esta enseñanza, pues demuestra que la Constitución no solo es un texto jurídico, sino que también es "una palanca motivadora y estimulante para la democracia" (Antonio Hernández Gil, citado por Tajadura Tejada: 34).

En todo caso, lo que debe ser resaltado es que la *educación pública gratuita* es, como siempre con acierto señala Eugenio María de Hostos, el medio más efectivo "para distribuir entre la muchedumbre el conocimiento del derecho", al extremo de "que ya no se concibe la posibilidad de establecer el orden jurídico sino por medio de una educación pública que lo dé a conocer a los integrantes todos del cuerpo social" (Hostos: 92). ¡La mejor escuela de la democracia y los derechos fundamentales es la escuela!

3.5.8.4 La teoría de la Constitución como ciencia cultural. La importancia de la cultura en la Constitución y de la Constitución como cultura obligan a asumir la *teoría de la Constitución como ciencia de la cultura* (Lucas Verdú 1998, Häberle 2000). Si asumimos los valores, principios y derechos constitucionales como "conquistas culturales", ello impide que las normas constitucionales fluctúen arbitrariamente de una reforma o interpretación constitucional a otra, lo cual hace predecible y controlable el funcionamiento de las instituciones, reduce la tensión entre gobernantes y gobernados, matiza la naturaleza agonista de la lucha por el poder y refuerza el Estado Constitucional mediante un sistema espontáneo, general y duradero de adhesión a la norma.

3.6   El Estado regulador y garante

La Constitución de 2010 no solo dispone que el Estado dominicano es un Estado social y democrático de derecho (artículo 7), sino que, además, contiene una cláusula que consagra a este Estado como un "*Estado garante*" o "*Estado regulador*". ¿Cuándo y cómo surge este Estado regulador o garante? ¿Cuáles son las implicaciones de esta cláusula constitucional? Al margen de un desarrollo más detallado del Estado regulador y del concepto constitucional de regulación cuando analicemos en el Capítulo 16 la Constitución económica, veamos algunos aspectos relevantes de estas trascendentales cuestiones cuya respuesta es clave para un cabal entendimiento de uno de los principios fundamentales del Estado conforme la Constitución.

3.6.1 Las mutaciones del Estado. El Estado se transforma y reinventa desde su propia emergencia en el siglo XVI como tipo de organización política. Esto parecería paradójico, máxime si tomamos en cuenta que la propia etimología de la palabra, sugiere la permanencia y la estabilidad como rasgos característicos de esta entidad. Lo cierto es, sin embargo, que la profundidad de las transformaciones culturales, económicas, sociales, políticas e internacionales que sufre el Estado, sugieren, aunque no la desaparición del Estado tal como se ha conocido desde la Edad Moderna, sí una profunda mutación en la estructura y función estatales. No es que estas transformaciones sean algo nuevo. Si nos remontamos a 1974, cuando Manuel García-Pelayo, impartió en la Universidad Autónoma de México su curso "El Estado Social y sus implicaciones", veremos que todavía podemos seguir diciendo que "es obvio que nos encontramos ante un momento histórico caracterizado por grandes transformaciones en distintos aspectos y sectores tales como el cultural, el económico, el social, el internacional, etcétera, transformaciones que son mucho más profundas que las grandes divisiones políticas del planeta en Estados capitalistas, neocapitalistas y socialistas o en países desarrollados y en tránsito al desarrollo, aunque, naturalmente, las mencionadas transformaciones tengan modalidades distintas en cada uno de los países y sistemas" (García Pelayo: 87). El Estado viene entonces transformándose desde hace ya un tiempo, aunque la velocidad y la profundidad de los cambios ha aumentado al extremo de que muchos piensan que presenciamos el final de la forma política estatal.

En todo caso, lo que resulta claro es que el Estado está mutando y, en el plano jurídico, ello acarrea cambios que deben ser analizados. Aproximarse al Estado desde el punto de vista jurídico implica vislumbrar el significado de la misma desde una óptica estrictamente jurídica, que siempre ha estado estrechamente vinculada a la teoría del Estado. Ello debe hacerse a sabiendas de que, como bien sugería Max Weber, partimos de un modelo ideal al cual se acercan o alejan los Estados realmente existentes y que la definitiva configuración del Estado como forma política, más que la expresión de una fuerza telúrica, natural e indetenible como pretende cierto neoliberalismo y su pensamiento único, es fruto del accionar de las fuerzas sociales, políticas y económicas que actúan a nivel global, regional y estatal.

De entrada, puede afirmarse que el Estado sufre transformaciones en las cuatro dimensiones del Estado constitucional tipo de la civilización euroatlántica: como Estado-nación, como Estado democrático, como Estado de derecho y como Estado social. En cuanto al *elemento territorial*, ya es un lugar común afirmar que el Estado sufre los embates de la globalización. También lo es situar las causas de este fenómeno en el plano de la economía y el desarrollo tecnológico. Ahora bien, ¿cuáles son los efectos de la globalización respecto a la conceptuación del Estado? La respuesta es obvia, aunque no del todo las consecuencias a largo plazo: la erosión de la base territorial del Estado-nación en donde se toman las decisiones políticas y jurídicas fundamentales. En otras palabras, la crisis de la soberanía, que pasa a ser compartida con las grandes transnacionales y con las organizaciones nacionales y supranacionales. Las transnacionales, sin interferencia de los gobiernos, definen y promulgan las normas que rigen sus relaciones económicas mediante la denominada lex mercatoria, que no es más que la expresión de la autorregulación de los mercados. Por su parte, las organizaciones supranacionales (OMC, MERCOSUR, Unión Europea, Banco Mundial, FMI, BID, etc.) dictan un conjunto de normas que, en principio constituyen un soft law, pero que a la corta –vía el efecto directo de éstas- o a la larga –a través de los programas de condicionalidad a la FMI- condicionan el Derecho de los estados.

Por su parte, el paradigma del *Estado democrático* sufre los embates de la descentralización –que quita poder a los representantes del pueblo a nivel nacional-, de la lucha por una democracia participativa –que privilegia la participación ciudadana frente a la representación política- y de la emergencia de Administraciones independientes, configuradas como entes políticamente neutralizados, conformados por expertos, para la regulación de sectores económicos antiguamente sujetos a la reglamentación del soberano central.

A nivel del Estado de derecho, el cambio más importante radica en la constitucionalización de los derechos y en su protección a nivel internacional. Y lo que no es menos importante: el creciente reconocimiento de que los derechos sociales son también fundamentales.

En cuanto al Estado social, la crisis fiscal de los 70 del siglo pasado ha puesto en jaque las bases del Estado bienestar construido a partir de 1945. Esto, combinado con el movimiento de privatización de los 1980, ha significado un serio retroceso de los avances alcanzados en materia de seguridad social en los últimos 100 años. Sin embargo, paralelamente emerge un clamor de los países menos desarrollados en aras de una mejor distribución de la riqueza global y surge un nuevo paradigma jurídico que reivindica la universalidad de los derechos sociales y su plena justiciabilidad.

Todas estas mutaciones del Estado no implican su desaparición o la disminución de su importancia en el plano interno y aún global. Como se sabe, una de las paradojas de la economía de mercado es que para que ésta funcione adecuada yeficientemente se requiere un *Estado fuerte*, o, para decirlo en otros términos, "el dilema neoliberal (…) radica en que solo un Estado fuerte puede organizar con eficacia su propia debilidad" Esto fue advertido por el jurista Carl Schmitt en su famoso discurso ante la reunión de los hombres de negocios alemanes celebrada el 23 de noviembre de 1932 en Dusseldorf y esta idea, desarrollada por los economistas Hayek y Mises, nutrió la justificación ideológica de los gobiernos de Franco y de Pinochet, los cuales, sin ser democráticos, fomentaron las libertades asociadas al capitalismo.

Sin que esta genealogía ofusque nuestro entendimiento, ya que nadie justificaría hoy un liberalismo autoritario, lo cierto es que, desde Adam Smith, es evidente que, aunque el Estado quede reducido a las funciones primarias de defensa del territorio, de seguridad ciudadana y de justicia, éste es esencial para el funcionamiento de la economía libre de mercado. Y es que es la mano visible del Estado la que asegura que la mano invisible del mercado funcione adecuadamente en un entorno en donde los individuos pueden ser propietarios e intercambiar libremente mercancías. Lógicamente, aún en las economías más liberalizadas, el Estado no queda reducido a estas funciones primarias. Es cierto que cesa de actuar como productor y empresario, pero su rol queda redimensionado pues es el vigilante de que la economía funcione apegada a los principios medulares de competitividad, eficiencia y libre mercado. La naturaleza de la intervención estatal en la economía cambia en tanto el Estado sigue presente y activo bajo la modalidad de Estado regulador y de Estado Social.

3.6.2 La emergencia del Estado regulador y garante. Por la preeminencia de los derechos fundamentales, originada en la constitucionalización e internacionalización de los derechos, el Estado asume un rol de garante de estos derechos. Esta garantía no implica necesariamente que el Estado asume la prestación de una serie de servicios a favor de los ciudadanos sino que garantiza la misma, a cargo del sector privado o del Tercer Sector, en condiciones de no discriminación, efectividad y universalidad. Y es que el fenómeno regulatorio emerge en el momento mismo en que el Estado abandona su rol de empresario, los servicios públicos son liberalizados y privatizados, y la intervención económica estatal es echada de lado o cambia profundamente de signo.

Paradójicamente, la liberalización económica trae aparejada la adopción por parte del Estado de una regulación intensa de las entidades privadas que intervienen como agentes económicos en los sectores económicos liberalizados. Esta función regulatoria que conlleva la potestad de autorizar la actuación económica de las entidades privadas, la potestad tarifaria, la potestad normativa, la potestad de dirimir conflictos entre los entes regulados y los usuarios de los servicios, la potestad sancionatoria y la facultad de adoptar políticas públicas, requiere instrumentos jurídico-técnicos de alta precisión que el superado Estado empresario e interventor carece. Los economistas neoliberales pensaron que la apertura de los mercados conllevaría la desregulación, lo cual la práctica y la teoría revelaron como una falsa apreciación. En este sentido, hay que recuperar la idea de Karl Polanyi de que el mercado no es un hecho natural como pretenden los teóricos liberales, desde Smith hasta Hayek, sino una institución creada por el Estado. Por eso, para que un mercado funcione libremente se requiere la intervención del Estado y por eso cuando hay "*fallas del mercado*" el Estado debe regular. El mercado puede autorregularse, contrario a lo que señalaba Polanyi, pero muchas veces es preciso una "regulación pública de la autorregulación" (ej. el gobierno corporativo de las empresas financieras) y no todo puede dejarse a la autorregulación ni al mercado (ej. los recursos naturales). Es verdad que, como señaló Franz Neumann, "liberalismo económico y liberalismo político no son gemelos", como bien evidencia el Chile de Pinochet y la China pos Mao. Pero no puede concluirse, como afirma Polanyi, que democracia y capitalismo son incompatibles; de hecho, lo que nunca ha existido en el mundo real es una democracia comunista, ni siquiera una democracia iliberal comunista, es decir, una que solo reconozca el derecho a la participación política prescindiendo de las demás libertades. El comunismo real siempre ha sido leninista. Felizmente, y como lo confiesa uno de los últimos filósofos marxistas vivos, Wolfgang Fritz Haug, "tal vez el momento de la revolución, como la entendía Marx, pasó para siempre". De ahí que la única utopía concreta y posible es la realización de un capitalismo domesticado por un *Estado garante de los derechos* de las personas y regulador de la economía y los servicios, un Estado Social reformulado para democratizar la economía y transformarla en una social de mercado.

La liberalización implica la asunción por parte del Estado de tareas regulatorias que deben desempeñarse con estricto apego a las normas jurídicas y desde una óptica de especialización técnica. El Estado regulador debe ser necesariamente un Estado de derecho pues solo un Estado de derecho brinda seguridad jurídica, respeto a la igualdad y control de la arbitrariedad, elementos esenciales para atraer y garantizar la inversión tanto nacional como extranjera.

El resultado de todos estos cambios es "el nuevo equilibrio alcanzado entre Estado y sociedad: el Estado, por así decirlo, pierde la prestación directa de bienes y servicios, pero gana, a cambio, un enorme poder de regulación y vigilancia de los mercados. El Estado deja de ser un Estado prestador y se convierte en un Estado regulador-controlador, un Estado garante. O visto desde la perspectiva de la sociedad: la sociedad gana nuevos espacios, se permite (e incluso estimula) su actuación en ámbitos antes reservados a la iniciativa pública, pero a cambio debe soportar una muy intensa regulación y control por parte de la Administración, del Estado. El equilibrio resultante se enmarca todavía dentro de la órbita del Estado social. No sólo porque el repliegue prestacional de la Administración no haya sido total (…), sino también, porque el nuevo equilibrio afecta más a los medios que a los fines perseguidos por el Estado" (Mir Puigpelat: 112).

3.6.3 El fenómeno de la regulación. Por regulación se ha entendido tradicionalmente la función normativa del Estado. Regular, por tanto, ha significado durante mucho tiempo legislar, reglamentar, normar. Hoy, sin embargo, la regulación abarca una serie de potestades del Estado que se manifiestan en las relaciones de la Administración y los ciudadanos y que conforman un variado abanico de formas de intervención estatal en la actividad social y económica. Las técnicas y los instrumentos de esas formas de intervención estatal han sido englobadas en la disciplina jurídica del derecho público o administrativo de la economía, en la cual se estudiaba una parte general, relativa a la intervención pública en la economía y una parte especial, la cual abarcaba el ordenamiento público de los diferentes sectores económicos, tales como la energía, el transporte, y las finanzas. La dogmática de esa disciplina jurídica ha alcanzado su cénit con la emergencia del modelo tradicional de intervención pública en la economía a partir de la segunda mitad del siglo XX.

Este modelo parte del supuesto de una separación entre el Estado y la sociedad. El Estado, atendiendo a las necesidades de los ciudadanos, es decir, a los intereses generales, se encarga de proveer los bienes y servicios a los ciudadanos, a través de una compleja organización integrada por la propia Administración, empresas propiedad del Estado, y arrendatarios o concesionarios de servicios que actúan como colaboradores de la Administración, sin perjuicio de la titularidad estatal sobre los mismos. Las personas físicas y jurídicas desarrollan sus actividades económicas en un mercado no regulado salvo aquellos imperativos aplicados coactivamente por el Estado, en virtudde su "poder de policía" y en atención a la necesidad de evitar que la actividad económica privada atente contra el orden público y los intereses generales. Las empresas y particulares que desarrollan actividades económicas compiten procurando el máximo beneficio sin tener que acatar mayores normas de competencia. Por su parte, los organismos y empresas estatales de servicios públicos tienen posiciones privilegiadas en los sectores en donde actúan, en donde, por demás, quedan derogadas las escasas reglas de competencia.

Esa relación entre Estado y economía, Estado y sociedad, cambia dramáticamente en los últimos dos decenios del siglo pasado. A partir del modelo neoliberal implantando por Margaret Tatcher en Inglaterra y por Ronald Reagan en Estados Unidos, se privatizan las empresas estatales y se liberalizan la mayor parte de los sectores, abriéndose éstos a la libre competencia. Los servicios públicos pasan a organizarse y operar en mercados sometidos a la libre competencia de modo que la provisión de bienes y servicios a los ciudadanos ya no depende de los planes de la Administración sino del comportamiento adecuado de las empresas privadas que desarrollan actividades de utilidad pública. El Estado ya no ofrece directamente prestaciones estatales sino que las exige a las empresas que las suministran y tiene que asegurarse que las cumplen. Por su parte, las empresas ya no solo soportan limitaciones impuestas por el Estado atendiendo a la evitación de comportamientos dañosos para el interés general, sino que además deben suministrar prestaciones irrenunciables para la distribución equitativa de los recursos y para el mantenimiento de un nivel adecuado de justicia social. El Estado deja de ser el prestador y asegurador directo del funcionamiento y la calidad de los servicios públicos que suministra y pasa a ser un Estado garante, un Estado que vigila la conducta de los mercados para que los agentes económicos respeten la competencia y satisfagan las misiones de servicio público que le confía el Estado.

El cambio de rol del Estado, de Estado prestador de servicios a Estado garante de los mismos, implicó un cambio de signo en la función de regulación, la cual de ser entendida como el simple poder de dictar normas, pasó a ser comprendida como un conjunto de instrumentos no solo normativos sino también ejecutivos, destinados a orientar el funcionamiento de los mercados hacia la competencia y a imponer obligaciones de servicio público a los operadores, de modo que su natural afán de beneficio fuese compatible con los imperativos del interés general. Este redimensionamiento de la función regulatoria del Estado ha alcanzado un nivel tal que muchos hablan de la emergencia sino de un derecho regulatorio que se contrapone al derecho del Estado legal de derecho por lo menos de un derecho administrativo que debe ser explicado enteramente alrededor de la idea de regulación y, en particular, de la regulación económica.

Es importante resaltar que el contenido de la regulación económica no es fijo sino cambiante. Es cierto que en Estados Unidos, país que se toma casi siempre como referencia por ser el que más ha experimentado con las fórmulas y técnicas regulatorias, la regulación ha estado ligada estrechamente a la noción de que los mercados operan en plena competencia y que, por tanto, el gobierno debe solo intervenir allí donde sea necesario para corregir distorsiones o fallos de los mercados a fin de que éstos satisfagan las necesidades públicas. Pero esta imagen estereotipada de la regulación en Estados Unidos no responde a la realidad de un mercado que, como el norteamericano, no siempre ha operado en plena competencia y en donde la regulación ha permitido la existencia de cerrados monopolios naturales, que han cerrado el acceso a los mercados de operadores nuevos y que han permitido a determinados grupos económicos prestar todos los servicios correspondientes a los mercados principales y a los secundarios conectados con los primeros. De ahí que, durante mucho tiempo y contrario a la visión tradicional de la regulación como correctora de las fallas de los mercados, la regulación económica en los Estados Unidos ha respondido más que a la lógica de la competencia a la preservación del beneficio de las empresas monopolistas. Así, para solo citar un ejemplo, los precios o tarifas de los servicios no se forman en el mercado, sino que son determinados por los reguladores de modo que se asegure un beneficio de retorno a las empresas (rate of return) completamente seguro. Esto último fue advertido por los economistas de la Escuela de Chicago quienes señalaron en la década de los cincuenta del siglo pasado que la regulación colocaba a las empresas fuera del mercado, que los monopolios naturales no debían obstaculizar el acceso a las infraestructuras de otras empresas y que, en todo caso, esta situación entorpecía el desarrollo y la innovación. Es esta situación la que motiva en los Estados Unidos durante la década de los ochenta la desregulación o neo regulación equivalentes a los procesos de liberalización y apertura a la competencia que vivieron, para la misma época, Europa y América Latina.

En otras palabras, en Estados Unidos la regulación, orientada originalmente a la preservación de los beneficios de las empresas monopolistas, cambia de signo para ser una regulación que busca la garantía de la libre competencia, en tanto que en Europa y América Latina, la regulación surge de la necesidad de garantizar la liberalización y apertura a la competencia de sectores previamente (o parcialmente) cerrados a las empresas así como la adecuada prestación de los servicios públicos por parte de las mismas. Las telecomunicaciones en República Dominicana es una muestra de un proceso semejante al norteamericano en el que un sector tradicionalmente en manos de una empresa monopólica se abre a la competencia de otros operadores en tanto que la electricidad evidencia el camino seguido en Europa y América Latina de liberalizar y privatizar para luego regular a las empresas que acceden al sector previamente cerrado a la participación de las empresas privadas.

3.6.4 La cláusula constitucional del Estado regulador. La Constitución no ha sido ajena a este largo y continuo proceso de mutación del Estado. Por eso, aparte de consagrar el Estado dominicano como un Estado social y democrático de derecho en su artículo 7, ha establecido que "el Estado podrá dictar medidas para regular la economía y promover planes nacionales de competitividad e impulsar el desarrollo integral del país" (artículo 50.2), al tiempo que dispone que "la regulación de los servicios públicos es facultad exclusiva del Estado" y que "la ley podrá establecer que la regulación de estos servicios y de otras actividades económicas se encuentre a cargo de organismos creados para tales fines" (artículo 137.3), con lo que sienta las bases constitucionales para que el Estado cree organismos reguladores para los servicios públicos y otras actividades económicas. Establece, además, la Constitución que "la regulación del sistema monetario y financiero de la Nación corresponde a la Junta Monetaria como órgano superior del Banco Central" (artículo 223), con lo que el Banco Central, que se considera como un órgano constitucional extra poder, queda configurado constitucionalmente también como un organismo regulador del sistema monetario con rango constitucional, cuyo órgano superior, "la Junta Monetaria, representada por el Gobernador del Banco Central, tendrá a su cargo la dirección y adecuada aplicación de las políticas monetarias, cambiarias y financieras de la Nación y la coordinación de los entes reguladores del sistema y del mercado financiero" (artículo 223), disposición esta última que no solo configura al órgano rector del Banco Central como el coordinador de competencias de los organismos reguladores del sistema monetario y financiero y de los mercados financieros, sino que, a su vez, también configura tanto una garantía institucional de la existencia de estos organismos reguladores financieros como una reserva de Administración reguladora en dichos ámbitos monetarios y financieros.

Basta por ahora con esta somera descripción del contenido de la cláusula que, en verdad, es la suma de varias disposiciones constitucionales, interpretadas sistemáticamente. Más adelante, al analizar la Constitución económica y el rol regulador del Estado estudiaremos con más detenimiento el sentido y las repercusiones de esta cláusula constitucional que plasma el principio fundamental del Estado regulador.

BIBLIOGRAFÍA

ABELLÁN, Angel Manuel. "La problemática del Estado de Bienestar como fenómeno internacional". En Miguel Angel García Herrera (dir.). *El constitucionalismo en la crisis del Estado Social.* Guipúzcoa: Universidad del País Vasco, 1997.

ACKERMAN, Bruce. *We The People 2: Transformations.* Cambridge: Cambridge University Press, 1998.

ACOSTA SÁNCHEZ, José. *Formación de la Constitución y jurisdicción constitucional: fundamentos de la democracia constitucional.* Madrid: Tecnos, 1998.

ALÁEZ CORRAL, Benito. "Soberanía constitucional e integración europea". En *Fundamentos.* No. 1, 1998.

ALIES RIVAS, Héctor. "El dominio público en República Dominicana: estudio de su evolución histótica como requisito para la búsqueda de una teoría propia". En *Revista Digital de Derecho Administrativo.* 22 (junio 2019).

ALVARADO, Rosina de. "El principio de legalidad o el control del Leviathán". En *Revista de Ciencias Jurídicas,* septiembre 1986.

ALVAREZ CONDE, Enrique. *Curso de Derecho Constitucional.* Vol. I. Madrid: Tecnos, 1996.

AMIAMA, Manuel. *Notas de Derecho Constitucional.* Santo Domingo: ONAP, 1995.

AQUINO VERAS, Tamara Haidée. "Nacionalidad, ciudadanía y extranjería". En Tamara Haidée Aquino y otros. *Nación y ciudadanía en la Constitución dominicana. Hacia un nacionalismo cívico.* Santo Domingo: Pontificia Universidad Católica Madre y Maestra. Centro Universitario de Estudios Políticos y Sociales, 2024.

ARAGÓN REYES, Manuel. *Estudios de Derecho Constitucional.* Madrid: Centro de Estudios Políticos y Constitucionales, 2009.

ARENDT, Hannah. *Los orígenes del totalitarismo.* México: Taurus, 2004.

ARNOLD, Reiner y otros. "El principio de proporcionalidad en la jurisprudencia del Tribunal Constitucional". En *Estudios Constitucionales.* Ano 10. No. 1. 2012. Chile: Centro de Estudios Constitucionales de Chile, Universidad de Talca.

Asís, Rafael de. *Una aproximación a los modelos de Estado de Derecho.* Madrid: Dykinson, 1999.

Ayuso, José Alejandro. *La soberanía de la Constitución. El patriotismo constitucional en tiempo de globalización y pluralismo.* Santo Domingo: Iudex, 2019.

Balaguer, Joaquín. *Mensajes al pueblo dominicano.* Tomo VII. Barcelona: Industrias Gráficas Manuel Pareja, 1983.

Balcácer, Juan Daniel. "¿Cuál es el nombre de la capital de la República?". En Diario Libre. 7 de julio de 2012. https://www.diariolibre.com/opinion/lecturas/cul-es-el-nombre-de-la-capital-de-la-repblicaa-DPDL342881

Bastida Freijedo, Francisco J. "La soberanía borrosa: la democracia". En *Fundamentos.* No. 1. 1998. www.uniovi.es/constitucional/fundamentos/primero/bastida1.htm

Baud, Michel. "Manuel Arturo Peña Batlle y Joaquín Balaguer y la identidad nacional dominicana". En Raymundo González y otros. *Política y pensamiento social en la República Dominicana.* Madrid: Doce Calles, 1999.

Bautista de Castillo, Norma. *La seguridad jurídica como protección de los ciudadanos.* Santo Domingo: Suprema Corte de Justicia, 2001.

Benda, Ernesto. "El Estado social de Derecho". En Ernesto Benda y otros. *Manual de Derecho Constitucional.* Madrid: Marcial Pons, 2001.

Béjar, Helena. *El corazón de la república.* Barcelona: Paidos, 2000.

Berlin, Isaiah. *Cuatro ensayos sobre la libertad.* Madrid: Alianza, 1988.

Bidart Campos, German. *Manual de la Constitución reformada.* Tomo I. Buenos Aires: Ediar, 1998.

Böckenförde, Ernst-Wolfgang. "The Secularized State: Its character, justification, and ploblems in the Twenty- first Century". En Ernst W. Böckenförde, Mirjan Künkler and Tine Steein (eds.). *Religion, Democracy and Law.* Oxford: Oxford Press, 2022.

_____. *Estudios sobre el Estado de Derecho y la democracia.* Madrid: Trotta, 2000.

Bogdandy, Armin von. "Ius Constitutionale Commune en América Latina: una mirada a un constitucionalismo transformador". En *Revista Derecho del Estado* n.º 34, enero-junio de 2015, pp. 3-50

Bonilla, Ana Isabel. "Del Estado Social y Democrático de Derecho". En Tribunal Constitucional de la República Dominicana". *Anuario 2017.* Santo Domingo: Editora Corripio, 2018.

Bonó, Pedro Francisco. En Emilio Rodríguez Demorizi (ed.). *Papeles de Pedro Francisco Bonó.* Santo Domingo: Editora El Caribe, 1964.

Brewer Carías, Allan. *Estudios sobre el Estado Constitucional (2005-2006).* Caracas: Editorial Jurídica Venezolana, 2007.

Canó Montejano, José Carlos. *La integración europea desde el Tribunal Constitucional alemán.* Madrid: Centro de Estudios Políticos y Constitucionales, 2001.

Canosa Usera, R. *Interpretación constitucional y fórmula política.* Madrid: Centro de Estudios Constitucionales, 1988.

Capellán, Maritza Elupina. "Artículo 13". En Hermógenes Acosta de los Santos (coord.). *La Constitución de la República Dominicana comentada por jueces y juezas del Poder Judicial.* Santo Domingo: Escuela Nacional de la Judicatura, 2022.

Carmona Cuenca, Encarnación. *El Estado Social de Derecho en la Constitución.* Madrid: CES, 2000.

Carré de Malberg, R. *Teoría general del Estado.* México: Fondo de Cultura Económica, 1998.

Castellanos Khoury, Justo Pedro (comp.). *La Sentencia 168-13. Antología de una defensa esencial.* Santo Domingo: Tribunal Constitucional de la República Dominicana, 2019.

Castellanos Pizano, Víctor Joaquín y Dulce María Vargas Corona. *Improcedencia de las principales objeciones a la Sentencia TC/0168/13 del Tribunal Constitucional de la República Dominicana.* Santo Domingo: Tribunal Constitucional de la República Dominicana / Centro de Estudios Constitucionales, 2022.

Catrain, Pedro. "Democracia y descentralización: hacia nuevas reformas de representación política". En *Agenda Nacional de Desarrollo: Planes de Acción para las Diez Principales Prioridades.* Vol. II. Santo Domingo: PUCCM, 1996.

Celano, Bruno. *El gobierno de las leyes. Ensayos sobre el Rule of Law.* Madrid: Marcial Pons, 2022.

Cohen, Carl. *Civil Disobedience: Conscience, Tactics and Law.* New York: Columbia University Press, 1971.

Constant, Benjamín. *Escritos Políticos.* Madrid: CEC, 1989.

Courtis, Christian. *Ni un paso atrás. La prohibición de regresividad en materia de derechos sociales.* Buenos Aires: CEDAL / CELS, 2006.

Cruceta, José Alberto. "Análisis del principio de legalidad". En *Estudios Jurídicos.* Vol. X, No. 1, enero-abril 2001.

Dahl, Robert. *Democracy and its Critics.* New Haven: Yale University Press, 1989.

De Cabo Martín, Carlos. *Contra el consenso: estudios sobre el Estado Constitucional y el constitucionalismo del Estado Social.* México: UNAM, 1997.

Díaz, Elías. *Estado de Derecho y sociedad democrática.* Madrid: Cuadernos para el diálogo, 1969.

Dicey, A. V. *An Introduction to the Study of The Law of the Constitution.* Indianápolis: Liberty Fund, 1982.

Diez Moreno, Fernando. *El Estado Social.* Madrid: Centro de Estudios Políticos y Constitucionales, 2004.

Dromi San Martino, Laura. *Derecho Constitucional de la integración.* Madrid: Marcial Pons, 2002.

Duarte, Juan Pablo. "Proyecto de Ley Fundamental". En Manuel Arturo Peña Batlle. *Constitución política y reformas constitucionales.* Vol. I. Santo Domingo: ONAP, 1981.

Dworkin, Ronald. *Tomando los derechos en serio.* Barcelona: Ariel, 1989.

Ely, Jon. *Democracy and Distrust: A Theory of Judicial Review.* Cambridge: Hardvard University Press, 1980.

Esquea Guerrero, Emmanuel. *Mundo Jurídico.* Santo Domingo: Caña Brava, 1985.

Espinal Hernández, Edwin. *Patrimonio cultural y legislación.* Santo Domingo: Capeldom, 1996.

Fernández, Eusebio. "El patriotismo constitucional". En Gregorio Peces Barba y Miguel Angel Ramiro Avilés (Coord.). *La Constitución a examen.* Madrid: Marcial Pons, 2004.

Fernández, Tomás-Ramón. *Discrecionalidad, arbitrariedad y control jurisdiccional.* Lima: Palestra, 2006.

_____. *De la arbitrariedad del legislador.* Madrid: Civitas, 1998.

Fernández Casadevante, Carlos. "Relaciones internacionales y derecho internacional". En Pedro González-Trevijano – Enrique Arnaldo Alcubilla. *Comentarios a la Constitución de la República Dominicana.* Tomo II. Madrid: La Ley / Universidad Rey Juan Carlos, 2012.

Fernández Espinal, Darío. "Artículo 8.5". En *La Constitución comentada por los jueces del Poder Judicial.* Santo Domingo: Suprema Corte de Justicia, 2006.

Fernández Riveira, Rosa María. "Territorio nacional, fronteras y división político-administrativa". En Pedro González-Trevijano – Enrique Arnaldo Alcubilla. *Comentarios a la Constitución de la República Dominicana.* Tomo II. Madrid: La Ley / Universidad Rey Juan Carlos, 2012.

Ferrajoli, Luigi. *La construcción de la democracia. Teoría del garantismo constitucional.* Madrid: Trotta, 2023.

_____. *Principia iuris. Teoría del derecho y de la democracia.* Madrid: Trotta, 2011.

_____. *Democracia y garantismo.* Madrid: Trotta, 2008.

_____. *Garantismo.* Madrid: Trotta, 2006.

_____. *Razones jurídicas del pacifismo.* Madrid: Trotta, 2004.

_____. "Pasado, presente y futuro del Estado de Derecho". En Miguel Carbonell (ed.). *Neoconstitucionalismo(s).* Madrid: Trotra, 2003.

_____. *La ley del más débil.* Madrid: Trotta, 1999.

_____. *Derecho y razón.* Madrid: Trotta, 1995.

Ferrer Mac-Gregor, Panorámica del Derecho procesal constitucional y convencional. Madrid: Marcial Pons, 2013.

Ferreira, Pinto. *Curso de Direito Constitucional.* Säo Paulo: Saraiva, 1999.

Forsthoff, E. "Problemas constitucionales del Estado Social". En VVAA. *El Estado Social.* Madrid: CEC, 1986.

Gambino, Silvio. "El Estado Social y Democrático de Derecho: Desarrollo histórico y conceptual". En Tribunal Constitucional de la República Dominicana. *II Congreso Internacional sobre Derecho y Justicia Constitucional. Los derechos económicos y sociales y su exigibilidad en el Estado social y democrático de Derecho.* Santo Domingo: Editora Buho, 2017.

Gamundi, Pedro. "Medio ambiente y Constitución". En VVAA. *Constitución y economía.* Santo Domingo: PUCMM, 1996.

García Belaúnde, Domingo. *La Constitución y su dinámica*. Lima: Palestra, 2006.

García de Enterría, Eduardo y Tomás-Ramón Fernández. *Curso de Derecho Administrativo*. Lima – Bogotá: Palestra – TEMIS, 2006.

García Pelayo, M. *Las transformaciones del Estado contemporáneo*. Madrid: Alianza, 1977.

Gargarella, Roberto. *Las teorías de la justicia después de Rawls*. Barcelona: Paidos, 1999.

Garrorena Morales, Angel. "Democracia". En Manuel Aragón Reyes (coord.). *Temas básicos de Derecho Constitucional*. Tomo I. Madrid: Civitas, 2001.

_____. "Estado democrático". En Manuel Aragón Reyes (coord.). *Temas básicos de Derecho Constitucional*. Tomo I. Madrid: Civitas, 2001.

González-Varas Ibáñez, Santiago. *El Estado de la cultura*. Valencia: Tirant lo Blanch, 2021.

Greenwalt, Kent. *Conflicts of Law and Morality*. Oxford: Oxford University Press, 1987.

Greppi, Andre. *Teoría constitucional y representación política. La doctrina estándar y su obsolescencia*. Madrid: Marcial Pons, 2022.

_____. *Concepciones de la democracia en el pensamiento político contemporáneo*. Madrid: Trotta, 2006.

Grimm, Dieter. *Constitucionalismo pasado, presente y futuro*. Bogotá: Universidad Externado de Colombia, 2020.

_____. *Constitucionalismo y derechos fundamentales*. Madrid: Trotta, 2006.

Gutiérrez, Ignacio. "De la Constitución del Estado al Derecho Constitucional para la Comunidad internacional". En Anne Peters, Mariano J. Aznar e Ignacio Gutiérrez. *La constitucionalización de la Comunidad internacional*. Valencia: Tirant lo Blanch, 2010.

Häberle, Peter. *El himno nacional como elemento de identidad cultural del estado constitucional*. Madrid: Dykinson, 2012.

_____. "México y los contornos de un derecho constitucional común americano: un ius commune americanum". En Peter Häberle y Marcus Kotzur. *De la soberanía al derecho constitucional común: palabras clave para un diálogo europeo-latinoamericano*. México: UNAM, 2011.

_____. *Pluralismo y Constitución*. Madrid: Tecnos, 2002

_____. *El Estado Constitucional*. México: UNAM, 2001.

_____. *Teoría de la Constitución como ciencia de la cultura*. Madrid; Tecnos, 2000.

Habermas, Jürgen. *Mundo de la vida, política y religión*. Madrid: Trotta, 2015.

_____. *Facticidad y validez*. Madrid: Trotta, 1998.

Hardt, Michael y Antonio Negri. *Multitud*. Barcelona: Debate, 2004.

Hauriou, Maurice. *Principios de Derecho Público y Constitucional*. Granada: Comares, 2003.

Hayek, F. A. *Camino de servidumbre*. Madrid: Alianza, 1976.

Held, David. *Models of Democracy*. Stanford: Stanford University Press, 1987.

Heller, Herman. *Teoría del Estado.* México: Fondo de Cultura Económica, 1987.

Hostos, Eugenio María de. *Lecciones de Derecho Constitucional.* Santo Domingo: ONAP, 1980.

Humboldt, Wilhelm von. *Los límites de la acción del Estado.* Madrid: Tecnos, 1988.

Isaac, G. *Manual de Derecho Comunitario General.* Barcelona: Ariel, 1985.

Isensee, Josef. "El pueblo fundamento en la Constitución". *En Anuario de Derechos Humanos.* Nueva Época. Vol. 6, 2005.

Jensen, Guillermo Esteban. "Los (Olvidados) Fundamentos Religiosos Del Orden Constitucional. Algunas Reflexiones A Partir De La Obra De Ernst-Wolfgang Böckenförde". En *Debates Públicos.* Universidad Católica Argentina. https://debatespublicos.uca.edu.ar/articulos-2/

Jorge García, Juan. *La nacionalidad dominicana. Evolución histórica.* Santo Domingo: Tribunal Constitucional de la República Dominicana, 2022.

Jorge Prats, Eduardo. "El Tribunal Constitucional y la cláusula constitucional del Estado regulador". En Tribunal Constitucional de la Republica Dominicana. Adriano Miguel Tejada (ed.). *Anuario 2012.* Santo Domingo: Imprenta AMSL, 2013.

_____. "Constitución, Dios, iglesias y aborto". Hoy. 12 de diciembre de 2014. https://hoy.com.do/constitucion-dios-iglesias-y-aborto/

Kelsen, Hans. *Estudios sobre la democracia y el socialismo.* Madrid: Debate, 1988.

Keynes, John Maynard. *Teoría general de la ocupación, el interés y el dinero.* México: Fondo de Cultura Económica, 1980.

Kotzur, Marcus. "La soberanía hoy. Palabras clave para un diálogo europeo-latinoamericano sobre un atributo del Estado constitucional contemporáneo". En Peter Häberle y Marcus Kotzur. *De la soberanía al derecho constitucional común: palabras clave para un diálogo europeo-latinoamericano.* México: UNAM, 2011.

Lafuente Balle, José Ma. *La judicialización de la interpretación constitucional.* Madrid: Colex, 2000.

Lijphart, A. *Democracy in Plural Societies.* New Haven: 1977.

Loewenstein, Karl. *Teoría de la Constitución.* Barcelona: Ariel, 1983.

Lucas, Javier de. *El desafío de las fronteras: derechos humanos y xenofobia frente a la sociedad plural.* Madrid: Temas de Hoy, 1994.

Lucas Verdú, Pablo. *Materiales para un museo de antigüedades y curiosidades constitucionales.* Madrid: Dykinson, 2011.

_____. *Teoría de la Constitución como ciencia cultural.* Madrid: Dykinson, 1998.

_____. *Curso de Derecho Político.* Vol. II. Madrid: Tecnos, 1974.

Luhmann, Niklas. *Social Systems.* Stanford: Stanford University Press, 1995.

Maihoffer, Werner. "Principios de una democracia en libertad". En Ernesto Benda y otros. *Manual de Derecho Constitucional.* Madrid: Marcial Pons, 2001.

Marshall, T. H. *Class, Citizenship and Social Development.* New York: Doubleday, 1964.

Massó Garrote, Marcos Francisco. "Las formas de gobierno". En Diego López Garrido, Marcos Francisco Massó Garrote y Lucio Pegoraro. *Derecho Constitucional Comparado*. Valencia: Tirant lo Blanch, 2017.

Medina Reyes, Roberto. "El ideal republicano en el constitucionalismo dominicano". En Tamara Haidée Aquino y otros. *Nación y ciudadanía en la Constitución dominicana. Hacia un nacionalismo cívico*. Santo Domingo: Pontificia Universidad Católica Madre y Maestra. Centro Universitario de Estudios Políticos y Sociales, 2024.

_____. "Una radiografía constitucional de los derechos sociales". En *Revista Saber y Justicia*, 2(20), 2021.

Mena, Gustavo J. "La protección ambiental en la Constitución dominicana". En *Estudios Jurídicos*. Vol. IX. No. 1. Enero-abril 2000.

Michelman, F. "Law's Republic". En *The Yale Law Journal*. Vol. 97. No. 8.

Mir Puigpelat, Oriol. Globalización, Estado y Derecho. Madrid: Thomson/Civitas, 2004.

Mises, Ludwig von. *Liberalismo*. Madrid: Unión Editorial, 1982.

Montilla Castillo, Pedro. "La idea de nación y patria en el Informe Constituyente de 1844". En Tamara Haidée Aquino y otros. *Nación y ciudadanía en la Constitución dominicana. Hacia un nacionalismo cívico*. Santo Domingo: Pontificia Universidad Católica Madre y Maestra. Centro Universitario de Estudios Políticos y Sociales, 2024.

Muñoz, Gerardo. "El constitucionalismo del bien común a debate". En *Infrapolitical Reflections*. August 2022. https://infrapoliticalreflections.org/2022/08/

Muñoz Machado, Santiago. *Tratado de Derecho Administrativo y Derecho Público General*. Tomo I. Madrid: Thomson/Civitas, 2004.

Naranjo de la Cruz, Rafael. *Los límites de los derechos fundamentales en las relaciones entre particulares: la buena fe*. Madrid: Centro de Estudios Políticos y Constitucionales, 2000.

Nino, Carlos Santiago. *La Constitución de la democracia deliberativa*. Barcelona: Gedisa, 1998.

Núñez, Manuel. *El ocaso de la nación dominicana*. Santo Domingo: Letra Gráfica, 2001.

Núñez Collado, Agripino. *Concertación: la cultura del diálogo*. Santo Domingo: PUCMM, 1994.

Ortiz, José Alberto. "La primera súper Constitución de la historia". En *Gaceta Judicial*. No. 203, 15 de marzo de 2005.

Otto, Ignacio de. *Derecho Constitucional*. Barcelona: Ariel, 1998.

Ovejero, Felix y otros. *Nuevas ideas republicanas*. Barcelona: Paidós, 2004.

Pau, Antonio y María J. Roca. "Arte y poder". En Stefan Huster, Antonio Pau y María J. Roca. *Estado y cultura*. Madrid: Fundación Coloquio Jurídico Europeo, 2009.

Pellerano Gómez, Juan Ml. "Constitución, empresas públicas y privatización". En VVAA. *Constitución y economía*. Santo Domingo: PUCMM, 1996.

_____. *La condición de razonabilidad.* Santo Domingo: Capeldom, 1993.

Peña Batlle, Manuel Arturo. *Emiliano Tejera.* Ciudad Trujillo: J. de Postigo, 1951.

Perdomo, Nassef. "Obedecer o no obedecer: el dilema entre la libertad y la Ley". En *Estudios Jurídicos,* Vol. IX, No. 3, septiembre-diciembre 2001.

Pérez Villalobos, María Concepción. *Estado Social y Comunidades Autónomas.* Madrid: Tecnos, 2002.

Pérez Luño, Antonio Enrique. *Derechos humanos, Estado de Derecho y Constitución.* Madrid: Tecnos, 2001.

_____. *La seguridad jurídica.* Madrid: Ariel, 1991.

Pérez Royo, Javier. *Curso de Derecho Constitucional.* Madrid: Marcial Pons, 2007.

Pescatore, P. *L'ordre juridique des communautes europeenes.* Lieges: Presses Universitaires, 1975.

Pettit, P. *Republicanism: A Theory of Freedom and Government.* Oxford: Oxford University Press, 1997.

Pisarello, Gerardo y Antonio del Cabo. "Guerra y Derecho: el pacifismo jurídico de Luigi Ferrajoli". En *Garantismo.* Miguel Carbonell y Pedro Salazar (eds.). Madrid: Trotta, 2005.

Raful, Eric. "La cláusula del Estado Social y Democrático de Derecho: eje articulador de la Constitución de 2010". En Tribunal Constitucional de la República Dominicana. *II Congreso Internacional sobre Derecho y Justicia Constitucional. Los derechos económicos y sociales y su exigibilidad en el Estado social y democrático de Derecho.* Santo Domingo: Editora Búho, 2017.

Ratzinger, Joseph. *La última conferencia de Ratzinger: Europa en la crisis de las culturas.* Pronunciada en Subiaco el 1 de abril del 2005, en el monasterio de Santa Escolástica, al recibir el premio "San Benito por la promoción de la vida y de la familia en Europa". http://www.zenit.org

Rawls, John. *Teoría de la justicia.* Ciudad México: Fondo de Cultura Económica, 1979.

Redor, Marie-Joelle. *De l'Etat Legal a l'Etat de Droit.* París: Económica, 1992.

Remiro Brotóns, Antonio. *Derecho Internacional.* Valencia: Tirant lo Blanch, 2007.

Renau, Ernesto. *¿Qué es una nación?* Madrid: CEC, 1983.

Reyes-Torres, Amaury. "Patriotismo constitucional republicano". En Tamara Haidée Aquino y otros. *Nación y ciudadanía en la Constitución dominicana. Hacia un nacionalismo cívico.* Santo Domingo: Pontificia Universidad Católica Madre y Maestra. Centro Universitario de Estudios Políticos y Sociales, 2024.

_____. "El valor constitucional de lo secular". November 1, 2020. SSRN: https://ssrn.com/abstract=3723701 o http://dx.doi.org/10.2139/ssrn.3723701

Rodríguez Demorizi, Emilio. *La Constitución de San Cristóbal.* Santo Domingo: Editorial del Caribe, 1980.

Rodríguez Gómez, Cristóbal. "Modelo de Estado y paradigma constitucional en la cláusula del Estado social". En *Revista Global.* No. 37. Santo Domingo: Funglode.

_____. "República Dominicana". En Antonio Torres del Moral y Javier Tajadura Tejada (dirs.). *Los preámbulos constitucionales en Iberoamérica.* Madrid: Centro de Estudios Políticos y Constitucionales, 2001.

Rodríguez Huertas, Olivo. "Crónica sobre la nacionalidad por jus soli y sus excepciones en República Dominicana (1908-1924 y 1929-2010). En https://olivorodriguez.blogspot.com/2021/09/cronica-sobre-la-nacionalidad-por-jus.html?spref=tw

_____. "La revolución Domínguez: la protección del ciudadano frente a la Administración". En *Clave Digital.* 27 de febrero de 2007. www.clavedigital.com.

Rojas Báez, Julio José. "El rol de la ciudadanía en un nacionalismo liberal". En Tamara Haidée Aquino y otros. *Nación y ciudadanía en la Constitución dominicana. Hacia un nacionalismo cívico.* Santo Domingo: Pontificia Universidad Católica Madre y Maestra. Centro Universitario de Estudios Políticos y Sociales, 2024.

Rousseau, Juan Jacobo. *Contrato social.* Madrid: Espasa Calpe, 1968.

San Miguel, Pedro L. "La ciudadanía de Calibán: poder y discursiva campesinista en la Era de Trujillo". En Raymundo González y otros. *Política, identidad y pensamiento social en la República Dominicana.* Madrid: Doce Calles, 1999.

Sánchez Ferriz, Remedio. *El Estado Constitucional y su sistema de fuentes.* Valencia: Tirant lo blanch, 2000.

_____. *Introducción al Estado Constitucional.* Barcelona: Ariel, 1993.

Sartori, Giovanni. *The Theory of Democracy Revisited.* Chatham: Chatham House, 1987.

Scheuerman, William E. *Liberal Democracy and the Social Acceleration of Time.* Baltimore: The John Hopkins University Press, 2004.

Schmitt, Carl. "Teología Política [I]: cuatro capítulos sobre la teoría de la soberanía". En Orestes A., Héctor (ed.). *Carl Schmitt, Teólogo de la Política.* México: Fondo de Cultura Económica, 2004.

_____. *Teoría de la Constitución.* Madrid: Alianza Editorial, 1982.

Schumpeter, Joseph. *Capitalismo, socialismo y democracia.* Madrid: Aguilar, 1968.

Sen, Amartya. *The Idea of Justice.* London: Allen Lane, 2009.

Sièyes, Emmanuel. *¿Qué es el Tercer Estado?* Barcelona: Ariel, 1985.

Silva, José Alfonso da. *Curso de Direito Constitucional Positivo.* Sao Paulo: Malheiros, 2000.

Smend, Rudolf. *Constitución y Derecho Constitucional.* Madrid: Centro de Estudios Constitucionales, 1985.

Solozábal Echavarría, Juan José. "Nación". En Manuel Aragón Reyes (coord.). *Temas básicos de Derecho Constitucional.* Tomo I. Madrid: Civitas, 2001.

Sosa Pérez, Rosalía. "La cláusula del Estado Social y Democrático de Derecho: eje articulador de la Constitución de 2010". En II *Congreso Internacional sobre Derecho y Justicia Constitucional. Los derechos económicos y sociales y su exigibilidad en el Estado social y democrático de Derecho.* Santo Domingo: Tribunal Constitucional de la República Dominicana, 2017.

Sotelo, Ignacio. *El Estado social: antecedentes, origen, desarrollo y declive*. Madrid: Trotta, 2010.

Sousa Santos, Buenaventura de. *El milenio huérfano*. Madrid: Trotta, 2005.

Souza Neto, Cláudio Pereira de. *Teoria constitucional e democracia deliberativa*. Rio de Janeiro: Renovar, 2006.

Stein, Ekkhard. *Derecho Político*. Madrid: Aguilar, 1973.

Stern, Klaus. *Jurisdicción constitucional y legislador*. Madrid: Dykinson, 2009.

_____. *Derecho del Estado de la República Federal Alemana*. Madrid: Centro de Estudios Constitucionales, 1987.

Stein, Ekkehart. *Derecho Político*. Madrid: Aguilar, 1971.

Sternberger, Dolf. *Patriotismo constitucional*. Colombia: Universidad Externado de Colombia, 2001.

Stiglitz, Joseph E. *Globalization and its discontents*. New York: W. W. Norton & Company, 2002.

Sunstein, Carl. *The Partial Constitution*. Cambridge: Harvard University Press, 1993.

Tajadura Tejada, Javier. "Estudio preliminar: valor jurídico y función política de los preámbulos constitucionales". En Antonio Torres del Moral y Javier Tajadura Tejada (dirs.). *Los preámbulos constitucionales en Iberoamérica*. Madrid: Centro de Estudios Políticos y Constitucionales, 2001.

Tamanaha, Brian Z. En torno al Estado de derecho. Historia, política y teoría. Bogotá: Universidad Externado de Colombia, 2011.

Tena de Sosa, Félix. "Capítulo VII. Del idioma oficial y de los símbolos patrios". Carlos Villaverde Gómez y María Dolores Díaz. *Constitución comentada*. Santo Domingo: FINJUS, 2015.

Torres Saillant, Silvio. *El retorno de las yolas*. Santo Domingo: Manatí, 1999.

Valadés, Diego. *Problemas constitucionales del Estado de Derecho*. Buenos Aires: Astrea, 2004.

_____. "La no aplicación de las normas y el Estado de derecho". En *Boletón Mexicano de Derecho Comparado*. No. 103, enero-abril 2002.

Valerio Jiminián, Manuel. "La cláusula del Estado Social y Democrático de Derecho: eje articulador de la Constitución de 2010". En Tribunal Constitucional de la República Dominicana. *II Congreso Internacional sobre Derecho y Justicia Constitucional. Los derechos económicos y sociales y su exigibilidad en el Estado social y democrático de Derecho*. Santo Domingo: Editora Búho, 2017.

Vanossi, Jorge Reinaldo. *Estado de Derecho*. Buenos Aires: Astrea, 2008.

Vega, Wenceslao. *Los documentos básicos de la historia dominicana*. Santo Domingo: Taller, 1994.

Vergottini, Giuseppe. *Derecho Constitucional comparado*. Buenos Aires: Editorial Universidad, 2005.

Yunén, Rafael Emilio. *La isla como es*. Santiago: PUCMM, 1985.

Zagrebelsky, Gustavo. *El Derecho dúctil*. Madrid: Trotta, 1995.